Axel Schulz, Bernd Eisenstein, Marco A. Gardini, Torsten H. Kirstges, Waldemar Berg
Grundlagen des Tourismus

Axel Schulz, Bernd Eisenstein, Marco A. Gardini, Torsten H. Kirstges, Waldemar Berg

Grundlagen des Tourismus

3., vollständig überarbeitete und ergänzte Auflage

DE GRUYTER
OLDENBOURG

ISBN 978-3-11-064023-6
e-ISBN (PDF) 978-3-11-064121-9
e-ISBN (EPUB) 978-3-11-064131-8

Library of Congress Control Number: 2020946512

Bibliografische Information der Deutschen Nationalbibliothek
Die Deutsche Nationalbibliothek verzeichnet diese Publikation in der Deutschen
Nationalbibliografie; detaillierte bibliografische Daten sind im Internet über
http://dnb.dnb.de abrufbar.

© 2021 Walter de Gruyter GmbH, Berlin/Boston
Umschlaggestaltung: VLADGRIN / iStock / Getty Images Plus
Satz: le-tex publishing services GmbH, Leipzig
Druck und Bindung: CPI books GmbH, Leck

www.degruyter.com

Vorwort zur 3. Auflage

Die Tourismusbranche war seit den 2010er Jahren und bis zum Ausbruch der Corona-Pandemie durch eine hohe Dynamik geprägt. Mit dem Ende der Finanzkrise nahm die Anzahl der Reisenden Jahr für Jahr verlässlich zu und die Prognosen der UNWTO gaben keinen Anlass, an der Fortsetzung dieses Trends zu zweifeln. Eine relativ starke Weltwirtschaft, wachsende Mittelklassen in Schwellenländern, aber auch neue technologiegetriebene Geschäftsmodelle sind nur einige Rahmenbedingungen, die den über Jahre anhaltenden Wachstumskurs des Tourismus ermöglichten. Die Tourismuswirtschaft profitierte von dem zunehmenden Wohlstand der Nationen und den ansteigenden Freizeit- und Urlaubreisen. Zudem brachte die Globalisierung eine weltweite Vernetzung der Unternehmen mit sich und förderte den Anstieg von touristischen Geschäftsreisen. Während einerseits die absolute Zahl der Reisenden immer neue Dimensionen erlangte, nahm andererseits die Kritik an Wachstum und der gesamten Tourismusindustrie zu. Neben den positiven Auswirkungen des Tourismus für Ökonomie und Gesellschaft traten vielerorts durch den Tourismus ausgelöste oder verstärkte negative Effekte in den Mittelpunkt des Interesses. Zu den seit langem bekannten Kritikpunkten wurden neue Aspekte hinzugefügt und die unter dem Stichwort „Overtourism" geführten akademischen und medialen Diskussionen waren im vollen Gange.

Die jähe Unterbrechung durch die globale Covid-19-Pandemie stürzt den internationalen Tourismus voraussichtlich in seine bislang schwerste Krise. Weltweite Reiseverbote, Quarantänemaßnahmen und Social Distancing lassen den touristischen Konsum in kürzester Zeit drastisch einbrechen. Zahlreiche touristische Anbieter ganz unterschiedlicher Größe müssen auf staatliche Hilfen zurückgreifen, sind in ihrer Existenz bedroht oder sind wirtschaftliche Opfer des Virus. Einiges spricht dafür, dass die Landschaft der touristischen Anbieter nach der Krise anders aussehen wird als vorher.

Die touristischen Nachfrager hingegen müssen auf (Urlaubs- oder Geschäfts-) Reisen und den Besuch bestimmter Destinationen verzichten oder neue, durch Sicherheitsmaßnahmen geprägte Reiseerlebnisse und -erfahrungen machen. „Der gegenwärtige Tourist" muss sich neu orientieren, sich auf neue Rahmenbedingungen und Spielregeln und z. T. auf neue Reiseziele und Reiseformen einlassen. „Der zukünftige Tourist" wird durch die Erfahrungen mit der Pandemie und deren Folgen geprägt sein.

Einiges spricht aber auch dafür, dass verschiedene Dynamiken des Tourismusmarktes aus der Vor-Corona-Zeit von der Branche wieder aufgenommen werden können – auch wenn sich die Festlegung eines diesbezüglichen Datums gegenwärtig noch verbietet. Wir gehen gleichwohl davon aus, dass der Zeitpunkt kommen wird, und dass vieles, was zuvor zum Wissenspool des modernen Touristikers gehörte, nach wie vor auch dann noch von Relevanz sein wird. Hieraus speist sich unsere Zuversicht, dass das vorliegende Werk – trotz der unmittelbar nach Redaktionsschluss ausbre-

https://doi.org/10.1515/9783110641219-201

chenden Covid-19-Pandemie – seinen Zweck erfüllen kann. Eine umfassende Integration der aktuellen und noch anstehenden Folgen der Pandemie bleibt der vierten Auflage vorbehalten.

Im Fokus der hier vorliegenden dritten Auflage steht eine umfassende wissenschaftliche, besonders auch wirtschaftliche Betrachtung des Tourismus. Die beiden vorherigen Auflagen waren stark durch die Angebotsseite des Tourismus geprägt, wobei v. a. auf die Themengebiete Verkehr, Hotellerie, Reisemittler und -veranstalter sowie Destinationen eingegangen wurde. Diese Kerngebiete des angebotsorientierten Tourismus finden sich in aktualisierter Form auch im vorliegenden Werk wieder. Doch wurde die dritte Auflage unseres Lehrbuches deutlich erweitert, indem wir sieben weitere Kapitel neu konzipiert und integriert haben: Grundlagen, touristische Nachfrage, Tourismusmanagement, Informationsmanagement, Geschäftsreisen, Tourismuspolitik sowie Tourismuskritik. Vor diesem Hintergrund handelt es sich eher um eine Neukonzeption als um eine Fortschreibung der 2. Auflage. Wir wünschen allen Leserinnen und Lesern sowohl viele gewinnbringende Erkenntnisse als auch viel Freude mit dem so entstandenen Lehrbuch.

Kempten, Heide, Deggendorf und Wilhelmshaven im Mai 2020

Axel Schulz
Bernd Eisenstein
Marco A. Gardini
Waldemar Berg
Torsten H. Kirstges

Inhaltsübersicht

Inhalt

Bernd Eisenstein

1 Einführung

1.1 Phänomen Tourismus

1.1.1 Zur Relevanz des Phänomens

Eine Reihe von *technischen Neuerungen* sowie *gesellschaftliche und wirtschaftliche Entwicklungen* eröffneten im letzten Jahrhundert immer mehr Bevölkerungsgruppen die Möglichkeit, zu reisen. Mit der erleichterten Überwindung räumlicher Distanzen scheint es gleichzeitig zu einer „Schrumpfung" des Raumes zu kommen.[1] Immer mehr Menschen verreisen, immer mehr Reiseziele können erreicht werden. Reisen bedeutet räumliche Mobilität und eine Teilmenge dieser räumlichen Mobilität ist der Tourismus. Es gibt gute Gründe, sich mit dem Phänomen des Tourismus näher zu befassen:

So stellen touristische Reisen für viele Menschen einen wichtigen *Teil ihres Lebensstandards* dar. Für manche sind sie gar Ausdruck eines Lebensstils. Für wieder andere sind sie v. a. eine gute Möglichkeit, dem Bedürfnis nach Erholung oder dem Wunsch nach Abwechslung nachzukommen. Allen gemeinsam ist jedoch, dass sie „sich auf die Reise machen".

Weltweit nehmen immer mehr Menschen am Tourismus teil.[2] Hierdurch erhöht sich auch die wirtschaftliche Relevanz des Tourismus. Mancherorts wird der Tourismuswirtschaft inzwischen die Rolle einer Leitökonomie zugewiesen (Kagermeier 2016, S. 19; Schmude 2015, S. 9; Romeiß-Stracke 1998, S. 8 ff.). Bereits gegenwärtig entfaltet der Konsum der Touristen beeindruckende Beschäftigungs- und Wertschöpfungseffekte und für viele Regionen, Städte und auch Staaten ist der Tourismus zudem Hoffnungsträger für eine positive ökonomische Entwicklung.

Gleichzeitig treten immer neue Reiseziele in den Wettbewerb der Destinationen ein. Weltweit kommt es zum Ausbau touristischer Kapazitäten und touristischer Infrastruktur. Das Angebot weitet sich aus, die Konkurrenz zwischen den touristischen Unternehmen und Destinationen intensiviert sich. Professionelles Management touristischer Betriebe und moderne Steuerung der Destinationsentwicklung gewinnen an Bedeutung.

Auf der Nachfrageseite spiegeln sich *gesellschaftliche Entwicklungen* im Tourismus wider. Die zahlreichen, mittlerweile stark ausdifferenzierten Lebensstile und eine Vielzahl unterschiedlicher Bedürfnisse und Wünsche in der Bevölkerung formen auch

---

[1] Siehe hierzu Kaschuba (2004); Cairncross (2001); Harvey (1990).
[2] Siehe hierzu Kapitel 2.

https://doi.org/10.1515/9783110641219-001

die Verhaltensweisen der Touristen. So werden Reisepraktiken ebenfalls ausdifferenziert und die touristische Nachfrage zergliedert sich immer mehr in kleinere (homogene) Marktsegmente. Dies geht einher mit einer zunehmenden Anzahl von Touristen, deren individuelles Reiseverhalten als inkonsistent bezeichnet werden kann. Der „hybrid tourist" (Boztug et al. 2015, S. 190), dessen Entscheidungs- und Reiseverhalten je nach Situation variabel anmutet, scheint auf dem Vormarsch. Darüber hinaus verfügen einstweilen viele Nachfrager über eine umfängliche Reiseerfahrung. Hieraus resultieren selbstbewusstere und anspruchsvollere Touristen. Die bislang gewonnenen Reiseerfahrungen dienen als Bemessungsgrundlage für die Beurteilung gegenwärtiger und zukünftiger Angebote und Leistungen touristischer Anbieter. Die wachsenden Erfahrungen und die zunehmenden Marktkenntnisse aufseiten der Touristen führen insgesamt zu einer quantitativen[3] und qualitativen[4] Anspruchsinflation, der sich die touristischen Anbieter stellen müssen.

Der Tourismus kann in hochrelevantem Maße in die sozialen Strukturen und ökologischen Systeme der Reiseziele eingreifen. Negative Effekte des Tourismus auf Gesellschaft und Umwelt können zu gravierenden Belastungen für Bevölkerung und Natur führen. Diese Wirkungen und Gefahren werfen vermehrt Fragen nach den *Grenzen der Tragfähigkeit und des touristischen Wachstums* auf – und sie erfordern darüber hinaus die Suche nach Möglichkeiten, auch im Tourismus stabile Gleichgewichte im Sinne einer nachhaltigen Entwicklung erreichen zu können. Die von Robert Jungk bereits 1980 als Metapher für die Tragfähigkeit einer touristischen Attraktion oder Destination gestellte Frage „Wieviel Touristen pro Hektar Strand?" erweist sich in Zeiten des globalen Massentourismus als aktueller denn je.

Angesicht der angeführten Aspekte wird deutlich, dass es eine Reihe guter Gründe gibt, sich mit dem Phänomen Tourismus zu beschäftigen, sich damit auseinanderzusetzen, darüber nachzudenken, darüber zu forschen und darüber zu diskutieren. Eine vollständige Benennung der vielfältigen Gründe scheint weder Erfolg versprechend noch notwendig zu sein, doch lassen sich die bislang genannten Ausführungen zu folgenden Gründen zusammenfassen:

- hohe Relevanz touristischer Reisen für breite Bevölkerungsschichten
- Vielfalt der Erscheinungsformen touristischer Praktiken und Verhaltensweisen
- weltweite Zunahme der Touristenzahlen; globales Wachstum des Tourismus
- Ausbau touristischer Angebotskapazitäten und Intensivierung der Konkurrenzsituation für touristische Anbieter
- große Bedeutung der ökonomischen Effekte des touristischen Konsums (Beschäftigung, Wertschöpfung, ökonomische Entwicklungschancen)

---

[3] Quantitative Anspruchsinflation in Sinne von: mehr Auswahl an Handlungsoptionen, Multioptionalität und umfangreichere Wahlfreiheiten.
[4] Qualitative Anspruchsinflation im Sinne von: höhere Qualitätsansprüche und bessere Preis-Leistungs-Verhältnisse.

– unterschiedliche durch den Tourismus induzierte Risiken für Gesellschaft und Ökologie

„Tourismus gilt als Weltphänomen mit einer kaum mehr überschaubaren, megadimensionierten Gesamtstruktur" (Gyr 2010, S. 1). Je besser wir diese Struktur verstehen und je mehr Erkenntnisse uns zum Phänomen Tourismus vorliegen, desto besser sind wir in der Lage, Wege für nachhaltige Lösungen zu erarbeiten (siehe Abb. 1.1). Eine auf Fakten basierende Beurteilung touristischer Sachverhalte, die Erarbeitung, Auswahl sowie praxisgerechte Aufbereitung entscheidungsrelevanten „Tourismuswissens" und ein möglichst frühzeitiges Vorwegnehmen von Risiken und Chancen, die sich aus den ebenso komplexen wie dynamischen Umfeldbereichen für den Tourismus und aus der touristischen Entwicklung selbst eröffnen, leisten sowohl auf betrieblicher als auch auf volkswirtschaftlicher, gesellschaftlicher und ökologischer Ebene entscheidende Beiträge, um positive Folgen zu fördern und negative Effekte zu minimieren. Oder wie Leopold von Wiese bereits frühzeitig (1930, S. 3) anmerkte: „Im allgemeinen ließe sich als eine dringend zu empfehlende Norm für den Frem-

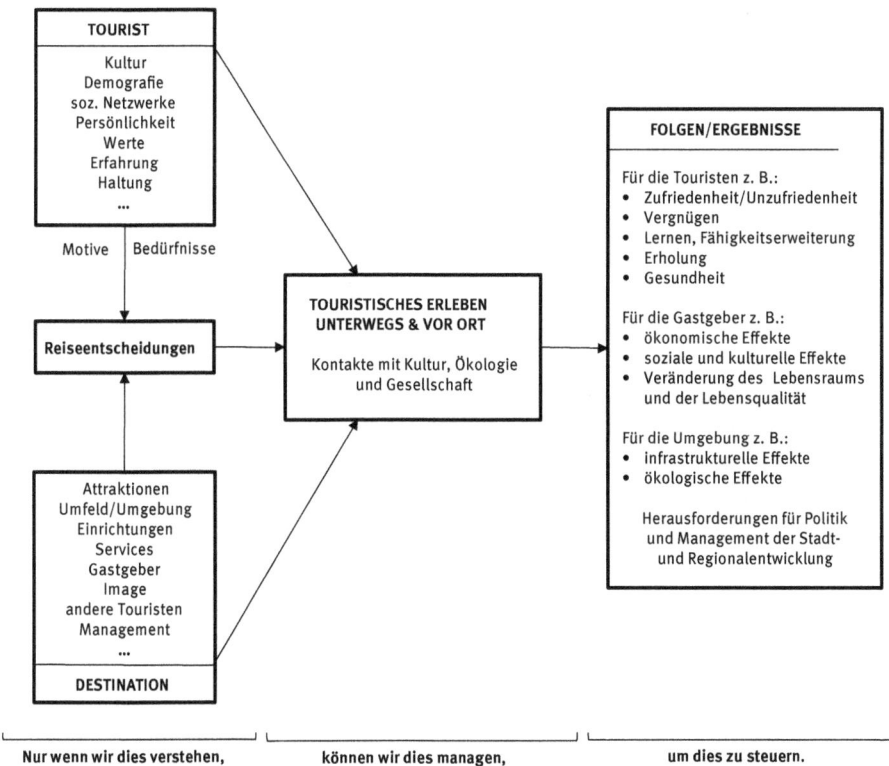

Abb. 1.1: Wissen als Voraussetzung zur Steuerung touristischer Folgen (Quelle: nach Pearce 2005, S. 17; verändert)

denverkehr der Satz aufstellen: Beobachtet viel und genau; aber urteilt langsam und vorsichtig." Dies ist allerdings nur möglich, wenn ein gemeinsames Verständnis von Begrifflichkeiten vorliegt.

1.1.2 Notwendigkeit der Begriffsdefinition

Ein ebenso notwendiger wie naheliegender Einstieg für ein Lehrbuch ist die Definition zentraler Begriffe. Genaue Begriffsbestimmungen bzw. Definitionen begrifflicher Inhalte bieten große Vorteile. Sie sind auch im Tourismus sowohl in der Wissenschaft als auch in der Praxis von großer Bedeutung (Kaspar 1996, S. 14).

Für die verschiedenen an der Tourismusforschung beteiligten wissenschaftlichen Disziplinen ist die Festlegung einer *gemeinsamen Terminologie* erstrebenswert. Dies gilt insbesondere für interdisziplinäre Projekte und Forschungen. Allerdings unterscheiden sich tourismusbezogene Definitionen teilweise je nach Disziplin und Forschungszielen der Wissenschaftler (Schmude und Namberger 2015, S. 1 f.). Eine mangelnde Verständigung auf eine einheitliche Nomenklatur kann ebenso zu Missverständnissen und Verwirrung im Rahmen der wissenschaftlichen Kommunikation zum Tourismus führen, wie sie die Erfassung touristischer Phänomene und Verhaltensweisen erschweren kann. Die Definition von Begriffen ist damit nicht nur eine für die Wissenschaft relevante Angelegenheit. Auch für die touristische Praxis sind klar definierte Begriffsinhalte von Nutzen. Tourismuspolitik und Unternehmen, die Touristen Güter und Dienstleistungen verkaufen, können aus eindeutigen und praktikablen Begrifflichkeiten Vorteile erlangen. So sind sachliche Erkenntnisse und fachliche Zuständigkeiten auf der Basis einer gemeinsamen Nomenklatur besser zu kommunizieren, zu verstehen und festzulegen (Müller 2008, S. 64). Auch Steinecke (2014, S. 20) weist darauf hin, dass die Fragen zur Terminologie und Definition wichtiger Begrifflichkeiten „nicht allein Gegenstand selbstverliebter Diskussionen im akademischen Elfenbeinturm" sind, sondern dass damit weitreichende praktische Implikationen z. B. bei der statistischen Erfassung touristischer Phänomene und Wirkungen in Verbindung stehen. So hat die definitorische Abgrenzung des Tourismus bspw. einen enormen Einfluss bezüglich der Einschätzung seiner ökonomischen oder gesellschaftlichen Bedeutung (Hall und Lew 2009, S. 5; Steinecke 2011, S. 13).

Es besteht gleichzeitig ein großes Interesse der Tourismuspolitik, der Öffentlichkeit und der touristischen Verbände und Unternehmen an verlässlichen und entscheidungsrelevanten Informationen und Daten zum Tourismus. Insbesondere durch den Einsatz von Instrumenten und Methoden der (Markt-)Forschung können für das übergeordnete Ziel der Entscheidungsunterstützung belastbare Informationsgrundlagen geschaffen werden (Eisenstein 2017, S. 11). Erst wenn ein gemeinsames Verständnis für die Definition des Tourismus und gemeinsame Standards für dessen Messung gefunden sind, kann der Tourismus in seiner Entwicklung beschrieben und analysiert werden. Erst dann können Methoden zur Messung des Tourismusvolumens und der damit verbundenen Bedeutsamkeiten oder des touristischen Verhaltens und der damit verbundenen Effekte vergleichbar zum Einsatz kommen.

Erste Ansätze für ein gemeinsames Verständnis des Ausdrucks „Tourismus" können bereits aus dessen Herkunft abgeleitet werden.

1.1.3 Herkunft und Verwendung der Begriffe „Tourismus" und „Fremdenverkehr"

Die Vokabel „Tourismus" gelangte ausgehend vom griechischen „tórnos" (τόρνος)[5] über das lateinische „tornare"[6] in den deutschen Sprachraum (Mundt 2013, S. 1). Im 16. Jahrhundert setzte sich zunächst im Französischen der Begriff „tour" durch (Hlavin-Schulze 1998, S. 14). „Tour" stand dabei für einen kreisförmigen Bewegungsablauf, für eine Umdrehung oder auch für eine (Rund-)Fahrt.[7] Die gesamte mit dem Ausdruck „tour" verbundene Wortgruppe beinhaltet eine Art Wendung oder Drehung, die wieder zum Ausgangspunkt zurückführt. Als Praktik schlug sich dies bspw. in Form der „tour de promenade" oder „tour du propriétaire", als abendlicher Rundgang bzw. Spaziergang um den Besitz nieder (Opaschowski 1989, S. 12; 2002, S. 16). „Tour" bringt eine kreisartige, zirkuläre Bewegung zum Ausdruck, die (wie später noch näher zu erläutern ist[8]) als räumliches Grundmuster des Tourismus gilt. Das französische Wort „tour" wurde in der Folge zum Ursprung für eine ganze Anzahl von Wortneubildungen (Hachtmann 2007, S. 10). So entstand im Französischen die Neubildung „tourisme", die ins Italienische („turismo") und dann auch ins Englische („tourism") ausstrahlte (Spode 2012, o. S.). Auch in weiteren Sprachen bildeten sich daran angelehnte Begriffe wie bspw. „tourismo" im Spanischen und Portugiesischen sowie „toerisme" im Niederländischen oder „turystyka" im Polnischen.

Der Begriff „Tourist" ist um 1800 erstmals im englischen Sprachraum belegt, tauchte 1816 im Französischen auf und gelangte nach dem dritten Jahrzehnt des 19. Jahrhunderts unmittelbar aus dem Englischen übernommen in den deutschen Sprachraum (Opaschowski 1970, S. 28; Lauterbach 2008, S. 14).[9] Gegen Ende des 19. Jahrhunderts kam im Deutschen zudem der Ausdruck „Touristik" auf (Opaschowski 1989, S. 13). Er kann als *deutschsprachige Besonderheit* ohne Entsprechung in anderen Sprachen gelten. Der ursprünglich ausschließlich auf Bergbesteigungen und Gebirgsreisen bezogene Ausdruck steht mittlerweile zum einen für den durch Rei-

---

5 = Dreheisen der Drechsler, zirkelähnliches Werkzeug; vgl. Stichwort „Tourismus" im Digitalen Wörterbuch der deutschen Sprache (Pfeifer 1993), zuletzt abgerufen am 26.08.2019.
6 = runden.
7 Stichwort „Tourismus" im Digitalen Wörterbuch der deutschen Sprache (Pfeifer 1993), zuletzt abgerufen am 26.08.2019.
8 Siehe hierzu Abschnitt 1.1.6.
9 Zur Reputation bzw. zum Image der Sozialfigur „Tourist" im 20. und 21. Jahrhundert siehe bspw. Hennig (1999, S. 13 ff.); Bachleitner (2010, S. 422); Reif et al. (2020, S. 381 ff.).

severanstalter und Reisebüros gebildeten Teil des Wirtschaftsbereichs Tourismus, zum anderen wird innerhalb von Reisebüros damit eine Abteilung bezeichnet, die Pauschalreisen von Veranstaltern vertreibt (Freyer 2015, S. 9). Bis Mitte des 20. Jahrhunderts waren die Begriffe „Tourist" und „Touristik" im Deutschen bereits eingeführt (Spode 2012, o. S.), der Ausdruck „Tourismus" fand in Deutschland jedoch erst nach dem Zweiten Weltkrieg eine nennenswerte Verbreitung (Opaschowski 1989, S. 13).[10] Mittlerweile hat sich die Verwendung des Begriffs „Tourismus" jedoch auch in der deutschen Sprache nahezu vollständig durchgesetzt – und damit den Gebrauch des traditionellen Ausdrucks „Fremdenverkehr" abgelöst.

Bei der Vokabel *Fremdenverkehr* handelt es sich um eine deutschsprachige Wortschöpfung, die bereits um 1850 nachweisbar ist[11] und die durchaus in andere Sprachen (z. B. ins Italienische:[12] movimento dei forestieri) lehnübersetzt wurde (Spode 2012, o. S.). Der Begriff galt im 19. und 20. Jahrhundert als Fachbegriff für die mit Reisetätigkeiten im Zusammenhang stehenden Phänomene und beinhaltet die wörtlichen Bestandteile (Aufenthalt in der) „Fremde" und „Verkehr" im Sinne räumlicher Mobilität (Freyer 2015, S. 8). Die alternative Verwendung von „Tourismus" statt „Fremdenverkehr" hat sich insbesondere aufgrund des oftmals negativ konnotierten ersten Wortbestandteils „Fremden" vollzogen.[13] Das Adjektiv „fremd" lässt sich auf das germanische Adverb „fram" (= vorwärts, fort) zurückführen,[14] steht jedoch mittlerweile für etwas „Nicht-Bekanntes" oder „Nicht-Vertrautes".[15] Dieses Unbekannte kann mit dem Wort „Fremdenverkehr" – je nach eingenommener Perspektive – sowohl auf den besuchten Ort als auch auf den Besucher des Ortes bezogen werden: So kann es sich zum einen bei dem besuchten Reiseziel um einen für den Reisenden unbekannten, fremden Ort handeln, zum anderen kann der Reisende selbst für die am besuchten Ort Ansässigen als Unbekannter, als Fremder gelten (Glücksmann 1935, S. 2; Mundt 2013, S. 2).

Vielfach wurde verdeutlicht, dass die Verwendung des Begriffs „Tourismus" der Verwendung des Ausdrucks „Fremdenverkehr" vorzuziehen sei.[16] Die dargelegten etymologischen Erkenntnisse unterstützen dies. Zum einen spricht der Wortbestandteil „fremd" gegen die Verwendung des Ausdrucks „Fremdenverkehr". Im Vordergrund

---

10 Hachtmann (2007, S. 11) weist darauf hin, dass der Begriff „Tourismus" erstmals im Großen Brockhaus aus dem Jahr 1957 Eingang findet.

11 Siehe z. B. die angeführten Quellen in Benthien (1997, S. 17 f.) und Opaschowski (1989, S. 16).

12 Siehe z. B. Bodio (1899) oder Carone (1953).

13 Beispiele für dem Wortbestandteil „fremd" zugewiesene negative Konnotationen sind „feind" (von Wiese 1930, S. 1 im Sinne von feindlich), „unpersönlich" (Spatt 1975, S. 9) oder „unerwünscht" (Freyer 2015, S. 9).

14 Mundt (2013, S. 2) weist darauf hin, dass es damit im ursprünglichen Sinne „dem Aufbruch und dem Wegfahren, das den Begriff der ‚Reise' bestimmt, sehr ähnlich" gewesen sei.

15 Stichwort „fremd" im Digitalen Wörterbuch der deutschen Sprache (Pfeifer 1993), zuletzt abgerufen am 25.08.2019.

16 Z. B. Spatt (1975, S. 9); Mundt (2013, S. 2 f.); Bandi Tanner und Müller (2019, S. 50).

soll der „Gast" und nicht der „Fremde" stehen" (Bandi Tanner und Müller 2019, S. 50). Zum anderen weist der Hintergrund des Begriffs Tourismus als Vorteil gegenüber allen anderen Begriffen bereits auf ein zentrales Charakteristikum des gegenwärtig gültigen Verständnisses des Tourismus hin (Mundt 2013, S. 2): Bei der touristischen Reise handelt es sich um eine zirkuläre Reise. Am Ende führt die Reise den Reisenden zurück an seinen Ausgangspunkt. Darüber hinaus bringt die Verwendung des Ausdrucks „Tourismus" die weiteren Vorteile mit sich, Nähe und Anschlussfähigkeit zur Verwendung des Begriffs in vielen anderen Sprachen (tourism, tourisme, tourismo etc.) herzustellen und der Internationalisierung des Reisens und den damit in Zusammenhang stehenden Erscheinungen gerecht zu werden (Uthoff 1988, S. 2 f.; Mundt 2013, S. 3)

Im Folgenden werden die Begriffe „Fremdenverkehr" und „Tourismus" als Synonyme betrachtet, doch wird „Tourismus" verwendet.

1.1.4 Tourismus – Definitionen

Was ist nun Tourismus? „Jedermann denkt sich hierbei im Wesen dasselbe und doch ist es nicht allzuleicht, eine strikte Begriffsbestimmung zu finden." Diese von Hermann von Schullern zu Schrattenhofen (1911, S. 437) bezüglich des Begriffs „Fremdenverkehr" formulierte Aussage trifft im Kern auch nach über hundert Jahren noch auf die Abgrenzung des Tourismusbegriffs zu. So unerlässlich die Notwendigkeit für eine gemeinsame Begriffsauffassung ist, so schwierig gestaltet sich dies. Neben der begrifflichen Definition des Ausdrucks „Tourismus" geht es häufig zudem um das Verständnis der damit in Verbindung stehenden Begriffe „Tourist" und „Tourismuswirtschaft" bzw. „Tourismusindustrie". Als zentrale Herausforderung kann die Integration der vielen verschiedenen Erscheinungsformen und Aspekte des Phänomens Tourismus in einen definitorischen Ansatz gelten. Die zahlreichen Versuche in der Vergangenheit, den Tourismus zu definieren, deuten auf den Schwierigkeitsgrad des Unterfangens hin. Grundsätzlich können dabei nachfrage- und angebotsorientierte Definitionsansätze unterschieden werden.

Angebotsorientierte Definitionen

Die angebotsorientierte Perspektive versucht, den touristischen *Wirtschaftssektor* abzugrenzen bzw. den Tourismus als Industrie mit zugeordneten Unternehmen und Betrieben zu definieren. Dies kann immer dann von Relevanz sein, wenn es um die Bemessung der ökonomischen Effekte bzw. um die wirtschaftliche Relevanz des Tourismus und um wirtschaftspolitische Entscheidungen und Maßnahmen geht (Bieger 2010, S. 30 ff.).

Das Ziel der angebotsorientierten Ansätze, die Tourismuswirtschaft zu fixieren bzw. eine Tourismusbranche abzugrenzen, gelingt bestenfalls, indem Wirtschaftseinheiten der Tourismusbranche zugewiesen werden können. Die Idee einer Tourismusbranche beruht letztendlich auf der amtlichen Wirtschaftsstatistik und der Definition von Branchen in der volkswirtschaftlichen Gesamtrechnung eines Staates. Gemäß internationalen Klassifizierungen wird zwischen verschiedenen Branchen unterschieden, die sich jeweils aus einer Menge von Unternehmen zusammensetzen, die mithilfe von ähnlichen Produktionsprozessen und -bedingungen relative homogene Waren- und Dienstleistungsgruppen produzieren (z. B. Landwirtschaft, Kfz-Herstellung).

Die Anwendung dieser Perspektive auf den Tourismus erweist sich allerdings als durchaus schwierig, da es sich beim Tourismus nicht um einen einheitlichen Wirtschaftszweig, sondern um eine *aus unterschiedlichen Wirtschaftszweigen kombinierte Leistung* handelt. Eine Vielzahl von touristischen Teilleistungen wird von ganz unterschiedlichen Branchen produziert. Das Tourismusprodukt ist ein Bündel aus einer Vielzahl von Dienstleistungen und Sachgütern, vom Transport bis zum Einzelhandel, die von Touristen konsumiert werden, und die aus verschiedenen Branchen stammen. So kann der Direktverkauf vom Hofladen eines Bauernhofs an den Touristen der Landwirtschaft zugeordnet werden, wie auch der Kauf eines Wohnmobils der Kfz-Herstellung zuzuordnen ist.

Da die von den Touristen nachgefragten Leistungen offenkundig von ganz unterschiedlichen Wirtschaftssektoren erbracht werden und sich die Tourismuswirtschaft demnach über viele verschiedene angebotsseitig definierte Branchen erstreckt, wird von der „Querschnittsbranche Tourismus" gesprochen (Mattes et al. 2017, S. 160). Dies bedeutet umgekehrt: Abgesehen von Reisebüros und Reiseveranstaltern gibt es keine Wirtschaftszweige, deren Leistungen ausschließlich von Touristen nachgefragt werden (siehe Abb. 1.2).

Die Herausforderung liegt darin, die touristischen Anteile von den nicht touristischen Anteilen in der Wirtschaft zu trennen und diese dann zusammenzufassen. Zur Lösung dieses Problems hat man sich nach einer umfassenden Debatte unter der Führung der Vereinten Nationen auf den Ansatz des *Tourism Satellite Account* (TSA)[17] geeinigt (Boniface et al. 2016, S. 6). Diese Methodik kann mittlerweile als der maßgebliche internationale Standard zur Abgrenzung der touristischen Branchenanteile und zur Berechnung des Wirtschaftsfaktors Tourismus angesehen werden. Die mit der Konzeption dieses Ansatzes verbundene Terminologie kann als angebotsseitiger Ansatz zur Abgrenzung und Definition des Tourismus angeführt werden.[18]

Mit Bandi Tanner und Müller (2019, S. 52) kann die *Querschnittsbranche Tourismus* unter pragmatischen Gesichtspunkten folgendermaßen definiert werden: „Die Tourismuswirtschaft umfasst all jene Branchen, deren Erträge in einem hohen Mass durch Touristen [...] erwirtschaftet werden." Freilich bleibt offen, ab wann von einem „hohen Maß" gesprochen werden kann, und es ist auch offen, was mit anderen Branchen ist, die durchaus nennenswert, aber nicht im hohen Maße von Touristen profitieren.

---

17 Näheres hierzu siehe Abschnitt 2.2.
18 Siehe UNWTO (2010) und UNWTO et al. (2010).

	0%	20%	40%	60%	80%	100%	
Reisebüros und -veranstalter							100%
Herk. Beherbergungsleistungen							96,0%
Luftfahrtleistungen							91,7%
Schifffahrtsleistungen							83,8%
Eisenbahnverkehrsleistungen							80,4%
Gaststättenleistungen							74,1%
Sport, Erholung, Freizeit und Kultur							57,0%
Straßen- und Nahverkehrsleistungen							37,2%
Kfz-Treibstoff							27,9%
Gesundheitsleistungen							6,2%
Leistungen für Mietfahrzeuge							4,2%
Lebensmittel							3,8%
Dauerh. Nutzung/Vermietung d....							1,9%
Restliche Güter							1,7%
Restliche Dienstleistungen							0,4%

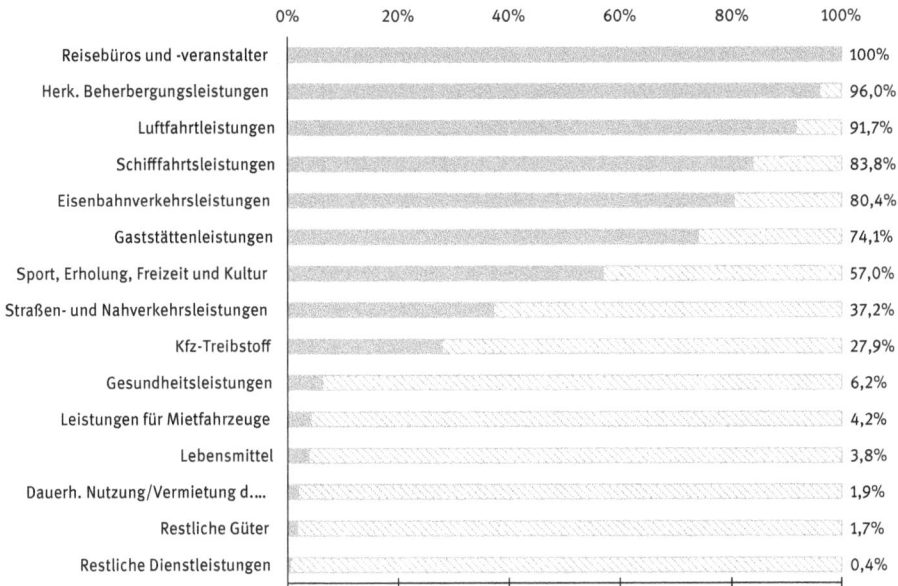

Abb. 1.2: Anteile des touristischen Konsums an unterschiedlichen Produktgruppen 2015 (Quelle: DIW et al. 2017, S. 23)

Mehrfach wurde eine Strukturierung bzw. *Einteilung der Tourismusbranche* vorgeschlagen. Smith (1988, S. 184) stellt bspw. eine Zweiteilung vor: Zur ersten Gruppe der Tourismuswirtschaft („pure tourism") zählt er Unternehmen, die ohne die Existenz von Touristen bzw. Reisenden nicht am Markt agieren können (z. B. Fluggesellschaften, Reisebüros). Zur zweiten Gruppe gehören Unternehmen, die Leistungen anbieten, deren sich sowohl Touristen als auch Einheimische bedienen und die auch ohne die touristische Nachfrage, wenn auch auf reduziertem Niveau und in geringerer Zahl, existieren (z. B. Restaurants, Tankstellen). Freyer (2015, S. 153 ff.) strukturiert die Tourismuswirtschaft nicht in zwei, sondern in drei Bereiche: In der Tourismuswirtschaft im engeren Sinne werden typische Tourismusleistungen durch typische Tourismusbetriebe ausschließlich an Touristen oder Reisende veräußert. Hierzu gehören bspw. die Übernachtungsleistungen des Beherbergungsgewerbes und die Vermittlungs- und Pauschalreiseleistungen der Reisebüros und Reiseveranstalter. Daneben werden in einer ergänzenden Tourismuswirtschaft untypische Tourismusbetriebe zusammengefasst, die sich mit typischen Tourismusprodukten auf die Zielgruppe der Touristen spezialisiert haben. Hierzu zählen bspw. Verlage mit Reiseliteratur ebenso wie Finanzdienstleister mit Reiseversicherungen. Schließlich können in der touristischen Randindustrie untypische Tourismusbetriebe zusammengefasst werden, die sich mit untypischen Tourismusprodukten auf die Zielgruppe der Touristen spezialisiert haben. Die Bandbreite der theoretisch hierzu gehörenden Betriebsarten ist sehr groß und reicht von der Bäckerei über die Sportartikelindustrie bis zum Kulturanbieter.

Hall und Lew (2009, S. 18 ff.) empfehlen eine Unterteilung auf der Basis der durch das jeweilige Unternehmen erfolgten Anerkennung des Tourismus als relevanten Markt für das eigene Unternehmen. Hiernach lässt sich die Gesamtheit der Unternehmen, die Produkte an Touristen absetzen, in zwei Kategorien einteilen: Unternehmen, die die Touristen nicht als bedeutende Zielgruppe betrachten, und Unternehmen, für die Touristen direkt oder indirekt (inkl. Business-to-Business) wichtige Zielgruppen sind und die den touristischen Markt als relevant anerkennen. Die vollständige ökonomische Bedeutung des Tourismus ergibt sich aus dem touristischen Konsum bei der Gesamtheit aller Unternehmen.[19] Als Tourismusunternehmen gelten hingegen nur Unternehmen der zweiten Kategorie. Die Summe dieser Unternehmen kann als Tourismuswirtschaft interpretiert werden. Da nur dieser Teil der Unternehmen bewusst erkennt, dass der geschäftliche Erfolg teilweise oder ganz vom Tourismus abhängt, wird nur dieser Teil der Unternehmen nachfrageorientierte Strategien entwickeln, um den spezifischen Bedürfnissen der Touristen gerecht werden zu können. Dies sind auch die Unternehmen, die häufig aufgrund gemeinsamer Interessen in Tourismusverbänden und Destinationsorganisationen kooperieren.

Insgesamt bleibt festzuhalten, dass die Tourismusbranche nicht analog zu anderen Wirtschaftsbereichen über die Produktion von spezifischen Sachgütern oder Dienstleistungen zu definieren ist. Der Verkauf eines bestimmten Gutes an einen Touristen gilt als touristischer Konsum, beim Verkauf desselben Gutes an einen Einheimischen ist dies nicht der Fall. Es wird deutlich, dass die Abgrenzung der Tourismusbranche nicht mittels der gängigen Methode der Branchenklassifizierung gelingen kann, sondern dass es sich um eine Querschnittsbranche handelt, deren ökonomische Relevanz sich über eine ganze Reihe klassischer Branchen erstreckt. Bei genauerer Betrachtung der angebotsorientierten Ansätze zeigt sich, dass der gemeinsame Nenner der Konsum durch die Touristen ist, sodass die angebotsseitigen Ansätze zur Abgrenzung des Tourismus letztendlich doch wieder auf die Nachfrageseite zurückgreifen.

Nachfrageorientierte Definitionen

In der Gegenwart überwiegen nachfrageorientierte Definitionen. Nach diesen ist der Tourismus *am menschlichen Verhalten orientiert* zu definieren. Im Mittelpunkt steht die Fragestellung, wer ein Tourist ist (Bieger 2010, S. 32 ff.) Auch zur Beantwortung dieser Fragestellung und in Verbindung damit zur Definition des Tourismus gibt es zahlreiche Versuche und Vorschläge.[20]

Bei der vergleichenden Betrachtung unterschiedlicher Definitionen (zu den Begriffen „Tourismus" und „Fremdenverkehr") wird mit dem Zeitverlauf der Fortgang der wissenschaftlichen Diskussion offenkundig. Zudem spiegeln sich zeitgenössische

---

19 Dies entspricht dem TSA-Ansatz zur Ermittlung der ökonomischen Bedeutung des Tourismus.
20 Näheres zu den Definitionen und deren Interpretationen siehe z. B. Bernecker (1956, S. 1 ff.); Arndt (1978, S. 160 ff.) und Müller (2008, S. 64 ff.).

Schwerpunkte wider und die unterschiedlichen Methoden und Zwecke der Begriffsbestimmung werden deutlich.

Dabei kann weiterhin zwischen

- *Nominaldefinitionen*, die sich aus den Wortbestandteilen „fremd" und „Verkehr"
  ableiten,
- *Realdefinitionen*, die v. a. wirtschaftliche Gesichtspunkte in den Mittelpunkt stellen, und
- *Universaldefinitionen*, die wiederum der Komplexität und Gesamtheit des Phänomens gerecht werden wollen,

unterschieden werden (Bernecker 1956, S. 8 ff.; Bernecker 1962, S. 1 ff.).

Als eine der ersten Definitionen zum Begriff „Fremdenverkehr" und als Beispiel
für eine *Realdefinition* kann eine Formulierung von (dem bereits oben zitierten) Schullern zu Schrattenhofen (1911, S. 437) angeführt werden: „Im allgemeinen mag es genügen, daß man sagt: Fremdenverkehr ist der Inbegriff aller jener und in erster Reihe aller wirtschaftlichen Vorgänge, die sich im Zuströmen, Verweilen und Abströmen
Fremder nach, in und aus einer bestimmten Gemeinde, einem Lande, einem Staate
betätigen und damit unmittelbar verbunden sind."

Zwar hebt Schullern zu Schrattenhofen die wirtschaftlichen Aspekte hervor, doch
erkennt er auch an, dass es offenbar noch andere „Vorgänge" gibt. Der Fremdenverkehr wird hier aus einer Destinationsperspektive heraus betrachtet und doch kommt
über das „Zuströmen, Verweilen und Abströmen Fremder" bereits die für den Tourismus typische räumliche Mobilität bzw. Ortsveränderung – wenn auch ohne motiva-
tionalen Bezug – zum Ausdruck.

Morgenroth (1927, S. 394)[21] hingegen bezieht eineinhalb Jahrzehnte später die *Motive* in seine Definition ein: „Im engsten Sinne ist als Fremdenverkehr der Verkehr der
Personen zu begreifen, die sich vorwiegend von ihrem Dauerwohnsitz entfernen, um
zur Befriedigung von Lebens- und Kulturbedürfnissen oder persönlichen Wünschen
verschiedenster Art anderwärts, lediglich als Verbraucher von Wirtschafts- und Kul-
turgütern zu verweilen."

Auffälligster Aspekt neben der Einführung von Motiven ist die deutliche Zuwei-
sung der *Verbraucherrolle* an den Touristen. Dies bringt den wirtschaftlichen Aspekt
in Form der Konsumentenfunktion zum Ausdruck und kann als typisch für viele in
der ersten Hälfte des 20. Jahrhunderts entwickelten Definitionen und Publikationen
zum Fremdenverkehr gelten.[22] So stand bei vielen Abhandlungen zunächst die Wirkung des internationalen Tourismus auf die Zahlungsbilanz im Vordergrund, doch
bald setzte sich die Erkenntnis durch, dass der Tourismus weitreichenderen Nutzen

---

21 Es handelt sich nach Freyer (2015, S. 2) um eine in den Anfangsjahren der Fremdenverkehrslehre
weit verbreitete Definition.

22 Siehe hierzu die Auflistungen von Bernecker (1956, S. 16 ff.) und Eisenstein (1995, S. 18 ff.). Auch
Bernecker (1955, S. 10) begrenzt sich in seiner Definition noch zu einem späteren Zeitpunkt auf eine
wirtschaftliche Betrachtungsweise.

für eine Volkswirtschaft entfalten kann (Koch 1964, S. 27). Nur ab und an wurde die Priorisierung ökonomischer Aspekte durchbrochen und es fanden etwa die sozialen Beziehungen zwischen Touristen und Einheimischen Beachtung.[23]

Nach Bormann (1931, S. 10) kann der

> „Fremdenverkehr seinem Begriff und seiner Zusammensetzung nach bezeichnet werden als der Inbegriff der Reisen, die zum Zwecke der Erholung, des Vergnügens, geschäftlicher oder beruflicher Betätigung oder aus sonstigen Gründen, in vielen Fällen aus Anlaß besonderer Veranstaltungen oder Ereignisse vorgenommen werden und bei denen die Abwesenheit vom ständigen Wohnsitz nur vorübergehend, im Berufsverkehr jedoch nicht bloß durch die regelmäßige Fahrt zur Arbeitsstätte bedingt ist.“

Das Bemerkenswerte an der Definition von Bormann ist, dass er erstmals explizit arbeitsbezogene Mobilität („zum Zwecke [...] geschäftlicher oder beruflicher Betätigung") als Bestandteil des Fremdenverkehrs angibt (wobei er das Pendeln als die „regelmäßige Fahrt zur Arbeitsstätte" ausschließt). Diese Sichtweise konnte sich zum damaligen Zeitpunkt jedoch noch nicht durchsetzen.

Den Reigen der *Universaldefinitionen* eröffnet schließlich Glücksmann (1935, S. 3.), indem er schreibt: „Wir können also F. V. definieren als die Summe der Beziehungen zwischen einem am Orte seines Aufenthalts nur vorübergehend befindlichen Menschen und Menschen an diesem Orte."

Mit der *„Summe der Beziehungen"* versucht er, dem gesamten Phänomen Tourismus in seiner Vielfältigkeit gerecht zu werden. Gleichzeitig grenzt Glücksmann die An- und Abreise aus und sieht damit den Fremdenverkehr lediglich auf den Aufenthalt in der Destination konzentriert.

Die exemplarisch dargestellten Definitionen und Erläuterungen veranschaulichen, dass während des bis zum Zweiten Weltkrieg laufenden Prozesses der Definitionsbildung z. T. der Verkehrsvorgang oder die ökonomischen Wirkungen, insbesondere die Effekte auf die Zahlungsbilanz und die Konsumentenfunktion der Reisenden, teilweise auch die sozialen Beziehungen und die Motive für die Ortveränderung betont wurden. Die Verwendung von Begriffen wie „Summe" oder „Inbegriff" verdeutlicht den Anspruch, das Phänomen möglichst allumfänglich zu berücksichtigen. Abschluss fand diese Entwicklung schließlich mit der aus dem Jahr 1942 stammenden Definition von Hunziker und Krapf (Spode 2012, o. S.).

Hunziker und Krapf (1942, S. 21) greifen ebenfalls auf den universalen Ansatz zurück und formulieren eine Definition, die im Anschluss von der internationalen Expertenvereinigung AIEST[24] ergänzt[25] und als gemeinsame und internationale Ar-

---

23 So z. B. bei von Wiese (1930, S. 1 ff.) und bei Benscheidt (1934, S. 86).
24 Association Internationale D'Experts Scientifiques Du Tourisme.
25 Die ursprüngliche Definition von Hunziker und Krapf beinhaltete lediglich den „Aufenthalt" der Touristen in der Destination und nicht die Reise. Dies wurde von der AIEST ergänzt, sodass auch die An- und Abreise als Bestandteil des Fremdenverkehrs betrachtet werden.

beitsgrundlage festgelegt wurde (Bernecker 1956, S. 2). Die von der AIEST (1954)[26] verabschiedete Fassung lautet: „Fremdenverkehr ist der Inbegriff der Beziehungen und Erscheinungen, die sich aus Reise und Aufenthalt Ortsfremder ergeben, sofern durch den Aufenthalt keine Niederlassung zur Ausübung einer dauernden oder zeitweiligen hauptsächlichen Erwerbstätigkeit begründet wird."[27]

Zunächst ist augenfällig, dass die Motive ex negativo formuliert werden: Es wird nur angegeben, was der Fremdenverkehr nicht ist („keine dauernde Niederlassung", „keine Erwerbstätigkeit"). Zudem wird deutlich, dass der Fremdenverkehr nicht mehr auf einen Verkehrs- oder Konsumvorgang oder seine ökonomische Funktion reduziert wird, sondern dass es sich um ein gesamtes Beziehungssystem von Erscheinungen und Aspekten handelt. Die auf Hunziker und Krapf basierende Definition der AIEST stellte lange Zeit eine grundlegende Begriffsbestimmung des Fremdenverkehrs in Form einer Standarddefinition dar. Sie hatte anhaltenden Einfluss und wurde häufig zitiert. Der in der Definition formulierte Ausschluss „einer dauernden oder zeitweiligen hauptsächlichen Erwerbstätigkeit" und damit der Ausschluss der Geschäftsreisen liegt in der Ansicht Hunziker und Krapfs begründet, wonach der Fremdenverkehr einen konsumtiven Charakter vorweist. Damit spricht „das produktive Moment des Geschäftsreiseverkehrs gegen eine Zugehörigkeit zum Fremdenverkehr" (Arndt 1978, S. 170).

Zu Beginn der 1970er-Jahre des letzten Jahrhunderts wurde die Definition jedoch mehr und mehr hinterfragt. Von verschiedenen Autoren wurde es als unbefriedigend empfunden, dass die Geschäftsreisen ausgeklammert werden.[28] Der Geschäftsreise- und Kongressverkehr erlebte nicht nur eine stetige Expansion, sondern hatte allenthalben für viele touristische Betriebe durchaus einen relevanten konsumtiven Charakter.[29]

Aus diesem Manko heraus formulierte Kaspar (1971, S. 50) eine Tourismusdefinition, indem er die Begriffsbestimmung von Hunziker und Krapf erweiterte, sodass auch Geschäftsreisen Berücksichtigung fanden. Seine ursprüngliche Version wurde nochmals leicht umformuliert und mündete schließlich in einer *Definition, die auch die Grundlage dieses Buches darstellt.* Sie wird gegenwärtig auf nationaler wie internationaler Ebene sehr häufig verwendet und wurde auch von der AIEST übernommen

---

26 Zitiert nach Arndt (1978, S. 171).

27 Hunziker und Krapf (1942, S. 21) ergänzten, obwohl sie es nicht unbedingt für erforderlich hielten, die ursprüngliche Definition unmittelbar wie folgt: „Dass unter Beziehungen solcher friedlicher Natur gemeint sind, bedarf wohl kaum der Erwähnung in der Definition."

28 Siehe z. B. Schmidhauser (1971, S. 51); Kaspar (1971, S. 50); Schadlbauer (1973, S. 163); Kaspar (1979, S. 5).

29 Daneben wird von Schadlbauer (1973, S. 163) auf die zunehmende Vermischung zwischen Geschäfts- und Privatreisen und die mangelnden Differenzierungsmöglichkeiten bei der statistischen Erfassung hingewiesen. Auch Gugg (1972, S. I) weist auf die zunehmende Vermischung von Geschäft und Vergnügen bei Kongressen hin, womit eine „Zuordnung ausschließlich zum Geschäftsreiseverkehr immer problematischer wird".

(Bandi Tanner und Müller 2019, S. 51).[30] Die Definition lautet wie folgt (Kaspar 1998, S. 17): „Unter Tourismus oder Fremdenverkehr möchten wir die Gesamtheit der Beziehungen und Erscheinungen verstehen, die sich aus der Ortsveränderung und dem Aufenthalt von Personen ergeben, für die der Aufenthaltsort weder hauptsächlicher und dauernder Wohn- noch Arbeitsort ist."

Mit seiner Formulierung umgeht Kaspar nicht nur den sperrigen Begriff des „Ortsfremden", sondern gibt zudem die reine Konsumorientierung auf und ermöglicht die Integration von Teilen der berufsbezogenen Mobilität, insbesondere der Geschäftsreisen. Zudem stellt er klar, dass es sich bei den Begriffen „Fremdenverkehr" und „Tourismus" um Synonyme handelt und dass der Tourismus sowohl die Reise als auch den Aufenthalt vor Ort umfasst. Die Definition charakterisiert das Phänomen Tourismus als ein vielschichtiges System, das nicht nur ökonomische, sondern auch soziale und ökologische Dimensionen enthält. Gleichzeitig eröffnet sie die Berücksichtigung sowohl nachfrageseitiger als auch angebotsorientierter Perspektiven.

Konzeptionelle und technische Definitionen

Auf Burkart und Medlik (1974, S. 39) geht die Unterscheidung zwischen konzeptionellen und technischen Definitionen des Tourismus zurück, die nach wie vor häufig in aktuellen angelsächsischen Literaturquellen zu finden ist.[31]

Bislang wurden in diesem Kapitel ausschließlich konzeptionelle Definitionen des Fremdenverkehrs- und Tourismusbegriffs behandelt. Sie bauen einen theoretischen Rahmen, der den Tourismus in seiner Gesamtheit umfasst und dessen prägende Merkmale in Abgrenzung zu verwandten Phänomenen benennt. Da aber aus den abstrakt-konzeptionellen Ansätzen der Tourismusdefinition i. d. R. keine ausreichenden Aussagen für die genaue Messung des touristischen Geschehens abgeleitet werden können, wurden daneben technische Definitionen des Tourismus entwickelt. Diese stellen operative Instrumente dar, um den Tourismus, seine Arten und seine Bedeutung für statistische, legislativ-rechtliche oder unternehmerische Zwecke genauer zu bestimmen. Bei den technischen Definitionen geht es weit weniger darum, den Tourismus mit all seinen Beziehungen und Verflechtungen ganzheitlich zu definieren. Vielmehr versuchen Institutionen wie statistische Ämter operativ-pragmatische Ansätze zur Messung der Touristenströme zu finden (Steinecke 2011, S. 14).

Der Völkerbund legte bspw. 1937 folgenden Vorschlag zur technischen Definition der Touristen vor:[32] „Jene Personen, die für eine Dauer von 24 Stunden oder mehr in ein Land reisen, welches nicht ihr gewöhnliches Aufenthaltsland ist." Die Definition

---

30 Beispiele deutschsprachiger Literatur, in der die Kaspar-Definition zugrunde gelegt wird, sind Becker et al. (1996, S. 12); Job et al. (2005, S. 582); Bieger (2010, S. 34); Hopfinger (2011, S. 1022); Steinecke (2011, S. 12); Bandi Tanner und Müller (2019, S. 50).
31 Z. B. Sharpley (2018, S. 24); Holloway und Humphreys (2016, S. 10); Vanhove (2015, S. 1 f.); Page und Connell (2014, S. 4); Hall und Page (2014, S. 78); Cooper (2012, S. 14).
32 Zitiert nach Arndt (1978, S. 167 f.).

umfasste sowohl private als auch berufliche Reisemotive, grenzte allerdings den Inlandstourismus aus, da eine staatliche Grenze passiert werden musste, um als Tourist zu gelten. Auch wurden Tagesreisen exkludiert.

Auf der Basis umfangreicher internationaler Diskussionen und über verschiedene Zwischenschritte[33] kann als Ergebnis folgende technische Definition des Tourismus (UNWTO 2010, S. 10) angeführt werden:

> "A visitor is a traveller taking a trip to a main destination outside his/her usual environment, for less than a year, for any main purpose (business, leisure or other personal purpose) other than to be employed by a resident entity in the country or place visited. These trips taken by visitors qualify as tourism trips. Tourism refers to the activity of visitors."

Die Definition legt im technisch-statistischen Sinne fest, dass es sich bei den von „visitors" durchgeführten Reisen um touristische Reisen handelt und dass der Tourismus insbesondere die Aktivitäten der „visitors" umfasst.[34] Auf der Basis dieser technischen Definition liegen mittlerweile umfangreiche Empfehlungen der United Nations World Tourism Organization (UNWTO) zur statistischen Erfassung des Tourismus vor.[35]

Die angeführte konzeptionelle Definition von Kaspar und die dargestellte technische Definition der UNWTO finden gegenwärtig häufig ebenso im deutschsprachigen wie im internationaler Bereich Anwendung. Beide Definitionen tragen einer über Jahrzehnte erfolgten Erweiterung des Tourismusbegriffs Rechnung: So umfassen die betrachteten Effekte nicht mehr nur die ökonomischen, sondern *alle Effekte, Zusammenhänge und Erscheinungen des Tourismus*. Zudem wird der Tourismus nicht mehr nur auf seine internationalen Dimensionen begrenzt, sondern beinhaltet auch inländische Reisen, und er wird nicht mehr nur rein konsumorientiert definiert, sondern es werden neben Freizeitreisen auch Geschäftsreisen berücksichtigt (Bieger 2010, S. 36).

Sowohl die Kaspar- als auch die UNWTO-Definition beruhen auf einigen zentralen Aspekten, den sog. konstitutiven Elementen[36] des Tourismus. Anhand dieser Elemente kann der Tourismus als eine spezifische Form räumlicher Mobilität (Bauder und

---

33 Z. B. Beiträge der IUOTO (International Union of Official Travel Organizers) in den 1950er-Jahren sowie der Vereinten Nationen und Konferenz der UNWTO (World Tourism Organization) 1991 in Ottawa (Smith 2004, S. 27 f.).

34 Zu Missverständnissen kommt es immer wieder, da innerhalb der UNWTO-Terminologie (2010, S. 9 f.), die am Tourismus Beteiligten nicht alle als Touristen, sondern als „visitors" bezeichnet werden. Unter „tourists" hingegen werden nur „overnight visitors" verstanden, wohingegen „same-day visitors" (bzw. „excursionists") nicht als „tourists" benannt werden, obwohl diese gemäß der angeführten Definition als Teil der „visitors" dem Tourismus zugehörig sind und durch ihre Aktivitäten den Tourismus mitprägen.

35 Siehe UNWTO (2010); UNWTO et al. (2010); Cañada (2013).

36 Die folgenden Ausführungen lehnen sich an Kagermeier (2016, S. 27), Freyer (2015, S. 3) sowie Schmude und Namberger (2015, S. 2) an, die alle von drei konstitutiven Elementen ausgehen. Von konstitutiven Elementen sprechen auch Kaspar (1996, S. 15), wobei dieser hierfür nur den Ortswechsel anführt, und Müller (2008, S. 65), der wiederum zwei Elemente (Aufenthalt außerhalb der gewohnten Umgebung und die Reise zum „fremden" Ort) anführt. Pompl (1997, S. 1) hingegen nennt vier konsti-

Freytag 2020, S. 1047) von den zahlreichen anderen Formen der räumlichen Mobilität abgegrenzt werden.

Zu den konstitutiven Elementen des Tourismus zählen:

- der Ortswechsel
- ein zirkulärer Reiseverlauf
- (touristische) Motive für die Reise

1.1.5 Konstitutives Element: Ortswechsel

Reisen bedeutet *räumliche Mobilität*. Dies trifft auch für touristische Reisen zu. Alle relevanten Definitionen des Tourismus oder Fremdenverkehrs beinhalten einen physischen Ortswechsel von A nach B (Job 2003, S. 355; siehe z. B. auch die oben angeführten Definitionen). Allerdings muss zwischen Reisen im Allgemeinen und touristischen Reisen im Besonderen unterschieden werden.

Bei dem für das Reisen kennzeichnenden Ortswechsel bewegt sich der Reisende geografisch von einem Ausgangspunkt (A) zu einem Zielpunkt (B). Reisende sind damit alle Personen, die sich zu jedwedem Zweck und zu jeglicher Dauer zwischen geografischen Orten bewegen (UNWTO 2010, S. 9). Für die touristische Reise zunächst kennzeichnend ist, dass eine Person sich nicht innerhalb ihrer gewohnten Umgebung von A nach B bewegt, sondern dass der Reisende im Rahmen des Ortswechsels *seine gewohnte Umgebung verlässt*.

Das Konzept der gewohnten Umgebung bezieht sich dabei auf die räumlichen Dimensionen, innerhalb derer eine Person ihren alltäglichen und routinemäßigen Aktivitäten nachgeht. Diese räumliche Dimension der gewohnten Umgebung ergibt sich zunächst nicht anhand einer fest definierten Entfernung vom Wohnsitz (z. B. 50 km Radius). Auch muss es sich nicht um ein zusammenhängendes Gebiet handeln. Die geografischen Grenzen der gewohnten Umgebung ergeben sich individuell aus der direkten Umgebung des Wohn-, Arbeits- und Ausbildungsorts und den regelmäßig aufgesuchten Orten einer Person. Allein ausschlaggebend zur Bestimmung der gewohnten Umgebung als räumliche Dimension ist die Alltäglichkeit der Aktivität im regelmäßigen Lebensablauf. Der Tourist hingegen befindet sich auf einer nicht alltäglichen, seltenen, ggf. gar einmaligen Reise (Cohen 2011, S. 532).

Die UNWTO (2010, S. 12) definiert diesbezüglich: „The usual environment of an individual includes the place of usual residence of the household to which he/she belongs, his/her own place of work or study and any other place that he/she visits regularly and frequently, even when this place is located far away from his/her place of usual residence [...] or in another locality [...]" Damit werden Pendlerreisen, die

---

tutive Elemente: „Ortswechsel vom normalen Wohnort zum Zielort; vorübergehender Aufenthalt an einem fremden Ort; Aktivitäten am Reiseziel; Beziehungen, die aus den vorgenannten Aktivitäten resultieren."

regelmäßig zwischen Wohnsitz und Arbeits- oder Studienort erfolgen, und auch andere sich häufig wiederholende Reisen – unabhängig von den dabei zurückgelegten Distanzen – der gewohnten Umgebung (bzw. nach der obigen Definition von Kaspar den hauptsächlichen und dauernden Wohn- und Arbeitsorten) zugeordnet und damit von den touristischen Reisen ausgeschlossen. Hierbei kann es sich auch bspw. um das regelmäßige Aufsuchen von sportlichen, kulturellen, religiösen oder medizinischen Einrichtungen oder auch von regionalen Einkaufszentren handeln (lediglich Reisen zu Freizeitwohnsitzen sind hiervon ausgenommen: Diese zählen auch im Falle der Regelmäßigkeit per definitionem zu den touristischen Reisen (UNWTO 2010, S. 12).

Um das Konzept der gewohnten Umgebung besser greifbar und ggf. messbar zu machen, kann auf verschiedene Hilfskonstrukte zurückgegriffen werden. So können sich wiederholende räumliche Bewegungen einer Person, die von deren Lebensmittelpunkt ausgehen und dorthin zurückführen, zu räumlichen Bewegungsmustern zusammengefasst werden. Wöchentlich wiederkehrende Bewegungen einer Person (z. B. aus religiösen oder sportlichen Gründen) bilden einen sog. „weekly movement cycle" (Roseman 1971, S. 590), der zur Abgrenzung der gewohnten Umgebung herangezogen werden kann. Beim Verlassen des so als gewohnte Umgebung definierten Raumes wandelt sich die Person zum Touristen.

Ein weiterer (technisch-statistischer) Ansatz, der in einigen Staaten zur Quantifizierung des Tourismus angewendet wird, ist die pauschale Festlegung einer zurückzulegenden *Mindestentfernung* vom (Haupt-)Wohnsitz einer Reise, um als touristisch zu gelten. So wird vom kanadischen Staat eine (einfache) Mindestentfernung von 80 Kilometern, vom US Census Bureau in den USA von 50 Meilen und vom English Tourism Council von 20 Meilen vom Hauptwohnsitz zugrunde gelegt (Lohmann und Panosso Netto 2017, S. 28; Holloway und Humphreys 2016, S. 5; Goeldner und Ritchie 2012, S. 6). Auch Studien in Deutschland bedienen sich dieser Methode, um das Phänomen Tourismus im Rahmen der vorhandenen Möglichkeiten statistisch erfassen zu können. So werden im Rahmen des GfK-DestinationMonitors nur Reisen mit einer Mindestdistanz von 50 km vom Haushalt zum Zielort erfasst (Reif et al. 2017, S. 208).

Auch wird bei der Quantifizierung des Tourismus aus pragmatischen Gründen teilweise das Überschreiten der Gemeindegrenze mit dem Verlassen der gewohnten Umgebung gleichgesetzt (Steinecke 2014, S. 19), sodass jede Person, die den Heimatort verlässt, statistisch als Tourist erfasst wird. Diese Methode wurde bspw. bei Studien zu Tagesreisen in Deutschland verwendet (Harrer 2017, S. 244).

Bei all diesen Konstrukten handelt es sich freilich um technisch-statistisch begründete und problemlösungsorientierte Kompromisse zur quantitativen Erfassung. Aus konzeptioneller Perspektive spielt die Entfernung bei der Definition einer touristischen Reise allerdings keine Rolle, es existiert keine Mindestentfernung, entscheidend bleibt der Fakt des Verlassens der gewohnten Umgebung.[37]

---

37 Somit ist auch die Frage, inwiefern die Nutzung von Naherholungsarealen als touristische Aktivität einzustufen ist, nicht distanzabhängig und dennoch leicht zu beantworten: Dies ist immer dann

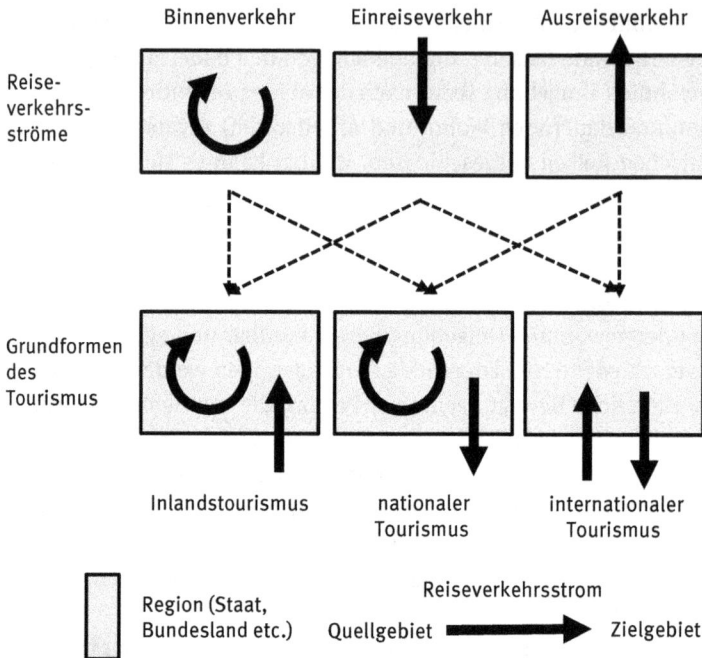

Abb. 1.3: Reiseverkehrsströme und Grundformen des Tourismus (Quelle: Schmude und Namberger 2015, S. 24)

Die nähere Betrachtung der Reiseverkehrsströme ist für alle Quell- oder Zielregionen des Tourismus von großer Bedeutung. Es können drei grundsätzliche Reiseverkehrsströme (UNWTO 2010, S. 15) unterschieden werden (siehe oberen Bereich der Abb. 1.3):

– *Binnenreiseverkehr (Domestic Tourism)*
  Alle Reisen der Bevölkerung einer räumlichen Einheit, die diese innerhalb dieser Raumeinheit durchführt; z. B. fallen darunter alle Reisen der Einwohner Deutschlands innerhalb Deutschlands.

– *Einreiseverkehr (Incoming Tourism)*
  Alle Reisen, die von der Bevölkerung außerhalb einer räumlichen Einheit in diese durchgeführt werden; bei der Überschreitung einer Staatsgrenze wird von Inbound Tourism gesprochen, z. B. Reisen von ausländischen Gästen nach Deutschland.

– *Ausreiseverkehr (Outgoing Tourism)*
  Alle Reisen der Bevölkerung einer räumlichen Einheit, die in andere Raumein-

---

der Fall, wenn es zum Verlassen des gewohnten Umfelds kommt (Kaspar 1996, S. 15). Auch ein Einwohner einer Großstadt kann somit ein Tourist in seiner eigenen Stadt sein, sofern er seine gewohnte Umgebung verlässt.

heiten durchgeführt werden; bei Überschreiten einer Staatsgrenze wird von Outbound Tourism gesprochen, z. B. Auslandsreisen der Einwohner Deutschlands.

Aus der Kombination der drei Reiseverkehrsströme lassen sich drei Grundformen des Tourismus ableiten (UNWTO 2010, S. 15, siehe unteren Bereich der Abb. 1.3):
- *Inlandstourismus (Internal Tourism)*
  Als Summe des Binnenverkehrs und Incoming Tourismus bildet dieser die Gesamtheit des Tourismus innerhalb eines Raumes ab.
- *Nationaler Tourismus (National Tourism)*
  Er fasst Binnenverkehr und Outgoing-Tourismus und damit die Reisen zusammen, die durch die Bevölkerung einer Raumeinheit durchgeführt werden.
- *Internationaler Tourismus (International Tourism)*
  Ein- und Ausreiseverkehr können zum grenzüberschreitenden (internationalen) Tourismus zusammengefasst werden.

1.1.6 Konstitutives Element: Zirkulärer Reiseverlauf

Auch wenn für die Definition des Tourismus und der touristischen Reise das Verlassen der gewohnten Umgebung als absolut notwendig, charakteristisch und konstitutiv gilt, so ist es doch allein noch nicht hinreichend. Wie oben angeführt, ist für das Reisen im Allgemeinen ein Ortwechsel kennzeichnend. Der Reisende bewegt sich geografisch von Punkt A zu Punkt B. Für die touristische Reise ist nun nicht nur kennzeichnend, dass der Reisende im Rahmen des Ortswechsels seine gewohnte Umgebung verlässt, sondern zudem, *dass er auch dorthin zurückkehrt.*

Bei den unterschiedlichen Formen räumlicher Mobilität können Reisen, die an den Ausgangspunkt zurückführen, von Reisen, die nicht dahin zurückführen, unterschieden werden (Cavalli-Sforza 1963, S. 140). Nach diesem Kriterium der Permanenz werden residenzielle und zirkuläre Mobilitätsformen unterschieden (Bähr 1997, S. 278; Hupfeld et al. 2013, S. 8). Abbildung 1.4 zeigt einige Beispiele permanent-residenzieller und temporär-zirkulärer Reiseformen auf. Residenzielle Mobilitätsarten beinhalten einen Wohnsitzwechsel. Ein i. d. R. singuläres Reiseereignis führt zu einer permanenten Verlagerung des standortdefinierten Lebensmittelpunkts – gewöhnlich ohne Rückkehrabsicht resp. ohne das Vorliegen diesbezüglicher konkreter Planungen (Williams und Hall 2002, S. 5 f.). Zirkuläre Mobilitätsformen führen hingegen an den Ausgangspunkt der Reise zurück. Bei touristischen Reisen handelt es sich um *zirkuläre Mobilität.* Kennzeichnend für die Reiseplanung des Touristen ist, dass er seine Reise aus seiner gewohnten Umgebung heraus antritt mit der festen Absicht, zu einem späteren Zeitpunkt in eben diese zurückzukehren (Burkart und Medlik 1974, S. 40; Ogilvie 1933, S. 3). Die Rückkehr des Reisenden in seine gewohnte Umgebung gilt als konstitutives Element des Tourismus. Das Verreisen mit der Verlegung des Aufenthaltsorts erfolgt nur vorübergehend (Williams und Lew 2015, S. 6).

				Mobilitätsanlass	
				investiv produktionsbedingt	konsumtiv konsumbedingt
Zeit		permanent **residenziell**		beruflich bedingte Wohnsitzverlegung	privat bedingte Wohnsitzverlegung
	temporär **zirkulär**	mehr- tägig	Geschäftsreisen	Wochenendpendler, Saisonarbeiter	Urlaubsreisen
		täglich; eintägig		Tagespendler	Einkauf des täglichen Bedarfs, private Tagesausflüge

Abb. 1.4: Beispiele für zirkuläre und residenzielle Reiseformen (Quelle: Eisenstein et al. 2019, S. 26; verändert)

Tourismus ist eine über die gewohnte Umgebung hinausreichende zirkulär-räumliche Mobilitätsform, die sich allerdings in einer Vielzahl unterschiedlicher Reiseverläufe manifestieren kann. Es lassen sich einige (miteinander kombinierbare) Grundmuster touristischer Reiseverläufe abstrahieren – die definitionsgemäß alle wieder zurück in die gewohnte Umgebung führen (siehe Abb. 1.5).

Der Tourist ist ein Reisender auf einer „Tour" (im oben dargestellten Sinne eines „roundtrip" gemäß Hall und Lew 2009, S. 7), sodass sein Ausgangspunkt auch sein finaler Endpunkt der Reise ist. Das unterscheidet ihn vom Migranten. Unabhängig davon, ob es sich um eine freiwillige Wohnsitzverlegung oder um Zwangsmigration aufgrund von Flucht oder Vertreibung handelt (Kagermeier 2016, S. 27), liegen bei der Migration residenzielle und damit nicht touristische Mobilitätsformen vor.[38]

Der Tourist reist *temporär*. Das unterscheidet ihn vom Nomaden. Die ständige Reisetätigkeit ist für Letzteren zentraler Bestandteil seiner praktizierten Lebensform.[39] Die touristische Reise bleibt hingegen ein gelegentliches oder seltenes Ereignis. Sie führt den Touristen aus seiner gewohnten Umgebung heraus, wobei er seine dauernde Adresse i. d. R. auch für den Zeitraum der Reise beibehält (Cohen 2011, S. 531).

Die zeitliche Befristung der touristischen Reise und des Aufenthalts in der Destination folgt zwingend aus der den zirkulären Mobilitätsablauf abschließenden Rückkehr des Touristen in seine gewohnte Umgebung. Der Tourismus „[...] hat stets einen

---

38 In Anlehnung an Roseman (1971, S. 591) kann als einen weiteren Unterschied zwischen Migration und touristischen Reisen auf die Häufigkeit der Reisen hingewiesen werden. So werden bspw. Urlaubsreisen in vielen Haushalten häufiger als Wohnsitzverlegungen durchgeführt.

39 Die von Nomaden traditionell besuchten Orte gelten hierbei als ihre gewohnte Umgebung (UNWTO 2010, S. 16).

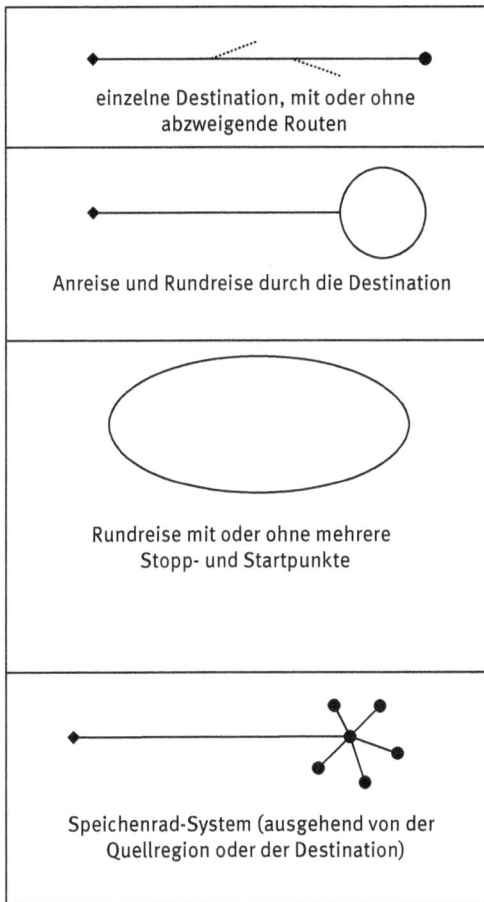

einzelne Destination, mit oder ohne
abzweigende Routen

Anreise und Rundreise durch die Destination

Rundreise mit oder ohne mehrere
Stopp- und Startpunkte

Speichenrad-System (ausgehend von der
Quellregion oder der Destination)

Abb. 1.5: Grundformen touristischer Reiseverläufe (Quelle: McKercher und Zoltan 2014, S. 35)

Ortswechsel zur Voraussetzung und setzt Menschen zuerst in Bewegung – um ihnen dann doch nur ein zeitlich befristetes Verweilen zu gönnen" (Hunziker und Krapf 1942, S. 33).

Gemäß der Tourismusdefinition von Kaspar darf die Destination „weder hauptsächlicher und dauernder Wohn- noch Arbeitsort" sein. Eine zeitliche Konkretisierung der Reise- oder Aufenthaltsdauer liefert Kaspar im Rahmen der konzeptionellen Definition des Tourismus nicht.[40] Die technische Tourismusdefinition der UNWTO (2010, S. 10) definiert die zeitliche Beschränkung über eine maximale Aufenthaltsdauer des

---

[40] Konzeptionell kann auch die Meinung vertreten werden, dass zur Abgrenzung der touristischen Mobilität nicht die zeitliche Begrenzung, sondern die Intention zur zirkulären Mobilität von entscheidender Bedeutung ist: Danach vollzieht sich ein Rollenwechsel vom Touristen zum Migranten bzw. zum Neueinwohner, sobald die Rückkehrabsicht aufgegeben und der Wille zur Sesshaftigkeit am Ziel-

Touristen – „less than one year" – in der Destination. Wer sich länger an einem Ort aufhält, gilt demzufolge als Einheimischer (Mundt 2013, S. 6).

Die Tourismusdefinition der UNWTO benennt zwar *eine Maximaldauer* für den Aufenthalt in der Destination, aber *keine Minimaldauer* – weder für den Aufenthalt des Reisenden in der Destination, noch für das Verlassen seiner gewohnten Umgebung. Auch die Tourismusdefinition nach Kaspar führt keinerlei Mindestdauer der Reise oder des Aufenthalts an. Folglich kann es sich auch bei einer Tagesreise um eine touristische Reise handeln, sofern alle konstitutiven Merkmale des Tourismus vorliegen.

Es besteht zunehmend Konsens, dass der Tourismus sowohl Übernachtungs- als auch Tagesreisen umfasst.[41] Als Gründe hierfür werden Verbesserungen in der Transporttechnologie und die damit in Verbindung stehende ökonomische Bedeutung des Tagestourismus für Destinationen und verschiedene Sachgüter und Dienstleistungen anbietende Unternehmen angeführt (Page und Connell 2014, S. 11; Bieger 2010, S. 33; auch bereits Spatt 1975, S. 10). Als zeitliche Grenze bestehen „deshalb nur noch die maximal 364 Übernachtungen, die minimale Aufenthaltsdauer fällt weg" (Mundt 2013, S. 6).

1.1.7 Konstitutives Element: Reisemotiv

Die für den Tourismus genannten Voraussetzungen des Ortswechsels in Form des Verlassens der gewohnten Umgebung und die die zirkuläre Mobilität vollendende Rückkehr des Reisenden in seine gewohnte Umgebung gelten unabhängig vom jeweiligen Zweck der Reise. Gleichwohl kann auch anhand der Motive der räumlichen Mobilität zwischen Reisenden im Allgemeinen und Touristen im Besonderen unterschieden werden. Die Gruppe der Reisenden umfasst neben Touristen auch Personen, die aus nicht touristischen Gründen reisen.

In Abb. 1.6 sind Beispiele nicht touristischer Mobilität zusammengestellt: Neben zirkulären Mobilitätsformen innerhalb der gewohnten Umgebung und residenziellen Mobilitätsarten können auch berufliche Aspekte (z. B. Mobilitätsdienstleister) und lebensstilbedingte Gesichtspunkte (z. B. Nomaden) dazu führen, dass es sich um Reisen und Aufenthalte nicht touristischer Art handelt. Auch gänzlich unfreiwillige Rei-

---

ort in den Vordergrund gerückt wird. Die ehemals als zirkuläre Mobilität geplante Reise wird hierbei in eine residenzielle Mobilität überführt (z. B. Ogilvie 1933, S. 4). So schreibt bspw. bereits Glücksmann (1935, S. 3): „Sobald der Wille jedoch darauf ausgerichtet ist, am Zielorte sesshaft zu werden, und sobald dieser Wille sich manifestiert, scheidet der Sesshaft Gewordene aus der Zahl der Fremden aus. Wohl kann er von den Alteingesessenen als fremd empfunden werden, wohl kann er selbst das Gefühl der Fremde an seinem Wahlorte haben; darauf kommt es jedoch nicht an."

41 Siehe z. B. Holloway und Humphreys (2016, S. 13); Williams und Lew (2015, S. 6); Schmude und Namberger (2015, S. 3); Hall und Page (2014, S. 81); Cooper und Hall (2013, S. 15); Mundt (2013, S. 5 f.); UNWTO (2010, S. 10).

Zirkuläre Mobilität innerhalb der gewohnten Umgebung, z. B.:	Berufsbedingte nicht touristische Mobilität und Aufenthalte, z. B.
– berufsassoziierte Mobilität in Form von Pendeln zum Arbeits- oder Studienort – Einkäufe des täglichen Bedarfs, regelmäßiger Besuch regionaler Einkaufszentren – regelmäßige Nutzung sportlicher, kultureller, religiöser oder medizinischer Einrichtungen	– bei ansässigen Einrichtungen oder Personen kurz- oder längerfristig Beschäftigte: Saisonarbeiter, Grenzgänger, Gastarbeiter – Bewohner extraterritorialer Enklaven: Diplomaten, Konsular- und Militärpersonal ausländischer Regierungen sowie begleitende Angehörige – Mobilitätsdienstleister: z. B. Besatzungen von Transportmitteln: Flug- und Zugbegleiter, Bus- und Lkw-Fahrer, Kurier- und Zustelldienste etc. – Berufe mit ständig wechselnden Einsatzorten: Monteure (Handwerker, Ingenieure), Bauarbeiter, ambulante Pflegedienste etc. – Streitkräfte im Manöver
Residenzielle Mobilität, z. B.	
– Flüchtlinge, Vertriebene – Einwanderer – Gefängnisaufenthalte – Auslandsentsendungen und Studienaufenthalte von über einem Jahr	
Nicht touristische, weil unfreiwillige Mobilität und Aufenthalte, z. B.	
– Krankentransporte und Krankenhauspatienten sowie Angehörige – Kriegsgefangene, Gefängnisaufenthalte und Gefangenentransporte – Exilanten	**Lebensstilbedingte nicht touristische Mobilität, z. B.** – Nomaden

Abb. 1.6: Beispiele für nicht touristische Anlässe räumlicher Mobilität (Quelle: eigene Zusammenstellung auf der Basis verschiedener Quellen[42])

sen und Aufenthalte (z. B. aufgrund von Krankheit oder Gefangenschaft) werden nicht dem Tourismus zugeordnet.

Es wird einerseits deutlich, dass es Anlässe und Motive für Reisen gibt, die nicht dem Tourismus zuzuordnen sind. Andererseits können die Gründe für eine touristische Reise wiederum sehr vielfältig sein. Der Oberbegriff Tourismus umfasst die *verschiedensten Reiseanlässe*. Als typisch touristisch gelten Urlaubs-, Freizeit- und Vergnügungsreisen, Erholungs-, Wellness- und Gesundheitsreisen sowie klassische Kuren. Zum Tourismus gehören zudem religiös begründete Reisen und Pilgerfahrten ebenso wie Shopping-, (Weiter-)Bildungs- und Volunteer-Reisen. Auch bei Besuchen von Verwandten, Bekannten und Freunden (VFR-Reisen)[43] und bei allen Reisen zu Freizeitwohnsitzen handelt es sich um touristische Reisen. Neben den angeführten privaten Anlässen kann es sich schließlich auch bei einer Geschäftsreise um eine touristische Reise handeln (Hall und Lew 2009, S. 7; UNWTO 2010, S. 24 ff.). Unabhängig vom Reisemotiv gilt die Zuordnung der Reise zum Tourismus immer unter den

---

42 UNWTO (2010, S. 14 ff.); Cohen (2011, S. 531 f.); Schmude und Namberger (2015, S. 2); Eisenstein et al. (2019, S. 25 ff.).
43 Visiting Friends and Relatives (Backer und King 2015, S. 1).

wissenschaftlich-akademische
Verwendung des Tourismusbegriffs
(u. a. auch geschäftliche Anlässe)

Verwendung „Tourismus"
in der Alltagssprache

Urlaubs- und Ferienreisen,
Freizeit- und
Vergnügungsreisen

nicht touristische
Mobilität

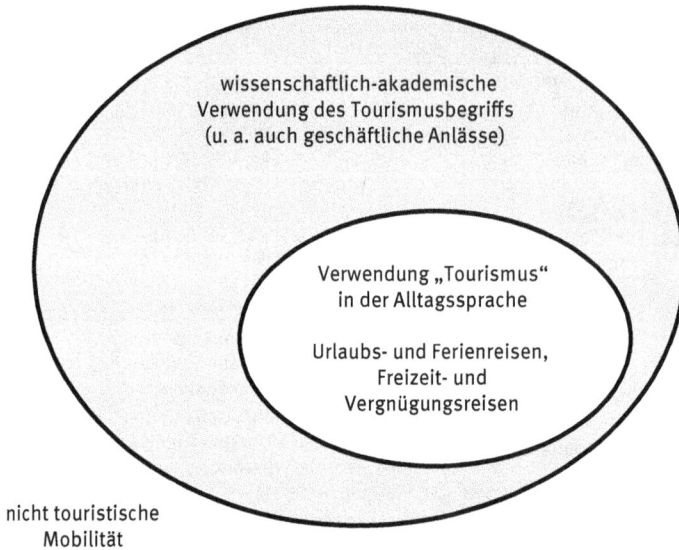

Abb. 1.7: Umgangssprachliche und akademische Definition des Tourismus (Quelle: nach Hall und Lew 2009, S. 6; verändert)

Bedingungen, dass Personen für einen Ortswechsel die gewohnte Umgebung in Form zirkulärer Mobilität vorübergehend verlassen.

Nach wie vor populär und im *Alltagsverständnis* der Umgangssprache verbreitet ist die Reduktion des Tourismus auf eine Urlaubs-, Freizeit- und Vergnügungsaktivität. Gerade die häufig mit einer Arbeitstätigkeit assoziierten Geschäftsreisen stehen für viele Menschen im Widerspruch zu ihrem alltäglichen Tourismusverständnis. Die akademisch-wissenschaftliche Diskussion zur Begriffsbestimmung hat allerdings mittlerweile dazu geführt, dass eine sehr viel weitere Tourismusdefinition abgeleitet wurde (siehe Abb. 1.7 und 1.8). Für eine zeitgemäße wissenschaftliche Beschäftigung mit dem Tourismus greift die Alltagsverwendung des Begriffs zu kurz.

Letztlich wird deutlich, dass es (mindestens) drei verschiedene, parallel existierende Ansätze der Bedeutungszuschreibung des Tourismusbegriffs gibt: Neben der umgangssprachlichen Begriffsbestimmung in der alltäglichen Verwendung sind dies der oben erörterte konzeptionelle und der daraus abgeleitete, ebenfalls bereits angeführte technische Ansatz. In Abb. 1.9 sind diese unterschiedlichen Ansätze abschließend vergleichend gegenübergestellt.

1.1.8 Erscheinungsformen des Tourismus

Während umfassende Definitionen des Tourismus wünschenswert sind, stellen die *Heterogenität* der touristischen Erscheinungsformen und die Unterschiedlichkeit tou-

	Tourismus im Sinne der Umgangssprache	Tourismus im wissenschaftlichakadem. Verständnis [44]	Kein Tourismus
Ortswechsel	z. B. Auslands- oder Fernreisen	Verlassen der gewohnten Umgebung, auch Naherholung	innerhalb der gewohnten Umgebung, regelmäßige Mobilität z. B. aufgrund von Pendeln, Versorgung, sportlichen, kulturellen, religiösen, medizinischen Anlässen
Zirkulärer Reiseverlauf; temporärer Aufenthalt	Übernachtungsreisen	Rückkehr in die gewohnte Umgebung, Begrenzung der Aufenthaltsdauer auf unter 1 Jahr, auch Tagesreisen,	residenzielle Mobilität; inkl. Flüchtlinge, Vertriebene
Motiv Reiseanlass	Urlaubs-, Freizeit,- Vergnügungsreisen	dito; auch z. B.: Gesundheitsreisen, klassische Kuren, Pilgerfahrten, Shopping-, Volunteer-Reisen, VFR-Reisen, (Weiter-)Bildungsreisen, Geschäftsreisen, Reisen zu Freizeitwohnsitzen	bei ansässigen Einrichtungen Beschäftigte Mobilitätsdienstleister, Berufe mit ständig wechselnden Einsatzorten Bewohner extraterritorialer Enklaven Streitkräfte im Einsatz unfreiwillige Mobilität (z. B. bei Krankheit oder Gefangenschaft; auch Flüchtlinge) Nomaden

Abb. 1.8: Konstitutive Elemente des Tourismus in der Umgangssprache und im akademisch-wissenschaftlichen Verständnis (Quelle: eigene Darstellung)

ristischer Verhaltensweisen für die Praxis teils erhebliche Probleme dar. Um die Vielfalt bspw. für statistische Zwecke oder für Marketing-Aktivitäten zu differenzieren und Teilelemente des Tourismus leichter erfassbar und beschreibbar zu machen, steht eine Reihe unterschiedlicher Möglichkeiten der Kategorisierung des Tourismus zur Verfügung. Hierbei werden nach verschiedenen Kriterien Gruppen gebildet, die in sich möglichst homogen sind und sich von den anderen Gruppen möglichst eindeutig unterscheiden.

Kulinat und Steinecke (1984, S. 34 f.) führen bspw. folgende fünf Differenzierungskriterien an:

- *kausal* nach den Motiven und Reiseanlässen: z. B. Freizeit-, Urlaubs-, Geschäftsreise

---

44 Gemäß den konzeptionellen und technischen Definitionen nach Kaspar (1998, S. 17) und UNWTO (2010, S. 10).

Ansatz	Verwendung	Beispiel
Populäre Begriffsverwendung	in der der alltäglichen Kommunikation in persönlichen Gesprächen in den Massenmedien	Umgangssprache („Wie war dein Urlaub?")
Konzeptioneller Definitionsansatz	Benennung prägender Merkmale zur Abgrenzung von verwandten Phänomenen Aufbau eines theoretischen Rahmens	Bsp.: Kaspar (1998, S. 17) Definitionsfestlegung bei wissenschaftlichen Arbeiten (z. B. Tourismus in seiner Gesamtheit oder nur in Teilen), bspw. bei der Erforschung touristischen Verhaltens
Technischer Definitionsansatz	operativ-pragmatische Ansätze zur Messung der Touristenströme genauere Bestimmung von Merkmalen für statistische, legislativ-rechtliche oder unternehmerische Zwecke	Bsp.: UNWTO (2010, S. 10) Standarddefinition für den „internationalen Tourismus" (aber unterschiedliche Definitionen in verschiedenen Ländern für den „inländischen Tourismus")

Abb. 1.9: Unterschiedliche Ansätze zur Bedeutungsbestimmung des Begriffs „Tourismus" (Quelle: eigene Darstellung[45])

- *modal* nach der Art und Weise der Reise(durchführung): z. B. nach der Art der genutzten Unterkunft (Camping-, Hotelreise) oder des genutzten Verkehrsmittels (Flug-, Busreise)
- *organisatorisch* nach Organisationart: z. B. Individual- oder Pauschalreise
- *temporal* nach Reisedauer: z. B. Tagesausflug, Wochenendreise, Langzeitreise
- *saisonal* nach Jahres- oder Saisonzeiten: z. B. Winter-/Sommerurlaub

Ebenfalls Anwendung in der deutschsprachigen Literatur[46] findet die ursprünglich auf Bernecker (1962, S. 12 ff.) zurückgehende Unterscheidung zwischen *Tourismusarten* und *Tourismusformen*. Eine Einteilung unterschiedlichen Tourismusarten ergibt sich aus dem jeweiligen Motiv (Zweck, Anlass) der Reise. Es bietet sich an, zunächst zwischen freizeitorientierten und geschäftlichen Zwecken der touristischen Reise zu unterscheiden (Williams und Lew 2015, S. 15).[47]

Beispiele verschiedener Tourismusarten sind in Abb. 1.10 angeführt. Tourismusformen sind hingegen nach äußeren Ursachen, Wirkungen und Verhaltensweisen gegliedert (siehe Abb. 1.11).[48] In der Realität handelt es sich bei der Reise zumeist um eine

---

45 In Anlehnung an Leiper (2004, S. 30 und 1990, S. 13).

46 Siehe als Beispiele die zu den Abb. 1.10 und 1.11 angegebenen Quellen.

47 An anderer Stelle werden die Zwecke in drei Hauptkategorien unterschieden: Urlaub (inkl. VFR), Geschäftsreisen und andere Zwecke, die u. a. das Pilgern und Gesundheitsreisen umfassen (Holloway und Humphreys 2016, S. 12).

48 In Anlehnung an Bernecker (1962, S. 15), Kaspar (1996, S. 17); Freyer (2015, S. 100).

Private Zwecke[49]	Geschäftliche Zwecke[50]
physische Motive, z. B.: Erholungs-, Kur-, Gesundheits-, Wellness-, Sporttourismus	klassische Geschäftsreisen, z. B.: Besuche in der Firmenzentrale, bei Niederlassungen oder Kunden
psychische Motive, z. B.: dito; Erlebnis- und Abenteuertourismus	Meetings, Seminare, Konferenzen, Tagungen und Kongresse
interpersonelle Motive, z. B.: Besuche von Verwandten, Freunden und Bekannten (VFR)	Messen und Ausstellungen
kulturelle Motive, z. B.: Kultur-, Religions-, Bildungstourismus	Incentive-Reisen[51]
Prestigemotive, z. B.: Status-, Renommier-, Luxusreisen	Corporate Hospitality[52]
„Bleisure": Kombination von geschäftlichen und privaten Aktivitäten[53]	

Abb. 1.10: Beispiele für Reisemotive und daraus abgeleitete Tourismusarten (Quelle: eigene Darstellung auf der Basis der in der Abbildung angegebenen Quellen)

Kombination verschiedener Tourismusformen (z. B. Flugreise mit Hotelübernachtung als Individualreise organisiert).

1.2 Tourismus als System

Einerseits muss der Tourismus in seiner komplexen Gesamtheit definiert werden, um ihn mit all seinen Ausprägungen und Beziehungen umfassend zu verstehen, andererseits muss gleichzeitig berücksichtigt werden, dass eine ganze Reihe verschiedener touristischer Teilmärkte mit unterschiedlichen touristischen Akteuren vorliegt. Zudem kann der Tourismus nicht als in sich abgeschlossene Anordnung von Elementen betrachtet werden, die losgelöst von verschiedenen Umfeldbereichen existiert.

Modelle, mit denen versucht wird, den Tourismus in seiner Gesamtheit zu erfassen, seine unterschiedlichen Teilbereiche zu berücksichtigen und ihn in einem Kon-

---

49 Nach Kaspar (1998, S. 27); verändert.
50 Nach Eisenstein et al. (2019, S. 146); verändert.
51 Nach Severt und Breiter (2010, S. 10 f.) zu definieren als „a motivational tool to enhance productivity or achieve business objectives [...] Earners are rewarded with a trip and the program is designed to recognize earners for their achievements."
52 Bei Corporate Hospitality handelt es sich i. d. R. um Einladungen zu Veranstaltungsbesuchen, die Unternehmen an Vertreter wichtiger Anspruchsgruppen aussprechen (Eisenstein et al. 2019, S. 240).
53 Hierzu gehören die Durchführung von privaten Aktivitäten während der Geschäftsreise (bspw. Restaurantbesuch, Sportausübung, Clubbesuch, Afterwork-Programme etc.), die Mitnahme von Verwandten/Bekannten/Freunden in die Geschäftsreisedestination sowie die Verlängerung von Geschäftsreisen für private Zwecke (Eisenstein et al. 2019, S. 315).

Kriterium	Beispiele
Demografische Kriterien	
Alter	Kinder-, Jugend-, Seniorentourismus
Geschlecht	frauen-, männertypischer Tourismus
Familienstand	Single-, Familientourismus
Ausbildung	Arbeiter-, Studenten-, Akademikertourismus
Einkommen	Sozial-, Luxustourismus
Wohnort/Herkunft	Inländer-, Ausländertourismus; Tourismus der Stadt-, Landbevölkerung
Kriterien des Reiseverhaltens	
Organisationsform	Individual-, (Teil-)Pauschaltourismus
Buchungszeitpunkt	Frühbucher-, Last-Minute-Tourismus
Reiseteilnehmer	Single-, Partner-, Familien-, Gruppen-, Massentourismus
Verkehrsmittel	Auto-, Motorrad-, Fahrrad-, Flug-, Bahn-, Bus-, Schiffstourismus
Reiseziel	Reiseverkehrsströme: Binnen-, Einreise-, Ausreisetourismus Grundformen: Inlands-, nationaler, internationaler Tourismus Reisedistanz: Naherholung, Ferntourismus Landschaftsform: maritimer, alpiner Tourismus; Mittelgebirgstourismus Agglomerationsgrad: (Groß-)Städtetourismus, Tourismus auf dem Land
Unterkunft	Camping-, Caravaning-, Airbnb-, Jugendherbergs-, Bauernhof-, Club-, Zweitwohnungs-, Ferienhaus-, Hoteltourismus
Reisedauer	Tages-, Kurzzeit-, Wochenend-, Langzeittourismus
Reisezeit	Jahreszeit: Sommer-, Wintertourismus Saisonzeit (saisonal): Vor-, Nach-, Hoch-, Nebensaisontourismus Reisetage: Wochenend-, Feiertags-, Oster-, Weihnachtstourismus
Reisepreis	Billig-, Luxustourismus
Aktivitäten	Bade-, Shopping-, Wander-, Rad-, Golf-, Angel-, Skitourismus

Abb. 1.11: Beispiele für unterschiedliche Tourismusformen (Quelle: eigene Darstellung auf der Basis verschiedener Quellen[55])

text zu seiner Umwelt darzustellen, greifen häufig auf *Ansätze der Systemtheorie*[54] zurück. Die Darstellungen sollen ermöglichen, das vielfältige Phänomen des Tourismus zu strukturieren, leichter verständlich und besser erfassbar zu machen. Damit einhergehend soll durch die Analyse von Strukturen, Beziehungen und Dynamiken eine umfassende Perspektive ermöglicht werden, die bestenfalls den Vorteil mit sich bringt, Prognosen über die Folgen von Veränderungen bei Systemelementen treffen zu können.

---

54 Wobei hier unter einem System mit Ulrich (1968, S. 105) „eine geordnete Gesamtheit von Elementen […], zwischen denen irgendwelche Beziehungen bestehen oder hergestellt werden können", verstanden wird.
55 Kulinat und Steinecke (1984, S. 34 f.); Kaspar (1996, S. 17 f.); Pompl (1997, S. 2 f.); Pearce (2005, S. 27); Müller (2008, S. 64 ff.); Schmude und Namberger (2015, S. 63); Freyer (2015, S. 101).

In der Literatur existiert eine ganze Reihe von Modellen zum System oder der Struktur des Tourismus.[56] Im Folgenden sollen vier Modelle vorgestellt werden, wobei es sich um das bekannteste Grundmodell und drei weitere systemorientierte Modelle handelt, die jeweils eine andere Perspektive bei der Betrachtung der Elemente und der Beziehungen des Phänomens Tourismus einnehmen.

1.2.1 Touristisches Grundmodell

Zu den nach wie vor international bekanntesten Darstellungen des touristischen Systems zählt das *(touristische Grund-)Modell von Leiper* (siehe Abb. 1.12).[57] Viele der bislang angeführten Aspekte des Tourismus können mittels dieses einfachen Modells dargestellt werden. Das Modell verdeutlicht zunächst die Aktivität der Touristen in Form der zirkulären Bewegung als räumliches Grundmuster touristischer Reisen.

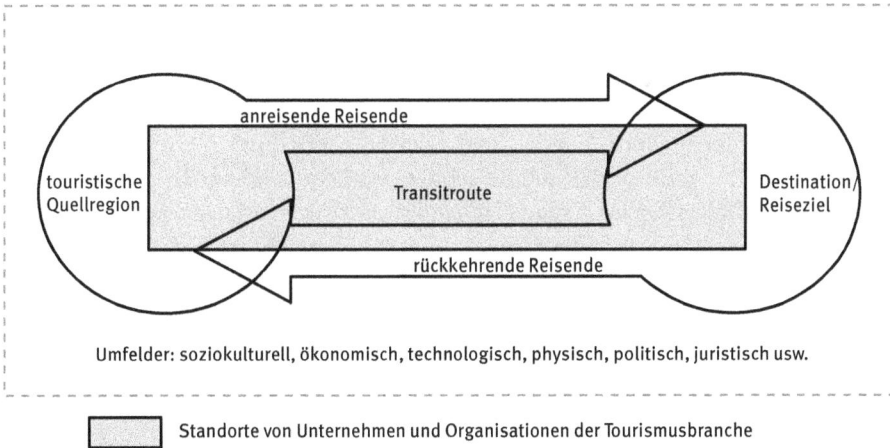

Abb. 1.12: Das touristische Grundmodell (Quelle: eigene Darstellung nach Leiper[58])

Nach Leipers Modell ergibt sich das System Tourismus aus dem Zusammenspiel von sechs Elementen.

---

56 Neben den im Folgenden dargestellten Modellen sei z. B. auf die Modelle von Benthien (1997, S. 10), Laws (2002, S. 69), Mill und Morrison (2009) oder Bauder und Freytag (2020, S. 1049) verwiesen.
57 Siehe z. B. Cooper (2012, S. 10 ff.); Robinson et al. (2013, S. 25 f.); Wanhill (2013, S. 7); Page und Connell (2014, S. 7 f.); Page (2015, S. 18); Boniface et al. (2016, S. 8 ff.); Holloway und Humphreys (2016, S. 9 f.); Lohmann und Panosso Netto (2017, S. 4 f.).
58 Leiper (1997, S. 41, 1990, S. 25); verändert in Anlehnung an Sharpley (2009, S. 12).

Die ersten drei Elemente lassen sich wie folgt charakterisieren:[59]

– *Die Quellregion der Reise (Tourist generating region)*
Sie stellt die gewohnte Umgebung des Touristen dar, von der aus die Reise beginnt und an der die Reise auch wieder endet. Hier liegt der Quellmarkt des Tourismus, in dem die Reisebedürfnisse entstehen. Verschiedene potenzielle Reiseziele werden vom Touristen wahrgenommen. Hier informiert sich der Tourist über mögliche Reiseziele, trifft die Reiseentscheidungen, nimmt ggf. Buchungen vor und führt die Reisevorbereitungen durch. Nach seiner Rückkehr bleiben ggf. Eindrücke der touristischen Reise bestehen. Der Tourist kommuniziert in unterschiedlicher Weise (persönlich oder über soziale Netzwerke) über seine Reiseerlebnisse und erinnert sich ggf. mithilfe von Souvenirs, Fotos oder Videos an verschiedene Situationen der Reise.

– *Die Transitroute*
Leipers Modell berücksichtigt das konstitutive Element des Ortswechsels und verdeutlicht, dass die räumliche Mobilität zentrales Element des Tourismus ist. Der mit dem Tourismus einhergehende Verkehr ist ein integraler Bestandteil des Tourismus.[60] Die konkrete Ausgestaltung der Verkehrswege auf den Transitrouten hat maßgeblichen Einfluss auf das Ausmaß und die Richtung der Touristenströme. Die Transitroute dient i. d. R. der notwendigen Raumüberwindung und verbindet die Quellregion mit dem Reiseziel. Sie ist der Weg durch die Transitregionen, durch die der Tourist reist, um an seine eigentliche touristische Destination zu gelangen. Der Transport ist zumeist Mittel zum Zweck und der hierfür notwendige Aufwand gilt als Kostenfaktor. Doch: „It is important, however, to distinguish between transport for tourism and the tourism transport experience" (Lumsdon und Page 2004, S. 4). Dies deshalb, weil es auch touristische Reiseverkehre gibt, bei denen die räumliche Mobilität nicht vornehmlich auf das Erreichen einer bestimmten Enddestination ausgerichtet ist, sondern stattdessen die Fortbewegung als Selbstzweck zur Generierung touristischer Erlebnisse dient (Page 2009, S. 24). Ein typisches Beispiel hierzu sind Ballonfahrten (siehe auch Abb. 1.13).

– *Die Zielregion der Reise (Tourist destination region)*
Sie stellt das Kernelement bzw. „den Kristallisationspunkt des touristischen Geschehens dar" (Kaspar 1996, S. 70). Die Anziehungskraft des Reiseziels bestimmt ebenfalls Richtung und Ausmaß der Touristenströme. Die touristische Destination[61] empfängt den Touristen für einen vorübergehenden Aufenthalt. Sie stellt ein Leistungsbündel aus Sach- und Dienstleistungen zur Verfügung, um die Be-

---

59 Nach Leiper (2004, S. 51); Cooper (2012, S. 10 f.); Wanhill (2013, S. 7 f.); Page und Connell (2014, S. 8); Page (2015, S. 18 f.); Boniface et al. (2016, S. 9); Lohmann und Panosso Netto (2017. S. 4 f.).
60 Zu den Verkehrsträgern siehe Kapitel 4.
61 Bernecker (1956, S. 94 f.) spricht vom „Zentrum eines touristischen Kräftefeldes". Cooper (2012, S. 11) sowie Wanhill (2013, S. 7) sehen im Zielgebiet bzw. der Destination gar die „Raison d'Être" des Tourismus.

räumliche Mobilität als Mittel zum Zweck: zur Erreichung des eigentlichen Reiseziels	⟸ Kontinuum ⟹	räumliche Mobilität mit Selbstzweck: hauptsächlicher Generator des touristischen Erlebnisses
Beispiele: Taxi, U-Bahn, S-Bahn, Stadtbusse	Beispiele: Kreuzfahrten, Stadtrundgänge, Panoramastraßen	Beispiele: Wanderungen, Radtouren, historische Eisenbahnstrecken, Ballonfahrten
niedrig	Relevanz für das touristische Erlebnis ⟩	hoch

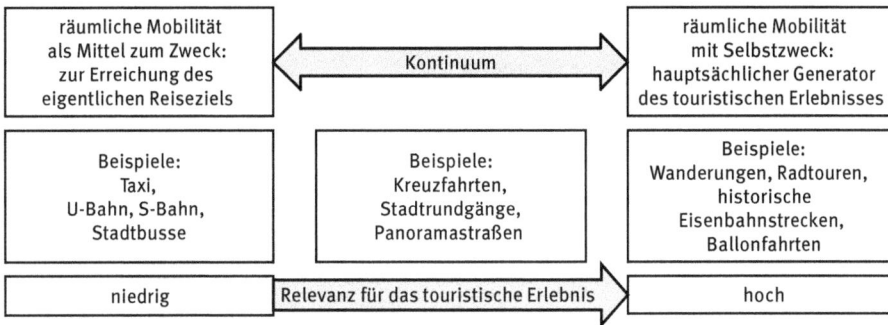

Abb. 1.13: Touristische Mobilität als Mittel zum Zweck und als Selbstzweck (Quelle: eigene Darstellung nach Lumsdon und Page 2004, S. 7)

dürfnisse des Touristen zu befriedigen und hierdurch wirtschaftliche Vorteile zu erlangen.[62] Der Tourismus kann dabei im Zielgebiet eine Reihe positiver und negativer Folgen ökonomischer, ökologischer und sozialer Art entfalten.

Quellregion, Transitroute und Zielregion bilden die geografischen Elemente des Leiper'schen Modells (Wanhill 2013, S. 7; Cooper 2012, S. 10).
Zwei weitere Elemente des Modells sind:
– *Der Tourist*
Sein Bedürfnis, das gewohnte Umfeld temporär befristet zu verlassen, macht ihn zum auslösenden Akteur. Er reist durch Transitregionen zu seinem Hauptreiseziel und kehrt zu einem späteren Zeitpunkt in seine gewohnte Umgebung zurück. Für diese räumliche Mobilität können verschiedene Motive die Grundlage bilden. Die touristischen Erscheinungsformen und konkreten Praktiken der Ausgestaltung der touristischen Reise sind dabei sehr vielfältig.
– *Die Tourismus- und Reiseindustrie*
Sie wird repräsentiert durch eine Bandbreite von Unternehmen und Organisationen, die an der Lieferung der Güter und Dienstleistungen, die von Touristen konsumiert werden, beteiligt sind.[63] Standorte der Tourismusbranche sind dabei sowohl das Quell- und das Zielgebiet als auch die Transitrouten (siehe Abb. 1.14; im Modell sind touristische Betriebe gemäß der obersten Zeile verortet). Während in der Quellregion insbesondere vertriebsorientierte Dienstleistungen zur Information und Buchung von Reisen angeboten werden, sind es für den Transitbereich vorwiegend (als Kernprodukt) Transportdienstleistungen. In der Destination wiederum stellen verschiedene Akteure im Rahmen eines produktiven Netzwerks ein Bündel unterschiedlicher Einzelleistungen zur Verfügung.

---

62 Näheres zur Destination und deren Produktionsfaktoren siehe Kapitel 7.
63 Näheres zur nicht unproblematischen Abgrenzung der Tourismusbetriebe siehe Abschnitt 1.1.4.

Quellregion:	Transitroute/Transitregion:	Zielregion:
insbesondere Distribution von Zielregionen	insbesondere Transport zwischen Quell- und Zielregion	Leistungsbündel aus Dienstleistungen & Sachgütern
stationäre & Online-Reisebüros	Schienen-, Bus-, Luft-, Schiffsverkehr	lokaler Vertrieb (z. B. Reisebüros, Reiseveranstalter, Touristinformation)
Reiseveranstalter	Mietwagen & privater Individualverkehr	lokaler Transport (z. B. ÖPNV, Taxi, Shuttle, Mietwagen)
ggf. Dienstleistungen zur Nachbetreuung	Verkehrsinfrastruktur	Beherbergung & Verpflegung
Handel mit Reiseutensilien	ggf. Verpflegung & Betreuung	Attraktionen & Aktivitätsmöglichkeiten

Abb. 1.14: Beispiele für touristische Angebotsbestandteile in den verschiedenen geografischen Elementen des Systems Tourismus (Quelle: eigene Darstellung nach Cooper und Hall 2013, S. 5 f.)

Die bislang angeführten Elemente des Systems Tourismus stehen untereinander in Beziehungen. Zudem üben externe Faktoren Einflüsse auf den Tourismus aus. Das System Tourismus muss deshalb als ein offenes System verstanden werden, das mit verschiedenen Umwelten interagiert. Den sechsten Bestandteil des Leiper'schen Modells bildet daher Folgendes:

– *Die Umfeldbereiche*

Mit diesen ist das System Tourismus durch zahlreiche Wechselwirkungen verknüpft. Einerseits kann der Tourismus Effekte auf diese Bereiche entfalten, andererseits hängt er in vielfältiger Weise von den Entwicklungen in diesen Umfeldbereichen ab. In einigen Umfeldbereichen hat die Dynamik im 21. Jahrhundert deutlich zugenommen (z. B. im technologischen Umfeld), sodass erhöhte Anforderungen an die Beobachtung dieser Rahmenbedingungen und deren Einfluss auf den Tourismus gestellt werden (Eisenstein 2017, S. 16).

Das Modell von Leiper bietet verschiedene Vorteile: Zunächst ist es allgemein anwendbar. Es ist sowohl maßstabsunabhängig und damit von der lokalen bis zur internationalen Ebene einsetzbar, als auch motivunabhängig und damit beim Gesundheitstourismus ebenso wie bei Abenteuer- oder Geschäftsreisen anzuwenden. Trotz der Flexibilität des Modells bleiben die gemeinsamen Elemente des Tourismus gewahrt. Leipers Modell macht deutlich, dass die Elemente des Tourismus untereinander interagieren und mit verschiedenen Umfeldbereichen verknüpft sind. Das Verständnis für diese Zusammenhänge führt zu einem verbesserten Verständnis des Phänomens Tourismus. Zwar verdeutlicht Leiper in seinem Modell, dass geografische Komponenten für den Tourismus essenziell sind, doch lassen sich interdisziplinäre Ansätze unproblematisch integrieren. Es bietet zudem einen Rahmen, der um weitere disziplinäre

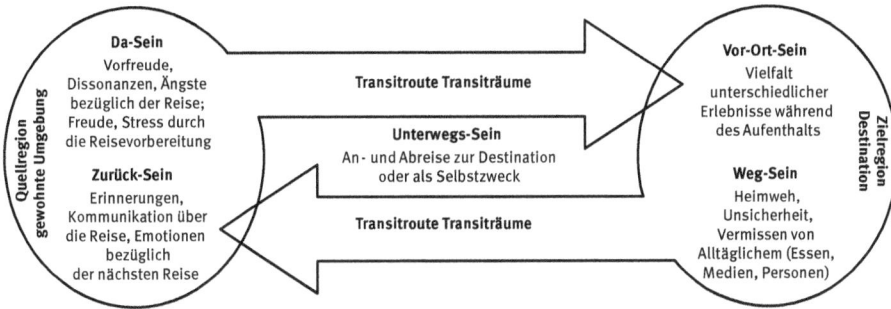

Abb. 1.15: Touristisches Erleben je nach Reisephase (Quelle: eigene Darstellung[64])

Ansätze ergänzt werden kann, sodass unterschiedliche Perspektiven berücksichtigt werden können (Cooper 2012, S. 12 f.).

Die systemorientierte Betrachtung ermöglicht es, den Gesamtprozess des touristischen Reisens sowohl aus Nachfrager- als auch aus Anbietersicht zu betrachten. Auch ist eine Betrachtung der vielfältigen Ausprägungen der von mit dem Tourismus einhergehenden Erlebnisse möglich, indem eine Zuordnung von Erlebniskomponenten zu den geographischen Elementen des Systems Tourismus erfolgt (siehe Beispiel in Abb. 1.15).

Schließlich zeigt sich, dass trotz der Einfachheit des Leiper'schen Modells eine ganze Reihe von alternativen Modellen zum System Tourismus auf die identischen Grundelemente zurückgreift.

1.2.2 Struktur des Systems Tourismus nach Kaspar

Im deutschsprachigen Raum wird häufig auf das von *Kaspar* aufgestellte Modell zur Struktur des Systems Tourismus Bezug genommen (siehe Abb. 1.16).[65] Das systemtheoretische Modell konzentriert sich auf zentrale interne Elemente des Tourismus (Subsysteme) und versteht den Tourismus als offenes System, das durch Wechselwirkungen mit den übergeordneten Systemen verknüpft ist. Prägend für den Ansatz ist eine *makroanalytische Perspektive*, mit der der Bezugsrahmen für die Tourismusinstitutionen verdeutlicht wird (Reeh und Faust 2004, S. 8).

Kaspar unterscheidet innerhalb des Systems Tourismus die *Subsysteme Tourismussubjekt und Tourismusobjekt*. Bei dem Tourismussubjekt handelt es sich um den Touristen, der seine Bedürfnisse, Erfahrungen und Erwartungen in das System ein-

---

64 Nach einem Ansatz von Nies et al. (2015, S. 10 ff.), auf das System Tourismus transferiert, visualisiert, ergänzt und verändert.
65 Siehe z. B. Bieger (2010, S. 66 f.); Bieger und Beritelli (2013, S. 27 f.); Dettmer et al. (2005, S. 13); Reeh und Faust (2004, S. 8 f.); Hinterholzer und Jooss (2013, S. 9 f.).

Übergeordnete Systeme

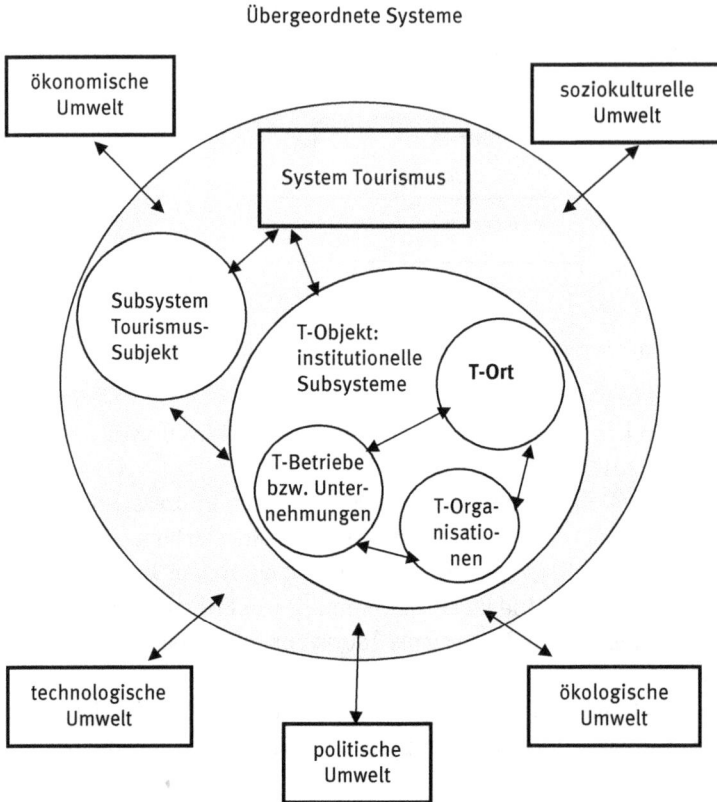

Abb. 1.16: Die Struktur des Systems Tourismus (Quelle: Kaspar 1996, S. 12)

bringt. Zum Subsystem Tourismusobjekt gehören die drei untereinander vernetzten institutionellen Elemente Tourismusbetriebe (als wirtschaftlich tätige Unternehmen), Tourismusorganisationen (als Koordinationsinstanzen) und Tourismusorte (als Destinationen), wobei er Letzteren als „Kristallisationspunkt[e] des touristischen Geschehens" (Kaspar 1996, S. 70) einen besonderen Stellenwert zuweist. Die Bestandteile des Subsystems Tourismusobjekt produzieren verschiedene Leistungsbündel von Sachgütern und Dienstleistungen, die von den Tourismussubjekten zur Bedürfnisbefriedigung konsumiert werden.

Die Offenheit des Ansatzes kommt im Kaspar'schen Modell durch die Einbettung des Systems Tourismus in übergeordnete Systeme und die damit verdeutlichten Beziehungen zu den Umfeldbereichen zum Ausdruck. Der Tourismus steht mit diesen in Wechselwirkungen, d. h., er beeinflusst die übergeordneten Systeme, wird jedoch ebenso von ihnen beeinflusst. So haben die Gegebenheiten in diesen Bereichen als Einflussfaktoren ebenso für die touristische Nachfrage- wie für die touristische Angebotsseite große Relevanz und prägen die Subsysteme Tourismusobjekt und Tourismussubjekt.

Kaspar berücksichtigt dabei folgende übergeordnete Systeme:
- *ökonomische Umwelt* (z. B. Einkommens- und Preisentwicklungen, wirtschaftliche Konjunktur; Beschäftigungseffekte des Tourismus[66])
- *soziokulturelle Umwelt* (z. B. Werte und Normen, Stellenwert von Freizeit und Tourismus; Akkulturationseffekte[67])
- *ökologische Umwelt* (z. B. ökologische Ausstattung als touristisches Potenzial; tourismusinduzierte Umweltbelastungen)
- *politische Umwelt* (z. B. gesetzliche Arbeitszeit-/Urlaubstageregelungen, Verkehrs- und Visapolitik; wirtschaftspolitische Impulse durch touristische Potenziale)
- *technologische Umwelt* (z. B. Verkehrs- und Transporttechnologie, Informations- und Kommunikationstechnologie; Sicherheits- und Komfortansprüche von Touristen)

Wie das Modell von Leiper kann auch das Modell Kaspar die vielfältigen Beziehungen und Verflechtungen sowohl innerhalb des Systems Tourismus als auch mit verschiedenen externen Umweltbereichen verdeutlichen. Auch sind beide Modelle aufgrund der systemtheoretischen Ausrichtung für interdisziplinäre Ansätze geeignet. Es wird jedoch auch eine unterschiedliche Perspektive deutlich: Während Leiper (insbesondere mittels der drei Bestandteile Quellregion, Transitroute und Zielregion) grundlegende geografische Gesichtspunkte des Systems Tourismus beleuchtet, nimmt Kaspar bei der Strukturierung des Phänomens Tourismus eher einen wirtschaftswissenschaftlichen Standpunkt ein (Bieger 2010, S. 67), indem das nachfrageseitige Tourismussubjekt mit den anbieterseitigen Elementen des Tourismusobjekts einen in übergeordnete Systeme eingebetteten touristischen Markt bildet.

1.2.3 Tourismus als System nach Pompl

Ebenfalls wirtschaftswissenschaftlich orientiert, stellt Pompl den „Tourismus als System" dar (siehe Abb. 1.17). Im Gegensatz zu Kaspar folgt er jedoch eher einer *mikroanalytischen Perspektive* (Hinterholzer und Jooss 2013, S. 10; Reeh und Faust 2004, S. 9), wobei er ein Kernsystem „Touristik" in den Mittelpunkt seiner Betrachtung stellt.

Dieses besteht aus *Reiseveranstaltern, Reisemittlern und Reisenden*. Es umfasst somit „neben der Gruppe der Nachfrager auch alle Betriebe, deren Zweck in der Veranstaltung und/oder Vermittlung von Reisen besteht" (Pompl 1997, S. 9). Damit hebt Pompl mit der Touristik einen ganz anderen Teil des touristischen Systems hervor als Kaspar, der den Tourismusorten als Kristallisationspunkten des Tourismus eine besondere Stellung einräumt.

---

66 Siehe hierzu Abschnitt 7.4.
67 Siehe hierzu Abschnitt 7.5.

System Umwelt

Wirtschaft

System Tourismus

Leistungsträger
Beförderungsunternehmen
Unterkunfts-/Verpflegungs-
betriebe
Zielortagenturen
Kur- und Bäderbetriebe
Sportunternehmen
Fahrzeugvermietungen

Politik

Zulieferer
Werbeagenturen
Marktforschungsinstitute
Verlage
Banken
Fremdenverkehrsvereine

**Kernsystem
Touristik**

Reiseveranstalter
Reisemittler
Reisende

Institutionen
öffentl. Körperschaften
Interessenvereinigungen
Ausbildungs-, Forschungs-
einrichtungen
Medien
Aktionsgruppen

Attraktionen
natürliche Faktoren
soziale Faktoren
Infrastrukturanlagen
arrangierte Ereignisse
Souvenirs

System Tourismus

Umwelt

Gesellschaft

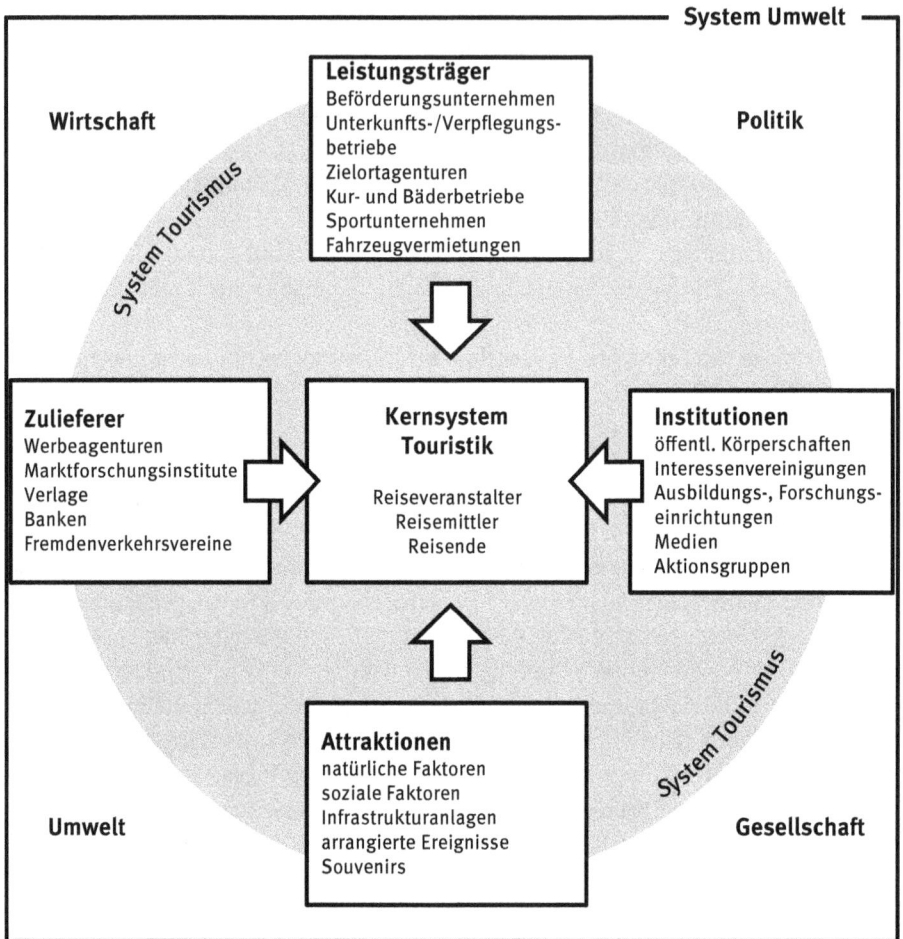

Abb. 1.17: Tourismus als System (Quelle: Pompl 1997, S. 6)

Das Kernsystem Touristik steht laut Pompl in wechselseitigen Beziehungen zu *vier Subsystemen*: zu Leistungsträgern, Attraktionen, Institutionen und Zulieferern. Zum Subsystem der Leistungsträger zählen alle Unternehmen, deren Leistungen von Reise-veranstaltern zur Pauschalreiseerstellung verwendet werden, auch wenn nur ein Teil ihres Leistungsprogramms auf die Gruppe der Touristen abzielt (z. B. Versicherungen). Beim Subsystem der Attraktionen handelt es sich um touristische Angebotselemente (zumeist im Zielgebiet)[68] und bei dem Subsystem Institutionen um Organisationen, deren Tätigkeiten den Tourismus direkt oder indirekt beeinflussen. Das Subsystem der Zulieferer besteht aus Erbringern von unterstützenden Leistungen sowohl für die Tou-

---

68 Näheres zu den Produktionsfaktoren der Destination siehe Abschnitt 7.2.

ristikunternehmen (z. B. Marktforschungsunternehmen) als auch für die Reisenden (z. B. Produzenten von Reisegepäck)[69] (Pompl 1997, S. 5 ff.).

Die im Kern- und in den Subsystemen angeführten Unternehmenskategorien und Institutionen produzieren nur z. T. Sachgüter, stattdessen werden häufig Dienstleistungen (für den Reisenden oder für Unternehmen) ausgeführt. Kern- und Subsysteme bilden gemeinsam das System Tourismus, das als offenes System analog zum Modell von Kaspar mit anderen Umfeldbereichen (hier: Wirtschaft, Gesellschaft, Politik und Umwelt) in Beziehung steht.

1.2.4 Touristisches Strukturmodell

Das touristische Strukturmodell (nach dem Schweizerischen Tourismuskonzept von 1979), das ebenfalls einen vereinfachten Überblick über die hauptsächlichen Elementen und Beziehungen des Systems Tourismus zum Ausdruck bringen soll, nimmt eine weitere Perspektive ein, indem implizit die *Nachhaltigkeit* – bezogen auf die drei Dimensionen *Gesellschaft, Wirtschaft und Umwelt* – Berücksichtigung findet (siehe Abb. 1.18).

Die gesellschaftliche Dimension wird durch die Interessen der ortsansässigen Bevölkerung und die touristischen Bedürfnisse der (potenziellen) Reisenden berücksichtigt, der ökonomische Bereich ist über die Nachfrage nach touristischen Leistungen und das touristische Angebotspotenzial abgedeckt und im Hinblick auf die Ökologie wird der Aspekt der touristischen Nutzung von Landschaft und Naturhaushalt in das Modell eingebracht.

> „Das Grundraster besteht aus den drei Subsystemen Gesellschaft, Wirtschaft und Umwelt. Das gesellschaftliche und das wirtschaftliche Subsystem bilden gemeinsam das sozioökonomische Teilsystem. Dieses steht in enger Beziehung zum Subsystem Umwelt, da die touristische Nutzung der Landschaft im Allgemeinen mit Eingriffen in den Naturhaushalt verbunden ist. Die Steuerung des Systems Tourismus erfolgt im Wesentlichen über die gesellschaftlichen und rechtlichen Normen, die touristischen Investitionen und Konsumausgaben sowie über jede Art direkter und indirekter Tourismuspolitik." (Bandi Tanner und Müller 2019, S. 68)

Zusammenfassend und ergänzend kann angeführt werden, dass die Betrachtung des Systems Tourismus anhand der dargestellten Modelle folgende – neben den konstitutiven Elementen vorliegenden – Besonderheiten des Tourismus (bzw. des touristischen Produkts) zum Ausdruck bringen:

---

69 Die Zuordnung von Tourismusorganisationen (im Modell „Fremdenverkehrsvereine" genannt) wird von Pompl (1997, S. 7) als problematisch erachtet, weil diese u. U. auch als Reiseveranstalter (dann dem Kernsystem Touristik zuzuordnen) oder als Bestandteil des Subsystems der Institutionen, weil Teilbereich einer öffentlichen Gebietskörperschaft, agieren können.

Steuergrößen

```
┌─────────────────────────────┬─────────────────────────────┐
│  gesellschaftliche und      │  touristische Investitionen │
│  rechtliche Normen          │  und Konsumausgaben         │
└─────────────────────────────┴─────────────────────────────┘
```

Gesellschaft   Wirtschaft

sozioökonomisches System

touristische Bedürfnisse ←→ Nachfrage nach touristischen Dienstleistungen

Interessen der ortsansässigen Bevölkerung ←→ touristisches Potenzial und Ausstattung

touristische Nutzung der Landschaft

Naturhaushalt

Umwelt

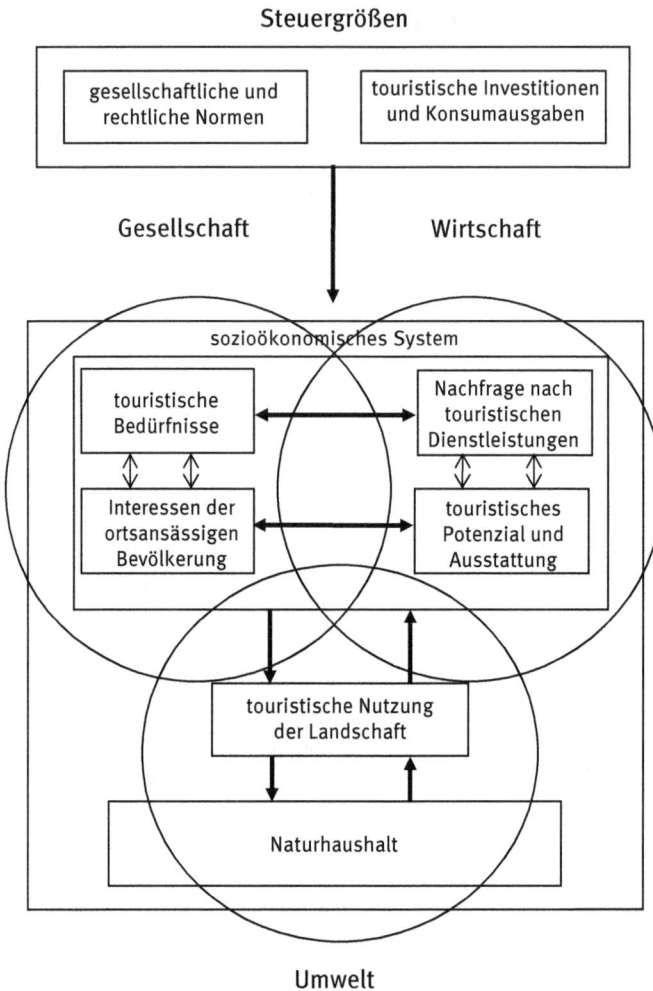

Abb. 1.18: Das touristische Strukturmodell (Quelle: Beratende Kommission für Fremdenverkehr des Bundesrates 1979, S. 84)

– *Hohe Verflechtungsintensität des Tourismus mit den Umfeldbereichen*
Der Tourismus ist in unterschiedliche Umfeldbereiche „eingebettet" bzw. steht mit diesen in Beziehungen. Sowohl die Entwicklungen des touristischen Angebots als auch die der touristischen Nachfrage werden von den Entwicklungen in den Umfeldbereichen determiniert. Gleichzeitig kann der Tourismus auf verschiedene Umfeldbereiche wirken und umfangreiche Effekte und Folgen entfalten.
– *Vielzahl der am Tourismus beteiligten Akteure*
Innerhalb des touristischen Systems agiert eine Reihe unterschiedlicher Akteure (mit z. T. unterschiedlichen Interessen), zwischen denen vielfältige Verflechtun-

gen bestehen. Die Akteure umfassen nicht nur die Touristen, die Reisemittler und Reiseveranstalter sowie die in der Destination ansässigen Leistungsträger, sondern auch die in der Destination wohnende Bevölkerung sowie bspw. ortsfremde Kapitalgeber (Banken) oder Vereinigungen zur Interessenvertretung wirtschaftlicher, sozialer oder ökologischer Belange.

- *Leistungsbündelcharakter des Tourismus*
  Tourismus (resp. das touristische Produkt) entsteht i. d. R. durch das Zusammenspiel einer Reihe sich ergänzender Teilleistungen (z. B. Vermittlung, Beherbergung, Verpflegung, Unterhaltung, Veranstaltung etc.). Wirtschaftlich betrachtet konsumiert der Tourist ein Leistungsbündel aus Sach- und v. a. Dienstleistungen, das von unterschiedlichen privatwirtschaftlich agierenden Anbietern zur Verfügung gestellt und deren Angebotsportfolio um öffentliche Güter ergänzt wird. Die Dienstleistungseigenschaften des touristischen Produkts[70] spielen sowohl beim Management von Tourismusunternehmen als auch bei Herstellung und Konsum touristischer Güter eine bedeutende Rolle.

1.3 Historische Entwicklung des Tourismus

Für ein weiteres Verständnis des Phänomens Tourismus ist es hilfreich, Kenntnisse über die Geschichte des Reisens und der touristischen Entwicklung zu besitzen. Es kann davon ausgegangen werden, dass „Reisen im weitesten Sinne [...] zu den tradierten Elementen der menschlichen Existenz" gehört (Job et al. 2005, S. 585).

> „Auf der Suche nach Lebensgrundlagen hat sich die Spezies Mensch immer weitere Bereiche der Erde „angeeignet", ist sie immer tiefer in unbesiedelte und entlegene Räume eingesickert. Der Mensch als Jäger und Sammler hat sich über die Erde ausgebreitet, wurde·seßhaft, entwarf Ackerbaukulturen und schließlich städtische Hochkulturen. Doch bis heute hat er es nicht aufgegeben, vorübergehend seine angestammten Orte zu verlassen und nach neuen Ufern Ausschau zu halten." (Lutz 1993, S. 203)

Es wird deutlich, dass räumliche Mobilität eng mit der *Kulturgeschichte der Menschheit* verknüpft ist. In diesem Rahmen kann die Geschichte des Reisens und des Tourismus als „nach rückwärts offen" (Spode 1993, S. 3) bezeichnet werden. Aus unterschiedlichen Ausgrabungsfunden lassen sich bereits in prähistorischen Zeiten vielfältige Handels- und Kulturbeziehungen ableiten (Krempien 2000, S. 14). Viele der prähistorischen Reisen entsprangen einem unmittelbaren materiellen Interesse. Insbesondere der *Handel* war eine Hauptantriebskraft für den Reiseverkehr, auch wenn daneben *administrative und militärische Zwecke* zu beobachten waren (Cooper 2012, S. 7). „Die ersten Reisenden auf dieser Erde waren keine Wissenschaftler und keine Pil-

---

70 Näheres hierzu siehe z. B. Dettmer et al. (2005, S. 45 ff.).

ger, keine Erholungsreisenden und keine Badefreunde. Die ersten Reisenden vor etwa 14.000 Jahren mögen noch keine ‚hauptberuflichen' Händler gewesen sein, doch sie brachten Ware von einem Ort zum anderen" (Laufenberg 1969, S. 153). Spätestens die Entwicklung des Handels bei den Sumerern um 4000 v. Chr. kann als Geburtsstunde des Reisens gelten (Goeldner und Ritchie 2012, S. 29). Damit wurden bereits lange vor der Antike Risiken (z. B. Überfälle, Krankheiten) und Unannehmlichkeiten (z. B. Wetter, schlechte Wege) in Kauf genommen (Holloway und Humphreys 2016, S. 319), um Handel zu treiben und Neues zu entdecken (Beaverstock und Budd 2013, S. 1). Die weitaus längste Zeit lagen die hauptsächlichen Zwecke des Reisens in der Sicherung und Steigerung der zur Verfügung stehenden materiellen Ressourcen durch Administration, Handel, Entdeckungen und Krieg sowie in der Vermehrung immaterieller Güter wie Wissen, Gesundheit und Seligkeit (Spode 1993, S. 3). Allerdings wurden ab den ersten Hochkulturen auch heute noch bekannte Reisemotivationen nicht materieller Art im Sinne von Vergnügungsreisen vorweggenommen (Bieger 2010, S. 44 f.).

Eine weltweit einheitliche Darstellung der zeitlichen Entwicklung des Reisens und des Tourismus ist aufgrund des unterschiedlichen Verlaufs in den einzelnen Weltregionen und Kulturkreisen nicht möglich (Freyer 2015, S. 10), doch können hinsichtlich der historischen Entwicklung in Europa *vier Entwicklungsepochen* unterschieden werden (siehe hierzu Abb. 1.19). In diesen Epochen spiegeln sich insbesondere grundlegende technische Innovationen wider, die durch die Neu- bzw. Weiterentwicklung der zur Verfügung stehenden Verkehrsmittel eine hohe tourismuspraktische Relevanz erhalten (Bauder und Freytag 2020, S. 1051). Neue Transportmöglichkeiten führten immer wieder zu Mobilitätsschüben, bei denen für bereits am Reisegeschehen teilnehmende Bevölkerungsgruppen das Reisen erleichtert und für neue Bevölkerungsgruppen ermöglicht wurde.

1.3.1 Frühphase (bis 1850)

Bis in die Mitte des 19. Jahrhunderts wird von der touristischen Frühphase bzw. Vorphase gesprochen. Charakteristisch für diese Phase ist die *Langsamkeit der räumlichen Mobilität*. Das Reisen erfolgte zu Fuß, mit dem Pferd, per Kutsche oder Schiff. Die Reisegeschwindigkeit betrug anfangs 5 bis 7 km/h und erreichte eine Maximalgeschwindigkeit von 20 km/h (Job et al. 2005, S. 585; Freyer 2015, S. 12). Private Reisen setzten finanzielles Vermögen voraus und stellten für die Reisenden zumeist ein sowohl seltenes als auch besonderes Ereignis im Lebensverlauf dar (Kesten und Spode 2000, S. 22).

Ägypter und Griechen
Die Ägypter, die ab 4000 v. Chr. aufgrund des Handels die Fluss- und Seeschifffahrt in größerem Maß betrieben, gehörten zu den Ersten, für die neben administrativ-dienst-

Zeitraum der Epoche	Bezeichnung		Transport mittel	Motivation	Teilnehmer
	Nach Freyer	Nach Job			
Vor 1850	Vorphase	touristische Frühphase	zu Fuß Pferd Kutsche Schiff	Handel & Gewerbe, Pilgern & Wallfahrten Entdeckungs- reisen, Bildung & Vergnügen	Adel, Gebildete, Händler & Geschäfts- reisende Bürgertum
1850–1914	Anfangsphase	Formierungsphase (des institutionalisier- ten Tourismus)	Eisenbahn, Dampfschiff	vorwiegend Erholung; z. T. Vergnügen; Handel & Gewerbe	wie bisher zzgl. neue Mittelklasse
1914–1945	Entwicklungs- phase	massentouristische Initialphase	Eisenbahn, Bus, Auto, Flug (Linie)	vorwiegend Erholung; z. T. Vergnügen; Handel & Gewerbe	wie bisher zzgl. Arbeiter („KdF")
Ab 1945	Hochphase	massentouristische Expansionsphase (bis 1970); Reifephase (bis 1990); Spätphase (nach 1990)	zunächst Bahn, dann Auto und Flug (Charter)	Erholung, Erlebnis, interpersonelle, kulturelle, geschäftliche Motive etc. (vgl. Abb. 1.10)	alle Schichten (in den Industrie- ländern)

Abb. 1.19: Epochen der touristischen Entwicklung in Europa nach Freyer und Job (Quelle: eigene Darstellung nach Job 2003, S. 361 ff. und Freyer 2015, S. 11)

lichen bzw. geschäftlichen Motiven auch Reisen aus religiösen, aus Bildungs- und Be- sichtigungsgründen (der Pyramiden ab 1500 v. Chr.) und – für privilegierte Bevölke- rungsschichten – Reisen zum Zwecke der sozialen Distinktion, des Vergnügens und Zeitvertreibs sowie zur Erholung belegbar sind (Berktold-Fackler und Krumbholz 1997, S. 9; Krempien 2000, S. 15 f.; Hachtmann 2007, S. 26; Gyr 2010, S. 5). „Die Griechen folg- ten ähnlichen Traditionen. Sie reisten nach Delphi, um das Orakel zu befragen, nah- men an den Pythischen Spielen (Musik und sportliche Wettbewerbe) teil oder fuhren zu den Olympischen Spielen" (Gyr 2010, S. 5). Es wird erkennbar, dass in der Gegen- wart bekannte Tourismusarten wie Sporttourismus (Olympiade), Bildungstourismus (Herodot) oder Wallfahrten (Delphi) bereits in der Antike anzutreffen waren (Kaspar 1998, S. 21).

Römisches Reich

Fielen die quantitativen Dimensionen der räumlichen Mobilität im alten Ägypten oder im antiken Griechenland noch eher bescheiden aus, wuchs das Ausmaß des Reisever- kehrs während des Römischen Reiches deutlich an. Gründe hierfür waren verschiedene *positive Rahmenbedingungen* für die räumliche Mobilität: Hierzu zählt der aus militärischen Überlegungen heraus veranlasste Aufbau eines umfassenden und qualitativ hochwertigen Straßennetzes.[71] Als weitere, die räumliche Mobilität begünstigende Faktoren gelten die verhältnismäßig sicheren Unterkunftsmöglichkeiten, die durch die zahlreichen Garnisonsstädte gewährleistet werden konnten, sowie die relativ geordneten politischen Verhältnisse (Hachtmann 2007, S. 30; Bieger 2010, S. 45; Job et al. 2005, S. 585). Ein einheitlicher Rechtsraum, gute Verständigungsmöglichkeiten (in griechischer oder lateinischer Sprache) sowie eine einheitliche Währung erleichterten den Handelsverkehr und boten auch für nicht gewerbliche Reisende risikomindernde Rahmenbedingungen (Krempien 2000, S. 30).[72] Schließlich wurde die Entwicklung durch die Friedensperiode Pax Romana begünstigt: „two hundred years of peace, unprecedented in the world's history, all subsumed under the Roman Empire" (Feifer 1985, S. 9).

Nicht nur der Handel und das Pilgern wurden hierdurch erleichtert, es konnten sich auch gesundheits- und erholungsorientierte Formen des Tourismus ausbilden. Begüterte Römer suchten insbesondere in den Sommermonaten (als eine Art Vorläufer der späteren Sommerfrischebewegung) Zweitwohnsitze in den Mittelgebirgen oder am Meer auf, um Ruhe und Erholung zu finden (Hlavin-Schulze 1998, S. 22; Berktold-Fackler und Krumbholz 1997, S. 11). Auch die Badereise existierte bereits:[73] „Sie erfreute sich insbesondere in Rom ausgesprochener Beliebtheit. [...] Badeorte, die etwas auf sich hielten, boten schon damals nicht nur Sonne, Wasser und heiße Quellen, sondern auch Vergnügungen und Glücksspiele" (Ludwig 1990, S. 30 f.). Zudem unternahmen die Römer Bildungsreisen, insbesondere zu Zielen der griechischen Kultur (Berktold-Fackler und Krumbholz 1997, S. 12; Löschburg 1997, S. 27 f.).

Mit dem Zusammenbruch des Römischen Reiches gingen auch die positiven Rahmenbedingungen für die räumliche Mobilität verloren. Das galt insbesondere für die Verkehrswege: Straßen wurden nicht mehr instandgehalten und der folgende Verfall des Straßennetzes machte das Reisen wieder beschwerlicher und risikoreicher. Hierfür waren nicht nur die schlechten Straßenverhältnisse, sondern auch Wegelagerer und Räuber verantwortlich (Löschburg 1997, S. 35).

---

71 „Um 300 n. Chr. stand ein Straßennetz mit 90.000 Kilometer Überlandverbindungen und 200.000 Kilometer kleineren Landstraßen zur Verfügung" (Gyr 2010, S. 6).
72 Als Informationsquellen waren Landkarten mit eingezeichneten Unterkünften und Gasthäusern sowie Verzeichnisse über die Stationen der Postwagen (itinerarum) in Gebrauch. Zudem konnte die Unterkunft mit Verpflegung bereits im Voraus reserviert und mittels Berechtigungsscheinen (ähnlich den heutigen Vouchern) eingelöst werden (Krempien 2000, S. 34 ff.; Löschburg 1997, S. 30 ff.).
73 „Auch in der Bundesrepublik zeigt sich in Heilbäder wie etwa Baden-Baden, Badenweiler oder Wiesbaden die Fortführung der römischen Badetradition bis zum heutigen modernen Kurwesen" (Berktold-Fackler und Krumbholz 1997, S. 11).

Mittelalter

Gesellschaften des Mittelalters bedienten sich vielfach einer einfachen *Dichotomie*, die lediglich zwischen dem „wir" und den „anderen" unterschied. „Schlagartig erfuhr der Reisende, daß er nicht mehr zu den ‚wir', sondern zu den ‚anderen' gehörte und als solcher möglicherweise weder ein Recht auf Leben noch auf Unversehrtheit oder Hilfe in der Not hatte" (Ohler 1995, S. 13). Hinzu kam die Angst vor der Natur und ihren Gewalten, in dessen Zuge insbesondere die Berge (die Alpen, aber auch der Harz) als schrecklich, wild und gefährlich eingestuft wurden (Ludwig 1990, S. 32 f.). Da der Einzelreisende den genannten Gefahren nahezu schutzlos ausgeliefert war, schloss man sich zu Reisegruppen zusammen, um den Gefahren besser gewachsen zu sein (Ohler 1995, S. 13). Doch: „Der Mensch des Mittelalters war mehr unterwegs, als man es heutzutage vermutet" (Knoll 2006, S. 11). Straßen und Wege wurden nicht nur von Königen und anderen Herrschern, die mit einem Hofstaat zur nächsten Burg zogen, bevölkert, sondern auch von Kaufleuten und Händlern, von Klerikern, Pilgern und Wallfahrern, von Rittern und Söldnern, von Beamten und Boten, vom fahrenden Volk der Gaukler, Musikanten und Künstler sowie von Handwerksgesellen, Studenten, Vagabunden, Bettlern, Kranken und Menschen, die vor Krieg, Krankheiten und Hunger flüchteten.

Trotz alledem verließ ein Großteil der damaligen Gesellschaft zeitlebens nicht sein unmittelbares Lebensumfeld; und falls doch, wurden insbesondere „Muss-Reisen" gemacht (Bieger 2010, S. 45). Nur eine sehr geringe Zahl war zum Vergnügen unterwegs. Die hauptsächlichen Motive waren wirtschaftlicher und religiöser Art. Ursprungsmotiv des christlichen *Pilgertourismus* war der Besuch von Orten, an denen Jesus oder Apostel gewirkt hatten; wichtige Ziele waren Israel-Palästina, Rom und Santiago de Compostela (Hachtmann 2007, S. 40).

Im Laufe des Mittelalters bildeten sich unterschiedliche Beherbergungsformen aus, die von Klosterherbergen, Spitälern und Hospizen bis zu kommerziellen Gasthäusern der einfachen Art und im Spätmittelalter zu Nobelherbergen mit bester Küche reichten (Knoll 2006, S. 12 f.). Die meisten Reisenden des Mittelalters waren zu Fuß unterwegs. Nur wenige konnten sich ein Reittier oder einen Wagen oder gar eine Kutsche leisten (Hlavin-Schulze 1998, S. 98; Ohler 1995, S. 13). Entsprechend langsam gingen die Reisen vonstatten. Erst mit dem späten Mittelalter bzw. der frühen Neuzeit stellten sich nennenswerte *Verbesserungen bei der Verkehrsinfrastruktur* ein, die auch zu einer Erhöhung der Reisegeschwindigkeit führten: Hierzu gehörte neben dem Bau von Straßen und Brücken die Einrichtung von regelmäßigen Fährverkehren und von Pferdewechselstationen, aber auch die Zucht leistungsfähiger Pferde und eine verbesserte Ausrüstung für Ross und Reiter. Die wohl höchsten Geschwindigkeiten konnten aber nach wie vor per Schiff flussabwärts erzielt werden; auf einem großen Fluss wie dem Rhein konnten so pro Tag 100 bis 150 km zurückgelegt werden (Knoll 2006, S. 13).

Ab dem späten 15. Jahrhundert begannen die großen *Entdeckungsreisen* über die Weltmeere, die zur Kolonialisierung Amerikas, Afrikas und großer Teile Asiens und des Pazifiks führten. Diese Reisen schufen die Voraussetzungen für weitere Reisen: Sie weckten durch die vielfachen Beschreibungen fremder Länder und neuer Erlebnisse die Reiselust und die Berichte über neu entdeckte Wege ließen das Erreichen der Reiseziele als möglich erscheinen (Krempien 2000, S. 85; Ludwig 1990, S. 32).

Grand Tour

Ebenfalls ab dem späten 15. Jahrhundert und v. a. vom 16. bis ins 18. Jahrhundert hinein absolvierten, ausgehend von Großbritannien, mehr und mehr junge Adlige sowie später auch reiche Bürger eine *Kavaliersreise*, die sog. Grand Tour. Hierbei wurden die Söhne der Oberschicht ins Ausland geschickt.[74] Tausende von Briten, Deutschen, Franzosen und Russen besuchten als bevorzugte Ziele Italien, Frankreich, die Schweiz und Deutschland (Cooper 2012, S. 7).

Eine klassische Grand Tour dauerte mindestens ein Jahr, konnte sich aber auch über drei oder fünf Jahre erstrecken. Die Adligen wurden von einem ganzen Tross von Personal (Tutoren, Hofmeister, Kammerdiener, Kutscher etc.) begleitet, die ebenso für Bildung und Erziehung wie für Sicherheit und Lebensgenuss sorgen sollten (Feifer 1985, S. 100 und 135; Gyr 2010, S. 9).

Die Grand Tour diente der Vervollständigung der Ausbildung und galt als ein Prozess zur Einführung in die Gesellschaft. Neben europäischen Adelshöfen wurden Stätten der Antike, Kirchen und Klöster, Burgen und Schlösser, aber auch Börsen und Handelsstätten sowie Häfen und Flotten besucht und besichtigt. Als Hauptzwecke galten das Kennenlernen und Beherrschen der ständischen Etikette, die Vorbereitung auf eine Verwaltungs- und Diplomatenlaufbahn inklusive der Förderung des politisch-juristischen Urteilsvermögens und die Stärkung der Beziehungen zwischen den europäischen Adelshäusern (Hachtmann 2007, S. 44 ff.).

Aufgrund eines sich ständig verbessernden Straßennetzes gewann die Kutsche als Transportmittel an Bedeutung und avancierte zum Sinnbild der Grand Tour (Hlavin-Schulze 1998, S. 98). Auch wenn das Studium der gesellschaftlichen Gepflogenheiten und das Kennenlernen anderer Länder mittels Grand Tour zur Ausbildung Adliger gehörte (Knoll 2006, S. 33), konnten die Reisen durchaus auch Muße und Vergnügen umfassen. Gegen Ende des 18. Jahrhunderts veränderte sich der Charakter deutlich: Der Aspekt der Vergnügung gewann mehr und mehr an Bedeutung (Prahl und Steinecke 1979, S. 140; Lutz 1993, S. 208). Aufgrund einer durch ihre Familien ermöglichten hervorragenden finanziellen und personellen Ausstattung waren die Reisenden auf ihrer Grand Tour allerdings „keine Urlauber im heutigen Sinne, sondern ‚Rentiers auf Zeit‘" (Spode 1987, S. 13).

Bürgerliche Bildungsreise

Den ständischen Prinzipien der Grand Tour diametral entgegen stand die bürgerliche Bildungsreise (Hachtmann 2007, S. 48). Im Zuge der Aufklärung entstanden, eröffnete

---

74 „The optimum age was about sixteen, just after graduation from university" (Feifer 1985, S. 99).

die Idee der (Bildungs-)Reise *Möglichkeiten der Horizonterweiterung*. Durch die neuen Erfahrungen sollten das erworbene Wissen vervollkommnet und die bürgerliche Gesellschaft gesichert werden (Lutz 1993, S. 204 f.). Reisen bildet: Die hierauf ausgerichteten Bildungsreisen des gehobenen Bürgertums wurden bis ins 19. Jahrhundert praktiziert (Gyr 2010, S. 14). In Kutschen reisend, wurden natürliche, kulturelle und technische Sehenswürdigkeiten besucht; der Besuch von antiken Stätten stand ebenso auf dem Programm wie der Besuch von Orten und Städten technologischer und wissenschaftlicher Innovationen (Hachtmann 2007, S. 49).

Reisen galt als anerkannte Methode zur Bildung: Das brachte nicht nur die Grand Tour, sondern auch die bürgerliche Bildungsreise zum Ausdruck, womit beide als Vorläufer moderner Studien- und Bildungsreisen angesehen werden können (Laufenberg 1969, S. 319; Berktold-Fackler und Krumbholz 1997, S. 23). Gleichzeitig dient insbesondere die bürgerliche Bildungsreise als „Vergleichsmaßstab für die kulturkritische Verdammung des heutigen Tourismus" (Spode 1993, S. 3 f.).

Das Aufkommen der bürgerlichen Bildungsreisen und die damit in Zusammenhang stehenden Folgen sind dabei von tourismusgeschichtlicher Relevanz (Lutz 1993, S. 209 f.): Die bislang auf relativ kleine gesellschaftliche Gruppen begrenzte Möglichkeit des (nicht erwerbstätigen) Reisens erfuhr eine deutliche Ausweitung. Es erfolgte ein erster Schub im Zuge der Demokratisierung des Reisens. Gleichzeitig bekam die touristische Reise einen neuen gesellschaftlichen Wert zugewiesen. Sie entwickelte sich zu einem zentralen Bestandteil des Bürgertums.

Schließlich blieben die vermehrten Besuche der Bürgerlichen von Reisezielen, die ehemals dem Adel vorbehalten waren, nicht ohne *Folgen für den Tourismus:* Um sich vom Bürgertum sozial abzugrenzen, verfolgte der Adel die Strategie, sich durch ausgewählte Reiseziele auch räumlich abzugrenzen. Die Adligen wählten und besuchten infolgedessen andere, neue Reiseziele. Ein Reaktionsmuster, das sich wiederholen sollte: „Sobald neben und mit den Aristokraten auch Bürger – und später gar Arbeiter – reisten, entwickelte sich der Tourismus zum Schlachtfeld sozialer Distinktion. Die ‚besseren' Schichten führten dabei ein ewiges Rückzugsgefecht. Immer wieder wurden ihre exklusiven Territorien von den plebejischen ‚Massen' entdeckt" (Hennig 1999, S. 18). Neben Adel und Bürgertum echauffierten sich später auch mittlere und untere Schichten über die jeweilig nachrückenden Besucher, infolgedessen nahmen Anstrengungen zur sozialen und räumlichen Abgrenzung gegenüber den unteren Schichten von Beginn an Einfluss auf touristische Verhaltensweisen (Prahl und Steinecke 1979, S. 9 und 16). Der Wunsch nach *sozialer Distinktion* begünstigte fortwährend die touristische Erschließung weiterer Räume und führte zum Aufbau neuer Destinationen.

Bäderreise

Für die touristische Entwicklung in Europa fungierte der besonders reisefreudige *britische Adel* ab dem 18. und bis zum Beginn des 20. Jahrhundert *als Trendsetter* (Prahl und Steinecke 1979, S. 139). So kam es bspw. im späten 18. Jahrhundert, von England ausgehend, in ganz Europa zu einer Wiederentdeckung der (bereits von den Römern praktizierten) Bäderreisen. Von der höfischen Gesellschaft besuchte Badeorte – z. B. Bad Pyrmont oder Aachen – erlebten eine Blütezeit (Knoll 2006, S. 33; Krempien 2000, S. 99). Im 19. Jahrhundert verbrachte der Adel den Sommer in den großen Badeorten. Bei den z. T. mehrere Monate dauernden Badekuren wurden die Bäder mehrfach gewechselt, wobei ein Tross von Dienern, Möbeln und Proviant mitgeführt wurde (Schneider und Sülberg 2013, S. 65). Therapeutische Gründe, der Heilungseffekt der Kur sowie Aspekte der Erholung entwickelten sich rasch zu Nebenmotiven; in den Mittelpunkt der Bäderreise rückte das Vergnügen: Theater, Konzerte, Spielbanken und Glücksspiel (Hachtmann 2007, S. 77; Krempien 2000, S. 97). Krankheiten wurden vorgeschützt, um eine Bäderreise antreten zu können (Löschburg 1997, S. 71). „Zu den wahren Zentren des Kurortes gerieten nicht das Brunnenhaus oder die Badeanstalt, sondern die Kurpromenade und das Kurhaus mit seiner Spielbank, dessen damals übliche Bezeichnung als ‚Gesellschafts- und Conversationshaus‘ seine tatsächliche Funktion widerspiegelt" (Prahl und Steinecke 1979, S. 147).

Während der Mensch sich jahrtausendelang vor der unberührten und damit als ungezähmt empfundenen Natur fürchtete, kam es ab der Mitte des 18. Jahrhunderts langsam zu einer folgenschweren Neubewertung: Basis hierfür war zunächst eine aufkommende Unzufriedenheit mit Fortschrittsfolgen wie der verstärkten Notwendigkeit einer rationalen Lebensführung bzw. dem gestiegenen Niveau an Selbstdisziplin im Alltag (Spode 1987, S. 3). Während Vertreter der Aufklärung den Fortschritt als erstrebenswerte Errungenschaft feierten, verspürten andere einen Verlust von Natur und Freiheiten, aus dem sich ein bis heute ausgeprägter, durch die touristische Reise zu erfüllender Wunsch nach authentischen Landschafts- und Kulturerlebnissen speist (Kesten und Spode 2000, S. 22). Auch wenn vormalige Bäder- und Bildungsreisen als touristische Reise galten, war nun der Tourismus in Form der *gegenalltäglichen Urlaubsreise* geboren (Spode 1988, S. 39).

Es baute sich ein *Bedürfnis nach Naturerlebnissen, nach Ruhe und Erholung* als Gegengewicht zum durch Industrialisierung, Affektkontrolle und Rationalität geprägten Alltag auf – Landschaften und Naturräume wurden nicht mehr als bedrohlich empfunden, stattdessen wurde ihre Schönheit bewundert (Hachtmann 2007, S. 61). „Eine neue Naturverbundenheit entstand, trieb die Städter aus ihren Mauern in die unberührte Landschaft" (Löschburg 1997, S. 113). Die vielen Reisebeschreibungen, die Entdeckungsreisende, Abenteurer und Forscher veröffentlichten (z. B. Jean-Jacques Rousseaus Briefroman „Julie oder die neue Heloise" (1761), fielen nun auf fruchtbaren Boden und die Hinwendung zur Natur ist bis in die Gegenwart hinein charakteristisch für viele Formen und Arten des Tourismus. War die bürgerliche Bildungsreise ein Kind der Aufklärung, ist die die Differenzerfahrung zum Alltag suchende Reise in die Natur ein Kind der Romantik (Spode 1996, S. 13).

Diese „romantische Reise" suchte nicht nach Verstandesbildung, sondern in Reisezielen, die noch nicht durch Fortschritt geprägt, stattdessen naturbelassen waren, nach emotionalen Erfahrungen und Erlebnissen. Der Ausdruck „zurück zur Natur" wurde zum Leitsatz und die Einwohner der gewählten Reiseziele wurden zu den „edlen Wilden" (Spode 1993, S. 4).

Seaside Resorts

Durch die Neubewertung der Natur konnten sich *neue Destinationen* ausbilden. So wurden die bislang als unwirtlich und bedrohlich geltenden Küsten zu neuen Zielen der Bäderreisen und fungierten als „Zuflucht vor den Unbilden der Zivilisation" (Corbin 1999, S. 80). „Hier verband sich die gewandelte Naturwahrnehmung mit der Tradition der adligen Bäderreise. Die ersten ‚seaside resorts' sind eine britische Erfindung und entstanden Mitte des 18. Jahrhunderts in Südengland; um 1800 nahm ihre Zahl an fast allen Küsten sprunghaft zu" (Spode 1988, S. 48).[75] Dabei folgten die neuen Seebäder dem Vorbild der Kurorte im Binnenland sowohl hinsichtlich der Gesundheits- und Heilungsaspekte als auch bezüglich des Vergnügungs- und Unterhaltungsangebots (Prahl und Steinecke 1979, S. 16). Die Entwicklung der Seebäder wurde dabei vom Distinktionswunsch der Aristokratie unterstützt, die sich teilweise von den durch Bürgerliche geprägten binnenländischen Kurorten abwendete (Prahl und Steinecke 1979, S. 16). Wie bei anderen Zielgebieten auch waren Besuche der Seebäder zunächst und bis weit ins 19. Jahrhundert hinein dem Adel und Großbürgertum vorbehalten. Allerdings: „Sobald breitere bürgerliche Kreise das Seebad für sich entdeckten, suchte die auf Distinktion bedachte Aristokratie ihrerseits fluchtartig das Weite" (Hachtmann 2007, S. 81).

Alpenentdeckung

Wie das Meer, so wurden auch die einst furchteinflößenden Hoch- und Mittelgebirge mehr und mehr zu attraktiven Reisezielen, die durch Naturschönheiten und faszinierende Landschaften geprägt waren. Bereits Mitte des 18. Jahrhunderts wurde die als gefährlich und hässlich geltende Alpenwelt von Söhnen des Adels und des Bürgertums besucht, um die Gegenwelt der Natur und des einfachen Lebens zu erfahren (Spode 1987, S. 6). Unter der *Federführung der Briten* wurden die Alpen zum „playground of Europe", der erste Alpenverein („Alpine Club") entstand 1857 in London und der gesamte Alpinismus war zunächst von englischen Bergsteigern dominiert (Knoll 2006, S. 70). Der Besuch der Alpen konnte den Ausbruch aus der durch Regeln geprägten gewohnten Umgebung darstellen, wobei er ebenso durch die Suche nach dem Na-

---

75 Zwar versuchten britische Ärzte bereits ab dem 17. Jahrhundert zu belegen, dass das Baden im Meer gegen Krankheiten (von Lepra über Taubheit und Hühneraugen bis zur Gonorrhoe) helfen könne (Prahl und Steinecke 1979, S. 14), doch die ersten Seebäder entstanden erst 1730 in Scarborough und 1736 in Brighton. 1793 wurde in Doberan-Heiligendamm an der Ostsee das erste deutsche Seebad gegründet; 1797 folgte Norderney als erstes Seebad an der deutschen Nordseeküste (Hachtmann 2007, S. 81 ff.).

turerlebnis wie durch die Demonstration von Status und Abenteurertum geprägt sein konnte.

1.3.2 Formierungsphase (bis 1914)

Die *Industrialisierung* brachte epochale Veränderungen mit sich. Auch wenn bis Mitte des 18. Jahrhunderts grundlegende Voraussetzungen für den modernen Tourismus geschaffen wurden, war das Gesamtreisevolumen bis dato doch eher bescheiden (Spode 1987, S. 19). Erst im zweiten Drittel des 19. Jahrhunderts kam es zu technischen und organisatorischen Innovationen, die die Anfangs- bzw. Formierungsphase des institutionalisierten Tourismus einleiteten und ab 1870 einen dynamischen Aufwärtstrend auslösten. Nach wie vor blieben touristische Reisen einer Minderheit vorbehalten, doch breitete sich der Tourismus Schritt für Schritt gesellschaftlich aus. Ermöglicht wurde dies durch die Nutzung von Dampfkraft im Verkehrswesen und eine Kommerzialisierung mittels standardisierter Serienproduktion von Reisen (Spode 1987, S. 19; 1993, S. 4; 1996, S. 13).

Eisenbahn

Zwar kam es im 19. Jahrhundert zu einem Ausbau des Straßennetzes, sodass auch peripher gelegene Regionen und Orte leichter erschlossen werden konnten (Spode 1993, S. 4), doch die entscheidende Verbesserung der Reisebedingungen ergab sich durch die Erfindung der *Dampfmaschinen*, die zum Einsatz der Eisenbahnen sowie der Dampfschiffe führte (Knoll 2006, S. 69; Spode 1987, S. 18). Über Jahrtausende hinweg hatte das Pferd als Reit- und Zugtier an Land eine Monopolstellung inne, die nun verloren ging (Krohn 1985, S. 89): „Bahnbrechend im buchstäblichen Sinne war die dampfgetriebene Eisenbahn. Dieses revolutionäre Verkehrsmittel, das sich 1825 das erste Mal auf den britischen Inseln, ein Jahrzehnt später auch in Deutschland in Bewegung setzte, stimulierte nicht nur die Entwicklung der frühen Industrie entscheidend, sondern fungierte außerdem – mehr noch als die Entwicklung der gleichfalls wichtigen Dampfschifffahrt – als Geburtshelfer des modernen Massentourismus" (Hachtmann 2007, S. 71). Es begann eine „gänzlich neue Epoche in der Geschichte des Reisens" (Hlavin-Schulze 1998, S. 99).

So erhöhten sich nicht nur die Transportkapazitäten und die Reisekosten sanken, durch die höhere Geschwindigkeit[76] konnten auch weitere Strecken in kürzerer Zeit zurückgelegt werden (Hachtmann 2007, S. 9). Die für die Raumüberwindung notwendige Zeit wurde maßgeblich verringert.[77] Ehemals weit entfernte Ziele, die nur mit ei-

---

[76] Frühe Eisenbahnen erreichten mit 20 bis 30 Meilen in etwa die dreifache Geschwindigkeit der Postkutschen (Schivelbusch 2015, S. 35).

[77] Als Beispiel: „Die Fahrt von Berlin nach Magdeburg erforderte 1830 zwei Reisetage, mit der Bahn aber nur noch fünf Stunden" (Löschburg 1997, S. 139).

1500–1840

Die höchste Durchschnittsgeschwindigkeit von
Pferdekutschen und Segelschiffen liegt bei 16 km/h.

1850–1930

Dampflokomotiven fahren ø 105 km/h,
Dampfschiffe fahren ø 25 km/h.

1950er

Propellerflugzeug
480–640 km/h

1960er

Düsenflugzeug
800–1.120 km/h

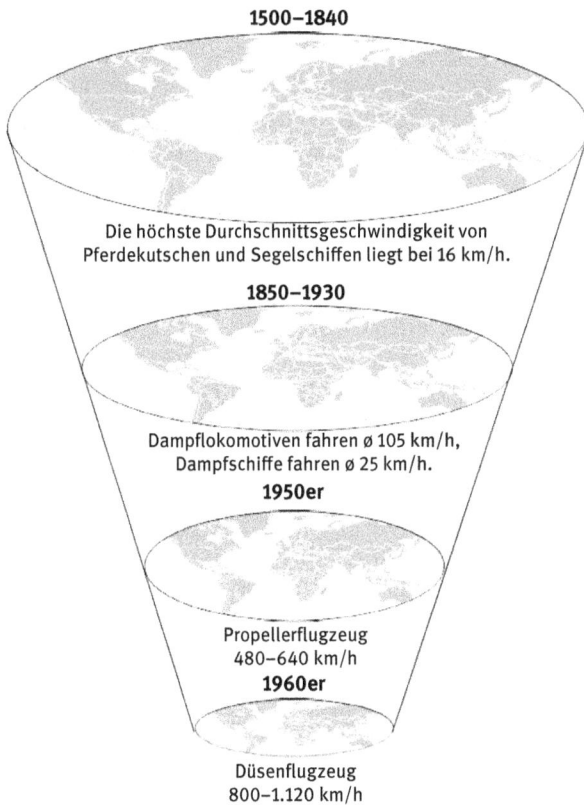

Abb. 1.20: Prinzip der Time-Space-Compression (Quelle: eigene Darstellung nach Harvey 1990, S. 241)

nem erheblichen Zeitaufwand besucht werden konnten, waren nun in einem Bruchteil der ehemals notwendigen Zeit erreichbar (Schivelbusch 2015, S. 35). Damit veränderte sich für den Reisenden auch das gefühlte Verhältnis von Raum und Zeit (Spode 1987, S. 18; Hlavin-Schulze 1998, S. 99; Hachtmann 2007, S. 75): Auf „der einen Seite schließt die Bahn neue Räume auf, die bisher nicht verfügbar waren, auf der anderen Seite geschieht dies, indem Raum vernichtet wird, nämlich der Raum dazwischen [...]. Die Eisenbahn kennt nur noch Start und Ziel" (Schivelbusch 2015, S. 39). Die Eisenbahn verminderte deutlich die Bedeutung der räumlichen Entfernung zwischen verschiedenen Standorten. Entfernungen und Transiträume waren weniger von Belang. Damit startete ein bis heute anhaltender Prozess der erleichterten „Überwindung der Distanz" (Kaschuba 2004), der quasi zu einer kontinuierlichen „Schrumpfung des Raumes" führte (siehe Abb. 1.20).

Die *möglichen Aktionsräume* der Reisewilligen wurden durch die neuen Verkehrsmittel deutlich erweitert. Zum einen waren weiter entfernte Ziele leichter erreichbar; zum anderen konnten mit dem Ausbau des Verkehrsnetzes und der Verminderung der

Reisekosten *weitere Bevölkerungsschichten* am Reisegeschehen partizipieren (Spode 1987, S. 19).[78] Hauptsächliches Reisemotiv war die Regeneration, wobei sich eine gesellschaftliche Akzeptanz auf Erholung zunächst nur für geistig Tätige herausbildete; neben Adel, Bildungsbürgertum und hohen Beamten traten nun auch die neue Mittelschicht und das Wirtschaftsbürgertum aus Unternehmern, Kaufleuten, mittleren Beamten, Angestellten, freien Berufen (Schriftsteller, Anwälte, Künstler) und Lehrern Urlaubsreisen zur Regeneration an (Gyr 2010, S. 18; Spode 1987, S. 20). Die Industrialisierung schuf die Voraussetzungen verkehrstechnischer, wirtschaftlicher und psychologischer Art, um das Zeitalter der „Exklusivität der touristischen Reise" (Spode 1987, S. 20) zu beenden und stattdessen die Ära der „Demokratisierung des Reisens" (Hlavin-Schulze 1998, S. 101) einzuleiten. Der Anteil der Urlaubsreisenden an der Gesamtbevölkerung des Kaiserreichs nahm zwar zu, doch blieben die Landbevölkerung und die Arbeiterschaft bis dahin zumeist ausgeschlossen (Spode 1996, S. 15).

Institutionalisierung und Serienfertigung

Der gleichwohl wachsenden Reisenachfrage stand eine Institutionalisierung des Tourismus gegenüber. Es entstanden *neue Unternehmen*, die z. T. innerhalb weniger Jahrzehnte zu weltweit tätigen Konzernen wuchsen (Job et al. 2005, S. 586; Krempien 2000, S. 112). Der Beginn des kommerziellen, organisierten Tourismus ist fest mit dem Briten *Thomas Cook* verbunden. „Es gibt in der Tat kaum etwas im Reisebürogewerbe, was nicht Cook auch schon – in vielen Fällen erstmalig – tat und unternahm" (Fuss 1960, S. 29). Er leitete den Weg für die „Normung, Montage und Serienfertigung" (Enzensberger 1958, S. 713) im Tourismus ein: Die *1841* von ihm in Form einer Ausflugsfahrt von Leicester nach Loughborough organisierte Reise gilt als „Mutter aller Veranstaltungsreisen" (Mundt 2011, S. 1) bzw. als „Geburtsstunde des modernen, institutionalisierten Tourismus" (Job et al. 2005, S. 586).[79] Das Angebot umfasste bereits *zwei Merkmale* heutiger Pauschal- bzw. Veranstalterreisen: Zum einen wurden mehrere Teilleistungen (hier Fahrt, Verpflegung, Unterhaltung) kombiniert und zu einem (pauschalen) Preis offeriert; zum anderen handelte er bei den Anbietern von Teilleistungen (in diesem Falle die Bahngesellschaft) Preisnachlässe aus (Mundt 2011, S. 1). Der große Erfolg dieser ersten Unternehmung beflügelte Thomas Cook und innerhalb weniger Jahre führte er nicht nur kleine Fahrten zu religiösen Veranstaltungen und Übernachtungsreisen zur Weltausstellung in London 1851[80] durch, sondern organisierte Pauschalrei-

---

78 „In den Wagen der dritten und der vierten Klasse der Eisenbahnlinien konnten auch Angehörige des Mittelstandes und selbst der Unterschichten zu einem niedrigeren Tarif Platz nehmen" (Hachtmann 2007, S. 75).

79 „In der heutigen Terminologie würden wir eher von einem organisierten Ausflug sprechen [...]" (Mundt 2011, S. 1).

80 Zur Weltausstellung in London organisierte Cook den Besuch von 165.000 Reisenden (Löschburg 1997, S. 155).

sen in ganz Europa und schließlich ab 1872 erste Weltreisen. Zur Vereinfachung der Reisen erfand er den Voucher (*coupon*) als Gegenwert für Übernachtung und Frühstück, die *circular notes* (Reiseschecks) sowie das Rundreisebillett, mit dem Rabatte bei fast allen Eisenbahngesellschaften Europas eingelöst werden konnten (Krempien 2000, S. 109 ff.).

Als *erstes Reisebüro Deutschlands* gilt das Stuttgarter Reisebüro Rominger, das ab dem Jahr 1842 Buchungen für Schiffspassagen durchführte (Fuss 1960, S. 43 und 52). Karl Riesel aus Berlin organisierte als Erster mit seinem 1854 gegründeten Unternehmen (Karl Riesels Reisebureau) Gesellschaftsreisen à la Thomas Cook, indem er nicht nur Schiffspassagen und Eisenbahntickets verkaufte, sondern auch Gruppenreisen zu europäischen Zielen anbot (Krohn 1985, S. 360). Als „deutscher Cook" gilt jedoch Carl Stangen, der nicht nur Hotelgutscheine in Deutschland einführte (1873), sondern bis zum Jahr 1899 mit „Deutschlands erstem großen Gesellschaftsreiseunternehmen" (Carl Stangens Reisebüro) 686 Gesellschaftsreisen (inkl. acht Reisen um den Globus) organisierte (Fuss 1960, S. 56 f.). Die Hamburg-Amerikanische Packetfahrt-Actien-Gesellschaft (Hapag) und der Norddeutsche Lloyd lieferten sich hierzulande einen Konkurrenzkampf zunächst um die Auswanderer, anschließend auch um die Luxuspassagiere für ihre Kreuzfahrten (Krempien 2000, S. 115 ff.). Auch die Gründung zahlreicher *Wander- und Tourismusvereine* trug zur weiteren Institutionalisierung des Tourismus bei (Job et al. 2005, S. 586).

Der Ausweitung der Nachfrage durch die Demokratisierung des touristischen Reisens und der gleichzeitige Aufbau von für den Tourismus notwendigen Infrastrukturen (z. B. Verkehrswege und Transportmittel, Beherbergungs- und Versorgungsangebote) sowie die Institutionalisierung serieller Reiseproduktion wurden zunehmend ergänzt durch eine *kommerzielle Vermarktung der touristischen Angebote*.[81] Dies ist von besonderer Bedeutung: Damit begann auch die Verfremdung „des Eigenwertes der bereisten Landschaft zugunsten in sie projizierter Vorstellungen" (Lutz 1993, S. 209), d. h. zugunsten nachfrageseitiger Wunschlandschaften mittels des Aufbaus und der Erfüllung sozial konstruierter, imaginärer Ortsmythen. Die vermarkteten touristischen Reiseziele tendierten in der Folge mehr und mehr dazu, „Ergebnis kommunikativer Prozesse der Bedeutungszuschreibung" (Eisenstein 2018, S. 73) zu werden. Entwicklungen bis zur Gegenwart ließen ein für den modernen Tourismus systemimmanentes Zusammenspiel entstehen, in dessen Rahmen einerseits beim Touristen im Vorfeld vorgeprägte Bilder und Vorstellungen zum Reiseziel von diesem vor Ort gezielt zur Bestätigung und zum visuellen Konsum gesucht wurden und andererseits der Erfolg dieser Suche durch das Vorhalten von

---

81 Das in Großbritannien schnell expandierende Pauschalreisegeschäft warb zunächst mit Handzetteln und Plakaten, ab 1862 bereits mit Reisekatalogen für die touristischen Angebote (Freyer 2015, S. 15).

leicht verständlichen Symbolen und Zeichen vonseiten der Destination unterstützt wurde (Urry 1990, S. 3 und 1995, S. 192).

Sommerfrische

In der zweiten Hälfte des 19. Jahrhunderts entwickelte sich als Pendant zur Bäderreise, die nach wie vor nur Reichen zur Verfügung stand, die Sommerfrische, die erstmals auch *Familien mit Kindern* das Reisen ermöglichte (Gyr 2010, S. 26). Es handelt sich typischerweise um sommerliche Erholungsreisen von städtischen Familien der Mittelschicht (Hachtmann 2007, S. 95), in deren Zuge „die Wohnung in der Stadt mit einem einfachen Gasthof oder Privatzimmer in ländlicher Gegend vertauscht wird, oft nur wenige Bahnstunden vom Wohnsitz entfernt. Sie dient vor allem der Erholung der Familie, insbesondere der Kinder, nicht der Teilnahme an einem kostspieligen Vergnügungsbetrieb oder an gesellschaftlichen Veranstaltungen" (Knebel 1960, S. 39). Zu den bescheidenen Höhenpunkten gehörten Kammermusik, Kegelbahn und Wanderungen (Prahl und Steinecke 1979, S. 159). Die Sommerfrische dauerte in Abhängigkeit von den Ferienzeiten von Ende Juni bis Anfang September und lag häufig in den deutschen Mittelgebirgen (Freyer 2015, S. 16). In den dortigen Destinationen führte der Besuch der Sommerfrischler zum infrastrukturellen Ausbau nicht nur in Form von bspw. Beherbergungsangeboten, sondern auch in Form von Wanderwegemarkierungen, Waldgaststätten oder Aussichtstürmen (Gyr 2010, S. 29).

Nicht nur die Mittelgebirge konnten sich eines gestiegenen Zuspruchs erfreuen, auch in den deutschen Seebädern stieg die Anzahl der Besucher (auf rund 700.000 im Jahr 1913; Spode 1993, S. 5). Die *Industrialisierung* führte zu einer Neugestaltung des städtischen Raumes, des Wohn- und Arbeitsumfelds und schuf gleichzeitig eine neue touristische Klientel, die über Zeit und Geld verfügte, um zu reisen. Für die alte (z. B. Handwerker und Kleinhändler) und neue Mittelschicht (z. B. Angestellte im Dienstleistungssektor) stellte die Sommerfrische einen finanzierbaren Gegenalltag im ländlichen Idyll dar. Das entstandene Erholungsbedürfnis sollte mit temporären Aufenthalten in den Bergen oder an der See befriedigt werden und kann als Versuch gesehen werden, gesellschaftliche Widersprüche der Industrialisierung zu lösen (Prahl und Steinecke 1979, S. 153 und 160).

An der Wende vom 19. ins 20. Jahrhundert befand sich der Tourismus in Deutschland in einem ausgeprägten Aufwärtstrend: Neben der Aristokratie und dem Bildungsbürgertum sowie der hohen Beamtenschaft reisten nun auch verstärkt Unternehmer, mittlere Beamte, Lehrer und Angestellte und die Zahl der Übernachtungen stieg im Zeitraum von 1871 bis 1913 um rund 470 % (und damit ca. sieben Mal mehr als die Wohnbevölkerung). Die ländliche Bevölkerung und die wachsende Arbeiterschaft blieben hingegen weiterhin nahezu ausgeschlossen; bei der Urlaubsreise handelte es sich weiterhin um eine (wenn auch gelockerte) bürgerliche Praktik bzw. ein Privileg (Spode 1993, S. 5).

1.3.3 Initialphase (bis 1945)

Während des Ersten Weltkriegs kam der internationale Tourismus quasi zum Erliegen. Zahlreiche Infrastrukturen wie Hotels oder Seilbahnen, aber auch viele Reedereien und Reiseveranstalter gingen Konkurs und standen nach dem Ersten Weltkrieg ohne Kapital da (Bieger 2010, S. 47 f.). Gleichwohl wurde die massentouristische Initialbzw. Entwicklungsphase eingeleitet: Während der Weimarer Republik setzte wieder ein leichter[82] Aufwärtstrend der touristischen Entwicklung ein und auch die Kommerzialisierung und Institutionalisierung des Tourismus schritt weiter voran.[83]

Zwar verkleinerte sich die bisher vermögende Bevölkerungsschicht, doch dafür reisten zunehmend mittlere und gehobene Angestellte, ab den 1920er-Jahren auch einfache Angestellte und Arbeiter. Angepasst an die soziale Lage entwickelte sich nach dem Ersten Weltkrieg zuerst die Sommerfrische wieder und in der Weimarer Republik wurde ein *gesetzlicher Urlaubsanspruch* von drei bis sechs Tagen eingeführt (Freyer 2015, S. 16).

Zwar wurde für Beamte bereits 1873 eine gesetzliche Urlaubsregelung festgeschrieben, die auch alsbald für Angestellte adaptiert wurde, sodass 1914 rund zwei Drittel von ihnen einen Jahresurlaub in Anspruch nehmen konnten, doch blieben 90 % der Arbeiter zunächst ohne Urlaubsanspruch (Spode 1993, S. 5). Nachdem sich die Gewerkschaften neben dem Acht-Stunden-Tag und Forderungen nach Lohnerhöhungen vermehrt dem Anspruch auf bezahlten Urlaub zuwendeten, hatte 1929 etwa ein Drittel der 35 Millionen Beschäftigten Anspruch auf einen bezahlten (wenn auch i. d. R. nur sehr kurzen) Urlaub (Mertsching 1996, S. 21). Diese Errungenschaften der Sozialgesetzgebung führten in Verbindung mit zunächst steigenden Einkommen zu einer wachsenden touristischen Nachfrage (Job 2003, S. 363). Hinzu kam die Veränderung bezüglich des *gesellschaftlichen Stellenwerts des Reisens*: „Vormals als ‚Luxusgut' oder ‚Bourgeoisangelegenheit' gerade in den mittleren und unteren Schichten verpönt, galt es nun als wirtschaftliche Notwendigkeit und als ein Bedürfnis aller" (Keitz 1997, S. 70). Doch dann setzte 1929 die Weltwirtschaftskrise ein, in deren Verlauf die Übernachtungszahlen noch unter den Vorkriegsstand sanken (Spode 1996, S. 17).[84]

„Kraft durch Freude"

Die Ankündigung der *Nationalsozialisten*, bürgerliche Privilegien aufzubrechen, konnte anhand von Urlaubsreisen effektvoll demonstriert werden (Schneider und

---

82 Spode (1993, S. 5) geht für die Nachkriegszeit bis 1929 von einem durchschnittlichen Jahreswachstum der Übernachtungen in Deutschland von 2 % aus.

83 Beispielsweise durch die Gründung der Reichszentrale für Deutsche Verkehrswerbung (RDV) als Vorläuferin der heutigen Deutschen Zentrale für Tourismus (DZT) im Jahr 1920, durch die Vereinigung der regionalen Eisenbahngesellschaften zur Deutschen Reichsbahn im selben Jahr oder durch die Gründung der Deutschen Luft Hansa AG (Schneider 2001, S. 12 f. und 42 f.).

84 1933 87 % der Übernachtungen des Vorkriegsniveaus (Spode 1993, S. 5).

Sülberg 2013, S. 78; Spode 1987, S. 30). Mithilfe des Amts „Reisen, Wandern, Urlaub"
und der Freizeitorganisation „Kraft durch Freude" (KdF) sollte der Urlaubstourismus
in Deutschland ab 1933 – als Beitrag zu einer „touristischen Emanzipation" (Spode
1980, S. 305) des deutschen Arbeiters – eine Wandlung vom bürgerlichen Privileg
zum staatlich organisierten Sozial- oder Volkstourismus vollziehen (Gyr 2010, S. 30).
Vordergründig ging es um die Teilhabe am Urlaubsgeschehen und den Erhalt der Arbeitskraft, doch freilich diente diese Evolution v. a. der ideologischen Erziehung, der
Kontrolle der Freizeitgestaltung (Laufenberg 1969, S. 52) sowie den Zwecken national-
sozialistischer Propaganda.

Eine erste Maßnahme, die der Erreichung dieser Ziele diente, war die Erhöhung
der Anzahl der gesetzlichen Urlaubstage durch das NS-Regime (Gyr 2010, S. 31). Bereits existierende Organisationen des Sozialtourismus (bspw. Wandervogel, Alpen-
und Naturfreundevereine, Jugendherbergen etc.) wurden aufgelöst oder der neuen
„KdF"-Organisation einverleibt, wobei gleichwohl auf deren bestehende Infrastruktur zurückgegriffen wurde (Job 2003, S. 365; Krempien 2000, S. 140). Um ihrer Zielgruppe der Arbeiter Niedrigstpreise anbieten zu können, setzte die „KdF"-Bewegung
gegenüber ihren Dienstleistern ein *rigides Preisdiktat* durch, in deren Folgen sich Exis-
tenzängste zum einen bei kommerziellen Reiseveranstaltern und -büros ob der neuen
Konkurrenz und zum anderen bei Transport- und Beherbergungsunternehmen ausbil-
deten, da diese ihre Leistungen zu Preisen abgeben mussten, die eine Kostendeckung
nicht mehr gewährleisten konnten (Krempien 2000, S. 139 f.; Laufenberg 1969, S. 47).

Durch die Urlaubsregelungen und die niedrigen Preise der „KdF"-Produkte schufen die Nationalsozialisten die Voraussetzungen für die Teilhabe des Arbeitertums an
der Urlaubsreisewelt: Zum einen verfügte nun auch der Arbeiter über ausreichend
Freizeit, um verreisen zu können, und zum anderen reichten nun auch seine wirtschaftlichen Ressourcen aus, um eine Urlaubsreise zu finanzieren.

„Das Reisefieber bricht aus. Erfolgreich wird suggeriert: Der deutsche Arbeiter
reist!" (Spode 1996, S. 18). Hierfür wurden Wanderungen, Zugreisen und später auch
Kreuzfahrten möglichst *in Serie produziert* und zu Niedrigstpreisen angeboten. Noch
nie zuvor kam es in einem solchen Umfang zu einer Serienproduktion normierter Reisen wie im Rahmen der „KdF"-Aktivitäten; „KdF" ließ eine neue Urlaubswelt „von der
Stange" im bislang nicht gekannten Ausmaß entstehen (Spode 1987, S. 38; Job 2003,
S. 365) und entwickelte sich innerhalb kürzester Zeit zum weltweit größten Anbieter
(Spode 1993, S. 6). Die Reiseziele lagen zunächst primär im Inland, an der See und in
den Alpen, später kamen ausländische Ziele z. B. in Österreich, Spanien und Italien
hinzu (Krempien 2000, S. 140). 1939 hatten über 50 % der Urlaubsreisen ein Ziel in
Österreich oder im Sudetenland (Spode 1980, S. 300).

Die Reisen führten zunächst in bekannte Tourismusorte und -regionen, und so
weilten die Arbeiter bspw. in exklusiven Kurorten, Seebädern oder Alpenzielen, was
zur Malaise bei deren bisheriger (bürgerlicher) Klientel und auch zu Protesten vonseiten des Tourismusgewerbes führte. „KdF" reagierte und es wurden fortan bevorzugt
bisher für den Tourismus noch nicht erschlossene Regionen angesteuert, sodass es zu

einer räumlichen Trennung der unterschiedlichen Urlauberklientel kam (Spode 1993, S. 6; Krempien 2000, S. 135 ff.).

Im Vergleich zur Weimarer Republik konnte der Vorteil erzielt werden, dass bislang ausgeschlossene Gruppen erstmals in bemerkenswertem Umfang Zugang zur Urlaubsreise erhielten. Von 1934 bis 1939 konnte „KdF" insgesamt 7,4 Mio. Urlaubsreisen (und nahezu weitere 38 Mio. Ein- bis Zweitagesfahrten) absetzen (Spode 1993, S. 6). Einerseits stand „Kraft durch Freude" damit dafür, dass Millionen Arbeiter sich erstmalig eine Reise leisten konnten (Laufenberg 1969, S. 52). Andererseits schaffte es die „KdF"-Bewegung nicht im Ansatz, das Ziel der gleichberechtigten Teilhabe der Arbeiterschaft am Urlaubertum zu erreichen. Zwar stiegen die Übernachtungszahlen von Mitte der Dreißigerjahre im Jahresdurchschnitt um 14 %, doch lediglich jeder Zehnte erwerbswirtschaftliche Arbeiter dürfte von 1934 bis 1939 Teilnehmer einer „KdF"-Reise gewesen sein (Spode 1993, S. 6). Der Anteil der auf „KdF"-Aktivitäten zurückzuführenden Übernachtungen am Gesamtübernachtungsvolumen in Deutschland lag bis auf das Jahr 1936 (10,2 %) unter einem Zehntel (Spode 1980, S. 300). Die Zahlen verdeutlichen, dass es weder gelungen war, die Urlaubsreise in der Arbeiterschaft durchzusetzen, noch, dass es zum Aufbrechen urlaubsbezogener bürgerlicher Privilegien kam (Spode 1987, S. 32; 1980, S. 300). Umfassend pries die Propaganda die Demokratisierung des Reisens als Leistung des Nationalsozialismus an, doch: „Gemessen an dem propagandistisch-politischen Ziel, die Arbeiterschaft für das Regime zu gewinnen, war ‚KdF' letztlich ein Fehlschlag" (Spode 1987, S. 33 f.). Mit Ausbruch des Zweiten Weltkriegs beendete die „KdF"-Organisation weitgehend die Aktivitäten für Arbeiter und richtete sich verstärkt auf die Frontbetreuung von Soldaten aus (Hachtmann 2007, S. 121).

1.3.4 Hochphase (1945 bis zur Gegenwart)

Mit Beginn des Zweiten Weltkriegs kam der Incoming-Tourismus sehr schnell zum Erliegen und im Verlauf des Krieges ereilte den deutschen Binnentourismus das nahezu gleiche Schicksal (Wilde 1995, S. 87). Die Ausgangslage für eine touristische Entwicklung in Deutschland ab dem Ende des Zweiten Weltkriegs war denkbar schlecht (Schildt 1995, S. 70): Da die Verkehrswege kriegsbedingt umfassend zerstört oder geschädigt waren (Brücken, Fernstraßen, Bahnhöfe etc.), brachen die Transportsysteme zunächst nahezu vollständig zusammen. Im Zusammenhang mit Versorgungsengpässen bei Treibstoff und Ersatzteilen führte dies zu einer Überlastung der verbliebenen Verkehrsmittel. Hinzu kamen Reisebeschränkungen aufgrund der Zonengrenzen. Schließlich standen die eigentlich für eine touristische Nutzung vorgesehenen *Beherbergungskapazitäten*[85] unmittelbar nach Kriegsende nur eingeschränkt zur Verfü-

---

85 „Von 485.000 Betten auf dem Gebiet der späteren Bundesrepublik 1939 waren bei Kriegsende noch 388.000 vorhanden. Die Zerstörungen hatten vor allem die großen städtischen Hotels in zentraler Lage

gung, weil sie Flüchtlingen oder Besatzungsbehörden zugewiesen wurden. Entscheidend für eine nur sehr langsam einsetzende touristische Entwicklung in Deutschland waren jedoch die schwache Kaufkraft der Nachfrager und die schlechte Versorgungssituation der touristischen Anbieter (Hachtmann 2007, S. 153).

Massentouristische Expansionsphase bis 1970

Wie in anderen westlichen Industrienationen war die Einleitung der touristischen Hochphase auch in Deutschland eng mit der positiven wirtschaftlichen Entwicklung verbunden (Freyer 2015, S. 17). In der Bundesrepublik[86] begann die touristische (Weiter-)Entwicklung ca. ab dem Jahr 1948 (Spode 1987, S. 34), wobei die touristische Branche ab 1953 schneller wuchs als die Gesamtwirtschaft (Hachtmann 2007, S. 154). Anschließend erwiesen sich die 1950er-Jahre als sehr dynamische Phase der bundesdeutschen Tourismusentwicklung, was sich in den Übernachtungszahlen, die sich von 1952 bis 1960 verdoppelten, widerspiegelt (Schildt 1995, S. 73). Das *„Wirtschaftswunder wurde zum Motor"* des Tourismus (Spode 1993, S. 7). Gleichzeitig schlug sich die Institutionalisierung und Kommerzialisierung von organisierten Reisen bis Mitte der 1950er-Jahre in einer wahren Gründungwelle von Reisemittlern nieder.[87] Zunächst unternahmen die Deutschen jedoch (aus Kostengründen) hauptsächlich Verwandten- und Bekanntenbesuche und Campingreisen (Spode 1987, S. 34), sodass die bevorzugten Reiseziele zunächst im Inland lagen. Lediglich 15 % der Haupturlaubsreisen führten ins Ausland; mit Abstand wichtigstes Verkehrsmittel war die Bahn, zumal lediglich 6 % (1954) der Haushalte über einen Pkw verfügten und der Charterflugverkehr noch ganz am Beginn stand (Job 2003, S. 365 f.; Wohlmann 1993, S. 12 ff.).

Auch wenn die Arbeiterschaft mittlerweile mehr verreiste als vor Kriegsbeginn (Spode 1987, S. 35), wurde der bundesdeutsche Tourismus zunächst v. a. von Angestellten der *Mittelschicht* getragen (Hachtmann 2007, S. 155). In einer ersten repräsentativen Erhebung zum Reiseverhalten der Bundesbürger wurde für das Jahr 1954 eine Reiseintensität[88] von 24 % ermittelt; Mitte der 1960er-Jahre sollte der Wert bereits

---

betroffen, während abgelegene Fremdenverkehrsorte z. T. völlig unzerstört geblieben waren" (Schildt 1995, S. 70). Das Vorkriegsniveau der Beherbergungskapazitäten wurde erst wieder 1953 erreicht (Gyr 2010, S. 34).

86 Auch wenn die Ausganglage zunächst ähnlich war, entwickelten sich in den folgenden Jahrzehnten recht unterschiedliche Tourismuspraktiken in West- und Ostdeutschland. Im Mittelpunkt der folgenden Ausführungen steht die Entwicklung in der BRD. Zum Tourismus in der DDR siehe bspw. Irmscher 1995; Fuhrmann 1995; Spode 1995; Großmann 1996; Diemer 1996; Peters 1996; Selbach 1996.

87 Beispielsweise: 1948: Hapag-Lloyd Reisebüro, DER-Gesellschaftsreisen (ab 1951 Touropa), Deutsche Zentrale für Tourismus (DZT); 1950: Deutscher Reisebüro-Verband (DRV); 1953: Hummel Reisen, Scharnow Reisen, Hetzel Reisen, Dr. Tigges; 1954: Marco Polo Reisen, Studiosus Reisen (Schneider 2001, S. 15 f., 72, 79, 116, 119; Göckeritz 1996, S. 43 ff.).

88 Der Begriff der Reiseintensität wird hier und im Folgenden im Sinne der (Urlaubsnetto-)Reiseintensität genutzt. Die Messzahl gibt an, wie hoch der (Prozent-)Anteil der Bevölkerung ab 14 Jahren ist, die im Berichtsjahr mindestens eine Urlaubsreise von fünf oder mehr Tagen gemacht hat.

bei 42 % liegen (Wohlmann 1993, S. 11). Die Voraussetzungen für diese Entwicklungen wurden insbesondere durch eine alle soziale Schichten umfassende Steigerung des realen Pro-Kopf-Einkommens in den Wirtschaftswunderjahren und durch Inkrafttreten des Bundesurlaubsgesetzes 1963 geschaffen (Job 2003, S. 365). Auch für die Arbeiter wurde nun „die Schere zwischen touristischem Bedarf und den Realisierungschancen ein Gutteil geschlossen" (Spode 1987, S. 35). Urlaubsreisen wurden während dieser Phase schrittweise mehr und mehr zur *sozialen Norm* (Knebel 1960, S. V).

Im Laufe der 1960er-Jahre kam es zu Veränderungen sowohl bei den für die Reise genutzten Verkehrsmitteln als auch bei der Reisezielwahl: Im Zuge der zunehmenden *Individualmotorisierung* und des stetigen Ausbaus des Straßennetzes wurde die Dominanz der Bahn als Verkehrsmittel zur Urlaubsreise mehr und mehr infrage gestellt und Mitte der 1960er-Jahre löste das Auto die Bahn schließlich als wichtigstes Verkehrsmittel ab[89] – und ist es bis dato geblieben (Sonntag und Lohmann 2019, S. 4). Das Auto versprach den Reisenden nicht nur vermehrt Bequemlichkeit und Selbstständigkeit, sondern führte auch zu gravierenden Erweiterungen der touristischen Mobilität: Zum einen wurde der Zugang zu Reisezielen ermöglicht, die zuvor mit der Bahn nicht oder nur schwerlich zugänglich waren. Damit erweiterte sich die Anzahl der möglichen Ziele für die Reisewilligen nochmals beträchtlich. Zum anderen ergaben sich durch die Verfügbarkeit des Autos während des Aufenthalts in der Destination neuartige Optionen der Ausflugsgestaltung und Aktionsraumerweiterung vor Ort (Job 2003, S. 366). Reichweite und Reisezieloptionen der Reisenden erhöhten sich auch im Folgenden immer weiter: Durch den sich ab Mitte der 1950er-Jahre (zunächst langsam) entwickelnden Charterflugverkehr „schrumpfte" die Welt enorm (siehe Abb. 1.20). Mehr und mehr kam es zu einer Verlagerung vom Land- zum Luftverkehr. Anfang der 1980er-Jahre verdrängte das *Flugzeug* die Bahn als Verkehrsmittel der Haupturlaubsreise auf den dritten Rang (Wohlmann 1993, S. 14).

Einmal mehr zeigte sich, dass die zur Verfügung stehenden Verkehrsmittel maßgeblichen Einfluss auf das Reiseverhalten und insbesondere auf die Anzahl der wählbaren und ausgewählten Reiseziele nahmen. Wie zuvor die Eisenbahn eröffneten nun zunächst das Auto und anschließend das Flugzeug neue quantitative Dimensionen für den Tourismus. Es konnten immer mehr Menschen an der Mobilität teilhaben. Zudem waren immer weiter entfernte Reiseziele erreichbar. Die Reichweite der von Deutschland ausgehenden Reiseströme erweiterte sich nach 1960 ständig (Vorlaufer 2000, S. 101). Die touristische Nachfrage, für die „das Entdecken neuer und entfernter Destinationen ein der Urlaubsreise inhärentes Grundbedürfnis" (Tschurtschenthaler 1999, S. 10) zu sein scheint, nahm die durch die Verkehrstechnik bedingten Erweiterungsmöglichkeiten der räumlichen Mobilität und der touristischen Aktionsräume (immer) wieder bereitwillig an.

---

[89] Während die Bahn 1954 mit 56 % das (für die Haupturlaubsreise) am häufigsten genutzte Verkehrsmittel war (Auto: 19 %), war dies 1964 mit 53 % das Auto (Bahn: 34 %; Wohlmann 1993, S. 14).

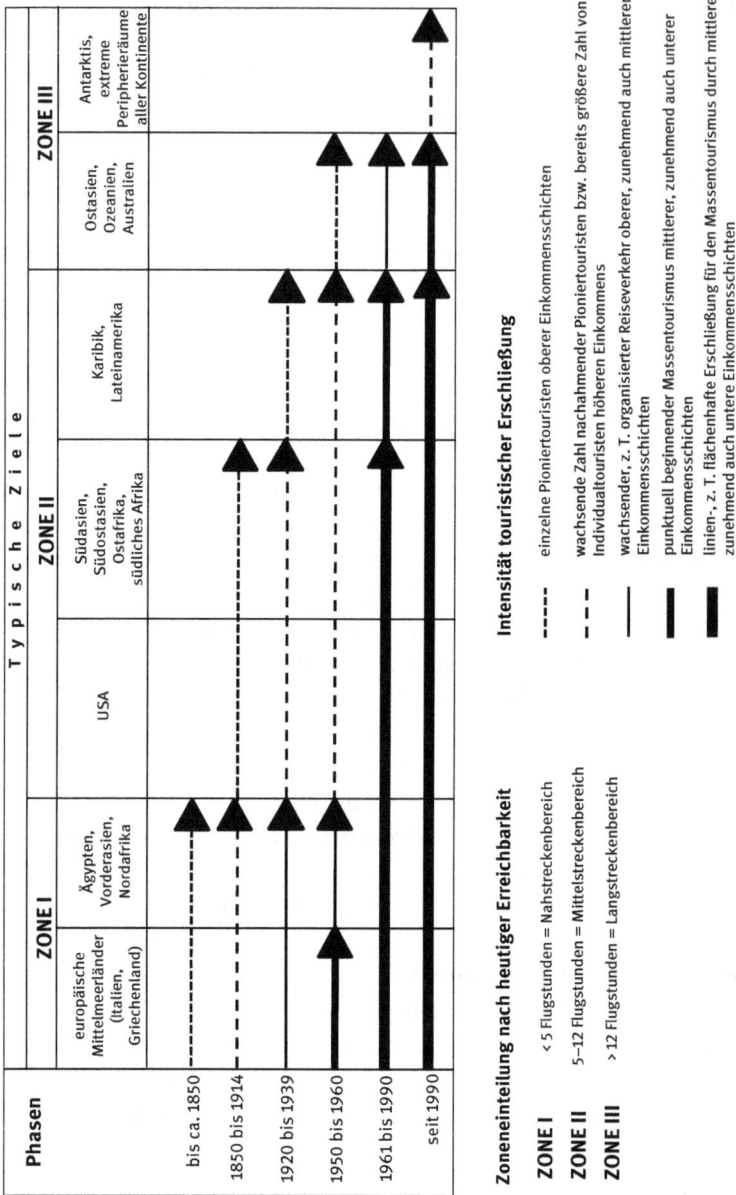

Abb. 1.21: Raumzeitliche Entfaltung des von Deutschland ausgehenden Tourismus seit ca. 1800 (Quelle: Vorlaufer 2000, S. 101).[90]

90 Hinsichtlich der Zielgebietskategorie „Antarktis, externe Peripherieräume aller Kontinente" (Zone III) konnte in Bezug auf die Intensität der touristischen Erschließung mittlerweile ebenfalls ein

Abbildung 1.21 verdeutlicht die raumzeitliche Entfaltung des von Deutschland ausgehenden Tourismus und zeigt das fortwährende Vordringen einer immer größer werdenden Anzahl von Touristen in immer weiter entfernte Zielgebiete. Erfahrungsgemäß übernahm die Oberschicht im Rahmen dieses räumlichen Diffusionsprozesses des Tourismus eine Pionierfunktion (Gormsen 1983, S. 613; Vorlaufer 2000, S. 101). Die Exklusivität der für den Massenmarkt erschlossenen Gebiete nahm ab (Demokratisierung exklusiver Destinationen); stattdessen wurden von touristischen Anbietern nicht zuletzt zur Befriedigung von *nachfrageseitigen Distinktions-, Differenzierungs- und Demonstrationsbedürfnissen*[91] und aufgrund von Differenzierungsnotwendigkeiten gegenüber der Konkurrenz möglichst außergewöhnliche Zielgebiete und Urlaubsarten auf den Markt gebracht.

Vor allem der *Charterflugverkehr* und die *Jettechnologie* intensivierten den modernen Massentourismus. Branchenfremde Unternehmen wie Quelle und Neckermann fanden Interesse und stiegen in den Tourismusmarkt ein (1962/63; Ganser 1995, S. 185; Schneider 2001, S. 173 ff.). Durch ihre hohe Finanzkraft, einen kostengünstigen Vertrieb und neue Produktionsformen setzten die neuen Mitbewerber die bislang am Markt agierenden Reiseveranstalter unter erheblichen Druck, sodass sich 1968 einige von diesen zur *TUI* (Touristik Union International) zusammenschlossen (Schneider 2001, S. 193). Im Laufe der 1960er-Jahre wurden die angebotenen Pauschalen über die Grundelemente Transport, Beherbergung und Verpflegung hinaus um weitere Leistungen ergänzt und die planmäßige Produktion von Reisepaketen wurde deutlich intensiviert (Ganser 1995, S. 185). Zudem nahm der Anteil der Auslandreisen kontinuierlich zu und 1968 unternahmen die Bundesdeutschen erstmals mehr Haupturlaubsreisen mit ausländischen als mit inländischen Zielen (Lohmann et al. 2014, S. 82).

Massentouristische Reifephase bis 1990

Während die Urlaubsreise angebotsseitig mehr und mehr in Richtung perfekter *Massenproduktionsware* (im fordistischen Sinne) weiterentwickelt wurde, wurde sie nachfrageseitig nahezu zu einem Grundbedürfnis bzw. Menschenrecht stilisiert (Hachtmann 2007, S. 160; Der Spiegel 1975, S. 30; Spode 1987, S. 38). Mit nur temporären Einbrüchen infolge von wirtschaftlichen oder politischen Krisen sowie Naturkatastrophen stieg die (Haupturlaubs-)Reiseintensität der Bundesbürger von 1954 fast um das Dreifache auf 68 % im Jahr 1990 an (Wohlmann 1993, S. 11). Da die Bundesbürger in

---

„wachsender, z. T. organisierter Reiseverkehr oberer, zunehmend auch mittlerer Einkommensschichten festgestellt werden". In Anbetracht der Entwicklungstendenzen zum Weltraumtourismus könnte das Schema zudem um eine Zone IV „Extraterrestrische Räume" erweitert werden.

91 Siehe ähnlich oben die Distinktionsbemühungen der Aristokratie gegenüber dem Bürgertum und unten die persönliche und soziale Dimension des emotional-symbolischen Funktionsbereichs der Urlaubsreise.

den Wirtschaftswunderjahren zunächst das (neu erworbene) Auto für die Urlaubsreise nutzten, spielte die Veranstalterreise dabei eine untergeordnete Rolle. Doch nahm der Anteil der organisierten (Haupturlaubs-)Reisen ab 1970 stetig zu: Betrug er 1970 noch rund 10 %, so lag er 1990 knapp bei 40 % (Lohmann et al. 2014, S. 76). Damit einhergehend erhöhten sich zwischen 1970 und 1989 kontinuierlich die Anteile der Flug- und Auslandreisen, sodass der Anteil der Inlandsreisen beim Haupturlaub 1989 bei lediglich 30 % lag (Lohmann et al. 2014, S. 82 und 114). Diese Phase ist zudem durch die Zunahme von zusätzlichen kürzeren Reisen charakterisiert: So war der Anteil der Bevölkerung, die mindestens eine Kurzurlaubsreise von zwei bis vier Tagen Dauer machten, von Ende der 1970er-Jahre bis Mitte der 1990er-Jahre durch Wachstum geprägt (Lohmann et al. 2014, S. 61).

Die *soziale Dimension* dieser Ausweitung bildeten die zusätzlichen Bevölkerungsschichten, die nun auch an den Urlaubsreisen teilhaben konnten, bspw. die Landbevölkerung, Frauen und Senioren (Gyr 2010, S. 37). Auch die Funktion der Urlaubsreise begann sich beschleunigt zu wandeln: Neben der Unterbrechung der Arbeitstätigkeit und der damit in Verbindung stehenden Regenerationsmöglichkeit übernahm die Urlaubsreise mehr und mehr eine *Erlebnisfunktion*. Die Nachfrager machten sich verstärkt auf die Suche nach „ganzheitlich produzierten Tourismuserlebnissen" (Pechlaner und Weiermair 1999, S. 81).

Massentouristische Spätphase ab 1990

Dieser Suche kommen seit dem ausgehenden 20. Jahrhundert Angebote von *künstlichen Freizeit- und Erlebniswelten*[92] nach, deren konkrete Ausgestaltung von Freizeitparks und Märchenwelten über Brandlands bis hin zu Urban Entertainment Centers reicht. Der Erfolg der Erlebniswelten erklärt sich durch die Möglichkeit des ungestörten Konsums professionell inszenierter, multifunktionaler und häufig thematisch fokussierter Alltagsgegenwelten (Kagelmann 1998, S. 79 ff.). Mit der Expansion der künstlichen Freizeit- und Urlaubswelten trat die touristische Angebotsproduktion in ein neues Stadium ein: War der Tourismus bislang zumeist auf Anziehungskräfte natürlicher oder kultureller Art ausgerichtet, die an geografische Örtlichkeiten gebunden und damit räumlich verankert waren, beschleunigte sich nun ein diesbezüglicher Emanzipationsprozess. Der Raumbezug der Destination verlor an Bedeutung. Die künstlichen Erlebniswelten zeigten, dass die Entwicklung eines Reiseziels und das Angebot spezifischer Urlaubsaktivitäten oftmals größtenteils von den vor Ort vorliegenden kulturellen und natürlichen Rahmenbedingungen entkoppelt werden konnten. Stattdessen fanden die Nähe zu nachfragerreichen Quellmärkten und eine Erfolg versprechende Verkehrsanbindung stärkere Berücksichtigung (Job 2003, S. 368).

---

92 Siehe hierzu z. B. Kagelmann 1998; Kagelmann et al. (2004); Steinecke (2000, S. 42 ff.) und Steinecke (2009).

Die Urlaubsreise fungiert als Ergebnisgenerator. Bis heute. Die Mehrheit der Touristen erwartet von den touristischen Anbietern der Gegenwart weit mehr als die Erfüllung des klassischen funktionalen Kernnutzens[93] (Eisenstein 2018, S. 77 f.[94]): Die Urlaubsreise hat inzwischen umfassend *emotional-symbolische Funktionen* übernommen, die – zunächst in einer persönlichen Dimension – auf individuelle emotionale Stimulation mittels

- Genuss,
- Selbstverwirklichung sowie Identitätsstiftung und
- sinnlich-ästhetischer Aspekte

abzielen.

Die emotional-symbolischen Funktionen der Urlaubsreise umfassen neben der dargestellten persönlichen Dimension eine soziale Dimension: In deren Rahmen erfüllt die Urlaubsreise oftmals eine Funktion als *Indikator, Demonstrationsplattform und Symbol*

- zur inszenierten Dokumentation des persönlich-individuellen Lebensstils,
- zur Selbstdarstellung des gefühlten oder gewünschten sozialen Status und
- als Projektionsfläche personenbezogener Wunschimages bei relevanten Bezugsgruppen.

In abgewandelter Form können diese Funktionen auch im Rahmen von geschäftlichen Reisen übernommen werden (Eisenstein et al. 2019, S. 79 ff.), doch ist es augenfällig, dass durch das größere Maß an selbstbestimmten Gestaltungsmöglichkeiten des Reisenden den Urlaubsreisen ein stärkeres Gewicht bei der Verwirklichung der angeführten Funktionen zufällt. Die aufseiten der potenziellen Besucher im Vorfeld bestehenden Bedürfnisse und Nutzenerwartungen emotional-symbolischer Art stellen dabei gewichtige Kriterien bei der Wahl von Urlaubsart und Reiseziel sowie erhebliche Einflussfaktoren für die gewünschte und umgesetzte touristische Praxis dar.

Spätestens seit dem letzten Jahrzehnt des 20. Jahrhunderts prägen die sich mittlerweile stark ausdifferenzierenden Lebensstile und die damit einhergehende Vielzahl unterschiedlicher Bedürfnisse immer deutlicher auch die Verhaltensweisen der touristischen Nachfrager. *Nachfrageseitige Diversifizierung und angebotsseitige Spezialisierung* gelten als Merkmale des modernen Tourismus (Gyr 2010, S. 37). Nicht nur ehemals homogene touristische Nachfragegruppen differenzieren in neue Segmente und Fragmente. Es entsteht zudem der „hybride Tourist", dessen individuelles Reiseverhalten variabel ist und inkonsistent zu sein scheint (Petermann und Wennrich 1999, S. 55; Boztug et al. 2015, S. 190), u. a. deswegen, weil er im Zeitverlauf unterschiedliche Arten touristischer Produkte nachfragt (Kagermeier 2013, S. 8).

---

93 Wie bspw. sicherer Transport, ruhige Unterkunft zur Regeneration, zuverlässige Versorgung.
94 In Anlehnung an Kotler et al. (2007, S. 511), Homburg (2017, S. 627) sowie Morgan und Pritchard (2004, S. 60).

Für die touristischen Anbieter erschweren diese Entwicklungen die Identifikation und Auswahl geeigneter Zielgruppen (Eisenstein 2017, S. 18). Zudem sehen sie sich selbstbewussteren und anspruchsvolleren Touristen gegenüber, da inzwischen eine große Anzahl der touristischen Nachfrager in Deutschland und auch anderen Quellmärkten auf eine umfangreiche Reiseerfahrung zurückgreifen kann. Die bislang gewonnenen Reiseerfahrungen dienen als Bemessungsgrundlage für die Beurteilung gegenwärtiger und zukünftiger Angebote und Leistungen touristischer Anbieter. Die wachsenden Erfahrungen und die zunehmenden Marktkenntnisse aufseiten der Touristen führen insgesamt sowohl zu einer *quantitativen Anspruchsinflation* im Sinne von umfangreicherer Wahlfreiheit und Multioptionalität bezüglich des Angebots als auch zu einer *qualitativen Anspruchsinflation* im Sinne von höheren Qualitätsansprüchen und besseren Preis-Leistungs-Verhältnissen.

Für die etablierten Destinationen kommt hinzu, dass der sich intensivierende branchenübergreifende Globalisierungsprozess zu immer neuen Markteintritten von weiteren Reisezielen und damit von (internationalen) Wettbewerbern führt. Der *Konkurrenzdruck steigt*. Seit den 1990er-Jahren entwickelte sich das weltweite Tourismusangebot so dynamisch, dass das Nachfragewachstum vergleichsweise dahinter zurückblieb (Tschurtschenthaler 1999, S. 11). Der touristische Markt wandelte sich vom Verkäufer- zum Käufermarkt. Die bis Mitte der 1990er-Jahre ständig steigende Reiseintensität der Deutschen hat sich seitdem bei 75 bis 78 % stabilisiert (Lohmann et al. 2014, S. 53; Schmücker et al. 2017, S. 9; Sonntag et al. 2018, S. 2; Sonntag und Lohmann 2019, S. 2).[95] Aufgrund vorhandener Reiseerfahrung wich bei vielen Nachfragern das Sicherheitsbedürfnis[96] in Bezug auf fremde Kulturen und abgelegene Naturräumen dem Bedürfnis nach dem Erleben des Andersartigen. Unberührtes, Unbekanntes, Unerschlossenes übt Anziehungskraft aus. „Je unberührter, je weniger vertouristet eine Region, desto größer ihr Wert für den Touristen" (Hachtmann 2007, S. 170). Die globale touristische Erschließung setzt sich fort, wenn auch nicht mehr primär durch Reichweitenerweiterung, sondern mittels Durchdringung peripherer Räume, d. h. mittels eines räumlich engmaschigeren Netzes von Erreichbarkeit und Angebotsentwicklung.

Verschiedene Entwicklungen seit 1850 zusammenfassend (siehe Abb. 1.22), lässt sich zunächst eine Demokratisierung des Reisens unter Teilhabe nahezu aller Bevölkerungsschichten (in Deutschland) feststellen. Zudem hat die Häufigkeit der Reisen und damit die Reiseerfahrung einzelner Personen zugenommen. Die Reisedauer hingegen ging zurück. Es kam zu einer Erhöhung der Reisegeschwindigkeit, einer umfangreichen Ausdehnung der Reichweiten räumlicher Mobilität und einer Vervielfachung der dem Reisewilligen zur Verfügung stehenden Reisezieloptionen. Die

---

95 Siehe hierzu Abschnitt 2.3.1.
96 Pechlaner und Weiermair (1999, S. 81) sprechen vom „Abbau der Reiserisikoperzeptionen [...] aufgrund einer größeren Bereistheit".

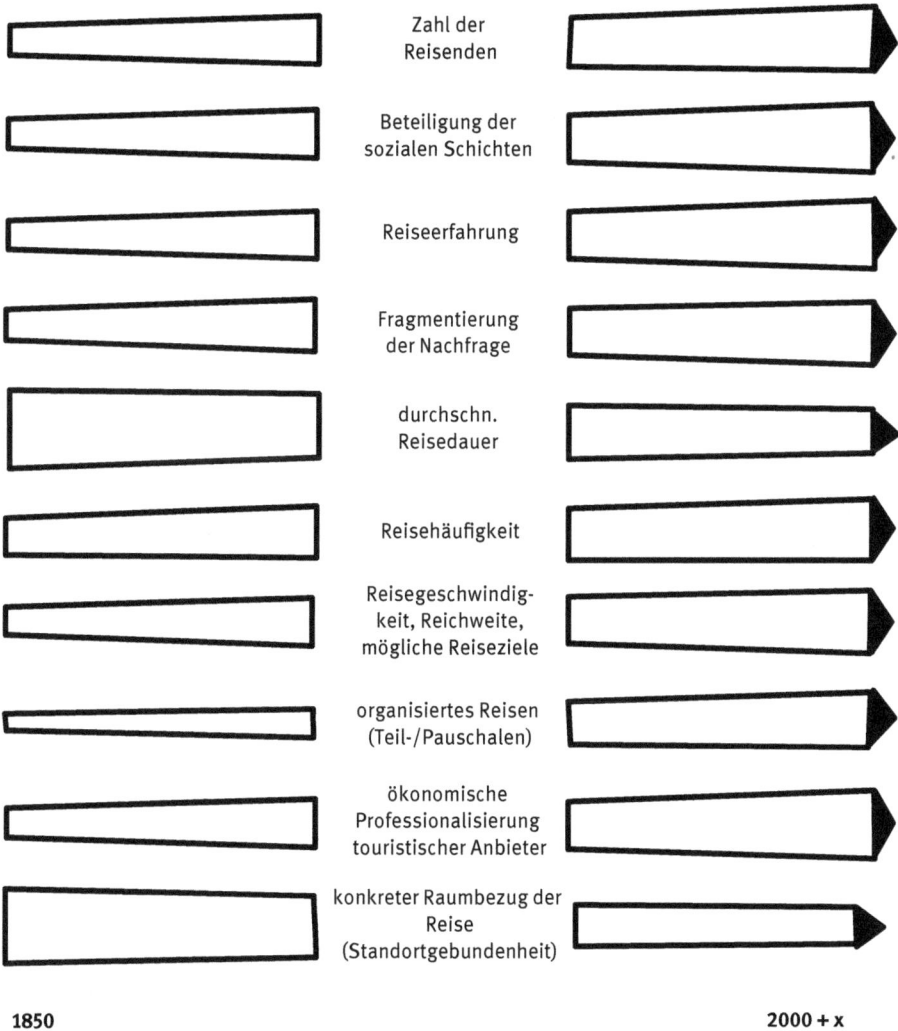

Abb. 1.22: Ausgewählte Veränderungen des Reisegeschehens von 1850 bis nach 2000 (Quelle: eigene Darstellung in Anlehnung an Job 2003, S. 369)

räumliche Verankerung (Standortgebundenheit) von Erlebnissen und Aktivitäten in der Destination verminderte sich. Nachfrageseitig erfolgte eine Differenzierung in immer neue Fragmente und angebotsseitig entwickelten sich hochspezialisierte, ökonomisch professionelle Tourismusunternehmen, die Dienstleistungen zum (fremd-) organisierten Reisen etablierten.

Bei einigen der dargestellten Entwicklungen kann davon ausgegangen werden, dass sie sich voraussichtlich auch in Zukunft fortsetzen werden (z. B. abnehmende Standortgebundenheit, Fragmentierung der Nachfrage, Diversifizierung des Angebots und Intensivierung des Wettbewerbs). Bei anderen wiederum könnten Grenzen, die eine weitere Entwicklung verhindern, erreicht werden (z. B. bei der Reisedauer und der Reiseintensität).

Neue Entwicklungen und Anforderungen kommen hinzu: So zählen sowohl Schmude (2015, S. 9)[97] als auch Sharpley (2018, S. 54 f.) zu den größten *Herausforderungen*, denen sich die Tourismusbranche im laufenden 21. Jahrhundert gegenübersieht,

- den demografischen Wandel in den Industriestaaten,
- Sicherheitsfragen in Bezug auf Naturkatastrophen, Terror oder Krankheiten und
- den Klimawandel.[98]

Ergänzend sind zu nennen
- die sozialen und ökologischen Grenzen der Belastbarkeit von Reisezielen („Overtourism") und
- die Dynamik bei den Entwicklungen im Informations- und Kommunikationswesen.

Das Phänomen „Tourismus" wurde in der Vergangenheit gemäß den verschiedenen Entwicklungen in den unterschiedlichen Umfeldbereichen, in die das offene System eingebettet ist, ausgestaltet – dabei wird es bleiben: Auch in Zukunft wird der *Tourismus ein Abbild unserer Gesellschaft* sein.

Literatur

Arndt, Hermann (1978): Definitionen des Begriffes „Fremdenverkehr" im Wandel der Zeit. In: Jahrbuch für Fremdenverkehr 26/27, S. 160–174.

Bachleitner, Reinhard (2010): Der Tourist. In: Stephan Moebius; Markus Schroer (Hg.): Diven, Hacker, Spekulanten. Sozialfiguren der Gegenwart. Berlin, S. 422–436.

Backer, Elisa; King, Brian (2015): VFR Travel: Progressing Towards Greater Recognition. In: Elisa Backer; Brian King (Hg.): VFR travel research. International perspectives. Bristol (Aspects of tourism, 69), S. 1–10.

Bähr, Jürgen (1997): Bevölkerungsgeographie. 3. Aufl., Stuttgart.

Bandi Tanner, Monika; Müller, Hansruedi (2019): Grundkenntnisse Tourismus. Eine Einführung in Theorie, Markt und Politik. Bern (Berner Studien zum Tourismus, 61).

Bauder, Michael; Freytag, Tim (2020): Geographie des Tourismus. In: Hans Gebhardt; Rüdiger Glaser; Ulrich Radtke; Paul Reuber; Andreas Vött (Hg.): Geographie. Physische Geographie und Humangeographie, 3. Aufl., S. 1046–1062.

Beaverstock, Jonathan V.; Budd, Lucy (2013): International business travel in a digital world economy. In: Research in Transportation Business & Management 9, S. 1–4.

---

97 Siehe auch Schmude und Namberger (2015, S. 124 ff.).
98 Sharpley (2018, S. 55) führt zudem die Erdölverfügbarkeit und Schmude (2015, S. 9) die Technisierung an.

Becker, Christoph; Job, Hubert; Witzel, Anke (1996): Tourismus und nachhaltige Entwicklung. Grundlagen und praktische Ansätze für den mitteleuropäischen Raum. Darmstadt.

Benthien, Bruno (1997): Geographie der Erholung und des Tourismus. Gotha.

Benscheidt, Willi (1934): Der Ortswechsel als Voraussetzung des Fremdenverkehrs. In: Archiv für den Fremdenverkehr 4(3), S. 76–86.

Beratende Kommission für Fremdenverkehr des Bundesrates (1979): Das schweizerische Tourismuskonzept – Grundlagen für die Tourismuspolitik; Schlussbericht. Bern.

Berktold-Fackler, Franz; Krumbholz, Hans (1997): Reisen in Deutschland. Eine kleine Tourismusgeschichte. München.

Bernecker, Paul (1955): Der moderne Fremdenverkehr. Markt- und betriebswirtschaftliche Probleme in Einzeldarstellung. Wien.

Bernecker, Paul (1956): Die Stellung des Fremdenverkehrs im Leistungssystem der Wirtschaft. Wien.

Bernecker, Paul (1962): Grundzüge der Fremdenverkehrslehre und Fremdenverkehrspolitik. Grundlagenlehre des Fremdenverkehrs. Wien (Schriftenreihe des Institutes für Fremdenverkehrsforschung der Hochschule für Welthandel, 1).

Bieger, Thomas (2010): Tourismuslehre. Ein Grundriss. 3. Aufl., Bern.

Bieger, Thomas; Beritelli, Pietro (2013): Management von Destinationen. 8. Aufl., München.

Bodio, Luigi (1899): Sul movimento dei forestieri in Italia e sul denaro che vi spendono. Bologna.

Boniface, Brian G.; Cooper, Robyn; Cooper, Christopher P. (2016): Worldwide destinations. The geography of travel and tourism. 7. Aufl., London.

Bormann, Artur (1931): Die Lehre vom Fremdenverkehr. Ein Grundriß. Berlin.

Boztug, Yasemin; Babakhani, Nazila; Laesser, Christian; Dolnicar, Sara (2015): The hybrid tourist. In: Annals of Tourism Research 54, S. 190–203.

Burkart, Arthur John; Medlik, Slavoj (1974): Tourism: Past, present and future. London.

Cañada, Agustín (2013): Regional tourism satellite account. Madrid.

Cairncross, Frances (2001): The death of distance. How the communications revolution is changing our lives. Boston.

Carone, G. (1953): Il movimento dei forestieri e l'apporto del turismo alla economia della Regione Trentino-Alto Adige. Rovereto.

Cavalli-Sforza, L. (1963): The Distribution of Migration Distances: Models, and Applications to Genetics. In: Jean Sutter (Hg.): Human displacements. Measurement, Methodological Aspects. Monaco, S. 139–158.

Cohen, Erik (2011): Who is a Tourist? A Conceptual Clarification. In: The Sociological Review 22(4), S. 527–555.

Cooper, Chris (2012): Essentials of tourism. Harlow.

Cooper, Chris; Hall, Colin Michael (2013): Contemporary tourism. An international approach. 2. Aufl., Oxford.

Corbin, Alain (1999): Meereslust. Das Abendland und die Entdeckung der Küste. 2. Aufl., Frankfurt am Main.

Der Spiegel (1975): „Geld hamma, und Zeit hamma", 29, H. 28, S. 28–33.

Dettmer, Harald; Eisenstein, Bernd; Gruner, Axel; Hausmann, Thomas; Kaspar, Claude; Oppitz, Werner; Pircher-Friedrich, Anna Maria; Schoolmann, Gerhard (2005): Managementformen im Tourismus. München.

Diemer, Sabine (1996): Reisen zwischen politischem Anspruch und Vergnügen. DDR-Bürgerinnen und -Bürger unterwegs. In: Hans Walter Hütter; Petra Rösgen (Hg.): Endlich Urlaub! Die Deutschen reisen. Begleitbuch zur Ausstellung im Haus der Geschichte der Bundesrepublik Deutschland, Bonn, 6. Juni bis 13. Oktober 1996. Köln, S. 83–92.

DIW Econ GmbH; Institut für Management und Tourismus (IMT) der FH Westküste (IMT); dwif-Consulting GmbH (2017): Wirtschaftsfaktor Tourismus in Deutschland. Kennzahlen einer umsatzstarken Querschnittsbranche. Ergebnisbericht. Hg. v. Bundesministerium für Wirtschaft und Energie (BMWi), Berlin.

Eisenstein, Bernd (1995): Wirtschaftliche Effekte des Fremdenverkehrs. 2. Aufl., Trier (Trierer Tourismus-Bibliographien, 4).

Eisenstein, Bernd (2017): Destinationsmarktforschung. Relevanz und Grundlagen. In: Bernd Eisenstein (Hg.): Marktforschung für Destinationen. Grundlagen – Instrumente – Praxisbeispiele. Berlin, S. 11–70.

Eisenstein, Bernd (2018): Markenführung von Destinationen – Zwischen ökonomischem Nutzen, sozialer Konstruktion und Machbarkeit. In: Zeitschrift für Tourismuswissenschaft 10(1), S. 67–95.

Eisenstein, Bernd; Reif, Julian; Schmücker, Dirk; Krüger, Manon; Weis, Rebekka (2019): Geschäftsreisen. Merkmale, Anlässe, Effekte. Konstanz.

Enzensberger, Hans Magnus (1958): Vergebliche Brandung der Ferne. Eine Theorie des Tourismus. In: Merkur 12(8), S. 701–720.

Feifer, Maxine (1985): Going places. The ways of the tourist from Imperial Rome to the present day. London.

Freyer, Walter (2015): Tourismus. Einführung in die Fremdenverkehrsökonomie. 11. Aufl., Berlin.

Fuhrmann, Gundel (1995): Der Urlaub der DDR-Bürger in den späten 60er Jahren. In: Hasso Spode (Hg.): Goldstrand und Teutonengrill. Kultur- und Sozialgeschichte des Tourismus in Deutschland 1945–1989. Berlin (Berichte und Materialien/Institut für Tourismus, Berlin, 15), S. 35–49.

Fuss, Karl (1960): Geschichte der Reisebüros. Darmstadt (Schriftenreihe des Deutschen Reisebüro-Verbandes, 8).

Ganser, Armin (1995): Zur Geschichte touristischer Produkte in der Bundesrepublik. In: Hasso Spode (Hg.): Goldstrand und Teutonengrill. Kultur- und Sozialgeschichte des Tourismus in Deutschland 1945–1989. Berlin (Berichte und Materialien/Institut für Tourismus, Berlin, 15), S. 185–200.

Glücksmann, Robert (1935): Allgemeine Fremdenverkehrskunde. Bern.

Göckeritz, Heinz (1996): Die Bundesbürger entdecken die Urlaubsreise. In: Hans Walter Hütter; Petra Rösgen (Hg.): Endlich Urlaub! Die Deutschen reisen. Begleitbuch zur Ausstellung im Haus der Geschichte der Bundesrepublik Deutschland, Bonn, 6. Juni bis 13. Oktober 1996. Köln, S. 43–50.

Goeldner, Charles R.; Ritchie, J. R. Brent (2012): Tourism. Principles, practices, philosophies. 12. Aufl., Hoboken.

Gormsen, Erdmann (1983): Tourismus in der Dritten Welt. In: Geographische Rundschau 35, S. 608–617.

Großmann, Margita (1996): »Boten der Völkerfreundschaft«? DDR-Urlauber im sozialistischen Ausland. In: Hans Walter Hütter; Petra Rösgen (Hg.): Endlich Urlaub! Die Deutschen reisen. Begleitbuch zur Ausstellung im Haus der Geschichte der Bundesrepublik Deutschland, Bonn, 6. Juni bis 13. Oktober 1996. Köln, S. 77–82.

Gugg, Eberhard (1972): Der Kongressreiseverkehr. Verkehrswirtschaftliche und verkehrsplanerische Probleme. München (Schriftenreihe des Deutschen Wirtschaftswissenschaftlichen Instituts für Fremdenverkehr an der Universität München, 27).

Gyr, Ueli (2010): Geschichte des Tourismus: Strukturen auf dem Weg zur Moderne. Mainz (Europäische Geschichte Online (EGO)). Online verfügbar unter http://ieg-ego.eu/de/threads/europa-unterwegs/tourismus/ueli-gyr-geschichte-des-tourismus#, zuletzt abgerufen am 11.08.2019.

Hachtmann, Rüdiger (2007): Tourismus-Geschichte. Göttingen.

Hall, C. Michael; Lew, Alan A. (2009): Understanding and managing tourism impacts. An integrated approach. Milton Park.

Hall, C. Michael; Page, Stephen J. (2014): The geography of tourism and recreation. Environment, place and space. 4. Aufl., London.

Harrer, Bernhard (2017): Tagesreisen der Deutschen. In: Bernd Eisenstein (Hg.): Marktforschung für Destinationen. Grundlagen – Instrumente – Praxisbeispiele. Berlin, S. 243–253.

Harvey, David (1990): The condition of postmodernity. An enquiry into the origins of cultural change. Oxford.

Hennig, Christoph (1999): Reiselust. Touristen, Tourismus und Urlaubskultur. Frankfurt am Main.

Hinterholzer, Thomas; Jooss, Mario (2013): Social Media Marketing und -Management im Tourismus. Berlin.

Hlavin-Schulze, Karin (1998): „Man reist ja nicht, um anzukommen". Reisen als kulturelle Praxis. Frankfurt am Main.

Holloway, J. Christopher; Humphreys, Claire (2016): The business of tourism. 10. Aufl., Harlow.

Homburg, Christian (2017): Marketingmanagement. Strategie – Instrumente – Umsetzung – Unternehmensführung. 6. Aufl., Wiesbaden.

Hopfinger, Hans (2011): Geographie der Freizeit und des Tourismus. In: Hans Gebhardt; Rüdiger Glaser; Ulrich Radtke; Paul Reuber (Hg.): Geographie. Physische Geographie und Humangeographie. Unter Mitarbeit von Reinhard Zesse, 2. Aufl. Heidelberg, S. 1020–1043.

Hunziker, Walter; Krapf, Kurt (1942): Grundriß der allgemeinen Fremdenverkehrslehre. Zürich (Schriftenreihe des Seminars für Fremdenverkehr an der Handels-Hochschule St. Gallen, 1).

Hupfeld, Jens; Brodersen, Sören; Herdegen, Regina (2013): Arbeitsbedingte räumliche Mobilität und Gesundheit. Essen.

Irmscher, Gerlinde (1995): Alltägliche Fremde. Auslandsreisen in der DDR. In: Hasso Spode (Hg.): Goldstrand und Teutonengrill. Kultur- und Sozialgeschichte des Tourismus in Deutschland 1945–1989. Berlin (Berichte und Materialien/Institut für Tourismus, Berlin, 15), S. 51–67.

Job, Hubert (2003): „Reisestile". Modell des raumzeitlichen Verhaltens vom Reisenden. Ein raumwissenschaftlicher Diskussionsbeitrag zum Wandel der Gestalt touristischer Destinationen. In: Tourismus Journal: Zeitschrift für tourismuswirtschaftliche Forschung und Praxis 7(3), S. 355–376.

Job, Hubert; Paesler, Reinhard; Vogt, Luisa (2005): Geographie des Tourismus. In: Winfried Schenk; Konrad Schliephake (Hg.): Allgemeine Anthropogeographie. Stuttgart, S. 581–628.

Jungk, Robert (1980): Wieviel Touristen pro Hektar Strand? In: GEO 10, S. 154–156.

Kagelmann, H. Jürgen (1998): Erlebniswelten. Grundlegende Bemerkungen zum organisierten Vergnügen. In: Max Rieder; Reinhard Bachleitner; Hans Jürgen Kagelmann (Hg.): ErlebnisWelten. Zur Kommerzialisierung der Emotionen in touristischen Räumen und Landschaften. München (Tourismuswissenschaftliche Manuskripte, 4), S. 58–94.

Kagelmann, H. Jürgen; Bachleitner, Reinhard; Rieder, Max (Hg.) (2004): Erlebniswelten. Zum Erlebnisboom in der Postmoderne. München (Tourismuswissenschaftliche Manuskripte, 12).

Kagermeier, Andreas (2013): Auf dem Weg zum Erlebnis 2.0. Das Weiterwirken der Erlebniswelten zu Beginn des 21. Jahrhunderts. In: Heinz-Dieter Quack; Kristiane Klemm (Hg.): Kulturtourismus zu Beginn des 21. Jahrhunderts. Festschrift für Albrecht Steinecke. München, S. 1–10.

Kagermeier, Andreas (2016): Tourismusgeographie: Einführung. München.

Kaschuba, Wolfgang (2004): Die Überwindung der Distanz. Zeit und Raum in der europäischen Moderne. Frankfurt am Main.

Kaspar, Claude (1971): Beiträge zur Diskussion über den Fremdenverkehrsbegriff. Gedanken zu einer neuen Fremdenverkehrsdefinition. In: The Tourist Review 26(2), S. 49–51.

Kaspar, Claude (1979): Neuere wissenschaftliche Erkenntnisse zum Fremdenverkehr- bzw. Tourismusbegriff. In: The Tourist Review 34(2), S. 5–9.

Kaspar, Claude (1996): Die Tourismuslehre im Grundriss. 5. Aufl., Bern (St. Galler Beiträge zum Fremdenverkehr und zur Verkehrswirtschaft, Reihe Fremdenverkehr, 1).

Kaspar, Claude (1998): Das System Tourismus im Überblick. In: Günther Haedrich; Claude Kaspar; Kristiane Klemm; Edgar Kreilkamp (Hg.): Tourismus-Management. Tourismus-Marketing und Fremdenverkehrsplanung, 3. Aufl. Berlin, S. 15–32.

Keitz, Christine (1997): Grundzüge einer Sozialgeschichte des Tourismus in der Zwischenkriegszeit. In: Peter J. Brenner (Hg.): Reisekultur in Deutschland. Von der Weimarer Republik zum „Dritten Reich". Tübingen, S. 49–71.

Kesten, Oliver; Spode, Hasso (2000): Fremdenverkehr vor dem Zweiten Weltkrieg. In: Christoph Becker; Hubert Job (Hg.): Nationalatlas Bundesrepublik Deutschland. Freizeit und Tourismus. München (Nationalatlas Bundesrepublik Deutschland, 10), S. 22–23.

Knebel, Hans-Joachim (1960): Soziologische Strukturwandlungen im modernen Tourismus. Stuttgart (Soziologische Gegenwartsfragen, N.F., 8).

Knoll, Gabriele M. (2006): Kulturgeschichte des Reisens. Von der Pilgerfahrt zum Badeurlaub. Darmstadt.

Koch, Alfred (1964): Der Fremdenverkehr als Wirtschaftsfaktor. In: Jahrbuch für Fremdenverkehr 11/12, S. 27–34.

Kotler, Philip; Keller, Kevin Lane; Bliemel, Friedhelm (2007): Marketing-Management. Strategien für wertschaffendes Handeln. 12. Aufl., München.

Krempien, Petra (2000): Geschichte des Reisens und des Tourismus. Ein Überblick von den Anfängen bis zur Gegenwart. Limburgerhof.

Krohn, Heinrich (1985): Welche Lust gewährt das Reisen! Mit Kutsche, Schiff und Eisenbahn. München.

Kulinat, Klaus; Steinecke, Albrecht (1984): Geographie des Freizeit- und Fremdenverkehrs. Darmstadt (Erträge der Forschung, 212).

Laufenberg, Walter (1969): Welt hinter dem Horizont. Reisen in vier Jahrtausenden. Düsseldorf.

Lauterbach, Burkhart (2008): Tourismus. Eine Einführung aus Sicht der volkskundlichen Kulturwissenschaft. 2. Aufl., Würzburg (Kulturtransfer, 3).

Laws, Eric (2002): Marketing Destinations, service quality and systems considerations. In: Eric Laws (Hg.): Tourism marketing. Quality and service management perspectives. London, S. 59–72.

Leiper, Neil (1979): The framework of tourism: Towards a definition of tourism, tourist, and the tourist industry. In: Annals of Tourism Research 6(4), S. 390–407.

Leiper, Neil (1990): Tourism systems. An interdisciplinary perspective. Palmerston North (Department of Management Systems, Business Studies Faculty: Occasional papers, 1990; 2).

Leiper, Neil (2004): Tourism management. 3. Aufl., Frenchs Forest.

Löschburg, Winfried (1997): Kleine Kulturgeschichte des Reisens. Und Goethe war nie in Griechenland. Köln.

Lohmann, Gui; Panosso Netto, Alexandre (2017): Tourism theory. Concepts, Models and Systems.

Lohmann, Martin; Schmücker, Dirk; Sonntag, Ulf (2014): Urlaubsreisetrends 2025 Entwicklung der touristischen Nachfrage im Quellmarkt Deutschland. Die Reiseanalyse-Trendstudie. Kiel.

Ludwig, Klemens (1990): Von Schusters Rappen zum Düsenjet. Zur Geschichte des Reisens. In: Klemens Ludwig; Michael Has; Martina Neuer (Hg.): Der neue Tourismus. Rücksicht auf Land und Leute. München (Beck'sche Reihe, 408), S. 28–39.

Lumsdon, Les; Page, Stephen (2004): Progress in Transport and Tourism Research. Reformulating the Transport-Tourism Interface and Future Research Agendas. In: Les Lumsdon; Stephen Page (Hg.): Tourism and transport. Issues and agenda for the new millennium. Amsterdam, S. 1–27.

Lutz, Ronald (1993): Tourismus und Bewegungskultur. Perspektiven des Reisens. In: Dieter Kramer; Ronald Lutz (Hg.): Tourismus-Kultur – Kultur-Tourismus. Münster (Kulturwissenschaftliche Horizonte, 2), S. 201–244.

Mattes, Anselm; Eisenstein, Bernd; Reif, Julian (2017): Wirtschaftsfaktor Tourismus. Methode und Ergebnisse des Tourismus-Satellitenkontos. In: Bernd Eisenstein (Hg.): Marktforschung für Destinationen. Grundlagen – Instrumente – Praxisbeispiele. Berlin, S. 157–176.

McKercher, Bob; Zoltan, Judit (2014): Tourist flows and spatial behavior. In: Alan A. Lew; Hall C. Michael; Allan M. Williams (Hg.): The Wiley Blackwell companion to tourism. Chichester, S. 33–44.

Mertsching, Klaus (1996): Recht auf Urlaub. In: Hans Walter Hütter; Petra Rösgen (Hg.): Endlich Urlaub! Die Deutschen reisen; Begleitbuch zur Ausstellung im Haus der Geschichte der Bundesrepublik Deutschland, Bonn, 6. Juni bis 13. Oktober 1996. Köln, S. 20–24.

Mill, Robert Christie; Morrison, Alastair M. (2009): The tourism system. 6. Aufl., Dubuque.

Morgan, Nigel; Pritchard, Annette (2004): Meeting the destination branding challenge. In: Nigel Morgan; Annette Pritchard; Roger Pride (Hg.): Destination branding. Creating the unique destination proposition, 2. Aufl. Oxford, S. 59–78.

Morgenroth, Wilhelm (1927): Fremdenverkehr. In: Handwörterbuch der Staatswissenschaften, Band 4, S. 394–409.

Müller, Hansruedi (2008): Freizeit und Tourismus. Eine Einführung in Theorie und Politik. 11. Aufl., Bern (Berner Studien zu Freizeit und Tourismus, H. 41).

Mundt, Jörn W. (2011): Reiseveranstaltung. Lehr- und Handbuch. 7. Aufl., München.

Mundt, Jörn W. (2013): Tourismus. 4. Aufl., München.

Nies, Sarah; Roller, Katrin; Vogl, Gerlinde (2015): Räumliche Mobilität rund um die Arbeit. Düsseldorf.

Ogilvie, Frederick Wolff (1933): The tourist movement: An economic study. London.

Ohler, Norbert (1995): Reisen im Mittelalter. 4. Aufl., München.

Opaschowski, Horst W. (1970): Tour-Tourist-Tourismus. Eine sprachgeschichtliche Analyse. In: Der Fremdenverkehr 22(3), S. 28–30.

Opaschowski, Horst W. (1989): Tourismusforschung. Wiesbaden (Freizeit- und Tourismusstudien, 3).

Opaschowski, Horst W. (2002): Tourismus. Eine systematische Einführung. Analysen und Prognosen. 3. Aufl., Opladen (Freizeit- und Tourismusstudien, 3).

Page, Stephen (2009): Transport and tourism. Global perspectives. 3. Aufl., Harlow.

Page, Stephen (2015): Tourism management. 5. Aufl., London.

Page, Stephen; Connell, Joanne (2014): Tourism. A modern synthesis. 4. Aufl., Andover.

Pearce, Philip L. (2005): Tourist behaviour. Themes and conceptual schemes. Reprinted. Clevedon (Aspects of tourism, 27).

Pechlaner, Harald; Weiermair, Klaus (1999): Neue Qualifikationsanforderungen in Destinationsorganisationen. In: Harald Pechlaner; Klaus Weiermair (Hg.): Destinations-Management. Führung und Vermarktung von touristischen Zielgebieten. Wien (Management und Unternehmenskultur, 2), S. 79–90.

Petermann, Thomas; Wennrich, Christine (1999): Folgen des Tourismus Band 2. Tourismuspolitik im Zeitalter der Globalisierung. Berlin (Studien des Büros für Technikfolgen-Abschätzung beim Deutschen Bundestag, 7).

Peters, Gerd (1996): Vom Urlauberschiff zum Traumschiff. Die Passagierschifffahrt der DDR. In: Hans Walter Hütter; Petra Rösgen (Hg.): Endlich Urlaub! Die Deutschen reisen. Begleitbuch zur Ausstellung im Haus der Geschichte der Bundesrepublik Deutschland, Bonn, 6. Juni bis 13. Oktober 1996. Köln, S. 93–100.

Pfeifer, Wolfgang (1993): Etymologisches Wörterbuch des Deutschen. „fremd". In: Digitalisierte und überarbeitete Version im Digitalen Wörterbuch der deutschen Sprache, https://www.dwds.de/wb/fremd, zuletzt abgerufen am 25.08.2019.

Pompl, Wilhelm (1997): Touristikmanagement 1. Beschaffungsmanagement. 2. Aufl., Berlin.

Prahl, Hans-Werner; Steinecke, Albrecht (1979): Der Millionen-Urlaub. Von der Bildungsreise zur totalen Freizeit. Bielefeld.

Reeh, Tobias; Faust, Heiko (2004): Tourismusgeographie. Positionen, Paradigmen, Perspektiven. In: Heiko Faust; Kira Gee; Tobias Reeh (Hg.): Freizeit und Tourismus. Konzeptionelle und regionale Studien aus kulturgeographischer Perspektive. Göttingen (= ZELTForum, 2), S. 3–30.

Reif, Julian; Eisenstein, Bernd; Krüger, Manon; Gaßner, Roland (2017): GfK/IMT-DestinationMonitor Deutschland am Beispiel von Schleswig-Holstein. In: Bernd Eisenstein (Hg.): Marktforschung für Destinationen. Grundlagen – Instrumente – Praxisbeispiele. Berlin, S. 207–218.

Reif, Julian; Harms, Tim; Eisenstein, Bernd (2020): Tourist-Sein oder nicht Tourist-Sein? Zur Reputation des Touristen. In: Zeitschrift für Tourismuswissenschaft 12(1), S. 381–402.

Robinson, Peter; Lück, Michael; Smith, Stephen L. J. (2013): Tourism. Boston.

Romeiß-Stracke, Felizitas (1998): Tourismus – gegen den Strich gebürstet: Essays. München (Tourismuswissenschaftliche Manuskripte, 2).

Roseman, Curtis C. (1971): Migration as a spatial and temporal process. In: Annals of the Association of American Geographers 61(3), S. 589–598.

Schadlbauer, Friedrich G. (1973): Neue Tendenzen in der Frage der Definition des Fremdenverkehrs. In: Mitteilungen der Österreichischen Geographischen Gesellschaft, Band 115, S. 162–164.

Schildt, Axel (1995): „Die kostbarsten Wochen des Jahres". Urlaubstourismus der Westdeutschen (1945–1970). In: Hasso Spode (Hg.): Goldstrand und Teutonengrill. Kultur- und Sozialgeschichte des Tourismus in Deutschland 1945–1989. Berlin (Berichte und Materialien/Institut für Tourismus, Berlin, 15), S. 69–85.

Schivelbusch, Wolfgang (2015): Geschichte der Eisenbahnreise. Zur Industrialisierung von Raum und Zeit im 19. Jahrhundert. 6. Aufl., Frankfurt am Main.

Schmidhauser, Hans Peter (1971): Diskussionsbeitrag zur neuen Fremdenverkehrsdefinition. In: The Tourist Review 26(2), S. 51–54.

Schmücker, Dirk; Wagner, Philipp; Grimm, Bente (2017): Reiseanalyse 2017. Struktur und Entwicklung der Urlaubsreisenachfrage im Quellmarkt Deutschland. Kiel.

Schmude, Jürgen (2015): Herausforderungen für die Tourismuswirtschaft im 21. Jahrhundert. In: Ernst Struck (Hg.): Tourismus – Herausforderungen für die Region. Passau (Passauer Kontaktstudium Geographie, 13), S. 9–15.

Schmude, Jürgen; Namberger, Philipp (2015): Tourismusgeographie. 2. Aufl., Darmstadt.

Schneider, Otto (2001): Die Ferien-Macher. Eine gründliche und grundsätzliche Betrachtung über das Jahrhundert des Tourismus. Hamburg.

Schneider, Otto; Sülberg, Werner (2013): Die Ferien-Macher. Eine Branche macht Urlaub. Frankfurt am Main.

Schullern zu Schrattenhofen, Hermann von (1911): Fremdenverkehr und Volkswirtschaft. In: Jahrbuch für Nationalökonomie und Statistik 42(4), S. 433–491.

Selbach, Claus-Ulrich (1996): Reise nach Plan. Der Feriendienst des Freien Deutschen Gewerkschaftsbundes. In: Hans Walter Hütter; Petra Rösgen (Hg.): Endlich Urlaub! Die Deutschen reisen. Begleitbuch zur Ausstellung im Haus der Geschichte der Bundesrepublik Deutschland, Bonn, 6. Juni bis 13. Oktober 1996. Köln, S. 65–76.

Severt, Kimberly S.; Breiter, Deborah (2010): The Anatomy of an Incentive Travel Program. O. O.

Sharpley, Richard (2009): Tourism development and the environment. Beyond sustainability? London.

Sharpley, Richard (2018): Tourism, tourists and society. 5. Aufl., Huntingdon.

Smith, Stephen L. J. (1988): Defining Tourism. A Supply-Side View. In: Annals of Tourism Research 15(2), S. 179–190.

Smith, Stephen L. J. (2004): The Measurement of Global Tourism. Old Debattes, New Consesus, and continuing Challenges. In: Alan A. Lew; C. Michael Hall; Allan M. Williams (Hg.): A companion to tourism. Malden (Blackwell companions to geography, 5), S. 25–35.

Sonntag, Ulf; Lohmann, Martin (2019): Reiseanalyse 2019. Erste ausgewählte Ergebnisse der 49. Reiseanalyse zur ITB 2019. Kiel.

Sonntag, Ulf; Schrader, Rolf; Lohmann, Martin (2018): Reiseanalyse 2018. Erste ausgewählte Ergebnisse der 48. Reiseanalyse zur ITB 2018. Kiel.

Spatt, Ernst (1975): Allgemeine Fremdenverkehrslehre. Grundlagen und wirtschaftliche Aufgaben. Innsbruck.

Spode, Hasso (1980): „Der deutsche Arbeiter reist". Massentourismus im Dritten Reich. In: Gerhard Huck (Hg.): Sozialgeschichte der Freizeit. Untersuchungen zum Wandel der Alltagskultur in Deutschland. Wuppertal, S. 281–306.

Spode, Hasso (1987): Zur Geschichte des Tourismus. Eine Skizze zur Entwicklung der touristischen Reisen in der Moderne. Starnberg.

Spode, Hasso (1988): Der moderne Tourismus. Grundlinien seiner Entstehung und Entwicklung vom 18. Bis zum 20. Jahrhundert. In: Dietrich Storbeck (Hg.): Moderner Tourismus. Tendenzen und Aussichten, 2. Aufl. Trier (Materialien zur Fremdenverkehrsgeographie, 17), S. 39–76.

Spode, Hasso (1993): Geschichte des Tourismus. In: Heinz Hahn; H. Jürgen Kagelmann (Hg.): Tourismuspsychologie und Tourismussoziologie. Ein Handbuch zur Tourismuswissenschaft. München, S. 3–9.

Spode, Hasso (1995): Tourismus in der Gesellschaft der DDR. Eine vergleichende Einführung. In: Hasso Spode (Hg.): Goldstrand und Teutonengrill. Kultur- und Sozialgeschichte des Tourismus in Deutschland 1945–1989. Berlin (Berichte und Materialien/Institut für Tourismus, Berlin, 15), S. 11–34.

Spode, Hasso (1996): „Zu den Eigentümlichkeiten unserer Zeit gehört das Massenreisen". Die Entstehung des modernen Massentourismus. In: Hans Walter Hütter; Petra Rösgen (Hg.): Endlich Urlaub! Die Deutschen reisen. Begleitbuch zur Ausstellung im Haus der Geschichte der Bundesrepublik Deutschland, Bonn, 6. Juni bis 13. Oktober 1996. Köln, S. 13–19.

Spode; Hasso (2012): Geburt einer Wissenschaft: Zur Professionalisierung der Tourismusforschung. Themenportal Europäische Geschichte, Online verfügbar unter https://www.europa.clio-online.de/essay/id/fdae-1588, zuletzt abgerufen am 11.08.2019.

Steinecke, Albrecht (2000): Erlebniswelten und Inszenierungen im Tourismus: Die Thematisierung des touristischen Raumes. In: Geographische Rundschau 52(2), S. 42–45.

Steinecke, Albrecht (2009): Themenwelten im Tourismus. Marktstrukturen, Marketing-Management, Trends. München.

Steinecke, Albrecht (2011): Tourismus. 2. Aufl., Braunschweig (Das Geographische Seminar, 10).

Steinecke, Albrecht (2014): Internationaler Tourismus. Konstanz.

Tschurtschenthaler, Paul (1999): Destination Management/Marketing als (vorläufiger) Endpunkt der Diskussion der vergangenen Jahre im alpinen Tourismus. In: Harald Pechlaner; Klaus Weiermair (Hg.): Destinations-Management. Führung und Vermarktung von touristischen Zielgebieten. Wien (Management und Unternehmenskultur, 2), S. 7–35.

Ulrich, Hans (1968): Die Unternehmung als produktives soziales System. Grundlagen der allgemeinen Unternehmungslehre. Bern (Schriftenreihe Unternehmung und Unternehmungsführung, 1).

UNWTO United Nations World Tourism Organization (Hg.) (2010): International recommendations for tourism statistics 2008. New York.

UNWTO United Nations World Tourism Organization; Statistical Office of the European Communities; Organisation for Economic Co-operation and Development (OECD) (Hg.) (2010): Tourism Satellite Account: Recommended methodological framework. Luxembourg.

Urry, John (1990): The tourist gaze. Leisure and travel in contemporary societies. London.

Urry, John (1995): Consuming places. London.

Uthoff, Dieter (1988): Tourismus und Raum. Entwicklung, Stand und Aufgaben geographischer Tourismusforschung. In: Geographie und Schule 10(53), S. 1–12.

Vanhove, Norbert (2015): Tourism. In: Jafar Jafari; Honggen Xiao (Hg.): Encyclopedia of Tourism. Cham, S. 1–2.

Völkerbund (1937): Bericht des statistischen Expertenkomitees des Völkerbundes vom 22. Januar 1937.

Vorlaufer, Karl (2000): Auslandsreisen der Deutschen. In: Christoph Becker; Hubert Job (Hg.): Nationalatlas Bundesrepublik Deutschland. Freizeit und Tourismus. München, S. 100–103.

Wanhill, Stephen (2013): An introduction to tourism. In: John Fletcher; Alan Fyall; David Gilbert; Stephen Wanhill (Hg.): Tourism. Principles and practice, 5. Aufl. Harlow, S. 1–19.

von Wiese, Leopold (1930): Fremdenverkehr als zwischenmenschliche Beziehungen. In: Archiv für den Fremdenverkehr 1(1), S. 1–3.

Wilde, Alexander (1995): Zwischen Zusammenbruch und Währungsreform. Fremdenverkehr in den westlichen Besatzungszonen. In: Hasso Spode (Hg.): Goldstrand und Teutonengrill. Kultur- und Sozialgeschichte des Tourismus in Deutschland 1945–1989. Berlin (Berichte und Materialien/ Institut für Tourismus, Berlin, 15), S. 87–103.

Williams, Allan M.; Hall, C. Michael (2002): Tourism, migration, circulation and mobility. The contingencies of time and place. In: C. Michael Hall; M. Williams Allan (Hg.): Tourism and migration. New relationships between production and consumption. Dordrecht, S. 1–52.

Williams, Stephen; Lew, Alan A. (2015): Tourism geography. Critical understandings of place, space and experience. 3. Aufl., Milton Park.

Wohlmann, Rainer (1993): Entwicklung des Tourismus 1954–1991. In: Heinz Hahn; H. Jürgen Kagelmann (Hg.): Tourismuspsychologie und Tourismussoziologie. München, S. 10–16.

Bernd Eisenstein

2 Touristische Nachfrage

In Kapitel 1 wurde die Vielschichtigkeit des Phänomens Tourismus verdeutlicht, indem u. a. die unterschiedlichen Erscheinungsformen des Tourismus[1] als Tourismusarten und Tourismusformen aufgezeigt wurden. Anhand einer am übergeordneten Zweck der Reise orientierten Einteilung nach hauptsächlichen Tourismusarten wurde bereits dort die Unterscheidung der drei Hauptsegmente der touristischen Nachfrage – Urlaubsreisen, Geschäftsreisen und VFR-Reisen – eingeführt.[2] In diesem Kapitel wird die Nachfrage nach diesen drei Tourismusarten erläutert.[3] Zuvor soll jedoch auf Aspekte des (Gesamt-)Volumens und der ökonomischen Relevanz der touristischen Nachfrage eingegangen werden.

2.1 Volumen der touristischen Nachfrage

2.1.1 Bestimmungsfaktoren der touristischen Nachfrage

Als ein offenes System[4] ist der Tourismus in verschiedene Umfeldbereiche eingebettet (bspw. Gesellschaft, Technologie, Politik). Mit ihnen steht der Tourismus jeweils in einem wechselseitigen Verhältnis. Einerseits wirkt der Tourismus mit seinen Folgen auf die einzelnen Umfeldbereiche: So entfaltet er bspw. umfängliche *ökonomische, ökologische und soziale Effekte*.[5] Andererseits bestimmen die Umfeldbereiche in Summe den Werdegang und die Ausgestaltung des touristischen Geschehens. Sie setzen Rahmenbedingungen und liefern Impulse für die Entwicklung des Tourismus. Es ist augenfällig, dass dabei eine große Menge von unterschiedlichen Einflussfaktoren das Volumen und die konkrete Ausprägung der touristischen Nachfrage bestimmen.

Die Vielfalt der Determinanten kann mittels Abb. 2.1 veranschaulicht werden. Hier wird beispielhaft eine ganze Reihe von möglichen Faktoren der touristischen Nachfrage angeführt. Neben Determinanten ökonomischer Art – wie verfügbares Einkommen,

---

1 Siehe hierzu Abschnitt 1.1.8.

2 Die touristische Nachfrage teilt sich in zahlreiche weitere kleinere Segmente bzw. Tourismusarten auf (Pilgerreisen, Gesundheitsreisen etc.), die nicht einer der drei Hauptkategorien zugeordnet werden können. In einer vierten Kategorie sind diese zu „sonstigen privaten Reisen" zusammenzufassen, wobei in der Folge aufgrund der Heterogenität nicht näher auf diese Kategorie eingegangen werden kann. Siehe als Beispiele die zu den Abb. 1.10 und 1.11 angegebenen Quellen.

3 Wobei die Ausführungen zu den VFR-Reisen aufgrund einer wesentlich begrenzteren Daten- und Quellenlage deutlich kürzer ausfallen müssen.

4 Siehe hierzu Abschnitt 1.2.

5 Siehe hierzu Abschnitt 7.4 bis 7.6.

https://doi.org/10.1515/9783110641219-002

Lebenshaltungskosten oder Wechselkurse – spielen sozialpsychologische Komponenten – z. B. individuell verfügbare Freizeit, Reiseerfahrung und Reisepräferenzen – eine Rolle. Darüber hinaus sind sehr unterschiedliche exogene Einflussgrößen, die aus den verschiedenen Umfeldbereichen heraus auf die touristische Nachfrage wirken, zu berücksichtigen (Uysal 1998, S. 80 ff.).

Selbst ohne auf die Stärke des Einflusses der angeführten Variablen einzugehen, wird durch die Aufzählung in Abb. 2.1 veranschaulicht, wie komplex die Erfassung der *Bestimmungsfaktoren* für das Volumen der touristischen Nachfrage und die Determinanten, die das Verhalten der touristischen Nachfrager bedingen, ist. Eine vollständige Erfassung der Determinanten der touristischen Nachfrage scheint kaum möglich.

Um aufgrund der vielfältig möglichen Determinanten der touristischen Nachfrage nicht den Überblick zu verlieren, bietet sich eine Fokussierung auf die Faktoren und

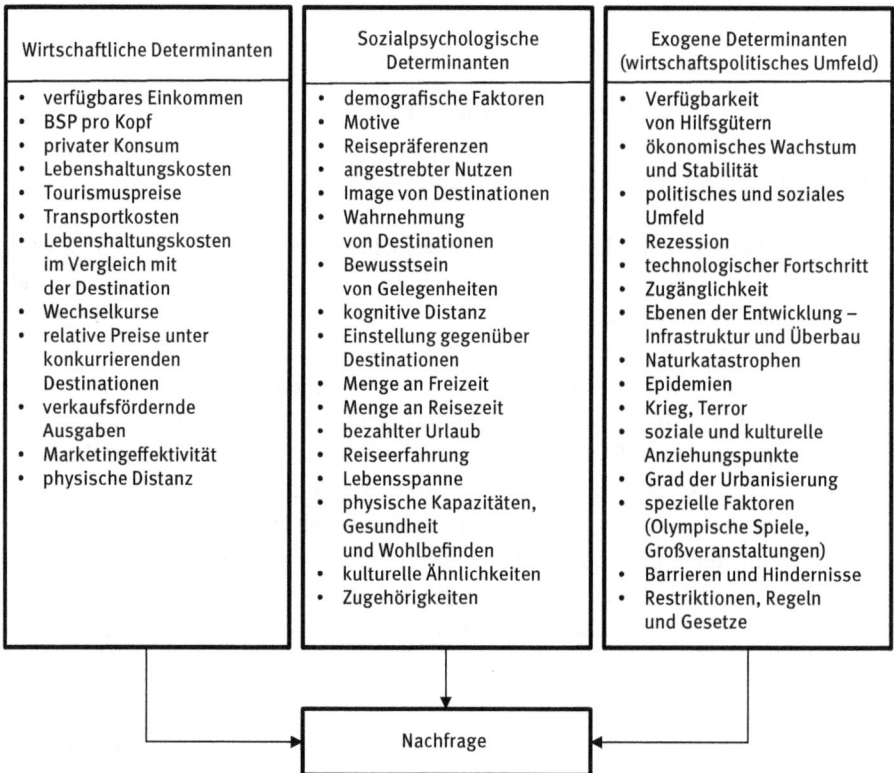

Wirtschaftliche Determinanten	Sozialpsychologische Determinanten	Exogene Determinanten (wirtschaftspolitisches Umfeld)
• verfügbares Einkommen • BSP pro Kopf • privater Konsum • Lebenshaltungskosten • Tourismuspreise • Transportkosten • Lebenshaltungskosten im Vergleich mit der Destination • Wechselkurse • relative Preise unter konkurrierenden Destinationen • verkaufsfördernde Ausgaben • Marketingeffektivität • physische Distanz	• demografische Faktoren • Motive • Reisepräferenzen • angestrebter Nutzen • Image von Destinationen • Wahrnehmung von Destinationen • Bewusstsein von Gelegenheiten • kognitive Distanz • Einstellung gegenüber Destinationen • Menge an Freizeit • Menge an Reisezeit • bezahlter Urlaub • Reiseerfahrung • Lebensspanne • physische Kapazitäten, Gesundheit und Wohlbefinden • kulturelle Ähnlichkeiten • Zugehörigkeiten	• Verfügbarkeit von Hilfsgütern • ökonomisches Wachstum und Stabilität • politisches und soziales Umfeld • Rezession • technologischer Fortschritt • Zugänglichkeit • Ebenen der Entwicklung – Infrastruktur und Überbau • Naturkatastrophen • Epidemien • Krieg, Terror • soziale und kulturelle Anziehungspunkte • Grad der Urbanisierung • spezielle Faktoren (Olympische Spiele, Großveranstaltungen) • Barrieren und Hindernisse • Restriktionen, Regeln und Gesetze

Nachfrage

Abb. 2.1: Beispiele für Determinanten der touristischen Nachfrage (Quelle: Uysal 1998, S. 87; verändert)[6]

---

6 Als weitere Modelle, die zahlreiche Determinanten der touristischen Nachfrage angeben, sei beispielhaft auf Williams und Lew (2015, S. 84) und Freyer (2015, S. 50 f.) verwiesen.

Voraussetzungen an, die notwendig sind, damit eine Person *potenziell* zu einem Touristen werden kann. Ein Ansatz, um modellhaft zu beschreiben, unter welchen Voraussetzungen touristische Nachfrage realisiert werden kann, wird in Abb. 2.2 veranschaulicht. Das Modell stellt heraus, dass eine Person, um zum Touristen zu werden, neben der Fähigkeit, verreisen zu können, auch eine Motivation zum Verreisen aufweisen muss. Zudem muss der potenziellen Nachfrage ein potenzielles Angebot von Reisezielen gegenüberstehen.

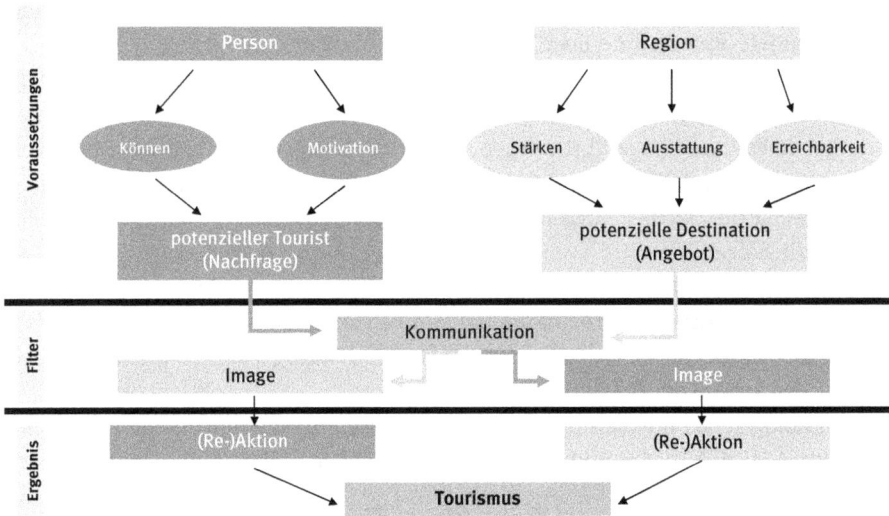

Abb. 2.2: Grundlagen des touristischen Verhaltens (Quelle: Lohmann 2019, o. S.)[7]

Die *Fähigkeit des Verreisens* (das „Können") ergibt sich aus so unterschiedlichen Faktoren wie bspw. der zur Verfügung stehenden Freizeit (wöchentliche Freizeit, jährlicher Urlaubsanspruch), den verfügbaren finanziellen Ressourcen (aus Einkommen oder Vermögen), den vorliegenden Mobilitätsmöglichkeiten (Zugang zu Verkehrsmitteln, -wegen) oder dem persönlichen Gesundheitszustand. Als Determinanten der Motivation (des „Wollens" im Sinne einer Handlungsbereitschaft) können z. B. die jeweils vorliegenden Lebens- und Arbeitsbedingungen, die individuellen Werte und Ziele sowie Einstellungen und Ansichten, aber auch der kulturelle Hintergrund und die soziodemografischen Charakteristika der Person angeführt werden. Damit der potenzielle Tourist seine Reise auch tatsächlich realisieren kann, bedarf es einer Destination – eines Raums, den er sich als Reiseziel auswählt.[8]

---

7 Nach Lohmann und Beer (2013, S. 97) auf der Basis von Lohmann et al. (1998, S. 68).
8 Zum Tourismus als Markt von Räumen siehe Abschnitt 7.1.1.

Potenzielle Destinationen (in Abb. 2.2 mit „Region" bezeichnet) bieten auf der Basis der jeweils zur Verfügung stehenden Produktionsfaktoren ein Leistungsbündel aus verschiedenen Angebotselementen an.[9] Neben ihrer Erreichbarkeit müssen sie hierfür touristische Leistungselemente (z. B. Unterkunfts- und Versorgungsmöglichkeiten) sowie Vorzüge bzw. Stärken in Form von Ausstattungen mit Anziehungskraft für Touristen (z. B. in Form von Naturräumen, Kultur- oder Entertainment-Angeboten) gewährleisten. Über kommunikative Austauschprozesse (und damit in Zusammenhang stehende Wahrnehmungsfilter) können nun potenzielle Touristen und potenzielle Reiseziele zusammengeführt werden, sodass die touristische Nachfrage realisiert werden kann (Lohmann und Beer 2013, S. 86 f.).

Zur Erklärung des nahezu kontinuierlichen Wachstums der touristischen Nachfrage[10] insbesondere in der zweiten Hälfte des letzten Jahrhunderts können einige bedeutende Faktoren angeführt werden, die sich z. T. gegenseitig bedingen oder verstärken. Zu den in der Literatur häufig identifizierten und angeführten *Determinanten* – teilweise als „Treiber"[11], „Motoren"[12] oder „Boomfaktoren"[13] bezeichnet – gehören u. a. die Folgenden:[14]

- wirtschaftliche Entwicklungen und *Wohlstandssteigerungen* in Form von Verbesserungen bei den frei verfügbaren Einkommensanteilen und der Bildung
- Verkürzung der *Arbeitszeiten* und in der Folge Erhöhung der individuellen Freizeit und der Anzahl der Urlaubstage
- technologische Entwicklungen im *Transportwesen* zu Massenverkehrsmitteln mit niedrigen Stückkosten und hoher Reichweite sowie individueller Massenmotorisierung
- gesellschaftlicher *Wertewandel* mit Neuausrichtung hin zu Erlebnissen und Selbstverwirklichung sowie wachsender Wertschätzung der Freizeit
- Abbau internationaler *Reiserestriktionen*, bspw. durch vereinfachte Visa- und Devisenbestimmungen sowie den Wegfall von Grenzkontrollen
- technologische Entwicklungen im *Kommunikationswesen* zu multimedialen Massenmedien und zur vereinfachten Information, Produktion und Buchung
- Bildung von international agierenden Tourismusunternehmen mit seriellen Fertigungsmethoden und weltweiter *Angebotspalette*

Die hier angeführten Einflussgrößen determinieren im besonderen Maße den Urlaubsreiseverkehr. Der Markt der Geschäftsreisen profitiert zwar auch von den technolo-

---

9 Näheres hierzu siehe Abschnitt 7.2.
10 Zur historischen Entwicklung des Tourismus siehe Abschnitt 1.3.
11 Z. B. Bieger (2010, S. 116 f.).
12 Z. B. Steinecke (2014, S. 37; 2011, S. 42).
13 Z. B. Krippendorf (1986, S. 43); Kagermeier (2016, S. 58); Freyer (2015, S. 23 ff.).
14 Nach Horner und Swarbrooke (2016, S. 19); Freyer (2015, S. 25); Steinecke (2014, S. 37 ff.); Steinecke (2011, S. 42 f.); Job et al. (2005, S. 587); Bieger und Laesser (2003, S. 14); Towner (1996) zitiert nach Hall und Lew (2009, S. 86); Vorlaufer (2000, S. 100); Krippendorf (1986, S. 43).

gischen Entwicklungen im Transportwesen und von den Errungenschaften der Reisefreiheit, doch ist dieses Marktsegment u. a. stark von der gesamtwirtschaftlichen Konjunktur und aktuell verstärkt von der Weiterentwicklung alternativer digitaler Kommunikationsmöglichkeiten abhängig (Eisenstein et al. 2019, S. 99 ff.).

2.1.2 Methoden zur Erfassung der touristischen Nachfrage

Die Erfassung des touristischen Geschehens in seiner Gesamtheit ist nicht möglich. Auch die Messung der tatsächlichen touristischen Nachfrage in den Zielgebieten gestaltet sich problematisch. Die vielfältigen Erscheinungsformen des Tourismus lassen es weder im internationalen noch im nationalen Rahmen zu, mit einem vertretbaren Aufwand eine valide Datengrundlage für das gesamte Phänomen Tourismus zu schaffen.

Bei den gleichwohl national und international eingesetzten Erhebungsmethoden kann zwischen der amtlichen Tourismusstatistik innerhalb des statistischen Berichtswesens und bevölkerungsrepräsentativen Befragungsmethoden der empirischen Sozialforschung unterschieden werden. Im Rahmen der amtlichen Erfassung kommen vorwiegend zwei Messansätze zum Einsatz: Bei der *Grenzmethode* erfolgt die Registrierung der Reisenden beim Grenzübertritt in das Zielland. Bei der *Standortmethode*, die auch im Rahmen der amtlichen Statistik in Deutschland Anwendung findet, wird der Reisende mittels einer Erhebung in der Unterkunft in seiner Destination registriert (Steinecke 2011, S. 16; Neumair et al. 2019, S. 223).

Wichtige *Daten* zum globalen Reisevolumen und zu weltweiten Entwicklungen im Tourismus werden von der UNWTO (United Nations World Tourism Organization) zusammengestellt und publiziert.[15] Dabei verzichtet die UNWTO auf eigene Erhebungen, sondern greift auf nationale Daten zurück. Allerdings können zum globalen Tourismusvolumen und zur weltweiten Nachfrage nach Reisezielen nur begrenzt Aussagen gemacht werden. Dies hat zwei maßgebliche Ursachen:

- Erstens liegen nicht für alle Staaten und Zielgebiete verlässliche Daten vor. So gibt es nach wie vor Staaten, denen in Bezug auf das amtlich-statistische Berichtswesen die hierfür notwendige Basis fehlt. Zudem sind repräsentative Befragungen in vielen Staaten nicht oder nur mit erheblichem Aufwand durchführbar.
- Zweitens sind die aus den verschiedenen Staaten vorliegenden Daten *nur bedingt oder nicht vergleichbar*: Internationale Statistiken beziehen sich i. d. R. auf nationale Erhebungen und Definitionen. Trotz verschiedener Bemühungen sind diese nur teilweise harmonisiert, sodass die Daten von Staaten, in denen ein statistisches Berichtswesen zur touristischen Nachfrage existiert, teilweise nicht mitein-

---

15 Z. B. in Form des monatlichen World-Tourism-Barometers, der UNWTO Annual Reports und der jährlich die wichtigsten Daten zusammenfassenden International Tourism Highlights (siehe https://unwto.org/).

ander vergleichbar sind. Es ist nur bedingt möglich, die im internationalen Kontext vorliegenden Daten zu Reisezielen verlässlich zueinander in Beziehung zu setzen. Zum einen haben verschiedene Staaten im Zeitverlauf die Definition der touristischen Nachfrage geändert, sodass zuverlässige Zeitvergleiche nicht möglich sind. Zum anderen werden in nationalen Statistiken die Begriffe touristische Nachfrage bzw. Touristen unterschiedlich definiert und damit wird Unterschiedliches gemessen (Mundt 2013, S. 6). Auch ist es teilweise innerhalb der Statistiken, die die Reisenden erfassen, nicht möglich, zwischen Touristen und Nicht-Touristen zu unterscheiden (Boniface et al. 2016, S. 13).[16] Darüber hinaus werden z. T. verschiedene Erhebungs- und Auswertungsverfahren angewandt, sodass verschiedene Inhalte und Ergebnisse im Vordergrund stehen.

Erfassung mithilfe der amtlichen Statistik in Deutschland

Die zentrale statistische Informationsquelle zum (Inlands-)Tourismus in Deutschland ist die *Monatserhebung* im Tourismus (Statistisches Bundesamt 2019d, S. 632). Inhaltliche Schwerpunkte der Statistik sind die kurzfristige Information[17] über die konjunkturelle Entwicklung im gewerblichen Beherbergungsgewerbe und die Lieferung von Informationen über Strukturen des Inlandstourismus, die v. a. als Basis für Entscheidungen der Tourismuspolitik, der Infrastrukturplanung und zur Kommunikationspolitik der Destinationen dienen sollen (Statistisches Bundesamt 2019e, S. 4). Rechtliche Grundlage ist das „Gesetz zur Neuordnung der Statistik über die Beherbergung im Reiseverkehr (Beherbergungsstatistikgesetz – BeherbStatG)".[18] Die Erhebung wird dezentral von den Statistischen Landesämtern durchgeführt und die gewonnenen Daten werden zur Aggregation auf Bundesebene an das Statistische Bundesamt weitergeleitet (Krüger und Schmudde 2017, S. 72).

Bei der Erfassung der Gäste kommt die *Standortmethode* (Mundt 2013, S. 13) zur Anwendung, bei der die Reisenden in der jeweiligen Unterkunft im Reiseziel, z. B. beim Check-in im Hotel oder auf dem Campingplatz, erfasst werden. Dabei werden nur Übernachtungsgäste erfasst, Tagesreisende finden keine Berücksichtigung. Bei einer Vollerhebung auf der Grundlage des Unternehmensregisters unterliegen alle Beherbergungsbetriebe oberhalb einer definierten Abschneidegrenze einer Auskunftspflicht durch die jeweiligen Betriebsinhaber oder -leiter (Statistisches Bundesamt 2019e, S. 7). Seit 2014 erfolgt die Erhebung online (zuvor schriftlich über Papierfragebögen; Statistisches Bundesamt 2019e, S. 7; Krüger und Schmudde 2017, S. 72). Seit

---

16 Zur Abgrenzung des Touristen von anderen Reisenden siehe Abschnitt 1.1.

17 Ziel ist es, innerhalb von 40 Tagen nach Ende des Berichtsmonats Daten für die Bundesebene vorliegen zu haben (Statistisches Bundesamt 2019e, S. 9).

18 Beherbergungsstatistikgesetz (2002) vom 22. Mai 2002 in der jeweils aktuellen Fassung. Auf europäischer Ebene: EU-Verordnung (EU) Nr. 692/2011 des Europäischen Parlaments und des Rates vom 6. Juli 2011 über die europäische Tourismusstatistik und die Durchführungsverordnung (EU) Nr. 1051/2011 der Kommission vom 20. Oktober 2011.

2012 gehören alle Beherbergungsstätten ab zehn Schlafgelegenheiten (Campingplätze ab zehn Stellplätzen) zur Grundgesamtheit der Monatserhebung im Tourismus.[19] Als zentrale Erhebungsmerkmale der Monatserhebung im Tourismus zur touristischen Nachfrage wird die *Anzahl von Gästeankünften und Übernachtungen* erfasst. Bei ausländischen Gästen ist zudem die Erhebung des Herkunftslands bedeutsam. Angebotsseitig werden Daten zu den Schlafgelegenheiten und (Urlaubs-)Campingstellplätzen ermittelt (Statistisches Bundesamt 2019e, S. 4).[20]

Als rechnerische Größen können aus den Kennzahlen zu den Ankünften und Übernachtungen durchschnittliche Aufenthaltsdauern und aus den Kennzahlen zu den Schlafgelegenheiten und Übernachtungen durchschnittliche Auslastungen abgeleitet werden (Krüger und Schmudde 2017, S. 76). Die Daten liegen dabei nach administrativen Einheiten differenziert vor: Die regionale Gliederung bezieht sich auf die Gemeinde- und Kreisebene sowie auf die Bundesländer. Darüber hinaus liegen die Daten auf der Ebene der Reisegebiete vor (Statistisches Bundesamt 2019e, S. 3).

Neben dem *Nachteil*, dass Tagesreisende unberücksichtigt bleiben, wird als hauptsächlicher Kritikpunkt an der Monatserhebung im Tourismus häufig die Beschränkung der Erfassung auf Betriebe mit zehn oder mehr Betten angeführt. Die Berichtspflicht spart damit die Kleinbeherbergungsbetriebe (Privatvermietung) mit bis zu neun Betten aus. Die Ankünfte und Übernachtungen werden damit systematisch untererfasst. Das Reisegeschehen in seiner Gesamtheit wird ohnehin nicht erfasst, weil z. B. Übernachtungen bei Verwandten und Freunden, in eigenen Freizeitwohnsitzen oder im Dauercamping, aber auch die Tagesreisen nicht berücksichtigt werden können. Gleichzeitig dürfen die aus den gewerblichen Betrieben vorliegenden Daten nicht mit touristischen Volumina gleichgesetzt werden. Dies würde zu einer Überschätzung der touristischen Nachfrage führen, da durch die Monatserhebung auch (Übernachtungs-)Gäste erfasst werden, die nicht als Touristen gelten (z. B. Pendler, Monteure etc.).[21]

Als großer *Vorteil* der Monatserhebung gilt die Kontinuität der monatlichen Durchführung.[22] Sie gilt als das führende Instrument für die stetige Beobachtung des gewerblichen Beherbergungsangebots in Deutschland, da die Daten den Nutzern in regelmäßigen, relativ kurzfristigen Zeitabständen und zudem kostenlos zur Verfügung stehen (Krüger und Schmudde 2017, S. 84 f.).

---

19 Gemäß EU-Verordnung Nr. 692/2011. „Zuvor bildeten Beherbergungsstätten mit mindestens neun Schlafgelegenheiten sowie Campingplätze mit drei und mehr Stellplätzen die Grundlage der statistischen Erfassung" (Krüger und Schmudde 2017, S. 75).

20 Bei Hotelbetrieben wird jährlich zudem die Gästezimmerzahl mit Stand 31. Juli und für Hotelbetriebe ab 25 Gästezimmern monatlich die Zimmerauslastung ermittelt (Statistisches Bundesamt 2019e, S. 4).

21 Zur Abgrenzung siehe Abschnitt 1.1.

22 Es gibt aufgrund von Veränderungen bei den rechtlichen Erhebungsgrundlagen in der Vergangenheit z. T. Einschränkungen bei der zeitlichen Vergleichbarkeit (siehe hierzu Statistisches Bundesamt 2019e, S. 9).

Die amtliche Statistik liefert damit für einen Nutzerkreis aus Politik, Wissenschaft, Administration sowie Tourismusorganisationen verschiedener regionaler Ebenen und unterschiedlicher Reiseziele zwar bedeutende Eckwerte zum Reisegeschehen, doch häufig werden weitergehende entscheidungsrelevante Informationen benötigt, sodass weiterführende empirische Erhebungen notwendig werden. Dabei handelt es sich insbesondere um Informationen qualitativer Art, die über Volumenaussagen hinausgehen – bspw. zu Anlässen und zur Zufriedenheit der Reisenden (Eisenstein 2017, S. 14).

Erfassung über bevölkerungsrepräsentative Befragungen

Neben der amtlichen Tourismusstatistik wird die touristische Nachfrage über Befragungen der Bevölkerung (am Wohnort) erfasst. Auf der Grundlage repräsentativer Stichprobenuntersuchungen wird das Reiseverhalten der deutschen Gesamtbevölkerung (zumeist ab 14 Jahren) erhoben. Bei den Erhebungen wird eine Vielzahl qualitativer Merkmale erfasst, sodass ganz unterschiedliche Themenbereiche des Reiseverhaltens dokumentiert werden können. Wichtige *Erhebungsmerkmale* sind z. B. Reisemotive, Aktivitäten während der Reise und das Ausgabeverhalten der Reisenden.

Es existieren verschiedene *repräsentative Großerhebungen* zum Reiseverhalten der deutschen Bevölkerung, die deutschlandweit und periodisch wiederkehrend durchgeführt werden. Abbildung 2.3 gibt einen Überblick über ausgewählte, durch die Beständigkeit der Untersuchungsmethodik gekennzeichnete Repräsentativerhebungen. Die Kontinuität der Erhebungsmethode ermöglicht es, Zeitreihen aufzubauen, die Veränderungen im Reiseverhalten abbilden können. Bei den angeführten Erhebungen handelt es sich um Stichprobenerhebungen, mithilfe derer nach Angaben der durchführenden Institutionen auf eine definierte Grundgesamtheit geschlossen werden kann. Allerdings ist keines der angeführten Instrumente in der Lage, die touristische Mobilität in Deutschland oder den Tourismus der deutschen Bevölkerung vollständig abzubilden. Einige konzentrieren sich inhaltlich auf Teilmärkte (z. B. Urlaubsreisen, Tagesreisen), andere registrieren Reisen erst ab einer Mindestdistanz (von z. B. 50 km).

Neben verschiedenen regelmäßigen Großerhebungen existiert eine Vielzahl von *Marktforschungsstudien*, die sich auf eine konkrete Fragestellung zum touristischen Nachfrageverhalten beziehen und nicht kontinuierlich durchgeführt werden. Dabei handelt es sich teilweise um Untersuchungen von Hochschulen, deren Inhalte forschungsthematisch fixiert sind, und teilweise um Auftragsarbeiten aufgrund praktischer Fragestellungen, die durch Dienstleistungen von Marktforschungs- und Consultingunternehmen beantwortet werden sollen. Sowohl die regelmäßigen Großerhebungen als auch die vielen anderen Erhebungen werden durchgeführt, um i. d. R. eine oder mehrere der in Abb. 2.4 angeführten Marktforschungsfunktionen zu erfüllen.

Reiseanalyse[23]	
Herausgeber	Forschungsgemeinschaft Urlaub und Reisen e. V. (FUR), Kiel
Segmentbezug	Übernachtungsreisen
Raumbezug	Inlands- und Auslandsreisen der Deutschen
Inhaltlicher Fokus	Urlaubsreisen ab 5 Tage; Kurzurlaubsreisen von 2 bis 4 Tagen
Ausgewählte Inhalte	Reiseintensität, -häufigkeit, -volumen, Ziele, Dauer, Organisation, Ausgaben, Urlaubsarten, Motive, Absichten etc.
Repräsentativität	für deutschsprachige Wohnbevölkerung ab 14 Jahren in Deutschland
Stichprobengröße	7.500 Face-to-face-, 5.000 Online-Interviews pro Jahr
Erhebungs-methodik	Zufallsstichprobe
Periodizität	jährliche Auswertung
GfK-DestinationMonitor Deutschland[24]	
Herausgeber	GfK SE, Nürnberg
Segmentbezug	Tages- und Übernachtungsreisen ab 50 km
Raumbezug	Inlands- und Auslandsreisen der Deutschen
Inhaltlicher Fokus	Geschäfts-, Urlaubs- und sonstige Privatreisen
Ausgewählte Inhalte	Volumen (Reisen, Reisende, Übernachtungen), Reiseanlässe, Reiseverhalten, Zufriedenheiten etc.
Repräsentativität	für 74 Mio. Personen ab 0 Jahren in deutschsprachigen Privathaushalten
Stichprobengröße	19.000 Haushalte; ca. 38.000 Personen pro Monat
Erhebungs-methodik	feststehendes Panel; überwiegend online
Periodizität	jährliche und halbjährliche Auswertung
Tourismusanalyse[25]	
Herausgeber	Stiftung für Zukunftsfragen, Hamburg
Segmentbezug	Übernachtungsreisen
Raumbezug	Inlands- und Auslandsreisen der Deutschen
Inhaltlicher Fokus	Haupturlaubsreisen ab 5 Tage
Ausgewählte Inhalte	Urlaubsreiseanzahl, Zielgebiete, Ausgaben, Reiseabsichten
Repräsentativität	für deutsche Wohnbevölkerung ab 14 Jahren in Deutschland
Stichprobengröße	3.000 Face-to-face
Erhebungs-methodik	zweistufiges Quota-Verfahren
Periodizität	jährliche Auswertung

Abb. 2.3: Ausgewählte Repräsentativbefragungen zur touristischen Nachfrage in Deutschland (Quelle: eigene Zusammenstellung auf der Basis diverser Quellen; siehe entsprechende Fußnoten)

DestinationBrand[26]	
Herausgeber	Inspektour (international), Hamburg
Segmentbezug	Übernachtungsreisen
Raumbezug	Inlands- und Auslandsreisen der Deutschen, Österreicher, Schweizer, Niederländer und Chinesen (weitere Länder geplant)
Inhaltlicher Fokus	Urlaubsreisen
Ausgewählte Inhalte	Bekanntheit, Markenstärke, Image (Profileigenschaften, Spontanassoziationen), Themenkompetenz von Destinationen im In- und Ausland
Repräsentativität	für in Privathaushalten lebende, deutschsprachige Bevölkerung im Alter von 14 bis 74 Jahren in Deutschland (andere Staaten abweichend)
Stichprobengröße	1.000 je Destination; bis zu 17.000 insgesamt; online
Erhebungs-methodik	Quota-Verfahren im Online-Panel
Periodizität	jährlich, mit fünfjährigem Wechsel des thematischen Fokus
World Travel Monitor[27]	
Herausgeber	IPK International, München
Segmentbezug	Übernachtungsreisen
Raumbezug	internationale Reisen
Inhaltlicher Fokus	Urlaubs-, VFR-, Geschäftsreisen, sonstige Reisen
Ausgewählte Inhalte	internationale Ziele, Dauer, Ausgaben, Arten, Reiseplanung, Organisation etc.
Repräsentativität	unterschiedlich je Erhebungsland
Stichprobengröße	500.000
Erhebungs-methodik	unterschiedlich, online und telefonisch
Periodizität	jährliche Auswertung
dwif-Tagesreisenmonitor[28]	
Herausgeber	dwif-Consulting, München
Segmentbezug	Tagesreisen (ab Verlassen des Wohnumfelds)
Raumbezug	In- und Auslandsreisen der Deutschen
Inhaltlicher Fokus	geschäftliche und private Anlässe
Ausgewählte Inhalte	Volumen, Distanz, Hauptanlass, Aktivitäten, Verkehrsmittel, Ausgaben, Saison- und Wochentagverteilung etc.
Repräsentativität	für in Privathaushalten lebende, deutschsprachige Bevölkerung im Alter von 14 bis 74 Jahren in Deutschland
Stichprobengröße	15.600
Erhebungs-methodik	Online-Panel
Periodizität	jährliche Auswertung

Abb. 2.3: (Fortsetzung)

Funktion	Erläuterung
Unsicherheitsreduktion	Objektivierung von Sachverhalten; auf der Basis von zuverlässigen Informationen höhere Wahrscheinlichkeit, die „richtige" Entscheidung zu treffen
Intelligenzverstärkung	Unterstützung der Willensbildungsprozesse durch Kenntnisse der Marktzusammenhänge und Umfeldentwicklungen; erweiterte Wissensbasis
Selektion	Auswahl und Aufbereitung des für die Institution entscheidungsrelevanten Wissens aus der Fülle der zur Verfügung stehenden Marktdaten und Umweltinformationen
Strukturierung	leichtere Abstimmung und Planung der verschiedenen Marketing-Aktivitäten durch transparente Datengrundlagen
Frühwarnung	frühzeitiges Antizipieren von auf dem Markt und bei Umfeldfaktoren aufkommenden Risiken
Innovationsförderung	Aufdecken, Antizipation und Nutzung von sich aus Markt- und Umwelttrends ergebenden Chancen
Prognose	Vorhersage bzw. Ableitung der Auswirkungen von Markt- und Umweltentwicklungen auf die eigene Institution

Abb. 2.4: Funktionen touristischer Marktforschung (Quelle: Eisenstein 2017, S. 13; verändert)[29]

2.1.3 Globales Tourismusvolumen

Die im Folgenden vorgestellten und erläuterten Daten unterliegen hinsichtlich der Aussagekraft den zuvor angeführten Einschränkungen. Für viele Staatsgebiete kann keine oder kaum eine Aussage über den Inländerreiseverkehr getroffen werden. Die folgenden Angaben beziehen sich vorwiegend auf Datenquellen der UNWTO, in denen der Reiseverkehr mit Grenzübertritt zusammengefasst wird. Die Darstellung des weltweiten touristischen Volumens in seiner Gesamtheit ist aufgrund der Ermangelung von Datengrundlagen nicht möglich; entsprechend finden Binnentourismus und Tagestourismus in den folgenden Darstellungen keine Berücksichtigung.

Bezüglich des Volumens internationaler (Übernachtungs-)Reisen liegt in den letzten Jahren eine insgesamt positive Dynamik vor. Dabei wird der internationale Reiseverkehr einerseits durch *Globalisierungsprozesse* beeinflusst, andererseits gilt er als einer der Treiber der Globalisierung (Hopfinger 2016, S. 4 f.). Hinsichtlich der Dynamik ist zudem auffällig, dass es kontinuierlich zu Marktanteilsverschiebungen zwischen den Weltregionen kommt.

---

23 Zusammengestellt nach Lohmann et al. (2017, S. 193 ff.); Sonntag und Lohmann (2019, S. 8).
24 Zusammengestellt nach GfK SE (2018, o. S.).; Reif et al. (2017, S. 207 ff.).
25 Zusammengestellt nach Reinhardt et al. (2017, S. 219 ff.) und (2019, S. 58).
26 Zusammengestellt nach Eisenstein et al. (2017, S. 267 ff.).
27 Zusammengestellt nach Freitag (2017, S. 233 ff.).
28 Zusammengestellt nach dwif-Consulting GmbH (2019, S. 1 f.).
29 Nach Pepels (1995, S. 144); Fantapié Altobelli (2011, S. 6); Pepels (2015, S. 16)

Nach wie vor erreicht die Zahl der internationalen Ankünfte nahezu jährlich neue Rekordwerte. Wachstumsraten von vier oder mehr Prozent pro Jahr sind die Regel. Die weltweit registrierten internationalen Gästeankünfte[30] haben 2018 die Zahl von 1.401 Mio. erreicht (siehe Abb. 2.5). Zum Vergleich: Zehn Jahre zuvor wurden 928 Mio., im Jahr 1998 605 Mio. Ankünfte gemessen (UNWTO 2013a, Annex 5). Lediglich zu Beginn des 21. Jahrhunderts und im Krisenjahr 2009 unterbrochen, setzt sich damit der Trend der *kontinuierlichen Steigerung* des internationalen Reiseverkehrs fort.

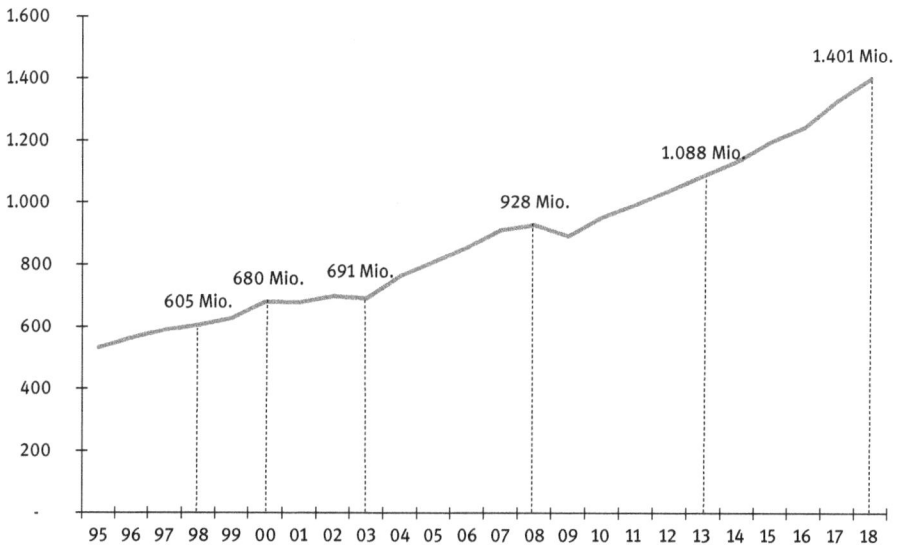

Abb. 2.5: Entwicklung der (registrierten) internationalen Gästeankünfte in Mio. (Quelle: eigene Darstellung; Datenbasis: UNWTO 2019, S. 16; 2016, S. 6 und 2013a, Annex 5)

Die UNWTO unterscheidet *fünf Großregionen*, auf die sich die Anteile der internationalen Ankünfte 2018 wie folgt verteilen: Europa verzeichnete mit über 700 Mio. Gästen gut die Hälfte der internationalen Ankünfte (51 %), ein Viertel entfiel auf die Region Asien/Pazifik, 15 % auf Amerika, 5 % auf Afrika und 4 % auf den Mittleren Osten (UNWTO 2019, S. 6). Allerdings besteht ein langfristiger Trend in Form eines sich langsam, aber stetig vollziehenden *Umverteilungsprozesses*: Während Europa Marktanteile verliert, gewinnt insbesondere die Asien-/Pazifikregion Anteile hinzu (siehe Abb. 2.6). Der prozentuale Anteil der internationalen Gästeankünfte in Europa am Gesamtmarkt ist von 2000 bis 2015 um über sechs Prozentpunkte gefallen. Die vergleichbaren Marktanteile der anderen Regionen sind mit Ausnahme von Amerika entsprechend angestiegen. Die Wachstumsraten in den Regionen Afrika, Naher Osten und Asien/Pazifik liegen höher als im europäischen Raum. Nach der Prognose der UNWTO

---

30 Ankünfte von nicht inländischen Gästen ohne Tagesbesucher.

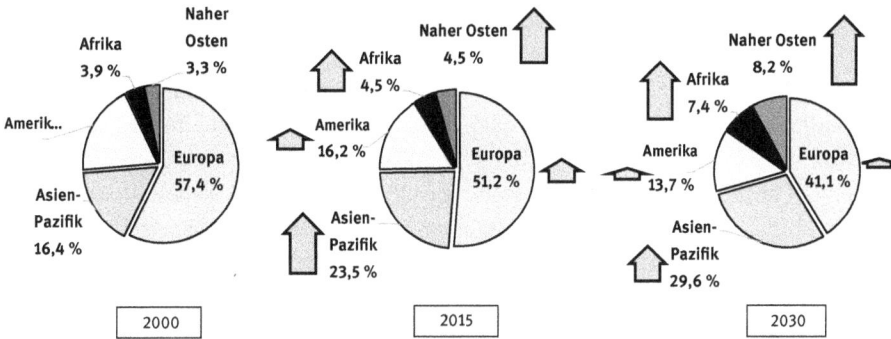

Abb. 2.6: Entwicklung und Prognose der registrierten internationalen Gästeankünfte im Zeitraum 2000–2030, Verteilung auf die Weltregionen sowie Wachstumsdynamik (Quelle: eigene Darstellung und Berechnungen; UNWTO 2016, S. 4 und 15)

für 2030 wird sich dieser prozentuale Umverteilungsprozess – bei in allen Regionen weiterhin zunehmenden internationalen Gästeankünften – weiter fortsetzen. Der Anteil Europas an der Gesamtzahl der internationalen Gästeankünfte wird auf gut 40 % sinken, wohingegen der Anteil der Region Asien/Pazifik auf knapp 30 % ansteigen wird (siehe Abb. 2.6). Allerdings gilt es zu beachten, dass die internationalen Grenzübertritte zumeist innerhalb der eigenen Region erfolgen: Vier von fünf international Reisenden sind in der eigenen Großregion unterwegs (UNWTO 2019, S. 16).

Knapp 2,8 % der 2018 von der UNWTO erfassten internationalen Ankünfte führten nach Deutschland. Das entspricht fast 39 Mio. Gästen. Wie die Jahre zuvor gehörte Deutschland damit zu den Top-Ten-Empfängerländern internationaler Gästeankünfte (2018: Rang 8). Mit im Vergleich zu Deutschland mehr als doppelt so vielen internationalen Ankünften wird dieses Ranking von Frankreich angeführt, gefolgt von Spanien, den USA, China und Italien (siehe Abb. 2.7).

Rang	Staat	Ankünfte 2018 in Tausend	Ankünfte 2017 in Tausend	Veränderung in %
1	Frankreich	89.400	86.918	+ 2,9 %
2	Spanien	82.773	81.869	+ 1,1 %
3	USA	79.618	76.941	+ 3,5 %
4	China	62.900	60.740	+ 3,6 %
5	Italien	62.146	58.253	+ 6,7 %
6	Türkei	45.768	37.601	+ 21,7 %
7	Mexiko	41.447	39.291	+ 5,5 %
8	Deutschland	38.881	37.452	+ 3,8 %
9	Thailand	38.277	35.483	+ 7,9 %
10	Vereinigtes Königreich	36.316	37.651	− 3,5 %

Abb. 2.7: Top-Ten-Zielländer der (registrierten) internationalen Gästeankünfte 2018 und 2017 (Quelle: eigene Zusammenstellung; Datenbasis: UNWTO 2019, S. 18 ff.)

2.1.4 Tourismusvolumen in Deutschland

Nach Ergebnissen des Statistischen Bundesamts betrug die Gesamtzahl der mittels der amtlichen Statistik gemessenen Gästeankünfte in Deutschland im Jahr 2018 rund 185 Millionen. Damit setzt sich auch bei den Gästeankünften in Deutschland ein seit langer Zeit anhaltender Wachstumstrend fort. Knapp 80 % der Gäste in Deutschland kamen aus dem Inland. Deutschland ist somit überwiegend ein Reiseziel für die eigenen Einwohner (siehe Abb. 2.8).

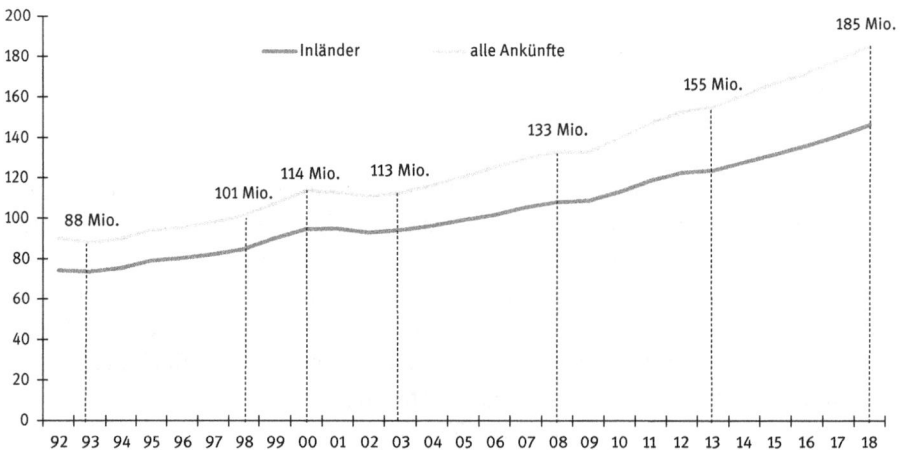

Abb. 2.8: Entwicklung der Gästeankünfte in Deutschland 1992–2018 in Mio. (Quelle: eigene Darstellung; Datenbasis: Statistisches Bundesamt 2019b, S. 4)

Der Wachstumstrend spiegelt sich auch in der Anzahl der amtlichen Gästeübernachtungen in Deutschland wider: Sie betrugen 2018 rund 478 Mio. (siehe Abb. 2.9). Zwar weisen die Jahreswerte im Zeitverlauf Schwankungen auf, doch sind die Gästeankünfte in Deutschland innerhalb der letzten zehn Jahre gemäß den amtlich ermittelten Daten um knapp 40 %, die entsprechenden Übernachtungen um knapp 30 % gestiegen.

Obwohl Deutschland v. a. ein Reiseziel für die eigene Bevölkerung ist, spielt die touristische Nachfrage aus dem Ausland eine gewichtige Rolle, zumal im Vergleichszeitraum von 1992 bis 2018 die Bedeutung dieses Nachfragesegments zugenommen hat: Sowohl die Ankünfte als auch die Übernachtungen durch ausländische Gäste haben sich in diesem Zeitraum mehr als verdoppelt.[31] Und: Sowohl der prozentuale Anteil der ausländischen Gäste in Bezug auf die Gesamtgästeankünfte als auch der ent-

---

[31] Gäste: plus 144 %; Übernachtungen: plus 130 %; Datenbasis wie in den Abbildungen angegeben.

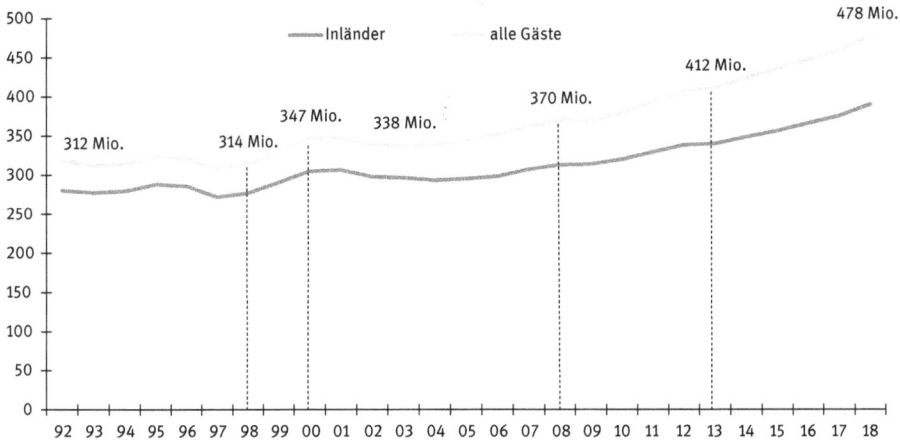

Abb. 2.9: Entwicklung der Gästeübernachtungen in Deutschland 1992–2018 in Mio. (Quelle: eigene Zusammenstellung; Datenbasis: Statistisches Bundesamt 2019b, S. 4)

sprechende Anteil bei den Übernachtungen hat sich spürbar erhöht.[32] Der auch hier zu verzeichnende deutliche Wachstumstrend wurde lediglich aufgrund der Terror- und Finanzkrisen 2001 und 2009 kurzfristig unterbrochen.

Dass sich der internationale Tourismus vorwiegend innerhalb der jeweiligen globalen Großregion abspielt, spiegelt sich auch bei der Herkunft der ausländischen Gäste Deutschlands wider: So dominiert hier deutlich die *Quellregion Europa*. Mehr als drei Viertel der Übernachtungen durch ausländische Gäste erfolgte durch Gäste aus Europa, etwa jeweils 10 % entfallen auf Gäste aus amerikanischen und asiatischen Quellländern. Die Anteile aus Afrika und Australien/Ozeanien hingegen sind nahezu zu vernachlässigen.

Unter den ausländischen Gästen stellen die Besucher aus den Niederlanden mit einem Anteil von 13 % der Ausländerübernachtungen mit Abstand die wichtigste Gästegruppe dar (siehe Abb. 2.10). Mit relativ großem Abstand folgen die Schweizer und Personen aus den USA, auf die jeweils knapp 8 % der Übernachtungen der ausländischen Gäste entfallen. Die Top Five komplettieren Großbritannien (knapp 7 %) und Österreich (knapp 5 %). Rund vier von zehn ausländischen Übernachtungen in Deutschland kommen aus diesen Herkunftsländern. Die restlichen verteilen sich auf eine Vielzahl weiterer Quellgebiete.

Für viele deutsche Bundesländer ist der Tourismus von großer wirtschaftlicher Bedeutung.[33] Abbildung 2.11 gibt einen Überblick über die Marktanteile der Bundesländer auf der Basis der Daten der amtlichen Statistik. Dabei wird deutlich, dass die

---

32 2018 plus 3,4 Prozentpunkte bei den Gästen auf 21,1 %; 2018 plus 6,3 Prozentpunkte bei den Übernachtungen auf 18,4 %; eigene Berechnungen auf der in den Abbildungen angegebenen Datenbasis.
33 Siehe hierzu Abschnitt 2.2.3.

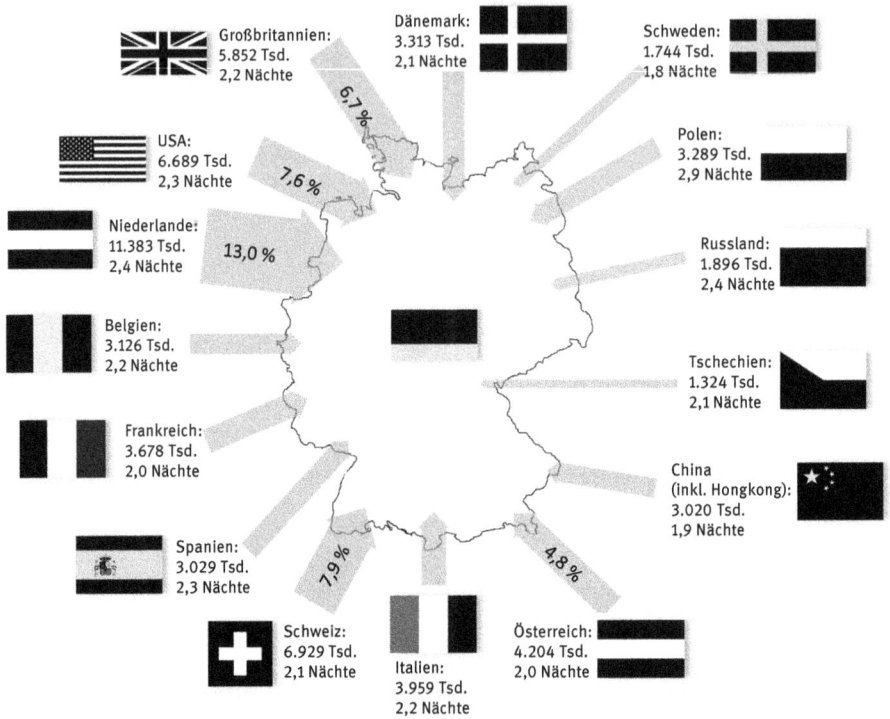

Großbritannien:
5.852 Tsd.
2,2 Nächte

Dänemark:
3.313 Tsd.
2,1 Nächte

Schweden:
1.744 Tsd.
1,8 Nächte

USA:
6.689 Tsd.
2,3 Nächte

Polen:
3.289 Tsd.
2,9 Nächte

Niederlande:
11.383 Tsd.
2,4 Nächte

Russland:
1.896 Tsd.
2,4 Nächte

Belgien:
3.126 Tsd.
2,2 Nächte

Tschechien:
1.324 Tsd.
2,1 Nächte

Frankreich:
3.678 Tsd.
2,0 Nächte

China (inkl. Hongkong):
3.020 Tsd.
1,9 Nächte

Spanien:
3.029 Tsd.
2,3 Nächte

Schweiz:
6.929 Tsd.
2,1 Nächte

Italien:
3.959 Tsd.
2,2 Nächte

Österreich:
4.204 Tsd.
2,0 Nächte

6,7 % 7,6 % 13,0 % 7,9 % 4,8 %

Abb. 2.10: Top-15-Herkunftsländer nach Übernachtungen ausländischer Besucher in Deutschland (Quelle: eigene Darstellung; Datenbasis: Statistisches Bundesamt 2019b, S. 6)

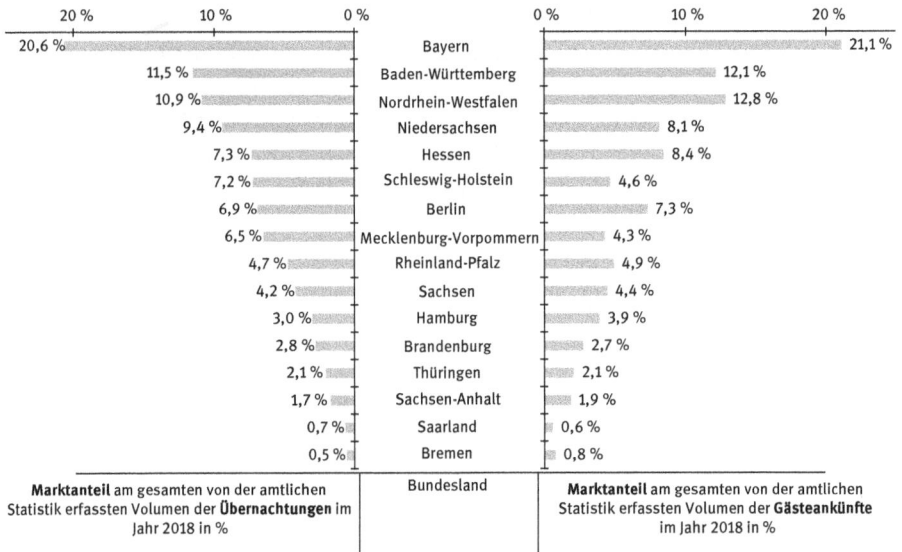

Marktanteil Übernachtungen	Bundesland	Marktanteil Gästeankünfte
20,6 %	Bayern	21,1 %
11,5 %	Baden-Württemberg	12,1 %
10,9 %	Nordrhein-Westfalen	12,8 %
9,4 %	Niedersachsen	8,1 %
7,3 %	Hessen	8,4 %
7,2 %	Schleswig-Holstein	4,6 %
6,9 %	Berlin	7,3 %
6,5 %	Mecklenburg-Vorpommern	4,3 %
4,7 %	Rheinland-Pfalz	4,9 %
4,2 %	Sachsen	4,4 %
3,0 %	Hamburg	3,9 %
2,8 %	Brandenburg	2,7 %
2,1 %	Thüringen	2,1 %
1,7 %	Sachsen-Anhalt	1,9 %
0,7 %	Saarland	0,6 %
0,5 %	Bremen	0,8 %

Marktanteil am gesamten von der amtlichen Statistik erfassten Volumen der **Übernachtungen** im Jahr 2018 in %

Marktanteil am gesamten von der amtlichen Statistik erfassten Volumen der **Gästeankünfte** im Jahr 2018 in %

Abb. 2.11: Marktanteile der Bundesländer an Übernachtungen und Gästeankünften in Deutschland (Quelle: eigene Darstellung und Berechnungen, Datenquelle: Statistisches Bundesamt 2019b, S. 10)

drei großen Bundesländer Bayern, Baden-Württemberg und Nordrhein-Westfalen sowohl bei den Gästen als auch bei den Übernachtungen jeweils mehr als 10 % und gemeinsam mehr als 40 % der Marktanteile aufweisen können.

Aufgrund der unterschiedlichen Bevölkerungszahlen und Flächen der Bundesländer haben die Daten jedoch nur eine geringe Aussagekraft beim Vergleich der Bundesländer. Dieses generelle Problem bei der Gegenüberstellung unterschiedlicher Reiseziele kann gelöst werden, indem auf *Verhältniskennzahlen* zurückgegriffen wird. So
können Übernachtungs- und Gästezahlen zu Gebietsdaten (z. B. Bevölkerungszahl,
Fläche) des entsprechenden Reiseziels in Beziehung gesetzt werden. Als Ergebnis ergeben sich Maßzahlen der sog. *Tourismusdichte*, z. B.:

- *Tourismusintensität*: Sie ist die am häufigsten verwendete Maßzahl der Tourismusdichte und setzt die Anzahl der Gästeübernachtungen eines Zielgebiets in
Beziehung zu der entsprechenden Einwohnerzahl (Übernachtungen im Zielgebiet je 1.000 Einwohner im Zielgebiet). Abbildung 2.12 zeigt die Tourismusintensitäten der Bundesländer für die Jahre 2008 und 2018 an. Die höchste Tourismusintensität für das Jahr 2018 liegt in Mecklenburg-Vorpommern vor. Der Wert ist
um ein Vielfaches höher als der Vergleichswert für Deutschland. Auf den folgenden Plätzen rangieren mit großem Abstand Schleswig-Holstein, Berlin, Hamburg
und Bayern. Eine relativ niedrige Tourismusintensität weist hingegen bspw. Nordrhein-Westfalen auf, das, wie oben dargestellt, relativ große Marktanteile in Bezug
auf die Gästeübernachtungen verzeichnet (siehe Abb. 2.11). Aufgrund der relativ
hohen Einwohnerzahl Nordrhein-Westfalens liegt die Tourismusintensität jedoch
deutlich unter dem Vergleichswert für ganz Deutschland.

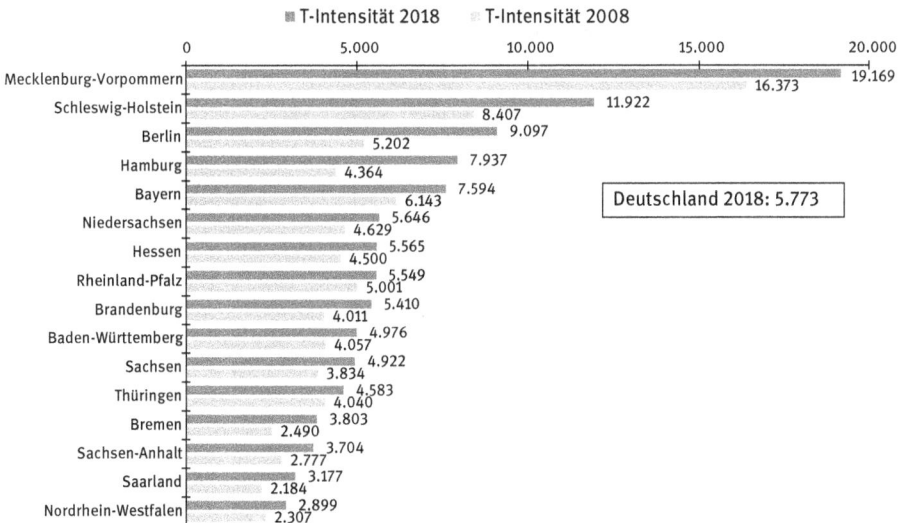

Abb. 2.12: Tourismusintensitäten der Bundesländer 2018 und 2008 (Quelle: eigene Darstellung und
Berechnung; Datenbasis: Statistisches Bundesamt 2011, S. 13; 2019b, S. 10 und 2019c, S. 22)

– *Übernachtungsdichte*: Die Übernachtungsdichte setzt die Übernachtungen des Zielgebiets in Bezug zu dessen Fläche (Übernachtungen im Zielgebiet je km²). Die auf die Fläche bezogenen höchsten Werte weisen erwartungsgemäß die Stadtstaaten vor Schleswig-Holstein, Hessen und Baden-Württemberg auf. Die niedrigsten Werte dieser Maßzahl und damit gemessen an der Fläche die wenigsten

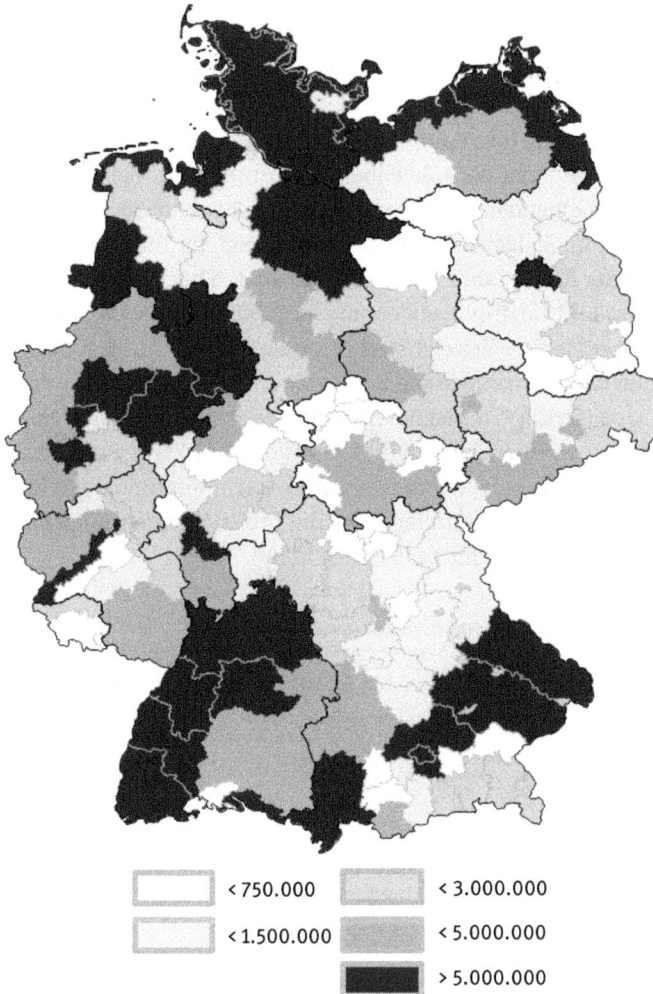

	< 750.000		< 3.000.000
	< 1.500.000		< 5.000.000
			> 5.000.000

Abb. 2.13: Übernachtungen in deutschen Reisegebieten 2018 (Quelle: eigene Darstellung; Datenbasis: Statistisches Bundesamt 2019b, S. 11)[34]

---

34 Kartengrundlage: Bundesamt für Kartographie und Geodäsie 2019. Für die Gebiete „Bliesgau" und „übriges Saarland" wurden keine Daten angegeben.

Übernachtungen werden in Sachsen-Anhalt, Brandenburg und Thüringen festgestellt.[35]

- Seltener findet man entsprechende Kennziffern zu den Gästeankünften. Diese
können analog in Beziehung zu den Einwohnern bzw. der Fläche des Zielgebiets
berechnet werden. Die *Ankunftsdichte nach Einwohnern* misst folglich die Anzahl
der Gästeankünfte im Zielgebiet je 1.000 Einwohner des Zielgebiets. Die *Ankunftsdichte nach Fläche* bezieht die Anzahl der Gästeankünfte im Zielgebiet auf die
Fläche des Zielgebiets in km^2.

Abbildung 2.13 weist die Anzahl der Übernachtungen im Jahr 2018 für die Reisegebiete der amtlichen Statistik in fünf Klassen aus. Auch wenn aufgrund der unterschiedlichen Größe der Regionen ein Vergleich nur bedingt möglich ist, kann anhand des
Beispieljahrs verdeutlicht werden, dass die höchsten Übernachtungsvolumina innerhalb Deutschlands bis auf wenige Ausnahmen wie bspw. die Mosel auf die Küsten und
(Mittel-)Gebirgsregionen sowie die Großstädte entfallen.

	2018		Zum Vergleich: 2008	
	Ankünfte	Übernach-tungen	Ankünfte	Übernach-tungen
Mineral- & Moorbäder	5,4 %	9,5 %	5,7 %	11,4 %
Heilklimatische Kurorte	2,9 %	4,0 %	2,5 %	3,9 %
Kneippkurorte	1,4 %	2,1 %	2,0 %	3,5 %
Heilbäder gesamt	**9,7 %**	**15,6 %**	**10,2 %**	**18,7 %**
Seebäder	5,6 %	11,0 %	5,6 %	11,1 %
Kurorte i. e. S. gesamt	**15,3%**	**26,6 %**	**15,8 %**	**29,8 %**
Luftkurorte	4,5 %	5,7 %	5,2 %	6,9 %
Kurorte i. w. S. gesamt	**19,8 %**	**32,3 %**	**21,0 %**	**36,7 %**
Erholungsorte	8,1 %	9,4 %	8,6 %	10,1 %
Kur- & Erholungsorte gesamt	**27,9 %**	**41,7 %**	**29,6 %**	**46,8 %**
Sonstige Gemeinden	72,1 %	58,3 %	70,4 %	53,2 %

Abb. 2.14: Anteile der Kurorte an amtlich erfassten Ankünften und Übernachtungen in Deutschland
2018 (Quelle: eigene Darstellung; Datenbasis: Statistisches Bundesamt 2019b, S. 8)

---

[35] Berlin 36.888; Hamburg 19.242; Bremen 6.169; Schleswig-Holstein 2.180; Hessen 1.645; Baden-
Württemberg 1.538; Nordrhein-Westfalen 1.522; Bayern 1.399; Mecklenburg-Vorpommern 1.326; Saarland 1.228; Rheinland-Pfalz 1.138; Sachsen 1.089; Niedersachsen 942; Thüringen 608; Brandenburg
457; Sachsen-Anhalt 403. Eigene Berechnungen; Datenbasis: Statistisches Bundesamt (2019a; 2019b,
S. 10).

Zu den bedeutendsten Reisezielen in Deutschland auf Gemeindeebene gehören die *prädikatisierten Kur- und Erholungsorte*.[36] Obwohl sie in den letzten zehn Jahren Marktanteile verloren haben, entfallen mehr als ein Viertel der Gästeankünfte und gut vier von zehn Übernachtungen auf Gemeinden (siehe Abb. 2.14), die als Kur- oder Erholungsorte anerkannt sind.

2.2 Ökonomische Bedeutung der touristischen Nachfrage

Wissenschaftlich fundierte Informationen zur ökonomischen Bedeutung des Tourismus sind sowohl für die Tourismuspolitik als auch für die Tourismuspraxis von großer Bedeutung. Neben der Überprüfung der touristischen Entwicklungsrichtung bilden sie die Grundlage sowohl für tourismuspolitische Entscheidungen als auch für Interessenvertretung und Lobbyismus der touristischen Branche (Harrer 2004, S. 149; Eisenstein 2014, S. 24). Aufgrund der hohen Relevanz liegen zahlreiche wissenschaftliche und praxisorientierte Veröffentlichungen zu den ökonomischen Effekten des Tourismus vor.

Die touristische Nachfrage löst einen *Kaufkraftstrom* aus, der zu einer regionalen Umverteilung der Einkommensverwendung bzw. einer Konsumverlagerung vom gewohnten Umfeld des Touristen in die ausgewählte Destination führt.[37] Der vorübergehende Aufenthalt der Touristen wird für die besuchte Destination ökonomisch relevant, weil er dort eine Nachfragesteigerung bezüglich Dienstleistungen und Sachgütern hervorruft. Viele Gemeinden, Regionen und auch Staaten profitieren hiervon.

Zu den bedeutendsten positiven wirtschaftlichen Wirkungen des Tourismus zählen neben den Ausgleichs- und Infrastruktureffekten Devisen- und Zahlungsbilanzeffekte, Beschäftigungseffekte sowie Einkommens- und Wertschöpfungseffekte (Bandi Tanner und Müller 2019, S. 83 ff.; Eisenstein und Rosinski 2004, S. 805 ff.),[38]

---

36 Kurorte sind Orte (oder Ortsteile), in denen natürliche Heilmittel vorkommen und in denen diese für medizinische Heilverfahren genutzt werden. Als Kurorte im engeren Sinne werden Heilbäder (Mineral-, Moor-, Thermal-, Kneipp- und Seeheilbäder), heilklimatische Kurorte, Seebäder, Kneippkurorte und Orte mit Kurbetrieb (Moor, Heilquellen, Kneipp) bezeichnet. Im Rahmen des gesetzlichen Begriffs kommen die Luftkurorte hinzu (Mundt 2013, S. 334). Für die staatliche Anerkennung als Kurort müssen zunächst allgemeine Voraussetzungen, je nach Art des Kurortprädikats zudem weitere, spezielle Anforderungen erfüllt werden.

37 Seit Mitte der 1960er-Jahre spielt in der deutschsprachigen Literatur dieser Aspekt der regionalen Tourismusförderung zur Verminderung von wirtschaftlichen Disparitäten eine wichtige Rolle (Eisenstein 1995, S. 20).

38 Siehe Näheres Abschnitt 7.4.1 (Deviseneffekte), Abschnitt 7.4.2 (Beschäftigungs-, Einkommens- und Wertschöpfungseffekte) sowie Abschnitt 7.4.3 (intangible Effekte wie Ausgleichs- und Infrastruktureffekte).

wobei häufig Wirkungen auf die Wertschöpfung und Beschäftigungssituation im Vordergrund stehen (Koch und Krüger 2017, S. 98).

Eine Möglichkeit, diese Effekte zu ermitteln, bietet das *Modell des Tourism Satellite Account* (TSA). Grundgedanke des TSA ist es dabei, die Berechnungen zum Tourismus an der Methodik der Volkswirtschaftlichen Gesamtrechnung auszurichten, sodass die Gegenüberstellung der touristischen Wertschöpfungs- und Beschäftigungseffekte mit anderen Wirtschaftszweigen ermöglicht wird (Smith 2013, S. 273; Mattes et al. 2017, S. 159). Es gibt internationale Standards, die zur Erstellung des TSA dienen,[39] und inzwischen wird das TSA von der Mehrzahl der EU-Mitgliedstaaten und über Europa hinaus angewendet.[40] Die TSA-Methodik hat sich mittlerweile zum maßgebenden internationalen Standard bei Berechnungen zur touristischen Wirtschaftsleistung sowie zum touristischem Beschäftigungseffekt und damit zur ökonomischen Bedeutung des Tourismus in einer Volkswirtschaft entwickelt (Frent 2015, S. 81 f.; Mattes et al. 2017, S. 159).

2.2.1 Weltweite ökonomische Bedeutung

Tourismus und Reiseverkehr sind wichtige Bestandteile der Weltwirtschaft (Hall und Lew 2009, S. 87; Hall und Page 2014, S. 1). Zwar liegen für die Welt insgesamt keine auf der TSA-Methode basierenden Ergebnisse zur ökonomischen Bedeutung des Tourismus vor, doch kann mit dem World Travel and Tourism Council (WTTC) für das Jahr 2018 von einem Gesamtbeitrag des Tourismus zum weltweiten BIP in Höhe von rund 8,8 Mrd. US-$ ausgegangen werden. Gemäß den Angaben des WTTC steuert der Tourismus damit mehr als 10 % der globalen Wirtschaftsleistung bei und ist weltweit für etwa jeden zehnten Arbeitsplatz verantwortlich.[41] Weitere Steigerungen sowohl der absoluten Werte als auch der relativen Anteile an der globalen Gesamtwirtschaft werden prognostiziert (WTTC 2019, S. 3 f.).

Bemerkenswert ist, dass der Tourismus (aktuell) seine Wertschöpfung nicht nur unter einer globalen Perspektive, sondern bei näherer Betrachtung auch in den verschiedenen Weltregionen steigern kann. In Abb. 2.15 wird zudem anschaulich, dass die höchsten relativen Beiträge des Tourismus zur Gesamtwertschöpfung in der Karibik, Ozeanien und Südostasien erwirtschaftet werden.

---

39 Europäisches System Volkswirtschaftlicher Gesamtrechnungen (ESVG; Europäische Kommission 2014); International Recommendations for Tourism Statistics (IRTS; UNWTO 2010a); Tourism Satellite Account: Recommended Methodological Framework (TSA:RMF 2008; UNWTO et al. 2010).

40 Siehe als Beleg hierzu die in Mattes et al. (2017, S. 159) angeführten Studien und Quellen.

41 Genauer für 2018: 8.811 Mrd. US-$ und damit 10,4 % des weltweiten BIP und 319 Mio. Arbeitsplätze weltweit (WTTC 2019, S. 3 f.).

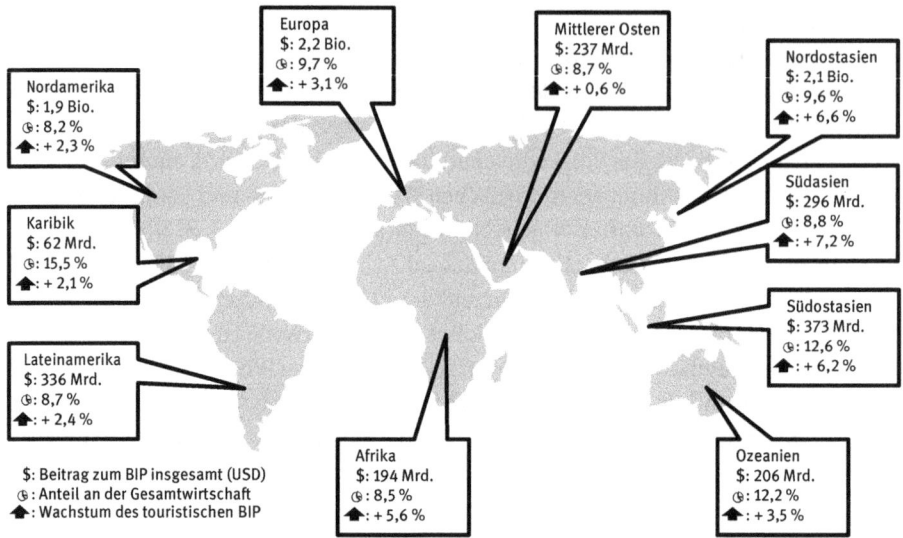

Europa
$: 2,2 Bio.
☼: 9,7 %
🔺: + 3,1 %

Mittlerer Osten
$: 237 Mrd.
☼: 8,7 %
🔺: + 0,6 %

Nordostasien
$: 2,1 Bio.
☼: 9,6 %
🔺: + 6,6 %

Nordamerika
$: 1,9 Bio.
☼: 8,2 %
🔺: + 2,3 %

Südasien
$: 296 Mrd.
☼: 8,8 %
🔺: + 7,2 %

Karibik
$: 62 Mrd.
☼: 15,5 %
🔺: + 2,1 %

Südostasien
$: 373 Mrd.
☼: 12,6 %
🔺: + 6,2 %

Lateinamerika
$: 336 Mrd.
☼: 8,7 %
🔺: + 2,4 %

$: Beitrag zum BIP insgesamt (USD)
☼: Anteil an der Gesamtwirtschaft
🔺: Wachstum des touristischen BIP

Afrika
$: 194 Mrd.
☼: 8,5 %
🔺: + 5,6 %

Ozeanien
$: 206 Mrd.
☼: 12,2 %
🔺: + 3,5 %

Abb. 2.15: Ökonomische Bedeutung des Tourismus in verschiedenen Weltregionen (2018) (Quelle: eigene Darstellung; Datenbasis: WTTC 2019, S. 1)

2.2.2 Ökonomische Bedeutung in Deutschland

Wie für viele andere Staaten liegen auch für Deutschland Ergebnisse von Berechnungen nach der TSA-Methode vor (siehe Abb. 2.16). Der Tourismus generiert demnach in Deutschland eine direkte *Bruttowertschöpfung* von über 100 Mrd. Euro.[42] Der relative Anteil an der Gesamtwirtschaft liegt bei knapp 4 %. Da es sich um eine beschäftigungsintensive Branche handelt, ist der direkte touristische Anteil an der Gesamtbeschäftigung mit knapp unter 7 % höher als der touristische Anteil an der Gesamtbruttowertschöpfung. Die gesamte wirtschaftliche Bedeutung des Tourismus in Deutschland liegt jedoch noch höher, da zu diesen direkten Wirkungen noch *indirekte Effekte* (z. B. bei Zulieferern von Vorleistungen)[43] hinzukommen, sodass der Tourismus insgesamt für über 4 Mio. Erwerbstätige verantwortlich zeichnet (DIW Econ et al. 2017, S. 24).

Zentraler Vorteil der Anwendung der TSA-Methode ist die *Vergleichbarkeit* der für den Tourismus errechneten Ergebnisse mit den Daten von Branchen, die in der Volkswirtschaftlichen Gesamtrechnung abgebildet sind. Dabei zeigt sich bspw., dass die durch den Tourismus ausgelösten direkten Beschäftigungseffekte größer sind als diejenigen durch das Baugewerbe oder den Großhandel und dass die tourismusinduzierte direkte Bruttowertschöpfung höher ausfällt als z. B. diejenige durch den Maschinenbau oder Einzelhandel (DIW Econ et al. 2017, S. 27 f.).

---

42 Bezogen auf das Jahr 2015.
43 Zur Unterscheidung von direkten und indirekten Effekten siehe Abb. 7.14

TSA-Ergebnisse Deutschland 2015	
Gesamter touristischer Konsum	287,2 Mrd. €
durch Übernachtungsreisen	57 %
durch Tagesreisen	43 %
Direkte Effekte	
Direkte touristische Bruttowertschöpfung	105,3 Mrd. €
relativer Anteil	3,9 %
Direkte touristische Erwerbstätige	2.919 Mio.
relativer Anteil	6,8 %
Indirekte Effekte	
Indirekte touristische Bruttowertschöpfung	76,1 Mrd. €
Indirekte touristische Erwerbstätige	1.248 Mio.
Gesamte Effekte	
Gesamte touristische Bruttowertschöpfung	181,4 Mrd. €
Gesamte touristische Erwerbstätige	4.167 Mio.

Abb. 2.16: Bruttowertschöpfung und Beschäftigung des Tourismus in Deutschland 2015 (Quelle: DIW Econ et al. 2017, S. 24 und 45 ff.)

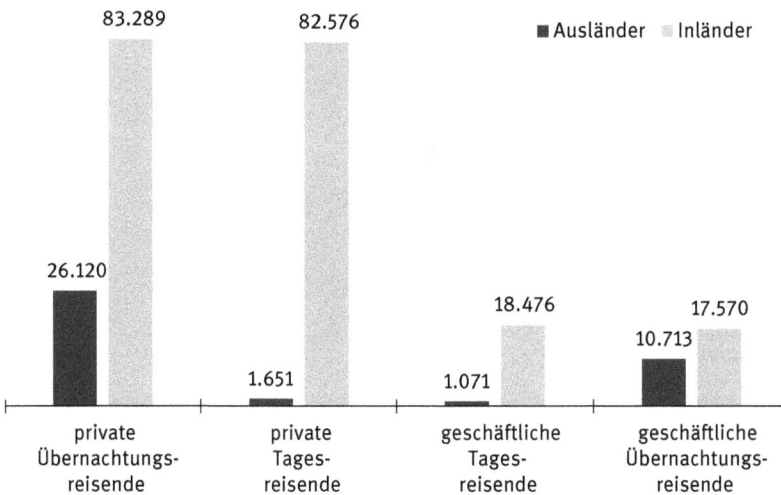

Abb. 2.17: Touristische Ausgaben der In- und Ausländer nach Besuchergruppen (2015 in Mio. Euro)[44] (Quelle: DIW Econ et al. 2017, S. 45 f.)

---

44 Ohne „Anderer Konsum" und „Inlandsanteil von Auslandsreisen".

Wertschöpfungs- und Beschäftigungseffekte beruhen auf touristischen Ausgaben. Von diesen entfallen knapp vier Fünftel auf Ausgaben von inländischen Touristen (DIW Econ et al. 2017, S. 21) und diese wiederum überwiegend im Rahmen von privaten Reisen (siehe Abb. 2.17).

Die Touristen tätigen ihre Ausgaben in erster Linie für Gaststätten- und Beherbergungsleistungen und eine Gruppe sog. „restlicher Güter", unter die auch Souvenirs, Textilien, Uhren und andere Handelswaren fallen (siehe Abb. 2.18; DIW Econ et al. 2017, S. 43). Zudem werden insbesondere Luftfahrleistungen, Kfz-Treibstoffe und Leistungen aus dem Bereich Sport, Erholung, Freizeit und Kultur konsumiert.

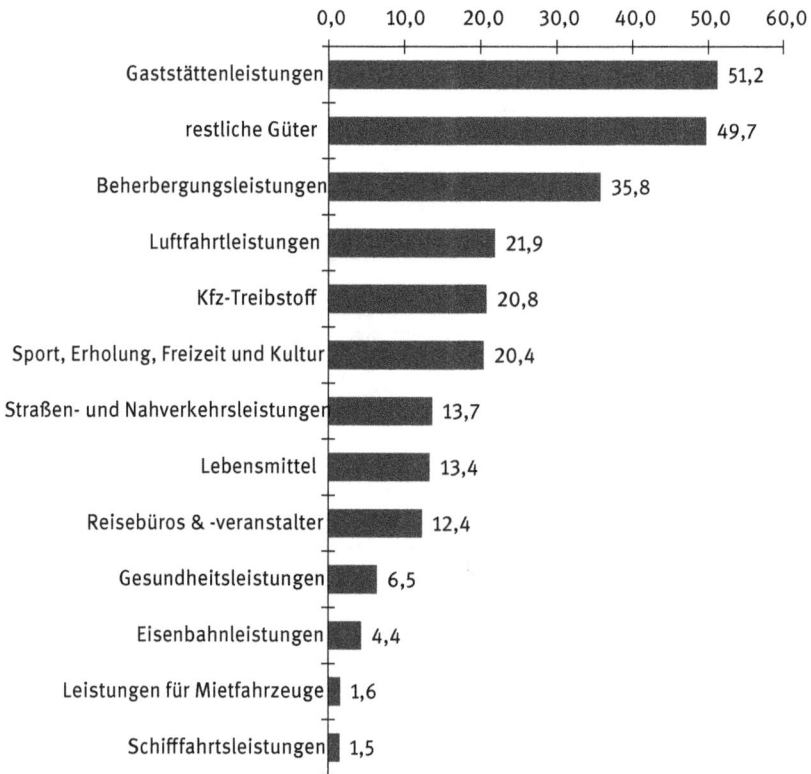

Abb. 2.18: Touristische Ausgaben in ausgewählten Produktkategorien (2015 in Mrd. Euro) (Quelle: eigene Darstellung auf der Basis von DIW Econ et al. 2017, S. 48)

Daneben kann auch eine ganze Reihe weiterer Produktkategorien von den Ausgaben der Touristen profitieren. Einige Kategorien sind dabei vollständig von den touristischen Einnahmen abhängig (z. B. Reisebüros und -veranstalter; siehe Abb. 1.2).

Beim Vergleich der wirtschaftlichen Bedeutung des Tourismus in Deutschland mit derjenigen in anderen Ländern zeigt sich, dass das ökonomische Gewicht des Touris-

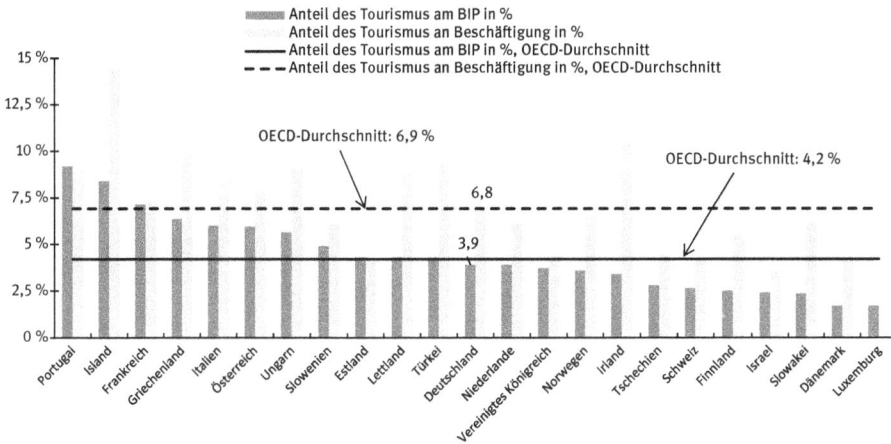

Abb. 2.19: Direkter Beitrag des Tourismus zum BIP und zur Beschäftigung in ausgewählten OECD-Staaten (Quelle: eigene Darstellung auf der Basis von OECD 2018, S. 27)[45]

mus in vielen anderen Ländern noch größer ist als hierzulande. So fallen nach Informationen der Organisation for Economic Co-operation and Development (OECD) bspw. in Portugal die Anteile der direkten Wertschöpfung und in Island und Griechenland die Bedeutung der direkten tourismusinduzierten Beschäftigungseffekte deutlich höher aus als in Deutschland. Die entsprechenden deutschen Werte liegen knapp unter den jeweiligen OECD-Durchschnittswerten (siehe Abb. 2.19).

2.2.3 Ökonomische Bedeutung in ausgewählten Bundesländern

Um die ökonomische Bedeutung des Tourismus für verschiedene Bundesländer darzulegen, kann auf *regionalisierte TSA-Berechnungen*[46] zurückgegriffen werden. Diese liegen für sechs Bundesländer vor, wobei bei einem Vergleich deutliche Unterschiede zutage treten.[47]

Abbildung 2.20 zeigt die Höhe des touristischen Konsums in den sechs Bundesländern Nordrhein-Westfalen, Niedersachsen, Schleswig-Holstein, Hamburg, Mecklenburg-Vorpommern und Brandenburg an. Es werden unmittelbar große Unterschiede deutlich: So liegen die touristischen Einnahmen in Nordrhein-Westfalen teilweise um ein Vielfaches höher als in den anderen Bundesländern.

---

45 Eingeschränkte Vergleichbarkeit, da unterschiedliche Bezugsjahre und unterschiedliche Berechnungsmethoden (bspw. der BIP-Anteile für Frankreich, Deutschland und Griechenland; OECD 2018, S. 27).

46 Zur Regionalisierung des TSA-Ansatzes siehe Cañada (2013).

47 Zu beachten ist, dass das Bezugsjahr nicht für alle Bundesländer identisch und daher die Vergleichbarkeit eingeschränkt ist: Mecklenburg-Vorpommern 2014; Brandenburg, Hamburg und Niedersachsen 2015; Nordrhein-Westfalen und Schleswig-Holstein 2017.

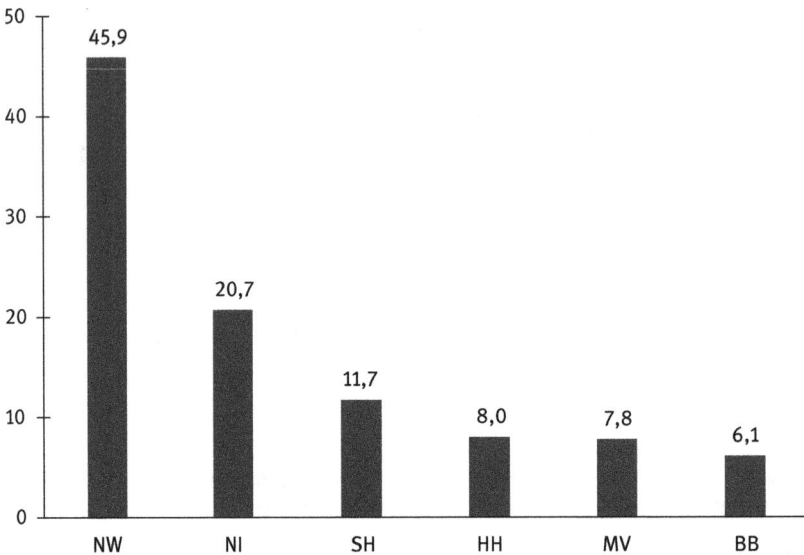

Abb. 2.20: Höhe des touristischen Konsums in ausgewählten Bundesländern (in Mrd. Euro) (Quelle: eigene Darstellung auf der Basis der jeweiligen TSA-Berechnungen für das Bundesland)[48]

In Abb. 2.21 wird der touristische Konsum der Bundesländer jeweils nach drei Besuchergruppen (ausländische Gäste, inländische Gäste aus den anderen Bundesländern und inländische Gäste aus dem eigenen Bundesland) differenziert dargestellt. Auch hier werden große Unterschiede zwischen den Bundesländern deutlich. Während Mecklenburg-Vorpommern mehr als zwei Drittel des touristischen Konsums durch Gäste aus den anderen Bundesländern generiert, erwirtschaftet Nordrhein-Westfalen einen nahezu ebenso großen Anteil durch Gäste aus dem eigenen Bundesland. Den höchsten Beitrag der Ausländer am touristischen Konsum kann Hamburg verzeichnen.

Auch wenn die *absoluten Werte* der Wirtschaftskraft des Tourismus in Nordrhein-Westfalen deutlich höher liegen als bspw. in Mecklenburg-Vorpommern, kann es bei der *relativen Bedeutung* von touristischer Wertschöpfung und Beschäftigung für das Bundesland anders sein. Dies veranschaulicht Abb. 2.22. So ist bspw. absolut betrachtet der gesamte touristische Konsum in Mecklenburg-Vorpommern oder auch in Schleswig-Holstein deutlich niedriger als in Nordrhein-Westfalen, doch ist in diesen beiden Bundesländern die relative Bedeutung der touristischen Beschäftigungswirkung an der Gesamtbeschäftigung sehr hoch.

---

48 Becker et al. (2018, S. 2, 2019a, S. 2, 2019b, S. 5); DIW Econ et al. (2019, S. 3); Ministerium für Wirtschaft, Arbeit und Gesundheit Mecklenburg-Vorpommern (2018, S. 4); Niedersächsisches Ministerium für Wirtschaft, Arbeit und Verkehr (2017, S. 7).

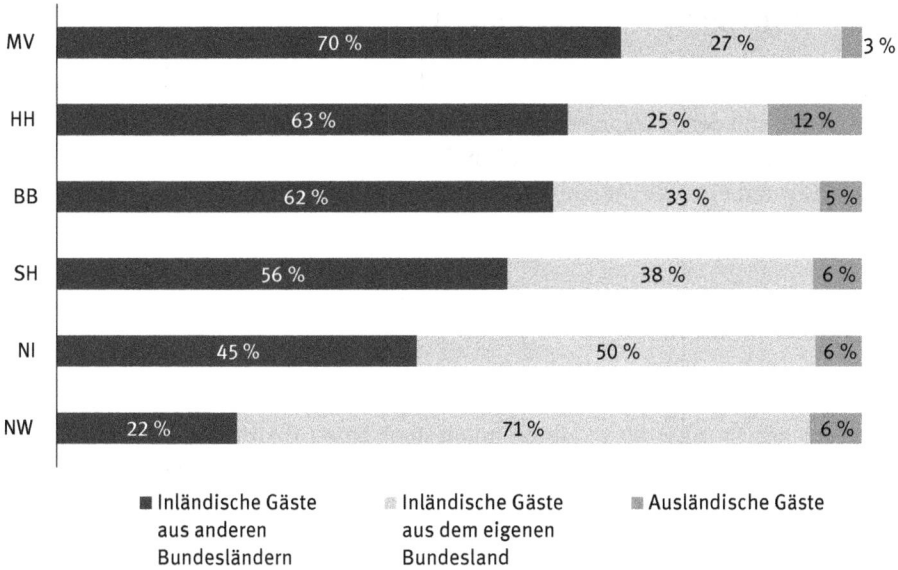

Abb. 2.21: Ausgabenanteile in den Bundesländern nach Besuchergruppen (Quelle: eigene Darstellung auf der Basis der jeweiligen TSA-Berechnungen für das Bundesland)[49]

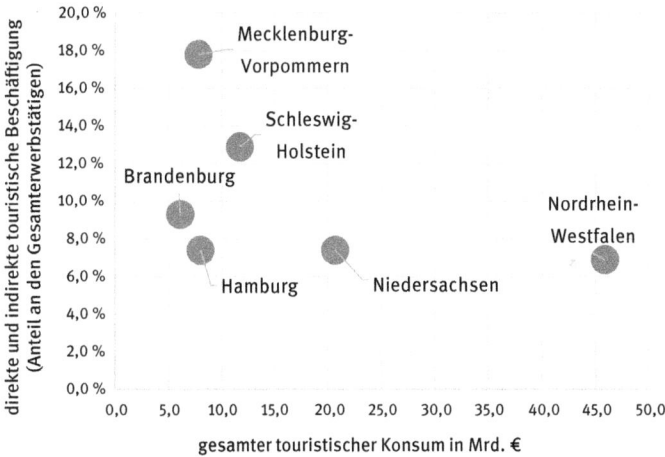

Abb. 2.22: Touristischer Konsum und relative Beschäftigungswirkung verschiedener Bundesländer (Quelle: eigene Darstellung auf der Basis der jeweiligen TSA-Berechnungen für das Bundesland)[50]

---

49 Ohne „Anderer Konsum"; Becker et al. (2018, S. 21, 2019a, S. 24, 2019b, S. 34 f.); DIW Econ et al. (2019, S. 38); Ministerium für Wirtschaft, Arbeit und Gesundheit Mecklenburg-Vorpommern (2018, S. 7); Niedersächsisches Ministerium für Wirtschaft, Arbeit und Verkehr (2017, S. 9).

50 Becker et al. (2018, S. 3 und 7, 2019a, S. 8 und 24, 2019b, S. 3 und 8); DIW Econ et al. (2019, S. 24 und 27); Ministerium für Wirtschaft, Arbeit und Gesundheit Mecklenburg-Vorpommern (2018, S. 4 ff.); Niedersächsisches Ministerium für Wirtschaft, Arbeit und Verkehr (2017, S. 9 und 11).

2.3 Nachfrage nach Urlaubsreisen

Das Urlaubsreiseaufkommen und -verhalten der deutschsprachigen Bevölkerung wird in verschiedenen Repräsentativerhebungen untersucht.[51] Diese unterscheiden zumeist zwischen *Urlaubsreisen ab einer Dauer von fünf Tagen* und den sog. *Kurzurlaubsreisen* mit einer Dauer von zwei bis vier Tagen, wobei der Untersuchungsfokus i. d. R. auf den längeren Reisen liegt.

2.3.1 Volumen und Ausgaben

Nach Ergebnissen der Reiseanalyse haben im Jahr 2018 rund 55 Mio. Einwohner Deutschlands im Alter ab 14 Jahren mindestens eine Urlaubsreise mit einer Dauer von fünf oder mehr Tagen unternommen.[52] Nie zuvor waren so viele Menschen aus Deutschland auf Urlaubsreisen. Das Marktvolumen der Urlaubsnachfrage der Deutschen lag bei über 70 Mio. Urlaubreisen ab fünf Tagen (siehe Abb. 2.23).

	2018	2017	2016	2015
Bevölkerung ab 14 Jahren; in Mio.	70,5	70,1	69,6	69,2
Urlaubsreiseintensität (eine oder mehrere Urlaubsreisen gemacht); in % der Bevölkerung	78,1	77,2	76,8	77,1
Anzahl Urlaubreisende; in Mio.	55,0	54,1	53,4	53,4
Anzahl Urlaubsreisen; in Mio.	70,1	69,6	68,7	69,1

Abb. 2.23: Ausgewählte Kennzahlen zum Urlaubsreiseverhalten (Urlaubsreisen ab fünf Tagen Dauer) der deutschsprachigen Wohnbevölkerung ab 14 Jahren (Quelle: eigene Darstellung, Datenbasis: Beer et al. 2019, S. 18)

Bei der Entwicklung der Gesamtzahl der Urlaubsreisen können *drei Phasen* unterschieden werden: Während der 1970er-Jahre bis in die Mitte der 1980er-Jahre hinein wuchs die Anzahl der Urlaubsreisen nur langsam. Anschließend folgte bis Mitte der 1990er-Jahre ein starker Anstieg und seitdem besteht eine weitgehende Stabilität (Lohmann 2014, S. 57).[53] Als kritische Rahmenbedingung, die eine Verminderung des

---

51 Siehe Abschnitt 2.1.2.

52 Die Daten der Reiseanalyse beziehen sich – sofern nicht anders angegeben – auf Reisen der deutschsprachigen Wohnbevölkerung ab 14 Jahren und sind repräsentativ für 70,5 Mio. deutsche Staatsbürger und deutschsprachige Ausländer (2018). Dies gilt für alle nachfolgenden Auswertungen mit dieser Datenquelle, sofern nicht anders angegeben.

53 Volumenzunahme ab 2010 vor allem durch den Einbezug deutschsprachiger Ausländer in die Erhebung (Lohmann et al. 2014, S. 57).

Urlaubsreisevolumens begünstigt, gilt neben der Verschlechterung der persönlichen wirtschaftlichen Perspektive die Zunahme der Arbeitslosigkeit (Lohmann et al. 2014, S. 60).

Reiseintensität

Für das Jahr 2018 ergibt sich eine (Netto-)Urlaubsreiseintensität[54] in Höhe von 78,1 %. Von den rund 70,5 Mio. deutschsprachigen Einwohnern ab 14 Jahren haben im Jahr 2018 somit mehr als drei Viertel mindestens eine Urlaubsreise von fünf oder mehr Tagen unternommen.

„Im Zeitverlauf hat sich die Urlaubsreiseintensität seit Mitte der 1950er Jahre in etwa verdreifacht" (Lohmann et al. 2014, S. 51). Zu Beginn der 1970er-Jahre lag die (Netto-)Urlaubsreiseintensität der deutschen Nachfrage noch bei unter 50 %. Sie stieg im Zeitverlauf nahezu kontinuierlich an, um schließlich in den 1990er-Jahren die 70%-Marke zu übersteigen. Seit der Jahrtausendwende stabilisiert sie sich auf einem relativ hohen Niveau (siehe Abb. 2.24). 2018 lag sie erstmals über 78 %.

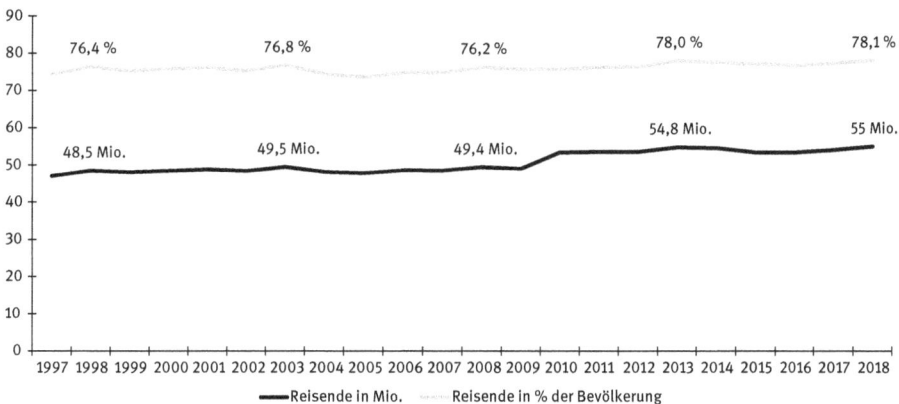

Abb. 2.24: Entwicklung der Zahl der Urlaubsreisenden und der entsprechenden Urlaubsreiseintensität[55] (Quelle: eigene Darstellung, Datenbasis: FUR 2002–2019)

---

54 Sogenannte Reiseintensitäts-Kennziffern bilden die touristischen Aktivitäten der Einwohner einer definierten Gebietseinheit bezogen auf einen Zeitraum (i. d. R. ein Jahr) ab. Die Brutto-Reiseintensität bezieht dabei die Summe der getätigten Reisen auf die Gesamtzahl der Einwohner, wohingegen die häufiger angewendete Netto-Reiseintensität den Anteil der Bevölkerung ausweist, der in der definierten zeitlichen Periode mindestens eine Reise unternommen hat. Aufgrund der Verwendung unterschiedlicher Bezugsgrößen weisen unterschiedliche Erhebungen zur touristischen Urlaubsnachfrage teilweise voneinander abweichende Reiseintensitäten aus (Freyer 2015, S. 123).
55 Urlaubsreisen von mindestens fünf Tagen Dauer der Deutschen bzw. der deutschsprachigen Wohnbevölkerung (ab 2010) ab 14 Jahren und (Netto-)Urlaubsreiseintensität.

Die beständig hohe Reiseintensität begründet sich durch den *Stellenwert*, den die Urlaubsreise mittlerweile bei vielen Menschen einnehmen konnte. So hat sich die Urlaubsreise nicht nur innerhalb der „normalen Konsumgewohnheiten" fest etabliert (Lohmann et al. 2014, S. 52), darüber hinaus sind viele sogar bereit, Einschränkungen im Alltag zu billigen, um die Durchführung der Urlaubsreise zu sichern (Popp und Reinhardt 2015, S. 139). Es fällt vielen leichter, weniger Ausgaben bspw. in den Bereichen Wohnen oder Auto zu akzeptieren, als bei der Urlaubsreise (Lohmann et al. 2014, S. 52).

Reisehäufigkeit und Reisedauer

Sechs von zehn Deutschen[56] machen genau eine mindestens fünftägige Urlaubsreise im Jahr. Die (Urlaubs-)Reisehäufigkeit hat sich in den vergangenen Jahren so gut wie nicht verändert. Der Anteil derjenigen, die keine Urlaubsreise unternehmen, liegt relativ konstant knapp über einem Fünftel (22 % bis 23 %) und damit noch über dem Anteil der Personen mit jährlich zwei Urlaubsreisen (13 %). Drei und mehr lange Urlaubsreisen werden nur von etwa 4 % der Bevölkerung unternommen (Beer et al. 2019, S. 20).

Auch die durchschnittliche Reisedauer zeigt sich seit Anfang 2010 relativ stabil (siehe Abb. 2.25), nachdem sie zuvor durch einen lang anhaltenden, kontinuierlichen Rückgang geprägt war. Urlaubsreisen im Inland sind im Durchschnitt etwas kürzer

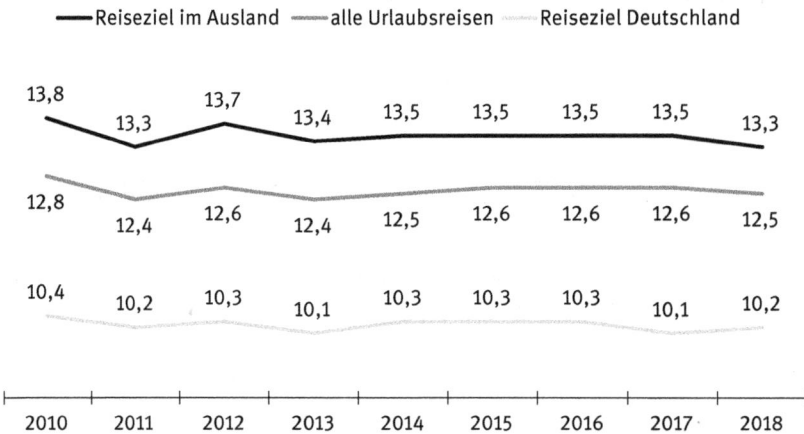

Abb. 2.25: Reisedauer bei Urlaubsreisen (in Tagen)[57] (Quelle: eigene Darstellung, Datenbasis: Beer et al. 2019, S. 65)

---

56 Deutsche Staatsbürger und deutschsprachige Ausländer unter der Wohnbevölkerung.
57 Urlaubsreisen der deutschsprachigen Wohnbevölkerung ab 14 Jahren mit einer Mindestdauer von fünf Tagen.

(10,2 Tage) als Reisen ins Ausland (13,3 Tage), von denen Fernreisen die längste Reisedauer aufweisen (18,9 Tage) (Beer et al. 2019, S. 65).

Urlaubsreiseausgaben

Die Ausgaben pro Person und Urlaubsreise lagen gemäß Reiseanalyse bei den längeren Urlaubsreisen durchschnittlich knapp über 1.000 Euro (siehe Abb. 2.26), woraus ein Gesamtumsatz von über 70 Mrd. Euro resultierte.[58]

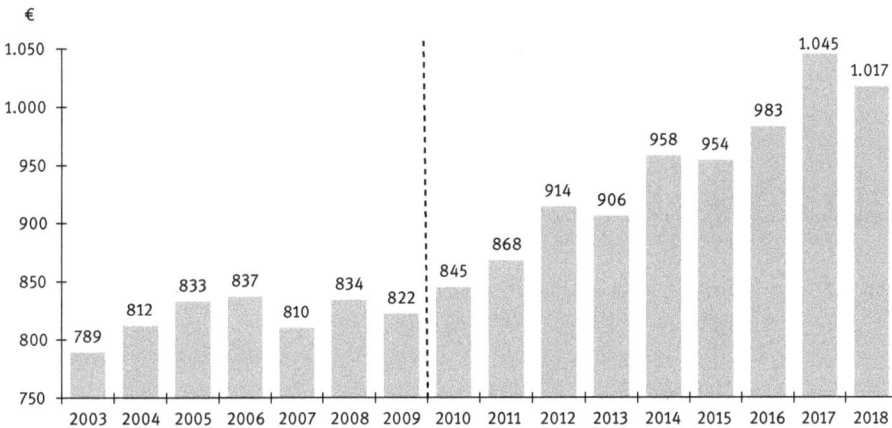

Abb. 2.26: Entwicklung der Reiseausgaben pro Person und Urlaubsreise (in Euro)[59] (Quelle: eigene Darstellung, Datenbasis: Beer et al. 2019, S. 24)

In der Betrachtung der letzten 15 Jahre zeigt sich ein – mit wenigen Ausnahmen und trotz des Rückgangs der Ausgaben im Jahr 2018 gegenüber dem Vorjahr – über die Jahre ansteigendes Ausgabenniveau, dessen Entwicklung in den letzten Jahren zudem recht deutlich über der allgemeinen Preisentwicklung lag.

2.3.2 Reiseziele

Geht es um lange Urlaubsreisen, zieht es die Deutschen häufig in die Ferne. 2018 führten laut Reiseanalyse erstmals mehr als 51 Mio. Urlaubsreisen mit fünf oder mehr Tagen ins Ausland. Allerdings bleibt *Deutschland* (mit einem Marktanteil von 27 % und

---

58 Für die Kurzurlaubsreisen der 14- bis 75-Jährigen wurden im Jahr 2018 durchschnittlich 268 Euro pro Person und Reise ausgegeben. Das hieraus resultierende Gesamtumsatzvolumen des Kurzurlaubsreisesegments erreichte damit eine Höhe von 23,6 Mrd. Euro (Beer et al. 2019, S. 23).
59 Reiseausgaben der Deutschen bzw. der deutschsprachigen Wohnbevölkerung (ab 2010) ab 14 Jahren bei einer Mindestreisedauer von fünf Tagen.

fast 19 Mio. Reisen) auch weiterhin das beliebteste Urlaubsreiseziel der Deutschen. Nach einer über ein Jahrzehnt anhaltenden Konstanz musste das Inland zuletzt zwei Jahre in Folge Anteile an ausländische Reiseziele abtreten (siehe Abb. 2.27).

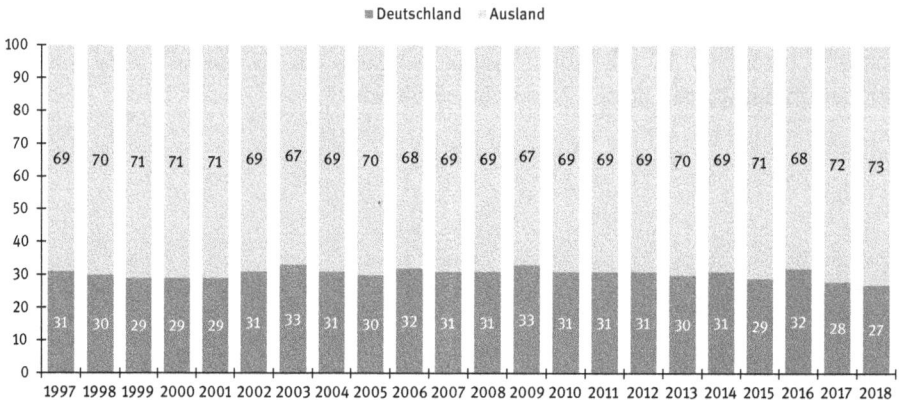

Abb. 2.27: Entwicklung der In- und Auslandsmarktanteile bei Urlaubsreisen (in % der Reisen)[60] (Quelle: eigene Darstellung, Datenbasis: Beer et al. 2019, S. 26)

Die vier beliebtesten Bundesländer für lange Urlaubsreisen sind (in alphabetischer Reihenfolge) Bayern, Mecklenburg-Vorpommern, Niedersachsen und Schleswig-Holstein, auch wenn zur Reihenfolge der Platzierungen unterschiedliche Ergebnisse vorliegen (siehe Abb. 2.28). Die Liste der ausländischen Reiseziele wird von Spanien und Italien angeführt. Weiterhin sind Sonnenurlaubsziele wie die Türkei, Griechenland, Frankreich und Kroatien sowie Österreich und die Niederlande unter den Top Ten der beliebtesten Reiseziele zu finden.

Kurzurlaubsreisen (von zwei bis vier Tagen) verbringen die Deutschen zu knapp drei Vierteln (2018: 74 %) *im eigenen Land*. Die Zahl der innerdeutschen Kurzurlaubsreisen ist mehr als dreimal größer als die der inländischen Urlaubsreisen ab fünf Tagen. Vor allem inländische Städte werden als Ziel aufgesucht.[61]

---

60 Reisen von mindestens fünf Tagen Dauer der Deutschen bzw. der deutschsprachigen Wohnbevölkerung (ab 2010) ab 14 Jahren.

61 2018: 29,5 Mio. bzw. 47 % der Inlands-Kurzurlaubsreisen führten 2018 in ein städtisches Reiseziel, von denen Berlin (5,9 Mio. Kurzurlaubsreisen), Hamburg (5,7 Mio.), München, Dresden und Köln die beliebtesten sind. Auf den vorderen Plätzen der Bundesländer stehen Bayern (10,3 Mio. Kurzurlaubsreisen inklusive der Städteziele), NRW (6,9 Mio.) und Berlin (5,9 Mio.). Im Ausland (insgesamt 21,6 Mio. Reisen, davon 8,5 Mio. in Städte) locken bei den Städten insbesondere Paris (1,1 Mio.), London, Amsterdam und Prag (je 1,0 Mio.), bei den Ländern die Niederlande (3,3 Mio.) und Österreich (3,2 Mio.) (Beer et al. 2019, S. 75 ff.).

Rang	Reiseanalyse		GfK-MobilitätsMonitor[62]	
1	Spanien	13,7 %	Spanien	10,9 %
2	Italien	8,1 %	Italien	8,1 %
3	Mecklenburg-Vorpommern	5,3 %	Bayern	7,1 %
4	Türkei	5,1 %	Österreich	6,6 %
5	Österreich	4,9 %	Schleswig-Holstein	6,2 %
6	Bayern	4,7 %	Niedersachsen	5,0 %
7	Schleswig-Holstein	4,3 %	Türkei	4,7 %
8	Griechenland	4,0 %	Mecklenburg-Vorpommern	4,4 %
9	Niedersachsen	3,6 %	Griechenland	3,4 %
10	Kroatien, Frankreich (je)	3,1 %	Niederlande	3,2 %

Abb. 2.28: Marktanteile ausgewählter Reiseziele für Urlaubsreisen 2018[63] (Quelle: eigene Darstellung, Datenbasis: FUR 2019, S. 3; GfK SE 2019a)

Zufriedenheit mit dem Aufenthalt

Die Deutschen sind mit ihren Urlaubsreisen überwiegend zufrieden: So wurden im Jahr 2018 69 % der langen Urlaubsreisen der Deutschen von den Reisenden mit „sehr gut" bewertet. Für mehr als drei Viertel der Reisen bestand die Bereitschaft, das besuchte Reiseziel „ganz bestimmt" weiterzuempfehlen. Die Absicht, das besuchte Reiseziel „ganz bestimmt" erneut zu besuchen, wurde im Zusammenhang mit jeder zweiten Reise geäußert. Die im Vergleich zur Gesamtbewertung und Weiterempfehlungsbereitschaft deutlich geringere Wiederbesuchsabsicht dürfte u. a. auf die Vielzahl der potenziellen Reiseziele zurückzuführen sein (GfK SE 2019b).

2.3.3 Reisearten und Aktivitäten

Urlaubsreisen werden häufig gleichzeitig durch mehrere Urlaubsreisearten charakterisiert. Die volumenmäßig bedeutsamsten Urlaubsreisearten der Deutschen sind *Erholungs- bzw. Entspannungsurlaube sowie Bade-/Strandurlaube*.[64] Sieben von zehn Urlaubsreisen wurden 2018 mit zumindest einer der beiden Urlaubsreisearten beschrieben. Jede dritte Reise wurde als Familienurlaub charakterisiert. Weitere beliebte Reisearten sind Naturrurlaube, Erlebnis-/Entdeckungsreisen sowie Besuchsreisen

---

62 Die Daten des GfK-MobilitätsMonitors bzw. des GfK-DestinationMonitors Deutschland beziehen sich auf Reisen der deutschsprachigen Wohnbevölkerung ab 0 Jahren ab einer Distanz von 50 km zwischen dem Wohnort des Reisenden und dem Zielort der Reise und sind repräsentativ für 37,1 Mio. deutschsprachige Privathaushalte mit 74,0 Mio. Personen ab 0 Jahren (2018). Dies gilt für diese Auswertung ebenso wie für alle nachfolgenden Auswertungen mit dieser Datenquelle.
63 Reisen von mindestens fünf Tagen Dauer der Deutschen bzw. der deutschsprachigen Wohnbevölkerung (ab 2010) ab 14 Jahren bzw. ab 0 Jahren (MobilitätsMonitor).
64 2018: Erholungs-/Entspannungsurlaube 55 %; Bade-/Strandurlaube 46 % (Beer et al. 2019, S. 50).

zu Freunden/Verwandten/Bekannten und Aktivurlaube. Nach der Urlaubsreiseart gefragt, die den Urlaub „in erster Linie" kennzeichnet, zeigen sich Unterschiede zwischen den Haupturlaubsreisen und den zusätzlichen Urlaubsreisen (siehe Abb. 2.29). So sind bei den zusätzlichen Reisen z. B. Bade- und Familienurlaube weniger bedeutend als bei der Haupturlaubsreise, während Aktivurlaube (z. B. zum Wandern oder Radfahren) und Städtereisen häufiger unternommen werden (Beer et al. 2019, S. 50 ff.).

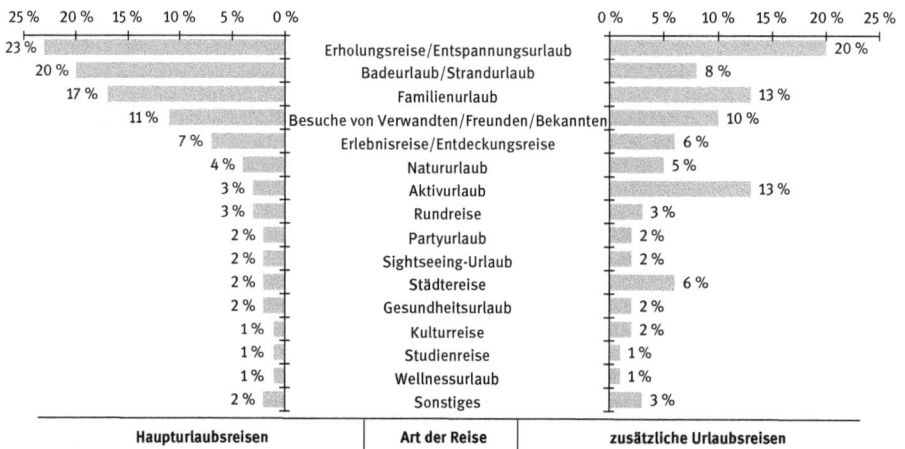

Haupturlaubsreisen	Art der Reise	zusätzliche Urlaubsreisen
23 %	Erholungsreise/Entspannungsurlaub	20 %
20 %	Badeurlaub/Strandurlaub	8 %
17 %	Familienurlaub	13 %
11 %	Besuche von Verwandten/Freunden/Bekannten	10 %
7 %	Erlebnisreise/Entdeckungsreise	6 %
4 %	Natururlaub	5 %
3 %	Aktivurlaub	13 %
3 %	Rundreise	3 %
2 %	Partyurlaub	2 %
2 %	Sightseeing-Urlaub	2 %
2 %	Städtereise	6 %
2 %	Gesundheitsurlaub	2 %
1 %	Kulturreise	2 %
1 %	Studienreise	1 %
1 %	Wellnessurlaub	1 %
2 %	Sonstiges	3 %

Abb. 2.29: Urlaubsreisearten 2018 (in % der Reisen)[65] (Quelle: eigene Darstellung, Datenbasis: Beer et al. 2019, S. 52)

Die meisten Bade- bzw. Strandurlaube werden in Spanien und der Türkei verbracht, unter den Top-Ten-Reisezielen dieser Urlaubsart befinden sich mit Mecklenburg-Vorpommern und Schleswig-Holstein aber auch zwei deutsche Bundesländer. Während bei Natururlauben Bayern, Österreich und Mecklenburg-Vorpommern die meisten Reisen verbuchen können, werden vorrangig als Sightseeing-Urlaub bezeichnete Reisen am häufigsten in Italien, dem Vereinigten Königreich, Spanien und Berlin verbracht (Beer et al. 2019, S. 53).

Das *Ranking* der beliebtesten Urlaubsaktivitäten hat sich in den letzten Jahren *kaum verändert*: Mit Abstand am beliebtesten sind der Aufenthalt in der Natur, der Besuch von kulturellen bzw. historischen Sehenswürdigkeiten und das Genießen typischer Speisen und Getränke. Während bei Inlandsreisen Aktivitäten wie dem Wandern und Radfahren und dem Besuch von Events bzw. Veranstaltungen und Erlebniseinrichtungen überdurchschnittlich häufig nachgegangen wird, stehen bei Reisen

---

65 Urlaubsart „in erster Linie" bei Reisen von mindestens fünf Tagen der deutschsprachigen Wohnbevölkerung ab 14 Jahren.

ins Ausland vergleichsweise häufiger Aktivitäten am Wasser (u. a. Baden) hoch in der Gunst der Urlauber (GfK SE 2013–2018, GfK SE 2019b).

2.3.4 Weitere Aspekte des Urlaubsreiseverhaltens

Reisezeitraum

Verschiebungen der Verteilung der Urlaubsreisen in Jahresverlauf resultieren i. d. R. lediglich aus dem Ostertermin und der Lage der damit zusammenhängenden Feiertage sowie aus der Lage des Ferienkorridors im Sommer. Rund die Hälfte der Urlaubsreisen entfällt auf die Sommermonate, etwa ein Viertel auf den Herbst (siehe Abb. 2.30).

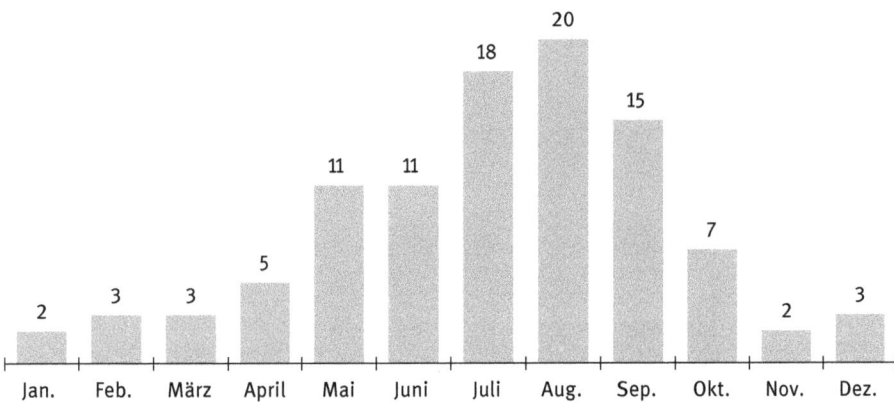

Abb. 2.30: Reisezeiträume bei Urlaubsreisen 2018 (in % der Reisen)[66] (Quelle: eigene Darstellung, Datenbasis: Beer et al. 2019, S. 63)

Reisebegleitung

Die Deutschen unternehmen längere Urlaubsreisen am häufigsten zu zweit (44 %). Knapp jede fünfte Reise wird mit vier Personen unternommen. Im Durchschnitt gehören 3,1 Personen zur Reisegruppe.

Die Art der Reisebegleitung hängt dabei stark von den *Lebensumständen* ab. So werden Reisen ohne Begleitung häufig in Lebensphasen unternommen, in denen ein fester Lebenspartner typischerweise noch nicht oder nicht mehr vorhanden ist. Während junge Singles (14–39 Jahre, ohne Partner und ohne Kinder) überwiegend mit Freunden oder Verwandten reisen, besteht die Reisebegleitung in Haushalten mit mehreren Mitgliedern in den meisten Fällen auch aus diesen, wenngleich auch hier Freunde oder Verwandte teilweise mit auf Reisen gehen. Die Quote der Urlaubsreisen

---

[66] Reisezeiträume der deutschsprachigen Wohnbevölkerung ab 14 Jahren mit einer Mindestdauer von fünf Tagen.

mit Kindern (bis 13 Jahre) lag in den vergangenen Jahren zwischen 17 % und 20 % (Beer et al. 2019, S. 58 ff.).

Organisation der Urlaubsreise

Rund zwei von fünf Urlaubsreisen werden als Pauschal- oder Bausteinreise unternommen (2018: 43 %). Bei etwa einem Drittel der Reisen liegt eine Einzelbuchung der Unterkunft vor (2018: 36 %). Die Reiseorganisation inländischer Urlaubsreisen unterscheidet sich dabei maßgeblich von der der Reisen ins Ausland (siehe Abb. 2.31). So wird bei knapp sechs von zehn Inlandsreisen die Unterkunft einzeln gebucht, während bei *Auslandsreisen* die *Pauschal-/Bausteinreise* die dominierende Organisationsform ist. Einzelbuchungen gewannen in den letzten Jahren allgemein an Bedeutung, was u. a. in der stetig zunehmenden Internetnutzung zur Reiseinformation und mittlerweile auch zur Reisebuchung begründet sein dürfte (Beer et al. 2019, S. 37 ff.).

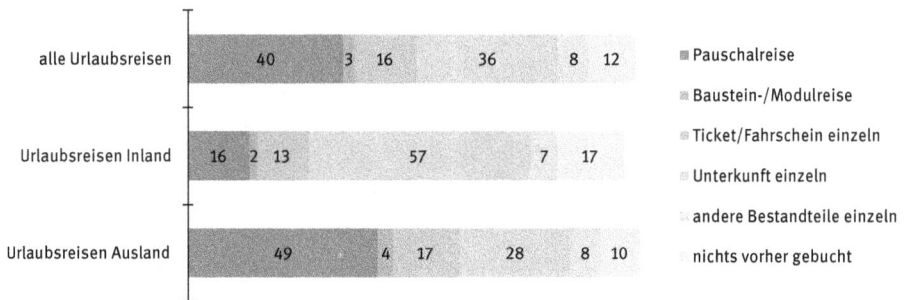

Abb. 2.31: Organisationsformen bei Urlaubsreisen 2018 (in % der Reisen; Mehrfachnennungen möglich)[67] (Quelle: eigene Darstellung, Datenbasis: Beer et al. 2019, S. 40)

Reiseinformation vor und während der Reise

Das *Internet* und seine vielfältigen Informationsmöglichkeiten sind aus der Reiseinformation nicht mehr wegzudenken. Im Januar 2019 hatten rund zwei Drittel (67 %) der deutschsprachigen Bevölkerung in Deutschland das Internet schon einmal zur Informationssuche für Urlaubsreisen genutzt. Zehn Jahre zuvor waren es noch 47 %. Personen, die 2018 mindestens eine Urlaubsreise unternahmen und über einen Internetzugang verfügten, hatten sich im selben Jahr zu 77 % online über Urlaubsreisen informiert (Beer et al. 2019, S. 47 ff.).

Auch beim Vergleich der Informationsquellen untereinander wird der hohe Stellenwert des Internets für die Reiseinformation ersichtlich: So greifen die Deutschen zu Informationszwecken im Vorfeld der Buchung ihrer Urlaubsreisen – neben der ei-

---

67 Reiseorganisationformen der deutschsprachigen Wohnbevölkerung ab 14 Jahren mit einer Mindestdauer von fünf Tagen.

genen Erfahrung z. B. aus früheren Besuchen des Reiseziels – am häufigsten auf das Internet zurück (2018: bei 36 % der Reisen). Es folgen mit Abstand die Empfehlungen von Bekannten bzw. Verwandten sowie Reiseführer, Kataloge von Reiseveranstaltern und Online-Bewertungsplattformen (GfK SE 2019b).

Im Zuge der auch zukünftig weiter zunehmenden mobilen Internetnutzung wird die *Informationseinholung während der Reise* immer bedeutungsvoller. Etwa neun von zehn Urlaubsreisenden nutzten diese Möglichkeiten während der Urlaubsreise 2018.[68] Der größte Teil der Urlauber (57 %) nutzte dabei sowohl Online- als auch Offline-Informationsquellen, etwa ein Viertel informierte sich nur offline (Beer et al. 2019, S. 72).

Buchungsstellen und Buchungswege

Bei den für die Urlaubsbuchung gewählten Buchungsstellen und -wegen ist es in den vergangenen Jahren zu *deutlichen Marktverschiebungen* gekommen. So können die Offline-Vertriebskanäle zwar aktuell noch den größeren Teil des Marktes für sich behaupten, mussten aber im Zuge der stetig voranschreitenden Digitalisierung beachtliche Marktanteilsverluste zugunsten der Online-Kanäle hinnehmen (siehe Abb. 2.32). Vor allem die direkte Buchung (im persönlichen Gespräch oder per Telefon/Brief) beim Leistungsträger hat an Bedeutung verloren, aber auch das klassische Reisebüro musste in den letzten zehn Jahren Marktanteile abgeben. Auf dem Online-Markt konnten Internetportale eine dominante Stellung aufbauen und sich gegen die Online-Ver-

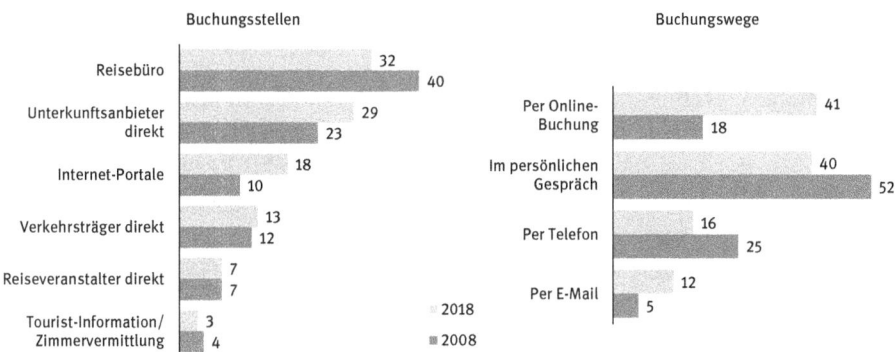

Abb. 2.32: Buchungsstellen und -wege bei Urlaubsreisen mit Vorabbuchung 2008 und 2018 (in % der Reisen)[69] (Quelle: eigene Darstellung, Datenbasis: Beer et al. 2019, S. 44)

---

68 Im Fokus der touristischen Nutzung des mobilen Internets während der Urlaubsreise stehen Wetterinformationen, Routenplanung und Informationen zu Reisezielen im Allgemeinen wie Sehenswürdigkeiten, Veranstaltungen, Restaurants oder Geschäfte vor Ort (FUR 2019, S. 5).

69 Buchungsstellen und -wege der deutschsprachigen Wohnbevölkerung ab 14 Jahren (ohne Ausländer) mit einer Mindestdauer von fünf Tagen.

triebskanäle etablierter Reisebüros und Veranstalter durchsetzen. Die fortschreitende Digitalisierung im Tourismus begünstigte zudem Direktbuchungen bei Leistungsträgern. Im Jahr 2018 wurden insgesamt erstmals mehr Urlaubsreisen online gebucht (41 %) als im persönlichen Gespräch (40 %) (Beer et al. 2019, S. 4).

Verkehrsmittel

Die Entwicklung der Verkehrsmittelnutzung bei den längeren Urlaubsreisen ist in den letzten 20 Jahren durch eine stetige Abnahme des Pkw- zugunsten des Flugzeuganteils geprägt, das als einziges Verkehrsmittel Marktanteile gewinnen konnte. 2018 lag der *Anteil des Flugzeugs* – über alle langen Urlaubsreisen hinweg betrachtet – erstmals höher als der Anteil des Pkws (siehe Abb. 2.33).

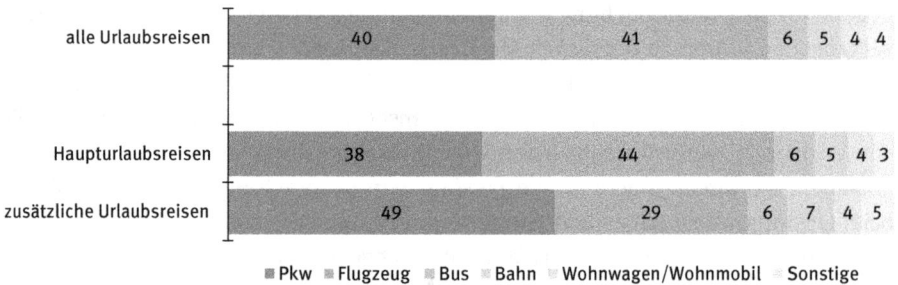

Abb. 2.33: Hauptverkehrsmittel bei Urlaubsreisen 2018 (in % der Reisen)[70] (Quelle: eigene Darstellung, Datenbasis: Beer et al. 2019, S. 68)

Die Wahl des Verkehrsmittels hängt von verschiedenen Faktoren wie z. B. der *Reisedistanz* ab. So werden nahezu keine Inlandsurlaubsreisen mit dem Flugzeug angetreten, während es bei Auslandsreisen im Durchschnitt 56 % sind. Reisen ans Mittelmeer erfolgen sogar zu drei Vierteln per Flugzeug, Fernreisen zu über 90 %. Auch die *Reisebegleitung* spielt eine Rolle bei der Verkehrsmittelwahl. Reisen mit Kindern werden z. B. deutlich häufiger mit einem Pkw angetreten als Reisen ohne Kinder[71] (Beer et al. 2019, S. 67 f.).

Unterkunft

Über alle langen Urlaubsreisen hinweg betrachtet ist das *Hotel* bzw. der Gasthof die beliebteste Unterkunft der deutschsprachigen Bevölkerung (siehe Abb. 2.34). Etwa jede zweite Reise wird hier verbracht (2018: 48 %). In der Gunst folgen Ferienwohnungen und Ferienhäuser.

---

70 Hauptverkehrsmittel der deutschsprachigen Wohnbevölkerung ab 14 Jahren mit einer Mindestdauer von fünf Tagen.
71 Verkehrsmittelwahl Pkw 2018: mit Kindern 59 %; ohne Kinder 36 %.

Jahr	Hotel, Gasthof	Pension, Privatzimmer	Ferienwohnung, Ferienhaus	Zelt, Caravan, Wohnmobil	Verwandte, Bekannte	Anderes
1972	27	36	7	8	14	8
1982	29	27	10	11	13	10
1992	38	19	19	8	14	2
2002	46	9	25	7	12	1
2003	46	10	25	8	10	1
2004	49	8	23	7	11	2
2005	50	8	23	5	10	4
2006	50	7	22	5	13	3
2007	48	8	24	6	12	2
2008	50	8	22	6	10	4
2009	48	7	25	6	10	4
2010	47	7	25	6	12	3
2011	47	7	25	5	13	3
2012	46	7	24	7	12	4
2013	47	6	24	6	13	4
2014	48	6	24	6	13	3
2015	48	6	24	6	13	3
2016	46	6	26	6	12	4
2017	47	5	25	6	12	5
2018	48	5	25	7	11	4

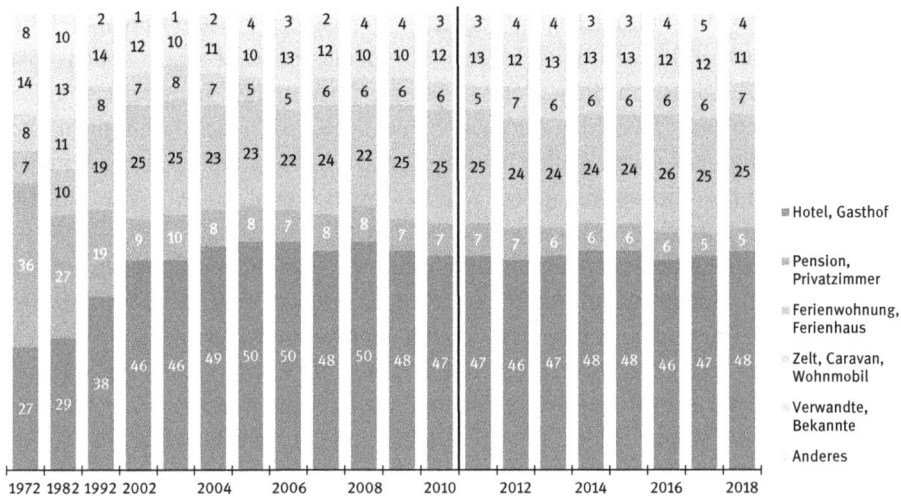

Abb. 2.34: Unterkunft bei Urlaubsreisen (Angaben in % der Reisen)[72] (Quelle: eigene Darstellung, Datenbasis: Beer et al. 2019, S. 69)

Beeinflusst wird die Unterkunftswahl u. a. vom *Reiseziel*. So wird bei Auslandsreisen deutlich häufiger das Hotel gewählt als bei Inlandsreisen (59 % bzw. 37 %). Allerdings ist auch dies nicht zu pauschalisieren. Bei Urlaubsreisen nach Dänemark bspw. liegt der Marktanteil von Ferienhäusern und -wohnungen – entsprechend der Angebotsstruktur des Reiseziels – zusammen bei nahezu drei Vierteln. Auch die Reisebegleitung nimmt Einfluss auf die Unterkunftswahl. Reisen mit Kindern führen bspw. sehr viel häufiger in Ferienwohnungen bzw. -häuser als Reisen ohne Kinder.[73]

Im laufenden Jahrzehnt sind bei der Unterkunftswahl keine größeren Veränderungen auszumachen. Im Vergleich zur Urlaubsreisetätigkeit von vor 20 Jahren und auch davor haben Hotels und Ferienwohnungen/-häuser jedoch deutlich an Bedeutung gewonnen – insbesondere zulasten von Pensionen und Privatzimmern (Beer et al. 2019, S. 69 f.).

2.4 Nachfrage nach Geschäftsreisen

2.4.1 Abgrenzung touristischer und nicht touristischer beruflicher Reisen

Reisen als räumliche Mobilität finden neben privaten bzw. freizeitbezogenen Anlässen vielfach auch aus beruflichen Gründen statt. Dabei ziehen geschäftliche Motive seit

---

72 Reisen von mindestens fünf Tagen Dauer der Deutschen bzw. der deutschsprachigen Wohnbevölkerung (ab 2010) ab 14 Jahren; 1972, 1982: nur Haupturlaubsreise der Westdeutschen.
73 Nutzung von Ferienwohnungen/-häusern 2018: mit Kindern 43 %; ohne Kinder 21 %.

jeher räumliche Mobilität nach sich,[74] doch seit dem späten 20. und frühen 21. Jahrhundert hat die berufliche Mobilität in einem so erheblichen Maße zugenommen (Vogl et al. 2014, S. 2),[75] dass von einer „Normalisierung von Mobilität" im beruflichen Umfeld gesprochen wird (Kesselring und Vogl 2010a, S. 16; 2010b, S. 147). Für mehr und mehr Beschäftigte unterschiedlicher Berufsgruppen und Hierarchieebenen gehört das Verreisen zum beruflichen Alltag (vgl. z. B. Beaverstock et al. 2009, S. 193; Hupfeld et al. 2013, S. 8; Schneider und Ruppenthal 2014, S. 81).

Hauptsächliche Ursachen hierfür sind in der wirtschaftlichen *Globalisierung* zu sehen (vgl. z. B. Holloway und Humphreys 2016, S. 319; Nies et al. 2015, S. 4), in dessen Folge viele Unternehmen ihre Produktivität über mehr oder weniger große Entfernungen hinweg aufrechterhalten müssen. Die Reisen der Beschäftigten tragen innerhalb der Unternehmenstätigkeit dazu bei, den notwendigen Austausch von Ressourcen, Arbeitskraft, Wissen, Ideen, Energie, Gütern und Geld gewährleisten zu können (Kesselring 2015, S. 573), und werden damit oftmals zu einem unverzichtbaren Element der betrieblichen Leistungserstellung. In zunehmendem Maße wird gleichzeitig ein räumlich und zeitlich vom regulären Arbeitsplatz bzw. von der regulären Arbeitszeit entgrenztes, mobiles Arbeiten ermöglicht (Eisenstein et al. 2019, S. 21 ff.). Die Reisetätigkeit stellt immer seltener ein Produktivitätshindernis für den Arbeitenden dar (Holley et al. 2008, S. 43).

Berufliche Mobilität – auch als arbeitsbezogene Mobilität bezeichnet – kann in Abhängigkeit von Faktoren wie z. B. dem Reiseanlass oder der Reisedauer unterschiedliche Formen annehmen. Grundsätzlich ist zwischen der Mobilität *zur* Arbeit und der Mobilität *innerhalb* der Arbeitstätigkeit zu unterscheiden (siehe Abb. 2.35):

- Bei der Mobilität *zur* Arbeit handelt es sich um berufsassoziierte Mobilität, die dazu dient, die räumliche Distanz zwischen Wohn- und Arbeitsort zu überwinden. Sie ist der eigentlichen Arbeit vor- oder nachgelagert (Ducki und Nguyen 2016, S. 5 und 16). Hierzu gehören als zirkuläre, ständig wiederkehrende Reiseform das Pendeln zur „Bewältigung des Weges zum bzw. vom stationären Arbeitsplatz" (Hupfeld et al. 2013, S. 24) sowie berufsbedingte Wohnsitzverlegungen. Dabei handelt es sich definitionsgemäß nicht um Tourismus.
- Bei der berufsbedingten Mobilität[76] – d. h. der räumlichen Mobilität *innerhalb* der Arbeit – ist das Reisen Bestandteil der Arbeitsausübung bzw. unmittelbar für die Ausübung der Arbeitstätigkeit notwendig. Berufsbedingtes Reisen als zentraler Teil der Arbeitsleistung liegen i. d. R. bei Leistungen im Transport- und Verkehrswesen zur Raumüberwindung von Gütern oder Personen vor (z. B. Schiffs-, Zug- und Flugzeugbesatzungen, Lkw-, Bus- und Taxifahrer, Kurier- und Zustelldienste). Mittel zum Zweck der Arbeitserledigung ist die Reisetätigkeit hingegen

---

74 Siehe hierzu Abschnitt 1.3.

75 In Verbindung mit Nies et al. (2015, S. 4).

76 Vogl et al. (2014, S. 4) verwenden „betriebliche Mobilität": „‚Berufliche Mobilität' bezieht sich hingegen auf Veränderungen in der Berufskarriere (Berufswechsel, Wechsel des Arbeitsplatzes u. ä.)."

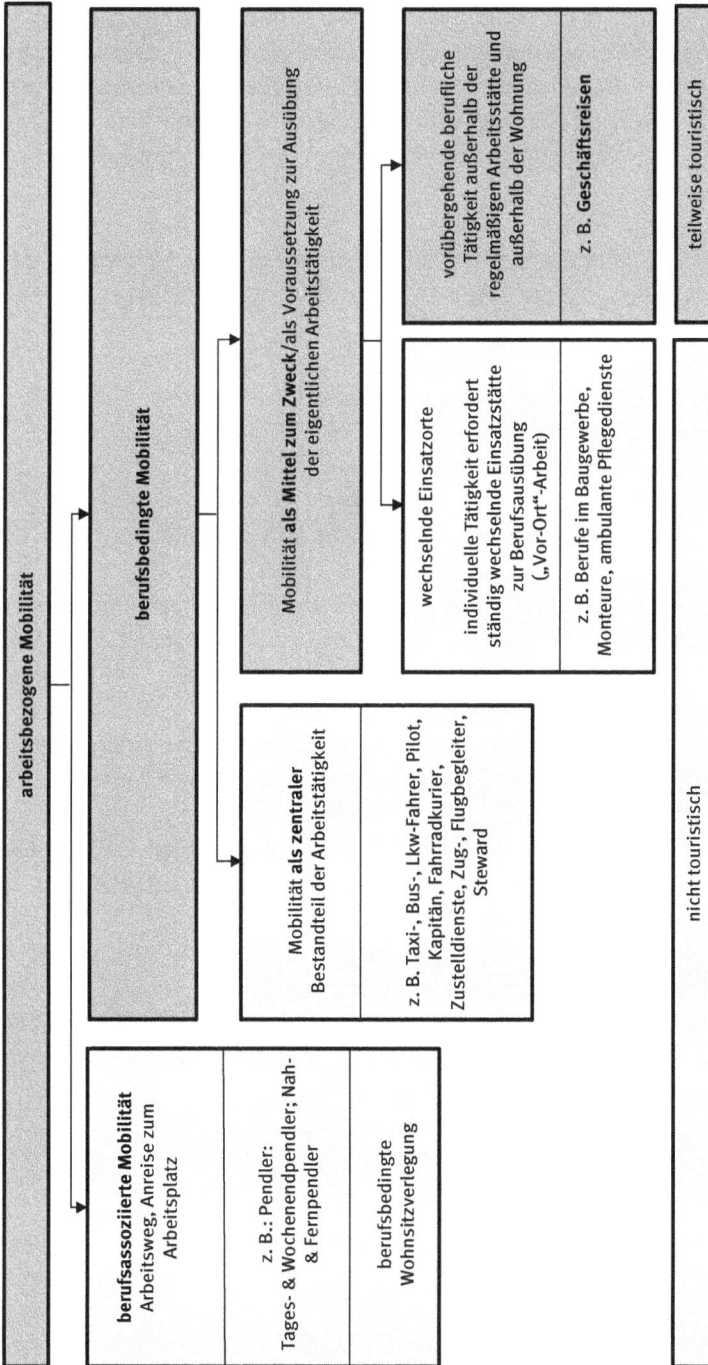

Abb. 2.35: Ausprägungen arbeitsbezogener räumlicher Mobilität (Quelle: Eisenstein et al. 2019, S. 29)

bei solchen Tätigkeiten, die an ständig wechselnden Einsatzorten erfolgen. Hierzu gehören typischerweise viele Berufe im Baugewerbe, Monteure oder auch ambulante Pflegedienste.[77] Daneben gehören auch alle vorübergehenden beruflichen Tätigkeiten, die außerhalb der regelmäßigen Arbeits- bzw. Wohnstätte erfolgen, zu dem Teil der berufsbedingten Mobilität, bei dem das Reisen der eigentlichen Arbeitsausübung dient.

Die vielfältigen mit den Geschäftsreisen verfolgten wirtschaftlichen Motive und Nutzenbereiche konzentrieren sich auf folgende *Hauptbereiche* (Eisenstein et al. 2019, S. 73):
– Leistungserstellung
– persönliche Treffen und Networking, Kennenlernen der Beteiligten
– Kundengewinnung und -bindung
– Geschäftsabschlüsse und Gewinnerzielung
– Qualifizierung und Motivierung von Mitarbeitern
– Innovationsförderung, Entwicklung von Produkten und Geschäftsideen

Die mit der Definition des Tourismus gegebenen konstitutiven Elemente[78] werden in Gänze lediglich von der Geschäftsreise erfüllt. Alle anderen angezeigten beruflichen Reisen sind nicht dem Tourismus zuzuordnen. Eisenstein et al. (2019, S. 30 f.) fassen die Merkmale von Geschäftsreisen wie folgt zusammen:
– „Bei der Geschäftsreise ist der Ortswechsel im Zusammenhang mit der Berufsausübung notwendig. Die Reise ist dabei i. d. R. Voraussetzung, um im konkreten Fall die berufliche Tätigkeit ausüben zu können. [...]
– Bei der Geschäftsreise handelt es sich um eine zirkuläre Mobilitätsform aufgrund einer vorübergehenden beruflichen Tätigkeit außerhalb der hauptsächlichen Arbeitsstätte und außerhalb der Wohnung. [...]
– Die Geschäftsreise kann als Element zum Erhalt der Produktivität und der Wettbewerbsfähigkeit des Unternehmens angesehen werden. [...]
– Die für die Geschäftsreise anfallenden, steuerlich absetzbaren Kosten werden i. d. R. nicht durch den Reisenden getragen, sondern vom Unternehmen beglichen, in dessen Auftrag verreist wird."

2.4.2 Besonderheiten von Geschäftsreisen

Neben den in Abschnitt 2.4.1 beschriebenen Charakteristika von Geschäftsreisen sind diese im Vergleich zu privaten Reisen und insbesondere Urlaubsreisen durch eine Rei-

---

77 Kennzeichnend für diese Tätigkeitsfelder ist, dass der Einsatzort zwar ständig wechselt und die Beschäftigten hochmobil sind, die eigentliche Tätigkeit aber örtlich gebunden ist (Nies et al. 2015, S. 8).
78 Siehe Abschnitt 1.1.

he weiterer Besonderheiten gekennzeichnet. So ist im Gegensatz zu Urlaubsreisen die Reisetätigkeit bei Geschäftsreisen auf den *Zweck des Unternehmens* bzw. der Institution ausgerichtet und durch die wirtschaftlichen Beziehungen von räumlich getrennten Akteuren veranlasst. Geschäftsreisen haben somit einen investiven Charakter, mit dem Ziel, die Produktivität und Wettbewerbsfähigkeit des Unternehmens zu erhöhen, wobei die Kosten vom Unternehmen getragen werden und steuerlich absetzbar sind. Restriktionen für Geschäftsreisen können sich aus Effektivitäts- und Effizienzüberlegungen im Unternehmen ergeben, die sich z. B. in Reiserichtlinien des Arbeitgebers niederschlagen können.

Geschäftsreisen finden während der *Arbeitszeit* und somit in erster Linie an Werktagen statt. Der Grad der Zeitsouveränität ist gering, da Geschäftsreisende i. d. R. zu einem vereinbarten Zeitpunkt an einem bestimmten Ort sein müssen, um z. B. Geschäftspartner zu treffen oder an einem vom Veranstalter datierten Event teilzunehmen. Auch andere Reiseentscheidungen wie die Reisedauer, die Reisebegleitung und insbesondere die Wahl des Reiseziels liegen häufig – zumindest in Teilen – außerhalb des Ermessens des Reisenden.

Der tendenziell *hohen Zeitsensibilität* bei Geschäftsreisen (Morrison et al. 2018, S. 378; Letzner 2010, S. 70) steht eine im Vergleich zu Urlaubsreisen *geringere Preissensibilität* gegenüber. Während Urlaubsreisen häufig optional angetreten werden und damit preiselastischer sein können (siehe bereits Burkart und Medlik 1974, S. 121 f.; Mill und Morrison 2009, S. 360), werden viele Geschäftsreisen aufgrund kurzer Planungszeiten relativ kurzfristig gebucht (Davidson und Cope 2003, S. 7), was die Nutzung günstiger Sondertarife oftmals ausschließt. Dasselbe gilt für Reisen, die zwar lange Zeit vor Reiseantritt geplant werden, weil bspw. die Termine von Messen und Kongressen bereits viele Monate vorher feststehen, das Preisniveau aufgrund der erhöhten Nachfrage während des Veranstaltungszeitraums jedoch häufig überdurchschnittlich hoch ist. Dies ist u. a. ein Grund für das vergleichsweise hohe Ausgabenniveau bei Geschäftsreisen.[79]

Letztlich unterscheidet sich die mit Übernachtungen verbundene Geschäftsreisenachfrage von der Urlaubsreisenachfrage auch durch eine deutlich *geringere Saisonalität* (Eisenstein et al. 2019, S. 61; Cooper und Hall 2013, S. 64). Abbildung 2.36 fasst zentrale Besonderheiten von Geschäfts- gegenüber Urlaubsreisen zusammen.

2.4.3 Arten von Geschäftsreisen

Geschäftsreisen umfassen eine Vielzahl sehr unterschiedlicher Formen. Ein in der Literatur häufig zu findender Differenzierungsansatz von Geschäftsreisen bezieht sich

---

[79] Siehe zu unterschiedlichen Erhebungen der Ausgaben im Zuge von Geschäftsreisen Eisenstein et al. (2019, S. 57 ff.).

Kriterium	Geschäftsreisen	Urlaubsreisen
Ausrichtung	auf den Unternehmens- oder den Institutionszweck	auf private Zwecke und Interessen
Ursache	wirtschaftliche Beziehungen räumlich getrennter Akteure	private Bedürfnisse (gemäß verschiedener Theorien)
Ökonomischer Charakter	investiv, produktions- und leistungsbedingt steuerlich absetzbare Kosten	konsumtiv, freizeit- und vergnügungsbezogen privater Konsum
Finanzierungsquelle, -restriktionen	durch Arbeitgeber, Auftraggeber beschränkt durch institutionelle Vorgaben (z. B. Reiserichtlinien)	durch den Reisenden, privat beschränkt durch persönliche ökonomische Rahmenbedingungen
Zeitbudget, -souveränität	Arbeitszeit geringe Zeitsouveränität	Freizeit, Urlaubstage hohe Zeitsouveränität
Reise(ziel)-entscheidung	vorwiegend fremdbestimmt, teilweise mitbestimmt durch den Arbeitgeber oder den Veranstalter des Meetings bzw. Events	i. d. R. mitbestimmt, wenn nicht selbstbestimmt durch den Reisenden i. d. R. unter Beteiligung des sozialen Umfelds
Zeit-sensibilität	tendenziell hoch bis sehr hoch	tendenziell geringer
Preis-sensibilität	tendenziell geringer (preisunelastisch)	tendenziell höher (preiselastisch)
Ausgabe-verhalten	tendenziell höhere Ausgaben(bereitschaft)	weite Spanne, aber überwiegend mittlere bis niedrigere Ausgaben
Planungszeiträume	bei individuellen Geschäfts-reisen z. T. sehr kurzfristig bei großen Events z. T. Jahre	bei längeren Urlauben i. d. R. einige Monate bei Kurzurlauben ggf. einige Tage
Saisonalität, bevorzugte Reisezeiten	weniger saisonal (eher Frühjahr und Herbst) Schwerpunkt außerhalb der Ferienzeiten	mehr saisonal im Sommer und im Winter Schwerpunkte in den Schul- und Betriebsferien
Bevorzugte Wochentage	Montag bis Freitag, Werktage	Wochenende, Feiertage
Reisedauer	i. d. R. relativ kurz, häufig Stunden bzw. 1–3 Tage	wenige Tage bis mehrere Wochen, selten Monate
Übliche Reisebegleitung	allein oder mit Arbeitskollegen, Delegationen	selten allein, i. d. R. Familie, Partner, Freunde und Bekannte

Abb. 2.36: Ausgewählte Unterschiede zwischen Geschäfts- und Urlaubsreisen (Quelle: Eisenstein et al. 2019, S. 66 f.)

auf deren *Reiseanlass*, ohne dass hierfür eine allseits akzeptierte Einteilung besteht.[80] In der deutschsprachigen Literatur werden häufig die folgenden vier Arten von Ge-

---

80 Siehe z. B. die unterschiedlichen Kategorisierungen nach Mill (1990, S. 47 ff.); Swarbrooke und Horner (2001, S. 4 ff.); Davidson und Cope (2003, S. 4 f.); Rogers (2013, S. 25).

schäftsreisen angeführt: klassische bzw. individuelle Geschäftsreisen, Kongress-, Tagungs-, Konferenz- und Seminarreisen, Messe- und Ausstellungsreisen sowie Incentive-Reisen.[81] In Anlehnung an diese Einteilung und ergänzt durch Anregungen aus dem angelsächsischen Sprachraum wählen Eisenstein et al. (2019, S. 146) folgende reiseanlassbezogene Differenzierung von Geschäftsreisen (siehe Abb. 2.37):

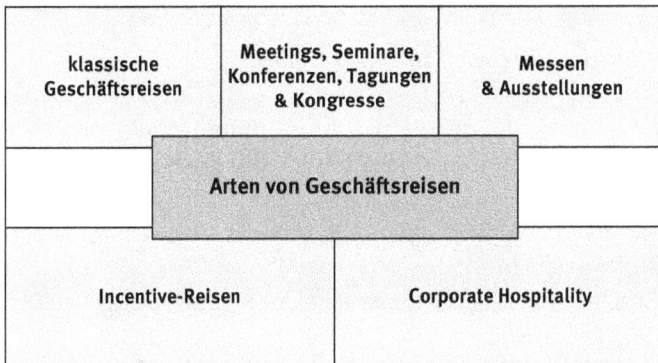

klassische Geschäftsreisen	Meetings, Seminare, Konferenzen, Tagungen & Kongresse	Messen & Ausstellungen
	Arten von Geschäftsreisen	
Incentive-Reisen	Corporate Hospitality	

Abb. 2.37: Geschäftsreisearten nach Reiseanlass (Quelle: Eisenstein et al. 2019, S. 146)

Klassische Geschäftsreisen

Unter die klassischen Geschäftsreisen fällt eine Vielzahl konkreter Reiseanlässe, die i. d. R. unmittelbar aus beruflichen Verpflichtungen heraus entstehen (siehe z. B. Espich 2001, S. 1; Schneider 2009, S. 25):

- Vertriebs- und Verkaufsaktivitäten für Sachgüter und Dienstleistungen in Form von Kundenbesuchen,
- Planungs-, Koordinations- und Projektbesprechungen mit Kollegen, Mitarbeitern oder externen Partnern,
- Präsentations- und Beratungstermine und
- Besuche in der Firmenzentrale oder bei Niederlassungen und weiteren Standorten des Unternehmens.

Der klassische Geschäftsreisende ist dabei zumeist ein Individualreisender, auch wenn Mehrpersonenreisen nicht unüblich sind (Gardini 2014, S. 98; Schreiber 2012, S. 4).

---

[81] Siehe z. B. so oder in ähnlicher Form: Hank-Haase (1992, S. 11); Jaworski und Otto (1998, S. 38 f.); Espich (2001, S. 2 f.); Freyer (2006, S. 8); Gardini (2014, S. 97); Steinecke (2011, S. 127); Freyer (2015, S. 108).

Meetings, Kongresse, Tagungen, Konferenzen, Seminare

Bei Meetings handelt es sich nach Eisenstein et al. (2019, S. 151) um „Zusammenkünfte in Form von

- Veranstaltungen von Unternehmen, Institutionen, Organisationen und Vereinigungen,
- bei denen sich an einem bestimmten Thema interessierte Teilnehmer (Mitarbeiter, Geschäftspartner, andere unternehmerische Stakeholder, Mitglieder oder Interessierte)
- auf der Grundlage eines angebotenen (Programm-)Ablaufs[82]
- zeitlich befristet
- zur zielgerichteten Kommunikation (zum Zwecke des Informations- und Meinungsaustauschs, zum Wissenstransfer und zur Erarbeitung von Problemlösungen)
- über wirtschaftliche, wissenschaftliche, politische, kulturelle oder andere fachliche oder gesellschaftliche Inhalte
- in vorher arrangierten, externen (häufig angemieteten) Räumlichkeiten zusammenfinden."[83]

Der konkrete *Zweck* der einzelnen Veranstaltung kann z. B. von der Problemlösung und Innovationsentwicklung über klassische Produktvorstellungen und Verkaufsförderungen bis hin zur Weiterbildung, zum Teambuilding und zur Motivations- und Identifikationsförderung reichen. Neben dem fachlichen Informationsgewinn besteht häufig ein weiteres von den Teilnehmern verfolgtes Ziel in der sozialen Kontaktpflege (Beckmann et al. 2006, S. 38 ff.; Schreiber 2012, S. 4 f.).

In der geschäftstouristischen Praxis ist das Meeting-Segment durch eine Vielzahl unterschiedlicher Formate und Bezeichnungen gekennzeichnet (Rogers 2013, S. 22; Bühnert 2013, S. 201). Eine gegenwärtig in der deutschsprachigen Literatur weit verbreitete Einteilung differenziert die Veranstaltungen nach organisatorischen und räumlichen Anforderungen für deren Durchführung in die *vier Grundtypen* Seminare, Konferenzen, Tagungen und Kongresse (Schreiber 2004, S. 207). Abbildung 2.38 stellt die Merkmale der verschiedenen Veranstaltungsformate gegenüber.

Eine im englischen Sprachraum häufiger zu findende Segmentierung des Meeting-Markts basiert dagegen auf den unterschiedlichen *Initiatoren* der Meetings (In-

---

82 Bei offenen Veranstaltungsformaten (Open-Space-Formate, z. B. Barcamps) wird häufig nur das Leitthema vorgegeben. Die konkreten Themen und Methoden werden von den Teilnehmern ausgehandelt (Semblat 2013, S. 25 f.; Feldmann und Heilmann 2016, S. 44; Knoll 2018, S. 13 f.).
83 Es gilt darauf hinzuweisen, dass die Teilnahme an Meetings auch in privaten (oder nebenberuflichen) Interessen und Aktivitäten begründet sein kann. Ebenso existieren Meeting-Veranstaltungen, die innerhalb des gewöhnlichen Umfelds der Beteiligten stattfinden (z. B. Bürgertreffen oder Betriebsversammlungen). Der Markt der Meeting-Veranstaltungen ist folglich nicht ausschließlich dem Geschäftsreiseverkehr bzw. dem Geschäftstourismus zuzuordnen (Eisenstein et al. 2019, S. 154 f.).

	Kongress	Tagung	Konferenz	Seminar
Form (thematisch, räumlich, methodisch)	komplexes Gefüge mehrerer thematisch, räumlich und methodisch unterschiedlicher Veranstaltungs module	wenige, aber thematisch, räumlich und methodisch verschiedene Veranstaltungs module	ein Thema, ein Raum, meist interaktiv	ein Thema, z. T. mehrere Räume, Aus- und Weiterbildungs methoden unter Anleitung einer Seminarleitung
Organisation (Planung, Vorbereitung)	langfristige Planung, komplexe Vorbereitung	kürzere Planungs- und Vorbereitungs- zeit	kurze Vorbereitungsz eit, geringer Organisations- aufwand	Umfangreiche inhaltliche Vorbereitung, geringer technischer Aufwand
Entschei- dungszeit- raum	langfristig, 1–3 Jahre, teilweise länger	mittelfristig, bis zu 1 Jahr	kurzfristig	mittelfristig, bis zu 1 Jahr
Teilnehmer [84]	über 250	bis zu 250	bis zu 50	bis zu 30
Dauer	mehrtägig	i. d. R. 1 Tag, z. T. mehrtägig	bis zu 1 Tag	i. d. R. mehrtägig, z. T. 1 Tag

Abb. 2.38: Grundtypen des Kongress- und Tagungsmarkts (Quelle: Eisenstein et al. 2019, S. 162)

ternational Congress and Convention Association (ICCA) 2018, S. 12). Bei Corporate Meetings handelt es sich um Meeting-Veranstaltungen von Unternehmen, die in Abhängigkeit von der Zielgruppe in interne (Beschäftigte des Unternehmens, unternehmensgerichtete Themen) und externe Meetings (unternehmensexterne Anspruchsgruppen und Partner, marktgerichtete Themen) unterschieden werden (Davidson 2014, S. 58). Association Meetings umfassen Veranstaltungen von Verbänden, Vereinen oder öffentlichen Institutionen. Je nach Ausrichtung des Veranstalters kann der inhaltliche Fokus der Veranstaltungen wissenschaftlich, berufsständisch bzw. wirtschaftlich oder auch freizeitorientiert sein (Beckmann et al. 2006, S. 26 ff.).

Messe- und Ausstellungsreisen

Messe- und Ausstellungsreisen werden in der anlassbezogenen Gruppierung von Geschäftsreisen aufgrund der Ähnlichkeit ihres Veranstaltungscharakters i. d. R. zusammengefasst,[85] wenngleich theoretische Unterschiede zwischen beiden Veranstaltungsformaten bestehen. So zielen beide auf die *Absatzförderung* von Waren und Dienstleistungen der ausstellenden Unternehmen und Organisationen ab. Während

---

84 Es ist zu beachten, dass die Teilnehmerzahlen nur als Richtwerte gelten können sowie dass es nach dem Kriterium der Teilnehmerzahlen auch andere Einteilungen gibt.
85 Siehe z. B. Freyer (2006, S. 8); Gardini (2014, S. 98); Steinecke (2011, S. 127); Freyer (2015, S. 108).

es bei Ausstellungen allerdings vorrangig um die Information und Bewerbung des dargestellten Angebots bzw. des Ausstellers geht, steht bei Messen darüber hinaus der Verkauf des Angebots vor Ort im Fokus. Von Messen wird ein deutlich umfangreicheres Angebot erwartet. Sie richten sich zudem primär an *Fachbesucher* im Sinne von gewerblichen Verbrauchern, Wiederverkäufern oder Großabnehmern, wohingegen als vorrangige Zielgruppe von Ausstellungen häufig die *allgemeine Öffentlichkeit* und Privatpersonen genannt werden. Messen finden i. d. R. turnusmäßig an einem festen Termin in ein- bis mehrjährigen Zeitabständen an einem festen Veranstaltungsort statt. Ausstellungen können dagegen wiederkehrend sein, müssen es aber nicht (Bundesministerium der Justiz und für Verbraucherschutz und Bundesamt für Justiz 1999, S. 57; Kirchgeorg 2017, S. 33 ff.; Jaworski und Otto 1998, S. 40; Gardini 2014, S. 98).

Am Messewesen sind mit den Messeanbietern (Messeveranstalter bzw. Messegesellschaften), den Messenachfragern (Messeaussteller und Messebesucher) und der öffentlichen Hand (Kommunen und Länder als häufige Förderer von Messegesellschaften und Messeinfrastruktur) zahlreiche Anspruchsgruppen beteiligt (Goschmann 2013, S. 137 f.). Entsprechend vielfältig sind die Funktionen von Messen und Ausstellungen, die sich von der überwirtschaftlichen, gesellschaftlichen Perspektive (z. B. Unterstützung des Wissenstransfers) über die gesamtwirtschaftliche Perspektive (z. B. marktpflegende und -bildende Funktion, Handelsfunktion) bis hin zur einzelwirtschaftlichen Perspektive bezogen auf die Messeaussteller (z. B. Kontaktfunktion, Verkaufs- bzw. Absatzfunktion), die Messebesucher (z. B. Informationsfunktion, Beschaffungsfunktion) und die Messegesellschaften (z. B. Leistungserbringungsfunktion, Ertragsfunktion) erstrecken (Kirchgeorg 2017, S. 36 ff. und 46; Eisenstein et al. 2019, S. 198 f.).

Incentive-Reisen

Incentives sind *motivationsfördernde Instrumente*, die in Unternehmen als betriebliche Anreize die Leistungsbereitschaft einzelner Mitarbeiter oder ganzer Teams steigern sollen, um daraus resultierend langfristige und übergeordnete Unternehmensziele wie z. B. Umsatz- und Gewinnsteigerungen zu erreichen (Kirstges 2000b, S. 19; Eisenhut 2011, S. 410 f. und 417). Incentive-Reisen als maßgeschneiderte Reisen zu attraktiven Destinationen für ausgewählte Zielgruppen (Rogers 2013, S. 26) stellen dabei eine Form der bargeldlosen Incentives dar (Wanielik 2008, S. 22) und bilden in Anbetracht ihrer unmittelbar mit dem Ziel der Motivationssteigerung verbundenen Konzipierung ein eigenständiges Instrument der Personalführung (Mundt 2013, S. 113).

Neben der Motivationssteigerung können mit Incentive-Reisen aber auch Ziele des Teambuildings oder die Verbesserung des Betriebsklimas sowie eine Steigerung der Loyalität der Reiseteilnehmer gegenüber dem Unternehmen oder eine erhöhte Mitarbeiterbindung verfolgt werden (Eisenhut 2011, S. 417 f.; Wanielik 2003, S. 41 ff.). Die bedeutendste Zielgruppe von Incentive-Reisen sind die Beschäftigten des Unternehmens und hier insbesondere die Vertriebs- und Verkaufsbereiche. Daneben richten sich die Maßnahmen aber auch an Händler und Vertriebspartner (Holloway und Humphreys 2016, S. 327; Kirstges 2000a, S. 23 f.; 2000b, S. 20 ff.; Riechers 2003, S. 91).

Corporate Hospitality

Corporate-Hospitality-Aktivitäten werden insbesondere im *angelsächsischen Raum* als eigenständige Geschäftsreiseart ausgewiesen.[86] Eisenstein et al. (2019, S. 240) beschreiben sie wie folgt: „Bei Corporate Hospitality-Reisen handelt es sich i. d. R. um Veranstaltungsbesuche. Sie erfolgen aufgrund unentgeltlicher Einladungen, die Unternehmen an Vertreter wichtiger Anspruchsgruppen anlässlich des gemeinsamen Besuchs von Events mit Entertainmentcharakter aussprechen. Hauptsächliches Ziel des einladenden Unternehmens ist die positive Gestaltung der Beziehungen zwischen Unternehmen und den ausgewählten Stakeholdern. Den Einladungen liegen meist bestehende Business-to-Business-Verbindungen des Unternehmens zugrunde."

Nach Ausgestaltung und Schwerpunkt können *vier Arten* von Corporate-Hospitality-Veranstaltungen benannt werden (Eisenstein et al. 2019, S. 243):

- partizipative Veranstaltungen (aktive Teilnahme z. B. beim Segeln, Golfen, Rallyefahren, Raften, Tontaubenschießen, aber auch z. B. bei Rollenspielen)
- Zuschauerveranstaltungen im Sportbereich (z. B. Fußball, Tennis, Golf, Motorsport, Handball)
- Zuschauerveranstaltungen im Kulturbereich (z. B. Konzerte, Filmpremieren, Ausstellungen, Oper, Ballett)
- andere Veranstaltungen (z. B. gemeinsamer Besuch von Freizeiteinrichtungen, Volksfesten u. v. m.)

2.4.4 Geschäftsreisevolumen

Im Jahr 2018 wurden gemäß UNWTO (2019) weltweit 182 Mio. internationale Ankünfte mit einem geschäftlichen Reisemotiv erfasst, was einem Anteil von 13 % aller internationalen Ankünfte entspricht.[87] Die Anzahl geschäftlicher Ankünfte im Zeitraum seit 1990 ist von 69 Mio. geschäftlichen Ankünften um 164 % deutlich gestiegen, wenn auch mäßiger als die aller internationalen Reisen (plus 222 %).[88] Bis zum Jahr 2030 erwartet die UNWTO eine weitere Steigerung der internationalen Geschäftsreiseankünf-

---

86 Siehe z. B. Davidson und Cope (2003, S. 3); Bowdin et al. (2011, S. 24); Rogers (2013, S. 25).
87 Eigene Berechnungen auf der Basis von United Nations World Tourism Organization (UNWTO) 2019, S. 3 und 7.
88 Im zeitlichen Verlauf zeigt der Anteil geschäftlich motivierter Ankünfte am Gesamtaufkommen internationaler Ankünfte mit rund 16 % in den Jahren 2000 bis 2006, etwa 15 % in den Jahren 2007 bis 2011, rund 14 % in den Jahren 2012 bis 2015 und zuletzt 13 % eine leicht abnehmende Tendenz (Eisenstein et al. 2019, S. 124, auf der Basis der dort angegebenen Daten der UNWTO).

te auf 276 Millionen. Ausgehend von den tatsächlichen Zuwächsen im Zeitraum von 2010 bis 2018 kann zwar weiterhin eine positive mengenmäßige Entwicklung des internationalen Geschäftstourismus erwartet werden, diese fällt jedoch möglicherweise geringer aus, als von der UNWTO angenommen (UNWTO 2011, S. 26, 29 und 45).[89]

Geschäftsreisende suchen sich das *Reiseziel* i. d. R. nicht selbst aus, vielmehr ergeben sich die besuchten Destinationen in Abhängigkeit von ansässigen Geschäftspartnern bzw. Kunden, Messen, Kongressen etc. Deutschland ist u. a. aufgrund seiner Exportstärke und der guten Wettbewerbspositionen im Messe- und im Tagungswesen (siehe z. B. AUMA 2019, o. S.; ICCA 2019, S. 15 und 22) ein gefragtes Reiseziel vieler internationaler Geschäftsreisender. Im Jahr 2018 handelte es sich bei 22 % der Deutschlandreisen von Europäern um Geschäftsreisen, bei allen Auslandsreisen der Europäer lag der Anteil bei lediglich 12 %. Auch international kommt Deutschland ein überproportionaler Anteil am Geschäftsreisemarkt zu: 29 % der Übernachtungsreisen aus Übersee nach Deutschland hatten einen geschäftlichen Reiseanlass, während es bei allen Europareisen aus Übersee nur 19 % waren (IPK International 2019).[90]

Die Geschäftsreisen der Deutschen werden in unterschiedlichen angebots- und nachfrageseitigen *Erhebungen* untersucht.[91] Die VDR-Geschäftsreiseanalyse weist für Unternehmen mit Sitz in Deutschland und Organisationen des öffentlichen Sektors (jeweils ab zehn Mitarbeitern) für das Jahr 2018 ein Gesamtvolumen von 189,6 Mio. Geschäftsreisen mit und ohne Übernachtung aus, die zu Gesamtausgaben in Höhe von 53,5 Mrd. Euro führten. Die Zahl der Geschäftsreisenden lag auf einem neuen Höchstwert von 12 Mio. (VDR 2019, S. 5). Seit der Finanzkrise 2009 besteht – gemessen an den drei aufgezeigten Indikatoren – eine anhaltende Tendenz der stetigen Zunahme der Geschäftsreisetätigkeit der in Deutschland ansässigen Unternehmen und Organisationen.[92] Daten aus dem GfK-DestinationMonitor Deutschland zeigen, dass es sich

---

89 In Anlehnung an United Nations World Tourism Organization (UNWTO) (2007, S. 2; 2008, S. 2; 2009, S. 3; 2010, S. 3; 2011a, S. 34 und 45; 2012, S. 4; 2013, S. 4; 2014, S. 5; 2015, S. 5; 2016, S. 5; 2016a, S. 1; 2017, S 5 f.; 2017a, Annex 6; 2018, S. 2 f.; 2019, S. 4; 2019a, S. 3 und 7); teilweise eigene Berechnungen.
90 Zitiert nach DZT (2019, S. 12 und 16).
91 Z. B. Reiseanalyse Business des Instituts für Management und Tourismus (IMT) der Fachhochschule Westküste und der Forschungsgemeinschaft Urlaub und Reisen e. V. (FUR), GfK-DestinationMonitor Deutschland der GfK SE, VDR-Geschäftsreiseanalyse des Verbands Deutsches Reisemanagement e. V. oder Meeting- und EventBarometer des Europäischen Instituts für die TagungsWirtschaft GmbH (siehe z. B. Schreiber und Kunze (2017, S. 285 ff.).
92 Eigene Auswertung in Anlehnung an VDR (2007, S. 5; 2009, S. 4; 2010, S. 4; 2011, S. 4 f.; 2012, S. 8; 2013, S. 3; 2014, S. 2 und 4; 2015, S. 5; 2016, S. 4; 2017, S. 5; 2018, S. 5 sowie 2019, S. 5 und 7). Der GfK-DestinationMonitor weist bei allerdings differenzierter Betrachtung der Tages- und Übernachtungsreisevolumina hingegen eine uneinheitliche Entwicklung der geschäftlichen Mobilität ab 50 km aus: Während die Geschäftsreisen mit Übernachtung von 2012 bis 2018 ein Wachstum von rund 11 % verbuchen konnten, reduzierten sich die Tagesgeschäftsreisen im selben Zeitraum um 29 % (eigene Berechnungen auf der Datenbasis von GfK SE (2013 sowie 2019). Aufgrund der unterschiedlichen Erhebungsmethoden sind die Daten der beiden Studien nicht vergleichbar.

bei einem Großteil der Geschäftsreisen um Tagesreisen handelt (2018: 57 %; GfK SE 2019b).

Tiefer gehende Erkenntnisse zu den Übernachtungsgeschäftsreisen der Deutschen liefert die 2018/2019 erstmals durchgeführte Reiseanalyse Business 2019 („RA Business 2019"). Demnach unternahmen im Zeitraum Mai 2018 bis April 2019 16 % der 14- bis 75-jährigen Deutschen mindestens eine Übernachtungsgeschäftsreise (Geschäftsreiseintensität). Unter den Berufstätigen lag der Anteil bei 24 %. Bezogen auf die dargestellten Geschäftsreisearten entfallen 43 % der geschäftlichen Übernachtungen auf klassische Geschäftsreisen, 29 % auf den Bereich Meetings, 11 % auf Messe- und Ausstellungsreisen, 4 % auf Incentives und 14 % auf sonstige Geschäftsreisen mit Übernachtung (IMT und FUR 2019, S. 3 f.).

Unter den internationalen Übernachtungsgeschäftsreisen der Deutschen nimmt *Europa* mit rund 82 % der Reisen eine zentrale Stellung als Reiseziel ein; zu Fernreisezielen führen 18 % der Reisen. Mit 80 % führt eine weit überwiegende Mehrheit der Übernachtungsgeschäftsreisen der Deutschen allerdings zu inländischen Reisezielen. Im Fokus stehen dabei sehr häufig durch Standortvorteile begünstigte Städte bzw. urbane Agglomerationen (IMT und FUR 2019, S. 3 f.).

Eisenstein et al. (2019, S. 135 f.) identifizieren in einer Analyse der Marktanteile an geschäftlichen Übernachtungs- und Tagesreisen von Inländern in Deutschland (im Durchschnitt der Jahre 2012–2017) neben den drei Metropolen Berlin, Hamburg und München fünf weitere *„geschäftstouristische Cluster"*, die – zusammen mit den drei Großstädten – rund die Hälfte (48 %) des gesamtgeschäftstouristischen Aufenthaltsvolumens von Inländern in Deutschland abbilden:

– das urbane Ballungsgebiet im westlichen Nordrhein-Westfalen
– ein baden-württembergisch-bayerisches Areal, das sich vom nördlichen Baden-Württemberg über die Region Stuttgart bis nach Bayerisch-Schwaben ausdehnt
– die durch die Städte Hannover, Hildesheim, Bielefeld und Paderborn geprägten, sonst eher dünn bis mittel besiedelten Reisegebiete Hannover-Hildesheim und Teutoburger Wald
– die Region Main und Taunus (geprägt durch die Hotspots Frankfurt und Offenbach)
– das Gebiet um den Wirtschaftsraum der Städte Nürnberg, Erlangen und Fürth (Städteregion Nürnberg).

2.5 Nachfrage nach VFR-Reisen

Mit dem Begriff der „VFR-Reisen" werden Besuchsreisen zu Verwandten, Bekannten und Freunden zusammengefasst. Der Besuch dieser Personengruppen stellt neben Urlaubs- und geschäftlichen Zwecken einen der *Hauptanlässe* für Reisen und Tourismus dar (Asiedu 2008, S. 609). In der Literatur werden VFR-Reisen einerseits vollständig dem Urlaubsreisesegment zugeordnet (z. B. Holloway und Humphreys 2016, S. 12), andererseits werden VFR-Reisende als separate Zielgruppe gesehen (z. B. Müri und Säg-esser 2003, S. 28 ff.). Im Folgenden werden die VFR-Reisen als eigenständiges Segment dargestellt, da sich das Reiseverhalten der VFR-Reisenden teilweise deutlich von dem der Urlaubsreisenden unterscheidet.

VFR-Reisen definieren sich über den *Zweck der Reise* und nicht über die gewählte Form der Unterkunft. Bei einer VFR-Reise muss damit nicht zwingend Unterkunft bei Verwandten, Bekannten oder Freunden gesucht werden, sondern es wird z. T. auch auf kommerzielle Unterkunftsangebote zurückgegriffen. Gleichzeitig gibt es Reisen, bei denen der Urlaubscharakter im Vordergrund steht, bei denen aber (z. B. aus Kostengründen) bei Verwandten oder Freunden übernachtet wird (siehe Abb. 2.39).

		Hauptanlass der Reise	
		VFR-Reise	Urlaubsreise
Übernachtung	unentgeltlich bei Freunden, Bekannten, Verwandten	VFR	Urlaubsreise bei Freunden, Bekannten, Verwandten
	entgeltlich bei Unterkunftsanbieter	VFR	Urlaubsreise

Abb. 2.39: VFR-Reisen und Unterkunft (Quelle: eigene Darstellung)

Charakteristisch für VFR-Reisen ist zunächst, dass die *Entscheidungssouveränität* der Reisenden über die Ausgestaltung der Reisen teilweise deutlich eingeschränkt ist. Während der Reisende bei Urlaubsreisen i. d. R. Entscheidungen zum Antritt, Reise-zeitpunkt und Reiseziel (mit-)bestimmen kann, kann ein Teil dieser Entscheidungen außerhalb des Ermessens des VFR-Reisenden liegen. So kann der Grad der Zeitsouve-ränität bei der VFR-Reise sehr niedrig sein, sofern es sich um den Besuch eines zeitlich fremdbestimmten Events handelt (z. B. Hochzeits- oder Geburtstagsfeier). Auch sind VFR-Reisende zumeist hinsichtlich der *Reisezielwahl* deutlich mehr eingeschränkt als Urlaubsreisende (Cooper und Hall 2013, S. 340). Bei der Planung und Informa-tionssuche im Vorfeld der Reise steht folglich weniger die Destinationsauswahl im Mittelpunkt und es kann sehr häufig bereits auf persönliche Erfahrungen mit dem Besuch des Reiseziels zurückgegriffen werden (GfK SE 2019b).

Das Volumen und die wirtschaftliche Bedeutung des VFR-Marktes wurde lange Zeit unterschätzt,[93] insbesondere mangels Forschung und fehlender Daten (Lee et al.

---

93 Siehe z. B. Jackson (1990, S. 17 ff.); Backer (2012, S. 74 ff., 2015, S. 87).

2005, S. 340). Für Deutschland zeigt sich anhand von Daten des GfK-DestinationMonitors, dass die VFR-Reisen im Vergleich zu Urlaubs- und zu Geschäftsreisen das *größte innerdeutsche Marktsegment* für Übernachtungsreisen darstellen. So handelte es sich bei 45 % der innerdeutschen Übernachtungsreisen im Jahr 2018 um VFR-Reisen (GfK SE 2019b).

Obwohl diese Daten nahelegen, dass es sich bei den Besuchsreisen zu Freunden, Verwandten und Bekannten um ein großes Volumensegment handelt, liegen aus Wissenschaft und Forschung nur vergleichsweise wenige Erkenntnisse vor. Auch das Interesse von Leistungsträgern und touristischen Vermarktungsorganisationen für diese Urlaubsart ist i. d. R. geringer als an den Marktsegmenten der Urlaubs- und Geschäftsreisen. Für die mangelnde Beachtung der VFR-Reisen gibt es mehrere Gründe: Es beruht auf einem *Missverständnis*, dass häufig davon ausgegangen wird, VFR-Reisen würden keinen wirtschaftlichen Beitrag für die Leistungsträger und die Destination leisten (Backer und Morrison 2015, S. 17), insbesondere, weil keine kommerziellen Unterkünfte genutzt würden (Lee et al. 2005, S. 341). Entsprechend wenig Interesse hat die Hotelbranche an diesem Marktsegment, sodass hierfür auch kein Lobbyismus erfolgt, sondern andere Segmente bevorzugt werden (Backer 2007, S. 370).

Darüber hinaus wird vonseiten der Marketing-Verantwortlichen davon ausgegangen, dass der Einfluss der *Kommunikationspolitik* auf die Reiseentscheidung der VFR-Reisenden gering sei (Müri und Sägesser 2003, S. 29). Schließlich besteht ein mangelndes Bewusstsein für Größe und Bedeutung dieses touristischen Teilmarkts, was sich auch in der geringen Berücksichtigung des Themas in Literatur und Lehrbüchern widerspiegelt.

Zwar kann davon ausgegangen werden, dass bei einem Großteil der innerdeutschen mit Übernachtungen verbundenen VFR-Reisen Unterkunftsmöglichkeiten bei Verwandten, Freunden und Bekannten genutzt werden, allerdings greift ein anderer Teil auf kommerzielle Unterkunftsangebote in der Destination zurück. Für Deutschland insgesamt besteht in etwa ein Verhältnis von drei Vierteln zu einem Viertel (GfK SE 2019b).[94]

Entscheidenden Einfluss auf das *Reiseverhalten* der VFR-Reisenden üben die *Gastgeber* aus, bspw. bezüglich des Reisezeitpunkts und der touristischen Aktivitäten in der Destination, wodurch sie auch die Ausgaben ihrer Gäste mitbestimmen (Backer und Ritchie 2017, S. 404; Shani und Uriely 2012, S. 424). Die durch die VFR-Reisen ausgelösten Ausgaben werden häufig unterschätzt, weil oft nur die Ausgaben der Gäste beachtet werden und der (durch den Besuch der Verwandten oder Freunde zusätzlich ausgelöste) Konsum der Gastgeber unberücksichtigt bleibt (Backer 2007, S. 366). Um die wirtschaftliche Relevanz des VFR-Marktsegments realistisch einschätzen zu können, sollten jedoch die Zusatzausgaben der Gastgeber berücksichtigt werden, z. B. für

---

94 Müri und Sägesser (2003, S. 28 ff.) weisen für die Schweiz ein Verhältnis von zwei Dritteln zu einem Drittel aus.

den Mehreinkauf zur Versorgung der Gäste (Lebensmittel, Gastronomiebesuche etc.) oder für die Begleitung und Beteiligung bei touristischen Aktivitäten (Veranstaltungsbesuche, Shopping etc.) (McKercher 1996, S. 703; Backer 2007, S. 373).

Literatur

Asiedu, Alex Boakye (2008): Participants' charakteristics and economic benefits of visiting friends and relatives (VFR) tourism. An international survey of the literature with implications for Ghana. In: International Journal of Tourism Research 10(6), S. 609–621.

Ausstellungs- und Messe-Ausschuss der Deutschen Wirtschaft e. V. (AUMA) (Hg.) (2019): Messewirtschaft in Zahlen 2019, o. O.

Backer, Elisa (2007): VFR Travel: An Examination of the Expenditures of VFR Travellers and their Hosts. In: Current Issues in Tourism 10(4), S. 366–377.

Backer, Elisa (2012): VFR travel. It is underestimated. In: Tourism Management 33(1), S. 74–79.

Backer, Elisa (2015): VFR Travel: Its true dimensions. In: Elisa Backer; Brian King (Hg.): VFR travel research. International perspectives. Bristol (Aspects of tourism, 69), S. 59–72.

Backer, Elisa; Morrison, Alastair (2015): The Value and Contributions of VFR to Destinations and Destination Marketing. In: Elisa Backer; Brian King (Hg.): VFR travel research. International perspectives. Bristol (Aspects of tourism, 69), S. 13–27.

Backer, Elisa; Ritchie, Brent W. (2017): VFR Travel: A Viable Market for Tourism Crisis and Disaster Recovery? In: International Journal of Tourism Research 19(4), S. 400–411.

Bandi Tanner, Monika; Müller, Hansruedi (2019): Grundkenntnisse Tourismus. Eine Einführung in Theorie, Markt und Politik. Bern (Berner Studien zum Tourismus, 61).

Beaverstock, Jonathan V.; Derudder, Ben; Faulconbridge, James R.; Witlox, Frank (2009): International business travel. Some explorations. In: Geografiska Annaler: Series B, Human Geography 91(3), S. 193–202.

Becker, Lisa Sophie; Mattes, Anselm; Reif, Julian; Krüger, Manon; Eisenstein, Bernd; Zeiner, Manfred et al. (2018): Regionales Tourismus-Satellitenkonto Brandenburg 2015. Die ökonomische Bedeutung der Tourismuswirtschaft in Brandenburg. Heide/Holstein.

Becker, Lisa Sophie; Mattes, Anselm; Reif, Julian; Krüger, Manon; Eisenstein, Bernd; Zeiner, Manfred et al. (2019a): Regionales Tourismus-Satellitenkonto Hamburg 2015. Die ökonomische Bedeutung der Tourismuswirtschaft in Hamburg. Heide/Holstein.

Becker, Lisa Sophie; Mattes, Anselm; Reif, Julian; Krüger, Manon; Eisenstein, Bernd; Zeiner, Manfred et al. (2019b): Regionales Tourismus-Satellitenkonto Schleswig-Holstein 2017. Die ökonomische Bedeutung der Tourismuswirtschaft in Schleswig-Holstein. Heide/Holstein.

Beckmann, Klaus; Kaldenhoff, André; Kuhlmann, Hans E.; Lau-Thurner, Ursula (2006): Seminar-, Tagungs- und Kongressmanagement. Veranstaltungsdidaktik und -design, Projektmanagement, Durchführung und Nachbereitung. 2. Aufl., Berlin.

Beer, Henrike; Wagner, Philipp; Grimm, Bente; Koch, Astrid (2019): Reiseanalyse 2019: Kurzfassung der Ergebnisse. Struktur und Entwicklung der Nachfrage des deutschen Urlaubsreisemarktes. Kiel.

Bieger, Thomas (2010): Tourismuslehre. Ein Grundriss. 3. Aufl., Bern.

Bieger, Thomas; Laesser, Christian (2003): Tourismustrends. Eine aktuelle Bestandsaufnahme. In: Thomas Bieger; Christian Laesser (Hg.): Jahrbuch der Schweizerischen Tourismuswirtschaft 2002/2003, S. 13–37.

Boniface, Brian G.; Cooper, Robyn; Cooper, Christopher P. (2016): Worldwide destinations. The geography of travel and tourism. 7. Aufl., London.

Bowdin, Glenn A. J.; Allen, Johnny; O'Toole, William; Harris, Rob; McDonell, Ian (2011): Events management. 3. Aufl., London.

Bühnert, Claus (2013): Veranstaltungsformat. In: Michael Dinkel; Stefan Luppold; Carsten Schröer
(Hg.): Handbuch Messe-, Kongress- und Eventmanagement. Sternenfels, S. 199–212.

Bundesamt für Kartographie und Geodäsie (2019): Kartengrundlage, https://gdz.bkg.bund.de/
index.php/default/digitale-geodaten/nicht-administrative-gebietseinheiten.html, zuletzt
geprüft am 10.01.2020.

Bundesministerium der Justiz und für Verbraucherschutz (1999): Gewerbeordnung. GewO, Neuge-
fasst durch Bek. v. 22.02.1999 I 202. https://www.gesetze-im-internet.de/gewo/GewO.pdf,
zuletzt geprüft am 10.01.2020.

Burkart, Arthur John; Medlik, Slavoj (1974): Tourism: Past, present and future. London.

Cañada, Agustin (2013): Regional Tourism Satellite Account. Madrid.

Cooper, Chris; Hall, Colin Michael (2013): Contemporary tourism. An international approach. 2. Aufl.,
Oxford.

Davidson, Rob (2014): The business of corporate events. In: John Beech; Sebastian Kaiser; Robert
Kaspar (Hg.): The business of events management. Harlow, S. 56–70.

Davidson, Rob; Cope, Beulah (2003): Business travel. Conferences, incentive travel, exhibitions,
corporate hospitality and corporate travel. Harlow.

Deutsche Zentrale für Tourismus (DZT) (Hg.) (2019): Zahlen, Daten, Fakten 2019. Frankfurt.

DIW Econ GmbH (Hg.) (2017): Wirtschaftsfaktor Tourismus. Hintergrundbericht zum Tourismus-Satellitenkonto. Zusätzliche Informationen zum methodischen Vorgehen, Vergleich TSA 2010 und
2015, Langfassung Digitalisierung der Tourismuswirtschaft. Berlin.

DIW Econ GmbH; Institut für Management und Tourismus (IMT) der FH Westküste (Hg.) (2015): Wirtschaftsfaktor Tourismus in NRW. Die ökonomische Bedeutung der Tourismuswirtschaft in Nordrhein-Westfalen. Berlin.

DIW Econ GmbH; Institut für Management und Tourismus (IMT) der FH Westküste (IMT); dwif e. V. und
Consulting GmbH (Hg.) (2019): Wirtschaftsfaktor Tourismus in NRW. Die ökonomische Bedeutung der Tourismuswirtschaft in Nordrhein-Westfalen. Berlin.

DIW Econ GmbH; Institut für Management und Tourismus (IMT) der FH Westküste (IMT); dwif-Consulting GmbH (Hg.) (2017): Wirtschaftsfaktor Tourismus in Deutschland. Kennzahlen einer umsatzstarken Querschnittsbranche. Ergebnisbericht. Berlin.

Ducki, Antje; Nguyen, Huu-Tan (2016): Psychische Gesundheit in der Arbeitswelt. Mobilität. Dortmund (Baua-Forschung, Projekt F 2353).

dwif-Consulting GmbH (Hg.) (2019): Tagesreisenmonitor. Mehrwert durch Fakten. München, Online
verfügbar unter https://www.dwif.de/images/Produkte/Marktforschung/Tagesreisenmonitor_
dwif_Infosheet.pdf, zuletzt geprüft am 09.01.2020.

Eisenhut, Erich W. (2011): Incentive-Reisen. In: Jörn W. Mundt (Hg.): Reiseveranstaltung. Lehr- und
Handbuch. 7. Aufl., München, S. 409–426.

Eisenstein, Bernd (1995): Wirtschaftliche Effekte des Fremdenverkehrs. 2. Aufl., Trier (Trierer Tourismus-Bibliographien, 4).

Eisenstein, Bernd (2014): Grundlagen des Destinationsmanagements. 2. Aufl., München (Grundlagen Tourismus, 5).

Eisenstein, Bernd (2017): Destinationsmarktforschung. Relevanz und Grundlagen. In: Bernd Eisenstein (Hg.): Marktforschung für Destinationen. Grundlagen – Instrumente – Praxisbeispiele.
Berlin, S. 11–70.

Eisenstein, Bernd; Koch, Alexander; Trimborn, Ralf (2017): Die DestinationBrand-Studienreihe –
Basisinformationen zur Markenführung von Destinationen. In: Bernd Eisenstein (Hg.): Marktforschung für Destinationen. Grundlagen – Instrumente – Praxisbeispiele. Berlin, S. 267–283.

Eisenstein, Bernd; Reif, Julian; Schmücker, Dirk; Krüger, Manon; Weis, Rebekka (2019): Geschäftsreisen. Merkmale, Anlässe, Effekte. Konstanz.

Eisenstein, Bernd; Rosinski, André (2004): Ökonomische Effekte des Tourismus. In: Christoph Becker; Hans Hopfinger; Albrecht Steinecke (Hg.): Geographie der Freizeit und des Tourismus.
Bilanz und Ausblick. 2. Aufl., München, S. 805–814.

Espich, Gerhard (2001): Business-Travel-Management. Kostenoptimierte und effektive Planung,
Durchführung und Kontrolle von Geschäftsreisen. Renningen.

European Union (EU) (Hg.) (2017): Tourism Satellite Accounts in Europe. 2016 edition. Luxemburg.

Europäische Kommission (Hg.) (2014): Europäisches System Volkswirtschaftlicher Gesamtrechnungen (ESVG) 201. Luxemburg.

Fantapié Altobelli, Claudia (2011): Marktforschung. Methoden, Anwendungen, Praxisbeispiele.
2. Aufl., Konstanz.

Feldmann, Frank; Heilmann, Kai-Uwe (2016): Partizipation zum Prinzip erhoben. Barcamps. Ein vergleichsweise neues Format. In: Thorsten Knoll (Hg.): Neue Konzepte für einprägsame Events.
Partizipation statt Langeweile – vom Teilnehmer zum Akteur. Wiesbaden, S. 29–54.

Freitag, Rolf D. (2017): Der World Travel Monitor. In: Bernd Eisenstein (Hg.): Marktforschung für Destinationen. Grundlagen – Instrumente – Praxisbeispiele. Berlin, S. 233–241.

Frent, Christi (2015): Some Directions for the Future Development of a Tourism Satellite Account. The
Case of Investments and Government Collective Consumption in Tourism. In: Harald Pechla-
ner; Egon Smeral (Hg.): Tourism and leisure. Current issues and perspectives of development.
Wiesbaden, S. 73–94.

Freyer, Walter (2006): Teil A: Geschäftsreisen – eine erste Annäherung. In: Walter Freyer; Michaela Naumann; Alexander Schröder (Hg.): Geschäftsreise-Tourismus. Geschäftsreisemarkt und
Business Travel Management. 2. Aufl., Dresden, S. 2–10.

Freyer, Walter (2015): Tourismus. Einführung in die Fremdenverkehrsökonomie. 11. Aufl., München.

FUR Forschungsgemeinschaft Urlaub und Reisen e. V. (Hg.) (2002–2019): Erste Ergebnisse der Reiseanalyse; zum jeweiligen Jahr. Kiel.

GfK SE (Hg.) (2013–2019b): GfK-DestinationMonitor Deutschland 2012–2018; zum jeweiligen Jahr.
Nürnberg u. a.

GfK SE (Hg.) (2019a): MobilitätsMonitor 2018. Nürnberg.

Goschmann, Klaus (2013): Messe. In: Michael Dinkel; Stefan Luppold; Carsten Schröer (Hg.): Handbuch Messe-, Kongress- und Eventmanagement. Sternenfels, S. 137–139.

Hall, C. Michael; Lew, Alan A. (2009): Understanding and managing tourism impacts. An integrated
approach. Milton Park.

Hall, C. Michael; Page, Stephen J. (2014): The geography of tourism and recreation. Environment,
place and space. 4. Aufl., London.

Hank-Haase, Gisela (1992): Der Tagungs- und Kongreßreiseverkehr als wirtschaftlicher Faktor in
Großstädten der Bundesrepublik Deutschland. Unter besonderer Berücksichtigung von Wiesbaden. Trier.

Harrer, Bernhard (2004): Wirtschaftsfaktor Tourismus. Berechnungsmethodik und Bedeutung. In:
Christoph Becker; Hans Hopfinger; Albrecht Steinecke (Hg.): Geographie der Freizeit und des
Tourismus. Bilanz und Ausblick. 2. Aufl., München, S. 149–158.

Holley, David; Jain, Juliet; Lyons, Glenn (2008): Understanding Business Travel Time and Its Place in
the Working Day. In: Time & Society 17(1), S. 27–46.

Holloway, J. Christopher; Humphreys, Claire (2016): The business of tourism. 10. Aufl., Harlow.

Hopfinger, Hans (2016): Wachstumsbranche Tourismus? Herausforderungen und Grenzen im
21. Jahrhundert. In: Geographische Rundschau 68(5), S. 4–8.

Horner, Susan; Swarbrooke, John (2016): Consumer behaviour in tourism. 3. Aufl., Abingdon.

Hupfeld, Jens; Brodersen, Sören; Herdegen, Regina (2013): Arbeitsbedingte räumliche Mobilität und Gesundheit. Essen (iga.Report, 25).

Institut für Management und Tourismus (IMT) der FH Westküste; Forschungsgruppe Urlaub und Reisen (FUR) (Hg.) (2019): RA Business – Erste Ergebnisse zu den Übernachtungsgeschäftsreisen der Deutschen 2019. Heide.

International Congress and Convention Association (ICCA) (Hg.) (2018): 2017 ICCA Statistics Report. Country & City Rankings. Public Abstract. Amsterdam.

International Congress and Convention Association (ICCA) (Hg.) (2019): 2018 ICCA Statistics Report. Country & City Rankings. Public Abstract. Amsterdam.

IPK International (2019): World Travel Monitor. München.

Jackson, Richard (1990): VFR Tourism. Is it underestimated. In: Journal of tourism studies 14(1), S. 17–24.

Jaworski, Jerzy; Otto, Beate (1998): Standortfaktoren tagungsorientierter Städte. In: Jerzy Jaworski; Stefan Luppold; Helmut Schwägermann (Hg.): Standortmarketing & Kommunikation für Tagungsstätten. München, S. 33–78.

Job, Hubert; Paesler, Reinhard; Vogt, Luisa (2005): Geographie des Tourismus. In: Winfried Schenk; Konrad Schliephake (Hg.): Allgemeine Anthropogeographie. Gotha, S. 58–628.

Kagermeier, Andreas (2016): Tourismusgeographie: Einführung. Stuttgart.

Kesselring, Sven (2015): Corporate Mobilities Regimes. Mobility, Power and the Socio-geographical Structurations of Mobile Work. In: Mobilities 10(4), S. 571–591.

Kesselring, Sven; Vogl, Gerlinde (2010a): Betriebliche Mobilitätsregime. Die sozialen Kosten mobiler Arbeit. Berlin (Forschung aus der Hans-Böckler-Stiftung, 117).

Kesselring, Sven; Vogl, Gerlinde (2010b): ,... Travelling, where the oppponents are' business travel and the social impacts of the new mobilities regimes. In: Jonathan Beaverstock; Ben Derudder; James Faulconbridge; Frank Witlox (Hg.): International business travel in the global economy. Farnham, S. 145–162.

Kirchgeorg, Manfred (2017): Funktionen und Erscheinungsformen von Messen. In: Manfred Kirchgeorg; Werner Dornscheidt; Norbert Stoeck (Hg.): Handbuch Messemanagement. Planung, Durchführung und Kontrolle von Messen, Kongressen und Events. 2. Aufl., Wiesbaden, S. 31–50.

Kirstges, Torsten H. (2000a): Marktanalyse Incentive-Reisen in Deutschland. Umfang, Motive und Organisationsformen. Wilhelmshaven.

Kirstges, Torsten H. (2000b): Incentive-Reisen in Deutschland. Eine empirische Untersuchung; Teil 1. In: Tourismus-Jahrbuch 4(2), S. 16–48.

Knoll, Thorsten (2018): Veranstaltungsformate im Vergleich. Entscheidungshilfen zum passgenauen Event. Wiesbaden.

Koch, Alexander; Krüger, Manon (2017): Ökonomische Auswirkungen des Tourismus. Ansätze zur Messung der touristischen Wirtschaftsleistung. In: Bernd Eisenstein; Rebekka Schmudde; Julian Reif; Christian Eilzer (Hg.): Tourismusatlas Deutschland. Konstanz, S. 100–101.

Krippendorf, Jost (1986): Die Ferienmenschen. Für ein neues Verständnis von Freizeit und Reisen. Gümligen.

Krüger, Manon; Schmudde, Rebekka (2017): Monatserhebung im Tourismus. In: Bernd Eisenstein (Hg.): Marktforschung für Destinationen. Grundlagen – Instrumente – Praxisbeispiele. Berlin, S. 71–88.

Lee, Gyehee; Morrison, Alastair A.; Lheto, Xinran You; Webb, Jonathan; Reid, Jerome (2005): VFR: Is it really marginal? A financial consideration of French overseas travellers. In: Journal of Vacation Marketing 11(4), S. 340–356.

Letzner, Volker (2010): Tourismusökonomie. Volkswirtschaftliche Aspekte rund ums Reisen. München.

Lohmann, Martin (2019): Touristische Nachfrage und Trends im Urlaubstourismus. Vortrag im Rahmen der Vorlesungsreihe CAS Tourismusökonomie. Universität Bern, 14.09.2019.

Lohmann, Martin; Beer, Henrike (2013): Fundamentals of tourism: What makes a person a potential tourist and a region a potential tourist destination? In: Pozna University of Economics Review 13(4), S. 83–97.

Lohmann, Martin; Kierchhoff, Heinz Walter; Kaim, Eike; Warncke, Karin (1998): Küstentourismus in Deutschland: Nachfragestruktur und die Anfälligkeit für Klimaänderungen. In: Tourismus Journal 2(1), S. 67–79.

Lohmann, Martin; Schmücker, Dirk; Sonntag, Ulf (2014): Urlaubsreisetrends 2025. Entwicklung der touristischen Nachfrage im Quellmarkt Deutschland. Kiel.

Lohmann, Martin; Sonntag, Ulf; Wagner, Philipp (2017): Die Reiseanalyse. Instrument für Forschung und Marketingplanung. In: Bernd Eisenstein (Hg.): Marktforschung für Destinationen. Grundlagen – Instrumente – Praxisbeispiele. Berlin, S. 193–206.

Mattes, Anselm; Eisenstein, Bernd; Reif, Julian (2017): Wirtschaftsfaktor Tourismus. Methode und Ergebnisse des Tourismus-Satellitenkontos. In: Bernd Eisenstein (Hg.): Marktforschung für Destinationen. Grundlagen – Instrumente – Praxisbeispiele. Berlin, S. 157–176.

McKercher, Bob (1996): Host Involvement in VFR Travel. In: Annals of Tourism Research 23(3), S. 701–703.

Mill, Robert Christie (1990): Tourism. The international business. Englewood Cliffs.

Mill, Robert Christie; Morrison, Alastair M. (2009): The tourism system. 6. Aufl., Dubuque.

Ministerium für Wirtschaft, Arbeit und Gesundheit Mecklenburg-Vorpommern (Hg.) (2018): Landestourismuskonzeption Mecklenburg-Vorpommern. Branche mit Zukunft gestalten.

Morrison, Alastair M.; Lehto, Xinran Y.; Day, Jonathon G. (2018): The tourism system. 8. Aufl., Dubuque.

Mundt, Jörn W. (2013): Tourismus. 4. Aufl., München.

Müri, Fabian; Sägesser, Anaïs (2003): Is VFR an independent target group? The case of Switzerland. In: Tourism Review 58(4), S. 28–34.

Neumair, Simon Martin; Rehklau, Tatjana; Schlesinger, Dieter Matthew (2019): Angewandte Tourismusgeographie. Räumliche Effekte und Methoden. Berlin.

Niedersächsisches Ministerium für Wirtschaft, Arbeit und Verkehr (Hg.) (2017): Wirtschaftsfaktor Tourismus. Erstes Tourismussatellitenkonto für Niedersachsen. D. Hannover.

Nies, Sarah; Roller, Katrin; Vogl, Gerlinde (2015): Räumliche Mobilität rund um die Arbeit. Düsseldorf.

Organisation for Economic Co-operation and Development (OECD) (Hg.) (2018): OECD Tourism Trends and Policies 2018. Paris.

Pepels, Werner (1995): Käuferverhalten und Marktforschung. Eine praxisorientierte Einführung. Stuttgart.

Pepels, Werner (2015): Einführung in die Marktforschung. Berlin.

Popp, Reinhold; Reinhardt, Ulrich (2015): Zukunft! Deutschland im Wandel – der Mensch im Mittelpunkt. Münster (Zukunft, Bildung, Lebensqualität, 4).

Reif, Julian; Eisenstein, Bernd; Krüger, Manon; Gaßner, Roland (2017): GfK/IMT-DestinationMonitor Deutschland am Beispiel von Schleswig-Holstein. In: Bernd Eisenstein (Hg.): Marktforschung für Destinationen. Grundlagen – Instrumente – Praxisbeispiele. Berlin, S. 207–218.

Reinhardt, Ulrich (2019): Tourismusanalyse 2019. Hamburg.

Reinhardt, Ulrich; Hilbinger, Klaus; Eilzer, Christian (2017): Die Tourismusanalyse. In: Bernd Eisenstein (Hg.): Marktforschung für Destinationen. Grundlagen – Instrumente – Praxisbeispiele. Berlin, S. 219–231.

Riechers, Ulrike (2003): Die Incentive-Reise in Deutschland: Marktposition – Unternehmenspolitik – Perspektiven. In: Andreas Kagermeier; Albrecht Steinecke (Hg.): Tourismus- und Freizeitmärkte im Wandel. Fallstudien – Analysen – Prognosen. Paderborn (Paderborner Geographische Studien zu Tourismusforschung und Destinationsmanagement, 16), S. 91–124.

Rogers, Tony (2013): Conferences and conventions. A global industry. 3. Aufl., London.

Schneider, Jürgen (2009): Geschäftsreisende 2009. Strukturen – Einstellungen – Verhalten. Bad Honnef.

Schneider, Norbert F.; Ruppenthal, Silvia (2014): Familien in Zeiten veränderter beruflicher Mobilitätsanforderungen. In: Rosemarie Nave-Herz (Hg.): Familiensoziologie. Ein Lehr- und Studienbuch. München, S. 80–91.

Schreiber, Michael-Thaddäus (2004): Kongress- und Tagungstourismus. In: Christoph Becker; Hans Hopfinger; Albrecht Steinecke (Hg.): Geographie der Freizeit und des Tourismus. Bilanz und Ausblick. 2. Aufl., München.

Schreiber, Michael-Thaddäus (2012): Die Bausteine der Veranstaltungswirtschaft. In: Michael-Thaddäus Schreiber (Hg.): Kongresse, Tagungen und Events. Potenziale, Strategien und Trends der Veranstaltungswirtschaft. München, S. 3–23.

Schreiber, Michael-Thaddäus; Kunze, Ralf (2017): Das Meeting- & Eventbarometer. Marktforschung für den Veranstaltungsbereich. In: Bernd Eisenstein (Hg.): Marktforschung für Destinationen. Grundlagen – Instrumente – Praxisbeispiele. Berlin, S. 285–289.

Semblat, Ulrich (2013): Barcamp. In: Michael Dinkel; Stefan Luppold; Carsten Schröer (Hg.): Handbuch Messe-, Kongress- und Eventmanagement. Sternenfels, S. 25–26.

Shani, Amir; Uriely, Natan (2012): VFR Tourism. The Host Experience. In: Annals of Tourism Research 39(1), S. 421–440.

Smith, Stephen L. J. (2013): Tourism Satellite Accounts: An Overview. In: Carlos Costa; Emese Panyik; Dimitrios Buhalis (Hg.): Trends in European tourism planning and organisation. Bristol (Aspects of tourism, 60), S. 265–277.

Sonntag, Ulf; Lohmann, Martin (2019): Reiseanalyse 2019. Erste ausgewählte Ergebnisse der 49. Reiseanalyse zur ITB 2019. Kiel.

Statistisches Bundesamt (Hg.) (2011): Tourismus in Zahlen. 2010. Wiesbaden.

Statistisches Bundesamt (Hg.) (2019a): Gebietsfläche: Bundesländer, Stichtag: Feststellung des Gebietsstands. Tabelle 11111-0001. Wiesbaden.

Statistisches Bundesamt (Hg.) (2019b): Binnenhandel, Gastgewerbe, Tourismus. Ergebnisse der Monatserhebung im Tourismus. Dezember 2018. Wiesbaden.

Statistisches Bundesamt (Hg.) (2019c): Bevölkerung und Erwerbstätigkeit. Bevölkerungsfortschreibung auf Grundlage des Zensus 2011. Für das Jahr 2017. Wiesbaden.

Statistisches Bundesamt (Hg.) (2019d): Statistisches Jahrbuch Deutschland und Internationales 2019. Wiesbaden.

Statistisches Bundesamt (Hg.) (2019e): Qualitätsbericht. Monatserhebung im Tourismus 2019. Wiesbaden.

Steinecke, Albrecht (2011): Tourismus. 2. Aufl., Braunschweig (Das Geographische Seminar, 10).

Steinecke, Albrecht (2014): Internationaler Tourismus. Konstanz.

Stiftung für Zukunftsfragen (2013), http://www.tourismusanalyse.de/fileadmin/user_upload/tourismusanalyse/2013/stiftung-fuer-zukunftsfragen_tourismusanalyse-2013.pdf vom 04.05.2013, zuletzt abgerufen am 20.1.2020.

Swarbrooke, John; Horner, Susan (2001): Business travel and tourism. Oxford.

Towner, John (1996): An historical geography of recreation and tourism in the Western World 1540–1940. Chichester.

United Nations World Tourism Organization (UNWTO) (Hg.) (2007–2019): International Tourism Highlights, 2007–2019 Edition.

United Nations World Tourism Organization (UNWTO) (Hg.) (2010a): International recommendations for tourism statistics 2008. New York.

United Nations World Tourism Organization (UNWTO) (Hg.) (2011a): UNWTO Tourism towards 2030. Global Overview. Madrid.

United Nations World Tourism Organization (UNWTO) (Hg.) (2013a): World Tourism Barometer. Band 11, April 2013.

United Nations World Tourism Organization (UNWTO) (Hg.) (2016a): UNWTO World Tourism Barometer. Band 14, Advance Release January 2016. Madrid.

United Nations World Tourism Organization (UNWTO) (Hg.) (2017a): UNWTO World Tourim Barometer. Volume 15, August 2017. Madrid.

United Nations World Tourism Organization (UNWTO) (Hg.) (2019a): UNWTO World Tourim Barometer. Volume 17, January 2019. Madrid.

United Nations World Tourism Organization (UNWTO); Statistical Office of the European Communities (Eurostat); Eurostat; Organisation for Economic Co-operation and Development (OECD) (Hg.) (2010): Tourism Satellite Account: Recommended methodological framework (TSA: RMF 2008). Luxembourg.

Uysal, Muzaffer (1998): The determinants of tourism demand. A theoretical perspective. In: Dimitri Ioannides; Keith G. Debbage (Hg.): The economic geography of the tourist industry. A supply-side analysis. London, S. 79–95.

Verband Deutsches Reisemanagement e. V. (Hg.) (2007–2019): VDR Geschäftsreiseanalyse (des jeweiligen Jahres). Frankfurt.

Vogl, Gerlinde; Roller, Katrin; Eichmann, Veronika; Schiml, Nina; Pangert, Barbara (2014): Mobilität „rund um die Arbeit". Ergebnisse der quantitativen Befragung. München.

Vorlaufer, Karl (2000): Auslandsreisen der Deutschen. In: Christoph Becker; Hubert Job (Hg.): Nationalatlas Bundesrepublik Deutschland. Freizeit und Tourismus. München (Nationalatlas Bundesrepublik Deutschland, 10), S. 100–103.

Wanielik, Sonja (2008): Die Incentive-Reise. Effektives Anreiztool oder Kostenfalle? Berlin (Heilbronner Reihe Tourismuswirtschaft, 3).

Williams, Stephen; Lew, Alan A. (2015): Tourism geography. Critical understandings of place, space and experience. 3. Aufl., Milton Park.

World Travel and Tourism Council (WTTC) (Hg.) (2019): Travel & Tourism Economic Impact 2019 World. London.

Marco A. Gardini

3 Tourismusmanagement

Da im Rahmen dieses Lehrbuchs, das eine grundlegende Einführung in den Tourismus darstellt, nicht alle Führungsaufgaben auf allen Ebenen eines Tourismusunternehmens dargestellt werden können, ist eine Konzentration auf besonders relevante Aspekte erforderlich. Daher werden sich die Ausführungen im folgenden Kapitel auf solche Führungsaufgaben konzentrieren, die von besonderer Relevanz für den Erfolg eines Tourismusunternehmens sind und insbesondere die Perspektive der obersten Führungsebene repräsentieren (z. B. Eigentümer, Vorstand oder Geschäftsführung eines Tourismusunternehmens).

3.1 Begriff und Dimensionen des Tourismusmanagements

3.1.1 Management als Institution und Funktion

Der Sprachgebrauch der betriebswirtschaftlichen Literatur zum Begriff des Managements bzw. der *Unternehmensführung* lässt sich im Wesentlichen auf der Basis zweier Grundaspekte systematisieren. Dabei wird zwischen Management im funktionalen und Management im institutionellen Sinn unterschieden. Der erste Aspekt definiert Management als *Tätigkeit* bzw. als *Prozess* der Willensbildung und Willensdurchsetzung, während es bei dem zweiten Aspekt um die *Träger*, d. h. Personen und/oder Personengruppen bzw. Stellen der Managementtätigkeit geht. Im Folgenden sollen daher die beiden Dimensionen näher beschrieben werden (hierzu und zum Folgenden siehe Hungenberg/Wulf 2015, S. 20 ff.; Gardini 1997, S. 13 ff.).

Management als Institution
Die institutionelle Dimension des Managements umfasst *Strukturierungsprozesse* innerhalb des Unternehmenssystems wie bspw. die hierarchische oder funktionale Aufteilung der Managementstellen oder Probleme der horizontalen bzw. vertikalen Arbeitsteilung zwischen den Stellen. Diese Managementstellen werden auf allen Hierarchiestufen eines Unternehmens mit Personen und/oder Personengruppen besetzt, deren Aufgabe es ist, die Aktivitäten anderer Personen und/oder Personengruppen im Interesse des Gesamtunternehmens zu koordinieren und zu integrieren. Personen oder Personengruppen, die die Aufgabenerfüllung anderer Personen und/oder Personengruppen koordinieren und kontrollieren, werden in diesem Sinne auch als das Management (die Unternehmensführung) bezeichnet, wenn sie aufgrund rechtlicher oder organisatorischer Regelungen dazu legitimiert sind. Mitglieder der Unterneh-

https://doi.org/10.1515/9783110641219-003

mensführung, die dauerhaft in einem Unternehmen tätig sind, bezeichnet man als Führungskräfte oder Manager.

Im Unternehmen entwickeln sich dabei im Lauf der Zeit je nach Größe und Aufgabenkomplexität verschiedene *Hierarchieebenen*, die als Führungsebenen bezeichnet werden (siehe Abb. 3.1). Hierbei unterscheidet man i. d. R. vereinfachend eine obere, eine mittlere und eine untere Führungsebene, obwohl insbesondere Großunternehmen oftmals über mehrere Führungsebenen im mittleren oder oberen Management verfügen. Führungskräfte der untersten Hierarchieebene („Lower Management") führen Mitarbeiter, die selbst keine Personalverantwortung tragen. Hierzu zählen bspw. Team- bzw. Gruppenleiter, Werkstatt- bzw. Laborleiter oder Büroleiter in Verwaltung oder Vertrieb. Ihnen ist die mittlere Führungsebene („Middle Management") übergeordnet, deren Aufgabe es ist, die Grundsatzentscheidungen des Top-Managements umzusetzen, indem Entscheidungen für den jeweiligen Bereich getroffen werden, um diese mithilfe der unteren Führungsebene umzusetzen. Hierzu zählen bspw. Bereichsleiter, Hauptabteilungsleiter oder Abteilungsleiter, d. h. Personen, die für einen Teilbereich des Unternehmens wie das Marketing, den Vertrieb, die Personalabteilung, das Rechnungswesen etc. verantwortlich sind. Führungskräfte der obersten Ebene („Top Management") beschäftigen sich primär mit unternehmerischen Zielsetzungen und Interessen des Gesamtunternehmens und hierbei insbesondere mit der Entwicklung des Unternehmens und der Umsetzung der Unternehmensstrategie. Abhängig von der Rechtsform wird ein Unternehmen entweder vom Unternehmer selbst, einer Geschäftsführung oder einem Vorstand geleitet. Bei Großunternehmen wird i. d. R. auch die zweite Führungsebene zum Top-Management hinzugerechnet (Leiter Zentralbereiche, strategische Geschäftsfelder/Business Units etc.).

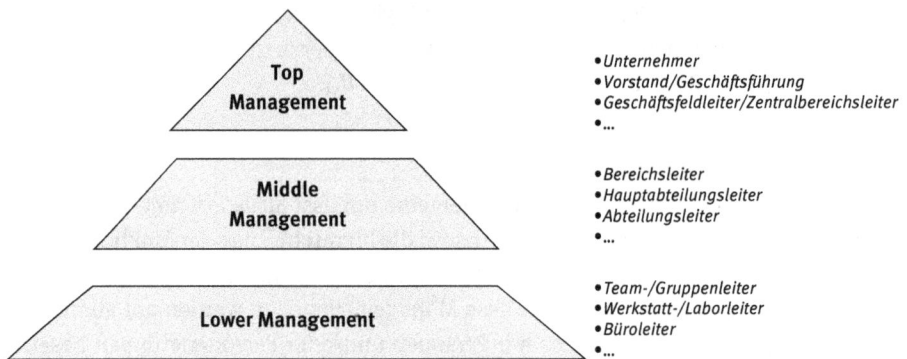

Abb. 3.1: Ebenen der Unternehmensführung (Quelle: nach Hungenberg/Wulf 2015, S. 21)

Management als Funktion
Neben dem institutionellen Aspekt steht der Begriff der Unternehmensführung auch für das Handeln der Personen und/oder Personengruppen in einem Unternehmen,

d. h., es geht nicht mehr um den Träger der Managementtätigkeit, sondern konkret um das *spezifische Führungshandeln*, sprich die Tätigkeiten und Aktivitäten der Führungskräfte bzw. Manager (siehe Abb. 3.2). Das Aufgabenspektrum des funktionalen Managements wird dabei aufgeteilt in eine sach- und eine personenbezogene Dimension. Die *sachbezogene Komponente* sieht die Erfüllung bestimmter Aufgaben im Rahmen des Managementprozesses vor, wie bspw. die Planung, Steuerung und Kontrolle von Unternehmensaktivitäten, während die *personenbezogene Komponente* auf die Aktivitäten abstellt, die sich mit der Verhaltensorientierung der Mitarbeiter im Hinblick auf die Erreichung der Unternehmensziele und damit zusammenhängender Probleme beschäftigen.

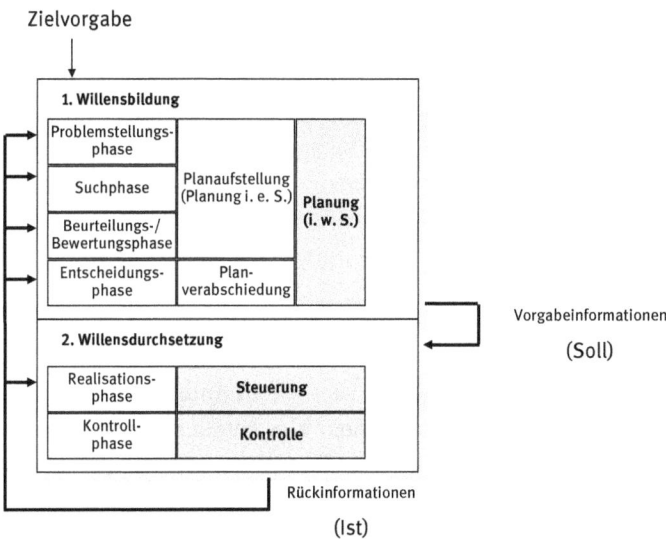

Abb. 3.2: Führungstätigkeiten in der Unternehmung (Quelle: nach Hahn/Hungenberg 2001, S. 3)

Aus dem logischen Zusammenhang zwischen den personellen und sachbezogenen Teilprozessen der Systemgestaltung und Prozesssteuerung lässt sich Management als *informationsverarbeitendes Lenkungssystem* charakterisieren, in dem sowohl Informationen über unternehmensinterne und -externe Tatbestände und Geschehnisse, als auch eigene Wertvorstellungen zu Entscheidungen und Anordnungen zwecks Lenkung der operationellen Handlungen verarbeitet werden. Die Informationsverarbeitung erfolgt dabei im Zuge eines Problemlösungsprozesses, in dessen Verlauf verschiedene Teilkomplexe bzw. Phasen durchlaufen werden. Dieser Prozess vollzieht sich vor dem Hintergrund übergeordneter Zielvorstellungen, die im weiteren Ablauf des Problemlösungsprozesses konkretisiert und operationalisiert werden. Die Phasen unterliegen dabei keinerlei zwingenden konsekutiven Abfolge, sondern bilden durch Vor- und Rückkoppelungsprozesse, die sich sowohl zwischen als auch innerhalb der einzelnen Phasen vollziehen können, einen Führungsregelkreis, in dem sich Führung im gesamten Unternehmen abbilden lässt. Im Rahmen dieses Informationsverarbeitungsprozesses vollziehen sich die Führungstätigkeiten der Planung, Steuerung und Kontrolle (Hahn/Hungenberg 2011, S. 3 ff.; Kaspar 1990, S. 30 f.).

Die Integration und Verknüpfung der Führungsprozesse und -tätigkeiten der vor- und nachgelagerten *Phasen des Managementzyklus* führt zu einer Hierarchisierung und Determinierung von Entscheidungen einzelner Phasen durch die jeweils vorgelagerte Stufe. In Abhängigkeit von ihrer hierarchischen Verortung unterscheiden sich einzelne Entscheidungen der Unternehmensführung naturgemäß in Bezug auf Zeithorizont, Freiheitsgrad und Erfolgsrelevanz. Gemäß dieser Logik haben diese zeitlichen, kausalen und finalen Beziehungen zwischen den einzelnen Phasen des Managementzyklus eine hierarchische Aufteilung des Managements in verschiedene Entscheidungsebenen und -dimensionen zur Folge, für die in der Literatur verschiedene Ansätze bzw. Konzepte existieren (Macharzina/Wolf 2018, S. 35 ff.). Einen dieser Ansätze stellt das sog. St. Galler Management-Modell dar, das die vielfältigen Führungsentscheidungen in drei voneinander abgegrenzten Kategorien bzw. Aufgabenfeldern bündelt und zu einem integrierten Managementansatz zusammenfasst (Bleicher 2017, S. 85 ff.; Hungenberg/Wulf 2015, S. 23 ff.).

3.1.2 Dimensionen eines integrierten Tourismusmanagements

Grundlage des Konzepts integriertes Management ist – wie in Abb. 3.3 dargestellt – die Unterscheidung in drei Managementdimensionen: *eine normative, eine strategische und eine operative Dimension.* Diese horizontale Betrachtungsebene wird durch eine vertikale Betrachtungsperspektive ergänzt, die von drei Aspekten – *Aktivitäten, Strukturen und Verhalten* – durchzogen ist und den Integrationsbedarf zwischen den einzelnen Managementdimensionen problematisiert. Die Dimensionen des normativen, strategischen und operativen Managements stellen nach Bleicher logisch voneinander abgegrenzte Problemfelder dar, die durch das Management zu bearbeiten sind, wobei im Sinne einer integrierten Managementbetrachtung von einer gegenseitigen Durchdringung und Abhängigkeit der verschiedenen Managementdimensionen auszugehen ist. Die integrierende Kraft geht dabei von einer Managementphilosophie bzw., daraus abgeleitet, einer Unternehmensphilosophie aus, die auf der Basis der Einstellungen, Überzeugungen und Werthaltungen der Führungskräfte eines Unternehmens das Leitbild prägt, an dem sich die normativen, strategischen und operativen Ebenen in der Wahl ihrer Aktivitäten, der Strukturen und des Verhaltens orientieren (Bleicher 2017, S. 87 ff.).

Ausgehend von einer unternehmerischen Vision, die nach Hinterhuber den Ausgangspunkt jedweder unternehmerischen Tätigkeit darstellt (Hinterhuber 2015, S. 85), umfasst die Ebene des *normativen Managements* die Definition der generellen Ziele des Unternehmens im Umfeld von Gesellschaft, Wirtschaft und Staat. Hierbei geht es

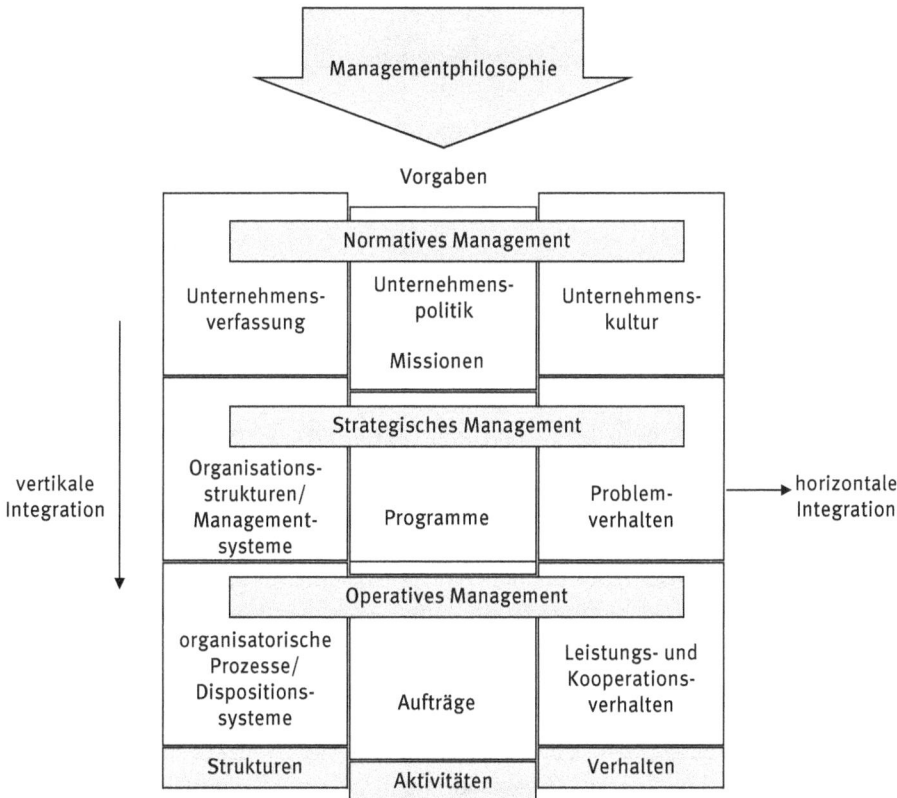

Abb. 3.3: Dimensionen des integrierten Managements (Quelle: Bleicher 2017, S. 91)

um die Prinzipien, Normen und Spielregeln, die so auszurichten sind, dass die Lebens- und Entwicklungsfähigkeit des Unternehmens sichergestellt ist. Zentraler Inhalt ist dabei die Unternehmenspolitik, die – von Unternehmensverfassung und Unternehmenskultur getragen – dem strategischen Management in Form von Missionen langfristige generelle Ziele vorgibt und damit dem Unternehmen eine Grundorientierung vermittelt (Bleicher 2017, S. 87 f.; Hinterhuber 2015, S. 42 ff.).

Die Dimension des *strategischen Managements* ist auf den Aufbau neuer und die Erhaltung bestehender Erfolgspotenziale ausgerichtet, für die Unternehmensressourcen eingesetzt werden müssen. Im Fokus strategischer Überlegungen stehen *vier Prinzipien*, von denen sich die Träger des Managements bei der Konkretisierung der Vorgaben der normativen Ebene leiten lassen (Bleicher 2017, S. 89 f.; Kreikebaum et al. 2018, S. 32 ff.):

– Suche nach zweckgerichteten Strategien
– relative Positionierung der eigenen Aktivitäten gegenüber dem Wettbewerb und der Umwelt

– Konzentration der Kräfte
– Entwicklung zukunftsweisender Erfolgspotenziale

Die Umsetzung der normativen und konstitutiven Vorgaben der verfassungs- und kulturgestützten Unternehmenspolitik vollzieht sich über strategische Programme sowie über die grundsätzliche Ausrichtung von Organisationsstrukturen, Managementsystemen und die Entwicklung eines Problemverhaltens der Mitarbeiter. Die Funktion des *operativen Managements* besteht im *Vollzug* der normativen und strategischen Vorgaben und ist im Wesentlichen auf leistungs-, finanz- und informationswirtschaftliche Prozesse und Bezugsgrößen ausgerichtet. Neben wirtschaftlichen Effizienzkriterien erlangt auf der Ebene des operativen Managements auch die Effektivität des Führungshandelns im sozialen Kontext der Verhaltenssteuerung der Mitarbeiter eine Bedeutung; diese drückt sich v. a. in der Kooperation sowie in der vertikalen und horizontalen Kommunikation sozial relevanter Inhalte aus (Bleicher 2017, S. 90 f.).

Zwischen den Dimensionen vollziehen sich die im Rahmen des vorab skizzierten Managementzyklus notwendigen und vielfältigen *Vor- und Rückkoppelungsprozesse*. So wird zum einen durch konzeptionelle Vorgaben der normativen und strategischen Ebene der Freiheitsgrad der Entscheidung der operativen Dimension determiniert, zum anderen ziehen unvorhergesehene Ereignisse veränderte Weichenstellungen im Hinblick auf Zukunftsvorstellungen und Strategien nach sich. Normativem und strategischem Management kommt demnach eine Gestaltungsfunktion zu, während die Aufgabe des operativen Managements in der Konkretisierung der Gestaltungskonzeption zu sehen ist, sprich in der Organisation und Lenkung des situativen Führungsgeschehens im Rahmen der laufenden Aktivitäten des Unternehmens (Hungenberg/Wulf 2015, S. 23 f.).

Um eine Integrationslücke zwischen konzeptioneller Gestaltung und operativer Umsetzung zu vermeiden, sind *Aktivitäten, Strukturen und Verhalten* auf allen Ebenen aufeinander abzustimmen. Die Abstimmung der Aktivitäten erfolgt dabei über die Transformation von Normen in unternehmenspolitische Missionen, konkretisiert sich in strategischen Programmen bis zur endgültigen Umsetzung in Aufträge auf operativer Ebene. Der Harmonisierung und Integration der strukturellen Aspekte des Managements wird durch die Konkretisierung in Form der Unternehmensverfassung sowie der Organisations-, Management- und Dispositionssysteme über alle Dimensionen hinweg Rechnung getragen. Verhaltensbegründung auf der normativen, Verhaltenssteuerung auf der strategischen und Verhaltensrealisierung auf der operativen Ebene, sprich die Beeinflussung menschlicher Verhaltensmuster im Wechselspiel von Wertvorstellungen, strategischem Denken und Lernen sowie der Leistungs- und Kooperationsbereitschaft im operativen Sinne, sind letztlich Ergebnis und Ziel der vorstehend erwähnten Aspekte (Bleicher 2017, S. 94 ff.).

3.2 Normatives Tourismusmanagement

3.2.1 Unternehmensphilosophie und Unternehmenskultur

Unternehmensphilosophie und Unternehmenskultur sind aufgrund ihres Sinngehalts und ihrer Zwecksetzung verwandte Konstrukte. Unter Unternehmensphilosophie wird ein *System von Leitmaximen* verstanden, die als ethische und moralische Grundsätze und Werthaltungen die Grundlage für das Selbstverständnis und die Funktion des Unternehmens im Rahmen seiner gesamtgesellschaftlichen Rolle bilden (Macharzina/ Wolf 2018, S. 205 ff.; Bleicher 2017, S. 87 f.). Eng verknüpft mit einer solchen allgemeinen Einstellung zur Rolle des Unternehmens im jeweiligen Gesellschaftssystem ist die Managementphilosophie, die die Gestaltung und das Verhalten der Unternehmensführung charakterisiert. Unter Managementphilosophie werden nach Ulrich (1990, S. 825)

> [...] die grundlegenden Einstellungen, Überzeugungen und Werthaltungen verstanden, welche das Denken und Handeln der maßgeblichen Führungskräfte in einem Unternehmen beeinflussen. Bei diesen Grundhaltungen handelt es sich um Normen, um Werturteile, die aus den verschiedensten Quellen stammen und ebenso geprägt sein können durch ethische und religiöse Überzeugungen wie auch durch die Erfahrungen in der bisherigen Laufbahn einer Führungskraft.

Die Unternehmens- bzw. Managementphilosophie stellt demzufolge einen alle Ebenen des Unternehmens durchdringenden Prozess der Werteerhellung, Wertebekundung und Werteentwicklung dar, der, als moralische Willenskundgebung charakterisiert, sich in der Entscheidungs- und Verhaltensdimension der Führungskräfte manifestiert und gesamtunternehmensbezogen den *Orientierungsrahmen* absteckt, innerhalb dessen sich die generellen Ziele, die strategischen Programme und die operativen Aufträge vollziehen. Die Werthaltungen der obersten Führungskräfte, die sich als Unternehmens- und Managementphilosophie in schriftlich niedergelegten Leitbildern und Grundsätzen manifestieren, prägen mittel- bis langfristig die Denk- und Verhaltensmuster der Organisationsmitglieder. Unternehmens- bzw. Managementphilosophie bilden demzufolge als normative Basis eines integrierten Managements die Grundlage aller unternehmensspezifischen Entscheidungen und Verhaltensweisen (siehe Gardini 1997, S. 91 ff. und die dort angegebene Literatur).

Eng verbunden mit der Unternehmens- bzw. Managementphilosophie ist die Unternehmenskultur, die als *evolutorischer Sozialisationsprozess* die Gesamtheit der in einer Organisation vorherrschenden Werte, Normen, Traditionen und Mythen widerspiegelt und damit maßgeblich die Einstellungen, Denkhaltungen und Verhaltensmuster der Organisationsmitglieder prägt (Bleicher 2017, S. 222 ff.; Sackmann 2017, S. 35 ff.; Ulrich 1984). Der Sinnzusammenhang zwischen Unternehmens- bzw. Managementphilosophie und Unternehmenskultur bewirkt die Übereinstimmung der Ziel- und Zwecksetzungen der Konstrukte. Um zu einem besseren Verständnis des Spektrums von Unternehmens- bzw. Managementphilosophie und Unternehmenskultur zu gelangen, lassen sich – in Anlehnung an Schwarz – die inhaltlichen und strukturellen Elemente im nachstehenden Modell abbilden (siehe Abb. 3.4). Die drei wesentlichen Strukturkomponenten der Unternehmensphilosophie und -kultur sind das Leit-, das Verstärkungs- und das Anwendungssystem (Schwarz 1989, S. 56 ff.): Das *Leitsystem* beinhaltet die grundlegende Ausrichtung der Unternehmensphilosophie und -kultur, deren Grundannahmen – zumeist unbewusst und unreflektiert – als Philosophie- und Kulturkern die Basis für die Ausgestaltung der Leitlinie bzw. des Leitbilds darstellen. Die affektiven Bestandteile der Unternehmensphilosophie

Elementebene der Unternehmensphilosophie und -kultur	Ausdrucksebene der Unternehmensphilosophie und -kultur	Struktur-/Systemebene der Unternehmensphilosophie und -kultur
Grundannahmen Glaubenssätze Ideologie Mission Vision	informelle Basis der Unternehmensphilosophie und Unternehmenskultur	Leitsystem der Unternehmensphilosophie und Unternehmenskultur
Werte/Werthaltungen Leitideen/Leitlinien Philosophien Überzeugungen Einstellungen Sinnvorstellungen	formelle Basis der Unternehmensphilosophie und Unternehmenskultur	
Führungsgrundsätze Anweisungen Richtlinien Anforderungen Standards Normen Sanktionen	Stabilisatoren der Unternehmensphilosophie und Unternehmenskultur	Verstärkungssystem der Unternehmensphilosophie und Unternehmenskultur
Mythen Legenden Geschichten Sagen Gesten Metaphern Riten/Rituale Zeremonien symbolische Artefakte Gebäude/Grundstücke/ Einrichtungen Erscheinungsbild	Symbole der Unternehmensphilosophie und Unternehmenskultur	
charakteristische Denk- und Verhaltensmuster Systeme Gewohnheiten Gebräuche Sprachmuster Handlungsmaximen	Verhaltensmuster der Unternehmensphilosophie und Unternehmenskultur	Anwendungssystem der Unternehmensphilosophie und Unternehmenskultur

Abb. 3.4: Spektrum der Unternehmungsphilosophie und -kultur (Quelle: Schwarz 1989, S. 58)

und -kultur verdichten sich im Rahmen kognitiver Prozesse zu gemeinsam geteilten Werten, Leitideen und schriftlich fixierten Grundsatzdokumenten. Das *Verstärkungs-system* enthält diejenigen Elemente, die als Vermittler zwischen Leit- und Anwendungssystem verhaltensprägende bzw. stabilisierende Wirkungen zeigen und über normative Vorgaben und symbolisierende Deutungs- und Interaktionsmuster den Organisationsmitgliedern erwünschte Handlungs- und Verhaltensweisen vermitteln. Das *Anwendungssystem* ist Ergebnis und Ausdruck des Leit- und Verstärkungssystems, da es denjenigen Teil der Unternehmensphilosophie und -kultur beschreibt, der durch das konkrete und aktuelle Verhalten des Unternehmens charakterisiert wird und in typischen unternehmensspezifischen Denk-, Verhaltens- und Handlungsmustern nach innen und nach außen zum Ausdruck kommt.

Das Zusammenspiel zwischen Leit-, Verstärkungs- und Anwendungssystem führt im Zeitablauf der Unternehmensentwicklung zu einem gewachsenen System von Normen, Werten, Einstellungen und Verhaltensmustern, die als Unternehmenskultur einem Unternehmen zu einem bestimmten Betrachtungszeitpunkt den unverwechselbaren, von anderen Unternehmungen eindeutig abgrenzbaren und unterscheidbaren *Charakter und Stil* geben (Schwarz 1989, S. 30; Ulrich 1984, S. 302 ff.). Kern eines derartigen Ansatzes ist ein Führungs- und Selbstverständnis, das aus einer umfassenden Gesamtperspektive durch einen hohen Grad an Identität (Wesenseinheit/Übereinstimmung) sowie durch ein Höchstmaß institutioneller Loyalität (Treue/Ergebenheit der Firma gegenüber) und interpersoneller Loyalität (Solidarität/Zusammengehörigkeit/Korpsgeist der Mitarbeiter) gekennzeichnet ist. So besteht bspw. im traditionsreichen Brenner's Park-Hotel & Spa in Baden-Baden, einem Hotel der Oetker Collection „[...] ein enger Zusammenhalt zwischen den Mitarbeitern, und vor Jahrzehnten [...] wurde bereits der Begriff der ‚Brenner-Familie' geprägt" (vgl. Marrenbach 2009, S. 111). Wichtigstes Kennzeichen einer ausgeprägten Unternehmenskultur ist entsprechend nach Ulrich ihr sozial integrativer Charakter, da sie die Erwartungen einer Organisati-

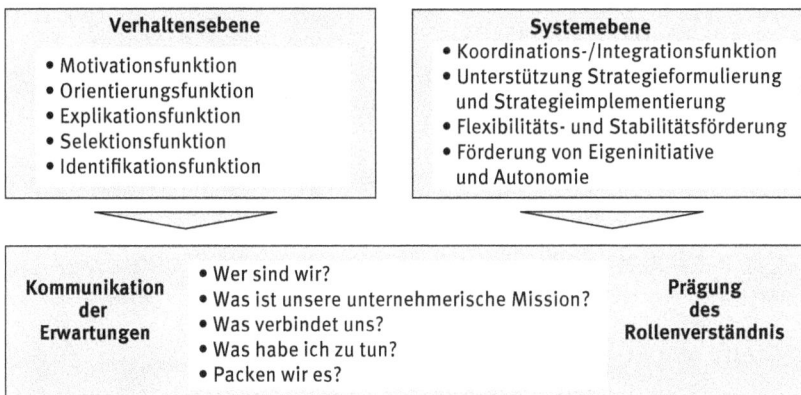

Verhaltensebene	**Systemebene**
• Motivationsfunktion • Orientierungsfunktion • Explikationsfunktion • Selektionsfunktion • Identifikationsfunktion	• Koordinations-/Integrationsfunktion • Unterstützung Strategieformulierung und Strategieimplementierung • Flexibilitäts- und Stabilitätsförderung • Förderung von Eigeninitiative und Autonomie

Kommunikation der Erwartungen	• Wer sind wir? • Was ist unsere unternehmerische Mission? • Was verbindet uns? • Was habe ich zu tun? • Packen wir es?	**Prägung des Rollenverständnis**

Abb. 3.5: Funktionen der Unternehmenskultur (Quelle: in Anlehnung an Krüger 1988 und Ulrich 1984)

on an ihre Mitglieder kommuniziert und damit das Rollenverständnis der Mitarbeiter im Rahmen der angestrebten Strategie prägt (Ulrich 1984, S. 312 f.). Abbildung 3.5 verdeutlicht diese Zusammenhänge anhand der unterschiedlichen Funktionen auf der System- und der Verhaltensebene.

3.2.2 Unternehmensgrundsätze und Unternehmensleitbilder

Die Materialisierung der Unternehmens- bzw. Managementphilosophie erfolgt durch die schriftliche Niederlegung in Form eines Unternehmensleitbilds und/oder von Unternehmensgrundsätzen, die als *offizielle Willenserklärung* die erstrebten Zielsetzungen und gewünschten Verhaltensweisen der obersten Führungsebene (Gründer, Eigentümer) reflektieren. Die ethischen und moralischen Grundwerte und Vorstellungen der Unternehmensspitze werden im Rahmen der Unternehmensgrundsätze bzw. des Leitbilds gewissermaßen „institutionalisiert"; sie spiegeln dabei generalisierte und formalisierte Erwartungen an die Organisationsmitglieder wider und stellen für eine unbestimmte Zeitperiode die paradigmatische Grundkonzeption eines Tourismusunternehmens dar (Macharzina/Wolf 2018, S. 232 f.; Bleicher 2017, S. 256 ff.).

Neben der Definition des grundlegenden Wertesystems der Unternehmensführung sollten *Leitbilder* – wie in Abb. 3.6 dargestellt – darüber hinaus Aussagen über das Geschäftsmodell bzw. das zugrunde gelegte Kerngeschäft und die vorhandenen Kernkompetenzen des Unternehmens beinhalten. Ein derartiges Leitbild erfüllt im Idealfall drei Funktionen (Kippes 1993, S. 184):

– *Kommunikationsfunktion*
  Ein Leitbild kommuniziert nach innen und nach außen Selbstverständnis und Unternehmenszweck und legitimiert damit das Handeln des Unternehmens.

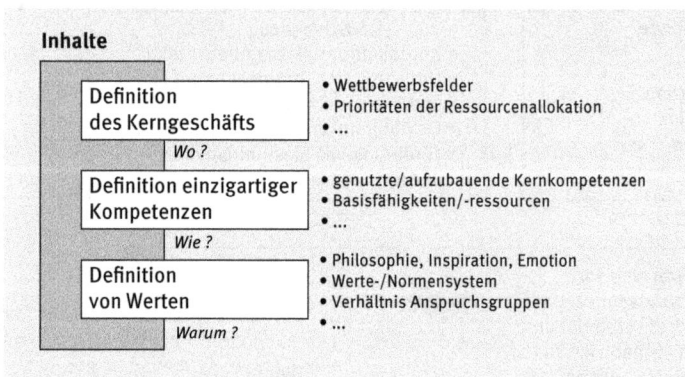

Abb. 3.6: Grundlegende Inhalte von Leitbildern (Quelle: in Anlehnung an Hungenberg/Wolf 2015, S. 55)

– *Identifikations- und Motivationsfunktion*

Ein Leitbild erhöht die Identifikation des Mitarbeiters mit seinem Unternehmen und seine Motivation, die Ziele des Leitbilds auch umzusetzen.

– *Orientierungsfunktion*

Ein Leitbild vermittelt den Mitarbeitern eine Vision über die Zukunft und die Ziele des Unternehmens und bietet ihnen so Anhaltspunkte für ihr Handeln.

Beispielhaft für die Hotellerie ist das Unternehmensleitbild der Ritz-Carlton-Kette, deren Management- und Qualitätsphilosophie in einem Unternehmenscredo, einem Unternehmensmotto („We are Ladies and Gentlemen Serving Ladies and Gentlemen"), drei essenziellen Serviceschritten („Three Steps of Service"), dem Mitarbeiterverspre-

Three Steps of Service	„We are Ladies and Gentlemen Serving Ladies and Gentlemen"	Credo	Employee Promise
1 A warm and sincere greeting. Use the guest name, if and when possible. **2** Anticipation and compliance with guest needs. **3** Fond farewell. Give them a warm good-bye and use the guest name, if and when possible.		The Ritz-Carlton Hotel is a place where the genuine care and comfort of our guests is our highest mission. We pledge to provide the finest personal service and facilities for our guests who will always enjoy a warm, relaxed yet refined ambience. The Ritz-Carlton experience enlivens the senses, instills well-being, and fulfills even the unexpressed wishes and needs of our guests.	At The Ritz-Carlton, our Ladies and Gentlemen are the most important resource in our service commitment to our guests. By applying the principles of trust, honesty, respect, integrity and commitment, we nurture and maximize talent to the benefit of each individual and the company. The Ritz-Carlton fosters a work environment where diversity is valued, quality of life is enhanced, individual aspirations are fulfilled, and The Ritz-Carlton mystique is strenghtened.

1. The Credo will be known, owned and energized by all employees.
2. Our motto is: „We are Ladies and Gentlemen serving Ladies and Gentlemen." Practice teamwork and „lateral service" to create a positive work environment.
3. The three steps of service shall be practiced by all employees.
4. All employees will sucessfully complete Training Certification to ensure they understand how to perform to The Ritz-Carlton standards in their position.
5. Each employee will understand their work area and Hotel goals as established in each strategic plan.
6. Each employee will know the needs of their internal and external customers (guest and employees) so that we may deliver the products and services they expect. Use guest preference pads to record specific needs.
7. Each employee will continuously identify defects (Mr. BIV) throughout the hotel.

8. Any employee who receives a customer complaint „owns" the complaint.
9. Instant guest pacification will be ensured by all. React quickly to correct the problem immediately. Follow-up with a telephone call within twenty minutes to verify the problem has been resolved to the customer's satisfaction. Do everything you possibly can to never lose a guest.
10. Guest incident action forms are used to record and communicate every incident of guest dissatisfaction. Every employee is empowered to resolve the problem and to prevent a repeat occurrence.
11. Uncompromising levels of cleanliness are the responsibility of every employee.
12. „Smile – we are on stage." Always maintain positive eye contact. Use the proper vocabulary with our guests. (Use words like „Good Morning", „Certainly", „I'll be happy to", and „My pleasure").
13. Be an ambassador of your Hotel in and outside of the work place. Always talk positively. No negative comments.
14. Escort guests rather than pointing out directions to another area of the Hotel.

15. Be knowledgeable of Hotel information (Hours of operations etc.) to answer guest inquiries. Always recommend the Hotel's retail and food and beverage outlets prior to outside facilities.
16. Use proper telephone etiquette. Answer within three rings and with a „smile". When necessary, ask the caller, „May I place you on hold". Do not screen calls. Eliminate call transfers when possible.
17. Uniforms are to be immaculate; wear proper and safe footwear (clean and polished) and your correct name tag. Take pride and care in your personal appearance (adhering to all grooming standards).
18. Ensure all employees know their roles in emergency situations and are aware of fire and life safety response processes.
19. Notify your supervisor immediately of hazards, injuries, equipment or assistance that you need. Practice energy conservation and proper maintenance and repair of Hotel property and equipment.
20. Protecting the assets of a Ritz-Carlton Hotel is the responsibility of every employee.

20 Steps of Service

Abb. 3.7: Ritz-Carlton Gold Standards (Quelle: Ritz-Carlton 2003)

chen („Employee Promise") und 20 Grundsätzen („The Ritz-Carlton Basics") zum Ausdruck kommt. Das Ritz-Carlton-Leitbild verdeutlicht allen aktuellen und potenziellen Mitarbeitern, dass das Wohlbefinden und die Zufriedenheit des Hotelgasts die entscheidende Größe dieser *Qualitätsphilosophie* ist und dieses Bekenntnis von der Unternehmensführung vorbehaltlos unterstützt wird (siehe Abb. 3.7). Diese Standards und Werte werden neuen Mitarbeitern in der Orientierungsphase intensiv vermittelt und später in den Abteilungen täglich immer wieder verstärkt. Dazu werden die Standards in Form einer Taschenkarte ausgehändigt und sind immer bei sich zu führen (Junger 2004).

3.2.3 Unternehmensziele

Das Zielsystem eines Unternehmens basiert auf der Unternehmensphilosophie und dem Unternehmensleitbild und beschreibt eine *hierarchische Zielstruktur*, die auf einem mehrstufigen Prozess der Zielsuche und Zielformulierung von oben nach unten (*top-down*) bzw. von unten nach oben (*bottom-up*) fußt. Allgemeine Werthaltungen und Zielvorstellungen der an der Zielbildung beteiligten Entscheidungsträger (z. B. erste Führungsebene, Eigentümer, Gründer) werden nach und nach im Zusammenspiel mit nachgelagerten Hierarchieebenen in konkrete und operationelle Ziele und Subziele aufgegliedert und prägen somit die Ausrichtung und das Verhalten eines Tourismusunternehmens über einen bestimmten Zeitraum. Ziele werden generell als zukünftig angestrebte Zustände beschrieben, deren Dimensionen in Bezug auf Inhalt, Ausmaß und Zeitbezug zu konkretisieren sind. Das *Zielsystem* eines Unternehmens ist seiner Natur nach *mehrdimensional* angelegt und berücksichtigt dabei sowohl interne (z. B. Eigentümer, Management, Mitarbeiter) als auch externe (z. B. Lieferanten, Kooperationspartner, Kunden) Interessen- und Anspruchsgruppen des Unternehmens (Shareholder-/Stakeholder-Ansatz). Deren spezifische individuelle oder kollektive Zielvorstellungen und -ausprägungen können grundsätzlich komplementäre, neutrale oder konkurrierende Zielkonstellationen zur Folge haben und bedürfen eines koordinierenden Kompromisses im Hinblick auf die Optimierung und Ausbalancierung des Zielerreichungsgrads wechselseitiger Zielvorstellungen (vgl. Hungenberg/Wulf 2015, S. 41 ff.).

Oberstes Unternehmensziel ist im Tourismus ebenso wie in anderen Branchen die *langfristige Sicherung der Überlebensfähigkeit des Unternehmens*, d. h., die Notwendigkeit der Gewinnerzielung als langfristige und existenzielle Voraussetzung für den wirtschaftlichen Erfolg und Fortbestand eines Tourismusunternehmens hat naturgemäß grundsätzliche Relevanz. Die Realisierung dieses Oberziels erfolgt – wie in Abb. 3.8 dargestellt – durch die Ableitung genereller marktlicher (erwerbsmäßiger) und nicht marktlicher (sozialer) Ziele. Die Formulierung unternehmerischer Ziele ist für die strategische Entwicklung eines Unternehmens von essenzieller Bedeutung. Ziele definieren zukünftige Zustände. Durch die Festlegung von Zielen wird eine Rich-

Grundzielsystem
– langfristige Überlebensfähigkeit des Unternehmens – Erhaltung des Fließgleichgewichts des Unternehmens mit seiner Umwelt

Marktliche/erwerbsmäßige Ziele		Nicht marktliche/soziale Ziele		
Leistungswirtschaftliche Ziele	Finanzwirtschaftliche Ziele	Allgemeine Ziele	Mitarbeiter- bezogene Ziele	Management- ziele

• Marktleistung
 - Kundenzufriedenheit
 - Produktqualität
 - Servicequalität
 - Produktinnovation
 - Dienstleistungs-
  innovation
 - Angebotsbreite/-tiefe
• Marktstellung
 - Umsatz
 - Zimmerauslastung
 - Marktanteil
 - Marktgeltung
 - neue Märkte/
  Kunden
	• Gewinn
	• Liquidität
	• GOP/NOP
	• Rentabilitäten
	 - Umsatz-, Eigen-
	  und Gesamtkapital-
	  rentabilität
	• Umsatzstruktur
	• Kapitalstruktur
	• Cashflow
	• Bonität
		• Bekanntheitsgrad
		• Qualitätsimage
		• Umweltschutz
		• Verbraucher-
		  schutz
		• „Good Citizen"
			• Erhaltungsziele
			 - Einkommen
			 - soziale
			  Sicherheit
			• Entfaltungsziele
			 - Leistungs-
			  anerkennung
			 - Selbstver-
			  wirklichung
			 - Mitarbeiter-
			  zufriedenheit
			 - Qualifikation
				• Macht
				• Prestige
				• Unabhängig-
				  keit

Abb. 3.8: Beispielhaftes Zielsystem eines Hotelunternehmens (Quelle: Gardini 2015a, S. 149)

tung vorgegeben und werden Maßstäbe gesetzt, aus denen sich konkrete Verhaltensweisen für die Organisationsmitglieder (Management und Mitarbeiter) ableiten lassen
und an denen diese sich im Hinblick auf die Auswahl der Mittel zur Zielerreichung orientieren können.

Ausgehend von den grundsätzlichen Oberzielen leiten sich für die verschiedenen
Funktionen eines Unternehmens *Subziele* ab, wie bspw. für den Marketing-Bereich
eines Tourismusunternehmens. Marketing-Ziele beschreiben vom entsprechenden
Tourismusunternehmen angestrebte Soll-Zustände und stellen somit Ausgangspunk-
te für die schlüssige Ableitung der Marketing-Strategien und des Marketing-Mix dar.
Die Marketing-Zielplanung knüpft dabei sowohl an den zukünftigen Marktmöglich-
keiten als auch an den vorhandenen Ressourcen des Unternehmens an (vgl. Meffert
et al. 2018, S. 881 ff.).

Unternehmensziele können dabei grundsätzlich in langfristige (strategische) und
kurz- bis mittelfristige (operative) *Zielkategorien* unterteilt werden. Diese Kategorien
erfahren wiederum eine weitere Differenzierung nach ökonomischen (quantitativen)
und psychografischen (qualitativen) Zielsetzungen, wobei diese Zielgrößen naturgemäß in wechselseitiger Beziehung zueinanderstehen (vgl. hierzu und zum Folgenden
Gardini 2015a, S. 150 f.):

- *ökonomische* (quantitative) Zielgrößen (z. B. Umsatz, Kosten, Deckungsbeitrag, Preise, Rentabilität, Auslastung, Marktanteil, Marktvolumen, Marktpotenzial, Branchenwachstum, Kundenabwanderungsrate, Stammgästeanteil, Mitarbeiterfluktuation etc.)
- *psychografische* (qualitative) Zielgrößen (z. B. Kundenzufriedenheit, Markenimage, Markenbekanntheit, Beziehungsqualität, Beschwerdezufriedenheit, Einstellungen, Motive, Werte, Kaufabsicht, Wiederkaufbereitschaft, Markentreue, emotionale Bindung etc.)

Während die strategischen Ziele grundlegende Entwicklungsrichtungen beschreiben, die für ein Unternehmen als Ganzes gelten (z. B. in zehn Jahren die größte Hotelgruppe im Budget-Segment in Deutschland zu werden), wohnt operativen Zielen unmittelbar *handlungsleitender Charakter* für die Unternehmensbereiche, Einheiten und Mitarbeiter inne, da sie konkrete Zustände beschreiben die kurzfristig erreicht werden sollen (z. B. eine 5%ige Steigerung der Kundenzufriedenheit im Jahr 2019). Unternehmensziele haben – ebenso wie die Unternehmensgrundsätze oder das Leitbild eines Unternehmens – eine Koordinations-, Steuerungs-, Kontroll- und Motivationsfunktion. Um diese Funktionen zu erfüllen, gilt es darauf zu achten, dass man bei der Zielformulierung sowohl Inhalt und Ausmaß als auch Zeitbezug der jeweiligen Ziele genau beschreibt. Einen besonderen Stellenwert im Zielsystem des Unternehmens genießen hierbei *Umsatz-, Gewinn-, Kosten- und Rentabilitätsziele* insofern, als diesen Zielgrößen als Handlungsimperative für die nachfolgenden operativen Führungs- und Umsetzungsprozesse eine wesentliche Bedeutung zukommt.

3.3 Strategisches Tourismusmanagement

3.3.1 Grundsätzliches zum strategischen Management

Die Dimension des strategischen Managements ist auf die *Suche nach Wettbewerbsvorteilen* ausgerichtet, d. h., eine Strategie soll den langfristigen Aufbau und die nachhaltige Erhaltung einzigartiger Erfolgspotenziale sicherstellen (Porter 1997; Bleicher 2017, S. 266 ff.). Ausgehend von der unternehmerischen Vision und den generellen Unternehmenszielen sind zur Operationalisierung dieser Zielvorstellungen wettbewerbsfähige Strategien zu entwickeln, die als langfristige und ganzheitliche Programme und Handlungsmuster das Verhalten und die Entwicklung eines Tourismusunternehmens positiv beeinflussen sollen. Strategische Entscheidungen sind durch folgende *Merkmale* gekennzeichnet (Hungenberg/Wulf 2015, S. 96; Welge et al. 2017, S. 459 ff.):
- Sie sind von besonderer Bedeutung für die Vermögens- und/oder Erfolgsentwicklung des Unternehmens.
- Sie sind nur aus dem Gesamtzusammenhang des Unternehmens heraus zu behandeln und damit grundsätzlich nur von der obersten Unternehmensführung

und/oder den vorgeschalteten Willensbildungszentren (z. B. Aufsichtsrat) eines Unternehmens wahrzunehmen, zu veranlassen und zu überwachen.
- Sie sind grundsätzlich von Langfristwirkung und geringer Häufigkeit.
- Sie sind unter besonderer Beachtung der Werthaltungen der obersten Willensbildungszentren bei Beachtung der bereits bestehenden Unternehmensphilosophie und -kultur zu fällen.

Charakteristisches Element der Strategieformulierung und -entwicklung ist die *vertikale Differenzierung strategischer Entscheidungen*, die einzelne Strategietypen im Hinblick auf ihren hierarchisch-organisatorischen Geltungs- und Wirkungsbereich unterscheidet. Dies trägt der Tatsache Rechnung, dass in einem Unternehmen – in Abhängigkeit von Unternehmensgröße/-struktur, Diversifikationsgrad und Internationalisierungsprofil – differenzierte Strategie- und Planungsprozesse zu vollziehen sind, die sich im Kontext unterschiedlicher Problemsichten und Wettbewerbsstrukturen ergeben. Während bspw. Hotelketten, Airlines oder große Reiseveranstalter durchaus verschiedene Produkt-/Marktbereiche im Sinne unterschiedlicher Marktsegmente, Standorte oder Kundenstrukturen bedienen können und somit eine Strategieformulierung sowohl auf Unternehmens- als auch Geschäftsfeldebene stattfindet, fallen für touristische Individual- oder Einzelbetriebe (z. B. Reisebüro, Hotel, Restaurant) i. d. R. Unternehmens- und Geschäftsfeldstrategie zusammen, da es sich hierbei um klassische Einproduktunternehmen handelt, die nur in einem Markt konkurrieren. So umfasst die Unternehmensstrategie die grundlegende Festlegung der Aktivitäten – im Sinne der Wahl der Produkt-/Marktbereiche, in denen ein Unternehmen tätig sein will –, während die Geschäftsfeldstrategie die Bestimmung der Wettbewerbsstrategie in den ausgewählten Produkt-/Marktbereichen beinhaltet. Funktionalbereichsstrategien als dritte Ebene der Strategieformulierung stellen auf grundlegende Verhaltensweisen in den einzelnen Funktionsbereichen der Unternehmen ab (z. B. Einkauf, Personal, Produktion, Finanzen) (Welge et al. 2017, S. 467 ff.; Macharzina/Wolf 2018, S. 265 ff.).

Im Fokus strategischer Überlegungen stehen entsprechend – wie in Abb. 3.9 dargestellt – die drei Kernfragen des strategischen Managements (Hopfenbeck 2002, S. 405 f.). Die Frage nach den *richtigen Dingen* impliziert das kritische Infragestellen der heutigen Tätigkeiten des Unternehmens. Die Beantwortung dieser Frage zwingt ein Tourismusunternehmen dazu, seine Produkt/Markt-Kombinationen zu analysieren und zu entscheiden, ob dieser Bereich im Spannungsfeld zwischen Kundenbedürfnissen, Markt-/Kundensegmenten und Produkten bzw. Leistungskonzepten auch zukünftig noch ausreichend attraktiv ist (Where to compete?) (Aaker 2007, S. 5; Macharzina/Wolf 2018, S. 265 f.). Die Konzentration auf die Bereiche mit den besten Erfolgsaussichten in Bezug auf Wachstum und Renditeforderungen und die Verlagerung von Ressourcen aus Bereichen mit geringer Renditechance in die Bereiche, die vermutlich höhere Renditen erbringen, ist das Ergebnis einer solchen Analyse (Aaker 2007, S. 9 f.; Meyer/Davidson 2016, S. 308 f.). Ob ein Unternehmen im Wettbewerbs-

Tun wir die richtigen Dinge?   **Tun wir die Dinge richtig?**

Funktion

Technologie

Marktsegmente

Kunde

Unternehmen   Konkurrenz

Wie verändern wir die Dinge?

Strukturen

Kompetenzen   Kulturen

Prozesse

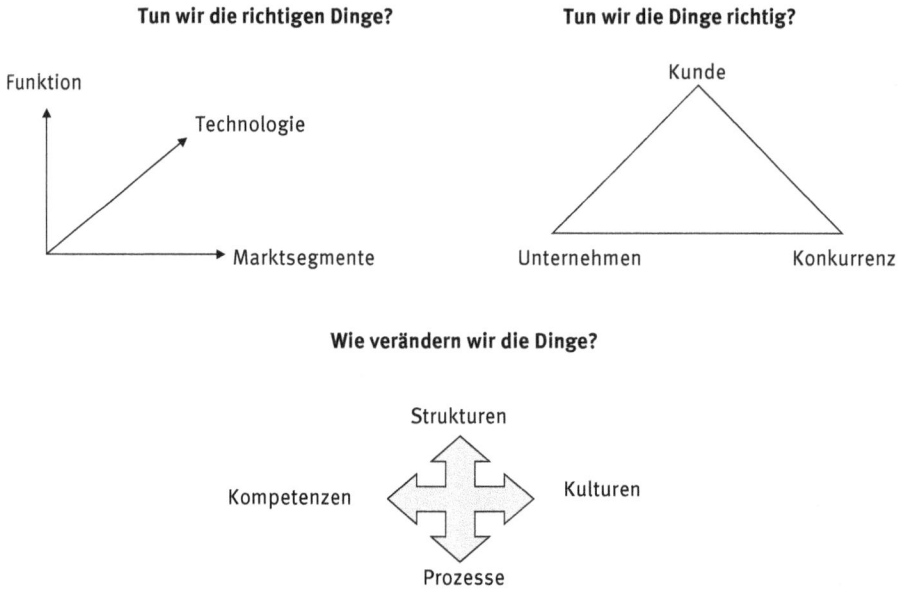

Abb. 3.9: Kernfragen des strategischen Managements (Quelle: Gardini 2015a, S. 144)

dreieck zwischen Kunde, Konkurrenz und eigenem Unternehmen über genau die *speziellen Kompetenzen* verfügt, mit denen es sich aus Sicht des Kunden von seinen Mitbewerbern bestmöglich differenzieren kann, ist Bestandteil der zweiten Frage. Ziel muss es hier sein, nur solche Strategien zu entwickeln, die auf Wettbewerbsvorteilen beruhen bzw. zu Wettbewerbsvorteilen führen, die man auch dauerhaft verteidigen kann (How to compete?) (Aaker 2007, S. 5; Macharzina/Wolf 2018, S. 281). Verteidigungsfähige Kernkompetenzen generieren einen überlegenen Nutzen beim Kunden, sind einzigartig unter Wettbewerbern, nicht leicht imitierbar und transferierbar und sind synergetisch mit anderen Fähigkeiten und Aktivitäten des Unternehmens verzahnt (Porter 1997, S. 51 f.).

Die Antworten auf die ersten beiden Fragen verweisen auf den *unternehmensspezifischen Handlungsbedarf*, der sich aus strategisch geforderten Veränderungen ergibt, d. h., hier gilt es, die innere Erneuerungs- und Adaptionsfähigkeit des Unternehmens in Bezug auf die erforderlichen Kompetenzen und Ressourcen einerseits sowie auf die anzupassenden kulturellen, strukturellen und prozessualen Unternehmensbedingungen andererseits unter Beweis zu stellen.

3.3.2 Strategische Analyse als Basis der Strategieentwicklung

Im Vorfeld strategischer Entscheidungen ist demzufolge ein analytischer Informationsgewinnungs- und -verarbeitungsprozess erforderlich, der über die Untersuchung und Analyse einer Vielzahl von Informationen interner und externer Art, Aussagen über die strategische Ausgangslage des Unternehmens ermöglicht (Kreikebaum et al. 2018; S. 85; Welge et al. 2017, S. 299). *Typische Frage- und Problemstellungen* des strategischen Managements, die sich im Zuge solcher Analyse- und Planungsprozesse ergeben, sind bspw. folgende (Pelz 1995, S. 70):

- Wo stehen wir derzeit? (Situationsanalyse)
- Was gefährdet das Geschäft oder kann es gefährden? (Risikoanalyse)
- Welche Gelegenheiten werden derzeit wahrgenommen und welche bieten sich in der Zukunft an? (Analyse der Chancen)
- Was können wir besonders gut, was zeichnet uns aus? (Analyse der Stärken)
- Was kann gemacht werden, um erfolgreicher zu sein? (Analyse der Schwächen)
- Was macht der Wettbewerb anders? Was lernen wir daraus? (Wettbewerbsanalyse)
- Welches Ziel können wir realistischerweise erreichen? (Zielsetzung)
- Was sind die Erfolg versprechenden Wege? (Erarbeitung alternativer Vorgehensweisen)
- Wie sollen wir das Ziel erreichen? (Formulierung möglicher Maßnahmen/eines Maßnahmenkatalogs)
- Wie werden wir wissen, ob wir den richtigen Weg gehen und dem Ziel näherkommen? (Erfolgskontrolle)

Inhaltliches Ergebnis dieses Informationsprozesses ist zum einen die Bewertung und Prognose der externen Umweltkonstellation in Bezug auf ihr unternehmensspezifisches *Chancen/Risiko-Potenzial* und zum anderen eine interne Ressourcenanalyse, deren *Stärken/Schwächen-Profil* die Beurteilung der unternehmensspezifischen Ressourcenkonfiguration im Hinblick auf ihre Eignung zur Erreichung der Unternehmensziele erlaubt (Welge et al. 2017, S. 416 ff.; Aaker 2007, S. 105 f.).

Die strategische Analyse als Ausgangspunkt des strategischen Planungsprozesses im Management setzt i. d. R. auf drei verschiedenen diagnostischen Ebenen an (Welge et al. 2017, S. 299 ff.; Meffert et al. 2018, S. 269 ff.): Zunächst werden im Zuge einer externen Analyse auf einer Makroebene (*globale Umweltanalyse*) die globalen Umweltentwicklungen und -einflüsse untersucht, bevor in einem zweiten Schritt auf der Mikroebene (*Wettbewerbsanalyse*) diejenigen ökonomischen Rahmenbedingungen analysiert werden, die das einzelne Tourismusunternehmen unmittelbar in seinem aktuellen bzw. potenziellen Aktionsfeld betreffen. Der dritte Schritt der strategischen Analyse sieht die Bewertung der unternehmensspezifischen Stärken und Schwächen (*Unternehmensanalyse*) vor und wird auch als interne Analyse beschrieben. Diese werden dann im Zuge der Zusammenführung der Analysebereiche zu den umweltspezifischen Rahmenbedingungen in Beziehung gesetzt:

- *Globale Ebene*
  Die globale Umweltanalyse umfasst i. d. R. mit der Untersuchung technologischer, ökonomischer, politisch-rechtlicher und soziokultureller Rahmenbedingungen

und Faktoren vier Bestandteile, die unmittelbar oder mittelbar Einfluss auf die Marktsituation in der jeweiligen Tourismusbranche haben können. Die globale Umweltanalyse versucht vor dem Hintergrund der historischen Unternehmensentwicklung, mithilfe quantitativer (z. B. GAP-Analyse, Trendfortschreibungen) und qualitativer Prognoseverfahren (z. B. Szenariotechnik, Delphi-Methode) zukünftige generelle Trends und potenzielle Diskontinuitäten zu identifizieren.

– *Wettbewerbsebene*
Die Wettbewerbsanalyse zielt hingegen darauf ab, Strukturen, Bedürfnisse, Kräfteverhältnisse, Beziehungen und Wirkungsmechanismen zwischen den nachfrage- und wettbewerbsrelevanten Gruppierungen zu analysieren, die den strategischen Handlungsfreiraum des einzelnen Tourismusunternehmens in seinem unmittelbaren Wettbewerbsumfeld bestimmen. Als übergreifende Analysefelder der Wettbewerbsumwelt (Aufgabenumwelt) werden in der Literatur i. d. R. die Branchenanalyse, die Marktanalyse bzw. Kundenanalyse und die Konkurrenzanalyse angeführt.

– *Unternehmensebene*
Aufgabe der Unternehmensanalyse ist es, die Stärken und Schwächen eines Tourismusunternehmens aufzuzeigen, die vor dem Hintergrund der Ergebnisse der Umweltanalyse und -prognose den strategischen Handlungsspielraum umreißen, der dem Einzelbetrieb, dem mittelständischen Tourismusunternehmen oder dem Touristik- oder Hotelkonzern nach Maßgabe der internen Ressourcensituation offensteht. Die Unternehmensanalyse engt demzufolge den durch die Umweltanalyse ermittelten Möglichkeitsraum strategischen Handelns weiter ein und detailliert so das strategische Suchfeld, innerhalb dessen das Unternehmen grundlegende strategische Aktivitäten und Optionen wahrnehmen kann. Zu den häufig verwendeten Instrumenten der Unternehmensanalyse gehören Checklisten bzw. Leistungsprofile (Ressourcenanalyse), die Wertketten- oder Geschäftssystemanalyse sowie die Portfolioanalyse.

Ziel der strategischen Analyse ist es, neben der reinen Bestandsaufnahme auf der Basis der selektierten und bewerteten Informationen *Interdependenz- und Wirkungsanalysen* durchzuführen (Issue/Cross-Impact-Analyse), um daraus alternative Chancen/Risiken-Szenarien bzw. wettbewerbsrelevante Erfolgsfaktoren abzuleiten und in Verbindung mit den unternehmensbezogenen Stärken/Schwächen-Analysen (*SWOT-Analyse*: Strengths/Weaknesses/Opportunities/Threats) das strategische Such- und Aktionsfeld des Unternehmens abzustecken (siehe Abb. 3.10). Zur methodischen Unterstützung des strategischen Analyseprozesses kann – wie oben angedeutet – auf eine Vielzahl analytischer Planungsinstrumentarien zurückgegriffen werden, die von einfachen Checklisten bis hin zu Software-basierten Simulations- und Prognoseverfahren reichen. Welche Instrumente im Einzelfall eingesetzt werden, ist zum einen von der relevanten Problemstellung abhängig und zum anderen von der Planungsmentali-

Stärken	Schwächen
❑ älteste Luxushotelgruppe Europas ❑ vielfältiges Portfolio ❑ charakteristische Immobilien ❑ Markenstärke (Image/Bekanntheit) ❑ loyaler & lukrativer Kundenstamm ❑ ...	❑ Interessenkonflikte (Shareholder) ❑ fehlende Investitionen im Kernmarkt Deutschland ❑ Qualitätsunterschiede in den einzelnen Hotel-Units ❑ ...
Chancen	**Risiken**
❑ Liberalisierung von Marktzutrittsbeschränkungen ❑ wachsende Oberschicht in relevanten Märkten ❑ Demokratisierung der Luxusmärkte ❑ steigende Nachfrage nach Luxusangeboten ❑ ...	❑ Märkte mit hoher kultureller Distanz ❑ politische Stabilität und Rechtssicherheit ❑ starker Wettbewerb im Luxussegment ❑ Luxuslagen als Engpassfaktor ❑ ...

Abb. 3.10: SWOT-Analyse am Beispiel eines Unternehmens der Luxushotellerie (Prinzipdarstellung) (Quelle: Gardini 2015a, S. 164)

tät und den Führungs- und Planungssystemen der jeweiligen Tourismusunternehmen (hierzu Welge et al. 2017, S. 299 ff.; Gardini 2015a, S. 153 ff.).

3.3.3 Strategien auf Unternehmensebene

In Abhängigkeit von Unternehmensgröße bzw. Struktur, Produktportfolio und Internationalisierungsprofil sind – wie oben angedeutet – in Unternehmen differenzierte Strategie- und Planungsprozesse zu vollziehen, sodass die Formulierung von Unternehmensstrategien sowohl auf der Ebene des Gesamtunternehmens als auch auf der Ebene der strategischen Geschäftsfelder/Geschäftseinheiten („Business Units") stattfindet. Im Mittelpunkt strategischer Prozesse auf Unternehmensebene stehen Entscheidungen darüber, in welchen Märkten man mit welchen Geschäftsbereichen tätig sein (strategische Investition) oder sich zurückziehen (strategische Desinvestition) will. Eine wesentliche Aufgabe auf der Ebene des Gesamtunternehmens ist entsprechend die *Bildung strategischer Geschäftsfelder*. Abgeleitet und definiert werden strategische Geschäftsfelder nach Maßgabe der generellen Zielplanung und ihrer Fähigkeit, über die Erfüllung einer unabhängigen Marktaufgabe zur Lösung von Kundenproblemen eine strategische Erfolgsposition bzw. einen nachhaltigen Wettbewerbsvorteil („Sustainable competitive advantage") zu erarbeiten und somit einen eigenständigen Beitrag zur Steigerung des Unternehmenserfolgs zu liefern. Strategische Geschäftsfelder stellen über ihre Produkt-, Programm- und Ressourcenkonfiguration eine eindeutig abgrenzbare Produkt/Markt-Kombination dar, die ausreichend groß sein sollte und für die – möglichst unabhängig von anderen Geschäftsfeldern – Strategien geplant und realisiert werden können. Im Fokus dieser strategischen Perspektive steht das zu erwartende *Ertragspotenzial* der Geschäftsfelder, das unter Zuhilfenahme verschiedener strategischer Planungsinstrumentarien wie z. B. der Portfolioanalyse annäherungsweise ermittelt werden kann und über den Aufbau oder die Abschöpfung des jeweiligen Geschäftsfelds entscheidet (vgl. Gardini 2015a, S. 192). Abbildung 3.11 fasst die Grundgedanken der strategischen Entscheidungssituation auf Unternehmensebene zusammen.

Corporate Strategy (Unternehmensstrategie)

Where to compete? (Abgrenzung der strategischen Geschäftsfelder/strategischen Grundoptionen)

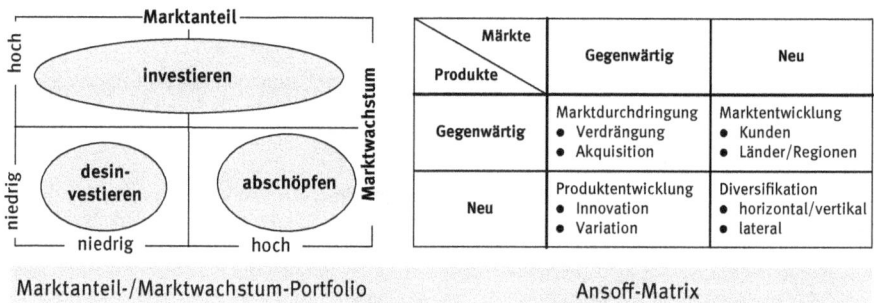

	Marktanteil		
hoch	investieren		**Marktwachstum**
niedrig	desin-vestieren	abschöpfen	
	niedrig	hoch	

Marktanteil-/Marktwachstum-Portfolio

Märkte / Produkte	Gegenwärtig	Neu
Gegenwärtig	Marktdurchdringung • Verdrängung • Akquisition	Marktentwicklung • Kunden • Länder/Regionen
Neu	Produktentwicklung • Innovation • Variation	Diversifikation • horizontal/vertikal • lateral

Ansoff-Matrix

Abb. 3.11: Grundlegende Strategieausrichtungen auf Unternehmensebene

Begreift man strategische Geschäftsfelder somit als eine eindeutig definierbare Produkt/Markt-Kombination, schlägt die in der betriebswirtschaftlichen Literatur zur strategischen Unternehmensführung zum „Klassiker" gereifte *Produkt/Markt-Matrix nach Ansoff* (1988, S. 83) vier wachstumsorientierte strategische Stoßrichtungen vor: Marktdurchdringung, Marktentwicklung, Produktentwicklung und Diversifikation.

Die *Marktdurchdringungsstrategie* verfolgt das Ziel, über verstärkte Marketing-Anstrengungen mit aktuellen Produkten und Dienstleistungen in bestehenden Märkten zusätzliche Marktanteile zu gewinnen bzw. das Marktpotenzial besser auszuschöpfen. Dies kann durch Intensivierung der Leistungsverwendung (zusätzliche Buchungen/Übernachtungen oder Services aus dem vorhandenen Kundenpotenzial), die Gewinnung von Nicht-Kunden und die Abwerbung von Konkurrenzkunden geschehen oder durch die Akquisition von Konkurrenzunternehmen. Optionen zur Erhöhung des „Share of Wallet" bei Bestandskunden oder zur Gewinnung von

Neukunden bzw. Konkurrenzkunden liegen in der besseren Ausschöpfung des Kundenpotenzials, d. h. in der Intensivierung der Kundenbearbeitung über verstärkte kommunikative, preisliche und/oder vertriebliche Maßnahmen.

Mit der *Marktentwicklungsstrategie* versucht ein Tourismusunternehmen, mit seinem derzeitigen Leistungsangebot neue Märkte zu erschließen. Dies kann neue Ziel-/Kundengruppen bedeuten (z. B. Weekend-Specials für Kurzurlauber und Städtereisende im Business-Hotel) oder die geografische Ausdehnung auf bislang noch nicht bearbeitete Märkte (z. B. Internationalisierung).

Anliegen der *Produktentwicklungsstrategie* ist es, für den gegenwärtigen Markt neue bzw. veränderte Produkte und Dienstleistungen zu entwickeln. Dies kann durch die Erweiterung des Produktprogramms mittels zusätzlicher Varianten (Produktdifferenzierung) erfolgen oder durch echte Innovationen im Sinne von Markt- oder Betriebsneuheiten. Als Marktneuheiten werden Lösungen verstanden, die ein bestehendes Problem entweder auf völlig neue Art lösen oder solche Bedürfnisse befriedigen, für die es bislang keine Lösung gab. Als Beispiel für eine Marktneuheit können sicherlich die für den deutschen Hotelmarkt noch recht jungen Low-Budget-Designkonzepte wie Ibis Styles, Motel One oder Prizeotel oder die Lifestyle-getriebenen Angebote auf dem Hostelsektor (Poshtel) genannt werden. Betriebsneuheiten beziehen sich auf die modifizierte oder verbesserte Gestaltung einzelner Produkte oder Produktbestandteile (z. B. Westin Heavenly Bed, Sweet Bed by Ibis) oder Dienstleistungen (Value Added Services) wie bspw. den Einsatz von Servicerobotern, die Erfassung des Minibarkonsums per Sensor, die Möglichkeit des mobilen Check-outs, die Öffnung der Zimmertür per Fingerabdruck oder Smartphone, die Rechnungserstellung via TV-Bildschirm oder App und Ähnliches mehr.

Bei einer *Diversifikationsstrategie* werden neue Produkte und Dienstleistungen auf neuen Märkten angeboten. Dabei lassen sich mit der horizontalen Diversifikation, der vertikalen Diversifikation und der lateralen Diversifikation grundsätzlich drei Arten der Diversifikation unterscheiden (Hungenberg/Wulf 2015, S. 118 ff.)

Bei der *horizontalen Diversifikation* agiert das Tourismusunternehmen aus seinem Kerngeschäft heraus und bietet zusätzliche Leistungen an, die mit dem bestehenden Angebot in sachlichem Zusammenhang stehen (z. B. Marriott mit den verschiedenen Luxusmarken JW Marriott, Bulgari, Ritz-Carlton). Auf Leistungsprogrammebene kann ein Hotelunternehmen bspw. einen Catering- oder Veranstaltungsservice auch außerhalb des Hotels anbieten. Auch das Eindringen nationaler und internationaler Hotelkonzerne in unterschiedliche Qualitätssegmente mit verschiedenen Hotelkonzepten ist als horizontale Diversifikationsstrategie zu bezeichnen (z. B. die Entwicklung der Budget-Marke Moxy des Marriott-Konzerns oder Hilton in Europa mit seiner Stammmarke Hilton, der Mittelklassemarke Garden Inn und der Luxusmarke Conrad).

Die *vertikale Diversifikation* ist durch Aktivitäten in vor- bzw. nachgelagerten Wertschöpfungsstufen gekennzeichnet. Dies kann durch Einrichtung eigener Leistungsbereiche oder durch Beteiligung an anderen Unternehmen erfolgen. Ziel ist es, Synergien in der touristischen Wertschöpfungskette zu erzielen. So verfügt bspw. der Reiseveranstalter TUI derzeit mit seinem Tochterunternehmen TUI Hotels&Resorts über die größte europäische Hotelkette in der Ferienhotellerie, eine Strategie, die auch als Vorwärtsdiversifikation bzw. -integration bezeichnet wird. Bei der lateralen Diversifikation verlässt das Hotelunternehmen sein angestammtes Kerngeschäft und betätigt sich auf branchenfremden Feldern. Dies geschieht zwar oft aus Gründen der Risikostreuung, ist jedoch bemerkenswerterweise zumeist eine extrem risikobehaftete Strategie, da die Unkenntnis über Marktverhältnisse, Kundenbedürfnisse und Wettbewerbskräfte vielfach in Misserfolgen mündet. Nichtsdestoweniger sind Hotelgruppen wie Arabella, Dorint, Lindner oder Maritim als Beteiligungen von Bauunternehmen typische Beispiele für eine laterale Diversifikationsstrategie innerhalb der Baubranche. Auch die neun Oetker-Collection-Hotels, zu denen auch das Brenner's Park Hotel & Spa in Baden-Baden gehört, resultieren aus einem derartigen Diversifikationsansatz des Nahrungsmittelproduzenten Dr. Oetker.

Während die Ansoff-Matrix in erster Linie wachstumsorientierte Entwicklungsrichtungen einer Unternehmensstrategie beschreibt, sind je nach Marktsituation zwangsläufig auch gegenläufige Entscheidungen zu treffen. Hierzu gehören *Konsolidierungs- oder Rückzugsstrategien* in Märkten, in denen man sich als nicht wettbewerbsfähig erwiesen hat, oder *Stabilisierungs- bzw. Abschöpfungsstrategien*, wie sie insbesondere in gesättigten Märkten notwendig sind.

3.3.4 Strategien auf Geschäftsfeldebene

Die verschiedenen Geschäftsfelder eines Unternehmen sind – wie oben skizziert – eindeutig definierbare Produkt/Markt-Kombinationen, die sich aufgrund ihrer Charakteristika in Bezug auf *Kundenbedürfnisse* (Qualität, Preis), Marktverhältnisse (Größe, Wachstum, Wettbewerbsintensität) und *Ressourcenstrukturen* (Mitarbeiter, Knowhow, Kosten) voneinander unterscheiden und für die jeweils geschäftsfeldspezifische strategische Verhaltensweisen festgelegt werden müssen. Für kleinere Hotelketten, die sich auf das Kerngeschäft der Beherbergung und Verpflegung beschränken und deren Diversifikationsgrad im Hinblick auf ihre Produkt-/Marktkomponenten somit eher gering einzustufen ist, vollzieht sich die Abgrenzung der Geschäftsfelder über die recht eindeutig abgesteckten Marktsegmente in der Hotellerie, wie sie durch Klassifikation und Standort determiniert werden. Größere Tourismuskonzerne wie bspw. Lufthansa (siehe Abb. 3.12), TUI, DER Touristik, Deutsche Bahn, Accor, Hilton oder Marriott weisen – wie oben skizziert – zum Teil recht diversifizierte Geschäftsfeldstrukturen auf, die speziellen Wettbewerbs- und Rahmenbedingungen unterliegen und einer bereichsspezifischen Planungs- und Strategieformulierung bedürfen, wie zum Beispiel die Lufthansa mit ihren verschiedenen Geschäftsbereichen im Bereich Passage, Cargo, Technik oder Catering.

Unter den vielen Ansätzen in Wissenschaft und Praxis, geschäftsfeldspezifische strategische Verhaltensweisen zu systematisieren, hat insbesondere die Systema-

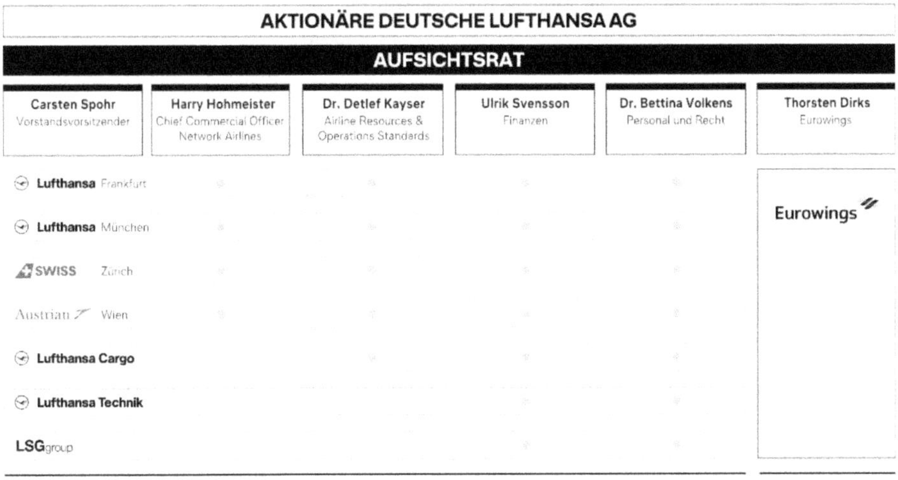

AKTIONÄRE DEUTSCHE LUFTHANSA AG					
AUFSICHTSRAT					
Carsten Spohr Vorstandsvorsitzender	Harry Hohmeister Chief Commercial Officer Network Airlines	Dr. Detlef Kayser Airline Resources & Operations Standards	Ulrik Svensson Finanzen	Dr. Bettina Volkens Personal und Recht	Thorsten Dirks Eurowings

Lufthansa Frankfurt

Lufthansa München

SWISS Zürich

Austrian Wien

Lufthansa Cargo

Lufthansa Technik

LSGgroup

Eurowings

Abb. 3.12: Konzernstruktur Lufthansa zum 30.09.2019 (Quelle: Lufthansa.com)

tik der *generischen Wettbewerbsstrategien nach Porter* Beachtung gefunden (Porter 2013, 1997). So lassen sich nach dieser Systematik für einzelne Geschäftsfelder im Wesentlichen zwei strategische Stoßrichtungen identifizieren: *Differenzierung* (Qualitäts-/Präferenzstrategie) oder *Kostenführerschaft* (Preis-Mengen-Strategie), und dies entweder im Gesamtmarkt oder in einer Marktnische. Die Konzentration auf Schwerpunkte (Fokusstrategie), die Porter in seinem Modell der generischen Wettbewerbsstrategien als dritten Strategietyp anführt, ist eine Anwendung der Kosten- bzw. Differenzierungsstrategie auf kleinere Marktnischen und -segmente (vgl. hierzu und zum Folgenden Porter 2013, S. 73 ff., siehe Abb. 3.13).

Grundlegende Merkmale der Strategie der *Kostenführerschaft* ist die Erlangung und Verteidigung einer im Branchenniveau bzw. Konkurrenzvergleich besten Kostenposition. Die Logik dieser Strategie besteht darin, branchenübliche Durchschnittspreise zu erzielen bei Kosten, die unter dem Branchendurchschnitt liegen und somit langfristig besser als der Wettbewerb abzuschneiden. Die Strategie basiert i. d. R. auf einem Standardprodukt bzw. einer Standarddienstleistung, das bzw. die einen bestimmten Grundnutzen erfüllt, möglichst in großer Zahl für einen Massenmarkt produziert und in Bezug auf die Kunden/Kundengruppen undifferenziert vermarktet wird. Dies wird begleitet durch eine strikte Kostenorientierung, die versucht, eine bestmögliche Kostenkonfiguration zu realisieren. Protagonisten dieser Strategie finden sich in der Hotellerie bei den zahlreichen Anbietern im Low-Cost-Markt bzw. der Budget-Hotellerie (z. B. B&B, die Ibis-Familie von Accor, Super 8, Express by Holiday Inn oder die deutsche Motel-One-Gruppe). In der Luftfahrtindustrie sind die Low-Cost Airlines wie Ryan Air, Easy Jet, Norwegian, Vueling oder Eurowings typische Vertreter dieser Strategie, während im Reiseveranstaltermarkt bspw. Unternehmen wie Neckermann oder Alltours die Kostenführerschaft in ihrem Segment anstreben. In der

Strategischer Wettbewerbsvorteil

Alleinstellung aus Sicht des Kunden   Kostenvorsprung

Differenzierung	**Kostenführerschaft**
Luxushotellerie	*Budgethotellerie*

gesamte Branche

Fokus

Themenfokus, Zielgruppenfokus, Produktfokus, ...

einzelnes Segment

Strategischer Zielbereich

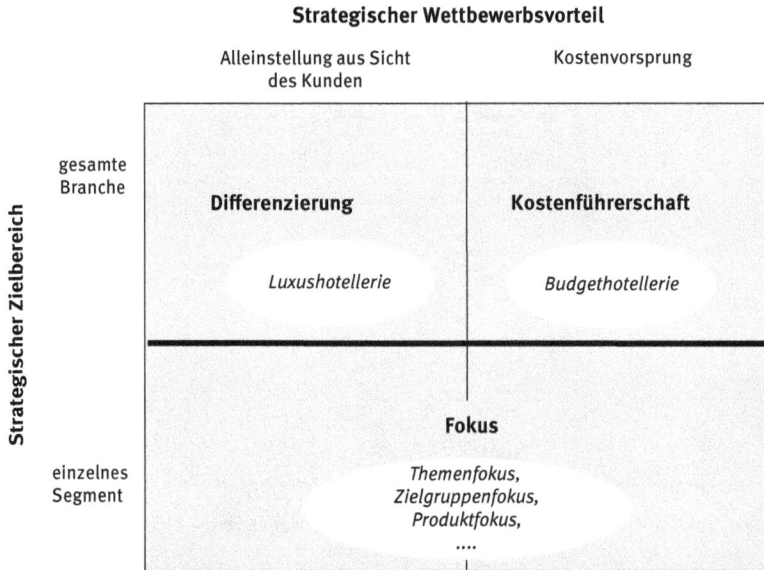

Abb. 3.13: Generische Wettbewerbsstrategien in der Hotellerie (Quelle: Gardini 2015a, S. 197 in Anlehnung an Porter 2013, S. 73 ff.)

konkreten Anwendung verlangt eine derartige Strategie die Ausrichtung der Unternehmensressourcen auf folgende Themen:

- Konzentration auf kostenbewusste Kunden/Kundensegmente
- Leistungsstandardisierung („Franchise")
- Produkt- und Prozessautomatisierung
- Externalisierung („Self Service")
- Reduktion personalintensiver Interaktionsmomente
- Reduktion der Personalintensität
- Beschränkung der Angebotsbreite/-tiefe
- Gemeinkostensenkung
- etc.

Differenzierungsstrategien versuchen hingegen, über nicht preisliche Aktivitäten ein im Vergleich zur Konkurrenz besseres Produkt- bzw. Leistungsangebot anzustreben und damit einen relativen Wettbewerbsvorteil zu erzielen. Strategisches Ziel ist es, über das im Branchen- bzw. Konkurrenzvergleich bessere Produkt- bzw. Dienstleistungsangebot zu verfügen. Die Strategie basiert auf dem Konzept, entweder reale (Design, Funktionalität) oder psychologische (Image, Marke) Leistungsvorteile gegenüber dem Wettbewerb zu schaffen und somit in der Lage zu sein, Premiumpreise zu erzielen, ohne dabei Kundenverluste befürchten zu müssen. Die Logik dieser Strategie besteht darin, aufgrund der vom Kunden wahrgenommenen Leistungsvorteile überdurchschnittliche Preise durchzusetzen, die die Mehrkosten der Differenzierung übersteigen, und damit langfristig besser als der Wettbewerb abzuschneiden. Protagonisten dieser Strategie finden sich in der Hotellerie bei den zahlreichen Anbietern im Luxus- bzw. First-Class-Segment (z. B. Ritz-Carlton, Four Seasons, Rocco Forte, Capella Hotels and Resorts bzw. Individualhotels wie die Traube Tonbach, das Brenner's Park, das Hotel Bareiss, die Sonnenalp Resorts, das Hotel Thurnher's Alpenhof). Im Bereich der Reiseveranstalter verfolgt bspw. TUI seit vielen Jahren ein konsequente Strategie der *Qualitätsführerschaft*, während im Luftfahrtmarkt Unternehmen wie Qatar Airlines, Singapore Airlines, All Nippon Airways (ANA) oder Cathay Pacific seit vielen Jahren gemessen an ihrer Qualität zu den beliebtesten Airlines in entsprechenden Kundenrankings zählen. Auch die deutsche Lufthansa findet sich regelmäßig unter den Top Ten der Skytrax-Rankings. In der konkreten Anwendung verlangt eine derartige Strategie die Ausrichtung der Unternehmensressourcen auf folgende Themen:

– Konzentration auf serviceorientierte Kunden/Kundensegmente
– Leistungsindividualisierung
– Personalisierung der Kundenbeziehungen („Humanization of Service")
– Ausweitung personalintensiver Interaktionsmomente
– Internalisierung („Being Served")
– Qualifizierung der Mitarbeiter als oberste Priorität
– Differenzierung des Leistungsspektrums in Breite und Tiefe
– konsequentes Qualitätsmanagement
– permanente Leistungsinnovationen
– Intensivierung der Kommunikationsaktivitäten nach innen und außen
– etc.

Fokus- bzw. Nischenstrategien sind im Gegensatz zu den beiden vorher genannten Strategien dadurch gekennzeichnet, dass sie sich auf bestimmte Schwerpunkte und auf einzelne bzw. kleinere und überschaubare Marktnischen und -segmente konzentrieren. Strategisches Ziel ist es, sich über eine konsequente Konzentration auf ausgewählte Marktsegmente entweder Kosten- oder Differenzierungsvorteile gegenüber dem Wettbewerb zu verschaffen. Die Strategie basiert auf dem Konzept, Kunden aufgrund des gezielten Auf- und Ausbaus von Spezialisierungsvorteilen (Preis, Qualität) von der relativen Vorteilhaftigkeit des Produkt-/Dienstleistungsangebots zu überzeugen. Die Logik dieser Strategie besteht darin, sich durch weitestgehende Spezialisierung im gewählten Nischenmarkt durchsetzen bzw. überleben zu können. Protagonisten dieser Strategie finden sich bspw. in der Hotellerie insbesondere bei Anbietern der Individualhotellerie, Spezialmarken der Kettenhotellerie bzw. spezialisierten Hotelkooperationen. So bestehen Hebel zur Fokussierung des Leistungsangebots entweder in der Besetzung bestimmter Themen bzw. *Interessensphären der Zielgruppe* wie z. B. Ökologie, Kunst, Technologie, Gesundheit, Sport, Historie, Musik, Glücks-spiel und Ähnliches mehr (Gardini 2015a, S. 255 f.): Dies ist bspw. dem Privathotel Bayerischer Hof in Inzell mit seiner Profilierung über die Volksmusik und dem ersten hoteleigenen Dorf-Musik-Stadl in Deutschland für mehr als 300 Personen gelungen. Im Leisure-Bereich setzen international Hotelkonzepte wie das Topkapi Palace oder das Kremlin Palace in der Türkei, das The Venetian in Las Vegas oder das Atlantis auf den Bahamas bzw. in Dubai auf den Trend zur Besetzung eines besonderen Themas. Die Konzentration auf eine spezifische Kundengruppe (z. B. Erwachsene/Jugendli-che, Behinderte, 50plus, Familien, Frauen, LGBT usw.) verspricht ebenfalls ein ent-sprechendes Profilierungspotenzial, wenn man die Bedürfniswelten der anvisierten Zielgruppe im jeweiligen Nachfragekontext der Hotelleistung (privat, beruflich) de-tailliert herausarbeitet und in entsprechende Dienstleistungskonzepte umsetzt (z. B. Familotels (Familien); Superbude (Jugendliche), Artemisia (Frauen), Haus Rheins-berg-Hotel am See (Menschen mit Behinderung)). Ein anderer Ansatz kann in der Zuspitzung des touristischen Produkts auf eine bestimmte Nutzen-/Erlebniskategorie im Rahmen klar fokussierter Dienstleistungsangebote gesehen werden. Hier ist bspw. an spezialisierte Konzepte von Reiseveranstaltern gedacht, wie etwa Studiosus als Studienreiseanbieter, Frosch-Reisen als Sportreiseanbieter oder Länderspezialisten wie Ivory Tours für Afrikareisen. In der konkreten Anwendung verlangt eine derartige Strategie die Ausrichtung der Unternehmensressourcen auf folgende Themen:

– zielgruppenspezifisches Produkt-/Dienstleistungsangebot durch Konzentration auf die Kunden
– Themen, Nutzen und/oder spezifische Marktsegmente
– gezielter Auf- und Ausbau von Spezialisierungsvorteilen
– Leistungsindividualisierung oder Leistungsstandardisierung
– . Identifikation und Konzentration des persönlichen Dienstleistungselements auf erfolgskritische Dienstleistungsphasen/-komponenten
– Optimierung der Kombination aus persönlichen und unpersönlichen Leistungs-komponenten
– Optimierung der Kosten/Nutzen-Kombination der Kunden
– differenzierte Externalisierungs-/Internalisierungsmaßnahmen
– gezielte Steuerung der Kundenerwartungen
– gezielte Personalauswahl und Intensivierung von Personalentwicklungs- und Schulungsmaßnahmen
– etc.

Der Wettbewerbserfolg eines Unternehmens setzt nach Porter eine konsequente Ent-scheidung für eine der strategischen Richtungen voraus; „hybride" Strategien, die verschiedene Strategieelemente mischen, bleiben dagegen erfolglos („Stuck in the Middle") (Porter 2013, S. 71 f.). Die Strategietypologie Porters und ihre wettbewerbsstrategische These, dass hohe Preise und niedrige Kosten unvereinbare Gegensätze bilden und als solche zwingend einen trennscharfen Strategietypus erfordern, wird in der wissenschaftlichen Literatur kontrovers diskutiert, allerdings hat Porter seine ursprünglichen Aussagen relativiert, indem er darauf hinweist, dass ein Unternehmen beiden Aspekten Beachtung schenken muss, um dauerhaft erfolgreich zu sein. So muss auch ein Kosten- bzw. Preisführer eine im betreffenden Marktsegment akzeptierte Mindestqualität liefern und qualitative Verschiebungen dieser Toleranzschwelle mitmachen können, um nicht zu permanenten und extremen Preisnachlässen gezwungen zu sein. Desgleichen muss ein Qualitätsführer den Kosten seiner Leistungserstellung Beachtung schenken, um seinen Ergebnisvorsprung bzw. Margenvorteil nicht zu untergraben (Hungenberg/Wulf 2015, S. 129 ff.).

Darüber hinaus gibt es in der Realität Unternehmen, die beide Ansätze miteinander kombinieren und dabei erfolgreich sind (*„hybride Wettbewerbsstrategien"*). So zeigt das Beispiel der Fluggesellschaft Singapore Airlines, dass eine vom Kunden wahrnehmbare Differenzierung bei gleichzeitigem Kostenfokus eine zielführende Strategie sein kann (Heracleous/Wirtz 2010). Einerseits differenziert sich Singapore Airline vom Wettbewerb durch eine starke Marke sowie durch eine hervorragende Service- und Mitarbeiterqualität, was sich in zahlreichen Auszeichnungen des Unternehmens äußert. So hat das Reisemagazin „Condé Nast Traveller" bisher 22 Mal den Preis für die beste Fluggesellschaft der Welt vergeben, 21 Mal war Singapore Airline der Preisträger, wie auch das Beratungsunternehmen Skytrax die Fluggesellschaft in den letzten zehn Jahren immer unter die Top-Ten-Airlines der Welt gewählt hat, davon drei Mal als Fluggesellschaft des Jahres. Singapore Airline gelingt es, trotz der hervorragenden Servicequalität bei vielen wesentlichen Kostenkennziffern eine im Branchenvergleich führende Position einzunehmen. So war Singapore Airline in der Zeit von 2001 bis 2009 in Bezug auf die Kosten pro geflogenen Sitzplatzkilometer durchschnittlich nicht nur besser als alle Full-Service-Airlines, sondern auch besser als die meisten europäischen und amerikanischen Billigfluggesellschaften (Kreikebaum et al. 2018, S. 163).

Vor diesem Hintergrund muss die Systematik der generischen Wettbewerbsstrategien zwar relativiert werden, allerdings gilt es zu betonen, dass hybride Wettbewerbsstrategien sehr schwierig zu realisieren und aufrechtzuerhalten sind, da sich ihre Elemente teilweise widersprechen (Hungenberg/Wulf 2015, S. 149 ff.). Entsprechend erfüllt die Systematik der generischen Wettbewerbsstrategien als grundlegender Denkansatz für die Weiterentwicklung unternehmens- und branchenspezifischer strategischer Programme und Wettbewerbsstrategien zweifellos nach wie vor ihren Zweck und steckt durch ihren polarisierenden Charakter das strategische Suchfeld ab, innerhalb dessen Tourismusunternehmen jedweder Branche und Größe ihre wettbewerbsstrategische Stoßrichtung bestimmen müssen. Abbildung 3.14 fasst dies noch einmal zusammen.

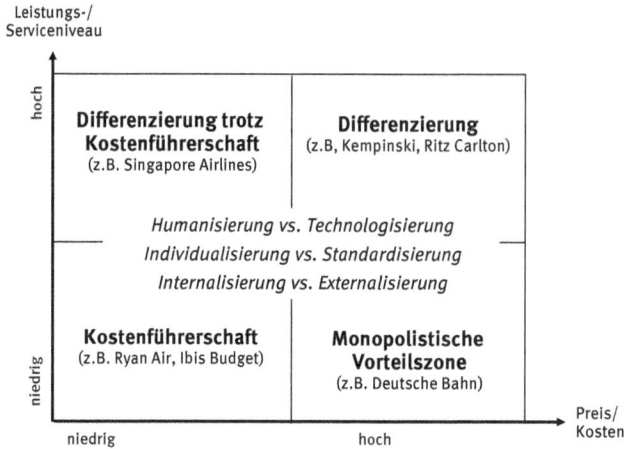

Abb. 3.14: Strategische Optionen im Tourismus

3.4 Führung und Zusammenarbeit im Tourismusmanagement

Wie oben bereits thematisiert, greift die operative Unternehmensführung den Handlungsrahmen der normativen und strategischen Unternehmensführung auf und sorgt für die Umsetzung der diesbezüglichen Vorgaben im Rahmen des sog. Tagesgeschäfts. In der Literatur besteht dabei weitgehende Einigkeit darüber, dass – neben den stärker funktionsorientierten Gestaltungskonzepten wie bspw. dem Marketing-Management, dem Vertriebsmanagement, dem Qualitätsmanagement, dem Finanzmanagement etc. – für eine erfolgreiche Führung und Zusammenarbeit im Unternehmen und zur Harmonisierung und Integration der strukturellen und prozessualen Aspekte der Unternehmensführung an der Schnittstelle zwischen strategischem und operativem Tourismusmanagement folgende drei Führungs- und Gestaltungsaufgaben von entscheidender Relevanz sind (Macharzina/Wolf 2018; Hungenberg/Wulf 2015; Schreyögg/Koch 2015): Personal und Führung, Organisation und Organisationsgestaltung sowie Controlling und die dazugehörigen Managementinformationssysteme. Angesichts der begrenzten Darstellungsmöglichkeiten im Kontext einer grundlegenden Einführung in das Tourismusmanagement beschränken sich die nachfolgenden Ausführungen auf diese Aspekte, ohne hier auf weitere funktionsorientierte bzw. branchenspezifische Managementaufgaben im Tourismus einzugehen.

3.4.1 Personal und Führung

Die *zentrale Bedeutung von qualifizierten und motivierten Mitarbeitern* für die Wettbewerbs- und Überlebensfähigkeit von Tourismusunternehmen ist unbestritten und so untermauern unzählige Beiträge aus unterschiedlichen Branchen, Unternehmen und Wissenschaftsrichtungen die positive Beziehung zwischen Mitarbeiterqualität und Unternehmenserfolg und die damit verbundene besondere Wettbewerbsrelevanz des Faktors Mensch in der heutigen Dienstleistungsgesellschaft (anstatt vieler Gardini/Brysch 2014; Kusluvan 2010; Kobjoll 2009). Auch in der Tourismusindustrie ist die Relevanz der Mitarbeiter als wertvollste Unternehmensressource ein bedeutsames Thema und wird von vielen Akteuren und Entscheidern der Tourismusbranche oftmals gerne betont:

- „Our greatest asset, and the key to our success, is our people" (Four Seasons).
- „Für beste Qualität brauchen wir bestes Personal" (Traube Tonbach).
- „For us, our employees matter most. It just seems common sense to me that, if you start off with a happy, well-motivated workforce, you're much more likely to have happy customers. And in due course the resulting profits will make your shareholders happy" (Richard Branson, CEO Virgin).
- „Finding, keeping and developing the right employees" (Kimpton Hotels & Restaurants).
- „Unser Anspruch ist es, Menschen glücklich zu machen. Das gilt für unsere Gäste und Kunden ebenso wie für unsere Mitarbeiterinnen und Mitarbeiter" (TUI).

Bekenntnisse dieser Art finden sich in fast allen Unternehmensleitbildern und gehören auch zum Standardrepertoire des Personalmarketings und des Employer Branding im Tourismus. Dennoch sind weite Teile des Tourismus von einem zeitgemäßen und wettbewerbsorientierten Personalmanagement in realiter noch weit entfernt:

> „[...] streams of research have concluded that individual or bundles of HRM practices in the tourism and hospitality industry are unprofessional, underdeveloped, and inferior when compared to other industries and are not practiced in a way that generates employee commitment, satisfaction, and motivation" (Kusluvan et al. 2010, S. 177).

Grundsätzlich stecken Personalverantwortliche im Tourismus in einem Dilemma. Zum einen besteht die bereits benannte Abhängigkeit des Unternehmenserfolgs vom Mitarbeiter, zum anderen sind die Freiheitsgrade und Handlungsoptionen des Personalmanagements durch die strukturellen Besonderheiten der Arbeitsplatzsituation in den verschiedenen Tourismusbranchen oftmals stark eingeschränkt. So weist die Personalsituation im Tourismus bzw. der Arbeitsplatz Tourismus einige grundlegende Rahmenbedingungen, Merkmale und Besonderheiten auf (Gardini 2014, S. 43 f.; Berg 2014, S. 109 ff.):

- *Spezifität der Erwerbstätigenstruktur*
  Die Tourismusbranche gilt als jugendliche Branche und zeichnet sich in vielen Teilbereichen durch Merkmale wie ein niedriges Durchschnittsalter der Erwerbstätigen, einen geringen Akademisierungsgrad, einen hohen Anteil an Quereinsteigern, Geringqualifizierten, Saison- und Teilzeitkräften sowie einen überdurchschnittlich hohen Anteil an weiblichen Arbeitskräften aus.

- *Geringe Attraktivität der Arbeitssituation*
  Die positiven Erwartungen an einen Beruf im Tourismus (Kontakt mit interessanten Menschen, schnelle Aufstiegschancen, Aufgabenvielfalt, Internationalität, Prestige, glamouröses Umfeld, Reisen, Leistungsvergünstigungen etc.) kontrastieren oftmals mit einer weniger glanzvollen Realität des Berufsalltags. Hier prägen eine hohe zeitliche und physische Belastung des Personals, eine im Branchenvergleich unterdurchschnittliche Bezahlung, rudimentäre Sozialleistungen, azyklische Arbeitsrhythmen im Vergleich zu den Arbeitszeiten in anderen Branchen, eine problematische Führungskultur, eine gestörte Work-Life-Balance sowie vergleichsweise geringe Weiterbildungs- und Karriereperspektiven die Erfahrungswelt der Mitarbeiter in vielen touristischen Berufsfeldern.
- *Volatilität der Arbeitsbelastung*
  Die bereits erwähnten typischen Schwankungen im Auslastungsgrad in Verbindung mit der Notwendigkeit zur Betriebsbereitschaft haben starke tägliche wie auch saisonale Schwankungen in der Arbeitsbelastung zur Folge. Zeiten ohne echte Arbeitsverrichtung wechseln mit hoher Arbeitsintensität bei Auslastungsspitzen, was zu extremen Belastungen für die Mitarbeiter führen kann.
- *Strukturell bedingte Fluktuation*
  Die im Vergleich zu anderen Branchen hohe Fluktuationsrate (in manchen Teilbereichen bis zu 100 %) resultiert zum einen aus den in weiten Teilen der Tourismusbranche üblichen Wanderjahren und der Saisonalität vieler Leistungsträger und zum anderen aus den branchenstrukturbedingten unzureichenden Aufstiegschancen und Vergütungssystemen, die, entsprechende Karriereambitionen vorausgesetzt, zum Arbeitsplatzwechsel zwingen. Auch die hohe Zahl weiblicher Arbeitskräfte beeinflusst durch Familiengründung und dadurch bedingte Aus- und Wiedereinstiege in den Beruf die Personalfluktuation.
- *Hoher Personalkostenanteil*
  In der Regel stehen die Personalkosten in touristischen Unternehmen an der Spitze der Aufwandpositionen (in manchen Teilbereichen bis zu 70 %). Die Personalkosten korrelieren dabei mit der Qualität des Angebots bzw. der gewählten Wettbewerbsstrategie (Individualisierung vs. Standardisierung des Leistungsangebots).
- *Chronische Personalknappheit*
  Die für die Branche typische Personalknappheit hat zweierlei Ursachen. Zum einen verschärft die demoskopische Entwicklung in hochindustrialisierten Ländern mit rückläufigen Geburtenraten zunehmend die Beschaffungssituation am Arbeitsmarkt und zum anderen wirken sich die ungünstigen Arbeitsplatzbedingungen negativ auf das Image des Tourismus als Arbeitgeber aus.

Vor dem Hintergrund dieser strukturellen Besonderheiten des Arbeitsplatz Tourismus, der Dienstleistungsspezifika der touristischen Leistungen und der sich rasant verändernden Wettbewerbs- und Managementlandschaft in den verschiedenen Bereichen der Tourismusindustrie (z. B. demografischer Wandel, Fachkräftemangel, Globalisierung, Digitalisierung, Mobilität, Wettbewerbsintensität etc.) wird das Thema Personal zunehmend zu einem *strategischen Engpassfaktor*, der in Zukunft über die Wettbewerbsfähigkeit von touristischen Unternehmen entscheiden wird. Dieser Beobachtung folgend, muss das Management der Personalressourcen sehr viel stärker als in der Vergangenheit mit den verfolgten Unternehmenszielen, der Wettbewerbsstrategie und dem zugrunde liegenden Produkt-/Marktkonzept verzahnt werden. Touristische Unternehmen können in ihrem Personalmanagement – in Analogie zu den generischen Wettbewerbsstrategien nach Porter (Porter 2013) – zwei grundlegende Positionen einnehmen (hierzu und zum Folgenden Gardini 2014, S. 50 ff. und die dort angegebene Literatur):

– *Kostenorientierung (Fokus: Realisierung von Kosten-/Preisvorteilen)*
  Hierbei stehen Leistungsabbau, Automatisierung und Standardisierung im Vordergrund des personalpolitischen Konzepts. Der Handlungsspielraum in Bezug auf Rationalisierungsmaßnahmen in personengebundenen und kundenkontaktintensiven Dienstleistungsumfeldern ist jedoch wesentlich geringer als in anderen Bereichen, da die Rationalisierungs- und Automatisierungspotenziale durch die Produkt-/Marktstrategie des Tourismusunternehmens determiniert werden, sprich vom Ausmaß der angebotenen, persönlich erbrachten Dienstleistungen und der angestrebten Intensität der persönlichen Anbieter-/Nachfragerbeziehungen. Weitere Restriktionen ergeben sich durch die dienstleistungsimmanenten Grenzen der Standardisierung, wodurch der verstärkte Einsatz neuer Technologien nicht zwangsläufig Personaleinsparungen und/oder einen höheren Automatisierungsgrad zur Folge hat. Mit dieser Ausrichtung einher geht die verstärkte Beschäftigung von Teilzeitkräften, Geringqualifizierten, Studierenden, Praktikanten und/oder flexiblen Saisonkräften. Das damit einhergehende Personalmanagement ist einem starken Kostendruck unterworfen und prozessual eher auf operative Aufgabenstellungen ausgerichtet; langfristige Investments in die Personalqualität werden als wenig sinnvoll erachtet.

– *Qualitätsorientierung (Fokus: Realisierung von Differenzierungsvorteilen)*
  Hierbei werden die Mitarbeiter weniger als Kostenfaktor betrachtet, vielmehr als angebotspolitisches Differenzierungspotenzial, das als Schlüsselelement – neben einer strikten Kundenorientierung – von kardinaler Bedeutung für das erfolgreiche Bestehen im Wettbewerb ist. Das Personal wird somit zum strategischen Erfolgsfaktor und genießt demzufolge als strategischer Baustein im Rahmen eines wettbewerbsorientierten Personalmanagements oberste Managementpriorität. Als grundlegendes Ziel eines solchen wettbewerbsorientierten Personalmanagements kann, im Sinne des internen Marketings, die Gewinnung, Entwicklung und Bindung geeigneter, motivierter und kundenorientierter Mitarbeiter formuliert werden, deren Wissens-, Lern- und Bereitschaftspotenziale die Realisierung originärer Unternehmensziele wie bspw. Umsatz, Gewinn und Kundenzufriedenheit nachhaltig zu unterstützen in der Lage sind.

Wettbewerbsorientierte Personalstrategien erfordern demzufolge als Reflex realer, unternehmensbezogener Stärke und marktspezifischer Problemlösungskompetenz eine frühzeitige Integration personalpolitischer Fragestellungen in grundlegende Gestaltungsprozesse der Organisations- und Unternehmensentwicklung. Damit wird deutlich, dass die organisatorische Trennung zwischen Organisations-, Personal- und Marketing-Management im Dienstleistungsbereich nicht mehr zielführend ist. Entsprechend gilt es, über die engere *Verzahnung von Marketing und Personalmanagement* sicherzustellen, dass im Wettbewerb um die besten Mitarbeiter auch marktrelevante Aspekte Berücksichtigung finden. Aus dieser Erkenntnis heraus kann als grundlegendes Ziel des Personalmanagements im Tourismus die Gewinnung, Entwicklung und Bindung motivierter, kundenorientierter Mitarbeiter formuliert werden, deren Fähigkeits-, Lern- und Bereitschaftspotenziale die Realisierung der leistungs- und finanzwirtschaftlichen Ziele der Unternehmen nachhaltig unterstützen. In der Konsequenz lassen sich drei kritische Erfolgsgrößen eines zeitgemäßen und wettbewerbsorientierten Personalmanagements identifizieren, deren Aufgabe es ist, bewusst und gezielt Bedingungen zu schaffen, gute Mitarbeiter zu finden, zu halten und in ihrer Qualität laufend den steigenden Anforderungen anzupassen (Gardini/Brysch 2014):

- Personalgewinnung
- Personalentwicklung/-bindung
- Personalführung

Personalgewinnung

Die Personalgewinnung (Personalbeschaffung/Personalrekrutierung) ist eine Teilfunktion des Personalmanagements und umfasst die Such- und Auswahlprozesse eines Tourismusunternehmens in der Absicht, die benötigten Mitarbeiter in qualitativer, quantitativer, zeitlicher und räumlicher Hinsicht zielorientiert zu beschaffen. Während die Bestimmung des quantitativen, räumlichen und zeitlichen Personalbedarfs eher ein allgemeingültiges Problemfeld der Personalbeschaffung im Tourismus darstellt und als solches an dieser Stelle nicht weiter diskutiert werden soll, gewinnen die qualitativen Aspekte der Bedarfsermittlung im Zuge eines wettbewerbsorientierten Personalmanagements im Tourismus an Bedeutung. Charakteristisch für die Ermittlung des qualitativen Personalbedarfs im Tourismus ist die Abhängigkeit von der jeweiligen Qualitätskategorie, der anvisierten Zielgruppe sowie der Art und des Umfangs des Leistungsangebots des einzelnen Tourismusunternehmens. Darüber hinaus spielen auch die spezifische Unternehmensphilosophie und die Unternehmenskultur eine wesentliche Rolle bei der Auswahl geeigneter Mitarbeiter, denn insbesondere auf der normativen Ebene gilt es im Auswahlverfahren sicherzustellen, dass zwischen dem potenziellen Bewerber und dem Unternehmen eine hinreichende Übereinstimmung bezüglich der jeweils vorhandenen Wertesysteme erzielt wird. Es gilt, solche Mitarbeiter einzustellen, deren Werte und Einstellungen zu denen des Unternehmens passen. „Hire on attitude, train on skills" – dieses Herb Kelleher, dem ehemaligen CEO von Southwest Airlines, zugeschriebene Zitat beschreibt eine grundlegende Philosophie dieser Einstellungspolitik. Wichtiger als Fachqualifikationen oder spezifische Berufserfahrungen ist es demzufolge, im Zuge der Rekrutierung die *richtige Passung zwischen Mitarbeitern und Unternehmern* zu realisieren, im Sinne eines „Kultur-Fit" zwischen Bewerber und Unternehmen. Der kundengerichtete, persönlichkeitsintensive und interaktive Fokus in Unternehmen in den verschiedenen Branchen des Tourismus erfordert in seiner dienstleistungsspezifischen Ausgestaltung und Umsetzung einen bestimmten Mitarbeitertypus, der mit einer strategiegerechten Werthaltung, grundsätzlichen Charaktereigenschaften und einer elementar serviceorientierten Arbeitsauffassung und -mentalität die vorgesehenen Aufgaben im Unternehmen wahrnimmt. Je höher der wahrgenommene Fit zwischen Mitarbeiter und Unternehmen, desto stärker identifizieren sich Mitarbeiter mit dem Unternehmen und desto höher ist i. d. R. auch deren Bindungs- und Leistungsbereitschaft (Esch et al. 2008).

Zur Beurteilung und Auswahl entsprechender Mitarbeiter schlägt Hoffmann – wie in Abb. 3.15 dargestellt – ein Raster vor, das neben den Merkmalen des Leistungspotenzials (Ausbildung, Erfahrung, Fähigkeiten) auch die *Merkmale des Persönlichkeitspotenzials* erfasst, wie sie sich aus individuellen Eigenschaften und Einstellungen ergeben (Hoffmann 1989). Während Eigenschaften personentypische und sehr stabile Merkmale einer Person darstellen, die anlagebedingt bzw. durch die Integration vieler spezifischer Gewohnheiten Charakter und Wertesystem eines Menschen prägen, haben Einstellungen ein konkretes Bezugsobjekt und kennzeichnen die innere Disposition einer Person zur Auseinandersetzung mit dem jeweiligen Bezugsobjekt (z. B. Einstellungen zur Dienstleistungsqualität, zu anderen Menschen). Die Merkma-

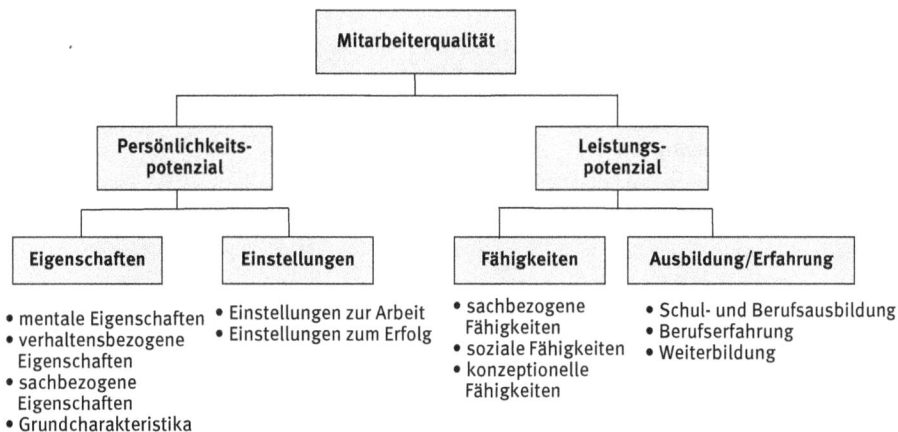

Abb. 3.15: Merkmale der Mitarbeiterqualität (Quelle: Hoffmann 1989, S. 411)

le des Leistungspotenzials sind dagegen durch langfristig stabile Fähigkeiten charakterisiert, die zwar ebenfalls in Teilen anlagebedingt sind, jedoch durch Schulung, konkrete Übung und Erfahrung weiterentwickelt werden können. Darüber hinaus gibt der spezifische Bildungs- und Berufsweg neben Hinweisen auf die persönliche und soziale Entwicklung auch Aufschluss über fachliche Grundlagen.

Die Beurteilung von Mitarbeitern hinsichtlich ihrer Leistungsbereitschaft und ihrer Leistungsfähigkeit auf der Grundlage von Merkmalen ihres Persönlichkeits- und Leistungspotenzials ist jedoch problembehaftet, da die Potenzialdefinition nicht eindeutig definiert ist, die Multidimensionalität des Potenzialbegriffs eine objektive Erfassung erschwert und die Auswahl relevanter Indikatoren zur Potenzialermittlung wissenschaftlichen Kriterien nicht genügt. Darüber hinaus sind die Beurteiler ohne umfassende Schulung nicht in der Lage, das Potenzial eines Bewerbers richtig einzuschätzen (Hilb 2000, S. 139). Die Folge dieser methodisch-wissenschaftlichen Defizite ist, dass Potenzialbeurteilungskonzepte keinesfalls als wissenschaftlich abgesichertes und objektives Instrument des Personalmanagement betrachtet werden dürfen, sondern sich vor dem Hintergrund ihrer Subjektivität in ihrer Ausgestaltung primär an generellen unternehmensspezifischen und den daraus abgeleiteten personalwirtschaftlichen Zielsetzungen orientieren müssen.

So sind bspw. die Freundlichkeit, Kreativität, Flexibilität, Leistungsbereitschaft und das Fachwissen der Mitarbeiter für den Schindlerhof in Nürnberg das Herzstück seines Wettbewerbserfolgs. Um das selbst erklärte Personalziel zu erreichen, das darin besteht, in allen Bereichen die besten und fähigsten Mitarbeiter (sog. Mitunternehmer/-innen) der gesamten Branche zu beschäftigen, hat der Schindlerhof einen sog. *Einstellungsfilter* entwickelt, der folgende Prozessschritte enthält (Kobjoll 2009):

- *Darstellung des Unternehmens und Einladung*
  Potenzielle Bewerber erhalten zunächst ein Kurzporträt des Unternehmens, das die Umsatzziele und betriebliche Kennzahlen enthält, einen persönlichen Einladungsbrief der zukünftigen Führungskraft, die Spielkultur, aktuelle Pressberichte, ein Kurzporträt von Kurt Kobjoll, den Hausprospekt, den Mitarbeiterprospekt und das aktuelle Organigramm.
- *Vorstellungsgespräch*
  Die Vorstellungsgespräche werden oftmals bewusst auf Sonn- und Feiertage gelegt.
- *Hausführung*
  Nimmt der Bewerber die Einladung zu einem persönlichen Kennenlernen an, so erhält er vor Ort als Erstes eine ausführliche Hausführung vor und hinter den Kulissen (auch an alle Schandflecke des Hotels).
- *Partneranalyse*
  Anschließend muss jeder Bewerber eine vom Schindlerhof entworfene Partneranalyse ausfüllen, die Fragen stellt über seine Neigungen, seine Kenntnisse und seine Erwartungen. Diese Partneranalyse dient bei späteren Mitarbeiterorientierungsgesprächen als Grundlage für den individuellen Entwicklungsplan.

- *Persönliches Gespräch*
  Nach Beendigung dieser schriftlichen Aufgabe kommt es zu einem persönlichen Vorstellungsgespräch mit der Unternehmensführung bzw. mit der zukünftigen Abteilungsleitung.
- *Zweitägiges Probearbeiten*
  Besteht anschließend noch Interesse an einer Zusammenarbeit, wird ein Termin für ein zweitägiges Probearbeiten vereinbart. Während dieser zwei Tage haben Mitarbeiter und Abteilungsleiter die Möglichkeit, den Bewerber kennenzulernen und zu beurteilen. Gleichzeitig hat der Bewerber die Möglichkeit, seine zukünftige Arbeitsstelle und die an ihn gestellten Anforderungen kennenzulernen.
- *Grafologisches Gutachten*
  Dies wird meist nur bei der Einstellung von Führungskräften erstellt.
- *Spielvertrag und Spielregeln*
  Hat der Bewerber alle Schritte durchlaufen und besteht beiderseits weiterhin Einigkeit, so erhält der Arbeitnehmer seinen Spielvertrag (Arbeitsvertrag).
- *Lange Probezeit*

Bei der Personalauswahl und -bewertung beschränken sich allerdings weite Teile der klein- und mittelständischen Tourismusindustrie traditionellerweise auf kostengünstige Verfahren wie die Sichtung der Bewerbungsunterlagen, einfach strukturierte Interviews oder relativ simple Wissenstests. Dies legt die Vermutung nahe, dass trotz vielfältiger Bekenntnisse zur Kundenorientierung und Dienstleistungsqualität die Kostenaspekte intensiver persönlichkeits- und verhaltensorientierter Personalauswahlverfahren signifikant negativer beurteilt werden als der entsprechende Nutzen effizienter Evaluierungsverfahren zur Gewinnung kundenorientierter Mitarbeiter mit ausgeprägter Dienstleistungsmentalität und hoher Wertekongruenz. Folgt man jedoch der Auffassung, dass die sog. Hard Skills (Noten, Ausbildungsstätte, Berufs-/Branchenerfahrung etc.) nur grundlegende Basisfähigkeiten bzw. Potenziale eines Mitarbeiters reflektieren, dann gilt es, zukünftig elaboriertere Personalauswahlverfahren zu entwickeln bzw. zu nutzen. Diese müssen neben den fachlichen Grundqualifikationen insbesondere die *individuellen Eigenschafts- und Einstellungsmerkmale* der Person in den Vordergrund stellen und sich an den realen Bezügen zur potenziellen Arbeitssituation orientieren, um Aufschluss über die Serviceorientierung, das Arbeitsethos und die Verhaltenssensibilität potenzieller Mitarbeiter zu liefern (z. B. Assessment-Center, Fallstudien, Rollenspiele, situative Bewerbergespräche, Mitarbeiterbeteiligung, biografische Fragebögen). Angesichts der Tatsache, dass sich ein Großteil unternehmensinterner Qualitätsprobleme und Schwierigkeiten im Tourismus auf einen falschen Ansatz bei der Mitarbeiterauswahl zurückführen lässt, ist die grundlegende Zielsetzung einer wettbewerbsorientierten Personalbeschaffung in der Auswahl und Verpflichtung kunden- und serviceorientierter Mitarbeiter zu sehen, die den komplexen Verhaltensanforderungen, denen sie im Rahmen von Kundenkontaktsituationen ausgesetzt sind, gerecht werden: „Choose wisely – the emotional and financial costs of turnover are high. Projects are put on hold, service is interrupted, training costs are lost, competitive information walks out the door, and a host of other ills results from turnover. You have to be sure you find the right people from the beginning" (Rosenbluth/McFerrin Peters 1992, S. 67).

Im Wettbewerb um die knapper werdende Ressource Personal gilt es, zukünftig im Tourismus im Bereich der Personalbeschaffung innovativer zu werden, will man im Kampf um die besten und die richtigen Mitarbeiter nicht unterliegen. Der Aufbau und die Pflege einer Arbeitgebermarke, sprich das sog. *Employer Branding* (statt vieler Trost 2009), steht daher bei den meisten Personalverantwortlichen im Tourismus ganz oben auf der Agenda. Die Deutsche Employer Branding Akademie (DEBA 2014) definiert Employer Branding dabei als

> [...] identitätsbasierte, intern wie extern wirksame Entwicklung und Positionierung eines Unternehmens als glaubwürdiger und attraktiver Arbeitgeber. Kern des Employer Brandings ist immer eine die Unternehmensmarke spezifizierende oder adaptierende Arbeitgebermarkenstrategie. Entwicklung, Umsetzung und Messung dieser Strategie zielen unmittelbar auf die nachhaltige Optimierung von Mitarbeitergewinnung, Mitarbeiterbindung, Leistungsbereitschaft und Unternehmenskultur sowie die Verbesserung des Unternehmensimages. Mittelbar steigert Employer Branding außerdem Geschäftsergebnis sowie Markenwert.

Auch hier ist es keine Frage der Unternehmensgröße, ob man in der Lage ist, ein attraktiver Arbeitgeber zu sein, sondern eine Frage der strategischen Zielsetzung im Sinne des Aufbaus einer starken Arbeitgebermarke als Teil eines langfristig orientierten Personalmanagements. Dass dies nicht nur in der Konzernhotellerie, sondern auch in der klein- bzw. mittelständischen Privathotellerie realisierbar ist, unterstreicht bspw. die mittelständische Hotelkette Upstaalsboom, die in der jüngeren Zeit in vielen *Arbeitgeberrankings* die ersten Plätze belegte, oder auch die Explorer-Hotel-Gruppe, die ebenfalls in der Vergangenheit bereits des Öfteren ausgezeichnet wurde. Ein weiteres Beispiel ist der o. g. Schindlerhof in Nürnberg, der an drei aufeinanderfolgenden Jahren im Great-Place-to-Work-Ranking unter den besten Arbeitgebern aufgeführt wurde, es sich nach eigenen Aussagen erlauben kann, sehr selektiv in der Personalauswahl zu sein, und bislang keine Probleme sieht, die Mitarbeiter zu rekrutieren, die nach Ansicht des Unternehmens den größten Beitrag zur Unternehmensentwicklung leisten können (Kobjoll 2009).

Personalentwicklung/-bindung

Unter der Personalentwicklung werden sämtliche Maßnahmen subsummiert, die ein Unternehmen nutzt, um Mitarbeiter für die Bewältigung gegenwärtiger und zukünftiger Herausforderungen zu qualifizieren, mit dem Ziel, eine effiziente Verwirklichung der Unternehmensziele zu ermöglichen. Maßnahmen der Personalbindung beinhalten darüber hinaus die Entwicklung monetärer und nicht monetärer Motivations- und Anreizsysteme, die Gestaltung effektiver Kommunikationsstrukturen sowie die Schaffung identifikations- und motivationsfördernder Arbeitsstrukturen (Gardini 2015a, S. 566 ff. und die dort angegebene Literatur). Während aus *Unternehmenssicht* insbesondere die Sicherung des Bedarfs an qualifizierten Mitarbeitern und Führungskräften sowie die Steigerung von Motivation und Identifikation wichtige Zielsetzungen der Personalentwicklung und Mitarbeiterbindung sind, stehen aus *Mitarbeitersicht* klare Karriere- und Aufstiegsperspektiven, die Erhaltung und Verbesserung der fachlichen Qualifikation und die persönliche Einkommensverbesserung im Mittelpunkt jedweder Personalentwicklungsmaßnahmen. Personalentwicklung ist dabei nicht nur Aufgabe der Unternehmensführung, sondern jeder Führungskraft mit Personalverantwortung auf den verschiedenen Hierarchieebenen eines Unternehmens (Hungenberg/Wulf 2015, S. 312 ff.).

In der Literatur findet sich eine Vielzahl von Methoden und *Qualifizierungsinstrumenten*, die im Kontext der Personalentwicklung eingesetzt werden (Abb. 3.16). Je nachdem, in welcher Lernumgebung bzw. Lernsituation die Bildungs- und Entwicklungsmaßnahmen eingesetzt werden, unterscheidet man grundsätzlich Quali-

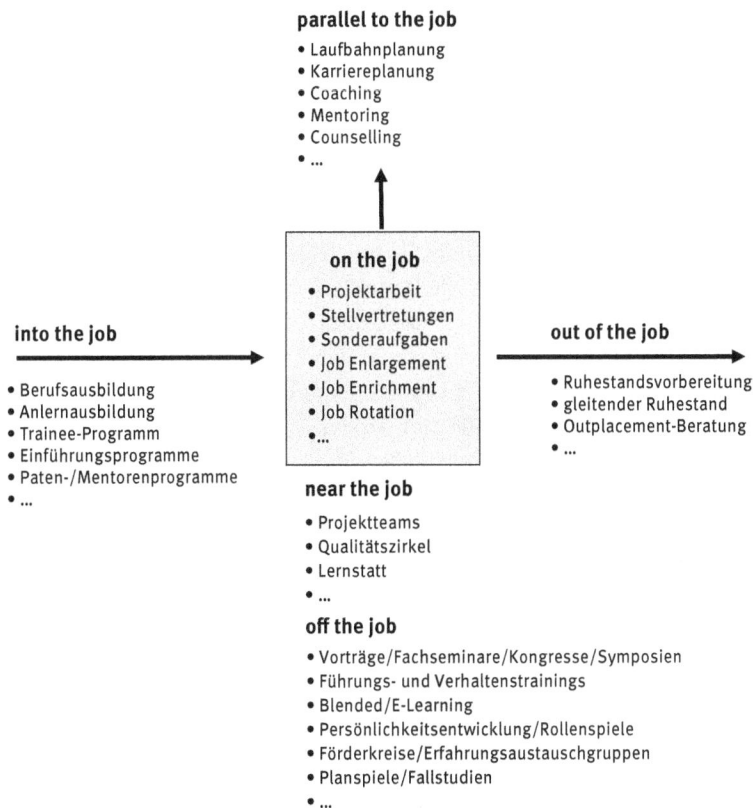

parallel to the job
- Laufbahnplanung
- Karriereplanung
- Coaching
- Mentoring
- Counselling
- …

on the job
- Projektarbeit
- Stellvertretungen
- Sonderaufgaben
- Job Enlargement
- Job Enrichment
- Job Rotation
- …

into the job
- Berufsausbildung
- Anlernausbildung
- Trainee-Programm
- Einführungsprogramme
- Paten-/Mentorenprogramme
- …

out of the job
- Ruhestandsvorbereitung
- gleitender Ruhestand
- Outplacement-Beratung
- …

near the job
- Projektteams
- Qualitätszirkel
- Lernstatt
- …

off the job
- Vorträge/Fachseminare/Kongresse/Symposien
- Führungs- und Verhaltenstrainings
- Blended/E-Learning
- Persönlichkeitsentwicklung/Rollenspiele
- Förderkreise/Erfahrungsaustauschgruppen
- Planspiele/Fallstudien
- …

Abb. 3.16: Methoden der Personalentwicklung (Quelle: Wunderer 2005, S. 363)

fizierungen, die am Arbeitsplatz stattfinden („Training on the job"), und Qualifizierungen, die sich außerhalb des Arbeitsplatzes vollziehen („Training off the job"). Des Weiteren werden Bildungs- und Entwicklungsmaßnahmen oftmals noch nach dem Tätigkeitsbezug der Maßnahme, der Kontinuität des Einsatzes oder der Phase der Berufsentwicklung klassifiziert („into-/on-/near-/off-/out of-/parallel to the job") (Wunderer 2005, S. 360 ff.; Becker/Günther 2001, S. 774 f.). Die Qualifizierung kann dabei auf die Vermittlung ganz unterschiedlicher Qualifikationskomponenten abzielen (Berthel 2000, S. 223 f.). Hierunter fallen i. d. R.:

–   kognitive Persönlichkeitsmerkmale der Mitarbeiter (z. B. Kenntnisse, Fähigkeiten)
–   affektive Persönlichkeitsmerkmale der Mitarbeiter (z. B. Einstellungen, Motivation)
–   konative Persönlichkeitsmerkmale der Mitarbeiter (z. B. kunden- oder teamorientiertes Sozialverhalten)

Die systematische Personal- und Karriereentwicklung von Mitarbeitern bedarf substanzieller Investments in Zeit und Geld. Diese halten sich jedoch aktuell im touristischen Arbeitgeberumfeld im Vergleich zu anderen Branchen in sehr engen Grenzen. So investiert kaum eine Branche so wenig im Bereich der Schulung und Qualifikation der Mitarbeiter wie die Tourismusbranche. Statistisch gesehen ist der einzelne Mitarbeiter nur ca. vier Tage im Jahr zur *Fort- und Weiterbildung*, während in anderen Branchen pro Mitarbeiter im Durchschnitt zwölf Tage zu Buche stehen (Berg 2014, S. 111). Insbesondere in der Hotellerie und Gastronomie sind die direkten Ausgaben für Personalentwicklung im Branchenvergleich unterdurchschnittlich (Gardini 2014, S. 46). Als Grund für die extreme Zurückhaltung bei Investitionen in Schulungs- und Weiterbildungsprogramme wird oftmals die hohe Fluktuation angeführt, was man als klassisches „Henne/Ei"-Problem bezeichnen könnte, denn ohne Investitionen in das Humankapital wird es auch keinen entsprechenden Return on Investment geben. Vielmehr wirkt diese Zurückhaltung noch verschärfend, beeinträchtigt sie doch den Willen und die Motivation der Mitarbeiter, sich an das Unternehmen zu binden, sodass Fluktuationsprobleme und Loyalitätsdefizite dadurch eine weitere Beschleunigung erfahren (Sturmann 2001). In weiten Teilen des Tourismus dominiert jedoch bei vielen Unternehmen die Befürchtung, dass die Weiterbildungsinvestitionen nur die Mitarbeiterattraktivität, aber nicht den Unternehmenswert steigern und sich dadurch vielmehr die Gefahr erhöht, dass Mitarbeiter mit ihren neu erworbenen Fähigkeiten zur Konkurrenz abwandern. Dass man diesem Problem auch eine andere Dimension abgewinnen kann, zeigt ein Zitat von Pal Barger, Chairman von Pal's Sudden Service, einer mittelständischen Restaurantkette und Gewinnerin des höchsten US-amerikanischen Qualitätspreises, des Malcolm Baldrige National Quality Award: „When we open a new store, we give every hourly employee 120 hours of training. Someone said, ‚What if you spend all that money and they leave?' And I said, ‚What if you don't and they stay?'" (Zitiert nach Bettencourt 2012, S. 22).

Will man exzellente Mitarbeiter an das Unternehmen binden, so muss man entsprechend in sie *investieren*. Jürgen Dost, früherer Human Resources Director bei der Lindner Hotels AG, drückt diesen Sachverhalt wie folgt aus: „Dieses Geld ist eine Investition in 60 % unseres Produktes: die Mitarbeiter. In die anderen 40 % – die Immobilie – investiert die Branche bereits lange und wesentlich bereitwilliger" (Dost 2015, S. 590). Dass die Höhe von zugeteilten Budgets und die bereichs- und themenspezifische Allokation von Investitionen in Personal- und Unternehmensentwicklungsprozesse immer eine Reflexion der jeweiligen strategischen Prioritäten ist, zeigt das Beispiel von Singapore Airlines. Das strategische Ziel des Unternehmens ist es, die Serviceführerschaft im globalen Wettbewerb der Linienfluggesellschaften zu erlangen und zu erhalten, und dies wird durch eine entsprechende *Investitionsphilosophie* nachhaltig gestützt: „Singapore Airlines follows a 4-3-3 rule of spending: 40 % on training, 30 % on revising processes and procedures, and 30 % on creating new products and services every year" (Heracleous/Wirtz 2010, S. 147).

Die Notwendigkeit, Personalentwicklung mit besonderem Schwerpunkt auf die Bindung von Mitarbeitern voranzutreiben, haben insbesondere die größeren Tourismusunternehmen seit einiger Zeit erkannt und entweder eigene Corporate Universities oder Akademien gegründet (z. B. Deutsche Bahn, Lufthansa, NH Hotel Group, Accor, Motel One), bieten in Zusammenarbeit mit Hochschulen geförderte akademische Weiterqualifikationen auf MBA-, Master- und/oder Bachelor-Niveau an (z. B. Lindner, Kempinski, Sixt, Accor) oder entwickeln spezielle Programme für High Potentials im Zuge von Talent-Management-Konzepten (z. B. Lufthansa, Southwest Airlines, Hertz, Kempinski, Starwood). Es ist denn auch davon auszugehen, dass Unternehmen ihre Attraktivität als Arbeitgeber im Sinne des Employer Branding erheblich steigern können, wenn sie auf allen Ebenen ein aufrichtiges Interesse an der *Karriereentwicklung* ihrer Mitarbeiter zeigen und auch Trainingsmaßnahmen anbieten, die nicht ausschließlich der Bewältigung des Tagesgeschäfts dienen. McDonald's, dessen Anspruch es ist, „[…] to be the best employer in each community around the world […]", ist nach eigenen Angaben sehr stolz darauf, dass mehr als 40 % der Managementpositionen bei McDonald's von Mitarbeitern bekleidet werden, die auf Stundenbasis beim Unternehmen angefangen haben (Clarke/Chen 2007). Viele Tourismusunternehmen erkennen zwar die Wichtigkeit der Personalentwicklung/-schulung, nehmen diese aber letztlich nur unzureichend in Angriff. Insbesondere den kleinen und mittelständischen Unternehmen im Tourismus mangelt es an einer langfristigen Perspektive bei der Durchführung karrierefördernder Maßnahmen sowie an ganzheitlichen Personalentwicklungskonzepten, und so prägen Aktionismus und fehlende Zielgerichtetheit der Maßnahmen hier das Bild.

Ein besonders wichtiger Bindungs- und Hygienefaktor für Mitarbeiter und in weiten Teilen des Tourismus ein permanentes Ärgernis zwischen Arbeitgeber und Arbeitnehmer ist die Entwicklung adäquater *Vergütungs- und Anreizsysteme*. Dies ist umso mehr der Fall, wenn die Attraktivität der Tätigkeit und die Entwicklungsmöglichkeiten im Unternehmen aus Mitarbeitersicht begrenzt sind. Die Gestaltung der Gratifikations- und Beurteilungssysteme sind natürlich eng an die jeweiligen Unternehmensziele gekoppelt und sollten nach Maßgabe der gewünschten Denk- und Verhaltensweisen erfolgen (z. B. Koppelung bestimmter Gehaltskomponenten an einen Kundenzufriedenheitsindex, Betonung servicerelevanter Beurteilungskriterien). Entsprechend orientieren sich wettbewerbsorientierte Anreizsysteme an der Erfüllung interner bzw. externer Servicestandards und dienen der effektiven Kontrolle der Kundenzufriedenheit, im Sinne des Grundsatzes: „Gute Serviceleistungen sind zu belohnen, schlechte müssen sanktioniert werden" (Simon/Sebastian 1995, S. 18). Die verstärkte Hinwendung zu teambasierten und problemlösungsorientierten Organisationsformen (Abteilungs-/Projektteams, Qualitätszirkel u. Ä.) erfordert darüber hinaus ein abgestimmtes Profil individueller und kollektiver Leistungsanreize, um so zu einer ausbalancierten Wirkungskombination von Wettbewerb und Kooperation unter den Mitarbeitern zu gelangen. Zukunftsorientierte Vergütungsmodelle müssen sich von der vereinfachenden Überbetonung extrinsischer Vergütungskomponenten lösen und sich viel mehr um eine Neutarierung der extrinsischen und intrinsischen Elemente des Anreiz- und Beitragssystems bemühen, im Sinne eines einzigartigen und wettbewerbsfähigen arbeitgeberspezifischen Wertangebots für aktuelle und potenzielle Mitarbeiter.

Als weitere Maßnahmen der Personalbindung wurden die Gestaltung *effektiver Kommunikationsstrukturen* sowie die Schaffung *identifikations- und motivationsfördernder Arbeitsstrukturen* genannt. Grundsätzliches Gestaltungsziel kommunikativer Maßnahmen im Zuge der Mitarbeiterbindung ist im Hinblick auf die effiziente Verwirklichung der Unternehmensziele die Steuerung von Meinungen, Einstellungen und Verhalten der Mitarbeiter und Führungskräfte. Als wesentliche Aufgaben lassen sich daraus ableiten (Meffert/Bruhn 2009, S. 375):

–   Einbindung der Mitarbeiter in die Kommunikation nach außen und Definition der Kommunikationsträger
–   Optimierung der internen Kommunikationsprozesse durch Beratung und Unterstützung wichtiger Kommunikationsträger
–   Verstärkung der Zielgruppenorientierung in der Kommunikation und Definition spezifischer Kommunikationsfunktionen/-standards der Mitarbeiter
–   Vermittlung relevanter Informationen über Ziele, Strategien und Situation des Unternehmens zur Stärkung des „Wir-Gefühls" und der Mitarbeiteridentifikation
–   Vermittlung des Meinungs- und Stimmungsbilds der Mitarbeiter an Führungskräfte und Unternehmensführung
–   Mitwirkung bei der Weiterentwicklung der Unternehmenskultur

Hierzu sind verschiedenste Instrumente persönlicher (z. B. Mitarbeitergespräche, Seminare, Betriebsversammlungen etc.) und unpersönlicher Mitarbeiterkommunikation (Mitarbeiterzeitung, Intranet, Firmenblogs/Apps etc.) einsetzbar, die entweder in kontinuierlicher oder sporadischer Form stattfinden können. Neben kommunikativen Maßnahmen kommt auch der Schaffung einer identifikations- und motivationsfördernden Arbeitsumgebung bzw. der strukturellen, prozessualen und inhaltlichen Arbeitsplatzgestaltung im Hinblick auf die Beziehungsqualität zwischen Arbeitgeber und Arbeitnehmer und die langfristige Mitarbeiterbindung eine besondere Bedeutung zu. Hier sind neben inhaltlichen Ansätzen wie Job Enrichment, Enlargement, Rotation, Sharing oder spezifischen Entwicklungs- bzw. Karriereprogrammen (z. B. Mentoring, Coaching, Auslandsaufenthalte etc.) auch zahlreiche strukturelle bzw. prozessuale Arbeitsplatzkonzepte denkbar (z. B. Homeoffice, flexible Arbeitszeiten, Teilzeit, Sabbaticals, Kinderbetreuung; Gesundheitsprogramme etc.).

Personalführung

Allgemein wird unter Führung die zielgerichtete Beeinflussung einzelner Personen oder ganzer Gruppen im Unternehmen verstanden, wobei die Menschen, die dieses „Einflusshandeln" praktizieren, Führungskräfte genannt werden (Hungenberg/Wulf 2015, S. 305). Wie an anderer Stelle bereits ausgeführt, erfährt der Führungsbegriff eine Aufteilung in eine sach- und eine personenbezogene Dimension. Während die sachbezogene Komponente die Erfüllung bestimmter Aufgaben im Rahmen des Managementprozesses vorsieht, wie bspw. die Planung, Steuerung und Kontrolle von Unternehmensaktivitäten (z. B. Strategie-/Organisationsgestaltung), stellt die personenbezogene Komponente auf die Aktivitäten ab, die sich mit der Verhaltensorientierung der Mitarbeiter im Hinblick auf die Erreichung der Unternehmensziele und damit zusammenhängender Probleme beschäftigen. Die Frage, wie es Unternehmen bzw. den verantwortlichen Führungskräften gelingt, Mitarbeiter zum Handeln im Unternehmensinteresse zu bewegen, und welche Faktoren zu guter bzw. erfolgreicher Führung beitragen, beschäftigt die betriebswirtschaftliche Literatur schon seit geraumer Zeit. Allerdings existiert bislang keine generell gültige Führungstheorie bzw. eine allgemein akzeptierte Sichtweise, die erklären kann, was erfolgreiche Führung ausmacht bzw. welche Eigenschaften, Verhaltensweisen, Prinzipien oder Stile zum Führungserfolg beitragen oder nicht. In der Literatur haben sich in den letzten Jahrzehnten *drei grundlegende Typen von Führungstheorien* entwickelt, die versuchen, diese Fragen zu beantworten (hierzu und zum Folgenden Hungenberg/Wulf 2015, S. 308 ff.; Schreyögg/Koch 2015, S. 397 ff.; Macharzina/Wolf 2018, S. 569 ff. und die dort angegebene Literatur):
– Eigenschaftstheorien der Führung
– Führungsstiltheorien
– situative Führungstheorien

Eigenschaftstheorien (personalistische Führungsansätze) als älteste Strömung der Führungstheorie gehen davon aus, dass Führungserfolg auf bestimmte angeborene oder erworbene Persönlichkeitsmerkmale einer Führungskraft zurückzuführen ist und dass Eigenschaften von Personen wie zum Beispiel Intelligenz, Entschlusskraft oder Extrovertiertheit zur Führung bzw. Führungskraft prädestinieren. Das Handeln der Führungskraft wird hier lediglich als Ergebnis dieser personenspezifischen Merkmale begriffen, und auch die Spezifika der geführten Mitarbeiter werden eher als nebensächlich angesehen, weshalb dieser personalistische bzw. eigenschaftsorientierte Führungsansatz auch als „Great Man Theory" oder „Hero Theory" bezeichnet wird. Die Eigenschaftstheorien gelten jedoch heutzutage als zu beschränkt in ihren Beiträgen, Führungserfolg bzw. -misserfolg befriedigend erklären zu können, konnten doch die zahlreichen empirischen Studien in diesem Feld kaum statistische Zusammenhänge zwischen Persönlichkeitsmerkmalen und Führungserfolg herstellen, sodass die Befundlage aufgrund ihrer Inkonsistenzen, Widersprüchlichkeiten und Simplifizierungen als enttäuschend bezeichnet werden muss und viele Fragestellungen in diesem Zusammenhang bis heute nicht vollständig ausdiskutiert sind. Die Erkenntnis, dass es aufgrund der sehr heterogenen Führungssituationen und Führungsanforderungen, in denen sich Unternehmen und Führungskräfte i. d. R. befinden, nicht möglich zu sein scheint, ein konsistentes und allgemeingültiges Set von wünschenswerten Führungseigenschaften zu definieren, hat dazu geführt, dass die Führungsforschung vermehrt dazu überging, sowohl das Verhalten von Führungskräften gegenüber ihren Mitarbeitern als auch die spezifische Situation zu berücksichtigen, in denen das jeweilige Führungshandeln zum Ausdruck kommt.

Die explizite Berücksichtigung dieser beiden Dimensionen führte zur Entwicklung von *Führungsstiltheorien* bzw. *situativen Führungstheorien*. Führungsstiltheorien (verhaltensorientierte Führungsansätze) werden von der Idee geleitet, dass nicht mehr bestimmte Persönlichkeitsmerkmale, sondern bestimmte Verhaltensmuster für den Führungserfolg verantwortlich gemacht werden und sich insofern spezifische Führungsstile identifizieren lassen, die mit höherem Führungserfolg verbunden sind als andere. Unter Führungsstil wird dabei ein langfristig stabiles, situationsbeständiges Verhaltensmuster einer Führungskraft verstanden, das ganz wesentlich durch deren persönliche Grundeinstellung gegenüber den Mitarbeitern geprägt wird. Führungsstiltheorien lassen sich prinzipiell in eindimensionale und zweidimensionale Konzepte einteilen. Während die eindimensionalen Führungsstiltheorien einen Versuch darstellen, Führungsstile nach bestimmten Kriterien in idealtypische Kategorien einzuteilen und alle denkbaren Muster auf einem Kontinuum zwischen autoritären, partizipativen und kooperativen Führungsstilen abzubilden (Tannenbaum/Schmitt 1963), basieren die zweidimensionalen Erklärungsversuche auf zwei unabhängigen Faktoren (Aufgaben-/Leistungsorientierung und Beziehungs-/Mitarbeiterorientierung), die gemeinsam zur Beschreibung des Verhaltens von Führungskräften gegenüber ihren Mitarbeitern herangezogen werden (Blake/Mouton 1968). Ebenso wie die Eigenschaftstheorien der Führung bleiben jedoch auch die zahlreichen Führungskonzepte, die im Kontext der ein- bzw. zweidimensionalen Führungsstiltheorien entstanden sind, den empirischen Nachweis schuldig, dass es eine allgemeingültige Beziehung zwischen einem bestimmten Führungsstil und dem Führungserfolg gibt.

In der Folge hat sich in der Führungsforschung die Erkenntnis durchgesetzt, dass Führungserfolg von den jeweils vorherrschenden situativen Rahmenbedingungen abhängt, unter denen Führungskraft und Geführte miteinander interagieren. Dies führte zur Entwicklung sog. *situativer Führungstheorien* (kontingenztheoretische Führungsansätze), die Führungsverhalten in Abhängigkeit von den Geführten, der Aufgabe und sonstigen Kontextbedingungen der Führungssituation betrachten und aufzeigen, unter welchen Bedingungen welcher Führungsstil am geeignetsten ist. Führungserfolg basiert dementsprechend nicht auf besonderen Eigenschaften oder einem speziellen Führungsstil, sondern auf der Fähigkeit der Führungskraft, die jeweiligen Situationsbedingungen klar zu analysieren und ihr Führungsverhalten entsprechend anzupassen. Zu den bekanntesten situativen Führungskonzepten zählen v. a. das Kontingenzmodell von Fiedler, das situative Reifegradmodell von Hersey und Blanchard sowie das entscheidungstheoretische Modell von Vroom et al.

Zusammenfassend lässt sich sagen: In der Führungsforschung hat sich die Erkenntnis durchgesetzt, dass weder bestimmte Eigenschaften noch bestimmte Führungsstile existieren, die generell mit höherem Führungserfolg verbunden sind. Vielmehr wird weitgehend akzeptiert, dass Führungseigenschaften zwar das Verhalten bestimmen, aber nur im Zusammenspiel mit der konkreten Führungssituation. Dieses Führungsverhalten hat in bestimmten Situationen Erfolg, in anderen Misserfolg zur Konsequenz. Der Erfolg verdeutlicht sich zum einen im Verhalten der Geführten, zum anderen in der resultierenden Effizienz. Abbildung 3.17 fasst diese Grundgedanken zusammen.

Abb. 3.17: Ein Modell der Bedingungen des Führungserfolgs (Quelle: in Anlehnung an Rosenstiel 2007, S. 111; modifiziert)

Zahlreiche Studien zeigen, dass viele Mitarbeiter offensichtlich die Führungskultur und die Führungsprinzipien in vielen Unternehmen des Tourismus als problematisch wahrnehmen. So werden der Führungsstil und das Führungsverhalten oftmals als konservativ, patriarchalisch, autoritär, hierarchiebezogen und wenig mitarbeiterorientiert erlebt.

> Researchers have identified such management issues as poor communication and rapport; insensitivity to employees' wants, needs, problems, and culture; insufficient career and work guidance; injustice; inability to involve and guide employees; uncaring, unsupportive, rude, disrespectful attitudes, and behaviors towards employees; and lack of appreciation of the work done by employees. (Kusluvan et al. 2010, S. 197)

Vertrauen, Anerkennung, eine werteorientierte Führung und eine attraktive Arbeitsplatzkultur sind jedoch für die Mehrzahl der Beschäftigten wichtige Entscheidungskriterien, wenn es darum geht, sich für oder gegen ein Unternehmen zu entscheiden. Insbesondere die jüngeren Mitarbeiter der sog. *Generation Y und Z* (zwischen 1980 und/ab 2000 geboren) wollen anders arbeiten und leben, und so verlangen sie von den Unternehmen nichts Geringeres eine neue Arbeitswelt, in der eine echte Balance zwischen Beruf und Freizeit möglich gemacht wird. Eine anspruchsvolle Tätigkeit, persönliche Freiheiten und Entwicklungsmöglichkeiten, das Primat von Kompetenz und Leistung gegenüber dem Senioritätsprinzip, die Flexibilität von Arbeitszeit und -ort sowie eine offene und ehrliche Kommunikation sind für diese Generation wesentliche Entscheidungskriterien für die Wahl eines Arbeitsplatzes (PwC 2011).

Zielt eine *erfolgreiche Mitarbeiterführung* im Wesentlichen darauf ab, die Leistung der Mitarbeiter im Hinblick auf die Erreichung der Unternehmensziele bestmöglich zu fordern und zu fördern, dann muss eine Vielzahl von Entscheidungsträgern und Akteuren aus dem Tourismus in Zukunft einen deutlichen Perspektivenwechsel vollziehen, will man die vermeidbare Mitarbeiterfluktuation reduzieren und dem viel zitierten Mangel an Fach- und Nachwuchskräften im Tourismus erfolgreich begegnen (Gardini 2014). Auf die Wirkungszusammenhänge zwischen Führungs- bzw. Unternehmensphilosophie/-kultur, Unternehmensstrategie und Unternehmenserfolg ist bereits hingewiesen worden. Die erfolgreiche Entwicklung und Umsetzung einer Sinngemeinschaft – im Sinne des Arbeitsplatzes als geistiger Heimat (Kobjoll 2009) – hängt hierbei im Wesentlichen von der Akzeptanz und Internalisierung wettbewerbs- und verhaltensrelevanter Werte, Normen und Einstellungen durch die aktuellen und potenziellen Mitarbeiter ab. Kunden- bzw. serviceorientierte Werthaltungen und Einstellungen entstehen nicht in einem Unternehmensumfeld, das durch eine Art Moral- oder Wertevakuum gekennzeichnet ist, sondern müssen durch diverse Managementmechanismen geschaffen und aufrechterhalten werden (Vorbilder, Leitbilder, Richtlinien, Standards, Symbole, Rituale, Kommunikation etc.). Die Unternehmensspitze (Geschäftsführer, Vorstand, Eigentümer) muss an dieser Stelle durch die Symbolkraft ihrer Handlungen Zeichen setzen, im Sinne einer vorgelebten, strategiekonformen Grundorientierung. Das Management muss sich für die Entwicklung der Sinngemeinschaft verantwortlich fühlen und durch „Management by Example" den Mitarbeitern kontinuierlich sein Engagement und seine Identifikation mit den relevanten Wertmaßstäben kundtun, denn nur so kann – über alle Unternehmensebenen hinweg – eine wettbewerbs- und strategieorientierte Denk- und Arbeitsweise entstehen und das Unternehmen eine integre Identität entwickeln.

Bei Southwest Airlines ist dieses Bestreben durch ein sog. Culture Committee institutionalisiert, das darauf achten soll, dass die einzigartige Unternehmenskultur von Southwest lebendig bleibt (Kim/Sturmann 2012). Ein Unternehmen wie die mittelständische Hotelkette Upstalsboom setzt hingegen in diesem Zusammenhang auf sog. Corporate-Happiness-Beauftragte, die ihre Arbeitszeit damit verbringen, die Stimmung in den Hotels und in der Zentrale zu erfassen und zu recherchieren, um entsprechende unternehmenskulturelle Optimierungspotenziale zu identifizieren. Erfolgreiche Führung lässt sich dabei insbesondere vor dem Hintergrund des demografischen Wandels und der daraus resultierenden Generationenvielfalt jedoch nur unter der Voraussetzung realisieren, dass das Führungsverhalten der Führungskräfte bzw. Eigentümer mit den jeweiligen Führungspräferenzen der Mitarbeiter übereinstimmt. Vor dem Hintergrund einer zunehmenden Altersdiversität stehen Führungskräfte und Unternehmen im Tourismus somit zukünftig vermehrt vor der Herausforderung, mit ihrem Verhalten in der „Dialogküche der Generationen" (Cisco 2010) den unterschiedlichsten Erwartungen der verschiedenen Alterskohorten gerecht zu werden (Bruch et al. 2010).

3.4.2 Organisation und Organisationsgestaltung

Die Zusammenarbeit in Unternehmen beruht auf *Arbeitsteilung*, und je mehr Menschen in einem Tourismusunternehmen arbeiten, d. h. je größer dieses Unternehmen ist und je stärker es wächst bzw. schrumpft, desto mehr ergibt sich die Notwendigkeit, die verschiedenen Interessen, Aufgaben und Tätigkeiten, die sich in einem derartig arbeitsteiligen System entwickeln, bestimmten Regelungen zu unterwerfen und im Sinne eines gemeinsamen Ziels zu koordinieren. Um eine solche Koordination zu bewerkstelligen, ist der Aufbau „geeigneter" organisatorischer Strukturen unabdingbar, weshalb die *Organisation* und die *Organisationsgestaltung* eines Unternehmens ein zentrales Instrument der Unternehmensführung darstellt. Die Frage nach der optimalen Organisationsstruktur lässt sich dabei nicht allgemeingültig beantworten, denn die hier relevanten Einflussgrößen sind nicht nur überaus vielfältig (z. B. Größe, Entwicklungsphase, Heterogenität des Unternehmens, Eigentümerstruktur, Rechtsform, Komplexität der Unternehmensumwelt, Branchenzugehörigkeit, Wettbewerbssituation etc.), sondern v. a. auch permanenten Veränderungen unterworfen. Organisation und Organisationsgestaltung sind daher eine Daueraufgabe der Unternehmensführung, geht es doch immer darum, die Organisationsstruktur an die sich verändernden Problemstellungen und Herausforderungen aus dem externen und internen Unternehmensumfeld anzupassen (Schreyögg/Koch 2015, S. 204 f.; Hungenberg/Wulf 2015, S. 185).

Vor dem Hintergrund des Problems der Arbeitsteilung (Differenzierung von Aufgaben) auf der einen Seite und der Arbeitsvereinigung (Integration von Aufgaben) auf der anderen Seite unterscheidet die Literatur zwei Teilaspekte der Organisation (Macharzina/Wolf 2018, S. 479 ff.; Bühner 2004, S. 11 f.; Steinmann/Schreyögg 2000, S. 402 f.): zum einen die Gestaltung der *institutionellen Struktur* von Aufgabenträgern („Wer soll was mit welchen Mitteln tun?"), die man auch Aufbaustruktur oder Aufbauorganisation nennt, und zum anderen die Gestaltung der *zeitlichen und räumlichen Struktur* der Aufgabenerfüllung – die sog. Ablauf- oder Prozessorganisation („Was wird wann wo wie gemacht?"). Wie diese Teilaspekte im Einzelnen ausgestaltet sind und in welcher Form sie zusammenwirken, hängt von der besonderen Unternehmenssituation und der spezifischen strategischen Ausrichtung des Unternehmens ab, ganz im Sinne der Beobachtung Chandlers aus den 1960er-Jahren („Structure follows Strategy"). Mit Blick auf den bestmöglichen Beitrag zum Erreichen der jeweiligen Unternehmensziele unterscheiden Hungenberg und Wulf vier grundlegende Anforderungen, die an die Gestaltung der Unternehmensorganisation zu stellen sind, wobei diese im Einzelfall weiter zu konkretisieren sind (Hungenberg/Wulf 2015, S. 185 f.):

- *Markt-/Kundenorientierung*
  Die Aufbau- und Ablauforganisation soll dazu beitragen, das Unternehmen auf die Anforderungen seiner Märkte und die dort herrschenden Wettbewerbsbedingungen und Kundenbedürfnisse auszurichten.
- *Effektivität/Effizienz des Ressourceneinsatzes*
  Die Aufbau- und Ablauforganisation soll so gestaltet sein, dass der Bedarf an sachlichen, personellen und finanziellen Ressourcen minimiert wird und die benötigten Ressourcen möglichst effizient eingesetzt werden.
- *Kompetenz und Motivation*
  Die Aufbau- und Ablauforganisation soll helfen, die Kompetenz und Motivation des Managements auszuschöpfen und positiv zu beeinflussen. Einen besonderen Stellenwert nimmt dabei die Entwicklung selbstständigen, unternehmerischen Handelns ein.
- *Flexibilität*
  Die Aufbau- und Ablauforganisation soll dazu beitragen, dass das Unternehmen flexibel auf Veränderungen in seinen Umfeldern reagieren kann. Außerdem soll die Organisation selbst mit möglichst wenig Aufwand veränderbar sein.

In der Unternehmenspraxis gibt es sehr vielfältige organisatorische Lösungsansätze, mit deren Hilfe Unternehmen versuchen, Arbeitsteilung und Koordination zu regeln. Diese Einzellösungen lassen sich i. d. R. auf einige Idealtypen der Organisation zurückführen, die jeweils spezielle Merkmale sowie Stärken und Schwächen aufweisen. Die Idealtypen wiederum entstehen durch unterschiedliche Ausprägungen und Kom-

bination bestimmter organisatorischer Gestaltungsparameter. Die Literatur nennt *zwei Kernaufgaben der Organisationsgestaltung* (hierzu und zum Folgenden Macharzina/Wolf 2018, S. 481 ff.; Schreyögg/Koch 2015, S. 208 ff.):
- Definition und Gestaltung arbeitsteiliger Aufgaben und Prozesse (Spezialisierung)
- Definition und Verteilung der Entscheidungsaufgaben und Gestaltung der Weisungsbefugnisse (Koordination/Integration)

Die Definition und Gestaltung arbeitsteiliger Aufgaben und Prozesse setzt eine systematische Analyse der Aufgaben voraus. So sind Aufgaben zunächst nach Menge und Inhalt auf verschiedene institutionelle Aufgabenträger (Personen/Stellen/Abteilungen/Hauptabteilungen/Stäbe/Unternehmensbereiche etc.) zu verteilen, wobei sich die Organisation in erster Linie an sachlichen und nicht an persönlichen Bedingungen orientieren soll, sodass aus organisatorischer Sicht (abstrakte) Organisationseinheiten (und nicht konkrete Personen) als die wesentlichen Aufgabenträger infrage kommen. Um die Art der Aufgabenspezialisierung zu beschreiben, ist in der Organisationsgestaltung die Unterscheidung nach Verrichtungen (Funktion) und Objekt bis zum heutigen Tage fest verankert. Bei der Spezialisierung auf Verrichtungen bzw. Funktionen werden all jene Teilaufgaben organisatorisch zusammengefasst, die gleichartige Handlungen bzw. bestimmte Verrichtungen erfordern. Dies gilt sowohl für die Stellenbildung (z. B. Revenue Manager) als auch für die Abteilungsbildung (z. B. Revenue Management). Strukturelles Ergebnis eines solchen Ansatzes ist ein funktionales (verrichtungsorientiertes) Organisationsmodell. Die zweite grundsätzliche Alternative der Organisationsgestaltung orientiert sich an den Besonderheiten der Objekte, an denen die Aufgaben vollbracht werden. Hier sind i. d. R. Produkte, Kunden oder Regionen/Märkte das gestaltbildende Kriterium für Arbeitsteilung und Spezialisierung. Strukturell mündet eine solche Differenzierung in sog. divisionale (objektorientierte) Organisationsmodelle.

Betrachtet man die verschiedenen Arbeiten aus der *Organisationstheorie*, so findet sich in der Mehrzahl der Beiträge zur Definition und Verteilung der Entscheidungsaufgaben und der Gestaltung der Weisungsbefugnisse eine Einteilung in strukturelle, technokratische und personenorientierte Koordinationsinstrumente (Macharzina/Wolf 2018, S. 481 f.; Paul 1998, S. 102 f.):
- *Strukturelle Koordinationsinstrumente* (z. B. formale Organisationsstruktur (Produkt-, Matrix-, Projektorganisation), Koordinationsgremien (Arbeitsgruppen, Ausschüsse, Teams, Komitees) etc.)
- *Technokratische Koordinationsinstrumente* (z. B. Planungs-/Kontroll-/Berichtssysteme, Programme, Richtlinien, Zentralisierung, Standardisierung etc.)
- *Personenorientierte Koordinationsinstrumente* (z. B. partizipatives Management, Aus-/Weiterbildung, persönliche Anweisung, Selbstabstimmung, Sozialisation, Entsendung etc.)

Diese Dreiteilung ist in der Literatur nicht unumstritten, wobei oftmals die mangelnde, inhaltliche Trennschärfe struktureller und personenorientierter Koordinationsmechanismen thematisiert wird, sodass in einigen Arbeiten eine Zweiteilung in technokratische und personenorientierte Koordinationsmechanismen bevorzugt wird. Dieser Ansatz entspricht weitestgehend der anglo-amerikanischen Unterscheidung in sog. formelle (strukturell-technokratische) und informelle (kulturell-personenorientierte) Koordinationsinstrumente, die als Grundlage für die Unternehmenssteuerung gesehen werden. Formelle Koordinationsinstrumente werden dabei als jene Regelungen charakterisiert, die nicht an Personen gekoppelt sind, d. h. von den Betroffenen nicht als Ergebnis der Entscheidungen einzelner Personen aufgefasst werden. Informelle Koordinationsinstrumente beruhen hingegen auf einer unmittelbaren Kommunikation zwischen den Beteiligten (hierzu Gardini 2018, S. 192 und die dort angegebene Literatur).

Eine weitere bedeutsame Gestaltungsaufgabe im Kontext der Definition und Verteilung der Entscheidungsaufgaben sowie der Gestaltung der Weisungsbefugnisse ist neben der Bestimmung der Koordinationsinstrumente auch die *Bestimmung des Autonomiegrads* von Organisationseinheiten. Die Verteilung von Entscheidungsaufgaben, Kompetenzen und Weisungsbefugnissen auf die verschiedenen Führungsebenen bzw. Organisationseinheiten eines Unternehmens wird in der Literatur unter dem Stichwort der Zentralisation und Dezentralisation diskutiert. Während die Dezentralisation die Verteilung von Entscheidungsaufgaben auf nachgeordnete Organisationseinheiten (z. B. Niederlassungen, Tochterunternehmen) bezeichnet, beschreibt die Zentralisation ihre Bündelung in der Unternehmensspitze (z. B. Holding, Zentrale). Aus praktischer Sicht ist weder das Extrem der vollständigen Dezentralisation noch das der vollständigen Zentralisation vorstellbar, insofern geht es bei der Verteilung von Entscheidungsaufgaben letztlich immer um die Bestimmung des Dezentralisationsgrads von Unternehmen, d. h. um das Ausmaß an Entscheidungsbefugnissen, das auf nachgeordnete Führungsebenen und Organisationseinheiten verteilt wird (Hungenberg/Wulf 2015, S.190 f.).

Resultat dieser organisatorischen Regelungen und Bestimmungen zur Aufgabenspezialisierung und Aufgabenkoordination sind verschiedene Leitungssysteme und Strukturmodelle der Organisation. Während bei den Leitungssystemen zwei Grundformen unterschieden werden (Einlinien- und Mehrliniensystem), sind auf der Ebene der Strukturmodelle drei klassische Typen der Organisation in der betriebswirtschaftlichen Organisationslehre (funktionale Organisation, divisionale Organisation, Matrixorganisation) von Bedeutung. Während das *Einliniensystem* dadurch gekennzeichnet ist, dass einzelne Stellen (Mitarbeiter) jeweils nur von einer vorgelagerten Instanz (Vorgesetzter) Weisungen erhalten, können einzelne Stellen bei einem *Mehrliniensystem* auch von mehreren Instanzen Weisungen erhalten (Abb. 3.18). Während die Vorteile des Einliniensystems in der klaren Anweisungs- und Berichtskette, der Eindeutigkeit der Kompetenzregelung sowie in guten Kontrollmöglichkeiten gesehen werden, führt dieses Prinzip unter Umständen zu tief gestaffelten Organisationsmodellen mit zu vielen Hierarchieebenen, da jeder Vorgesetzte nur eine begrenzte Anzahl von direkt Untergebenen führen kann (Kontroll-/Leitungsspanne). Das Mehrliniensystem stellt auf die Tatsache ab, dass komplexe Entscheidungsprobleme spezialisierter Fachkenntnisse bedürfen, die bei Linieninstanzen, die tendenziell eher Universalkenntnisse und -fähigkeiten aufweisen müssen, nicht immer vorhanden sind, sodass die Hinzuziehung von Fachkräften notwendig wird, denen im Entscheidungsprozess eine entsprechende Weisungsbefugnis zuzuteilen ist. Durch diese erweiterte Fachkompetenz verspricht man sich bessere Entscheidungen, muss allerdings einen erhöhten Abstimmungsaufwand betreiben, um Konflikte und Reibungsverluste so gering wie möglich zu halten (Schreyögg/Koch 2015, S. 220 ff.; Hungenberg/Wulf 2015, S. 189 f.).

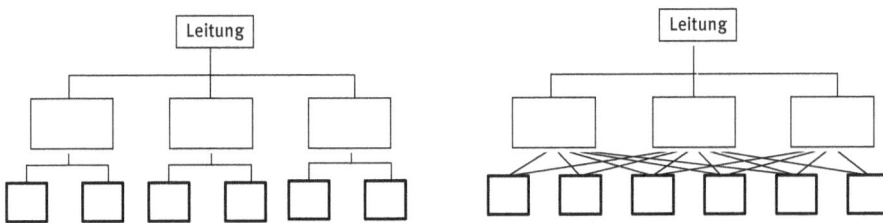

Abb. 3.18: Einlinien- und Mehrliniensystem (Quelle: Hungenberg/Wulf 2015, S. 189)

Die funktionalen und divisionalen Organisationsmodelle zählen zu den sog. eindimensionalen Strukturtypen, bei denen nur ein Leitungssystem und ein Organisationskriterium zur Anwendung gelangt, wodurch Unternehmen eine klare und eindeutige Hierarchiestruktur entwickeln. Die funktionale Organisationsstruktur verbindet dabei das Einliniensystem mit der Differenzierung nach dem Kriterium der Verrichtung, während die divisionale Organisationsstruktur das Einliniensystem mit der Differenzierung nach dem Kriterium des Objekts koppelt. Objekte können dabei, wie oben bereits erwähnt, Produkte/Sparten/Geschäftsbereiche, Kunden oder Regionen (Märkte/Länder) sein. Von mehrdimensionalen Organisationsstrukturen wird gesprochen, wenn die Unternehmensorganisation mindestens zwei übereinander gelagerte Leitungssysteme mit gleichberechtigten Differenzierungskriterien aufweist (z. B. Verrichtungs- und Objektkriterien). Als wichtigste mehrdimensionale Strukturmodelle gelten in der Praxis die *Matrixorganisation* (zweidimensionales Strukturmodell) und die Tensororganisation (dreidimensionales Strukturmodell) (Macharzina/Wolf 2018, S. 491 ff.) (Abb. 3.19).

Jedes der hier skizzierten verschiedenen Leitungssysteme und Strukturmodelle der Organisation hat spezifische Stärken und Schwächen und muss – wie oben bereits angedeutet – permanent in Abhängigkeit von den zahlreichen Einflussgrößen der Organisationsgestaltung unternehmensspezifisch auf seine relative Vorteilhaftigkeit hinterfragt werden. Zur kritischen Würdigung aller modellspezifischen Vor- und Nach-

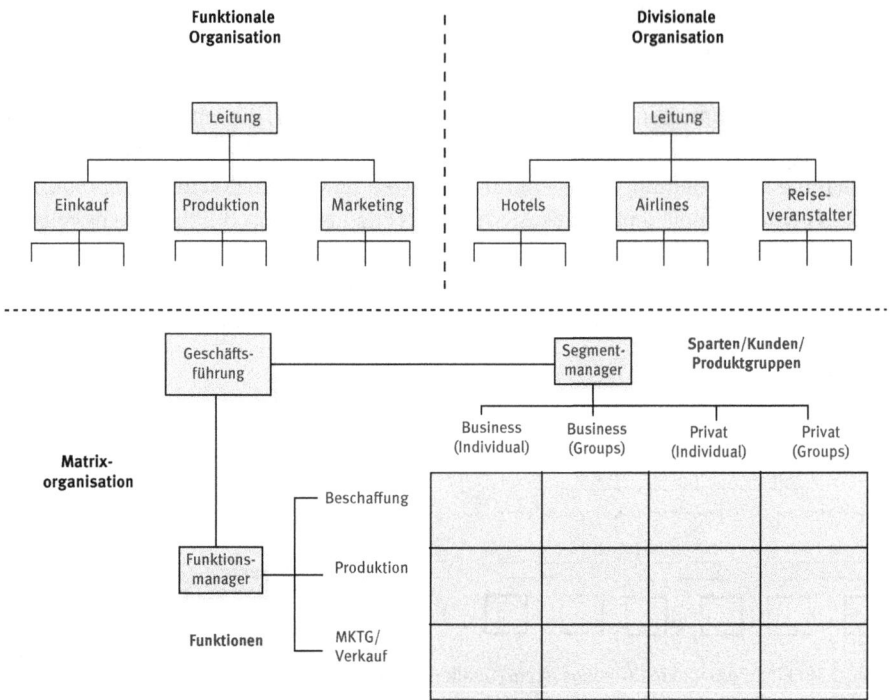

Abb. 3.19: Ein- und mehrdimensionale Strukturmodelle

teile soll hier – angesichts des begrenzt zur Verfügung stehenden Raumes – auf die einschlägige Organisationsliteratur verwiesen werden (Vahs 2019; Schreyögg 2016; Bühner 2004). Hinzu kommt, dass mit der Entscheidung für ein bestimmtes Strukturmodell die Organisationsform noch nicht eindeutig festgelegt ist, sondern zwischen den Hierarchieebenen und Organisationseinheiten i. d. R. noch zahlreiche Interdependenzen und Schnittstellenprobleme aufzulösen sind. Hierzu sind in der jüngeren Vergangenheit zahlreiche sog. *struktur- und hierarchieergänzende Organisationsformen* entstanden, die dazu beitragen sollen, eben jene Abstimmungsleistungen zu erbringen, die die organisatorische Grundstruktur oftmals nicht bereitzustellen vermag. Prozessuale Organisationsformen wie das Prozessmanagement bzw. das Business Re-Engineering oder problemlösungsorientierte Organisationsformen wie die Netzwerkorganisation, die Projektorganisation/Teamorganisation oder agile Organisationsmodelle sind Ausdruck dieser struktur- und hierarchieergänzenden Bemühungen, um die Schwächen der hierarchischen Strukturmodelle zu kompensieren (Macharzina/Wolf 2018, S. 506 ff.). Abbildung 3.20 zeigt beispielhaft ausgewählte Vor- bzw. Nachteile verschiedener divisionaler Organisationsformen.

Differenzierung	Vorteile	Nachteile
... nach Produkten	• hohes produktspezifisches Know-how • einfachere Koordination mit anderen produktorientierten UN-Einheiten • ...	• mangelnde Kundenorientierung • mangelnde Ausschöpfung von Cross-Selling-Potenzialen • diffuser Auftritt gegenüber dem Kunden • ...
... nach Regionen	• Berücksichtigung marktspezifischer Besonderheiten • „physische" Nähe zum Kunden • ...	• Entstehung regionaler „Fürstentümer" • erschwerte Koordination zwischen den Regionen • erschwerte Bearbeitung internationaler Kunden • ...
... nach Absatzkanälen	• vertriebswegespezifische Kenntnisse • ...	• fehlende Gesamtbetrachtung des Kunden • geringere Produktkenntnisse • geringere Kundenkenntnisse • ...
... nach Kunden	• ganzheitliche Sicht des Kunden • engere Kundenbeziehung • Unterstützung des Cross-Selling • ...	• geringere Produktkenntnisse • notwendige Anpassung der Informations und Controllingsysteme • ...

Abb. 3.20: Ausgewählte Vor- und Nachteile divisionaler Organisationsformen (Quelle: Homburg et al. 2016, S. 101)

3.4.3 Controlling und Managementinformationssystem

Controlling wird allgemein als *Teilsystem der Führung* oder als *Instrument der Führungsunterstützung* interpretiert, mithin als ein integraler Bestandteil der Unternehmensführung verstanden (Hahn/Hungenberg 2001, S. 265 ff.; Horvath et al. 2015, S. 24). Das in der Literatur vorzufindende Controlling-Verständnis weist im Hinblick auf die Definition von Controlling-Zielen und -Aufgaben unterschiedliche inhaltliche Schwerpunktsetzungen auf, die verschiedene Controlling-Konzeptionen implizieren. Grundsätzlich gemein ist den Ansätzen die Betonung der steuernden bzw. lenkenden und beratenden Funktionen des Controllings gegenüber den kontrollierenden Aufgabenkomponenten, während hinsichtlich der primären Zielgewichtung der jeweiligen Controlling-Konzeption Unterschiede bestehen. So beinhaltet das Controlling-Verständnis nach Hahn und Hungenberg, „[...] die informationelle Sicherung bzw. Sicherstellung ergebnisorientierter Planung, Steuerung und auch Überwachung des gesamten Unternehmungsgeschehens – vielfach verbunden mit einer Integrationsbzw. Systemgestaltungsfunktion, grundsätzlich verbunden mit einer Koordinationsfunktion" (Hahn/Hungenberg 2001, S. 265), während andere Autoren die Koordinationsorientierung des Controllings und dessen Ausrichtung am gesamten Zielsystem der Unternehmung – gegenüber der Ergebnisorientierung als spezieller Zielsetzung – stärker in den Vordergrund stellen. Gemeinsam ist den skizzierten *Controlling-Konzeptionen*

- die Orientierung am Zielsystem bzw. an generellen Oberzielen,
- die Notwendigkeit der Gestaltung von Systemen, Verfahren und Strukturen der Informationsversorgung und
- die Koordination und Antizipation unternehmensrelevanter Vorgänge und Entwicklungen.

Die damit verbundenen Aufgaben des Controllings und der damit zur Führungsunterstützung verbundene notwendige Aufbau eines Managementinformations- und -berichtssystems sollen im Folgenden näher erläutert werden (hierzu und zum Folgenden Britzelmaier 2017, S. 19 ff.; Hahn/Hungenberg 2001, S. 272 ff.):

Aufgaben des strategischen und operativen Controllings

Zunächst ist zwischen strategischen und operativen Aufgabenstellungen des Controllings zu differenzieren. Im Fokus des *strategischen Controllings* steht die Zielsetzung der dauerhaften Existenzsicherung des Unternehmens durch die informationelle Sicherstellung zielorientierter Planung, Steuerung und Kontrolle bei der Modellierung von Potenzialen bzw. strategischen Erfolgsfaktoren, während das operative Controlling die informationelle Sicherstellung der zielorientierten Nutzung gegebener Potenziale bzw. strategischer Erfolgsfaktoren umfasst. Controlling als integraler Bestandteil der Unternehmensführung fokussiert in seinen strategischen und operativen Aufgabenkomplexen entsprechend auf unterschiedliche Planungsstufen und Betrachtungsebenen. So orientiert sich das strategische Controlling an den Chancen und Risiken des Unternehmensumfelds und an den jeweiligen Stärken bzw. Schwächen des Unternehmens mit dem Ziel, durch kontinuierliche Überprüfung der wettbewerbsbezogenen strategischen Adäquanz der Unternehmenspotenziale, -aktionen und -strukturen langfristig die Leistungs- und Wettbewerbsfähigkeit und damit die Existenz des Unternehmens zu sichern. Das strategische Controlling trägt entsprechend der Reichweite strategischer Planungshorizonte Rechnung und sieht bezogen auf strategische Planungsprozesse ein System von Kontrollen vor, das sowohl die Strategievorbereitung (Grundlagenkontrolle) als auch die Strategieimplementierung (Zwischenergebniskontrolle) umfasst (Horvath et al. 2015, S. 25 f.; Steinmann/Schreyögg 2005, S. 263 ff.). Dies ist insofern notwendig, als die der Entwicklung von Unternehmensstrategien zugrunde liegende strategische Planungssituation aufgrund ihrer zukunftsgerichteten Perspektive i. d. R. von erheblicher Unsicherheit und Komplexität gekennzeichnet sein wird und daher während des Planungszeitraums im Sinne des Feed-forward-Prinzips einer permanenten Überwachung der Kontextbedingungen und der angestrebten strategischen Zwischenziele bedarf.

Strategische Kontrollen sind in Prämissen-, Konsistenz- und Planfortschrittskontrollen zu differenzieren (Macharzina/Wolf 2017, S. 430 ff.). Die *Prämissenkontrolle* soll prüfen, inwieweit die der strategischen Unternehmensplanung zugrunde liegenden Ausgangsannahmen noch gültig sind, um bei einer Veränderung der Planungsprämissen notwendige Planrevisionen einzuleiten und ein frühzeitiges Gegensteuern zu ermöglichen. Typische Kontrollinstrumente sind Analyse- und Prognosemethoden, wie bspw. die Portfoliotechnik, Früherkennungssysteme oder die Ableitung von Szenarien. *Konsistenzkontrollen* dienen der Überprüfung der methodischen und inhaltlichen Konsistenz strategischer Pläne. Methodisch müssen die Pläne informationell vollständig sein und sich eines adäquaten Planungsinstrumentariums bedienen, so wie die Planungsergebnisse logisch abgeleitet und aufgebaut sein müssen. Die inhaltliche Konsistenz strategischer Pläne muss sowohl aus horizontaler als auch aus vertikaler Sicht gegeben sein. Während die horizontale Konsistenz auf die Widerspruchsfreiheit strategischer Pläne untereinander abstellt, besteht die vertikale Konsistenz strategischer Pläne in der Adäquanz und Stringenz des Transfers strategischer Planungsinhalte zu den Planungskomplexen der operativen Teilpläne. Instrumentell können Checklisten oder gesamtunternehmensbezogene Simulationstechniken zur Konsistenzüberprüfung herangezogen werden.

Planfortschritts- oder Durchführungskontrollen brechen den strategischen Planungshorizont auf kurzfristigere strategische Zwischenziele herunter und überprüfen mit Blick auf die Erreichung dieser Eckwerte schrittweise den Realisationsprozess strategischer Pläne. Sie bilden den Kern der strategischen Kontrolle, da sie den Wirkungsgrad strategischer Pläne überwachen und über Soll-/Ist- bzw. Soll-/Wird-Vergleiche strategischer Zwischenziele bzw. strategischer Endziele dazu beitragen, frühzeitig Hinweise auf notwendige Planrevisionen zu gewinnen. Zur Überwachung der Implementierungsfortschritte werden die im Rahmen einer Unternehmensstrategie formulierten Eckwerte (Ziele, Maßnahmen, Leistungsparameter) fortlaufend kontrolliert. Neben diesen drei verschiedenen Kontrolltypen, die anhand bestimmter Kontrollmaßstäbe eine zielgerichtete Überwachung angestrebter Soll-Größen vornehmen, unterscheiden einige Autoren noch einen Kontrolltypus strategischer Kontrolle, der in der ungerichteten Beobachtung und Überwachung der gesamten Unternehmensaktivität besteht und die grundsätzliche strategische Ausrichtung des Unternehmens im Hinblick auf ihre Sinnhaftigkeit überprüft (Macharzina/Wolf 2017, S. 433; Steinmann/Schreyögg 2005, S. 246 ff.). Hierbei werden, im Gegensatz zu den vorstehend skizzierten Kontrollen, weniger Effizienzgesichtspunkte einer Strategie der Überprüfung unterzogen, vielmehr wird die grundsätzliche Effektivität der strategischen Pläne bzw. der strategischen Entscheidungen hinterfragt, ein Grundgedanke, der auch dem Konzept der Blue Ocean Strategy (Mauborgne/Kim 2005) bzw. dem Business-Re-Engineering-Konzept (Champy/Hammer 1994) zugrunde liegt.

Das *operative Controlling* hingegen stellt auf die unmittelbar mit der Leistungserstellung einhergehenden kurz- und mittelfristigen Planungs- und Überwachungsaufgaben im Rahmen einer gegebenen Potenzial- und Aktionsstruktur ab. Strategisches wie operatives Controlling beinhalten sowohl monetäre als auch nicht monetäre Betrachtungsebenen. So beinhaltet das strategische Controlling sowohl monetäre Aspekte im Sinne einer ergebnisorientierten Modellierung unternehmensbezogener Leistungspotenziale und -strukturen als auch nicht monetäre Aspekte im Sinne der

Überprüfung von Leistungszielen, Strategie und den ihnen zugrunde liegenden leistungsbezogenen, strategie- und planungsrelevanten Annahmen und Entscheidungen. Die inhaltlich-materielle Gestaltung des Leistungsprofils des Unternehmens ist dabei jedoch nicht Gegenstand des strategischen Controllings, sondern bleibt primäre Aufgabe der obersten Unternehmensführung im Rahmen strategischer Planungsprozesse. Aufgabe des operativen Controllings auf der monetären Betrachtungsebene ist die Sicherstellung der Wirtschaftlichkeit der betrieblichen Leistungsprozesse, während der nicht monetäre Betrachtungsfokus auf die Sicherstellung des angestrebten Leistungsniveaus der betrieblichen Leistungsprozesse abstellt. Abbildung 3.21 fasst die strategischen und operativen Aspekte und Aufgabenkomplexe des Controllings zusammen:

	Allgemeine Merkmale des Controllings	Ziele des Controllings	Aufgabenkomplexe des Controllings
Strategische Dimension	• Umwelt-/Unternehmungsorientierung • Chancen-/Risikoorientierung • Stärken-/Schwächenorientierung • Langfristperspektive • Sicherstellung d. Überlebensfähigkeit der Unternehmung	• informationelle Sicherung ergebnisorientierter Planung, Steuerung und Überwachung des internen und externen Unternehmensgeschehens	• Informationsversorgung • Steuerung und Kontrolle von Zielen/Strategien • Schnittstellenkoordination • Strategiekoordination • Früherkennung • Analyse • Prognose • Planrevision • Beratung/Dienstleistung • Auditing • ...
Operative Dimension	• Unternehmungsorientierung • Kosten-/Leistungsorientierung • Kurz-/Mittelfristperspektive • Optimierung und Sicherung betrieblicher Leistungseffizienz	• informationelle Sicherung und Optimierung der Wirtschaftlichkeit betrieblicher Leistungsprozesse	• Informationsversorgung • Schnittstellenkoordination • Maßnahmenkoordination • Maßnahmenüberwachung und -bewertung • Ergebniskontrolle • Soll-Ist-Vergleiche • Abweichungsanalysen • ...

Abb. 3.21: Strategische und operative Aspekte des Controllings

Aufbau eines Managementinformations- und -berichtssystems

Die grundsätzliche Führungs- und Führungsunterstützungsfunktion des Controllings bedingt den Aufbau eines Managementinformations- und -berichtssystems sowie die Koppelung und Integration der Elemente dieses Systems über die Kanalisierung des Informations- und Kommunikationsflusses zwischen den Unternehmensbereichen/-einheiten. Vor dem Hintergrund einer Informationsbedarfsanalyse ist als Kernaufgabe eines Managementinformationssystems die Generierung, Speicherung, Aufbereitung, Auswertung und Bereitstellung von *Führungs- und Lenkungsinformationen* für die Führungsebenen zu definieren (Bleicher 2017, S. 337 ff.). Ziel eines Managementinformationssystems ist nach Kavan et al. die Erfassung von Effektivitäts- und Effizienzmaßstäben, die das Niveau der Unternehmensleistung reflektieren und Aussagen darüber ermöglichen, „[...] how well inputs (resources) from the environment are converted into outputs (internal efficiency); and how well the outputs (products or services) are received by the environment (effectiveness)" (Kavan et al. 1994, S. 4).

Die daraus resultierende Beratungs- und Dienstleistungsfunktion des Managementinformationssystems für verschiedene organisatorische Ebenen des Unternehmens erfordert einen gestaffelten Ansatz der benutzerorientierten Informationsbereitstellung mit unterschiedlichen Verdichtungsgraden. Hierbei ist zwischen operativen Informationen und Führungsinformationen zu unterscheiden, die sich in zeitlicher Reichweite, in Kontrollobjekten und Kontrollinstrumentarien voneinander abgrenzen lassen. Während operative Managementinformationen unmittelbar auf die zugrunde liegenden Leistungserstellungsprozesse abzielen und damit im Sinne eines rückkoppelnden Soll-/Ist-Vergleichs (Feed-back-Ansatz) vergangenheitsorientiert sind, sind strategische Führungsinformationen zukunftsgerichtet (Feed-forward-Ansatz) und fokussieren auf ein hochaggregiertes Informationsniveau, auf Veränderungen im Unternehmensumfeld sowie auf die strategische Adäquanz der unternehmensbezogenen Leistungsparameter (Potenziale, Strukturen etc.).

Zur Bereitstellung von Lenkungs- und Steuerungsinformationen sind *quantitative und qualitative Erfassungssysteme* notwendig, die dem jeweiligen Informationsbedarf des Nutzers entsprechen. Die Verdichtung und Aufbereitung der Informationen erfolgt in Form von Berichten, die je nach Informationskategorie (operativ/strategisch) den Führungskräften und/oder den jeweiligen Linienverantwortlichen leistungsbezogene Gestaltungs-, Korrektur- und Verbesserungspotenziale aufzeigen. Darüber hinaus leisten sie über die Dokumentation der aktuellen Unternehmenssituation einen Beitrag zur Förderung und zur Schaffung eines Leistungs- und Wettbewerbsbewusstseins auf allen hierarchischen Ebenen. Inhaltliche Ausgestaltung, Periodizität und organisatorische Verantwortung bei der Erstellung von Managementinformationen und -berichten sind zwar unternehmensspezifisch in Abhängigkeit von der Leistungsstruktur und der Unternehmensgröße festzulegen, dennoch soll an dieser Stelle exemplarisch auf den Ansatz von Kaplan/Norton eingegangen werden, die anhand von vier Kernbereichen ein umfassendes Informationsversorgungssystem zur Leistungsmessung einer Unternehmens entwerfen. Der als *Balanced Scorecard* bezeichnete Ansatz ist eine strukturierte Sammlung zukunftsgerichteter, strategieabhängiger Kennzahlen, die in einer unternehmensspezifischen Ursache-Wirkungs-Kette aufeinander aufbauen und differenzierte Perspektiven in Bezug auf die Leistungsfähigkeit des Unternehmens ermöglichen sollen (hierzu und zum Folgenden Kaplan/Norton 2018):

- Kundenperspektive
- Prozessperspektive
- Lern- und Entwicklungsperspektive
- Finanzperspektive

Die *Kundenperspektive* reflektiert die strategischen Ziele des Unternehmens in Bezug auf die Kunden- und Marktsegmente, in denen es konkurrieren möchte (z. B. Marktanteil, Qualität, Kundenzufriedenheit). Sie gibt die Antwort auf die Frage „Wie erfolgreich sind wir eigentlich am Markt?" und stellt dementsprechend einen Reflex der Unternehmensaktivitäten dar, deren Leistungsziele und -maßstäbe durch entsprechende Kontrollinformationen im Rahmen von Kennzahlensystemen aus Kundensicht zu bewerten sind. Typische Kennzahlen bzw. Ergebniskontrollinformationen wären bspw. Befragungsergebnisse zur Kundenzufriedenheit, Beschwerdequoten, Kundenabwanderungsraten, die Rate der Neukundengewinnung, Kundenloyalität etc. In der internen *Prozessperspektive* werden diejenigen Prozesse abgebildet und hinterfragt, die von Bedeutung sind, um die Ziele der Finanzperspektive und der Kundenperspektive zu realisieren (z. B. Effizienz, Mitarbeiterzufriedenheit, Produktivität). Erkenntnisse über betriebsinterne Prozesse („Wie gut beherrschen wir unsere wichtigsten Prozesse?") können z. B. durch die Definition und den Abruf von unternehmensspezifischen Maßstabwerten (Key Performance Indicators (KPI)) für den innerbetrieblichen (betriebsindividuelle Kennzahlen) und zwischenbetrieblichen (Branchenkennzahlen) Vergleich (etwa Betriebsvergleich, Benchmarking) gewonnen werden. Auch die Kosten- und Leistungsrechnung, Prozesskostenrechnungen und/oder statistische Prozessregelungen können Informationen über die Qualität und Produktivität einzelner Unternehmensbereiche, Leistungsprozesse und/oder einzelner Organisationeinheiten, Abteilungen und Stellen liefern (siehe Abb. 3.22).

Die Kennzahlen der *Lern- und Entwicklungsperspektive* beleuchten die notwendige Infrastruktur und die Potenziale, um die Ziele der drei anderen Perspektiven zu

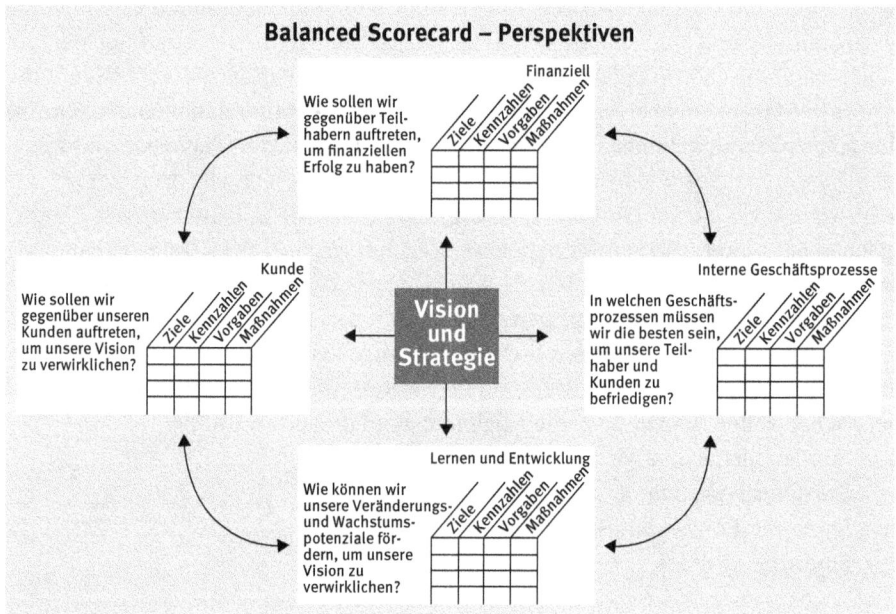

Abb. 3.22: Perspektiven der Balanced Scorecard nach Kaplan/Norton

erreichen. (z. B. Produkte, Technologie, Wissen, neue Geschäftsfelder). Innovative Leistungsmaßstäbe wie bspw. Entwicklungszeiten für Neuprodukte, das Umsatz-Ertrags-Verhältnis von Neu- gegenüber Altprodukten oder die Qualität des betrieblichen Vorschlagswesen etc. sind Frühindikatoren für die zukunftsgerichtete Wettbewerbsfähigkeit des Unternehmens und stellen gemeinsam mit der Entwicklung des Mitarbeiter-Know-hows bzw. der Mitarbeiterqualität (z. B. Weiterbildungsquote, Weiterbildungsinvestitionen, Bildungsstruktur etc.) bedeutsame strategische Führungsinformationen dar. Die *Finanzperspektive* soll aufzeigen, ob die Implementierung der gewählten Strategie zur Ergebnisverbesserung beiträgt (z. B. Liquidität, Erfolg, Wachstum, Rendite) und wird durch Daten aus dem Rechnungswesen, Dokumentationsrechnungen sowie periodische Ergebnis- und Finanzplanungen und -kontrollen erfasst.

Die Balanced Scorecard als Managementinformations- und Berichtssystem verdient insoweit Beachtung, als sie weniger die Steuerung und Kontrolle ins Zentrum der Betrachtung stellt, sondern vielmehr den Fokus von Leistungsberichten vermehrt auf die dahinterliegende Strategie und Vision richtet. Eine wesentliche Herausforderung der Ausgestaltung eines Managementinformationssystems im Tourismus besteht demzufolge in der ausbalancierten, strategiekonformen Strukturierung unternehmens- und markt-/kundenbezogener Leistungsinformationen zur Erfassung der internen/externen Effizienz bzw. Effektivität der Unternehmensaktivitäten. Dies ermöglicht es auch, der inhärenten Gefahr zu begegnen, leicht quantifizierbare Informationen überzubetonen und schwer oder kaum quantifizierbare Daten nicht ausreichend zu berücksichtigen. Insbesondere die Verknüpfung sog. *weicher Leistungsdaten* bzw. Leitungsindikatoren, wie z. B. das Unternehmensimage, die Markenstärke, das Kundenvertrauen oder mitarbeiterbezogene Service- und Verhaltensvariablen (z. B. Höflichkeit, Entgegenkommen, flexible Reaktion auf Kundenwünsche), mit sog. *harten Leistungsdaten*, wie z. B. Qualitätskosten oder Kundenabwanderungsraten, ist als ein grundlegendes Problem des Controllings zu bezeichnen, da sowohl die Zurechenbarkeit von Kosten und Leistungen auf verhaltenserklärende Variablen als auch die kausalen Zusammenhänge zwischen einzelnen Kennzahlen oftmals nicht hinreichend geklärt werden können. So lassen sich bspw. die direkten Wirkungszusammenhänge zwischen der Höflichkeit, der Kompetenz oder der Zuvorkommenheit des Kontaktpersonals und der Kundenzufriedenheit nur unzureichend abbilden, da diese „weichen" Variablen nicht losgelöst von „harten" Variablen wie bspw. dem Preis betrachtet und gewertet werden können. Die Konzentration auf die oben skizzierten Kernkomplexe, die Ausrichtung auf das zugrunde liegende übergeordnete Ziel bzw. Zielsystem und die schnelle Verfügbarkeit quantitativer und qualitativer Leistungsinformationen macht ein derart ausgerichtetes Managementinformations- und Berichtssystem nichtsdestoweniger zu einem nutzbringenden und qualitätsfördernden Instrument der Führungsunterstützung im Sinne eines „[...] optimally balanced information system" (Kavan et al. 1994, S. 12).

Literatur

Aaker, D. A. (2007): Strategic Market Management. 8. Aufl., Wiley, New York.

Ansoff, H. I. (1988): The New Corporate Strategy. New York.

Becker, F. G.; Günther, S. (2001): Personalentwicklung als Führungsaufgabe in Dienstleistungsunternehmungen. In: M. Bruhn; H. Meffert (Hg.): Handbuch Dienstleistungsmanagement, 2. Aufl. Wiesbaden, S. 751–780.

Berg, W. (2014): Einführung Tourismus: Überblick und Management. In: A. Schulz; W. Berg; M. A. Gardini; T. H. Kirstges; B. Eisenstein (Hg.): Grundlagen des Tourismus, 2. Aufl. München, S. 1–138.

Berthel, J. (2000): Personal-Management: Grundzüge und Konzeptionen betrieblicher Personalarbeit. 6. Aufl., Stuttgart.

Bettencourt, L. A. (2012): Fundamental Tenets of Service Excellence. In: Marketing Management, Fall, S. 18–23.

Blake, R. R.; Mouton, J. S. (1968): The Managerial Grid; Key Orientations for Achieving Production through People.

Bleicher, K. (2017): Das Konzept Integriertes Management. 9. Aufl., Frankfurt/Main.

Britzelmaier, B. (2017): Controlling: Grundlagen, Praxis, Handlungsfelder. 2. Aufl., München.

Bruch, H.; Kunze, F.; Böhm, S. (2010): Generationen erfolgreich führen: Konzepte und Praxiserfahrungen zum Management des demographischen Wandels. Wiesbaden.

Bühner, R. (2004): Betriebswirtschaftliche Organisationslehre. 10. Aufl., Oldenbourg, München.

Champy, J.; Hammer, J. (1994): Business Re-Engineering, Frankfurt. New York.

Cisco, A. (2010): In der Dialogküche der Generationen. In: G. Happe (Hg.): Demographischer Wandel in der unternehmerischen Praxis, 2. Aufl. Wiesbaden, S. 167–187.

Clarke, A.; Chen, W. (2007): International Hospitality Management: Concepts and Cases. Oxford.

DEBA (2014): Definition Employer Branding, http://www.employerbranding.org/downloads/publikationen/DEBA_EB_Definition_Praeambel.pdf; letztes Einsehdatum: 22.09.2014.

Dost, J. (2015): Personalmanagement in der Hotellerie –Von der Personalverwaltung zum Internen Marketing am Beispiel der Lindner Hotels AG. In: M. A. Gardini (Hg.): Marketing-Management in der Hotellerie, 3. Aufl. Berlin et al., S. 583–591.

Esch, F. E.; Fischer, A.; Hartmann, K.; Strödter, K. (2008): Management des Markencommitments in Dienstleistungsunternehmen. In: M. Bruhn; B. Stauss (Hg.): Dienstleistungsmarken, Wiesbaden, S. 233–254.

Gardini, M. A: (1997): Qualitätsmanagement in Dienstleistungsunternehmungen –dargestellt am Beispiel der Hotellerie. Frankfurt/Main.

Gardini, M. A. (2014): Der Mitarbeiter als Erfolgsfaktor? Personalmanagement im Tourismus zwischen Anspruch und Wirklichkeit. In: M. A. Gardini; A. A. Brysch (Hg.): Personalmanagement im Tourismus: Erfolgsfaktoren erkennen –Wettbewerbsvorteile sichern. Hamburg, S. 35–67.

Gardini, M. A.; Brysch, A. A. (2014): Personalmanagement im Tourismus: Erfolgsfaktoren erkennen – Wettbewerbsvorteile sichern. Berlin.

Gardini, M. A. (2015a): Marketing-Management in der Hotellerie. 3. Aufl., Berlin.

Gardini, M. A. (2015b): The Challenge of Branding and Brand Management: Perspectives from the Hospitality Industry. In: H. Pechlaner; E. Smeral (Hg.): Tourism and Leisure: Current Issues and Perspectives of Development, Wiesbaden, S. 247–268.

Gardini, M. A. (2018): Zur Kontextualisierung der Unternehmenskultur als Führungsgröße international operierender Hotelunternehmen: Theoretische Fundierung und empirische Erkenntnisse. In: Zeitschrift für Tourismuswissenschaften Jg. 10(H. 2), S. 185–210.

Hahn, D.; Hungenberg, H. (2001): PuK –Wertorientierte Controllingkonzepte: Planung und Kontrolle –Planungs- und Kontrollsysteme –Planungs- und Kontrollrechnung. 6. Aufl., Wiesbaden.

Heracleous, L.; Wirtz, J. (2010): Singapore Airlines' Balancing Act. In: Harvard Business Review, July–August, S. 145–149.

Hilb, M. (2000): Integriertes Personal-Management: Ziele –Strategien –Instrumente. 8. Aufl., Neuwied et al.

Hinterhuber, H. H. (2015): Strategische Unternehmensführung. 9. Aufl., Berlin.

Hoffmann, F. (1989): Erfassung, Bewertung und Gestaltung der Mitarbeiterqualität: Ein anwendungsorientierter Ansatz. In: Zeitschrift für Organisation 58. Jg., S. 410–414.

Homburg, C.; Schäfer, H.; Schneider, J. (2016): Sales Excellence: Vertriebsmanagement mit System. 8. Aufl., Wiesbaden.

Horvath, P. Gleich; R.; Seiter, M. (2015): Controlling. 13. Aufl., München.

Hungenberg, H.; Wulf, T. (2015): Grundlagen der Unternehmensführung. 5. Aufl., Berlin.

Junger, W. (2004): Ritz Carlton und Total Quality Management. In: M. A. Gardini; H. D. Dahlhoff (Hg.): Management internationaler Dienstleistungen, Wiesbaden, S. 345–365.

Kaplan, R. S.; Norton, D. (2018): Balanced Scorecard: Strategien erfolgreich umsetzen. Stuttgart.

Kaspar, C. (1993): Einführung in das touristische Management. Bern.

Kavan, C. B.; Fröhlich, C. J.; Samli, A. C. (1994): Developing a Balanced Information System. In: Journal of Service Marketing Vol. 8(No. 1), S. 4–13.

Kim, D.; Sturmann, M. (2012): HR Branding: How Human Resources Can Learn from Product and Service Branding to Improve Attraction, Selection, and Retention. In: Cornell Hospitality Report Vol. 12(No. 14), S. 4–17.

Kippes, S. (1990): Der Leitbilderstellungsprozess. In: Zeitschrift für Organisation 62. Jg.(H. 3), S. 184–188.

Kobjoll, K. (2009): Mitarbeiter –das Kapital unserer Zukunft. In: M. A. Gardini (Hg.): Handbuch Hospitality Management, Frankfurt/Main, S. 695–713.

Kreikebaum, H.; Gilbert, D. U.; Behnam, M. (2018): Strategisches Management. 8. Aufl., Stuttgart.

Krüger, W. (1988): Die Erklärung von Unternehmungserfolg: Theoretischer Ansatz und empirische Ergebnisse. In: Die Betriebswirtschaft 48. Jg.(H. 1), S. 27–43.

Kusluvan, S.; Kusluvan, Z.; Ilhan, I.; Buyruk, L. (2010): The Human Dimension –A Review of Human Resources Management Issues in the Tourism and Hospitality Industry. In: Cornell Hotel and Restaurant Administration Quarterly, Band 51, S. 171–214.

Macharzina, K.; Wolf, J. (2018): Unternehmensführung. 10. Aufl., Wiesbaden.

Mauborgne, R.; Kim, W. C. (2005): Blue Ocean Strategy. Boston.

Meffert, H.; Bruhn, M. (2009): Dienstleistungsmarketing: Grundlagen –Konzepte –Methoden. 6. Aufl., Wiesbaden.

Meffert, H.; Burmann, C.; Kirchgeorg, M.; Eisenbeiß, M. (2018): Marketing: Grundlagen marktorientierter Unternehmensführung Konzepte –Instrumente –Praxisbeispiele. 13. Aufl., Wiesbaden.

Meyer, A.; Davidson, H. J. (2016): Offensives Marketing: gewinnen mit POISE: Märkte gestalten, Potenziale nutzen. Freiburg.

Paul, T. (1998): Globales Management von Wertschöpfungsfunktionen. Wiesbaden.

Pelz, W. (1995): Grundlagen der Betriebswirtschaftslehre. München.

Porter, M. (1997): Nur Strategie sichert auf Dauer hohe Erträge. In: Harvard Business Manager H. 3, S. 42–58.

Porter, M. (2013): Wettbewerbsstrategie: Methoden zur Analyse von Branchen und Konkurrenten. 12. Aufl., Frankfurt/Main.

PwC (2011): Millenials at work. Reshaping the workplace. Frankfurt/Main.

Ritz Carlton (2003): Interne Unterlagen. Berlin.

Rosenbluth, H. F.; McFerrin Peters, D. (1992): The Customer comes Second: And other Secrets of exceptional Service. New York.

Rosenstiel, L. V. (2007): Grundlagen der Organisationspsychologie. 6., überarb. Aufl., Stuttgart.

Sackmann, S. (2017): Unternehmenskultur: Erkennen –Entwickeln –Verändern. 2. Aufl., Wiesbaden.

Schreyögg, G. (2016): Grundlagen der Organisation. 2. Aufl., Wiesbaden.

Schreyögg, G.; Koch, J. (2015): Grundlagen des Managements. 3. Aufl., Wiesbaden.

Schwarz, G. (1989): Unternehmungskultur als Element des Strategischen Managements. Berlin.

Simon, H.; Sebastian, K. H. (1995): Was guten Service ausmacht. In: Gablers Magazin 8. Jg.(H. 1), S. 16–19.

Steinmann, H.; Schreyögg, G. (2000): Strategisches Management. 5. Aufl., Wiesbaden.

Sturmann, M. (2001): The Compensation Conundrum: Does the Hospitality Industry Shortchange its Employees –and Itself? In: Cornell Hotel and Administration Quarterly Vol. 42, S. 69–76.

Tannenbaum, R. J.; Schmidt, W. H. (1963): How to choose a Leadership Pattern. In: J. A. Litterer (Hg.): Leadership and Organization, New York/London, S. 122–130.

Trost, A. (2009): Employer Branding –Arbeitgeber positionieren und präsentieren. Köln.

Ulrich, H. (1990): Management-Philosophie in einer sich wandelnden Gesellschaft. In: D. Hahn; B. Taylor (Hg.): Strategische Unternehmungsplanung/Strategische Unternehmungsführung, Heidelberg, S. 825–837.

Ulrich, P. (1984): Systemsteuerung und Kulturentwicklung. In: Die Unternehmung 38. Jg.(H. 4), S. 303–325.

Vahs, D. (2019): Organisation. 10. Aufl., Stuttgart.

Welge, M. K.; Al-Laham, A.; Eulerich, M. (2017): Strategisches Management: Grundlagen – Prozess – Implementierung. 7. Aufl., Berlin.

Wunderer, R. (2005): Führung und Zusammenarbeit: Eine unternehmerische Führungslehre. 6. Aufl., Neuwied.

Axel Schulz

4 Verkehrsträger

Ganz allgemein werden unter dem Begriff *Verkehr* alle Maßnahmen zusammengefasst, die die Ortsveränderung von Personen, Gütern und Nachrichten bewirken. Im vorliegenden Werk wird nur auf die Ortsveränderung von Personen eingegangen. Eine Analyse der Güterströme und des Nachrichtenverkehrs erfolgt nicht. Diese Betrachtungsweise bleibt den wissenschaftlichen Gebieten Logistik und Kommunikation vorbehalten.

Die *Gesamtheit aller Verkehrsmittel*, die die gleiche Art von Verkehrsinfrastruktur verwenden, bezeichnet man als Verkehrsträger. Die touristisch relevanten Verkehrsträger sind Luftverkehr, Schiffsverkehr, Bahnverkehr sowie Straßenverkehr (Abb. 4.1). Unter dem Begriff Verkehrsträger werden im Weiteren auch alle Unternehmen und Institutionen verstanden, die Verkehrsdienstleistungen öffentlich anbieten.

Schiene
– Fern- und Regional-
  verkehrszüge
– Nachtzüge
– Hochgeschwindigkeitszüge
– Magnetbahnen
– Luxuszüge

Luft
– Passagierflugzeuge:
  Langstrecken-, Mittel-,
  Kurzstreckenflugzeuge
– Turboprops
– Sport- & Segelflugzeuge
– Hubschrauber

Straße
– Personenkraftwagen
– Busverkehr
– Motorrad, Moped, Mofa
– Caravan/Wohnmobile
– Autovermietungen
– Fahrrad

**Touristische
Verkehrsmittel**

Wasser
– Kreuzfahrtschiffe:
  Hochsee-, Fluss-
  & Segelschiffe
– Hausboote
– Fähren
– Frachtschiffe
– Yachten, Sportboote

**Weitere touristische
Verkehrsmittel**
– Floß, Kanu, Ruderboot
– Ballons & Zeppeline
– Weltraumraketen
– Bergbahnen sowie
  Ski- und Sessellifte
– Ausflugsdampfer/-schiffe

Abb. 4.1: Touristische Verkehrsmittel

Verkehrsmittel
Verkehrsmittel sind alle Objekte, die direkt zum *Personentransport* benötigt werden. Sie lassen sich nach verschiedenen Kriterien differenzieren. Zum einen gibt es moto-

https://doi.org/10.1515/9783110641219-004

risierte und nicht motorisierte sowie öffentliche und privat genutzte Verkehrsmittel. Zum anderen sind Unterscheidungsmöglichkeiten nach Größe, Gewicht, Geschwindigkeit, Reichweite oder Komfort der Verkehrsmittel vorstellbar. So werden z. B. Kreuzfahrtschiffe aufgrund ihres Komforts bewertet oder Düsenflugzeuge in Größenklassen eingeteilt. Für eine umfassende Klassifizierung sind diese Einteilungen allerdings nicht zielführend. Daher erfolgt im Weiteren eine Systematisierung der touristischen Verkehrsmittel nach den natürlichen Rahmenbedingungen Wasser, Land (Straße/Schiene) und Luft. Es gibt hierbei Transportmittel, die (nahezu ausschließlich) von Touristen nachgefragt werden, wie z. B. Reisebusse, Ferienflugzeuge und Kreuzfahrtschiffe. Es gibt aber auch eine Vielzahl an Verkehrsmitteln, die sowohl von Touristen als auch von der einheimischen Bevölkerung nachgefragt werden, wie bspw. der öffentliche Personennahverkehr. Verkehrsmittel können zudem für Touristen eine unterschiedliche Bedeutung haben:
- als Transportmittel für die An- und Abreise,
- als Transportmittel am Zielort für Ausflüge, Besichtigungen etc.,
- als Kombination von Verkehrsmittel und Übernachtung (z. B. bei Kreuzfahrten oder Caravaning) sowie
- als elementarer Teil des Urlaubserlebnisses (z. B. Motorrad- oder Fahrradtouren).

Verkehrswege

Die Verkehrswege bilden die Voraussetzung für die Durchführung aller beruflichen und privaten *Transportdienstleistungen* (Abb. 4.2). Man unterscheidet hierbei auch zwischen den natürlichen Rahmenbedingungen Land, Luft und Wasser, die die wesentlichen Eigenschaften der Verkehrsträger bestimmen. Beim Verkehrsweg Luft gibt es keine weitere Unterteilung. Der Luftverkehrsraum gehört zu den Hoheitsgebieten der einzelnen Staaten und seine Benutzung ist durch eine Vielzahl von nationalen Gesetzen und internationalen Vereinbarungen geregelt. Zur Durchführung des Luftverkehrs ist allerdings auch eine landgestützte Infrastruktur notwendig. Die Wasserwege

Abb. 4.2: Verkehrswege im Tourismus

sind zumeist natürlichen Ursprungs. Nur in Ausnahmefällen werden künstliche Wasserstraßen gebaut. Der Bau von künstlichen Wasserstraßen dient v. a. der einfacheren und schnelleren Beförderung von Passagieren und Fracht, wobei touristische Aspekte nicht im Vordergrund stehen. Bekannte Beispiele für künstliche Wasserstraßen sind der Panamakanal und der Rhein-Main-Donau-Kanal. Die Benutzung des Luft- und Seeraums ist üblicherweise kostenfrei und allen Teilnehmern zugänglich.

Beim Landverkehr muss ein *Wegenetz* erst erbaut werden. Besonders wichtig ist das Straßennetz, das heute eine weltweite Gesamtlänge von ca. 32 Mio. km aufweist. Der Ausbau der Infrastruktur erfolgt im öffentlichen Interesse und wird daher zumeist von Regierungen bezahlt. Eine *Refinanzierung* erfolgt häufig durch spezielle Steuern und Mautgebühren. Die Nutzung der Straßen erfolgt aus unterschiedlichen Interessen heraus; eine Unterscheidung und Lenkung von Freizeit-, Urlaubs-, Berufs- und Frachtverkehr ist nicht üblich. Gelegentlich gibt es auch Ferienstraßen, die entlang von geografischen und touristischen Besonderheiten führen und zudem einheitlich gekennzeichnet sind. Insgesamt gibt es in Deutschland etwa 150 Ferienstraßen. Ein Beispiel ist die deutsche Alpenstraße, die sich auf einer Länge von über 450 km zwischen Bodensee und Königssee erstreckt. Für den Verkehrsträger Bahn muss ein aufwendiges Schienennetz verlegt werden, das die Beförderung von Personen und Fracht ermöglicht. Ausschließlich für den Personenverkehr werden in jüngster Zeit vermehrt Schnellfahrstrecken für den Hochgeschwindigkeitsverkehr gebaut, die in Zukunft eine starke Konkurrenz für die Luftverkehr darstellen werden. Weitere landgebundene Verkehrswege sind Rad- und Wanderwege, die zwingende Voraussetzungen für die entsprechenden Freizeit- und Urlaubsaktivitäten sind.

Die Entwicklung des Tourismus ist unabdingbar mit der Reisezeitverkürzung durch neue *Transporttechnologien* verbunden. Während in der Anfangszeit mit Pferdekutschen und Segelschiffen das Reisen sehr mühselig und zeitaufwendig war, konnten mit den ersten Dampflokomotiven und -schiffen erheblich höhere Reisegeschwindigkeiten realisiert werden (vgl. dazu auch Abb. 1.20). Besonders durch die Eisenbahn kam es zudem zu einem großen Komfortgewinn, da die neu verlegten Schienen, im Vergleich zu Kopfsteinpflaster, Schlamm und Schlaglöchern der damaligen Straßen, ein ruhiges und ruckelfreies Reisen ermöglichten. Obwohl das Automobil noch heute das wichtigste Verkehrsmittel weltweit ist, kam es zu einer weiteren Reisezeitverkürzung erst durch die Nutzung des Luftraums. Aufgrund der Technologiesprünge während der beiden Weltkriege wurden die Reisezeiten mit dem Flugzeug immer kürzer und der Unterschied zwischen den Strecken München–Bozen (277 km, 3 Std. Autofahrt) und München–Mallorca (1.080 km, 2,15 Std. Flug) ist heutzutage unbedeutend.

Reiseziele & Verkehr

Bei Betrachtung der Verkehrsmittelnutzung in den letzten Jahrzehnten wird deutlich, welche Veränderungen im Tourismus in den letzten Jahren stattgefunden haben

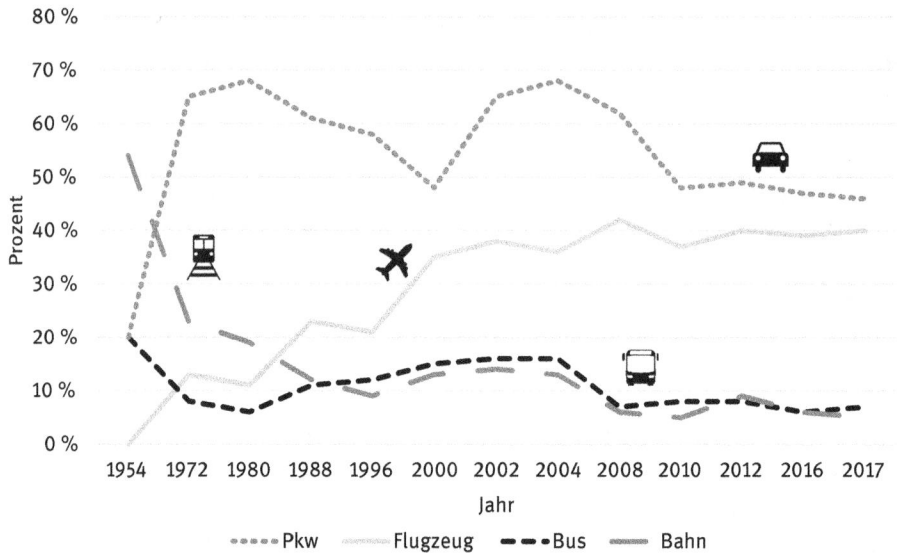

Abb. 4.3: Verkehrsmittel für Haupturlaubsreisen (Quelle: Statista 2017)

(Abb. 4.3). Dem kontinuierlichen Anstieg des Flug- und des Pkw-Tourismus steht ein deutlicher Rückgang der Nutzung der Bahn als Urlaubsmittel gegenüber. Würden heute alle deutschen Pkw-Urlauber gleichzeitig mit ihrer Urlaubsreise beginnen, entstünde ein Stau, der in seiner gesamten Länge zweimal um die Erde reichen würde. Der Aufschwung des Pkw-Tourismus fand in den 1950er- und 1960er-Jahren mit einem explosionsartigen Anstieg statt. Trotz des langsamen Rückgangs seit Ende der 1980er-Jahre als Folge des wachsenden Flugtourismus verreisen heute mehr als doppelt so viele Touristen mit dem Auto als in den 1950er-Jahren. War es im Jahr 1954 nur knapp jeder fünfte deutsche Urlauber, der mit dem Auto in Urlaub fuhr, so ist es heute bereits jeder zweite. Jeder zehnte Autokilometer wird laut Statistik nur für Urlaubszwecke zurückgelegt. Allgemein zeigt der Trend jedoch deutlich, dass die Veränderung der *Reisezielpräferenzen*, bedingt durch die Erschließung immer neuer, weiter entfernt liegender Ziele, auch ausschlaggebend für die Veränderung der Wahl der Verkehrsmittel ist.

In Deutschland ist der eigene Personenkraftwagen das Verkehrsmittel der Wahl und wird für die meisten Freizeit-, Urlaubs- und Geschäftsreisen verwendet. Besonders die individuelle Verfügbarkeit wird von den Bundesbürgern sehr geschätzt. Die touristischen Einsatzgebiete des Automobils sind in erster Linie alle kurzen und mittleren Distanzen bis ca. 1.000 km. Innerhalb Europas werden jedoch auch häufig weitere Distanzen wie z. B. die Strecke Frankfurt/Main–Palermo mit ca. 1.800 km zurückgelegt. Bei der Wahl des Verkehrsmittels und insbesondere bei der Entscheidung für den Personenkraftwagen bleiben *betriebswirtschaftliche Überlegungen meist unbe-*

rücksichtigt. Alleine die Benzinkosten würden für die Strecke Frankfurt/Main–Palermo ca. 300 € betragen. Rechnet man die Mautgebühren in Italien und Österreich (ca. 70 €) sowie weitere Fix- und Verschleißkosten wie Versicherung, Werkstattbesuche etc. hinzu (ca. 30 Ct. pro Kilometer), ergibt sich ein Gesamtbetrag für diese Wegstrecke von ca. 900 €. Zu diesem Preis könnte auch eine vierköpfige Familie problemlos das Verkehrsmittel Flugzeug verwenden.

4.1 Luftverkehr

Das Produkt Flugreise besteht aus einer *Grundleistung*, dem schnellen Transport von einem Ort zum anderen mithilfe des Verkehrsmittels Flugzeug, und *Zusatzleistungen* wie z. B. Bordservice und Verpflegung. Da den Fluggesellschaften im Bereich der Grundleistung nur begrenzte Differenzierungsmöglichkeiten zur Verfügung stehen, um sich von der Konkurrenz abzuheben, werden diese Zusatzleistungen oftmals zu einem sehr wichtigen Wettbewerbsinstrument. Die Besonderheiten des Luftverkehrs in Bezug auf die Nachfrage sind v. a. die zeitlichen Schwankungen, die mit dem Reiseverhalten der Urlaubs- und Geschäftsreisenden begründet werden können. Mit der Aufteilung des Gesamtmarkts in unterschiedliche Segmente, die mit unterschiedlichen Produkten sowie mit unterschiedlichen Preisen bearbeitet werden, wollen die Fluggesellschaften diesen Nachfrageschwankungen entgegenwirken. Wesentlicher Einflussfaktor auf die Angebotsstruktur im Luftverkehr sind die hohen Fixkosten. Nur ein geringer Anteil der Kosten ist variabel, sodass die Fluggesellschaften eine möglichst hohe Auslastung mithilfe eines breiten Spektrums an Preisdifferenzierungen erreichen wollen.

Der öffentliche, gewerbliche und zivile Personenluftverkehr wird üblicherweise in *Linien- und Gelegenheitsverkehr* unterteilt. Diese Trennung zwischen den Verkehrsarten kam in Europa dadurch zustande, dass die meisten Linienfluggesellschaften früher einmal sog. National Flag Carrier waren. Der Tourismusmarkt wurde von den Liniengesellschaften jedoch zunächst als nicht relevant beachtet und deshalb entweder anderen Gesellschaften überlassen oder, mit zunehmender Nachfrage aus dem Tourismussektor, durch die Gründung von Tochterunternehmen bedient. Daher konnten sich andere Fluggesellschaften auf dem Markt für den touristisch orientierten Luftverkehr etablieren, wodurch der Ferienflugverkehr (bzw. Charter- oder Gelegenheitsflugverkehr) entstand.

Zusätzlich zur Unterscheidung zwischen Linien- und Ferienflugverkehr kann man im Luftverkehr weitere *Fluggesellschaftstypen* unterscheiden. Kurzstrecken und die Zubringerflüge zu den Metropolen werden v. a. von Regionalfluggesellschaften durchgeführt. Schließlich hat in jüngster Zeit die Kategorie der Billigfluggesellschaften eine zunehmende Bedeutung. Das Geschäftskonzept dieser Gesellschaften beinhaltet strikte Kostenreduktion und niedrige Preise für die Kunden.

4.1.1 Linienfluggesellschaften

Früher waren *National Flag Carrier* Fluggesellschaften, an denen der jeweilige Staat eine Mehrheitsbeteiligung hatte und von diesem gegenüber Konkurrenten protegiert wurde. Das Streckennetz der National Flag Carrier wurde auf die Bedürfnisse der Geschäftsreisenden des eigenen Landes ausgerichtet. Durch Protektionsmaßnahmen des Staates war es keiner anderen Fluggesellschaft möglich, in den Geschäftsreisemarkt einzudringen. Später wurden die National Flag Carrier in privatwirtschaftliche Fluggesellschaften umgewandelt, die heute als die großen Linienfluggesellschaften am Markt etabliert sind. Nach wie vor sind die Geschäftsreisenden die wichtigste Kundengruppe der Linienfluggesellschaften.

Heute gibt es im Linienluftverkehr eine Vielzahl von Messgrößen. Die angebotene Beförderungskapazität kann in *Sitzkilometern* (engl. Seat Kilometers offered; SKO) angegeben werden. Sie bemisst sich an dem Produkt der Anzahl der Sitze eines Flugzeugs und der zurückgelegten Wegstrecke in Kilometern (km). Eine andere gängige Abkürzung für die angebotene Beförderungsleistung ist *PKO (Passenger Kilometers offered)*. Wesentlicher erscheint die tatsächlich erbrachte Beförderungsleistung mit transportierten Personen, die in *Personenkilometer (PKm)* (engl. Passenger Kilometers transported; PKT) angeben wird. Die prozentuale Differenz ergibt den *Sitzladefaktor* (engl. Seat Load Factor; SLF), d. h. ein passagierbezogenes Maß für die Auslastung von Flugzeugen. Diese Maßzahl zeigt die Kapazitätsauslastung der eingesetzten Flotte und liegt in der heutigen Zeit bei den Linienfluggesellschaften bei ca. 65 bis 85 %. Aufgrund der einfachen Berechnung wird der Sitzladefaktor oftmals für den Vergleich verschiedener Fluggesellschaften herangezogen. Allerdings können daraus nur bedingt Rückschlüsse auf die Wirtschaftlichkeit einzelner Unternehmen gezogen werden, da keinerlei Bezug zu Ticketpreisen, Kosten und weiteren Finanzkennzahlen besteht. So wäre theoretisch ein maximaler Sitzladefaktor von 100 % leicht zu erreichen: Verschenkte Tickets würden zwar schnell die Auslastung optimieren, aber die Rentabilität der Fluggesellschaft wäre fraglich.

Für die weiteren Untersuchungen wird eine weitere einfache Maßzahl verwendet, die sich auch leicht auf andere Verkehrsträger übertragen lässt: das eigentliche Verkehrsmittel. Um die Größe und Leistungskraft der internationalen Linienfluggesellschaften darzustellen, bietet sich als Vergleichswert die Gesamtzahl der Flugzeuge an. Dabei wird sämtliches im Einsatz befindliches *Fluggerät*, vom Regionaljet bis hin zum Langstreckenflugzeug, berücksichtigt (Abb. 4.4).

Abbildung 4.5 zeigt die zehn größten internationalen Fluggesellschaften nach Anzahl der Flugzeuge. Unangefochten an erster Stelle liegt die amerikanische Linienfluggesellschaft American Airlines (AA) mit 951 Flugzeugen inklusive der Regionalflugzeuge von American Eagle. Danach folgen die amerikanischen Fluggesellschaften Delta, United Airlines und die Billigfluggesellschaft Southwest Airlines.

Größte europäische Fluggesellschaft ist die deutsche Lufthansa AG. Zusammen mit dem Fluggerät aus LH Passage und LH Regional sowie Swiss, AUA und der Bil-

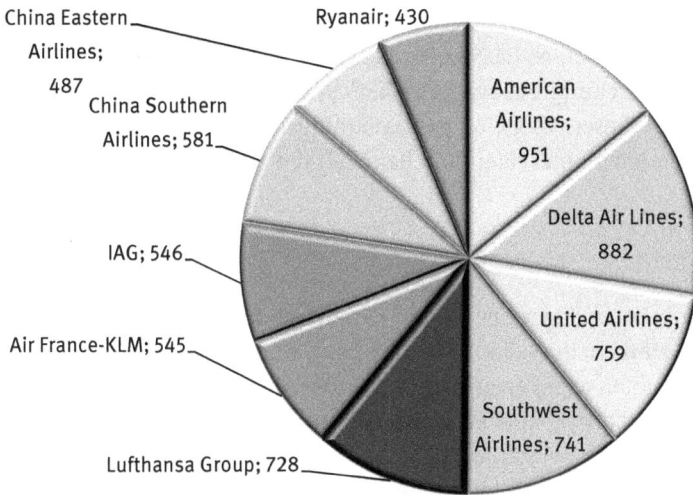

Abb. 4.4: Vergleich internationaler Fluggesellschaften nach Fluggerät, Stand 2019 (Quelle: Geschäftsberichte der Fluggesellschaften und Unternehmenshomepages)

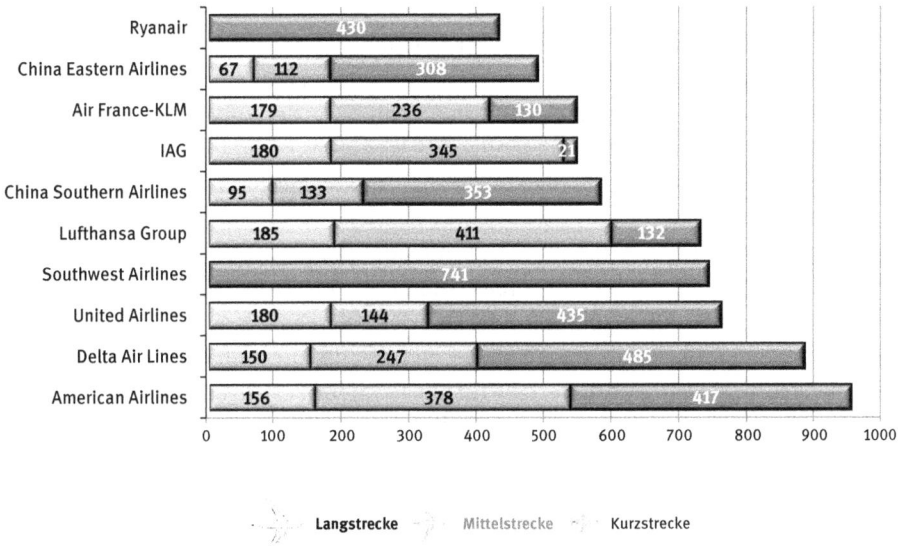

Abb. 4.5: Vergleich internationaler Fluggesellschaften nach Art des Fluggeräts, Stand 2019 (Quelle: Geschäftsberichte der Fluggesellschaften & Unternehmenshomepages (2017))

ligflugtochter Eurowings bringt es die LH auf insgesamt 728 Flugzeuge (Stand 2019). Auch die Gesellschaften Air France/KLM Group und International Airlines Group (IAG) sind europäische Fluggesellschaften. Die International Airlines Group (IAG) ist eine durch die Fusion der beiden Fluggesellschaften British Airways und Iberia entstandene Holdinggesellschaft mit Hauptsitz in Madrid. Schließlich repräsentieren China Southern Airlines und China Eastern Airlines die zunehmende Bedeutung von China. Auch die europäische Billigfluggesellschaft Ryanair gehört zu den größten Fluggesellschaften. Um diesen Vergleich aussagekräftiger zu gestalten, ist es sinnvoll, die Gesamtflotten auch unter dem Gesichtspunkt der *Flottenzusammensetzung* zu betrachten.

Allianzen

Hauptziel der strategischen Allianzen ist es, die Wettbewerbsfähigkeit ihrer Mitglieder so zu sichern und zu stärken, dass die Allianz die beste Alternative zu Alleingängen der Linienfluggesellschaften oder Fusionen darstellt. Die Allianzen streben neben der Existenzsicherung v. a. eine steigende Produktivität und Rentabilität ihrer assoziierten Fluggesellschaften und eine Stärkung der Allianzmacht im Vergleich zur Konkurrenz an. Besonders Einsparungspotenziale durch gemeinsame Einkaufsmacht, Netzwerksynergien und Leistungsbündelung werden als häufige Ziele genannt. Des Weiteren sind Kostendegressionseffekte hinsichtlich der Fixkosten und der Stückkosten durch Auslastungssteigerung oder Abbau von Frequenzen und Strecken möglich. Neben der Kostenseite sind aber auch Auslastungs- und Ertragssteigerungen durch die Erschließung neuer Absatzgebiete mithilfe der Partner realisierbar. Zudem wird eine Steigerung der Kundenzahl durch optimierte Angebote auch auf auslastungsschwachen Strecken z. B. durch die Zusammenlegung der Kapazitäten angestrebt. Schließlich kommt es zur Verminderung des Wettbewerbs und zu einer Errichtung von Markteintrittsbarrieren für die Konkurrenz durch Codesharing und allianzeigene Drehscheiben.

Globale strategische Allianzen sind interkontinental agierende Netzwerke, die mittlerweile die größten Teile des internationalen Flugmarkts unter sich aufteilen. Bei der Auswahl der Allianzpartner zeigt sich das Bestreben, langfristig möglichst alle bedeutenden Verkehrsregionen abzudecken und dadurch ein weltumspannendes Streckennetz und Wettbewerbsvorteile für alle Partner zu erlangen. Dafür werden von den Fluggesellschaften z. B. in ihren jeweiligen Heimatländern Zubringerdienste für die Partnergesellschaften übernommen und somit das Streckennetzwerk wesentlich erweitert.

Die Zusammensetzung der globalen Allianzen hat sich innerhalb der letzten Jahre mehrmals geändert. Ähnlich dem Konsolidierungsprozess bei den Fluggesellschaften hat auch bei den Bündnissen ein Konzentrationsprozess stattgefunden. Nach einer Phase der Marktbereinigung teilt sich nun der Luftfahrtallianzmarkt unter den drei großen Zusammenschlüssen Star Alliance, Skyteam und Oneworld auf.

- Die *Star Alliance* ist eine 1997 gegründete Allianz von derzeit 28 Fluggesellschaften. Die bekanntesten Mitglieder sind die Lufthansa, United Airlines und Singapore Airlines. Im Verbund der Star Alliance finden täglich 18.500 Flüge statt. Damit ist die Star Alliance die größte Luftfahrtallianz der Welt. Die Star Alliance gilt unter den drei großen Kooperationen als die Allianz mit der ausgeprägtesten Integrationstiefe und einem ausgewogenen Partnerportfolio.

– Die zweitgrößte Luftfahrtallianz ist das *Skyteam* mit gegenwärtig 19 Fluggesellschaften. Geprägt ist die Allianz durch die Fusion von Air France und KLM und die hierdurch entstandene erste europäische Fluggesellschaftsgruppe. Skyteam hat sein Hauptaugenmerk auf den nordamerikanischen und europäischen Bereich gelegt.

– Die Fluggesellschaften der *Oneworld*-Allianz fliegen insgesamt ca. 1.000 Destinationen in 155 Ländern an. Oneworld ist mit den unterschiedlichen Partnern Qantas, Lantan und den Südamerika-Anbindungen der Iberia sehr global aufgestellt. Die Kooperation ist weniger intensiv als z. B. bei der Star Alliance mit der engen Partnerschaft zwischen UA und LH oder bei Skyteam mit KLM und AF.

Produktionsfaktoren

Aus betriebswirtschaftlicher Sicht kann das Fluggerät nach unterschiedlichen Kriterien eingeteilt werden (Abb. 4.6):

– Fluggeräte können nach den *Flugzeugherstellern* (besonders Airbus und Boeing) eingeteilt werden.

– Ein weiteres Kriterium ist die *Rumpfform*. Dabei werden als Großraumflugzeuge (Widebody wie bspw. die 747 von Boeing) diejenigen Flugzeuge bezeichnet, deren Passagierkabinen mehr als einen Gang (Aisle) aufweisen, im Gegensatz zu den Schmalrumpfflugzeugen (Narrowbody) oder Single-Aisle-Flugzeugen mit einer Gangreihe wie bspw. der A318. Der Einsatz von gestreckten Versionen be-

Kriterium	Einteilungsmöglichkeit	Beispiele
Hersteller	Boeing Airbus Bombardier Fairchild Dornier British Aerospace	717, 737, 747, 757, 767, 777, 787 300/310, 318/19/20/21, 330/40, 350, 380 CRJ, DH8 328 ARJ/BAE 146
Rumpfform	Narrowbody Widebody Macrobody	737, 757, A318/19/20/21, CRJ, ARJ, ATR42/72, Saab 2000 747, 767, 777, 787, A300/310, A330/340 A380
Reichweite	Kurzstreckenflugzeug Mittelstreckenflugzeug Langstreckenflugzeug	CRJ, ARJ, ATR42/72, Saab 2000, DH8, 717, 737, A318/19 757, A320/21 747, 767ER, 777, A330/40, A380
Antriebsart	Turboprop (Propellerturbine) Düsenjet	ATR42/72, F50, DH8, Saab 2000 fast alle Boeing- und Airbustypen

Abb. 4.6: Unterscheidungskriterien für Verkehrsflugzeuge

stehender Flugzeugmuster ist eine weitere Möglichkeit, die Transportkapazität zu erhöhen (z. B. A321 als Stretch-Version des A320).

– Oft werden Verkehrsflugzeuge nach der jeweiligen *Reichweite* eingeteilt. Für die Kurz-, Mittel- und Langstrecke gibt es keine einheitliche Definition, jedoch können Strecken bis etwa 1.500 km den Kurzstrecken, bis 5.000 km den Mittelstrecken und alle längeren den Langstrecken zugerechnet werden. Ein Kurzstreckenflugzeug ist bspw. der A319, ein Mittelstreckenflugzeug der A320 und ein Langstreckenflugzeug der A340.

– Bei der *Antriebsart* wird zwischen Turboprop (Propellerturbine) und Düsenjet (Turbofan) unterschieden. Moderne Turboprop-Triebwerke wurden besonders für neue Regionalverkehrsflugzeuge entwickelt. Düsenjetmaschinen sind alle Airbus- und Boeing-Typen mit einer Sitzplatzbelegung von mehr als 100 Sitzen. Sie haben den Vorteil, dass sie größere Reichweiten und höhere Geschwindigkeiten aufweisen.

Flugplan, Streckennetz und Netzwerk

Die Basis des Leistungsangebots einer Fluggesellschaft ist der Flugplan bzw. das damit verbundene Streckennetz. Laut Passagierbefragungen ist die Qualität des Flugplans bzw. Streckennetzes ein entscheidendes Argument für die Wahl einer bestimmten Fluggesellschaft.

– *Flugplan*: Der Flugplan ist die Zusammenstellung aller planmäßigen Flüge einer Fluggesellschaft in einer Flugplanperiode. Der Flugplan informiert über die angebotenen Verbindungen innerhalb des eigenen Netzwerks sowie über die Anbindungen an die Netze von Kooperationspartnern.

– *Streckennetz*: Ein weiterer Bestandteil des Leistungsangebots einer Fluggesellschaft sind die zu bedienenden Strecken. Aus Sicht des Kunden besitzt derjenige Reiseweg die höchste Attraktivität, dessen Gesamtreisezeit am kürzesten und dessen Anzahl an Flugunterbrechungen am geringsten ist. Hinsichtlich des Streckenprogramms lassen sich Fluggesellschaften mit Punkt-zu-Punkt-Verbindungen von Netzwerk-Fluggesellschaften mit Drehkreuz-Streckennetzen unterscheiden (Abb. 4.7).

– *Netzwerk*: Das Flugnetz einer Fluggesellschaft bezeichnet das gesamte Netzwerk von Luftverkehrsverbindungen dieser Fluggesellschaft. Das Netzmanagement hat

Punkt-zu-Punkt   Drehkreuz   Multi-Drehkreuz

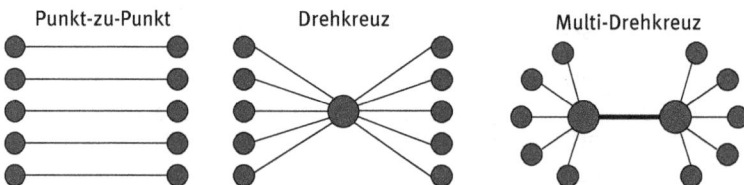

Abb. 4.7: Möglichkeiten der Streckenverbindung

die Aufgabe, das gesamte Netzwerk von Luftverkehrsverbindungen im Sinne der Fluggesellschaft zu optimieren. Ziel ist nicht mehr die punktuelle Streckenoptimierung, ein sog. lineares Netz, sondern eine Netzoptimierung durch die systematische Anpassung der Flugpläne an den Umsteigeverkehr im Rahmen der auf den Hauptbasen vorhandenen Slots (zugeteilte Start- und Landezeiten auf Flughäfen).

Marketing und Vertrieb

Die Nachfrage kann nach verschiedenen Nachfragegruppen segmentiert werden. Diese möglichst homogenen Käufergruppen erlauben eine differenzierte Marktbearbeitung. Eine Klassifizierung ist nach demografischen, psychografischen oder soziografischen Merkmalen möglich. Für den Luftverkehr ist v. a. die Unterscheidung nach dem Reiseanlass relevant, der sich weiter in die Teilsegmente Geschäfts- und Privatreisemarkt unterteilen lässt (Abb. 4.8).

Geschäftsreisende	Privatreisende
• geringere Reaktion auf Preis-änderungen	• elastische Reaktion auf Preisänderungen
• Betriebsausgaben	• hohe Abhängigkeit vom Haushaltseinkommen
• höhere Ausgabebereitschaft	• höheres Kostenbewusstsein bei Familien
• hohe Wertigkeit für Luftverkehr	
• weniger saisonale Abhängigkeit	• schnellere Substituierbarkeit
• Prestigefunktion, soziale Entlohnung	• eine Flugreise pro Jahr
• 60 % der Vielflieger machen mehr als fünf Flüge pro Jahr.	• geringere Bedeutung von Flugfrequenz und Sitzverfügbarkeit
• 8 % der Kunden erbringen 20 % der Erträge.	• bei wichtigen Familienangelegenheiten Verhalten wie bei Geschäftsreisen

Abb. 4.8: Unterschiede Geschäfts- und Privatreisende Produktpolitik

Die Flugzeugkabine wird von den Fluggesellschaften in verschiedene Bereiche unterteilt. Diese physische Unterteilung in Bereiche nennt man *Beförderungs- oder Serviceklassen*. Eine in den Klassen vorgenommene unterschiedliche Bestuhlung wird insbesondere durch den Sitzabstand, die Sitzbreite, die maximale Sitzneigung und die Anzahl der Sitze pro Reihe charakterisiert. Die Flugzeugkabine auf Kurzstrecken wird nur in Economyclass und Businessclass eingeteilt. Auf Mittel- und Langstrecken gibt es eine zusätzliche First Class. Hier legen die Passagiere besonderen Wert auf die Beinfreiheit, die stark vom Sitzabstand abhängig ist. Üblicherweise beträgt der *Sitzabstand* in der Economyclass durchschnittlich 75 cm, in der Businessclass ungefähr 150 cm und in der First Class mehr als 200 cm. Die Sitzabstände und die Ausstattung sind allerdings sehr von der jeweiligen Fluggesellschaft und dem jeweiligen Flugzeugtyp abhängig.

Letztendlich steht die Festlegung der Sitzplatzdichte in einem Spannungsfeld zwischen den Interessen der Kunden und den Interessen einer Fluggesellschaft. Der Fluggast wünscht sich innerhalb der Kabine möglichst viel Platz und Komfort. Die Fluggesellschaft hingegen versucht, durch eine hohe Anzahl an Sitzen eine maximale Auslastung der Transportkapazität des Fluggeräts zu erreichen. Hierbei gilt es, eine ertragsoptimierte Sitzkonfiguration zu finden, die der Kabinenausstattung als wesentliches Produktmerkmal Rechnung trägt.

Das *Servicekonzept* ist eine Erweiterung der bloßen physischen Unterteilung der Flugzeugkabine in die unterschiedlichen Klassen First, Business und Economy. Neben den Unterschieden im Sitzkomfort werden die Abstufung in Beförderungsklassen und die umfassende Betreuung durch ein breites Angebot an Zusatzleistungen vervollständigt. Das Angebot verschiedener Serviceleistungen ist eine Antwort auf die jeweiligen Bedürfnisse der Fluggäste. Die weitere Individualisierung des ansonsten standardisierten Produkts erfolgt über zahlreiche Zusatzleistungen vor, während und nach der Flugreise.

Im Rahmen der Produktdifferenzierung unterscheiden sich die Klassenkonfigurationen v. a. auf der Langstrecke in der First und Businessclass in vielerlei Hinsicht. Von der Vorbestellung spezieller Magazine und Zeitungen als Lesestoff über die Auswahl von verschiedenen in jedem Sitz integrierten Bildschirmen für Unterhaltung (Musik, Film und Information) bis hin zum Bordtelefon wird eine Vielzahl von Serviceleistungen angeboten. Sehr unterschiedliche Servicekonzepte verfolgen die unterschiedlichen Betriebstypen von Fluggesellschaften. Um Kosten einzusparen, verzichten Billigfluggesellschaften im Gegensatz zu Linienfluggesellschaften fast vollständig auf einen Bordservice.

– *Preispolitik*

Bei keinem anderen Verkehrsmittel bereiten die Beförderungstarife dem Außenstehenden und oft auch den Fachleuten so viele Probleme wie beim Flugverkehr. Obwohl die Grundstruktur leicht verständlich ist, entsteht häufig *Verwirrung* durch die verschiedensten Bezeichnungen für gleiche oder ähnliche Leistungen und durch die Vielfalt der Sondertarife mit entsprechenden Sonderbestimmungen.

Die Beförderungsleistung (als Grundprodukt/-leistung) der Fluggesellschaften wird grundsätzlich nach Produkt (Beförderungsklasse) und Preis (Buchungs- bzw. Tarifklasse) differenziert. Entsprechend existieren bei Fluggesellschaften neben den Beförderungsklassen (First, Business, Economy) auch ca. 26 Buchungsklassen mit einer Vielzahl von unterschiedlichen Tarifen.

– Bezugspunkt der Tarifpolitik ist der *Normaltarif bzw. IATA-Tarif*. Er berechtigt den Kunden zur Ausschöpfung aller Möglichkeiten des internationalen Flugverkehrs: kurzfristige Buchung, beliebige Umbuchung (Interlining) oder

Unterbrechungen (Stopover) auf der Strecke, Wechsel der Fluggesellschaft, Umwege (Rerouting in begrenztem Umfang), keine Gültigkeitsbeschränkungen und Stornierung sowie Rückerstattung (Refund) nicht benutzter Tickets oder Teilstrecken. Diese IATA-Tickets sind häufig sehr teuer, bieten den Kunden allerdings eine große Flexibilität und sind daher v. a. für Geschäftsreisende interessant.

– *Sondertarife* (engl. Carrier Fares) sind von den Fluggesellschaften individuell festgelegte Tarife mit einer Vielzahl an Einschränkungen. So weisen diese Tarife Beschränkungen hinsichtlich der Vorausbuchung, der Mindest- und/ oder Höchstaufenthaltsdauer sowie Umbuchung oder Stornierung auf. Sehr häufig wird die sog. Sunday-Rule verwendet. Der Kunde kann einen Tarif mit einer Sunday-Rule nur buchen, wenn die Aufenthaltsdauer einmal den Sonntag beinhaltet. Hiermit wird eine klare Trennung von Geschäfts- und Privatreisenden erreicht, da Geschäftsreisende üblicherweise spätestens am Freitag wieder zu Hause sein möchten, während Privatreisende häufig einen Wochenendausflug planen. Der Anteil der zu Sondertarifen fliegenden „Minderzahler" liegt, je nach Fluggesellschaft und Destination, meist zwischen 50 % und 80 % des gesamten Fluggastaufkommens.

– *Kundenspezifische Tarife* (engl. Customer Fares bzw. Nego Fares) sind nicht allen Kundengruppen zugänglich, sondern werden nur über bestimmte Vertriebskanäle zur Verfügung gestellt. Billigere Tickets gibt es meistens über die Tickethändler, die sog. Konsolidatoren. Diese kaufen den Fluggesellschaften eine große Anzahl von Tickets ab und erhalten im Gegenzug diese Tickets billiger. Die Konsolidatoren verkaufen die vergünstigten Tickets weiter an die Reisebüros, von denen der Kunde sie letztendlich erwirbt.

– *Kommunikation*

Fluggesellschaften nutzen die Kommunikation und Werbung, um ihr Streckennetz, ihre Tarife oder ihr Klassenkonzepte zu bewerben. Die Bedeutung der Werbung von Fluggesellschaften im Vergleich zu anderen Branchen ist relativ gering. 2018 befand sich keine Fluggesellschaft unter den 25 größten werbenden Firmen. Zu den wichtigsten Werbeträgern von Fluggesellschaften gehören Printmedien wie Zeitungen, Publikumszeitschriften und Fachzeitschriften.

– *Vertriebskanäle*

Die Quelle für die Distributionsprozesse ist das interne Inventarsystem, das für jeden Flug die verkauften und noch verfügbaren Sitzplätze pro Buchungsklasse enthält. Die Reservierungen selbst werden über Reservierungssysteme verwaltet, entweder durch den Direktvertrieb der Fluggesellschaft (z. B. Internetvertrieb) oder über Reisemittler, die über externe globale Distributionssysteme (GDS) Reservierungen durchführen. Eine Kopie der Buchung wird dann an das interne System weitergeleitet. Weitere IT-Systeme gibt es für Kundenbindung und Abfertigung.

4.1.2 Billigfluggesellschaften

No Frills Airlines, Low-Cost Carrier, Low Fare Airlines oder auch Discount Airlines sind nur einige Beispiele für die Bezeichnungen, die in der Literatur für Billigfluggesellschaften verwendet werden. Diese Begriffsvielfalt erklärt sich v. a. dadurch, dass es bei den Billigfluggesellschaften *kein einheitliches Geschäftsmodell* gibt. Der eine Anbieter verzichtet auf jeglichen Service, während einige Gesellschaften verschiedene Serviceleistungen anbieten. Allen Billigfluggesellschaften gemeinsam ist ihre alleinige Zuwendung zum Niedrigpreissegment, was im Weiteren ausschlaggebend für die Bezeichnung Billigfluggesellschaft ist.

Das Billigflugkonzept hat seinen *Ursprung in den USA*. Als Vorreiter gilt Southwest Airlines, die 1967 gegründet wurde und bis heute aufgrund kontinuierlichen Wachstums erfolgreich am Markt besteht. Die Billigfluggründungen in den USA nennt man die erste Gründungswelle, die in Europa die zweite Gründungswelle und die in Asien die dritte Gründungswelle. Auch in Kanada und Australien haben sich inzwischen einige Billigfluggesellschaften etabliert.

Im europäischen Markt sind derzeit ca. 50 Billigfluggesellschaften tätig. 20 Gesellschaften bieten Verbindungen von Deutschland in europäische Destinationen an, lediglich fünf Gesellschaften bieten innerdeutsche Verbindungen an. Die wichtigsten deutsche Fluggesellschaften im Billigflugsegment sind die Anbieter Eurowings und TUIfly.

An erster Stelle im europäischen Vergleich (Abb. 4.9) rangiert Ryanair mit 430 Flugzeugen und – typisch für eine Billigfluggesellschaft – ausschließlich einem einzigen Muster, der Boeing 737. Die Flotte des größten Konkurrenten Easyjet besteht aus 315 Airbus-Flugzeugen.

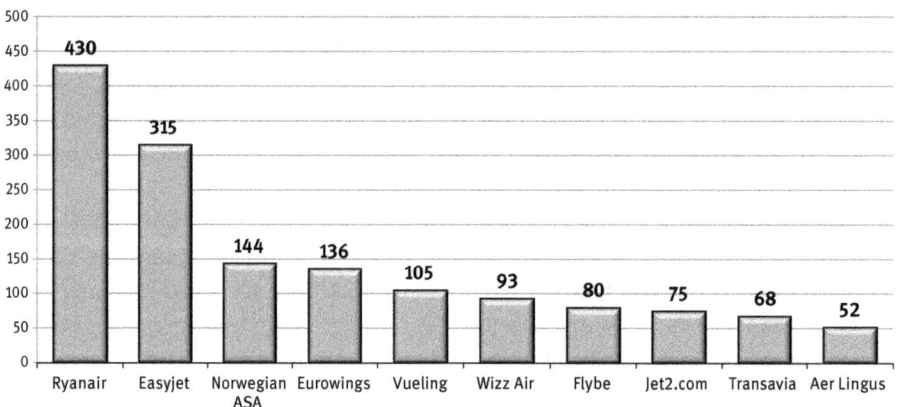

Abb. 4.9: Top Ten der europäischen Billigfluggesellschaften nach Fluggerät

Geschäftsmodelle

Grundsätzlich gibt es zwei Möglichkeiten, eine Billigfluggesellschaft zu gründen: Entweder geschieht dies durch die Bildung einer *Tochtergesellschaft* oder durch eine *Neugründung*. Tochtergesellschaften wurden sowohl von Linien- als auch von Ferienfluggesellschaften gegründet. Andere Fluggesellschaften, gleichgültig ob als unabhängige Fluggesellschaft oder in Form eines integrierten Konzerns organisiert, wagten durch Produkterweiterung oder aus Gründen der Unternehmensumstrukturierung den Einstieg ins Billigflugsegment, wie dies beim irischen Pionier Ryanair der Fall war. Zu den neu gegründeten Billigfluggesellschaften zählt bspw. die britische Easyjet. Jede Gründungsform weist Stärken und Schwächen auf. Tochtergesellschaften haben meist mit Imageproblemen zu kämpfen und sind in ihrem Handlungsspielraum eingegrenzt. Überdies droht eine Kannibalisierung des bestehenden Geschäfts. Dafür haben sie einen erleichterten Ressourcenzugang und erhalten u. a. finanzielle Unterstützung durch die Muttergesellschaft. Im Gegensatz dazu haben neu gegründete Gesellschaften Probleme beim Ressourcenzugang, was bspw. Slots und Flughäfen betrifft, und müssen ihre Kunden neu gewinnen, was zudem durch Vielfliegerprogramme der etablierten Fluggesellschaften erschwert wird. Ihre Stärken liegen darin, dass sie unbelastet von Restriktionen sind und bspw. tarif-, personal- und vertriebspolitische Freiräume besitzen. Die Kostenvorteile der Billigfluggesellschaften listet Abb. 4.10 auf.

Vorteile	Kostenvorteile
Operative Vorteile	
höhere Sitzdichte	16 %
intensivere Flugzeugnutzung	3 %
geringere Crew-Kosten	3 %
billigere Flughäfen	6 %
Flottenstandardisierung und Fremdvergabe der Wartung	2 %
Produkt- und Servicevorteile	
geringere Kosten für Betreuung am Boden und Abfertigung	10 %
keine freie Bewirtung an Bord	6 %
Marketing-Vorteile	
Einsparung von Verkaufsprovisionen	8 %
geringerer Verkaufs- und Reservierungsaufwand	3 %
Sonstige Vorteile	
kleinere Verwaltung	2 %
Summe Kostenvorteile	**59 %**

Abb. 4.10: Kostenvorteile von Billigfluggesellschaften

Kostenvorteile

Die Grundleistung der Billigfluggesellschaften ist der Transport von A nach B in Form von Punkt-zu-Punkt-Verbindungen. Alle Gesellschaften konzentrieren sich auf Kurz- und Mittelstrecken mit Flugzeiten, die bei max. vier Stunden liegen. Sie fliegen zumeist kleinere Regionalflughäfen an, bei denen niedrigere Gebühren anfallen als bei großen Flughäfen. Anschlussflüge sind im Billigflugsegment nicht vorhanden bzw. nicht üblich. Die Billigfluggesellschaften versuchen, möglichst hohe Frequenzen mit geringen Flugzeugstandzeiten zu fliegen, also eine maximale Flugdauer pro Tag zu erreichen. Das Flugticket ist ausschließlich für den gebuchten Flug gültig und kann nicht für andere Fluggesellschaften verwendet werden.

Produktionsfaktoren

– *Flotte und Netz*

Die meisten Billigfluggesellschaften verwenden aufgrund von Kosteneinsparungen nur *ein Flugzeugmuster* und erreichen so Kostenreduzierungen bei Fixkosten wie Ersatzteilen, Instandhaltung, Werkstättenausstattung, Personalschulung und Lizenzen. Von einer einheitlichen Flotte profitiert auch die Flugplanung, da sie nicht spezielle Leistungsmerkmale einzelner Flugzeugtypen berücksichtigen muss. Hauptziel ist es, die tägliche Rückkehr der Flugzeuge zum Heimatflughafen zu ermöglichen, da so Übernachtungs- und Lohnkosten beim Personal eingespart werden. Die meisten Billigfluggesellschaften verwenden die Boeing 737.

Das Flugroutensystem der Billiggesellschaften besteht aus dem *Punkt-zu-Punkt-Verkehr*, der alle Ursprungs- und Zielorte durch Nonstop-Flüge verbindet. Die Unternehmen bedienen Kurz- und Mittelstrecken mit einer maximalen Flugzeit von drei Stunden und bieten Städteverbindungen in aufkommensstarke Wirtschaftszentren an. Die häufige Bedienung der Ziele, also eine möglichst hohe Frequenz, ist wichtiger als die Bedienung vieler unterschiedlicher Ziele.

– *Flugplan*

Die Koordination der Flüge ist für Billigfluggesellschaften vergleichsweise unkompliziert, da es *kein Netzwerk* gibt. Hierdurch ergeben sich Einsparungen bei Abstimmungs-, Transfer- und Folgekosten für eventuelle Verspätungen. Im optimalen Fall werden die Flugzeuge täglich bis zu zwölf Stunden in der Luft gehalten und damit eine möglichst hohe Frequenz erreicht. Da kein flächendeckendes Netz besteht, kann die Streckenaufnahme, aber auch die Streckeneinstellung flexibler erfolgen, wodurch eine schnelle Anpassung an Marktveränderungen möglich ist. Der Erfolg neuer Strecken wird von den Unternehmen folglich nicht langfristig analysiert, sondern vielmehr ausgetestet. Beim Scheitern werden die Strecken schnell wieder eingestellt.

– *Flughäfen*

Grundsätzlich achten Billigfluggesellschaften bei Flughäfen darauf, Kosten einzusparen. Die Billigfluggesellschaften benutzen daher häufig *Regionalflughäfen*.

Die Bedienung von diesen sog. Parallelmärkten hat sowohl für die Kunden als auch für Billigfluggesellschaften Vorteile. Die Kunden profitieren von geringeren Parkgebühren, kürzeren Wegen am Flughafen und geringerer Passagierdichte. Allerdings müssen sie mehr Zeit aufwenden, um die abgelegenen Flughäfen zu erreichen. Die niedrigeren Gebühren ermöglichen den Gesellschaften Kosteneinsparungen von bis zu 12 %. Die Vergabe der Start- und Landerechte verläuft unproblematisch und es entstehen keine Engpässe. Ein weiterer Vorteil ist, dass es bei den kleineren Flughäfen meist kein Nachtflugverbot gibt, was dem Ziel einer möglichst hohen Frequenz bei der Streckenbedienung entgegenkommt.

Marketing & Vertrieb

Alle Zielgruppen der Billigfluggesellschaften haben bei der Buchung ein Hauptziel: Sie wollen von A nach B transportiert werden, und das zu einem möglichst geringen Preis. Die Kunden sind zumeist Freizeit- und Besuchsreisende. Eine wichtige Zielgruppe für die Billiggesellschaften sind die sog. *hybriden Konsumenten*, die auf der Suche nach dem besten Preis-Leistungs-Verhältnis bewusst eine günstige Fluggesellschaft auswählen, um dann anschließend in einem Luxushotel zu übernachten. Diese Entwicklung verstärkt den allgemein erkennbaren Trend weg vom mittleren Preissegment hin zu den Marktsegmenten Luxus und/oder Discount.

– *Produktpolitik*

   Alle Billigfluggesellschaften konzentrieren sich in der Produktpolitik auf ihre Kernleistung. Zusatzleistungen werden verstärkt angeboten, da hier die Rendite sehr hoch ist. Eine Differenzierung über Beförderungsklassen, wie bei den Linienfluggesellschaften üblich, gibt es bei den Billigfluggesellschaften nicht. Die Auslastung der Kapazitäten hat höchste Priorität. Die *Sitzplatzdichte* ist somit ein Produktmerkmal, da sie, je höher sie ausfällt, letztendlich den Flugpreis senkt, der für den Kunden wiederum der entscheidende Faktor ist.

– *Preispolitik*

   In der Regel funktioniert der Ticketverkauf nach folgendem *Schema*: In geringer Anzahl sind pro Flug Tickets im Niedrigpreissegment vorhanden. Sind diese vergeben, werden die Preise Schritt für Schritt erhöht, bis sie kurz vor Abflug deutlich in die Höhe gehen. Geht man von einer Maschine mit 150 Personen aus, so macht eine Fluggesellschaft bei den ersten 50 Buchungen Verluste, die über die nächsten 50 ausgeglichen werden. Ab der 100. Buchung verzeichnet die Fluggesellschaft Gewinne. Der mittlere Preis, den sie pro Passagier und Flug einnehmen muss, beträgt ca. 100 €.

– *Kommunikation*

   Billigfluggesellschaften sind grundsätzlich dafür bekannt, *aggressive bzw. freche Endverbraucherwerbung* zu betreiben, wobei die Konkurrenz oft nicht verschont wird. Oftmals steht auch der Preis im Mittelpunkt. Besonders die Pressearbeit ist bei den Billigfluggesellschaften sehr effizient und vollzieht sich in Form von

Pressemeldungen, Informationsbroschüren oder auch mit der Veröffentlichung von Bilanzen und Geschäftsberichten. Als Paradebeispiel gelten die Auftritte des Ryanair-Vorstands Michael O'Leary, der damit grundsätzlich öffentliches Aufsehen erregt und somit kostenlos für seine Fluggesellschaft wirbt.

– *Vertriebskanäle*

Die Unternehmen nutzen hauptsächlich den *Direktvertrieb* mit Callcentern, Internet und Buchungsautomaten. Billigfluggesellschaften sparen sich oftmals den Anschluss an die kostenintensiven externen computergestützten Reservierungssysteme, da sie für ihre Anforderungen ohnehin überfunktional sind. Der wichtigste Buchungskanal ist bei den Billigfluggesellschaften das Internet. Bei Ryanair buchen 90 %, bei Easyjet sogar 95 % der Kunden online. Einige Gesellschaften forcieren die Internetbuchung, indem sie bei der Buchung über Callcenter oder Reisebüros eine Bearbeitungspauschale verlangen.

4.1.3 Weitere Fluggesellschaften

Ferienfluggesellschaften

Ferienfluggesellschaften werden als die Fluggesellschaften definiert, die vorwiegend Urlaubsziele der Deutschen anfliegen. Sie übernehmen im Auftrag von Reiseveranstaltern die Beförderung von Pauschalflugreisenden im Bedarfsluftverkehr nach festen Abflugzeiten oder als Linienflüge. Synonym werden oftmals die Begriffe *Charterfluggesellschaft*en oder Touristikfluggesellschaften bzw. tourismusorientierte Fluggesellschaften verwendet. Derzeit wandeln sich die ursprünglichen Ferienfluggesellschaften von Bedarfsfluggesellschaften für Veranstalter zu preisorientierten Linienfluggesellschaften. Gerade die Zunahme der Einzelplatzbuchungen und der Ausbau der Städteverbindungen erfordern feste Flugpläne und einen ganzjährigen Betrieb. Unterscheidungsmerkmale im Vergleich zum Linienflugverkehr sind der *Punkt-zu-Punkt-Verkehr* und der *Vertrieb*, der zum Großteil über Reiseveranstalter und den Verkauf von Pauschalreisepaketen erfolgt.

Heute werden zwei Organisationsformen unterschieden: Entweder sind die Ferienfluggesellschaften eine konzernunabhängige Gesellschaft oder sie sind innerhalb eines Konzerns organisiert, wie es bei TUIfly der Fall ist. Der Hauptvertriebsweg erfolgt aber immer noch über die Reiseveranstalter, daher sind die Fluggesellschaften von den Aufträgen der Veranstalter stark abhängig.

Die Marktentwicklung in der Tourismusindustrie ist für die Ferienfluggesellschaften sehr nachteilig. Die klassische Pauschalreise mit den auf ein halbes Jahr festgelegten Katalogpreisen gilt als veraltetes Modell und muss im Zuge des neuesten Trends, des *Dynamic Packaging*, angepasst werden. Hinzu kommen die Billigfluggesellschaften, die die Wettbewerbssituation im Markt verschärfen und zunehmend Druck auf die Ferienfluggesellschaften ausüben, insbesondere seitdem sie auch Warmwasserdestinationen bedienen. Durch die intensive Wettbewerbssituation bieten Ferienfluggesellschaften nun verstärkt die Mittel- und Langstrecke an, die für die Billiglinien aufgrund ihrer Kostenstruktur nicht attraktiv sind.

In kaum einem anderen Land teilen sich so viele Anbieter den Ferienflugmarkt wie in *Deutschland*. Es herrscht ein Überangebot an Kapazitäten und der deutsche Charterflugmarkt befindet sich in einem dramatischen Umbruchsprozess. Während das Wachstum im Veranstaltergeschäft stagniert, gewinnt der Einzelplatzverkauf zunehmend an Bedeutung. Im deutschen Markt gibt es insgesamt ca. zehn Fluggesellschaften, die derzeit als Ferienfluggesellschaften tätig sind. TUIfly ist in den Tourismuskonzern TUI integriert. Das Nischengeschäft wird z. B. von Sun Express durchgeführt, die als Tochter von Turkish Airways und Lufthansa v. a. den türkischen Ferienflugmarkt bedient.

Regionalfluggesellschaften

Unter Regionalluftverkehr versteht man, dass eine Regionalfluggesellschaft zwei Regionalflughäfen oder einen Regionalflughafen und einen internationalen Verkehrsflughafen als Zubringer verbindet. Dabei werden i. d. R. kleine Fluggeräte (Turboprops und Jets) mit einer Bestuhlung von 19 bis 120 Sitzplätzen verwendet. Grundsätzlich können im operativen Regionalflugverkehr folgende Typen unterschieden werden:
– Verbindungen zwischen Regionalzentren und großen internationalen Flughäfen als Zubringerverkehr für andere Fluggesellschaften
– eigenständiger Flugverkehr zwischen Regionalflughäfen als Ergänzungsverkehr zu den von den großen Gesellschaften angebotenen Streckennetzen; diese sind i. d. R. Punkt-zu-Punkt-Verbindungen ohne Anschlussmöglichkeiten
– Flüge im Rahmen von Pauschalreisen von Regionalflughäfen zu Flughäfen mit touristischer Bedeutung, die von Regionalfluggesellschaften und nicht von Chartergesellschaften durchgeführt werden

Etwa 70 % aller Flüge der Regionalgesellschaften finden zwischen einem internationalen Verkehrsflughafen und einem Regionalflughafen statt und werden zum Großteil in *Kooperation* mit einer großen Liniengesellschaft geflogen.

Diese Kooperationen sind für beide Seiten von *Vorteil*: Die großen Fluggesellschaften könnten diese Strecken nicht rentabel bedienen, da das vorhandene Fluggerät zu groß für diese Verbindungen wäre. Die Regionalfluggesellschaften profitieren vom guten Namen und dem guten Image der großen Linienfluggesellschaft, in deren Auftrag sie fliegen.

Es gibt aber auch *Nachteile*: Die Regionalfluggesellschaften geben ihre Unabhängigkeit weitgehend auf und das Streckenangebot wird häufig auf die Bedürfnisse des großen Partners ausgerichtet. Auch dürfen die Regionalfluggesellschaften häufig nur die Strecken fliegen, die die große Fluggesellschaft aufgrund fehlender Nachfrage nicht selber anbieten möchte.

Die Hauptzielgruppe sind die *Geschäftsreisenden*, die bei den verschiedenen Gesellschaften rund 70 % bis 85 % des gesamten Passagieraufkommens ausmachen. Nicht nur wird der Flugplan an den Bedürfnissen der Geschäftsreisenden ausgerichtet, auch im Bereich der Servicekette wird laufend versucht, Verbesserungen und Zusatznutzen einzuführen, die die Reise für den Business-Passagier so angenehm und komfortabel wie möglich machen. Im Distributionsbereich unterscheiden sich die Regionalgesellschaften kaum von den großen Gesellschaften.

Geschäftsreisefluggesellschaften

Den Geschäftsreiseflugverkehr kann man definieren als einen firmeneigenen Werksverkehr sowie den gewerblichen Betrieb bzw. die Durchführung von Geschäftsreisen mit Flugzeugen. Die dabei zum Einsatz kommenden Flugzeuge unterscheiden sich in technischer Sicht voneinander in Jets mit Düsenantrieb und Turboprops mit Propellerturbinentriebwerken. Die Jets haben ein geringeres Gewicht als Linienmaschinen und sind daher in der Lage, auch auf kürzeren Landebahnen zu landen. Durch diesen Vorteil kann ein *Zielflughafen* gewählt werden, der näher am eigentlichen Reiseziel liegt als die Großflughäfen. Der Abflug richtet sich nach dem *Terminplan des Passagiers*, nicht nach dem der Fluggesellschaften, man fliegt direkt zum gewünschten Reiseziel, es gibt kein Umsteigen und keine verpassten Anschlüsse.

Die einzelnen Unternehmen bevorzugen verschiedene Varianten zur Nutzung eines Geschäftsflugzeugs. Je nach jährlichem Flugvolumen und Transportbedürfnis sind die *Betreibermodelle* Charter, Kartenprogramm, Teilbesitz oder Besitz eines Geschäftsflugzeugs:

–   Beim *Chartern* eines Geschäftsflugzeugs/Air Taxi wird das gewünschte Flugzeugmodell für den benötigten Zeitraum angemietet, wobei das Unternehmen eine Gebühr für die genutzten Flugstunden entrichtet. Ein Charter bzw. Air Taxi ist für Unternehmen sinnvoll, die weniger als 100 Flugstunden pro Jahr reisen. Grundsätzlich hängen die Charterpreise vom gewünschten Flugzeugtyp und der Flugstrecke ab. Der Preis pro Flugstunde beträgt zwischen 500 € bei Charterung einer kleinen Propellermaschine und bei mehr als 5.000 € für einen Langstreckenjet.

–   Bei dem Modell des *Teilbesitzes* (Fractional Ownership) wird ein Anteil eines Geschäftsflugzeugs in Form einer festgelegten Anzahl von Flugstunden erworben. Das Teileigentum kann durch Kauf von Anteilen oder durch Leasing von Anteilen von einem Teilbesitzanbieter erworben werden. Je nach erworbenem Anteil erhält der Kunde das Recht auf eine bestimmte Anzahl Flugstunden pro Jahr. Das Management sowie Besatzung, Catering und Wartungsarbeiten werden durch den Teilbesitzanbieter übernommen. Fractional Ownership eignet sich für einen Flugbedarf von 50 bis 400 Stunden pro Jahr.

–   Die einfachste Form der Nutzung von Geschäftsreiseflugzeugen ist der alleinige *Besitz* des Flugzeugs. Der vollständige Besitz eines Geschäftsreiseflugzeugs eignet sich für Unternehmen mit mehr als 400 jährlichen Flugstunden. Der Eigentümer des Jets ist gleichzeitig Betreiber und muss daher auch das Jetmanagement organisieren.

– *Kartenprogramme* sind eine Mischform von Teilbesitz und Charter, die den Unternehmen eine vorab definierte Anzahl von Flugstunden zu einem festgelegten Preis bieten. Im Unterschied zu Charterprogrammen wird die Verfügbarkeit der Flüge innerhalb einer bestimmten Vorausbuchungsfrist garantiert. Die Flugstunden verfallen nach Ablauf der festgelegten Nutzungsdauer und müssen im Voraus bezahlt werden.

Wichtiger Vorteil für den effektiven Einsatz eines Geschäftsflugzeugs ist die Erreichbarkeit des Zielorts inklusive eines nahen Flughafens. Internationale Flughäfen sind aufgrund der hohen Landegebühren und knappen Landeerlaubnisse zumeist nicht für Geschäftsreiseflüge prädestiniert. Jedoch bieten die Regionalflughäfen den Geschäftsreisenden eine sehr gute Infrastruktur. Während Linienflugzeuge in Europa etwa 200 Flughäfen ansteuern, stehen für kleine Geschäftsflugzeuge mehr als 1.500 Landeplätze zur Verfügung.

4.1.4 Flughäfen

Der Flughafen stellt das *Bindeglied zwischen Luft- und Oberflächentransport* dar, d. h., er ist die Voraussetzung zur Durchführung von Luftverkehr. Flughäfen übernehmen als Knotenpunkte des Luftverkehrs eine wichtige Rolle. Die Passagiere und die zu transportierenden Güter sind auf eine funktions- und leistungsfähige Infrastruktur angewiesen, um den steigenden Anforderungen an die Mobilität gerecht zu werden. Auf den deutschen Verkehrsflughäfen hat sich die Anzahl der Passagiere in den letzten 30 Jahren vervierfacht. Doch mit dem Wachstum ergeben sich zahlreiche Probleme, die es mit politischen Entscheidungsträgern zu lösen gilt: Infrastrukturelle Kapazitätsengpässe aufgrund langwieriger Genehmigungsverfahren beherrschen die Branche. Außerdem treten neben die traditionell öffentliche Aufgabe der Infrastrukturbereitstellung zunehmend wirtschaftliche Interessen, die das Management von Flughäfen vor neue Anforderungen stellen.

Die Arbeitsgemeinschaft deutscher Verkehrsflughäfen (ADV) verfolgt eine *Kategorisierung nach operativen Gesichtspunkten* und differenziert zwischen internationalen Verkehrsflughäfen, regionalen Verkehrsflughäfen und weiteren Flughäfen (Abb. 4.11).

Eine spezielle Form von *internationalen Verkehrsflughäfen* sind sog. Megahubs. Sie sind große Drehscheiben (Hubs) für den interkontinentalen und nationalen Luftverkehr und stellen für Netzfluggesellschaften einen zentralen Luftverkehrsknoten dar, der über speichenartig angeordnete Zubringerverbindungen von anderen Flughäfen bedient wird, Passagierströme bündelt und auf Anschlussflüge neu verteilt. Weltweit gibt es *neun Mega-Hubs*, davon liegen vier in Europa: Paris Charles de Gaul-

Flughäfen		
Internationale Verkehrsflughäfen	**Regionale Verkehrsflughäfen**	**Weitere Flughäfen**
- > 500.000 Passagiere (Paxe) pro Jahr - Drehscheibenfunktion: Mega-Hubs & Sekundärhubs - kont. & interkont. Verkehr - Instrumenten-landesystem - Flugsicherungsdienste - 20 int. Flughäfen in Deutschland	- < 500.000 Paxe pro Jahr - gewerblicher Flugverkehr - zumeist kleine Flugzeuge (< 120 Paxe) - kont. Verkehr - ca. 40 regionale Flughäfen in Deutschland	- Werksflughäfen - Verkehrs- und Sonderlandeplätze - Militärflugplätze - Segelfluggelände - ca. 300 weitere Flughäfen in Deutschland

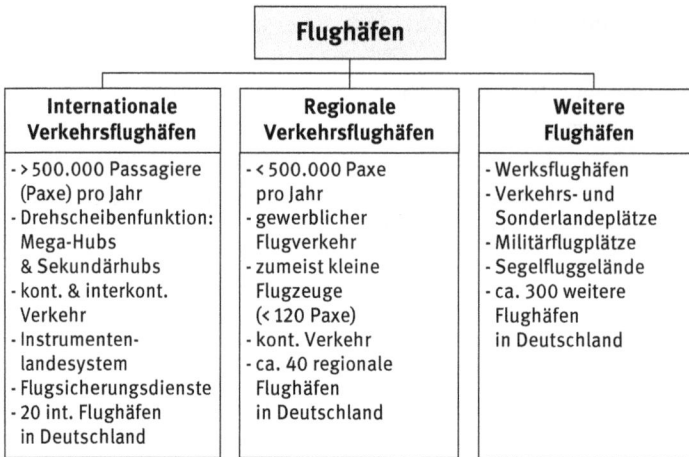

Abb. 4.11: Einteilung der Flughäfen nach operativen Gesichtspunkten

le, Amsterdam Schiphol, London Heathrow und Frankfurt/Main. Sie sind jeweils der Heimatflughafen der größten europäischen Fluggesellschaften. Zurzeit kann eine Konzentration des Luftverkehrs auf die großen Drehkreuze festgestellt werden. Allein an den 25 größten Flughäfen bezüglich des Passagiervolumens werden 33 % des gesamten Passagieraufkommens der Welt abgefertigt.

Als *Regionalflughafen* gilt jeder Flughafen, von dem aus planmäßig gewerblicher Flugverkehr stattfindet, der hauptsächlich mit kleineren Flugzeugen mit maximal 120 Sitzplätzen und einem Starthöchstgewicht von 30 Tonnen durchgeführt wird. Die Flugzeuge verkehren zwischen zwei Regionalflughäfen oder zwischen Regionalflughäfen und internationalen Verkehrsflughäfen.

Marktüberblick Deutschland

Deutschland weist eine Flughafendichte auf, die ansonsten nur in Ländern gegeben ist, in denen die geografischen Gegebenheiten (Insellage, Gebirge) den Einsatz des Flugzeugs auch auf Kurzstrecken erfordern. Derzeit erreichen 64 % der Einwohner den nächstgelegenen Flughafen innerhalb einer Stunde, 95 % innerhalb von 90 Minuten. Der Flughafen Frankfurt/Main, den über 150 Fluggesellschaften bedienen, bildet das zentrale Drehkreuz des deutschen Luftverkehrs und weist mit Abstand die meisten Interkontinentalverbindungen auf (Abb. 4.12).

Flughafenaufbau

Ein Flughafen ist generell eingeteilt in die Landseite, den Terminalbereich und die Luftseite (Abb. 4.13). Die Landseite bindet den Flughafen an die bodengebundene Verkehrsstruktur an und hält Vorfahrt- und Parkmöglichkeiten für den Individualverkehr

Deutschland	Passagiere (in Mio.)	Europa	Passagiere (in Mio.)	Weltweit	Passagiere (in Mio.)
Frankfurt (FRA)	64,41	London (LHR)	78,01	Atlanta (ATL)	103,90
München (MUC)	44,55	Paris (CDG)	69,49	Peking (PEK)	95,79
Düsseldorf (DUS)	24,62	Amsterdam (AMS)	68,52	Dubai (DXB)	88,24
Berlin (TXL)	20,46	Frankfurt (FRA)	64,41	Tokio (HND)	85,41
Hamburg (HAM)	17,59	Istanbul (IST)	63,85	Los Angeles (LAX)	84,56

Abb. 4.12: Top Five der Flughäfen Deutschland, Europa und weltweit (Quelle: Statista 2019)

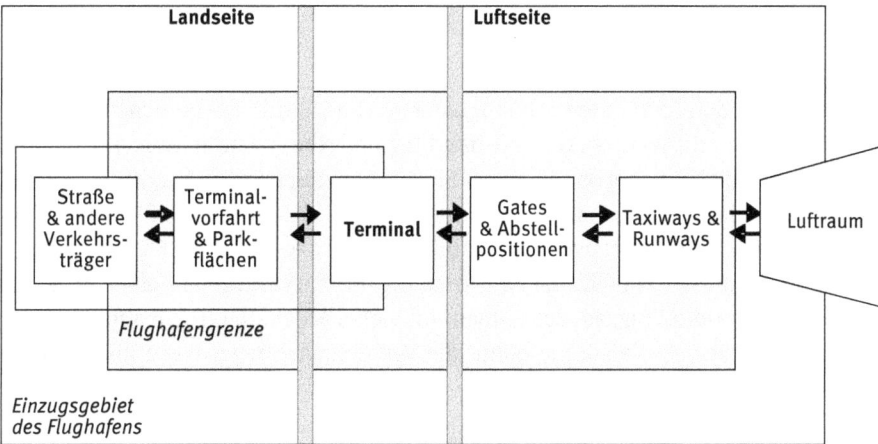

Abb. 4.13: Flugplatzstruktur (Quelle: Trumpfheller 2006)

vor. Die Terminals bilden die Schnittstelle zwischen Land- und Luftseite. Auf der Luftseite befinden sich die Flugbetriebsflächen.

– Der wichtigste Teil der *Landseite* eines Flughafens ist der Vorfahrtsbereich eines Terminals. Er ist der Bereich, in dem Passagiere, Begleitpersonen, Besucher und Beschäftigte des Flughafens von bodengebundenen Verkehrsmitteln in das Terminal gelangen, um das Flugzeug zur Weiterreise zu nutzen oder Einrichtungen des Flugplatzes zu besuchen. Des Weiteren gehören Gehwege, Querungsanlagen, Brücken, Tunnel etc. zur Landseite eines Flughafens. Zu- und Abfahrtswege, Kurzzeitparkplätze, Taxistände, Fußgängerquerungswege sowie Anlagen für den öffentlichen Bus- und Linienbusverkehr ergänzen das Angebot.

– Das *Terminal* enthält alle Einrichtungen zur Abfertigung der Passagiere und ihres Gepäcks, darüber hinaus aber auch die Flughafenstationen der Fluggesellschaften und Abfertigungsgesellschaften. Grundsätzlich kann zwischen Terminals zur Passagier- und solchen zur Frachtabfertigung unterschieden werden. Das Passagierterminal besteht aus zwei Abteilungen, die durch Zoll- und Passkontrollen voneinander getrennt sind. Im öffentlichen Teil des Terminals erfolgen die Ticketabgabe, die Platzreservierung, die Gepäckaufgabe und die Sicherheitskontrolle. Nach Durchschreiten der Zoll- und Passkontrollen betreten international Reisende die Duty-free-Zone, in der ein zollfreier Einkauf möglich ist. Das Terminal wird nach dem Aufruf zum Boarding über das jeweilige Gate verlassen.

– Die *Luftseite* umfasst alle Betriebsflächen eines Flughafens, die für Flugzeuge zugänglich sind, wie Start- und Landebahnen (Runway), Rollbahnen (Taxiway), Vorfeld (Apron) und Hangars. Das Vorfeld dient als Rangier-, Abstell- und Abfertigungsfläche für Flugzeuge und schließt Wartungsflächen, Rollwege und den Vorfeldbereich, auf denen sich die Servicefahrzeuge fortbewegen, ein.

Geschäftsfelder

Die weitreichenden Aktivitäten von Flughäfen werden in drei wesentliche Geschäftsfelder untergliedert: Aviation, Ground-Handling und Non-Aviation (Abb. 4.14).

– Der Geschäftsbereich *Aviation* erzielt Einnahmen durch Start-, Lande-, Passagier- und Abstellentgelte. Landegebühren setzen sich i. d. R. aus einer fixen Grundgebühr, die sich nach dem maximalen Abfluggewicht des jeweiligen Flugzeugstyps – unabhängig von der tatsächlichen Beladung – richtet, sowie aus einer variablen Komponente pro Fluggast zusammen. An vielen Flughäfen ist sie abhängig von der Tageszeit bzw. Saison; je höher die Verkehrsnachfrage, desto höher ist die Gebühr.

Geschäftsfelder eines Flughafens		
Aviation	**Ground-Handling**	**Non-Aviation**
- Flugbetriebsflächen (Start- & Landebahn, Rollwege etc.) - Bereitstellung und Betrieb der Terminals - Flugbetriebsleitung - Fluggast- und Gepäckkontrollen - weitere Sicherheitsdienste	- Abfertigung von Passagieren & Gepäck - Vorfeldabfertigung der Flugzeuge - Versorgung mit Treibstoff, Enteisung etc. - Vorfeldkontrolle	- Vermietung & Verpachtung von Gebäuden, Einrichtungen etc. - Konzessionierung von Rechten zur Geschäftsausübung - eigene Verkaufsaktivitäten - Serviceleistungen - Parkraummanagement

Abb. 4.14: Geschäftsfelder eines Flughafens

Im Bereich *Ground-Handling* ergeben sich Einnahmen durch Entgelte für die betriebliche Abfertigung der Flugzeuge und die verkehrliche Abfertigung von Passagieren und Fracht. Diese werden gewöhnlich mit den Fluggesellschaften individuell verhandelt. Zusammen mit den Erlösen aus dem Aviation-Bereich erlangt ein Flughafen knapp über die Hälfte seiner Einnahmen aus dem Verkehrsbereich.

- Zum Bereich *Non-Aviation* zählen v. a. die zusätzlichen Umsatzerlöse in den Shoppingarkaden der Flughäfen. Vor allem internationale Flughäfen versuchen diesen Bereich zu stärken, da die Flughafengebühren oftmals nicht die Kosten eines Flughafens abdecken. Diese Entwicklung erfordert neue Angebotsstrategien, da in Zukunft Umsatzzuwächse fast nur noch über diesen Bereich erzielt werden können.

4.2 Schiffsverkehr

In Anlehnung an die Differenzierung im Luftverkehr soll im Folgenden die wesentliche Unterscheidung in (Charter-)Kreuzfahrten, Linienschifffahrt und weiterer Schiffsverkehr getroffen werden (Abb. 4.15).

Hochsee- kreuzfahrten	Flusskreuzfahrten	Weiterer Schiffsverkehr
• Luxus- kreuzfahrten	• traditionelle Kreuzfahrten	• Linienschiffe
• Club- kreuzfahrten	• Themen- kreuzfahrten	• Fähren
• Studien- kreuzfahrten	• weitere Angebote	• Frachterreisen
		• Charter

Abb. 4.15: Klassifizierung des Schiffsverkehrs nach touristischen Gesichtspunkten

4.2.1 Hochseekreuzfahrten

Die wichtigste Form des maritimen Tourismus bilden die Hochseekreuzfahrten. Diese auf einem Schiff durchgeführten Pauschalreisen lassen sich durch folgende *typische Merkmale* charakterisieren: Der Transport bildet nicht den Hauptgrund der Reise, bei der neben dem Ein- und dem Ausschiffungshafen noch mindestens ein weiterer Hafen angefahren wird. Die Reisedauer und -routen sowie Mindestteilnehmerzahlen werden im Vorhinein festgelegt und veröffentlicht. Im Reisepreis inbegriffen sind zumeist Leistungen wie Verpflegung, Übernachtung, Animation, Entertainment und Reiseleitung. Zudem besteht die Möglichkeit für kostenpflichtige Landausflüge.

Markt & Strategie Hochseekreuzfahrten

Es gibt auf dem Kreuzfahrtenmarkt viele verschiedene Arten von Hochseekreuzfahrten. Die wichtigsten Unterscheidungsmöglichkeiten sollen im Folgenden kurz skizziert werden.

- Die klassische *Luxuskreuzfahrt* wird noch heute häufig als einzige Form einer Kreuzfahrt wahrgenommen. Es geht dabei in erster Linie um die Seereise selbst. An Bord wird Entspannung, Ruhe und Erholung geboten. Exklusiver Service und hohe Qualität sind ausgesprochen wichtig. Klassische Kreuzfahrten werden von Hapag-Lloyd, Seabourn und Cunard angeboten.
- Ein weltweiter Trend sind die sog. *Clubkreuzfahrten*. Die Hauptmerkmale dieser Kreuzfahrten sind ein kommerzielles Unterhaltungsprogramm (Shows, Kabaretts, Musicals etc.) und umfangreiche Sportmöglichkeiten (Freeclimbing, Schlittschuhlaufen, Golfsimulatoren etc.). Somit werden die erfolgreichen Cluburlaube an Land auf einen Schiffsurlaub übertragen. Hierbei sind die Kreuzfahrtschiffe die eigentliche Attraktion und nicht die Zielgebiete. So werden auch neue jüngere Kundengruppen angesprochen, die eine klassische Luxuskreuzfahrt nicht buchen würden. In Deutschland setzen v. a. die AIDA-Schiffe auf das Clubkonzept, während in den USA Clubkreuzfahrten eine sehr beliebte Urlaubsform sind.
- Bei *Nischenkreuzfahrten* werden die Routen entlang wichtiger kultureller Sehenswürdigkeiten oder Naturlandschaften gelegt. Die Kreuzfahrt soll nicht nur dem Körper durch Erholung und Entspannung, sondern auch dem Geiste zugutekommen. Expeditionskreuzfahrten sind ebenfalls eine gerne gebuchte Variante der Nischenkreuzfahrt. Gefahren wird auf Routen, die abseits der sonst üblichen Fahrtgebiete liegen. Dabei sind diese Gebiete häufig schwer zugänglich oder landschaftlich extrem, wie z. B. Routen durch die Antarktis.

Marktumfeld

Heute ist die Kreuzfahrtbranche die *am stärksten boomende Touristikbranche*. Die Zahl der Passagiere hat sich in den letzten zehn Jahren mehr als verdoppelt und beträgt heute pro Jahr ca. 26 Mio. Passagiere weltweit. Der deutsche Kreuzfahrtmarkt ist der drittgrößte Markt nach den USA und Großbritannien (Abb. 4.16). Aufgrund der starken Konkurrenz unter den Anbietern lässt sich allerdings auch ein verstärkter Verdrängungswettbewerb und Preiskampf beobachten. Ein Ende des Booms ist nicht in Sicht, da laut Umfragen langfristig alleine 20 Mio. Deutsche eine Kreuzfahrt buchen wollen. Um dieses Potenzial auch in tatsächliche Buchungen umzuwandeln, werden neue, moderne Schiffe in Dienst gestellt, die vorhandenen Produkte durch neue Routen oder Kurzkreuzfahrten verbessert und weitere Investitionen in Marketing- und Vertriebsaktivitäten getätigt. Dazu zählen Schulungen, Informationsveranstaltungen für Vertriebspartner und Kunden sowie die Kommunikation über die Medien.

Der bereits vorhandene Wettbewerb wird zukünftig weiter zunehmen (Abb. 4.17). Gründe dafür liegen einerseits in den bestellten Neubauten, andererseits im Einstieg

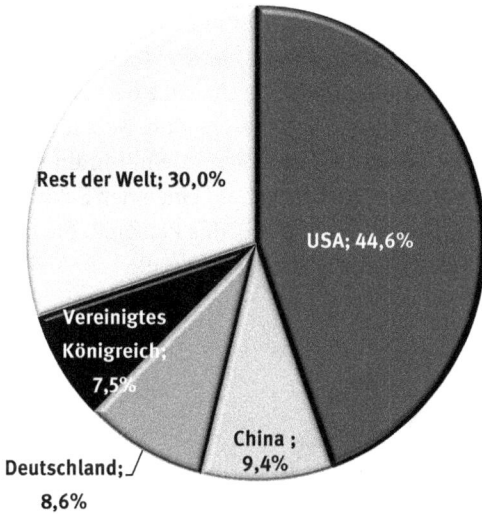

Abb. 4.16: Nationalitäten der Kreuzfahrtteilnehmer (Quelle: CLIA 2019)

	Trend	2014	2015	2016	2017
Passagiere	↗	1.771.000	1.813.000	2.018.000	2.188.000
Umsatz in Mio. €	↗	2.700	2.900	3.400	k. A.
Ø Reisepreis in €	↗	1.530	1.580	1.675	k. A.
Ø Reise in Tagen	→	8,8	8,7	8,9	8,9

Abb. 4.17: Zahlen und Fakten Hochseekreuzfahrten deutscher Anbieter (Quelle: DRV 2018)

von TUI in das Kreuzfahrtgeschäft und in den zusätzlichen Angeboten der amerikanischen Reedereien, die verstärkt in den deutschen Markt drängen. Bereits im Sommer 2011 schickten die US-Reedereien 16 Megaschiffe mit über 45.000 Betten ins Mittelmeer. Allerdings ist auch in der Kreuzfahrtindustrie die Zeit der Massenmärkte vorbei; austauschbare Produkte können nur noch über den Preis verkauft werden. Es bedarf heute zielgruppenorientierter, maßgeschneiderter Angebote, um die Kreuzfahrten zu hohen Preisen verkaufen zu können.

Deutsche Reedereien und Veranstalter

Bei der Betrachtung der Anbieterseite muss zunächst eine Einordnung in die beiden Gruppen Reeder/Reederei und Kreuzfahrtveranstalter vorgenommen werden, wobei die *Reederei* die Schiffseignerin und meist auch die Schiffsbetreiberin ist. Die *Veranstalter* hingegen verfügen nicht über eigene Schiffe, sondern chartern sie von den Reedereien. In der Gruppe der Veranstalter ist weiterhin zu differenzieren zwischen den reinen Seereiseveranstaltern, wie Phoenix, Delphin und Transocean Tours, und Unternehmen, die zu einem großen Touristikkonzern gehören, der in seinem breiten Angebot auch eine Kreuzfahrtabteilung hat. Bekanntestes Beispiel hierfür ist TUI Cruises. Der Markt wird allerdings von den Spezialisten dominiert. Die Umsätze der Reiseveranstalter mit einem Angebotsbereich für Kreuzfahrten sind bescheiden. Neben deutschen Anbietern gibt es zudem einige internationale Reedereien, die mit ihren Programmen auf dem deutschen Markt auftreten und ihr Angebot auf einzelnen Schiffen entsprechend der deutschen Zielgruppe anpassen; so sind z. B. das Personal, die Beschilderung an Bord sowie die Landausflüge deutschsprachig (Abb. 4.18).

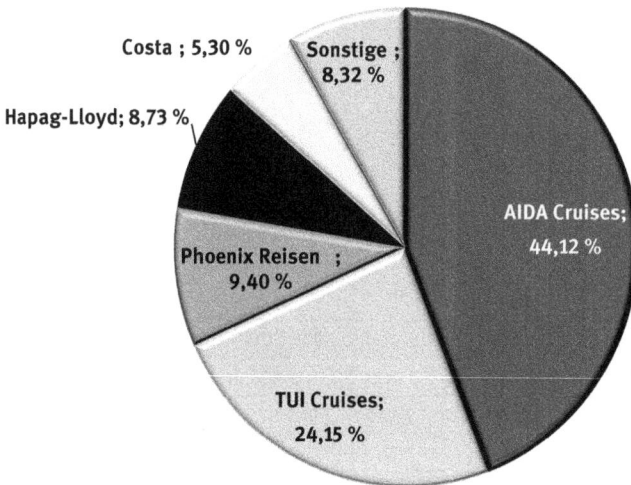

Abb. 4.18: Marktanteile der Kreuzfahrtgesellschaften in Deutschland (Quelle: FVW 2019)

– AIDA Cruises ist die bekannteste Kreuzfahrtgesellschaft in Deutschland und eine Tochtergesellschaft der amerikanischen Carnival Corporation. Unter dem deutschen Namen „Clubschiff AIDA" wurde das schon in den USA bekannte „*Funschiff*"-*Prinzip* übernommen und eine jüngere und aktivere Zielgruppe angesprochen. Zur Flotte gehören mittlerweile 13 Hochseeschiffe: Das größte Schiff der Flotte ist die AIDA Nova mit ca. 6.000 Passagieren. Zudem ist es das erste Kreuzfahrtschiff, das vollständig mit flüssigem Erdgas (LNG) betrieben werden kann.
– TUI Cruises ist ein Joint Venture der TUI AG und der Royal Caribbean Cruises Ltd., der zweitgrößten Kreuzfahrtgesellschaft der Welt. Die Flotte besteht zurzeit aus sieben Schiffen mit einer Passagierkapazität von lediglich 1.000 bis 1.500 Personen. Bis 2026 sollen drei weitere Neubauten in Dienst gestellt werden. Auch *HapagLloyd Kreuzfahrten* ist ein Tochterunternehmen des führenden europäischen Touristikkonzern TUI. Die Reederei ist ein Anbieter von Premium- und Luxuskreuzfahrten im deutschsprachigen Raum. Die drei Schiffe umfassende Flotte ist auf allen Weltmeeren zu Hause.

Kreuzfahrtmarkt in den USA und weltweit

Die geringe Anzahl an Urlaubstagen der US-Amerikaner bedingt kurze Kreuzfahrten in relativ nahe gelegenen, jedoch sehr attraktiven Zielgebieten. Daher kommen v. a. die Karibik, die US-Ostküste und Kanada, Mexiko und die US-Westküste, Alaska sowie Hawaii als Fahrtgebiete in Betracht. Für typische Erholungskreuzfahrten wird jedoch die Karibik bevorzugt. Hier werden v. a. drei- bis fünftägige Kreuzfahrten angeboten.

Mit ca. 13 Mio. Passagieren pro Jahr ist der *US-amerikanische Markt* doppelt so groß wie der restliche weltweite Kreuzfahrtmarkt (Abb. 4.19). Zudem ist dieses Marktsegment mit jährlichen Steigerungsraten von 10 bis 12 % der am stärksten expandierende Sektor im amerikanischen Tourismus.

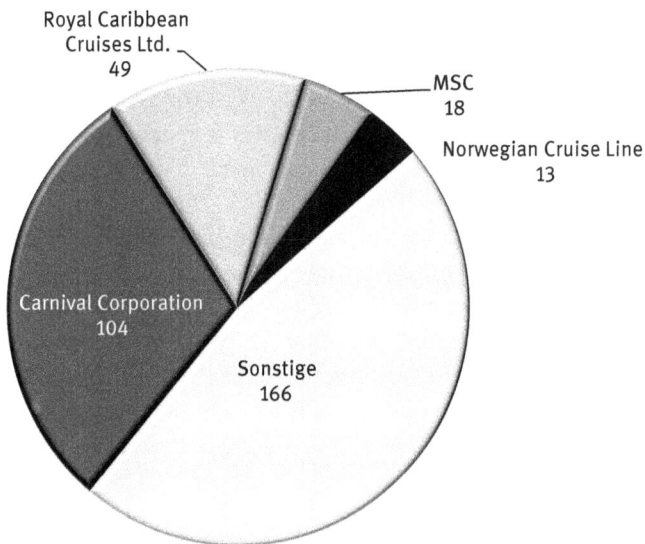

Abb. 4.19: Verteilung der 360 Kreuzfahrtschiffe weltweit (Quelle: Statista 2018 und Unternehmenshomepages)

Die beiden großen Kreuzfahrtanbieter Carnival Cruise Lines und Royal Carribean International decken zwei Drittel des gesamten Passagieraufkommens ab. Aufgrund der deutlichen Dominanz dieser Unternehmen folgt nun eine eingehende Betrachtung.

- Die britisch-amerikanische Carnival Cruise Lines ist die größte und gleichzeitig erfolgreichste Kreuzfahrtreederei auf dem nordamerikanischen Markt. Carnival betreibt über Tochtergesellschaften weltweit ca. 100 Schiffe unter den Marken Carnival Cruise Lines, Cunard Line, AIDA Cruises und weitere. Entsprechend dem Clubkonzept sind auch die Architektur und die Ausstattung der Schiffe gewählt. Zudem gibt es eine gehobene Verpflegung und ein erstklassiges Showprogramm. Allerdings entsprechen nicht alle Tochtergesellschaften dieser Ausrichtung: Die

Premiummarke Cunard Line bietet mit den Flaggschiffen Queen Mary 2, Queen Victoria und Queen Elisabeth „very british" luxuriöse Seereisen an.
- Royal Caribbean *International* ist die zweitgrößte Reederei der Welt mit den beiden Hauptmarken Royal Caribbean und Celebrity Cruises. Die Flotte des Unternehmens, die zu den modernsten auf den Weltmeeren zählt, besteht aus ca. 40 Schiffen. Zusätzlich sind weitere Schiffe in Auftrag gegeben worden. Mehr noch als der direkte Konkurrent Carnival beschränkt sich Royal Caribbean auf einen einfachen Standard der Kabinen. Zusätzlich sind die Shoppingmalls an Bord so konzipiert, dass die Teilnehmer einer Kreuzfahrt dazu verleitet werden, zusätzliche Ausgaben zu tätigen. Außerdem verfügt das Unternehmen über zwei Privatinseln. Beide Inseln haben mehrere Strände mit Palmen, überdachten Anlagen zum Essen, Klubsesseln und sanitären Einrichtungen.

Kennzahlen

Die ökonomische Bedeutung des touristischen Schiffsverkehrs ist von zwei Seiten zu betrachten. Zum einen sind besonders die Wachstumsraten des Kreuzfahrtmarkts abhängig von der wirtschaftlichen Stabilität des Quellgebiets und damit von der Arbeitsplatz- und der Einkommenssituation der potenziellen Passagiere. Zum anderen ist der Tourismus, in diesem Fall die Nachfrage nach Kreuzfahrten, ein Einflussfaktor auf die genannte Wirtschaftsstabilität, denn sie erzeugt Importe und Exporte, sichert Arbeitsplätze und schafft Einkommen. Letzteres kann wiederum für die Freizeitgestaltung, also auch für seetouristische Leistungen ausgegeben werden; es handelt sich somit um einen Kreislauf. Für die ökonomische Beurteilung einer Branche müssen demzufolge die Kennzahlen Arbeitsplätze, erwirtschafteter Umsatz, Wachstum, Wertschöpfungsquote und Nettowertschöpfung sowie Anteil am BSP und an den Konsumausgaben verwendet werden.
- *Nautische Kennzahlen*
  Nautik ist die Wissenschaft der Schifffahrt und Navigation. Es gibt eine Vielzahl verschiedener nautischer Kennzahlen und Begrifflichkeiten, die für die Führung eines Schiffes von Bedeutung sind. Die bekannteste und wichtigste Kennzahl ist die nautische Kilometer- bzw. Entfernungsangabe, d. h. die Seemeile, die 1,853 km misst.
- *Touristische Kennzahlen*
  Touristisch relevante Kennzahlen der Kreuzfahrtbranche sind die Passagierzahlen, die Schiffskapazitäten, der durchschnittliche Reisepreis bzw. die Reiseausgaben der Passagiere und der durchschnittliche Aufenthalt, d. h. die Dauer einer Kreuzfahrt. Weiterhin interessant ist die Betrachtung der Zielgruppen.
- *Passenger Space Ratio*
  Um die verschiedenen Kreuzfahrtanbieter hinsichtlich ihrer Qualität zu vergleichen, bietet sich die sog. Passenger Space Ratio (PSR) bzw. Raumzahl (RZ) an.

Dabei wird die Tonnage des Schiffes durch die Anzahl der Passagiere geteilt. Diese Zahl wird verwendet, um das Platzangebot auf den Kreuzfahrtschiffen anzugeben. Der Kreuzfahrtexperte Douglas Ward hat für die Raumzahl folgende Einteilung vorgenommen: Eine Raumzahl unter 10 bedeutet „extrem beengter Raum an Bord", 10 bis 20 „bescheidenes Platzangebot", 20 bis 30 „vernünftiges", 30 bis 50 „sehr geräumiges" und eine RZ über 50 „ultimatives Platzangebot". Bei allen amerikanischen Clubschiffen wird eine Raumzahl zwischen 30 und 45 erreicht, sodass hier von einer gleichbleibend hohen Qualität gesprochen werden kann. Im Vergleich zum amerikanischen Markt ist beim deutschen Kreuzfahrtmarkt eine größere Bandbreite an Raumzahlen zu erkennen. Sie reichen von „bescheidenem Platzangebot" der Hurtigruten-Schiffe bis hin zu „ultimativem Platzangebot" der Reederei Hapag-Lloyd mit der RZ 50, wobei es deren MS Europa 2, das einzige Fünf-Sterne-plus-Schiff der Welt, sogar auf eine Raumzahl von 70 bringt.

– *Pax/Crew Ratio*
Neben der Raumzahl ist das Verhältnis der Mitarbeiter zu den Passagieren (Pax/ Crew Ratio; PCR) ein weiteres Qualitätsmerkmal von Kreuzfahrtschiffen. Während sich mit der Raumzahl Aussagen über das Platzangebot an Bord treffen lassen, gibt das Pax/Crew Ratio das Verhältnis der Anzahl der Mitarbeiter zur Anzahl der Gäste wieder und deutet somit auf die Servicequalität eines Schiffes hin. Hier ergäbe ein Verhältnis von 1:1 die Bestnote. In Deutschland ist auch beim Pax/Crew Ratio Hapag-Lloyd mit 1,8 führend. Das Flaggschiff MS Europa 2 bringt es sogar auf einen Wert von 1,3.

Strategien und Geschäftsmodelle

Ziel eines jeden Kreuzfahrtanbieters ist es, sich in der Branche zu profilieren und Differenzierungsmerkmale aufzubauen, um sich von der großen Masse abzugrenzen und langfristig Erfolg zu haben. Für die grundsätzliche Unternehmensausrichtung spielen die Unternehmensziele eine große Rolle. Hinter jedem Kreuzfahrtprodukt steht eine bestimmte Unternehmensausrichtung. So bestimmt die Zielgruppe die Unternehmensphilosophie, wobei diese wiederum den Typ des Schiffes und die Art der Reise impliziert. Unternehmen, die kleine Luxusschiffe mit luxuriösem Ambiente, hervorragender Küche sowie eleganten und großzügigen Kabinen anbieten, sprechen eher das obere Nachfragesegment an. Junge Menschen oder Familien buchen hingegen bevorzugt legere, ungezwungene Kreuzfahrten auf großen Megaschiffen mit großzügigen Aufenthaltsräumen und vielen Sport- und Animationsmöglichkeiten. Nischenkonzepte sind das Gegenstück zu den Megaschiffen; durch sie können die Reedereien ein besonders lukratives Marktsegment erfassen, um einen möglichst großen Marktanteil auf diesen Teilmärkten zu erlangen. Die möglichen Ausrichtungen der Anbieter zeigt Abb. 4.20:

Geschäftsmodelle Kreuzfahrtanbieter		
Megaschiffe	**Klassische Schiffe**	**Nischenanbieter**
- Massenmarkt mit moderaten Preisen - günstige Economics of Scale	- traditioneller Schiffstyp - Luxus- und Mittelklassenachfrage	- Spezialisierung auf Kundentyp und/oder Zielgebiet - hohe Kosten und Preise

Abb. 4.20: Geschäftsmodelle der Kreuzfahrtanbieter

Produktionsfaktoren Hochseekreuzfahrten

Das Schiff steht laut Unternehmensphilosophie als *eigentliche Destination* im Mittelpunkt der Reise; ein Kreuzfahrtschiff kann nicht nur als reines Transportmittel betrachtet werden, sondern auch als schwimmende Hotelanlage. Aus diesem Grund sind die Produktionsfaktoren für das Erlebnis einer Schiffsreise von maßgeblicher Bedeutung.

Im Gegensatz zu den normierten modernen Flugzeugtypen unterscheiden sich die auf dem Markt angebotenen Schiffe fast alle in Größe, Aussehen und Inneneinrichtung, d. h, sie repräsentieren ein ganzes Spektrum an unterschiedlichen Angeboten. Ein deutliches Unterscheidungsmerkmal für Schiffe ist ihr Alter, das an ihrer Silhouette erkannt werden kann. Ältere Schiffe haben einen flachen Rumpf und einen langen Bug. Sie sind durch Deckaufbauten und einen Schornstein gegliedert, sodass sie insgesamt stromlinienförmig wirken. Moderne Kreuzfahrtschiffe werden häufig als „Schuhkarton" bezeichnet, da sie höher aus dem Wasser ragen und durch einen kurzen Bug kompakter und rechteckiger wirken.

Hinsichtlich der *Schiffsgröße* zeichnet sich der Trend zu immer größeren Schiffseinheiten ab, sodass die durchschnittlichen Passagierkapazitäten pro Schiff in eine Größenordnung von 2.000 bis 6.000 Gästen vorstoßen (Abb. 4.21). Die Grenzen der Schiffsgrößenentwicklung liegen v. a. in den erforderlichen Fahrwassertiefen, insbesondere bei den Hafenzufahrten und der Passierbarkeit von Kanälen. Durch steigende Schiffsgrößen steigen auch die Aufenthaltszeiten in den Häfen, was die Tagesraten erhöht.

Abb. 4.21: Größenvergleich Titanic und Queen Mary

Weitere Kennzahlen der Schiffsgröße sind Länge, Breite, Höhe und Tiefgang. Der Tiefgang entspricht dem Teil des Schiffes, der unter Wasser liegt, und ist damit die Tiefe, die ein Schiff benötigt, um sicher auf dem Wasser zu schwimmen. Heute beträgt der Tiefgang nur 6 bis 8 m, was den Vorteil hat, dass die Schiffe auch in kleineren Häfen am Pier liegen können oder sich in relativer Nähe zum Hafen auf Reede, also vor Anker, legen können. Dadurch werden die Tenderzeiten zwischen Schiff und Hafen verkürzt. Abbildung 4.22 zeigt die übliche Einteilung der Schiffsgrößen:

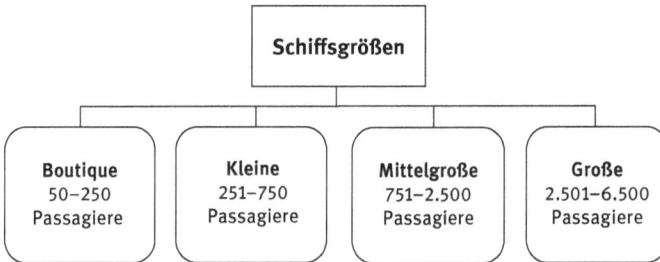

Abb. 4.22: Unterscheidung nach Schiffsgrößen (Quelle: Berlitz Cruising & Cruise Ships 2019)

- *Boutique-Schiffe*
  Diese kleinste Schiffskategorie hat lediglich eine Bruttoraumzahl von 1.000 bis 5.000 und wird häufig für *küstennahe Kreuzfahrten* eingesetzt. Aufgrund des geringen Tiefgangs der Schiffe ist das Anlaufen von wenig besuchten Häfen und Inseln möglich. Auch Fjordlandschaften oder Flussmündungen können problemlos befahren werden. Expeditionsschiffe für Arktisfahrten und Segelschiffe werden ebenfalls dieser Kategorie zugeordnet. Einige der exklusivsten Boutique-Schiffe der Welt gehören zu dieser Gruppe. Die Preise für eine Kreuzfahrt mit einem Boutique-Schiff sind zumeist sehr hoch, da die Fixkosten auf eine geringe Anzahl von Passagieren aufgeteilt werden müssen.
- *Kleine Kreuzfahrtschiffe*
  Die zumeist älteren Schiffe werden hauptsächlich im *Mittelmeer* eingesetzt. Viele der Passagiere sind Stammgäste, die, ähnlich wie Passagiere der Boutique-Schiffe, die Atmosphäre und die Möglichkeit, kleine Häfen anzulaufen, sehr schätzen. Auf den Schiffen dieser Kategorie wird häufig ein Unterhaltungsprogramm geboten oder es werden spezielle Themenkreuzfahrten durchgeführt. Außerdem muss man sich durch die geringe Anzahl an Gästen kaum in einer Schlange anstellen.
- *Mittlere Kreuzfahrtschiffe*
  Die mittleren Kreuzfahrtschiffe können auch kleinere Häfen anfahren und sind wendiger als große Schiffe. Aufgrund der Größe und des Tiefgangs sind diese Schiffe stabiler auf See als die kleinen Kreuzfahrtschiffe. Sie bieten zudem mehr

Unterhaltungsprogramm, mehr Einrichtungen und mehr Möglichkeiten, zu speisen.

– *Große Kreuzfahrtschiffe*

Mit bis zu 6.500 Passagieren ist dieser Schiffstyp *sehr rentabel zu betreiben* und wird daher von den Reedereien häufig nachgefragt. Diese bieten oft wochenweise Kreuzfahrten an. Das Interesse der Passagiere ist besonders auf die Attraktionen an Bord des Schiffes fixiert. Mit ihrem breiten Angebot sehen sich die Reedereien als attraktive Alternative zu Urlaubsressorts. Durch einen höheren Standard an Service, Unterhaltung, Vortragsprogrammen, Kommunikationsgrad und Finesse in der Gastronomie können die Reedereien die Schiffe in höherwertige Kategorien bringen. Die hauptsächlichen Routen der Schiffe sind die klassischen Ziele: Karibik, Ost- und Westküste Nordamerikas, Hawaii, der Süden Südamerikas und zunehmend das Mittelmeer.

Bewertungskategorien

Wie in der Hotellerie werden Hochseekreuzfahrtschiffe in unterschiedliche Kategorien eingeteilt. In der Kreuzfahrtbranche hat sich ein weltweit gültiges System etabliert. Die Einstufung wird vom jährlich erscheinenden „Berlitz – Complete Guide to Cruising and Cruise Ships" vorgenommen (Abb. 4.23). Obwohl die Betreiber der Schiffe nicht verpflichtet sind, die für ihre Schiffe getroffene Kategorisierung zu akzeptieren, werden die darin vergebenen Sterne zumeist übernommen.

Anzahl der Sterne	Gesamt- punktzahl	Bedeutung
★★★★★+	1.851–2.000	hervorragendes Luxuskreuzfahrterlebnis
★★★★★	1.701–1.850	exzellentes Kreuzfahrterlebnis
★★★★+	1.551–1.700	hochqualitatives Kreuzfahrterlebnis
★★★★	1.401–1.550	qualitativ sehr gutes Kreuzfahrterlebnis
★★★+	1.251–1.400	qualitativ gutes Kreuzfahrterlebnis
★★★	1.101–1.250	angemessenes Kreuzfahrterlebnis
★★+	951–1.100	unterdurchschnittliches Kreuzfahrterlebnis
★★	801–950	qualitativ bescheidenes Kreuzfahrterlebnis
★+	651–800	einfaches Kreuzfahrterlebnis
★	601–650	mangelhaftes Kreuzfahrterlebnis

Abb. 4.23: Vergabe der Sterne gemäß erreichter Punktzahl und deren Aussagekraft (Quelle: Berlitz 2008)

Die Einstufung der Schiffe wird anhand von fünf Kriterien vorgenommen, die für den Zweck einer exakten Einschätzung nochmals in insgesamt 20 Untergruppen aufgespaltet werden. Die Schiffe werden auf die einzelnen Kriterien hin untersucht, wobei pro Kriterium höchstens 100 Punkte zu erreichen sind. Daraus ergibt sich 2.000 als

maximal zu erzielende Punktzahl. Auf die fünf Hauptkriterien entfallen dementspre-
chend folgende Prozentanteile:
- Schiff 25 %
- Unterkunft 10 %
- Küche 20 %
- Service 20 %
- Kreuzfahrterfahrung 20 %

Der Berlitz Guide gibt ausführliche Informationen darüber, wie die bewerteten Schiffe
in den einzelnen Kategorien abgeschnitten haben. So dient er nicht nur dem potenziellen Kreuzfahrtpassagier als Hilfe zur Auswahl eines für ihn geeigneten Schiffes,
sondern auch den einzelnen Unternehmen als *Orientierung*, wie sie gegenüber der
Konkurrenz abschneiden. Daraus lassen sich, jeweils unter Beachtung der angespro-
chenen Zielgruppen und Preissegmente, Maßnahmen ableiten, die das Unternehmen
besser im Wettbewerb bestehen lassen. Momentan sind ca. 360 Schiffe auf den Weltmeeren eingesetzt. Davon sind im Berlitz Guide 270 bewertet worden. Vernachlässigt
man die Größe der Schiffe, ergibt sich folgende Verteilung hinsichtlich der Kategorien:
Etwa 70 % aller Schiffe sind im Bereich Drei-Sterne-plus bis Fünf-Sterne-plus angesiedelt. Lediglich ca. 30 % werden geringer als drei Sterne eingeschätzt.

Schiffsaufbau

Allgemein wird das Vorderteil eines Schiffes als Bug und das Hinterteil als Heck bezeichnet. Die in Fahrtrichtung betrachtet rechts liegende Seite heißt Steuerbord, die
linke Seite Backbord. Mittschiffs bezeichnet die Mitte des Schiffes. Den Aufbau des
Schiffsinneren gibt der *Deckplan* wieder, der dem Gast bei der Orientierung hilft und
alle für ihn relevanten Räumlichkeiten aufzeigt. Üblicherweise werden die einzelnen
Decks von oben nach unten übereinander abgebildet. In den untersten drei bis vier
Decks befinden sich die Maschinen, die Lager- und Vorratsräume sowie die Mann-
schaftsräume. Auch die Kabinen sind im Deckplan aufgeführt; für die Orientierung
und Wiedererkennung werden die einzelnen Kategorien in der gleichen Farbe gekennzeichnet, die auch im Katalog verwendet wird. Die genauen Einrichtungen und die
Ausstattung der Decks variieren stark von Schiff zu Schiff. Bei Schiffen, die in den
letzten zwei Jahrzehnten gebaut wurden, sind ganze Decks vom Bug bis zum Heck
der Unterhaltung gewidmet, sodass sich der Gast ohne Treppensteigen am Abend auf
einem einzigen Deck vergnügen kann. Die Restaurants befinden sich nicht mehr im
„Bauch" des Schiffes, sondern wegen der besseren Aussicht auf den oberen Decks.

Routentypen

Die Routenwahl ist für den Erfolg beim Publikum und somit auch für den wirtschaftlichen Erfolg maßgeblich, daher ist ihre Planung die zentrale Überlegung des Planungs-

prozesses. Die Route einer Kreuzfahrt ist ausschließlich auf Touristen zugeschnitten, d. h., es werden keine Umsätze durch nicht touristische Passagiere, wie Geschäftsreisende, generiert. Zu unterscheiden sind als grundlegende Routentypen die geschlossene und die offene Kette. Die *geschlossene Kette* entspricht der klassischen Rundreise, also einer Route, die im gleichen Hafen beginnt und endet; dazwischen werden verschiedene Destinationen besucht. Bei der *offenen Kette* ist der Ausschiffungs- nicht gleich dem Einschiffungshafen. Die meisten Passagiere bevorzugen offene Ketten, die allerdings teurer sind, da sie mit einem größeren organisatorischen Aufwand verbunden sind. Neben diesen beiden Grundtypen unterscheidet man weitere Routentypen in Bezug auf deren Organisationsform (Abb. 4.24).

Marketing und Vertrieb Hochseekreuzfahrten

– *Nachfrage*

In der Vergangenheit hat die Kreuzfahrtindustrie mit ihren Angeboten und Preisen besonders ein zahlungskräftiges und gediegenes Publikum angesprochen. Auch heute gibt es viele Kreuzfahrtpassagiere, die bereits mehrmals an Schiffsreisen teilgenommen haben. Ihr Anteil wird auf 50 bis 90 % geschätzt. Dieses Segment bucht durchschnittlich nach 2,4 Jahren bereits seine nächste Kreuzfahrt. Einige Veranstalter konzentrieren sich sehr stark auf diese Gruppe von Kreuzfahrtteilnehmern. Dabei bleibt allerdings unberücksichtigt, dass diese Nachfrager *höhere Altersklassen* verkörpern, d. h., wenn keine (jungen) Neukunden gewonnen werden können, ist kein langfristiger Erfolg absehbar (Abb. 4.25). Das Alter von Kreuzfahrtpassagieren hängt eng mit der gebuchten Art einer Kreuzfahrt zusammen. So ist die Klientel auf einem Clubschiff wesentlich jünger als die auf einem Luxusschiff.

Insbesondere der *demografische Einflussfaktor* „Alter" ist bei der Analyse von Kreuzfahrtpassagieren von besonderem Interesse. Veränderungen in der Altersstruktur der Nachfragenden führen zu neuen Anforderungen an die Angebots- und Marketing-Konzeptionen der Kreuzfahrtindustrie sowie deren Umsetzung. Um konkurrenzfähig zu bleiben, müssen folglich demografische Veränderungen und deren Folgen frühzeitig erkannt werden, damit das jeweilige Unternehmen Anpassungen vornehmen kann. Je nach Altersgruppe kommen ganz unterschiedliche Wertevorstellungen und Motive zum Tragen. Die Zusammensetzung der Passagiere hängt dabei von Ziel und Dauer der Reise, Kosten und Jahreszeit ab. Zur Hauptferienzeit und bei niedrigen Preisen sinkt der Altersdurchschnitt. Im Vergleich zu den Flusskreuzfahrten ist der Altersdurchschnitt mit ca. 50 Jahren allerdings vergleichsweise jung.

Aufgrund ihrer Eigenschaften, wie ein bequemer Transport oder organisierte Landausflüge, eignet sich eine Kreuzfahrt besonders für ältere Menschen. Allerdings müssen bei der *Ansprache von Senioren* bestimmte Details beachtet werden. So legen sie viel Wert darauf, dass auf ihre speziellen Interessen, Wünsche und

Turnuskreuzfahrten sind geschlossene Ketten, die immer an denselben Wochentagen beginnen. Ihr immer gleicher Ablauf hinsichtlich Route, Aktivitäten, Entertainment und Verpflegung senkt den Arbeitsaufwand erheblich. Außerdem sind die Schiffe Stammkunden in den Häfen, wodurch weitere Kostensenkungspotenziale entstehen. Oftmals erhalten sie die besseren Liegeplätze, was v. a. bei Megaschiffen durch die Lage am Pier von Vorteil ist, da das Tendern (das An-Land-Bringen und Zurück-an-Bord-Bringen mit Booten) verhindert wird.

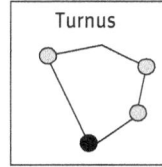

Eine Alternative zu den Turnuskreuzfahrten sind *Schmetterlingskreuzfahrten*. Sie fahren im Wochenrhythmus jeweils zwei verschiedene Routen. Von einem Basishafen werden zwei verschiedene Himmelsrichtungen angesteuert. Ein wesentlicher Vorteil für die Anbieter ist, dass die Passagiere an verschiedenen Terminen ein- und aussteigen können, wodurch der Veranstalter sein Angebot verdoppelt.

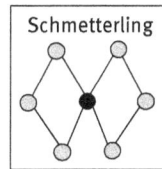

Positionierungskreuzfahrten werden bei klimabedingtem Wechsel der Fahrtgebiete notwendig. Viele Kreuzfahrtschiffe sind im Sommer im Mittelmeer eingesetzt und im Winter in der Karibik. Zwischen beiden Fahrtgebieten findet im Frühjahr und Herbst eine Positionierungsfahrt statt. Aufgrund der vielen Seetage steht das Erlebnis an Bord im Vordergrund. Der durchschnittliche Tagespreis für Positionierungsfahrten ist daher erheblich günstiger als bei Turnus- bzw. Schmetterlingsfahrten.

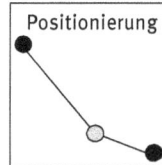

Unter dem Begriff *freies Routing* versteht man Kreuzfahrten, die in unregelmäßigen Abfolgen verschiedene Routen und in Fahrtgebiete durchführen. Ein klassisches Beispiel für ein freies Routing sind Weltreisen. Allerdings sind nur sehr wenige Passagiere für die Gesamtzeit von ca. 150 Tagen an Bord, viele Gäste fahren lediglich auf kurzen Teilstrecken mit. Die Planung für die Reedereien bzw. Veranstalter sind sehr aufwendig, da die unterschiedlichsten Häfen einmalig angelaufen werden und für die Passagiere Linienflüge zu allen Häfen organisiert werden müssen.

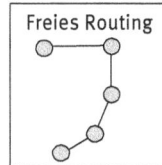

Abb. 4.24: Routentypen

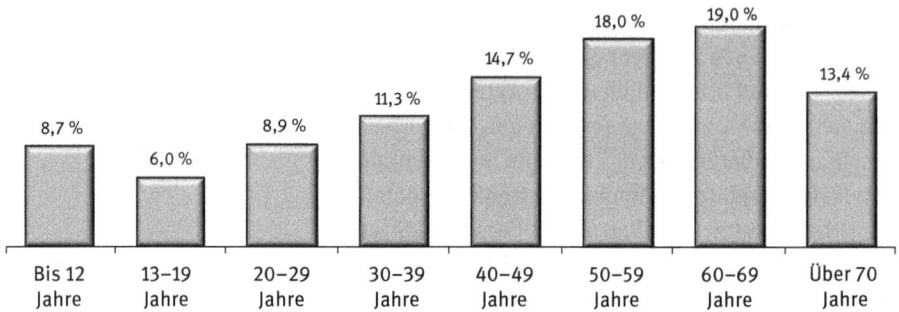

Abb. 4.25: Altersstruktur der deutschen Hochseekreuzfahrtpassagiere (Quelle: CLIA 2018)

Bedürfnisse eingegangen wird, sie wünschen aber gleichzeitig keine Sonderbehandlung, die auf ihr Alter schließen lässt.

– *Produktpolitik*

Eine Kreuzfahrt ist die Verknüpfung der beiden *Grundelemente Schiff und Fahrtroute*. Die Kreuzfahrt ist hinsichtlich Reisezeitpunkt, -dauer und -ziel sowie hinsichtlich des Leistungsumfangs genau vordefiniert. Unterschieden wird zwischen den touristischen Hauptleistungen als Kernleistungen, wie Beförderung, Unterkunft, Verpflegung und Reiseleitung, und den touristischen Nebenleistungen als Zusatz, wie Information, Beratung und Versicherung.

Kreuzfahrtschiffe unterscheiden sich nicht nur in ihrer Größe, sondern auch in ihren *Ausstattungselementen* voneinander. Neben den Standardausstattungselementen, wozu u. a. Restaurants, Bars, verschiedene Läden, ein Erholungsbereich und teilweise ein Kasino gehören, müssen Kreuzfahrtenanbieter Besonderheiten bieten, um sich von den Mitbewerbern zu differenzieren. Dafür lassen sich insbesondere die US-amerikanischen Reedereien für ihre Neubauten immer spektakulärere Ausstattungselemente einfallen, z. B. Kletterwände, Schlittschuhbahnen und Minigolfanlagen.

Auf den Kreuzfahrtschiffen werden unterschiedliche *Kabinen* angeboten, die sich in ihrer Lage, Größe und Ausstattung voneinander unterscheiden und somit verschiedene Kategorien bilden. Die Kategorien sind ein wichtiges Gestaltungselement in der Produkt- und Preispolitik des Kreuzfahrtenanbieters. Es gilt: Je größer, je besser ausgestattet, desto teurer sind die Kabinen. Hinsichtlich der Lage der Kabinen wird zwischen Schiffsvertikale und -horizontale unterschieden. Für die Vertikale gilt: Je höher die Kabine im Schiffdeck gelegen ist, desto besser ist i. d. R. die Ausstattung und entsprechend höher ist der Preis. Bezogen auf die horizontale Lage sind die Kabinen im Mittelschiff im Allgemeinen ruhiger und vibrationsärmer als die Kabinen im Vorder- und Hinterschiff. Zu unterscheiden ist außerdem zwischen Innen- und Außenkabinen. Außenkabinen werden dank der Fenster oder Bullaugen durch Tageslicht beleuchtet und haben oft sogar Balkone; die Beleuchtung der Innenkabinen hingegen erfolgt durch künstliches Licht. Da die Innenkabinen nicht über einen Tageslichtzugang verfügen, sind sie insbesondere auf Nordlandfahrten beliebt.

Auch in der Größe unterscheiden sich die Kabinen. Über die kleinsten Kabinen verfügt die Hurtigruten mit ca. 8 m². Die größte Suite an Bord eines Schiffes befindet sich auf der Norwegian Dawn und ist 497 m² groß. Die *Kabinenausstattung* variiert in Abhängigkeit von der gebuchten Kabinenkategorie, entspricht aber i. d. R. den Standards, die man auch von guten Hotels gewohnt ist. Ausgestattet sind alle Kabinen mit einem WC und einem eigenen Bad oder einer Dusche. Weiterhin bieten sie einen Schrank, eine Sitzmöglichkeit, einen Tisch, einen Fernseher, z. T. mit Video und Radio, zudem sind individuell regulierbare Klimaanlagen und ein Telefon vorhanden. Bei den Kabinen werden Einzel-, Doppel- und Zweibettkabinen unterschieden. Eine Doppelkabine hat entweder ein Unter- und ein Oberbett oder ein Unter- und ein Pullman-Bett, ein aus der Wand klappbares Bett. Diese Kabinenart ist aufgrund der nötigen Kletterei und des geringen Platzangebots für ältere Passagiere kaum geeignet. Die Zweibettkabine hat entweder ein Unter- und ein Sofabett oder zwei Unterbetten. Unterbetten sind zwei frei stehende Betten. In seltenen Fällen findet man auch ein zusammenstehendes Bett. In der Regel werden Kabinen für zwei Personen angeboten. Da heute weitere Zielgruppen wie z. B. Familien erschlossen werden sollen, finden sich auf den Neubauten vermehrt Mehrbettkabinen oder Kabinen mit Verbindungstüren, um den Ansprüchen dieser Zielgruppe gerecht zu werden. Wichtig ist auf modernen Kreuzfahrtschiffen auch das Vorhandensein behindertengerechter Kabinen, wodurch der Zugang zu allen Einrichtungen und Räumlichkeiten für Menschen mit Behinderung möglich ist.

Fahrtgebiete

Die Auswahl von Fahrtgebieten für die Kreuzfahrten (Abb. 4.26) stellt ein wichtiges Kriterium für den Erfolg bzw. Misserfolg dieser Reiseart dar. Die Bestimmung der Fahrtgebiete ist damit zu einem *wesentlichen Element des Marketings* geworden. Nachdem die Meere rund um Europa, v. a. Skandinavien und das Mittelmeer, anfänglich die ersten Fahrtgebiete der Kreuzschifffahrt darstellten, hat sich die Kreuzfahrtbranche heute die ganze Welt als Fahrtgebiet erschlossen.

– *Mittelmeer*

Man unterscheidet Fahrten im *westlichen und östlichen Mittelmeer*. Die beste Reisezeit ist von April bis Oktober. In den vergangenen Jahren zeichnet sich verstärkt der Trend ab, das Mittelmeer durch Winterrouten gezielt zur Ganzjahresdestination auszubauen. Außerdem drängen die drei großen US-Reedereien in den Mittelmeermarkt. Für europäische Gäste ist das Mittelmeer das beliebteste Fahrtgebiet, da zum einem die Anreise nicht aufwendig ist und zum anderen eine Vielzahl europäischer Städte und Sehenswürdigkeiten in unmittelbarer Nähe der Häfen leicht zu erreichen sind. Die wichtigsten Starthäfen für eine Kreuzfahrt im west-

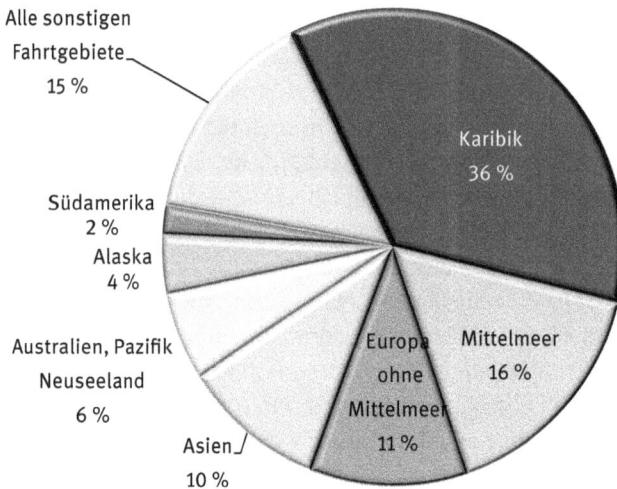

Abb. 4.26: Fahrtgebiete deutscher Hochseekreuzfahrtpassagiere (Quelle: CLIA 2018)

lichen Mittelmeer sind Mallorca und Genua. Die meisten Kreuzfahrten im Mittelmeer dauern sieben oder 14 Tage. Sehr häufig sind Kombinationsreisen mit einer Woche Schiffsreise und einer Woche Badeurlaub. Eine typische siebentägige Turnuskreuzfahrt startet von Mallorca nach Barcelona, St. Tropez, Portofino und Rom und endet wieder auf Mallorca.

– *USA/Karibik*
Von den ca. 360 Kreuzfahrtschiffen weltweit bieten ca. 50 % Karibikkreuzfahrten an. Gerade in der kalten Jahreszeit überwintern immer mehr Kreuzfahrtschiffe in dieser Region und befahren die unterschiedlichsten Routen zwischen den 35 Inselstaaten. Dies liegt einerseits daran, dass sich mit den USA der *weltweit größte Kreuzfahrtmarkt* in der Nähe befindet; andererseits liegt es daran, dass die klimatischen Bedingungen optimal sind. Die Karibik ist eine Ganzjahresregion, wobei die Monate Juni bis November zur Hurrikan-Saison gezählt werden. Zu den wichtigsten Abfahrtshäfen einer Karibikkreuzfahrt gehören Fort Lauderdale, Miami und Port Canaveral an der Ostküste Floridas.

– *Nordland*
Das Nordland-Fahrtgebiet erstreckt sich von Norwegen im Osten über Spitzbergen und die Packeisgrenze im Norden bis Island im Westen und die Färöer-Inseln im Süden. Die beste Reisezeit ist der *Hochsommer* zwischen Mitte Juni und August, wobei besonders das Schauspiel der Mitternachtssonne für viele Passagiere unvergesslich ist. Ausgangshäfen für Kreuzfahrten sind Kiel, Bremerhaven und Hamburg, bei internationalen Anbietern auch Kopenhagen oder Amsterdam. Nordland-Kreuzfahrten wurden ursprünglich nur von den Postschiffen auf den Hurtigruten befahren. In jüngster Zeit schicken vermehrt auch andere Reedereien ihre Kreuzfahrtschiffe in diese Region.

Preisgestaltung

Das Produkt Hochseekreuzfahrt besteht aus einer *Bündelung mehrerer touristischer Leistungen* und ist im Vergleich mit anderen Touristikmärkten im Nachfrageverhalten unelastischer und weniger preissensibel. Immer eingeschlossen in den Reisepreis der Kreuzfahrt sind die Übernachtungen in der jeweils gebuchten Kategorie und Vollpension an Bord, i. d. R. bis zu sechs Mahlzeiten täglich. Auch das Unterhaltungsprogramm und die Bordeinrichtungen sind zum größten Teil inklusive. Landausflüge sowie Beauty- und Wellnesseinrichtungen müssen hingegen stets extra bezahlt werden. Trinkgelder sind selten im Reisepreis enthalten, bei den meisten Anbietern werden sie an Bord noch zusätzlich bezahlt.

Die europäischen Reedereien richten sich bei der Preisfestsetzung in erster Linie nach der *Kosten-Plus-Preisbildung*. Zur Errechnung des Durchschnittspreises einer Kreuzfahrt werden alle Kosten plus einer Marge für eine Reise berechnet und auf die Anzahl der Passagiere umgelegt. Dafür wird generell mit einer Break-even-Auslastung von 75 % der Gesamtkapazität eines Schiffs gerechnet. Bei amerikanischen Reedereien gibt es schon oftmals Yield-Managementsysteme zur Preis- und Nachfragesteuerung.

Leistungs- und Ausstattungsunterschiede nach Schiffs- und Kabinenkategorie bieten im Kreuzfahrtenverkehr besonderen Anlass zur Preisdifferenzierung (Abb. 4.27). Ebenso variiert der Preis einer Kreuzfahrt grundlegend nach der Saison und der Personenanzahl pro Kabine.

Klassifizierung	Kabinenkategorien	Reisezeit/-dauer
– Qualitätsstandard des Schiffes – Anzahl der Sterne	– Kabinentyp: Größe, Ausstattung und Lage – Vor- oder Achterschiff vs. Mittschiff – Höhe des Decks	– Haupt-/Nebensaison – Anzahl der Tage – Auslastung – Anzahl der Personen – Yield-Management

Abb. 4.27: Bestimmungsfaktoren für den Preis einer Kreuzfahrt

Eine Differenzierung kann durch die Klassifizierung eines Schiffs nach Sternen erfolgen. Der Reisepreis (ohne Trinkgelder und Getränke) wird dabei in *vier Größenklassen* eingeteilt (gerechnet pro Tag): Budget (75 bis 125 €, 22 % Marktanteil), Standard (125 bis 175 €, 28 %), Premium (175 bis 250 €, 29 %) und Luxus (> 250 €, 21 %).

Auch die *Kabinen* eines Kreuzfahrtschiffs werden nach ihrer Größe, Ausstattung und Lage im Schiff preislich in Kategorien eingeteilt. Die Raumgröße ist ausschlaggebend für die Bezeichnung als einfache Kabine, Suite, Appartement oder Penthouse und steht gleichermaßen für Komfort und Bewegungsfreiraum. Angeboten werden auch Glücks- oder Garantiekabinen. Bei Glückskabinen zahlt man einen bestimmten festgelegten Preis. Welche Kabine in welcher Kategorie man am Ende wirklich bekommt, erfährt man erst kurz vor der Abfahrt. Bei der Garantiekabine hat der Kunde die Sicherheit, eine bestimmte Kategorie als Minimum zu erhalten.

Jedes Fahrtgebiet besitzt aufgrund von Wetter- und Klimaverhältnissen eine *Saison*, in der Kreuzfahrten durchgeführt bzw. nachgefragt werden. Saisonzeiten sind außerdem bestimmt durch eine hohe Nachfrage zu den Urlaubszeiten, Ferien und Feiertagen. Wird eine Fahrtroute zu verschiedenen Reisedaten angeboten, lässt sich bei den Kreuzfahrtunternehmen ein differenzierter Preis nach Haupt- und Nebensaison erkennen. Kleinere Reedereien in der Größenordnung von ca. zwölf Schiffen erheben lediglich unterschiedliche Preise zu den Saisonzeiten entsprechend der Nachfragestärke. Größere Reedereien vergeben täglich variierende Preise, die sich durch computergestützte Yield-Management-Systeme dem Buchungs- und Nachfrageverlauf automatisch anpassen.

– *Kommunikation*

Die zielgerichtete Kundenkommunikation spielt eine wichtige Rolle im Marketing-Mix, da der Kunde das Produkt Kreuzfahrt nicht anfassen kann (Intangibilität und Immaterialität). Der Kunde erwirbt lediglich ein Leistungsversprechen; er sucht daher nach Hinweisen auf die Leistungsfähigkeit des Veranstalters.

– Ziel der Werbung ist es, den Bekanntheitsgrad des Kreuzfahrtenanbieters zu erhöhen. Wichtigstes Vertriebs- und auch Werbemittel ist dabei der jeweilige Anbieterkatalog.

– Eine weitere Möglichkeit ist die Direktwerbung, die v. a. zur Stammkundenkommunikation dient; die vorhandenen Kundendaten ermöglichen eine sehr persönliche Ansprache bei Mailings und Katalogzusendungen.

– Die Verkaufsförderung setzt direkt im Ladenlokal des Reisebüros an und meint hier die Ausstattung mit Dekorations- und Informationsmaterial, etwa eine nautische Schaufenstergestaltung mit Schiffsmodellen oder Rettungsringen.

– Zur sonstigen Kommunikation gehören die Auftritte auf touristischen Messen, bei denen sich die Kreuzfahrtanbieter mit einem Stand präsentieren. Beispiele hierfür sind die ITB in Berlin oder die jährlich stattfindende Kreuzfahrtmesse „Cruise Live" in Hamburg.

– Ebenfalls wichtig ist das Product Placement. Das bekannteste Beispiel aus dem Kreuzfahrtbereich ist die ZDF-Serie „Das Traumschiff", bei deren Handlung den Zuschauern das Schiff und der Ablauf der Kreuzfahrt sowie die speziellen Eigenschaften der Reiseart nähergebracht werden, ohne jedoch das Schiff in den Vordergrund zu stellen.

– *Vertriebskanäle und Buchung*

Da der Fixkostenanteil beim Produkt Kreuzfahrt sehr hoch ist (ca. 70 %), hat die Distributionspolitik die zentrale Funktion, die unverkauften Kapazitäten und damit die Leerkosten einer Kreuzfahrt möglichst gering zu halten.

- Der *indirekter Vertriebsweg* mithilfe der Reisebüros ist mit ca. 78 % Umsatzanteil der Hauptvertriebskanal. Wichtigstes Verkaufshilfsmittel sind die Reederei- und Veranstaltungskataloge. Sie geben eine Übersicht und Informationen über das Produkt Schiff und über die einzelnen Angebote.
- Der *direkte Vertrieb* hat im Gegensatz zu anderen touristischen Leistungsträgern bei den Kreuzfahrtenanbietern nur einen geringen Anteil. Der Eigenvertrieb der Veranstalter (ca. 11 % Umsatzanteil), neue Medien (ca. 4 %) und weitere Vertriebsmedien (ca. 7 %) sind hier zu nennen.
- Zur *Buchung einer Kreuzfahrt* dienen als Orientierungshilfe die Deckpläne und Kabinengrundrisse der Schiffe. Für die Buchung wird ein Anmeldeformular ausgefüllt. Das Reisebüro erfragt anschließend die gewünschte Kabine beim Anbieter der Kreuzfahrt; im Falle der Bestätigung wird die Kabine als Optionsbuchung an den Kunden weitergegeben.

Dienstleistung Hochseekreuzfahrt
- *An- und Abreise*
Arrangements zur An- und Abreise sind oftmals ein wichtiger Produktbestandteil und auch ein entscheidender Wettbewerbsfaktor, da die meisten Passagiere eine längere Anreise haben bzw. nicht in der Nähe des Hafens wohnen. Aufgrund der zunehmenden Bedeutung dieser Arrangements wie auch der Vor- und Nachprogramme diversifizieren sich einige Kreuzfahrtgesellschaften nicht nur horizontal, sondern auch vertikal in der Wertschöpfungskette. So besitzt z. B. die Carnival Cruise Line eine eigene Flugzeugflotte und eigene Hotels.
- *Leistungserbringung an Bord*
Der Ablauf einer jeden Kreuzfahrt wird durch das ihr zugrunde liegende Gesamtprogramm der Reise bestimmt. Der Kreuzfahrtveranstalter muss das Gesamtprogramm in Tagesprogramme umsetzen und für deren Realisierung Sorge tragen. Im Rahmen der Vorbereitungen muss das Schiff betankt und mit den nötigen Versorgungsmitteln wie Frischwasser, Nahrungsmittel und Getränke versorgt werden.
- *Zusatzleistungen*
Die Zusatzleistungen beeinflussen in besonderem Maße das Qualitätsempfinden der Passagiere und somit auch ihre Gesamtzufriedenheit. Besonders Gäste, die schon zahlreiche Kreuzfahrten unternommen haben, buchen verstärkt aufgrund des angebotenen Zusatznutzens.

4.2.2 Flusskreuzfahrten

Flüsse werden schon seit Jahrtausenden zur Fracht- oder Personenbeförderung genutzt. Der Flusstourismus begann bereits im 18. Jahrhundert für Adlige und Geistliche, die in der Sommerfrische den Komfort eines Schiffes bevorzugten. Der Beginn der modernen touristischen Flusskreuzfahrten begann erst in den 1960er-Jahren mit dem Bau moderner Kabinenschiffe. Heute sind Reisen auf den Flüssen aus dem touristischen Markt nicht mehr wegzudenken.

Der Vorteil der Flussreisen ist, dass das *Landerlebnis gleichberechtigt* neben das Bordleben tritt und der Gast auf ganz bequeme Weise die Vielfalt und Schönheit der Landschaften genießen kann. Die Reise beginnt schon mit dem Einchecken an Bord. Das andauernde Aus- und Einpacken der Koffer entfällt. An den organisierten Ausflügen und Programmen kann ganz entspannt teilgenommen werden. Zudem stehen immer die gleichen Ansprechpartner zur Verfügung und für Reisende entstehen keine Sprachbarrieren. Besonders die Zielgruppe der 50-plus-Generation schätzt diese bequeme Form des Reisens.

Arten von Flusskreuzfahrten

Ähnlich wie bei Hochseekreuzfahrten gibt es auch bei Flusskreuzfahrten verschiedene Angebotsbereiche. Es lassen sich jedoch deutliche Unterschiede in der Gestaltung des Programms und der Ausrichtung der Kreuzfahrt erkennen:

– *Traditionelle Flusskreuzfahrten*

 Die traditionelle Flusskreuzfahrt ist die Hauptreiseart der Flusskreuzfahrten. Es dominiert ein *älteres und wohlhabendes Publikum*. Inhaltlich besteht diese Art der Flusskreuzfahrt aus einer Kombination von Städtereise und reizvoller Landschaft. Die Ausflüge sind zumeist auf Stadtführungen und Fahrten in die nähere Umgebung beschränkt. Im Gegensatz zu den Hochseekreuzfahrtschiffen halten die Flussschiffe vorwiegend über Nacht. Tagsüber sind die Hauptprogrammpunkte entweder die erlebte Landschaft vom Schiff aus oder angebotene Ausflüge. Ein weiterer Bestandteil ist eine komfortable Umgebung an Bord, ein hervorragender Service und eine umfassende, qualitativ hochwertige Verpflegung.

– *Themenkreuzfahrten*

 Bei den Themenkreuzfahrten ist das gesamte Angebot der Reise, wie die Route, evtl. auch Termine, das Bordprogramm und die Ausflüge etc., auf ein bestimmtes Thema ausgerichtet. Das besondere Thema wird daher zum *Hauptmotiv* der Buchung für die betreffende Reise. Ein Beispiel sind Musikreisen mit dem Besuch von z. B. Konzerten, Ballett-, Opern- und Operettenaufführungen sowie mit Konzerten an Bord, Seminaren und Vorträgen mitfahrender Künstler. Beliebte Themenreisen sind auch Gourmet- oder Weinkreuzfahrten. Auf Gourmetkreuzfahrten kochen Spitzenköche für die Passagiere an Bord der Schiffe und es werden Menüs und Spezialitäten der jeweiligen Länder sowie Ausflüge in berühmte Restaurants empfohlen. Weinkreuzfahrten beinhalten Weinseminare, Verköstigungen und Ausflüge zu Weinanbaugebieten und Weinbauern. Daneben werden Film- und Literaturreisen, Sprachreisen mit Kursen an Bord sowie Esoterik-, Beauty- und Happy-Single-Kreuzfahrten angeboten.

– *Weitere Angebote*

Weitere Angebotsarten sind besonders Kennenlern- oder Schnupperreisen mit reduzierten Preisen, die i. d. R. zwischen vier und sechs Tage dauern und bis auf wenige Ausnahmen in der Vor- bzw. Nachsaison (Winter) liegen. Eine weitere Angebotsart sind Festtagsreisen über Weihnachten und/oder Silvester mit einer Dauer von ca. acht bis zwölf Tagen. Eine besondere Stellung nehmen sport- und fitnessorientierte Kreuzfahrten ein. Neben Pool und Sauna stehen Fitnessraum und Putting Green, Trekkingräder für Radtouren, Ausflüge zum Rafting und die Möglichkeit zum Golfspielen an Land zur Verfügung.

Produktbestandteile

Bei Flusskreuzfahrten steht in erster Linie die bequeme Form des Reisens im Vordergrund. Flussreisen bieten eine optimale Verbindung aus *Entspannung und Entdeckungen*. Im geruhsamen Reisetempo fährt man durch unterschiedlichste Landschaften, vorbei an historischen Bauten, Burgen, Schlössern, Dörfern, Städten, Wäldern und Weinbergen. Somit erhält man von Deck aus einen umfassenden kulturellen Einblick in die verschiedensten Regionen und Länder. Jeden Tag wird in anderen Städten angelegt und die Gäste haben durch organisierte oder individuelle Landgänge die Möglichkeit, einen Einblick in die Städte und in das Leben dort zu bekommen. Die meisten Anlegestellen liegen sehr zentral, sodass sich die Gäste meist schon nach wenigen Schritten direkt im Zentrum befinden. Aufgrund der oft nahe gelegenen Abfahrtshäfen innerhalb Europas bieten Flusskreuzfahrten auch eine ideale Voraussetzung für einen Kurzurlaub.

– *Schiffskategorien*

Flusskreuzfahrtschiffe sind ihren Fahrtgebieten zumeist fix zugeordnet. So ist z. B. die Größe der Flussschiffe durch die Brücken, die unterquert werden, die Schleusenkammern oder auch die Breite der Kanäle begrenzt. Die Flusskreuzfahrtschiffe lassen sich in *zwei Größenklassen* einteilen, die von touristischer Bedeutung sind. Dabei orientiert man sich am Bettenangebot. „Großschiffe" verfügen i. d. R. über eine Anzahl von ca. 200 Betten und verkehren besonders auf der Donau, dem Rhein, der Mosel sowie auf den großen russischen und ukrainischen Flüssen. Die kleinere Kategorie verfügt über ca. 100 Betten. Die sog. „Schiffe der dritten Generation" entsprechen den heutigen Anforderungen an Technik und Sicherheit. Ermöglicht wird dies durch geringere Maße, eine versenkbare Brücke und einen (Pumpjet-)Antrieb. So verfügen die Schiffe über einen Doppelboden und drei durchlaufende Decks. Der Schallpegel in den Kabinen und Gesellschaftsräumen beträgt nicht mehr als 55 Dezibel.

– *Ausstattung*

Die Ausstattung der Schiffe reicht von einfach bis luxuriös. Je nach Kategorie beträgt das Verhältnis von Mitarbeitern zu Passagieren (PCR) ca. 1 : 4 bis 1 : 8. Fast alle Schiffe bieten ausschließlich Außenkabinen und z. T. eine eigene Veranda an. Die Kabinengröße variiert zwischen 8 und 25 m². Auf allen Schiffen gibt es ein Restaurant, eine Bar, eine Bibliothek, eine Boutique und ein Sonnendeck mit Liegestühlen. Manche Schiffe sind zudem mit Swimmingpool und Fitnessraum ausgestattet. Die Küchen bereiten ein vielfältiges Speisenangebot. Auch Sonderwünsche der Gäste wie Schon- oder Diätkost werden dabei berücksichtigt. Die Ansprüche der Gäste sind in den letzten Jahren stark gestiegen, sie möchten sich immer öfter „etwas gönnen". Auf dem Markt werden daher *fast nur noch Vier-Sterne-Schiffe* nachgefragt.

Fahrtgebiete

Das Angebot an Flusskreuzfahrtrouten in Europa ist sehr vielfältig (Abb. 4.28). Insgesamt sind über 15.000 km in Europa auf dem Wasser befahrbar. Außerhalb Europas hat der Nil die größte Bedeutung. Seit Öffnung des Ostblocks werden auch Flusskreuzfahrten auf der Wolga angeboten. In Südamerika hat der Amazonas die größte touristische Anziehungskraft. Die beste Reisezeit ist in den Monaten von April bis Oktober.

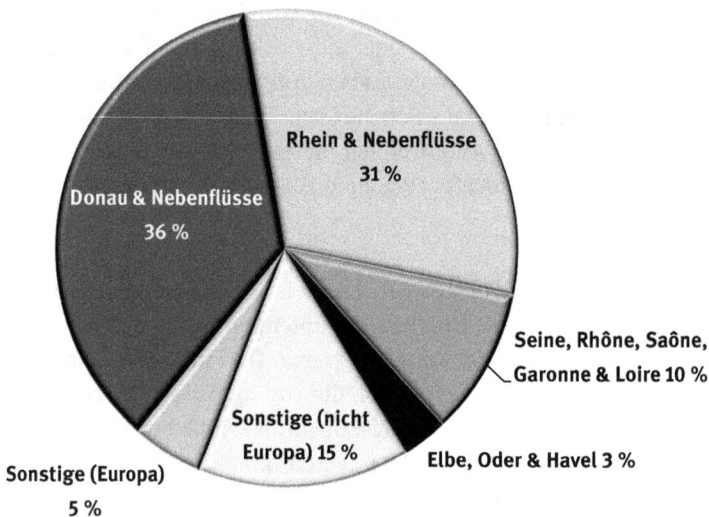

Abb. 4.28: Fahrtgebiete deutscher Flusskreuzfahrtpassagiere (Quelle: IG RiverCruise 2018)

- *Donau*

  Auf einer Länge von 2.888 km, von denen 2.510 km schiffbar sind, erstreckt sich die Donau über zehn europäische Länder und stellt ein optimales Fahrtgebiet für Flusskreuzfahrten dar. Für die meisten Fahrten ist Passau der Ausgangsort. Jedes Jahr legen in Passau ca. 1.500 Kreuzfahrtschiffe an und transportieren dabei ca. 213.000 Passagiere. Viele angebotene Reisen führen nach Wien und weiter nach Budapest, einige auch bis zum Donaudelta.

– *Rhein*

Der Rhein gehört zu den traditionsreichsten Flusskreuzfahrtgebieten in Europa. Mit einer Länge von 1.320 km ist er Deutschlands längster Fluss. Ursprünglich wurde der Fluss nur mit Tagesschiffen zwischen den Städten Köln, Koblenz und Mainz befahren. Heute fahren über 30 Flusskreuzfahrtschiffe auf dem Rhein. Eine Reise von Basel nach Amsterdam dauert im Schnitt sieben Tage. Bei den Fahrtrouten gibt es jedoch eine Vielzahl an Möglichkeiten für Kombinationen mit den Nebenflüssen des Rheins.

– *Wolga*

Die Wolga ist der längste und wasserreichste Strom Europas. Sie entspringt nordwestlich von Moskau und mündet nach 3.530 km unterhalb von Astrachan ins Kaspische Meer. Die Reisen auf der Wolga werden meist in Verbindung mit den Nebenflüssen Newa, Swir, Moskwa und Don angeboten. Durch die Breite des Stroms können hier die größten Passagierschiffe Europas mit einer Kapazität von bis zu 300 Personen eingesetzt werden. Zu den populärsten Strecken gehört eine Fahrt von Moskau nach St. Petersburg. Diese Fahrt dauert im Schnitt zwischen acht und 13 Tagen.

– *Nil*

Auf einer Länge von 6.671 km reihen sich neun Länder des afrikanischen Kontinents entlang des Nils, bis dieser in das Mittelmeer mündet. Der Tourismus in Ägypten hat mit schwankenden Tourismuszahlen aufgrund von Kriegen und Anschlägen im Land zu kämpfen. Internationale Reiseveranstalter bieten Kreuzfahrten auf dem Nil größtenteils in Kombination mit Landaufenthalten im Rahmen von Studien- bzw. Rundreisen in Ägypten an. Zwischen 60 und 85 % aller Ägyptenurlauber buchen eine Kreuzfahrt auf dem Nil.

– *Weitere Routen*

In Deutschland bieten neben den bekannten Rhein- und Donaurouten die Nebenflüsse Mosel, Saar, Main und Neckar viele Kombinationsmöglichkeiten mit Rheinreisen an. Jeder dieser Flüsse hat seinen eigenen Charakter und durchfließt unterschiedliche Landschaften. In den Niederlanden und im nördlichen Teil von Belgien bieten Rhein, Ijsselmeer, Schelde und Maas vielfältige Routenkombinationen. Die Reisen auf den französischen Flüssen Saône und Rhône sind in den letzten Jahren immer populärer geworden. In Italien ist der Po mit 600 km der längste Fluss. Eine Reise auf dem Po beginnt oder endet in Cremona bzw. in Venedig und führt durch die Poebene in Oberitalien. Weitere genutzte Strecken für Flusskreuzfahrten sind: Douro (Spanien/Portugal), Djnepr (Ukraine), Havel, Oder, Elbe und Moldau.

Marktüberblick

Flusskreuzfahrten gehören zu den *am stärksten wachsenden Marktsegmenten* in der Touristik (Abb. 4.29). Die führenden Anbieter auf dem Flusskreuzfahrtenmarkt sind überwiegend See- und Flussreisespezialisten. Der Markt ist sehr zersplittert und es gibt eine Vielzahl von nationalen Anbietern. Ein großer Teil des nationalen Angebots wird allerdings von internationalen Reedereien mit gecharterten Schiffen abgewickelt.

	Trend	2013	2014	2015	2016	2017
Passagiere	↗	407.000	415.900	423.600	435.600	470.400
Umsatz in Mio. €	↗	417	396	435	449	501
Ø Reisepreis in €	→	1.025	952	1.027	1.030	1.065
Ø Reisedauer	→	7,2	7	7,2	6,9	6,8

Abb. 4.29: Marktüberblick Flusskreuzfahrten (Quelle: DRV 2018)

– Viking River Cruises ist ein weltweit tätiger Konzern mit Hauptsitz in Basel (Schweiz), wobei mittlerweile ca. 70 % der Gäste aus Nordamerika kommen. Viking River Cruises ist Marktführer mit ca. 60 Flusskreuzfahrtschiffen und neuerdings auch sechs Hochseeschiffen. Mit modernen Flusskreuzfahrtschiffen ist Viking auf vielen Flüssen in Europa und der ganzen Welt unterwegs.
– Phoenix Flussreisen ist in Deutschland der größte Veranstalter von Flussreisen. Etwa 30 Flussschiffe fahren exklusiv unter Phoenix-Flussreisen-Flagge, denn Phoenix chartert die Flusskreuzfahrtschiffe komplett und hat somit maßgeblichen Einfluss auf Reiseroute und Bordprogramm. Vom einfacheren Drei-Sterne-Schiff mit Betreuung durch den Kapitän bis hin zum luxuriösen Fünf-Sterne-Schiff werden Reisen für jeden Geschmack angeboten.
– Nicko tours veranstaltet Flussreisen auf eigens dafür gecharterten Schiffen auf den Flüssen Wolga, Dnjepr, Donau, Oder, Rhein und Mosel sowie Nil und Jangtse. Insgesamt fahren 30 Schiffe unter Nicko-tours-Flagge mit einer Gesamtkapazität von ca. 5.000 Passagierbetten. Der Schwerpunkt liegt im Drei- und Vier-Sterne-Segment.
– Die A-ROSA Flussschiff GmbH ist einer der führenden Spezialisten für hochwertige Kreuzfahrten auf Flüssen. Zurzeit fahren für A-ROSA zwölf Schiffe, sechs davon auf der Donau, vier auf dem Rhein und zwei Schiffe auf der Rhône.

Nachfragegruppen

Der Wachstumstrend der Flusskreuzfahrten in den letzten Jahren ist ungebrochen. Die Zahl der Neukunden nimmt ständig zu und auch für die kommenden Jahre rechnen die führenden Anbieter mit einem Nachfrageanstieg. Die Hauptzielgruppe der Flusskreuzfahrtkunden liegt in der *50plus-Generation* (Abb. 4.30). Damit sind die Teilnehmer der Flusskreuzfahrten im Schnitt um bis zu zehn Jahre älter als diejenigen der Hochseekreuzfahrten. Im Hinblick auf die demografische Entwicklung in Deutsch-

39,3 %

25,6 %

20,0 %

11,8 %

0,6 %   0,7 %   2,0 %

| 1 –14 Jahre | 15 –25 Jahre | 26–40 Jahre | 41–55 Jahre | 56–65 Jahre | 66–75 Jahre | ab 76 Jahre |

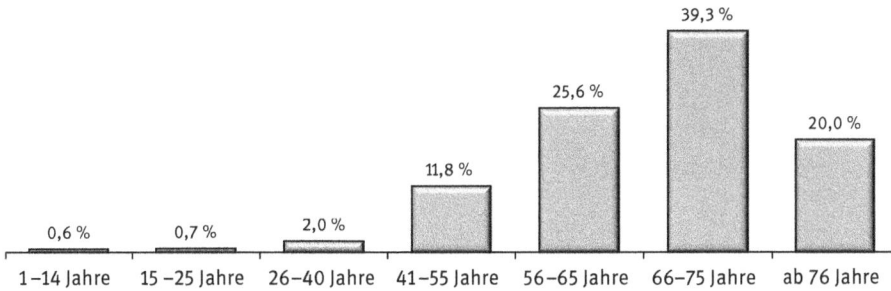

Abb. 4.30: Altersstruktur der deutschen Flusskreuzfahrtpassagiere (Quelle: IG RiverCruise 2017)

land und Gesamteuropa mit einem ständig wachsenden Anteil von Personen über 50 Jahren ist mit einem starken Wachstum der Hauptzielgruppe zu rechnen.

Senioren gehören zudem zu den lukrativsten Zielgruppen des Tourismus. Es wird demnach ein stetig wachsendes Marktpotenzial für Flusskreuzfahrten geben. Reiseveranstalterstudien zufolge haben viele Flusskreuzfahrtkunden das Erwerbsleben bereits hinter sich gelassen, verfügen über eine hohe Kaufkraft und sind weniger anfällig für konjunkturelle Schwankungen. Zudem zeigen sie ein überproportional starkes kulturelles Interesse. Ein weiterer Punkt für die starke Ausrichtung auf die Zielgruppe ist auch die bequeme und sichere Form des Reisens. Der Komfort, das mitreisende Hotel, kulinarische Genüsse und eine Betreuung durch kompetente Reiseleitungen sind die maßgeblichen Entscheidungskriterien dieser Zielgruppe für eine Flusskreuzfahrt.

Betrachtet man die länderspezifische Nachfrage, so ist *Deutschland* das europäische Land mit dem größten Passagieraufkommen. Neben den deutschen Touristen sind in Europa noch der englische, schweizerische, französische und italienische Markt von großer Bedeutung. Ebenfalls sehr bedeutend ist das Passagieraufkommen von US-Amerikanern auf den europäischen Flüssen.

4.3 Bahnen

Eisenbahnen sind schienengebundene Verkehrsmittel zum Transport von Gütern und Personen. Die Fahrzeuge werden an mechanischen oder magnetischen Schienen geführt. Zu den mechanisch geführten Systemen gehören v. a. die Schienenbahnen, die das Rad-Schiene-System nutzen. Nach demselben technischen Prinzip funktionieren auch andere Bahnen, bspw. Straßenbahnen, Stadtbahnen, U-Bahnen, Hochbahnen und Bergbahnen (Abb. 4.31). Ein großer Vorteil des Bahnverkehrs ist der niedrige Energieverbrauch infolge der geringen Rollreibung zwischen Rad und Schiene. Aufgrund der notwendigen spezifischen Infrastruktur (Gleise, Bahnhöfe, Signalanlagen) sind jedoch hohe Investitionen erforderlich.

```
                    ┌─────────────────────────┐
                    │      Bahnverkehr        │
                    └─────────────────────────┘
              ┌────────────────────┴────────────────────┐
    ┌──────────────────────┐              ┌──────────────────────┐
    │   Schienenverkehr    │              │    Weitere Bahnen    │
    └──────────────────────┘              └──────────────────────┘
       ┌────────┴────────┐                   ┌────────┴────────┐
```

Schienennah-verkehr	Schienenfern-verkehr	Berg-bahnen	Bahnen im Freizeitbereich

- U-Bahnen
- Stadtbahnen
- Schnellbahnen
  (S-Bahn)
- Straßenbahnen
- Kabelbahnen
- Hochbahnen
- Hängebahnen
	- Linienverkehr
	- Charterverkehr
	- Hochgeschwindigkeits-
	  züge
	- Luxuszüge
	- Nachtzüge
	- Magnetschwebebahn
	- Güterverkehr
		- Zahnradbahnen
		- Seilbahnen
		- Reibradbahnen
		- Sessel-
		  & Schlepplifte
			- historische Züge/
			  Museumsbahnen
			- Achterbahnen
			- Geisterbahnen

Abb. 4.31: Überblick Bahnverkehr

Eine weitergehende Unterscheidung der Verkehrsformen in *Schienenpersonenfernverkehr* und *öffentlichen Personennahverkehr (ÖPNV)* ist in Deutschland üblich. Zum ÖPNV gehört neben dem Schienennahverkehr auch der öffentliche Busnahverkehr. Beide Nahverkehrsarten werden im Weiteren nicht näher betrachtet, da sie für den Tourismus nur eine untergeordnete Rolle spielen. Für die Tourismusindustrie ist die Unterscheidung zwischen Linien- und Charterverkehr üblich. Große Teile des touristischen Bahnverkehrs werden allerdings im Rahmen des normalen Linienverkehrs abgewickelt.

4.3.1 Markt & Strategie Bahn

Die Schiene zeichnet sich gegenüber anderen Verkehrsträgern durch eine Reihe von Marktbesonderheiten aus, die mitunter erheblichen Einfluss auf den Betrieb und die Erfolgsaussichten des Schienenverkehrs nehmen:
- Der Verkehrsweg Schiene stellt besondere Anforderungen an das System Eisenbahn. So muss ein Eisenbahnunternehmen die *hohen Kosten für die Infrastruktur* durch eine intensive Nutzung der Gleisanlagen sicherstellen. Schlüsselfaktoren zur bestmöglichen Auslastung von Strecken sind die zu Verfügung stehende Streckenkapazität bzw. -leistungsfähigkeit.
- Eine weitere Besonderheit des Schienenverkehrs betrifft die *Besitzverhältnisse*, da andere Verkehrsträger durch eine Trennung der Eigentumsverhältnisse des Verkehrsträgersystems gekennzeichnet sind. Das Eigentum bzw. die Kontrolle für Verkehrswege liegt meist beim Staat, während die Bereitstellung der Verkehrs-

mittel (Flugzeuge, Busse) sowie die Bereitstellung von Stationen (z. B. Flughäfen, Schiffshäfen) jeweils durch private Unternehmen erbracht werden. Dies ist beim System Schiene anders, da bei den staatlichen Bahnen Schienenfahrzeuge, Gleise und Bahnhöfe im Besitz einer Gesellschaft sind.

– Zudem ist die Bahn aufgrund der staatlichen Besitzverhältnisse von der *Verkehrspolitik* und wechselnden Regierungen abhängig. Schließlich war die Bahn bis 1994 als Behörde organisiert und damit an staatliche Weisungen direkt gebunden. Betriebswirtschaftlich sinnvolle Entscheidungen und marktorientierte Entwicklungen standen deshalb nicht im Fokus. Die Bahn wurde – neben der Landwirtschaft und dem Kohlebergbau – zu einem der größten Empfänger staatlicher Subventionen. Die Verschuldung belief sich Anfang der 1990er-Jahre auf fast 35 Mrd. €. Allerdings sind nach der Entschuldung 1994 in den Jahren der privatwirtschaftlichen Führung erneut über 25 Mrd. € Schulden aufgelaufen.

Zahlen & Fakten Deutsche Bahn

Als *Aktiengesellschaft* unterliegt das Unternehmen der Deutschen Bahn den Bilanzierungsvorschriften des HGB und veröffentlicht seine Konzernabschlüsse jährlich. Wichtige wirtschaftliche Kennzahlen sind bspw. Umsatz, Anlagevermögen, Eigenkapital, Cashflow vor Steuern und Investitionen.

Maßgeblich für die Umsatzentwicklung der DB AG sind außerdem *Leistungskennzahlen*, zu denen im Personenverkehr die Anzahl der Reisenden, die Reisendenkilometer sowie die Betriebsleistung und im Schienengüterverkehr die Anzahl der beförderten Güter, die Transportleistung, die Transportweite, die Anzahl der Bahnhöfe sowie die Betriebsleistung gehören. Die wesentlichen Zahlen sind in Abb. 4.32 zusammengefasst.

Das wesentliche touristische Aufgabengebiet umfasst den *Fernverkehr* der Deutschen Bahn, wobei der Schwerpunkt auf mittleren Entfernungsbereichen (100 bis 450 km) zwischen Ballungsgebieten im In- und Ausland liegt. Der Fernverkehr findet

	2015	2016	2017	2018
Konzernumsatz (in Mio. €)	40.468	40.576	42.704	44.024
Betriebsergebnis (in Mio. €)	–1.311	716	968	1.172
Mitarbeiter/-innen	297.202	306.368	310.935	318.528
Betriebsstellen (Bahnhöfe etc.)	5.681	5.662	5.660	5.663
Schienennetz (km)	33.332	33.380	33.488	33.488
Reisende (Mrd.)	4,336	4,417	4,652	4,669
Personenkilometer (Mrd.)	88,636	91,651	95,854	97,707
Trassen-Km DB-Züge (Mio.)	1.054	1.068	1.073	1.086
Trassen-Km externe Unternehmen (Mio.)	322	290	331	349

Abb. 4.32: Unternehmenszahlen der Deutschen Bahn (Quelle: DB-Geschäftsberichte)

sowohl im Linien- als auch im Charterverkehr statt. Im touristischen Bereich hat sich die Deutsche Bahn AG von maßgeblichen Beteiligungen getrennt, um sich verstärkt auf ihr Kerngeschäft konzentrieren zu können.

Der *Nah- und Regionalverkehr* ist für die kurzen Distanzen bis ca. 100 Kilometer zuständig und bietet ein weit verzweigtes Regionalverkehrsnetz. Ziel ist das Angebot eines integrierten Angebots von Schiene und Bus. Dieses Geschäftsfeld heißt heute „DB Bahn Regio".

Der Personenverkehr befindet sich heute auf dem Weg zum *ganzheitlichen Mobilitätsdienstleister*. Schon jetzt umfasst die Bahn nicht nur die Eisenbahn, sondern auch ergänzende Dienstleistungen, wie das stunden- oder tageweise Mieten von Autos (DB Carsharing) oder Fahrrädern (Call a bike) und die feste Vernetzung mit dem öffentlichen Personennahverkehr. In Zukunft ist eine weitere Verflechtung zwischen allen Verkehrsträgern zu geschlossenen Mobilitätsketten geplant.

4.3.2 Produktionsfaktoren Bahn

Das Transportmittel Eisenbahn ist zusammengesetzt aus Lokomotiven und Wagen. Lokomotiven unterscheiden sich nach der primären *Antriebsenergie* in Dampf-, Diesel- und Elektrolokomotiven. Der Wagenpark differenziert sich nach der Funktion in Personen- und Güterwagen. Im Bereich des Personenverkehrs gibt es besondere Wagenformen, wie z. B. Doppel-, Schlaf-, Salon- und Speisewagen. Der Unternehmensbereich DB Fuhrpark stellt die Fahrzeuge in Zusammenarbeit mit anderen Unternehmen bereit. Der *ICE 1* z. B. entstand gemeinsam mit den Unternehmen ABB, AEG, Siemens, Thyssen-Henschel, Krupp und Krauss-Maffei. Die Lokomotiven und Triebwagen sind mit Baureihennummern gekennzeichnet, die den Typ des Transportmittels erkennbar machen. So entspricht die Baureihe 401 z. B. dem ICE 1. Hinsichtlich der Produktqualität differenziert sich das Leistungsangebot der Bahn in zwei Klassen. Die Bahn gilt allgemein als ein sicheres Verkehrsmittel. Ausgereifte Sicherheitseinrichtungen gibt es sowohl in den Triebfahrzeugen als auch für die Bahnanlagen. Auf den Schienen fahren unterschiedliche Zugtypen. Diese sind nach Funktionszweck, Schnelligkeit und Komfort zu unterscheiden:

Intercity-Express (ICE)

Der Intercity-Express (ICE) ist das Flaggschiff der Deutschen Bahn. Die Züge erreichen im Fahrgastbetrieb Höchstgeschwindigkeiten zwischen 200 und 330 km/h und befördern über die Hälfte der Reisenden im deutschen Eisenbahnfernverkehr.

Der *ICE 3* wurde von der Deutschen Bahn AG erstmals im Sommer 2000 als Zubringer für die Weltausstellung (Expo) in Deutschland eingesetzt. Er kann auch international eingesetzt werden, da er für die verschiedenen Stromsysteme der Niederlande,

Belgiens und Frankreichs ausgelegt ist. Die Antriebsmotoren befinden sich beim ICE 3 nicht mehr in den Triebköpfen an den Enden des Zuges, sondern sind unter den Fahrgasträumen verborgen und auf mehrere Wagen verteilt. Während beim ICE 1 nur acht Achsen von bis zu 64 Achsen angetrieben werden, sind es beim ICE 3 16 von 32 Achsen. Dadurch verbessert sich die Beschleunigung erheblich: Um eine Geschwindigkeit von 100 km/h zu erreichen, benötigt der ICE 3 49 Sekunden gegenüber 80 Sekunden beim ICE 1. Ein großer Vorteil ist daher der beträchtliche Fahrzeitgewinn auf Strecken mit vielen Geschwindigkeitswechseln. Insgesamt beschleunigen 8.000 kW die acht Wagen des ICE 3 auf seine Reisegeschwindigkeit von 300 km/h (Höchstgeschwindigkeit: 330 km/h). Eingesetzt wird der ICE 3 auch unter den Marketing-Namen ICE Sprinter. Diese Zuggattung pendelt früh morgens und spät abends zwischen Deutschlands Metropolen und ist besonders für Geschäftsleute interessant. In jüngster Zeit wird verstärkt die Weiterentwicklung, der ICE 4, eingeführt, von dem bis 2023 mehr als 100 auf der Schiene sein werden.

Intercity (IC)

IC-Züge sind die Vorgänger des ICE. Damit haben sie grundsätzlich eine ältere Ausstattung. Der IC verbindet im Ein- oder Zwei-Stunden-Takt größere Städte und erreicht eine Höchstgeschwindigkeit von 200 km/h. Als Ergänzung bedient der IC auch kleinere Städte und Regionen. Züge gleicher Qualität, die die Metropolen der Nachbarländer mit Deutschland verbinden, fahren unter dem Namen *EuroCity*. Die meisten ICs und ECs verfügen über ein Bordrestaurant oder ein Bordbistro. Für die Fahrt muss ein Aufpreis gezahlt werden, der jedoch geringer ist als beim ICE. Die Intercity-Züge der Deutschen Bahn wurden inzwischen modernisiert. Unter anderem finden die Kunden Notebook-Steckdosen in den Abteilen der 1. Klasse und an den Tischplätzen im Großraum beider Wagenklassen.

4.3.3 Marketing & Vertrieb Bahn

Nachfrage

Vielen Bahnkunden ist ein *hohes Maß an Flexibilität* wichtig. Sie wollen sich spontan für einen Zug entscheiden. Diese Zielgruppe will sich nicht im Vorfeld auf einen Zug festlegen, deshalb sind die Frühbucherangebote der Bahn für sie nicht interessant. Da ältere Menschen häufig nicht mehr in der Lage sind, über längere Strecken mit dem Auto zu fahren, und ihren Urlaub oft im Inland verbringen, nutzen sie gerne die Bahn als Verkehrsmittel. Fast jeder fünfte Rentner fährt mit der Bahn in den Urlaub. Die Bahn bietet spezielle Angebote für Geschäftsreisende an. Geschäftskunden haben den Anspruch, zeitsparend, komfortabel, ruhig und vermehrt auch kostengünstig zu reisen.

Tarifsystem

Die Preispolitik der Bahn ist durch das Tarifsystem vorgegeben. Es erfolgt eine *Mischkalkulation*. Sondertarife gibt es z. B. für Reiseveranstalter oder Jugendreisen. Von Reisezeit, Klasse, Zugart und Strecke, Anzahl der reisenden Personen und Zeitkarten abhängig ist die Differenzierung der Preise. Zudem wird zwischen Fern- und Nahverkehr unterschieden. Die Bahn vertreibt seit 2008 außerdem kurzzeitig Tickets zu Sonderkonditionen in Supermarktketten und bei Ebay. Yield-Management spielt bei der Bahn eine zunehmende Rolle, da der Fahrscheinkauf meist im Zusammenhang mit der Festlegung auf einen bestimmten Zug steht. Zudem versucht die Deutsche Bahn ihre Auslastung zu steuern, indem Kunden für frühzeitige Buchungen besondere Rabatte erhalten.

Das umfangreiche Angebot hinsichtlich unterschiedlicher Regionen und verschiedener Zugtypen hat zu einer *heterogenen Preislandschaft* der Deutschen Bahn geführt. Grundsätzlich ist jedoch zwischen „Normalpreisen" und „Sonderpreisen" zu unterscheiden. Normalpreise sind die Kilometerpreise, die Relationspreise und die Pauschalen. Sondertarife gibt es z. B. für Reiseveranstalter oder Jugendreisen.

Distribution

Die Distribution erfolgt im Direktvertrieb durch die DB AG und im Fremdvertrieb. Insgesamt werden ca. 90 % der Zugtickets direkt von der Deutschen Bahn vertrieben. Bahneigene Vertriebskanäle sind v. a. die DB-Reisezentren. Des Weiteren werden Fahrscheine im Zug, an Automaten, über das Internet sowie in Callcentern vertrieben.

4.3.4 Weitere Bahnen

Die *Deutsche Bahn AG* ist nach beförderten Passagieren die größte Bahngesellschaft in Europa. Auf den Plätzen zwei und drei folgen die englische Bahngesellschaft ATOC und die französische SNCF. Weltweit die meisten Passagiere hat die japanische Bahngesellschaft JR, die mehr Passagiere als alle europäischen Bahngesellschaften zusammen transportiert. In Europa ist in den letzten Jahren ein leichter Anstieg im Bahnverkehr zu verzeichnen. Doch weltweit fährt niemand so häufig Bahn wie die Japaner. Pro Person werden in folgenden Ländern weite Strecken zurückgelegt: Japan (3.400 km), Schweiz (2.499 km), Frankreich (1.588 km) und Deutschland (1.156 km).

4.3.5 Hochgeschwindigkeitszüge

Ein Hochgeschwindigkeitszug ist ein Zug, der mit hoher Geschwindigkeit (200 bis 500 km/h) verkehrt. Um diese hohen Geschwindigkeiten zu erreichen, wird eine große elektrische Antriebsleistung montiert und der Zug gleichzeitig so leicht wie möglich gebaut. Hierzu werden Materialien, Bauweisen und Verfahren aus der Luft-

und Raumfahrtindustrie übernommen. Aufgrund der starken Motorisierung sind die Hochgeschwindigkeitszüge in der Lage, wesentlich größere Steigungen zu überwinden als herkömmliche Züge. Die speziellen Schnellfahrstrecken können so freier trassiert werden und Baukosten für Neubaustrecken werden gesenkt. In Zukunft sollen die Hochgeschwindigkeitszüge durch den Neubau von europaweiten Trassen zu einer ernsthaften Konkurrenz der Linien- und Billigfluggesellschaften ausgebaut werden. Bei Strecken von bis zu drei Stunden Fahrzeit können diese Züge den Geschwindigkeitsvorteil der Düsenflugzeuge egalisieren, da die Bahnhöfe zumeist im Stadtzentrum sind und ein umständlicher Check-in entfällt. Unter diesem Zeitlimit ist die Bahn schneller, günstiger und direkter. Zurzeit entsteht ein europäisches *Hochgeschwindigkeitsnetz*, das bis 2030 in ganz Europa ausgebaut werden soll (Abb. 4.33).

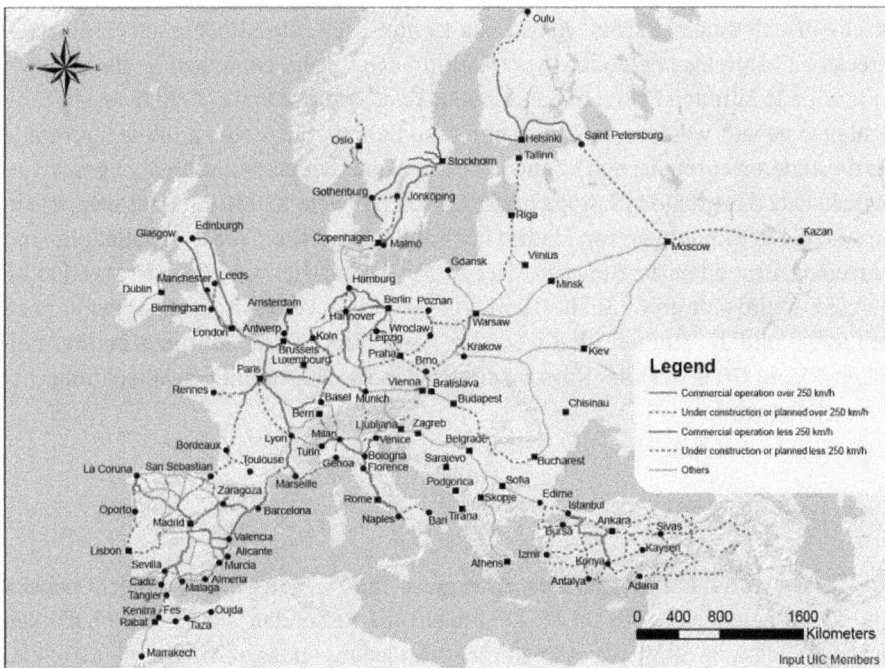

Abb. 4.33: Hochgeschwindigkeitsnetz in Europa (Quelle: UIC)

Frankreich

Bereits seit 1981 fahren die ersten *TGV-Züge* (Train à Grande Vitesse = Hochgeschwindigkeitszug) auf der Neubaustrecke von Paris nach Lyon. Die Fahrzeit zwischen Paris und Lyon wurde von vier auf zwei Stunden verkürzt. Mit 20 Mio. Reisenden jährlich und einem Marktanteil von 57 % war die Neubaustrecke sofort ein großer Erfolg. Zwischen den angebundenen Städten haben die Reisen per TGV aufgrund der Zeitersparnis die Flugreisen verdrängt und den Markteintritt von Billigfluggesellschaften bis heute weitgehend verhindert.

Von Paris aus geht es auf 1.540 km eigenem TGV-Netz in alle Richtungen: in den Südosten bis zum Mittelmeer, in den Südwesten nach Bordeaux, in den Westen nach Rennes und mit Geschwisterzügen nach London, Brüssel und Köln. Der im Juni 2001 in Betrieb genommene TGV Méditerranée braucht für die 750 km zwischen Paris und Marseille nur noch drei Stunden. Des Weiteren gibt es zwei neue Strecken, die München und Frankfurt/Main mit Paris verbinden.

Spanien

Im Jahr 1992 fand in Sevilla die Weltausstellung EXPO statt. Die Eisenbahn benötigte davor für die 574 km lange Strecke zwischen Madrid und Sevilla fast sechs Stunden. Nach einer Planungs- und Bauzeit von lediglich viereinhalb Jahren weihte die spanische Eisenbahngesellschaft *RENFE* am 19. April 1992 eine Hochgeschwindigkeitsstrecke ein. Durchgehende Züge von Madrid nach Sevilla benötigen heute lediglich 2 Stunden 15 Minuten Fahrzeit. Für den *Alta Velocidad Española (AVE)* mussten neue Schienen gebaut werden, denn die spanische Bahn benutzt eine größere Spurbreite als die anderen europäischen Bahnen. Bereits heute ist das spanische Hochgeschwindigkeitsnetz das größte in Europa und 2020 soll das Netz 10.000 km umfassen. Wichtig sind die Verbindungen von Madrid nach Malaga, Sevilla, Cordoba, Valladolid und Barcelona. Besonders der Strecke zwischen den beiden wichtigen Zentren Madrid und Barcelona wird eine große Zukunft vorhergesagt. Diese Verbindung benötigt nur noch 2 Stunden und 37 Minuten für die 600 km lange Strecke. Der Fahrpreis beträgt zwischen 40 und 170 €, der allerdings bei einer mehr als sechsminütigen Verspätung wieder erstattet wird.

4.3.6 Luxuszüge

Am Anfang waren Bahnreisen sehr unbequem. Die Waggons waren schlecht beheizt und kaum beleuchtet. Die Gleise schüttelten die Reisenden auf ihren Holzbänken durch. Gepolsterte Sitze gab es noch nicht. An jeder Landesgrenze mussten die Reisenden aussteigen und in einen Zug des anderen Fürstentums oder Staates umsteigen. So dauerten längere Strecken eine Ewigkeit und waren mit vielen Reisestrapazen verbunden.

Nach einem Besuch in den USA im Jahr 1872 und inspiriert durch die dortigen Erfolge der Gebrüder Pullman entschloss sich der 27-jährige Belgier Georges Lambert Nagelmackers, die „Compagnie Internationale des Wagons-Lits" (CIWL) zu gründen. Er wollte den Pullman-Brüdern auf dem noch nicht erschlossenen europäischen Schnellzugreisemarkt zuvorkommen. Seine Vision: Seine Züge sollten nicht nur die komfortabelsten und luxuriösesten sein, sie sollten auch quer über die innereuropäischen Landesgrenzen hinweg durch ganz Europa fahren können. Seine Idee war es, den Reisenden auf langen Strecken eine Art Hotel auf Rädern zu bieten. Sämtliche Luxuszüge auf dem europäischen Kontinent wurden bis zum Ersten Weltkrieg ausschließlich von Wagon Lits betrieben. Die ersten Luxuszüge verbanden die europäischen Hauptstädte Berlin, London, Paris, Rom, St. Petersburg und Wien. Später richtete die CIWL saisonale Luxuszüge zu den bekannten Kurorten Cannes, Karlsbad und Marienbad ein.

Orient-Express

Anfang Juni 1883 fand die Jungfernfahrt des Orient-Express statt. Dieser erste Luxuszug bestand aus zwei Schlafwagen, einem Speisewagen, einem Wagen, der den Smoking Room mit angeschlossener Bibliothek für die Herren und ein Boudoir für die Damen enthielt, einem Wagen für die Angestellten mit Büro und Küche und einem Gepäckwagen. Die Reisezeit von Paris nach Istanbul betrug ca. 70 Stunden und der Zug legte eine Strecke von 3.186 km zurück. In den durchfahrenen Ländern gab es jeweils lokale Speisen und Folkloredarbietungen. Bekannt wurde der Orient-Express nicht nur durch seinen Luxus und sein Publikum, sondern auch durch spektakuläre Vorfälle wie ein Überfall oder das fünftägige Feststecken in einem Schneesturm.

In der heutigen Zeit verwenden mehrere Reiseveranstalter den Namen Orient-Express, um *luxuriöse Schienenkreuzfahrten* durchzuführen. Ein englischer Unternehmer schickt seit Mai 1982 einen detailgetreu renovierten Luxuszug mit der technischen Ausstattung des 20. Jahrhunderts auf die Fahrt: den Venice-Simplon-Orient-Express. Da der Orient-Express noch mit Originalwaggons fährt, ist der Komfortstandard nicht so hoch wie bei anderen Luxuszügen. In den Abteilen gibt es z. B. nur eine Waschnische mit Waschbecken und warmem Wasser. Dusche und Toilette sind an den Enden der Waggons eingebaut. Außerdem müssen die Stockbetten tagsüber heruntergeklappt werden, um Sitzmöglichkeiten im Abteil zu bieten, da ein Doppelabteil nur 2,8 m^2 groß ist und somit nur sehr wenig Raum bietet.

Doch auch dieser „Luxus" hat seinen Preis: Die einfache Strecke von Paris nach Istanbul kostet ca. 6.500 € pro Person. Die Fahrt dauert sechs Tage, wobei die Gäste lediglich drei Nächte im Zug übernachten. Das Unternehmen betreibt noch weitere Luxuszüge, u. a. seit 1993 den „Eastern & Oriental Express". Die Stammstrecke dieses Zuges ist die Verbindung von Singapur nach Bangkok über Kuala Lumpur. Die Reise dauert drei Tage. Beide Nächte werden im Zug verbracht.

Pride of Africa

Einer der bekanntesten Züge im *südlichen Afrika* trägt den Namen „Pride of Africa" (Stolz von Afrika). Er wird von dem Unternehmen Rovos Rail (gegründet 1989 und benannt nach dem Eigentümer Rohan Vos) betrieben, das seinen Sitz in Pretoria hat. *Rovos Rail* ist mit drei Zügen und einer Höchstgeschwindigkeit von 60 km/h im südlichen Afrika unterwegs. Die landschaftlich schönste Route ist jene von Pretoria nach Kapstadt. Der Pride of Africa bietet die größten aller Kabinen an. Die Deluxe-Suiten messen 11 m², die Royal-Suiten sogar ganze 16 m² und nehmen somit jeweils einen halben Waggon ein. Die Zugreisenden haben ihren eigenen privaten Aufenthaltsraum und im Badezimmer steht zusätzlich zur Dusche eine Badewanne. Die Waggons stammen aus den 1920er- und 1930er-Jahren, sie sind liebevoll restauriert und auf den neuesten technischen Stand gebracht worden. Neben den Kabinenwaggons verfügt jeder Zug über einen Panoramawaggon mit großen Scheiben, einen Bar-, Lounge- und Club-Waggon sowie einen Restaurantwaggon im Stil der Belle Époque. Die Gourmetküche auf dem Niveau eines Fünf-Sterne-Hotels wird hohen Ansprüchen gerecht. Die Dauer und Kosten der Fahrten variieren stark – angefangen von einer Eintagestour entlang der Gartenroute von Kapstadt bis George (760 €) bis hin zu einer 13-tägigen Sonderfahrt über 6.100 km von Kapstadt bis Daressalam für 6.900 €.

Royal Scotsman

In Schottland gibt es seit 1985 den Royal Scotsman,, der durch die schottischen High- und Lowlands fährt. Der Royal Scotsman bietet viele verschiedene, manchmal auch nach Themen klassifizierte *Rundreisen durch Schottland* an. So werden Golftouren, kulinarische Rundreisen oder sog. Shootingtours (Fünf-Tages-Touren mit den Royal Scotsman, bei denen man, von einem Jäger begleitet, von einem Jagdrevier ins andere reist und Wild jagt) angeboten. Das Besondere an diesem Zug sind nicht nur seine perfekt restaurierten historischen Speisewagen, Schlafwagen sowie sein Panorama-wagen, sondern auch, dass sich die Fahrgesellschaft aus maximal 36 Gästen zusammensetzt, die von 16 Zugbegleitern exklusiv betreut werden. Angeboten werden Reisen von ein bis sieben Tagen bzw. Nächten. Eine weitere Eigenheit ist, dass der Zug nachts entweder auf einem Seitengleis oder in einem ruhigen Bahnhof hält und somit seinen Passagieren einen ruhigen Schlaf ohne Erschütterungen und andere Störungen ermöglicht.

Glacier Express

Eine außergewöhnliche Bahnfahrt, jedoch lediglich ein *Tagesausflug*, ist die Fahrt mit dem Glacier Express in der Schweiz. Die Strecke führt von St. Moritz über Davos bis nach Zermatt und ist 291 km lang. Über ebenso viele Brücken und durch 91 Tunnel fährt man knapp acht Stunden mit dem Glacier Express. Der höchste Punkt der Reise wird bei der Überquerung des Oberalppasses mit 2.033 m erreicht. Der Zug verbindet den Kanton Graubünden und die Zentralschweiz mit dem Vierwaldstättersee und dem Kanton Wallis. Der gesamte Zug ist mit Panoramawaggons bestückt, d. h., jeder Waggon hat große Aussichtsfenster an den Seiten und auch noch Fenster im Dach für die Blicke nach oben auf die Berggipfel.

4.4 Straßenverkehr

Das Reisen auf Straßen zählt zu den ältesten Fortbewegungsarten der Menschheit. Im Hinblick auf die Bedeutung im Tourismus wurde diesem Sektor bislang jedoch nur relativ wenig Beachtung geschenkt. Trotz der Entwicklung neuer Transportmittel und der Verlagerung auf Flugreisen zählt das individuelle Reisen auf der Straße nach wie vor zu den bedeutendsten Sektoren im Tourismus (Abb. 4.34). Neben den bekannten Sparten Busreiseverkehr und Autovermietung spielt besonders der *Individualverkehr* mit dem eigenen Personenkraftwagen, Motorrad oder Caravan eine bedeutende Rolle.

Bus- verkehr	Auto- vermietungen	Individual- verkehr

• Linienverkehr
• Gelegenheits-
  verkehr
	• Firmengeschäft
	• Ferienauto-
	  vermietung
	• Unfallersatzwagen
	• Leasing
		• Personenkraft-
		  wagen
		• Motorradverkehr
		• Caravaning &
		  Reisemobile

Abb. 4.34: Klassifizierung des Straßenverkehrs nach touristischen Gesichtspunkten Busverkehr

4.4.1 Busverkehr

Die Busunternehmen bieten ihre Omnibusse als reines Transportmittel im Linien- oder Gelegenheitsverkehr an (Abb. 4.35). Innerhalb von Deutschland überwiegt der Nahverkehr. Der Überlandverkehr mit dem Omnibus hat die Rolle der Ergänzung des Schienenverkehrs und soll Gebiete ohne Bahnlinien erschließen. Im touristischen Bereich hat der Linienverkehr mit dem Bus keine große Bedeutung. Viele Busunternehmen sind keine rein touristischen Firmen, sondern überwiegend im Linienverkehr des *öffentlichen Personennahverkehrs (ÖPNV)* tätig. Die meisten Busunternehmen führen beide Verkehrsarten mit jeweils unterschiedlichen Schwerpunkten durch. So werden Überlandbusse unter der Woche als Linienbusse eingesetzt und können an den Wochenenden z. B. für Vereinsausflüge genutzt werden.

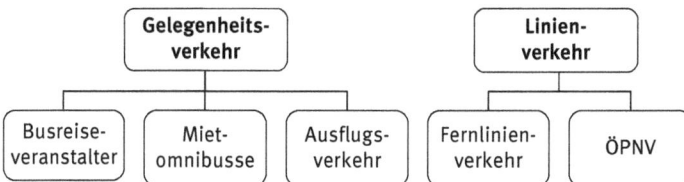

Abb. 4.35: Arten des Busreiseverkehrs

Neben dem öffentlichen Personennahverkehr existiert in vielen Ländern ein ausgeprägter nationaler und internationaler Fernlinienverkehr. In Deutschland haben solche Fernlinien nur eine geringe Bedeutung für die Bustouristik, da die benötigten Linienkonzessionen von den zuständigen Behörden selten vergeben werden.

Beim *Mietomnibusverkehr* wird lediglich die Beförderungsleistung des Busses angeboten. Ziel und Ablauf der Fahrt werden vom Auftraggeber bestimmt. Vereinsausflüge, Klassenfahrten und Betriebsausflüge sind typische Reisen, die unter diese Verkehrsart fallen. Große Busreiseveranstalter wie RUF-Jugendreisen oder Studiosus sehen ihre Kernkompetenz in der Organisation von Busreisen und lassen diese dann von ausgesuchten Busunternehmen durchführen. Der Mietomnibusverkehr nimmt eine wichtige Stellung im Gelegenheitsverkehr ein. Rund 70 % des Gelegenheitsverkehrs wird unter dieser Verkehrsart durchgeführt.

Die spezifischen Vorteile im Vergleich zu anderen Verkehrsträgern spielen eine große Rolle: Mit dem Bus kann nahezu jedes Ziel direkt angefahren werden. Der Bus ist weder zeitlich noch streckenmäßig an einen Fahrplan gebunden, somit können Kundenwünsche bezüglich der Zeiten oder Fahrtrouten berücksichtigt werden. Außerdem wird das Gepäck mitbefördert und dies bis hin zur Eingangstür der Unterkunft. Der Bus ist zudem ein sicheres, umweltverträgliches und sehr günstiges Verkehrsmittel.

Marktüberblick Bus

Nur ca. 20 % der Busunternehmen treten selbst als Reiseveranstalter auf. Zusätzliche touristische Leistungen wie Unterkunft, Verpflegung und Freizeitprogramm werden zu einem Reisepaket geschnürt und meist über den eigenen Katalog vermarktet. *Merkmale der Bustouristik* sind insbesondere der vom Unternehmer fest aufgestellte Plan, der für alle Teilnehmer gemeinsame Ausflugszweck (bei der Ferienzielreise die Erholung), der allen Fahrgästen vorliegende Fahrausweis (bei Pauschalreisen ersetzt durch die Angabe des Gesamtpreises) und die Rückkehr zum Ausgangsort (die sog. Rundfahrt mit geschlossener Tür). Die Ferienzielreise ist außerdem durch das einheitliche Reiseziel sowie die Mindestleistungen Beförderung und Unterkunft gekennzeichnet. Schließlich werden Busse vor allen in Zielgebieten bei Transfers, Rundfahrten und Ausflügen eingesetzt.

– *Geschäftsmodelle*

Der Vorteil der zumeist kleinen Unternehmen liegt darin, sich individuell auf die Kunden einzustellen zu können und die Reiseangebote dementsprechend anzupassen. Dennoch ist es für Busreiseveranstalter schwer, sich in bestimmten Segmenten zu differenzieren, da sich Angebote wie bspw. Drei- bis Fünf-Tage-Städtereisen kaum voneinander unterscheiden. Die meisten Busreiseveranstalter verfolgen lediglich die *Marktdurchdringungsstrategie*, um ihren Marktanteil durch gezielte Zielgruppenansprache zu erhöhen. Allerdings wird es für Busreiseveranstalter immer wichtiger, sich von der Konkurrenz durch die Schaffung von Alleinstellungsmerkmalen zu differenzieren. Gerade die günstigen Angebote der Billigfluggesellschaften, aber auch der Deutschen Bahn stellen für die Busbranche eine erhebliche Gefahr v. a. im Segment Städtereisen dar.

- *Rechtliche Rahmenbedingungen*

Die wichtigsten Rahmenbedingungen regelt das *Personenbeförderungsgesetz (PBefG)*. Jede Art der gewerblichen Personenbeförderung ist in Deutschland genehmigungspflichtig. Für jede Verkehrsart, also Ausflugsfahrten, Mietomnibusverkehr, Ferienzielreise sowie für den Linienverkehr gibt es eigene Genehmigungen, die von der zuständigen Genehmigungsbehörde erteilt werden. Nur wenn die Sicherheit und Leistungsfähigkeit des Betriebs gewährleistet ist und die persönliche und fachliche Eignung des Antragstellers nachgewiesen werden kann, wird die entsprechende Genehmigung erteilt. Die Gültigkeit ist im Gelegenheitsverkehr auf maximal vier Jahre, im Linienverkehr auf acht Jahre beschränkt.

Fernlinienbusverkehr

Ende 2012 kam es zu einer Novellierung des Personenbeförderungsgesetzes. Bis dahin waren Fernbuslinien innerhalb Deutschlands noch die Ausnahme. So waren z. B. 2009 gerade einmal 78 Unternehmen im Linienfernverkehr tätig, was nicht einmal einem Prozent aller deutschen Busunternehmen entsprach. Entscheidend verantwortlich dafür ist § 13 des Personenbeförderungsgesetzes, der besagt, dass Verkehre nur dann genehmigungsfähig sind, wenn sie zu keiner Beeinträchtigung des öffentlichen Verkehrsinteresses führen und damit eine „wesentliche Verbesserung der Verkehrsbedienung" verbunden ist. Der Begriff der „wesentlichen Verbesserung" ist in diesem Zusammenhang eine Frage der Auslegung. Ziel dieser bereits seit 1931 bestehenden Regelung war vorrangig die Verhinderung einer Konkurrenzsituation zwischen verschiedenen Unternehmen, d. h. insbesondere mit der Deutschen Bahn. So bestätigte das Bundesverfassungsgericht schon 1960 die Regulierung des Busverkehrs als legitimes Mittel zum Schutz der Bahn vor Konkurrenz. Als Gründe hierfür wurden zum einen die Sicherstellung der Gemeinwohlaufgaben der Bahn wie die Bedienung der Fläche zu einheitlichen Preisen, zum anderen die Auswirkungen auf den Schienenverkehr genannt. Eine Liberalisierung des Busfernverkehrs, so die Befürchtung, hätte Kundenrückgänge im Schienenverkehr auslösen können, die schließlich zur Stilllegung schwach bedienter Strecken hätten führen würden. Jedoch wurde diese Reglementierung vermehrt als Wettbewerbsbehinderung für den Buslinienfernverkehr in Deutschland eingeschätzt und stark kritisiert.

Infolgedessen wurde 2009 im Koalitionsvertrag von CDU, CSU und FDP eine Änderung des Personenbeförderungsgesetzes angekündigt und *Buslinienfernverkehr* zugelassen. Regierung und Opposition einigten sich im September 2012 nach monatelangen Verhandlungen darauf, Fernbuslinien ab 2013 zu erlauben. Die Bundesländer setzten allerdings Einschränkungen durch. So wurden zum Schutz des regionalen Zugverkehrs Fernbusangebote für Fahrtstrecken unter 50 Kilometern Länge und weniger als einer Stunde Fahrtzeit verboten. Zudem wurde entschieden, dass Fahrzeuge auf Fernbuslinien bis 2019 barrierefrei sein mussten.

Transportmittel Bus

Der Funktionsfähigkeit des Personenbusverkehrs liegt der bedarfsgerechte Einsatz der *drei Produktionsfaktoren* Bus, Verkehrswege und Stationen zugrunde. Für den Betrieb eines Busunternehmens und die Leistungserbringung sind der Einsatz von Omnibussen und die Nutzung der Verkehrswege und Stationen die Grundvoraussetzung.

– *Busmodelle*

Hinsichtlich der Größe lassen sich Reisebusse in fünf Kategorien einteilen (Abb. 4.36):

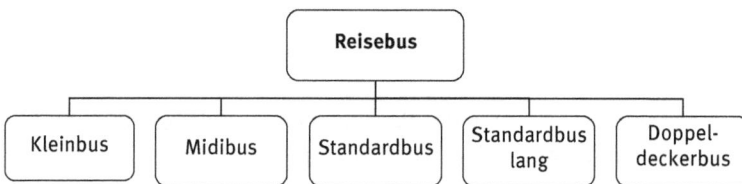

Abb. 4.36: Größenklassen von Reisebussen

– Die kleinste Kategorie sind die *Kleinbusse*. Sie haben Platz für neun bis 17 Fahrgäste und eine durchschnittliche Länge zwischen 5 und 7 m. Sie werden meistens für Kurzstrecken, Tagestouren oder Transferfahrten eingesetzt.
– Die nächstgrößere Klasse wird als *Midibus* bezeichnet. Der Vorzug dieser kompakten Reisebusse liegt in der Wendigkeit in engen Städten und auf Bergstrecken. Sie haben Platz für 18 bis 38 Fahrgäste. Von den Maßen sind sie den großen Reisebussen ähnlich, jedoch kürzer. Die Länge dieser Busse liegt zwischen 7 und 10 m, die Höhe kann bis zu 3,30 m betragen.
– Als *Standardbus* bezeichnet man Reisebusse, die je nach Ausstattung Platz für 40 bis 49 Personen bieten. Die durchschnittliche Buslänge in dieser Klasse beträgt ca. 12 m und diese Busse sind meist zweiachsig. Sie sind multifunktional einsetzbar und dadurch für den Busunternehmer äußerst wirtschaftlich.
– Als *Standardbus lang* werden Reisebusse bezeichnet, die eine Länge von knapp 13 bis 14 m aufweisen. Modelle dieser Kategorie haben Platz für 52 bis 59 Personen plus Begleitung und sind in ihrer Ausstattung den Standardbussen ähnlich. Sie sind dreiachsig, dadurch ist im Vergleich zu den Standardbussen eine höhere Zuladung möglich.
– Die Kategorie der *Doppeldeckerbusse* weist die größte Sitzplatzanzahl aus. In einen solchen Bus finden je nach Ausstattung auf zwei Etagen zwischen 72 und 89 Personen Platz. Die durchschnittliche Länge beträgt 13 bis 14 m.

Die Bauweise ist immer dreiachsig. Durch ihre Größe sind sie besonders wirtschaftlich für den Busunternehmer auf Strecken mit hohem Personenaufkommen.

– *Klassifizierung* Grundlage für das System der Klassifizierung des Sitzkomforts sind Kriterien wie Beinfreiheit und Qualität der Rückenlehne. Außerdem werden Serviceeinrichtungen wie Bordtoilette, Miniküche oder Klimaanlage berücksichtigt. Die verschiedenen Komfortstufen werden in Ein- bis Fünf-Sterne-Ränge eingeteilt. Je mehr Sterne, desto höher sind die Leistungskriterien, die das Fahrzeug erfüllen muss. Der Sitzkomfort im Reisebus wird gemäß einer EU-Richtlinie definiert. Die Beinfreiheit muss bei Reisebussen mindestens 68 cm betragen, was einem Drei-Sterne-Bus entspricht. Die Bezeichnung der Gütestufe und die zu erfüllenden Kriterien werden wie folgt definiert:

  – *Standard Class* (★): Der Bus für den kurzen Trip ist ausgestattet mit einer Abfallbeseitigung, einem Mikrofon für die Reiseleitung und einer Musikanlage. Zudem gehören eine Heizung, Lüftung und Nachtbeleuchtung zur Grundausstattung.
  – *Tourist Class* (★★): Der Bus für kleinere Ausflüge enthält zusätzlich einen Sonnenschutz an den Seitenfenstern. Außerdem steht jedem Reisegast ein Stauraum von 15 Litern für Gepäck zur Verfügung.
  – *Komfort Class* (★★★): Der Reisebus bietet zusätzlich eine Toilette mit Waschbecken, verstellbare Rückenlehnen, eine Gepäckablage, einen Fahrgasttisch, eine Doppelverglasung, eine Leselampe sowie eine Klimaanlage. Zudem gibt es eine Miniküche an Bord. Das Komfortmaß beträgt mindestens 68 cm und die Rückenlehne muss mindestens 3 cm stark sein.
  – *First Class* (★★★★): Der Fernreisebus besitzt auch Fußstützen und hat im Heck des Fahrzeugs besonders viel Platz, da sich nur 4 Sitze in einer Reihe befinden dürfen. Das Komfortmaß muss mindestens 74 cm und die Stärke der Rückenlehne mindestens 4 cm betragen.
  – *Luxus Class* (★★★★★): Der Bus bietet ein Komfortmaß von 81 cm sowie eine Rückenlehnenstärke von mindestens 5 cm. Des Weiteren verfügt der Reisebus über einen variierenden Bordkomfort.

Über den jeweils vorgeschriebenen Komfort hinaus können in jedem klassifizierten Bus Sonderausstattungen eingebaut sein, die durch Symbole eindeutig ausgewiesen sind. Die Symbole in Abb. 4.37 stehen von links nach rechts für: Miniküche, Bordküche, Klimaanlage, Toilette, Garderobe, Videoanlage, Telefon und Audioanlage.

Abb. 4.37: Symbole für Serviceeinrichtungen in Bussen

Marketing & Vertrieb Bus

Busreiseveranstalter müssen ihre Reisen auf die Bedürfnisse ihrer Kunden ausrichten. Dazu ist zunächst eine Analyse der Zielgruppen und Nachfrage erforderlich, aus der sich die Zielsetzung und Strategie des Unternehmens ableiten lassen. Diese können dann im Marketing-Mix über das Produkt, den Preis, die Kommunikation und den Vertrieb kundengerecht umgesetzt werden.

- *Nachfrage*

  Die Kunden der Busreiseveranstalter haben im Vergleich zu anderen touristischen Segmenten *einen hohen Anteil an Stammkunden*. Die teilnehmerstärksten Kundengruppen von Busreisen sind Singles, Paare ohne Kinder, Jungsenioren (Generation 50plus) und Senioren (Generation 60plus) in den mittleren und unteren Einkommensgruppen. Für die Abstimmung des Angebots auf die Zielgruppe ist es wichtig, den Wertewandel der Zielgruppe der Senioren zu berücksichtigen. So sind Senioren heute finanziell unabhängiger, allgemein gesünder und mobiler, reiseerfahrener und konsumfreudiger als noch vor einigen Jahren. Ihre Reisemotive sind v. a. der Wunsch nach sozialen Kontakten und Geselligkeit, Aktivität und persönlicher Unabhängigkeit. Zudem haben sie im Gegensatz zu jüngeren Reisenden ein sehr stark ausgeprägtes Sicherheitsbedürfnis.

  Die größte Zielgruppe ist die der *Senioren* (Generation 60plus), deren Anteil ca. 60 % beträgt. Die zweitgrößte Zielgruppe der Busreisendem mit einem Anteil von ca. 16 % ist die der *Jugendlichen* (14–29 Jahre). Der Besuch von Großveranstaltungen wie Festivals und Konzerte, der Besuch von attraktiven Städten und die Besichtigung historischer Sehenswürdigkeiten stellen häufig Reisemotive dieser Zielgruppe dar.

  Bei beiden Zielgruppen ist die Gruppenzugehörigkeit das Entscheidungskriterium. Außerdem ist eine großzügige Ausgabebereitschaft auf beiden Seiten festzustellen. Ein großer Vorteil für die Busunternehmen ist der überdurchschnittlich hohe Stammkundenanteil im Vergleich zu anderen touristischen Segmenten. Allerdings kommen die Kunden der regionalen Busreiseveranstalter aus einem sehr begrenzten Quellgebiet.

- *Produktpolitik*

  Auch bei der Produktgestaltung können Busreisen ebenso wie andere Pauschalreisen in unterschiedliche *Kategorien* eingeteilt werden (Abb. 4.38), je nachdem, welches Kriterium angelegt wird: u. a. nach der Reisedauer (Ausflugs-, Kurzreise, Wochenend-, Urlaubs- und Langzeitaufenthalt), der demografischen Zielgruppe (Jugend-, Seniorenreisen oder Single-, Familienurlaub) oder dem dominierenden Urlaubsmotiv (Erholungs-, Gesundheits-, Kultur-, Studien-/Bildungs-, Aktiv-, Abenteuerreisen). Bei der Reisedauer ist zwischen Tages-, Kurz- und Urlaubsreisen zu unterscheiden. Jedoch hat sich in der Bustouristik eine andere Art der Kategorisierung durchgesetzt, nämlich die über den Preis.

- *Preisgestaltung*

  Eine wichtige Grundlage für die Kalkulation ist die zu erwartende *Teilnehmerzahl*, die im Schnitt bei 30 bis 32 Gästen liegt. Durch eine Mindestteilnehmer-

Produkttyp	Erläuterungen
Ausflugs-fahrt	- Tagesausflug mit vorgegebenem Reisezweck - keine Reiseleitung, Betreuung erfolgt durch Busfahrer - Durchführung erfolgt nach Plan des Unternehmers - Rückkehr an den Ausgangsort - sehr günstiger Reisepreis - Sonderfahrten zu Theater, Musicals ...
Kurz-reise	- Reisezweck ist durch ausgeschriebenes Reiseprogramm vorgegeben - fakultativ können Ausflüge und Stadtrundfahrten angeboten werden - Zielreise, evtl. thematisch bedingte Zwischenstopps - evtl. örtliche Reiseleitung - Preisniveau sehr niedrig
Städte-reise	- Zweck ist der Aufenthalt in einer Stadt mit historischer oder kultureller Bekanntheit - Reiseleitung oder Stadtführung sind obligatorisch - Reisedauer > 3 Tage - Qualität der Reise ist abhängig von der Übernachtung
Rund-reise	- Besuch mehrerer Orte mit Besichtigungsprogramm - Besichtigungs- und Aufenthaltsorte sind fester Programmbestandteil, Ausflüge sind fakultativ - Reisedauer > 5 Tage - ständige Reisebegleitung ist obligatorisch
Studien-reise	- Reisezweck ist ausgeschrieben, detaillierte Thematik - geschulte Reiseleitung - Ziel- oder Rundreise
Urlaubs-reise	- Reisezweck ist Urlaubsaufenthalt - Zielreise - Aufenthaltsdauer mind. eine Woche

Abb. 4.38: Produkttypen der Buspauschalreise

zahl von 15 Personen sichern sich die meisten Busreiseveranstalter gegen hohe Verluste ab. Die Differenzierung der Busreiseveranstalter erfolgt in Anlehnung an die Unternehmensphilosophie und die gewünschte Zielgruppe zumeist über den Preis. In der Preiskalkulation der Beförderungsleistung werden die Kosten, die Preise der Wettbewerber (Marktpreise) und die Ausgabebereitschaft der Nachfrager berücksichtigt. Als Preisuntergrenze werden kurzfristig die variablen Kosten und langfristig die gesamten Kosten bzw. deren Deckung angesetzt.

– *Kommunikation*

Ein Großteil des Werbebudgets der Busreiseunternehmen fällt auf den Bereich Printmedien. Das Hauptinstrument für die Kommunikation und den Vertrieb ist der *Reisekatalog*. Manche Reiseveranstalter veröffentlichen neben dem Hauptkatalog einen Winterkatalog oder einen zusätzlichen kleinen Katalog für bestimmte Zielgruppen, wie z. B. einen Sonderkatalog für Radreisen. Busunternehmen haben im Allgemeinen einen sehr großen Stammkundenanteil, der mithilfe von Direktmarketing angesprochen werden soll.

– *Vertriebskanäle/Buchung*

Der *Eigenvertrieb* macht bei den Busreiseveranstaltern im Durchschnitt mit etwa zwei Dritteln den größten Anteil am Gesamtvertrieb aus. Vereins- und Clubreisen werden z. B. hauptsächlich über den direkten Vertriebsweg der Busreiseveranstalter verkauft. Mit dem Eigenvertrieb wird vorwiegend der bereits vorhandene Kundenstamm angesprochen. Beim Fremdvertrieb werden Vertriebspartner einbezogen und die touristischen Produkte über Agenturen, Reisebüros, Internetplattformen etc. angeboten. Die am häufigsten gewählte Form des Fremdvertriebs sind klassische Reisebüros.

4.4.2 Mietwagen

Im Gegensatz zu allen bisher diskutierten Verkehrsträgern übernimmt der *Kunde* bei der Autovermietung *eine sehr aktive Rolle*. Er ist selber der Fahrer und damit für die Beförderung verantwortlich. Ihm wird nur der Mietwagen als Transportmittel zur Verfügung gestellt. Er kann frei entscheiden, in welcher Geschwindigkeit und auf welcher Route er die gewünschte Strecke zurücklegen will.

Die *Mietwagenbranche* kann in die Geschäftsfelder Firmengeschäft (54 % Marktanteil), Freizeit- und Privatgeschäft (16 %), Tourismus (18 %) sowie Unfallersatzwagen (9 %) untergliedert werden. Der Bereich Leasing bzw. Weiterverkauf der Mietwagen wird üblicherweise gesondert betrachtet. Je nach Mietwagenunternehmen, abhängig von der Unternehmensgröße, liegen die Umsatzschwerpunkte in einem oder mehreren Geschäftsfeldern.

Der Mietwagenmarkt besteht aus Tausenden Klein- und mittelständischen Unternehmen und wenigen großen Anbietern. Auf die Vielzahl von verschiedenen Unternehmen kann an dieser Stelle nicht einzeln eingegangen werden. Der Anbietermarkt wird in die Hauptgruppen Geschäftsreiseanbieter, Mietwagenkooperationen und -broker, Ferienautoanbieter und Billiganbieter aufgeteilt.

– Die meisten Autovermietungen sind *Geschäftsreiseanbieter*. Die Unternehmen bieten die volle Produktpalette in einem weltweiten Netz an. Hierbei werden auch Privatpersonen und Touristen angesprochen.

– Bei den *Mietwagenkooperationen* handelt es sich um einen Zusammenschluss von vielen regionalen Kleinanbietern zu einem großen nationalen Verbund, ohne dass diese durch den Zusammenschluss ihre Eigenständigkeit verlieren. Dadurch können die angeschlossenen Kleinanbieter bspw. Mengenvorteile beim Einkauf oder Synergieeffekte bei der Vermarktung nutzen und ihren Kunden durch ein flächendeckendes Netz an Vermietstationen einen besseren Service bieten.

- Anders sieht es bei den *Mietwagenbrokern* aus. Da sie nicht über eigene Stationen und Fahrzeuge verfügen, arbeiten sie weltweit mit kleinen lokalen Anbietern zusammen und vermitteln diese lediglich. Diese Kooperation bietet den kleinen Anbietern die Möglichkeit, internationale Kunden zu gewinnen. Für den Broker bedeutet diese Art der Zusammenarbeit, dass er seinen Kunden ein weltweites Stationsnetz anbieten kann, ohne über ein eigenes Netz zu verfügen.
- Die Anbieter von *Ferienmietwagen* haben sich auf die Kundengruppe der Touristen spezialisiert. Ihre Stationen befinden sich häufig an internationalen Flughäfen in beliebten Feriengebieten. Sie treten dabei meist als Broker auf.
- Wie bei den Fluggesellschaften schon längst üblich, drängen inzwischen auch immer mehr *Billigmietwagen* auf den Mietwagenmarkt. Easycar oder Laudamotion versuchen, ihre Billigstrategie von ihren Fluggesellschaften Easyjet und Lauda Air auf die Autovermietung zu übertragen. Ähnlich wie bei den Billigfluggesellschaften oder Billigkreuzfahrten sind bei den Mietwagen nur sehr wenige Basisleistungen inkludiert. Der Vertrieb dieser Anbieter beschränkt sich meist auf ihre eigenen Internetseiten.

Im weltweiten Gesamtmarkt (Abb. 4.39) gehören Enterprise Rent a Car als Marktführer sowie Hertz, die Avis Budget Group, Vanguard mit National/Alamo, Sixt, Avis Europe und Europcar zu den führenden Unternehmen. Sie beherrschen mit 64 % knapp zwei Drittel des gesamten weltweiten Mietwagenvolumens. Der europäische Markt ist nach dem US-Markt der zweitwichtigste Markt weltweit. Die wichtigsten Märkte in Europa sind Deutschland und Großbritannien, gefolgt von Frankreich und Italien. Die wichtigsten Anbieter auf europäischer Ebene sind Avis Europe, Hertz und Europcar, die zusammen annähernd 50 % des Marktes abdecken.

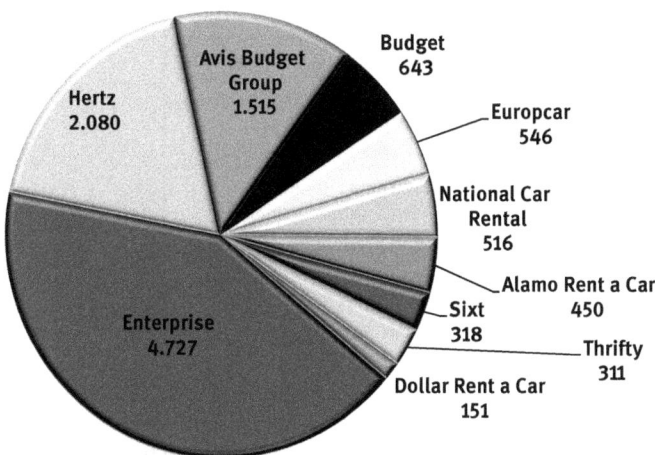

Abb. 4.39: Top-Ten-Autovermietungen weltweit nach Markenwert im Jahr 2018 in Mill. €

Der deutsche Markt wird zu über zwei Dritteln von den großen Vermietketten Sixt, Europcar, Avis und Hertz dominiert. Ein knappes weiteres Drittel teilen sich rund 580 meist kleine oder mittelständische Unternehmen. Der Anteil der „Großen Vier" hat sich von 40 % im Jahr 1988 auf 64 % im Jahr 2000 stark erhöht und erreichte 2018 über 80 %.

Marketing & Vertrieb Mietwagen

Das Marketing und die Vertriebsstruktur sind mit entscheidend für den Erfolg eines Mietwagenunternehmens. Nachfolgend wird zunächst die Struktur der Nachfragegruppen analysiert, anschließend erfolgt im Rahmen der Produkt- und Preispolitik sowie der Kommunikation und Vertriebskanäle eine Analyse der Marketing-Instrumente.

- *Nachfrage*

  Der Nachfragemarkt kann in verschiedene Zielgruppen mit jeweiligen typischen Bedürfnissen differenziert werden (Abb. 4.40).

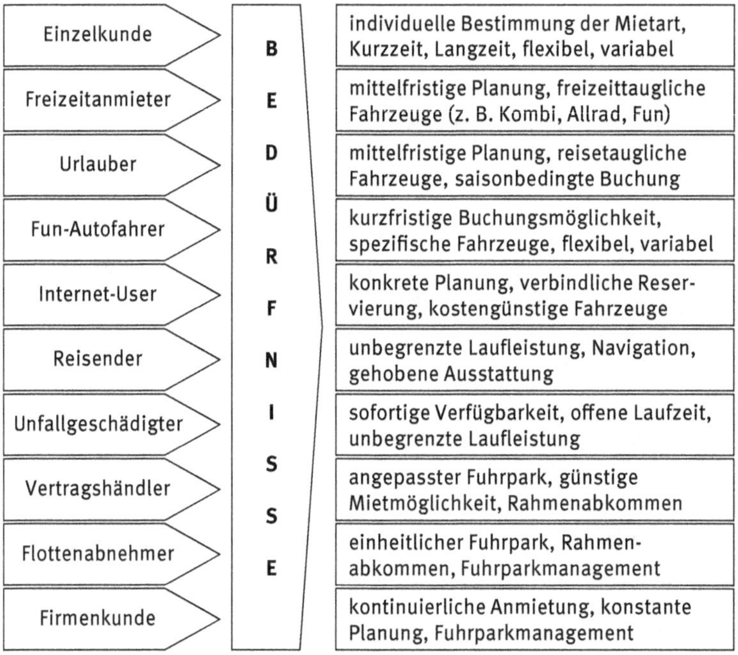

Zielgruppe		Bedürfnisse
Einzelkunde	**B**	individuelle Bestimmung der Mietart, Kurzzeit, Langzeit, flexibel, variabel
Freizeitanmieter	**E**	mittelfristige Planung, freizeittaugliche Fahrzeuge (z. B. Kombi, Allrad, Fun)
Urlauber	**D**	mittelfristige Planung, reisetaugliche Fahrzeuge, saisonbedingte Buchung
Fun-Autofahrer	**Ü** **R**	kurzfristige Buchungsmöglichkeit, spezifische Fahrzeuge, flexibel, variabel
Internet-User	**F**	konkrete Planung, verbindliche Reservierung, kostengünstige Fahrzeuge
Reisender	**N**	unbegrenzte Laufleistung, Navigation, gehobene Ausstattung
Unfallgeschädigter	**I**	sofortige Verfügbarkeit, offene Laufzeit, unbegrenzte Laufleistung
Vertragshändler	**S** **S**	angepasster Fuhrpark, günstige Mietmöglichkeit, Rahmenabkommen
Flottenabnehmer	**E**	einheitlicher Fuhrpark, Rahmenabkommen, Fuhrparkmanagement
Firmenkunde		kontinuierliche Anmietung, konstante Planung, Fuhrparkmanagement

Abb. 4.40: Nachfragestruktur bei Autovermietungen

- *Produktpolitik*

  Jedes Mietwagenunternehmen teilt seinen Fuhrpark in unterschiedliche Kategorien nach Fahrzeuggröße ein. Bei der Reservierung wird dem Kunden kein konkretes Fahrzeugmodell bestätigt, sondern nur die entsprechende Kategorie. In den USA werden die Fahrzeuge i. d. R. in die fünf Kategorien Economy, Compact, Intermediate, Premium und Luxury aufgeteilt. Sie umfassen rund 90 % des Gesamtfuhrparks, wobei schon die kleineren Klassen Economy und Compact zwei Drittel der Fahrzeuge ausmachen.

Die *Servicequalität* spielt in einer Dienstleistungsbranche wie dem Mietwagenbereich eine bedeutende Rolle. Oft bietet allein der Service die Möglichkeit, sich gegenüber der Konkurrenz abzuheben, da das Produkt an sich nur geringe Unterschiede aufweist. So offeriert bspw. Sixt einen Express-Service, bei dem der Kunde den Autoschlüssel mithilfe einer Reservierungsnummer am Automaten abholen kann. Gleichzeitig erhält er eine Wegbeschreibung, die ihn zu seinem Mietwagen führt.

– *Preisgestaltung*

Die Preisgestaltung der Mietwagenunternehmen stellt sich für den Kunden als sehr unübersichtlicher *Tarifdschungel* dar. So reichen die Bezeichnungen vom Feiertags-, Ferien- und Freizeittarif über den Flughafen- oder Bahnstationstarif, Schnäppchentarif, Frühbuchertarif, Internettarif und Hochzeitstarif bis hin zum Studententarif. Die wichtigsten Tarife sind jedoch zeitabhängig: Tages-, Wochenend- und Wochenpauschalen.

Vertriebskanäle

Auch bei den Mietwagenanbietern wird zwischen den direkten Vertriebskanälen wie Internet, Telefon und Vermietstationen und den indirekten wie Reisebüros und Reiseveranstalter unterschieden.

Der *direkte Vertriebskanal* wird sehr häufig genutzt (ca. 50–75 %) und bietet dem Mietwagenanbieter zwei entscheidende Vorteile: Zum einen können Vertriebskosten eingespart werden, da keine Vermittlungsgebühren anfallen, zum anderen erhalten die Mietwagenfirmen mehr Informationen über den Kunden und dessen Buchungsverhalten.

4.4.3 Individualverkehr

Im Gegensatz zum öffentlichen Verkehr benutzt der Einzelne beim Individualverkehr (Abb. 4.41) ein zumeist eigenes Verkehrsmittel für den Transport. Der *Individualverkehr* erbringt den größten Anteil der gesamten Beförderungsleistungen in Deutschland. Dementsprechend ausführlich wird diese Verkehrsart statistisch erfasst und ausgewertet. Auch wenn Privatpersonen selbst keine statistischen Zahlen liefern, kann aufgrund von Verkehrszählungen und verbrauchten Treibstoffen die Beförderungsleistung im Individualverkehr ermittelt werden. Allerdings werden bei dieser Methode zumeist nicht die Beweggründe für eine Autofahrt ermittelt, sodass der tou-

```
                        ┌─────────────────────┐
                        │  Individualverkehr  │
                        └──────────┬──────────┘
          ┌────────────────┬───────┴────────┬────────────────┐
    ┌──────────┐    ┌──────────────┐   ┌─────────────┐   ┌──────────┐
    │   Pkw-   │    │  Motorrad-   │   │ Caravaning &│   │ Fahrrad- │
    │  Verkehr │    │   verkehr    │   │ Reisemobile │   │ tourismus│
    └──────────┘    └──────────────┘   └─────────────┘   └──────────┘
```

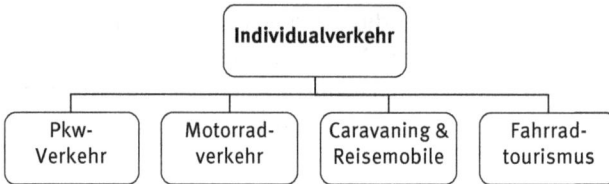

Abb. 4.41: Unterscheidungsformen des Individualverkehrs

ristische Aspekt des Individualverkehrs nur schwer zu erfassen ist. Eine Besonderheit ist der *Fahrradverkehr*, da diese Verkehrsform als einzige ohne maschinellen Antrieb auskommt.

Personenkraftwagen (Pkw)

Das gesamte Straßennetz und die Kraftfahrzeugindustrie dienen im weitesten Sinne dem Reiseverkehr. In den 1950er- und 1960er-Jahren erlebte der Pkw-Tourismus einen rasanten Anstieg. Seit Ende der 1980er-Jahre geht dieser Anteil langsam zurück. Grund hierfür ist die steigende Zahl der Flugreisen. Trotzdem ist der Pkw noch immer das *am häufigsten genutzte Verkehrsmittel für Urlaubsreisen*.

Grundsätzlich zählen alle Führerscheinbesitzer zur Zielgruppe für Reisen mit dem Personenkraftwagen (Pkw). Der Anteil der Führerscheinbesitzer ist in den letzten Jahren stetig angewachsen. Die jüngeren Jahrgänge bis zu einem Alter von 40 Jahren haben generell fast alle einen Führerschein. Da Pkw-Touristen einen so hohen Anteil an den Gesamtreisenden ausmachen, ist ihre Struktur der der Gesamtbevölkerung sehr ähnlich.

Der Pkw wird zu den unterschiedlichsten Zwecken genutzt. Seine Nutzungszwecke können in drei große Bereiche eingeteilt werden. Dies sind der *Berufsverkehr*, wozu Berufs-, Ausbildungsfahrten und Geschäftsreisen zählen, der *Einkaufsverkehr* und der *Freizeit- bzw. Tourismusverkehr*.

Die *Vorteile* des Autos als Urlaubsmittel, und damit die Hauptgründe für die Wahl, sind im Vergleich zu anderen Verkehrsmitteln v. a. der hohe Grad an Freiheit, Flexibilität, Spontanität und die Möglichkeit der individuellen Gestaltung der Reise. Zudem sind die Urlaubsziele schnell und bequem erreichbar.

Die Nutzung des Autos als Reisemittel ist stark *abhängig von den Reisezielen* und damit von den jeweiligen Entfernungen der Urlaubsdestinationen. Unterscheidet man die Nutzung der einzelnen Verkehrsmittel nach Deutschlandreisen und Reisen insgesamt, dann wird deutlich, dass sich bei Reisen innerhalb Deutschlands 75 % und bei Reisen in die Alpenregion mit 74,4 % fast ebenso viele Reisende für das Auto als Transportmittel entscheiden. Zu den beliebtesten Auslandszielen zählen Italien, Österreich und Frankreich. Die Gründe hierfür liegen v. a. darin, dass diese Ziele nur eine relativ geringe Entfernung haben und oftmals am bequemsten mit dem Auto zu erreichen sind. Als alternatives Verkehrsmittel kommt bei diesen Zielen meist nur die Bahn infrage. Die Bedeutung des Pkws als Urlaubsmittel nimmt mit steigender Entfernung rapide ab. Besonders bei Reisezielen, die nicht über Landwege erreichbar sind, bzw. bei Fernreisen ist der Anteil des Autoreiseverkehrs verschwindend gering.

Motorrad

In Deutschland sind laut dem Statistischen Bundesamt zurzeit insgesamt rund 4 Mio. Motorräder registriert. Bezogen auf die Zahl der Haushalte heißt das, ca. 10 % besitzen ein Motorrad. Der Anteil der leistungsstarken Motorräder über 750 ccm ist in den letzten Jahren konstant angestiegen. Fast jedes dritte neu zugelassene Motorrad hat eine Motorleistung von über 1.000 ccm. Im Allgemeinen werden Straßenmotorräder in die *vier Typen* Enduromaschine, Chopper, Cruiser und Tourenmaschine unterteilt. Bei den Neuzulassungen nach Motorradtypen entfällt auf die Reiseenduros mit 30 % der größte Anteil.

Mit ca. 90 % ist der weit überwiegende Anteil der Halter männlich. Bei einer Betrachtung nach Altersgruppen fällt auf, dass die 40- bis 44-Jährigen am stärksten vertreten ist. Das Durchschnittsalter ist in den letzten Jahren stetig auf 41,8 Jahre gestiegen. Der typische Motorradfahrer wird als männlicher Akademiker mit einem Altersdurchschnitt von gut 40 Jahren und einem guten bis sehr guten Einkommen skizziert.

Insgesamt zeichnet eine deutliche Verlagerung des Motorrads vom Nutzobjekt zum *Lifestyle- und Prestigeobjekt* ab. Ein Großteil der Motorradfahrer möchte einfach zum Spaß fahren. Auch Ausflüge an Wochenenden oder in der Freizeit sind beliebter geworden. Der zweckgebundene Transport, etwa zu Arbeit und Ausbildung, ist hingegen weiter rückläufig.

Neben der Nutzung in der Freizeit spielt das Motorrad auch bei Urlaubsreisen als Verkehrsmittel eine bedeutende Rolle. Das Besondere bei Urlaubreisen mit dem Motorrad ist, dass die Freizeitaktivität Motorradfahren mit einem Urlaub verbunden werden kann. Zudem ist die *Fahrt in den Urlaub* wichtiger als der Aufenthalt am Zielort selbst. Entscheidend bei der Auswahl der Zielgebiete ist die landschaftliche Strecke. Bei den Zielgebieten ist Norditalien der klare Favorit. Jeder Fünfte entscheidet sich für eine Fahrt auf den italienischen Bergstrecken und kurvigen Straßen. Jeweils circa 14 % verbringen ihren Motorradurlaub in Frankreich bzw. in Deutschland. Zu den beliebtesten Routen innerhalb Deutschlands zählt u. a. die Deutsche Alpenstraße.

Schließlich gibt es bei Motorradreisen eine Vielzahl an Organisationsformen. Der Grund dafür liegt v. a. darin, dass in Deutschland neben Veranstaltern von Motorradreisen zahlreiche Motorradclubs existieren, die regelmäßig ihre eigenen Reisen organisieren. Daneben gibt es eine große Anzahl derjenigen, die ihre Route komplett individuell organisieren.

Caravaning

Beim Campingtourismus ist *Deutschland das Hauptreiseland* der einheimischen Bevölkerung. Von allen Reisenden entschieden sich 10 % für einen Campingurlaub in

Deutschland. Die große Bedeutung Deutschlands für den Campingtourismus spiegelt sich in der großen Anzahl an Campingplätzen wider. Deutschland bietet Camping- und Caravaningurlaubern sehr unterschiedliche Ferienziele, die über kurze Entfernungen erreichbar sind. Bayern und Mecklenburg-Vorpommern zählten mit jeweils über einer Mio. Ankünften und über 3 Mio. Übernachtungen von Touristencampern zu deren wichtigsten Zielgebieten innerhalb Deutschlands. Die durchschnittliche Aufenthaltsdauer liegt hier jeweils bei drei bis vier Nächten. Neben den deutschen Reisezielen sind auch die nahen südeuropäischen Gebiete von großer Bedeutung für den Campingtourismus.

Der Bereich *touristisches Camping* ist in den letzten Jahren in Deutschland sehr stark angewachsen. Der Urlaub auf Rädern mit einem Pkw und Wohnwagen (Caravan) oder mit motorisierten Wohnmobilen (Motor-Caravan) liegt derzeit im Trend. Insgesamt sind in Deutschland laut Kraftfahrtbundesamt aktuell etwa 450.000 Wohnmobile und über 650.000 Wohnwagen zugelassen. Beim Wohnwagenbestand wird jedoch von einer Dunkelziffer von über 50 % ausgegangen, da die auf den Dauerstandplätzen abgestellten und nicht angemeldeten Fahrzeuge nicht registriert werden. Bei den Wohnmobilen liegt die Dunkelziffer bei ca. 20 %, da sie oft als Pkw, Lkw oder Büromobil angemeldet werden. In den letzten Jahren entschieden sich 7 % der deutschen Reisenden bei ihrer Haupturlaubsreise für die Unterkunftsform Camping. Bei den Inlandsreisen liegt dieser Anteil mit 9 % noch deutlich höher.

Beide Arten des touristischen Caravanings haben spezifische Besonderheiten (Abb. 4.42). So kann bei einem *Wohnmobil* der Wohnraum auch bei der Fahrt genutzt werden und der Motor-Caravan ist leichter zu fahren bzw. zu manövrieren. Wohnmobile sind unabhängiger von Campingplätzen, da hier das Freistehen zumeist erlaubt ist. Auch Bergstraßen, die für Gespanne gesperrt sind, dürfen häufig befahren werden. Des Weiteren hat ein Wohnmobil bei einem Gewicht von bis zu 3,5 t kein Tempolimit.

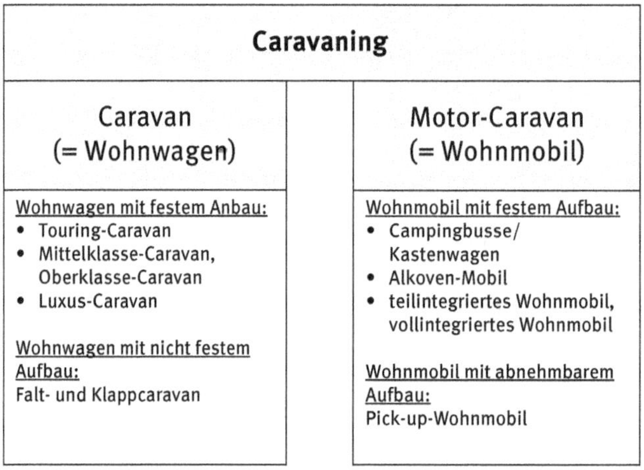

Caravaning	
Caravan **(= Wohnwagen)**	**Motor-Caravan** **(= Wohnmobil)**

Wohnwagen mit festem Anbau:
• Touring-Caravan
• Mittelklasse-Caravan,
  Oberklasse-Caravan
• Luxus-Caravan
 	
Wohnwagen mit nicht festem
Aufbau:
Falt- und Klappcaravan
	Wohnmobil mit festem Aufbau:
	• Campingbusse/
	  Kastenwagen
	• Alkoven-Mobil
	• teilintegriertes Wohnmobil,
	  vollintegriertes Wohnmobil
	
	Wohnmobil mit abnehmbarem
	Aufbau:
	Pick-up-Wohnmobil

Abb. 4.42: Unterscheidungsformen des Campings und Caravanings (Quelle: Gross 2011)

Ein *Wohnwagen* hingegen muss sich an ein vorgeschriebenes Tempolimit von 80 km/h halten, nur in Ausnahmefällen ist eine Geschwindigkeit von 100 km/h erlaubt. Allerdings ist ein Caravan kostengünstiger, ca. 30 bis 60 % bei der Anschaffung und ca. 40 % hinsichtlich des Unterhalts. Zudem ist ein Wohnwagen geräumiger und komfortabler. Ein Zweitfahrzeug ist nicht notwendig, da man den Wohnwagen einfach abhängen und mit dem Auto Ausflüge machen kann. Während ein Wohnmobil weniger Platz, Schlaf- und Wohnkomfort bietet, kann man einen Caravan problemlos mit einem Vorzelt kombinieren. Ein Wohnwagen ist somit für einen längeren Aufenthalt besser geeignet, da man sich in einem Wohnwagen häuslich einrichten und wochenlang auf einem Campingplatz verbringen kann. Ein Vergleich der Entwicklung zeigt allerdings, dass es einen klaren Trend hin zu Wohnmobilen gibt.

Die Zielgruppe Caravaningurlauber gilt als jung, urban, gebildet und besserverdienend. Dies bedeutet, dass bei dieser Zielgruppe weder Kosten noch Mühen gescheut werden, um den Urlaub mit einem Höchstmaß an Individualität und Beweglichkeit verbringen zu können. Eine Betrachtung der *Altersgruppen* zeigt, dass die über 55-Jährigen 2 % und die 14- bis 34-Jährigen 9 % der Reisenden ausmachen.

Literatur

Aschenbrenner, P. (2002): Analyse von Einflussfaktoren auf die deutsche Bustouristik und Erstellung eines Konzeptes zur Erhöhung der Wertschätzung des Verkehrsmittels Reisebus. Berlin.

Bachmann, P. (2001): Flugzeuge kaufen, leasen, chartern. Stuttgart.

Bartl, H. (2006): Neue Märkte als Busunternehmer erschließen. Köln.

Baumann, E.; Mundt, J. W. (2007): Kreuzfahrten. In: J. W. Mundt (Hg.): Reiseveranstaltung, 6. Aufl. München.

Becker, O.; Goslich, W.; Müller, G. (2006): Bus- und Gruppenreisen, Marktchancen, Produkte, Erfolgsfaktoren. Meßkirch.

Beckmann, D. (1999): Busreisen: Produkt- und absatzpolitische Anforderungen im Seniorenreisemarkt. Band 7, Limburgerhof.

Berg, W. (2006): Tourismus-Management. Ludwigshafen.

Berger, A. (2004): Ocean Travel and Cruising; A Cultural Analysis. New York.

Bieger, T (2006): Tourismuslehre – Ein Grundriss. 2. Aufl., Bern.

Bundesministerium für Verkehr, Bau und Stadtentwicklung (Hg.) (2008): Bahn der Zukunft – Zukunft der Bahn. Berlin.

Bundesverband Deutscher Omnibusunternehmer e. V. (bdo) (2006): Bestandsaufnahme und Perspektiven im Bustourismus. Berlin.

Bundesverband Deutscher Omnibusunternehmen e. V. (bdo) (2005): Bussicherheit. Berlin.

Burgdorf, M. (1993): Autovermietung in Deutschland. Ein Branchenbild mit praktischen Hinweisen. Landsberg/Lech.

Charlier, J.; McCalla, R. (2006): A Geographical Overview of the World Cruise Market and its seasonal Complementarities. In: R. K. Dowling (Hg.): Cruise Ship Tourism. Joondalup, S. 18–30.

CER; Community of European Railway and Infrastructure Companies (Hg.) (2005): Eisenbahnreformen in Europa – Eine Standortbestimmung. Stuttgart.

CLIA (Cruise Line International Association) (2019): Cruise Industry Outlook. Washington D.C.

Conrady, R; Fichert, F; Sterzenbach, R. (2019): Luftverkehr. 6. Aufl., München.

Costa, R.; Harned, D.; Lundquist, J. (2002): Rethinking the Aviation Industry. In: McKinsey Quarterly, Special Edition. Risk and Resilience, S. 87–100.

Corsten, H. (2001): Dienstleistungsmanagement. 4. Aufl., München.

Cuadra, M. (2002): World Airports – Weltflughäfen. Hamburg.

Dettmer, H. (Hg.) (2001): Reiseindustrie, Tourismus 3. Stuttgart.

Deutsche Bahn (Hg.) (2018): Deutsche Bahn Geschäftsbericht 2017. Berlin.

Deutsche Bahn (Hg.) (2019): Deutsche Bahn Zahlen und Fakten 2018. Berlin.

Deutsches Institut für Wirtschaftsforschung (Hg.) (2007): Verkehr in Zahlen 2007/2008. Hamburg.

Dickinson, B.; Vladimir, A. (1997): Selling the Sea. An Inside Look at the Cruise Industry. New York.

Doganis, R. (1992): The Airport Business. Hampshire.

Doganis, R. (2006): The Airline business. 2. Aufl., London.

Doganis, R. (2005): Flying off course – The Economics of International Airlines. 3. Aufl., London, New York.

Dowling, R. K. (Hg.) (2006a): Cruise Ship Tourism. Joondalup.

Dowling, R. K. (2006b): The Cruising Industry. In: R. K. Dowling (Hg.): Cruise Ship Tourism, Joondalup, S. 3–17.

Dowling, R. K. (2006c): Looking Ahead: The Future of Cruising. In: R. K. Dowling (Hg.): Cruise Ship Tourism, Joondalup, S. 414–434.

Forschungsgemeinschaft Urlaub und Reisen (F.U.R) (2019): Kurzfassung der Reiseanalyse.

Eikhoff, D. (2006): Alles über den ICE. Stuttgart.

Engartener, T. (2008): Die Privatisierung der Deutschen Bahn. Über die Implementierung marktorientierter Verkehrspolitik. Wiesbaden.

Erdmann, C. u. a (2005): Low Cost Carrier, HSH-Nordbank Branchenstudie. Hamburg.

Erdmann, C. u. a (2004): Regionalfluggesellschaften: Entwicklung & Anbieter in Europa, HSH-Nordbank Branchenstudie. Hamburg.

Foerster, H.-D.; Ortel, K. (1998): Fährschifffahrt der Welt. Hamburg.

Freyer, W. (2007): Tourismusmarketing – Marktorientiertes Management im Mikro- und Makrobereich der Tourismuswirtschaft. 5. Aufl., München.

Freyer, W. (2015): Tourismus, Einführung in die Fremdenverkehrsökonomie. 11. Aufl., München.

Fuchs, W.; Mundt, J.; Zollondz, H. (Hg.) (2008): Lexikon Tourismus. München.

Fürth, G.; Hesse, M.; Sander, B. (2006): Management der Verkehrsträger, Studienheft DRV. Frankfurt/Main.

Graham, A. (2005): Managing Airports, An International Perspective. 3. Aufl., Oxford.

Goslich, W. (2001): Fachkunde Bustouristik, DRV-Publikation. Frankfurt/Main.

Groß, S.; Schröder, A. (2005): Low Cost Airlines in Europa. Eine marktorientierte Betrachtung von Billigfliegern. Dresden.

Groß, S. (2005): Mobilitätsmanagement im Tourismus. Dresden.

Groß, S.; Grotrian, J.; Sonderegger, R. (2007): Ausweitung der Low Cost-Strategie auf weitere Verkehrsunternehmen. In: R. Egger; T. Herdin (Hg.): Tourismus: Herausforderung Zukunft. Wien, S. 327–350.

Groß, S. (2011): Tourismus und Verkehr. München.

Groß, S. (2017): Handbuch Tourismus und Verkehr. 2. Aufl., Konstanz.

Groß, S.; Stengel, N. (2010): Mietwagen im Tourismus. München.

Gruner & Jahr (Hg.) (2009): Märkte & Tendenzen: Luftverkehr, Gruner & Jahr Marktanalyse. Hamburg.

Haedrich, G.; Kaspar, C. u. a (1998): Tourismus-Management, Tourismus-Marketing und Fremdenverkehrsplanung. 3. Aufl., Berlin.

Hall, D. (2004): Ocean Cruising – Market Dynamics, Product Responses and Onshore Impacts. In: D. Pinder; B. Slack (Hg.): Shipping and Ports in the Twenty-first Century. Globalisation, technological change and the environment. New York, S. 99–120.

Hanlon, P. (2007): Global Airlines, Competition in a transnational Industry. 3. Aufl., Oxford.

Hanlon, P. (2003): Managing Airports. Oxford.

Hecht, M.; Lübke, D. et al. (2008): Das System Bahn. Stuttgart.

Heymann, E. (2005): Ausbau von Regionalflughäfen: Fehlallokation von Ressourcen, Deutsche Bank Research. Frankfurt/Main.

Heymann, E. (2004): Überfällige Konsolidierung im Luftverkehr ante portas?, Deutsche Bank Research. Frankfurt/Main.

Heymann, E. (2006): Zukunft der Drehkreuzstrategie im Luftverkehr, Deutsche Bank Research. Frankfurt/Main.

Holloway, S. (2003): Straight and Level: Practical Airline Economics. Aldershot.

Horner, S.; Swarbrooke, J. (2004): International Cases in Tourism Management. Oxford.

Hölzerkopf, A. (2007): Ferienfluggesellschaften im Wettbewerb mit Low Cost Airlines. Berlin.

Hummel, F. (2008): Mietwagen. In: W. Fuchs; J. Mundt; H. Zollondz (Hg.): Lexikon Tourismus, München, S. 464–467.

Iatrou, K; Oretti, M. (2007): Airline Chocies for the Future; From Alliances to Mergers. Burlington.

Jänsch, E. (2008): Eisenbahn-Hochgeschwindigkeitssysteme für Europa. In: Eisenbahntechnische Rundschau, März, S. 84–91.

Jacquemin, M. (2006): Netzmanagement im Luftverkehr. Wiesbaden.

Joppien, M. (2006): Strategisches Airline-Management. 2. Aufl., Bern.

Kaspar, C. (1998): Management der Verkehrsunternehmen. München.

Kaßler, M. (2005): Erfolgreich in den Medien. Ein Leitfaden für die Busbranche. Berlin.

Kaßler, M.; Kirstein, G. u. a (2006): Fit für die Zukunft – Erfolgskonzepte für Omnibusunternehmer. München.

Klein, H. (2003): Das Marketing der Lufthansa. In: P. Roth; A. Schrand (Hg.): Touristik-Marketing. München, S. 273–290.

Kiani-Kress, R. (2007): Frische Augen. In: Wirtschaftswoche Nr. 3, S. 60–62. 15.01.

Kiani-Kress, R. (2008): Duell am Himmel. In: Wirtschaftswoche Nr. 21, S. 100–106. 19.05.

Klein, R. (2006): Turning Water into Money, the Economics of the cruise Industry. In: R. K. Dowling (Hg.): Cruise Ship Tourism. Joondalup, S. 261–269.

Krempien, P. (2000): Geschichte des Reisens und des Tourismus, Ein Überblick von den Anfängen bis zur Gegenwart. Limburgerhof.

Kopper, C. (2007): Die Bahn im Wirtschaftswunder, Deutsche Bundesbahn und Verkehrspolitik in der Nachkriegsgesellschaft. Frankfurt/Main.

Köhler, A. (2004): Wertschöpfungsstrukturen von traditionellen Flughäfen und Low-Cost-Airports in Deutschland. Trier.

Kurz, H. (2007): InterCityExpress. Die Entwicklung des Hochgeschwindigkeitsverkehrs in Deutschland. Freiburg.

Kummer, S. (2006): Einführung in die Verkehrswirtschaft. Wien.

Krämer, H.; Fischer, M. R. (2002): Kalkulation im Busverkehr. Ein Leitfaden für die Preiskalkulation im Linien- und Gelegenheitsverkehr. 2. Aufl., München.

Lawton, T. C. (2003): Cleared for Take-Off: Structure and strategy in the low fare airline business, Reprint. Aldershot.

Lumsdon, L.; Page, S. (2003): Tourism and Transport, Issues and Agendas for the new Millennium. Manchester.

Malina, R. (2006): Potenziale des Wettbewerbs und staatlicher Regulierungsbedarf von Flughäfen in Deutschland. Göttingen.

Mancini, M. (2004): Cruising: a guide to the cruise line industry. 2. Aufl., New York.

Marks-Fährmann, U. (2008): Grundwissen Bahn. 3. Aufl., München.

Maurer, P. (2006): Luftverkehrsmanagement – Basiswissen. 4. Aufl., München.

Meffert, H. (Hg.) (2000): Verkehrsdienstleistungsmarketing – Marktorientierte Unternehmensführung bei der Deutschen Bahn AG. Wiesbaden.

Mensen, H. (2003): Handbuch der Luftfahrt. Berlin.

Miller, R. (2006): Cruising in the North American Market. In: R. K. Dowling (Hg.): Cruise Ship Tourism. Joondalup, S. 74–85.

Monheim, H.; Nagorni, K. (Hg.) (2004): Die Zukunft der Bahn. Karlsruhe.

Morell, P. (2007): Airline Finance. 3. Aufl., Hampshire.

Mundt, J. (2006): Tourismus. 3. Aufl., München.

Mundt, J.; Baumann, E. (2007): Kreuzfahrten. In: J. Mundt (Hg.): Reiseveranstaltung. München, S. 369–402.

Mundt, J. (2008): Kreuzfahrt. In: W. Fuchs; J. Mundt; H. Zollondz (Hg.): Lexikon Tourismus, München, S. 415–418.

Neumann, K. (1995): Omnibustouristik, Ein Lehrbuch für Reiseverkehrskaufleute. München.

Niessing, J. (2005): Kundenbindung im Verkehrsdienstleistungsbereich. Münster.

Nuhn, H.; Hesse, M. (2006): Verkehrsgeographie. Paderborn.

Papatheodorou, A. (2006): The Cruise Industry, An industrial organization Perspective. In: R. K. Dowling (Hg.): Cruise Ship Tourism, Joondalup, S. 31–40.

Page, S. (2006): The Future of Cruising, Boom or Bust. Colchester.

Page, S. (1999): Transport and Tourism. New York.

Pinder, D.; Slack, B. (Hg.) (2004): Shipping and Ports in the Twenty-first Century. Globalisation, technological change and the environment. New York.

Pollak, A.; Pollak-Lenke, G. (2003): Der Kreuzfahrtenmarkt Deutschland 1997–2003, DRV-Studie. Dreieich-Sprendlingen.

Pollak, A. (2003): Seetours: Durch Produktdifferenzierung zum Marktführer für Kreuzfahrten. In: P. Roth; A. Schrand (Hg.): Touristik-Marketing, München, S. 307–324.

Pompl, W. (2006): Luftverkehr. 5. Aufl., Heilbronn.

Preuß, E. (2001): Die zerrissene Bahn 1990–2000. Tatsachen, Legenden, Hintergründe. Stuttgart.

Radnoti, G. (2002): Profit Strategies for Air Transportation. New York.

Riechers, D. (2001): ICE. Neue Züge für Deutschlands Schnellverkehr. Stuttgart.

Rothfischer, B. (2005): Flughäfen der Welt. München.

Röder, J. (2003): Europäische Markterschließungsstrategien im Schienenverkehrsdienstleistungsbereich, am Beispiel des Personenverkehrs der Deutschen Bahn AG. Frankfurt/Main.

Rudolph, H. (2002): Tourismus-Betriebswirtschaftslehre. 2. Aufl., München.

Schäfer, C. (1998): Kreuzfahrten: die touristische Eroberung der Ozeane, Dissertation. Nürnberg.

Scheller, B. (2004): Verkehr und Tourismus, ADAC-Leitfaden für die Praxis. München.

Schmid, C. (1995): Fachkunde Busreiseverkehr, Lehrbuch für Reiseverkehrs-Fachklassen. Frankfurt/Main.

Schmidt, G. H. (2000): Handbuch Airlinemanagement. München.

Schneider, O. (2001): Die Ferien-Macher. Eine gründliche und grundsätzliche Betrachtung über das Jahrhundert des Tourismus. Hamburg.

Schrand, A. (2008): Bustourismus. In: W. Fuchs; J. Mundt; H. Zollondz (Hg.): Lexikon Tourismus, München, S. 125–131.

Schrand, A. (2003): Bustourismus-Marketing. In: P. Roth; A. Schrand (Hg.): Touristik-Marketing. München, S. 211–230.

Schreiber, M. (2006): Low-Cost Airlines in Europa. Lüneburg.

Schröder, R.; Thamm, M. (2007): AIDA – Erfolgsstory. 2. Aufl., Bielefeld.

Schüssler, O. (2005): Passagierschifffahrt – Ein Handbuch für Reiseverkehrskaufleute in Ausbildung und Praxis. 2. Aufl., Frankfurt/Main.

Schwegmann, V. (1998): Preisstrategien im europäischen Linienluftverkehr, Reihe Internationale Wirtschaft. Band 13, Köln.

Schuckert, M.; Möller, C. (2003): Low Cost Carrier und Charter Modus, Grundprinzipien und Geschäftsmodelle. In: TourismusJournal Heft 4, S. 469–481.

Schulz, A.; Auer, J. (2010): Kreuzfahrten und Schiffsverkehr im Tourismus. München.

Schulz, A. (2009): Verkehrsträger im Tourismus. München.

Schulz, A.; Baumann, S.; Wiedenmann, S. (2010): Flughafen Management. München.

Schulz, A.; Brennemann, G. (2001): Fluggesellschaften im Umbruch. In: E. Seitz (Hg.): Fallstudien zum Tourismus-Marketing. München, S. 87–101.

Steinecke, A. (2018): Kreuzfahrttourismus. München.

Scholz, R.; Moench, C. (Hg.) (2007): Flughäfen in Wachstum und Wettbewerb. Baden-Baden.

Schönfisch, J. (2002): Hochgeschwindigkeitszüge in Frankreich. In: Elektrische Bahnen, Februar, S. 68–74.

Schüssler, O. (2001): Passagier-Schifffahrt. Frankfurt.

Seitz, E. (2001): Fallstudien zum Tourismus-Marketing. München.

Shaw, S. (2007): Airline Marketing and Management. 6. Aufl., Aldershot.

Sheehan, J. (2003): Business and Corporate Aviation Management: on Demand Air Transportation. New York.

Simpson, R. W.; Roderick, W. (2006): The General Aviation Handbook. Leicester.

Smith, G. R.; Peggy, A. (2002): Airline: A Strategic Management Simulation. 4. Aufl., New York.

Steinbach, J. (2003): Tourismus. München.

Sterzenbach, R.; Conrady, R. (2009): Luftverkehr – Betriebswirtschaftliches Lehr- und Handbuch. 4. Aufl., München.

Swain, A. (2006): Cruise Guide Star-rating System: A Need for Standardization. In: R. K. Dowling (Hg.): Cruise Ship Tourism. Joondalup, S. 115–123.

Trumpfheller, M. (2006): Strategisches Flughafenmanagement. Wiesbaden.

Wald, A.; Fay, C.; Gleich, R. (Hg.) (2007): Aviation Management. Berlin.

Wells, A.; Chadbourne, B. (2003): General Aviation Marketing and Management. 2. Aufl., Malabar.

Wensveen, J. G. (2007): Air Transportation: a Management Perspective. 6. Aufl., Burlington.

Wensveeen, J. G. (2005): Wheels up: Airline Business Development. Belmont.

Wollschläger, S.; Emmermann, M. (2005): Knotenpunkt Airport – Mit Prozesskostenrechnung zu Transparanz und Wirtschaftlichkeit am Flughafen. Berlin.

Vogel, M. (2004): Global Cruise Industry – Coping with the Uncertainty. Bremerhaven.

Vogel, M.; Papathanassis, A.; Wolber, B. (2012): The Business and Management of Ocean Cruises. Oxfordshire.

Union Internationale des Chemins de fer (UIC) (Hg.) (2002): Hochgeschwindigkeitszüge in der Welt. Paris.

Wacket, M.; Mehdorn, H. (2008): Die Bahn und die Börse: Wie der Bürger auf der Strecke bleibt. Wuppertal.

Ward, D. (2017): Berlitz Complete Guide to Cruising and Cruise Ships 2018. Singapore.

Zeilinger, S. (2003): Wettfahrt auf der Schiene, Die Entwicklung von Hochgeschwindigkeitszügen im europäischen Vergleich. Frankfurt/Main.

Zentes, J.; Swoboda, B. (Hg.) (2004): Fallstudien zum internationalen Management. 2. Aufl., Wiesbaden.

Zollondz, H. (2008a): Hochgeschwindigkeitszüge. In: W. Fuchs; J. Mundt; H. Zollondz (Hg.): Lexikon Tourismus. München, S. 343–344.

Zollondz, H. (2008b): IC, ICE. In: W. Fuchs; J. Mundt; H. Zollondz (Hg.): Lexikon Tourismus, München, S. 379–380.

Marco A. Gardini
5 Hotellerie und Hotelmanagement

5.1 Hotellerie als Branche und Wirtschaftszweig

5.1.1 Begriff und Erscheinungsformen von Hotelunternehmen

Eine exakte wissenschaftliche und juristische Definition des Begriffs *Hotel* gestaltet
sich aufgrund der Vielfalt der Leistungsfacetten im Hotel- und Gastgewerbe als außer-
ordentlich schwierig. Konstitutives Merkmal und Hauptleistung eines jeden Hotels ist
unbestritten die Befriedigung des Bedürfnisses nach Beherbergung und Verpflegung,
wobei die Beherbergungsfunktion als der wesensbestimmende Teil eines Hotelunternehmens gilt. Das Verhältnis, in dem beide Leistungen zueinander stehen, kann sehr
verschieden sein und setzt sich aus einer Vielzahl von Kombinations- und Einzelleistungen zusammen. Innerhalb der Beherbergungsunternehmen lassen sich die Beherbergungsformen in zwei Gruppen einteilen, die sich aus den Entwicklungen und Anforderungen der touristischen Nachfrage ergeben haben: die *traditionelle Hotellerie*
einerseits und die ergänzende Hotellerie bzw. *Parahotellerie* andererseits. Der Deutsche Hotel- und Gaststättenverband (DEHOGA) und das Statistische Bundesamt differenzieren dabei in ähnlicher Form, indem einerseits das klassische Beherbergungsgewerbe (Hotel, Hotel garni, Pension, Gasthof) und andererseits das sonstige Beherbergungsgewerbe (Camping, Ferienhaus etc.) unterschieden werden. Abbildung 5.1 gibt
einen Überblick über die Systematik der Beherbergungsformen.

Die wesentlichen Unterschiede der Beherbergungsformen und Betriebsarten im
Bereich der klassischen bzw. traditionellen Hotellerie und der Parahotellerie sind Folgende (Hänssler 2016, S. 50 f.; DEHOGA 2019):

Klassische Hotellerie
- *Hotel/Hotel garni*
  Ein Hotel ist ein Beherbergungs- und Verpflegungsbetrieb, der über die entspre-
  chende Einrichtung für den Aufenthalt, die Unterkunft sowie die Verpflegung sei-
  ner Gäste (oftmals auch für Nicht-Gäste wie Passanten) verfügt. Ein Hotel garni
  ist hingegen ein Hotelbetrieb, der Beherbergung, Frühstück, Getränke und höchs-
  tens kleine Speisen ausschließlich für seine Hausgäste anbietet.
- *Gasthof*
  Der Gasthof ist üblicherweise ein ländlicher Gastronomiebetrieb, der Speisen und
  Getränke anbietet und auch einige Unterkünfte bereithält.

https://doi.org/10.1515/9783110641219-005

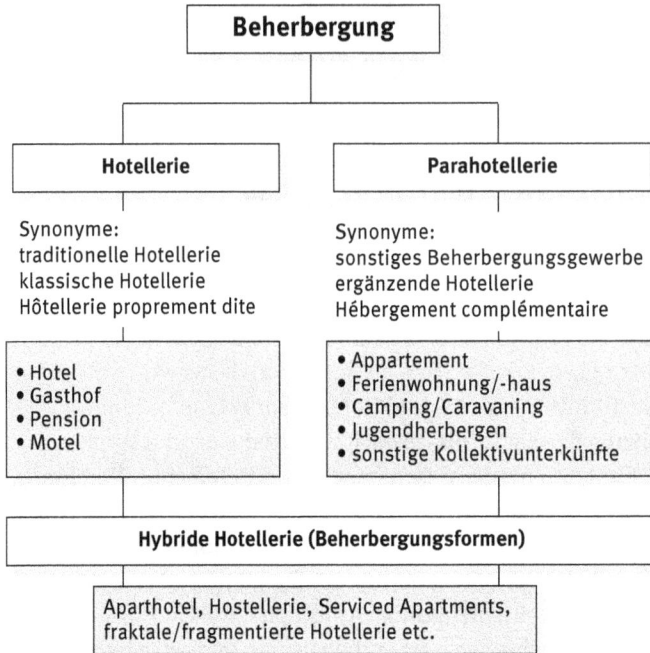

Abb. 5.1: Systematik der Beherbergungsformen (Quelle: in Anlehnung an Kaspar 1982, S. 77; modifiziert)

- *Motel*
  Das Motel ist ein Hotel mit einem auf Kraftfahrer ausgerichteten Standort und nahe gelegener Parkmöglichkeit.
- *Pension*
  Eine Hotelpension/Pension ist ein Betrieb, der sich von den Hotels durch eingeschränkte Dienstleistungen unterscheidet. Mahlzeiten werden nur an Hausgäste abgegeben. Die Bezeichnung Hotelpension ist häufiger in Städten zu finden. Ein Fremdenheim ist ein Pensionsbetrieb einfacher Art.

Parahotellerie
- *Appartement/Ferienwohnung/Ferienhaus*
  Ein Appartement bzw. eine Ferienwohnung ist eine abgeschlossene Unterkunft innerhalb eines Hauses mit eigenem Sanitärbereich und Selbstverpflegungseinrichtung, in der zum vorübergehenden Aufenthalt Gäste aufgenommen werden. Bei einem Ferienhaus wird dem Gast ein eigenes Haus zur Verfügung gestellt.
- *Camping/Caravaning*
  Camping/Caravaning umfasst das Übernachten auf einem Campingplatz mit einem Zelt oder Wohnwagen (Caravan) beziehungsweise Wohnmobil.

– *Jugendherberge*

Eine Jugendherberge ist ein Beherbergungsbetrieb, in dem in erster Linie junge Leute zu meist kurzfristigem Aufenthalt aufgenommen und Speisen und Getränke nur an Hausgäste abgegeben werden. Jugendherbergen bieten Programme und Aktivitäten für zwanglose pädagogische oder der Erholung dienende Zwecke an.

– *Sonstige Kollektivunterkünfte*

Dies können Erholungs-, Ferien- und Schulungsheime, Ferienzentren, Hütten oder Bergalmen sein, die auch für den kurzfristigen Aufenthalt von Gästen kollektive Zimmer- und Bettenstrukturen sowie Verpflegungsleistungen bereitstellen.

Zwischen traditioneller und ergänzender Hotellerie entwickeln sich jedoch zunehmend *hybride Formen* der Beherbergung, sodass eine eindeutige Zuschreibung und Klassifizierung oftmals erschwert ist. In Abhängigkeit von Hotelkonzept, Kategorie, Zimmer- und Bettenstruktur, Zimmergrößen, Länge des Aufenthalts, Service- und Leistungsangebot entziehen sich immer mehr Betriebe einer klaren Verortung bzw. es entstehen neue Beherbergungsformen, die mit klassischen Merkmalen und Zuschreibungscharakteristika kaum mehr zu erfassen sind. Aparthotels und Serviced Apartments mit allen erdenklichen Niveaus hinsichtlich des hoteltypischen Service- und Leistungsangebots, Hostels, die in Bezug auf Lifestyle, Design und Luxus kaum mehr von der Economy-Hotellerie zu unterscheiden sind (sog. Poshtels), sog. fraktale bzw. fragmentierte Hotels, die ein dezentrales Zimmerangebot bewirtschaften (z. B. Grätzl Hotels), oder Sharing-Economy-Konzepte, die zunehmend hoteltypische Leistungen zu erbringen suchen, sind nur einige Beispiele, die zeigen, dass sich die eindeutige Zuordnung in Hotellerie und Parahotellerie zunehmend schwieriger gestaltet.

Eine weitere Dimension des Hotelbegriffs bezieht sich auf bestimmte *Standards*, die in den zahlreichen Bemühungen um eine Definition als Beschreibungsmerkmale herausgestellt werden. Die Standards sind eine Funktion der Bedürfnisse des Hotelgasts, der Anforderungen des Gesetzgebers und der Verbände sowie der Beurteilungskriterien unabhängiger oder durch die Hoteliers bestellter Bewertungsinstanzen (Schultze 1993, S. 68). Der Deutsche Hotel- und Gaststättenverband bzw. der Schweizer Interessenverband – der Schweizer Hotelier-Verein – beschreiben Hotelunternehmen aktuell wie folgt:

SHV (Schweizer Hotelier Verein): „[...] als Betriebe, die über eine vollständige Einrichtung für den Aufenthalt, die Unterkunft und die Verpflegung seiner Gäste verfügen. Sie zeichnen sich durch einen der Kategorie angemessenen Wohn- und Aufenthaltsstandard und durch entsprechende Dienstleistungen aus."

DEHOGA (Deutscher Hotel- und Gaststättenverband): „[...] als einen Beherbergungsbetrieb mit angeschlossenem Verpflegungsbetrieb für Hausgäste und Passanten. Es zeichnet sich durch einen angemessenen Standard seines Angebots und durch entsprechende Dienstleistungen aus." Als Mindestvoraussetzungen setzt der DEHOGA mindestens 20 Gästezimmer voraus, von denen ein erheblicher Teil mit eigenem

Bad/eigener Dusche und WC ausgestattet sein muss, sowie die Existenz eines Hotel-empfangs.

5.1.2 Branchenstruktur der Hotellerie

Der *deutsche Hotelmarkt* gilt mit ca. 30.000 Unternehmen der klassischen Hotellerie, rund 500.000 Beschäftigten, knapp 1,82 Mio. Betten und etwa 29 Mrd. Euro Umsatz im Jahr 2018 zwar als einer der attraktivsten, aber auch als einer der schwierigsten Märkte in Europa. So prägten große Überkapazitäten seit der Wiedervereinigung lange Zeit das Bild. Lange Rezessionsphasen seit den 1990er-Jahren haben außerdem dazu geführt, dass der deutsche Hotelmarkt seit 1995 nur in fünf Jahren nennenswerte Wachstumsraten von mehr als 1 % erzielt hat, wobei hier die Sondereffekte durch die Fußballweltmeisterschaft im Jahr 2006 bereits einbezogen sind. Nach der globalen Wirtschafts- und Finanzkrise der Jahre 2008 und 2009 hat sich der deutsche Hotelmarkt in den letzten zehn Jahren jedoch sehr positiv entwickelt und kann seit 2009 ein Umsatzwachstum von ca. 40 % verzeichnen (DEHOGA 2019a; IHA 2019). Um die Branchenstruktur der Hotellerie im Detail zu beleuchten, ist es sinnvoll, zunächst die Betriebsarten und Größenverhältnisse in Bezug auf die Marktteilnehmer zu untersuchen, um im Anschluss daran auf die Markt- und Wettbewerbsverhältnisse eingehen zu können.

Umsatzentwicklung in der Hotellerie
Einen ersten Einblick in die Branchenstruktur der Hotellerie in der Bundesrepublik vermittelt der gastgewerbliche Zahlenspiegel des Deutschen Hotel- und Gaststättenverbands (Abb. 5.2).

Die Umsatzentwicklung im Beherbergungsgewerbe stellte sich im vergangenen Jahrzehnt wie folgt dar (Abb. 5.3):

Betriebsarten und Größenklassen in der Hotellerie
Als Maßstab für Größenverhältnisse in der Hotellerie lassen sich die *Anzahl der Zimmer bzw. Betten, die Umsätze oder die Anzahl der Beschäftigten* heranziehen. Dabei wird nach Betrieben der Klein-, Mittelstands- und Großhotellerie unterschieden, ohne dass es jedoch hierfür eine einheitliche quantitative Systematik bzw. offizielle Größenklassifikation der Hotelunternehmen gäbe. Darüber hinaus ist die Datenlage in Bezug auf die exakte Zahl und Art der verschiedenen Beherbergungsformen, Betriebsarten und Betriebsgrößen unbefriedigend und weist je nach Quellenlage unterschiedliche Dimensionen auf. Hier soll zwar auf die Angaben des aktuellen IHA-Branchenreports rekurriert werden, der sich wiederum zumeist auf Daten des Statistischen Bundesamts bezieht, allerdings ergeben sich auch hier aufgrund definitorischer Unklarheiten Abweichungen in Bezug auf die tatsächliche Zahl der Betriebe des klassischen Beherber-

Betriebe insgesamt
222.740

Umsatz insgesamt
89,8 Mrd. € (netto)

Beschäftigte insgesamt
ca. 2.360.000*
* inkl. 52.285 Auszubildende

Beherbergungsgewerbe
43.939 Betriebe
591.000 Beschäftigte

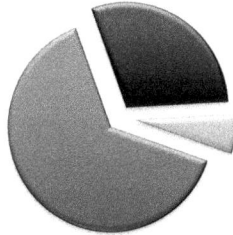

32,1 Mrd. €
(35,8 %)

9,3 Mrd. €
(10,4 %)

Kantinen/Caterer
13.757 Betriebe
288.000 Beschäftigte

48,4 Mrd. €
(53,8 %)

Gaststättengewerbe
165.044 Betriebe
1.481.000 Beschäftigte

Abb. 5.2: Umsätze, Marktteilnehmer und Beschäftigte im Gastgewerbe im Jahr 2018 (Quelle: DEHO-GA 2019b, 2019c)

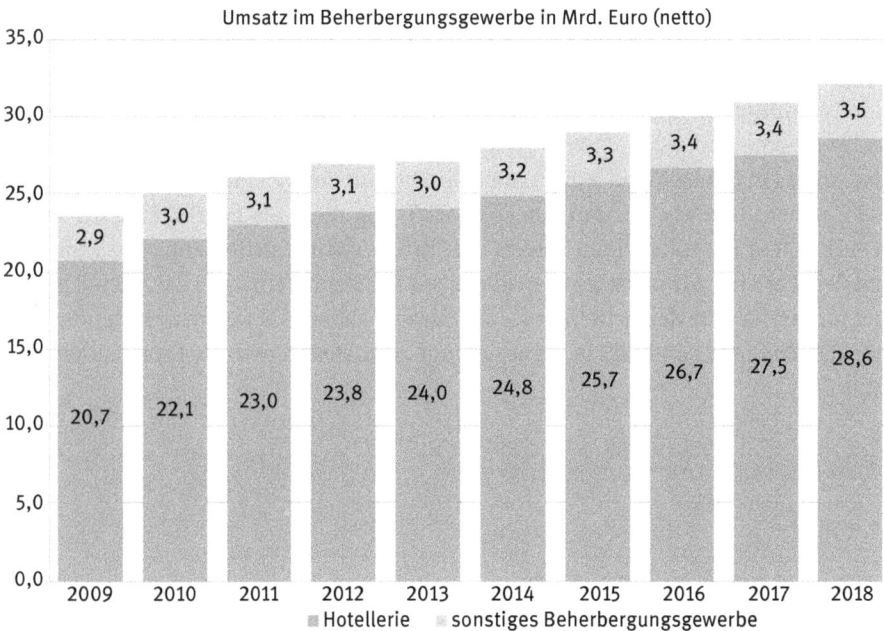

Umsatz im Beherbergungsgewerbe in Mrd. Euro (netto)

Jahr	Hotellerie	sonstiges Beherbergungsgewerbe
2009	20,7	2,9
2010	22,1	3,0
2011	23,0	3,1
2012	23,8	3,1
2013	24,0	3,0
2014	24,8	3,2
2015	25,7	3,3
2016	26,7	3,4
2017	27,5	3,4
2018	28,6	3,5

Abb. 5.3: Umsatzentwicklung im Beherbergungsgewerbe 2009 bis 2018 (Quelle: DEHOGA 2019a)

gungsgewerbes in Deutschland. Nach Lesart des IHA-Branchenreports lassen sich für das klassische Beherbergungsgewerbe (traditionelle Hotellerie) im Jahr 2018 folgende Strukturen in Deutschland identifizieren (Abb. 5.4):

durchschnittlich
ca. 48 Zimmer/91 Betten
pro Hoteleinheit

	Hotel	Hotel garni	Gasthöfe	Pensionen	Klassische Hotellerie insgesamt
Betriebe	12.556	6.671	6.255	4.627	30.109
Zimmer	613.610	214.251	88.034	60.620	976.515
Betten	1.148.292	397.135	160.167	111.526	1.817.120

Abb. 5.4: Die Struktur der klassischen Hotellerie nach Betriebsarten im Jahr 2018 (Quelle: IHA 2019, S. 45)

In Bezug auf die hotelspezifischen *Betriebsgrößenklassen* weisen die aktuellen Zahlen des IHA-Branchenreports im Jahr 2018 für das klassische Beherbergungsgewerbe ca. 30.000 Hotelunternehmen aus (zum Teil wird vom Statistischen Bundesamt allerdings auch die Zahl 32.317 oder 31.750 genannt; IHA 2019, S. 44 f.), von denen aktuell ca. 85 % (2008: 90 %) über weniger als 49 Zimmer verfügen, was den mittelständischen Charakter der Hotellerie unterstreicht. Allerdings gilt es anzumerken, dass die durchschnittliche Hotelbetriebsgröße in den letzten zehn Jahren auf Zimmerbasis um ca. 17 % (von 41 auf 48), auf Bettenbasis um ca. 25 % (von 73 auf 91) gestiegen ist. Aktuell gibt es in Deutschland jedoch nur 24 Hotels mit einer Zimmerkapazität von über 500 Zimmern und nur drei mit einer Kapazität von mehr als 1.000 Zimmern. Neben dem Sheraton Frankfurt Hotel Towers am Frankfurter Flughafen mit 1.008 Zimmern und dem Park Inn Alexanderplatz in Berlin mit 1.028 Zimmern weist das aktuell größte und umsatzstärkste deutsche Hotel – das Estrel Residence & Congress Hotel Berlin – mit 1.125 Zimmern (und 800 in Planung) und 2.250 Betten extreme Dimensionen auf (Abb. 5.5).

Klassische Hotellerie nach Betriebsgrößenklassen

Betriebsgrößenklassen von ... bis	Hotels	
	2012	2018
0 bis 49 Zimmer	30.339	27.105
50 bis 99 Zimmer	2.606	2.684
100 bis 249 Zimmer	1.395	1.698
250 und mehr Zimmer	238	263
Summe	34.578	31.705

Ca. 85 % der Hotels haben weniger als 49 Zimmer.

Abb. 5.5: Die klassische Hotellerie nach Betriebsgrößenklassen in den Jahren 2012 und 2018 (Quelle: IHA 2019, S. 44)

Betrachtet man im Weiteren die *Umsatzsteuerstatistik* im Hotelgewerbe im Detail, zeigt sich, dass die Beherbergungsbetriebe der klassischen Hotellerie, verglichen mit anderen Wirtschaftszweigen, mit durchschnittlich ca. 850.000 Mio. Euro Jahresumsatz relativ geringe Umsätze aufweisen (Stand 2018). Überträgt man die Zahlen der Umsatzsteuerstatistik auf die Größenklassifikation des Handelsrechts für Kapitalgesellschaften, wie sie das HGB in § 267 vorsieht, so stellt man fest, dass knapp 95 % aller Hotelunternehmen in Deutschland gemessen am Umsatz zu den kleinen Gesellschaften zählen würden. Die Größenklassifikation nach Umsatz in der traditionellen Hotellerie in Deutschland ergibt für das Jahr 2016 das folgende Bild (Abb. 5.6).

Steuerpflichtige Hotelunternehmen und deren Umsatzanteile nach Umsatzgrößenklassen von 2005 bis 2016

Umsatzgrößenklassen von ... bis	Anteil Hotels 2005	2010	2016
17.500 bis 250.000 €	72,5 %	70,8 %	61,8 %
250.000 bis 1.000.000 €	22,0 %	22,0 %	27,2 %
1.000.000 € und mehr	5,5 %	7,2 %	11,0 %
Summe	100,0 %	100,0 %	100,0 %

Ca. 90 % der Hotels haben weniger als 1 Mio. € Umsatz.

Abb. 5.6: Die klassische Hotellerie nach Umsatzgrößenklassen in den Jahren 2005–2016 (Quelle: IHA 2019, S. 43 in Anlehnung an das Statistische Bundesamt 2019)

5.1.3 Organisationsformen in der Hotellerie

In der Hotellerie werden – wie in Abb. 5.7 überblicksartig dargestellt – mit der Individualhotellerie, der Kettenhotellerie und den Hotelkooperationen unterschiedliche Organisations- und Wettbewerbsformen unterschieden. Im Folgenden werden diese Organisationsformen kurz skizziert:

Individualhotellerie

Die Individualhotellerie und damit das *von privater Hand geführte Hotel* ist für die meisten Märkte Europas ein charakteristisches Strukturmerkmal. Unter einem Eigentums- bzw. Privathotel wird das traditionelle Hotel verstanden, bei dem sich Immobilie (Grundstück, Gebäude) und operatives Geschäft, sprich die Betreibung des Ho-

Hotelunternehmen				
Individual-hotellerie	**Markenhotellerie**			
	Hotel-kooperation	**Hotelkette**		
		Franchisehotel	Filialsystem	Hotelkonzern
einzelbetrieblich	mehrbetrieblich	mehrbetrieblich	mehrbetrieblich	mehrbetrieblich
rechtlich und wirtschaftlich selbstständige Hotels	horizontaler Zusammenschluss rechtlich und wirtschaftlich selbstständiger Hotels; teilweise gehören Konzernhotels zugleich einer Hotelkooperation an (z. B. ist das Münchner Rocco Forte *The Charles* Hotel zudem eines der Leading Hotels of the World)	vertikaler Zusammenschluss rechtlich und wirtschaftlich selbstständiger Hotels	Unternehmen mit mehreren rechtlich unselbstständigen Hotels (Filialbetriebe)	rechtlich selbstständige und zumeist wirtschaftlich abhängige Hotels unter einheitlicher Leitung

Abb. 5.7: Unterscheidungsformen von Hotelunternehmen (Quelle: Gruner et al. 2008, S. 161)

tels, in einer Hand befinden (z. B. Sonnenalp, Hotel Bareiss, Traube Tonbach). Die Rechtsform der Hotelunternehmen ist i. d. R. die des Einzelunternehmens; Personen- oder Kapitalgesellschaften sind zumeist nur bei großen Betriebseinheiten anzutreffen. Der Hoteleigentümer trägt das volle unternehmerische Risiko mit entsprechender Umsatz-, Kosten-, Gewinn- und Personalverantwortung.

Hotelketten

Unter einer Hotelkette wird eine *Gruppe von Hotelbetrieben* bzw. -unternehmen verstanden, die organisatorisch unter einheitlicher und zentraler Leitung operieren, am Markt unter gleichem Namen auftreten und hinsichtlich ihres Angebots den gleichen qualitativen Standard bieten (z. B. Steigenberger Hotels und Resorts, NH Hoteles, Hilton, Intercontinental, Marriott). Hotelketten können entweder als Filial- bzw. Franchisesystem oder als Hotelkonzern organisiert sein. Charakteristisch ist hierbei, dass wesentliche betriebswirtschaftliche Teilfunktionen, wie z. B. Werbung, Marktforschung oder Qualitätsmanagement, aus den einzelnen Häusern ausgegliedert und der Kettenzentrale übertragen sind. Hotelketten können auch unterschiedliche Qualitätssegmente bedienen, wobei die einzelnen Hotels nach dem Grad ihrer Ausstattung und des Serviceangebots unter bestimmten Markennamen zusammengefasst werden (z. B. Accor mit Sofitel, Pullman, Mercure, Novotel, Ibis u. a.). Je nach Organisationsform der Hotelketten bzw. Hotelkonzerne gibt es zum einen reine Betreibergesellschaften, die sich ausschließlich auf das Management von Hotelunternehmen spezialisiert haben, und es gibt Hotelketten, die sowohl das Immobilienvermögen (Grundstück, Gebäude) als auch das operative Hotelgeschäft kontrollieren. In der Praxis existieren zahlreiche Mischformen zwischen diesen gegensätzlichen Ansätzen.

Hotelkooperationen

Hotelkooperationen verkörpern eine je nach Kooperation mehr oder weniger formalisierte Form des Zusammenschlusses von Einzelunternehmen, bei der die rechtliche und wirtschaftliche Selbstständigkeit der Einzelhotels erhalten bleibt. Ziel von Hotelkooperationen ist es, über gemeinsame Aktivitäten eine werbewirksame Marke aufzubauen, den Verkauf zu intensivieren und die Wettbewerbsfähigkeit zu verbessern, um so ein Gegengewicht zu den finanzstarken internationalen Hotelketten zu schaffen (z. B. Romantik Hotels, Ringhotels, Familotels, Akzent). Aktuell sind in Deutschland 56 Hotelkooperationen aktiv, in denen 8.752 einzelne, rechtlich selbstständige Hotels im In- und Ausland zu einem Verbund im Sinne einer institutionalisierten Vermarktungskooperation zusammengeschlossen sind (IHA 2019, S. 241). Die Aufnahme in eine Hotelkooperation ist an bestimmte Auflagen und Kriterien gebunden, die von der Vermarktungszentrale („Systemkopf") festgelegt werden (z. B. Eigentümerstruktur, Klassifizierungsniveau, Betriebstyp, Standort, Marktfokus, Ambiente etc.). Die Mitgliedschaft in einer Hotelkooperation ist mit unterschiedlichen Kostenkomponenten verbunden, deren Struktur und Zusammensetzung sich kooperationsabhängig unterscheidet. In der Regel sind jedoch eine einmalige Aufnahmegebühr, laufende Mitgliedsbeiträge, Kosten für das Reservierungssystem und Umlagen für bestimmte Marketing- und PR-Aktivitäten zu entrichten.

Markenhotellerie

Der Deutsche Hotel- und Gaststättenverband (DEHOGA) und der Hotelverband Deutschland (IHA) differenzieren nicht mehr zwischen Hotelgesellschaften bzw. Hotelketten und Hotelkooperationen, sondern haben hierfür den Begriff der „Markenhotellerie" geprägt. Unter diesem Oberbegriff werden Hotelgesellschaften und Hotelgruppen geführt, die
- über mindestens vier Hotels verfügen,
- wovon sich mindestens eines in Deutschland befindet, und
- die mit einer Dachmarkenstrategie am deutschen Hotelmarkt operieren, die sich unter anderem im Hotelnamen dokumentiert (IHA 2019, S. 224).

Abbildung 5.8 zeigt die zehn größten Hotelanbieter auf dem deutschen Hotelmarkt nach der Anzahl der Betriebe aus dem Bereich der Markenhotellerie. Auch wenn der Begriff der Markenhotellerie aus Markengesichtspunkten nicht kritikfrei ist, hat er sich aus Vereinfachungsgründen und Gründen der Markttransparenz durchgesetzt, da die zahlreichen Kooperationen in der Hotellerie sich im Marktverhalten und Marktauftritt zunehmend den Kettenhotels angleichen und die Grenzen zwischen Kette und Koope-

Gesellschaft	Markenname(n)	Hotels	Zimmer
		in Deutschland	
1. Accor Hospitality Germany	Sofitel, Suitehotel, Novotel, Mercure, Ibis, Adagio etc.	361	48.808
2. Best Western Hotels Deutschland	Best Western, Vibe, Best Western Premier	222	24.129
3. B&B Hotels	B&B	123	12.556
4. NOVUM Hospitality GmbH	NOVUM Hotels, Select Hotels, niu Hotels	111	10.331
5. GCH Hotel Group	Holiday Inn, Radisson, Wyndham etc.	109	16.446
6. Wyndham Hotel Group	Wyndham, TrypHotel, Super8 etc.	108	14.788
7. Ringhotels	Ringhotels	105	7.006
8. Romantik Hotels & Restaurants	Romantik Hotels & Restaurants	103	4.110
9. Top International Hotels GmbH	Top International	96	7.200
10. Akzent Hotels e. V.	Akzent	92	3.448

Abb. 5.8: Top Ten der deutschen Markenhotellerie 2018 nach Anzahl der Hotels (Quelle: IHA 2019, S. 237)

ration aus Kundensicht immer mehr verschwimmen. Gegenwärtig werden 166 Unternehmen mit 4.248 Betrieben auf dem deutschen Markt gezählt, die der o. g. Definition der Markenhotellerie genügen (IHA 2019, S. 230), wobei unklare definitorische Abgrenzungen auch zu Doppelzählungen führen.

5.1.4 Qualitätskategorien und Hotelklassifizierung

Charakteristisch für die Hotellerie ist die Klassifikation von Hotels nach Angebots- bzw. Qualitätskategorien. Die entscheidende *Kategorisierungsaufgabe* besteht darin, die Vielfalt gastgewerblicher Angebotsformen zu ordnen, um dadurch in- und ausländischen Touristen Vergleichsmöglichkeiten zu verschaffen. Die vom Gesetzgeber oder von der betreffenden Standesorganisation vorgenommene objektive Unternehmensklassifikation (Abb. 5.9) dient demnach der Preis- und Leistungstransparenz für den Konsumenten. Aber auch aus der Sicht der Hotellerie bietet eine objektive Klassifikation eine Reihe von Vorteilen. So ist bspw. eine offizielle Unternehmensklassifikation – in Verbindung mit der stets damit einhergehenden Preisnormierung – als objektives Werbeargument für einen bestimmten Qualitätsstandard zu betrachten. Des Weiteren schafft eine Unternehmens- und Preisklassifikation die Voraussetzungen für die Durchführung von Betriebsvergleichen und ermöglicht jedem Unternehmen eine Überprüfung der eigenen Leistungsfähigkeit sowie eine Beurteilung der Wettbewerbsfähigkeit im Hinblick auf die Konkurrenz.

★★★★★ Luxury

- 24 Stunden besetzte Rezeption, mehrsprachige Mitarbeiter
- Wagenmeisterservice
- Concierge, Hotelpagen
- Empfangshalle mit Sitzgelegenheiten und Getränkeservice
- personalisierte Begrüßung mit frischen Blumen oder Präsent auf dem Zimmer
- Minibar und 24 Stunden Speisen und Getränke im Room-Service
- Körperpflegeartikel in Einzelflakons
- Internetendgerät auf dem Zimmer auf Wunsch
- Safe im Zimmer
- Bügelservice (innerhalb einer Stunde), Schuhputzservice
- abendlicher Turn-down-Service
- Mystery-Guesting

★★★ ★ First Class

- 16 Stunden besetzte separate Rezeption, 24 Stunden erreichbar
- Lobby mit Sitzgelegenheiten und Getränkeservice, Hotelbar
- Frühstücksbuffet oder Frühstückskarte mit Room-Service
- Minibar, 16 Stunden Getränke im Room-Service oder Maxibar auf jeder Etage
- Sessel/Couch mit Beistelltisch
- Bademantel, Hausschuhe auf Wunsch
- Kosmetikartikel (z. B. Duschhaube, Nagelfeile, Wattestäbchen), Kosmetikspiegel, großzügige Ablagefläche und Heizmöglichkeit im Bad

★★★ Komfort

- 14 Stunden besetzte separate Rezeption, 24 Stunden erreichbar, zweisprachige Mitarbeiter (deutsch/englisch)
- Sitzgruppe am Empfang, Gepäckservice
- Getränkeangebot auf dem Zimmer
- auf Wunsch (mobiles) Telefon auf dem Zimmer
- Haartrockner, Papiergesichtstücher
- Ankleidespiegel, Kofferablage
- Nähzeug und Schuhputzutensilien auf Wunsch, Waschen und Bügeln der Gästewäsche
- Zusatzkissen und -decke auf Wunsch
- systematischer Umgang mit Gästebeschwerden

★★ Standard

- Frühstücksbuffet
- Leselicht am Bett
- Internetzugang auf dem Zimmer oder im öffentlichen Bereich
- Kartenzahlung möglich
- Schaumbad oder Duschgel
- Wäschefächer
- Angebot von Hygieneartikeln (Zahnbürste, Zahncreme, Einmalrasierer etc.)

★ Tourist

- alle Zimmer mit Dusche/WC oder Bad/WC
- tägliche Zimmerreinigung
- alle Zimmer mit TV samt Fernbedienung sowie Tisch und Stuhl
- Seife oder Waschlotion, Badetücher
- Empfangsdienst
- dem Hotelgast zugängliches Telefon
- erweitertes Frühstücksangebot
- Getränkeangebot im Betrieb
- Depotmöglichkeit

Abb. 5.9: Auszüge aus dem Kriterienkatalog der Hotelklassifizierung nach DEHOGA (Quelle: hotel-sterne.de 2019a)

Die meisten Länder mit Tourismusaufkommen verfügen über *staatliche Einrichtungen oder Verbandsorganisationen*, die über das Leistungs- und Qualitätsniveau der Hotels befinden und daraus eine Klassifizierung ableiten. Diese Systeme können entweder formeller oder informeller Natur sein, sie sind entweder staatlich oder privatrechtlich organisiert und sie sind entweder freiwilliger oder verpflichtender Natur. In der Bundesrepublik Deutschland wird erst seit 1996 seitens des *DEHOGA* eine einheitliche formelle und privatrechtlich organisierte Klassifizierung vorgenommen, die für Hotelbetriebe – anders als bspw. in Österreich oder Südtirol – jedoch nicht zwingend vorgeschrieben ist. Seitdem wurde der Kriterienkatalog fortwährend aktualisiert und überarbeitet (zuletzt 2015), neue technische Innovationen wurden aufgenommen und alte, nicht mehr zeitgemäße Standards entfernt. Aktuell sind 8.083 Hotelbetriebe klassifiziert, was einem Anteil von ca. 25 % an der klassischen Hotellerie entspricht. Die Mehrzahl der zertifizierten Hotels (92,4 %) sind Betriebe in der Drei- und Vier-Sterne-Kategorie. Die Zertifizierung ist im Zeitalter des Online-Vertriebs auch ein *wichtiges Suchkriterium* in zahlreichen Internet-Hotelplattformen (z. B. booking.com, trivago.com) geworden und sichert zertifizierten Betrieben eine entsprechende Marktpräsenz, über die nicht zertifizierte Betriebe nicht verfügen. Darüber hinaus nehmen in Deutschland zahlreiche weitere private Anbieter entsprechende Klassifizierungen vor, die, obwohl teilweise nicht in der Tourismusbranche tätig, in der Veröffentlichung von Hotel- und Restaurantführern einen guten Werbeträger sehen (z. B. Varta, Michelin, Shell). Weltweit existieren derzeit ca. 100 verschiedene Klassifikationssysteme, wobei diese Hotelklassifizierungen sich unterschiedlichster Bewertungssystematiken (Sterne, Diamanten, Punkte, Prozente etc.) und inhaltlicher Bewertungskriterien bedienen. So liegen bspw. der deutschen Hotelklassifizierung insgesamt 230 Kriterien über die verschiedenen Kategorien zugrunde (hotelsterne.de 2019).

Die Kategorisierungs- und Klassifizierungsnotwendigkeit von Hotels ist nicht unumstritten (Rainer 2009). Die Hauptargumente der Klassifizierungskritik münden im Tatbestand, dass Klassifizierungen in obigem Sinne oftmals einem absoluten, angebotsorientierten Qualitätsbegriff folgen und nicht einem relativen (subjektiven), der, charakterisiert durch die Erfüllung spezifischer Anforderungen, die *Kundenerwartungen* in den Mittelpunkt der Betrachtung stellt. Qualität wird in derartigen Klassifizierungssystemen im Wesentlichen mit dem Vorhandensein und dem Zustand zählbarer Kriterien und Ausstattungsmerkmale assoziiert und somit inputorientiert aufgefasst. So entziehen sich vielfach neuere Hotelkonzepte immer mehr den Klassifikationsmöglichkeiten, da die Hardware zwar eine Einordnung in bestimmte Kategorien ermöglicht, diese aber nicht zwingend mit dem angebotenen Serviceniveau bzw. dem Produktkonzept übereinstimmen (z. B. 25hours, Motel One, Moxy, Ruby, Prizeotel). Insofern werden existierende Hotelbeurteilungssysteme vielfach als nicht ausreichend marktorientiert, einengend, bürokratisch und nicht zeitgemäß angesehen. Im digitalen Zeitalter stehen dem Gast mittlerweile neben einer Fülle an Informationen der Anbieter zudem tagesaktuelle Bewertungen und Beschreibungen von Gästen in zahlreichen Hotelbewertungsportalen zur Verfügung, die die bestehenden Systeme der deutschen Klassifizierung als relativ unflexibel erscheinen lassen.

5.2 Hotelbetrieb und Hotelleistung

5.2.1 Dienstleistungscharakter der Hotelleistung

Hotelunternehmen werden als personenbezogene, kundenpräsenzbedingte Dienstleistungsbetriebe charakterisiert, die durch den Einsatz materieller und immaterieller interner Faktoren Leistungen an Dritte abgeben, wobei diese als externe Faktoren in den Leistungserstellungsprozess zu integrieren sind (Gardini 2020, S. 25 ff.; Hänssler 2016, S. 104 ff.; Barth/Theis 1998, S. 15 ff.). Während Beherbergung und Verpflegung – wie im Folgenden dargestellt – *Kernleistungen* darstellen, übernehmen die *Nebenleistungen* zusätzliche Dienstleistungsfunktionen und stellen in ihrer Ausgestaltung ein wichtiges Differenzierungsmerkmal für Hotelunternehmen in ihrem jeweiligen Kunden-/Marktsegment dar (Abb. 5.10).

	materielle Komponenten			immaterielle Komponenten	
				Prozessuale K.	Sensuelle K.
Beherbergung	**Speisen/Getränke**	**Komfort**		**Service**	**Atmosphäre**
alles, was dem Gast im Zusammenhang mit dem Zimmer angeboten wird	alles, was dem Gast zum Verzehr angeboten wird	alles Materielle, das dem Gast zur Verfügung gestellt wird		alle Dienste, die im Beherbergungs-, Verpflegungs-, NL-Bereich geleistet werden	alles Immaterielle, das auf das Empfinden und Erlebnis des Gastes Einfluss hat
			Ambiente alles, was der Gast rund um den Aufenthalt im Hotel wahrnimmt und erlebt		

zentrale Komponenten · komplettierende Komponenten

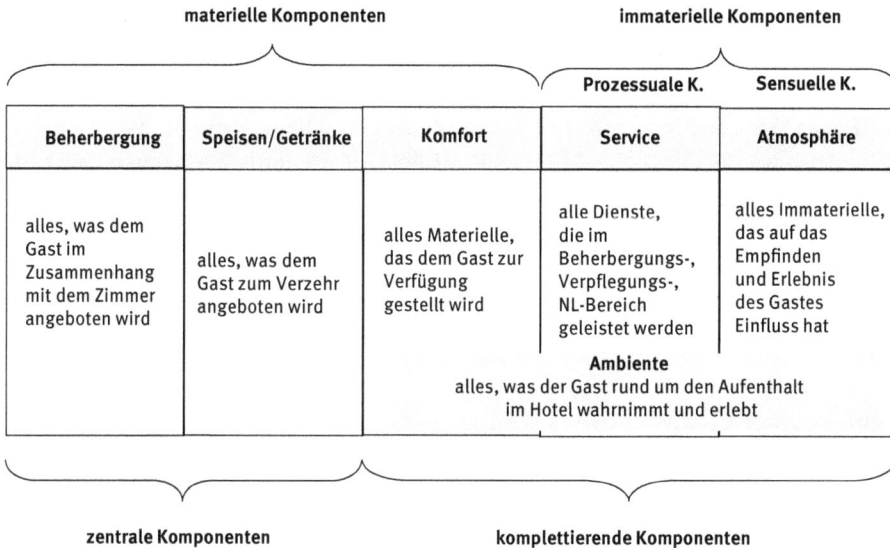

Abb. 5.10: Dimensionen der Hotelleistung (Quelle: in Anlehnung an Poggendorf 1991, S. 98)

Das Ausmaß und die Bedeutung des persönlichen Kontakts zwischen Leistungs-anbieter und Leistungsnachfrager wird in der Hotellerie im Wesentlichen durch die jeweilige Hotelkategorie bzw. das Qualitätssegment determiniert. Die Dominanz der Dienstleistungsaspekte, die Individualität der Leistungserstellung und die große Be-deutung des persönlichen Kontakts zwischen Hotelmitarbeitern und Hotelgästen in weiten Teilen der Hotellerie charakterisieren demzufolge Hotelleistungen als Erfah-rungsgüter, ein Merkmal, das dazu führt, dass Kunden im Vorfeld die relative Leis-tungsqualität eines Hotels nur sehr schwer oder nur indirekt einschätzen können. Weitere Dienstleistungsspezifika wie das Erfordernis der Kundenpräsenz bzw. Kun-denbeteiligung, die Immaterialität zumindest von Teilen und Ergebnissen der angebo-tenen Leistungen sowie die Erstellung und der Absatz der Leistungen nach dem Uno-actu-Prinzip sind typische Merkmale bzw. wesentliche Bestandteile der Hotelleistung und kennzeichnen demzufolge das Hotel eindeutig als ein *Dienstleistungsunterneh-men* (Gardini 2015, S. 22).

5.2.2 Grundlegende Leistungs- und Organisationsbereiche eines Hotelbetriebs

Das Leistungssystem eines Hotelunternehmens ist – wie angesprochen – durch die Bereiche *Beherbergung*, *Gastronomie* und *Nebenleistungen* gekennzeichnet. Die von einem Hotelunternehmen angebotenen Leistungen ergeben sich aus der Kombinati-on von Sachgütern (Hotelzimmer, Speisen, Getränke) und einer Vielzahl fallweise unterschiedlich erbrachter Dienstleistungen. Beherbergung und Gastronomie sind Kernleistungen, die Nebenleistungen zusätzliche Dienstleistungsfunktionen und ein wichtiges Differenzierungsmerkmal. Diese zusätzlichen Dienste sind jedoch nur dann als selbstständige Leistungen des Hotelangebots zu betrachten, wenn sie gegen Entgelt abgegeben werden, ansonsten gelten sie als Bestandteil der Beherbergung. Die konkrete Zusammensetzung und Größe der Bereiche bzw. das Vorhandensein weiterer Bereiche (z. B. Tagungs-, Kongress- und Bankettbereich) kann in Abhängigkeit von vielen Faktoren (z. B. Marktkonzept, Leistungsangebot, Kategorie, Betriebsgröße, Standortbedingungen) sehr unterschiedlich sein, ist aber immer auf die Kernbereiche Beherbergung und Gastronomie zurückzuführen.

Beherbergungsbereich

Aus Sicht der Leistungserbringung umfasst die Beherbergungsleistung (Logis) neben der Bereitstellung der sog. Hardware wie Unterkunftsmöglichkeiten, Aufenthaltsräume und/oder Sportanlagen vielfältige persönliche Dienstleistungsfunktionen, die – soweit unentgeltlich bzw. im Übernachtungspreis inbegriffen – unmittelbar durch den Tatbestand der Übernachtung anfallen. Dazu gehört die Betreuung des Gastes sowohl durch das Empfangspersonal (Check-in/-out, Abrechnung, Reservierung, Information, Wake-up-Service usw.) als auch durch das Etagen- und Reinigungspersonal (Zimmer-/Raumpflege, Reinigung der Wäsche, Room-Service usw.). Neben der Betreuung des Gastes ist auch die Gewährleistung der Sicherheit hinsichtlich Diebstahls und Gesundheit sicherzustellen. Die baulichen Anlagen (Hardware) im Bereich der Beherbergung umfassen folgende Bereiche (Hänssler/Rettl 2016, S. 119 ff.; Henschel et al. 2013, S. 57 f.):

- Gästezimmer
- Empfangsbereich (Lobby, Anfahrtsbereich)
- sonstige Gemeinschaftsflächen und Aufenthaltsräume (z. B. Kaminzimmer, Bibliothek)
- Tagungs-, Konferenz- und Banketträume
- sonstige Einrichtungen (z. B. Sport-, Fitness-, Wellnessanlagen, Kinderbetreuung)
- Verkehrs- und Etagenflächen (z. B. Gänge, Flure, Treppenhäuser, Fahrstühle)
- Technik und Betriebsräume
- Garagen, Parkplätze
- vermietbare Flächen (z. B. Ladengeschäfte, Büros etc.)

Die *Gästezimmer* stellen ein Kernelement der Beherbergungsleistung dar. Sie dienen als Schlaf-, Ruhe-, Wohn- und Arbeitsräume und haben demzufolge je nach Produktkonzept bzw. Betriebstyp (Business-Hotel, Tagungshotel, Ferienhotel) unterschiedliche Bedürfnisse und Funktionen zu erfüllen. Entsprechend werden Zimmer nach Kategorien (Einzelzimmer, Doppelzimmer, Mehrbettzimmer, Suiten, Studio, Appartement), Standard, Größe und Ausstattung differenziert.

Aus organisatorischer Sicht ist für den Bereich der Beherbergungsleistung neben dem Hoteldirektor als Gesamtverantwortlichem der Logisbereich (Rooms Division) verantwortlich. Der *Logisleiter* (Rooms Division Director/Manager) eines größeren Hotels hat i. d. R. folgende Abteilungen bzw. Aufgaben zu koordinieren (Walker 2008, S. 131; Gruner et al. 2008, S. 257 ff.):

- den *Empfangsbereich* (Frontoffice) mit den Stellen bzw. Aufgaben der Reservierung, der Rezeption, der Portiersloge (Concierge), der Telefonzentrale und des Nachtdiensts (Night Audit). Der Empfangsbereich ist die Hauptanlaufstelle für alle Belange des Gastes vor, während und nach dem Aufenthalt im Hotel,
- den *Hausdamenbereich* (Housekeeping) mit der verantwortlichen Hausdame, den Zimmermädchen, der Wäscherei/Näherei und dem Spätdienst. Aufgabe des Hausdamenbereichs ist die Reinigung und Pflege der Zimmer, Flure, Treppen, der sonstigen öffentlichen Räumlichkeiten, der Ausrüstungen (Bett-/Tischwäsche) sowie der persönlichen Gegenstände des Gastes (Wäsche-/Nähdienst),
- den Bereich *Sicherheit* (Security/Loss Prevention) mit der Aufgabe, die Sicherheit der Gäste und der Mitarbeiter bzw. deren Besitztümer zu gewährleisten,
- den Bereich *Instandhaltung/Technik* (Maintenance) zur Gewährleistung und Aufrechterhaltung eines reibungslosen technischen Leistungsniveaus des Hotels.

Die Beherbergungsleistung ist ein *Mietdienst*, indem Räumlichkeiten zur Nutzung überlassen werden. Rechtliche Grundlage dieses Mietdiensts ist der *Beherbergungsvertrag*, der einen gemischttypischen Vertrag darstellt, mit Grundelementen aus dem Mietrecht und mindestens eines anderen Vertragstyps, etwa des Kauf- oder Dienstvertrags. Der wesentliche Inhalt des Beherbergungsvertrags bestimmt sich nach § 535 BGB. Danach hat das Hotel das vereinbarte Hotelzimmer während der Mietzeit zur Verfügung zu stellen. Der Gast hingegen ist zur Entrichtung des vereinbarten Zimmerpreises verpflichtet. Sobald die Zimmerreservierung vom Beherbergungsbetrieb angenommen ist, liegt ein verbindlicher Beherbergungsvertrag vor (AHGZ 2019). Ähnliche rechtliche Regelungen liegen vor, wenn es sich bei dem Nachfrager um Reise- und Tagungsveranstalter handelt, der größere Abnahmemengen (Kontingentierungsvertrag) vorsieht.

Gastronomiebereich

Der Gastronomiebereich (Food & Beverage) umfasst hingegen *Küchen- und Kellerleistungen* sowie die *Servicefunktionen* in den verschiedenen gastronomischen Einheiten eines Hotelunternehmens. Sowohl für die Küchenleistungen als auch für die Kellerleistungen (Getränke) ist es jedoch charakteristisch, dass ihr Absatz weitestgehend über eine menschliche Dienstleistung (den Service) erfolgen muss und sie erst dann zu einer Hotelleistung werden, wenn der Gast die „Produkte" in den Räumlichkeiten des Hotels zu sich nimmt (Integration des externen Faktors). Der gesamte Verpflegungsbereich wird in der Hotellerie unter dem Begriff Food & Beverage subsumiert.

Typische gastronomische Einheiten bzw. Abteilungen im F&B-Bereich sind Folgende (Fuchs 2016, S. 147 ff.):
- Restaurant(s)
- Bar/Clubs
- Café
- Bankett-/Veranstaltungsabteilung
- Etagen-/Zimmerservice
- Pool-/Wellnessgastronomie
- Servicebar/Kaffeeküche
- Vending/Automatengeschäft
- Küche
- Stewarding (Küchen-/Küchengeräte-/Besteckreinigung)
- Außer-Haus-Gastronomie (Partyservice, Catering)

Aus organisatorischer Sicht ist für den Bereich der Gastronomie neben dem Hoteldirektor als Gesamtverantwortlichem der F&B-Direktor/Manager verantwortlich. Der *F&B-Manager* eines größeren Hotels hat i. d. R. mit dem Restaurantleiter, dem Küchenchef, dem Bankettleiter, dem Leiter des Etagenservice, dem Barchef und evtl. dem Chef weiterer vorhandener gastronomischer Einheiten verschiedene Abteilungen und Aufgaben zu koordinieren. Während in größeren Betrieben bspw. dem Restaurantleiter (Maitre d'hotel) mit den Stationskellnern (Chef de Rang), den stellvertretenden Stationskellnern (Demi Chef de Rang) und den Jungkellnern (Commis de Rang) bzw. Auszubildenden verschiedene Stellen und Mitarbeiter zugeordnet sind, übernehmen in kleineren Betrieben die Abteilungsleiter auch Aufgaben der Mitarbeiter (Gruner et al. 2008, S. 257 ff.).

Je nach Größe, Betriebstyp und Produktkonzept eines Hotels setzt sich der F&B-Bereich entsprechend aus unterschiedlichen Einheiten zusammen. Grundlegend können die gastronomischen Einheiten entweder in Eigenregie oder von Fremdanbietern betrieben werden. Für die Mehrzahl der im deutschsprachigen Raum betriebenen Hotels ist die eingegliederte Gastronomie (F&B-Bereich) jedoch ein Subventionsbereich, d. h. eine Unternehmenseinheit, die bei reeller Kostenzuweisung häufig nicht rentabel ist. Hoteliers messen der Gastronomie dabei eine unterschiedliche Bedeutung zu. Während der Gastronomiebereich für viele Hotels der gehobenen bzw. der Luxushotellerie eine wesentliche Ergänzung des Gesamtangebots als Umsatzbringer und Imageträger darstellt, würden andere gerne aus Gründen der Personalintensität und der wenig kalkulierbaren Nachfrageintensität darauf verzichten. Insbesondere in ersteren Betrieben wird die Aufgabe der Hotelgastronomie darin gesehen, als Teilangebot der gesamten Hotelleistung diese attraktiver zu machen und dadurch höhere Zimmerraten zu generieren (z. B. die Althoff-Gruppe sowie die Individualhotels Bareiss, Traube Tonbach und Sackmann in Baiersbronn mit ihren jeweiligen Sternerestaurants). Dabei achten die meisten Hotelbetreiber darauf, dass die gastronomischen Bereiche, in denen Umsätze entstehen (Restaurant, Bar etc.), zum Gesamtkonzept bzw. Markenauftritt des Hauses passen. Die wesentlichen Komponenten der *Gestaltung eines gastronomischen Angebots* bestehen – je nach Standard und Produktkonzept des Hotels – in der Vielfalt oder Spezialisierung des Speisen- und Getränkeangebots (Sortimentsbreite/-tiefe), in der Gestaltung des Services rund um den Gast (Serviceabläufe und Servicearten) sowie in der Gestaltung des Ambientes bzw. der Atmosphäre, die über die bewusste Ansprache aller fünf menschlichen Sinne in den jeweiligen gastronomischen Bereichen geschaffen werden soll (Stichwort: multisensuales Marketing). Langfristig betrachtet sollte jedoch die Hotelgastronomie zumindest kostendeckend arbeiten, wenn nicht sogar mithilfe eines passenden Konzepts Gewinne erzielen.

Nebenleistungsbereich

Das Angebotsspektrum der Nebenleistungen ist sehr heterogen, korreliert in seiner Quantität und Qualität stark mit der jeweiligen Hotelkategorie und weist neben ausgesprochen personenbezogenen *Dienstleistungsangeboten* (z. B. Unterhaltung, Massage, Transport-/Vermittlungsleistungen) auch bestimmte *Handelsfunktionalitäten* auf (z. B. Einzelgeschäfte, Getränkeautomaten, Shoppingmalls). Zu den Nebenleistungen gehört bspw. der Bereich der Kommunikation bzw. der sog. In-Room Technology (Internet, Entertainment, Smart-Room-Anwendungen etc.), der Freizeit- und Gesund-

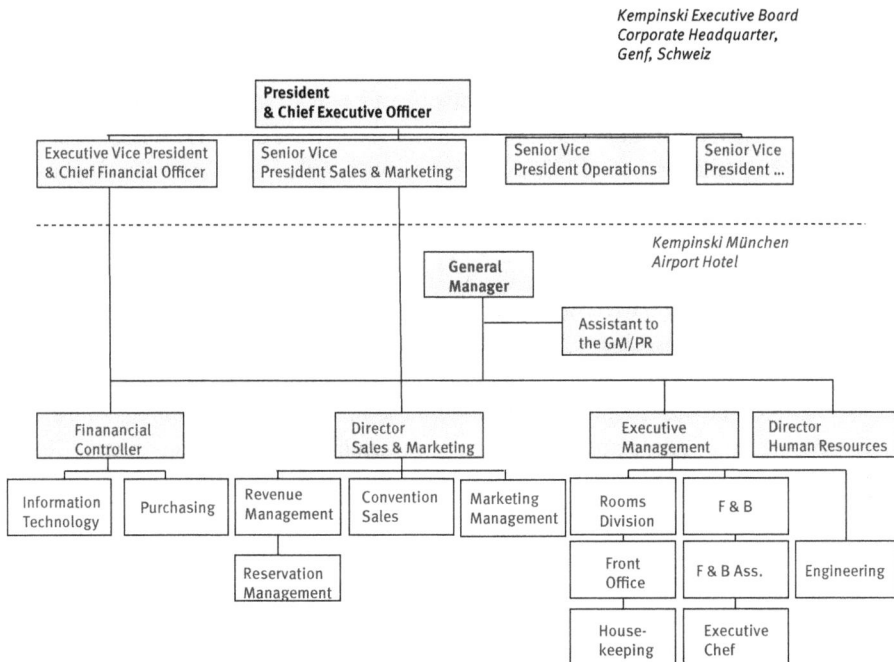

Abb. 5.11: Auszug aus dem Organigramm der Kempinski-Hotelgruppe und des Kempinski Airporthotel München (Stand März 2012) (Quelle: interne Unterlagen Kempinski AG)

heitsbereich (Sport-, Wellness-, Spa- oder Kuranlagen, Animation, Unterhaltung etc.), der Shoppingbereich (Geschäftszeilen, Kiosk, Frisörsalon etc.), der Bankettbereich (Organisation von Tagungen, Konferenzen, privaten Festen etc.) sowie eine Vielfalt weiterer Komplementärleistungen zur Beherbergungsleistung (z. B. Tiefgarage, Transportdienste, Wäsche- und Bügelservice etc.). Die Komplementärleistungen können ebenfalls entweder in Eigenregie oder durch Fremdanbieter erbracht werden.

Die Organisation eines Hotelbetriebs im Sinne einer Aufbauorganisation ist ein Reflex strategischer Überlegungen, die in engem Zusammenhang mit den oben skizzierten Leistungsbereichen steht. Entsprechend ist die Organisation eines Hotelunternehmens in seiner spezifischen Gestaltung abhängig von der Betriebsgröße, dem Betriebstyp, dem Produktkonzept sowie dem Leistungsstandard. Anhand der *klassischen Struktur eines größeren Hotelbetriebs* (Abb. 5.11) sollen die o. g. verschiedenen Leistungs- und Organisationsbereiche eines Hotelunternehmens in einer Gesamtübersicht visualisiert werden.

5.2.3 Gestaltungsbereiche des Leistungsprogramms in der Hotellerie

Die grundsätzliche Leistungsprogrammgestaltung umfasst in der Hotellerie neben der konstitutiven Entscheidung über den Standort insbesondere Entscheidungen über die Breite und Tiefe des Leistungsangebots in den Leistungsbereichen Beherbergung, Verpflegung und Nebenleistungen, die Entwicklung von Programminnovationen und -variationen sowie die Eliminierung nicht wettbewerbsfähiger Leistungselemente (Abb. 5.12). Hier müssen sowohl für das *Gesamtkonzept* als auch für die jeweiligen Bereiche Fragestellungen hinsichtlich der Gestaltung und des Verhältnisses von Kern- und Zusatzleistungen beantwortet werden. Eine besondere Rolle für Hotelunternehmen spielen im Rahmen der Leistungs- und Produktpolitik aufgrund der Integration des externen Faktors die *Beschwerdepolitik* und die *Servicepolitik* (z. B. materielle und immaterielle Zusatzleistungen, Servicegarantien).

Ähnlich wie bei der Standortscheidung eines Hotelunternehmens ist die zielgerichtete funktionale und gestalterische *Planung der materiellen Komponenten* der Beherbergungs- und Verpflegungsleistung und der vielfältigen Nebenleistungen (Komfortpolitik) in vielen Leistungsbereichen konstitutiver Natur. Insbesondere der Bau und die architektonische Gestaltung des Hotelbetriebs bzw. der Hotelanlage, Einrichtungsgegenstände und technische Anlagen sowie das Inventar bedingen Festlegungen und Investitionen langfristiger Art, sodass etwaige Fehlentscheidungen aufgrund des erheblichen Finanzaufwands insbesondere bei der klein- und mittelständischen Hotellerie sehr leicht zu wirtschaftlichen Problemen führen können.

Insofern ist die frühzeitige Planung der vorgesehenen Gestaltungselemente der *Komfortpolitik* von besonderem Interesse im Rahmen integrativer Marketing-Konzepte, prägt die Komfortpolitik doch in grundsätzlicher Weise die weiteren Entscheidun-

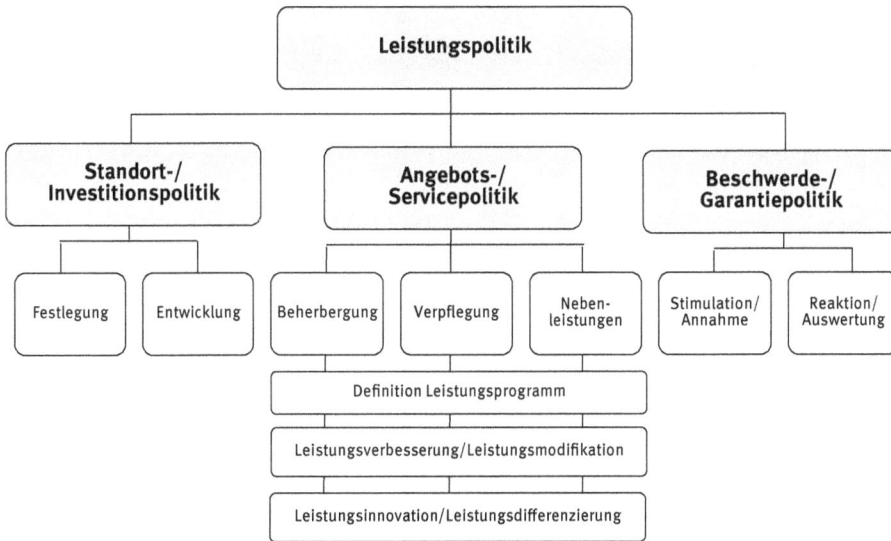

Abb. 5.12: Gestaltungsbereiche der Leistungspolitik in der Hotellerie (Quelle: Gardini 2015a, S. 449)

gen bzgl. der Art und des Niveaus des Instrumenteneinsatzes in den anderen Bereichen des Marketing-Mix eines Hotelunternehmens. Abbildung 5.13 zeigt einige wichtige Analysebereiche innerhalb der Komfortpolitik eines Hotelunternehmens.

Der Bereich der *Servicepolitik* umfasst alle Dienstleistungen (Funktionen, Tätigkeiten, Prozesse), die in den drei Kernbereichen Beherbergung, Verpflegung und Nebenleistungen für den Hotelgast auf unterschiedlichen Ebenen erbracht werden (Poggendorf 1991, S. 71 ff.). Die Servicepolitik ist in Bezug auf das betriebstypenbezogene Serviceprogramm, das Serviceniveau, die Intensität des Service sowie die Gestaltung der Interaktionsprozesse mit dem Gast im Rahmen der Serviceabläufe zu determinieren. Abbildung 5.14 zeigt einige ausgewählte Analysebereiche innerhalb der Servicepolitik eines Hotelunternehmens.

Basierend auf dieser grundsätzlichen Ausrichtung eines Leistungsprogramms ergibt sich für jedes Hotelunternehmen die Notwendigkeit, sein Leistungsangebot kontinuierlich auf *Markt- und Zukunftsfähigkeit* zu überprüfen. So entwickeln sich in der Hotellerie, wie in anderen Branchen auch, ständig neue Moden und Trends, manche davon sind kurzlebig, manche setzen hingegen neue Branchenstandards. Gastronomie- oder Hotelkonzepte überleben sich, Lebensstile, Designansprüche und Nahrungsgewohnheiten verändern sich, Hotelgebäude und Hotelanlagen altern, neue Technologien entstehen usw. Diesen sich ständig wandelnden Rahmenbedingungen müssen sich Hotelunternehmen in ihrer Leistungsprogrammplanung stellen, wollen sie ihr Überleben am Markt langfristig sichern. Produktlebenszyklen sind jedoch kein Schicksalsfall, sondern werden von vorausschauenden Unternehmen im Rahmen des *Innovationsmanagements* durch eine kontinuierliche Erneuerung und Anpassung

Räumlichkeiten	• Zimmer • Verzehrräume • Nebenräume • Außenbereiche usw.
Einrichtung	• Innenausbau • Raumausstattung • Gästezimmer • Mobiliar • Lampen • technische Anlagen • Dekoration usw.
Inventar für Service/Beherbergung	• Tischwäsche • Geschirr • Tischgerät • Serviergerät • Informationsträger • Gästebetten • Bettwäsche • Toilettenartikel usw.
Verbrauchsmaterial	• Einmaltischwäsche • Einmalgeschirr • Unterlagen • Hygienematerial usw.

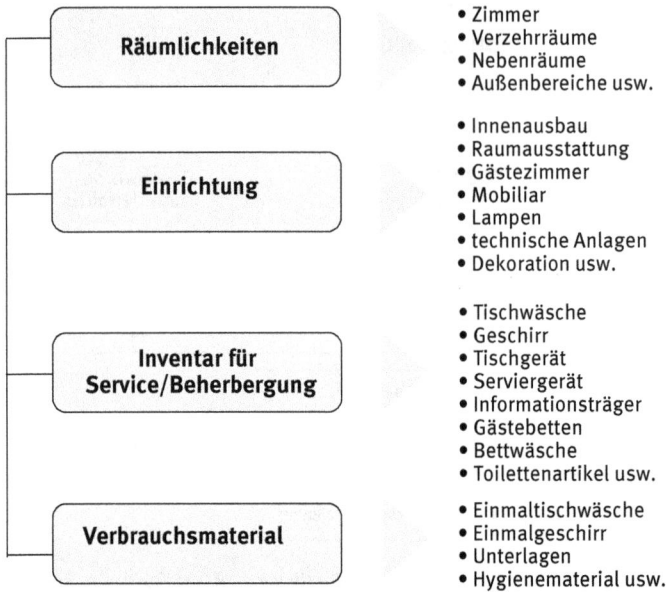

Abb. 5.13: Analysepunkte der Komfortpolitik (Quelle: Poggendorf 1991, S. 67)

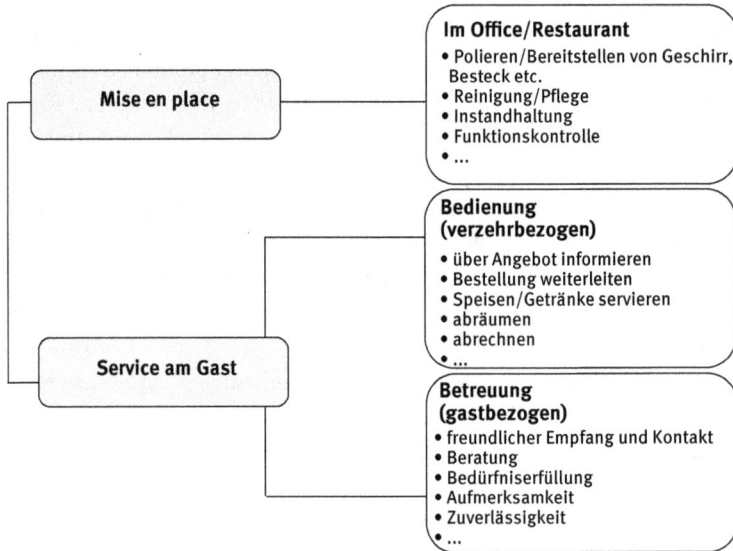

Mise en place	**Im Office/Restaurant** • Polieren/Bereitstellen von Geschirr, Besteck etc. • Reinigung/Pflege • Instandhaltung • Funktionskontrolle • ...
Service am Gast	**Bedienung (verzehrbezogen)** • über Angebot informieren • Bestellung weiterleiten • Speisen/Getränke servieren • abräumen • abrechnen • ... **Betreuung (gastbezogen)** • freundlicher Empfang und Kontakt • Beratung • Bedürfniserfüllung • Aufmerksamkeit • Zuverlässigkeit • ...

Abb. 5.14: Analysepunkte der Servicepolitik (Quelle: Poggendorf 1991, S. 75)

ihrer Produkte und Dienstleistungen proaktiv mitgestaltet. Unter Berücksichtigung natürlicher bzw. marktgegebener Alterungsprozesse entwickeln diese Unternehmen systematisch neue wachstumsträchtige Konzepte, Produkte und/oder Dienstleistungen, die den veränderten Kundenansprüchen und Wettbewerbsanforderungen entsprechen.

Dies betrifft zum einen die Straffung und Erweiterung hinsichtlich Programmbreite und Programmtiefe und zum anderen die Leistungsmodifikation (Leistungsdifferenzierung, Leistungsstandardisierung, Leistungsinnovation, Leistungselimination) (hierzu und zum Folgenden Gardini 2015, S. 445 f. und die dort angegebene Literatur).

Die *Programmbreite* eines Hotelunternehmens bzw. eines Hotelkonzerns ist durch die Anzahl der unterschiedlichen Leistungskategorien im Sinne einer additiven Auswahl für den Kunden zur Lösung unterschiedlicher Anwendungsbereiche gekennzeichnet. Größere Hotelkonzerne wie Accor verfügen bspw. mit den Marken Ibis, Novotel, Mercure, Pullman und Sofitel über verschiedene Hotelkonzepte in unterschiedlichen Leistungs- bzw. Sternekategorien. Im Gastronomiebereich wäre ein breites Leistungsprogramm bspw. durch eine große Auswahl an alkoholischen Getränken gekennzeichnet. Die *Programmtiefe* lässt sich an der Variantenanzahl innerhalb einer Leistungskategorie ermessen. So verfügen zahlreiche Hotelkonzerne über verschiedene Hotelmarken innerhalb der gleichen Sternekategorie (z. B. die US-amerikanische Wyndham Worldwide mit ihren verschiedenen Zwei- bzw. Drei-Sterne-Marken Days Inn, Howard Johnson, Knights Inn, Ramada Inn, Super 8, Travellodge). Manche Hotelunternehmen wie bspw. die Münchner Hotelgruppe Derag Hotel and Living bietet im Servicebereich ihrer Vier-Sterne-Apartmenthotels eine Fülle von Dienstleistungen an, die sich der Hotelgast fakultativ im Sinne eines Baukastensystems zusammenstellen kann (Frühstücksbuffet, Brötchen- und Einkaufsservice, Tageszeitungen, Reinigung, Fahrradverleih, Restaurant im Haus, Hotelbar, Online-Service, ein virtuelles Büro sowie einen Fitnessbereich mit Sauna und Solarium). Im Gastronomiebereich wäre bspw. eine große Variantenanzahl im Produktbereich „Bier" denkbar, mit verschiedenen Biersorten aus verschiedenen Ländern bzw. Regionen.

Bei der *Leistungsmodifikation* erfolgt der Eingriff in das Leistungsprogramm, ohne dass Breite oder Tiefe verändert werden. Dies kann durch den Ersatz bestehender Produkte, durch neuere Versionen oder durch Produktveränderungen im Sinne eines Relaunchs oder Revivals geschehen. So versuchte bspw. die Hotelgruppe Le Méridien mit einem ca. 1,3-Mrd.-Euro-Investitionsprogramm, ihre Hotels im Zuge eines Relaunches als Häuser mit Boutique-Charakter unter dem Signet „Art & Tech" umzupositionieren. Im Gastronomiebereich sind bspw. die regelmäßig notwendigen Veränderungen und Aktualisierungen der Speisekarte eines Restaurants als Leistungsmodifikation zu charakterisieren.

Von einer *Leistungsinnovation* spricht man bei der Entwicklung und/oder Aufnahme neuer Leistungsangebote, so z. B. in den 1990er-Jahren, als die Steigenberger AG mit den Marken Maxx, Esprix und Intercity in neue, bislang nicht bediente Leistungs- bzw. Sternekategorien eindrang. Auch die seit geraumer Zeit zu beobachtende Entwicklung der zahlreichen Low-Budget-Hotelkonzepte stellt für viele Hotelkonzerne eine echte Leistungsinnovation dar (z. B. Motel One 1999 als Pionier des designorientierten Low-Budget-Produkts, ebenso die Entwicklung innovativer Hostelkonzepte, bspw. durch Wombats, Meininger etc.). Die Entwicklung von Merchandising-Artikeln vieler Hotels kann ebenfalls als Leistungsinnovation auf der Ebene der Nebenleistungen charakterisiert werden (z. B. Ritz-Carlton-Kochbücher, Bademäntel, Organizer oder die Regenschirme und Golfbälle der Steigenberger Hotels etc.).

Eine *Leistungsdifferenzierung* erreicht man, indem zusätzliche Varianten – im Sinne konkurrierender Leistungen – in das Programm aufgenommen werden. So ist das Angebot von Einzel-/Doppelzimmern, Junior-, Senior- und/oder Senator-/Präsidentensuiten mit unterschiedlichen Zimmergrößen und Ausstattungselementen eine Möglichkeit der Leistungsdifferenzierung. Die Kölner Althoff-Hotelgruppe bietet bspw. innerhalb ihres Extended-Stay-Konzepts (Althoff Residences) zwei verschiedene Leistungsvarianten an. So ist im Frankfurter Main Plaza die eine Hälfte der 140 Suiten möbliert, während die andere Hälfte der Suiten vom Gast mit eigenem Mobiliar ausgestattet werden kann. Das Gegenteil der Leistungsdifferenzierung ist die *Leistungsstandardisierung*, die durch eine Verringerung der für den Kunden verfügbaren Wahlmöglichkeiten erfolgt. So sind bspw. Low-Budget-Hotelkonzepte (z. B. Easy Hotels, Ibis Budget) i. d. R. durch ein hohes Maß an Leistungsstandardisierung gekennzeichnet (einheitliche Standards in Bezug auf Zimmergröße und -ausstattung, eingeschränkter Dienstleistungsumfang, Standardfrühstück ohne Wahlmöglichkeiten).

Die *Leistungselimination* wird durchgeführt, wenn man sich von unrentablen oder veralteten Leistungskategorien trennen will. Als Beispiel kann hier die Stilllegung von Hotelbetrieben dienen, die bisweilen notwendig ist, da entweder das Produktkonzept am Markt keine Akzeptanz findet, die Standortbedingungen sich massiv verschlechtert haben oder der Hotelbetrieb nach baulichen, ästhetischen und technischen Kriterien als überaltert eingestuft werden muss und aus wirtschaftlicher Sicht nicht rentabel revitalisiert werden kann. Ein typisches Beispiel der Leistungselimination aus dem Gastronomiebereich sind die sog. Renner/Penner-Analysen, die Aufschluss darüber geben, welche Gerichte der Speisekarte bei den Gästen nicht so erfolgreich sind und von daher aus dem Programm genommen werden können. Allerdings gilt es zu berücksichtigen, inwieweit nicht Prestige- bzw. Imagegründe, Synergie- bzw. Cross-Selling-Potenziale mit anderen Leistungen oder gesetzliche Vorschriften einer Entscheidung zur Leistungselimination entgegenstehen.

5.2.4 Besonderheiten der Leistungspolitik in der Hotellerie

Die Leistungs- und Produktpolitik ist eine der zentralen Stellgrößen der *Marketing-Politik* eines Hotelunternehmens. Sie beinhaltet alle Entscheidungstatbestände, die sich auf die marktgerechte Gestaltung der Unternehmensleistungen (Produkte und/oder Dienstleistungen) beziehen. Ausgangspunkt ist die Philosophie des Marketings, dass das Leistungsangebot eines Unternehmens so zu gestalten ist, dass es den Ansprüchen, Wünschen und Problemen der Kunden gerecht wird, zu einer dauerhaften Befriedigung der Kundenbedürfnisse führt und zur Abgrenzung gegenüber der Konkurrenz beiträgt. Die Leistungs- und Produktpolitik wird denn auch als „Herzstück" des Marketings bezeichnet, da die kontinuierliche Entwicklung neuer Produkte oder Dienstleistungen bzw. die permanente Verbesserung, Ergänzung und Elimination vorhandener Produkte oder Dienstleistungen für die Überlebensfähigkeit eines Unternehmens im Wettbewerb von zentraler Bedeutung ist (Meffert 2000, S. 327).

Die Planung und Festlegung des Produktkonzepts bzw. des Leistungsprogramms eines Hotelunternehmens findet auf verschiedenen Konzeptionsebenen statt (Abb. 5.15). Bei der Frage nach dem *Kernnutzen* geht es um die fundamentale Produktleistung und den Produktnutzen, den das Unternehmen dem Kunden anbietet. Im Falle der Hotellerie kauft der Gast im Kern *„Ruhe und Schlaf"*. Dieser Kernnutzen ist dann in ein *generisches Produkt* umzusetzen, d. h. in die Grundversion eines Produkts. Diese besteht beim Hotel aus den zu vermietenden Räumen und der sonstigen Grundausstattung (z. B. Empfangstisch, Lobby). Auf der dritten Ebene sind die vom Gast erwarteten Leistungseigenschaften und Rahmenbedingungen zu gestalten, was als *erwartetes Produkt* bezeichnet wird. So erwartet der Hotelkunde bspw. ein

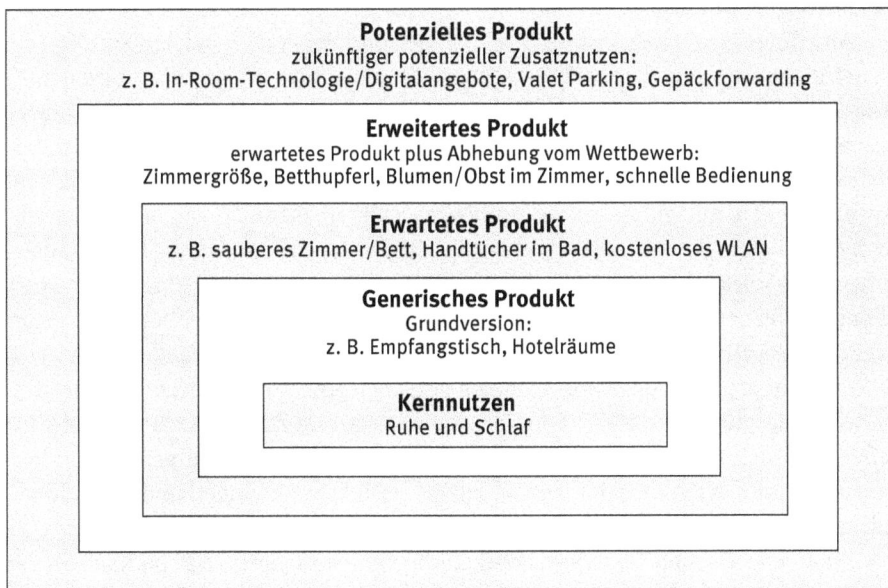

Abb. 5.15: Die fünf Konzeptionsebenen des Hotelprodukts (Quelle: in Anlehnung an Kotler/Bliemel 2001, S. 717)

sauberes Bett, ein Bad, ein Telefon oder eine ruhige Lage als das Minimum an zu erwartenden Produkteigenschaften.

Die Profilierungsleistung eines Hotelunternehmens erfolgt jedoch auf den nachfolgenden Ebenen bzw. dort, wo der Übergang zwischen dem Grund- und dem Zusatznutzen eines Angebots erfolgt. In der Literatur wird aus Kundensicht beim Produktnutzen oftmals auch von sog. Basisanforderungen (Standardleistungen) und Begeisterungsanforderungen (Plusleistungen) an die Unternehmensleistung gesprochen. Beim Zusatznutzen bzw. den Begeisterungsanforderungen unterscheidet man des Weiteren Produkteigenschaften, die auf den sog. Erbauungsnutzen abzielen (z. B. Design, Stil, Atmosphäre), und solche, die eher den Geltungsnutzen der Kunden ansprechen (z. B. Status, Image) (Meffert 2000, S. 333). Dem erwarteten Produkt ist demzufolge ein weiteres Bündel an Dienstleistungen, Eigenschaften und Kundennutzen hinzuzufügen, sodass sich das Angebot des Unternehmens vom Angebot der Wettbewerber unterscheidet und abhebt. Ein derart *erweitertes* bzw. *augmentiertes Produkt* kann in der Hotellerie bspw. Besonderheiten der Ausstattung (z. B. frische Blumen, Flatscreen, Smartphone/Tablet, Wasch-/Pflegeutensilien im Badezimmer etc.), des Service (z. B. mobiler Check-in/-out, 24-Std.-Zimmerservice, digitale Gästemappe etc.), ein Restaurant mit außergewöhnlicher Küche oder die Professionalität des Hotelpersonals umfassen. Besonders in unerwarteten Zusatzleistungen liegen viele Möglichkeiten, den Kunden nicht nur zufriedenzustellen, sondern ihn zu erfreuen (z. B. Geburtstagsgruß/-geschenk, eine Schale mit Früchten, Shuttle-Service, Betthupferl, Upgrades usw.).

Allerdings entwickeln sich sehr schnell Gewöhnungseffekte bei den Kunden, die dazu führen, dass ein augmentierter Nutzen bald zum erwarteten Produkt degeneriert (sog. Anspruchsinflation). So müssen bspw. klassische Hotels in etwa alle 15 Jahre renoviert werden, während der Lebens- und Renovierungszyklus bei designorientierten Hotels bei vier bis fünf Jahren liegt (Funke 2008, S. 83). Zur Profilierung sind dem Angebot weitere nutzenbringende Zusatzeigenschaften hinzuzufügen, was Unternehmen dazu zwingt, im Wettbewerb kontinuierlich innovativ zu bleiben. Die Polarisierung vieler Märkte hat darüber hinaus gezeigt, dass viele Kunden nur das erwartete oder das generische Produkt nachfragen, dies aber zu einem deutlich günstigeren Preis. Auf der fünften Konzeptionsebene steht das *potenzielle Produkt*, d. h. das Produkt mit jedem potenziellen Zusatznutzen und allen zukünftigen Verbesserungs- und Entwicklungsmöglichkeiten. Hierin steckt die Überlegung, dass vorausschauende Unternehmen sich nicht nur damit befassen, was heute zum Produkt gehört, sondern permanent und systematisch über zukünftige Produktgenerationen und -variationen nachdenken (Kotler et al. 2010, S. 244 ff.).

Eine weitere bedeutsame Besonderheit der Gestaltung des „Wie" im Rahmen der Leistungs- und Produktpolitik in der Hotellerie ist die für die Mehrzahl der Hotelkategorien notwendige Integration und Mitwirkung des Kunden im Leistungserstellungsprozess sowie die Interaktivität zwischen den Gästen. So harmonieren bspw. Pauschalreisende nicht immer mit Individualreisenden, Geschäftsreisende nicht mit Familien oder Jugendliche nicht mit Erwachsenen. Dieses Problem verschärft sich, wenn potenzielle Kundengruppen sich im Hinblick auf Segmentzugehörigkeit, Kulturkreis, Sprache, sozialer Schicht oder Altersgruppe stark unterscheiden. Hoteldesigner und Produktentwickler müssen entsprechend im Planungsprozess berücksichtigen, wie Gäste mit dem Produkt „Hotel" und seinen Leistungsbestandteilen umgehen (Rutes et al. 2001), denn nur über die bewusste Gestaltung der Interaktionsmomente zwischen Mitarbeitern, Kunden und der physischen Umgebung kann es Hotelunternehmen gelingen, ein besonderes *Ambiente* zu kreieren, das letztlich die unternehmensspezifische Einzigartigkeit, Unverwechselbarkeit und Überlegenheit im strategischen Wettbewerb ausmacht.

Für die Entwicklung eines gewünschten Ambientes sind drei Gestaltungsfaktoren von Bedeutung: atmosphärische Faktoren, soziale Faktoren sowie Designfaktoren (Heide et al. 2007, S. 1316). *Atmosphärische Gestaltungsfaktoren* sind diejenigen Elemente, die alle fünf Sinne der potenziellen Rezipienten (Kunden/Mitarbeiter) ansprechen und als Rahmenbedingungen eine spezifische Dienstleistungsumgebung/-interaktion weitestgehend prägen. Hierzu zählen bspw. Temperatur- und Lichtverhältnisse, Gerüche oder Beduftung („Corporate Smell") und Geräusche, die entweder bewusst gestaltet werden, wie eine bestimmte Hintergrundmusik oder Erkennungsmelodie („Sound Branding"), oder von außen kommen wie Straßen- oder Baulärm und Ähnliches. *Soziale Gestaltungsfaktoren* sind diejenigen Elemente, die sich über die zwischenmenschliche Interaktion im Rahmen des Dienstleistungsprozesses ergeben. Hier stehen insbesondere die von Zeithaml et al. (1992) beschriebenen weichen Qualitätsdimensionen einer persönlich erbrachten Dienstleistung wie Zuverlässigkeit, Einfühlung, Souveränität, Entgegenkommen etc. im Mittelpunkt. *Designelemente* als dritte Gestaltungskategorie eines spezifischen Ambientes umfassen sowohl funktionale als auch ästhetische Elemente wie die Außen- und Innenarchitektur eines Hotels, den Stil, das Layout oder auch die Gebrauchstüchtigkeit bzw. Spezifität bestimmter Materialien und Hardwareelemente des Hotelprodukts, etwa das Bett bzw. die Bettwäsche („Sheraton Sweet Sleeper"), die Dusche („Westin Heavenly Shower") oder den Fernseher („Starwood Preferred Guest Television"). Die Leistungs- und Produktgestaltung eines Hotelunternehmens stellt sich demzufolge als multidimensionale Problemstellung dar, die, unter Berücksichtigung der hotelspezifischen Dienstleistungsbesonderheiten, nicht nur differenzierten Kundenansprüchen in Bezug auf Funktionalität, Ästhetik und Symbolik des Leistungsangebots im engeren Sinne genügen muss, sondern auch das Zusammenspiel zwischen Mensch, Technologie und Prozess im Sinne des Designs kundengerechter und ganzheitlich gestalteter Dienstleistungserlebnisse orchestrieren muss (Abb. 5.16).

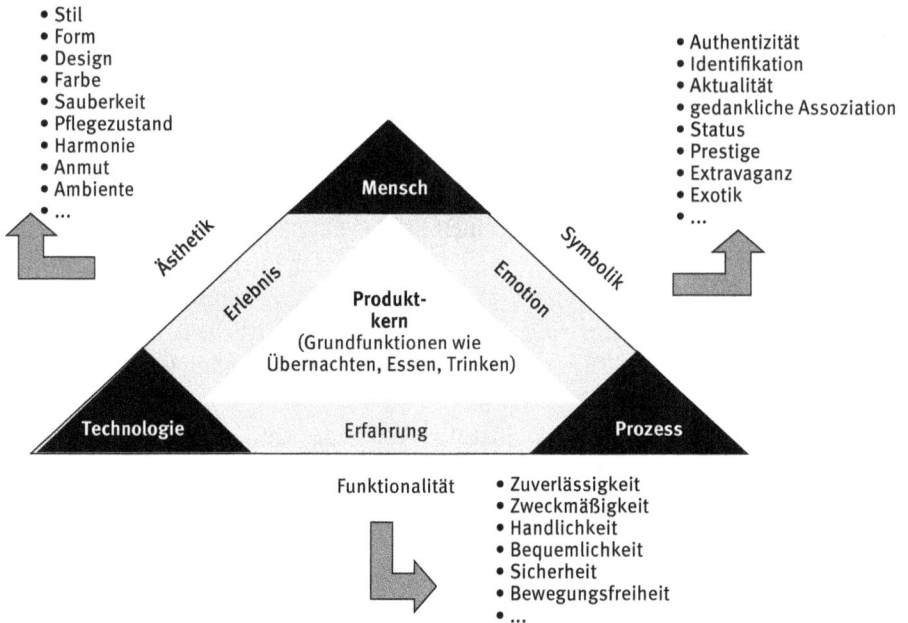

Abb. 5.16: Produktgestaltung als multidimensionale Problemstellung (Quelle: Gardini 2017, S. 18)

5.3 Hotelmarkt und Hotelangebot

5.3.1 Strategische Gruppen und Schlüsselanbieter in der Hotellerie

Die Schlüsselanbieter in der Hotelbranche bilden diejenigen Unternehmen, die *substituierbare Produkte* (hier Beherbergungsleistungen) anbieten, wobei die Hotelunternehmen, die sich hinsichtlich ihrer grundlegenden strategischen Ausrichtung bzw. ihres Produkt-/Marktkonzepts ähnlich sind (z. B. Stadthotels der Luxusklasse, Wellnesshotels, Golfhotels, Budget-Hotels), als „strategische Gruppe" bezeichnet werden (Porter 1999; Henselek 1999, S. 84 ff.). Für den deutschen Markt lassen sich dabei exemplarisch und stark vereinfacht in Abhängigkeit vom Leistungs- bzw. Qualitätsstandard und Standardisierungs- respektive Individualisierungsgrad der Leistung folgende Anbietercluster bzw. strategische Anbietergruppen unterscheiden (Abb. 5.17).

Im Folgenden sollen die strategische Ausrichtung und die Entwicklungsperspektiven der verschiedenen strategischen Anbietergruppen im deutschen Hotelmarkt kurz skizziert werden (hierzu und zum Folgenden TREUGAST 2009, S. 108 ff.; IHA 2019, S. 80 ff.).

Allround- und Basisanbieter
Zu dieser Gruppe zählen in erster Linie *Individualbetriebe* mit einem zumeist unprofilierten Produkt- und Leistungskonzept. Oftmals sind sie kleinbetrieblich strukturiert

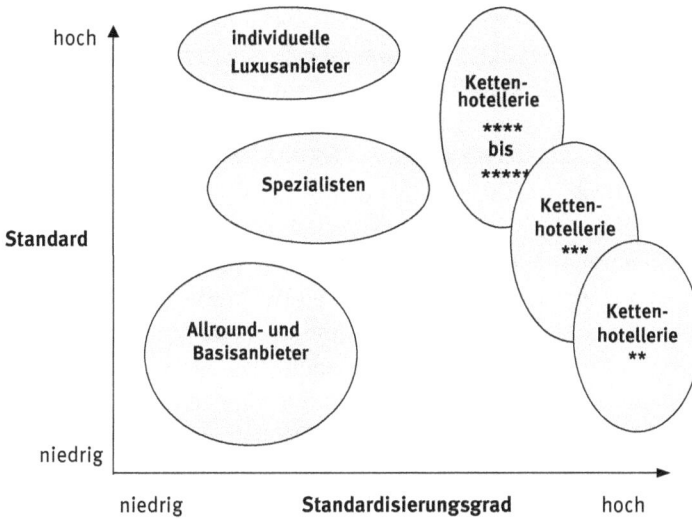

Abb. 5.17: Strategische Anbietergruppen in der Hotellerie (Quelle: TREUGAST 2009, S. 105)

und verfügen über wenig professionelle Führung und Vermarktung. Diese Häuser konnten in den letzten Jahren am wenigsten von den positiven Entwicklungen in der Branche partizipieren. Eine dünne Liquiditätsdecke und der oftmals vorhandene Instandhaltungsrückstau führen dazu, dass die stetig steigenden Ansprüche nachfrageseitig und der Zuwachs an profilierten Wettbewerbern (Ketten- und Markenhotellerie) angebotsseitig die Bedingungen deutlich erschweren. In absehbarer Zukunft wird sich diese Problematik nicht verbessern, sondern weiter verschärfen. Höhere Eigenkapitalforderungen der Banken erschweren zudem dringend notwendige Investitionen und Refinanzierungen. Für potenzielle Investoren und Hotelgesellschaften sind solche Objekte i. d. R. nur interessant, wenn sie neben einem geeigneten Standort über eine Größe von mindestens 60 Zimmern verfügen und somit eine entsprechende Rendite erwirtschaften können. In vielen Fällen trifft dies jedoch nicht zu, weisen doch ca. 85 % der Hotelbetriebe in Deutschland weniger als 49 Zimmer auf (siehe Abschnitt 5.1.2). Erschwerend kommt hinzu, dass diese Häuser nicht ohne größere Investitionen und/oder bauliche Veränderungen an den jeweiligen Standard angepasst werden können. Der Strukturwandel in der deutschen Hotellerie findet denn auch insbesondere zulasten der zahlreichen eigentümergeführten Allround- und Basisanbieter in den niedrigen und mittleren Sternekategorien statt (z. B. Stadthotels, Hotels garnis, Pensionen sowie Gasthöfe).

Individuelle Luxusanbieter

Der Markt für individuelle Luxushotels konnte in den letzten Jahren vom guten konjunkturellen Umfeld profitieren. Unterstützt wurde dies durch den Boom beim Städtetourismus, der auch durch die Nachfrage ausländischer Gäste beflügelt wurde. So ist

Deutschland für neue, zahlungskräftige Gästeschichten aus Russland, China oder den arabischen Staaten zu einer interessanten Destination geworden und die Zielgruppe der individuellen Luxushotels ist in den letzten Jahren stetig gewachsen. Dazu kamen Business-Gäste und hochwertige Veranstaltungen, für die sich diese Häuser in überwiegend guten Lagen eignen. Mit dem Einsetzen der Wirtschaftskrise im Herbst 2008 brach jedoch ein Teil der Gäste, vorwiegend aus dem anglo-amerikanischen Raum, weg. Starke Einbrüche bei den Geschäftsreisenden und im MICE-Segment machten in der Folge den Luxushotels besonders zu schaffen. An stark gesättigten Standorten wie Berlin sind diese Häuser einem besonders intensiven Wettbewerb ausgesetzt und so erzielen viele Unternehmen in diesem Markt nur eine weit unterdurchschnittliche Belegung und können ihre Preisvorstellungen i. d. R. kaum durchsetzen. Diese Tatsachen lassen die *Renditen*, die im Luxusbereich aufgrund der hohen Investitionssummen traditionell schon niedrig sind, weiter schrumpfen. Dennoch sind in Deutschland seit 2007 im Durchschnitt jährlich ca. 40 bis 50 neue Hotelprojekte (Neubau, Umbau, Anbau) im Luxusbereich geplant und realisiert worden wie z. B. das erste Hotel von Jumeirah in Frankfurt/Main, das Kameha in Bonn oder das Westin in der Elbphilharmonie in Hamburg, Kettenkonzepte, die den individuellen Luxusanbietern weiter zusetzen werden. Allerdings zeichnen sich die privaten Luxushotels durch ihren individuellen Service und Stil aus und dürften damit auch zukünftig für eine ausreichende Anzahl an Gästen, die Wert auf persönliche Zuwendung und Kommunikation legen, eine attraktive Alternative sein. Besondere und außergewöhnliche Serviceleistungen und Erlebnisse werden von diesen Zielgruppen sehr geschätzt und so sind die *Ansprüche* dieser Gästegruppen entsprechend hoch und erfordern ständige Innovationen und Anpassungen des Produkts und der Dienstleistungen. Neue Investitionen empfehlen sich aus diesem Grund nur an sehr guten Standorten mit entsprechend starker Nachfrage im Hochpreissegment. Zudem ist die Zukunftsfähigkeit der Konzepte und der potenziellen Betreiber eingehend zu prüfen. Typische Vertreter dieser Anbietergruppe sind Individualhotels wie der Bayerische Hof in München, The Fontenay in Hamburg sowie das Orania und das Stue in Berlin oder für die Ferienhotellerie das Hotel Traube Tonbach bzw. das Hotel Bareiss in Baiersbronn, das Parkhotel Frank in Oberstdorf oder die Sonnenalp in Ofterschwang.

Spezialisten

Spezialisten in der Hotellerie wie profilierte Wellness-, Tagungs-, Kongress- und Privathotels oder sonstige Spezialisten wie bspw. Sport-, Familien-, Ferien- und Patientenhotels, aber auch Lifestyle- und Themenhotels verfügen auch in Zukunft über ein ausreichendes Profilierungspotenzial. Ähnlich wie bei den individuellen Luxusanbietern sind auch die Spezialisten auf bestimmte Nischen und Zielgruppen fokussiert. Die klare Ausrichtung auf die *Unique Selling Propositions (USP)* bzw. Alleinstellungsmerkmale trägt einerseits maßgeblich zur Profilierung und Behauptung im Wettbewerbsumfeld bei, macht die Häuser aber andererseits auch anfälliger für Nachfrageverschiebungen und konjunkturbedingte Einbrüche. Dieses Phänomen ist bspw. bei profilierten Tagungs- und Kongresshotels zu beobachten, die besonders vom ausbleibenden Veranstaltungsgeschäft betroffen sind, wenn die Konjunktur einbricht oder wenn aufgrund außergewöhnlicher Ereignisse wie das Auftreten des Coronavirus im Winter/Frühjahr 2020 zahlreiche Veranstaltungen abgesagt werden. Auch wenn die heimischen Spezialisten der Privat- und Ferienhotellerie in der Vergangenheit noch vergleichsweise gut abgeschnitten haben, werden sich diese Anbieter zukünftig einem erhöhten Wettbewerbsdruck ausgesetzt sehen. So sind etliche größere Hotelresorts in Planung, die diese Situation noch verschärfen werden. Wellness- und gesundheitsorientierte Hotels werden es schwerer haben, ihre Leistungen zu verkaufen, und werden deshalb trotz des Megatrends Gesundheit höhere Anstrengungen in Marketing und Vertrieb unternehmen müssen. Für Investoren bleiben Projekte von Spezialanbietern jedoch nach wie vor interessant, da sie auch zukünftig durch ihre klare Positionierung und Individualität über ein ausreichend hohes Nachfragepotenzial verfügen, wie zum Beispiel das Dock Inn in Rostock-Warnemünde, die Explorer Hotels oder die Aja Resorts. Typische Vertreter dieser Anbietergruppe sind Individualhotels wie das Tagungs- und Veranstaltungshotel Estrel in Berlin, der Schindlerhof in Nürnberg oder das Designhotel Zauberlehrling in Stuttgart, Kooperationen wie die Familotels, die Romantik Hotels, die Biohotels oder die Seminaris Hotels oder auch Design- bzw. Lifestyle-orientierte Hotelketten-/-kooperationen bzw. Hotelmarken wie Ruby, Max Brown, Henri, Roomers, Prizeotel, 25hours oder die Design Hotels.

Budget-Kettenhotellerie (Ein- und Zwei-Sterne)

Der Market der Budget-Kettenhotellerie im Ein- und Zwei-Sterne-Bereich ist ein *Wachstumsmarkt*. Beispielhaft seien hier die stark expandierenden Ketten wie Motel One, Moxy, Holiday Inn Express, Super 8, B&B Hotels, Hampton by Hilton, H2, Premier Inn sowie die Ibis-Familie mit Ibis, Ibis Budget und Ibis Styles genannt. Weitere Hotel- und Hostelkonzepte wie von Meininger, Generator Hostels, Wombats oder A&O gelten ebenfalls als vielversprechend und überzeugen immer mehr Investoren und Projektentwickler von der Attraktivität dieses Segments. Wegbereiter in diesem Marktsegment waren in der Vergangenheit die Accor-Marken wie Ibis oder Etap, die aufgrund neuer Konkurrenten ihre Produkte revitalisiert und verbessert haben. Trotz weiterer Markteintritte in diesem Segment existiert aufgrund der geringen Markendurchdringung *weiter Potenzial zur Expansion*, sodass v. a. unprofilierte Hotels wie Basis- und Allroundanbieter, aber auch manche Drei-Sterne-Hotels die wachsende Konkurrenz von „unten" zu spüren bekommen werden. Im Gegensatz zu früheren Jahren sind auch immer mehr Business-Kunden bereit und willens, auch Budget-Hotels in die Hotelwahl einzubeziehen, überzeugen oftmals deren vorteilhafte Lagen und eine unkomplizierte Handhabung bei guter Qualität immer mehr Geschäftsreisende. Durch konjunkturelle Krisen wird dieser Effekt sogar noch verstärkt, denn für eingeschränkte Reisebudgets bieten sich diese Hotels als Alternative an. In zentrumsnahen Lagen sind sie aber auch für Leisure-Gäste attraktiv und begehrt. Die hohe Investitionssicherheit bei diesen Projekten hängt mit den klaren, schlanken Konzepten und der hohen Standardisierung zusammen. Dadurch sind die Hotels *sehr gut zu kalkulieren* und erwirtschaften *sehr gute Renditen* im Vergleich zu Hotels höherer Kategorien.

Mittelklasse-Kettenhotellerie (Drei-Sterne)

Der größte Teil der Hotels in Deutschland ist in diesem Segment angesiedelt und so wird bei nahezu 50 % aller Geschäftsreisen ein Drei-Sterne-Hotel gebucht (Schneider 2009, S. 44). Daher ist der *Wettbewerbsdruck sehr hoch* und verschärft sich durch die aufkommenden Wettbewerber aus dem Budget-Bereich und an manchen Standorten durch profilierte Individualbetriebe. In wirtschaftlich angespannten Zeiten sieht sich die Mittelklassehotellerie auch durch die Angebote der Vier-Sterne-Hotellerie konfrontiert, die durch Preissenkungen versucht, Buchungsrückgänge zu kompensieren. Trotz allem konnte sich die Drei-Sterne-Kettenhotellerie gut am Markt behaupten und profitierte von der anhaltenden *Marktbereinigung*, die insbesondere viele Individualbetriebe traf. Zudem bieten diese Häuser als Vollhotels einen umfänglichen Service zu einem fairen Preis an, was bei Geschäfts- und Ferienreisenden geschätzt wird, die nicht auf gewisse Ausstattungsmerkmale wie ein Restaurant verzichten wollen. Des Weiteren bieten sie aus Investorensicht nach wie vor ein optimales Verhältnis von Investitionsvolumen zu Umsatzerlösen bei gut kontrollierbarer Kostenstruktur und so wurden in den letzten zehn Jahren die meisten Hotelprojekte (Neu-/An-/Umbau) in Deutschland in diesem Segment realisiert. Auch die gute Zweitverwendungsfähigkeit von Hotelimmobilien in diesem Segment sorgt für eine hohe Nachfrage. Probleme in dieser Anbietergruppe ergeben sich aus der strategisch ungünstigen Mittellage zwischen der Konkurrenz aus der Budget-Hotellerie sowie Anbietern aus der gehobenen Kettenhotellerie und den damit verbundenen Schwierigkeiten einer klaren Wettbewerbspositionierung. Auch die forcierte Marktdurchdringung durch bestehende Marken und eine weitere Ausdifferenzierung von Konzepten stellt eine strategische Herausforderung für die Mittelklassehotellerie dar. Einerseits spricht dies zwar für die Attraktivität des Segments, doch andererseits besteht auch die Gefahr, dass der sog. strategische Fit, d. h. die Abstimmung zwischen Standort, Betreiber und Konzept, nicht ausreichend beachtet wird. Zahlreiche individuelle Hotelanbieter sowie viele Mittelklassemarken der Kettenhotellerie prägen diese Anbietergruppe (z. B. Intercity Hotels von Steigenberger, Achat Hotels, Comfort Hotels & Inns von Choice International, Best Western Hotels, Tryp Hotels von Sol Meliá, Winter's Hotel).

Gehobene Kettenhotellerie (Vier- und Fünf-Sterne)

Diese Gruppe ist durch eine *hohe Wettbewerbsdichte* in den Großstädten sowie eine *starke Markendurchdringung* charakterisiert. In diesem Segment wurden in den letzten zehn Jahren in beiden Kategorien zahlreiche Investitionsprojekte realisiert, nichtsdestoweniger wurden auch in der jüngeren Vergangenheit zahlreiche weitere

Hotelinvestitionen in diesem Segment angekündigt. Dies wird mittel- bis langfristig die Wettbewerbssituation weiter verschärfen und zu sinkenden Renditen für Investoren führen. Des Weiteren kämpfen die Spezialisten und die individuellen Luxushotels oftmals um die gleiche Gästeklientel. Ähnlich wie im Bereich der individuellen Luxusanbieter ist denn auch das gehobene Segment der Kettenhotellerie von den Auswirkungen konjunktureller Eintrübungen oder Problemsituationen wie infolge des Coronavirus in besonderem Maße betroffen, da viele Business- und Tagungsgäste ausbleiben. Viele Unternehmen realisieren dann Einsparungen im Travel und Congress Management und so buchen Geschäftsreisende oftmals eine Kategorie tiefer bzw. finden Veranstaltungen gar nicht oder nur noch mit reduziertem Budget statt. Zwar ist hier mittelfristig immer wieder Besserung in Sicht, allerdings wird es aufgrund des zunehmenden Verdrängungswettbewerbs durch neue Hotels und Markenausdehnungen internationaler Hotelgesellschaften zu einer insgesamt schlechteren Performance diese Gruppe kommen müssen. So sind zahlreiche etablierte Hotelgesellschaften im Vier- und Fünf-Sterne-Segment in Deutschland noch auf der Suche nach weiteren Objekten an A-Standorten. Darüber hinaus weicht diese Gruppe aufgrund der vorangeschrittenen Marktdurchdringung an diesen Standorten immer mehr auch auf attraktive B-Lagen aus, was aber mittelfristig zur Folge haben wird, dass der Sättigungsgrad an diesen Standorten schneller erreicht werden wird, als von manchem Anbieter strategisch geplant. Für Investoren heißt dies, dass die Investitionsentscheidung genau zu prüfen ist. Das gilt nicht nur für Neubauprojekte, da an manchen Standorten wie Berlin, Frankfurt oder Düsseldorf schon ein Überangebot besteht, sondern auch für Übernahmen, wenn allein aus Gründen der Sicherung eines Standorts Abstriche beim Produkt gemacht werden und letztendlich die Profilierung der Gesellschaft bzw. Marke darunter leidet. Dies kann dann oftmals nur durch zusätzliche Investitionen ausgeglichen werden, worunter wiederum die Renditen leiden könnten. Typische Vertreter dieser Anbietergruppe sind neben individuellen Hotelanbietern zahlreiche Marken der Kettenhotellerie im Vier-Sterne- (z. B. NH Hoteles, Maritim, Mercure, Pullman, Mövenpick, Holiday Inn, Arcotel, Azimut) bzw. Fünf-Sterne-Bereich (z. B. Steigenberger Hotels & Resorts, Kempinski, Rocco Forte, Hyatt, Ritz-Carlton, Four Seasons, Hilton, Intercontinental).

5.3.2 Ausgewählte Produktkonzepte in der Hotellerie

Die Heterogenität von Hotelleistungen sowie die vielfach vom Hotelgast empfundene Intransparenz bezüglich Umfang, Nutzen und Preiswürdigkeit der jeweiligen Leistungsangebote macht es in der Hotellerie erforderlich, eine klare *Wettbewerbs- und Markenprofilierung* über eine segmentspezifische Ansprache anzustreben. Die Hotellerie leidet dabei ebenso wie andere Branchen an dem generellen Problem, dass die Basiseigenschaften (Grundnutzen) vieler Marken bzw. Produkte sich stark angeglichen haben. So ist die funktionale „Hardware" eines Hotels durch die jeweilige Ausstattung in den einzelnen Sternekategorien weitestgehend austauschbar. Eigenständige Profilierungen von Marken sind daher in hohem Maße auf Zusatzleistungen i. S. psychosozialer Begeisterungseigenschaften (Zusatznutzen) angewiesen. Insbesondere in den mittleren und hochwertigen Segmenten der Hotellerie besteht die starke *Notwendigkeit einer eindeutigen Profilbildung*, da hier im Gegensatz zu den markenstrategischen Optionen in den sog. Low-Budget-Segmenten die Grundprofilierung nicht nur auf der rationalen Ebene (value for money) erfolgen kann (Abb. 5.18). Vielmehr muss das Leistungs- und Markenprofil verstärkt unter Erlebnis- und Ereignisaspekten gestaltet werden, um notwendige Profilierungsleistungen überhaupt noch erbringen zu können (Gardini 2015, S. 185 ff.).

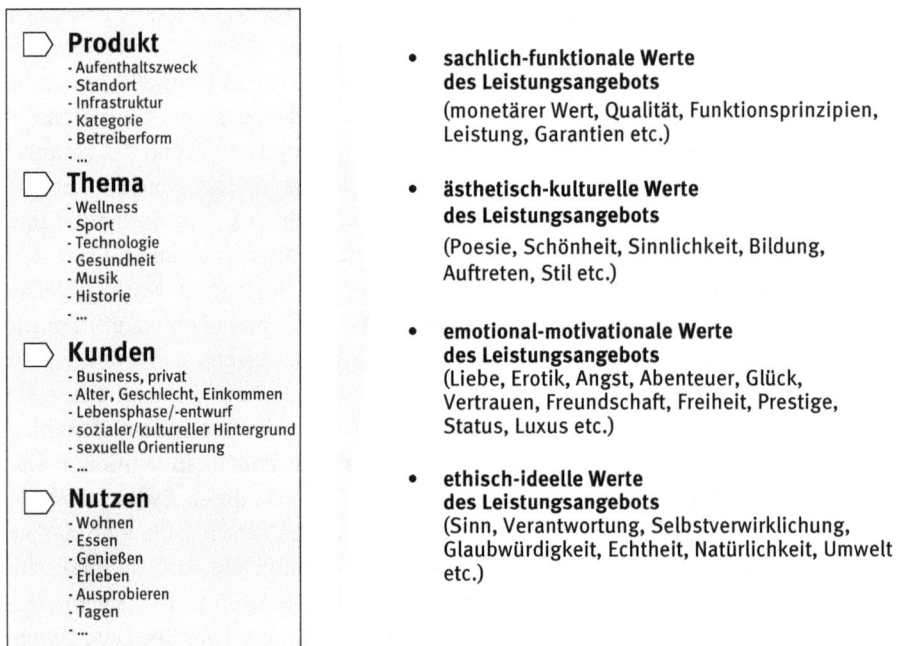

Produkt
- Aufenthaltszweck
- Standort
- Infrastruktur
- Kategorie
- Betreiberform
- ...

Thema
- Wellness
- Sport
- Technologie
- Gesundheit
- Musik
- Historie
- ...

Kunden
- Business, privat
- Alter, Geschlecht, Einkommen
- Lebensphase/-entwurf
- sozialer/kultureller Hintergrund
- sexuelle Orientierung
- ...

Nutzen
- Wohnen
- Essen
- Genießen
- Erleben
- Ausprobieren
- Tagen
- ...

- **sachlich-funktionale Werte des Leistungsangebots**
  (monetärer Wert, Qualität, Funktionsprinzipien, Leistung, Garantien etc.)

- **ästhetisch-kulturelle Werte des Leistungsangebots**
  (Poesie, Schönheit, Sinnlichkeit, Bildung, Auftreten, Stil etc.)

- **emotional-motivationale Werte des Leistungsangebots**
  (Liebe, Erotik, Angst, Abenteuer, Glück, Vertrauen, Freundschaft, Freiheit, Prestige, Status, Luxus etc.)

- **ethisch-ideelle Werte des Leistungsangebots**
  (Sinn, Verantwortung, Selbstverwirklichung, Glaubwürdigkeit, Echtheit, Natürlichkeit, Umwelt etc.)

Abb. 5.18: Grundprofilierung und Markenkernwerte als Ausgangspunkt der Differenzierung in der Hotellerie (Quelle: Gardini 2006, S. 3)

Hebel zur Entwicklung strategischer Erfolgspositionen im Wettbewerb in der Hotellerie können, wie Abb. 5.18 verdeutlicht, auf verschiedenen Ebenen ansetzen. So kann – wie bereits in Abschnitt 3.3.4 ausgeführt – eine *Fokussierung des Leistungsangebots* z. B. in der Besetzung bestimmter Themen bzw. Interessensphären der Zielgruppe bestehen, wie z. B. Ökologie, Kunst, Technologie, Gesundheit, Sport, Historie, Musik, Glücksspiel und Ähnliches mehr. Ein gutes Beispiel dafür ist das Privathotel Bayerischer Hof in Inzell mit dem hoteleigenen Dorf-Musik-Stadl. Auch die Entwicklung der Wellnessangebote (Medical Wellness, Medical Beauty, Body & Soul, Selfness) folgt diesem Prinzip, wenn denn das Thema Wellness einen prägenden Bestandteil des Hotelprofils darstellt und nicht nur als Zusatzleistung ausgelobt wird. Hotels wie das Topkapi Palace bzw. das Kremlin Palace in der Türkei, das The Venetian in Las Vegas oder das Atlantis auf den Bahamas setzen auf besondere Themen.

Die *Konzentration auf eine spezifische Kundengruppe* (z. B. Erwachsene/Jugendliche, 50plus, Familien, Frauen, Menschen mit Behinderung, LGBT usw.) bietet ebenfalls Profilierungspotenzial, wenn die Bedürfniswelten der anvisierten Zielgruppe herausgearbeitet und in entsprechende Dienstleistungskonzepte umgesetzt (z. B. Familotels, Axels, Artemisia) werden. Hinzu kommt die Zuspitzung des Hotelprodukts auf eine bestimmte Nutzen-/Erlebniskategorie durch klar umrissene Dienstleistungsangebote, etwa „Wohnen im Schloss" (z. B. Schlosshotel Elmau, Burg Schlitz, Schlosshotel Lerbach), „Wohnen auf Zeit" im Rahmen von Boardinghouse-, Serviced-Apartments- oder Extended-Stay-Angeboten (z. B. Citadines/The Ascot, Derag Living Hotels) oder spezialisierte Tagungshotels wie die der Seminaris-Gruppe. Weitergehende Strategien bestehen in der Überschreitung von Branchengrenzen zu komplementären Dienstleistern, etwa der Vermarktung von Seniorenresidenzen oder Wohnanlagen, wie sie bspw. der Marriott-Konzern in den USA betreibt, die Vernetzung mit Erlebnis- oder Themenparks (z. B. Europapark Rust, Disney) oder Betreibermodelle im Bereich der stationären Gesundheitsversorgung (Patientenhotels, Kurhotels) (Gardini 2006, S. 2 f.). Ohne erschöpfend auf alle Facetten des heterogenen Leistungsangebots in der Hotellerie eingehen zu können, sollen an dieser Stelle einige der wesentlichen Hotel- bzw. Produktkonzepte der deutschen und internationalen Hotellerie näher beschrieben werden (hierzu auch Gardini 2020, S. 89 ff.; IHA 2019, S. 90 ff.):

Luxushotel

Luxus wird in der internationalen Hotellerie im Wesentlichen an der Einordnung eines Hauses in die *obersten Sternekategorien* festgemacht. Der hier zugrunde liegende Begriff ist in der Hotellerie mit Merkmalen wie hochwertige Qualität und Einzigartigkeit der Hard- und Software eines Hotels assoziiert (z. B. Architektur, Design, Service). Der Luxusbegriff hat jedoch einen subjektiven Charakter und so werden je nach grundlegenden Wertvorstellungen und individuellen Lebensweisen unterschiedliche Formen des bewussten Konsums von Luxusgütern beobachtet. Entscheidend dabei ist, dass der Besitz bzw. die Inanspruchnahme von Luxusgütern grundlegend nur einem Kreis von auserwählten Personen möglich ist, was eine Verknappung des Angebots zugrunde legt. Der *Luxusbegriff* ist im Wandel und führt in der Hospitality-Industrie ebenso wie in anderen Branchen dazu, dass der immaterielle Luxus das Statusdenken ablöst und vermehrt Werte wie Selbstverwirklichung, persönliche Erlebnisse, individuelle Weiterentwicklung und Zeit als Luxusgut in den Vordergrund treten. Die persönlich abgestimmte Ansprache, der Exklusivitätsgedanke und die Begrenzung des Angebots spielen in der Bereitstellung eines Luxusprodukts in der Hotellerie eine ebenso wichtige Rolle wie die authentische Vermarktung (Bauer 2009, S. 165 f.).

Betrachtet man die geplanten Hotelbauprojekte weltweit, dann entsteht derzeit die Mehrzahl der Hotelneubauten im First-Class- und Luxussegment in *Asien* und hierbei insbesondere in China. Aber auch in *Deutschland* wird die Zahl der Luxushotels weiter steigen. So ist der Bestand von 239 Fünf-Sterne Betrieben in Deutschland im Jahr 2013 bis zum Januar 2018 um beachtliche 20 % gewachsen, 2018 waren 58 neue Luxushotels (inkl. Um-/Anbau) mit 9.101 neuen Zimmern geplant (IHA 2019, S. 50 ff.). Auch die Hotelkooperationen im Luxusreisesegment haben in der Vergangenheit ihre Mitgliederzahl erhöht. Bei der Kooperation der „Small Luxury Hotels", einer Kollektion von meist im Privatbesitz befindlichen kleinen Häusern mit höchsten Service- und Qualitätsstandards, stieg die Hotelzahl von 485 (2009) auf 520 Betriebe (Stand 2018). Auch die Entwicklung der Kooperation „Relais & Châteaux", einer Vereinigung von individuellen Luxushotels und Restaurants, zeigt die Attraktivität des Luxussegments, stieg hier die Mitgliederanzahl seit dem Gründungsdatum 1954 doch von acht auf 560 Betriebe in 60 Ländern der Welt (Stand 2018). Das Segment der Luxushotels ist nach wie vor international attraktiv und bleibt sowohl für Investoren als auch für Betreiber interessant (Härle 2009).

Destination Clubs

Destination Clubs (Vacation Clubs) sind eine vergleichsweise neue Reise- und Beherbergungsform, bei der in Form von *Property-Sharing-Modellen* exklusive Urlaubsorte mit individuellen Rückzugsmöglichkeiten nur für eine begrenzte Mitgliederzahl zur Verfügung stehen. Exklusivität und Abgeschiedenheit fernab vom Massentourismus sind die Kernmerkmale solcher Destination Clubs. Dabei erfüllen die angebotenen Residenzen oder Resorts die hohen qualitativen Ansprüche der Luxusklientel in Bezug auf Ausstattung, architektonische Gestaltung und Serviceleistungen. Die Property-Sharing-Modelle beruhen auf einer einmaligen Eintritts- sowie einer jährlichen Mitgliedsgebühr und ermöglichen den Vorzug eines Ferienhauses oder einer Zweitwohnung, ohne administrative oder hohe investive Konsequenzen nach sich zu ziehen. Der Großteil der Anbieter gewährt unterschiedliche Mitgliedschaften wie bspw. Silber, Bronze oder Gold, bei denen je nach Höhe des Mitgliedsbeitrags die Residenzen zwischen Minimum 15 und Maximum 50 Tagen inklusive aller Services den Mitgliedern zur Verfügung stehen. Solstice, Abercrombie & Kent Residence Club, The Ritz-Carlton Club und Banyan Tree Private Collection sind Anbieter solcher Destination Clubs (Bauer 2009, S. 167 f.).

Resorthotel

„The resort hotel is a luxury facility that is intended primarily for vacationers and is usually located near special attractions, such as beaches and seashores, scenic or historic areas, ski parks, or spas" (Encyclopædia Britannica 2009). Der touristisch gebräuchliche Begriff *Resort* stammt aus dem Amerikanischen und steht für ein *Gesamtkonzept*, das alle Leistungen der Hotellerie, des Sports, der präventiven Gesundheitspflege, der Gastronomie und des Shoppings zu einem „Gesamtkosmos" für Urlaub und Freizeit zusammenschließt. Sowohl weitläufige Entertainment-Distrikte, wie Disney World oder der Europapark Rust, als auch künstliche Destinationsentwicklungen (z. B. Land Fleesensee), Ferienzentren (z. B. Center Parcs) sowie einzelne Ferienhotels mit mehreren wesentlichen Angebotskomponenten werden oftmals als Resort bezeichnet. In der Literatur wird ein Resort in erster Linie als geografischer Raum mit impliziertem Erlebnisversprechen begriffen. Das Resortziel wählen die Gäste überwiegend für einen längeren Aufenthalt, denn dort sind generell alle für die Bedürfnisse notwendigen Einrichtungen und Angebote vorhanden. Somit ist das Resort dem Wesen nach eine strategische Wettbewerbs- und Geschäftseinheit im Tourismus, bei der seitens der Nachfrage der Erholungs- und Erlebnisurlaub im Vordergrund steht und stets eine überproportionale Kombination von Handlungsmöglichkeiten zur Verfügung steht. Daraus ergibt sich auch ein Hinweis auf den potenziellen Destinationsstatus des Resorts als eigentliches Urlaubsziel (Brümmer 2009, Murphy 2008). Sowohl die Kettenhotellerie (z. B. Lindner Hotels & Resorts, Aja Resorts, Dorint Hotels und Resorts) als auch Individualhotels der Ferienhotellerie (z. B. Sonnenalp Resort, Bleiche Resort & Spa) sowie in neuerer Zeit zunehmend Vertreter der Stadthotellerie (z. B. Stadtresort Gran Melia Rom, Embassy City Resort Florenz, Aja Resort Zürich) nutzen den Begriffszusatz Resort, um auf die Wertigkeit des Leistungsangebots hinzuweisen.

Tagungs-/Kongresshotel

Das Tagungs- und Kongressgeschäft ist ein wichtiger Markt für die Hotellerie, fanden doch im Jahr 2017 in Deutschland ca. 3 Mio. Kongresse, Tagungen, Seminare, Präsentationen, Ausstellungen, Kunst- und Sportveranstaltungen mit ca. 405 Mio. Teilnehmern statt. Etwa zwei Drittel dieser Veranstaltungen beinhalten eine Übernachtung. Das Europäische Institut für Tagungswirtschaft beziffert die Anzahl der Tagungs- und Veranstaltungsstätten im Jahr 2017/18 auf ca. 7.405 Einrichtungen, von denen rund 3.379 auf Tagungshotels, 2.229 auf Eventlocations und 1.797 auf Kongress- und Veranstaltungszentren entfielen (EITW 2018). Damit bleiben Hotels mit 46 % Marktanteil die wichtigste Veranstaltungsstätte in Deutschland. Entsprechend haben sich viele Anbieter aus der Ketten- ebenso wie aus der Individualhotellerie auf den *Tagungsmarkt* spezialisiert, bspw. die Seminaris Hotels and Meetings Resorts, die auch in der Lage sind, von kommerziellen Veranstaltern an Hotelunternehmen gestellte spezifische Anforderungen zu erfüllen. Diese Kundenanforderungen der professionellen Veranstalter (z. B. Event-Manager, Meeting Planner, Incentive Planner) im Tagungs- und Kongresshotelmarkt führen oftmals zu einer Spezialisierung in sehr großen Tagungshotels, wie es bspw. das Estrel in Berlin darstellt, das Veranstaltungen mit bis zu 6.000 Personen abzuwickeln in der Lage ist und darüber hinaus mit 1.125 Zimmern auch über ausreichend Übernachtungskapazität verfügt. Der Verband Deutsches Reisemanagement (VDR) vergibt seit einigen Jahren das Gütesiegel „Certified Conference Hotels", wenn Hotelunternehmen bestimmte für Geschäftsreisende und Tagungsveranstalter als bedeutsam definierte Standards erfüllen. Geprüft werden verschiedenste Qualitäts-, Komfort- und Servicekriterien, die in Bezug auf Beherbergung, Verpflegung, Organisation, Dienstleistungsqualität und Event-Kompetenz zu erfüllen sind (VDR 2019).

Design-/Lifestyle-/Boutique-Hotel

In diesem Marktsegment versammeln sich diverse Bezeichnungen von Hoteltypen – vom Boutique-Hotel über Designhotels bis zu Art-/Konzept- oder Lifestyle-Hotels. Eine allgemeingültige Definition der hier genannten Hoteltypen hat sich in der wissenschaftlichen Literatur noch nicht etablieren können. Entsprechend ist auch eine trennscharfe Abgrenzung aufgrund zahlreicher Überschneidungen im Grundkonzept von Design-/Lifestyle- und Boutique-Hotel kaum möglich, sodass die Begriffe hier synonym verwendet werden sollen. Gemein ist diesen Konzepten, dass zu den „traditionellen" Hotelprodukten mit genormten Standardzimmern ein Gegenentwurf geschaffen werden soll, der über ein individuelles Styling und Design, ein außergewöhnliches Ambiente und einen extravaganten Stil (Look), eine neuartige und erlebniszentrierte Hotelerfahrung verspricht und ein gewisses Maß an *Exklusivität* garantiert. Grundsätzlich wird unter einem Designhotel – respektive Lifestyle- und Boutique-Hotel – ein Hotel verstanden, dessen Inneneinrichtung und/oder Architektur ästhetisch-funktionaler Gestaltung unterliegt und so eine Abgrenzung zu einer rein funktionsorientierten Sicht geschaffen wird. Dieser Hoteltypus umfasst Hotels, die sich durch ihren individuellen, modernen und einzigartigen Stil und ihr besonderes Design auszeichnen. Sie repräsentieren kleinere, aber hochwertige Hoteleinheiten und sprechen damit eine Zielgruppe an, die Übernachtungsmöglichkeiten jenseits normierter und standardisierter Gastlichkeit sucht (Funke 2008). Neben dem außergewöhnlichen Design erwartet diese Zielgruppe ein anspruchsvolles gastronomisches Angebot und einen individuell-persönlichen Service. Internationale Bekanntheit haben in der Vergangenheit insbesondere die 15 Boutique-Hotels der Ian-Schrager-Kette erlangt. Andere internationale Hotelgruppierungen sind die Como Hotels, Myhotels, Joie de Vivre Hospitality, The Kimpton Group oder die Hotelkooperation Design Hotels AG (z. B. Design Hotels; The Small Hotel Company), um nur einige zu nennen. Auch die internationalen Hotelketten bringen zunehmend eigene Lifestyle-, Boutique- bzw. Designmarken auf den Markt (z. B. IHG mit Indigo und Even, Lindner Hotels mit me and all, Deutsche Hospitality mit Jaz in the City, Leonardo mit NYX etc.). Individuelle Anbieter in diesem Segment sind bspw. in der Stadthotellerie das Side Hotel, das Gastwerk sowie das The George in Hamburg oder das Lux Eleven und The Mandala in Berlin. Als Vertreter der ferienorientierten Lifestyle-Hotellerie wären anstatt vieler weiterer Konzepte das Beach Motel in St. Peter-Ording, das Bikini Island & Mountain Hotel in Port de Sóller oder das Hotel Jungbrunn im Tannheimer Tal zu nennen, das für sich in Anspruch nimmt, das erste Alpine-Lifestyle-Hotel der Welt gewesen zu sein.

Designelemente sind ein wichtiges Differenzierungsmittel im Wettbewerb geworden. Entsprechend werden die Begriffe Design-, Lifestyle- und Boutique-Hotel zunehmend inflationär gebraucht, sodass der Hotelgast kaum mehr zwischen einem Designhotel und einem modern ausgestatteten Betrieb zu unterscheiden vermag. Hinzu kommt, dass Designhotels nicht mehr zwingend nur in den hochwertigen Sternekategorien zu finden sind, sondern dass die Grenzen zwischen ehemals deutlich voneinander getrennten Marktsegmenten zunehmend verschwimmen, wie man es bspw. an *Mischformen* von Hoteltypen im Bereich der Design- und Budget-Hotellerie festmachen kann. Hier sind v. a. die Motel-One-Hotels zu nennen, die als Erste die Segmentgrenzen zwischen Design und Budget mit ihrem Anspruch des „cheap and chic" aufgebrochen haben. Weitere Protagonisten solcher Hybridformen sind bspw. die 25hours Hotels, Moxy, Jo&Joe, Explorer Hotels, Ruby, Superbude oder die Prizeotel-Gruppe (IHA 2019, S. 130 ff.).

Themenhotel

Bei Themenhotels handelt es sich um Betriebe des Beherbergungssektors, die über die Akzentuierung eines spezifischen Themas eine Fokussierung des Leistungsangebots und damit eine *zielgruppenspezifische Ansprache und Positionierung* im Hotelmarkt anstreben. Das definierte Thema wird mithilfe zahlreicher Inszenierungselemente umgesetzt, wie zum Beispiel durch die Architektur des Gebäudes, das Interieur, die Kleidung der Mitarbeiter, die Auswahl an Speisen und Getränke sowie Ähnliches mehr (Steinecke 2009, S. 98 ff.). Themenhotels sprechen mit ihren Inszenierungen eine Zielgruppe an, deren primäre Reisemotive Erlebnis, Erfahrung, Unterhaltung, Spaß und Geselligkeit sind. Differenzieren lassen sich Themenhotels nicht nur nach ihrer Themenwahl, sondern auch nach ihrem Standort und ihrer Betriebsform. So werden Themenhotels vielfach sowohl in populären Tourismusdestinationen als auch innerhalb von Freizeit- und Themenparks angeboten. Darüber hinaus sind eigenständige Profilierungen von Themenhotels jenseits solcher Standorteinbettungen zu beobachten. Die Bandbreite des Angebots an Themenhotels ist groß und reicht vom Eishotel (z. B. ICE-Hotel in Schweden) über eine orientalische Villa (z. B. Hotel Villa Orient in Frankfurt) oder ein Weinfass (z. B. Hotel Lindenwirt in Rüdesheim) bis zu einem Bunker unter der Erde (z. B. Waldhotel Rennsteighöhe in Thüringen). Auch Nächte in einem Baumhaus (z. B. Baumhaushotel auf der Kulturinsel Einsiedel) bis hin zu Übernachtungen in einer ehemaligen Justizvollzugsanstalt inkl. Gefängniskleidung (z. B. Hotel Alcatraz in Kaiserslautern, Knasthotel Meiningen) sind Angebote aus diesem Segment. Typische Vertreter von Themenhotels in Freizeit- bzw. Themenparks sind bspw. die verschiedenen Themenhotels im Disneyland Paris (New York, Cheyenne, Santa Fe), im Europapark Rust (Bell Rock, Krønasår, Collosseo, Castillo Alcazar, El Andaluz, Santa Isabel), im Phantasialand Brühl (Hotel Ling Bao, Hotel Village Matamba) und im Heidepark Soltau (Port Royal) oder das Tierpark-Themenhotel der Lindner-Hotelgruppe am Tierpark Hagenbeck in Hamburg. Destinationsgebundene Themenhotels sind bspw. die verschiedenen Themenhotels in Las Vegas (z. B. The Venetian Resort Hotel, The Mirage etc.), die beiden Schwesterhotels Atlantis auf den Bahamas bzw. in Dubai sowie das Kremlin Palace bzw. das Titanic an der türkischen Riviera.

Budget-Hotel/Low-Budget-Hotel

Eine allgemein anerkannte Definition des Budget-Hotels hat sich in der wissenschaftlichen Literatur ebenfalls noch nicht etabliert und so ist eine trennscharfe leistungsorientierte (Low Budget, Budget, Economy oder Ultra Budget, Modern Budget, Budget Design) oder preisorientierte (Low-/Mid-/High-Budget-Market) Abgrenzung des Konzepts Budget-Hotel bislang noch erschwert. Die Unternehmenspraxis definiert das Budget-Hotel als ein Hotel, bei dem die *Beherbergungsleistung im Vordergrund* steht und den Gästen eine standardisierte Übernachtungsmöglichkeit zu niedrigen Preisen angeboten wird. Typisierende Merkmale eines Budget-Hotels sind neben der standardisierten und normierten Hotelbasisleistung die geringe Zimmergröße, der eingeschränkte Angebots-, Service- und Leistungsumfang, die verkehrsgünstige Lage und die hohe Funktionalität und Technik des Basisangebots (PKF 2016, S. 2 ff.; IHA 2019, S. 20 f.).

Pionier der Budget-Hotellerie ist der französische Accor-Konzern, der mit seinen Marken Formule 1, Etap und Ibis (heute: Ibis, Ibis Styles, Ibis Budget) bereits in den 1970er-Jahren im Niedrigpreissegment aktiv war. Die Entwicklung der Budget-Hotellerie in den verschiedenen europäischen Märkten ist bis heute uneinheitlich. Während es in Italien bislang kaum Hotels in diesem Segment gibt, machen die kettengebundenen Marken dieses Betriebstyps in Großbritannien und Frankreich über ein Drittel des Übernachtungsvolumens aus. In Deutschland hingegen waren im Jahr 2010 ca. 200 Budget-Hotels am Markt, während 2017 allein die vier größten Hotelketten (Ibis, Ibis Budget, Motel One, B&B, Holiday Inn Express) mit 366 Hotelbetrieben im deutschen Budget-Markt aktiv waren (ca. 1 % des Beherbergungsangebots). Typische Vertreter sind neben den bereits erwähnten Hotelketten in Deutschland Budget-Marken wie Novum, Holiday Inn Express, Premier Inn, H2 und Explorer Hotels. Der Anteil der markengebundenen Budget-Hotels an den Gesamtbetrieben (Hotels und Hotels garnis) in Deutschland beträgt rund 13 %, während der Anteil der Betten bereits bei 24 % liegt. Dennoch gilt der deutsche Hotelmarkt in Bezug auf seine Markendurchdringung in diesem Segment aktuell noch als unterentwickelt und so sind für die nähere Zukunft von vielen Hotelgruppen bzw. Ketten zahlreiche neue Marken für dieses Marktsegment geplant (z. B. Hampton by Hilton, Day Inn, Super 8, Qbic, Star Inn, Toyoko Inn; Zleep Hotels etc.) (PKF 2016, S. 4 ff.).

Eine Sonderform im Bereich der Budget-Hotellerie stellen sog. *Kapselhotels* wie bspw. das City Hub in Amsterdam, das Flughafenkapselhotel Yotel in London oder das erste Kapselhotel in Deutschland (Area 24/7 in Karlsruhe, eröffnet im Frühjahr 2019) dar. In ihrer ursprünglichen Form aus Japan kommend, zeichnen sich diese Hotelangebote durch ihre maximale Reduktion auf den Kernnutzen Übernachtung aus.

Die Plastikkabinen sind maximal 4 m^2 groß und mit einer Matratze, einem Fernseher und einem Radio ausgestattet. Für Toiletten, Waschbecken und Ähnliches gibt es Gemeinschaftseinrichtungen. Das Yotel hingegen ist den europäischen Erfordernissen angepasst und etwas großzügiger ausgestattet. So verfügen die kleinen Apartments über eine Duschbadeinheit, abgetrennt durch eine Glasscheibe und einen Vorhang. Ein Schreibtisch lässt sich aus der „Techno"-Wand herausklappen, samt einem verstaubaren Stuhl. In der Hightech-Zimmerwand sind außerdem ein Flatscreen-Fernseher mit kostenlosem Internetzugang und Staumöglichkeiten integriert. Die Kapselhotels können auch stundenweise (ab 4 Stunden) angemietet werden.

Hostel

Hostels sind ein relativ neues Phänomen im Beherbergungssektor, haben in den letzten zehn Jahren jedoch *erheblich an Bedeutung gewonnen*. Sie stellen preisgünstige Übernachtungsmöglichkeiten zur Verfügung, die zentral liegen und deren Standard von Einzelzimmern mit Dusche/WC bis zu Mehrbettzimmern mit Gemeinschaftssanitäranlagen reicht. Dem ursprünglichen Begriffsverständnis folgend, wurde das Hostel lange Zeit als Betriebstypus der klassischen Jugendherberge verstanden. In der aktuellen Praxis positionieren sich Hostels jedoch verstärkt als eine Mischung zwischen Jugendherberge und Hotel, wobei sich zahlreiche Hostelangebote immer mehr zu Hotels weiterentwickeln, sodass der Unterschied zwischen einem Budget-Hotel und einem Hostel nicht immer auf den ersten Blick erkennbar ist (DICON 2013, S. 2 ff.) ein Tatbestand, der oftmals mit den Termini der Hostellerie oder des *Poshtel* charakterisiert wird (IHA 2019, S. 127 ff.). So bieten viele Hostels neben den klassischen Mehrbettzimmern mittlerweile Übernachtungsmöglichkeiten in Einzel- oder Doppelzimmern auf Zwei- bis Drei-Sterne-Niveau an. Hostelzimmer – sowohl Mehrbett- als auch Einzelzimmer – sind inzwischen überwiegend mit eigenen Bädern und modernem technischen Equipment wie Flatscreens und iPod-Dockingstations ausgestattet. Die 24-Stunden-Besetzung der Rezeption zählt heutzutage bereits zum Standard und so nähern sich Hostels in puncto Service und Ausstattung immer mehr der Budget-Hotellerie an. In Abgrenzung zur Budget-Hotellerie, in der die Funktionalität und Wahrung der Intimsphäre des Gastes im Vordergrund steht, verfügen Hostels über ein Angebot sozialer Räume und stellen i. d. R. umfangreiche Informations- und Kommunikationsmöglichkeiten für die Gäste zur Verfügung. Ein wesentlicher Erfolgsfaktor von Hostels ist denn auch der junge und kommunikative Gemeinschaftscharakter und die damit einhergehende soziale Aufenthaltsqualität (Nadrowski 2009, S. 154).

Vor gut zehn Jahren wurde die gesamte Anzahl von Hostels in Deutschland auf ca. 210 geschätzt, davon allein 118 in Berlin (DICON 2013, S. 9). Inzwischen sind viele Hostels dazugekommen. Aufgrund diverser Erfassungsprobleme und der unklaren Abgrenzung zur Budget-Hotellerie ist eine genaue Ermittlung jedoch erschwert, sodass davon ausgegangen wird, dass die tatsächliche Anzahl der Anbieter deutlich höher liegt (IHA 2019, S. 127 ff.). Der deutsche Hostelmarkt wird von drei größeren Anbietern dominiert (A&O Hotel and Hostels, Meininger Hotels, Generator) sowie von vielen kleineren Gruppen (z. B. Wombats, Plus Hotels, Baxpax) und einer Vielzahl individueller Anbieter (z. B. 5 Elements in Frankfurt/Main, Ostel in Berlin, Superbude in Hamburg, The4You in München).

Private Apartments

Quartiere von Privatanbietern gibt es historisch gesehen zwar schon seit Menschengedenken, aber durch den Trend zur sog. „Collaborative Consumption" (Botsman/ Rogers 2010) ist das Wachstum der Privatunterkünfte in der jüngeren Zeit extrem befeuert worden. In Deutschland buchte bereits 2017 *nahezu jeder fünfte Urlauber oder Geschäftsreisende* eine Unterkunft (Zimmer, Wohnung, Haus) über eine direkte oder indirekte digitale Buchungsoptionen (Website/App) bei einem Privatanbieter (IHA 2019, S. 108 ff.). Unangefochtener Weltmarktführer für die Vermittlung von Privatunterkünften ist Airbnb, die 5 Mio. Unterkünfte in über 81.000 Orten in 191 Ländern anbieten (Airbnb 2019). Zunehmend sind aber auch klassische Online Travel Agencies (OTA) wie bspw. booking oder trivago in diesem Segment aktiv.

Boardinghouse/Serviced Apartments

Das Boardinghouse (Serviced Apartment) ist ein *Beherbergungsangebot mit Wohnungscharakter*, das sich i. d. R. an Langzeitnutzer im urbanen Umfeld richtet. Das Extended-Stay-Segment wird dabei noch weiter differenziert nach Aufenthaltsdauer in die Teilsegmente Shortstay (1–6 Nächte), Mediumstay (7–27 Nächte) und Longstay (28 Nächte und länger). Die Zimmer sind meist weitläufig und sehr komfortabel ausgestattet, wobei die Zimmergrößen von kleinen Mikroapartments ($< 25\,\text{m}^2$) über mittlere ($25–40\,\text{m}^2$) bis zu großen Einheiten ($40\,\text{m}^2$ und mehr) reichen. Oftmals stehen eine Kochnische mit Kühlschrank, ein Wohn- und Besprechungszimmer und eine zusätzliche Gästetoilette zur Verfügung (Gruner et al. 2008, S. 61). Der Serviced-Apartment-Markt in Deutschland ist ein wachsendes Nischensegment und zeichnete 2018 mit ca. 620 Einheiten, 36.600 Apartments und rund 15 Mio. Übernachtungen für einen Anteil von knapp 5 % des gesamten Übernachtungsvolumen verantwortlich, wobei die Anzahl der Übernachtungen von 2016 auf 2018 um nahezu 50 % gewachsen ist (IHA 2019, S. 103). Es werden unterschiedlichste Qualitätskategorien auf dem Boardinghouse-/Serviced-Apartment-Markt offeriert und die Angebote reichen von voll- über teilmöbliert bis hin zur Ausstattung des Wohnraums durch den Gast. So bietet, wie bereit erwähnt, die Kölner Althoff-Hotelgruppe innerhalb ihres Extended-Stay-Konzepts (Althoff Residences) im Frankfurter Main Plaza die eine Hälfte der 140 Suiten möbliert an, während bei der anderen Hälfte der Gast sein eigenes Mobiliar mitbringen kann. Das Serviceangebot reicht im Allgemeinen je nach Gästebedürfnis von sehr eingeschränkt (Limited Service) bis zu weitreichend (Full Service mit bspw. umfassendem Frühstücksangebot, täglichem Wäschewechsel, Fitness-/Wellnesseinrichtungen, Butlerservice etc.). Die Living Hotels (ehemals Derag Hotels) gehören mit insgesamt über

1.570 Apartments und 13 Betrieben zu den größten Anbietern von Serviced Apartments in Deutschland. Adina Apartments Hotels, Novum, Adagio, Citadines und GHotel hotel & living sind weitere spezialisierte Anbieter in diesem Markt. Darüber hinaus haben zahlreiche Anbieter im Bereich der größeren Hotelketten ebenfalls dieses spezielle Beherbergungsangebot in ihren Portfolien (z. B. Lindner Hotels & Resort, Marriott, Intercontinental).

5.4 Hotelmanagement und Hotelimmobilie

5.4.1 Verhältnis von Hotelimmobilie und Hotelmanagement

Ein wesentliches Merkmal der Hotellerie ist die „funktionelle Entkoppelung" von Eigentum und Betrieb eines Hotels (Schultze 1993, S. 125 ff.; Baurmann 2007, S. 58 f.) Die Teilung von *Anlagevermögen* (Immobilie) und *Management* (Hotelbetrieb) sieht die Trennung zwischen den Aufgabenbereichen Hotelplanung, Hotelfinanzierung und Hotelimmobilienverkauf und/oder Immobilienbetreuung (Asset-Management) auf der Investorenstufe und der Ausübung des operativen Hotelgeschäfts auf der Betreiberstufe vor (Abb. 5.19). Waren in der Vergangenheit Eigentum und Miet- bzw. Pachtverträge gängige Instrumente der Hotelgesellschaften, um ihr Wachstum voranzutreiben, verschiebt sich heutzutage der Fokus der Hotelgesellschaften mehr und mehr auf die reine Kernfunktion des Hotelmanagements, ein Phänomen der Hotellerie, das seit vielen Jahren unter dem Stichwort der *Trennung von bricks and brains* thematisiert wird. Die wesentlichen Treiber einer solchen funktionellen Trennung sind in den Wachstums- und Expansionsbestrebungen internationaler Hotelgesellschaften und dem damit zusammenhängenden Bedürfnis nach Risikoreduktion sowie in den Spezialisierungsvorteilen zu finden, die Investoren und Betreiber in der Konzentrati-

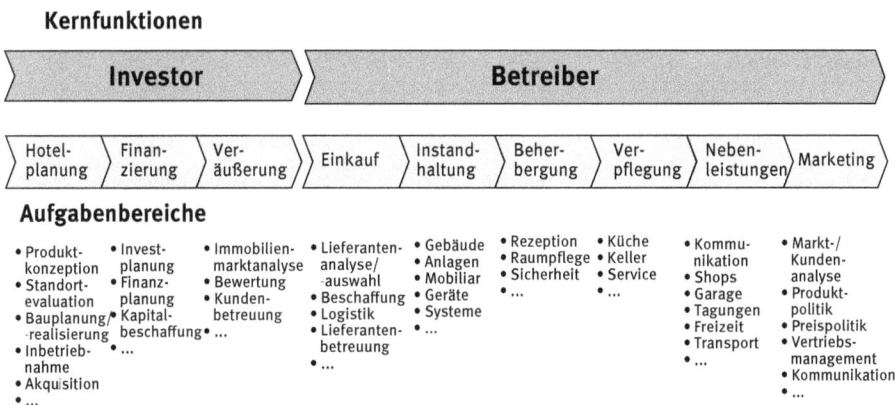

Kernfunktionen

Investor			Betreiber					
Hotel-planung	Finan-zierung	Ver-äußerung	Einkauf	Instand-haltung	Beher-bergung	Ver-pflegung	Neben-leistungen	Marketing

Aufgabenbereiche

• Produkt-konzeption • Standort-evaluation • Bauplanung/-realisierung • Inbetrieb-nahme • Akquisition • …	• Invest-planung • Finanz-planung • Kapital-beschaffung • …	• Immobilien-marktanalyse • Bewertung • Kunden-betreuung • …	• Lieferanten-analyse/-auswahl • Beschaffung • Logistik • Lieferanten-betreuung • …	• Gebäude • Anlagen • Mobiliar • Geräte • Systeme • …	• Rezeption • Raumpflege • Sicherheit • …	• Küche • Keller • Service • …	• Kommu-nikation • Shops • Garage • Tagungen • Freizeit • Transport • …	• Markt-/Kunden-analyse • Produkt-politik • Preispolitik • Vertriebs-management • Kommunikation • …

Abb. 5.19: Funktionelle Entkoppelung in der Hotellerie (Quelle: Schultze 1993, S. 77)

on auf ihre jeweilige Kernkompetenz (Immobilien- respektive Hotelmanagement) zu realisieren bestrebt sind.

Hotelimmobilien in Deutschland haben sich aus *Investorensicht* neben anderen traditionellen Immobilieninvestments (Büro-, Gewerbe-, Wohnimmobilien) aufgrund verschiedener Einflussfaktoren von einer Spezialimmobilie zu einer Standardimmobilie entwickelt. Die Aufgabe der Immobilienentwicklung wird zumeist von Architekturbüros, Bauunternehmen oder Projektentwicklern/-gesellschaften aus dem Immobilienbereich übernommen und umfasst die Aufgaben der Hotelplanung, Hotelfinanzierung und Veräußerung. Typische Investoren in Hotelimmobilien sind Banken, Immobilienfonds, Pensionskassen, REITs (Real Estate Investment Trusts), Versicherungen, Kapitalbeteiligungsgesellschaften und Hotelbetreiber selbst sowie vermögende Privatpersonen (Fidlschuster/Fidlschuster 2011, S. 96 ff.) (Abb. 5.20). Die Rolle des Betreibers übernehmen hingegen unabhängige Hotelgesellschaften oder Hotelketten, die das Know-how zur Führung eines Hotelbetriebs mitbringen. In Deutschland dominieren zumeist institutionelle Investoren (Corporates, Private Equity, Fondsgesellschaften) den Markt für Hotelimmobilien (Jones LangLaSalle 2018). Allen ist das Grundinteresse gemein, durch Anlagen in Hotelimmobilien eine angemessene Verzinsung des investierten Kapitals zu erreichen, wobei eine Investition in Hotels mit einer durchschnittlichen Rendite von ca. 6 bis 9 % zwar oftmals profitabler ist als Büro- und Wohnimmobilien (Rath 2009, S. 290), aber auch risikobehafteter. Aus Sicht von Investoren stehen diese verschiedenen Immobilieninvestments auch immer in Konkurrenz zueinander.

High Net Worth Individual	Private Equity	Institutioneller Investor	Hotelbetreiber (Owner/Operator)
vermögende Privatperson Bsp.: Cristiano Ronaldo; Klaus M. Kühne	mit privatem Beteiligungskapital agierendes Untern. Bsp.: Blackstone, Goldman Sachs	Untern. mit großem kontinuierlichen Anlagebedarf Bsp.: Union Investment, Fundus	Bsp.: Motel One, B&B, Fattal Group

	(Branchenfremde) Unternehmen	Immobilienunternehmen	Entwickler (Investor-, Trader-Developer)
		mit (allen Arten von) Immobilien handelndes Unt.	auf die Entwicklung von Immobilien spezialisiertes Unternehmen
	Bsp.: Oetker-Gruppe; IKEA	Bsp.: Deutsche Immobilien AG	Bsp.: GBI AG, Feuring

Abb. 5.20: Grundlegende Investorentypen (Quelle: in Anlehnung an Jones Lang LaSalle Hotels, zitiert nach Härle/Haller 2007, S. 194)

Im Speziellen bietet eine solche Trennung aus Investorensicht verschiedene Vorteile. Im Gegensatz zu vielen Büro-/Gewerbeimmobilien hat es ein Immobilieneigentümer bei einer Hotelgesellschaft als Mieter (Pächter) bzw. Hotelbetreiber mit einem Vertragspartner zu tun, der i. d. R. an einer langfristigen Nutzung der Immobilie interessiert ist, sodass lange Vertragslaufzeiten dem Investor ein gewisses Maß an *Planungs- und Prognosesicherheit* über zu erwartende Einnahmen geben. Des Weiteren sind Hotelimmobilien – im Gegensatz zu anderen gewerblichen Immobilien – mit einem höheren Prestige und größeren Renditepotenzialen versehen, erfahren sie doch unter Umständen bei einer professionellen Führung des Hotelbetriebs durch eine renommierte Hotelgesellschaft eine erhebliche Wertsteigerung. Denn der Wert einer Hotelimmobilie orientiert sich nicht nur an Faktoren wie Standort, Gebäudesubstanz und Ausstattung, sondern hängt auch von der Performance des Betreibers, sprich von der Leistungsqualität, dem erwirtschafteten Gewinn und dem daraus resultierenden Markenimage ab. Dieser Sachverhalt kann die Kapitalverzinsung und Amortisation einer Hotelimmobilie im Vergleich zu anderen Immobilienalternativen attraktiver machen. Ebenso gilt jedoch der Umkehrschluss und so können sich die z. T. relativ geringen Einflussmöglichkeiten in Bezug auf Qualität und Leistungsfähigkeit des Betreibers im operativen Geschäft als nachteilig für den Investor erweisen.

Ein namhaftes Beispiel dieser Strategie ist unter anderem InterContinental Hotels Group, die seit 2003 168 Hotels verkauft und so insgesamt 4,4 Mrd. US-Dollar eingenommen haben. Weitere sieben Hotels in Europa wurden an Morgan Stanley Real Estate Funds für 805 Millionen US-Dollar veräußert. Rund 88 % der verkauften Hotels werden von InterContinental Hotels Group unter Managementverträgen weiterbetrieben und die ursprünglich durch den Verkauf von Immobilien eingenommenen ca. 5,2 Mrd. US-Dollar wurden an die Aktionäre ausgeschüttet. (Härle/Haller 2007, S. 197).

Die *Vorteile der funktionellen Entkoppelung* aus Sicht des Betreibers liegen in der finanzwirtschaftlichen Komponente und hierbei insbesondere in der Reduktion des Kapitalbedarfs. Aus Sicht der Hotelgesellschaften reduziert sich das unternehmerische Risiko bei einer solchen Trennung, da das Kapital- und Verlustrisiko für die Immobilie beim Investor verbleibt. Dadurch hat die Hotelgesellschaft einen deutlich geringeren Kapitalbedarf sowie überschaubare Investitions- und Unterhaltskosten, was die Möglichkeiten von Hotelunternehmen steigert, ihr Unternehmenswachstum zu finanzieren und die Marktpräsenz auszudehnen. Ein wesentlicher *Nachteil der funktionellen Entkoppelung* besteht in dem oftmals geringen Partizipationsgrad der Betreiber bei der Gestaltung der Gesamtkonzeption der Hotelunternehmen, obwohl in der neueren Entwicklung zunehmend darauf geachtet wird, das die Mitwirkung der zukünftigen Betreiber vertraglich verankert wird. Dies setzt jedoch voraus, dass sich der Investor frühzeitig für einen Betreiber entscheidet, denn gerade im Vorfeld der Hotelplanung, der Gestaltung der Gebäude- und Zimmerarchitektur, der Arbeitsplätze und der ablauforganisatorischen Serviceplanung liegen Potenziale, die die Effizienz von Betriebskonzepten nachhaltig fördern können. Einbettung in das Umfeld, Design und Ambiente eines Hotelunternehmens sind entscheidende Determinanten der Qualitätswahrnehmung des Kunden. Die Handlungsbeschränkung der Betreiber äußert sich unter Umständen auch in der Inflexibilität, auf Nachfrageveränderungen oder Verschiebungen des Wettbewerbsumfelds einzugehen. So fallen größere Instandhaltungs-, Modernisierungs- oder nachfrageinduzierte Zusatzinvestitionen nicht in die Entscheidungskompetenz des Betreibers und konkurrieren mit den Renditeforderungen des Investors. Andererseits kann es im Interesse eines Betreibers liegen, dessen Pacht- oder Managementgebühr sich an der Höhe des Bruttoergebnisses (Gross Operating Profit (GOP)) orientiert, die Instandhaltungsaufwendungen zu minimieren, um so einen besseren GOP zu erzielen, was wiederum mit dem Interesse des Investors kollidiert, die Qualität seiner Immobilie zu erhalten.[1] In diesem Zusammenhang wird oftmals die Höhe der Instandhaltungsrückstellungen vertraglich vereinbart.

Mit der *Trennung von Eigentum und Betrieb* entsteht die Notwendigkeit vertraglicher Regelungen zwischen Immobilieneigentümer und Hotelbetreiber. Grundsätzlich lässt sich dabei die Regel aufstellen, dass die Einflussnahme des Investors auf die Betriebsführung des Hotels umso größer ist, je höher der Grad der Risikoübernahme ist. Kernstück jedes Bewirtschaftungs-/Geschäftsbesorgungsvertrags ist – neben den notwendigen Regelungen von Instandhaltungs- und Instandsetzungsmaßnahmen – die Verteilung des Gewinns in Abhängigkeit von der Verteilung der wirtschaftlichen Risiken. Die unterschiedlichen Bedürfnisse der oben beschriebenen verschiedenartigen Investoren im Hotelimmobilienmarkt führen zu einer Differenzierung der Vertragslandschaft mit verschiedenen Vertragsmodellen (Baurmann 2007, S. 58 f.). Die maßgeblichen Vertragsarten in der Hotellerie sind Gegenstand des folgenden Kapitels.

5.4.2 Eigentumsverhältnisse und Vertragsstrukturen

Für die Entwicklung und Realisierung eines marktorientierten Unternehmenskonzepts ist es von wesentlicher Bedeutung, wer als *Entscheidungsträger* in den Hotelunternehmen die notwendige Kompetenz und organisatorische Verantwortung besitzt, diesen unternehmerischen Prozess zu initiieren und voranzutreiben. Grundlegende Erscheinungs- bzw. Betreiberformen sind im Eigentum des Betreibers befindliche Hotels sowie Pacht-, Management- und Franchisehotels (Abb. 5.21 und 5.22). Im Folgenden sollen kurz die wesentlichen Unterschiede der maßgeblichen Betreiberkonzepte in der deutschen Hotellerie skizziert werden (hierzu und zum Folgenden IHA 2019, S. 224 ff.; Fidlschuster/Fidlschuster 2011, S. 67 ff.; VÖB 2007, S. 79 ff.):

---

[1] Der Terminus *Gross Operating Profit* entstammt dem „Uniform System of Accounts for Hotels", einem in der Hotellerie weitverbreiteten System der Kosten- und Leistungsrechnung. Während der GOP durch Subtraktion der betriebsbedingten Kosten vom Umsatz ermittelt wird, sind bei der Berechnung des Net Operating Profit (NOP) noch die anlagebedingten Kosten abzuziehen. Eine vertiefende Darstellung des Uniform System of Accounts for Hotels findet sich bei Gewald (1999).

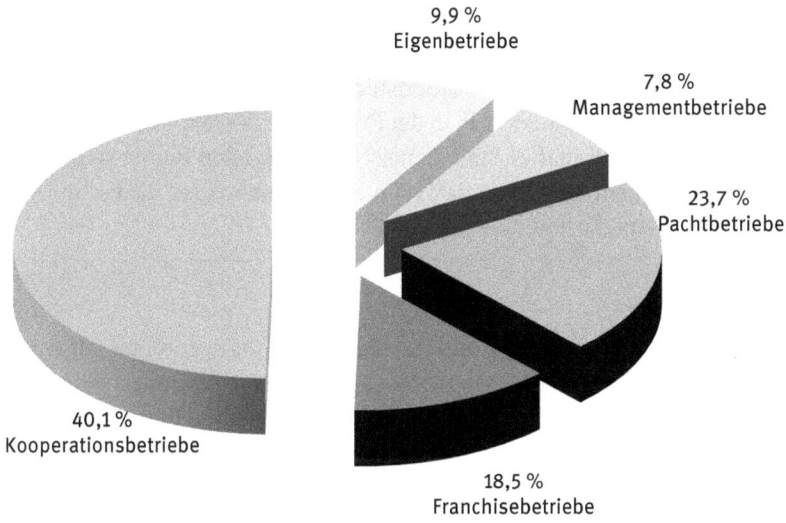

Abb. 5.21: Betreiberformen in der Markenhotellerie in Deutschland (Quelle: IHA 2019, S. 229)

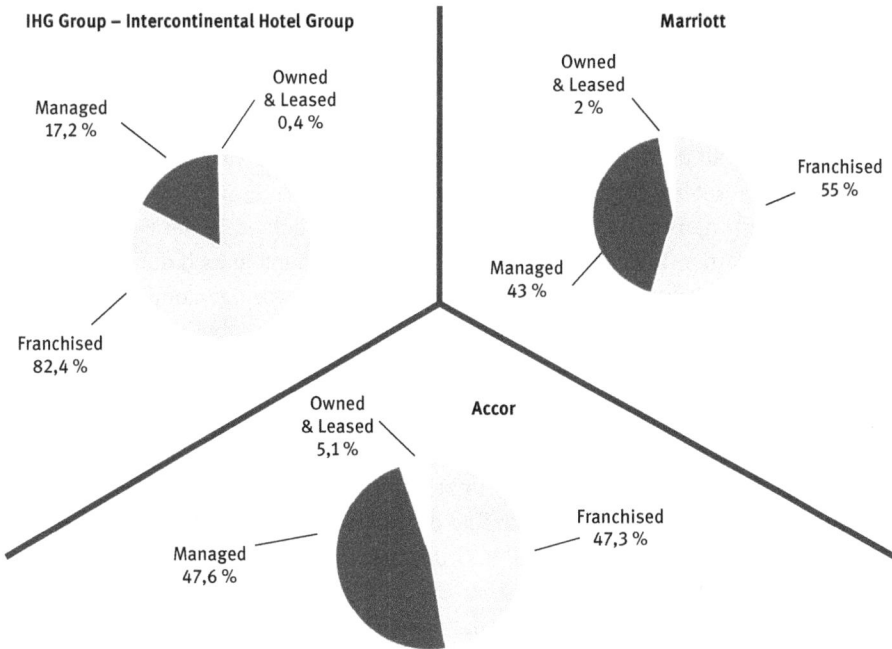

Abb. 5.22: Betriebsstruktur ausgewählter Hotelgesellschaften im Jahr 2019 (Quelle: Corporate Websites 2019)

Eigentumshotel

Unter einem Eigentumshotel wird, wie schon erwähnt, das traditionelle Privat- bzw. Individualhotel verstanden. Immobilie (Grundstück, Gebäude) und operatives Geschäft sind in einer Hand, und zwar i. d. R. in der *Rechtsform des Einzelunternehmens*. Personen- oder Kapitalgesellschaften sind zumeist nur bei großen Betriebseinheiten anzutreffen. Der Hoteleigentümer trägt das volle unternehmerische Risiko und die Verantwortung für Umsatz, Kosten, Gewinn und Personal.

Pachthotel

Beim Pachthotel einigen sich Betreiber und Investor bzw. Hoteleigentümer auf einen Pachtzins, der die Kompensation für gegenseitig zu erbringende Leistungen darstellt. Grundlage einer solchen Vereinbarung ist ein Pachtvertrag, der die Überlassung von Miet- und Pachtgegenständen (hier: operative Ausstattung, Technik, Hotelimmobilie), deren Miet- bzw. Pachtdauer und die Rückgabepflicht der betreffenden Gegenstände regelt. Das Hotelinventar wird häufig als *Furniture, Fixture and Equipment (FF&E)* bezeichnet. Als grundsätzliche Varianten des Pachtvertrags gibt es entweder den Fixpachtvertrag mit oder ohne Umsatz- bzw. Ergebnisbeteiligung oder den Umsatzpachtvertrag mit oder ohne Ergebnisgarantie. Die Pachtverträge umfassen neben der Höhe des Pachtzinses auch die von den Parteien zu übernehmenden Kosten, wobei der Investor die anlagebedingten Kosten (Zins, Abschreibung, Instandhaltung) trägt, während der Betreiber für die betriebsbedingten Kosten verantwortlich ist. *Hotelpachtverträge* kennen verschiedene Vertragsarten, bei denen auf unterschiedliche Weise der jeweilige Unterhalt des Miet- und Pachtgegenstands geregelt wird (sog. Single-, Double- und Triple-Net-Verträge). Die Managementverantwortung und das unternehmerische Risiko für den Betrieb des Hotels obliegen dem Pächter. In der Hotellerie und Gastronomie werden Pachtverträge i. d. R. auf 20, längstens jedoch auf 30 Jahre geschlossen. In Deutschland ist der Pachtvertrag nach wie vor das dominierende Vertragsmodell in der Hotellerie, die Mehrzahl der Verträge sieht dabei zumeist eine feste Miete bzw. Pacht vor.

Managementhotel

Ein Managementhotel ist dadurch gekennzeichnet, dass der Eigentümer eines Hotels bzw. einer Hotelimmobilie einem Betreiber die operative Leitung überträgt und dafür eine Gebühr (Management-Fee) bezahlt. Grundlage dieser Vereinbarung ist i. d. R. der *Managementvertrag*, der als entgeltlicher Geschäftsbesorgungsvertrag durch Dienst- und teilweise Werkvertragselementen charakterisiert ist. Der Betreiber übernimmt die Verantwortung für den Umsatz und die operativen Kosten und zahlt den Gewinn nach Abzug seiner Managementgebühr an den Eigentümer bzw. Investor. Die Deckung der anlagebedingten Kosten obliegt dem Investor, der damit die finanzielle Gesamtverantwortung trägt. Die Ausgestaltung der Managementgebühr ist Verhandlungssache; in der Praxis wird neben der Grundgebühr (Basic Fee), die i. d. R. zwischen 2 und 4 % des

Gesamtumsatzes beträgt, oftmals auch ein Erfolgshonorar (Incentive Fee) vereinbart, das etwa 8 bis 12 % des erzielten Bruttobetriebsgewinns (GOP) ausmacht. Gegen das unternehmerische Risiko kann der Investor sich durch entsprechende Zahlungsgarantien seitens des Betreibers absichern (Managementvertrag mit Ergebnisgarantie). Die branchenüblichen Laufzeiten liegen dabei zwischen zehn und 20 Jahren. 95 % aller weltweit existierenden Verträge in der Hotellerie sind Managementverträge.

Franchisehotel

Franchiseverträge gewinnen in der Hotellerie international immer mehr an Bedeutung, während der Markt der Franchisenehmer in Deutschland im internationalen Vergleich noch unterentwickelt ist. Beim Franchising stellt der Franchisegeber (Franchisor) – i. d. R. eine Hotelkette (z. B. Choice Hotels International) – dem eigentlichen Betreiber und Eigentümer einer Hotelimmobilie (Franchisee) seinen Markennamen, sein Betriebskonzept, sein Vertriebssystem und anderweitige operative Unterstützung gegen eine entsprechende Franchisegebühr zur Verfügung. Diese Gebühr besteht i. d. R. aus verschiedenen fixen und variablen Bestandteilen, d. h. üblicherweise aus einer Einmalzahlung für Entwicklungs- bzw. Akquisitionskosten („Initial") des betreffenden Franchisemodells plus laufende Zahlungen aus dem Geschäftsbetrieb („Royalty") in Abhängigkeit vom Umsatz oder Ertrag. Die Franchisegebühr kann durchschnittlich 6 bis 10 % des Umsatzes betragen, wobei in der Hotellerie üblicherweise auf den Logisumsatz abgestellt wird. Der Franchisenehmer trägt das alleinige *unternehmerische Risiko*, wobei er gewissen Restriktionen hinsichtlich seiner gestalterischen und operativen Handlungsfreiheiten unterliegt, da die Einhaltung bestimmter, vom Franchisegeber gesetzter Standards Bestandteil eines Franchisevertrags ist (z. B. Bezugsverpflichtung bestimmter Waren, Rohstoffe und/oder Produkte vom Franchisegeber). Die Pflicht des Franchisegebers besteht in erster Linie darin, sein Wissen zur Verfügung zu stellen und den Franchisenehmer einzuweisen.

Eine besondere Ausprägung des Franchisevertrags zeigt sich, wenn anstelle von zwei Parteien (Franchisegeber und Franchisenehmer) *drei Parteien* involviert sind. Dies kann dann der Fall sein, wenn der Eigentümer einer Hotelimmobilie das Hotel nicht selbst betreiben will, sondern die Immobilie an einen Betreiber/Pächter verpachtet. Sollte dieser Betreiber wiederum selbst über keinerlei starke Hotelmarke verfügen oder das Haus nicht unter eigenem Namen betreiben wollen, bietet es sich an, sich um die Franchiselizenz einer etablierten, renommierten und/oder innovativen Hotelmarke zu bemühen. Diese Konstellation wird in der Fachterminologie auch „sandwich lease" genannt. Als Betreiber werden hier seit einigen Jahren vermehrt mittelständische, markenunabhängige Betreibergesellschaften zwischengeschaltet, die als Franchisenehmer die Marke und das Vertriebssystem für den Betrieb des Hotels erwerben. Typische Vertreter dieser Betreiber-/Franchisenehmergesellschaften sind Unternehmen wie die GCH Hotel Group, die Novum Hotel Group, RIMC Hotels und Resorts, Primestar, Tristar und andere mehr.

In der internationalen Hotellerie sind darüber hinaus mit dem *direkten Franchising und dem indirekten Franchising*, d. h. der Vergabe von Master-Franchiserechten, zwei Varianten des Franchise zu beobachten. Während beim direkten Franchising der Franchisegeber aus der Hotellerie über seine Firmenzentrale bestimmte Know-how-Nutzungsrechte direkt an die jeweiligen ausländischen Franchisenehmer überträgt, wird beim Masterfranchising ein ausländischer Partner als Master-Franchisenehmer für ein bestimmtes Land oder eine Region zwischengeschaltet, der dann als Master-Franchisegeber in dem Land bzw. der Region die Franchiserechte der betreffenden Hotelgesellschaft an entsprechende Franchisenehmer vergibt. Die große Bandbreite der Kosten hängt von der konkreten Vertragsgestaltung ab und kann die Aspekte Branding, Reservierungssystem, Managementberatung, Personalschulungen, Einkauf, Marketing usw. beinhalten.

Zur Bewertung der relativen Vorteilhaftigkeit der verschiedenen Vertragsformen sind die jeweiligen Perspektiven, Ziele und Managementphilosophien der Vertragspartner (Investor bzw. Betreiber) von entscheidender Bedeutung. Hier ist je nach Vertragsart zwischen der Verteilung der wirtschaftlichen Chancen und Risiken einerseits und Sicherheitsaspekten andererseits abzuwägen. Auf dem Markt haben sich denn auch *zahlreiche Mischformen* (Hybridverträge) zwischen Pacht- und Managementverträgen entwickelt, die jeweils eine unterschiedliche Verteilung der Chancen und Risiken vorsehen und versuchen, den jeweiligen Intentionen der Akteure gerecht zu werden. Abbildung 5.23 verdeutlicht grob vereinfacht die relative Vorteilhaftigkeit der

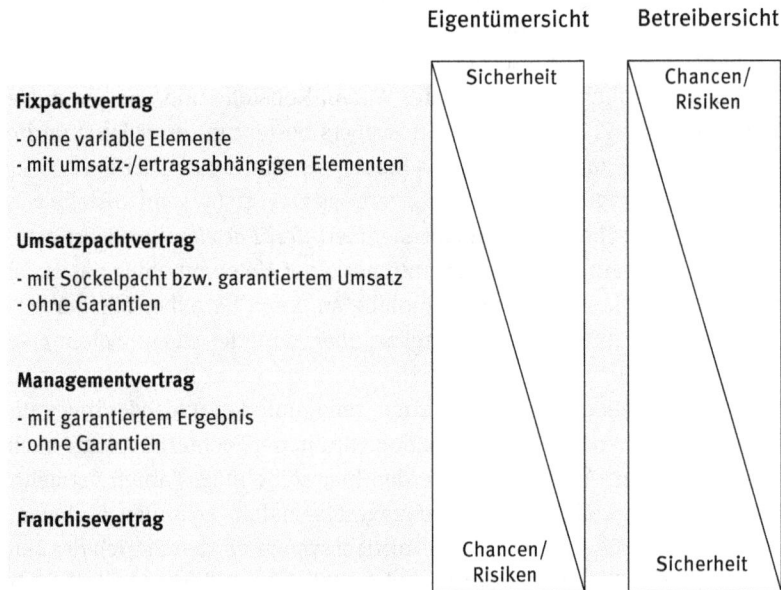

Abb. 5.23: Chancen-Risiko-Profil unterschiedlicher Vertragsformen in der Hotellerie (Quelle: Widmann 2005, S. 7)

verschiedenen Vertragsformen aus Sicht des Eigentümers (Investors) einer Hotelimmobilie und aus Sicht eines Betreibers (Hotelgesellschaft).

5.4.3 Entwicklungen auf dem deutschen Hotelimmobilienmarkt

Mit insgesamt 67,7 Mrd. US-Dollar konnte der globale Hotelinvestmentmarkt 2018 das Transaktionsergebnis des Vorjahrs (2017: 66,4 Mrd. US-Dollar) erneut übertreffen. Starke Rückgänge gab es demgegenüber in der Region Asien-Pazifik (–38 % auf 8,3 Mrd. USD), leicht abgeschwächt hat sich das Transaktionsvolumen in EMEA bzw. Europe, Middle East und Africa (–7 % auf 22,9 Mrd. US-Dollar) (Jones Lang LaSalle 2019). Der deutsche Hotelinvestmentmarkt weist – gemessen am Betrachtungszeitraum der letzten 20 Jahre – in den vergangenen fünf Jahren ebenfalls absolute Höchstwerte auf. Bedingt durch die globale Finanzkrise des Jahres 2008 sank das Transaktionsvolumen in Deutschland extrem stark auf 338 Mio. Euro, um sich seitdem kontinuierlich zu erholen. So hat sich das Volumen des deutschen Hotelinvestmentmarkts seit 2010 – nach seinem Höchststand 2016 – mit ca. 4 Mrd. Euro 2018 in den letzten knapp zehn Jahren mehr als vervierfacht (Abb. 5.24).

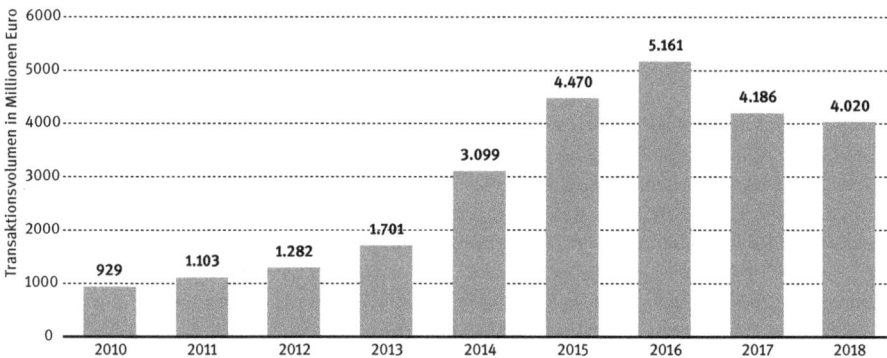

Abb. 5.24: Entwicklung des Hoteltransaktionsvolumens in Deutschland in der Zeit von 2010 bis 2018 (Quelle: Colliers International 2019)

Strukturell hat sich an der Attraktivität des Investmentmarkts Deutschland nichts geändert, sodass mittel- bis langfristig der deutsche Hotelimmobilienmarkt bei gleichbleibend robuster wirtschaftlicher Entwicklung weiterhin verstärkte Aktivitäten verzeichnen wird. Nach wie vor ist der deutsche Hotelmarkt im Umbruch begriffen und wird langfristig die Entwicklungen anderer europäischer Hotelmärkte nachvollziehen. So werden die *Marktbereinigungen* zulasten der unprofilierten, mittelständischen Hotellerie durch den zunehmenden Wettbewerbsdruck der Kettenhotellerie weiter voranschreiten und getrieben durch den nach wie vor bestehenden Liquiditäts- und Anlagedruck auf Investorenseite mittel- bis langfristig weiter an Geschwindigkeit zunehmen. Entsprechend werden in- und ausländische Investoren aufgrund des geringen Angebots in A-Standorten zukünftig verstärkt in die B- und C-Standorte drängen (Stauss 2019). Hieraus resultiert in Verbindung mit den deutlich erschwerten Finanzierungskonditionen eine steigende Verkaufsbereitschaft bzw. zum Teil auch Verkaufsnotwendigkeit mittelständischer Hoteliers. Ferner besteht weiterhin eine steigende Nachfrage nach betreiberfreien Hotels durch langfristig orientierte neue Betreiberinvestoren (z. B. aus China, Osteuropa und dem Nahen Osten), wie auch die deutsche Ferienhotellerie ein zunehmendes Investoreninteresse zu verzeichnen hat. Insgesamt wird die Nachfrage auf dem deutschen Hotelimmobilienmarkt parallel zur gesamtwirtschaftlichen Entwicklung mittel- bis langfristig immer wieder anziehen, sodass der strukturelle Nachhol- und Restrukturierungsbedarf in der deutschen Hotellerie, der von zahlreichen Investoren beim Leistungsvergleich der europäischen Hotellerie konstatiert wird, weiter zu *anhaltenden Wachstumserwartungen* im Hotelinvestmentmarkt Deutschland führen wird.

Literatur

AHGZ (2016): Accorhotels will mit Jo & Joe Millennials locken. In: AHGZ – Allgemeine Hotel- und Gaststättenzeitung vom 27.09.2016,.

AHGZ (2019): https://www.ahgz.de/fachbegriff/beherbergungsvertrag,154.html, letztes Einsehdatum: 30.9.2019.

AirBnB (2019): https://press.airbnb.com/about-us, letztes Einsehdatum: 03.03.2019.

AUMA (2019): AUMA (Ausstellungs- und Messeausschuss der Deutschen Wirtschaft), https://www.auma.de/de/zahlen-und-fakten/messemarkt-deutschland; letztes Einsehdatum: 03.03.2019.

Barth, K.; Theis, H. J. (1998): Hotel-Marketing. 2. Aufl., Wiesbaden.

Bauer, V. (2009): Der neue Luxus – Wohin führt der Wandel? In: Trendgutachten Hospitality 2009/2010, TREUGAST International Institute of Applied Hospitality Sciences, München, S. 162–171.

Baurmann, J. (2007): Vertragsmodelle für Hotelimmobilien. In: J. Frehse; K. Weiermaier (Hg.): Hotel Real Estate Management, Hamburg, S. 57–70.

Bessler, P. (2009): Dynamische Hotelkonzepte. In: Trendgutachten Hospitality 2009/2010, TREUGAST International Institute of Applied Hospitality Sciences, München, S. 144–151.

Botsman, R.; Rogers, R. (2010): What's Mine Is Yours: The Rise of Collaborative Consumption. New York.

Brümmer, E. (2009): Das Resort-Prinzip – Wodurch sich exzellente Konzepte vom Durchschnitt unterscheiden. In: Trendgutachten Hospitality 2009/2010, TREUGAST International Institute of Applied Hospitality Sciences, München, S. 134–143.

Brunner-Sperdin, A. (2008): Erlebnisprodukte in Hotellerie und Tourismus: Erfolgreiche Inszenierung und Qualitätsmessung. Berlin.

BWE (2017): Wirtschaftsfaktor Tourismus in Deutschland, Bundesministerium für Wirtschaft und Energie. Berlin.

Clarke, A.; Chen, W. (2007): International Hospitality Management. Amsterdam.

Colliers International (2019): Hotelinvestmentmarkt Deutschland 2018/2019, Februar 2019.

DEHOGA (2019): https://www.dehoga-bundesverband.de/zahlen-fakten/betriebsarten/, letztes Einsehdatum: 26.02.2019.

DEHOGA (2019a): https://www.dehoga-bundesverband.de/zahlen-fakten/umsatz/
beherbergungsgewerbe/, letztes Einsehdatum: 26.02.2019.

DEHOGA (2019b): https://www.dehoga-bundesverband.de/zahlen-fakten/umsatz/, letztes Einsehdatum: 26.02.2019.

DEHOGA (2019c): https://www.dehoga-bundesverband.de/zahlen-fakten/beschaeftigung/, letztes
Einsehdatum: 26.02.2019.

DekaBank (2018): Hotelmarkt Deutschland, Immobilien Research Spezial vom 17.08. Ort.

DICON (2013): Hostels – ein Wachstumssegment im Beherbergungsmarkt. Berlin.

DTV (2017): Zahlen – Daten – Fakten, DTV – Deutscher Tourismusverband, https://www.
deutschertourismusverband.de/fileadmin/Mediendatenbank/Bilder/Presse/Presse_PDF/
ZDF_2017.pdf; letztes Einsehdatum: 01.03.2019.

Eberhard, M. (2008): Hotelimmobilien aus Sicht institutioneller Anleger, Vortrag vom 18.06. Hotel-
Focus Hamburg.

EITW (2018): Meeting & Eventbarometer 2017/2018, Europäisches Institut für Tagungswirtschaft der
Hochschule Harz. Frankfurt am Main – Wernigerode, April.

Encyclopædia Britannica Online (o. J.): http://www.britannica.com/EBchecked/topic/499489/
resort-hotel, letztes Einsehdatum: 24.06.2019.

Endraß, A. (2009): Bringt Gesundheit mehr Wert? Können Immobilien und Betreiber von Gesund-
heitsleistungen profitieren? In: Trendgutachten Hospitality 2009/2010, TREUGAST International
Institute of Applied Hospitality Sciences, München, S. 124–133.

Feid, D. (2009): Potenzialanalysen für Hotelimmobilien. In: O. Everling; R. Slowik (Hg.): Praxishand-
buch Rating von Immobilienportfolios, Köln, S. 395–416.

Fidlschuster, M.; Fidlschuster, K. (2011): Grundlagen des Hotelinvestments. Berlin.

Frehse, J.; Weiermaier, K. (2007): Hotel Real Estate Management. Hamburg.

Freyberg, B. v (2008): Kriterien von Investitionsentscheidungen in der Hotellerie aus Sicht der Unter-
nehmensberatung, Vortrag vom 25.07. an der Hochschule München.

Fuchs, W. (2016): Der Gastronomiebereich. In: K. H. Hänssler (Hg.): Management in Hotellerie und
Gastronomie, 9. Aufl. Berlin/Boston, S. 147–177.

Funke, C. (2008): Design- und Boutiquehotels. In: F. Romeiss-Stracke (Hg.): Tourismus-Architektur:
Baukultur als Erfolgsfaktor, Berlin, S. 82–86.

FUR (2018): Reiseanalyse 2018. Forschungsgemeinschaft Urlaub und Reisen e. V.

Gardini, M. A. (1997): Qualitätsmanagement in Dienstleistungsunternehmungen – dargestellt am
Beispiel der Hotellerie. Frankfurt/Main.

Gardini, M. A. (2001): Menschen machen Marken – Dienstleister müssen ihre Markenperspektive
erweitern. In: Markenartikel 63. Jg.(H. 6), S. 30–45.

Gardini, M. A. (2006): Marke statt Sterne. In: absatzwirtschaft Science Factory H. 1, S. 1–4.

Gardini, M. A. (2008): Hotelmanagement: Erhöhte Anforderungen erzwingen Perspektivenwechsel
(Teil I). In: TourHP – Tourismus- und Hotellerie Praxis H. 7, S. 7–10.

Gardini, M. A. (2009): Paradigmenwechsel in der Hotellerie – Aufbruch in die Managementmoderne?
In: M. A. Gardini (Hg.): Handbuch Hospitality Management, Frankfurt/Main, S. 19–50.

Gardini, M. A. (2014): Der Mitarbeiter als Erfolgsfaktor? Personalmanagement im Tourismus zwischen Anspruch und Wirklichkeit. In: M. A. Gardini; A. A. Brysch (Hg.): Personalmanagement im
Tourismus: Erfolgsfaktoren erkennen – Wettbewerbsvorteile sichern, Berlin, S. 35–67.

Gardini, M. A. (2015): Marketing-Management in der Hotellerie. 3. Aufl., Berlin/Boston.

Gardini, M. A. (2017): Leadership und Exzellenz im Tourismusmarketing: Was Tourismusunternehmen leisten müssen! In: M. A. Gardini (Hg.): Marketingexzellenz im Tourismus: Konzepte –
Fallstudien – Best Practices, Berlin, S. 9–38.

Gardini, M. A. (2020): Grundlagen der Hotellerie und des Hotelmanagements: Hotelbranche – Hotelbetrieb – Hotelimmobilie. 3. Aufl., Berlin/Boston.

Gentile, C.; Spiller, N.; Noci, G. (2007): How to sustain the Customer Experience: An Overview of Experience Components that Co-Create Value with the Customer. In: European Management Journal Vol. 25(No. 5), S. 395–410.

Gewald, S. (1999): Hotel-Controlling. München.

Gruner, A.; Berg, W.; Buer, C.; Gardini, M. A.; Maxeiner, M. (2008): Managementlexikon Hotellerie und Gastronomie. Frankfurt/Main.

Haller, T. (2007): Markt- und Standortanalyse. In: J. Frehse; K. Weiermaier (Hg.): Hotel Real Estate Management, Hamburg, S. 87–98.

Hänssler, K. H. (Hg.) (2016): Management in Hotellerie und Gastronomie. 9. Aufl., Berlin/Boston.

Hänssler, K. H.; Rettl, W. (2016): Der Beherbergungsbereich. In: K. H. Hänssler (Hg.): Management in Hotellerie und Gastronomie, 9. Aufl. Berlin/Boston, S. 119–146.

Härle, C. (2009): Debt & Equity – Die Auswirkungen der Finanzkrise auf den deutschen Hotel- und Hotelinvestmentmarkt im europäischen Vergleich, Vortrag vom 28.01., Deutscher Hotelkongress. Berlin.

Härle, C.; Haller, T. (2007): Veränderte Rahmenbedingungen auf den europäischen Hotelinvestmentmärkten. In: J. Frehse; K. Weiermaier (Hg.): Hotel Real Estate Management, Hamburg, S. 191–205.

Hartl, F. (2007): Die Finanzierung von Hotelimmobilien unter neuen Rahmenbedingungen. In: J. Frehse; K. Weiermaier (Hg.): Hotel Real Estate Management, Hamburg, S. 149–164.

Heide, M.; Laerdal, K.; Gronhaug, K. (2007): The design and management of ambience – Implications for hotel architecture and service. In: Tourism Management Vol. 28, S. 1315–1325.

Henschel, U.; Gruner, A.; Freyberg, B. (2013): Hotelmanagement. 4. Aufl., Berlin.

Henselek, H. F. (1999): Hotelmanagement. München.

Hofmann, S. (1996): Hotelketten in Deutschland: Innovation – Diffusion – Standortwahl. Wiesbaden.

Horwath, E. B.; Toth, L.; Lesure, J. D. (1970): Hotel Accounting. 3. Aufl., New York.

Hotelbiz Consulting (2003): Hotel Performance Trends 2003 – Executive Summary. Ort.

Hotelsterne (2019a): https://www.hotelstars.eu/de/deutschland/kriterien/kriterienkatalog/, letztes Einsehdatum: 25.02.2019.

Hotelsterne (2019b): https://www.hotelstars.eu/de/deutschland/system/statistik/, letztes Einsehdatum: 25.02.2019.

IHA (2019): Hotelmarkt Deutschland. Berlin.

IPK International (2017): World Travel Monitors®, ITB Berlin.

Jones Lang LaSalle Hotels (2018): Die USA treiben den globalen Hotelinvestmentmarkt an (Presseinformation vom 14.11.).

Jones Lang LaSalle Hotels (2019): Hotelinvestment Outlook 2019.

Kaspar, C. (1982): Die Fremdenverkehrslehre im Grundriss, 2. Aufl. In: St. Galler Beiträge zum Fremdenverkehr und zur Verkehrswirtschaft, Reihe Fremdenverkehr, Band 1. Bern, Stuttgart.

Kaspar, C. (1990): Einführung in das touristische Management. In: St. Galler Beiträge zum Fremdenverkehr und zur Verkehrswirtschaft, Reihe Fremdenverkehr, Band 21. Bern.

Katz, J. H.; Withiam, G. (2012): The International Hospitality Industry: Overcoming the Barriers to Growth. In: Cornell Hospitality Proceedings Vol. 4, Nr. 3, Mai.

Kotler, P.; Bliemel, F. (2001): Marketing-Management. 10. Aufl., Stuttgart.

Kotler, P.; Bowen, J.; Makens, J. (2010): Marketing for Hospitality and Tourism. 5. Aufl., New Jersey.

Liesch, L. (2007): Technik darf kein Luxus sein. In: Hotel & Technik H. 3, S. 3.

Lodging Econometrics (2018): Global Construction Pipeline Trend Report. Portsmouth, NH.

Lohas Lifestyle (2008): Corporate Website, http://www.lohas.de/content/view/327/81/; letztes Einsehdatum: 26.08.2008.

Mager, B.; Gais, M. (2009): Service Design. Paderborn.

Meffert, H. (2000): Marketing: Grundlagen marktorientierter Unternehmensführung. 9. Aufl., Wiesbaden.

Meffert, H.; Bruhn, M.; Hadwich, K. (2018): Dienstleistungsmarketing: Grundlagen – Konzepte – Methoden. 9. Aufl., Wiesbaden.

Murphy, P. (2008): The Business of Resort Management. Oxford.

Nadrowski, M. (2009): Hostels – Revolution am Beherbergungsmarkt. In: Trendgutachten Hospitality 2009/2010, TREUGAST International Institute of Applied Hospitality Sciences, München, S. 152–161.

Pauen, W. (2007): Bonitätsbewertung von Unternehmen der Tourismusindustrie am Beispiel der Kettenhotellerie. In: K. Weiermair; M. Peters; H. Pechlaner; M. O. Kaiser (Hg.): Unternehmertum im Tourismus, Hamburg, S. 55–72.

Peters, M. (2007): Die europäische Hotellerie im Wandel. In: J. Frehse; K. Weiermaier (Hg.): Hotel Real Estate Management, Hamburg, S. 71–83.

PKF (2016): Budget Hotelmarkt Deutschland 2016, PKF-Hotelexperts. München.

Poggendorf, A. (1991): Gäste bewirten – Lebensgeister restaurieren. Hamburg.

Pompl, W. (1997): Touristikmanagement 1. 2. Aufl., Berlin.

Porter, M. (1999): Wettbewerbsstrategie: Methoden zur Analyse von Branchen und Konkurrenten. 10. Aufl., Frankfurt/Main, New York.

Prange, S. (2009): Kooperationen – von der Vertriebsplattform zu Markeninhalten mit einer rigorosen Kundenorientierung im voranschreitenden Käufermarkt. In: M. A. Gardini (Hg.): Handbuch Hospitality Management, Frankfurt/Main, S. 211–233.

Rainer, H. (2009): Vom Nutzen der Hotelsterne und möglichen Alternativen im Internetzeitalter. In: Trendgutachten Hospitality 2009/2010, TREUGAST International Institute of Applied Hospitality Sciences, München, S. 172–181.

Rainer-Pöselt, S. (2009): Erfolgsfaktoren in der Hotelprojektentwicklung. In: M. A. Gardini (Hg.): Handbuch Hospitality Management, Frankfurt/Main, S. 267–285.

Rath, C. K. (2009): Real Estate Investment Trusts (REITs) als Anlagealternative des deutschen Immobilienmarkts und deren Bedeutung für die Hotellerie. In: M. A. Gardini (Hg.): Handbuch Hospitality Management, Frankfurt/Main, S. 287–309.

Rutes, W. A.; Penner, R. H.; Adams, L. (2001): Challenges in Hotel Design: Planning the Guest-Room Floor. In: Cornell Hotel and Restaurant Administration Quarterly Vol. 42, Nr. 4, August, S. 88–98.

Schneider, J. (2009): Geschäftsreisende 2009: Strukturen – Einstellungen – Verhalten. Bad Honnef.

Schreiber, M. T. (2002): Kongress- und Tagungsmanagement. 2. Aufl., München.

Schröder, M. and Forstnig, J. and Widmann, M. (2005): Bewertung von Hotels und Hotelimmobilien, PKF Hotelexperts. München.

Schultze, J. G. (1993): Diagnose des strategischen Handlungsbedarfs für Hotelketten. St. Gallen.

Seppälä-Esser, R. (2017): Marketing und Erlebnis im Tourismus: Von der Customer Journey zur Customer Experience. In: M. A. Gardini (Hg.): Marketingexzellenz im Tourismus: Konzepte – Fallstudien – Best Practices, Berlin, S. 39–54.

Shoemaker, S.; Lewis, R. C.; Yesawich, P. C. (2007): Marketing Leadership in Hospitality and Tourism. 4. Aufl., New Jersey.

SHV – Schweizer Hotelier-Verein (1992): Preisordnung. Bern.

Statista (2019): Hotellerie weltweit, https://de.statista.com/statistik/studie/id/6556/dokument/hotellerie-weltweit-statista-dossier/; letztes Einsehdatum: 15.02.2019.

Statista (2019a): Städtetourismus in Deutschland, https://de.statista.com/statistikstudie/id/6726/dokument/staedtetourismus-statista-dossier/; letztes Einsehdatum: 15.03.2019.

Statista (2019b): https://de.statista.com/statistik/daten/studie/624975/umfrage/gesundheitstouristische-ankuenfte-und-uebernachtungen-nach-reisemotivationen/, letztes Einsehdatum: 15.03.2019.

Statista (2019c): https://de.statista.com/statistik/daten/studie/270686/umfrage/haushalte-mit-umwelt-und-sozialethischer-konsumhaltung-in-deutschland/, letztes Einsehdatum: 15.03.2019.

Stauss, S. (2019): Anleger greifen zu. In: AHGZ – Allgemeine Hotel- und Gastronomiezeitung Nr. 40, S. 58. 05.10.

Steinecke, A. (2009): Themenwelten im Tourismus: Marktstrukturen – Marketing – Management – Trends. München.

Strobel y Serra, J. (2008): Die Zukunft der Hotelmarken. In: GBI – Check In vom H. 1, S. 4–12.

Tophotel (2015): Strukturwandel im Hotelmarkt verstärkt sich. In: Tophotel vom 06.05, https://www.tophotel.de/strukturwandel-im-hotelmarkt-verstaerkt-sich-9083/; letztes Einsehdatum: 24.05.2015.

TREUGAST (2009): Trendgutachten Hospitality 2009/2010, TREUGAST International Institute of Applied Hospitality Sciences. München.

TREUGAST (2012): HOTELINVEST 2012, TREUGAST International Institute of Applied Hospitality Sciences. München.

TREUGAST (2018): Marke und Preis – Pricing in der Hotellerie, TREUGAST Solutions Group. München.

TREUGAST (2018a): Investmentranking 2018, TREUGAST International Institute of Applied Hospitality Sciences. München.

VDR (2018): Verband Deutsches Reisemanagement, Geschäftsreiseanalyse 2018. Frankfurt/Main.

VDR (2019): Verband Deutsches Reisemanagement, Zertifizierungen, https://www.vdr-service.de/der-verband/hotelzertifizierung/zertifizierungen; letztes Einsehdatum: 15.03.2019.

VÖB (2007): Beherbergungsgewerbe in Deutschland: Ein Leitfaden für Immobiliengutachter, VÖB-Bundesverband öffentlicher Banken e. V. 2. Aufl., Berlin.

Walker, J. (2008): Exploring the Hospitality Industry. New Jersey.

Widmann, M. (2005): Die wirtschaftlichen Eckwerte von Pacht- und Managementverträgen in der Hotellerie, PKF Hotelexperts. Wien.

Zeithaml, V. A.; Parasuraman, A.; Berry, L. L. (1992): Qualitätsservice: Was Ihre Kunden erwarten – was Sie leisten müssen. Frankfurt/Main.

25hours (2019): https://www.25hours-hotels.com/company/entwicklung/zahlen-fakten, letztes Einsehdatum 16.09.2019.

Torsten H. Kirstges

6 Reiseveranstalter und Reisemittler

6.1 Grundlagen und Definitionen

In der Regel ist es eine Vielzahl von Einzelorganisationen, die jeweils zum Zustandekommen des touristischen Endprodukts, bspw. also einer Pauschalreise, beiträgt. Angesichts der Komplexität der touristischen Leistung, die letztlich von einem Endverbraucher konsumiert wird, erscheint es daher durchaus gerechtfertigt, von einer Tourismusindustrie zu sprechen (siehe schon Pompl 1994, S. 5–19 sowie Kaspar 1996, S. 11–13). Mit dem Begriff „Industrie" bezeichnet man heute auch nach Meinung des Bundesverbands der Deutschen Industrie (BDI) eine *zusammenhängende Wertschöpfungskette*, also nicht mehr nur ein Sachgut produzierendes Gewerbe.[1]

Bei einer sehr weiten Begriffsfassung könnte man bereits die Bauunternehmen und Immobiliengesellschaften, die Hotel- und Appartementanlagen in den jeweiligen Reisezielgebieten erstellen, als einen Teil der Tourismusindustrie ansehen. Diese Immobiliengesellschaften erstellen die Anlagen und verkaufen z. B. den gesamten Hotelkomplex an Hotelgesellschaften oder sonstige Investoren oder veräußern die einzelnen Ferienwohnungen einer Appartementanlage an verschiedene private Anleger. Die so erstellten Unterkünfte bilden eine der wesentlichen touristischen Grundleistungen. Analog gilt dies für die Hersteller von Flugzeugen und die Airlines, die Hersteller von Bussen und die Busunternehmen, die Werften als Hersteller von Schiffen etc.

Aus den Grundleistungen werden entweder vom Leistungsträger selbst oder auf einer der nachgelagerten Produktionsstufen *touristische Bausteine* erstellt. Dabei ist es durchaus auch üblich, dass eine einzelne Kernleistung einen Baustein für sich darstellt. Aus diesen Bausteinen wird schließlich ein marktfähiges Angebot gestaltet. In beiden Stufen (Schaffung touristischer Bausteine, Gestaltung eines marktfähigen Angebots) spielen die Reiseveranstalter bereits eine zentrale Rolle.

Als *Reiseveranstalter* (Tour-Operator) soll hier eine Unternehmung definiert werden, die eigene Leistungen sowie Leistungen Dritter (= Leistungsträger) zu marktfähigen touristischen Angeboten (Pauschalreisen) kombiniert und – i. d. R. mittels des Trägermediums Reisekatalog oder anderer Trägermedien – für deren Vermarktung sorgt, wobei diese Pauschalreisen in eigenem Namen, auf eigene Rechnung und – unter reiserechtlichen Aspekten – auf eigenes Risiko angeboten werden. Als wesentliche Veranstalterfunktionen können somit die Bereitstellung einer „gebündelten" Pro-

---

[1] Die Tourismusbranche war vom 01.01.2003 bis 31.12.2017 über den Bundesverband der Deutschen Tourismuswirtschaft e. V. (BTW) Mitglied im BDI. Ende 2017 schied die Branche dort aus, weil die Mitgliedschaft angesichts der geringen Vorteile zu teuer erschien.

https://doi.org/10.1515/9783110641219-006

blemlösung sowie die Risikoübernahme gesehen werden. Je nach Unternehmensgröße, Reiseangebot oder wirtschaftlicher Zielsetzung lassen sich verschiedene Reiseveranstaltertypen unterscheiden (siehe z. B. Pompl 1994, S. 36).

Das Ergebnis, das marktfähige Angebot, wird als *Pauschalreise* bezeichnet, wobei üblicherweise zwischen Voll- und Teilpauschalreise unterschieden wird. Eine Vollpauschalreise ist ein Dienstleistungspaket, bestehend aus mindestens zwei aufeinander abgestimmten Reisedienstleistungen, das i. d. R. im Voraus, evtl. auch erst zum Zeitpunkt der Anfrage, für einen noch nicht bekannten Kundenkreis erstellt und geschlossen zu einem Gesamtpreis vermarktet wird, sodass die Preise der Einzelleistungen nicht mehr zu identifizieren sind. Von einer Teilpauschalreise spricht man hingegen, wenn nur eine einzelne Reisedienstleistung von einem Veranstalter angeboten wird.

Pauschalreisende sind demnach Personen, die (Voll- oder Teil-)Pauschalreisen in Anspruch nehmen; Individualreisende sind hingegen Personen, die ihre Urlaubsreisen selbst organisieren, also keine Reiseveranstalterleistungen in Anspruch nehmen.

Das so erstellte marktfähige Angebot wird schließlich *vermarktet*. Träger dieses Prozesses sind i. d. R. die Reiseveranstalter, wobei im Rahmen der Distribution den Reisemittlern (Retailern) eine zentrale Rolle zukommt. Unter einem Reisemittler versteht man ein Unternehmen, das Leistungen von Reiseveranstaltern sowie touristische Grundleistungen (z. B. nur Beförderung durch ein Verkehrsunternehmen) in fremdem Namen und auf fremde Rechnung verkauft, somit also Leistungen Dritter vermittelt und – unter reiserechtlichen Aspekten – hinsichtlich der Durchführung der Reisen keine Haftung übernimmt.

Die touristischen Teilbranchen der Reiseveranstalter und Reisemittler werden gelegentlich auch als Touristik bezeichnet, deren Kernaufgabe die Produktion und Vermarktung von Pauschalreisen ist.

Das seit 01.07.2018 in Deutschland geltende *Reiserecht* (§ 651 a–y BGB) spricht von einer Pauschalreise, wenn eine Reise aus mindestens zwei verschiedenen (!) Arten von Reiseleistungen für den Zweck derselben (!) Reise besteht bzw. auf Kundenwunsch individuell zusammengestellt wurde (§ 651a Abs. 2 BGB).[2] Das neue Reiserecht kennt zwischen der klassischen Reiseveranstalterpauschalreise und der reinen Vermittlerleistung noch eine Art „Zwittertyp", die sog. verbundene Reiseleistung. Eine verbundene Reiseleistung liegt dann vor, wenn vom Kunden zwar mehrere Verträge mit verschiedenen Leistungserbringern abgeschlossen werden, dies ggf. auch über Online-Buchungsverfahren (sog. Click-Through-Buchungen), diese Verträge aber „ver-

---

2 Es würde den Rahmen dieses Beitrags sprengen, hier auf die Details des neuen Reiserechts einzugehen. Daher soll hier nur sehr grob der rechtliche Rahmen des Pauschalreisebegriffs skizziert werden. Ausführlich zu reiserechtlichen Fragestellungen siehe z. B. Führich/Staudinger 2019, Bartl/Bartl/Schmitt 2019.

bunden" für dieselbe Reise gelten (§ 651 b und c BGB). In diesen Fällen ist der (aus Kundensicht erste) anbietende Unternehmer auch Reiseveranstalter.

Jahrzehntelang war in der Praxis tendenziell folgende grobe Funktionsteilung vorzufinden:

Leistungsträger:	erstellen Einzelleistungen und stellen sie Reiseveranstaltern zur Verfügung.
Reiseveranstalter:	kombinieren Einzelleistungen zu marktfähigen Angeboten (Pauschalreisen).
Reisemittler:	vertreiben die marktfähigen Angebote der Reiseveranstalter sowie Einzelleistungen der Leistungsträger.

Daneben gibt es in den Zielgebieten vielfach sog. Zielgebietsagenturen. Diese erfüllen u. a. folgende Aufgaben:

- Unterstützung von Reiseveranstaltern bei deren touristischem Einkauf bzw. komplette Übernahme des Einkaufs für Reiseveranstalter,
- Organisation von Transfers (z. B. vom Flughafen zum Hotel),
- Gästebetreuung vor Ort, Ansprechpartner bei Problemen, Reiseleitung.

Darüber hinaus übernehmen Zielgebietsagenturen z. B. im Falle von Appartementanlagen für eine Reihe von Einzeleigentümern die Verwaltung und Vermietung der Appartements. Die eigentlichen Leistungsträger sind also die jeweiligen Eigentümer der Appartements, die ihre Ferienwohnung einem Endkunden für dessen Urlaub zur Verfügung stellen. Da sie sich nicht selbst um den organisatorischen Ablauf der Vermietung, die Überwachung, die Pflege, Reinigung etc. ihrer Unterkünfte kümmern können oder wollen, stellen sie ihr Appartement einer im Zielgebiet ansässigen Agentur zur Verfügung, die diese Aufgaben gegen eine Provision oder Handling Fee für sie übernimmt.

Diese idealtypische arbeitsteilige Struktur beginnt jedoch bereits seit Jahren aufzuweichen. Durch Diversifikationsbestrebungen übernehmen einzelne Leistungsträger Veranstalterfunktionen, Reiseveranstalter suchen verstärkt direkte, Reisemittler umgehende Vertriebswege oder kaufen Zielgebietsagenturen auf, um sich Kapazitäten zu sichern, und Reisemittler betätigen sich selbst im Rahmen der Gestaltung marktfähiger Angebote. Entsprechend den aufgeführten Teilfunktionen und in Anlehnung an die Distributionswege im Konsumgüterbereich lassen sich somit verschiedene Formen der Distribution von Reiseleistungen darstellen. Abbildung 6.1 gibt einen zusammenfassenden Überblick über alternativ mögliche Distributionswege der Leistungen der wesentlichen touristischen Institutionstypen und damit über die verschiedenen Leistungs- bzw. Wertschöpfungsebenen der Tourismusindustrie.

Spätestens seit der Jahrtausendwende versucht nahezu jede Wertschöpfungsstufe, auf allen Wegen die eigenen Leistungen zu distribuieren („Multi-Channel-Vertrieb"). Dabei werden immer wieder neue Versuchsballons gestartet, bestimmte Vertriebskanäle mit besonderen Konditionen zu pushen: Airlines (als Leistungsträger)

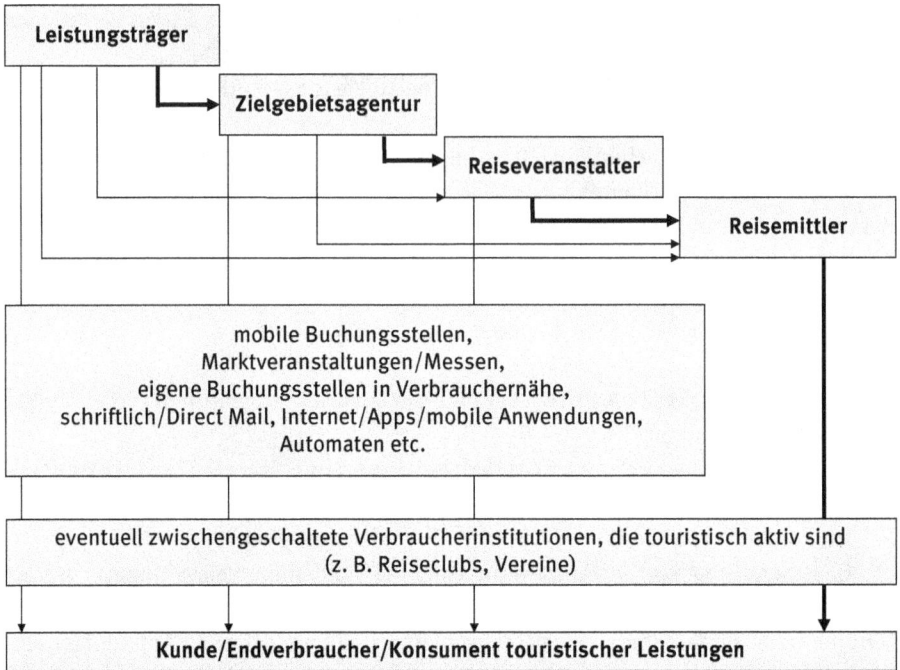

Abb. 6.1: Alternative Distributionswege touristischer Leistungen

verkaufen ihre Flugtickets im Internetvertrieb billiger bzw. mit einer geringeren Service Fee und nicht mehr über Reisebüros, die Bahn bietet Sonderpreistickets nur über branchenfremde Wege etc.

6.2 Besonderheiten der Veranstalterdienstleistung

In vielen Bereichen unterscheidet sich das Management von Reiseveranstaltern und Reisemittlern nicht von dem anderer Branchen, z. B. in Bezug auf die Finanzierung. Dennoch hat die Touristik Eigenarten, die Einfluss auf das Management von Touristikunternehmen haben. Diese Besonderheiten der Touristikbranche sind:
– unvollkommene Trennung der Leistungsebenen und
– Dienstleistungscharakter der Produkte.

6.2.1 Unvollkommene Trennung der Leistungsebenen

Die Branche der Reiseveranstalter und Reisemittler unterscheidet sich dadurch von anderen, dass sie, wie oben erläutert, keine eindeutige Arbeitsteilung und Trennung der einzelnen Leistungsebenen mehr kennt. In der Branche gibt es kaum „reine" Veranstalter und „reine" Vermittler, vielmehr sind die Übergänge zwischen ihnen fließend. Die eindeutige Einordnung eines Touristikunternehmens als Reiseveranstalter oder als Reisemittler ist also nicht ohne Weiteres möglich.

Außer der engen Verwandtschaft zwischen Reiseveranstaltern und Reisemittlern gibt es somit einen zweiten Aspekt, der für die fehlende Trennung der Leistungsebenen in der Touristik verantwortlich ist: *Diversifikationsbestrebungen.* Diversifikation heißt, dass die Akteure bemüht sind, ihre Geschäftätigkeit auf vor- bzw. nachgelagerte Stufen im Produktionsprozess (vertikale Diversifikation/Integration) oder auf horizontale bzw. völlig branchenfremde Geschäftsfelder auszuweiten. Diversifikationsbestrebungen und die Tatsache, dass man den einzelnen Anbietern kein eindeutiges Aufgabenfeld zuordnen kann, haben zu einem Funktionswandel in der Touristikbranche geführt.

Die unvollständige Trennung der Leistungsebenen im Tourismus hat zwei Konsequenzen: Die Anforderungen an das Management steigen und der Wettbewerbsdruck wird stärker. Höhere Anforderungen an das Management von Reiseveranstaltern und Reisemittlern resultieren daraus, dass die jeweiligen Entscheidungsträger auch in der Lage sein müssen, Aufgabengebiete zu managen, die dem ursprünglichen Kerngeschäft des Unternehmens vor- bzw. nachgelagert sind. Der Konkurrenzkampf wird stärker, weil der Wettbewerbsdruck nicht mehr nur auf der horizontalen Ebene besteht, sondern durch vertikale Konkurrenzbeziehungen erhöht wird.

6.2.2 Dienstleistungscharakter der Produkte

Die zweite Besonderheit des Managements von Reiseveranstaltern und Reisemittlern liegt darin begründet, dass touristische Leistungen zum größten Teil Dienstleistungen sind. Sieht man z. B. von den dem Kunden dargebotenen Speisen und Getränken ab, spielen Sachgüter im Veranstaltertourismus nur eine untergeordnete Rolle – die meisten Produkte sind Dienstleistungen. Die *drei wichtigsten (konstitutiven) Merkmale von Dienstleistungen* sind: Immaterialität, Beteiligung eines externen Faktors an der Produktion sowie Gleichzeitigkeit von Produktion und Konsum (siehe Kirstges 2010, Kap. 4.2). Daraus lassen sich zahlreiche weitere Merkmale touristischer Dienstleistungen ableiten.

Das Kriterium der *Immaterialität* bezieht sich darauf, dass Dienstleistungen vor und nach ihrem Vollzug nicht sinnlich wahrnehmbar und damit im Unterschied zu physischen Produkten weder greifbar noch sichtbar sind.

Außer durch Immaterialität wird die Dienstleistung eines Reiseveranstalters oder Reisemittlers auch dadurch charakterisiert, dass sie immer an einem *externen Faktor* erbracht wird. Dieser externe Faktor kann sowohl ein Mensch sein, also z. B. der Nachfrager, als auch ein Objekt. Ist der externe Faktor ein Objekt (z. B. der Koffer des Reisenden, der befördert wird), wird er von den Nachfragern bereitgestellt und verbleibt während des Leistungserstellungsprozesses und auch danach in deren Eigentum. Allein durch die Bereitstellung des Objekts werden die Nachfrager schon zu Mit-Produzenten der von ihnen konsumierten Leistungen, d. h., sie wirken am Produktionsprozess mit („Prosumer"). Meist sind jedoch die Nachfrager selbst der externe Faktor. Wird die Dienstleistung unmittelbar an einem Menschen erbracht, spielt der Aspekt des Mit-Produzierens eine besonders wichtige Rolle, weil die Beteiligung der Nachfrager am Produktionsprozess Auswirkungen auf die Qualität der Dienstleistung hat.

Ein drittes konstitutives Merkmal von Dienstleistungen besteht in der – zumindest teilweisen – *Gleichzeitigkeit von Produktion und Konsum*. Während gewisse Vorleistungen wie bspw. das Aufräumen und Putzen eines Hotelzimmers erbracht werden können, ohne dass der Gast persönlich anwesend ist (nicht persönliche Dienstleistung), können andere nur in Anwesenheit des Gastes erbracht werden (persönliche Dienstleistung). Die Personenbeförderung an das Urlaubsziel, die Nutzung von Hotelzimmern, Service und Mahlzeiten können nur erfolgen, wenn sich die Kunden an der „Produktionsstelle" des „Herstellers" befinden (Uno-actu-Prinzip).

Bei persönlichen Dienstleistungen fallen Produktion und Konsum räumlich und zeitlich zusammen. Daraus ergeben sich (speziell für Reiseveranstalter) gewisse Schwierigkeiten. Einerseits ist der Reiseveranstalter für die Urlauber der Dienstleister, der für den Ablauf der ganzen Reise zuständig und auch (reiserechtlich) verantwortlich ist. Andererseits kann er über weite Teile des Dienstleistungsprozesses nicht selbst für die Qualität der Leistungen sorgen, sondern ist abhängig von den einzelnen Leistungsträgern, die er mit der Erbringung von Teilleistungen beauftragt hat.

Aus der Immaterialität, der Beteiligung eines externen Faktors und der Gleichzeitigkeit von Produktion und Konsum lassen sich weitere Besonderheiten von Dienstleistungen ableiten. Es würde den Rahmen dieses Buches sprengen, auf jede einzelne genauer einzugehen. Abbildung 6.2 zeigt – ohne Anspruch auf Vollständigkeit – die wichtigsten ableitbaren Eigenschaften von Dienstleistungen und die Zusammenhänge zwischen ihnen (siehe vertiefend Kirstges 2010, Kap. 4.2; Roth 2002, S. 27–144).

6.3 Anbieterstruktur des Touristikmarkts

Wie wir aus dem vorhergehenden Kapitel wissen, hat die Branche der Reiseveranstalter und Reisemittler mit der Besonderheit zu „kämpfen", dass keine Sachgüter, sondern vorwiegend Dienstleistungen produziert werden. Als zweite wichtige Rahmenbedingung des Managements von Reiseveranstaltern und Reisemittlern müssen die *Marktverhältnisse* der Branche, insbesondere die Anbieterstruktur, Berücksichtigung finden. Zuerst wird der Markt der Reiseveranstalter untersucht, dann der der Reisemittler.

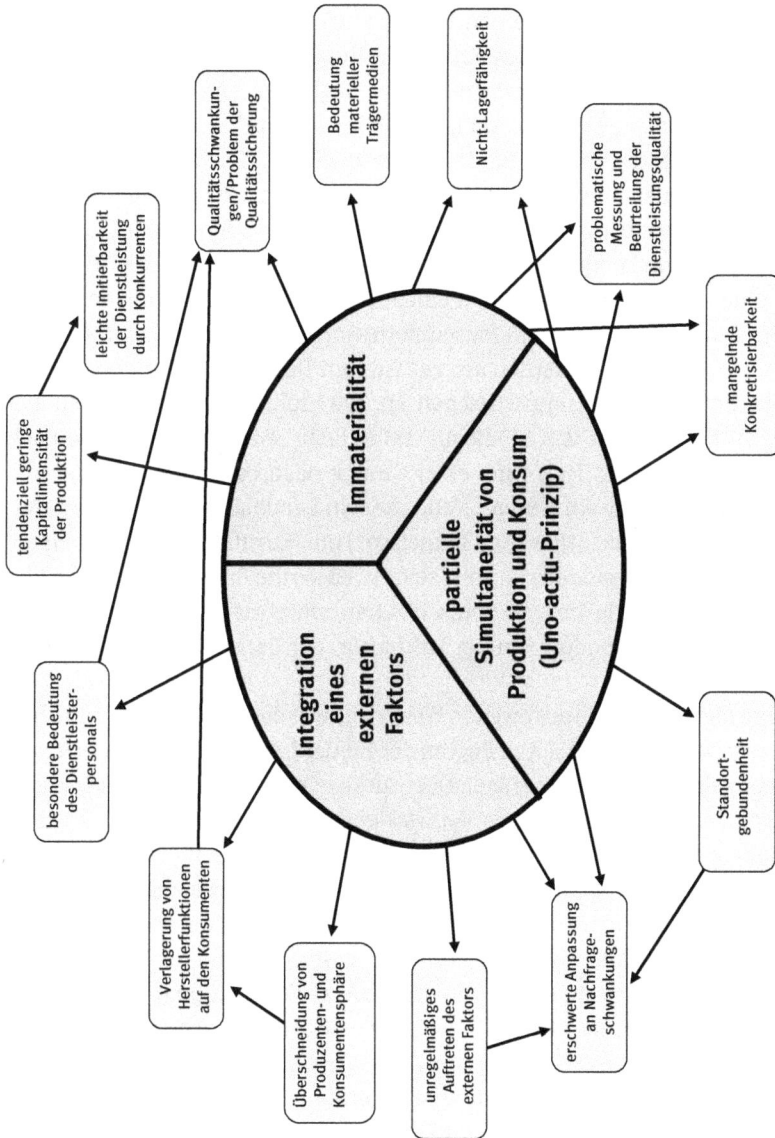

Abb. 6.2: Ausgewählte Charakteristika von touristischen Dienstleistungen

6.3.1 Markt der Reiseveranstalter

Die Geschichte der Menschheit ist die Geschichte des Reisens – seit Menschengedenken reisen die Erdenbewohner zu privaten, beruflichen und politischen Zwecken. Das

Phänomen, das man mit dem modernen Begriff Tourismus umschreibt, tritt jedoch erst seit Ende des 19. Jahrhunderts auf. Ins 19. Jahrhundert fällt auch die Entstehung der Pauschalreise: Im Jahr 1841 veranstaltete der Engländer *Thomas Cook* für eine Gruppe von 570 Personen eine Reise von Leicester ins nahe gelegene Loughborough. Diese Exkursion gilt als die *Geburtsstunde der Pauschalreise.*[3]

In Deutschland entstanden erste Formen des organisierten Reisens zu Beginn des 20. Jahrhunderts. So bot bspw. das Reisebüro Carl Degener in den 1920er-Jahren des 20. Jahrhunderts erstmals organisierte Eisenbahngruppenreisen an. Die Grundleistungen bestanden aus der Bahnfahrt und einem Hotelaufenthalt in großen Städten. 1928 gründete Dr. Hubert Tigges sein Reiseunternehmen für Akademiker. Nach dem Zweiten Weltkrieg kurbelten Unternehmer wie Dr. Carl Degener mit Feriensonderzügen (1948) die deutsche Tourismuswirtschaft an. 1949 führte der damalige Student Werner Kubsch, der Gründer von Studiosus, seine erste Studiengruppenreise nach Italien durch. 1954 reiste Dr. Tigges mit einer Gruppe nach Palma de Mallorca, und im selben Jahr funktionierte ein cleverer Katalane sein Landhaus in das erste Strandhotel an der Playa de Palma („Hotel San Francisco") um. Ebenfalls 1954 öffnete Jugoslawien die Grenzen für westdeutsche Touristen. 1955, als die Bundesrepublik wieder die Lufthoheit erhielt, wurde die erste deutsche Charterfluggesellschaft, die Deutsche Flugdienst GmbH (heute Condor) von der Lufthansa, der Bundesbahn und anderen gegründet.

Auch Jahre nach dem Ende des Zweiten Weltkriegs war das Reisen jedoch ein Privileg weniger Auserwählter und noch zu Beginn der 1960er-Jahre existierten in Deutschland kaum mehr als 200 Reiseveranstalter. Der Grundstein für den *Massentourismus* in seiner heutigen Form wurde erst mit der *Entwicklung von Pauschalreisen* ins Ausland gelegt. Besondere Bedeutung erlangte die Flugpauschalreise, die 1961/62 erstmals in Katalogen der Firma Neckermann angeboten wurde. Diese Flugpauschalreise sprach mit ihrem niedrigen Preis breite Bevölkerungsteile an. Niedrige Pauschaltarife waren möglich, weil die Veranstalter die Flugzeuge dicht bestuhlten und hoch auslasteten. NUR (Neckermann und Reisen, später Teil der Thomas-Cook-Gruppe) wurde bereits 1965 gegründet. Im selben Jahr kam es auch zum ersten touristischen Einsatz eines Düsenjets.

Mit der Einführung des Charterflugtourismus erhöhte sich die Zahl der Reiseveranstalter bis 1970 auf etwa 260. In diesem Zeitraum wurden die bis heute marktbestimmenden Großveranstalter gegründet. So entstand zum Beispiel die TUI (Touristik Union International) im November 1968 als Zusammenschluss der bis dahin selbstständigen Veranstalter Touropa, Scharnow, Hummel und Dr. Tigges. ITS (International Tourist Services; heute eine Marke der DER-Touristik des REWE-Konzerns) wurde im November 1970 von der Kaufhof AG gegründet. In den 1970er-Jahren begannen diese Unternehmen, durch weitere Übernahmen und Zusammenschlüsse zu expandieren.

---

3 Siehe zu den nachfolgenden Ausführungen im Detail die Marktanalyse von Kirstges 2018.

Dies führte schon bald dazu, dass die TUI zum größten deutschen und bald auch europäischen Reiseveranstalter wurde. Neckermann inkl. seines Tourismuszweigs geriet zu Beginn der 1970er-Jahre in eine Krise, die damit endete, dass der Sanierungsfall Neckermann Ende 1976 von Karstadt übernommen wurde.[4]

Die Zeit nach 1970 war auch geprägt durch den Markteintritt von Spezialveranstaltern. Manche spezialisierten sich auf bestimmte Zielgebiete, andere profilierten sich in einem regional begrenzten Absatzmarkt. Bis Ende der 1970er-Jahre stieg die Zahl der Reiseveranstalter auf etwa 400 an. Heute gibt es schätzungsweise 1.700 deutsche Haupterwerbsreiseveranstalter. Darüber hinaus veranstalten ca. 1.000 der insgesamt etwa 5.000 privaten Busunternehmen als Busreiseveranstalter (regelmäßig oder gelegentlich) Reisen. Mittlere und kleinere bzw. kleine Reiseveranstalter werden auch unter der Bezeichnung Mittelstand zusammengefasst. Die letzten Jahre sind durch *starke Konzentrationstendenzen* gerade unter den größeren Veranstaltern gekennzeichnet. Es haben sich große Konzerne herausgebildet, die mehrere Wertschöpfungsebenen vereinen und jeweils mehrere Milliarden Euro Umsatz erwirtschaften.

Die Analyse des Veranstaltermarkts ist mit folgenden Schwierigkeiten verbunden:
- Es gibt keine umfassende Statistik, die alle Veranstalter umfasst.
- Die Unternehmen sind nicht dazu verpflichtet (und daher vielfach auch nicht bereit), für Marktstudien Auskunft zu erteilen.
- Die Erfassungssystematik bei verschiedenen Erhebungen bzw. Marktsegmenten (z. B. Kreuzfahrten, Ferienhausanbieter, Flugpauschalveranstalter) ist uneinheitlich.
- Die Zahlenreihen weisen, z. B. durch Marktveränderungen, Unternehmenszusammenschlüsse, Insolvenzen etc., Sprünge auf.
- Im Veranstaltergeschäft wird unterschiedlich nach dem Kalenderjahr oder dem sog. Touristikjahr (1.11. bis 31.10.) abgerechnet.

Trotz dieser Analyseschwierigkeiten lässt sich festhalten, dass der Veranstaltermarkt heute folgende Struktur aufweist:
- Sechs Großveranstalter (mit mehr als 1 Mrd. Euro Jahresumsatz),
- ca. 90 (große) mittelständische Reiseveranstalter (mit mehr als 50 Mitarbeitern und weniger als 1 Mrd. Euro Jahresumsatz),
- ca. 1.550 Kleinveranstalter (mit maximal 50 Mitarbeitern).

Diese Unternehmen erwirtschaften zusammen einen Jahresumsatz in Höhe von ca. 33 Mrd. Euro (2018), wovon ca. 63 % auf die sieben Großveranstalter entfallen. Drei der sieben Großveranstalter sind sehr stark vertikal integriert (d. h. über mehrere Wert-

---

4 Arcandor, die Dachgesellschaft der Karstadt-Warenhäuser sowie von Thomas Cook/NUR, musste im Juli 2009 Konkurs anmelden. Thomas Cook bildet seitdem einen eigenständigen Tourismuskonzern.

schöpfungsstufen hinweg aktiv). Hier ein knapper Überblick über diese Touristikkonzerne:[5]

1. TUI mit bzw. aus u. a. den Tourismusmarken/-unternehmen TUI Deutschland, Airtours, Dr. Tigges, Wolters, Hapag Lloyd, TUI Cruises sowie zahlreichen ausländischen Engagements,
2. DER Touristik (touristische Konzerngruppe des Handelskonzerns REWE) mit bzw. aus u. a. den Tourismusmarken/-unternehmen ITS, DER/DERTour, Jahn Reisen, Travelix, ADAC Reisen, Meier's Weltreisen sowie zahlreichen ausländischen Engagements (u. a. Kuoni/Schweiz),
3. FTI Group mit bzw. aus u. a. den Tourismusmarken/-unternehmen FTI, 5 vor Flug, LAL Sprachreisen, BigXtra, Windrose, TVG sowie einigen ausländischen Engagements,
4. AIDA Cruises als Tochterunternehmen/Marke der Carnival Corporation mit diversen Kreuzfahrtschiffen,
5. Alltours als inhabergeführtes Unternehmen mit bzw. aus u. a. den Tourismusmarken/-unternehmen Alltours, Alltours-X, byebye sowie einigen ausländischen Engagements,
6. Schauinsland Reisen als inhabergeführtes Unternehmen.

Hierbei wurden nur die Konzerngruppen betrachtet, nicht die einzelnen Veranstaltermarken, Tochterfirmen etc. Die Entwicklung der Großveranstalter verläuft nicht gegenläufig zueinander. Die wesentlichen Konkurrenten für Großveranstalter stellen daher die zahlreichen kleinen und mittleren Reiseveranstalter dar. Anhand der volkswirtschaftlichen Marktformenlehre kann man eine weitergehende Charakterisierung des Tourismusmarkts versuchen. Die Volkswirtschaftslehre arbeitet hierbei mit Marktmodellen. *Modelle sind vereinfachte Abbilder der Realität, die der Darstellung wesentlicher Strukturen und Zusammenhänge dienen.* Die Marktformenlehre unterscheidet dabei durch Korrelation der beiden Dimensionen „Zahl der Anbieter" und „Zahl der Nachfrager" mit jeweils den drei Ausprägungen eine, einige/wenige und viele neun Marktformen. Der Reiseveranstaltermarkt (Gesamtmarkt) lässt sich unter Anlehnung an dieses Modell als *Teilangebotsoligopol* charakterisieren: Vielen Nachfragern stehen wenige Großveranstalter (= Oligopol) und viele mittelständische und kleine Veranstalter gegenüber. Dies zeigt die Kurve der Marktkonzentration in Abb. 6.3.

Beschränkt man die Betrachtung auf einzelne touristische Teilmärkte, so findet man durchaus auch andere Marktformen vor, z. B. auf dem Markt für Kreuzfahrten, Skireisen und Gesundheitsurlaub, auf dem süddeutschen Markt etc. Insofern muss also unternehmensindividuell der relevante Markt festgelegt werden.

---

5 Für eine ausführliche Analyse des Reiseveranstaltermarkts sei verwiesen auf Kirstges 2018. Auch die Fachzeitschrift FVW veröffentlicht jährlich einen Überblick über den deutschen Reiseveranstaltermarkt, in dem jedoch die zahlreichen Kleinveranstalter unterrepräsentiert sind.

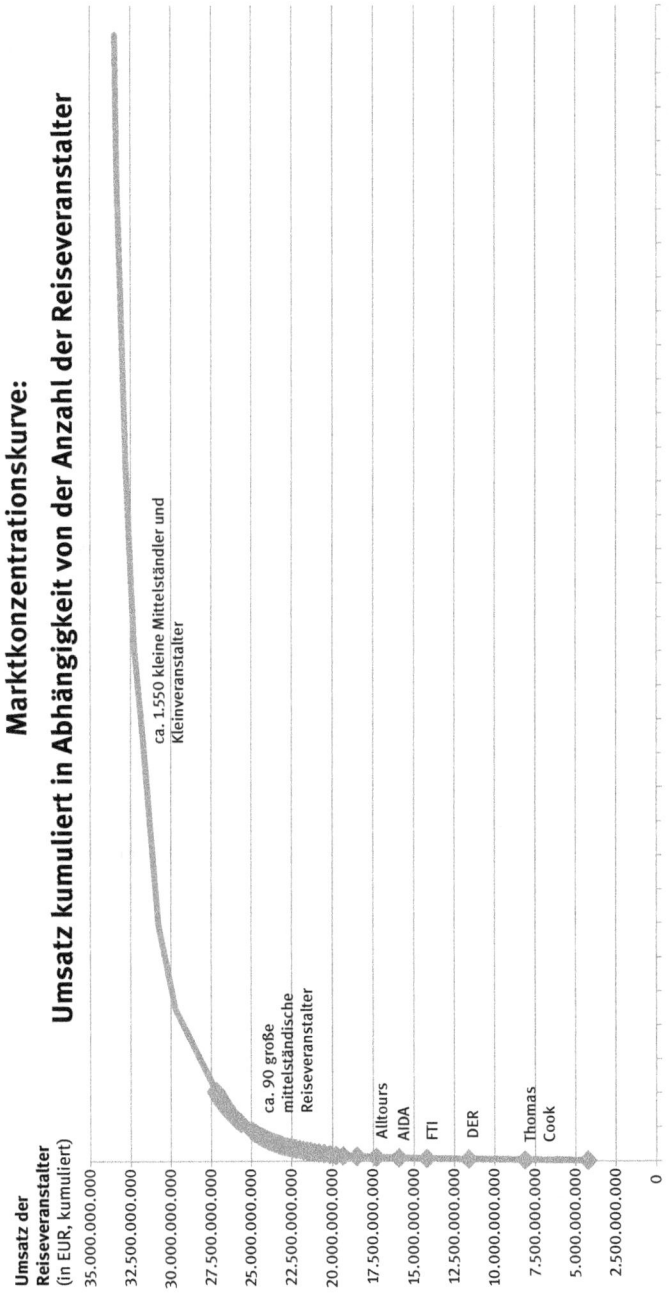

Abb. 6.3: Konzentrationskurve Reiseveranstaltermarkt

6.3.2 Markt der Reisemittler

Der Gesamtumsatz des deutschen Reisemittlermarkts kann auf ca. 26 Mrd. Euro (2018) geschätzt werden.[6] Die sog. Touristik, also insbesondere die Vermittlung von Pauschalreisen, macht durchschnittlich ca. 60 % der Reisebüroumsätze aus, auf den Flugbereich entfallen ca. 30 %. Ebenso wie die Zahl der Reiseveranstalter lässt sich auch die Zahl der Reisemittler in Deutschland nicht genau festmachen. Wenige große Reisebüroverbünde und viele kleinere Einzelbüros, die sich weitgehend in Kooperationen zusammengeschlossen haben, stehen im Dienste vieler Nachfrager. Somit liegt auch hier, ähnlich wie im Veranstaltermarkt, eine teiloligopolistische Struktur vor. Um die Jahrtausendwende erreichte die Zahl der Reisebüros mit über 20.000 Betriebsstellen ihren bisherigen Höhepunkt; seitdem war sie über einige Jahre rückläufig. Insbesondere die Zahl der Vollreisebüros und Touristikreisebüros ist bis etwa 2006 kontinuierlich zurückgegangen. Als Richtwert lässt sich feststellen, dass es heute (Stand: 2019) ca. 11.000 hauptberufliche Reisemittlerbetriebe (klassische Vollreisebüros, rein touristische Büros sowie Business-Travel-Büros) sowie ca. 2.000 sonstige Nebenerwerbsbuchungsstellen gibt. Klassische *Vollreisebüros* stellen dabei solche mit mindestens einer Großveranstalter- und mindestens einer Verkehrsträgerlizenz (IATA, Bahn) dar. *Business-Travel-Reisebüros* sind Reisemittler (bzw. Dienstleister oder Betriebsstellen eines Firmenreisediensts), die überwiegend Dienstreise- und Geschäftsreisekunden abwickeln. Mit *touristischen Reisebüros* sind Reisebüros mit mindestens zwei Großveranstalterlizenzen, aber ohne eine Verkehrsträgerlizenz gemeint. *Sonstige Buchungsstellen* sind im Nebenerwerb tätige Reisevermittlungsstellen mit Veranstalterlizenzen, deren sonstige Haupterwerbsquellen nicht bekannt sind (z. B. Kioske, die auch Reisen verkaufen, oder mobile Reiseverkäufer). Daneben gibt es sog. *Online-Reisebüros/-portale* als Teil der sog. NTO (non-traditional outlets), wie z. B. booking, expedia, holidaycheck, opodo etc., sowie solche für spezielle Teilmärkte (z. B. für Ferienhäuser/-wohnungen, Kreuzfahrten, Mietwagen etc.). Viele von diesen Online-Reisemittlern sind im Verband VIR (Verband Internetreisevertrieb e. V., gegründet 2004) zusammengeschlossen. Zu den NTO zählen daneben auch der TV-Vertrieb (z. B. SonnenklarTV der FTI), Automatenvertrieb, mobile Reiseverkäufer etc.

Die nach wie vor große Zahl der Reisemittlerbetriebe ist ein Indiz dafür, dass die Reisemittlerbranche lange Zeit und in Teilen auch noch heute von mittelständischen Unternehmen geprägt ist. Seit einigen Jahren findet jedoch ein *Konzentrationsprozess* statt, der mit dem Sterben der „Tante-Emma-Läden" im Lebensmitteleinzelhandel der 1970er- und 1980er-Jahre verglichen werden kann. Im Zuge dieses Konzentrationsprozesses schließen sich immer mehr mittelständische Einzelreisebüros einer Reisebürokette oder einem Franchisesystem an. Wird ein Büro Mitglied einer Reisebürokette,

---

6 Siehe Kirstges 2018.

verliert es seine Selbstständigkeit zugunsten der größeren Sicherheit, die die Existenz in der Kette bietet. Bedeutende Reisebüroketten werden bspw. von den Konzernen TUI, Thomas Cook oder DER gehalten.

Entscheidet sich das Reisebüro für einen *Franchisevertrag*, bleibt seine rechtliche Selbstständigkeit erhalten; es gibt nur einen Teil seiner wirtschaftlichen Selbstständigkeit, seiner Freiheit im Management, auf. Das Franchising ist also „nur" eine Form der (engen) Kooperation; das Einzelbüro lehnt sich an einen starken Partner an. Als Kooperationspartner kommen bspw. DER-Part, Lufthansa City Center, Holiday Land (bei Thomas Cook) oder TUI ReiseCenter infrage. Eine weniger intensive Bindungsform bieten *Reisebürokooperationsverbünde* an, wie beispielweise RTK, TMCV/TSS, BEST u. a. Entscheidungskriterien für die Wahl eines Reisebüroverbunds – sei es eine „einfache" Kooperation oder ein Franchise – können z. B. sein:
- Aufnahmekriterien/-voraussetzungen (z. B. Mindestumsatz des Büros),
- Kosten der Mitgliedschaft,
- Vertragslaufzeit/Bindungsdauer,
- Rechtsform des Verbunds (z. B. e. V. oder AG mit RBs als Aktionäre),
- wirtschaftliche Situation des Verbunds (inkl. Größe, Umsatzvolumina, Skaleneffekte, Kickbacks etc.),
- inhaltliche Ausrichtung des Verbunds (Flug, Touristik, Reiseveranstalterpräferenzen/-verträge etc.),
- Homogenität (oder Vielfalt) der Mitgliederstruktur,
- Homogenität (oder Vielfalt) der IT-Systemlandschaft,
- Kompetenzen und Angebote des Verbunds hinsichtlich Beratung, IT/Digitalisierung, (Online-)Marketing (inkl. IBE, Kundenmailings, Newsletter etc.), betriebswirtschaftliche Unterstützung, Rechtsfragen, Mitarbeitergewinnung, Mitarbeiterschulung, Meetings & Austausch etc.

Heute sind nur noch etwa 5 % aller Reisemittler ungebunden, gehören also weder einer Kette noch einem Franchisesystem noch einer sonstigen Kooperation an. Nimmt man nicht die Zahl der Betriebsstellen, sondern den Vermittlungsumsatz als Maßstab, so ist der Anteil der freien Büros sogar noch geringer. Freie Büros sind also i. d. R. „kleiner" als gebundene Büros. Dies hängt z. B. damit zusammen, dass es sich bei vielen ungebundenen Reisemittlern um reine Touristikbüros handelt, die nicht über die notwendigen Lizenzen für den Verkauf von Linienflugtickets oder Bahnfahrkarten verfügen. Aus Sicht der Reiseveranstalter zählen die (an sie) gebundenen Reisemittler zum sog. steuerbaren Vertrieb – zumindest hoffen die Veranstalter, dass sie diese Vertriebsstellen z. B. hinsichtlich der zu verkaufenden Reisen/Sortimente steuern können.

Genaue Angaben zum Markt der Reisemittler und zu seiner Entwicklung sind sehr schwierig, weil sich viele mittelständische Reisebüroinhaber scheuen, betriebswirtschaftliche Kennzahlen wie Gesamtumsatz oder Umsatz pro Mitarbeiter bzw. pro Reservierungsterminal zu veröffentlichen. Sie befürchten einen Wettbewerbsnachteil, wenn diese Zahlen den Konkurrenten zugänglich sind. Besser ist die Informationslage in Bezug auf Reisebüroketten und -kooperationen. Deren Kennzahlen werden in einer jährlichen Beilage der *Fachzeitschrift FVW-International* mit dem Titel „Deutsche Reisebüro-Ketten in Zahlen" zusammengestellt und veröffentlicht.

6.4 Spezielle Aspekte der Nachfrage

Das maximale touristische Marktpotenzial der Bundesrepublik, gemessen in potenziell reisenden Personen, die mit Reiseveranstaltern verreisen bzw. bei Reisemittlern buchen könnten, entspricht der deutschen Gesamtbevölkerung. Da in einer bestimmten Periode, z. B. einem Kalenderjahr, nicht alle Personen eine oder gar mehrere Urlaubsreisen unternehmen, gibt die Zahl der Reisenden (Urlauber) die Anzahl der Personen an, die mindestens eine (Urlaubs-)Reise in der betrachteten Periode unternommen haben; die Reiseintensität bezieht diese Zahl auf die Gesamtbevölkerung. In Anlehnung an die Definition der Reiseanalyse des ehemaligen Studienkreises für Tourismus bzw. von F.U.R. wird unter *Reiseintensität (RI)* der prozentuale Anteil der (deutschsprachigen) Bevölkerung ab 14 Jahren verstanden, der im Laufe eines Kalenderjahrs mindestens eine Urlaubsreise von fünf Tagen (vier Nächten) Dauer oder länger unternommen hat. Mithilfe der RI lässt sich somit das Marktvolumen für längere Urlaubsreisen in Personen beschreiben. Kurzreisende (mit einer, zwei oder drei Übernachtungen) sowie Kinder bis 14 Jahren sind in dieser Kennzahl nicht berücksichtigt. Da auch sie zu einem großen Prozentsatz zu den Reiseveranstalterkunden zählen, müssen sie hinzuaddiert werden, um das wahre Gesamtvolumen der deutschen Reisenden zu ermitteln. Die Personen, die als Reisende infrage kommen, stellen die Adressaten für das Marketing der Reiseveranstalter und Reisemittler dar.

Von der Zahl der Reisenden (also der Personen, die reisen) zu unterscheiden ist die Zahl der Reisen, die von diesen Personen unternommen wurden. Auch bei der Zahl der Reisen wird gängigerweise zwischen sog. längeren Urlaubsreisen und Kurzreisen unterschieden, die beide den Charakter einer privaten Urlaubsreise haben. Als *Kurzreisen* werden alle Reisen mit privatem Charakter von zwei bis vier Tagen Dauer, d. h. mit mindestens einer bis maximal drei Übernachtungen, bezeichnet. Kurzurlaubsreisen werden von der Mehrheit der Reisenden nicht als Ersatz, sondern als Ergänzung zur größeren Urlaubsreise durchgeführt. Das Potenzial der Kurzurlaubsreisenden (Personen!) ist somit weitgehend mit dem der Reisenden bei längerem Urlaub identisch. Veranstalter sind also gut beraten, ihren Kunden sowohl längere als auch kürzere Reisen „aus einer Hand" anzubieten. Die einzelnen Reisenden stellen zwar die Adressaten des Reiseveranstaltermarketings dar, doch zeigt erst die Zahl der von ihnen unternommenen Reisen an, was ein Veranstalter bzw. der gesamte Reiseveranstaltermarkt maximal an Buchungen hätte verzeichnen können. Letztlich ist es für einen Reiseveranstalter relevant, wie viele Reisen er verkauft, dies ggf. auch mehrfach an dieselben Personen (Wiederholungskäufer, Stammkunden). Daneben wären, um ein vollständiges Bild zu erhalten, die Geschäftsreisen zu berücksichtigen, die zwar selten von Reiseveranstaltern (mit Ausnahme von z. B. Incentive-Reisen), oft aber von Reisemittlern organisiert werden (siehe dazu Kapitel 9).

Vielfach wird in Marktstudien das Marktvolumen an Reisen bzw. Reisenden weitgehend unabhängig davon dargestellt, ob es sich dabei um von Reiseveranstaltern organisierte Reisen handelt (sog. Pauschalreisen(de)) oder ob die Urlauber ihre Reise selbst organisiert haben (sog. Individualreisende). Von dem gesamten „Urlauberkuchen" profitieren deutsche Reiseveranstalter nur knapp zur Hälfte, wie ein Blick auf die in der Reiseanalyse ermittelte Organisationsform der Haupturlaubsreise zeigt.

Ab Mitte der 1980er-Jahre bis zur Jahrtausendwende konnte ein kontinuierlich wachsender Anteil der Pauschalreisen (Voll- oder Teilpauschalreise) beobachtet werden (Abb. 6.4). Seitdem „pendelt" der Anteil der Pauschalreisen an allen längeren Urlaubsreisen bei Werten unter 50 %. Nach wie vor wird die größere Zahl von Urlaubsreisen von den Urlaubern also ohne Hilfe der Reiseveranstalter (oder anderer Organisationen) vorbereitet und durchgeführt. 50 bis 60 % aller Urlaubsreisen (ab fünf Tagen) sind Individualreisen. Bei den Pauschalreisen muss ferner berücksichtigt werden, dass es sich nur bei einem Teil der Urlaubsreisen um Vollpauschalreisen handelt. Etwa ein Viertel aller Pauschalreisen sind Teilpauschalreisen (z. B. nur Unterkunft, nur Transport). Diese Leistungen werden vielfach direkt vom Reisebüro angeboten, sind also nicht von Reiseveranstaltern i. e. S. organisiert.

Abb. 6.4: Anteil der Organisationsform „Pauschalreise" an der Haupturlaubsreise

Für die Zukunft ist aufgrund des Nachfragetrends in Richtung einer individuelleren Urlaubsform und der Möglichkeit, sich mithilfe von sog. Billigfliegern Reisen in eigener Regie preiswert zusammenzustellen, davon auszugehen, dass der *Anteil der Pauschalreisen auf einem Niveau von ca. 50 %* stagnieren wird, es sei denn, es gelingt den Reiseveranstaltern, durch die Individualisierung und Flexibilisierung der Angebote Individualreisende zu Pauschalreisenden zu machen.

Die Struktur der Pauschalreisenden unterscheidet sich in einigen Punkten von derjenigen aller Urlaubsreisen. Von der *Altersstruktur* her sind es v. a. die 40- bis 49-Jährigen, die Pauschalreisen buchen. Auch nach der *Schulbildung* gibt es Unterschiede hinsichtlich der Pauschalreiseintensität. Vor allem Personen mit höherer Schulbildung neigen zu Pauschalreisen. Diese Tendenz hängt sicherlich stark mit den Unterschieden hinsichtlich des *verfügbaren Haushaltseinkommens* und damit auch der wählbaren (weil finanzierbaren) Reiseziele zusammen: Je höher das Haushaltseinkommen, desto mehr wird gereist (allgemeine Reiseintensität) und desto eher wird auch pauschal gebucht (Pauschalreiseintensität).

Kennzahl	Beispielwert
Wohnbevölkerung Deutschland:	80.000.000
Anzahl stationärer Reisebüros (ohne Business-Travel-Büros und sonstige Buchungsstellen):	9.000
Durchschnittliche Zahl der Einwohner pro Reisebüro in Deutschland:	8.889
Anteil der (deutschsprachigen) Bevölkerung über 14 Jahre in Privathaushalten in Deutschland (laut FUR-RA):	80 %
Durchschnittliche Zahl der Einwohner über 14 Jahre pro Reisebüro in Deutschland:	7.111
Anteil der Reisenden an den Einwohnern über 14 Jahre (Reiseintensität laut FUR-RA):	77 %
Potenzial Reisende je Reisebüro:	5.476
Anteil der Reisebüronutzer an allen Reisenden (ca., laut FUR-RA):	40 %
Reisebüronutzer je Reisebüro:	**2.190**
Reisehäufigkeit (laut FUR-RA):	1,3
Reisenpotenzial pro Reisebüro:	**2.847**
Durchschnittspreis je im RB gebuchter Reise (ca.):	600 €
Durchschnittliches **Umsatzpotenzial** je Reisebüro in der touristischen Reisevermittlung (Urlaubsreisen ab einer Dauer von 5 Tagen):	**1.700.000 €**

Abb. 6.5: Beispielrechnung zur Ermittlung des durchschnittlichen Umsatz- und Kundenpotenzials eines Reisebüros aus längeren privaten Urlaubsreisen

Interessant ist auch ein Vergleich der Pauschalreiseintensität nach Haushaltsgrö-ße und Familienstruktur. Große Haushalte verreisen zwar nicht wesentlich weniger als kleinere, buchen jedoch kaum Pauschalreisen. Ebenso nutzen Familien mit kleineren Kindern kaum die Angebote der Reiseveranstalter. Sie verreisen lieber individuell, ohne das feste Veranstalterprogramm. Hier bietet sich also familienorientierten Reiseveranstaltern noch ein enormes Potenzial, wenn es ihnen gelingt, Familien zu Pauschalreisen zu bewegen.

Für ein einzelnes Reiseveranstalter- oder Reisemittlerunternehmen müssen die Marktpotenzialzahlen heruntergebrochen werden, d. h., das Marktpotenzial muss für das eigene Geschäftsfeld, ggf. auch regional/lokal, konkretisiert werden. Dazu muss der jeweils relevante Markt definiert werden. Dieser kann sich aus der Produktkategorie und Zielgruppe (z. B. der Markt für Skireisen, Ayurvedareisen, Kreuzfahrten, Wanderreisen, Gayreisen …) oder auch regional ergeben. Dazu soll beispielhaft ein Schema aufgezeigt werden, wie ein Reisebüro rein rechnerisch sein Kunden- und Umsatzpotenzial ermitteln könnte (Abb. 6.5). Auch diese Rechnung muss natürlich je nach lokaler Gegebenheit modifiziert und konkretisiert werden.

6.5 Wertschöpfende Aktivitäten, Arbeitsweise und Organisation

Die einzelwirtschaftliche Wertschöpfung gilt als Maß der Eigenleistung eines Unternehmens, das angibt, welcher Wert im Rahmen des unternehmerischen Produktionsprozesses geschöpft, also geschaffen wird. Die Wertschöpfung ist somit Ausdruck der durch eine Unternehmung geschaffenen Leistungen. Für eine beschreibende Darstellung der Wertschöpfungstiefe kann das *Konzept der Wert(schöpfungs)kette* nach Porter herangezogen werden. Er unterscheidet zwischen Mikro- und Makroebene: Die *Makroebene*, die Porter auch als Wertsystem bezeichnet, enthält alle Stufen des Transformationsprozesses, die ein Produkt oder eine Leistung innerhalb einer Branche auch über mehrere Unternehmen durchläuft. Auf der *Mikroebene* werden die Vorgänge innerhalb einer einzelnen Unternehmung als Wertkette abgebildet, die sog. primäre und unterstützende Wertaktivitäten sowie die Gewinnspanne erfasst. Die „Urform" der Wertschöpfungskette nach Porter ist auf die Analyse industrieller Unternehmungen ausgelegt. Daher wurden die primären Aktivitäten dem Werterstellungsprozess der Tourismusindustrie angepasst und um die unterstützenden Aktivitäten erweitert. Somit kann die Wertkette eines Reiseveranstalters sowie die eines Reisemittlers wie in Abb. 6.6 und 6.7 dargestellt skizziert werden.

Auf der Makroebene der Wertschöpfung kann man, bspw. bei einer „normalen" Flugpauschalreise in den Mittelmeerraum, etwa von Anteilen der einzelnen Wertschöpfungsstufen an der Gesamtwertschöpfung ausgehen, wie in Abb. 6.8 dargestellt.

Je nach Art der Reise kann der Wert der jeweiligen Leistungsbestandteile auf der Makroebene der Wertschöpfung stark variieren. Auf der Mikroebene können die unter-

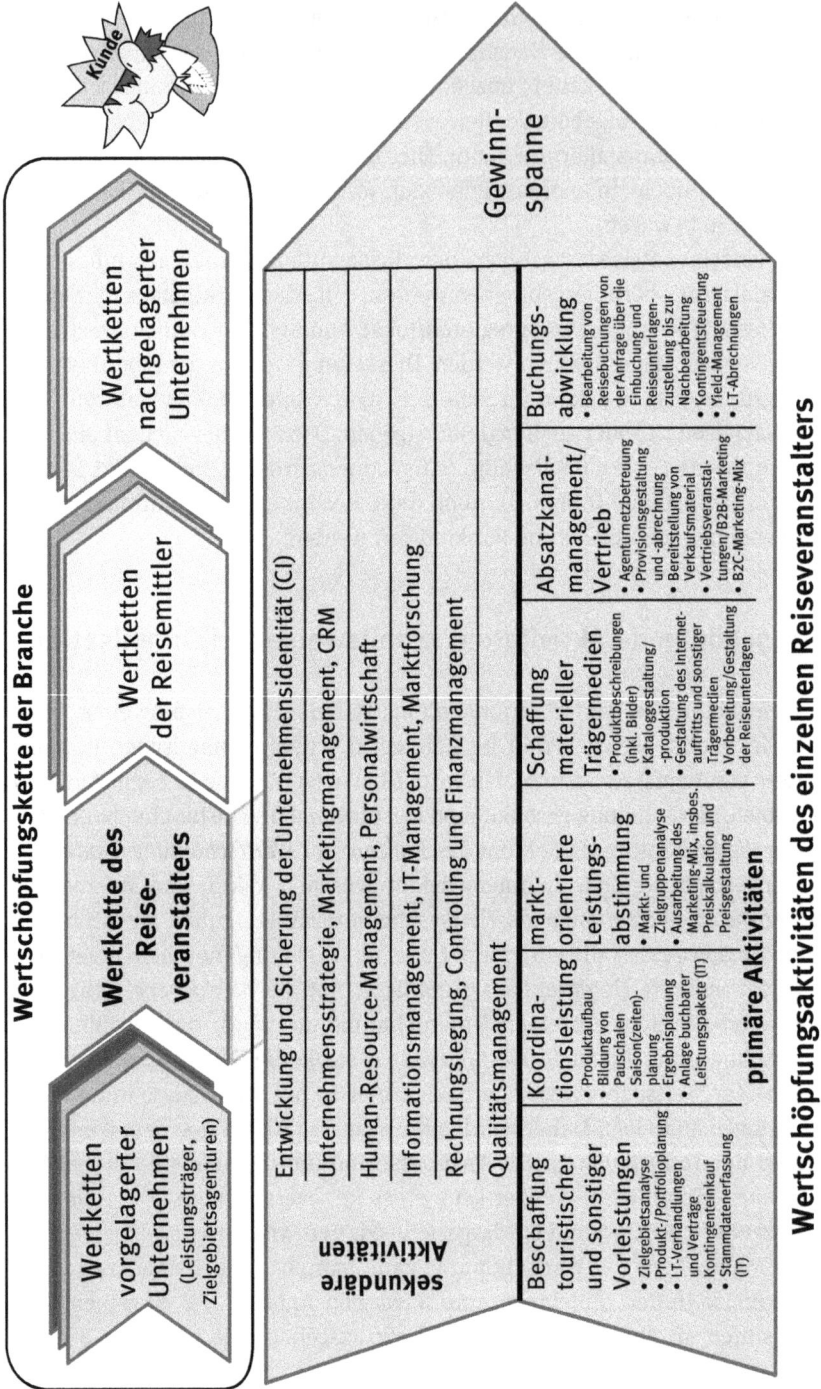

Abb. 6.6: Modell einer für den Reiseveranstalter modifizierten Wertschöpfungskette

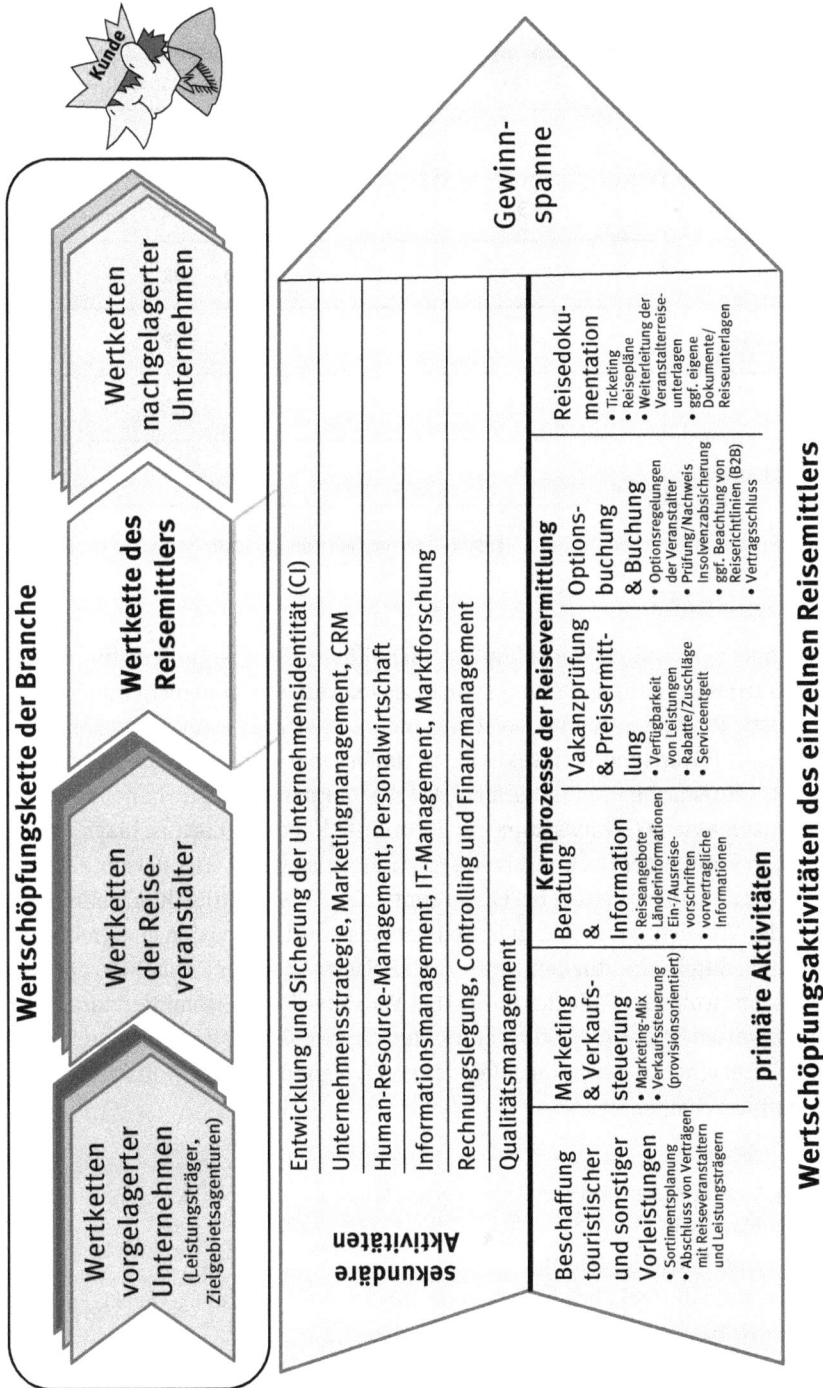

Abb. 6.7: Modell einer für Reisemittler modifizierten Wertschöpfungskette

Wertschöpfungsstufe	Wertschöpfungsanteil (in %)	Wertschöpfungsbetrag (Beispielwerte, ausgehend von einem Pauschalreisepreis von 600,– EUR)
Beherbergung/Hotel	35–40	220,– EUR
Zielgebietsagentur	1–3	15,– EUR
Carrier/Airline	35–40	220,– EUR
Reiseveranstalter	10–15	75,– EUR
Reisemittler	10–12	70,– EUR
Summe = Reisepreis	100	600,– EUR

Abb. 6.8: Anteil der einzelnen Wertschöpfungsstufen an der Gesamtwertschöpfung einer durchschnittlichen Flugpauschalreise

stützenden oder sekundären Wertschöpfungsaktivitäten, die übergreifend für die einzelnen Phasen des Leistungserstellungsprozesses relevant sind und nicht unmittelbar das touristische Produkt gestalten, von den primären Aktivitäten unterschieden werden. Die primären Wertschöpfungsaktivitäten umfassen diejenigen Prozesse, die unmittelbar das touristische Produkt formen. Auf die Summe der so geschaffenen Werte muss eine angemessene *Gewinnspanne* (in Form eines Kalkulationsaufschlags auf die Kosten bzw. in Form einer Deckungsbeitragsspanne ausgehend vom Reisepreis) aufgeschlagen werden. Diese beträgt bei einem „normalen" Reisemittler durchschnittlich 10 bis 12 % der Vorleistungskosten (nämlich der Reisemittlerprovision entsprechend) und bei einem „durchschnittlichen, gesunden" Reiseveranstalter 23 bis 30 % der Vorleistungskosten (wobei im Falle des indirekten Vertriebs über Reisemittler daraus die vorgenannte Reisemittlerprovision zu entrichten ist; zur Kalkulation siehe auch Hofmann 2000). Bei einem Reiseveranstalter können folgende primäre Wertschöpfungsaktivitäten unterschieden werden:

Beschaffung touristischer und sonstiger Vorleistungen
– Zielgebietsanalyse
– Produkt- und Portfolioplanung
– Leistungseinkauf direkt bei den Leistungsträgern oder über Zielgebietsagenturen (Leistungsträgerverhandlungen, Vertragsschluss)
– Kontingenteinkauf und Stammdatenerfassung im IT-System des Reiseveranstalters (Leistungsträgerdaten, Objektdaten, Kontingente, Einkaufspreise etc.)
– Beschaffung sonstiger Vorleistungen

Koordinationsleistung
- Produktaufbau
- Bildung von Pauschalen (Bündelung einzelner, zueinander „passender" Leistungen zu einem Reisepaket/zu einer Pauschalreise)
- Planung der Saisonzeiten und deren Preisstruktur
- Anlage buchbarer Leistungspakete im IT-System

Marktorientierte Leistungsabstimmung
- Markt- und Zielgruppenanalyse (Wie kann das Reiseprodukt für welche Zielgruppe im Markt positioniert werden?)
- Ausarbeitung des Marketing-Mix für die Produkte
- Kalkulation der Preise (unter Berücksichtigung der Konkurrenzsituation)
- nachfrageorientierte Preisgestaltung

Schaffung materieller Trägermedien
- Produktbeschreibungen und Bildbeschaffung für den Katalog
- Kataloggestaltung (Layout) und -produktion (inkl. Verhandlungen mit Druckereien)
- Gestaltung des Internetauftritts (Homepage/CMS, mobil/Apps, soziale Medien) und sonstiger Trägermedien
- Vorbereitung und Gestaltung von Reiseunterlagen

Absatzkanalmanagement und Vertrieb
- Aufbau und Betreuung des Agenturnetzes (Reisemittler)
- Provisionssystemgestaltung und Provisionsabrechnung
- Bereitstellung von Werbe-/Verkaufsmaterialien für Agenturen
- Planung, Organisation und Durchführung von Vertriebsveranstaltungen als Teil des B2B-Marketings
- Gestaltung des Marketing-Mix für den B2C-Bereich

Buchungsabwicklung
- Bearbeitung von Reisebuchungen von der Erstellung individueller Angebote bei Kunden-/Reisemittleranfragen über die Einbuchung der Reiseleistungen (kundenseitig und leistungsträgerseitig) und die Zustellung der Reiseunterlagen bis zur Nachbearbeitung der Buchung (Verbindung zur sekundären Wertschöpfungsaktivität des CRM)
- Kontingentsteuerung (ggf. Nachkauf oder Rückgabe)
- Yield-Management
- Abrechnung mit den Leistungsträgern (Verbindung zur sekundären Wertschöpfungsaktivität der Rechnungslegung und des Finanzmanagements)

Die primären Wertschöpfungsaktivitäten eines Reisemittlers befinden sich v. a. im sog. Frontoffice, das alle Leistungen umfasst, die im direkten Kundenkontakt erbracht werden, während sich die unterstützenden Aktivitäten dem sog. Backoffice zuordnen lassen. Sozusagen „dazwischen" liegt das Midoffice. Diese gerne in der Branche genutzte Einteilung ist jedoch weder organisatorisch noch von den verwendeten IT-Systemen her trennscharf. Folgende primären Wertschöpfungsaktivitäten fallen bei einem Reisemittler an:

Beschaffung touristischer und sonstiger Vorleistungen

Der Reisemittler plant (Sortimentsplanung), welche Leistungen er verkaufen möchte, und schließt dementsprechend (Agentur-)Verträge mit Reiseveranstaltern und Leistungsträgern ab.

Marketing und Verkaufssteuerung

Der Reisemittler plant und gestaltet seinen Marketing-Mix. Da bei Pauschalreisen die Preise i. d. R. von den Veranstaltern vorgegeben werden, ist das preispolitische Instrumentarium hier sehr eingeschränkt. Serviceentgelte (insbesondere für die Vermittlung von nicht verprovisionierten Leistungen) sind jedoch, ebenso wie die anderen Marketing-Mix-Instrumente, frei gestaltbar. Zur Nutzung von sog. Staffelprovisionen (siehe Abschnitt 6.6.4) kann der Reisemittler eine provisionsorientierte Verkaufssteuerung versuchen; die Mitarbeiter werden angehalten, diesen oder jenen Veranstalter verstärkt zu verkaufen.

Beratung und Information

Dies umfasst die Bedarfsanalyse und gezielte Angebotspräsentation für einen Kunden. Die Bedarfsanalyse nimmt in dem Verkaufsgespräch heutzutage eine zentrale Rolle ein. Es müssen bedarfsgerechte Angebote gefunden oder zusammengestellt und präsentiert werden. Hierbei muss das IT-System den Expedienten bereits intelligent unterstützen und ihm helfen, sich von den Kundenwünschen ein umfassendes Bild zu machen und den Kundenbedarf vollständig zu erfassen. Zugleich soll das IT-System dem Expedienten geeignete Angebote und Alternativangebote jeweils zum günstigsten verfügbaren Preis vorschlagen. Idealerweise unterstützt das IT-System zugleich die Präsentation der Angebote durch multimediale Elemente, die dem Kunden optional gezeigt werden können. Somit erfolgt die Angebotspräsentation nicht mehr nur über Reisekataloge, sondern auch multimedial. Der moderne Kunde kommt heutzutage nicht selten bereits gut informiert in das Reisebüro. Er hat sich über das Internet oder das Fernsehen schon mit dem Reiseland beschäftigt und oft auch Angebote gesichtet. So kann es sein, dass insbesondere bei eher selten gebuchten Reisezielen ein Kunde beim Betreten des Reisebüros über einen erheblichen Informationsvorsprung gegenüber dem Expedienten verfügt. Hier sollte der Expedient mit gezielten Zusatzinformationen zu Zielgebiet und Unterkunft überzeugen können. Wünschenswert sind hier v. a. Informationen, die sich der Kunde im Internet nicht so ohne Weiteres erschließen kann, wie z. B. Insider-Informationen, die aus eigenen Reisen oder direkt von der Reiseleitung des Ziellands stammen. Dem Kunden wird damit zugleich die Fachkompetenz des Reisebüros signalisiert. Weiterer Informationsbedarf kann bspw. hinsichtlich der Ein- und Ausreisebestimmungen oder Gesundheitsvorschriften für das Zielgebiet bestehen. Angesichts des seit 01.07.2018 geltenden neuen Reiserechts ist zu beachten, dass der Reisemittler und der Reiseveranstalter gewisse vorvertragliche Informationspflichten haben, die sie u. a. durch die Vorlage bestimmter Formblätter an den Kunden erfüllen müssen.

Vakanzprüfung und Preisermittlung
Hat der Kunde ein Angebot oder einige Alternativen ausgewählt, erfolgt die Vakanzprüfung (Prüfung der Verfügbarkeit der gewünschten Reiseleistung). Eine Vakanzprüfung mit Informationen über noch verfügbare Plätze liefert mitunter auch starke Verkaufsargumente; idealerweise sollte sie in Echtzeit erfolgen. Im Idealfall berechnet das IT-System nicht nur unter Berücksichtigung individueller Serviceentgelte den gewünschten Preis, sondern verweist zugleich auch auf (Preis-)Alternativen. Für die Preisnennung im laufenden Verkaufsgespräch sollte das System wesentliche Leistungen noch einmal herausstellen und so den Expedienten mit wertvollen Argumentationshilfen unterstützen. Bei der Preisermittlung sind eventuelle Rabatte, Zuschläge sowie die Serviceentgelte der Reisebüros zu berücksichtigen. Die aus der Bedarfsermittlung gewonnenen Erkenntnisse oder auch bereits vorhandene Kundendaten können genutzt werden, um kundengerechte Zusatzleistungen anzubieten und zu verkaufen (sog. Ancillaries). Naheliegend sind hier z. B. verschiedene Reiseversicherungen (z. B. Reiserücktrittskostenversicherung oder Gepäckversicherung), Mietwagen, Ausflugspakete, Eintrittskarten für Veranstaltungen vor Ort (Theater, Oper, Events etc.), schriftliche Reiseführer etc.

Optionsbuchung und Buchung
Der Beratungsprozess kann zum einen mit einer Buchung oder Optionsbuchung abschließen, zum anderen kann der Kunde das Reisebüro auch ohne Vertragsabschluss verlassen. Das IT-System im Reisebüro führt nicht nur Buchungen und Optionsbuchungen durch und stellt sie übersichtlich und zugleich umfassend dar, sondern es sollte auch bestehende offene Optionen intelligent verwalten, die unterschiedlichen Optionsregelungen der Veranstalter berücksichtigen und damit Fehler vermeiden helfen. Vor dem Inkasso von Kundengeldern für einen Reiseveranstalter ist vom Reisemittler zu prüfen, ob dieser über eine gültige Insolvenzabsicherung verfügt; je nach Art der zusammengestellten Leistung und des Inkassos muss der Reisemittler auch selbst über eine Insolvenzabsicherung verfügen (siehe § 651 w (3) und § 651 t BGB).

Im B2B-Geschäft obliegt dem Reisemittler unter Umständen die Aufgabe, die Firmen-richtlinien des Kunden hinsichtlich Reisebuchungen zu beachten.

Reisedokumentation
Der Reisemittler versorgt den Kunden mit den Reiseunterlagen (Tickets, Reisepläne, umfangreiche Reiseunterlagen), die er seinerseits ggf. vom Veranstalter erhält. Alter-nativ senden manche Veranstalter die Unterlagen direkt an den Kunden (womit dem Reisemittler allerdings eine Kundenkontaktmöglichkeit entgeht), sei es postalisch in Papierform oder auch nur noch digital/online. Möglich ist auch, dass der Reisemittler selbst Dokumente/Reiseunterlagen für den Kunden erstellt.

Reiseveranstalter und Reisemittler erstellen, wie wir aus den vorstehenden Kapi-teln wissen, Dienstleistungen. Die von ihnen genutzte „Produktionstechnologie" um-fasst daher keine Fertigungsmaschinen, wie dies zum Beispiel bei der Erstellung von materiellen Konsumgütern der Fall ist, sondern v. a. die Verarbeitung von Informatio-nen mit *IT-Systemen* (siehe dazu ausführlich Kapitel 8). Solche Systeme sollten also im Idealfall die genannten Wertschöpfungsaktivitäten der Unternehmen komplett abbil-den und unterstützen können. Des Weiteren sollte die Software zusätzliche nützliche Funktionen wie z. B. Servicefunktionen für Reisemittler am Point of Sale (POS) zur Verfügung stellen (z. B. Terminverwaltung). Bei mittelständischen Reiseveranstaltern und Reisemittlern wird dazu – neben der Nutzung von GDS – meist nur *ein* branchen-spezifisches IT-System eingesetzt (z. B. Bewotec-myJack oder Traffics-CosmoNaut für Reisemittler; WinTourS oder Bewotec-DaVinci oder WBS-Blank oder ISO-Pacific oder Tour32 oder SIO oder TraSo-xRes für Reiseveranstalter, um nur einige Systeme zu nen-nen). Bei einem Großveranstalter wie TUI greifen für die diversen Prozesse – neben den Standardsoftwaretools – bis zu einem Dutzend spezialisierte IT-Systeme inein-ander (z. B. MCS-Einkaufssystem, BPS, @com.res, CMI24, Tapas, IPL, Bistro, AMICO, EXTIm, DESTIMO).

6.6 Ausgewählte Aspekte des Reiseveranstaltermanagements

Nachdem die Arbeitsweise und Organisation der Reiseveranstalter und Reisemittler dargestellt wurden, stehen nun einige ausgewählte *gestalterische Aspekte* im Zentrum. Diese konkretisieren die in Abschnitt 6.3 allgemein dargestellten Ansätze für das Ma-nagement von Reiseveranstaltern. Das *strategische Reiseveranstaltermanagement* be-schäftigt sich mit unternehmenspolitischen Grundsatzentscheidungen, der Auswahl des Leistungsfelds, der Aufteilung der Ressourcen nach Gegenwarts- und Zukunfts-wirkung und der Formulierung von Wachstums- und Ertragszielen. Es versucht also, durch langfristige und ganzheitliche Strategien den Erfolg und den Fortbestand des Unternehmens zu sichern. Statt von strategischem Management spricht man auch von strategischer Unternehmensführung. Wenn heute von strategischer Unternehmensführung gesprochen wird, ist häufig in erster Linie das Marketing-Management gemeint. Beim *Marketing-Management* geht es in der heutigen wirtschaftlichen Situation nicht mehr nur darum, solche Leistungen möglichst gewinnbringend zu verkaufen, die mehr oder weniger „zufällig" entstanden sind und die der Vertriebsabteilung von anderen Unternehmensbereichen vorgegeben werden. Touristikmarketing bedeutet heute, dass ein Unternehmen „vom Markt her" gesteuert wird und dass die Reiseprodukte von vornherein an den Bedürfnissen und Wünschen der Verbraucher orientiert sein müssen. Das heißt, dass nicht nur Absatz und Vertrieb, sondern alle Bereiche eines Unternehmens auf die Erfordernisse des Marktes ausgerichtet sein müssen. Man kann gewissermaßen sogar Marketing und strategische Unternehmensführung gleichsetzen. Konkretisiert wird das strategische Management durch operative Maßnahmen, die kurzfristiger und detaillierter Natur sind. So wird die Marketing-Strategie insbes. durch eine Ausgestaltung des Marketing-Mix konkretisiert, der u. a. Aspekte der Preiskalkulation umfasst. Einige ausgewählte Ansatzpunkte werden im Folgenden aufgezeigt.

6.6.1 Marktsegmentierung

Strategische Erfolgspositionen

sind besondere Fähigkeiten eines Unternehmens, die zu einem *Wettbewerbsvorsprung* gegenüber den Konkurrenten führen. Strategische Erfolgspositionen für Reiseveranstalter können z. B. in folgenden Bereichen liegen:
- im Bereich der Unternehmensfunktionen,
- im Bereich der Produktangebote und Dienstleistungen und
- im Bereich der Marktbearbeitung durch insbesondere eine gute Marktsegmentierung.

Im Rahmen der Unternehmensfunktionen sind u. a. folgende strategische Erfolgspositionen wichtig:
- die Fähigkeit, bestqualifizierte Mitarbeiter zu rekrutieren, zu motivieren und langfristig an das Unternehmen zu binden,
- die Fähigkeit, überlegene Beschaffungsquellen zu erschließen und zu sichern und somit Reisen effizienter und kostengünstiger als die Konkurrenten anzubieten; mit dieser Fähigkeit können sich v. a. Reiseveranstalter qualifizieren, Reisemittler unterliegen bei Pauschalreisen (noch) der Preisbindung,
- die Fähigkeit, bestimmte Distributionskanäle besser zu erschließen als andere.

Eine strategische Erfolgsposition im Rahmen der Produktangebote und Dienstleistungen ist die Fähigkeit, Kundenbedürfnisse rascher und besser als die Konkurrenten zu erkennen und damit die Angebote und Dienstleistungen schneller den Marktbedürfnissen anzupassen. In den Bereich der Produktangebote und Dienstleistungen fällt außerdem die Fähigkeit, eine hervorragende Kundenberatung und einen überlegenen Kundenservice zu bieten.

Im Rahmen der Marktsegmentierung liegen strategische Erfolgspositionen in den Fähigkeiten, eine bestimmte Abnehmergruppe gezielter und wirkungsvoller als die Konkurrenten zu bearbeiten und sich bei den Nachfragern über Spezialkenntnisse zu profilieren, sowie in der Fähigkeit, ein Image aufzubauen, das dem Image anderer Anbieter überlegen ist. So könnte ein Anbieter von Seereisen mit seinen hochwertigen Produkten Gruppen mit höherer Kaufkraft ansprechen, ein Reisebüro könnte sich auf die Vermittlung von Reisen für Menschen mit Behinderung spezialisieren und so dieser Nachfragergruppe ein breites Angebot vorlegen, oder die Produkte eines Reiseveranstalters werden in der Öffentlichkeit als qualitativ hochwertig angesehen, weil seine Reisen in zahlreichen Presseberichten gelobt werden.

Bei der Wahl der *Marktsegmentierungsstrategie* geht es um die Frage, wie differenziert der Markt bearbeitet werden soll (Abb. 6.9). Prinzipiell stehen Touristikunternehmen zwei Möglichkeiten offen: Sie können den *Gesamtmarkt* bearbeiten oder einzelne, *exakt definierte Teilmärkte*, dies in Form von undifferenzierter Marktbearbeitung bzw. Massenmarketing einerseits und differenzierter Marktbearbeitung bzw. Marktsegmentierung andererseits (siehe auch Becker 2019, S. 237 ff.).

		Qualität der Marktbearbeitung	
		undifferenziert	differenziert
Quantität der Marktbearbeitung	Gesamtmarkt	Massenmarkt	Marktsegmentierung
	Teilmarkt	Fokussierung	

Abb. 6.9: Varianten der Marktabdeckung und Marktbearbeitung

Undifferenzierte Marktbearbeitung heißt, dass ohne Rücksicht auf besondere Unterscheidungsmerkmale breite Bevölkerungsschichten angesprochen werden, z. B. über allgemeine TV-Werbung oder Anzeigenkampagnen in auflagenstarken Tageszeitungen. Aufgrund der hohen Streuverluste und der fehlenden spezifischen Bedürfnisorientierung wird diese Form der Massenmarktbearbeitung heute kaum mehr genutzt. Allenfalls eine undifferenzierte Ansprache auf (z. B. regional abgegrenzten) Teilmärkten kann noch sinnvoll sein.

Für viele Anbieter, insbesondere für mittlere und kleinere Reiseveranstalter, ist es häufig sinnvoll, nicht den Gesamtmarkt anzusprechen, sondern ihre Absatzanstrengungen auf solche Bevölkerungsgruppen zu konzentrieren, die tatsächlich einen Bedarf für das spezielle angebotene Produkt haben bzw. bei denen der Anbieter einen solchen Bedarf vermutet. Dabei ist es die Aufgabe der Marktsegmentierung, Merkmale zu identifizieren, die zu einem bestimmten Bedarf führen. Die so eingegrenzten potenziellen Nachfragergruppen können dann in einem nächsten Schritt mithilfe eines speziellen Marketing-Mix bearbeitet werden. So erreicht man eine differenzierte Marktbearbeitung in Form einer Marktsegmentierung.

Es gibt verschiedene Kriterien, nach denen ein Reiseveranstalter seinen Markt segmentieren kann (Abb. 6.10).

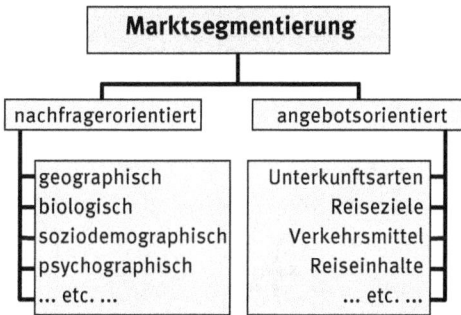

Abb. 6.10: Varianten der Marktsegmentierung für Reiseveranstalter

Weil man Menschen ihre Einstellungen, ihre Urlaubsmotive oder ihr Wahrnehmungsverhalten nur selten ansieht und es außerdem sein kann, dass dieselben Kunden einmal eine Luxuskreuzfahrt, ein anderes Mal jedoch ein „Schnäppchen" buchen (sog. hybrides Verbraucherverhalten), bietet sich für Reiseveranstalter und Reisebüros insbesondere die *lebensphasenorientierte Marktsegmentierung* als Form einer soziodemografischen Segmentierung an. Die Lebensphase, in der man sich befindet, wird im Wesentlichen durch drei Kriterien bestimmt: durch Alter, Familienstand und finanzielle Situation (Einkommen, Vermögen). Basierend auf diesen drei Kriterien können zehn bzw. elf Zielgruppen voneinander abgegrenzt werden (siehe ausführlich Kirstges 2010, Kap. 6.1):

Abbildung 6.11 zeigt elf Kästchen (Zielgruppen). Da Kinder unter 14 Jahren im Tourismus jedoch nicht als eigenes Marktsegment definiert und bearbeitet werden, sind sie keine „echte" Zielgruppe, die direkt und selbstständig angesprochen wird. Wichtig sind deshalb nur die zehn hervorgehobenen Zielgruppen. Diese *lebensphasenorientierte Zielgruppendefinition* hat folgende Vorteile:

– Die lebensphasenorientierte Marktsegmentierung berücksichtigt das soziale Alter eines Menschen. Das soziale Alter ist wichtig, weil mit einer bestimmten Lebensphase spezifische familiäre, berufliche, finanzielle und gesundheitliche Merkmale verbunden sind, die wiederum Auswirkungen auf die Urlaubsgestaltung haben.

– Die lebensphasenorientierte Marktsegmentierung knüpft an die Zusammensetzung der Gruppe an, die eine gemeinsame Reise plant und unternimmt. Man bezeichnet eine solche Gruppe auch als Reisepartie.

Idealtypische Entwicklung eines Menschen durch die einzelnen touristischen Zielgruppenphasen; rein horizontale Veränderungen in einer Lebensphase (z. B. Paar, das wieder zu zwei Singles wird; Familie, aus der Single mit Kind entsteht) sind nicht berücksichtigt.

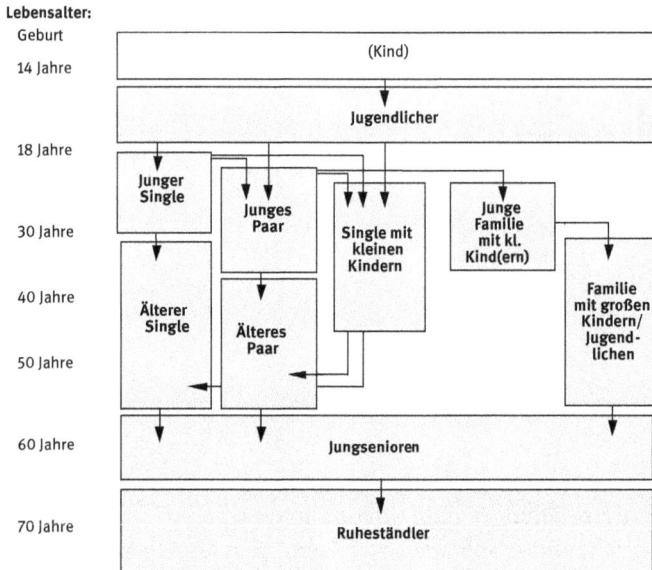

Abb. 6.11: Lebensphasenorientierte Zielgruppenbildung im Tourismus

- Eine Betrachtung der Reisepartie ist der reinen Berücksichtigung des Familienstands und der Haushaltsgröße überlegen, weil zum Beispiel nicht alle Mitglieder einer Familie zusammen Urlaub machen müssen. Ob die ganze Familie verreist, die heranwachsenden Kinder allein Urlaub machen oder nur die Eltern wegfahren, hat elementare Auswirkungen auf die Reiseentscheidung.
- Die lebensphasenorientierte Marktsegmentierung ist in der Praxis relativ leicht anwendbar, weil Reiseberater die Lebensphase relativ gut abschätzen bzw. erfragen können.
- Die lebensphasenorientierte Marktsegmentierung ermöglicht eine dynamische Ansprache der Zielgruppen. Das heißt, wenn sich die Anforderungen einmal gewonnener Kunden beim Durchschreiten verschiedener Lebensphasen verändern, können sich Reiseveranstalter und Reisemittler darauf einstellen, indem sie Reiseangebote konzipieren und den Kunden vorlegen, die speziell auf dieses Segment zugeschnitten sind.
- Schließlich liegt ein letzter Vorteil der lebensphasenorientierten Marktsegmentierung darin, dass sie im touristischen Bereich – momentan noch – selten eingesetzt

wird. Mit der lebensphasenorientierten Marktsegmentierung können sich Reiseveranstalter und Reisebüros deshalb klar von Konkurrenten abheben.

6.6.2 Diversifikation

Im Abschnitt 6.1 wurde bereits angesprochen, dass die Trennung der Leistungsebenen in der Touristik heute nicht mehr stringent ist: Teilweise übernehmen Akteure Funktionen, die traditionell auf einer anderen Leistungsebene angesiedelt sind. Dies ist Ausdruck einer wertschöpfungsorientierten Strategie, die als Diversifikation bezeichnet wird (siehe ausführlich Kirstges 2010, Kap. 6.2; Bastian/Born 2004, Kap. A und B.4). Die eingangs erwähnte vertikale Diversifikation bedeutet, dass – aus Sicht eines Reiseveranstalters – das Unternehmen Teilleistungen übernimmt, die seinem eigentlichen Beitrag zum Gesamtleistungspaket Pauschalreise vor- oder nachgelagert sind. Werden Leistungen übernommen, die der eigentlichen Unternehmensleistung vorgelagert sind, spricht man von *Rückwärtsintegration*, im umgekehrten Fall von *Vorwärtsintegration*. Diese Verwendung der Begriffe Vorwärts- bzw. Rückwärtsintegration ist auf den ersten Blick widersprüchlich. Sie erklärt sich daraus, dass für die Zuordnung von vorwärts bzw. rückwärts nicht von den Leistungen ausgegangen wird, die Bestandteil des Gesamtprodukts sind, sondern von der Position des diversifizierenden Unternehmens in Relation zu anderen Leistungserbringern, also in der Makrokette der Branchenwertschöpfung.

In den Augen der Reiseveranstalter sprechen v. a. zwei Gründe für die *vertikale Diversifikation*. Erstens argumentieren sie, dass sie ihre Kunden fester an sich binden können, wenn touristische Einzelleistungen (z. B. Ausflüge, Reiseleitung, Hotelunterkunft, Flug) nicht von bezahlten Leistungsträgern erbracht werden, sondern von eigenen, hochmotivierten Mitarbeitern. Ein zweiter positiver Effekt der vertikalen Diversifikation besteht darin, dass der Veranstalter auf Beschaffungs- und Absatzmärkten nicht in Konkurrenz zu anderen Anbietern steht. Schließlich besteht die Hoffnung auf höhere Gesamtrenditen. So kaufen gerade größere Reiseveranstalter Hotels in von ihren Kunden besonders gefragten Zielgebieten auf, sodass sie ihren Bedarf an Übernachtungskapazitäten dort (zumindest teilweise) aus eigener Quelle decken können. Um sich auf der Reisemittlerstufe eine bessere Position zu verschaffen, ziehen große Reiseveranstalter eigene Franchisesysteme auf. Gerade die eingangs dargestellten touristischen Großkonzerne weisen heute mit eigenen Hotels, Zielgebietsagenturen, Reisebüros und – bei TUI und Thomas Cook – sogar eigenen Airlines ein hohes Maß an vertikaler Integration auf. Dies schafft die vorgenannten Vorteile, birgt jedoch auch Risiken wie bspw. die erhöhte (und durchgängige) Abhängigkeit von Nachfrageschwankungen.

Auch Reisemittler können vertikale Diversifikation betreiben. Insbesondere bietet es sich für sie an, nicht nur Reisen zu verkaufen, sondern auch selbst zu veranstalten.

Für eine solche Ausweitung der Geschäftätigkeit sprechen kurzfristige, finanzielle Gründe ebenso wie der Blick in die Zukunft. Denn ein erstes Argument für Eigenveranstaltungen besteht darin, dass man damit i. d. R. mehr verdienen kann als mit der Reisemittlerprovision. Außerdem befürchten manche Reisemittler, dass die Reiseveranstalter in Zukunft verstärkt versuchen werden, ihre Kunden zu Direktbuchungen anzuregen und die Reisebüros zu übergehen.

In der Touristik kennt man jedoch nicht nur die vertikale Diversifikation, sondern auch die horizontale Diversifikation. *Horizontale Diversifikation* heißt, dass die Ausdehnung der Geschäftätigkeit im Kerngeschäft des Unternehmens erfolgt. So könnte ein Reiseveranstalter, der bisher nur Flugpauschalreisen angeboten hat, nun auch Kreuzfahrten durchführen. Oder er könnte ein besonderes Programm für junge Leute als neue Zielgruppe entwickeln. Auch die horizontale Diversifikation führt dazu, dass Reiseveranstalter und Reisemittler neue Produkte auf neuen Märkten anbieten können.

Eine dritte Variante ist die *laterale Diversifikation*, bei der das Touristikunternehmen in branchenfremde Bereiche expandieren würde. So engagierte sich die TUI mit Hapag-Lloyd jahrelang auch in der Container-Schifffahrt. Ein anderes Beispiel wäre, dass ein Reisebüro, das sich auf exotische Fernreisen spezialisiert hat, in seinen Räumlichkeiten zusätzlich eine – thematisch passende – Cocktail-Bar eröffnet.

6.6.3 Besonderheiten der Reisepreiskalkulation

Im Anschluss an die Festlegung eines strategischen Profils, das u. a. die Marktsegmentierung sowie die wertschöpfungsorientierten Diversifikationen zum Inhalt haben kann, müssen Reiseveranstalter und Reisemittler in einem nächsten Schritt die *operativen Instrumente zur konkreten Umsetzung der Strategien* auswählen und kombinieren. Im Rahmen der Marketing-Strategien können folgende Instrumente des operativen Marketing-Mix unterschieden werden:
- Produkt-/Leistungspolitik,
- Entgeltpolitik (Preise, Konditionen, Reisebüroprovisionen),
- Distributionspolitik (Vertriebswege) und
- Kommunikationspolitik (Kataloggestaltung, Werbung, Internetauftritt, PR etc.).

Eine ausführliche Darlegung, wie Reiseveranstalter und Reisemittler bei der Gestaltung ihres Marketing-Mix vorgehen, welche Grundsätze dabei zu beachten sind und welche strategische Entscheidungen welche Konsequenzen auf der operativen Ebene, d. h. bei der konkreten Auswahl und Kombination der Marketing-Instrumente, nach sich ziehen, würde den Rahmen dieses Buches sprengen (siehe dazu z. B. Kirstges 2010, Mundt 2011, von Dörnberg/Freyer/Sülberg 2013, Dettmer 2001, Kap. 5). Im folgenden Kapitel wird daher exemplarisch auf zwei spezielle Aspekte des operativen Managements der Reiseveranstalter und Reisemittler eingegangen, nämlich auf die

Reisepreiskalkulation des Reiseveranstalters und die *Provisionssysteme* im Rahmen der Vertriebskooperation zwischen Reiseveranstalter und Reisemittler (siehe dazu ausführlich Kirstges 2011).

Reiseveranstalter, die in einem wie eingangs beschriebenen oligopolistischen Markt agieren, müssen – dies lehrt die mikroökonomische Theorie der Marktformen – sowohl die *Nachfrage* als auch die *Konkurrenzsituation* bei ihren Preisentscheidungen berücksichtigen. Insofern finden wir bereits hier eine Begründung für die Notwendigkeit einer (auch) konkurrenzorientierten Preisbildung. Aufgrund von eher realitätsfernen Prämissen haben die volkswirtschaftlichen Modelle der Preisbildung nur einen sehr geringen Aussagewert für die konkrete unternehmerische Preisentscheidung. Letztlich müsste sich auf einem oligopolistischen Reiseveranstaltermarkt immer ein einheitlicher Preis ergeben – die Realität lehrt uns Besseres. Es bleibt also festzuhalten, dass die unrealistischen Prämissen nicht den Anforderungen an realtheoretische Modelle entsprechen. Diese müssten die *realen Voraussetzungen des unvollkommenen Marktes* berücksichtigen:
- qualitativ unterschiedliche Güter/Reiseleistungen,
- Nachfragepräferenzen in persönlicher, räumlicher und/oder zeitlicher Hinsicht,
- eine eingeschränkte Markttransparenz für Reiseveranstalter, Reisemittler und Konsumenten,
- Reaktionsverzögerungen: Time-lag zwischen Analyse und Aktion sowie
- eine begrenzte Angebotskapazität pro Reiseveranstalter.

Diese Unvollkommenheit des Marktes führt dazu, dass der Reiseveranstalter gewisse Preisspielräume hat. In einem bestimmten reaktionsarmen (sog. monopolistischen) Bereich mit niedriger (direkter) Preiselastizität kann er Preise erhöhen, ohne eine zu große Abwanderung von Kunden zu Konkurrenten befürchten zu müssen. Bereits Gutenberg hat dieses Phänomen in Form einer doppelt geknickten Preis-Absatz-Funktion vereinfacht dargestellt (Abb. 6.12).

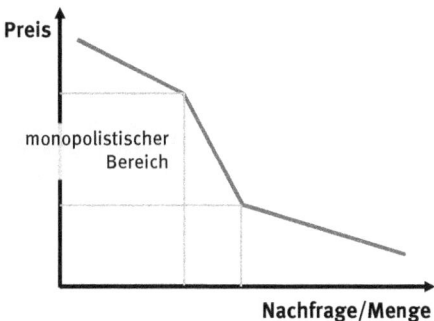

Abb. 6.12: Doppelt geknickte Preis-Absatz-Funktion des Oligopolisten

In bestimmten touristischen Teilmärkten, z. B. im Bereich der Ferienclubreisen oder der Kreuzfahrten, führen eine relativ große Markentreue sowie eine relativ geringe Markt-/Leistungstransparenz zu einem solchen reaktionsfreien Bereich. Stammkunden z. B. einer AIDA oder eines Aldiana-Clubs wandern dann nicht wegen einer geringen Preiserhöhung zu Konkurrenzanbietern ab. Zweifelsohne bestehen große Unterschiede in der dahinterstehenden direkten *Preiselastizität* sowie in der Kreuzpreiselastizität je nach

- Haushaltseinkommen der Nachfrager,
- zeitlicher Gebundenheit der Nachfrager (Ferienzeiten),
- Preiskenntnis/Informationsstand der Nachfrager und
- Konkurrenzsituation etc.

In der Praxis stellt sich das Problem der Festlegung der Größe des monopolistischen Bereichs: Ab welchem Preisniveau sind umfangreiche Kundenabwanderungen zu befürchten? Bei der Beantwortung dieser Frage sind u. a. (psychologische) Preisschwellen zu berücksichtigen.

Vor dem Hintergrund dieses Wissens sind nun die konkreten Reisepreise für ein bestimmtes Reiseangebot eines Veranstalters zu kalkulieren. Kalkulation kann auf zweierlei Richtungen zielen: Ex ante geht es um die Festlegung von Kundenendpreisen; ex post hingegen im Sinne einer Nachkalkulation um Aspekte des Controllings. In den folgenden Ausführungen soll lediglich das erste Ziel der Kalkulation, nämlich Kundenendpreise zu „errechnen", verfolgt werden.

Die *Ex-ante-Kalkulation* im engeren Sinne kann inhaltlich gleichgesetzt werden mit der *Kostenträgerrechnung*. Demnach sind in einem ersten Schritt die relevanten Kostenarten zu ermitteln, bevor die anfallenden Kosten in einem zweiten Schritt auf die Kostenträger (= touristische Produkte) verrechnet werden. Man unterscheidet hierzu grob die Varianten der Vollkostenrechnung sowie der Teilkostenrechnung (hier insbesondere die Deckungsbeitragsrechnung). In einem weiteren Sinne lässt sich unter einer (Ex-ante-)Reisepreiskalkulation Folgendes fassen: sämtliche Überlegungen, Planungen, Entscheidungen und Analysen, die dazu dienen, einen wettbewerbsfähigen Einzelreisepreis (Kundenendpreis) festzulegen bzw. diesen hinsichtlich seiner Markt- und Unternehmensadäquanz zu überprüfen. In diesem ausreichend weitgefassten Sinne sind drei grundsätzliche Ansatzpunkte der Preiskalkulation durch Reiseveranstalter zu berücksichtigen:

- Kostenorientierung,
- Nachfrageorientierung und
- Konkurrenzorientierung.

Kostenorientierte Preisfindung

Ausgangspunkt und Informationsbasis der kostenorientierten Preisfindung bilden die *Daten des Rechnungswesens* (insbesondere der Kosten-Leistungs-Rechnung (KLR). Diese Quelle liefert z. B. die Kosten der touristischen Eigenleistungen oder die Gemeinkosten. Als zweite zentrale Informationsbasis dient der *touristische Einkauf:* Die abgeschlossenen Verträge über die von den verschiedenen Leistungsträgern zur Verfügung gestellten Grundleistungen enthalten auch die erforderlichen Informationen über die Kosten dieser Reisevorleistungen.

Das in Abb. 6.13 dargestellte Kalkulationsgrundschema kann für die Kundenendpreisberechnung (Preis pro Person bzw. Preis pro Angebotseinheit (z. B. Fewo)) angesetzt werden (vgl. Mundt 2011, Kalkulation einer Studienreise/Kreuzfahrt):

Der gemäß dem ersten Schema einkalkulierte Deckungsbeitrag muss zur Deckung sämtlicher Gemeinkosten (sowie der Reisemittlerprovision und der MwSt.) ausreichen. Bei der Vollkostenkalkulation werden diese Gemeinkosten aufgesplittet und auf der Ebene der einzelnen Reiseprodukte verrechnet. Aufgrund diverser Nachteile der Vollkostenrechnung soll hier einer Betrachtung der tourismusspezifischen Kostenbestandteile als Basis einer (deckungsbeitragsorientierten) Kalkulation der Vorzug gegeben werden. Ausgehend von den touristischen Grundleistungen lassen sich die einzelnen Kostenbestandteile eines Pauschalreiseangebots unterscheiden. Abbildung 6.14 zeigt die Bedeutung einzelner Kostenbestandteile bei einem typischen Pauschalreiseangebot.

Teilkosten-/deckungsbeitragsorientiertes Kalkulationsgrundschema	
	kalkulierte Aufwendungen (Einzelkosten) für Vorleistungen
+	kalkulierte Eigenleistungen
+	Kalkulationsaufschlag/geplanter Deckungsbeitrag
------------	------------
=	Kundenendpreis
Vollkostenorientiertes Kalkulationsgrundschema	
	kalkulierte Aufwendungen für Vorleistungen
+	kalkulierte Eigenleistungen
+	Vertriebskosten (Reisebüroprovisionen; sonstige)
+	Werbekosten (anteilige Kataloggemeinkosten; sonstige)
+	Kulanz-/Reklamationsaufwand
+	anteilige (Verwaltungs-)Gemeinkosten
+	kalkulatorischer Unternehmensgewinn
+	MwSt. (Margenbesteuerung beachten!)
------------	------------
=	Kundenendpreis

Abb. 6.13: Teilkosten- und vollkostenorientierte Kalkulationsschemata für Pauschalreisepreise

Aufwendungen für	EURO	Anteil	
Beförderungsleistungen	220	46 %	
Hotelleistungen (35,–€/Tag)	245	51 %	
Transfer	10	2 %	
Handling/Reiseleitung	2	1 %	
Gesamtaufw. Reise-VL	**477**	100 %	72 %
Aufschlag/Marge inkl. MwSt.	**119**	+ 25 %	18 %
Aufschlag RB-Provision	**66**		10 %
Kundenendpreis	**662**		100 %

Abb. 6.14: Beispiel Kostenbestandteile eines typischen Pauschalreiseangebots (Sieben-Tage-Flug-pauschalreise, Vier-Sterne-Hotel)

Ein besonderes Problem im Rahmen dieser kostenorientierten Reisepreiskalkulation stellt die Verrechnung der für eine Gesamtheit von touristischen Einzelleistungen anfallenden *Fixkosten* dar, die auf die einzelnen Leistungen zur Ermittlung eines Pro-Person-Preises aufgeteilt werden sollen. Diese fixen Leistungskosten fallen in einer bestimmten Höhe an, unabhängig davon, wie viele Reisende diese (Teil-)Leistung tatsächlich in Anspruch nehmen werden. Die Höhe dieser Kosten steht vor Buchungseingang und Reisebeginn fest bzw. muss vom Reiseveranstalter festgeschrieben werden. Solche Fixkosten touristischer Leistungen fallen z. B. an bei Charterflügen und Bus-Chartern (Charterketten), bei eigenveranstalteten Kursen (Sprachkurse, Sportkurse), bei fest angestellten Reiseleitern oder – in besonders großer Höhe – bei veranstaltereigenen Hotels oder Airlines im Zuge einer vertikalen Diversifikation. Die Kostenanteile je Kunde müssen für die Preisfestsetzung vorab festgelegt werden. Dazu ist abzuschätzen, auf wie viele Personen sich die Gesamtkosten verteilen werden (Abschätzung des Auslastungsgrads). Bei späterer Nichtauslastung entstehen Leerkosten. Der *Auslastungsgrad* soll also als der Anteil der tatsächlich genutzten Plätze (Flug, Hotel, Kurs etc.) an dem zur Verfügung stehenden Platzpotenzial (für das Kosten in fixer Höhe anfallen) definiert werden. Da der Veranstalter nicht für die Dauer der gesamten Charterkette bzw. Saison mit einer Vollauslastung rechnen kann, ist ein realistischer Auslastungsgrad anzunehmen. Außerdem sind bei Charterketten (Flug, Bus) Leerkosten zu Beginn und Ende der Saison einzuplanen sowie die erwartete durchschnittliche Aufenthaltsdauer der Gäste zu berücksichtigen. Das Übersichtsschema in Abb. 6.15 mit vier Beispielberechnungen zeigt eine typische Kalkulation von Flug- oder Bus-Charterketten.

Diese Berechnungen verdeutlichen u. a. folgende Zusammenhänge:
- Am Anfang und am Ende einer Charterkette fallen jeweils Leerflüge an, und zwar umso mehr, je länger (cet. par.) die durchschnittliche Aufenthaltsdauer ist.

1. Abflugtag	04.04.	04.04.	04.04.	04.04.
letzter Rückflug	07.11.	07.11.	07.11.	31.10.
An-/Abreisetournus: alle ... Tage	7	7	7	14
Gesamtzahl der ...				
... Termine (Flugtage)	32	32	32	16
... geflogenen Strecken	64	64	64	32
Urlaubsaufenthaltswochen	31	31	31	30
(= techn. Kettenlänge)				
durchschnittliche Aufenthaltsdauer	7	14	21	14
in Nächten				
Anzahl der Flüge (Umfang der Kette)				
Hinflüge	32	32	32	16
davon besetzt (= kommerzielle	31	30	29	15
Kettenlänge)				
leer	1	2	3	1
Rückflüge	32	32	32	16
davon besetzt	31	30	29	15
leer	1	2	3	1
Fluggerät/Flugkapazität				
Plätze je Flug	**288**	**288**	**288**	**288**
Auslastung	85 %	85 %	85 %	85 %
tatsächliche Personenzahl je Flug	**245**	**245**	**245**	**245**
durchschn. Anzahl der Personen im Zielgebiet				
(= erforderliche Bettenkapazität vor Ort)				
1. Abflug bis 2. Abflug (z. B. 1. Woche)	bis 11.04.	bis 11.04.	bis 11.04.	bis 18.04.
	245	245	245	245
2. Abflug bis 3. Abflug (2. Woche)	bis 18.04.	bis 18.04.	bis 18.04.	bis 02.05.
	245	490	490	245
3. Abflug bis 4. Abflug (3. Woche)	bis 25.04.	bis 25.04.	bis 25.04.	bis 16.05.
	245	490	735	245
weitere Wochen	245	490	735	245
drittletzte Woche	245	490	735	245
vorletzte Woche	245	490	490	245
letzte Woche	245	245	245	245
Gesamtpersonenzahl in der Saison	7.595	7.350	7.105	3.675
Gesamtzahl der Übernachtungen in der Saison	53.165	102.900	149.205	51.450
Kosten des Fluges (in EUR)				
einfache Strecke, leer	40.000,00	40.000,00	40.000,00	40.000,00
einfache Strecke, besetzt	50.000,00	50.000,00	50.000,00	50.000,00
Gesamtkosten Kette	**3.180.000**	**3.160.000**	**3.140.000**	**1.580.000**
Kosten je Person (Hin- inkl. Rückflug)	418,70	429,93	441,94	429,93

Abb. 6.15: Schema zur Charterkettenkalkulation

– Je länger cet. par. die durchschnittliche Aufenthaltsdauer der Gäste ist, desto weniger Personen können befördert werden, desto mehr Übernachtungen lassen sich jedoch verbuchen. Entsprechend steigt der Flugkostenanteil pro Person.

Nachfrageorientierte Preispolitik

Eine Vielzahl von Determinanten beeinflusst – auf realen und damit unvollkommenen Märkten – die Reiseentscheidung eines Interessenten. Neben z. B. sachlichen und räumlichen Präferenzen sind die Kosten einer Reise, und darin enthalten der Reisepreis laut Veranstalterkatalog, eine Determinante während des Entscheidungsprozesses. Dieser verläuft in mehreren Phasen (bekannt ist z. B. das *AIDA-Modell*: Attention, Interest, Desire, Action), wobei eine allgemeingültige Reihenfolge in Bezug auf die Wichtigkeit einzelner Entscheidungsdeterminanten nicht bestimmbar ist (Kirstges 2011, Kap. III.2). Wenngleich es somit jeweils einer situativen Relativierung der Bedeutung der verschiedenen Bestimmungsfaktoren bedarf, kann man davon ausgehen, dass der Katalogpreis einer Pauschalreise generell im Laufe des Entscheidungsprozesses immer wichtiger wird. Anders ausgedrückt:

! Das Preisinteresse des Reisewilligen nimmt während des Entscheidungsprozesses zu.

Aus der Bedeutung des Preisinteresses und der Preiskenntnis lassen sich preisstrategische Ansatzpunkte hinsichtlich der Preisdarbietung ableiten: *Niedrigpreisanbieter* setzen auf eine transparente Preisdarstellung und eine einfache Reisepreisberechnung. Sie vermeiden es, Preisschwellen (z. B. die 1.000-Euro-Grenze) zu überschreiten, und werben mit Preisinformationen. Durch eine aggressive Preispolitik versuchen sie, eine schnelle Marktdurchdringung („Masse") und einen hohen Marktanteil zu erreichen, um von sinkenden Stückkosten durch sog. Erfahrungskurveneffekte zu profitieren. *Hochpreisanbieter* hingegen stellen ihre weniger transparente Preisdarstellung nicht in den Fokus und vermeiden eine direkte Vergleichbarkeit mit Konkurrenzangeboten, da sie viel mehr auf die qualitativen Vorteile ihres Angebots setzen. Idealerweise verfügen sie über eine starke Marktmacht (Markenkäufer, Stammkunden, Vertriebskanäle, Innovation) und/oder eine exklusive Verfügbarkeit von Kapazitäten in den gefragten Saisonzeiten/Zielgebieten (dies z. B. dank einer vertikalen Diversifikation, siehe oben).

Das praktische Problem der nachfrageorientierten Preisfindung lässt sich mit folgender Fragestellung beschreiben: Welche Preisforderung für eine bestimmte Leistung wird von welchen Konsumentengruppen (noch) akzeptiert? In der Praxis kann das Ziel also nur darin bestehen, Nachfragefunktionen (Nachfrageverhalten) abzuschätzen, und zwar unter Berücksichtigung von Preisschwellen. In der Veranstalterpraxis stellt sich dabei folgendes Problem (oder es bietet sich folgende Chance): Qualitätsanforderungen, Preisbereitschaft und andere Determinanten der touristischen Nachfrage sind nicht bei allen Urlaubern gleich ausgeprägt. Dies erfordert (bzw. ermöglicht) eine Preisdifferenzierung im Rahmen einer Marktsegmentierung! Verschiedene Marktsegmente (Zielgruppen) werden so mit einem unterschiedlichen Preis-Qualitäts-Niveau bedient.

Konkurrenzorientierte Preisstellung

Ziel der konkurrenzorientierten Preisstellung ist eine Festlegung des Reisepreises dergestalt, dass die Konsumenten
- noch nicht zu Wettbewerbern abwandern bzw.
- gerade eben zum Wechsel zum eigenen Unternehmen bewegt werden.

In diesem Zusammenhang sei nochmals an das oben dargestellte preistheoretische Modell erinnert: Es existiert eine obere und eine untere Grenze des wettbewerbsfreien, monopolistischen Bereichs der Preis-Absatz-Funktion.

Als Wettbewerber sind alle Anbieter solcher Leistungen zu betrachten, die beim Nachfrager Bestandteil des gleichen „evoked set" sind; somit besteht eine hohe *Kreuzpreiselastizität* zwischen den eigenen Reiseleistungen und denen der Konkurrenten. Auf die in diesem Zusammenhang auftretende Problematik der Abgrenzung des relevanten Marktes kann hier nur hingewiesen werden. Eine konkurrenzorientierte Preisbildung erscheint insbesondere bei „klassischen" Standardpauschalreisen wichtig, da bezüglich der relevanten Produktfacetten kaum Unterschiede zwischen den einzelnen Veranstaltern bestehen.

Das Zusammenspiel von kosten-, konkurrenz- und nachfrageorientierter Preiskalkulation

Kosten-, Konkurrenz- und Nachfrageorientierung bilden ein *magisches Dreieck* der Reisepreiskalkulation. Jeder dieser drei Aspekte muss bei der Preisbildung und -darstellung durch Reiseveranstalterunternehmen hinreichend Berücksichtigung finden (Abb. 6.16).

Die *Kosten* bilden die Basis für eine Minimalkalkulation; sie stellen somit eine notwendige Bedingung der Preisberechnung dar. Die *Kunden* dienen der Optimalkalkulation für nachfrageorientierte, vom Markt akzeptierte Preise. Diese können durchaus über der kostenorientierten Minimalkalkulation liegen. Liegen sie hingegen darunter, sollten – im Sinne eines „target costing" – die Kosten auf das im Markt durchsetzbare Niveau gesenkt werden. Die *Konkurrenten* schließlich dienen als Orientierungsmaßstab und bilden ggf. eine Restriktion, die die Durchsetzung (höherer) nachfrageorientierter Preise verhindert.

Weitere spezifische Fragen und Managementaufgaben, die im Rahmen der Reisepreiskalkulation auftreten können, sind z. B.:
- Währungsschwankungen, Währungsrisiken und Möglichkeiten der Währungsabsicherung,

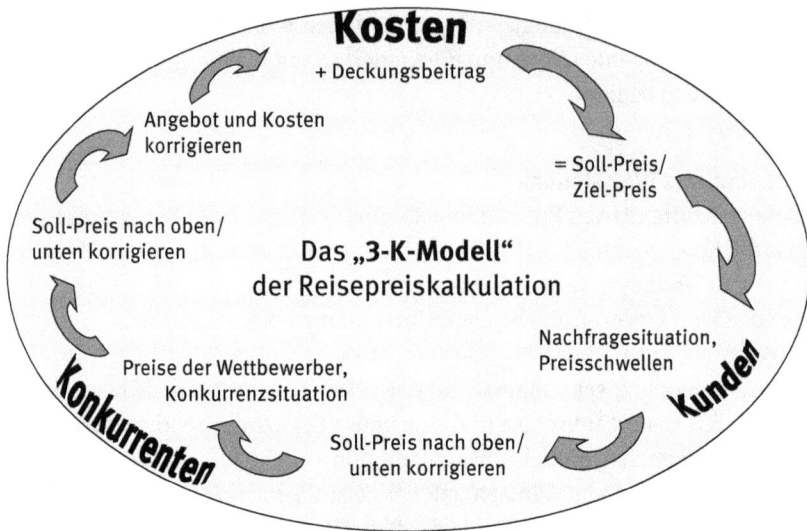

Abb. 6.16: Modell der Preiskalkulation unter Berücksichtigung von Kosten, Kunden und Konkurrenten – die „3 K" als „magisches Dreieck" der Reisepreiskalkulation

– Varianten des Kalkulationsaufschlags und deren Auswirkungen auf das Reisepreisniveau,
– umsatzsteuerliche Besonderheiten der Reiseveranstaltung (sog. Margenbesteuerung); Berücksichtigung der MwSt. für Reiseveranstalterleistungen und korrekte Berücksichtigung der MwSt.-Kosten im Rahmen der Preiskalkulation sowie
– rechtliche Möglichkeiten der nachträglichen Preisänderungen (zwischen Angebotspublikation und Buchung sowie zwischen Buchung und Reiseantritt).

Diese Aspekte können jedoch an dieser Stelle nicht ausgeführt werden; der interessierte Leser sei auf die spezifische Fachliteratur verwiesen (z. B. Kirstges 2011; Hässel/ Rummel 2008; Henkel 2013; Führich/Staudinger 2019).

6.6.4 Provisionssysteme

Das Abschnitt 6.6.3 hat uns gezeigt, welche Determinanten auf einen Preis einwirken und welche Besonderheiten bei der Kalkulation von Reisepreisen auftreten. Ein weiterer wichtiger Aspekt in diesem Zusammenhang sind die Gestaltungsmöglichkeiten der Reisebüroprovisionen durch Reiseveranstalter. Es folgt daher ein kurzer Überblick zu dieser Thematik (siehe ausführlich Kirstges 2011, Kap. III.2.3.3; Bastian/Born 2004, Kap. C.20).

Als *Provision* wird allgemein eine Vergütung bezeichnet, die ein Unternehmen (im Tourismus meist: Reisemittler) von einem anderen Unternehmen (Tourismus: Reiseveranstalter oder Leistungsträger wie z. B. Airline, Mietwagenfirma, Versicherungsgesellschaft etc.) dafür erhält, dass es dessen angebotene Leistungen (Pauschalreisen, Flüge, Mietwagen, Versicherungspolicen etc.) an Dritte (meist Endkunden) vermittelt. Das vermittelnde Unternehmen (Reisemittler) hat dabei i. d. R. den handelsrechtlichen Status eines Handelsvertreters inne, das vermittelte Unternehmen den des Handelsherrn (vgl. § 84 HGB). In dem zwischen den beiden Parteien geschlossenen Handelsvertretervertrag (hier: Agenturvertrag) ist dann u. a. der gesetzlich vorgeschriebene (vgl. §§ 87, 86b, 354 HGB) Provisionsanspruch des Handelsvertreters gegenüber seinem Handelsherrn detailliert geregelt. Üblicherweise werden dabei sog. Abschlussprovisionen (Vermittlungsprovisionen) vereinbart. Darüber hinaus können z. B. sog. Delkredereprovisionen oder Inkassoprovisionen (falls der Handelsvertreter auch für die Einbeziehung der Kundengelder verantwortlich zeichnet) vereinbart werden.

Die *Abschlussprovision* wird oft in den Agenturverträgen differenziert nach:
– Basisprovision (Grundprovision),
– Staffelprovision (Zusatzprovision, Umsatz-Block-Bonus) und
– Superprovision (Leistungsprovision, Steigerungsprovision, Turboprovision, Overriding Commission).

Die in der Branche gebrauchten Begrifflichkeiten sind hier keinesfalls eindeutig oder gar hermeneutisch logisch. So kann man bei manchen Veranstaltern aufgrund einer negativen Superprovision (Malus) auch unter die Basisprovision fallen oder als Basisprovision wird der höchste Prozentsatz einer Staffel bezeichnet (erreicht man den dafür erforderlichen Mindestumsatz nicht, verdient man also weniger als die Basisprovision). Oft wird auch Zusatzprovision mit Superprovision gleichgesetzt.

Über viele Jahrzehnte war es in der Reisebranche üblich, die *(Basis-)Provision* im Sinne eines Prozentsatzes auf die Höhe des vermittelnden Umsatzes zu berechnen. Dieser lag branchenüblich – ab einem bestimmten vom Reisemittler beim einzelnen Leistungsanbieter zu realisierenden Mindestumsatz – bei etwa 10 %. Die ggf. auf die Provision entfallende Mehrwertsteuer wurde vom Veranstalter zusätzlich vergütet. Etwa seit Ende der 1990er-Jahre gibt es in Teilen der Branche, insbesondere bei der Vergütung von Reisemittlern durch Fluggesellschaften, zwei Tendenzen:
– Die Höhe des (Basis-)Provisionssatzes wird reduziert, teilweise sogar auf 0 % gesetzt (sog. Nullprovision, die den Reisemittler dazu zwingt, direkt vom Kunden ein Entgelt zu verlangen; dadurch entwickelt sich der Reisemittler vom Handelsvertreter zum eigenständigen Händler).
– An die Stelle einer prozentualen Provisionsberechnung tritt eine umsatzunabhängige Fixsumme je Buchung (Handling Fee, Flat Fee, Serviceentgelt).

Bei *Staffelprovisionen* wird die Provisionshöhe (meist in Prozent) über eine Basisprovision hinaus in Abhängigkeit von der absoluten Höhe des vermittelten Umsatzes gestaffelt. Eine typische Staffelprovision, bezogen auf die für einen bestimmten Veranstalter vermittelten Umsätze, könnte z. B. wie in Abb. 6.17 dargestellt aussehen.

Umsatzgrenzen	Provisionssatz in %
bis unter 25.000,– EUR pro Jahr	6 (= Basisprovision)
ab 25.000,– bis unter 75.000,– EUR pro Jahr	8
ab 75.000,– EUR	10
ab 150.000,– EUR	12

Abb. 6.17: Typische Staffelprovision

Solche Staffeln können zahlreiche Stufen umfassen, nicht selten bei den Großveranstaltern mehr als zehn Abstufungen/Umsatzklassen.

Bei *Superprovisionen* handelt es sich um zusätzliche Provisionen, meist gemessen in Prozentpunkten, die – wie auch immer definierte – besondere Leistungen des Reisemittlers belohnen sollen. Diese besonderen Leistungen werden meist an den jährlichen Umsatzsteigerungen (bezogen auf den provisionsgewährenden Veranstalter) gemessen: Wächst der vermittelte Umsatz im Vergleich zum Vorjahr, erhält der Reisemittler einen Bonus (Wachstumsincentive). Zu regeln ist insbesondere, ob die Superprovision nur auf den Mehrumsatz (ab einer bestimmten Umsatzgrenze) oder aber auf den gesamten erzielten Umsatz anzuwenden ist (wobei dann auch rückwirkend, d. h. höher als ursprünglich berechnet, vergütet wird). Um diejenigen Reisemittler zu bestrafen, die vom Veranstalter wegsteuern, werden diese über einige Jahre analog mit einem sog. Malus bestraft. Um die Entwicklung des Gesamtmarkts sowie des betreffenden Veranstalters zu berücksichtigen, wird die Umsatzentwicklung des Reisemittlers (bezogen auf einen Veranstalter) vielfach mit der Umsatzentwicklung des Veranstalters verglichen: Sinkt der Umsatz des Veranstalters stärker als der auf diesen Veranstalter bezogene Umsatz des Reisemittlers, darf dieser nicht mit einem Malus bestraft werden. Aufgrund der komplizierten Regelungen haben sich die meisten Veranstalter wieder von einem Malussystem verabschiedet.

Andere Modelle honorieren z. B. bestimmte Anstrengungen des Reisemittlers in Bezug auf Marketing-Aktionen oder Mitarbeiterfortbildung, sofern diese spezifisch auf den provisionsgewährenden Veranstalter bezogen sind. Oft wird auch der Abverkauf bestimmter Reisen, die der Veranstalter in den Markt drücken möchte, mit einer Superprovision belohnt. Über einen solchen Bonus können Reisemittler ihre Gesamtprovision i. d. R. um 1 bis 5 % anheben.

Wir schlagen darüber hinaus, als Innovation, ein *abwicklungskostenorientiertes Provisionssystem* vor (*IakoP-Modell* nach Kirstges, siehe ausführlich: Kirstges 2012). Denn der seit Jahren anhaltende Konflikt zwischen den Marktpartnern Reisemittler und Reiseveranstalter um eine gerechte Provision bindet Personal und finanzielle Mittel, und er führt zu Unzufriedenheit auf beiden Seiten. Um diesem Verteilungskonflikt die Schärfe zu nehmen, gilt es, neue konditionenpolitische Wege zu beschreiten. Abwicklungskostenorientierte Provisionssysteme für Reisemittler, dargelegt im sog. IakoP-Modell, bieten sowohl für Reisemittler als auch für Reiseveranstalter einen neuen Ansatz einer markt- sowie kostenadäquaten und damit letztlich „gerechteren" Entlohnung. IakoP ermöglicht es den Mittlern, den Endkunden effizient und weitestgehend neutral zu beraten, und dieses Entlohnungsmodell bietet den Reiseveranstaltern eine Basis für eine gewinnoptimierende Preis- und Konditionengestaltung. IakoP verhindert, dass die vom Reisepreis unabhängigen Reisebürokosten nicht durch vom Reisepreis abhängige Prozentprovisionserlöse gedeckt werden, dass also eine Mischkalkulation bzw. Quersubventionierung erfolgen muss, denn bei einer umsatzbasierten Prozentprovision subventionieren Buchungen und damit Reiseveranstalter von hochpreisigen Reisen solche von niedrigpreisigen Reisen.

IakoP basiert auf folgender grundsätzlicher Gestaltung für Provisionssysteme:

---

prozesskostenorientiertes Fixum pro Buchungsvorgang + „Anreizprovision" **!**

Das Fixum berücksichtigt die durchschnittlichen Prozesskosten bei einem „normalen" Reisebüro, das also in effizienter Weise beraten und buchen kann. Die grundsätzliche Höhe dieses Fixums wird bei allen Veranstaltern ähnlich sein; leichte Variationen werden sich ergeben, z. B. je nach Reiseart, Beratungs- und Buchungsaufwand, Effizienz der vom Veranstalter angebotenen Buchungstechnik, durchschnittlicher Teilnehmerzahl je Buchung etc. Die Anreizprovision kann je nach Veranstalterzielsetzung gestaltet werden. Sie dient der zielorientierten Vertriebssteuerung und kann sich z. B. orientieren am getätigten Gesamtumsatz bzw. an der Gesamtbuchungszahl einer Periode, am Umsatz- bzw. Buchungswachstum, an der Teilnehmerzahl, an der Höhe der Marge, die mit verschiedenen Reisearten, Destinationen etc. zu erzielen ist, an der Saisonzeit etc. So kann – anders als bei „plump" umsatzabhängigen Staffelprovisionen – im Sinne eines Yield-Managements auch temporär gezielt gesteuert werden. Ein solches abwicklungskostenorientiertes Provisionssystem könnte eine Innovation sein, die den Verteilungskonflikt zwischen Reiseveranstaltern und Reisemittlern entschärft.

Die hier dargestellten und weitere Regelungsbedarfe hinsichtlich der Provision sind in Abb. 6.18 zusammengefasst.

Regelungsbereich:	Alternativen:						
Mindestumsatz zum Erhalt einer Provision	nein	ja→ Höhe:	25.000 EUR	50.000 EUR	100.000 EUR	...	
Art der Grundprovision/ Basisprovision	prozentual auf Umsatz		Fixbetrag pro gebuchte Person		Fixbetrag pro Buchung		...
Höhe der Grundprovision/ Basisprovision	0	....	7 %	8 %	9 %	10 %	...
Staffelprovision	nein	ja → Höhe:	+ ... %	+ 1 %	+ 2 %	+ 3 %	...
Umsatzschwellen bei Staffel	absoluter Umsatz		Veränderung des Umsatzes gegenüber Vorjahr				...
Berücksichtigung der Markt-/ Konkurrenzentwicklung für Staffel	nein	ja→ wie?	...				
Provisionsminderung bei Umsatzrückgängen („Malus")	nein	ja→ Höhe?	...				
Zeitpunkt der Provisionszahlung	bei Buchung	bei Erhalt der Kundenanzahlung	bei Erhalt der Kundenrestzahlung		bei Reisebeginn		...
Abschlagszahlung	nein	ja→ Höhe/Verrechnung?		...			
berücksichtigte/ verprovisionierte Umsatzbestandteile	nur Reisegrundpreis	auch auf Treibstoffzuschläge	auch auf Zusatzleistungen (Versicherungen; Eintrittskarten)		auch auf Umbuchungen	auch Stornos	...
Provisionshöhenunterschiede je nach Bindungsform/-intensität	nein	ja→	für Franchisepartner		für Kooperationsverbünde		...
Dauer der Provisionsregelung	ein Jahr/ jährlich neu	mehrjährig					
u. v. m. ...							

Abb. 6.18: Überblick über Regelungsbedarfe hinsichtlich Reisebüroprovisionen

Literatur

Bartl, Harald; Bartl, Angela; Schmitt, Michaela (2019): Reiserecht – Kommentierung §§ 651a–y BGB. Dietzenbach.

Bastian, Harald; Born, Karl (2004): Der integrierte Touristikkonzern – Strategien, Erfolgsfaktoren und Angebot. München.

Becker, Jochen (2019): Marketing-Konzeption: Grundlagen des strategischen und operativen Marketing-Managements. 11. Aufl., München.

Dettmer, Harald (2001): Tourismus 3 – Reiseindustrie – Arbeitsbuch für Studium und Praxis. Stuttgart.

von Dörnberg, Adrian; Freyer, Walter; Sülberg, Werner (2013): Reiseveranstalter-Management, Funktionen, Strukturen, Management. München.

Führich, Ernst; Staudinger, Ansgar (2019): Reiserecht, Handbuch des Pauschalreise-, Reisevermittlungs-, Reiseversicherungs- und Individualreiserechts. München.

Hässel, Günter; Rummel, Jörg (2008): Besteuerung, Buchführung und Vertragsrecht der Reisebüros. 4. Aufl., München.

Hebestreit, Dieter (2000): Touristik-Marketing: Grundlagen, Ziele, Basis-Informationen, Instrumentarien, Strategien, Organisation und Planung des Marketing von Reiseveranstaltern. Ein Handbuch für den Praktiker. 4. Aufl., Berlin.

Henkel, H. Jürgen (2013): Die Umsatzsteuer der Reisebüros und Reiseveranstalter. 4. Aufl., Köln.

Hofmann, W. (2000): Die Flugpauschalreise. In: Jörn W. Mundt (Hg.): Reiseveranstaltung. München, S. 123–164.

Kaspar, Claude (1996): Die Tourismuslehre im Grundriss. 5. Aufl., Bern/Stuttgart/Wien.

Kirstges, Torsten H. (2010): Expansionsstrategien im Tourismus. 4. Aufl., Wilhelmshaven.

Kirstges, Torsten H. (2011): Management von Tourismusunternehmen: Organisation, Personal- und Finanzwesen bei Reiseveranstaltern und Reisemittlern. 3. Aufl., München.

Kirstges, Torsten H. (2012): Zur Diskussion um „gerechte" Provisionen für Reisemittler: Plädoyer für ein innovatives abwicklungskostenorientiertes Provisionssystem (IakoP). In: Behrends; Helms; Hilligweg; Kirspel; Kirstges; Kull (Hg.): Jahresband 2012 des Fachbereichs Wirtschaft. Jade-Hochschule, Wilhelmshaven, S. 77–89.

Kirstges, Torsten H. (2018): Strukturanalyse des deutschen Reiseveranstaltermarktes 2018. Wilhelmshaven.

Mundt, Jörn W. (2011): Reiseveranstaltung. 7. Aufl., München/Wien.

Pompl, Wilhelm (1994): Touristikmanagement 1 – Beschaffungsmanagement. Berlin/Heidelberg/New York.

Roth, Peter (2002): Grundlagen des Touristikmarketing. In: Roth; Schrand (Hg.): Touristikmarketing. 4. Aufl., München, S. 27–144.

Bernd Eisenstein

7 Destinationen

7.1 Definition und Merkmale

7.1.1 Tourismus als Markt von Räumen

Der zu den konstitutiven Elementen des Tourismus zählende *Ortswechsel* führt den Touristen aus seinem gewohnten Umfeld heraus in ein Zielgebiet. Dieses stellt die Sachgüter und Dienstleistungen zur Verfügung, die zur Bedürfnisbefriedigung der Touristen beitragen. In den Modellen zum Tourismus[1] nimmt das *Reiseziel* i. d. R. eine zentrale Stellung ein. Kaspar (1996, S. 70) bspw. bezeichnet es als „Kristallisationspunkt des touristischen Geschehens". Dies gilt für Geschäftsreisen genauso wie für Urlaubsreisen. Bei Ersteren werden insbesondere Einrichtungen zur Erfüllung unternehmerischer Zielsetzungen im Rahmen des Ressourcenaustauschs nachgefragt.[2] Für die Urlaubsgäste stellen die Angebote der Reiseziele hingegen Lösungsmöglichkeiten bei der „Suche nach dem Zauberort" (Eisenstein 2017, S. 26) dar, der ihre – ggf. im Alltag zu kurz kommenden – Bedürfnisse erfüllen kann.

Vonseiten der Reiseziele wiederum wird zumeist die Zielsetzung verfolgt, wirtschaftliche Vorteile zu generieren. Hierfür kommt es zu einer mehr oder weniger stark ausgeprägten *touristischen Inwertsetzung* des Raumes. Diese umfasst jegliche Gestaltung des Reiseziels, die dazu geeignet ist, einen Nutzen zu stiften, und für die die Touristen entsprechend bereit sind, Ausgaben zu tätigen (Bär 2006, S. 23). Mit Wöhler (2001, S. 190) kann festgestellt werden, dass Angebot und Nachfrage nach touristischen Räumen aufeinandertreffen und der touristische Markt somit auch als Markt von Räumen betrachtet werden kann (siehe Abb. 7.1). Konkret gehandelt werden dabei häufig Raum-Zeit-Kombinationen in Form von zeitlich befristeten Aufenthalten im Zielgebiet, z. B. x Übernachtungen im Hotel y in der Destination z.

7.1.2 Tourismusgemeinden und -regionen

Die Räume, die von den Touristen als Reiseziel ausgewählt werden, können von unterschiedlicher Größe sein. Es kann sich z. B. um eine Gemeinde, eine kleinere oder größere Stadt, eine Region, einen Staat oder auch einen gesamten Kontinent handeln. Im praktischen Sprachgebrauch finden deshalb ganz unterschiedliche Bezeichnun-

---

1 Zu den konstitutiven Elementen und zu Modellen des Tourismus siehe Kapitel 1.
2 Zu Nutzen und Funktionen von Geschäftsreisen siehe Kapitel 2 und Eisenstein et al. (2019, S. 69 ff.).

https://doi.org/10.1515/9783110641219-007

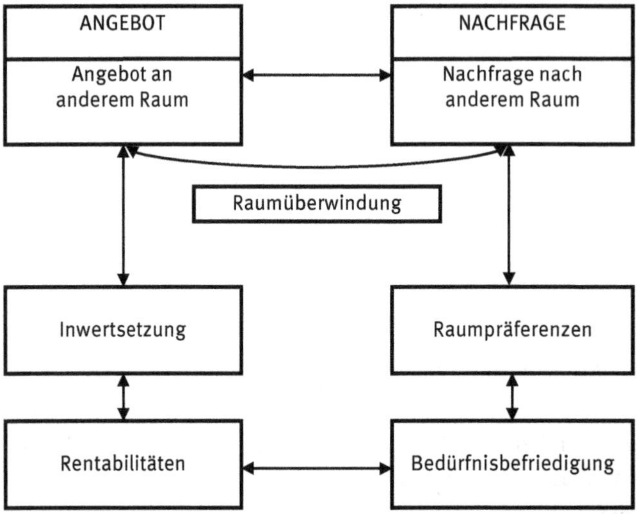

```
┌─────────────────────┐        ┌─────────────────────┐
│     ANGEBOT         │        │     NACHFRAGE       │
├─────────────────────┤        ├─────────────────────┤
│    Angebot an       │◄──────►│   Nachfrage nach    │
│   anderem Raum      │        │   anderem Raum      │
└─────────────────────┘        └─────────────────────┘
         ▲  ▲         ┌──────────────────────┐      ▲
         │  └─────────│   Raumüberwindung    │──────┘
         │            └──────────────────────┘      │
         ▼                                           ▼
┌─────────────────────┐        ┌─────────────────────┐
│    Inwertsetzung    │        │   Raumpräferenzen   │
└─────────────────────┘        └─────────────────────┘
         ▲                               ▲
         ▼                               ▼
┌─────────────────────┐        ┌─────────────────────┐
│   Rentabilitäten    │◄──────►│ Bedürfnisbefriedigung│
└─────────────────────┘        └─────────────────────┘
```

Abb. 7.1: Tourismus als Markt von Räumen (Quelle: Wöhler 2001, S. 190)

gen wie Tourismusort, Tourismusgemeinde, Tourismusregion oder Reiseziel, Zielgebiet und Destination Verwendung.

Ein naheliegendes Kriterium, um zu prüfen, ob eine Gemeinde oder eine Region als „Tourismusgemeinde" oder „Tourismusregion" zu bezeichnen ist, stellt die absolute Anzahl der Touristen dar, die in die Gemeinde oder in die Region reist. Bei dieser Betrachtungsweise bleibt allerdings unberücksichtigt, dass aufgrund der unterschiedlichen Raumgrößen und Bevölkerungszahlen eine solche Unterscheidung nur einen sehr geringen Aussagegehalt im Hinblick auf die (ökonomische) Bedeutung des Tourismus für das jeweilige Zielgebiet hat. Auch sind darauf basierende Vergleiche zwischen den Raumeinheiten unterschiedlicher Größenordnung nur eingeschränkt sinnvoll. Andere Differenzierungsansätze basieren auf nachfrageseitigen (Relations-) Kennziffern (z. B. Tourismusintensitäten) oder vergleichenden Kennziffern zur ökonomischen Bedeutung[3] des Tourismus innerhalb der Raumeinheit (z. B. der Beitrag der touristischen Wertschöpfung zur gesamten Wirtschaftsleistung).

Hilfreicher ist hingegen eine primär *auf den Gestaltungswillen abzielende Definition* der Tourismusgemeinde bzw. Tourismusregion:

- Eine Tourismusgemeinde oder Tourismusregion verfolgt das Ziel, Angebote zur Bedürfnisbefriedigung der touristischen Nachfrage zu offerieren, um wirtschaftliche Vorteile zu erzielen.
- Der diesbezügliche Gestaltungswille wird von Stakeholdern (z. B. aus der Politik, dem Unternehmertum, der Bevölkerung) mitgetragen.

---

3 Zu den wirtschaftlichen Effekten des Tourismus siehe Kapitel 2 und Abschnitt 7.4.

– Er drückt sich i. d. R. im Rahmen eines örtlichen bzw. regionalen Maßnahmenplans oder durch die Beteiligung an einem entsprechenden übergeordneten Handlungskonzept zur touristischen Entwicklung aus.
– Die Gemeinde bzw. Region unterhält eine Einrichtung[4] (örtliche bzw. regionale Tourismusorganisation) oder ist an einer entsprechenden übergeordneten Einrichtung beteiligt, die als Organisationseinheit die touristische Entwicklung des Raumes mit dem Ziel der Wirtschaftsförderung unterstützt.

Sofern diese Voraussetzungen erfüllt sind, kann aufgrund der damit ausgedrückten Gestaltungsabsicht von einer Tourismusgemeinde oder Tourismusregion gesprochen werden. Die Definition erfolgt dabei aus Sicht der Raumeinheit, die als Anbieter zur Bedürfnisbefriedigung der touristischen Nachfrage am Markt und im Wettbewerb zu anderen Anbietern agiert.

7.1.3 Begriff der Destination

Seit den 1990er-Jahren wird im deutschen Sprachraum von Tourismuswissenschaft und -politik die Bezeichnung Destination diskutiert und verstärkt verwendet. Im Gegensatz zu den oben angeführten angebotsorientierten Definitionen der Tourismusgemeinde und der touristischen Region bezieht der Begriff der Destination die *nachfrageorientierte Perspektive* stärker ein.

Nach der gegenwärtig wohl am meisten anerkannten *Begriffsdefinition* von Bieger und Beritelli (2013, S. 54) ist eine Destination ein „geographischer Raum (Ort, Region, Weiler), den der jeweilige Gast (oder ein Gästesegment) als Reiseziel auswählt. Sie enthält sämtliche für einen Aufenthalt notwendigen Einrichtungen für Beherbergung, Verpflegung, Unterhaltung/Beschäftigung. Sie ist damit die Wettbewerbseinheit im Incoming-Tourismus, die als strategische Geschäftseinheit geführt werden muss."

Im Folgenden wird der Begriff Destination gemäß dieser Definition verwendet.

Zum Begriff der Destination kann festgehalten werden:

– Mit der Bezeichnung Destination ist ein Begriff gefunden, der *keiner Maßstabsfestlegung* unterliegt und der damit den unterschiedlichen räumlichen Größen von Reisezielen gerecht wird.
– Die Destination entsteht aus der *Perspektive des Nachfragers* (Gast, Touristen). Sie ist das Reiseziel des Touristen – aus Sicht des Touristen. Sie ist der vom touristischen Nachfrager wahrgenommene Raum, in dem er seinen zeitlich befristeten Aufenthalt außerhalb seiner gewohnten Umgebung verbringt, um seine mit der Reise verbundenen Bedürfnisse befriedigen zu können.

---

4 Gemäß einer handlungsorientierten Definition von Tourismusorten nach Mundt (2013, S. 331).

- Hierfür nehmen die Touristen in der Destination ein *Leistungsbündel* in Anspruch. In der Wahrnehmung des Touristen ist dieses Leistungsbündel in seiner Gesamtheit das eigentliche Produkt und wird auch als solches beurteilt. Eine differenzierte Beurteilung der Einzelleistungen der beteiligten Unternehmen erfolgt – wenn überhaupt – allenfalls nachgeordnet. Die Destination (und nicht die Einzelbestanteile des Leistungsbündels) ist damit die produktliefernde Einheit.
- Die Destination ist eine *auf touristische Zielgruppen ausgerichtete Raumeinheit*, die in einem Konkurrenzverhältnis zu anderen Räumen steht, die ebenfalls als produktliefernde Einheiten dem potenziellen Nachfrager touristische Leistungsbündel offerieren. Innerhalb des Wettbewerbs der Destinationen muss der Nachfrager zumeist zunächst für die eigene Destination gewonnen werden, bevor die in dieser Destination tätigen Leistungsträger in einen Wettbewerb um den Nachfrager treten. Um im Wettbewerb dauerhaft bestehen zu können, muss die Destination als Ganzes strategisch geführt werden. Das oberste Ziel bei der Führung der Destination ist die Sicherstellung der Wettbewerbsfähigkeit (Flagestad und Hope 2001, S. 450 f.).

Es stellt sich unmittelbar die *Frage der räumlichen Abgrenzung* von Destinationen: Für welchen Gast ist welcher Raum „seine" Destination? Definitionsgemäß ist die Destination aus Kundensicht abzugrenzen: Sie stellt den durch den Touristen wahrgenommenen Aktionsraum dar, den er zur Befriedigung seiner mit dem Aufenthalt verbundenen Bedürfnisse und damit zur Erfüllung des Reisezwecks in Anspruch nimmt. Bei der Auswahl des Reiseziels vergleicht der Nachfrager im Kaufentscheidungsprozess[5] von ihm wahrgenommene, am Markt angebotene Räume und wählt unter dem Einfluss zahlreicher Faktoren diejenige Alternative aus, die eine bestmögliche Bedürfnisbefriedigung erwarten lässt.

Für den Touristen ist die Destination somit der geografische Raum, in dem er sich mit der Absicht bewegt, seine mit dem Aufenthalt verbundenen Erwartungen zu befriedigen, und seine damit verbundene Wahrnehmung des entsprechenden Raumes. Infolge der verschiedenartigen Bedürfnisse der Nachfrager und der daraus resultierenden unterschiedlichen Aktions- und Wahrnehmungsräume ergeben sich ganz unterschiedliche Destinationsgrößen. Zudem können sich Destinationsräume überschneiden und es können „Destinationsringe" (Tschurtschenthaler 1999, S. 18) entstehen, wenn größere Destinationen kleinere beinhalten. Die gewählte Destination kann einer Tourismusgemeinde oder einer administrativen Einheit entsprechen, zumeist orientieren sich Touristen jedoch nicht an politisch definierten Räumen oder Verwaltungsgrenzen.

Die Aktions- und Wahrnehmungsräume der Touristen können sich *flächenhaft, linear oder punktuell* darstellen (Schmude und Namberger 2015, S. 51). Für den einen Touristen ist das Wellnesshotel die Destination, weil er dort alle Einrichtungen und

---

5 Zum Reiseentscheidungsprozess bei Urlaubsreisen siehe auch Kapitel 2.

Angebote zur Befriedigung seiner Bedürfnisse in Bezug auf das Wellnesswochenende vorfindet. Für den nächsten ist die Destination eine touristische Straße oder eine Pilgerroute (Herle 2008, S. 19) und bei anderen Touristen sind es Städte oder Regionen.

Für Regionen können *Landschaftsformen* bei der Wahrnehmung als Destination von großer Bedeutung sein, z. B. im Falle von Küsten oder Meeren (Nordsee, Ostsee, Adria), (Mittel-)Gebirgen (Schwarzwald, Harz, Alpen), Inseln (Rügen, Sylt, Langeoog, Mallorca, Malediven), Seen (Bodensee, Chiemsee, Gardasee) oder Flüssen (Rheintal, Mosel, Donau). Auch *Vegetationsformen* (Lüneburger Heide, Bayerischer Wald, Serengeti) und Schutzgebietskategorien (z. B. UNESCO-Weltnaturerbe Wattenmeer, Nationalpark Eifel, Kruger National Park) können eine Rolle spielen.

Die Destination einer Reise muss sich je nach Aktionsraum und Wahrnehmung des Touristen nicht auf eine Kommune oder eine Region begrenzen, sondern kann sich auch über Teile oder die Gesamtheit eines Staates oder Kontinents erstrecken. So kann von einem Touristen aus China, der mit seiner Reisegruppe eine Rundreise durch Europa macht, der gesamte europäische Kontinent als Destination wahrgenommen werden, selbst wenn es sich aus der Perspektive der verschiedenen besuchten Tourismusgemeinden und -regionen (Paris, Schwarzwald etc.) um eine ganze Reihe einzelner Reiseziele handelt. Tendenziell wird der *Aktionsraum* des Touristen *mit zunehmender Entfernung vom Heimatort größer* (siehe Abb. 7.2).

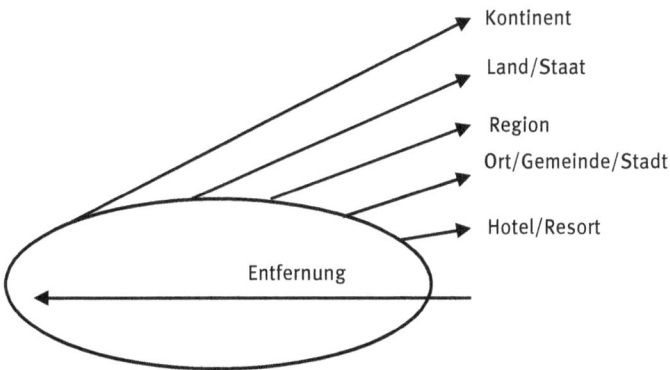

Abb. 7.2: Destinationsgrößen in Abhängigkeit von der Reisedistanz (Quelle: Mundt 2013, S. 202).[6]

Mundt (2013, S. 202) veranschaulicht dies treffend, indem er anmerkt, dass man als Europäer auch „in der Regel nicht nach Palm Cove, Oodnadatta, Yulara, Three-Way-Roadhouse, Robe oder Broome in den Urlaub, sondern nach Australien" fährt bzw. fliegt. Je höher der finanzielle und zeitliche Aufwand des Reisenden für die Distanzüberwindung ist, desto größer muss der Ertrag sein, den der Tourist im Rahmen des Aufenthalts im Zielgebiet erhält. Hierzu wird häufig die Aufenthaltsdauer erhöht und

---

6 In Anlehnung an Bieger (2008a).

der Aktionsraum ausgedehnt. Zudem wird die Kommunikation über das Reiseziel und den dortigen Aufenthalt erleichtert, wenn geografische Bezeichnungen verwendet werden, die allen Beteiligten geläufig sind. Auch das führt dazu, dass größere und bekanntere Bezeichnungen (Australien) häufiger Verwendung finden als kleinräumigere, bei den Gesprächspartnern weniger bekannte Bezeichnungen (Oodnadatta) (Mundt 2013, S. 203).

Andererseits gibt es viele Fälle, bei denen Touristen trotz größerer Entfernung vom Heimatort und trotz eines verhältnismäßig großen Aufwands nur einen *relativ eingeschränkten Aktionsraum* nutzen: Zum Beispiel kann sich die Destination bei einer Kongressteilnahme auf das Tagungszentrum mit Hotel begrenzen, selbst wenn dafür eine lange Anreise in Kauf genommen wurde. Gleiches gilt für Touristen, die sich im Rahmen einer Fernreise nur innerhalb des Ferienresorts aufhalten, weil sie dort alle für sie notwendigen Angebote und Einrichtungen vorfinden. In diesem Fall kann es zu einer Diskrepanz zwischen dem tatsächlichen Aktionsraum des Touristen, der hier faktisch auf das Ferienresort begrenzt bleibt, und der Destinationswahrnehmung aus Sicht des Touristen – hier z. B. die Dominikanische Republik – sowie der in der Kommunikation genutzten Destinationsbezeichnung („Wir waren in der Dominikanischen Republik") kommen.

Die Beispiele legen darüber hinaus nahe, dass ein *Zusammenhang zwischen dem Reisezweck und der Größe der Destination* bestehen kann (Steinecke und Herntrei 2017, S. 19). Tendenziell stellt sich dieser wie folgt dar: Je fokussierter der Reisezweck ist, desto kleiner ist der Aktionsraum des Touristen und die Destination. „Für einen Surftouristen, der mit einem Billigflieger in drei Stunden für möglicherweise weniger als 100 € nach Agadir fliegt, um in dem 20 km entfernten Weiler Taghazout, der als guter Surfspot gilt, zu surfen, kann es eben genau dieser Weiler sein, der die Destination für ihn darstellt" (Kagermeier 2016, S. 141). Umgekehrt: Je multipler die Bedürfnisse des Touristen sind, die er mit dem Aufenthalt in der Destination befriedigen will, desto größer werden (tendenziell) der Aktionsraum und die Destination. Gleichzeitig wirkt der oben dargestellte Zusammenhang zwischen dem für die Distanzüberwindung notwendigen Aufwand und der Größe der Destination. Nicht zuletzt zur Rechtfertigung des Aufwands kann es infolgedessen ggf. zu einer Erweiterung des ursprünglichen Reisezwecks kommen, wodurch sich die Grenzen der Destination verschieben und das Reiseziel erweitert wird.

7.2 Leistungsbündel und Produktionsfaktoren der Destination

7.2.1 Komplementarität und Interdependenz

Als Produkt bieten Destinationen den Gästen ein *Leistungsbündel* aus ganz unterschiedlichen Einzelbestandteilen an. Einige dieser Bestandteile sind materiell, viele davon sind immateriell; einige Elemente des Leistungsbündels sind standorttypisch, andere wiederum nicht; bei einigen Bestandteilen des Destinationsprodukts handelt es sich um natürliche Ressourcen, bei anderen hingegen um kulturelle Gegebenheiten (Tamma 1999, S. 39). Zudem beinhaltet das Leistungsbündel sowohl private als auch öffentliche Güter. Das Leistungsbündel als eigentliches Destinationsprodukt ist dabei gekennzeichnet durch

- hohe Komplementarität und[7]
- starke Interdependenz

der einzelnen Leistungsbestandteile.

Dies bedeutet: Die Einzelelemente des Leistungsbündels in der Destination ergänzen sich zum eigentlichen Gesamtprodukt. Die Sach- und Dienstleistungen eines Leistungsträgers stehen in einem komplementären Verhältnis zu den Leistungen der anderen privaten und öffentlichen Anbieter und zu den natürlichen und kulturellen Angebotsfaktoren der Destination (Krippendorf 1980, S. 20 f.). Die Bestandteile sind infolgedessen wechselseitig voneinander abhängig und stehen damit in einem Interdependenzverhältnis. Dies erklärt, warum eine „schlechte Leistung eines einzelnen Anbieters sich negativ auf alle anderen Mitanbieter in einem vom Touristen als Einheit empfundenen Gebiet (Ort, Region, Land) auswirken kann" (Krippendorf 1980, S. 22).

Der Prozess der Leistungserstellung durch die Destination wird durch die Kombination der verschiedenen Input- und Produktionsfaktoren des Zielgebiets erklärt. Aus betriebswirtschaftlicher Perspektive handelt es sich um ein dezentrales Produktionssystem zumeist rechtlich eigenständiger Anbieter, deren Angebotsportfolio durch öffentliche Bestandteile ergänzt wird und deren Verhältnis durch Komplementarität und Interdependenz charakterisiert ist.

7.2.2 Ursprüngliche und abgeleitete Angebotselemente

Für die Herstellung und die Vermarktung des Leistungsbündels setzt die Destination eine Vielzahl unterschiedlicher Elemente und Ressourcen ein. Beispielsweise werden hierfür Bestandteile des Raumes gemäß der mit der Tourismusentwicklung verbundenen Ziele gestaltet (Wöhler 1997, S. 2 f.):[8]

- Das *materielle Substrat* (räumliches Gebiet, Menschen, Sachanlagen) wird partiell auf den Tourismus ausgerichtet.
- Die *soziale Organisation* (Beziehungsgeflecht, Positionen, Rollen und diesbezügliche Regeln) orientiert sich verstärkt an touristischen Zielen.
- Die *semiotische Gestalt* (Erscheinungsbild, Name) wird an touristische Bedürfnisse angepasst.

---

7 Näheres hierzu siehe z. B. Kaspar und Kunz (1982, S. 34 ff.).
8 In Anlehnung an Hamm (1982, S. 17) und Henkel (1993, S. 166 f.).

Bei der Kategorisierung der unterschiedlichen Bestandteile des durch die Destination angebotenen Leistungsbündels wird nach wie vor häufig[9] auf die auf Krippendorf (1980, S. 22 f.) zurückgehende Unterscheidung zwischen ursprünglichen und abgeleiteten Angebotsteilen zurückgegriffen (siehe Abb. 7.3).

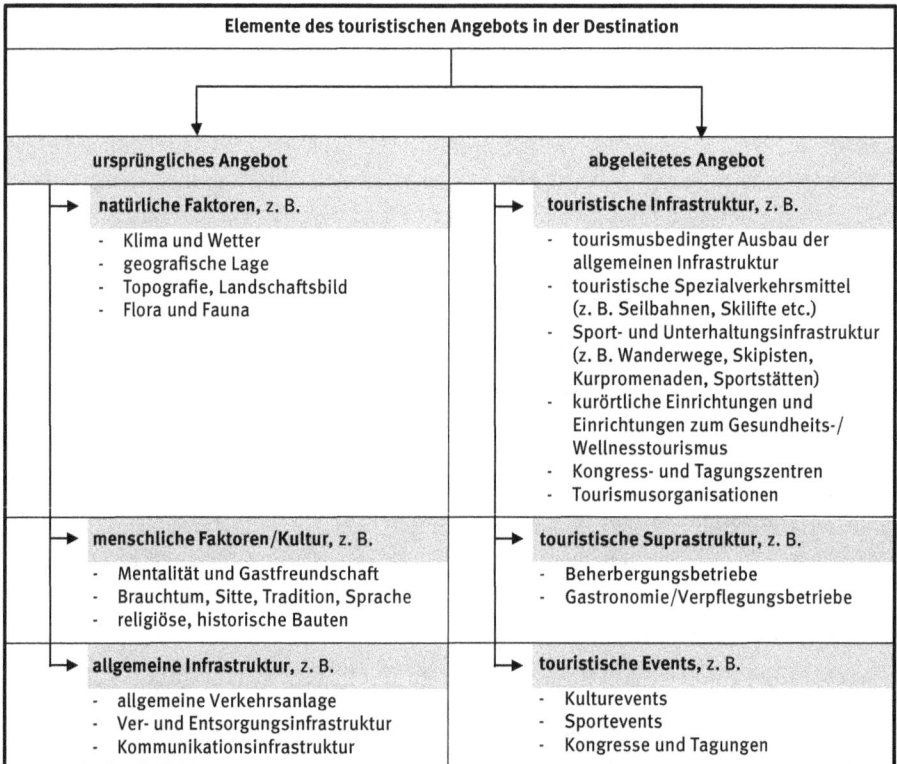

Elemente des touristischen Angebots in der Destination	
ursprüngliches Angebot	**abgeleitetes Angebot**
natürliche Faktoren, z. B. - Klima und Wetter - geografische Lage - Topografie, Landschaftsbild - Flora und Fauna	**touristische Infrastruktur**, z. B. - tourismusbedingter Ausbau der allgemeinen Infrastruktur - touristische Spezialverkehrsmittel (z. B. Seilbahnen, Skilifte etc.) - Sport- und Unterhaltungsinfrastruktur (z. B. Wanderwege, Skipisten, Kurpromenaden, Sportstätten) - kurörtliche Einrichtungen und Einrichtungen zum Gesundheits-/Wellnesstourismus - Kongress- und Tagungszentren - Tourismusorganisationen
menschliche Faktoren/Kultur, z. B. - Mentalität und Gastfreundschaft - Brauchtum, Sitte, Tradition, Sprache - religiöse, historische Bauten	**touristische Suprastruktur**, z. B. - Beherbergungsbetriebe - Gastronomie/Verpflegungsbetriebe
allgemeine Infrastruktur, z. B. - allgemeine Verkehrsanlage - Ver- und Entsorgungsinfrastruktur - Kommunikationsinfrastruktur	**touristische Events**, z. B. - Kulturevents - Sportevents - Kongresse und Tagungen

Abb. 7.3: Ursprüngliche und abgeleitete Angebotsbestandteile der Destination (Quelle: eigene Darstellung nach Krippendorf 1980, S. 22 f. und in Anlehnung an Freyer 2015, S. 323)

Ursprüngliches Angebot
Hierzu zählen alle Angebotselemente, die zwar keinen direkten Bezug zum Tourismus haben, aber durch ihre Anziehungskraft auf die Touristen oder durch Nutzung durch diese zum Angebotsbestandteil des Zielgebiets werden. Dazu gehören bspw. natürliche Gegebenheiten, aber auch kulturelle Faktoren sowie die allgemein vorhandene Infrastruktur.

---

9 Z. B. Steinecke und Herntrei (2017, S. 92); Freyer (2015, S. 322 f.); Steinecke (2011, S. 108); Bieger (2010, S. 134 f.); Berg (2008, S. 95); Kaspar (1996, S. 65 und 1998, S. 29).

Abgeleitetes Angebot

Hierunter werden die Angebotselemente des Zielgebiets verstanden, die eigens zur Befriedigung der Bedürfnisse der touristischen Nachfrage aufgebaut und unterhalten werden. Neben dem Gastgewerbe gehören hierzu auch spezielle touristische Infrastrukturen wie bspw. Sport- und Unterhaltungsangebote für Urlauber oder Kongress- und Tagungszentren für Geschäftsreisende.

7.2.3 Produktionsfaktoren der Destination

Eine weitere, auf Crouch und Ritchie (1999, S. 137 ff.) zurückgehende Kategorisierung der Leistungselemente der Destination stellt den Aspekt bzw. die Perspektive der Produktionsfaktoren in den Mittelpunkt der Betrachtung: Demnach lassen sich die Produktionsfaktoren der Destination in vier Kategorien einteilen (siehe auch Abb. 7.4).

Faktorenkategorie I: Kernelemente und Attraktionen

Kennzeichnend für die Kernelemente und Attraktionen der Destination ist ihr primärer Einfluss auf die Attraktivität des Zielgebiets. Sie stehen im Zusammenhang mit dem Reiseanlass des Touristen und stellen die eigentlichen Gründe für die Destinationswahl dar.

Zu dieser Kategorie zählen ebenso die *natürlichen und kulturell-historischen Ressourcen* wie auch die touristische Suprastruktur mit jenen Angebotsbestandteilen, die speziell zur touristischen Bedürfnisbefriedigung auf- oder ausgebaut werden.

Weiterhin zählen dazu die *Aktivitätsmöglichkeiten*, die das Zielgebiet für den Touristen vorhält, um Erlebnisse zu stimulieren, und das *marktrelevante Beziehungsgefüge*, das nicht nur die kommerziellen und organisationalen Beziehungen (z. B. zwischen Unternehmen oder Verwaltungsstrukturen), sondern auch die persönlichen Beziehungen der Einwohner der Destination (z. B. im Hinblick auf Besuche von Verwandten oder Freunden) beinhaltet.

Die Elemente dieser Kategorie sind für die touristische Entwicklung der Destination entscheidend. Gleichzeitig sind sie jedoch für das Management der Destination nur teilweise gestaltbar. Während das Management der Destination auf die touristische Suprastruktur und den Mix an Aktivitätsangeboten durchaus größeren Einfluss ausüben kann und auch das Beziehungsgefüge zumindest teilweise gestaltbar ist, sind dem Gestaltungsspielraum in Bezug auf die kulturellen und historischen Bestände enge und in Bezug auf die natürlichen Bestände sehr enge Grenzen gesteckt.

Faktorenkategorie II: Unterstützende Faktoren und Ressourcen

Die unterstützenden Faktoren und Ressourcen bilden die unternehmerische Grundlage für den Tourismus in der Destination. Sie haben für die Attraktivität der Destination

Kernelemente & Attraktionen	Unterstützende Faktoren	Qualifizierende Determinanten	Management-ressourcen
• natürliche Ressourcen: z. B. Klima, Landschaft, Flora & Fauna • kulturelle & historische Ressourcen: z. B. Ortsbild, Kulinarik, Architektur, Traditionen, Kunststile • touristische Suprastruktur: z. B. Gastgewerbe, Transportmöglich-keiten, Kongresszentren • Aktivitätsmöglich-keiten: inkl. Events, Veranstaltungen & Entertainment • marktrelevantes Beziehungs-gefüge von Unternehmen, Verwaltung & Bevölkerung	• allgemeine Infrastruktur: z. B. Verkehrsanbin-dung, Ver- & Entsorgung; Kommunikations-infrastruktur • Human- & Wissens-bestände: z. B. Fachkräfte, Experten, Bildungs- & Forschungs-institutionen • Unternehmertum & Unternehmens-gründungen • Kapitalbestände & Finanzressour-cen inkl. des persönlichen Vermögens • politischer Gestaltungswille inkl. öffentliche Dienstleistungen & Verwaltungs-ressourcen	• Standort; Erreichbarkeit • Sicherheitslage: Kriminalität, Krankheiten, Transport-sicherheit • ökologische & soziokulturelle Belastungs-grenzen • Bekanntheitsgrad & Image • Preisniveau: Transportpreise & Lebenshaltungs-kosten • Größe der regionalen Wirtschaft: z. B. Importquote, Einkommens-multiplikator • Interdependenzen zu kooperierenden oder konkurrierenden Destinationen	• Werte & Traditionen • Leadership: Führungsstil & -verhalten • Fähigkeit zur Stärkung der Kooperation & Aufbau eines Commitments der Akteure • Kompetenzen zur Planung, Organisation, Umsetzung, Steuerung und Kontrolle von destinations-übergreifenden Aktivitäten

Abb. 7.4: Kategorisierung der Produktionsfaktoren der Destination (mit Beispielen) (Quelle: diverse Veröffentlichungen von Ritchie und Crouch[10] sowie Fischer (2009, S. 74 ff. und 140 ff.; verändert))

einen sekundären Einfluss, doch hängt die erfolgreiche (Weiter-)Entwicklung der De-stination stark von der diesbezüglichen Ausstattung ab (Crouch 2006, S. 6).

Zu den unterstützenden Faktoren und Ressourcen zählen neben der *allgemeinen Infrastruktur* das Unternehmertum bzw. der *Unternehmergeist* in der Destination so-wie die in der Destination zur Verfügung stehenden *finanziellen Ressourcen* für den Erhalt bzw. den Ausbau der touristischen Suprastruktur. Der *politische Gestaltungs-wille* zur touristischen Entwicklung des Zielgebiets und das Ausmaß der hieraus re-sultierenden *öffentlichen Dienstleistungen und Verwaltungsressourcen* fallen ebenso in diese Kategorie wie die *Human- und Wissensbestände*, die der Destination zur Ver-

---

10 Crouch und Ritchie (1999, S. 146 ff.); Ritchie und Crouch (2000, S. 1 ff.); Crouch (2006, S. 1 ff.); Ritchie und Crouch (2003, S. 63 ff. und 110 ff.).

fügung stehen. Insbesondere vor dem Hintergrund des Fachkräftemangels steigt die Bedeutung der Verfügbarkeit *qualifizierten Personals* mit entsprechenden Fähigkeiten und hoher Motivation als Faktor im Wettbewerb der Unternehmen und der Destinationen.

Faktorenkategorie III: Qualifizierende und verstärkende Determinanten
Elemente dieser Kategorie haben Einfluss auf die Chancen und Grenzen der Destinationsentwicklung und können die Wirkung der anderen drei Faktorenkategorien wesentlich einschränken. Zudem sind sie größtenteils nicht oder nur sehr bedingt durch die Akteure der Tourismusbranche gestaltbar.

Es handelt sich um situationale Rahmenbedingungen für die Destination, die wesentlichen Einfluss auf die Möglichkeiten und Grenzen der touristischen Entwicklung haben. Hierzu gehören der *Standort* bzw. die *Erreichbarkeit* der Destination, die *Sicherheitslage* vor Ort sowie die *ökologischen und soziokulturellen Belastungsgrenzen* der Destination. Aus wirtschaftlicher Sicht spielen das *Preisniveau* (Kosten für die Anreise und vor Ort), die Größe der regionalen *Wirtschaft* (z. B. für den Einkommensmultiplikator) und Interdependenzen zu anderen Zielgebieten eine Rolle. Schließlich können *Bekanntheitsgrad* und *Image* des Standorts für den Destinationserfolg entscheidende Faktoren sein.

Faktorenkategorie IV: Managementressourcen
Die vierte und letzte Faktorenkategorie umfasst die Managementressourcen, die der Destination zur Verfügung stehen, um die übergeordnete Zielsetzung des Erhalts der Wettbewerbsfähigkeit der Destination zu verfolgen. Dies soll durch die bestmögliche Kombination der Bestandteile des Leistungsbündels in Bezug auf die Bedürfnisbefriedigung der Destinationsgäste gewährleistet werden.

Der Einsatz der Managementressourcen soll konkrete Beiträge dazu leisten,
–   die Kernelemente und Attraktionen (Faktorenkategorie I) zu stärken,
–   die unterstützenden Faktoren und Ressourcen (Faktorenkategorie II) auszubauen und möglichst effektiv zu nutzen sowie
–   beide Kategorien an die situationalen Rahmenbedingungen, die sich aus den qualifizierenden und verstärkenden Determinanten (Faktorenkategorie III) ergeben, anzupassen.

Zu den Bestandteilen der Managementressourcen zählen *Werte* und *Traditionen* sowie *Führungsverhalten* und *Führungsstil* des Managements, die Fähigkeit, destinationsübergreifende Aktivitäten zu planen, zu organisieren, umzusetzen, zu steuern und zu kontrollieren, sowie die Kompetenz, die Akteure in der Destination zu einem gemeinsamen Commitment zu bewegen, indem die Kooperationsbereitschaft und -fähigkeit der beteiligten Akteure gestärkt wird (Fischer 2009, S. 77).

7.3 Koordination in der Destination

7.3.1 Koordinationsnotwendigkeiten und Organisationsmodelle

Touristische Zielgebiete bieten ihren Gästen als Produkt ein Bündel aus komplementären Sach- und Dienstleistungen, die von unterschiedlichen, rechtlich eigenständigen Leistungserbringern verantwortet und durch öffentliche Leistungsbestandteile ergänzt werden. Um sich im Wettbewerb der Destinationen etablieren zu können, ist es notwendig, die unterschiedlichen Teilleistungen aufeinander abzustimmen und gemeinsam zu vermarkten. In seiner Beurteilung der erlebten Leistung differenziert der Gast nicht zwischen den einzelnen Leistungsbestandteilen und ihren Erbringern, sondern bewertet die Destinationsleistung in ihrer Gesamtheit, was die *Interdependenzbeziehung der Einzelleistungselemente* verdeutlicht (Eisenstein und Koch 2015, S. 9 f.). Es wird schnell offenkundig, dass hinsichtlich der Planung, Erstellung und Vermarktung des touristischen Leistungsprogramms der Destination die Notwendigkeit der interorganisationalen Zusammenarbeit besteht. Durch Kooperationsbeziehungen und Koordinationsprozesse können Aufgaben für die Destination bewältigt werden, die über die Handlungsfähigkeit einzelner Unternehmen und Akteure hinausgehen (Fuchs 2013, S. 87): Im Mittelpunkt steht dabei die Vernetzung der Einzelprodukte zu einem koordinierten Leistungsbündel auf der Basis einer die Destination umfassenden touristischen Planung im Sinne einer zielgerichteten (Weiter-)Entwicklung der Destination. Für die Destination bestehen bessere Wettbewerbschancen, wenn sich die in der Destination Beteiligten auf eine gemeinsame Entwicklungsrichtung und bestenfalls auf eine gemeinsam getragene Positionierung der Destination im Wettbewerb einigen. Dabei steht die Destination vor der Beantwortung folgender Fragestellung:

[?] Wie kann die Destination im Rückgriff auf spezifische Ressourcen und Fähigkeiten mittels eines differenzierenden Nutzenversprechens bei touristischen Zielgruppen ausreichender Größe eine dauerhafte Präferenz im Vergleich zu konkurrierenden Reisezielen erlangen?[11]

Aus der Beantwortung dieser Frage ergibt sich die (Ziel-)Positionierung der Destination inklusive eines Nutzenversprechens an die Nachfrage. Über die Kommunikation werden diesbezügliche Erwartungshaltungen der Touristen an die Destination aufgebaut. Je besser die komplementären Einzelbestandteile des Destinationsleistungsbündels aufeinander abgestimmt sind, desto besser kann die Erwartungshaltung an die Destination erfüllt werden. Der häufig aufgrund einer Vielzahl von vor Ort agierender Kleinst-, Klein- und Mittelbetriebe deutlich fragmentierten Struktur des Gesamtangebots der Destination steht ein Gast gegenüber, der den Aufenthalt und das in der Destination konsumierte und erlebte Leistungsbündel in seiner Gesamtheit beurteilt.

---

11 Nach Eisenstein (2018, S. 75), leicht verändert.

Zur Sicherstellung der Wettbewerbsfähigkeit ist die Destination deshalb möglichst als Ganzheit zu managen (Bieger und Beritelli 2013, S. 54). Hilfreich hierfür ist eine *zentrale Koordinationsstelle*, die die Einzelbestandteile zu einem Ganzen orchestriert.

Die hierfür notwendigen Organisationsstrukturen im Zielgebiet können auf verschiedene Art und Weise ausgestaltet sein. Im Rahmen eines Kontinuums kann zwischen dem Community-Modell und dem Corporate-Modell unterschieden werden (Flagestad und Hope 2001, S. 452; siehe Abb. 7.5).

Corporate-Modell

Für das Corporate-Modell ist kennzeichnend, dass sich die einzelnen Angebotselemente des Leistungsbündels im Eigentum eines Unternehmens oder Konzerns befinden und/oder vertragliche Verpflichtungen ergänzende Anbieter an das Unternehmen bzw. den Konzern binden.

Die Koordination der Leistungsbestandteile wird über einen Unternehmensansatz realisiert, dessen übergeordnete Zielsetzung die Generierung wirtschaftlichen Profits ist. Durch den zentralen Einfluss des Unternehmens kann die Steuerung der Destination mit der eines Konzerns verglichen werden (Fischer 2009, S. 71; Flagestad und Hope 2001, S. 445 ff.) Der Corporate-Ansatz hat den Vorteil, dass aufgrund von Weisungsbefugnissen und Durchgriffsrechten eine umfassende Koordination und Strategieimplementierung zur touristischen Entwicklung des Zielgebiets erleichtert wird. Neben nordamerikanischen Skidestinationen (Bieger 2008, S. 179) können als Beispiele Themen- und Freizeitparks, große Ferienresorts und -parks sowie Kreuzfahrtschiffe[12] herangezogen werden.

Community-Modell

Im Gegensatz dazu steht das Community-Modell, nach dem europäische Zielgebiete typischerweise organisiert sind (vgl. z. B. Saretzki und Wöhler 2013b, S. 35).[13] Hierbei wird das Leistungsbündel von einer großen Anzahl rechtlich selbstständiger, kleiner und mittlerer Unternehmen erstellt. In deren Interessenmittelpunkt steht primär die eigene Gewinnmaximierung mit der Folge, dass durch die Dominanz der einzelbetrieblichen Perspektive die Koordination des gesamten Leistungsbündels der Destination erschwert wird.

Sowohl die Angebotsstrukturen als auch die Beziehungen zwischen privatwirtschaftlichen und öffentlichen Unternehmen sind über einen sehr langen Zeitraum his-

---

12 Zumindest bei Hochseekreuzfahrten mit sehr großen Schiffen ist davon auszugehen, dass das Schiff auch das eigentliche Reiseziel/die eigentliche Destination für den Gast darstellt, da bei diesen Schiffen das Interesse der Teilnehmer insbesondere auf das Angebot der Attraktionen an Bord des Schiffes abzielt (Schulz 2009, S. 151).

13 Zielgebiete, in denen auf den Community-Ansatz zur Koordination zurückgegriffen wird, werden z. T. auch als „traditionelle" Destinationen oder „traditionelle" Zielgebiete bezeichnet (siehe z. B. Pechlaner et al. 2013, S. 66; Bieger 2008b, S. 179).

Community-Modell

Corporate-Modell

Kontinuum

dominierendes
Unternehmen

einzelnes
Unternehmen

lokale
Politik

lokale
Tourismus-
organisation

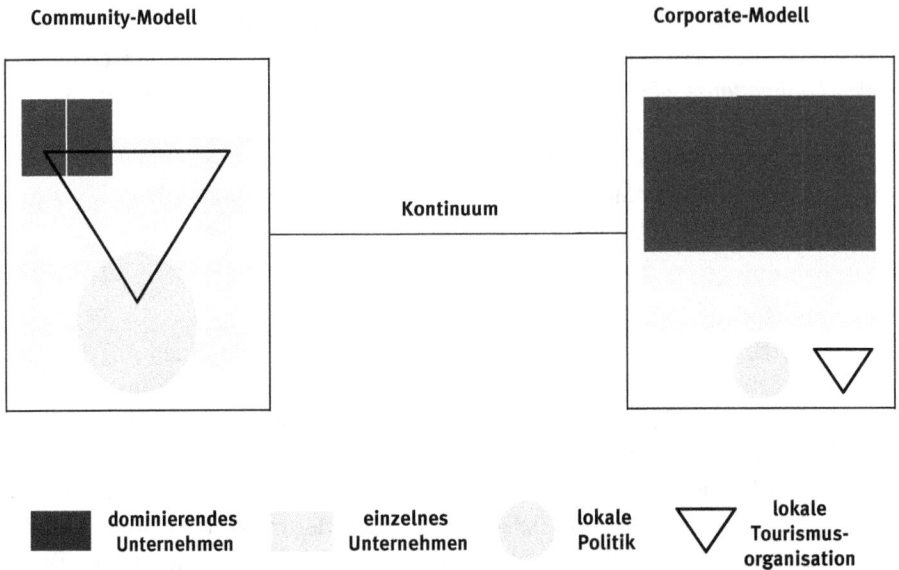

Abb. 7.5: Community- und Corporate-Modell (Quelle: Flagestad und Hope 2001, S. 452; verändert nach Fischer 2009, S. 70)

torisch gewachsen (Fischer 2009, S. 70). Die Zielgebiete sind durch eine Vielzahl unterschiedlicher Interessen und durch heterogene Strukturen in Bezug auf die Eigentumsverhältnisse in der Destination gekennzeichnet (Socher und Tschurtschenthaler 2002, S. 167 f.). Es besteht keine dominierende Organisations- oder Unternehmenseinheit, die auf der Basis mehrheitlicher Eigentumsverhältnisse zentrale Steuerungsaufgaben übernehmen kann.

Stattdessen werden die Aufgaben der Koordination der Einzelleistungen zu gemeinschaftlichen Leistungsprogrammen und deren Kommunikation i. d. R. auf eine Tourismusorganisation des Zielgebiets übertragen. „Die kooperative Tourismusorganisation [...] ist der hauptsächliche Träger der übergreifenden und kooperativ zu erbringenden Funktionen im Tourismus einer Destination" (Bieger und Beritelli 2013, S. 73). Diese kann in die öffentliche Verwaltung (z. B. als Tourismusamt oder als Abteilung der Verwaltung) integriert oder privatrechtlich (z. B. als Verein, als GmbH oder als Aktiengesellschaft) mit und ohne Beteiligung der öffentlichen Hand aufgebaut sein.

7.3.2 Destinationsmanagement und Aufgaben der Tourismusorganisation

Die angebots- und nachfrageseitigen Veränderungen im touristischen Marktumfeld, der Wandel vom Verkäufer- zum Käufermarkt und der in der Folge intensivierte Wettbewerb der Destinationen offenbaren ab den 1990er-Jahren verstärkt die bereits vorher latent vorhandenen Schwächen vieler kleiner Tourismusorganisationen in traditionellen Zielgebieten (insbesondere auf der lokalen Ebene): Die Vielzahl kleiner Organisationseinheiten mit einer für eine professionelle Marktbearbeitung häufig unzureichenden Ressourcenausstattung führte in Verbindung mit Kommunikations- und Kooperationsdefiziten zu hohen Streuverlusten der eingesetzten Mittel. Ergebnis war eine mangelhafte Außendarstellung und eine unzureichende Wahrnehmung der entsprechenden Zielgebiete durch die touristische Nachfrage.

In der Folge entstand eine umfassende Diskussion in Wissenschaft und Praxis, in deren Mittelpunkt die Frage stand, wie traditionelle Destinationen den neuen Marktanforderungen insbesondere durch organisatorische und auf das Management gerichtete Anpassungen gerecht werden können.[14] Ergebnis war das Konzept des Destinationsmanagements,[15] das ab Mitte der 1990er-Jahre zunehmend an Bedeutung gewann. Ausgehend von den Prämissen, dass sich die Wettbewerbsnachteile der traditionellen Destinationen insbesondere durch die fragmentierte Angebotssituation bzw. die Kleinstrukturiertheit der Unternehmen und die unzureichende Orientierung der Tourismusorganisationen an veränderte Marktgegebenheiten begründen lassen, wurde eine koordinierte Steuerung der Destination mittels einer zentralen, marktgerichteten Institution als normative Lösung propagiert (Pechlaner et al. 2013, S. 63). Hierbei wird versucht, unternehmensorientierte Managementmethoden bei der Führung und Vermarktung von touristischen Zielgebieten anzuwenden. Das Destinationsmanagement zielt darauf ab, *Destinationen als strategische Geschäftseinheiten* in ihrer Gesamtheit zu führen und im Zuge der Planung, Erstellung und Vermarktung der touristischen Leistungsbündel als „virtuelle Unternehmen" (Bieger 2010, S. 136 ff.) zu verstehen.

Zu den zentralen Charakteristika des Destinationsmanagements als Konzept für den Incoming-Tourismus gehören:

- eine verstärkte *Nachfrage- und Marktorientierung*, die als Reaktion auf veränderte Wettbewerbsbedingungen und den Übertritt in den Käufermarkt notwendig wurde. Das oberste Ziel ist die Sicherstellung der Wettbewerbsfähigkeit (Flagestad und Hope 2001, S. 450). „Bis dahin herrschte in den öffentlichen Destinationen eher ein Verwaltungsdenken" (Steinecke und Herntrei 2017, S. 20).
- eine intensivierte Prozessorientierung, die zu einer die Qualität des Gesamtprodukts fördernden Koordination der komplementären und interdependenten Einzelbestandteile führen soll. Im Gegensatz zur zuvor dominierenden Branchenorientierung, in deren Mittelpunkt singuläre Bestandteile des Leistungsbündels (Beherbergung, Transport, Unterhaltung etc.) standen, stehen beim Ansatz des

---

14 Diskussionsbeiträge bspw. von Bieger und Laesser (1998); Bleile (2000); Eisenstein und Rast (2000); Bleile (2001).

15 Siehe z. B. Pechlaner und Weiermair (1999); Fontanari und Scherhag (2000); Pechlaner (2002).

Destinationsmanagements die Entwicklung und Vermarktung von zielgruppen-orientierten (Dienst-)Leistungsketten in ihrer Gesamtheit im Vordergrund (Bieger und Beritelli 2013, S. 63).

– die herausgehobene Rolle der *Tourismusorganisation*, die als „quasi-konstitutives Element" (Pechlaner 2003, S. 6) des Destinationsmanagements grundlegende destinationsübergreifende Aufgaben strategischer und operativer Art wahrnimmt. Sie ist als zentrale Institution insbesondere für die koordinierte Steuerung der Destination verantwortlich.

Damit die Destination überhaupt ein Leistungsbündel dauerhaft am Markt platzieren kann, müssen grundlegend drei Voraussetzungen erfüllt sein:[16]

Koordination und Bereitstellung zielgruppenadäquater Leistungsbündel

Damit die Destinationsprodukte eine möglichst umfassende Bedürfnisbefriedigung bei den definierten Zielgruppen erreichen können, sind mittels Kombination einzelner Bestandteile des Leistungsbündels sowie durch Koordination der bei der Erstellung beteiligten Unternehmen, Institutionen und Personen zielgruppenadäquate Leistungsbündel aufzubauen und vorzuhalten. Gemäß der obigen Fragestellung können in Abhängigkeit von den vorhandenen Ressourcen und Fähigkeiten (z. B. nach den Faktorenkategorien I–IV gemäß Abschnitt 7.2.3) eine oder mehrere Leistungsbündel-Zielgruppen-Kombinationen definiert werden.[17] Mit jedem Leistungsbündel ist ein möglichst von der Konkurrenz differenzierender Nutzen für die jeweilige Zielgruppe bereitzustellen.

Kommunikation der vorgehaltenen Leistungsbündel

Die touristischen Zielgruppen müssen von der Existenz der von der Destination aufgebauten Leistungsbündel Kenntnis haben und vom jeweiligen Nutzenversprechen bzw. vom Potenzial einer möglichst umfassenden Bedürfnisbefriedigung überzeugt werden. Die Leistungsbündel der Destination müssen gegenüber den Zielgruppen entsprechend kommuniziert werden. In der Praxis erfolgt dies häufig mittels eines kompetenzbasierten Themenmarketings für definierte Zielgruppen. Die in den vergangenen Jahren in der Marketing-Praxis von Tourismusorganisationen geführte Diskussion zur Frage, ob das Destinationsmarketing der Themenorientierung oder der Zielgruppenorientierung folgen sollte, stellt sich in dieser Form nach vorliegendem Verständnis nicht, da es sich immer um eine Kombination von Leistungsbündel

---

16 In Anlehnung an Wöhler (1997, S. 18); verändert und ergänzt.

17 Bieger und Beritelli (2013, S. 241) sprechen von der „Geschäftsfeldstrategie (welches Segment soll mit welchem Angebot bearbeitet werden)".

(Thema) und Zielgruppen (potenzielle Gäste) handelt.[18] Die Vielzahl der werbenden Destinationen und die mit dem weltweiten Destinationsangebot einhergehende multimediale Kommunikation globalen Ausmaßes kann bei den potenziellen Nachfragern allerdings zu Überforderung und Verunsicherung aufgrund von Unübersichtlichkeit führen (Saretzki 2010, S. 271; Steinecke 2001, S. 10). Um die Komplexität zu reduzieren, greifen die Nachfrager infolgedessen verstärkt auf verdichtete Qualitätssignale zurück: Neben den Beurteilungen und Weiterempfehlungen auf Bewertungsportalen können bei der Reisezielentscheidung deshalb auch die Images der Destinationen eine wichtige Rolle spielen (Eisenstein 2018, S. 68 ff.; Scherhag 2003, S. 122 ff.). In Bezug auf die Reputation der Destination sind folglich die vorhandenen Einflussmöglichkeiten zur Förderung eines positiven Destinationsimages bei den definierten Zielgruppen und bestenfalls zum Aufbau und zur Führung einer Destinationsmarke zu nutzen.

Kontinuierliche Anpassung der Leistungsbündel
Aufgrund der Dynamik des touristischen Marktes müssen die Leistungsbündel der Destination anpassungsfähig sein und mittels Leistungsvariation und -innovation weiterentwickelt werden. Dabei muss sich die Destination an den Markt- und Wettbewerbsbedingungen orientieren und an den Bedürfnissen der gegenwärtigen Gästezielgruppen sowie der zukünftig möglichen Besucherpotenziale ausrichten. Dies setzt eine kontinuierliche Marktbeobachtung voraus, um rechtzeitig die Notwendigkeit von Anpassungen der Leistungsbündel erkennen und Weiterentwicklungen des Destinationsprodukts vornehmen zu können. Die Basis hierfür stellt der Einsatz von Instrumenten und Methoden der Destinationsmarktforschung im Wechselspiel mit der Anwendung von evaluierenden Ansätzen des Destinationscontrollings zur Verfügung (siehe Abb. 7.6). Übergeordnetes Ziel hierbei ist „die rechtzeitige Bereitstellung von entscheidungsrelevanten Informationen für die Entscheidungsträger der Destination" (Eisenstein 2017, S. 14).

Für die Tourismusorganisation als zentrale Instanz des Destinationsmanagements ergeben sich (hieraus und mit Rückgriff auf Heath und Wall 1992, S. 166 sowie Bieger und Beritelli 2013, S. 66 ff.) vier kooperativ zu erfüllende Aufgabenbereiche bzw. vier zentrale Funktionen, die von der Tourismusorganisation zu erfüllen sind:
- Planungs- & Strategiefunktion
- Koordinations- & Angebotsfunktion
- Marketing-Funktion
- Interessenvertretungsfunktion

---

18 Zum einen muss sich ein an Themen orientiertes Marketing, das auf dem Leistungsbündel und damit auf den Kompetenzen der Destination beruht, an Erfolg versprechende, definierte Zielgruppen wenden; zum anderen benötigt ein auf Zielgruppen ausgerichtetes Marketing zur Ansprache dieser Zielgruppen Themen, die auf dem Leistungsbündel und damit auf den Kompetenzen der Destination beruhen.

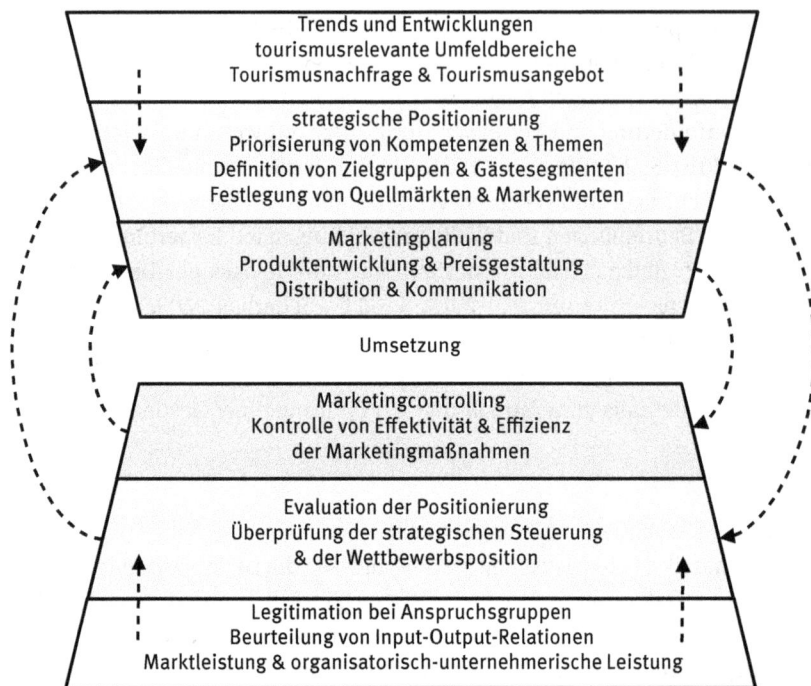

Abb. 7.6: Zusammenhang zwischen Destinationsmarktforschung und Destinationscontrolling (Quelle: Eisenstein 2017, S. 24)

In Abb. 7.7 werden diese grundlegenden Aufgabenbereiche detaillierter dargestellt.

Den unterschiedlichen Destinationsgrößen entsprechend existieren Tourismusorganisationen unterschiedlicher Ebenen – von lokalen über regionale bis hin zu nationalen Tourismusorganisationen. Bei mangelnder oder nicht akzeptierter Koordination der Zuständigkeiten der Tourismusorganisationen der unterschiedlichen Ebenen besteht die Gefahr sowohl von Doppelarbeiten als auch von Auseinandersetzungen zur Kompetenz- und Ressourcenverteilung zwischen den Institutionen. Bei der Zusammenarbeit von Tourismusorganisationen unterschiedlicher räumlicher Ebenen ergibt sich folglich die grundsätzliche Anforderung einer möglichst verbindlich akzeptierten *Festlegung kooperativer Aufgabenfelder* mit entsprechend kompetenzorientierter Ressourcenzuweisung (als Beispiel einer Verteilung kooperativer Aufgabenfelder über mehrere Ebenen siehe Abb. 7.8). Mit dem Ziel der Effizienzsteigerung können in der Praxis teilweise Aufgabenverlagerungen von der lokalen auf die regionale Ebene und ein verstärktes Eingehen interkommunaler Kooperationen beobachtet werden. Konkret soll mittels der Bündelung von finanziellen Mitteln und Angebotspotenzialen zunächst ein koordiniertes und effizienteres Marketing angesteuert werden. Weitere hierbei angestrebte Ziele können die leichtere Rekrutierung qualifizierten Personals, eine erhöhte Managementkapazität, ein verbessertes Inno-

Planungs- & Strategiefunktion	Koordinations- & Angebotsfunktion
• Erarbeitung des Entwicklungsleitbilds bzw. des Zielsystems der Destination • Erarbeitung und Implementierung einer Destinationsstrategie inkl. Wettbewerbspositionierung • Definition der Kernkompetenzen und der den größten Erfolg versprechenden Themen (Nutzenversprechen) • Definition der den größten Erfolg versprechenden Zielgruppen • laufende Marktforschung zur Analyse der Wettbewerbssituation und Überprüfung der Destinationsstrategie	• systematische Bündelung der touristischen Leistungen und Angebotskoordination zur Gestaltung marktgerechter Leistungsbündel • Erbringung öffentlicher Angebote (z. B. Wanderwege, Informationsdienst, Gästebetreuung, Events, Animation) • Qualitätsförderung und -prüfung • Schaffung neuer marktfähiger Angebote durch Beratung und Impulse an die Leistungsträger • Förderung der Beziehungsqualität der Akteure • Qualifikations- und Weiterbildungsförderung
Marketing-Funktion	**Interessenvertretungsfunktion**
• Sicherstellung destinationsspezifischer Marktforschung • Erarbeitung einer Marketing-Strategie • Reputationsmanagement (Imagepflege und ggf. Markenbildung und -führung) • zielgruppenorientierte Angebotspräsentation und Akquisition durch Verkaufsförderung, Werbung und Öffentlichkeitsarbeit • Information potenzieller Gäste • Sicherstellung des Distributionszugangs für die Destination und Leistungsträger • Marketing-Controlling	• Vertretung der Mitgliederinteressen und Koordination der Interessen der Branche • Vertretung der touristischen Interessen gegenüber Behörden, Gremien und Öffentlichkeit • Information der Branche und der Bevölkerung • Koordination der internen Kommunikation/ Innenmarketing • Sensibilisierung der Bevölkerung für den Tourismus; Förderung des Tourismusbewusstseins • politische Interessenvertretung für konkrete Projekte

Abb. 7.7: Grundlegende Aufgabenbereiche der Tourismusorganisation (Quelle: eigene Zusammenstellung auf der Basis verschiedener Quellen[19])

vationspotenzial sowie die Realisierung umfassenderer Dienstleistungsketten und die Implementierung wirkungsvollerer Qualitätsmanagementsysteme sein (Dettmer et al. 2005, S. 32 ff.; Fuchs 2013, S. 89 ff.).

---

19 Heath und Wall (1992, S. 166 ff.); Kaspar (1996, S. 98); Pechlaner (2003, S. 6); Bär (2006, S. 201 ff.); World Tourism Organization (UNWTO) (2007, S. 2); Bachinger und Pechlaner (2011, S. 22 f.); Bieger und Beritelli (2013, S. 68 f.); Schuler (2014, S. 58); Freyer (2015, S. 337 f.); Eisenstein (2017, S. 15 ff.); verändert und ergänzt.

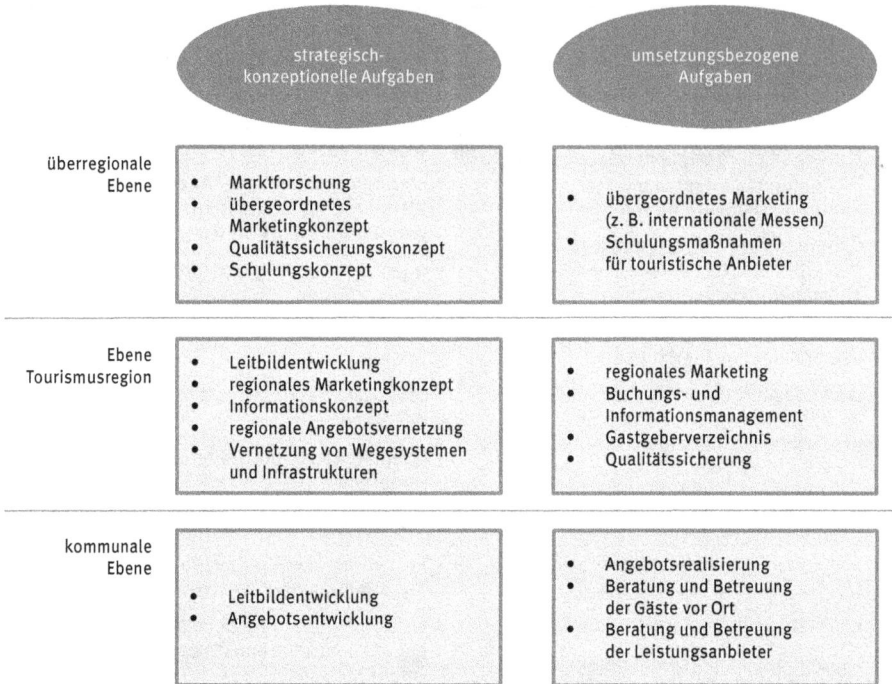

Abb. 7.8: Beispiel der Verteilung kooperativer Aufgaben über unterschiedliche Destinationsebenen (Quelle: Fuchs 2013, S. 90)

7.3.3 Destinationen als Netzwerke

Die Erfüllung der angeführten Aufgaben übersteigt i. d. R. die Handlungsfähigkeit einzelner Akteure und Leistungsträger in der Destination. Sie sind zumeist nur auf der Basis umfassender *Kooperationsbeziehungen* und hierdurch ermöglichter *Koordinationsprozesse* erfüllbar. Die Initiierung, Implementierung und möglichst zielgerichtete Steuerung der Koordinationsprozesse ist zentrale Aufgabe des Destinationsmanagements durch die Tourismusorganisation. Aus der gemeinsamen Erstellung des Leistungsbündels der Destination folgt eine enge Verknüpfung zwischen dem Erfolg einzelner Unternehmen und dem Erfolg der Destination als Ganzes (Saretzki 2007, S. 279). Aus der Erkenntnis dieser Interdependenz erwächst nicht nur die Notwendigkeit der Koordination, sondern auch das Motiv zur interorganisationalen Zusammenarbeit.

Destinationen können als *interorganisationale strategische Netzwerke* koproduzierender, rechtlich selbstständiger und zugleich zu einem gewissen Grad wirtschaftlich interdependenter Akteure angesehen werden. Die Qualität dieser Netzwerke nimmt wesentlichen Einfluss auf den Erfolg der Destination am Markt.

Übergeordnetes Ziel der Akteure ist die gemeinsame Realisierung von Wettbewerbsvorteilen der eigenen Destination. Konkreter betrachtet können mit der inter-

organisationalen Kooperation und der Zusammenarbeit in den Netzwerken innerhalb der Destination eine ganze Reihe unterschiedlicher Ziele verfolgt werden (siehe
Abb. 7.9). In vielen Fällen stehen bei Destinationen qualitätsorientierte Koordinati-
onsvorteile, kostenorientierte Skaleneffekte und kompetenzorientierte Wissens- und
Lernprozesse im Mittelpunkt, um das übergeordnete Ziel der Erhaltung und Verbesserung der Wettbewerbsposition zu unterstützen.

Ziele	Beispiele/Beschreibung
qualitätsorientierte Ziele	Koordination von Einzelbestandteilen, Qualitätssicherung und -steigerung, Erhöhung der Kundenbindung, Erweiterung des Leistungsangebots und der Serviceketten
kostenorientierte Ziele	Skalen- und Verbundeffekte, Kostenteilung (z. B. Forschung und Produktentwicklung, Investitionen), Transaktionskostenreduktion, Synergieeffekte durch Zusammenlegung von Funktionen, Kompetenzen und Wissen
kompetenzorientierte Ziele	Wissensmanagement, Zugang zu und Transfer von Know-how, Erhöhung der Marktkenntnisse, kollektive Lernprozesse, Innovationen
wettbewerbs- und prestigeorientierte Ziele	Beeinflussung der Wettbewerbsstruktur, stärkere Marktpräsenz, Image, Branding, Positionierung, Profilierung
ressourcenorientierte Ziele	Zugang zu bzw. Sicherung von relevanten Ressourcen, Pooling von Ressourcen, Beschaffungsvorteile, Preisvorteile
marktorientierte Ziele	Zugang zu Märkten, Überwindung von Restriktionen und Handlungsbarrieren, Nutzung von Marktkenntnissen
zeitorientierte Ziele	beschleunigte Produktentwicklung und -vermarktung, flexibler Ressourceneinsatz, schnellere Reaktionszeiten
sicherheitsorientierte Ziele/Risikominderung	bei Produktentwicklungen, Konjunkturschwankungen, technischen Neuerungen, Strukturveränderungen; Vorteil der Produktdiversifikation

Abb. 7.9: Motive und Zielsetzungen für Kooperationen (Quelle: Göttel 2015, S. 64; verändert).[20]

Die an der Erstellung des Leistungsbündels der Destination beteiligten Unternehmen und Interessengruppen können sich in einem *Spannungsfeld gleichzeitiger
Kooperation und Konkurrenz* befinden („Co-opetition"[21]; „Kooperenz"[22]). Einerseits
ist die Kooperation der Akteure die Basis für Wettbewerbsvorteile und maximierte
Wertschöpfung der Destination, andererseits kann es bei der Verteilung der Wertschöpfungseffekte zur Rivalität unter den an der Erstellung des Leistungsbündels
beteiligten Akteuren kommen (Becher 2008, S. 20). Dies gilt v. a. für Leistungsanbieter auf derselben Wertschöpfungsstufe (z. B. Beherbergungsanbieter), kann aber

---

20 Basierend auf Jacobi (1996, S. 129); Bruhn (2005, S. 1285); Wrona und Schell (2006, S. 335 ff.);
Scherle (2006, S. 32); Saretzki (2007, S. 277 ff.); Bachinger und Pechlaner (2011, S. 15 ff.); Bogenstahl
(2012, S. 15).
21 Z. B. Buhalis und Cooper (1998, S. 324); von Friedrichs Grängsjö (2003, S. 427).
22 Z. B. Woratschek et al. (2003, S. 256); Becher (2008, S. 19).

auch auf Leistungsanbieter unterschiedlicher Wertschöpfungsstufen (z. B. Beherbergungs-, Freizeitanbieter und Gastronomie) zutreffen. Für die kooperative Destinationsentwicklung und die damit betraute Tourismusorganisation ist es eine ebenso zentrale wie dauerhafte Herausforderung, trotz möglicher Konkurrenzverhältnisse eine ausreichende Akzeptanz und Motivation für die an der interorganisationalen Netzwerkarbeit Beteiligten zu schaffen. Die konkreten Gestaltungsmöglichkeiten der interorganisationalen Zusammenarbeit stellen sich sehr vielfältig dar und gelten als maßgeblicher Erfolgsfaktor der Destinationsentwicklung (Fuchs 2007, S. 502).

Unter Beibehaltung der Eigenständigkeit kann die Bildung kooperativer Netzwerke helfen, die Nachteile eines klein strukturierten Angebots in der Destination zu vermindern (Ullmann 2000, S. 234; Laux und Soller 2012, S. 31 f.), da den kleineren Unternehmen eine Erweiterung des i. d. R. durch geringe Budgets begrenzten Handlungsspielraums in Aussicht gestellt werden kann (Pechlaner und Raich 2008, S. 112).

Bestenfalls sind die touristischen Leistungsträger der Destination in ein unternehmerisches Netzwerk eingebettet, das die zur Erhaltung der Wettbewerbsfähigkeit der Destination notwendige Kooperation gewährleistet. Der einzelne Leistungsträger agiert zum einen als eigenständiger Unternehmer, zum anderen als kooperatives Mitglied des Netzwerks (Pechlaner und Raich 2008, S. 112). Durch die Netzwerkarbeit in der Destination können sich ganz unterschiedliche Vorteile einstellen:

- Durch ein „Konzept der kooperativen Planung" (Tschiderer 1980, S. 28) können neben der erleichterten Koordination der einzelnen Elemente des Destinationsleistungsbündels strategisch-konzeptionelle Funktionen zur Destinationsentwicklung erfüllt werden, die von einem einzelnen Anbieter oder Beteiligten nicht erbracht werden könnten.
- Durch die Integration unterschiedlicher Stärken können sich Synergien bei der Produktentwicklung entfalten (Bachinger und Pechlaner 2011, S. 16 f.), es können Innovationspotenziale erschlossen werden, die für das einzelne Unternehmen nicht zugänglich sind (Pikkemaat und Weiermair 2007, S. 80 f.; Volgger 2016, S. 26).
- Im Rahmen des Netzwerkdialogs können Konflikte zwischen den Anspruchsgruppen angesprochen und ggf. reduziert werden. Durch die mögliche Einbindung unterschiedlicher Interessengruppen erhalten im Netzwerk gemeinsam erarbeitete Problemlösungen eine hohe Legitimität (Laux 2012, S. 16). Sie sind relativ tragfähig, da die Transparenz der Entscheidungsfindung die Akzeptanz der erarbeiteten Lösung begünstigt (Fuchs 2007, S. 503). Dies kann wiederum zu erhöhtem Engagement bei der Umsetzung und Anwendung der Maßnahmen zur Problemlösung beitragen. Insgesamt kann dies zu einer Verringerung der Kosten bei der Bewältigung von Problemen führen (Laux 2012, S. 16).
- Erfolge im Rahmen der kooperativen Netzwerkarbeit können zudem die Identität und Identifikation der Beteiligten für die Destination und die Netzwerke fördern (Fuchs 2007, S. 503).

- Laux (2012, S. 16 f.) führt darüber hinaus die Reduktion von Komplexität, die gemeinsame Identifikation von Problemen, ein wachsendes Bewusstsein für die Folgen des Tourismus, eine erhöhte Eigenverantwortung der Kooperationspartner sowie Lerneffekte und Angebotsoptimierung als Vorteile der interorganisationalen Kooperation in der Destination an.

7.3.4 Herausforderung Anspruchsgruppen

Wie jedes Unternehmen agieren auch Tourismusorganisationen im Umfeld von Anspruchsgruppen. Bei der Erfüllung der angeführten Aufgaben muss die Tourismusorganisation deren Interessen berücksichtigen. Die sehr unterschiedlichen Anspruchsgruppen in der Destination, die damit verbundenen Partikularinteressen und die in vielen Destinationen über einen langen Zeitraum entwickelten Angebotsstrukturen stellen Tourismusorganisationen bei der Erfüllung der aufgezeigten Aufgaben z. T. vor große Herausforderungen (Socher und Tschurtschenthaler 2002, S. 167 f.). Teilweise erschweren in traditionellen Zielgebieten Beharrungstendenzen, Neigungen zur Besitzstandswahrung im Sinne einer Zementierung von Einzelinteressen und eine damit ausgeprägte Status-quo-Orientierung eine kooperative Destinationsweiterentwicklung.[23]

Die verschiedenen Anspruchsgruppen der Destination (siehe Abb. 7.10) verfügen über ein unterschiedliches Maß an Einfluss, Macht, Wissen und Reputation (Schuler 2014, S. 265).

Da i. d. R. öffentliche Mittel zur Bewältigung der der Tourismusorganisation zugewiesenen Aufgabenstellungen zur Verfügung gestellt werden, können *politische Anspruchsgruppen* häufig einen relativ großen Einfluss auf die Tourismusorganisation und die Entwicklung der Destination geltend machen. Hierdurch kann der unternehmerische Handlungsspielraum der Tourismusorganisation zumindest teilweise eingeschränkt werden (Harrill 2012, S. 462; Bieger und Beritelli 2013, S. 89). Die Handlungen der Tourismusorganisation werden zumeist deutlich durch die Ansprüche der beteiligten Akteure geprägt, wobei neben der Politik (als Vertretung der öffentlichen Hand bzw. der beteiligten administrativen Einheit) die *touristischen Unternehmen*, insbesondere die Hotelbetriebe, zu den Anspruchsgruppen gehören, die den meisten direkten Einfluss auf die Tourismusorganisation und auf die Destinationsentwicklung ausüben (Haedrich und Klemm 2013, S. 101 f.; Sheehan et al. 2007, S. 64 ff.). Die Tourismusorganisation institutionalisiert vielfach die Zusammenarbeit mit diesen Stakeholdern über deren Einbindung in den Vorstand oder andere Gremien der Organisation. Im Zu-

---

23 Zu weiteren Hemmschwellen und Transaktionskostentreibern der kooperativen Destinationsentwicklung (z. B. infolge asymmetrischer Kompetenzwahrnehmungen zwischen den Akteuren oder aufgrund von „Rationalitätenfallen" wie dem Gefangenendilemma oder der Übernutzung touristischer Allmendegüter) siehe Eisenstein und Koch (2015, S. 31–48).

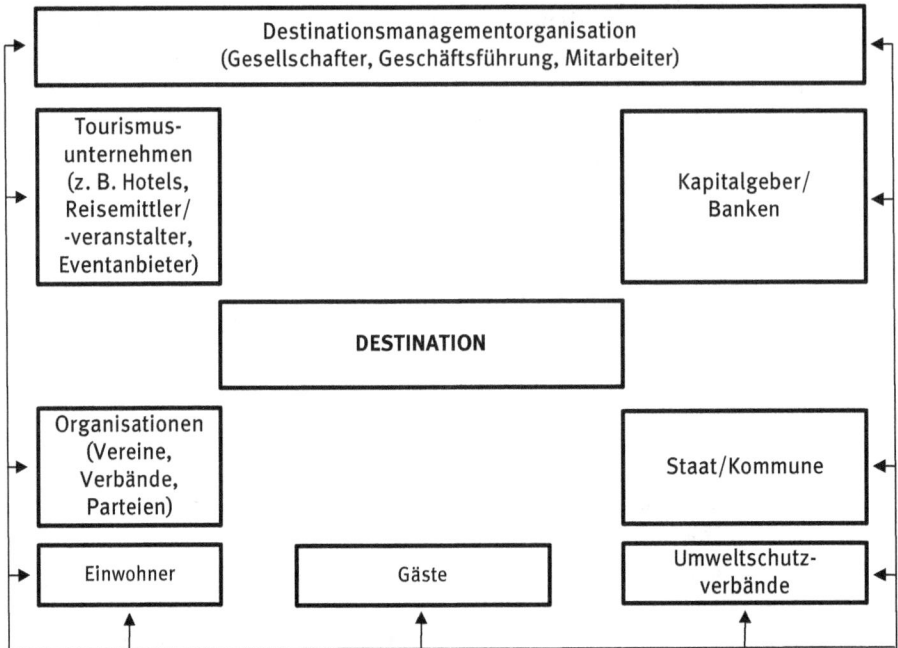

Abb. 7.10: Anspruchsgruppen in der Destination (Quelle: Laux 2012, S. 20 nach Bär 2006, S. 52)

ge der gegenwärtig vielfältig geführten Diskussionen zum Aspekt des „Overtourism"[24] gewinnt die Anspruchsgruppe der *Einwohner* der Destination verstärkt an Bedeutung für eine dauerhaft erfolgreiche Destinationsentwicklung.

Der Wichtigkeit der kooperativen Prozesse in der Destination stehen nur bedingt Gestaltungs- und Führungsmöglichkeiten der Tourismusorganisation gegenüber. Die Einflussmöglichkeiten der für die Koordination zuständigen Tourismusorganisation bleiben aufgrund der rechtlichen Selbstständigkeit vieler Leistungsträger und Akteure beschränkt. Im Gegensatz zu einem privatrechtlichen Unternehmen kann die Tourismusorganisation bei der Ausrichtung und Koordination nicht auf in eine hierarchische Struktur eingebettete Weisungsbefugnisse zurückgreifen. Stattdessen gewinnen *Instrumente der weichen Steuerung* (siehe Abb. 7.11) an Bedeutung.

Es ist bereits seit Langem bekannt,[25] dass die Integration und Beteiligung der Stakeholder für eine erfolgreiche Destinationsentwicklung notwendig ist. Die möglichen Maßnahmen zur *Einbindung der Stakeholder* sind vielfältig und reichen von der Informationsweitergabe über öffentliche und geschlossene Veranstaltungen un-

---

24 Siehe hierzu z. B. Kagermeier und Erdmenger (2019); Pechlaner et al. (2019); Dodds und Butler (2019); Milano et al. (2019).

25 Siehe z. B. Jamal und Getz (1995, S. 186 ff.); Walch (1999, S. 67); Buhalis (2000, S. 99); Bramwell und Lane (2000, S. 1).

Kooperation	Weisung
weiche Steuerung	harte Steuerung

Information, Überzeugung, Zusammenführen von Akteuren	Regelungs- androhung	finanzielle Anreize	einseitige Anordnung, Verwaltungsakt
Konsens, Kooperation	Stärkung von Marktmechanismen	Verträge	

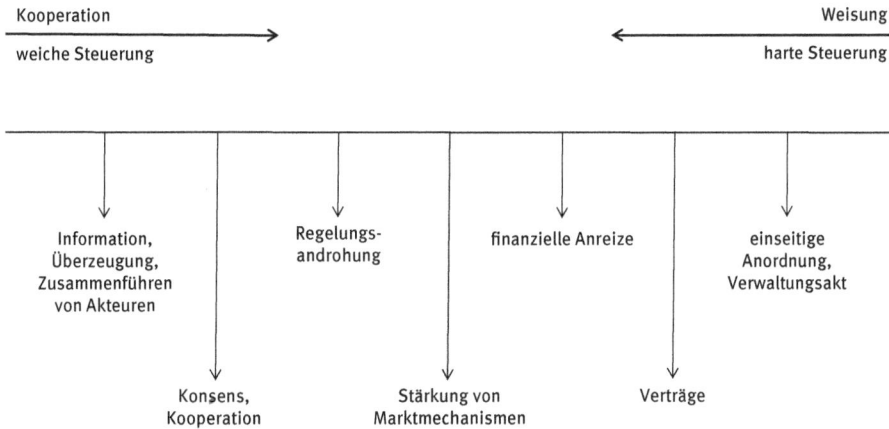

Abb. 7.11: Steuerungsmedien (Quelle: Schuppert 1989, S. 7).[26]

terschiedlicher Art (Workshops, Diskussionsforen etc.) und das Einholen von Meinungen (Stellungnahmen, Umfragen) bis zu Schulungen und Weiterbildungsangeboten (Chase et al. 2012, S. 480 f.). In der Praxis kommen insbesondere motivational-kommunikative Aktivitäten zum Einsatz, um indirekt auf die Akteure Einfluss nehmen zu können und konsensuale Übereinkommen zu fördern.

Folgende Voraussetzungen können für eine erfolgreiche Netzwerkarbeit mit den Anspruchsgruppen der Tourismusorganisation von Vorteil sein:[27]

- Möglichkeiten zur Integration und Partizipation der unterschiedlichen Stakeholder-Gruppen an den Prozessen der Destinationsplanung; bspw. durch Informationsweitergabe, Einholen und Diskussion der Stakeholder-Meinungen und partizipative Veranstaltungen. Es werden unterschiedliche Angebote offeriert, damit die Möglichkeit der Zusammenarbeit besteht. Die Stakeholder können partizipieren.
- Anerkennung von Komplementaritäten, Interdependenzen und Coopetition-Situationen bei der Erstellung des Destinationsleistungsbündels durch die Stakeholder; Bewusstsein für die Relevanz aller Anspruchsgruppen. Aus der Erkenntnis dieser Aspekte erwächst das Motiv zur Zusammenarbeit. Die Stakeholder wollen partizipieren.
- Verständigung der Stakeholder(-gruppen) auf eine gemeinsame Vision bzw. ein gemeinsames Zielsystem. Hierdurch können die Mittel unterschiedlicher Akteure und Anspruchsgruppen auf dieses gemeinsame Ziel ausgerichtet werden und es können Feedbackprozesse aufgebaut und spätere Erfolgsbelege ermöglicht werden.

---

26 Zitiert nach Messner (1995, S. 162).
27 In Anlehnung an Jamal und Getz (1995, S. 196 ff.); Eisenstein et al. (2006, S. 11 f.); Nilsson (2007, S. 172); Laux (2012, S. 19); Schuler (2014, S. 259 ff.); Eisenstein und Koch (2015, S. 28 ff.).

- Existenz, Anerkennung und Vertrauen in eine die Zusammenarbeit fördernde Institution (Tourismusorganisation) bzw. einen die Stakeholder-Interessen ausgleichenden Agenten (Moderator, Change Agent). Es ist ein Bewusstsein für die typischen „Rationalitätenfallen" in der Destinationszusammenarbeit (Gefangenendilemma; Allmendetragik) zu schaffen.
- Anerkennung von generierbaren Vorteilen, individuellen und kollektiven Nutzenaspekten der Kooperation und Netzwerkarbeit durch die Stakeholder. Dazu gehören auch die Wahrnehmung von Umsetzungsmaßnahmen und -erfolgen durch die Stakeholder, die Möglichkeit der Erfolgsnachweise und dadurch die Legitimation der Netzwerkarbeit der Tourismusorganisation und aller Beteiligten auf der Basis zuvor gemeinsam definierter Zielvorgaben.

7.3.5 Destination Governance

Bereits vor der Einführung des Destinationsmanagement-Konzepts gab es Ansätze zur zielgerichteten Planung der Destinationsentwicklung (siehe Abb. 7.12). Sie resultierten nicht zuletzt aus den Erfahrungen mit negativen Folgen in Tourismusorten, die während der Expansionsphase[28] des Tourismus bis in die 1970er-Jahre gemacht werden mussten (siehe z. B. Krippendorf 1975). „Jedermann wird eingestehen müssen, daß der freie Lauf der Tourismusentwicklung nicht zur gewünschten Harmonie von Wirtschaft, Gesellschaft und Umwelt führt" (Krippendorf 1986, S. 80). Mit einer Planung der Ferienortentwicklung sollten die negativen Folgen in den belasteten Gemeinden zukünftig vermieden oder gemindert werden (Tschiderer 1980, S. 9 ff.). Gleichzeitig sollte der planerische Ansatz zudem in bislang weniger stark erschlossenen, aber mit touristischem Potenzial ausgestatteten Gebieten zur Anwendung kommen, da diese „durch eine gezielte Planung ihre Attraktivität steigern könnten" (Klemm 1983, S. 1).

Die spätere Einführung des Destinationsmanagements fußte auf der Erkenntnis, dass die Umsetzung der Planung in der Destination konkret zu organisieren ist, nicht zuletzt, um in einem veränderten Wettbewerbsumfeld weiterhin bestehen zu können. Doch der Ansatz des Destinationsmanagements stößt an seine Grenzen. Häufig werden die Planungsprozesse in Destinationen zwar angeschoben, doch es entfaltet sich nur eine geringe Umsetzungsenergie: In „Destinationen, die aus einer Gemeinschaft mit öffentlichen Institutionen und einer Vielzahl (meist kleinerer) Tourismusunternehmen bestehen, kämpfen Touristiker, Berater und Forscher mit der Tatsache, dass – unabhängig von den Planungsansätzen oder -tools – viele Strategien und Initiativen im Nachhinein nicht realisiert werden" (Beritelli 2013, S. 14). Der Ansatz des Destinationsmanagements scheint zu unflexibel zu sein, um den unterschiedlichen gene-

---

28 Zu den Entwicklungsphasen des Tourismus siehe Kapitel 1.

	Destinations-planung seit den 1980er-Jahren	Destinations-management seit Mitte der 1990er-Jahre	Destination Governance seit Mitte der 2000er-Jahre
Dimension	Entscheidungen und Handlungen	Politik und Strategie	Normen, Regeln und „Kultur"
Frühe Beispiel-literatur	Tschiderer 1980 Klemm 1983	Bieger 1996 Pechlaner und Weiermair 1999	Raich 2006 Beritelli et al. 2007
Auslöser	Erkenntnis der Regulierungsnotwen-digkeit aufgrund negativer Folgen des Tourismus in der Expansionsphase nach dem Zweiten Weltkrieg	Erkenntnis der Anpassungsnotwen-digkeit aufgrund angebots- und nachfrageseitiger Veränderungen im touristischen Marktumfeld	Erkenntnis der Flexibilisierungs-notwendigkeit aufgrund mangelnder Umsetzungs-erfolge bisheriger Ansätze
Gestaltungs-ansätze	Planung: Raumplanung und Infrastrukturplanung; Tourismuskonzepte etc.	Steuerung: Koordination, Organisation von Prozessen; management-orientierte Ansätze	Selbstregulation: Akteursbeziehungen, Netzwerkstrukturen, destinationsspezi-fisches Regelsystem
Übergeordnete Zielsetzung	Minderung negativer Folgen; Wirtschafts-förderung	Marktorientierung; Sicherstellung der Wettbewerbsfähigkeit	ökonomischer Erfolg und Gemeinwohl-orientierung

Abb. 7.12: Destinationsplanung, Destinationsmanagement und Destination Governance (Quelle: eigene Darstellung in Anlehnung an Beritelli 2013, S. 16).[29]

rellen und situativen Rahmenbedingungen sowie den spezifischen Besonderheiten[30] einzelner Destinationen und Tourismusorganisationen in der Praxis gerecht werden zu können (Pechlaner et al. 2013, S. 64; Beritelli 2013, S. 14 f.). Die Umsetzungsschwie-rigkeiten des Destinationsmanagements führten schließlich in jüngerer Zeit zu einem Perspektivwechsel und zum Ansatz der Destination Governance (Pechlaner et al. 2015, S. ix).

Im Gegensatz zum Destinationsmanagement geht die Destination Governance nicht davon aus, dass ein für alle Destinationen normativ gültiges und damit gene-rell anzustrebendes Steuerungsmodell existiert (Pechlaner et al. 2013, S. 64). Steht beim primär marktorientierten Destinationsmanagement das Produkt „Destination" im Vordergrund, das es unternehmensgleich zu koordinieren und in effizient orga-

---

29 Verändert und ergänzt auf der Basis von Beritelli (2013, S. 14 ff.); Bieger und Beritelli (2013, S. 57 ff.); Tschiderer (1980, S. 8 ff.); Saretzki und Wöhler (2013b, S. 35 ff.); Pechlaner et al. (2015, S. vii ff.).

30 So kann bspw. die jeweils vorhandene Faktorenausstattung (siehe Abschnitt 7.2.3) stark variieren und die Problembereiche der Destinationen unterscheiden sich je nach Lebenszyklusphase der Desti-nation. Zum Modell des Destinationslebenszyklus siehe Butler (1980, S. 7), zu den Charakteristika und Wirkungen in den einzelnen Phasen z. B. Buhalis (2000, S. 105) oder Bieger und Beritelli (2013, S. 99).

nisierter Weise zu managen gilt, beinhaltet die Idee einer Destination Governance ein „flexibleres, umfassenderes und die Netzwerkstruktur betonendes Steuerungsverständnis" (Saretzki und Wöhler 2013a, S. 5). Die Präferenz für eine zentralistisch-hierarchische Destinationssteuerung wird aufgegeben, da sie in der Praxis an ihren Ansprüchen gescheitert ist (Herntrei 2014, S. 142) bzw. nur eine mangelnde Praxisrelevanz entfalten konnte (Pechlaner et al. 2013, S. 64 f.). Im Rahmen der Destination Governance ergibt sich der zu präferierende Steuerungsmechanismus vielmehr aus den spezifischen Rahmenbedingungen der Destination. Eine hierarchische Steuerung ist dabei nur eine mögliche Variante unter mehreren.

Destination Governance kann als *akteurszentrierter Ansatz zur Gestaltung der Destinationsentwicklung* gelten. Die Notwendigkeit der Stakeholder-Beteiligung wurde zwar bereits in den Anfängen der Destinationsplanung erkannt (z. B. Tschiderer 1980, S. 214 ff.), und auch im Destinationsmanagement ist anerkannt, dass es einer Integration der Anspruchsgruppen bedarf (Buhalis 2000, S. 98 f.), doch erst der Ansatz der Destination Governance rückt die *Stakeholder-Perspektive* in den Mittelpunkt. Im Fokus von Governance-Prozessen stehen weder Produkte noch Ergebnisse oder gar bestimmte Handlungsvorgaben, sondern vielmehr die zumindest teilweise autonomen Akteure und ihre sich aus sehr unterschiedlichen Interessen heraus bildenden Erwartungen (Saretzki und Wöhler 2013a, S. 4).

Destination Governance basiert auf einer weitestgehenden *Selbstorganisation der Beteiligten* (Raich 2006, S. 199). Die öffentlichen, halböffentlichen und privaten Akteure der Destination (siehe Abb. 7.13) stehen in netzwerkartigen Beziehungen zueinan-

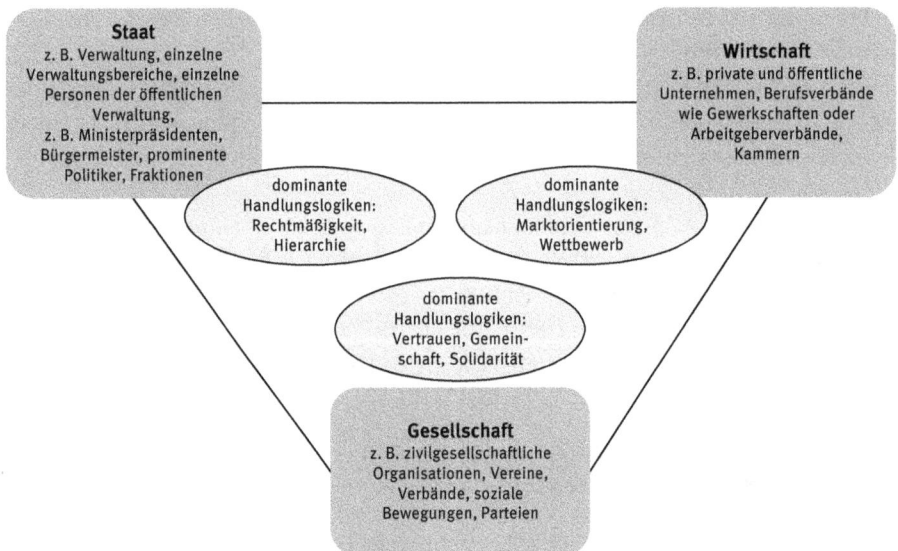

Abb. 7.13: Akteure der Governance und dominante Handlungslogiken (Quelle: Möltgen-Sicking und Winter 2019, S. 13)

der mit dem Ziel, den ökonomischen Erfolg unter Berücksichtigung des Gemeinwohls zu sichern (Saretzki und Wöhler 2013b, S. 38 f.). „Der Charme der Governance liegt in der Mobilisierung von Selbsthilfekräften" (Fürst 2013, S. 30), was zu einer besseren Ausschöpfung der endogenen Potenziale der Destination führen kann (Saretzki 2013, S. 156).

Aufgabe der Destination Governance ist es, den Weg zu *kollektiver Handlungsfähigkeit* in der Destination zu ebnen. Interdependenzen von Interessen, Plänen und Aktivitäten der unterschiedlichen Akteure, Unternehmen und Institutionen sollen aufgedeckt, Kooperationen angeregt und Maßnahmen koordiniert werden (Fuchs 2013, S. 93). Hierfür sind von den Akteuren akzeptierte, verbindliche Regelungen – sog. *Governance-Strukturen* bzw. Governance-Formen wie z. B. Netzwerke/Kooperationen, Markt-/Wettbewerbs- und Verhandlungssysteme oder eben auch Hierarchien – zu implementieren. Mit ihnen wird festgelegt, auf welche Art und Weise die Handlungskoordination bzw. die Interaktionsprozesse zwischen den Akteuren der Destination ablaufen (Saretzki und Wöhler 2013a, S. 7, 14). Im Rahmen der Selbstorganisation der Beteiligten werden Wege der Entscheidungsfindung, Ausführung und Kontrolle aufgezeigt (Pechlaner et al. 2015, S. xi). Destination Governance stellt in diesem Sinne „ein Regelsystem dar, mit Hilfe dessen die beteiligten Akteure ihre Zusammenarbeit selbst koordinieren" (Bachinger und Pechlaner 2011, S. 21).

Es ist offenkundig, dass die *Governance-Strukturen* für jede Destination angepasst aufzubauen sind. Zudem können die Strukturen im Zeitverlauf einem Wandel unterliegen.[31] Eine normative, maßgeschneiderte Lösung für alle Destinationen gibt es nicht. Die Idee der Destination Governance ist es *nicht*, ein allgemeingültiges Modell für das Management von Destinationen zu propagieren. Sie subsummiert vielmehr unterschiedliche partizipative Steuerungs- und Koordinationsmechanismen sowie damit in Verbindung stehende kollektive, selbstorganisierende Regelungsarten und umfasst damit nicht nur die organischen Strukturen von Destinationen und die netzwerkartigen Beziehungen der handelnden Akteure, sondern auch die Verfahrensnormen und Entscheidungsprinzipien der gemeinsamen Arbeit (Saretzki und Wöhler 2013b, S. 37 f.; Pechlaner et al. 2013, S. 69; Fuchs 2013, S. 94).

Auch das *Aufgabenspektrum* der Tourismusorganisation muss sich anpassen, da es sich aus dem Koordinationsansatz der Destination und aus der Destinationsstrategie ergibt (Bieger et al. 2012, S. 15). Die Aufgaben der Tourismusorganisationen sind aufgrund der Marktdynamik gegenwärtig ohnehin im Wandel begriffen. Fragestellungen zu Strategie und Positionierung sowie zu Nachhaltigkeit und Innovationsmanagement gewinnen stark an Bedeutung. In anderen Bereichen (z. B. im Vertrieb) scheint der Einfluss wiederum zu sinken. Es spricht einiges dafür, dass den Tourismusorganisationen zukünftig wesentlich mehr Verantwortung im Rahmen einer integrativen Destinationsentwicklung zukommen wird (Harrill 2012, S. 462). Von entscheidender

---

31 Siehe z. B. die Fallstudien von Nordin et al. (2019, S. 24 ff.).

Bedeutung scheint dabei die Akzeptanz der Tourismusorganisation als institutionelle Kompetenzträgerin bei den Stakeholdern und Beteiligten zu sein.[32] Im Rahmen des Destination-Governance-Konzepts kann die Tourismusorganisation als institutionelle Akteurin einen „organisatorischen Kern" (Pollermann 2013, S. 205) bilden, der die Selbstorganisation aller Akteure in der Destination unterstützt. So kann die Tourismusorganisation z. B. Aufgaben zur Initiierung von Governance-Ansätzen, zur Organisation und Moderation von Problemlösungsprozessen, zur Vermittlung bei der Suche nach gemeinsamen Zielen oder zur Auflösung von Interessenkonflikten übernehmen (Raich 2006, S. 201).[33]

Mit dem Konzept der Destination Governance scheint ein Ansatz gefunden zu sein, der den unterschiedlichen Rahmenbedingungen der Destinationen und den verschiedenen Möglichkeiten zur Ausgestaltung der kooperativen Destinationsentwicklung Rechnung tragen kann. Destination Governance verfolgt das Ziel der kollektiven Handlungsfähigkeit der in der Destination beteiligten Akteure und ist geprägt durch Selbstorganisation, Netzwerkstrukturen, akteurszentrierte Betonung der Stakeholder-Perspektive sowie Flexibilität und Kontextabhängigkeit bei der Ausgestaltung des destinationsspezifischen Regelsystems. Gleichzeitig bleiben bereits lange Zeit bekannte Herausforderungen der Destinationsgestaltung bestehen. Hierzu gehört auch die Kanalisation der sich durch den Tourismus in der Destination entfaltenden Effekte ökonomischer, ökologischer und soziokultureller Art.

7.4 Ökonomische Effekte im Zielgebiet

Die Analyse der ökonomischen Wirkungen des Tourismus ist Gegenstand zahlreicher wissenschaftlicher und praxisorientierter Untersuchungen und Veröffentlichungen. Dieser Umstand ist zum einen darauf zurückzuführen, dass Daten zur wirtschaftlichen Bedeutung des Tourismus für die *Interessenvertretung der Branche* gegenüber der allgemeinen Öffentlichkeit und für Entscheidungen der (Tourismus-)Politik benötigt werden (Eisenstein und Rosinski 2004, S. 805). Zum anderen kann angeführt werden, dass sich die ökonomischen Wirkungen des Tourismus im Vergleich zu den Wirkungen auf Ökologie und Gesellschaft zumindest teilweise relativ einfach quantifizieren lassen. Gleichwohl gestaltet sich auch die Erfassung, Messung und Beschreibung der wirtschaftlichen Wirkungen des Tourismus nicht ohne Probleme. Dies ist zum einen darauf zurückzuführen, dass der Tourismus sowohl *tangible* (messbare) als auch *intangible* (nicht greifbare) ökonomische Effekte auslöst. Zum anderen wird die *quantitative Ermittlung* der wirtschaftlichen Wirkungen im Zielgebiet durch die

---

32 Siehe z. B. die Ergebnisse von Volgger und Pechlaner (2014, S. 72).
33 Mit Bezug auf Messner (1995, S. 343 f.).

schwierige Abgrenzung des Wirtschaftszweigs Tourismus erschwert.[34] Im Mittelpunkt der Betrachtung der ökonomischen Wirkungen des Tourismus stehen häufig Devisen-, Beschäftigungs-, Einkommens-, Wertschöpfungs- und Ausgleichseffekte.[35]

7.4.1 Deviseneffekte

Deviseneffekte werden ausgelöst, wenn es im Rahmen der Reise zu einem Devisentransfer vom Herkunfts- in das Zielland kommt. Diese Effekte dürfen allerdings nicht mit den Ausgaben der Reisenden für die Reise gleichgesetzt werden: Nur jener Anteil der Ausgaben der ausländischen Gäste, der auf Leistungen des Empfängerlands entfällt, führt auch zu entsprechenden Deviseneinnahmen. Hierbei handelt es sich um den sog. *Bruttodeviseneffekt* (Mundt 2013, S. 449). Der Anteil der Devisen, der von den touristischen Deviseneinnahmen aufgrund von importierten Vorleistungen wieder abfließt, wird als Sickerrate zusammengefasst (Vorlaufer 1984, S. 85). Diese Devisenabflüsse ergeben sich aus dem Import von Waren und Dienstleistungen aus dem Ausland, z. B. zum Aufbau der Verkehrs- und Beherbergungsinfrastruktur, für touristische Marketing-Aktivitäten im Ausland oder für Nahrungsmittelimporte zur Versorgung der Touristen. Die Höhe der Sickerrate hängt im besonderen Maße vom Entwicklungsstand und Diversifizierungsgrad einer Volkswirtschaft und u. a. von der vorherrschenden Art des Tourismus ab. So müssen u. U. für touristische Leistungen des Luxussegments insbesondere von Entwicklungs- und Schwellenländern hohe Devisenabflüsse für importierte Waren in Kauf genommen werden (Schmude und Namberger 2015, S. 91).[36] Der *Nettodeviseneffekt* beschreibt schließlich die Differenz zwischen dem Bruttodeviseneffekt und der Sickerrate und damit die verbleibenden Deviseneinnahmen. Der Beitrag, den diese Deviseneinnahmen für die Zahlungsbilanz eines Staates leisten, kann von sehr großer Bedeutung sein, aus regionalökonomischer Perspektive ist dieser Effekt allerdings von untergeordneter Relevanz. Hier stehen eher die mit dem Tourismus verbundenen Möglichkeiten der Erwerbstätig-

---

34 Siehe hierzu Kapitel 1.
35 Siehe z. B. Eisenstein (1995, S. 24 ff.); Kaspar (1996, S. 126); Eisenstein und Rosinski (2004, S. 805 ff.); Wall und Mathieson (2006, S. 89); Bieger und Beritelli (2013, S. 31); Zeiner und Sporer (2017, S. 189 f.); Eisenstein et al. (2019, S. 84 ff.). Es gibt allerdings auch andere Möglichkeiten, die ökonomischen Effekte des Tourismus zu kategorisieren. So schlägt Vanhove (2018, S. 268) folgende Einteilung in sieben Haupteffekte vor: „Income generation; Employment generation; Tax revenue generation; Balance of payment effects; Improvement of the economic structure of a region; Encouragement of entrepreneurial activity; Economic disadvantages".
36 Da Sickerraten nur schwer quantifizierbar sind, wird auf Näherungswerte zurückgegriffen (Aderhold et al. 2006, S. 26). Für die Seychellen (Vorlaufer 2003) wird die Sickerrate auf über 50 % geschätzt. Für die Malediven liegen ebenfalls Angaben von über 50 % (Vorlaufer 2003) bzw. von 80 bis 90 % (Domrös 2003) vor.

keit und damit der Beschäftigungseffekt in der Destination im Zentrum des Interesses.

7.4.2 Beschäftigungs-, Einkommens- und Wertschöpfungseffekte

Die Bedeutung des Tourismus für den Arbeitsmarkt der Destination ergibt sich aus der Anzahl der in der Destination durch den Tourismus gesicherten und bestenfalls destinationsgebundenen *Arbeitsplätze*. Gleichzeitig schafft der Tourismus zahlreiche Beschäftigungsmöglichkeiten für unterschiedliche Berufsqualifikationen, für Teilzeitarbeit Suchende und Existenzgründer. Allerdings ist die *Lohnstruktur* niedriger als in vielen anderen Wirtschaftsbereichen. Zudem wird kritisch angemerkt, dass touristische Beschäftigungsfelder aufgrund der Arbeitszeiten z. T. als wenig attraktiv gelten, es kaum Aufstiegschancen für gering Qualifizierte gibt und es sich bei vielen Beschäftigungsmöglichkeiten um Saisonarbeitsplätze mit geringer Arbeitsplatzsicherheit handelt (Klemm 1998, S. 88; Freyer 2015, S. 437; Schmude und Namberger 2015, S. 94 f.).

Die touristischen Wertschöpfungs- und Einkommenseffekte in der Destination ergeben sich durch die Löhne, Gehälter und Unternehmensgewinne bei den durch den Tourismus betroffenen Unternehmen. In der Folge entstehen Steuereinnahmen, das regionale Volkseinkommen erhöht sich und es erfolgt ein *Beitrag zur Bruttowertschöpfung* bzw. zum Bruttoinlandsprodukt der Destination (Kaspar 1996, S. 134; Eisenstein et al. 2019, S. 84).

Neben der direkten Stimulation der Wirtschaft in der Destination werden zudem indirekte und induzierte Effekte ausgelöst. Sie werden als *Multiplikatoreffekte* bezeichnet. Dabei sind die in der Destination ausgelösten Multiplikatoreffekte umso größer, je differenzierter das Wirtschaftsangebot in der Destination ist und je weniger auf Zulieferer außerhalb der Destination zurückgegriffen werden muss. Folgende Effekte können unterschieden werden (siehe Abb. 7.14; Eisenstein et al. 2019, S. 85 ff.; DIW Econ et al. 2017, S. 104; Eisenstein und Rosinski 2004, S. 806):

- *Direkte Effekte* ergeben sich aus den primären Ausgaben der Gäste für die in der Destination konsumierten Leistungen und Produkte (Primäreffekte); bspw. lösen die Ausgaben der Touristen in einem Beherbergungsbetrieb dort direkte Einkommens- und Beschäftigungseffekte aus.
- *Indirekte Effekte* entstehen durch die Produktion und den Absatz von Vorleistungen (sowohl Sachgüter als auch Dienstleistungen), die von den direkt vom Tourismus profitierenden Unternehmen benötigt werden, um die Nachfrage der Gäste zu decken (z. B. Wäscheservice für den Hotelbetrieb, Lebensmittel für das Hotelrestaurant). So entstehen indirekte Einkommens- und Beschäftigungseffekte in zahlreichen vorgelagerten Betrieben und Wirtschaftsbereichen wie bspw. der Landwirtschaft und der Nahrungsmittelindustrie, im Dienstleistungsgewerbe, aber auch in der Bauindustrie oder den Verkehrsbetrieben. Aufgrund der Ver-

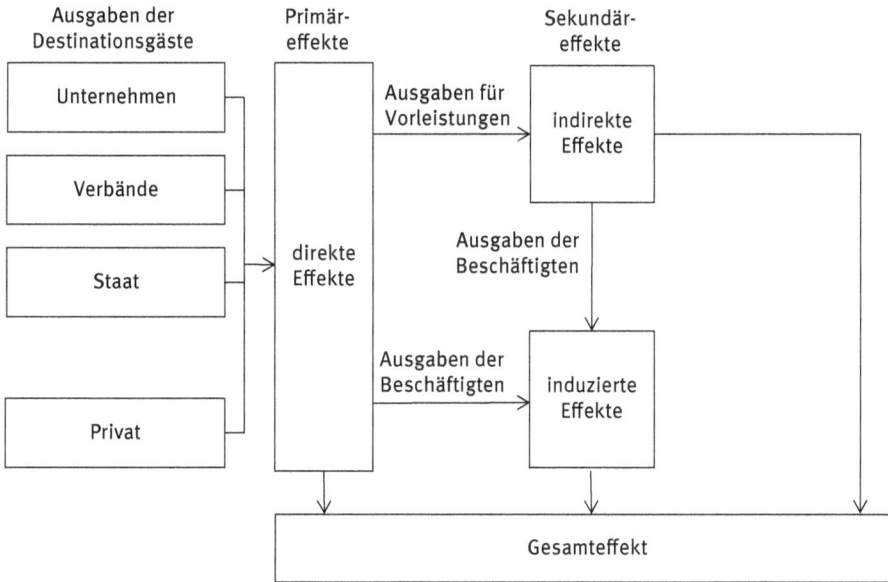

Abb. 7.14: Multiplikatoreffekte durch die Ausgaben der Destinationsgäste (Quelle: Eisenstein et al. 2019, S. 86)

flechtungsintensität des Tourismus können viele unterschiedliche Wirtschaftsbereiche von der touristischen Entwicklung in der Destination profitieren.
- *Induzierte Effekte* resultieren aus der Verwendung der Einkommen, die durch direkte und indirekte Effekte entstanden sind. Durch das tourismusbedingte Einkommen – z. B. des Hotelmitarbeiters oder eines Beschäftigten bei einem Zuliefererbetrieb – kann es zu einer weiteren Steigerung des Konsums in der Destination kommen, von dem wiederum zahlreiche weitere Unternehmen profitieren.

7.4.3 Intangible Effekte

Neben den bislang angeführten tangiblen Effekten kann der Tourismus weitere, sog. Intangible (nicht greifbare) Effekte für die Destination mit sich bringen. Diese können als „weiche" Effekte die Wettbewerbsfähigkeit der Destination verbessern (Bieger 2010, S. 227 f.; Scherer et al. 2005, S. 2). Folgende intangible Effekte können angeführt werden:[37]

---

[37] Nach Eisenstein et al. (2019, S. 94 f.) aufgrund folgender Quellen: Swarbrooke und Horner (2001, S. 76); Bieger (2001, S. 89); Scherer et al. (2002, S. 3 f.); Dwyer (2002, S. 21); Bandi (2012, S. 139 f.); Bieger und Beritelli (2013, S. 36); United Nations World Tourism Organization (UNWTO) (2014, S. 21).

- *Infrastruktur- und Ausgleicheffekte* Die wirtschaftliche Bedeutung des Tourismus in der Destination ergibt sich v. a. daraus, dass durch den vorübergehenden
  Aufenthalt der Touristen eine Steigerung der Nachfrage nach Sachgütern und
  Dienstleistungen in der Destination entsteht. Die Nachfrage nach dem touristischen Leistungsbündel der Destination löst eine regionale Umverteilung des
  Konsums von der Quellregion in die Destination aus und schafft vor Ort Beschäftigungsmöglichkeiten und Wertschöpfung. Die Summe dieser Effekte, die zu einer Verminderung wirtschaftlicher Ungleichgewichte zwischen den Regionen
  führen kann, wird als (regionalökonomischer) Ausgleicheffekt des Tourismus
  bezeichnet. Der Tourismus kann an Standorten, an denen andere ökonomische
  Aktivitäten nicht oder kaum möglich sind, wirtschaftliche Impulse setzen. Insgesamt kann dies für die in der Destination wohnende Bevölkerung zu einer
  verbesserten Versorgungssituation und einem erweiterten Infrastrukturangebot
  führen – bspw. in Form von umfangreicheren Einkaufsmöglichkeiten, verbes-
  serter ärztlich-medizinischer Versorgung oder umfassenderen Möglichkeiten der
  Freizeitgestaltung.
- *Image- und Markeneffekte:* Durch persönliche Erfahrung der Gäste, Empfehlungen und Berichte von Bekannten, Freunden und Verwandten sowie mediale Berichterstattung können (positive und negative) Effekte auf das Destinationsimage
  und auf die Destinationsmarke ausgelöst werden.
- *Kooperations- und Netzwerkeffekte* können unter den vom Tourismus tangierten
  Unternehmen innerhalb der Destination sowie zwischen destinationsinternen
  und -externen Unternehmen (insbesondere im Rahmen geschäftlicher Reisen)
  entstehen. Positive Folgen für die beteiligten Unternehmen können z. B. ein ver-
  besserter Zugang zu Know-how oder neuen Märkten und eine Verminderung von
  Transaktionskosten sein.
- Zudem können sich *Kompetenz- und Innovationseffekte* durch Austausch und Wis-
  senstransfers mit (geschäftlich reisenden) Gästen oder mit destinationsexternen
  Unternehmen einstellen.

7.4.4 Negative wirtschaftliche Effekte

Neben den durch die touristische Entwicklung angestrebten positiven Wirtschafts-
entwicklungen in der Destination, der damit einhergehenden Verbesserung der In-
frastrukturausstattung und dem Abbau regionalwirtschaftlicher Disparitäten können
sich auch negative wirtschaftliche Effekte einstellen. Dies ist v. a. dann der Fall, wenn
es im Zielgebiet zu einer einseitigen Konzentration der ökonomischen Betätigung auf
der Basis des Tourismus kommt. Beispiele für negative wirtschaftliche Effekte für die
Destination:

- Es können *wirtschaftliche Abhängigkeitsverhältnisse* entstehen; z. B. von der konjunkturellen Situation wichtiger Quellmärkte oder von der Vertriebs- oder Ver-

handlungsmacht destinationsexterner Reiseunternehmen und Kapitalgeber (Eisenstein 1995, S. 43 f.).

–   *Verknappungs- und Preissteigerungseffekte* treten in der Destination auf, wenn der tourismusinduzierten Konsumsteigerung in der Destination keine ausreichenden Produktionsreserven gegenüberstehen. Daneben können eine während der Reise erhöhte Ausgabenbereitschaft der Touristen und eine im Vergleich zu der in der Destination lebenden Bevölkerung höhere Kaufkraft der Touristen zu *Preissteigerungen* führen. Für die einheimische Bevölkerung kann dies zu Nachteilen insbesondere bei Produktkategorien führen, die sowohl von ihnen als auch von den Touristen nachgefragt werden (z. B. täglicher Bedarf, Immobilien, Gastronomie).

–   *Arbeitskraftabzugseffekte* entstehen durch Abwanderung von Arbeitskräften aus traditionellen Wirtschaftssektoren (bspw. der Landwirtschaft) in die Tourismusbranche (Velissariou 1991, S. 283; Eisenstein 1995, S. 51). Dies kann dort zu einem Mangel an Arbeitskräften und einer Beeinträchtigung des gesamten Wirtschaftssektors führen.

–   Schließlich können *Saisonalitätsprobleme* die Destination auf unterschiedliche Weise vor Herausforderungen stellen. Offenkundig ist die temporäre Über- und Unternutzung öffentlicher Infrastruktur: An den Spitzenbedarf angepasste, nicht variable Infrastruktureinrichtungen (wie z. B. Verkehrs- und Versorgungsinfrastruktur) verursachen außerhalb der Hochsaison Leerkosten. Nicht an den Spitzenbedarf angepasste, nicht variable Infrastrukturen sind in der Hochsaison überlastet und es kann zu Verkehrs- und Versorgungsproblemen kommen. Die Saisonalität der touristischen Nachfrage führt zudem bei Betrieben zu einem erhöhten Rentabilitätsdruck und kann die Bindung qualifizierten Personals erschweren. Generell kann es außerhalb der Hochsaison zu Problemen bei der Aufrechterhaltung der Angebote und Lieferketten kommen, weil die reduzierte Nachfrage keine wirtschaftliche Rentabilität erwarten lässt (Butler 1994, S. 332; Baum und Lundtorp 2001, S. 2; Eisenstein und Reif 2017, S. 112).

Die Quantifizierung der positiven ökonomischen Effekte des Tourismus in der Destination wird auch in der Zukunft eine wichtige Rolle bei der soziopolitischen Legitimation der touristischen Entwicklungsrichtung in der Destination spielen. Gleichzeitig werden negative wirtschaftliche Effekte des Tourismus in der Destination verstärkt wahrgenommen und im Rahmen der Overtourism-Diskussion intensiver thematisiert werden.

7.5 Soziokulturelle Effekte im Zielgebiet

Die Analyse und Beurteilung der soziokulturellen Effekte, die der Tourismus in der Destination auslösen kann, fällt wesentlich schwerer als die der wirtschaftlichen Effekte. Insbesondere die Abgrenzung zu nicht touristischen Einflüssen (z. B. durch die

Medien) erweist sich als problematisch (Schrand 2008, S. 640). Die Effekte „sind [...]
in ähnlicher Form für (fast) alle touristischen Gebiete relevant" (Freyer 2015, S. 596),
da die touristische Inwertsetzung und die damit einhergehende Gestaltung des Le-
bensraums der einheimischen Bevölkerung immer auch mehr oder weniger die soziale
Organisation des Zielgebiets tangiert (Wöhler 1997, S. 7 ff.). Einige der Effekte werden
allerdings insbesondere in Entwicklungsländern evident.

7.5.1 Ursachen von Unzufriedenheit

Differenziert nach der Beziehung zum Tourismus kann die einheimische Bevölkerung
der Destination in verschiedene Gruppen eingeteilt werden (Bandi Tanner und Müller
2019, S. 193 f.). Die unterschiedlichen Gruppen sind in unterschiedlichem Maße in die
touristische Entwicklung eingebunden und in unterschiedlichem Maße von den Effekten des Tourismus betroffen. Je mehr ökonomische, soziokulturelle und ökologische
Nachteile durch den Tourismus wahrgenommen werden (Betroffenheit), desto kritischer fällt die Beurteilung der touristischen Entwicklung aus. Die negativen Effekte
werden jedoch tendenziell eher akzeptiert, wenn eine stärkere Einbindung in die touristische Entwicklung erfolgt. Nach dieser von Ferrante (1994, S. 157 ff.) entwickelten
Betroffenentypologie liegt das größte Potenzial für tourismuskritische Einstellungen
bei einheimischen Personen, die nicht oder nur schwach in die Tourismusentwicklung eingebunden sind und die sich gleichzeitig aufgrund der negativen Effekte durch
den Tourismus in ihrer Lebensumwelt beeinträchtigt fühlen.

Die Definition eines für Destinationen generell gültigen „tipping point" ist nicht
möglich, weil es sich um *subjektive Wahrnehmungen* der Betroffenen handelt (Reif und
Müller 2017, S. 104) und dem Unbehagen bzw. der Unzufriedenheit der Bevölkerung
mit der touristischen Entwicklung in der Destination viele Ursachen zugrunde liegen können. Exemplarisch können folgende Gründe angeführt werden (Ferrante 1994,
S. 157 ff. und 196 ff.; Schrand 2008, S. 644; Freyer 2015, S. 636 f.):
- *Ungleichheit* bei der Verteilung der wirtschaftlichen Vorteile;
- hohe wahrgenommene *Fremdbestimmung* bei der Gestaltung der eigenen Lebensumwelt durch die Entscheidungen und Aktivitäten politischer Entscheidungsträger, Planer der touristischen Entwicklung und der Touristen;
- diverse soziokulturelle Effekte in der Destination bis hin zum Gefühl des kulturellen und regionalen *Identitätsverlusts*;
- *Verminderung der Lebensqualität* durch dem Tourismus zugeschriebene negative
  Entwicklungen der ökologischen Umwelt;
- *zu schnelle touristische Entwicklung*, sodass Teile der einheimischen Bevölkerung
  die neuen, durch den Tourismus implizierten Veränderungen nicht verarbeiten
  und sich nicht entsprechend anpassen können; und schließlich

– *zu geringe Information* der Bevölkerung über Nutzen und Kosten des Tourismus sowie *zu geringe Partizipation* der Bevölkerung an der touristischen Entwicklung und den touristischen Planungsprozessen.

7.5.2 Kulturaustausch!?

Einen umfangreichen Beitrag zur Betrachtung der soziokulturellen Effekte lieferten Untersuchungen und Publikationen zu den Wirkungen des Tourismus in Entwicklungsländern. Die grundlegende Frage, ob der Tourismus das gegenseitige Verständnis unterschiedlicher Kulturkreise fördert, darf dabei nicht pauschal beantwortet werden. Unter günstigen Bedingungen kann der Tourismus einen Beitrag zum Verständnis für die kulturelle Andersartigkeit und eine diesbezügliche Erweiterung des persönlichen Horizonts leisten (Kösterke 2000, S. 26 ff.). Dagegen spricht jedoch die meist geringe Vorbereitung auf die in der Destination vorliegenden kulturellen Gegebenheiten, die relative kurze Dauer des Aufenthalts (Aderhold et al. 2006, S. 33) sowie die Nutzung von abgeschotteten Ferienanlagen („Ghettoisierung"; Storbeck 1990, S. 412). „Damit ist auch nur in den seltensten Fällen ein tiefer gehendes und länger andauerndes Interesse für die Belange der lokalen autochthonen Bevölkerung und der Kultur vorhanden" (Kagermeier 2016, S. 305). Umgekehrt stellt sich die Frage, ob dem Touristen ein die Authentizität gewährleistender Zugang zur andersartigen Kultur überhaupt gewährt wird. Folgt man MacCannell (1973, S. 599 ff.), handelt es sich bei dem für den Touristen Zugänglichen ohnehin um eine „staged authenticity" und die eigentliche kulturelle „back region" bleibt ihm verwehrt. Selbst unter der Annahme, dass der Tourist nach authentischem Erleben strebt, wäre es ihm unter dieser Perspektive gar nicht möglich, dieses zu erfahren (Olsen 2002, S. 160).

Dies lässt sich anhand des Vier-Kulturen-Schemas von Thiem (1994, S. 40 ff.) verdeutlichen (siehe Abb. 7.15). Das Schema zeigt auf, dass i. d. R. nicht (Alltags-)Kulturen des Quell- und Zielgebiets zusammenkommen, sondern dass in der Destination eine Ferienkultur und eine Dienstleistungskultur aufeinandertreffen. Bei der *Ferienkultur* handelt es um Verhaltensweisen, die Touristen in der Destination an den Tag legen. Diese sind zwar von der alltäglichen Kultur am Heimatort geprägt, unterscheiden sich aber teilweise deutlich von dieser (z. B. größere Ausgabebereitschaft, zwangloserer Kleidungsstil, intensivierter Konsum von Alkohol). Ebenso verhält es sich bei der *Dienstleistungskultur*. Sie ist zwar von der Alltagskultur in der Destination geprägt, unterscheidet sich jedoch von ihr: So handelt es sich vielmehr um (während der Arbeitszeit praktizierte) Verhaltensweisen der im Tourismus Beschäftigten. Zudem handelt es sich bei dem Austausch häufig nicht um Kontakte zwischen Gleichberechtigten, sondern um *hierarchisch geartete Dienstleistungssituationen* zwischen Kunden und Dienstleistern. Das Aufeinandertreffen der Ferienkultur und der Dienstleistungskultur kann zu beidseitig jeweils realitätsfernen Vorstellungen hinsichtlich der Alltagskulturen führen, wenn von den situationsspezifischen Verhaltensweisen auf die jeweilige

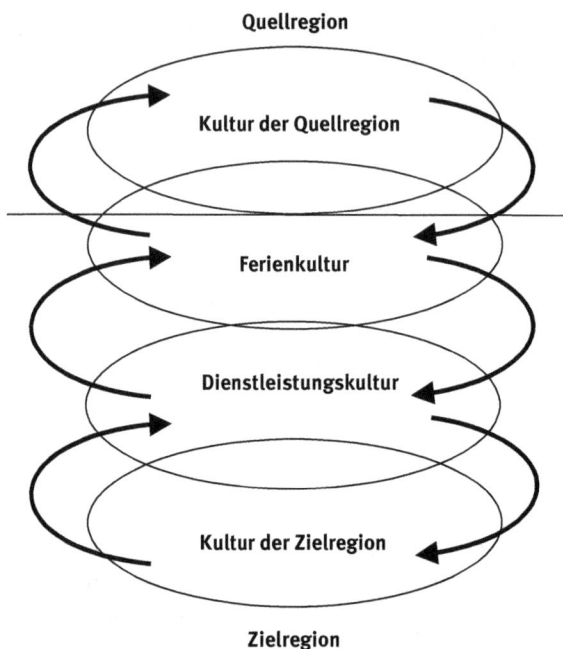

Abb. 7.15: Vier-Kulturen-Schema (Quelle: Thiem 1994, S. 42)

Alltagskultur geschlossen wird. Eine profunde Kenntnis über die jeweilige Alltagskultur der anderen Seite lässt sich somit nur schwerlich erreichen.

7.5.3 Beispieleffekte

Insbesondere in Entwicklungsländern kann es zu deutlichen *Veränderungen von gesellschaftlichen Normen und Werten* und infolgedessen der Verhaltensweisen von Teilen der einheimischen Bevölkerung kommen. Dies gilt v. a. für die Jugend, die das (vermeintlich) erstrebenswerte Leben der Touristen nachahmen möchte – mit entsprechenden Konsequenzen für das Kulturerbe und die Traditionen sowie die Sozialstruktur des Zielgebiets. Andererseits kann das Interesse der Touristen an der Kultur der Destination auch zu positiven Effekten führen: So kann es auch zu einer Steigerung des Selbstwertgefühls der Einwohner, zur Aufrechterhaltung und Wiederbelebung materieller und immaterieller kultureller Elemente und insgesamt zu einer Stärkung der kulturellen Identität kommen (Vorlaufer 1996, S. 201 ff.; Kagermeier 2016, S. 304).

Ohne dass eine vollständige Wiedergabe der Einzelwirkungen möglich ist, werden in Abb. 7.16 zahlreiche Beispiele für negative und positive Effekte des Tourismus auf

---

38 Freyer (2015, S. 602 ff.); Schrand (2008, S. 643 ff.); Aderhold et al. (2006, S. 31 ff.); Williams und Lew (2015, S. 130); ergänzt und verändert.

Kultur & Tradition: Veränderung im Zuge der Akkulturation mit Auswirkungen auf Architektur, Kunsthandwerk, Ernährung, Mode etc.:		
traditionelle Riten, Brauchtum, kulturelles Erbe	negativ: – Verlust kultureller Werte, ggf. Verlust der kulturellen Identität – Kommerzialisierung und Kommodifizierung, Authentizitätsverlust und ökonomische Motivationsstrukturen – Deformierung traditioneller Werte der Gastfreundschaft – Profanisierung des kulturellen Erbes – Folkloredarbietungen ohne traditionellen Sinnzusammenhang	positiv: – Wiederbelebung, Erhalt und Festigung traditioneller Riten, (religiösen) Brauchtums und des kulturellen Erbes (z. B. Tänze, Musik, Trachten) aufgrund der Aufwertung durch das Interesse der Touristen – positive Wahrnehmung der gastgebenden Kultur in der Welt
Kunsthandwerk	negativ: – Kommerzialisierung des Kunsthandwerks, Authentizitätsverlust – vereinfachte Massenproduktion („tourist art", „airport art") – Verlust an traditionellen künstlerischen Werten und neue Funktionalität (Aschenbecher, Brieföffner etc.)	positiv: – Förderung von Künstlern durch neue Nachfrager
Siedlungsstruktur & Ortsbilder	negativ: – Hinwendung zur Architektur städtischen, internationalen Stils – weniger einheimische Materialien – Beeinträchtigung und Zerstörung historisch gewachsener Ortsbilder	positiv: – Erhalt religiöser und traditioneller Bauwerke, Kulturpflege – Restaurierung historischer Gebäude, Denkmalschutz
Normen & Werte: Veränderung im Zuge der Akkulturation, Identitätsneudefinition; ggf. mit Folgen in Bezug auf:		
Sitte & Moralvorstellungen	– Prestige und sozialer Aufstieg durch Kontakte mit Touristen – genussorientiertes Verhalten der Touristen als Vorbild – Wandlung von Sitte und Moralvorstellungen – gelockerte Geschlechterbeziehungen – freizügiger Alkohol- und Drogenkonsum	
Kriminalität & Prostitution	– Restriktionen der Nachahmung (mangelnde Zeit und Finanzmittel, soziale Tabus) führen ggf. zum Anstieg von Kriminalität und Feindseligkeit, Diebstahl (Reiseziele als Tatorte mit vielen potenziellen Opfern), Einbruch, Gewalt-, Drogen- und Sexualdelikten – Prostitution als Einnahmequelle und Integrationsritus, Möglichkeit der Teilnahme am „Touristenleben", Zugehörigkeit zu privilegiertem Kreis, Sextourismus	
Sozialstruktur: Veränderung im Zuge neuer ökonomischer Möglichkeiten und Emanzipationschancen; ggf. mit Folgen für hierarchische Strukturen in Bezug auf:		
Familienstruktur	– durch neue Einkommensmöglichkeiten Veränderung der Autoritätsstrukturen – Generationskonflikte aufgrund von Wertänderungen der jüngeren Generation	
Stellung der Frau	– hohe Anzahl weiblicher Beschäftigter im Tourismus führt zur ökonomischen Selbstständigkeit und Unabhängigkeit – Veränderung der Besitz- und Machtstrukturen zwischen den Geschlechtern	
soziale Hierarchie der Berufe	– Beschäftigung im Tourismus wird tendenziell höher bewertet als Tätigkeit in der Landwirtschaft und Fischerei – Entstehung neuer gesellschaftlicher Schichten: im Tourismus beschäftigte angelernte Arbeiter mit engem Kontakt zu Touristen und z. T. hohem Sozialprestige, selbstständige Unternehmer durch neue Dienstleistungsangebote – Abwanderung in touristische Berufe (Arbeitskraftabzug aus trad. Berufen) – Migration aufgrund neuer ökonomischer Betätigungsfelder, Landflucht und Zuzug in touristische Zentren, Trennung von Familien, Auflösung von Familienstrukturen – Veränderung der Besitz-/Machtstrukturen, „Tourismusgewinner" und „-verlierer"	

Abb. 7.16: Beispiele für soziokulturelle Effekte des Tourismus in der Destination, insbesondere in Entwicklungsländern (Quelle: eigene Darstellung auf der Basis verschiedener Quellen[38])

die Bereiche der Kultur und Tradition, der Normen und Werte und der Sozialstruktur in der Destination zusammenfassend dargestellt.

7.5.4 Tourismusinduzierte Akkulturation

Abbildung 7.17 verdeutlicht, dass zahlreiche einzelne soziokulturelle Effekte des Tourismus zu einer umfassenden Wirkung zusammenfließen können.

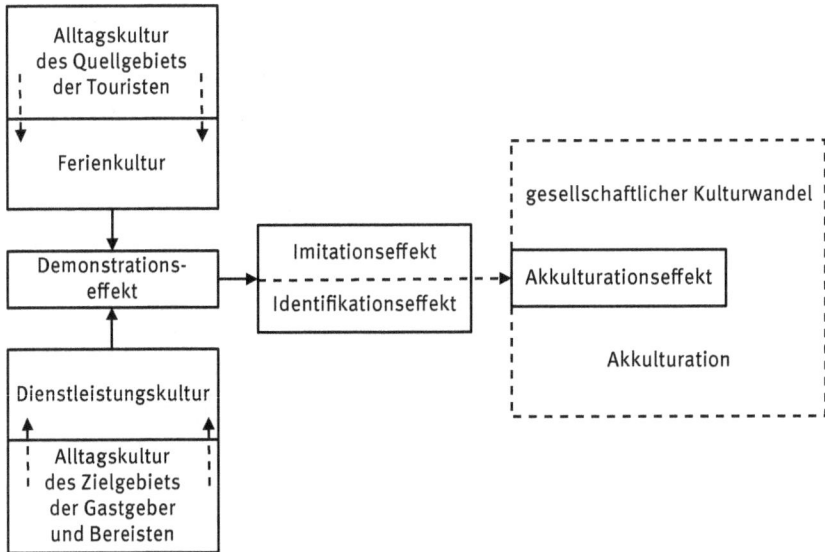

Abb. 7.17: Effekte des tourismusinduzierten Akkulturationsprozesses (Quelle: eigene Darstellung auf der Basis von Thiem 1994, S. 42 und Lüem 1985, S. 68).[39]

Die einzelnen Effekte können unter dem Begriff der Akkulturation zusammengefasst werden, womit die meist *wechselseitige Beeinflussung unterschiedlicher Kulturen* gemeint ist (Freyer 2015, S. 597). In touristischen Regionen läuft der Akkulturationsprozess allerdings überwiegend einseitig ab, da die Gesellschaften der Destinationen einer größeren Intensität des Kulturwandels unterliegen als die Gesellschaften in den Quellmärkten der Touristen (Vorlaufer 1984, S. 55).

Kulturen unterliegen einer ständigen Dynamik, und es gibt viele verschiedene Faktoren, die den jeweiligen Wandel mitbestimmen. Unstrittig ist, dass es unter Respektierung des Selbstbestimmungsrechts jeder Gesellschaft überlassen werden muss, wie sie sich weiterentwickeln will. Unstrittig ist zudem, dass auch der Tourismus einen Einflussfaktor des kulturellen Wandels darstellen kann. Offen bleibt nur, wie stark dieser Einfluss ist, da u. a. auch Medien (TV, Internet etc.), verbesserte

---

39 In Anlehnung an Schmude und Namberger (2015, S. 105).

Bildung, Industrialisierung und Entwicklungen der Kommunikations- und Informationstechnologie als Einflussfaktoren identifiziert werden können (Vorlaufer 1996, S. 203; Beyer 2017, S. 218). Gleichwohl kann der Tourismus Akkulturationsprozesse verstärken (Kagermeier 2016, S. 304) und teilweise wird ihm aufgrund des unmittelbaren Zusammentreffens von Einheimischen und Gästen in der Destination in dieser Hinsicht ein besonderes (Konflikt-)Potenzial zugesprochen (Strasdas 2017, S. 23).

In den Kontaktsituationen der Touristen und Einwohner werden gegenseitig die jeweiligen Verhaltensstile (der Ferien- und Dienstleistungskultur) „demonstriert". Das Resultat kann das Wecken latent vorhandener Bedürfnisse, gefolgt von der innerlichen Übernahme von Bestandteilen (Identifikationseffekt) und der äußerlichen Nachahmung bestimmter Elemente und Verhaltensweisen (Imitationseffekt) der anderen Kultur sein. Beim einzelnen Mitglied einer Gesellschaft entfaltet sich ein Akkulturationseffekt, der Bestandteil der Akkulturation im Sinne eines gesamtgesellschaftlichen Kulturwandels sein kann.

Die Ausprägung der soziokulturellen Effekte durch den Tourismus in der Destination hängt von zahlreichen unterschiedlichen Determinanten ab und das Verhältnis von Einwohnern und Touristen kann einer gewissen Dynamik unterliegen. Neben dem Anpassungsgrad der Besucher an die in der Destination vorliegende Kultur spielen das *Ausmaß des kulturellen Unterschieds* zwischen Quellregion und Destination sowie die *Geschwindigkeit der touristischen Entwicklung* eine Rolle. Hierbei wird angenommen, dass zwischen dem zahlenmäßigen Auftreten der Touristen und dem Touristentyp, differenziert nach der Anpassungsbereitschaft an die in der Destination bestehenden kulturellen Normen, ein Zusammenhang besteht (siehe Abb. 7.18).

7.5.5 Partizipation

In der Regel ist eine touristische Entwicklung der Destination, die dauerhaft gegen die Interessen der einheimischen Bevölkerung verläuft, nicht möglich. Der Tourismus ist auf die Unterstützung der Bevölkerung angewiesen. Aus dem umfassenden Einfluss des Tourismus auf den Lebensraum der einheimischen Bevölkerung in der Destination folgt das *Mitgestaltungsrecht*, indem die Einwohner am Planungsprozess der touristischen Entwicklung der Destination sowie bei der Umsetzung von Maßnahmen partizipativ eingebunden werden.

Die Beteiligung der Bevölkerung hat vielerorts eine hohe praktische Relevanz und bei der konkreten Ausgestaltung der Partizipation stehen eine ganze Reihe unterschiedlicher Instrumente und Möglichkeiten zur Auswahl (Herntrei 2014, S. 171 ff.; Beyer 2003, S. 82 ff.). Ursprünglich auf Arnstein (1969, S. 216) zurückgehend, können dabei – je nach Ausmaß der Integration der Bevölkerung in die Planungs- und Gestaltungsprozesse – verschiedene Stufen der Beteiligungsintensitäten unterschieden werden (siehe Abb. 7.19), wobei nicht alle Ansätze die partizipatorischen Ziele erfüllen können. Erst ab einer Beteiligung in Form einer interaktiven Partizipation werden die zu treffenden Entscheidungen kontrollierbar.

Touristentyp	Anzahl	Anpassung an örtliche Normen	Phasen des Verhältnisses der Einwohner zu Touristen
Entdecker	❑	vollständige Akzeptanz	**Phase der Euphorie:** • die wenigen Besucher sind willkommen • „persönliche" Kontakte • Gastfreundschaft z. T. als freies Gut, z. T. als zusätzliche Einkommensquelle • kaum Planung der touristischen Infrastruktur
Elite	❑❑	volle Anpassung	
unkonventioneller Typ	❑❑❑	gute Anpassung	
außergewöhnlicher Typ	❑❑❑❑❑	ein wenig Anpassung	
prototypischer Massentourist	●●●●●●	sucht westliche Annehmlich-keiten	**Phase der Apathie:** • Zahl der Touristen ist stark angestiegen • weniger Personen der Wohn-bevölkerung mit Touristen in Kontakt • Touristen gelten als Selbst-verständlichkeit, werden eher hingenommen als begrüßt • Beziehung zu den Touristen wird professionalisiert (persönliches wird von wirtschaftlichem Interesse überlagert)
Massentourist	●●●●●● ●●●●●●	erwartet westliche Annehmlich-keiten	**Phase der Belästigung:** • anhaltendes Wachstum des Touristenstroms • Überlastung der Infrastruktur (Verkehrsstaus etc.), Verringerung der Lebensqualität • Versuch der Kanalisierung der Touristenströme durch Infrastrukturplanung
Chartertourist	●●●●●● ●●●●●● ●●●●●●	verlangt westliche Annehmlich-keiten	**Phase der Gegnerschaft:** • Massenankünfte von Touristen • teilweise offenes Agieren gegen den Tourismus

Abb. 7.18: Phasen des Verhältnisses der Einwohner der Destination zu den Touristen (Quelle: Mundt 2013, S. 241 ff.).[40]

Zu den *Schlüsselfaktoren* eines bevölkerungspartizipativen Prozesses der touristi-schen Planung und Gestaltung gehören neben der Berücksichtigung der jeweilig vor-liegenden gesetzlichen und politisch-administrativen Rahmenbedingungen u. a. die Legitimation der Beteiligten, die Beachtung der Leistungsfähigkeit der Beteiligten und nicht zuletzt eine moderierte und durch Lernbereitschaft geprägte Kommunikation zwischen den Akteuren (Gustedt 2002, S. 41).

---

40 Mit Bezug auf Smith (1989), Doxey (1975) und Sharpley (1994). Die Phasen können in einer an-deren Reihenfolge oder verkürzt auftreten und der Massentourismus muss keinesfalls zwingend zu einer Phase der Gegnerschaft führen (Mundt 2013, S. 243).

Partizipationsstufe		Beschreibung
100	Selbstmobilisie-rung, Selbsthilfe	• Die Bevölkerung ergreift die Initiative bei der Veränderung ihrer Situation. • Diese Form von Mobilisation kann bestehende ungleiche Einkommensstrukturen und Machtverhältnisse infrage stellen.
	interaktive Partizipation	• Die Bevölkerung wird in einen interaktiven Analyseprozess einbezogen. • Dies führt zur Planung von Aktivitäten und Formierung oder Stärkung lokaler Institutionen. • Diese Gruppen kontrollieren lokale Entscheidungen, die Bevölkerung hat dadurch einen Einfluss auf Strukturen oder Aktivitäten.
	funktionelle Partizipation	• Die Bevölkerung bildet Gruppen, die die vom Projekt bestimmten Ziele verfolgen. • Die Einbeziehung der Bevölkerung erfolgt häufig erst, nachdem schon wesentliche Entscheidungen über Ziele und Strategie der Projekte gefällt worden sind. • Die Gruppen (oder Institutionen) sind relativ abhängig von den Projektinitiatoren, können im Laufe der Zeit aber unabhängig werden.
	Konsultation	• Die Bevölkerung wird gefragt, die Forscher hören die Ansichten an und verändern ggf. Ergebnisse. • Die Bevölkerung hat keinen Einfluss auf die Entscheidungen.
	Informations-abgabe	• Forscher stellen Fragen, die Bevölkerung antwortet. • Die Bevölkerung kann Einfluss auf den Ablauf der Befragung nehmen. • Die Ergebnisse werden nicht mitgeteilt und können deshalb nicht von allen Beteiligten auf Richtigkeit überprüft werden.
0	passive (Nutznießer-) Rolle	• Das Projektmanagement legt Ziele fest und entscheidet, was durchgeführt wird. • Die Bevölkerung wird nicht wahrgenommen, ihre Bedürfnisse werden nicht beachtet. • Informationen werden von außen erhoben und mitgeteilt.

Abb. 7.19: Beispiele für unterschiedliche Stufen der Beteiligungsintensität (Quelle: Beyer 2003, S. 38; leicht verändert)

7.6 Ökologische Effekte im Zielgebiet

7.6.1 Ökologisches Potenzial als Angebotsfaktor

Die wechselseitigen Beziehungen zwischen Tourismus und Ökologie sind nicht gleichgewichtig, da der Tourismus weit mehr von der ökologischen Umwelt profitiert als umgekehrt (Bandi Tanner und Müller 2019, S. 71). Zwar können auch positive Wirkungen des Tourismus angeführt werden – bspw. unterschiedliche Beitragsmöglichkeiten zur Finanzierung von Schutzgebieten (Dickhut 2017, S. 127 f.) oder eine Sensibilisierung für Umweltfragen bei Reisenden und der Destinationsbevölkerung (Schmude und Namberger 2015, S. 98 f.) – doch überwiegen die Gefahren negativer Folgen für die Ökologie.

Für viele Destinationen stellt die ökologische Umwelt die Grundlage der touristischen Anziehungskraft dar und für viele Touristen vermindern wahrnehmbare Belastungen der Umwelt die Attraktivität der Destination. Der dauerhafte ökonomische Erfolg der Destination hängt stark von der *Gästezufriedenheit* ab – die wiederum maßgeblich von der *Umweltqualität* mitbestimmt wird (Holden 2006, S. 364). Es wird deutlich, dass im Tourismus Potenziale der ökologischen Umwelt der Destination verkauft und freie Güter – wie Landschaft/Boden, Wasser, Luft – kommerziell genutzt und konsumiert werden (Müller 2007, S. 5). Der Tourismus „braucht und verbraucht Natur und Landschaft und greift dadurch gleichzeitig seine eigene Existenzgrundlage an" (Bandi Tanner und Müller 2019, S. 71). Die intakte ökologische Umwelt wird somit im Rahmen einer an der langfristigen Wettbewerbsfähigkeit der Destination ausgerichteten Tourismusentwicklung zum entscheidenden Produktions- und Erfolgsfaktor.

Für die einzelnen touristischen Marktsegmente kann die Natur als ökologischer Attraktionspunkt der Destination in ganz unterschiedlichem Maße von Relevanz sein (siehe Abb. 7.20). Die touristische Funktion der ökologischen Umwelt erschöpft sich dabei nicht mehr im klassischen Erholungsraum, sondern ist oftmals Voraussetzung

		Bedeutung der Natur als Attraktionspunkt der Reise			
		hoch ◄———————————————————————— niedrig			
		Naturschutz	Naturerlebnis	Sport und Abenteuer	Hedonismus (beiläufiges Naturinteresse)
hoch ▲ Maß an Individualität einer Reise	Individuell	wissenschaftliche Expedition	individuell geplante Vogelbeobachtung	klassischer Alpinismus	Besuch von Schutzgebieten und nahegelegenen kulturellen Attraktionen durch Rucksackreisende
	à la carte	von Parkverwaltungen organisierte Exkursion für Gastwissenschaftler	vor Ort gebuchte, geführte Wanderung zur Vogel- beobachtung	vor Ort gebuchte, geführte Klettersteigtour	kombinierter Natur-Kultur- Tagesausflug, gebucht bei lokalem Veranstalter
	kunden- spezifisch	Freiwilligenarbeit in Schutzgebieten	mit Spezialreise- veranstaltern geplante Reise für Hobby-Ornithologen	mit Spezialreise- veranstaltern geplante kundenspezifische Trekkingtour	maßgeschneiderte Studienreise in Kleingruppen zu natürlichen und kulturellen Attraktionen
nied- rig	pauschal	Freiwilligenarbeit in Schutzgebieten, gebucht als Pauschalangebot beim kommerziellen Reiseveranstalter	standardisierter Tagesausflug in Schutzgebiete als Element einer Pauschalreise (z. B. Strandurlaub)	Pauschal-, Wander-, Trekkingurlaub	Pauschalreise in größeren Gruppen zu natürlichen und kulturellen Attraktionen

Abb. 7.20: Die Natur als touristischer Attraktionspunkt (Quelle: Job et al. 2016, S. 33).[41]

41 Nach Arnegger et al. (2010, S. 923).

und Kulisse für Freizeitaktivitäten sowie Erlebnisinszenierungen (Tschurtschenthaler 2007, S. 165).

7.6.2 Wirkungsbeziehungen, Belastungsbeispiele

Für das Ausmaß der ökologischen Folgen des Tourismus in der Destination spielt eine Vielzahl von Faktoren eine Rolle. Häufig handelt es sich im Kern um ein quantitatives Problem – nämlich dann, wenn eine große Zahl von Touristen räumlich und zeitlich konzentriert zusammentrifft: Ständig ansteigende Touristenzahlen zeigen irgendwann die Grenzen der ökologischen Belastbarkeit auf. Wo diese Grenze liegt, hängt im besonderen Maße von der *Tragfähigkeit des Ökosystems* der Destination ab, sodass eine allgemeingültige Grenzziehung nicht möglich ist. Bei Zielgebieten mit relativ geringer Regenerationsfähigkeit der natürlichen Potenziale, z. B. Korallenriffe, Feuchtgebiete, Hochgebirge, Küsten, Meeresinseln, ist die maximale Tragfähigkeit entsprechend schnell erreicht.

Sowohl die Wechselbeziehungen zwischen Umwelt und Tourismus als auch die einzelnen Wirkungen des Tourismus auf die ökologische Umwelt in der Destination sind dabei so vielfältig, dass eine vollständige, systematisch-strukturierte Erfassung

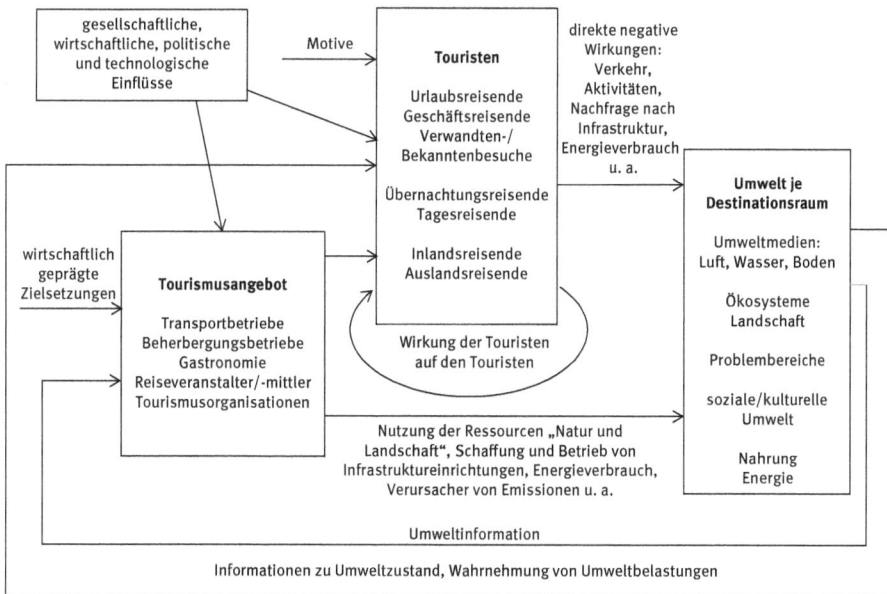

Abb. 7.21: Wechselbeziehungen zwischen Tourismus und Umwelt (Quelle: Hopfenbeck und Zimmer 1993, S. 67; verändert).[42]

---

42 Mit Bezug zu Pillmann (1992, S. 7).

und Darstellung nicht möglich ist. In Abb. 7.21 sind gleichwohl einige der wechselseitigen Beziehungen visualisiert.

Die ökologischen Belastungen können nach verschiedenen Kriterien differenziert werden; bspw. kann zwischen *Belastungen*[43]

– durch den touristischen *Verkehr* in der Destination (z. B. Schadstoffausstoß, Lärm, Energieverbrauch),

– durch die *Infrastruktur*, die in der Destination für den Tourismus aufgebaut, vorgehalten und unterhalten wird (z. B. Flächenverbrauch, Gewässerbelastung, Verlust der Biodiversität, Beeinträchtigung des Landschaftsbilds), und

– durch *Freizeitaktivitäten*, denen die Touristen in der Destination nachgehen (z. B. Wandern, Radfahren, Ski Alpin, Klettern, Tauchen),

unterschieden werden. In Abb. 7.22 sind exemplarische negative und positive Wirkungen nach Wirkungsbereichen zusammengefasst.

7.6.3 Ausgewählte Lösungsansätze

Einen Tourismus ganz ohne Beeinträchtigung der ökologischen Umwelt kann es wohl nicht geben (Klemm 1998, S. 79; Freyer 2015, S. 615). Im Mittelpunkt müssen somit Aktivitäten stehen, die die Umweltauswirkungen in der Destination insgesamt reduzieren und einzelne Wirkungen auf die Ökologie verhindern. Hierzu stehen im Rahmen der nachhaltigen Destinationsentwicklung verschiedene *Steuerungsinstrumente* zur Verfügung. Im Hinblick auf die konkreten Maßnahmen kann zwischen Maßnahmen der betrieblichen Ebene, Maßnahmen im Verkehrssektor und Maßnahmen zum Schutz der Umwelt differenziert werden (Steinecke und Herntrei 2017, S. 154 ff.):

– *Maßnahmen auf betrieblicher Ebene* umfassen bspw. die Vermeidung und sachgerechte Entsorgung von Abfällen, Sparmaßnahmen hinsichtlich Wasser- und Energieverbrauch, Umweltschutzmaßnahmen beim Bau und bei der Einrichtung von Gebäuden und Anlagen sowie die kontinuierliche Information von Mitarbeitern und Gästen.

– Im *Verkehrssektor* gehört die Reduzierung und Lenkung des Verkehrs auf regionaler und örtlicher Ebene zu den wichtigsten Maßnahmenfeldern, bspw. durch Verkehrsvermeidung oder -reduktion (insbesondere bei der An- und Rückreise, aber auch in der Destination) sowie eine zeitliche Verteilung, um bspw. Staus am Wochenende zu vermeiden.

– *Umweltschutzmaßnahmen* werden zumeist im Rahmen gemeinsamer Projekte von Tourismus- und Umweltverbänden und Behörden umgesetzt. Darüber hinaus können im Rahmen der tourismusbezogenen Umweltpolitik Maßnahmen wie die Berücksichtigung eines landschaftstypischen Baustils oder der ressourcenscho-

---

43 In Anlehnung an Job und Vogt (2004, S. 852 ff.) mit Bezug auf Hasse (1988, S. 15 ff.).

Wirkungs-bereich	Negative Effekte	Positive Effekte
1. Biodiversität	• Störung des Brut- oder Fütterverhaltens • Töten von Tieren als Freizeitbeschäftigung (Jagd) oder für Souvenirs • Verlust von Lebensraum und Veränderung der Zusammensetzung der Arten • Zerstörung der Vegetation bzw. Gefährdung von Flora und Fauna	• Förderung des Schutzes von Tierarten als Attraktionen • Einrichtung von Schutzgebieten, um die Touristennachfrage zu befriedigen • Pflege und Wiederherstellung von Lebensräumen und Ökosystemen
2. Erosion und physische Schäden	• Bodenerosion • Trittschäden • Überlastung der Infrastruktur (z. B. Wasservorrat) • Zerstörung von (Natur-)Denkmälern	• Tourismuseinnahmen zur Finanzierung von Reparaturen und Wiederherstellungsmaßnahmen • Verbesserung der Infrastruktur aufgrund der gestiegenen Nachfrage
3. Verschmutzung	• Wasserverschmutzung durch Abwasser, Müll, Kraftstoffe o. Ä. • Luftverschmutzung (z. B. durch Abgase) • Lärm (z. B. durch Fahrzeuge oder Attraktionen wie Bars) • Abfall	• Müllsammelprojekte, um die Anziehungspunkte attraktiv zu halten • Einführung von Mülltrennsystemen • Verbesserung des Abwassersystems
4. Ressourcen	• Verbrauch der Grundwasservorräte • Wassernutzung für Touristenzwecke (z. B. Schwimmbecken) • Verbrauch der örtlichen Kraftstoffquellen • Verbrauch des örtlichen Baumaterials	• Entwicklung neuer oder verbesserter Versorgungsquellen • Einführung von Wassersparmaßnahmen
5. Visuelle/strukturelle Veränderungen	• Landnutzung durch Tourismus (statt Landwirtschaft) • visuelle Beeinträchtigungen natürlicher und nicht natürlicher Landschaften durch die Tourismusentwicklung • Einführung neuer Architekturstile • Veränderungen städtischer Funktionen • Vergrößerung städtischer Bereiche • Landschaftszersiedelung und Flächenversiegelung	• Neue Nutzungsmöglichkeiten für abseits gelegene oder unproduktive Flächen • Verbesserung des Landschaftsbilds (z. B. durch Abriss von Bauruinen) • Regeneration oder Modernisierung der bebauten Umgebung sowie Wiederverwendung ungenutzter Gebäude • Bewahrung von Natur-/Kulturdenkmälern sowie lokaler Architekturstile

Abb. 7.22: Beispiele ökologischer Effekte des Tourismus in der Destination (Quelle: eigene Darstellung auf der Basis verschiedener Quellen[44])

---

44 Williams und Lew (2015, S. 112); Schmude und Namberger (2015, S. 98); Cooper und Hall (2013, S. 164); Hinterholzer und Jooss (2013, S. 21 f.).

nende Betrieb einer Einrichtung sowie über Instrumente wie Flächennutzungs- und Bebauungspläne Einfluss auf die Lage und die Ausprägung der privaten touristischen Infrastruktur ausgeübt werden (Job und Vogt 2004, S. 859).

Außerdem können Aktivitäten der *Besucherlenkung* und damit raum- und land- schaftsplanerische Ansatzpunkte zum Infrastrukturausbau und zur Zonierung (räum- liche Funktionstrennung) auch „sanfte" Maßnahmen umfassen, die über psycholo- gische Anreize oder Barrieren Effekte der Lenkung erzielen, ohne dass sie von den touristischen Nachfragern bewusst als Ordnungsmaßnahme wahrgenommen werden (Job 1991, S. 225 f.). Zwangsmaßnahmen der Besucherlenkung, mit denen sich Um- weltschutzerfordernisse konsequenter durchsetzen lassen, können dazu führen, dass die Touristen dies als Reduktion der Selbstbestimmungsmöglichkeiten empfinden und es zu einer Verminderung der mit der Raumnutzung verbundenen Bedürfnis- befriedigung kommt (z. B. Verringerung des wahrgenommenen Erholungswerts) (in Anlehnung an Eilzer 2007, S. 30).

Die angeführten Handlungsansätze zur Verminderung der ökologischen Folgen des Tourismus in der Destination dürfen jedoch nicht darüber hinwegtäuschen, dass es in hohem Maße in der *Eigenverantwortlichkeit* jedes einzelnen Touristen verbleibt, in welchem Maße er durch sein Verhalten am Reiseziel zu den ökologischen Belastun- gen beiträgt.

Literatur

Aderhold, Peter; Kösterke, Astrid; von Laßberg, Dietlind; Vielhaber, Armin (2006): Tourismus in Entwicklungsländern. Eine Untersuchung über Dimensionen, Strukturen, Wirkungen und Qua- lifizierungsansätze im Entwicklungsländer-Tourismus unter besonderer Berücksichtigung des deutschen Urlaubsreisemarktes. Ammerland.

Arnegger, Julius; Woltering, Manuel; Job, Hubert (2010): Toward a product-based typology for nature-based tourism: A conceptional framework. In: Journal of Sustainable Tourism 18(7), S. 915–928.

Bachinger, Monika; Pechlaner, Harald (2011): Netzwerke und regionale Kernkompetenzen: Der Ein- fluss von Kooperationen auf die Wettbewerbsfähigkeit von Regionen. In: Monika Bachinger; Harald Pechlaner; Werner Widuckel (Hg.): Regionen und Netzwerke. Kooperationsmodelle zur branchenübergreifenden Kompetenzentwicklung. Wiesbaden, S. 3–28.

Bär, Sören (2006): Ganzheitliches Tourismus-Marketing. Die Gestaltung regionaler Kooperationsbe- ziehungen. Wiesbaden.

Bandi, Monika (2012): Kultur- und Kongresszentren. Angebotscluster und ihre tourismus- und regio- nalökonomische Bedeutung. Bern.

Bandi Tanner, Monika; Müller, Hansruedi (2019): Grundkenntnisse Tourismus. Eine Einführung in Theorie, Markt und Politik. In: Bern (Berner Studien zum Tourismus Heft 61).

Baum, Tom; Lundtorp, Sven (2001): Seasonality in Tourism: An Introduction. In: Tom Baum; Sven Lundtorp (Hg.): Seasonality in tourism. Amsterdam, S. 1–5.

Becher, Manuel (2008): Entwicklung eines Kennzahlensystems zur Vermarktung touristischer Desti- nationen. Wiesbaden.

Beritelli, Pietro (2013): Governance touristischer Destinationen durch lokale Eliten. In: Thomas Bieger; Pietro Beritelli; Christian Laesser (Hg.): Nachhaltigkeit im alpinen Tourismus. Schweizer Jahrbuch für Tourismus 2012. Berlin, S. 13–24.

Beritelli, Pietro; Bieger, Thomas; Laesser, Christian (2007): Destination Governance. Using Corporate Governance Theories as a Foundation for Effective Destination Management. In: Journal of Travel Research 46(1), S. 96–107.

Beyer, Dörte (2017): Soziale und kulturelle Herausforderungen im Tourismus. In: Hartmut Rein; Wolfgang Strasdas (Hg.): Nachhaltiger Tourismus. Einführung. 2. Aufl., Konstanz, S. 205–239.

Beyer, Matthias (2003): Partizipation als Herausforderung für Tourismusprojekte in der Entwicklungszusammenarbeit. Handlungsempfehlungen für eine partizipative Projektarbeit. Ammerland.

Berg, Waldemar (2008): Gesundheitstourismus und Wellnesstourismus. München.

Bieger, Thomas (1996): Management von Destinationen und Tourismusorganisationen. München.

Bieger, Thomas (2001): Wirtschaftliche Nachhaltigkeit von Sportevents am Beispiel der Ski-WM 2003. In: Tourismus Journal 5(1), S. 77–96.

Bieger, Thomas (2008a): Management von Destinationen. 7. Aufl., München.

Bieger, Thomas (2008b): Destination. In: Wolfgang Fuchs; Jörn W. Mundt; Hans-Dieter Zollondz (Hg.): Lexikon Tourismus. Destinationen, Gastronomie, Hotellerie, Reisemittler, Reiseveranstalter, Verkehrsträger. München, S. 179–185.

Bieger, Thomas (2010): Tourismuslehre. Ein Grundriss. 3., überarbeitete Aufl., Bern.

Bieger, Thomas; Beritelli, Pietro (2013): Management von Destinationen. 8. Aufl., München.

Bieger, Thomas; Beritelli, Pietro; Laesser, Christian (2012): Die Destinations-Managementorganisationen (DMOS) der 3. Generation. Der nächste Entwicklungsschritt in den Schweizer Tourismusstrukturen. In: Thomas Bieger; Pietro Beritelli; Christian Laesser (Hg.): Wandel als Chance für den alpinen Tourismus. Schweizer Jahrbuch für Tourismus 2011. Berlin, S. 15–26.

Bieger, Thomas; Laesser, Christian (Hg.) (1998): Neue Strukturen im Tourismus. Der Weg der Schweiz. Bern.

Bleile, Georg (2000): Marktorientiertes Destinationsmanagement erfordert neue Organisationsform des Tourismus. In: Martin Fontanari; Knut Scherhag (Hg.): Wettbewerb der Destinationen. Wiesbaden, S. 101–114.

Bleile, Georg (2001): Neue Tourismus Landkarte „D". Leitfaden für marktorientiertes Destination-Management. Freiburg im Breisgau.

Bogenstahl, Christoph (2012): Management von Netzwerken. Eine Analyse der Gestaltung interorganisationaler Leistungsaustauschbeziehungen. Wiesbaden.

Bramwell, Bill; Lane, Bernard (2000): Collaboration and partnerships in tourism planning. In: Bill Bramwell; Bernard Lane (Hg.): Tourism, collaboration, and partnerships. Politics, practice, and sustainability. Clevedon, S. 1–19.

Bruhn, Manfred (2005): Kooperationen im Dienstleistungssektor. In: Joachim Zentes; Bernhard Swoboda; Dirk Morschett (Hg.): Kooperationen, Allianzen und Netzwerke. Grundlagen, Ansätze, Perspektiven. 2. Aufl., Wiesbaden, S. 1278–1301.

Buhalis, Dimitrios (2000): Marketing the competitive destination of the future. In: Tourism Management 21(1), S. 97–116.

Buhalis, Dimitrios; Cooper, Chris (1998): Competition or co-opetition? Small and medium sized tourism enterprises at the destination. In: Eric Laws; Herbert William Faulkner; Gianna Moscardo (Hg.): Embracing and managing change in tourism. International case studies. London, S. 324–346.

Butler, Richard W. (1980): The concept of a tourism area cycle of evolution: Implications for resources. In: Canadian Geographer 24(1), S. 5–12.

Butler, Richard W. (1994): Seasonality in tourism. Issues and problems. In: A. V. Seaton (Hg.): Tourism. The state of the art. Chichester, S. 332–339.

Chase, Lisa C.; Amsden, Benomi; Philipps, Rhonda G. (2012): Stakeholder Engagement in Tourism Planning and Development. In: Muzaffer Uysal; Richard R. Perdue; M. Joseph Sirgy (Hg.): Handbook of tourism and quality-of-life research. Enhancing the lives of tourists and residents of host communities. Dordrecht, S. 475–490.

Cooper, Chris; Hall, Colin Michael (2013): Contemporary tourism. An international approach. 2. Aufl., Oxford.

Crouch, Geoffrey I. (2006): Destination competitiveness: Insights into attribute importance. Paper International conference on trends, impacts and policies on tourism development. Heraklion.

Crouch, Geoffrey I.; Ritchie, J. R. Brent (1999): Tourism, Competitiveness, and Societal Prosperity. In: Journal of business research 44(3), S. 137–152.

Dettmer, Harald; Eisenstein, Bernd; Gruner, Axel; Hausmann, Thomas; Kaspar, Claude; Oppitz, Werner; Pircher-Friedrich, Anne Maria; Schoolmann, Gerhard (2005): Managementformen im Tourismus. München.

Dickhut, Heike (2017): Tourismus und Biodiversität. In: Hartmut Rein; Wolfgang Strasdas (Hg.): Nachhaltiger Tourismus. Einführung. 2. Aufl., Konstanz, S. 99–136.

DIW Econ GmbH; Institut für Management und Tourismus (IMT) der FH Westküste (IMT); dwif-Consulting GmbH (2017): Wirtschaftsfaktor Tourismus in Deutschland. Kennzahlen einer umsatzstarken Querschnittsbranche. Ergebnisbericht. Hg. v. Bundesministerium für Wirtschaft und Energie (BMWi), Berlin.

Dodds, Rachel; Butler, Richard (Hg.) (2019): Overtourism. Issues, realities and solutions. Berlin.

Domrös, Manfred (2003): Nachhaltige Fremdenverkehrsentwicklung durch Tourismus-Isolate auf den Malediven. In: Heike Egner (Hg.): Tourismus – Lösung oder Fluch? Die Frage nach der nachhaltigen Entwicklung peripherer Regionen. Mainz, S. 95–106.

Doxey, G. V. (1975): When enough's enough: the natives are restless in old Niagara. In: Heritage Canada 2(2), S. 26–27.

Dwyer, Larry (2002): Economic Contribution of Convention Tourism. Conceptual and Empirical Issues. In: Karin Weber; Kye-Sung Chon (Hg.): Convention tourism. International research and industry perspectives. New York, S. 21–35.

Eilzer, Christian (2007): Besucherleitsysteme. Entwicklung und Anwendung eines Instruments zu ihrer Bewertung. Dargestellt am Beispiel des Biosphärenreservats Rhön. München.

Eisenstein, Bernd (1995): Wirtschaftliche Effekte des Fremdenverkehrs. Trier.

Eisenstein, Bernd (2017): Urlaubstourismus. Auf der Suche nach dem Zauberort. In: Bernd Eisenstein; Rebekka Schmudde; Julian Reif; Christian Eilzer (Hg.): Tourismusatlas Deutschland. Konstanz, S. 26–27.

Eisenstein, Bernd (2018): Markenführung von Destinationen. Zwischen ökonomischem Nutzen, sozialer Konstruktion und Machbarkeit. In: Zeitschrift für Tourismuswissenschaft 10(1), S. 67–95.

Eisenstein, Bernd; Koch, Alexander (2015): Kooperative Destinationsentwicklung. Grundlagen – Nutzen – Hemmschwellen. In: Bernd Eisenstein; Christian Eilzer; Manfred Dörr (Hg.): Kooperation im Destinationsmanagement. Erfolgsfaktoren, Hemmschwellen, Beispiele. Frankfurt am Main, S. 9–60.

Eisenstein, Bernd; Marks, Nicola; Maschewski, Anja; Ruckpaul, Nina; Ryll, Claudia (2006): Entwicklung eines strategischen Erfolgskennziffernsystems im Tourismus (SET) (unveröffentlichter Projektbericht). Heide/Holstein.

Eisenstein, Bernd; Rast, Christian (2000): 10 Heider Thesen als Ansätze zur Veränderung der Strukturen im Deutschlandtourismus. In: Martin Fontanari; Knut Scherhag (Hg.): Wettbewerb der Destinationen. Erfahrungen, Konzepte, Visionen. Wiesbaden, S. 57–70.

Eisenstein, Bernd; Reif, Julian (2017): Saisonalität im Deutschlandtourismus. Problemzone Küste. In: Bernd Eisenstein; Rebekka Schmudde; Julian Reif; Christian Eilzer (Hg.): Tourismusatlas Deutschland. Konstanz, S. 112–113.

Eisenstein, Bernd; Reif, Julian; Schmücker, Dirk; Krüger, Manon; Weis, Rebekka (2019): Geschäftsreisen. Merkmale, Anlässe, Effekte. Konstanz.

Eisenstein, Bernd; Rosinski, André (2004): Ökonomische Effekte des Tourismus. In: Christoph Becker; Hans Hopfinger; Albrecht Steinecke (Hg.): Geographie der Freizeit und des Tourismus. Bilanz und Ausblick. 2. Aufl., München, S. 805–814.

Ferrante, Claudio Luigi (1994): Konflikt und Diskurs im Ferienort. Wirtschaftsethische Betrachtungen am Fallbeispiel Engelberg. Bern.

Flagestad, Arvid; Hope, Christine A. (2001): Strategic success in winter sports destinations. A sustainable value creation perspective. In: Tourism Management 22(5), S. 445–461.

Fischer, Elisabeth (2009): Das kompetenzorientierte Management der touristischen Destination. Identifikation und Entwicklung kooperativer Kernkompetenzen. Wiesbaden.

Freyer, Walter (2015): Tourismus. Einführung in die Fremdenverkehrsökonomie. 11. Aufl., Berlin.

von Friedrichs Grängsjö, Yvonne (2003): Destination networking. In: International Journal of Physical Distribution & Logistics Management 33(5), S. 427–448.

Fontanari, Martin; Scherhag, Knut (Hg.) (2000): Wettbewerb der Destinationen. Erfahrungen, Konzepte, Visionen. Wiesbaden.

Fürst, Dietrich (2013): Destination Governance. Ein neues Paradigma in der Steuerung von Destinationen? In: Anja Saretzki; Karlheinz Wöhler (Hg.): Governance von Destinationen. Neue Ansätze für die erfolgreiche Steuerung touristischer Zielgebiete. Berlin, S. 19–34.

Fuchs, Oliver (2007): Kooperation als strategisches Element regionaler Tourismusentwicklung. In: Raumforschung und Raumordnung 65(6), S. 502–513.

Fuchs, Oliver (2013): Destination Governance als Element strategischer Tourismusentwicklung. In: Anja Saretzki; Karlheinz Wöhler (Hg.): Governance von Destinationen. Neue Ansätze für die erfolgreiche Steuerung touristischer Zielgebiete. Berlin, S. 81–101.

Göttel, Sonja (2015): Chancen und Herausforderungen grenzüberschreitender Kooperationen im Tourismus. In: Bernd Eisenstein; Christian Eilzer; Manfred Dörr (Hg.): Kooperation im Destinationsmanagement. Erfolgsfaktoren, Hemmschwellen, Beispiele. Frankfurt am Main, S. 61–83.

Gustedt, Evelyn (2002): Partizipation in der Tourismusplanung. In: Jörg Borghardt; Lutz Meltzer; Stefanie Roeder; Wolfgang Scholz; Anke Wüstenberg (Hg.): ReiseRäume. Touristische Entwicklung und räumliche Planung. Dortmund, S. 31–41.

Haedrich, Günther; Klemm, Kristiane (2013): Strategische Planung in Destinationen. In: Heinz-Dieter Quack; Kristiane Klemm (Hg.): Kulturtourismus zu Beginn des 21. Jahrhunderts. Festschrift für Albrecht Steinecke. München, S. 93–104.

Hamm, Bernd (1982): Einführung in die Siedlungssoziologie. München.

Harrill, Rich (2012): Destination Management: New Challenges, New Needs. In: Tazim Jamal (Hg.): The Sage handbook of tourism studies. Los Angeles, S. 448–463.

Hasse, Jürgen (1988): Tourismusbedingte Probleme im Raum. In: Geographie aktuell & Schule 10(53), S. 12–18.

Heath, Ernie; Wall, Geoffrey (1992): Marketing tourism destinations. A strategic planning approach. New York.

Henkel, Gerhard (1993): Der Ländliche Raum. Gegenwart und Wandlungsprozesse in Deutschland seit dem 19. Jahrhundert. Wiesbaden.

Herle, Felix Bernhard (2008): Strategische Planung grenzenloser Destinationen: Vertikale und branchenübergreifende Erweiterung touristischer Regionen. Stuttgart.

Herntrei, Marcus (2014): Wettbewerbsfähigkeit von Tourismusdestinationen. Bürgerbeteiligung als Erfolgsfaktor. Wiesbaden.

Hinterholzer, Thomas; Jooss, Mario (2013): Social Media Marketing und -Management im Tourismus. Berlin.

Holden, Andrew (2006): Managing the environmental impacts of tourism. In: John G. Beech; Simon Chadwick (Hg.): The business of tourism management. Harlow, S. 359–375.

Hopfenbeck, Waldemar; Zimmer, Peter (1993): Umweltorientiertes Tourismusmanagement: Strategien, Checklisten, Fallstudien. Landsberg am Lech.

Jacobi, Friedrich (1996): Ansatzpunkte zur Bewertung von Kooperationen im Tourismus am Beispiel ausgewählter Ferienorte des Alpenraums. Bamberg.

Jamal, Tazim B.; Getz, Donald (1995): Collaboration theory and community tourism planning. In: Annals of Tourism Research 22(1), S. 186–204.

Job, Hubert (1991): Freizeit und Erholung mit oder ohne Naturschutz? Umweltauswirkungen der Erholungsnutzung und Möglichkeiten ressourcenschonender Erholungsformen. Bad Dürkheim.

Job, Hubert; Schamel, Johannes; Butzmann, Elias (2016): Besuchermanagement in Großschutzgebieten im Zeitalter moderner Informations- und Kommunikationstechnologien. In: Natur und Landschaft 91(1), S. 32–38.

Job, Hubert; Vogt; Luisa (2004): Freizeit/Tourismus und Umwelt: Umweltbelastungen und Konfliktlösungsansätze. In: Christoph Becker; Hans Hopfinger; Albrecht Steinecke (Hg.): Geographie der Freizeit und des Tourismus. Bilanz und Ausblick. 2. Aufl., München, S. 851–864.

Kagermeier, Andreas (2016): Tourismusgeographie: Einführung. Stuttgart.

Kagermeier, Andreas; Erdmenger, Eva (2019): Das Phänomen Overtourism. Erkundungen am Eisberg unterhalb der Wasseroberfläche. In: Julian Reif; Bernd Eisenstein (Hg.): Tourismus und Gesellschaft. Kontakte – Konflikte – Konzepte (Schriften zu Tourismus und Freizeit), S. 97–110.

Kaspar, Claude (1996): Die Tourismuslehre im Grundriss. 5. Aufl., Bern.

Kaspar, Claude (1998): Das System Tourismus im Überblick. In: Günther Haedrich; Claude Kaspar; Kristiane Klemm; Edgar Kreilkamp (Hg.): Tourismus-Management. Tourismus-Marketing und Fremdenverkehrsplanung. 3. Aufl., Berlin, S. 15–32.

Kaspar, Claude; Kunz, Beat R. (1982): Unternehmungsführung im Fremdenverkehr. Eine Grundlage für das Management von Hotels und Restaurants, Sportbahnen und -anlagen, Reisebüros, Kur- und Verkehrsbüros. Bern.

Klemm, Kristiane (1983): Methoden der Fremdenverkehrsplanung in der Bundesrepublik Deutschland. 2. Aufl., Trier.

Klemm, Kristiane (1998): Umwelt- und sozialverträglicher Tourismus – Rahmenbedingungen von Raumordnung, Regional- und Bauleitplanung. In: Günther Haedrich (Hg.): Tourismus-Management. Tourismus-Marketing und Fremdenverkehrsplanung. 3. Aufl., Berlin, S. 79–92.

Kösterke, Astrid (2000): Urlaubsreisen und interkulturelle Begegnung. Untersuchung zur Ansprechbarkeit der Deutschen auf Aspekte von interkultureller Begegnung im Urlaub unter besonderer Berücksichtigung von Jugendlichen und jungen Erwachsenen. Ammerland.

Krippendorf, Jost (1975): Die Landschaftsfresser: Tourismus und Erholungslandschaft – Verderben oder Segen? Bern.

Krippendorf, Jost (1980): Marketing im Fremdenverkehr. 2. Aufl., Bern.

Krippendorf, Jost (1986): Alpsegen Alptraum. Für eine Tourismus-Entwicklung im Einklang mit Mensch und Natur. Bern.

Laux, Silke (2012): Destinationen im globalen Wettbewerb – Kooperationsbildung als primäre Aufgabe eines zukunftsweisenden Destinationsmanagements. In: Jörg Soller (Hg.): Erfolgsfaktor Kooperation im Tourismus. Wettbewerbsvorteile durch effektives Stakeholdermanagement. Berlin, S. 13–28.

Laux, Silke; Soller, Jörg (2012): Kooperationsbildung als Erfolgsstrategie für touristische Unternehmen. In: Jörg Soller (Hg.): Erfolgsfaktor Kooperation im Tourismus. Wettbewerbsvorteile durch effektives Stakeholdermanagement. Berlin, S. 29–55.

Lüem, Thomas (1985): Sozio-kulturelle Auswirkungen des Tourismus in Entwicklungsländern. Ein Beitrag zur Problematik des Vergleiches von touristischen Implikationen auf verschiedenartige Kulturräume der Dritten Welt. Zugl. Dissertation, Universität Zürich (Anthropogeographie, 5), Zürich.

MacCannell, Dean (1973): Staged authenticity: Arrangements of social space in tourist settings. In: The American Journal of Sociology 79(3), S. 589–602.

Messner, Dirk (Hg.) (1995): Die Netzwerkgesellschaft. Köln.

Milano, Claudio; Cheer, Joseph M.; Novelli, Marina (2019): Overtourism. Excesses, discontents and measures in travel and tourism. Wallingford.

Möltgen-Sicking, Katrin; Winter, Thorben (2019): Governance: Begriff, Varianten, Steuerungsformen, Akteure und Rollen. In: Katrin Möltgen-Sicking; Thorben Winter (Hg.): Governance. Eine Einführung in Grundlagen und Politikfelder. Wiesbaden, S. 1–21.

Müller, Hansruedi (2007): Tourismus und Ökologie. Wechselwirkungen und Handlungsfelder. 3. Aufl., München.

Müller, Hansruedi (2008): Freizeit und Tourismus. Eine Einführung in Theorie und Politik. 11. Aufl., Bern.

Mundt, Jörn W. (2013): Tourismus. 4. Aufl., München.

Nilsson, Per Åke (2007): Stakeholder Theory. The Need for a Convenor. The Case of Billund. In: Scandinavian Journal of Hospitality and Tourism 7(2), S. 171–184.

Nordin, Sara; Volgger, Michael; Gill, Alison; Pechlaner, Harald (2019): Destination governance transitions in skiing destinations. A perspective on resortisation. In: Tourism Management Perspectives 31, S. 24–37.

Olsen, Kjell (2002): Authenticity as a concept in tourism research. In: Tourist Studies 2(2), S. 159–182.

Pechlaner, Harald (Hg.) (2002): Tourismuspolitik und Destinationsmanagement. Neue Herausforderungen und Konzepte. Bern.

Pechlaner, Harald (2003): Tourismus-Destinationen im Wettbewerb. Habilitationsschrift, Universität Innsbruck, Wiesbaden.

Pechlaner, Harald; Beritelli, Pietro; Volgger, Michael (2015): Introduction. Emerging Landscape of Destination Governance. In: Harald Pechlaner; Pietro Beritelli; Sabine Pichler; Mike Peters; Noel Scott (Hg.): Contemporary destination governance. A case study approach. Bingley, S. vii–xvi.

Pechlaner, Harald; Innerhofer, Elisa; Erschbamer, Greta (Hg.) (2019): Overtourism. Tourism management and solutions. Abingdon.

Pechlaner, Harald; Pichler, Sabine; Volgger, Michael (2013): Vom Destination Management zur Destination Governance – Steuerungsperspektiven im Spannungsfeld von Destination und Tourismusorganisation. In: Anja Saretzki; Karlheinz Wöhler (Hg.): Governance von Destinationen. Neue Ansätze für die erfolgreiche Steuerung touristischer Zielgebiete. Berlin, S. 63–80.

Pechlaner, Harald; Raich, Frieda (2008): Vom Entrepreneur zum „Interpreneur". Die Rolle des Unternehmers im Netzwerk Tourismus. In: Klaus Weiermair; Thomas Bieger (Hg.): Unternehmertum im Tourismus. Führen mit Erneuerungen. 2. Aufl., Berlin, S. 111–125.

Pechlaner, Harald; Weiermair, Klaus (Hg.) (1999): Destinations-Management. Führung und Vermarktung von touristischen Zielgebieten. Wien.

Pikkemaat, Birgit; Weiermair, Klaus (2007): Innovation through Cooperation in Destinations. First Results of an Empirical Study in Austria. In: Anatolia 18(1), S. 67–83.

Pillmann, Werner (1992): Umweltbezogene Systemanalyse der Wirkungen im Tourismus. In: Werner Pillmann; Susanne Predl (Hg.): Strategies for reducing the environmental impact of tourism. Proceedings. Vienna: International Society for Environmental Protection (ISEP), S. 3–10.

Pollermann, Kim (2013): Destination Governance aus empirischer Sicht. Analyse von tourismusbezogenen Governance-Arrangements und Schlussfolgerungen für die Praxis. In: Anja Saretzki; Karlheinz Wöhler (Hg.): Governance von Destinationen. Neue Ansätze für die erfolgreiche
Steuerung touristischer Zielgebiete. Berlin, S. 187–213.

Raich, Frieda (2006): Governance räumlicher Wettbewerbseinheiten. Ein Ansatz für die Tourismus-
Destination. Wiesbaden.

Reif, Julian; Müller, Sylvia (2017): Soziokulturelle Auswirkungen des Tourismus. In: Bernd Eisenstein;
Rebekka Schmudde; Julian Reif; Christian Eilzer (Hg.): Tourismusatlas Deutschland. Konstanz,
S. 104–105.

Ritchie, J. R. Brent; Crouch, Geoffrey I. (2000): The competitive destination. A sustainable perspective. In: Tourism Management 21(1), S. 1–7.

Ritchie, J. R. Brent; Crouch, Geoffrey I. (2003): The competitive destination. A sustainable tourism
perspective. Wallingford.

Saretzki, Anja (2007): Touristische Netzwerke als Chance und Herausforderung. In: Roman Egger;
Thomas Herdin (Hg.): Tourismus: Herausforderung: Zukunft. Wien, S. 275–293.

Saretzki, Anja (2010): Destination Building und Destination Branding als räumliche Konstruktions-
prozesse. In: Karlheinz Wöhler; Andreas Pott; Vera Denzer (Hg.): Tourismusräume: Zur soziokulturellen Konstruktion eines globalen Phänomens. Bielefeld, S. 271–294.

Saretzki, Anja (2013): Governance im Diskurs: Kommunikative Steuerung von Destinationen. In:
Anja Saretzki; Karlheinz Wöhler (Hg.): Governance von Destinationen. Neue Ansätze für die
erfolgreiche Steuerung touristischer Zielgebiete. Berlin, S. 155–184.

Saretzki, Anja; Wöhler, Karlheinz (2013a): Tourismus und Governance. Eine Einführung. In: Anja
Saretzki; Karlheinz Wöhler (Hg.): Governance von Destinationen. Neue Ansätze für die erfolgreiche Steuerung touristischer Zielgebiete. Berlin, S. 3–6.

Saretzki, Anja; Wöhler, Karlheinz (2013b): Governance statt Management oder: Management der
Governance. In: Anja Saretzki; Karlheinz Wöhler (Hg.): Governance von Destinationen. Neue
Ansätze für die erfolgreiche Steuerung touristischer Zielgebiete. Berlin, S. 35–60.

Scherer, Roland; Johnson, Julia; Strauf, Simone (2005): Die wirtschaftlichen Effekte einer UNESCO
Weltkulturlandschaft Bodensee. St. Gallen.

Scherer, Roland; Strauf, Simone; Bieger, Thomas (2002): Die wirtschaftlichen Effekte des Kultur-
und Kongresszentrums Luzern (KKL). Schlussbericht. St. Gallen.

Scherle, Nicolai (2006): Bilaterale Unternehmenskooperationen im Tourismussektor. Wiesbaden.

Smith, Valene L. (1989): Introduction. In: Valene L. Smith (Hg.): Hosts and Guests. The Anthropology
of Tourism. 2. Aufl., Philadelphia, S. 1–17.

Schmude, Jürgen; Namberger, Philipp (2015): Tourismusgeographie. 2. Aufl., Darmstadt.

Schrand, Axel (2008): Sozialverträglichkeit im Tourismus. In: Wolfgang Fuchs; Jörn W. Mundt; Hans-
Dieter Zollondz (Hg.): Lexikon Tourismus. München, S. 639–646.

Schuler, Alexander (2014): Management der Bildung und Veränderung von Destinationen. Ein pro-
zessorientierter Ansatz im Tourismus. Hamburg.

Schulz, Axel (2009): Verkehrsträger im Tourismus. Luftverkehr, Bahnverkehr, Straßenverkehr,
Schiffsverkehr. München.

Schuppert, Gunnar Folke (1989): Markt, Staat, Dritter Sektor – oder noch mehr? Sektorspezifische
Steuerungsprobleme ausdifferenzierter Staatlichkeit. In: Thomas Ellwein; Joachim Jens Hesse;
Renate Mayntz (Hg.): Jahrbuch zur Staats- und Verwaltungswissenschaft 1989. Baden-Baden,
S. 47–87.

Sharpley, Richard (1994): Tourism, tourists and society. Huntingdon.

Sheehan, Lorn; Ritchie, J. R. Brent; Hudson, Simon (2007): The Destination Promotion Triad. Understanding Asymmetric Stakeholder Interdependencies Among the City, Hotels, and DMO. In:
Journal of Travel Research 46(1), S. 64–74.

Scherhag, Knut (2003): Destinationsmarken und ihre Bedeutung im touristischen Wettbewerb. Köln.

Socher, K.; Tschurtschenthaler, Paul (2002): Destination Management – Die ordnungspolitische Perspektive und die Rolle flankierender Politikbereiche: Umwelt-, Raumordnungs-, Bildungs-, Verkehrs- und Kulturpolitik. In: Harald Pechlaner (Hg.): Tourismuspolitik und Destinationsmanagement. Neue Herausforderungen und Konzepte. Bern, S. 145–176.

Steinecke, Albrecht (2001): Markenbildung von Destinationen. Erfahrungen, Herausforderungen, Perspektiven. In: Thomas Bieger; Harald Pechlaner; Albrecht Steinecke (Hg.): Erfolgskonzepte im Tourismus. Marken – Kultur – Neue Geschäftsmodelle. Wien (Management und Unternehmenskultur, 5), S. 9–27.

Steinecke, Albrecht (2011): Tourismus. 2. Aufl., Braunschweig.

Steinecke, Albrecht; Herntrei, Marcus (2017): Destinationsmanagement. 2. Aufl., Konstanz.

Storbeck, Dietrich (Hg.) (1990): Moderner Tourismus. Tendenzen und Aussichten. 2. Aufl., Trier.

Strasdas, Wolfgang (2017): Einführung Nachhaltiger Tourismus. In: Hartmut Rein; Wolfgang Strasdas (Hg.): Nachhaltiger Tourismus. Einführung. 2. Aufl., Konstanz, München, S. 13–29.

Swarbrooke, John; Horner, Susan (2001): Business travel and tourism. Oxford.

Thiem, Marion (1994): Tourismus und kulturelle Identität. Die Bedeutung des Tourismus für die Kultur touristischer Ziel- und Quellgebiete. Bern.

Tamma, Michele (1999): Strategische Aspekte des Destinationsmanagements. In: Harald Pechlaner; Klaus Weiermair (Hg.): Destinations-Management. Führung und Vermarktung von touristischen Zielgebieten. Wien, S. 37–63.

Tschiderer, Franz (1980): Ferienortplanung. Eine Anwendung unternehmungsorientierter Planungsmethodik auf den Ferienort. Bern.

Tschurtschenthaler, Paul (1999): Destination Management/Marketing als (vorläufiger) Endpunkt der Diskussion der vergangenen Jahre im alpinen Tourismus. In: Harald Pechlaner; Klaus Weiermair (Hg.): Destinations-Management. Führung und Vermarktung von touristischen Zielgebieten. Wien, S. 7–35.

Tschurtschenthaler, Paul (2007): Tourismus und Landschaft der Alpen. Aktuelle Fragen zur nachhaltigen Nutzung der alpinen Landschaft. In: Roman Egger; Thomas Herdin (Hg.): Tourismus: Herausforderung: Zukunft. Wien, S. 161–176.

Ullmann, Sonja (2000): Strategischer Wandel im Tourismus. Dynamische Netzwerke als Zukunftsperspektive. Wiesbaden.

United Nations World Tourism Organization (UNWTO) (Hg.) (2014): Global Report on the Meetings Industry. Madrid.

Vanhove, Norbert (2018): The economics of tourism destinations. Theory and practice. 3. Aufl., London.

Velissariou, Efstathios (1991): Die wirtschaftlichen Effekte des Tourismus dargestellt am Beispiel Kretas. Eine empirische Untersuchung der unmittelbaren und mittelbaren wirtschaftlichen Wirkungen. Frankfurt am Main.

Volgger, Michael (2016): Umsetzungskompetenz als Erfolgsfaktor in Tourismusdestinationen. Wiesbaden.

Volgger, Michael; Pechlaner, Harald (2014): Requirements for destination management organizations in destination governance. Understanding DMO success. In: Tourism Management 41, S. 64–75.

Vorlaufer, Karl (1984): Ferntourismus und Dritte Welt. Frankfurt am Main.

Vorlaufer, Karl (1996): Tourismus in Entwicklungsländern. Möglichkeiten und Grenzen einer nachhaltigen Entwicklung durch Fremdenverkehr. Darmstadt.

Vorlaufer, Karl (2003): Tourismus in Entwicklungsländern. Bedeutung, Auswirkungen, Tendenzen. In: Geographische Rundschau 55(3), S. 4–13.

Walch, Siegfried (1999): Tourismusmanagement im Spannungsfeld wirtschaftlicher Effizienz und gesellschaftlicher Legitimation. In: Harald Pechlaner; Klaus Weiermair (Hg.): Destinations-Management. Führung und Vermarktung von touristischen Zielgebieten. Wien, S. 65–77.

Wall, Geoffrey; Mathieson, Alister (2006): Tourism. Change, impacts and opportunities. 2. Aufl., Harlow.

Williams, Stephen; Lew, Alan A. (2015): Tourism geography. Critical understandings of place, space and experience. 3. Aufl., Milton Park.

Wöhler, Karlheinz (1997): Marktorientiertes Tourismusmanagement. Leitbild, Nachfrage- und Konkurrenzanalyse. Berlin.

Wöhler, Karlheinz (2001): Tourismusmarketing. In: Dieter K. Tscheulin; Bernd Helmig (Hg.): Branchenspezifisches Marketing. Grundlagen – Besonderheiten – Gemeinsamkeiten. Wiesbaden, S. 189–202.

Woratschek, Herbert; Roth, Stefan; Pastowski, Sven (2003): Kooperation und Konkurrenz in Dienstleistungsnetzwerken. Eine Analyse am Beispiel des Destinationsmanagements. In: Manfred Bruhn; Bernd Stauss (Hg.): Dienstleistungsnetzwerke. Wiesbaden, S. 253–286.

World Tourism Organization (UNWTO) (2007): A Practical Guide to Tourism Destination Management. Madrid.

Wrona, Thomas; Schell, Heiko (2003): Globalisierungsbetroffenheit von Unternehmen und die Potenziale der Kooperation. In: Joachim Zentes; Bernhard Swoboda; Dirk Morschett (Hg.): Kooperationen, Allianzen und Netzwerke. Grundlagen, Ansätze, Perspektiven. 2. Aufl., Wiesbaden, S. 324–347.

Zeiner, Manfred; Sporer, Moritz (2017): Wirtschaftliche Effekte des Tourismus. In: Bernd Eisenstein (Hg.): Marktforschung für Destinationen. Grundlagen – Instrumente – Praxisbeispiele. Berlin, S. 117–192.

Axel Schulz

8 Informationsmanagement

Die Organisation einer Reise und das Reisen selbst sind immer mit besonderen Informations- und Kommunikationsbedürfnissen über räumliche Distanzen hinweg verbunden. Entsprechend stellt der Tourismussektor mit seinen verschiedenen Teilbranchen von jeher besondere Anforderungen an das persönliche und betriebliche Informationsmanagement, die immer wieder sowohl zu Innovationen der Informationstechnik als auch zu entscheidenden Verbesserungen und Neuerungen der touristischen Leistungsangebote geführt haben. Im nachfolgenden Gesamtmodell des Informationsmanagements im Tourismussektor (Abb. 8.1) werden die wichtigsten Akteure dargestellt.

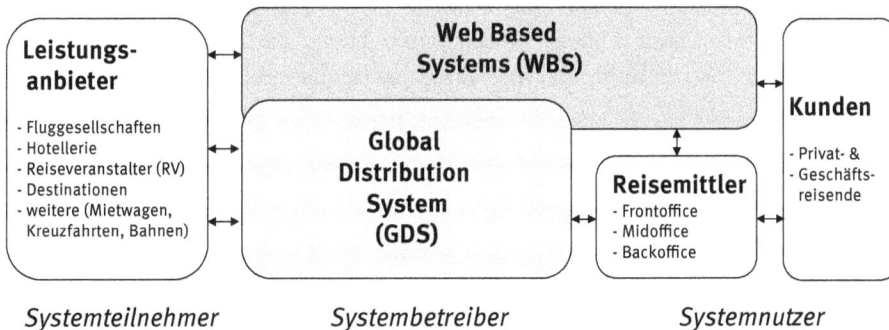

Abb. 8.1: Gesamtmodell des Informationsmanagements im Tourismus

- *Systemteilnehmer:* Die wichtigsten Leistungsanbieter der globalen Systeme sind die Linienfluggesellschaften, die die globalen Distributionssysteme ursprünglich entwickelt haben. Zur Vervollständigung des Angebots sind in einem zweiten Schritt die großen Hotel- und Mietwagenketten in die Systeme aufgenommen worden. Heute sind auch Reiseveranstalter, Schifffahrts- und Bahngesellschaften in den GDS vertreten. Billigfluggesellschaften sind jedoch aus Kostengründen zumeist nicht buchbar.
- *Systembetreiber:* Die globalen Distributionssysteme haben die Aufgabe der Produkt- und Tarifdarstellung sowie Reservierung der Reisedienstleistungen aller Systemteilnehmer. Hierzu verfügen die Systeme über ein Rechenzentrum und eine Kommunikationszentrale zur weltweiten Verbindung mit den Systemnutzern. Zudem erleichtern moderne Benutzeroberflächen die Benutzung der Systeme. Nach mehreren Konsolidierungen gibt es heute nur noch drei globale Systeme: Amadeus, Galileo/Travelport und Sabre.

https://doi.org/10.1515/9783110641219-008

– *Systemnutzer:* Auf der Nutzerseite sind v. a. die Reisemittler zu nennen. Deren Aufgabe ist es, alle Reisedienstleistungen an den Endkunden zu vermitteln. Heute sind auch Endkunden und Online-Reisebüros mithilfe von Web Based Systems (WBS) direkt mit den Leistungsanbietersystemen verbunden sowie an die globalen Distributionssysteme angeschlossen. Daher entfällt zunehmend der Informationsvorsprung der stationären Reisemittler.

8.1 Leistungsanbieter-Systeme

8.1.1 Flug-IT-Systeme

Die IT-Landschaft von Linienfluggesellschaften ist in den meisten Fällen über die letzten 50 Jahre gewachsen und besteht häufig aus einem sehr komplexen Umfeld von Systemen, mit denen die Kernprozesse einer Fluggesellschaft abgedeckt werden. Zum einen sind die eigenen Systeme einer Fluggesellschaft eng miteinander verbunden, zum anderen bewegen sich Fluggesellschaften in einem stark vernetzten Geschäftsumfeld, in dem eine Vielzahl von Datenflüssen stattfindet (Abb. 8.2).

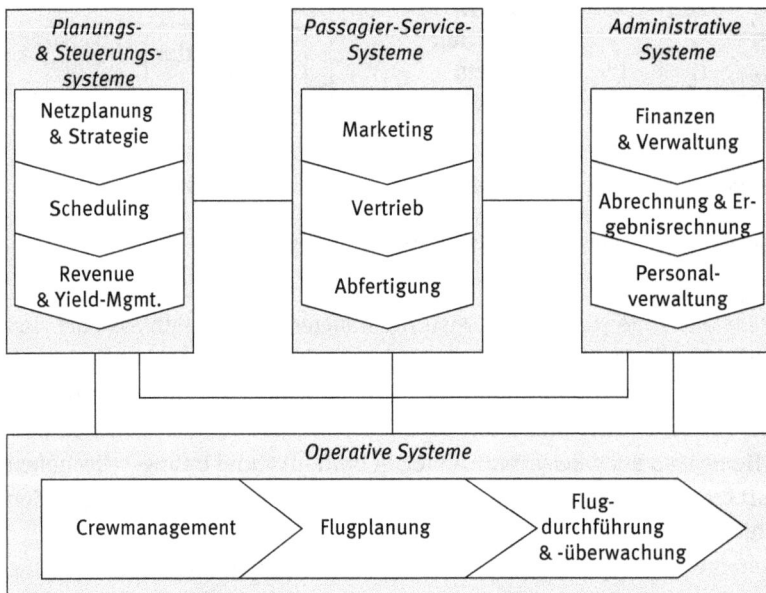

Abb. 8.2: IT-Systeme von Fluggesellschaften (Quelle: Kreczy 2015, S. 330)

Die Kernsysteme einer Fluggesellschaft lassen sich in vier große Bereiche unterteilen:
– *Planungs- und Steuerungssysteme,* die die Kernprozesse Netzplanung und Strategie, Scheduling (d. h. die Erstellung des Flugplans) und Yield-Management &

Pricing unterstützen. In diesem Bereich kommen in erster Linie Optimierungstools zum Einsatz, die eine Fluggesellschaft dabei unterstützen, die vorhandenen Ressourcen (Flugzeuge, Crew) möglichst ergebnisoptimal einzusetzen.

– Unter den Bereich *Passagier-Service-Systeme (PSS)* fallen alle Systeme, die eine Fluggesellschaft in den Bereichen Marketing, Vertrieb und Abfertigung unterstützen. Hierzu zählen IT-Applikationen, die den direkten Kundenkontakt unterstützen, wie bspw. Reservierungssysteme, Kundenverwaltungssysteme oder Abfertigungssysteme. Die Systeme in diesem Bereich sind durch eine große Menge an zu verarbeitenden Transaktionen und Daten sowie externen Schnittstellen geprägt.

– *Operative Systeme* decken die Prozesse rund um das Crewmanagement, die Flugplanung und die eigentliche Flugdurchführung und Überwachung ab. Die Kernaufgaben der IT in diesem Bereich liegen in der Steuerung und Überwachung aller flugnahen Prozesse wenige Tage vor und am Flugtag.

– Der Schwerpunkt der *administrativen Systeme* einer Fluggesellschaft liegt in der Analyse von Daten, der Abrechnung der erbrachten oder eingekauften Leistungen und der allgemeinen Verwaltung. Zu den Bereichen, die von diesen Systemen abgedeckt werden, zählen bspw. Finanzen und Verwaltung, Abrechnung und Ergebnisrechnung sowie die Personalverwaltung.

In ihrem Umfeld unterliegen Fluggesellschaften einer Vielzahl von gesetzlichen Vorschriften von Regierungen (Einreise- und Zollbestimmungen, Umwelt und Lärmschutz etc.) und Behörden (z. B. Luftraumüberwachung). Weitere Standards und Regeln werden durch Industrieverbände wie die International Air Transport Association (IATA) vorgegeben. Im Vertrieb kooperieren insbesondere Linienfluggesellschaften über Allianzen oder bilaterale Vereinbarungen. Darüber hinaus sind sie stark vernetzt mit ihren Kunden und ihren Vertriebspartnern (Reisebüros, Veranstalter, Distributionssysteme). Auch bei der eigentlichen Leistungserbringung arbeiten Fluggesellschaften mit verschiedenen anderen Unternehmen und Einrichtungen zusammen. So geschieht bspw. die Beschaffung und Wartung des Fluggeräts in enger Kooperation mit den Flugzeugherstellern und externen Wartungsgesellschaften, bei Start und Landung wird die Infrastruktur eines Flughafens genutzt und die Bodenprozesse (Abfertigung, Catering, Reinigung, Betankung) werden häufig durch externe Zulieferer übernommen (dazu vgl. Kreczy 2015).

8.1.2 Hotel-IT-Systeme

Ein Hotelmanagement-System (engl. Property Management System (PMS)) ist das zentrale Verwaltungssystem eines Beherbergungsbetriebs. PMS werden als PC-Applikation, als Client-Server-Lösung oder als Webapplikation und Application Service angeboten.

Im Hotelmanagement-System werden als Stammdaten alle Zimmer und belegbaren Räumlichkeiten (Tagungsräume) des Hotels verwaltet (Abb. 8.3). Dabei können

Frontoffice-Funktionen (Rezeption – direkter Kundenkontakt):

Reservierung	Check-in	Logis, Bewirtung, Services	Check-out
- Zimmer-/Tagungs-raumverwaltung - Gästekartei - Einzel- und Gruppen-reservierungen - Kontingentverwaltung - Belegungsübersicht	- Reservierungskartei - Anreiseliste - Zimmerbelegung - elektron. Schlüssel-/Kartenverwaltung - Meldewesen	- Gästekontoverwaltung, autom. Leistungsverbuchung - Mitteilungen für die Gäste - Auftragsmanagement für Hausdamen, Haustechnik, Zimmerservice etc. - Tagungsraummanagement	- Abreiseliste - Rechnungsstellung - Zahlung - Fundsachen - Beschwerden & Kundenzufriedenheit

Midoffice-Funktionen (Vorgangsbearbeitung, Marketing, Vertrieb):

- Angebotserstellung (Textbausteine)
- Deposit-Verwaltung (Wiedervorlage)
- Abrechnung von Veranstaltungen und Gruppen
- Belegungsstatistiken, Event-Kalender
- Pflege der Tarife & Verfügbarkeiten => *Yield-Management*
- Verbuchung von Leistungsbelegen auf Gastkonten
- Mahnwesen
- Zielgruppenorientierte Serienbriefe aus Gästekartei
- Pflege und Auswertung Kundenpräferenzen/Interaktionen für Kundenbeziehungsmanagement => *CRM*

Backoffice-Funktionen (kein Kundenkontakt – Rechnungswesen):

- Kassen- und Tagesabschluss
- Provisionsabrechnung
- Finanzbuchhaltung (FIBU)
- Lohn- und Gehaltsbuchhaltung und -abrechnung
- Personalverwaltung (inkl. Krankenversicherung)
- Controlling: Kosten-& Leistungsrechnung, Ergebnis

Schnittstellen zu anderen Systemen:
- Central-Reservation-System, ADS, ...   - Kassensysteme im Haus   - Telefonanlage/Hotel-TV
- Schließsysteme/Minibar   - Warenwirtschaft   - ext. FIBU-, Personal-, Controlling-Softwarepakete ...

Abb. 8.3: Aufbau eines Hotelmanagement-Systems (Quelle: Goecke 2010, S. 80)

sämtliche spezifischen Merkmale wie Ausstattung, Zimmerstatus, Preiskategorien, Raten, Minimal- und Maximalbelegung einer Zimmerkategorie etc. eingegeben und gepflegt werden. Der klassische Geschäftsprozess beginnt mit Reservierungsanfragen von Kunden, die von der Reservierungszentrale oder der Rezeption im PMS eingegeben, bzgl. der Verfügbarkeit geeigneter Räume geprüft, ggf. bestätigt und als Bewegungsdaten in die Reservierungskartei des PMS übernommen werden.

Beim Check-in werden der Reservierung konkrete Zimmer der geforderten Kategorie zugeordnet und ein Gastkonto, bei Reisegruppen auch ein Gruppenkonto, eröffnet. Auf dem Gastkonto kann das Hotelmanagement-System über Schnittstellen zu anderen Hotelsystemen (Kassensysteme, Hotel-Telefonanlage, Hotel-TV, Automaten, Zugangs- & Schließsysteme usw.) sämtliche Umsätze, die ein Gast während des Aufenthalts im Hause tätigt, automatisch sammeln und für die Gesamtrechnung beim Check-out saldieren. Fehlen diese Schnittstellen, muss die Eingabe der Umsätze regelmäßig auf der Basis entsprechender Belege aus den Servicebereichen manuell erfolgen. Die Vernetzung des PMS mit anderen Hotelsystemen ermöglicht *Automatisierungen* und erleichtert die *Koordination:* Über die Hotel-TV- oder -Telefonanlage kann ein PMS z. B. Mitteilungen von der Rezeption an Gäste oder an das Hauspersonal übermitteln. Haustechnik- und Reinigungsmitarbeiter können über mobile und stationäre Terminals Nachrichten über Aufträge, Übersichten über den Zimmerstatus (sauber, schmutzig, berührt, reparaturbedürftig etc.) oder Bearbeitungsprioritäten abfragen und Rück- oder Fertigmeldungen kommunizieren.

Der Schwerpunkt eines Hotelmanagement-Systems ist traditionell der Einsatz an der Rezeption mit direktem Kundenkontakt. Hier kann man die Funktionen Reservierung, Check-in, Logis & Bewirtung sowie Check-out als *Frontoffice-System* zusammenfassen. Jedoch reicht die Funktionalität heutiger Hotelmanagement-Systeme aufgrund ihrer Vernetzung und des integrierten Zugriffs auf alle Kunden-, Reservierungs- und Rechnungsdaten in alle Bereiche des Hotelmanagements inkl. Mid- und Backoffice. Eine *Midoffice-Funktion* ist bspw. die automatisierte Kontrolle des Eingangs der bei einer Reservierung im Frontoffice vereinbarten Deposit-Zahlung durch das Hotelmanagement-System. Hotelmanagement-Systeme unterstützen wie Kassensysteme, die sie z. T. sogar durch ähnliche Funktionen ersetzen, den Kassenabschluss und den Tagesabschluss als Datenkommunikationspunkt zum *Backoffice*. Für den Tagesabschluss sollten bei den meisten Systemen zunächst alle noch offenen integrierten oder vernetzten Kassen geschlossen werden. Alle noch unklaren Vorgänge und Reservierungen (No-Shows, offene Check-outs etc.) werden zur Umbuchung, Stornierung oder weiteren Klärung angezeigt. Dann werden alle je Kasse, Bediener, Schicht etc. gespeicherten Transaktionsdaten für die Finanzbuchhaltung (FIBU) und das Rechnungswesen ausgegeben bzw. überspielt und geeignete Listen und Betriebsstatistiken für das Management erstellt. Schließlich wird typischerweise das Datum fortgeschrieben, und es werden alle Konten und Listen für den neuen Tag aktualisiert, was insbesondere die Aufbuchung einer weiteren Übernachtung auf die Konten der übernachtenden Gäste beinhaltet.

Mit elektronischen Distributionssystemen tauscht das Frontoffice-Modul eines Hotelmanagement-Systems Vakanz- und Reservierungsdaten zum Hotelvertrieb aus. Manche PMS bieten eigene Module für FIBU, Rechnungswesen und Personalverwaltung zur integrierten Unterstützung des Backoffice an, andere PMS bieten Schnittstellen zu entsprechender Backoffice-Standardsoftware an (vgl. Goecke 2015).

8.1.3 Reiseveranstalter-Systeme

Reiseveranstalter befinden sich in der touristischen Wertschöpfungskette zwischen den Leistungsträgern, von denen sie Einzelleistungen beziehen, und den Reisemittlern, die die vom Veranstalter zu Pauschalangeboten gebündelten Reisen an die Endkunden vertreiben. Entsprechend zeichnet sich das Informationsmanagement der Reiseveranstalter neben der Unterstützung der internen Prozesse der Reiseproduktion insbesondere durch *hohe Anforderungen an die Schnittstellen* zur Integration vor- und nachgelagerter Partner und Prozesse aus (Abb. 8.4).

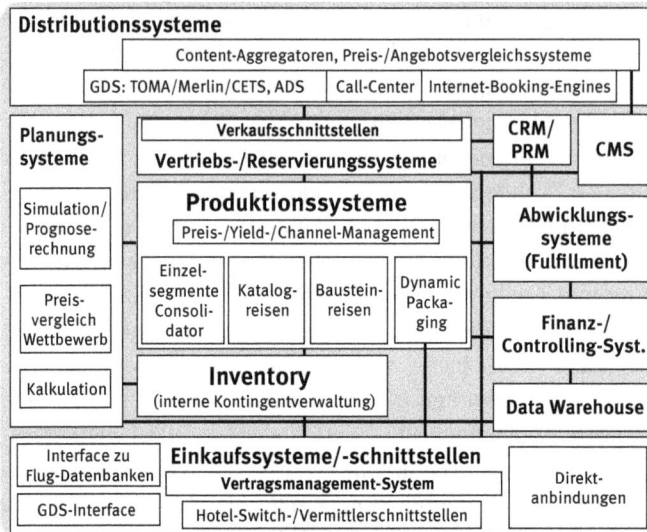

Abb. 8.4: IT-Systeme der Reiseveranstalter (Quelle: Goecke/Weithöner 2015, S. 442)

Als *Haupt-Funktionsmodule* lassen sich bei Veranstaltern die Planungssysteme, die Einkaufssysteme, die Systeme des Inventory zur Verwaltung eingekaufter Kontingente, die Produktionssysteme, die Content-Management-Systeme (CMS), die Reservierungs- und Distributionssysteme, die Abwicklungssysteme (Fulfillment), die Personal-, Finanz- und Controlling-Systeme (Enterprise-Management-Systeme ERP) sowie die Systeme des Kunden- bzw. Partner-Beziehungsmanagements (Customer/Partner Relationship Management (CRM/PRM)) unterscheiden. Sie unterstützen und automatisieren neben den innerbetrieblichen Prozessen die Geschäftsprozesse in den Schnittstellen mit den vor- und nachgelagerten Partnern der touristischen Wertschöpfung (vgl. Goecke und Weithöner 2015, S. 442 ff.).

8.1.4 Destinationsmanagement-Systeme

Aufgabe des Destinationsmanagements ist die umfassende, destinationsweite Integration und Gestaltung der touristischen Informationen, Angebote und Services zur Förderung und Vermarktung der Tourismusregion. Die Vielzahl der Kooperationspartner und die heterogene IT-Struktur erschweren die Integration erheblich. Im Allgemeinen soll ein umfassendes Destinationsmanagement-System *folgende Funktionen* erfüllen:

– repräsentative Integration der touristischen Informationen, Angebote und Services mit einheitlichen Standards

- Aufbau von Informations-, Beratungs- und Vermittlungssystemen bzw. Koordination der Beteiligung an entsprechenden Systemen, die die Destination als Einheit repräsentieren, mit einheitlichen Verfahrens-, Abwicklungs- und Abrechnungsstandards und -prozessen
- Entwicklung destinationsweiter, übergreifender Serviceangebote (z. B. elektronische Kur-/Touristenkarten-Systeme mit Mehrwerten)
- Unterstützung des Kundenbindungsmanagements, des Marketing-Controllings und der Marktforschung

Wesentlich ist hierbei eine ortsübergreifende, *destinationsweite Kooperation*, die unterschiedlichen Ansprüche und Kooperationsbedingungen der Leistungsträger, insbesondere der Unterkunftsanbieter berücksichtigt. Leider sind die Beherbergungsbetriebe oftmals nicht bereit, den Tourismusorganisationen rechtlich verbindliche Buchungs- und Vermittlungsberechtigungen zu übertragen. Sie fürchten bspw. einen für sie anonymen Buchungsprozess und behalten sich selbst den verbindlichen Geschäftsabschluss vor. Der Gast wendet sich dann zur Reservierung an einen ausgewählten Vermieter. Falls die Tourismusorganisation die Vermittlung im Gästeauftrag durchführt und vertraglich basiert dem Leistungsträger Provisionen berechnet, entsteht das Geschäftsmodell eines Reisemittlers, das den Einsatz eines Destinationsmanagement-Systems (mit reduzierter Funktionalität) rechtfertigen kann.

In einer erweiterten Kooperationsstufe stellen die Leistungsträger dem Destinationsmanagement verbindliche Angebote (Kontingente und Preise) zur Vermittlung zur Verfügung, sie behalten sich aber das Recht zur Eigenbelegung vor. Die Tourismusorganisation kann sofort verbindlich buchen, bestätigen und abrechnen. Sie arbeitet im Status eines Reisemittlers mit der Möglichkeit, die Prozesse im Rahmen eines IT-basierten Destinationsmanagement-Systems (DMS) zu automatisieren.

Zur elektronischen Integration und zur Unterstützung oder automatisierten Durchführung dieser Aufgaben werden datenbankbasierte IT-Systeme, Destinationsmanagement-Systeme (DMS) eingesetzt. Sie sind die informationstechnologische Basis zur Unterstützung und Automatisierung der Geschäftsprozesse einer Destination bzw. ihrer Tourismusorganisation(en). Ein DMS muss diese heterogenen Bedingungen in jener Weise abbilden können, wie sie in einer Destination durch die Anforderungen, Rechte und Pflichten der Kooperationspartner im Rahmen der Geschäftsprozesse erforderlich sind (zu diesem Kapitel vgl. Weithöner 2015, S. 301 f.).

8.2 Globale Distributionssysteme

Für die Buchung von Reisedienstleistungen kommen heute v. a. branchenspezifische Systeme zum Einsatz. Ein globales Distributionssystem (GDS) ist ein Medium, mit dem Reisebüros und Endkunden Informationen und Vakanzen abfragen sowie Kundendaten und Leistungen erfassen und verarbeiten können. Typischerweise handelt es sich um Systeme, die eine (informations-)logistische Funktion wahrnehmen. Sie halten aktuelle Informationen über alle verfügbaren Leistungsanbieter bereit und verfügen über die notwendige Infrastruktur zur Datenübermittlung. Diese Systeme übernehmen für die Distribution der Dienstleistungen Aufgaben, die im Bereich der Sachgüter z. B. von Speditionen geleistet werden, nämlich den Transport der Ware (bzw. das Anrecht auf eine Dienstleistung), wobei sie die räumliche Distanz zwischen Produzenten und Absatzmittler bzw. Konsumenten überwinden. Somit können bestehende globale Distributionssysteme zunächst als *Bündel von Infrastrukturmaßnahmen* angesehen werden, die interessierten Anbietern von touristischen Dienstleistungen zur Nutzung angeboten werden. Ähnlich einem leeren Supermarkt wird eine Verkaufsfläche in Form von Speicher- und Kommunikationsmedien zur Verfügung gestellt. Die Leistungsanbieter können nun, indem sie ihre Daten in das GDS einspeisen, diese leeren Regalflächen füllen.

8.2.1 Grundfunktionen & Gesamtmodell

Alle Arten von Reisevertriebssystemen beinhalten die nachfolgenden vier Grundfunktionalitäten (Abb. 8.5): Produktdarstellung, Reservierung, Tarife sowie Benutzeroberfläche & Kommunikation.

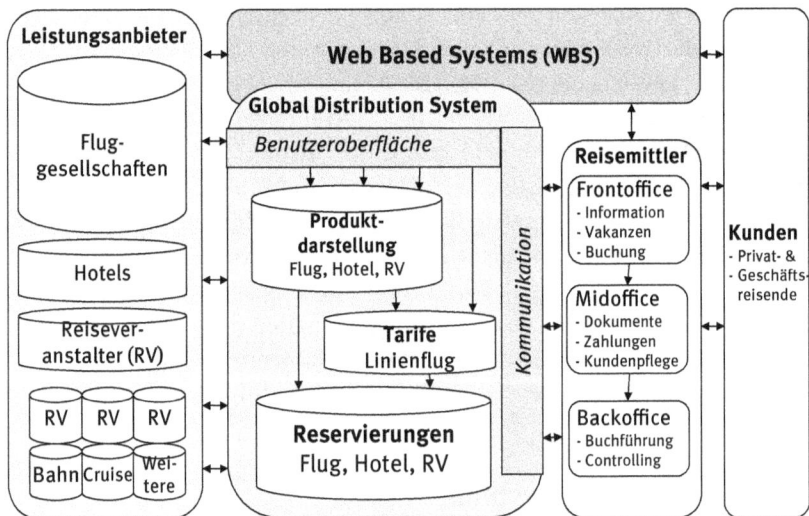

Abb. 8.5: Gesamtmodell globales Distributionssystem

Produktdarstellung

Die wichtigste Informationsaufgabe eines Distributionssystems ist die Präsentation der Produkte bzw. Dienstleistungen der verschiedenartigen Leistungsanbieter. Für jede Gruppe von Anbietern (insbesondere Flug, Hotel, Mietwagen und Reiseveranstalter) gibt es eigene Bildschirmanzeigen, deren Inhalte auf die Komplexität des Angebots und spezifische Leistungsmerkmale abgestimmt sind. Die Beschreibungsbedürftigkeit des Produkts „Linienflug" ist vergleichsweise gering, da die Abflugs- und Ankunftszeit, die Wegstrecke, die Verfügbarkeit einzelner Buchungsklassen sowie evtl. der Flugpreis für eine neutrale Produktbeschreibung ausreichend sind. Die Produkte anderer Leistungsanbieter (Hotel, Mietwagen und Reiseveranstalter) benötigen wesentlich umfangreichere Informationen. So ist für ein Hotelangebot die textbasierte Beschreibung durch den Preis, die Größe des Bettes und die ungefähre Lage des Hotels allein nicht sehr aussagekräftig. Eine multimediale Aufbereitung der Information wird in den globalen Distributionssystemen erst seit Kurzem zur Verfügung gestellt.

Tarife/Tickets

Die Tarifdarstellung ist abhängig von der Art und Komplexität des Leistungsangebots. Im Flugbereich gibt es eine große Anzahl unterschiedlicher Tarife, abhängig von Passagiertyp, Buchungsklasse, Zeitpunkt der Reise, Buchungszeitpunkt, Route und Länge des Aufenthalts. Entsprechend müssen die Flugpreise bei Reisen mit mehreren Zwischenstopps individuell vom System berechnet werden, wobei sich alle Tarife laufend verändern können. Bei den anderen Leistungen (Hotel, Mietwagen und Pauschalreisen) sind die Preise hingegen eher unflexibel, sodass sie zumeist ein integrierter Bestandteil der Produktdarstellung sind. Für das Ticketing wurden dem Reisemittler in der Vergangenheit Blankoflugtickets abgezählt zur Verfügung gestellt, die erst nach direkter Bestätigung durch den Leistungsanbieter bedruckt wurden. Heute verzichtet man im Flugbereich auf die Erstellung von Ticketunterlagen, sondern speichert die relevanten Flugdaten lediglich in Form eines elektronischen Tickets (E-Ticketing) ab. Der Kunde muss sich dann beim Check-in ausweisen, um das Ticket verwenden zu können. Der Ausdruck von weiteren Reiseunterlagen wird von den meisten Systemen nur unvollkommen unterstützt; so kann der Reisebüromitarbeiter bei einer Hotel- oder Mietwagenbuchung lediglich einen unverbindlichen Voucher erstellen.

Reservierung

Der zentrale Kern und Grund für die Entwicklung aller Reservierungssysteme ist die Reservierung der angebotenen Reiseleistungen. Hierzu wird üblicherweise für jeden Passagier bzw. jede zusammengehörende Gruppe von Passagieren ein sog. *Passenger Name Record* (PNR) aufgebaut, in dem alle kundenabhängigen Leistungsinformationen abgespeichert werden.

Benutzeroberfläche & Kommunikation

Durch die zunehmende Konkurrenzsituation wurden die Betreiber der Systeme gezwungen, neben den drei unabdingbaren Komponenten eines Distributionssystems weitere *Zusatzdienstleistungen* anzubieten. Zuerst wurden weitere Reiseinformationen und Zusatzleistungen integriert: Klimatabellen, Messehinweise, Einreisebestimmungen, Veranstaltungskalender etc. Schließlich wurde die *Benutzerführung* erheblich verbessert, um auch dem ungeübten Benutzer den leichten Einstieg in den Reservierungsablauf zu ermöglichen. Hierbei werden zunehmend moderne Benutzeroberflächen eingesetzt. Besonders der Schulungsaufwand für die Reisebüroexpedienten wird so minimiert.

Neben den Grundfunktionalitäten bildet ein *Hochgeschwindigkeitsnetz* für die Datenübertragung den zweiten Pfeiler der GDS. Es verbindet das System mit den Leistungsanbietern auf der einen und den Reisemittlern auf der anderen Seite. Die Anbindung der Reisebüros erfolgt in Europa zumeist über Schnittstellen zu den kooperierenden nationalen Systemen, wobei deren Netzwerkinfrastruktur verwendet wird.

8.2.2 Entwicklungslinien

In den Anfangsphasen der zivilen Luftfahrt waren Flugbuchungen sehr zeitintensiv. Aufgrund der geringen Anzahl der Flüge und Nachfrager sowie der wenig unterschiedlichen Tarife reichte es vollständig aus, dass die Fluggesellschaften ihre Flug- und Tarifinformationen in einer einfachen Broschüre oder in Zeitungsanzeigen veröffentlichten. Mit der zunehmenden Popularität des Fliegens kam es zu einer Vielfalt von Flugverbindungen und Tarifen. Verschiedene neutrale Unternehmen (z. B. Official Airline Guide (OAG)) publizierten nun Kataloge, die die Tarife und Flugpläne aller Fluggesellschaften enthielten. Die Reservierung war jedoch sehr umständlich und zeitaufwendig. Zudem führten die manuellen Systeme aufgrund von Unstimmigkeiten häufig zu Über- und Unterbuchungen und damit zur geringen Auslastung der Flüge. Ab Mitte der 1950er-Jahre kam es zu einem weltweiten Anstieg des Luftverkehrs. Die gleichzeitige Zunahme des Leistungspotenzials der elektronischen Datenverarbeitung ermöglichte nun die Entwicklung von computergestützten Informations- und Reservierungssystemen.

Im Rückblick kann man *drei Entwicklungsphasen* voneinander unterscheiden, die die Evolutionsstufen der Systeme verdeutlichen. Im ersten Schritt entwickelten einige amerikanische Fluggesellschaften interne computergestützte Airline-Reservierungssysteme (ARS), die die internen Arbeitsabläufe vereinfachen und die Zuverlässigkeit der Buchungen erhöhen sollten. In diesen internen Systemen waren jedoch nur die eigenen Flugverbindungen buchbar. Im Rahmen der Deregulierung des amerikanischen Luftverkehrsmarkts 1978 wurden in einem zweiten Schritt die internen Systeme auch den Reisebüros und weiteren Leistungsträgern, nämlich anderen Fluggesellschaften sowie Hotelbetreibern und Mietwagenfirmen zur Verfügung gestellt. So entstanden die ersten branchenweiten Computer-Reservierungssysteme (CRS). Diese Systeme wurden kontinuierlich weiterentwickelt und an die Bedürfnisse der Reisemittler angepasst. Im dritten Schritt kam es durch staatliche Vorgaben bezüglich der diskriminierungsfreien Darstellung aller Systemteilnehmer zu einer Weiterentwicklung in Richtung neutraler globaler Distributionssysteme (GDS) (Abb. 8.6).

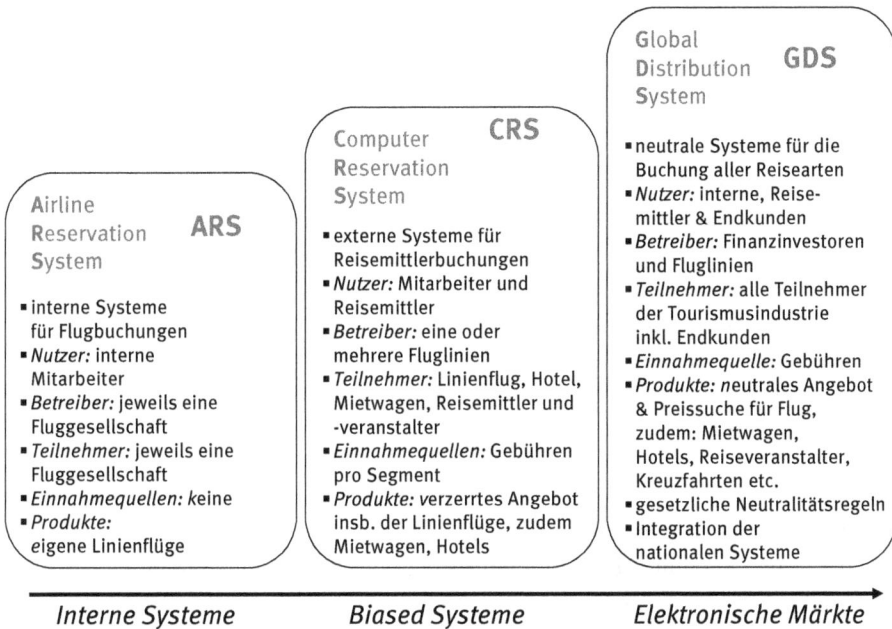

Airline Reservation System **ARS**

- interne Systeme für Flugbuchungen
- *Nutzer:* interne Mitarbeiter
- *Betreiber:* jeweils eine Fluggesellschaft
- *Teilnehmer:* jeweils eine Fluggesellschaft
- *Einnahmequellen:* keine
- *Produkte:* eigene Linienflüge

Computer Reservation System **CRS**

- externe Systeme für Reisemittlerbuchungen
- *Nutzer:* Mitarbeiter und Reisemittler
- *Betreiber:* eine oder mehrere Fluglinien
- *Teilnehmer:* Linienflug, Hotel, Mietwagen, Reisemittler und -veranstalter
- *Einnahmequellen:* Gebühren pro Segment
- *Produkte:* verzerrtes Angebot insb. der Linienflüge, zudem Mietwagen, Hotels

Global Distribution System **GDS**

- neutrale Systeme für die Buchung aller Reisearten
- *Nutzer:* interne, Reisemittler & Endkunden
- *Betreiber:* Finanzinvestoren und Fluglinien
- *Teilnehmer:* alle Teilnehmer der Tourismusindustrie inkl. Endkunden
- *Einnahmequelle:* Gebühren
- *Produkte:* neutrales Angebot & Preissuche für Flug, zudem: Mietwagen, Hotels, Reiseveranstalter, Kreuzfahrten etc.
- gesetzliche Neutralitätsregeln
- Integration der nationalen Systeme

Interne Systeme   *Biased Systeme*   *Elektronische Märkte*

Abb. 8.6: Entwicklungslinien ARS, CRS und GDS

Wettbewerbsverzerrungen

Einige Fluggesellschaften (insbesondere American Airline und United Airlines) hatten in der Anfangszeit der Reservierungssysteme eine Doppelrolle als Systemteilnehmer und als Systembetreiber. Diese Fluglinien missbrauchten ihre Marktmacht, um ihre Konkurrenten zu benachteiligen und die Nachfrage möglichst auf die eigenen Verbindungen zu steuern. Eine beliebte Strategie war die Beeinflussung der Darstellungsreihenfolge der einzelnen Flugverbindungen (engl. Biased Display). Auch heute noch wird ein Großteil aller Buchungen von der ersten Bildschirmseite getätigt (ca. 30 % von der ersten Bildschirmzeile und ca. 80 % von der ersten Bildschirmseite). In den ersten Jahren wurden daher die Systembetreiber immer an erster Stelle angezeigt. Um diese massive Wettbewerbsbeeinflussung zu verhindern, wurden in Amerika und Europa gesetzliche Neutralitätsregeln aufgestellt. Die Europäische Kommission stellte

1989 den sog. *Code of Conduct* auf. Die darin geregelten Regulierungsbestimmungen sind in den nachfolgenden Kriterien strukturiert:

– *Neutralität:* Flug- und Preisinformationen sind neutral („unbiased") darzustellen. Systembetreiber dürfen ihre eigenen Flugverbindungen in keiner Weise bevorzugen. Die Reihenfolge der Darstellung ist in Europa nach festen Regeln vorgeschrieben.

– *Zugangsberechtigung:* Alle Fluggesellschaften müssen auf Wunsch in die Systeme aufgenommen werden und zu gleichen Bedingungen neutral dargestellt werden. Zudem müssen die Kosten der Benutzung für alle Systemteilnehmer nach einheitlichen Kriterien aufgeteilt werden.

– *Teilnahmeverpflichtung:* Fluggesellschaften, die gleichzeitig Systembetreiber und Systemteilnehmer sind, müssen ihre Flugverbindungen in allen Distributionssystemen darstellen.

– *Vertragsregulierungen:* Die Verträge mit den Systemnutzern (insbesondere den Reisebüros) sind für alle Nutzer zu gleichen Bedingungen zugänglich und müssen faire Ausstiegsklauseln beinhalten. Zudem dürfen die Systembetreiber den Systemnutzern keine exklusive Nutzung des eigenen Systems vorschreiben.

– *Marketing-Daten:* Alle Fluggesellschaften bekommen zu gleichen Konditionen Zugang zu Marketing-Daten. Diese Daten werden von den Fluggesellschaften für die Analyse von Flugplanung und Yield-Management verwendet.

Nach diesen Wettbewerbsregeln ist es allerdings immer noch möglich, dass bei Code-Share-Flügen der gleiche Flug mehrere Male auf dem Bildschirm angezeigt wird: einmal unter der Flugnummer der durchführenden und noch einmal unter der der Partnerfluggesellschaft(en). Dadurch werden andere Flüge auf der ersten Seite weiter nach unten bzw. auf die Folgeseiten verdrängt, bei denen die Buchungswahrscheinlichkeit nur noch gering ist (Mundt 2008).

In der EU wird die Lockerung oder Abschaffung des Code of Conduct zurzeit diskutiert. In den USA ist ein entsprechender Kodex bereits ersatzlos gestrichen worden. Mit der Abschaffung dieser Wettbewerbsregeln sind die Fluggesellschaften nicht mehr gezwungen, ihre Flugverbindungen mithilfe der GDS zu vermarkten, sie können den Kostenfaktor der hohen GDS-Gebühren somit vermeiden.

Globale Distributionssysteme (GDS)

Durch die Formulierung und Umsetzung der Neutralitätsregeln verloren die Systeme ihre strategische Bedeutung als Waffe im Wettbewerb. Die Systemeigner konnten ihre Marktposition durch den Besitz eines Systems nicht mehr beeinflussen bzw. verbessern. In der Folgezeit konzentrierten die Linienfluggesellschaften ihren Wettbewerb auf die Bildung *strategischer Allianzen* (Star Alliance, Oneworld und Skyteam). Die Reservierungssysteme standen daher nicht mehr im Mittelpunkt der Unternehmensausrichtungen und konnten sich zu eigenständigen, marktfähigen Unternehmen entwickeln, die der touristischen Wertschöpfungskette eine neue Stufe hinzufügten. Aus den bestehenden Computer-Reservierungssystemen entwickelten sich so unmerklich neutrale globale Distributionssysteme (GDS). Folgende Eigenschaften kennzeichnen heute diese Systeme:

- *Eigentumsverhältnisse:* Die globalen Distributionssysteme sind nicht mehr im Besitz einer Fluggesellschaft, sondern überwiegend im alleinigen Besitz neutraler Gesellschaften aus der Finanzbranche. Diese neuen Systemeigner verfolgen bei ihrer Unternehmensausrichtung keine strategischen bzw. manipulativen Interessen mehr, sondern vertreten eine strikte Fokussierung auf Renditeziele.
- *Systembeteiligte:* Aufseiten der Nachfrage sind die stationären Reisemittler nicht mehr die einzigen Kunden der Distributionssysteme, hinzu kamen weitere Vertriebskanäle und insbesondere Endkunden mit Zugriff aus dem Internet. Auf der Angebotsseite sind neben Flug, Hotel und Mietwagen auch Reiseveranstalter, Kreuzfahrtgesellschaften und Bahnen mit ihrem Leistungsangebot in die Systeme integriert. Lediglich die Billigfluggesellschaften sind in den Systemen aus Kostengründen nur in wenigen Fällen buchbar.
- *Produktpalette:* Das klassische Leistungsangebot der Systeme beinhaltet Linienflüge sowie internationale Hotel- und Mietwagengesellschaften. Besonders der Flugbereich generiert auch heute noch den größten Teil des Umsatzvolumens. Neben der Verfügbarkeitsdarstellung gewinnt die vergleichende Produktsuche mithilfe von weiteren Kriterien (Ticketpreis, Standort des Hotels etc.) eine immer größere Bedeutung. Zusätzlich ist im deutschsprachigen Markt der Bereich der Reiseveranstalter von Bedeutung.
- *Verbreitungsgrad:* Die globalen Distributionssysteme sind weltweit tätig, wobei die geografische Abdeckung v. a. in Europa und Nordamerika sehr hoch ist. In diesen Regionen werden allerdings auch die höchsten Umsätze der Tourismusindustrie erwirtschaftet.

8.2.3 Überblick Systembetreiber

Weltweit werden heute v. a. die drei globalen Distributionssysteme Amadeus, Sabre und Travelport eingesetzt. Die Zukunft der Systeme ist noch ungeklärt, da die Vertriebs- und Kostenmodelle der Systeme nicht mit den Vorstellungen und veränderten Marktbedingungen der Fluggesellschaften (z. B. Konkurrenz durch Billigflug, Internetvertrieb, Provisionsstreichungen) zusammenpassen.

Amadeus

1987 wurde das globale Distributionssystem Amadeus von Air France, Iberia, SAS und Lufthansa gegründet. Ein Grund dafür war die drohende Vormachtstellung der amerikanischen globalen Systeme im Bereich der Linienflugbuchungen. Mit Amadeus ist ein internationales GDS auf europäischer Basis entstanden, das v. a. für die Flugbuchungen der europäischen Linienfluggesellschaften konzipiert wurde. Der Hauptsitz der Gesellschaft Amadeus IT Group S.A. ist in Madrid, wo die Bereiche Finanzen, Marketing, Personal und Unternehmensstrategie untergebracht sind. Das Rechenzentrum wurde in Erding bei München gebaut und die Produktentwicklung ist in Sophia Antipolis bei Nizza angesiedelt. Hinzu kommen Marketing- und Vertriebsgesellschaften in ca. 70 Ländern. Amadeus ist heute in Europa, Nordamerika, Lateinamerika und Afrika sowie im Mittleren Osten und in Asien vertreten. Neben den ca. 100.000 Reisebüros verwenden einige Fluggesellschaften Amadeus gleichzeitig auch als internes Reservierungssystem. Populäres Beispiel hierfür ist British Airways, die einen großen Teil ihrer IT-Systeme zu Amadeus ausgelagert hat. Amadeus bietet als globales Distributionssystem vorwiegend Leistungen in den Bereichen Flug, Hotel und Mietwagen. Der Bereich der Flugbuchungen dominiert allerdings die gesamte Systemarchitektur.

In Deutschland konnte sich Amadeus Germany zum *bedeutendsten Reisevertriebssystem* entwickeln und bietet heute ein umfangreicheres Angebot als alle anderen Systeme. Wie andere nationale Systeme weist auch Amadeus Germany eine hohe Marktdurchdringung im Heimatmarkt auf.

Im geänderten Wettbewerbsumfeld definiert Amadeus eine auf Diversifikation ausgerichtete Unternehmensstrategie. Sie sieht sowohl die Marktsicherung im Kernmarkt als auch Wachstum in weiteren Märkten vor. Wesentliche Bestandteile der Strategie sind ein starker Ausbau des Corporate-Geschäfts für das Business Travel Management (B2B), die Absicherung und Optimierung des Leistungsträgergeschäfts durch die Ausweitung des Inventarmanagements sowie Check-in und eine zukunftsweisende Ausrichtung des Angebots für Endverbraucher (B2C). Somit sind auch die *Geschäftsfelder* klar definiert: Leistungsträger, Reisemittler und Unternehmen (Corporates) sowie Endkunden.

Sabre
Das computergestützte Reservierungssystem Sabre wurde als erstes internes Reservierungssystem von der Fluggesellschaft American Airlines bereits 1959 gegründet. Ziel war es, die bisherigen handgeschriebenen Reservierungen durch Lochkarten zu ersetzen. Das interne Platzbuchungssystem wurde bereits 1960 erfolgreich eingeführt, die ersten externen Terminals wurden jedoch erst 16 Jahre später in US-Reisebüros installiert. Das Rechenzentrum von Sabre steht in Tulsa/Oklahoma, USA. Sabre ist das *führende amerikanische GDS* und wird weltweit von mehr als 56.000 Reisebüros genutzt. Das System bietet ein umfangreiches Leistungsangebot, das besonders auf den amerikanischen Markt zugeschnitten ist. Zudem verwenden einige *Eisenbahngesellschaften*, z. B. Amtrak sowie die staatliche französische SNCF-Gesellschaft mit ihren TGV-Schnellzügen, die Technik von Sabre. Im Jahr 2000 wurde Sabre unabhängig von der Fluggesellschaft American Airlines und erwarb in den folgenden Jahren verschie-

dene Beteiligungen an Internetportalen (travelocity, lastminute.com, getthere etc.). Schließlich wurde auch Sabre 2007 von einer Finanzgesellschaft übernommen.

1986 eröffnete Sabre sein erstes europäisches Büro. Der wichtigste Schlüssel für den Erfolg im deutschen Markt war die Übernahme der Firma Dillon Communications Systems, Entwickler des touristischen Systems *Merlin*, im Jahr 2003. Dadurch war Sabre in der Lage, den deutschen Reisebüros einen Zugriff auf die Reservierungssysteme der Reiseveranstalter anzubieten, und erreichte einen Marktanteil von 30 % bei deutschen Reisebüros. *Hauptkundenkreis* von Sabre Merlin ist das touristisch orientierte Reisebüro, das eine Alternative zu Amadeus Germany sucht. Teure Standleitungen zum Rechenzentrum in Hamburg werden nicht angeboten, vielmehr erfolgt die gesamte Datenübertragung mittels ISDN-Leitungen oder Internet. Verkaufsargumente sind v. a. die vergleichsweise geringen Kosten und die einfache Bedienung. In der Merlin-Maske können Pauschalreisen, Ferienhäuser, Busreisen, Charterflüge, Mietwagen, Versicherungen und Kreuzfahrten gebucht werden. Insgesamt stehen die wichtigsten Anbieter online zur Verfügung. Flugbuchungen sind über eine Schnittstelle zu Sabre möglich. Mit der integrierten grafischen Benutzeroberfläche kann Sabre Merlin per Maus bedient werden. Der (ungeübte) Benutzer muss nicht mehr alle Formate kennen, um das System professionell bedienen zu können. Shortcuts und grafische Masken reduzieren die Anzahl der Tastatureingaben und beschleunigen den Verkaufsvorgang.

Neben dem Buchungsvorgang werden beim Reisemittler auch Managementinformationssystem-Komponenten unterstützt. Wesentliche Daten werden automatisch in eine Datenbank übernommen. Einfache Auswertungen von Kundendaten, deren Reisen und Hobbys sowie Umsätze mit einzelnen Veranstaltern können dargestellt werden. Schließlich werden integrierte Mid- und Backoffice-Funktionen angeboten.

Die GDS-Dienste von Sabre sind unter der Marke *Sabre Travel Network* zusammengefasst. Stationäre Reisebüros, das Geschäftsreisemanagement in Reisebüros und Unternehmen sowie Online-Reisemittler finden im Portal *mySabre* ein umfassendes Angebot an GDS-Diensten zur Buchung von Flügen, Hotels, Mietwagen und Zugtickets.

Travelport

Das ursprüngliche GDS Galileo wurde 2001 an die amerikanischer Finanzgruppe Cendant veräußert und 2006 an den Finanzinvestor Blackstone Group weiterverkauft. Zudem wurde nach Freigabe durch die Kartellaufsichtsbehörden in den USA und der EU Mitte 2007 der Galileo-Mitbewerber Worldspan übernommen. Heute wird der gesamte Bereich der Reisedienstleistungen unter dem Firmennamen Travelport vermarktet. Das Unternehmen ist außer in Amerika im Wesentlichen im Mittleren Osten und in Afrika sowie in Asien und im pazifischen Raum vertreten. In *Europa* hält Travelport einen Marktanteil von ca. 30 %, in vielen kleineren Ländern ist Travelport Marktführer. Neben den Fluggesellschaften können in Travelport ca. 115 deutsche Reiseveranstalter abgerufen und gebucht werden. Auch die Endbenutzer können über Online-Portale wie Orbitz, ebookers, ratestogo usw. auf Galileo zugreifen.

8.2.4 Kosten- und Vergütungsmodelle

Die Systemkosten der globalen Distributionssysteme (Abb. 8.7) basieren auf der Anzahl von Buchungen und Transaktionen, die über das System getätigt werden. Als Kennzahl dienen die gebuchten Segmente. Ein Segment bezeichnet eine einzelne Reiseleistung. Dabei kann es sich um einen über das System gebuchten Flug (Hin- und Rückflug sind zwei Segmente), eine Hotelübernachtung oder einen Mietwagen handeln. Das Besondere am Kostenmodell der GDS ist allerdings, dass sowohl die Leistungsträger als Anbieter von Reiseleistungen als auch die Reisemittler als Nachfrager für die Nutzung der Reservierungssysteme zahlen müssen. Die Kosten für die Reisemittler sinken jedoch mit zunehmender Nutzung bzw. steigender Zahl an Buchungen, da pro Buchung eine Rückzahlung erfolgt.

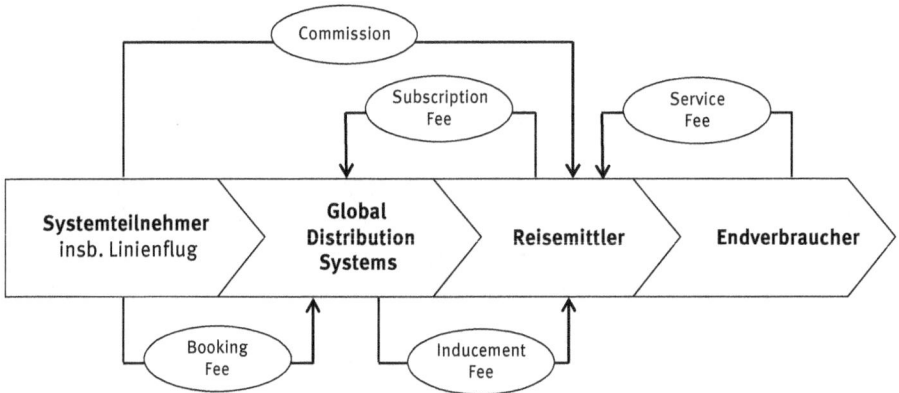

Abb. 8.7: Systemkostenmodelle (Quelle: Conrady 2019)

- *Kosten der Systemnutzer*
  - Für die Buchung einer Leistung zahlt der Endkunde neben dem Preis für die Leistung (z. B. Flugschein oder Übernachtung) dem Reisemittler eine Bearbeitungsgebühr (*Service Fee*) in Höhe von ca. 10 bis 20 €. Diese Servicegebühr ist die wichtigste und häufig einzige Einnahmequelle der Reisemittler und dient zur Deckung aller Kosten.
  - Die Reisemittler zahlen für die Verwendung des globalen Distributionssystems eine monatliche Nutzungsgebühr (*Subscription Fee*). Mit diesen Gebühren sind alle Leistungs- und Systemkosten bezahlt. Zusätzliche Kosten können jedoch für einzelne Module (z. B. Vergleichssysteme) entstehen. So verlangt das GDS Amadeus für die Bereitstellung der Tarife der Billigfluggesellschaften eine Gebühr von ca. 0,10 € pro Abfrage.
  - Für die GDS-Nutzung erhält das Reisebüro rückwirkend eine Ausgleichszahlung (*Inducement Fee*) vom Distributionssystem. In Abhängigkeit von der An-

zahl der getätigten Buchungen sind die Ausgleichszahlungen häufig höher als die Nutzungsgebühren, d. h., der Reisemittler bekommt die GDS-Leistungen kostenlos. Nur bei einer geringen Anzahl von Segmentbuchungen kann die monatliche Nutzungsgebühr die vertraglich festgelegten Ausgleichszahlungen seitens der GDS übersteigen, d. h., der Reisemittler muss für die Systemnutzung etwas bezahlen.

- Obwohl Buchungsprovisionen für die Reisemittler von den Fluggesellschaften eigentlich abgeschafft worden sind, erhalten einzelne Reisemittler teilweise noch eine Vermittlerprovision (*Commission*) in Abhängigkeit von ihrem Umsatz mit der jeweiligen Fluggesellschaft. Berechnet wird diese Provision meist als Prozentangabe, basierend auf den Gesamtbuchungen des Absatzmittlers, oder als Zuwachsrate, basierend auf den Vorjahres-Flugscheinbuchungen bei der jeweiligen Fluggesellschaft.

- *Kosten der Systemteilnehmer*
  - Die Systemteilnehmer (Fluggesellschaften, Hotel- und Mietwagenketten) bezahlen das Distributionssystem für die Möglichkeit, dass weltweit Reisemittler ihre Leistungen dort abrufen und buchen können. Bei dieser Bezahlung handelt es sich um eine Buchungsgebühr *(Booking Fee)*, einen fixen Pauschalbetrag pro Passagier und Segment. Die durchschnittliche Buchungsgebühr liegt bei ca. 4 € pro Segment, was ca. 8 € für einen einfachen Hin- und Rückflug (ohne Umsteigen) ergibt. Die Buchungsgebühren sind bei Ticketpreisen für Business- und First-Class-Tickets in Höhe von 1.000 bis 15.000 € vernachlässigbar. Bei Sonderangeboten mit Preisen von 10 bis 30 € pro Ticket ist der Anteil der Buchungsgebühren an den Gesamtkosten allerdings unvertretbar hoch.

Durch die Deregulierung des europäischen und amerikanischen Marktes und die Billigangebote der Fluggesellschaften sind die Kosten für die GDS-Nutzung prozentual stark gestiegen. Im Zuge dessen wurden die traditionellen Vertriebsstrukturen von Flugleistungen neu geordnet. Der traditionelle Finanzweg verlagerte sich inzwischen und die Leistungsanbieter splitten die Leistungen und Kosten verursachungsgerecht auf, d. h., die einzelnen Gebühren für Flughafen, Reisemittlerleistungen etc. werden separat aufgelistet und verrechnet. Die globalen Distributionssysteme werden dabei gezwungen, die Kosten für die Systemnutzung für die Leistungsanbieter zu senken und gleichzeitig die Reisemittler stärker zu belasten. Hierfür gibt es zwei Modelle, die die Systemkosten in Zukunft zulasten der Reisemittler neu verteilen sollen:

Full Content/Opt-in-Modell

Um den Reisebüros weiterhin den gesamten Leistungsumfang mit der gesamten Tarifvielfalt und insbesondere die günstigen Tarife der Fluggesellschaften (sog. Full Content) anbieten zu können, wird auch in Europa das sog. Opt-in-Modell eingesetzt. Besonders in den USA und Großbritannien sind Opt-in-Programme weit verbreitet. Die billigen Tarife der Fluggesellschaften sind bei diesem Verfahren in den globalen Distributionssystemen weiterhin zu gleichen Kosten buchbar, da sich die Fluggesellschaften dazu verpflichten, weiterhin alle Tarife und Angebote in die GDS einzuspeisen. Im Gegenzug zum Full Content aller Tarife werden die Buchungsgebühren der Fluggesellschaften auf fast 50 % reduziert. Die Reisebüros schließen neue Verträge mit ihrem GDS und können so auf den Full Content der Fluggesellschaften zugreifen. Hierbei verzichten die Reisemittler auf einen Teil ihrer finanziellen Anreize (insb. Inducement Fees), indem sie eine Opt-in-Gebühr zwischen 0,50 und 1,10 € pro Segment oder eine Ticketpauschale von 2 € an die GDS entrichten. Um die Einnahmeeinbußen auszugleichen, verlangen die Reisemittler von ihren Kunden häufig ein erhöhtes Serviceentgelt mit einem Ticketaufschlag von bis zu 2,50 €.

Airline Surcharge/Opt-out-Modell
Falls der Reisemittler das Opt-in-Modell ablehnt, bekommt er automatisch einen Opt-out-Vertrag. Auf der Gebührenseite gibt es für die Fluggesellschaften und Reisemittler vordergründig keine Veränderungen. Jedoch wird der Zugang zu den günstigsten Flugpreisen systemintern versperrt und der Reisemittler erhält nur die teureren Tarife angezeigt. Zusätzlich muss der Reisemittler pro Buchung eine zusätzliche Segmentbuchungsgebühr (Airline Surcharge) an die Fluggesellschaften bezahlen, sodass auf diesem Wege die Kosten für die GDS-Nutzung auf die Reisemittler abgewälzt werden.

8.2.5 Alternative Distributionswege

Die globalen Distributionssysteme zeichnen sich durch Schnelligkeit, Genauigkeit und exakte Funktionalität aus. Daher sind die meisten Leistungsanbieter und Reisemittler noch heute von diesen Systemen abhängig. Die *Konkurrenz des Internets* verändert allerdings zunehmend die Struktur der Tourismusindustrie. Einerseits müssen die Reisebüros mit gut informierten Kunden rechnen, die einen Großteil der Informationen bereits im Internet und in anderen Quellen recherchiert haben. Daher ist es für den Reisemittler überlebensnotwendig, nicht nur auf das Informationsangebot der Distributionssysteme zuzugreifen, sondern alle Informationsquellen zu nutzen. Andererseits geraten auch die *Reservierungssysteme zunehmend unter Druck:* Die hohen Buchungsgebühren, die mangelnde Flexibilität der Systeme, die unzureichende Transparenz der Tarifklassen sowie fehlende Möglichkeiten, Zusatzprodukte zu verkaufen, sind Gründe für die Fluggesellschaften, sich von den globalen Distributionssystemen abzuwenden und auf alternative Vertriebsplattformen zu vertrauen. Es zeichnet sich daher ab, dass in naher Zukunft eine Reihe von Veränderungen auf Reisebüros und GDS zukommen werden.

Global New Entrants (GNE)

Der Druck auf die Reisemittler und auch auf die GDS verstärkt sich zunehmend, was angesichts der enormen Kosten für die Leistungsanbieter nicht verwunderlich ist. Deshalb finden Ersatzsysteme in den letzten Jahren immer größeren Anklang. Die sog. Global New Entrants (GNE) sind neue Systeme, die ähnliche Leistungen wie die GDS bieten und zudem die Reservierung und die Vorgangsverwaltung in den Reisebüros revolutionieren sollen. Zugleich können Fluggesellschaften erhebliche Einsparungen erzielen. Allerdings haben diese Systeme auch eine Reihe von Nachteilen; so bekommen die Kunden keinen Full Content, da sie i. d. R. nur mit einer begrenzten Anzahl von Fluggesellschaften Verträge abgeschlossen haben. Mit den Produkten der GNE können derzeit lediglich einfache Flugbuchungen durchgeführt werden – diese zudem häufig nur innerhalb der USA. Da es dadurch für die Reisemittler notwendig wird, sich weiteren Vertriebskanälen anzuschließen, entstehen für sie weitere Kosten, weil diese ebenfalls Gebühren erheben. Der Expedient muss die verschiedenen Quellen einzeln durchsuchen, bevor er dem Reisenden ein günstiges und passendes Angebot vorlegen kann. So wird eine Buchung deutlich zeitaufwendiger. Dennoch bieten Global New Entrants nicht nur Nachteile für die Tourismusindustrie. Speziell für Reisebüros bringen die GNE mehrere Vorteile für den täglichen Ablauf mit sich. Wichtigstes Element hierbei ist die Aufhebung der GDS-fähigen Reservierungen und anderer Buchungskanäle. Statt der heutigen Buchungen in den GDS sollen die Reisemittler einen sog. *SuperPNR* verwenden. Dieser bietet die Möglichkeit, unabhängig vom Buchungssystem alle Vorgänge zu verwalten. Damit können sowohl Buchungen via Internet als auch Direktanbindungen in verschiedenen Systemen des Reisebüros koordiniert werden. Schließlich sollen die GNE mit einer *einheitlichen Oberfläche* Zugriff auf mehrere angeschlossene Buchungssysteme ermöglichen. Der Vorteil dabei ist, dass Expedienten dadurch auch die Oberfläche eines anderen CRS nutzen können, die ihnen besser vertraut ist. Ob sich allerdings diese neuen Entwicklungen in deutschen Reisebüros durchsetzen werden, ist derzeit noch sehr unsicher.

Zu Beginn ihrer Entwicklung wurden sehr große Hoffnungen in die Global New Entrants gesetzt, denn durch sie sollten Fluggesellschaften unabhängiger und das Oligopol der GDS beendet werden. Heute ist nur das *GNE Farelogix* unabhängig von den GDS. Es bekam die Zulassung für BSP-Abrechnungen der IATA, die Voraussetzung für eine anbieterübergreifende Ausstellung und Bezahlung von Tickets. Bislang haben sich die GNE nicht vollständig durchgesetzt, weshalb sich auch noch keine der Linienfluggesellschaften ganz von den GDS abgewandt und vollständig an die neuen Technologien der GNE gebunden hat.

Direct Connect

In jüngster Zeit versuchen die Fluggesellschaften wieder, sich direkt mit dem Reisebüro zu verbinden. Bei diesen Modellen werden die traditionellen GDS ganz oder z. T. umgangen (Direct Connect). Der ausschlaggebende Punkt dieser Entwicklungen sind v. a. die hohen GDS-Gebühren, die von den Leistungsanbietern entrichtet werden müssen. So zahlen z. B. alleine die Mitglieder der Star Alliance jährlich 1,5 Mrd. € an die GDS.

Um diese hohen Gebühren zu reduzieren, werden bei den Fluggesellschaften neue Direct-Connect-Systeme etabliert werden. Der Vertrieb, insbesondere über Geschäftsreisebüros, soll damit technisch verbessert werden. Diese internen Reservierungssysteme der Fluggesellschaften sind ein neuer Direktkanal, um die günstigsten Tarife buchbar zu machen (Abb. 8.8). Die i. d. R. teureren Published Tarife werden weiter über die traditionellen GDS vertrieben, da hier die hohen GDS-Gebühren einen geringeren Ausschlag geben.

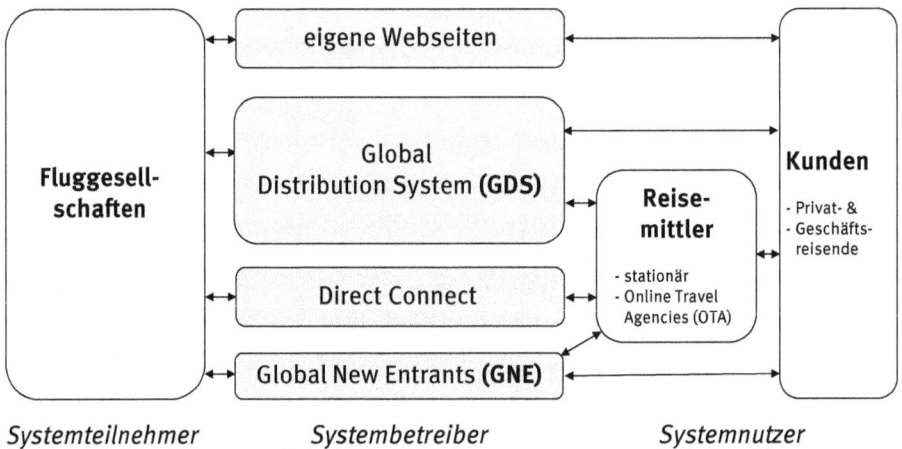

Abb. 8.8: Alternative Distributionswege

Ein Beispiel für die aktive Steuerung der Fluggesellschaften ist der Lufthansa-Konzern, der seit 2015 eine *Distribution Cost Charge (DCC)*, eine Gebühr in Höhe von 16 € pro Ticketbuchung des Reisebüros über den Vertriebskanal GDS erhebt. Nur bei Buchungen über das systemeigene LH-Portal entfällt diese Gebühr. Außerdem sind nur noch im LH-Portal die günstigsten Tarife buchbar, im GDS sind z. B. die gepäcklosen Basistarife gesperrt. Für viele Reisebüros ist das LH-Portal allerdings keine vollständige Alternative. So bestehen keine standardisierten Direktschnittstellen zu Front-, Mid- und Backoffice-Systemen.

8.2.6 Neue Datenstandards (NDC)

Eine weitere aktuelle Entwicklung betrifft die abnehmende Interoperationalität zwischen Fluggesellschaft, Distributionssystem, Reisemittlern und Drittanbietern aus dem Softwarebereich. Zwar können einfache Informationen (insbesondere die Datenelemente *Passenger Name Record (PNR)* in der Reservierung sowie *Passenger Name List (PNL)* im Check-in-Bereich) seit Jahrzehnten problemlos ausgetauscht werden. Weitergehende Informationen (z. B. Passagierinformationen, Zusatzwünsche) können jedoch nicht ausgetauscht und auch nicht abgerechnet werden. Besonders die Zusatzentgelte (*Ancillary Fees*) spielen für die Rentabilität der Fluggesellschaften eine zunehmend größere Rolle, da das Kerngeschäft (Verkauf der Transportleistung) aufgrund der harten Wettbewerbsbedingungen nur eine geringe Rentabilität erlaubt.

Aus Kundensicht ist besonders der Aspekt der *personalisierten Darstellung der Flugdaten* hervorzuheben. Basierend auf den Kundendaten aus den Customer-Relationship- und Frequent-Flyer-Datenbanken können die Fluggesellschaften nun maßgeschneiderte Angebote für identifizierte Kunden erstellen und anzeigen (Abb. 8.9). Zum einen können nun die spezifischen Interessen einzelner Kunden berücksichtigt werden, z. B. wird ein Platz am Notausgang automatisch einem bestimmten Kundenkreis präferiert angeboten. Zum anderen kann nun auch die Zahlungsbereitschaft der Kunden getestet werden, z. B. werden loyalen Kunden andere Flugtarife angezeigt im Vergleich zu Kunden, die häufig mit weiteren Fluggesellschaften unterwegs sind.

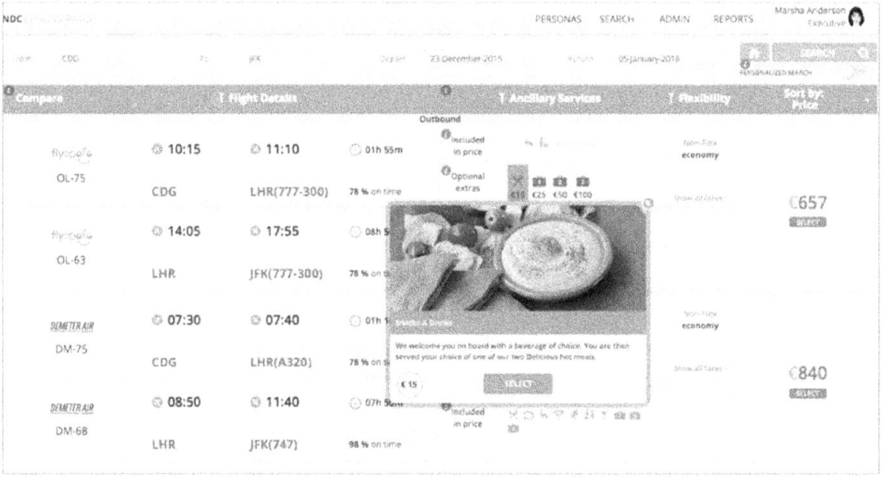

Abb. 8.9: NDC-Buchungsdarstellung mit Zusatzleistungen (Quelle: IATA 2013)

Vonseiten der Fluggesellschaften und Flughäfen sind *Zusatzentgelte* eine einfache und lukrative Möglichkeit, die Rentabilität zu steigern. Bekannte Formen für Zusatzgeschäfte und -entgelte sind Sitzplatzreservierungen, Internetverbindungen, besondere Essenswünsche, Hotel- und Mietwagenangebote usw. Um diese Erlösquellen reibungslos anbieten und abrechnen zu können, müssen alle notwendigen Informationen der Zusatzentgelte in einheitlicher Form in den globalen Distributionssystemen dargestellt werden. Nur dann kann der Reisebürovertrieb dem Endkunden eine Vielfalt von Zusatzdienstleistungen anbieten und diese Entgelte auch abrechnen.

Um diese Ziele zu erreichen, hat der Dachverband der Fluggesellschaften IATA einen neuen Datenstandard namens *New Distribution Capability (NDC)* entwickelt. NDC baut auf dem zeitgemäßen XML-Standard auf und soll die vier Jahrzehnte alten Data-Exchange-Standards TELETYPE und EDIFACT ablösen. NDC ist somit kein neues Produkt und auch keine Software, es ist vielmehr ein *neuer Flugdatenstandard*, der die moderne Kommunikation zwischen Leistungsanbieter und Reisemittler vereinfachen und vereinheitlichen soll. Zudem wird die Abrechnung aller verschiedenartigen Leistungen ermöglicht. Alle Angebotsbestandteile können nun mithilfe von NDC dynamisch auf allen gewünschten Distributionswegen dargestellt und vertrieben werden.

Um zu gewährleisten, dass die Flugangebote identisch über alle Kanäle übertragen werden können, wurde eine normierte Schnittstelle (Application Programming Interface (API)) entwickelt. Mit NDC sollen die Fluggesellschaften auch die Buchungen systemübergreifend abwickeln können. So wird der PNR bei einer NDC-Buchung direkt beim Anbieter erstellt, ebenso die Buchungsabwicklung und das Ticketing. In Zukunft soll der PNR sogar komplett abgelöst werden durch IATAs „One-Order"-Lösung, die die verschiedenen Buchungsschlüssel wie PNR, eTicket-Nummer etc. ersetzt. So könnte die komplette Buchung anhand einer Referenz gespeichert und weitergereicht werden (IATA 2015, S. 4 f.).

Auf Geschäftsprozessebene erläutert die IATA in ihrer Resolution drei Prozessschritte: *Authentifizierung und Shopping, Bestellung sowie Änderung.* Der Verband regelt hier detailliert, welche Daten für den jeweiligen Prozess weitergegeben werden müssen. Die Prozesse werden in Abb. 8.10 veranschaulicht. Der Standard beinhaltet außerdem Richtlinien zur einheitlichen Kommunikation von Entgelten, sodass eine Abrechnung der Erlöse ohne Systembruch möglich wird.

Der Datenstandard ist mittlerweile fixiert, allerdings wird NDC nur bei wenigen Fluggesellschaften eingesetzt. Bei einem flächendeckenden Einsatz sind weitreichende Umwälzungen in der Vertriebslandschaft zu erwarten: Bislang erhielten die GDS von den Fluggesellschaften die Komponenten Flugpläne, Verfügbarkeiten, Flugpreise und z. T. Zusatzangebote (Schedules, Availabilities, Fares, Ancillaries) und aggregierten sie zu einem integrierten Angebot, das für den Vertrieb über Reisemittler geeignet ist. Zudem aggregierten GDS alle Angebote der verschiedenen Fluggesellschaften zu einem Angebot. Mit der IATA NDC kehrt ein Teil der Aggregatorenrolle zu den Fluggesellschaften zurück, die ihre Komponenten selbst zu einem Angebot zu aggregieren. Diese Angebote können Reisemittlern mithilfe der normierten Schnittstelle (API) direkt zur Verfügung gestellt werden (Direct Connect). Den GDS verbleibt nunmehr nur der zweite Teil der Aggregation, nämlich die kostenpflichtige Aggregation der Angebote verschiedener Fluggesellschaften in ihrem System.

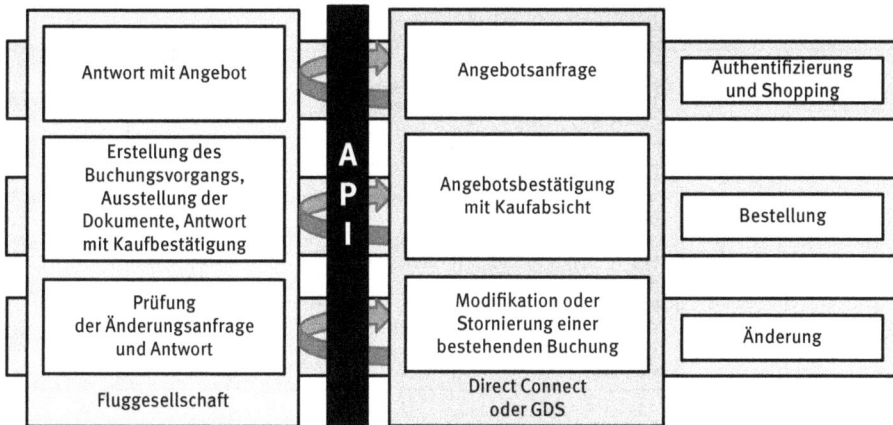

Abb. 8.10: NDC-Buchungsablauf (Quelle: Reiner 2019, S. 16)

Durch das NDC-Programm wird die *Rolle der Fluggesellschaften als Leistungsträger im Vertriebsprozess erheblich gestärkt.* So bekommen Fluggesellschaften eine größere Unabhängigkeit von den als zu teuer empfundenen GDS. Das bietet ihnen eine Fülle von Möglichkeiten, die eigenen Angebote zu optimieren. So lassen sich insbesondere Fare Bundles, Gebühren- und Incentive-Modelle flexibel erstellen, Ancillary-Angebote individualisieren und Suchoptionen erweitern (Reiner 2019, S. 14 f.).

8.3 Reisemittler-IT-Systeme

8.3.1 Front-, Mid- und Backoffice

Im Reisebüro werden in der Phase der Reisevorbereitung verschiedene Leistungen gebündelt. Bei den zu erbringenden Aufgaben kann man zwischen Front-, Mid- und Backoffice unterscheiden (Abb. 8.11). Zum Frontoffice werden alle Leistungen gezählt, die im *Zusammenhang mit dem Kunden* erbracht werden. Der Kunde steht hierbei im Vordergrund der Bemühungen, wobei die Kernaufgabe das Ermitteln der Kundenwünsche und die ausführliche Beratung ist. Nach der Reiseentscheidung wird eine verbindliche Buchung durchgeführt. *Verkaufsvorbereitende und unterstützende Maßnahmen* werden zum sog. Midoffice zugerechnet. Hierbei steht nicht der direkte Kundenkontakt im Blickpunkt, sondern die Steuerung und Optimierung des Verkaufs. Schließlich ist ein weiterer wichtiger Prozessschritt die Durchführung der Backoffice-Funktionen. Die im Frontoffice eingegebenen Verkaufs- und Buchungsdaten werden in das Backoffice überspielt, sodass dort alle *Abrechnungen und Controlling-Maßnahmen* durchgeführt werden können.

Frontoffice				Midoffice		Backoffice	
Beratung & Information	Vakanzen & Preis-ermittlung	Buchung/ Options-buchung	Doku-menten-erstellung	Zahlungs-verkehr	CRM	Buch-führung	Controlling
- ver-schiedene Angebote - Länderinfos - Ein-/ Ausreise-vorschriften - etc.	- Verfüg-barkeit - Rabatte - Zuschläge - Service-entgelt - etc.	- Pauschal-reisen - Baustein-reisen - Flug - Hotels - Bahn - Tickets - Ver-sicherung	- Ticketing - Rechnungen - Reisepläne - etc.	- Kunden-zahlungen - Ver-anstalter-abrechnung - Leistungs-träger-abrechnung - Mahn-wesen	- Anlegen & Verwalten von Kunden-profilen - Marketing-maß-nahmen - Erfolgs-kontrolle	- Verbuchung von Ein- und Aus-zahlungen - Beleg-archivierung - etc.	- Datenbe-schaffung - Daten-auswertung - Reports - etc.

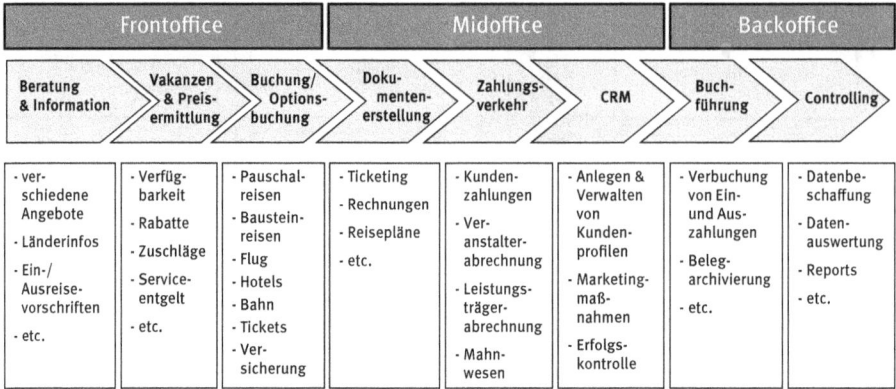

Abb. 8.11: Front-, Mid- und Backoffice

Frontoffice

Charakteristisch für Dienstleistungen ist die aktive oder passive *Mitwirkung des Kunden* an der Dienstleistungsproduktion. Diese Mitwirkung erfolgt im Frontoffice. Die Dienstleistungen im Frontoffice bestehen aus verschiedenen Elementen. Diese Bereiche sollen den Expedienten beim Verkauf sowie bei der Reservierung und Buchung unterstützen. Des Weiteren soll die Software zusätzliche nützliche Funktionen wie z. B. Servicefunktionen für Reisemittler am Point of Sale (POS) zur Verfügung stellen.

Unter der *Verkaufsfunktion* sind alle Aktionen zusammengefasst, die zur ausführlichen Beratung notwendig sind. Die reine Beratungs- und Informationsfunktion hilft dem Expedienten dabei, Kundenwünsche zu erfassen und unter deren Berücksichtigung individuelle Angebote zu erstellen. Hierzu zählen Auskünfte über Zielgebiete, Hotels, Angebote, Vakanzen, Preise, Ein- und Ausreisebestimmungen sowie Versicherungsleistungen, aber auch Auskünfte über Fahr- und Flugpläne und die entsprechenden Tarife. Bei einfachen Produkten, bspw. der Bahnfahrt von A nach B, reicht die Weitergabe dieser Informationen i. d. R. aus, um anschließend eine Buchung vornehmen zu können. Je komplexer die zu vermittelnde Reise ist, desto wichtiger wird die *Beratungsleistung* als zweites Dienstleistungselement des Reisemittlers. Die detaillierte Preisauskunft ist besonders für Anfragen von Flügen interessant, da hier der Computer mit der entsprechenden Software genutzt wird, um einen schnellen Überblick über den „Tarif-Dschungel" zu erhalten. Dies ist gerade in Zeiten der Billigfluglinien, die meist nur über das Internet direkt vertreiben, eine schnelle und kostengünstige Lösung, da mit einmaliger Eingabe mehrere Informationskanäle simultan abgefragt werden können.

Die Reservierung bzw. Buchung wird hauptsächlich von der Vakanzabfrage und der anschließenden Buchung geprägt. Hierfür gibt es je nach angefragter touristischer Leistung (wie Hotel, Flug, Kreuzfahrten oder Mietwagen) spezialisierte Produkte. Dieser Prozessschritt ist für den Reisemittler besonders wichtig, da der Kunde nur für gekaufte Reisen eine Provision bezahlt. Die *Package-Erstellungsfunktion* ermöglicht es dem Reisemittler, mit nur wenig Aufwand vordefinierte Leistungen für den Kunden zu einem Gesamtpaket zu kombinieren. Die *Cross-Selling-Funktion* soll dem Expedienten die Möglichkeit geben, weitere Produkte wie Konzertkarten, Mietwagen oder Reiseversicherungen zusätzlich zur Hauptleistung anzubieten.

Zusatzfunktionen runden die Nutzung ab. Moderne Benutzeroberflächen bilden die Daten der GDS-Systeme in einer leicht verständlichen und bedienbaren Art und Weise ab. Mithilfe der Navigationsfunktion werden die Expedienten durch den Arbeitsablauf geführt, was zu einer Verbesserung der Abläufe und somit zur Kostenreduktion führt. Weitere Funktionen können Servicefunktionen für Reisemittler wie z. B. die Verbuchung von Zahlungen, die Terminverwaltung oder ein Währungsrechner am POS sein.

Midoffice

Das Midoffice, ein Bindeglied zwischen dem Front- und dem Backoffice ist besonders im Hinblick auf Kosteneinsparungen und effizientere Prozessabwicklung in jüngster Zeit immer wichtiger geworden. Auch das Midoffice lässt sich in drei Teilbereiche untergliedern:

Die kundenbezogenen Aufgaben im Midoffice bilden die Schnittstelle zum Front- und Backoffice. Im Vordergrund der Aktivitäten steht allerdings nicht der direkte Kundenkontakt, sondern verkaufsunterstützende und -vorbereitende Aufgaben. Ziel ist es, einen möglichst umfassenden Überblick über alle Kundenaktivitäten direkt am Counter zu bekommen, um so im direkten Kundenkontakt auf die individuellen Bedürfnisse eingehen zu können. Die Basis hierfür liegt in der *Kundendatenverwaltung*, dem Erfassen der persönlichen Daten, der Reisegewohnheiten und sonstiger relevanter Daten. Die Auswertung der Kundendaten ermöglicht es dem Reisemittler, Kundendaten zu strukturieren sowie nach bestimmten Kriterien zu analysieren und zu selektieren. Funktionen, die zur Kundenbindung beitragen, sind ebenfalls im Midoffice eingegliedert. Diese können von einfachen Erinnerungsfunktionen an Geburtstage der Kunden bis hin zu zielgruppenspezifischen Werbemaßnahmen reichen. Die Unterlagenaufbereitung beschäftigt sich mit der kundenverständlichen Darstellung von Reiseunterlagen.

Die zweite Aufgabe des Midoffice ist die *Steuerungsfunktion*. Hier geht es darum, vordefinierte Preisaufschläge (Service Fees) und Firmenkundenvorgaben zu berücksichtigen sowie Umsätze und Provisionen zu maximieren. Die Service-Fee-Berechnungsfunktion übernimmt die Kalkulation der Bruttopreise der einzelnen Leistungen für den Expedienten im Verkaufsbüro und stellt ihm diese dann zur Verfügung. Die Verkaufssteuerung ist für ein Reisebüro von zunehmender Bedeutung. Grund hierfür ist die verstärkte Aufsplittung der Provisionen in Abhängigkeit von detaillierten Umsatzzielen sowie der Flexibilisierung der bisherigen allgemeingültigen Tarife. Voraussetzung für eine aktive Verkaufssteuerung ist dabei eine vollständige und permanent aktualisierte Übersicht der Provisionen der einzelnen Veranstalter und Leistungsträger. Besonders das Erreichen von Zusatzprovisionen ist für den wirtschaftlichen Erfolg eines Reisebüros zunehmend entscheidend. Diese Provisionen werden nicht nur aufgrund von Umsatzerlösen, sondern differenzierter in Abhängigkeit von einzelnen Flugstrecken oder Zielgebieten ausgezahlt. Zum Erreichen dieser Ziele werden die dargestellten Angebote vorgefiltert. Dies ermöglicht es dem Reisemittler, Angebote, die nicht verkauft werden sollen, auszuschließen. Ein weiterer Teilbereich beschäftigt sich mit den Firmenrichtlinien, wobei der Reisemittler bei der Buchung für Partnerfirmen verpflichtet ist, deren firmeninterne Buchungsvorgaben zu beachten. Schließlich ist unter der *allgemeinen Funktion* die Schnittstellenaufgabe zwischen Front- und Backoffice zu verstehen; sie dient der Datenbereitstellung und der Datenweitergabe vom Frontoffice zum Backoffice und umgekehrt. Die EDV-gestützten Midoffice-Funktionen sind zwar zumeist nicht sehr ausgereift, werden aber zukünftig eine große Bedeutung erlangen. Zudem werden diese Funktionalitäten nicht in separaten Programmpaketen angeboten, sondern sind häufig integrierter Bestandteil von Front- oder Backoffice-Programmen.

Backoffice

Der Begriff Backoffice kommt aus den USA und umschreibt die Tätigkeiten, die normalerweise im den Kunden nicht zugänglichen Büro im hinteren Teil des Ladens verrichtet werden. Hierzu ist die unmittelbare Mitwirkung des Kunden nicht notwendig. Der Einsatz der elektronischen Datenverarbeitung ist auch im Backoffice selbstverständlich, wobei eine enge Verzahnung mit Aufgabenstellungen des Frontoffice erfolgt.

Das Backoffice-System eines Reisemittlers lässt sich in folgende Aufgabenbereiche unterteilen: die Buchhaltung, das Controlling und den Servicebereich. Die *Buchhaltung* umfasst die Vorgangsbearbeitung (die Abrechnung auf Kunden- und Lieferantenseite, die Verwaltung von Vorgängen, das Mahnwesen sowie die Verbuchung der vorgangsrelevanten Zahlungen) sowie die Buchführungs- und Abrechnungsfunktion. Dem *Controlling* sind die Unterstützung des Managements mit Reporting-Funktionen, Managementinformationssystemen (MIS) und Datenexportmöglichkeiten sowie Kontrollfunktionen im Bereich des Backoffice und der Unterlagenerstellung zugeordnet. Zu den *Servicefunktionen* des Backoffice zählt die Basisdatenverwaltung. Zur Basisdatenverwaltung gehören die Verwaltung von Mitarbeiterrechten, die Bereitstellung spezieller, auf den Expedienten zugeschnittener Daten sowie finanzbuchhalterische Stammdaten. Die Schnittstellenfunktion zu anderen Anwendungen ermöglicht die Bereitstellung von Backoffice-Informationen und deren Weitergabe an externe Buchhaltungssysteme sowie die automatische Datenübernahme vom GDS in das Backoffice-Programm.

8.3.2 Flugbuchung mit Amadeus

Für Flugbuchungen gibt es in Amadeus zwei prinzipielle Möglichkeiten (Abb. 8.12). Zum einen gibt es den sog. Command-Page-Modus mit der manuellen Tastatureingabe aller Transaktionen, zum anderen die komfortablere Selling-Plattform Connect. Hier ist es möglich, eine Buchung fast ohne Kenntnisse per Mausklick durchzuführen. Aufgrund des hohen Ausbildungsgrads der Reisemittler im deutschsprachigen Raum wird heute noch häufig der Command-Page-Modus verwendet.

Selling-Plattform Connect	Command Page
- browserorientiert - intuitive Benutzerführung - Sprache: Deutsch - keine Vorkenntnisse notwendig - geringer Trainingsaufwand - umfangreiche Hilfefunktionen - Buchung per Mausklick 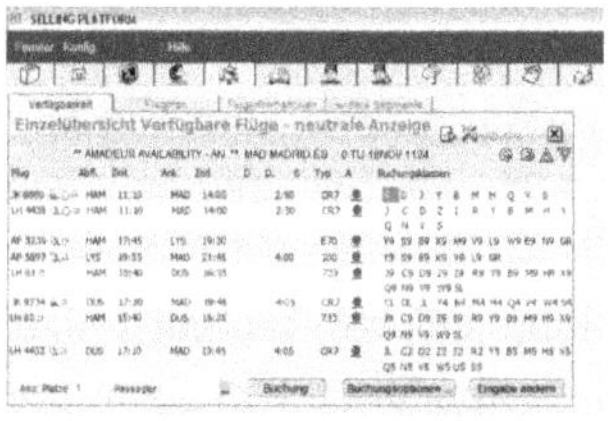	- Buchung nur mithilfe kryptischer Eingaben - Sprache: Englisch - hoher Trainings- & Lernaufwand - kaum Hilfefunktionen - kein Multimedia (Hotelfotos etc.) - geringer Zeitaufwand pro Buchung 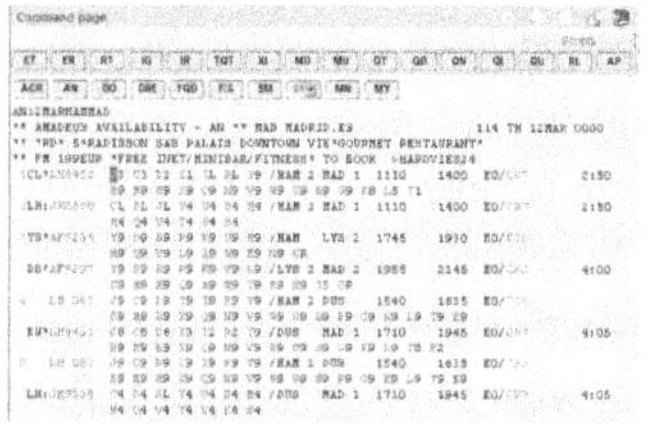

Abb. 8.12: Vergleich Selling-Plattform Connect und Command Page

Die Amadeus-Selling-Plattform Connect ist eine webbasierte Verkaufslösung. Sie umfasst das gesamte Leistungsangebot von Amadeus. Die grafische Maske unterstützt vereinfacht den kompletten Beratungs- und Buchungsprozess. Ein Wechsel zwischen dem kryptischen und dem grafischen Eingabemodus ist jederzeit möglich. Auf dem oberen Bildschirmrand sind verschiedene Symbole abgebildet. Durch Aufrufen dieser Masken können verschiedene Aktionen durchgeführt werden.

In einer prozessorientierten Ansicht des Buchungsvorgangs lässt sich dieser in zumeist aufeinanderfolgende Schritte zusammenfassen, wie in Abb. 8.13 dargestellt.

Verfügbarkeitsabfrage

Es gibt zwei Abfragemöglichkeiten der Verfügbarkeit. Mit der Flugabfrage nach Flugplan werden alle, auch die nicht verfügbaren Flüge, entsprechend den Eingabedaten angezeigt. Wählt man die Anzeige der verfügbaren Flüge aus, erscheinen im Display alle Verfügbarkeiten von mind. einem Platz oder wo Wartelistenbuchungen möglich sind. Um eine Verfügbarkeit zu prüfen, werden die gewünschten Daten wie Flugstre-

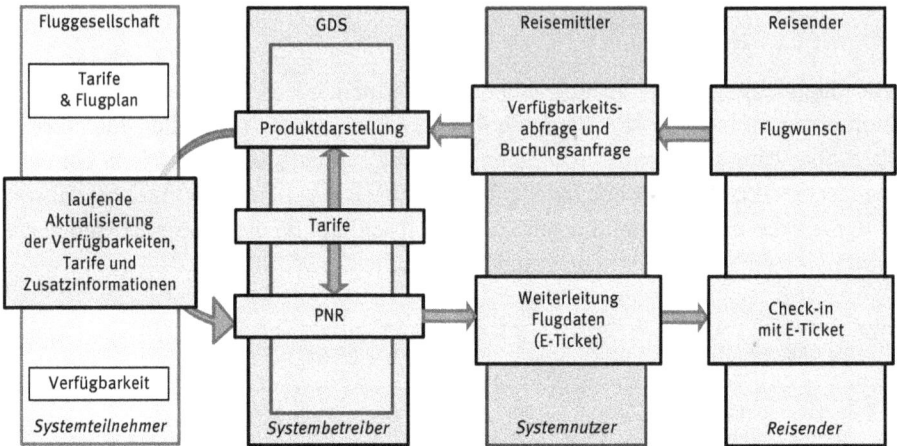

Abb. 8.13: Schematische Darstellung des Buchungsablaufs (Quelle: Reiner 2019, S. 5)

cke, Datum, gewünschte Abflugzeit, evtl. präferierte Fluggesellschaft und Buchungs-klasse in die dafür vorgesehenen Felder eingetragen. Es ist hierbei nicht notwendig, den 3-Letter-Code des jeweiligen Abflug- oder Ankunftsorts zu kennen. Es ist auch möglich, eine Sieben-Tage-Suche anzuklicken. Dann sucht das System nach dem ersten verfügbaren Flug innerhalb einer Woche.

In der neutralen Anzeige wird dann die Einzelübersicht verfügbarer Flüge dargestellt. Zunächst wird der abgefragte Abflugtag mit gewünschter Abflugzeit und gewünschtem Zielflughafen nochmals angezeigt. Die Ausgabe beginnt mit dem Kürzel der Fluggesellschaft und der dazugehörigen Flugnummer. Oft kommt nach der Flugnummer ein kleines, blaues Symbol mit einem „e". Klickt man dieses Symbol an, gibt das System diverse Fluginformationen wie Abflugterminal oder Verpflegung aus. Nach der Information zu Abflugort mit Abflugzeit sowie Ankunftsort mit Ankunftszeit folgen die Flugdauer und der Flugzeugtyp. Am Ende der Anzeige werden die Buchungsklassen mit der Anzahl verfügbarer Plätze dargestellt.

Oben rechts in der Ecke wird die Rückflugstrecke angezeigt. Klickt man mit der Maus darauf, öffnet sich ein neues Feld und der Rück- oder Weiterflug kann abgefragt werden. Der Rückflug wird in der gleichen Form wie der Hinflug angezeigt. Bei der Darstellung des Flugplans werden alle Flugfrequenzen aktueller und auslaufender Verbindungen dargestellt. Er zeigt alle Flüge an, die innerhalb von sieben Tagen ab Abfragedatum die bestimmte Strecke bedienen.

Produktdarstellung

Aus der Verfügbarkeitsanzeige kann nun der gewünschte Flug gebucht werden. Dies geschieht durch Doppelklick auf die infrage kommende Buchungsklasse. Alternativ kann man auf die gewünschte Buchungsklasse klicken, im Feld Platzanzahl die gewünschten Plätze eingeben und bei Passagiertyp Zutreffendes eintragen (Erwachsener, Kind etc.) oder ihn aus der Liste auswählen. Anschließend muss nur noch auf das Buchen-Symbol geklickt werden. Um den Rückflug buchen zu können, wechselt man nun nochmals in die Verfügbarkeitsmaske und ändert die Daten wunschgemäß. Der Rückflug wird dann genau wie der Hinflug direkt aus der Anzeige gebucht. Die gebuchten Flugsegmente (Hin- und Rückflug) erscheinen ganz unten im PNR-Display und können nun weiterbearbeitet werden. Unter „Andere Segmente" können Flüge direkt ohne vorherige Verfügbarkeitsabfrage gebucht werden. Hierfür müssen alle Fluginformationen wie Abflug- und Ankunftsort, Datum, Fluggesellschaft, Flugnummer, Buchungsklasse sowie die Anzahl der gewünschten Plätze und der Passagiertyp bereits bekannt sein. Abschließend auf Buchen klicken.

Reservierung/Erstellung des PNR

Die Reservierung wird mithilfe eines Passenger Name Record (PNR) durchgeführt (Abb. 8.14). Der PNR ist ein Datensatz mit allen für die Buchung wichtigen personen- und reisespezifischen Daten und zudem Grundlage für das anschließende Erstellen der Reiseunterlagen (z. B. Ticketing). Ein PNR beinhaltet drei wesentliche Teilbereiche:

- Im *Kopfteil* wird ein Teil der Buchungsinformationen automatisch eingefügt. Hierzu gehört die Identifikationsnummer des Agenten, die eine Zuordnung der Buchung bzw. von Provisionszahlungen ermöglicht. Beim ersten Abschluss des PNR-Aufbaus vergibt das System einen Primärschlüssel (File-Key), mit dessen Hilfe jeder PNR eindeutig identifizierbar ist und der bei jeder Änderung angezeigt wird.
- Im *Leistungsteil* werden alle Leistungsbuchungen (Flug, Hotel, Mietwagen) festgehalten. Diese müssen nicht manuell vom Reisemittler eingegeben werden, sondern können mithilfe von kurzen Transaktionen (Shortcuts) direkt aus dem Angebotsdisplay in den PNR übernommen werden. Eine Sortierung der PNR-Elemente

```
                 --- TST ---
  Kopfteil       RP/FRALH0982/FRALH0982   20JUL20    AZFEEV
                 1.SCHULZ/KARIN MRS
  ‐ ‐ ‐ ‐ ‐ ‐ ‐ ‐ 2 LH 369 F 29NOV 2 NUEFRA HK1 1435 1525
                 3 LH 730 F 29NOV 2 FRAHKG HK1 1700 1055+1
  Leistungs-     4 BA 179 F 11DEZ 3 HKGLHR HK1 2310 0600+1
     teil        5 BA 388 F 12DEZ 3 LHRNUE HK1 0705 0805
                 6 HHL ST SS1 HKG IN30NOV OUT11DEZ
                   1E1K USD139.00 STO OAKBROOK HOTEL
                 7 CCR ZT SS1 HKG 30NOV 11JAN ECAR/
  ‐ ‐ ‐ ‐ ‐ ‐ ‐ ‐ 8 AP 069/696-90000
  Informations-  9 TK OK 01AUG/FRALH0499
     teil        10 SSR NSST LH HK1 FRAHKG/24A,P1/S3
                 11 SSR VGML LH S3
                 12 OSI LH ELDERLY LADY
```

Abb. 8.14: Aufbau des Passenger Name Record (PNR)

erfolgt unabhängig von der Eingabe in chronologischer Reihenfolge, wobei zuerst die Flugbuchungen angezeigt werden.

– Im *Informationsteil* werden anschließend die notwendigen Zusatzeingaben vom Reisemittler manuell hinzugefügt oder aus einem Kundenprofil übernommen. Hierzu gehören Sitzplatzreservierung, Sonderwünsche, Bezahlungsart etc.

Sind alle notwendigen Passagier-, Ticket- und Reisebürodaten eingetragen, kann die Buchung mit OK beendet und gespeichert werden. Nach Wiederaufruf ist eine weitere Bearbeitung möglich. So können Flugstrecken storniert oder geändert, Sonderwünsche wie spezielles Essen hinzugefügt oder persönliche Daten des Reisenden geändert werden. Zum PNR gehört zudem eine PNR-History, in der alle Änderungen aufgezeichnet werden. Somit ist jederzeit feststellbar, welche Personen den PNR verändert haben. Schließlich wird als Teil des PNR auch das sog. *Transitional Stored Ticket (TST)* abgespeichert. Hier sind alle Tarifinformationen und das elektronische Ticket abgespeichert und aufrufbar.

Tarifanzeige & Berechnung

In der Tarifabfrage können die möglichen Preise für eine gewünschte Verbindung abgefragt werden. Hierfür ist es notwendig, dass Flugstrecke, gewünschtes Datum und Fluggesellschaft in die dafür vorgesehenen Kästchen eingegeben werden. Weiterhin kann die Tarifart ausgewählt werden. Zur Auswahl stehen veröffentlichte, private und Firmentarife. Bei der Abfrage firmeneigener Tarife wird der entsprechende Code benötigt.

Nach Eingabe aller vorhandenen Daten werden nun die verfügbaren Tarife der ausgewählten Fluggesellschaft oder aller, die die Strecke bedienen, angezeigt. Bei Klick auf die Tarifbasis werden die Tarifbedingungen ausgegeben. Außerdem besteht die Möglichkeit, einen vorhandenen PNR sofort über die Funktion „PNR berechnen" zu ermitteln. Bei der Darstellung werden zunächst alle Tarife aufgelistet. Dann folgen die Preisangaben mit den entsprechenden Buchungsklassen. Gegebenenfalls wird in der darauffolgenden Spalte auf Einschränkungen aufmerksam gemacht. Durch Anklicken des jeweiligen Tarifs oder des Informationszeichens werden die Tarifbedingungen angezeigt. Oft wird in der Spalte „Min" und „Max" auf Mindest- bzw. Maximalaufenthalte hingewiesen. Am Ende wird nochmals die abgefragte Fluggesellschaft aufgeführt.

Mit der Funktion „PNR berechnen" können die gebuchten Flüge automatisch berechnet werden. Voraussetzung ist, dass bereits ein PNR besteht. Im ersten Teil erkennt man die Passagiere, den Typ, den gebuchten Tarif, die inkludierten Steuern und den Gesamtbetrag. Im Feld Informationen ist ersichtlich, ob ggf. Restriktionen zu diesem Tarif vorhanden sind. Mit Klick auf „Details anzeigen" wird die Ausgabe etwas detaillierter. Hier werden bspw. die einzelnen Steuern und die genaue Tarifberechnung angezeigt. Weiterhin werden die Flugdaten wiederholt und die Gepäckvorschriften, hier mit PC (Piece-Konzept), angegeben.

Eine Besonderheit ist der *Value Pricer*. Hat der Kunde einen bestimmten maximalen Betrag, den er für einen Flug ausgeben möchte, kann dieser im Feld „Zu unterbietender Preis" eingegeben werden. Weiterhin kann angegeben werden, welche Tarifart (veröffentlicht, Privattarif, Corporate) gewünscht ist. Das System sucht dann nach möglichen Tarifen, die diesen Betrag unterbieten.

Ticketerstellung

Die gesamte Buchung wird zur Ticketausstellung in die „Ticketing"-Maske übernommen. Falls bei der Buchung noch nicht alle Rechnungsdaten eingegeben wurden, können die fehlenden Daten hier ergänzt werden.

8.3.3 IT-Ausstattung der Reisemittler

Betrachtet man die heutige IT-Ausstattung in den Reisebüros, so kann man feststellen, dass die wesentlichen Systembereiche im Front-, Mid- und Backoffice vorhanden sind (Abb. 8.15). Für die Zukunft ist v. a. die Integration und nahtlose Bereitstellung aller relevanten Informations- und Buchungsdaten innerhalb einer Systemwelt erforderlich, wobei zumindest für den Flugbereich der *Datenstandard NDC* in Zukunft Verbesserungen verspricht. Derzeit sieht die IT-Ausstattung zumeist noch folgendermaßen aus:

–   Ein globales Distributionssystem ist heute das Hauptarbeitsmedium des Reisemittlers. Aufgrund der unterschiedlichen Kostenmodelle der Distributionssysteme fordern allerdings besonders Reisemittler mit Geschäftsreisefokus den gleichzeitigen Zugriff auf weitere globale Distributionssysteme (*Multi-GDS*), um so problemlos zwischen den einzelnen Systemen wechseln und die Buchungen

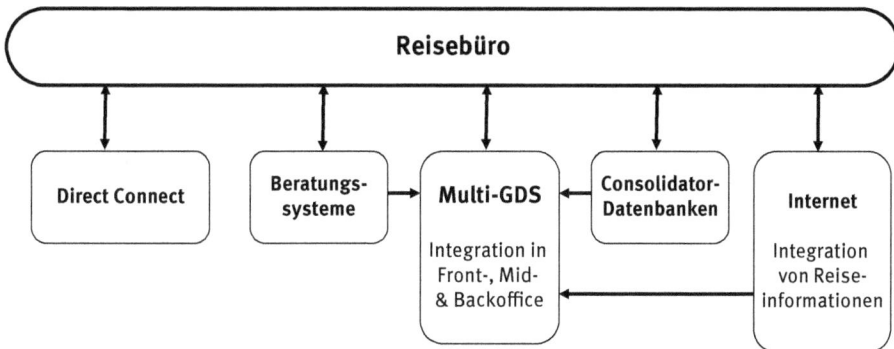

Abb. 8.15: IT-Ausstattung der Reisebüros

im jeweils besten (günstigsten) System durchführen zu können. Zudem sind die Fluggesellschaften nicht mehr gezwungen, in jedes GDS alle Tarife und Tarifänderungen einzuspeisen, sodass eine Buchungsanfrage in zwei Systemen zu unterschiedlichen Tarifen führen kann.

- Auch die speziellen Tarife der *Konsolidatoren* (Ticketgroßhändler) sind nicht ohne Weiteres erreichbar. Zwar sind diese Tarife in speziellen Datenbanken abgespeichert, aber eine unmittelbare Übernahme der Tarife und der Aufbau eines PNR im GDS ist nur schwer möglich.
- Das gleiche Bild ergibt sich für die *Beratungssysteme*. Diese Systeme ermöglichen eine Anfrage und Darstellung aller Reiseveranstalter auf einem Bildschirm und vereinfachen damit den Vergleich der Leistungen und Preise der einzelnen Anbieter. Der Zugriff aus den Informationsbildschirmen der Beratungssysteme auf die Buchung der Reiseveranstalterleistungen ist heute nicht immer möglich.
- Wenn der Kunde aktuelle Wetterinformationen oder Billigflugangebote bekommen möchte, muss der Reisemittler häufig das System verlassen und direkt im Internet recherchieren.
- Heute wird vermehrt ein *Direktzugang* zu den jeweiligen internen Buchungssystemen der Fluggesellschaften angeboten. Hierbei wird das GDS nur zur Informationszwecken genutzt. Die teure Buchungsfunktionalität des GDS wird nicht verwendet, sondern der PNR wird direkt beim Systemteilnehmer aufgebaut.

eTourismus

Neben der indirekten Distribution über einen Reisemittler und somit über ein globales Distributionssystem gibt es durch die Entwicklung des Internets heute zahlreiche weitere Möglichkeiten Flugtickets und weitere Reiseleistungen zu verkaufen. Der eTourismus hat sich zu einer der erfolgreichsten Formen des E-Commerce, des Verkaufs von Produkten und Dienstleistungen im Internet, entwickelt (Abb. 8.16).

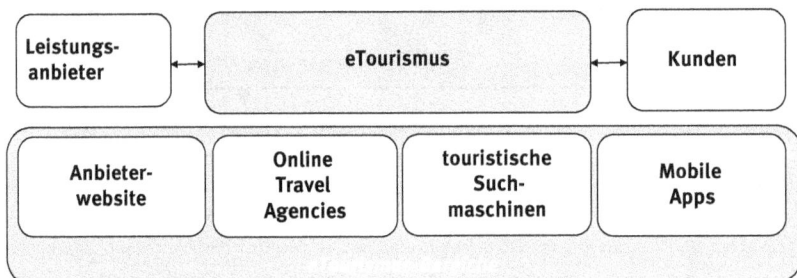

Abb. 8.16: Bereiche des eTourismus

Neben den technologischen Veränderungen ist auch eine Veränderung der Marktteilnehmer zu beobachten. So hatten die Zwischenhändler als sog. Intermediäre bislang die Aufgabe, das heterogene Angebot touristischer Leistungen für den Nachfrager sichtbar und vergleichbar zu machen. Basis hierfür war die Standardisierung von Informationen sowie die Übernahme von Marketing- und Vertriebsaufgaben für den Leistungsträger. Heute kann man beachten, dass die traditionellen Intermediäre wie klassische Reiseveranstalter, stationäre Reisemittler und Global-Distribution-Systeme (GDS) ihre Marktposition verändern und langfristig an Marktbedeutung verlieren. Gestärkt werden zukünftig folgende direkte eTourismus-Bereiche:

8.3.4 Websites der Leistungsanbieter

Im Internet haben touristische Leistungsträger nun einen direkten Zugang zu den Endkunden. Die Kunden wiederum haben die Möglichkeit, aktiv Informationen abzufragen und ihren Informationsbedarf online zu klären.

Fluggesellschaften

Der *Direktvertrieb* von Flügen über die *Websites* der einzelnen Fluggesellschaften ist heute sehr beliebt und vergleichsweise kostengünstig. Diese Vertriebsplattform wurde als Erstes erfolgreich von den Billigfluggesellschaften genutzt, da diese aus Kostengründen zumeist keine globalen Distributionssysteme nutzen wollen. Heute haben alle Fluggesellschaften eine eigene Website und Buchungsmöglichkeit. Der Kunde gibt bei der Direktbuchung die Informationen für seine Reise in ein Formular auf der Website ein und basierend auf diesen Informationen wird ihm ein Preis angeboten. Dieser Distributionskanal bietet den Fluggesellschaften bessere Möglichkeiten der Preisanpassung. Da der Kunde im direkten Kontakt mit dem Server der Website steht, können viele Informationen über den Kunden abgefragt und gespeichert werden. Individuell wird dem Kunden nun ein Preis vorgeschlagen, der möglichst in der Höhe seiner Zahlungsbereitschaft liegt.

Die fehlenden Möglichkeiten des Vergleichs mit anderen Fluggesellschaften ist jedoch eine Schwäche des Direktvertriebs von Flugtickets über die eigene Website. Zur umfassenden Informationsbeschaffung müssen die Kunden sich daher auf verschiedenen Websites von Fluggesellschaften nach Preisen umsehen, um einen geeigneten Preis zu finden, was bei der Anzahl an Fluggesellschaften fast unmöglich ist. Genau diese Funktion wird von den globalen Distributionssystemen angeboten, weshalb auch keine Linienfluggesellschaft sich bisher ganz von den GDS losgelöst hat. Denn für die meisten Kunden sind eine *Übersicht von Anbietern und ein Preisvergleich* bei der Flugbuchung von hoher Bedeutung.

Hotellerie

Um den kostenintensiven indirekten Vertriebskanal zu umgehen, setzten die Hoteliers anfänglich große Hoffnungen auf einen kostengünstigen Direktvertriebskanal.

Heute sind jedoch globale Hotel-IBEs (besonders Booking.com) führend bei den Online-Buchungen im Hotel-Sektor. Die Position und Funktion der *Buchungsplattformen* wird heute sehr zwiespältig betrachtet. Einerseits erbringen sie wesentliche Marketing-Leistungen für einen Hotelbetrieb. Durch die hohe Reichweite und die Verfügbarkeit in zahlreichen Sprachen werden vielfältige Quellmärkte angesprochen. Andererseits klagen viele Betriebe über die Marktmacht der Plattformen und die hohen Provisionskosten, die zwischen 10 und 35 % des Zimmerpreises ausmachen. Zudem müssen die Beherbergungsbetriebe oft ungünstige Vertragsklauseln (kostenlose Zimmerstornierung bis 18 Uhr am Anreisetag, Verpflichtung zur Last-Room-Verfügbarkeit) unterschreiben. Besonders verärgert sind die Hotels über die von den Buchungsplattformen eingeforderten engen *Bestpreisklauseln*, die dazu führen, dass der eigene Vertriebskanal keine Preisvorteile bringen kann.

Individualhotels sind von den Buchungsplattformen noch weitaus abhängiger als bspw. Kettenhotels mit starkem internationalen Markenauftritt. Um der Marktmacht der Buchungsportale entgegenzutreten, haben sich Hotelketten zusammengeschlossen und eigene Online-Buchungsplattformen aufgebaut. So vermarkten z. B. mehrere Hotelgruppen ihre Zimmer über die gemeinsame Plattform Roomkey.com. Tatsächlich kommt derartigen Bemühungen aber eher eine mediale Aufmerksamkeit zu, als dass sie die Vertriebsmacht von Booking, Expedia oder Lastminute empfindlich gefährden könnten (Maurer 2015, S. 52 f.).

Destinationen

Das *Webportal* einer Tourismus-/Destinationsmanagement-Organisation informiert als Portal im Internet über die Tourismusdestination, bietet Kommunikationsmöglichkeiten und führt den Interessenten zum Produkt. Die aktuellen Produktdaten (multimediale Darstellungen, aktuelle Verfügbarkeiten, Angebote und Preise) werden dem Interessenten über das interaktive Webportal aus dem DMS online und in Echtzeit zur Verfügung gestellt. Die Webanwendung nimmt automatisierten Zugriff auf die Datenbank des DMS, das damit als Internet Booking Engine (IBE) die Reiseleistungen online vermitteln und buchen kann. Das Webportal kann vollständige Vermittlungsprozesse bis zur Reservierung der Reiseleistungen ohne Medienbrüche und in Selbstbedienung des Kunden verbindlich anbieten und umsetzen (Weithöner 2015, S. 334 f.).

8.3.5 Internet Booking Engine (IBE)

Internet Booking Engines (IBE)stellen die *elektronische Funktionalität* zur Verfügung, mit der internetbasiert Reisen und Reiseleistungen automatisiert vermarktet werden können (Abb. 8.17). Sie werden auch häufig als Online Booking Engine (OBE), Self Booking Tool (SBT) oder Online Booking Tool (OBT) bezeichnet.

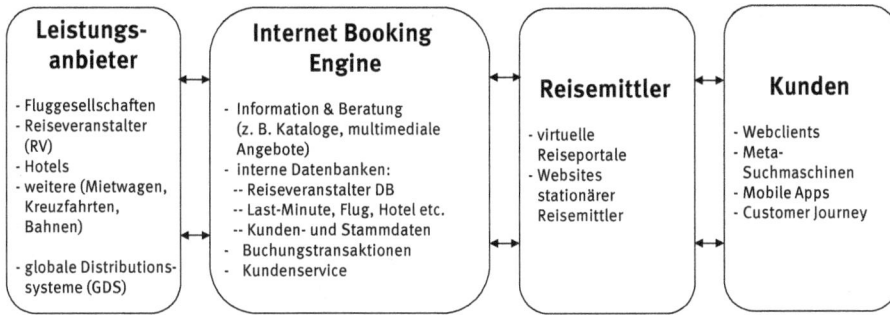

Abb. 8.17: Internet Booking Engines (Quelle: Weithöner 2019)

Die Websites und -portale der Reiseanbieter informieren über ihre Angebote vergleichbar einem Ladenlokal mit Schaufenster und die Internet Booking Engines vollziehen die kunden- und auftragsbezogenen Dienstleistungen im Kundendialog. Sie automatisieren die Geschäftsprozesse in Echtzeit. Websites bzw. Reiseportale und die dahinter stehenden IBE wirken zusammen als virtuelle Reisemittler. Darüber hinaus können sie weitergehende Funktionen übernehmen und z. B. das Dynamic Packaging eines virtuellen Reiseveranstalters realisieren. Das Webportal eines virtuellen Reisemittlers kann seinen Kunden Zugriff auf mehrere Internet Booking Engines bieten, die unterschiedlich spezialisiert sind, z. B. auf eine Flug-IBE für Linien- und Consolidator-Fluganbebote, auf eine IBE, die standardisierte Pauschal- und Lastminute-Reisen anbietet, oder auf die IBE eines virtuellen Dynamic-Packaging-Veranstalters. Internet Booking Engines werden von IT-Dienstleistungsunternehmen den virtuellen Reisemittlern zur Nutzung angeboten (z. B. auch von globalen Distributionssystemen).

Eine Internet Booking Engine kommuniziert über die Website mit dem Endkunden, informiert und berät ihn mit ihrem datenbankbasierten Such- und Selektionssystem. Zur verbindlichen Buchung einer ausgesuchten Reise kommuniziert sie mit dem Reservierungssystem des jeweiligen Reiseanbieters. Internet Booking Engines übernehmen somit die *Reisemittlerfunktionen*.

Zudem verwaltet eine eigene IBE-Datenbank allgemeine touristische Informationen über Länder, Zielgebiete u. a., die Produktinformationen der kooperierenden Reiseanbieter und ihre Kurzfrist-Angebote. Diese Daten werden einem Webclient im Sinne einer Beratung zur Verfügung gestellt, indem er sie über Selektionsmasken abfragen und recherchieren kann. Die Benutzerführung, die Such- und Selektionsmöglichkeiten und die Ergebnisdarstellungen bilden den kundenorientierten Beratungsprozess ab. Mit der Auswahl einer Reise(-leistung) ist ihre Verfügbarkeit zu prüfen, der verbindliche Gesamtpreis darzustellen und ggf. anschließend die Buchung durchzuführen. Hierzu kommuniziert die Internet Booking Engine im Hintergrund und in Echtzeit mit dem Reservierungssystem des jeweiligen Anbieters auf der Basis standardisierter Schnittstellen.

Auch traditionelle stationäre Reisebüros, die eine eigene Website betreiben, nutzen Internet Booking Engines. Einige Systemanbieter ermöglichen es, ihre IBE in die Reisebüro-Website kostenpflichtig zu integrieren. Reisebüro-Kunden greifen dann auf die Website des Reisebüros zu und erhalten integriert die IBE-Funktionalität. Bei der Online-Buchung einer Reise erhält das Reisebüro als Website-Betreiber die Vermittlungsprovision vom Reiseanbieter.

Beim *Dynamic Bundling* bieten einige virtuelle Reisemittler den Kunden an, mehrere Einzelleistungen aus unterschiedlichen Quellen auszuwählen und in einem Online-Warenkorb zu bündeln. Dabei werden die (Brutto-)Einzelpreise ausgewiesen und berechnet. Reservierung und Fulfillment erfolgen in separaten Schritten je Einzelleistung durch den jeweiligen Leistungsgeber.

Beim Dynamic Packaging wird der gesamte Veranstalterprozess (Beschaffung von Reiseleistungen, Reiseproduktion, Reservierung und Abwicklung) online zum Zeitpunkt der Kundenbuchung und gemäß den individuellen Kundenwünschen durchgeführt. Dieser automatisierte Prozess passiert in Echtzeit. Es kann für den Kunden im Einzelfall schwierig zu unterscheiden sein, ob es sich bei Reiseangeboten eines Webportals nur um die Vermittlung von Reisen oder gebündelten Einzelleistungen (Dynamic Bundling) handelt oder ob es sich um ein Paketangebot eines virtuellen Reiseveranstalters handelt (Dynamic Packaging).

8.3.6 Touristische Meta-Suchmaschinen

Touristische Suchmaschinen (Travel Search Engines TSE) sind von virtuellen Reisemittlern bzw. Online Travel Agents und ihren Internet Booking Engines zu unterscheiden. Der Nutzer einer touristischen Suchmaschine erfasst seine konkreten Reisewünsche, die Suchmaschine übermittelt diese Wünsche über elektronische Schnittstellen an kooperierende Anbietersysteme und fragt damit entsprechende Angebote ab, die anschließend in einer vereinheitlichten Darstellung und mit einem vorläufigen unverbindlichen Preisvergleich dem Nutzer dargestellt werden. Die Suchmaschine übernimmt i. e. S. keine weiterführenden Funktionen, sondern bietet nur die Verweise zu den anbietenden Systemen, in denen der Interessent dann vertiefend weitersuchen und ggf. buchen kann.

Touristische Suchmaschinen sind somit Meta-Suchmaschinen. Der Unterschied zwischen einer Meta-Suchmaschine und einer einfachen Suchmaschine besteht darin, dass Erstere keine eigene Datenbank besitzt. Vielmehr stellt die Meta-Suchmaschine bei einer Nutzeranfrage Anfragen bei mehreren individuellen Suchmaschinen, die wiederum ihre eigenen Datenbanken auf Informationen durchsuchen und die Ergebnisse an die Meta-Suchmaschine zurücksenden. Sie generieren Webbesuche bei den Reiseanbietern, die dann für die Vermittlung der Besuche oder für die daraus erzielten Reiseumsätze Gebühren oder Provisionen zahlen.

Grundsätzlich können die Suchmaschinen Gebühren pro vermittelten Link (Cost per Click), vergleichbar den Google-Adwords, berechnen, i. d. R. aber berechnen sie Provisionen, wenn aus vermittelten Links Verkäufe bzw. Reisebuchungen generiert werden, vergleichbar der Konversion in einem Partner-/Affiliate-Programm. Die touristischen Suchmaschinen beziehen sich i. d. R. auf einzelne Reiseleistungen, insbesondere Flüge und Hotelangebote. Sie kooperieren auch untereinander, um den Reiseinteressenten umfangreiche Suchergebnisse oder Suchergebnisse für mehrere Leistungsarten bieten zu können.

Für Anbieter von Reisen und Reiseleistungen ist die automatisierte Kooperation über technische Schnittstellen zwischen ihren Reservierungssystemen und den touristischen Suchmaschinen eine Form von *Suchmaschinenmarketing*. Beispiele für Meta-Suchmaschinen sind Skyscanner und Kayak für den Flugbereich oder trivago für den Hotelbereich. Die Meta-Suchmaschinen suchen v. a. in den Datenbanken der Websites der einzelnen Leistungsanbieter, den Internet Booking Engines, den globalen Distributionssystemen und anderen konkurrierenden Suchmaschinen des Internets. Allerdings kooperieren nicht alle Leistungsanbieter mit den Suchmaschinen, so sind z. B. die Billigfluggesellschaften aus Kostengründen zumeist nicht auffindbar.

Besondere Aufmerksamkeit ist der zukünftigen Entwicklung der *Google-Meta-Suchmaschine* am deutschen und europäischen Markt zu widmen. Google strebt auch in Europa an, die wichtigsten Flug-, Hotel- und Reiseanbieter und ihre Vertriebspartner mit Suchschnittstellen anzubinden, um das Marktangebot möglichst umfänglich darstellen zu können. Die georeferenzierte Einbindung in die Google-Suche und in Google Maps in Kombination mit Google Street View, das einen virtuellen Rundgang ermöglicht, ergänzt durch Kundenbewertungen und Bilder die Suchergebnisse mit einem umfangreichen Informationsservice und mit Links zu den entsprechenden Reservierungssystemen, z. B. booking.com und expedia.de, oder zu den zentralen Reservierungssystemen der Hotelketten bzw. Reiseveranstalter.

8.3.7 Mobiler Tourismus

Reisende sind eine wichtige Zielgruppe für *M-Commerce*. In den meisten Kategorien stammen mehr als ein Drittel aller Buchungen von mobilen Endgeräten; den höchsten Anteil erzielen dabei die Kategorien Hotels, Last Minute und Mietwagen.

Die einfachste Form der mobilen Kommunikation sind die mobilen Versionen der Websites, die im Layout an den kleinen Bildschirm und an die Browser mobiler Endgeräte angepasst ist. Heute werden die Layouts vieler Webseiten automatisch an die Endgeräte angepasst, Stichwort *Responsive Design*. Ein Vorteil *mobiler Websites* sind die Standardisierungen in der Web- und Browser-Technologie und damit die weitgehende Kompatibilität mit den unterschiedlichen Endgeräten und ihren Betriebssystemen. Die Entwicklung und Wartung mobiler Webseiten sind dadurch vergleichsweise günstig. Ein Nachteil der mobil genutzten Webseiten ist, dass sie zur Nutzung eine

Internetverbindung erfordern, zudem können mobile Websites nicht die volle Funktionsbreite der mobilen Endgeräte nutzen, z. B. Kamera, Kompass oder Global Positioning System (GPS), was die Vielfältigkeit der Anwendungsbereiche beschränkt.

Mit der Präsentation des ersten iPhones im Januar 2007 wurde auch der Begriff *Applikationen (Apps)* für Mobiltelefone erstmals verwendet. Diese Apps waren anfänglich sehr reduzierte und somit eher einfache Programme. Heute ist auf den modernen Smartphones eine Vielzahl komplexer Apps für sämtliche Lebensbereiche verfügbar. Apps für Sport, Politik, Nachrichten, Wetter, Auskünfte und Reisen werden täglich verwendet. Mobile Applikationen sind Programme, die Nutzer herunterladen und installieren können. Die Apps können ohne eine bestehende Internetverbindung genutzt werden, sofern keine Online-Informationen (z. B. Verfügbarkeit) benötigt werden. Apps können die volle Funktionsbreite eines mobilen Endgeräts nutzen, z. B. GPS oder Kamera.

Tourismus-Apps sind für die Planung, Durchführung und Nachbereitung einer Reise kaum noch wegzudenken und werden auch in Zukunft an Relevanz gewinnen. Einige App-Anbieter ermöglichen es, die gesamte Reise mithilfe einer App zu buchen. Dazu zählen die Angebote von Reiseveranstaltern oder weitere bekannte Apps wie Momondo, Swoodoo oder Kayak. Dabei können Pauschalreisen gebucht werden, aber ebenso sämtliche Einzelleistungen. Die wohl bekannteste App für die Buchung einer Beherbergung ist die App booking.com des Unternehmens Booking Holdings Inc. Apps während der Reise gewinnen vermehrt an Beliebtheit. Sie können als digitaler Reiseführer oder zur spontanen Buchung eines Mietwagens eingesetzt werden. Darüber hinaus sind Navigations-, Wetter- und Kommunikationsapps sehr beliebt und hilfreich. Während und nach einer Reise möchten die Nutzer ihre Erlebnisse gerne in sozialen Netzwerken teilen oder persönliche Fotobücher erstellen.

Experten gehen davon aus, dass in Zukunft *Messenger* wie z. B. der Facebook-Messenger oder auch WhatsApp zu einer Rundum-Anwendung werden. Dann kann über diese Programme nicht nur kommuniziert werden, sondern es können auch Tickets für Bahn und Flug gebucht oder das Wetter direkt abgefragt werden. Die Messenger haben somit unterschiedliche Funktionen, die ständig erweitert und individuell an den Anwender angepasst werden können. Damit entfällt das ständige Herunterladen von neuen Apps und v. a. das lästige Hin- und Herspringen zwischen verschiedenen Apps. Der Nutzer sagt per Spracherkennung, was er braucht, und der Messenger organisiert als Assistent Features und Anwendungen im Hintergrund, ohne dass sich der Anwender selbst aktiv darum kümmern muss. Das führt für den Nutzer zu einer erheblichen Zeitersparnis.

Solche *Spracherkennungsassistenten* sind seit Ende 2016 auf dem Markt erhältlich und werden vermehrt in deutschen Haushalten installiert, etwa Alexa, Siri, Echo, Cortana und Google Home gemeint. Diese Spracherkennungsassistenten, die derzeit v. a. zu Hause eingesetzt werden, sind erste Anzeichen dafür, dass auch auf mobilen Geräten der Trend zu intelligenten Spracherkennungsassistenten geht und somit im Laufe der Zeit die Apps ersetzt werden könnten.

Literatur

Backer, C. (2007): Back in the bottle. In: Airline Business Juli, S. 44–46.

Benckendorf, P. et al. (2014): Tourism Information Technology. 2. Aufl., Boston.

Conrady, R.; Fichert, F.; Sterzenbach, R. (2019): Luftverkehr. 6. Aufl., München.

Echtermeyer, M. (1998): Elektronisches Tourismus-Marketing. Berlin.

Goecke, R. (2015): Informationsmanagement in Hotel- und Gastronomiebetrieben. In: A. Schulz et al. (Hg.): eTourismus: Prozesse und Systeme. 2. Aufl., München, S. 371–405.

Goecke, R.; Weithöner, U. (2015): IT-Systeme und Prozesse bei Reiseveranstaltern. In: A. Schulz et al. (Hg.): eTourismus: Prozesse und Systeme. 2. Aufl., München, S. 442–472.

Horster, A. (2015): Die Customer Journey im digitalen Tourismusmarketing. In: A. Schulz et al. (Hg.): eTourismus: Prozesse und Systeme. 2. Aufl., München, S. 94–116.

IATA (Hg.) (2015): New Distribution Capability (NDC) Together Let's Build Airline Retailing, Strategy Paper (version 1.2). Montreal.

Inkpen, G. (1998): Information Technology for Travel and Tourism. 2. Aufl., Singapore.

Kreczy, A. (2015): Informationsmanagement bei Fluggesellschaften. In: A. Schulz et al. (Hg.): eTourismus: Prozesse und Systeme. 2. Aufl., München, S. 329–349.

Maurer, C. (2015): eTourismus – Daten und Fakten. In: A. Schulz et al. (Hg.): eTourismus: Prozesse und Systeme. 2. Aufl., München, S. 52–64.

Merten, P. (2009): The Future of Air Travel. Fribourg.

Mundt, J. (2008): Computerreservierungssystem. In: W. Fuchs; J. Mundt; H. Zollondz (Hg.): Lexikon Tourismus. München, S. 152–156.

Reiner, J. (2019): Vertriebskanäle des Geschäftsreiseflugmarktes unter besonderer Berücksichtigung des Datenstandards NDC, Bachlorarbeit. Kempten.

Schmidt, A. (1995): Computerreservierungssysteme im Luftverkehr. Hamburg.

Schulz, A. (2015): Informationsmanagement im Reisebüro. In: W. Freyer; W. Pompl (Hg.): Reisebüro-Management. 2. Aufl., München, S. 183–200.

Schulz, A.; Frank, K.; Seitz, E. (1996): Tourismus und EDV-Reservierungssysteme und Telematik. München.

Schulz, A.; Egger, R.; Weithöner, U.; Goecke, R. (Hg.) (2015): eTourismus: Prozesse und Systeme. 2. Aufl., München.

Schulz, A. (2015): Globale Distributionssysteme. In: A. Schulz et al. (Hg.): eTourismus: Prozesse und Systeme. 2. Aufl., München, S. 213–239.

Schulz, B. (2005): Amadeus Griffbereit, Amadeus Vista Graphic Page–Air, Hotel, Car. Bad Homburg.

Weithöner, U. (2008): Internet Booking Engine. In: W. Fuchs; J. Mundt; H. Zollondz (Hg.): Lexikon Tourismus. München, S. 388–391.

Weithöner, U. (2015a): Destinationsmanagement-Systeme und Portale. In: A. Schulz et al. (Hg.): eTourismus: Prozesse und Systeme. 2. Aufl., München, S. 301–324.

Weithöner, U. (2015b): eMarketing und Ecommerce – Internet-Basis, Voraussetzungen und Potentiale. In: A. Schulz et al. (Hg.): eTourismus: Prozesse und Systeme. 2. Aufl., München, S. 65–93.

Axel Schulz

9 Geschäftsreisen

Unter eine Geschäftsreise versteht man eine beruflich bedingte Reise, die zu Zielen außerhalb der hauptsächlichen Arbeitsstätte führt und bei der die Reisekosten (teilweise) vom Arbeitgeber, in dessen Auftrag verreist wird, beglichen werden (Eisenstein et al. 2019, S. 30f). Bei Geschäftsreisen handelt es sich somit um eine Art der arbeitsbedingtem räumlichem Mobilität (siehe Abb. 2.35).[1] Der Begriff Geschäftsreisemanagement bezeichnet die Gesamtheit der strategischen und operativen Maßnahmen zur Planung, Organisation und Kontrolle der Geschäftsreiseaktivitäten eines Unternehmens (Melzer, S. 17).

Geschäftsreisen unterscheiden sich in vielerlei Hinsicht von Urlaubsreisen (siehe Abb. 2.36), offenkundig sind jedoch die Unterschiede in Bezug auf Reisemotivation, Reisedauer und Art der Finanzierung. Zu den volumenmäßig wichtigsten Arten von Geschäftsreisen zählen klassische Geschäftsreisen, Messe- und Ausstellungsreisen sowie Meetingformate wie Seminare, Konferenzen, Tagungen und Kongresse (siehe Abb. 2.37).

9.1 Grundlagen

9.1.1 Beteiligte

Im Geschäftsreisebereich spielen wie auch im Privatreisebereich *touristische Leistungsanbieter eine zentrale Rolle*. Die einzelnen Anbieter (Abb. 9.1) lassen sich verschiedenen Kategorien zuordnen; die Unternehmen der einzelnen Kategorien bie-

Anbieter	Nachfrager
• Transportunternehmen (Flug, Bahn, Mietwagen) • Beherbergung • Gastronomie • sonstige Unternehmen (IT-Anbieter, Kreditkarten)	• Geschäftsreisemittler • internes Travel-Management • Unternehmen • Geschäftsreisende

Abb. 9.1: Beteiligte bei Geschäftsreisen

---

1 Zur Abgrenzung der Geschäftsreisen von anderen Formen der arbeitsbedingten räumlichen Mobilität, den verschiedenen Geschäftsreisearten und der Nachfrage nach Geschäftsreisen siehe Abschnitt 2.4.

https://doi.org/10.1515/9783110641219-009

ten verschiedene Kernprodukte einer Geschäftsreise wie bspw. einen Flug oder eine Hotelübernachtung an. Um sich den Anforderungen der Geschäftsreisenden anzupassen und einen möglichst großen Anteil dieses Marktes zu erreichen, bieten viele Leistungsträger Zusatzleistungen an. Dies kann zum Beispiel im Hotel ein freier Internetzugang für Geschäftsreisende, im Mietwagensegment ein Hol- und Bringservice oder ein auf Flughafentransfers spezialisiertes Transport- oder Taxiunternehmen sein. Die wohl beliebteste „Zusatzleistung" ist ein Kundenbindungs- bzw. *Bonusprogramm*, das viele Fluggesellschaften, aber auch Hotels und Mietwagengesellschaften anbieten. Die gesammelten Flugmeilen, Übernachtungen oder Miettage können für Vergünstigungen eingelöst werden, die meist auch privat genutzt werden dürfen (Eisenstein 2019, S. 53 ff.).

Transport
- *Flug*

  Im Transportbereich macht der Flugverkehr ca. die Hälfte der gesamten Kosten aus. Bei Geschäftsreisen zu Zielorten außerhalb Deutschlands ist das Flugzeug zumeist die beste Option. Aber auch innerdeutsch spielt der Flugverkehr trotz ökologischer Bedenken eine wichtige Rolle. Geschäftsreisende nutzen häufig *Linienfluggesellschaften*, da diese eine hohe Netzdichte sowie häufige Flugverbindungen anbieten. Ein weiterer Vorteil sind die im Linienflugbereich angebotenen unterschiedlichen Beförderungsklassen. Bei Langstrecken wird von Geschäftsreisenden auch die Business- oder First Class gebucht. Der Vorteil der höheren Beförderungsklassen ist, dass aufgrund des höheren Service- und Komfortlevels die Geschäftsreisenden stressfreier und erholter am Zielort ankommen. Vor allem bei engen Zeitplänen, in denen nur eine kurze Erholungsphase zwischen Ankunft am Zielort und erstem Termin eingeplant ist, kann sich die Investition in eine höhere Beförderungsklasse lohnen. Der Hauptteil der geschäftlich bedingten Flugreisen wird jedoch in der Economyclass der Linienflüge durchgeführt. Die höheren Klassen sind mit immensen Kosten verbunden, die nur in Ausnahmefällen genehmigt werden bzw. nur von leitenden Angestellten genutzt werden dürfen (Hammer 2006, S. 43).

  In den letzten Jahren stieg auch die Akzeptanz der Unternehmen und Reisenden in Bezug auf die Nutzung von Billigfluggesellschaften. Eine zusätzliche Option sind Geschäftsreisefluggesellschaften (vgl. Abschnitt 4.1.3). Für Unternehmen, bei denen eine Anzahl an Mitarbeitern zur gleichen Zeit auf derselben Strecke reisen muss, kann ein Flugzeugcharter die richtige Option sein. Diese kleinen Passagierflugzeuge (ca. 5–10 Plätze) können kurzfristig angemietet werden und bieten stressfreies und komfortables Reisen.

  Die meisten Unternehmen haben Verträge mit mehreren Fluggesellschaften, in denen Nettoraten mit Rabatten vereinbart werden. Zusätzlich sind oft Sonderkonditionen für „Rennstrecken" vereinbart, also Strecken, die von den Geschäftsreisenden des Unternehmens sehr oft zurückgelegt werden müssen. Ein anderes Vertragsmodell arbeitet mit einem jährlichen Umsatzziel. Unternehmen können mit Fluggesellschaften zudem Firmentarife abschließen, die dann exklusiv für das Unternehmen buchbar sind.

– *Bahn*

In Deutschland gilt die Reise im Schienenverkehr aufgrund der hohen Netzdichte bei einer *Reisedistanz von ca. 500 km* und einer *Reisedauer von bis zu drei Stunden* als das vorteilhafteste Verkehrsmittel. Geschäftsreisende nutzen dieses Transportmittel v. a. für Reisen im Inland und in die angrenzenden Nachbarländer. 2018 machten geschäftliche Bahnfahrten mit 10 Mrd. EUR 19 % der Gesamtkosten der Geschäftsreisen in Deutschland aus. Viele Geschäftsreisende schätzen die Reise per Bahn, da sie einige Vorteile gegenüber anderen Verkehrsmitteln mit sich bringt. Reisende können bspw. während der Fahrt arbeiten, sparen sich die Sicherheitskontrollen am Flughafen, können ihre Gepäckmenge spontan wählen, benötigen keinen Parkplatz und tragen durch den geringeren ökologischen Fußabdruck dieser Transportvariante zum Nachhaltigkeitsbestreben vieler Unternehmen bei (Freyer 2006, S. 5).

– *Mietwagen*

Das Mietwagensegment ist ein weiterer bedeutender Teil der für Geschäftsreisende wichtigen Transportleistungen. Mietwagen werden hauptsächlich als kostengünstige Alternative zum Privat- oder Firmenwagen oder als zusätzliches Transportmittel zu Flug oder Bahn gebucht. Die Flotten der Mietwagenanbieter bieten unterschiedliche Fahrzeugklassen und Motortypen, um die unterschiedlichen Ansprüche in Sachen Fahrzeuggröße, Komfort, Verbrauch und Leistungsfähigkeit zu erfüllen. Auch im Mietwagenbereich gibt es meist Verträge zwischen Unternehmen und Leistungsträgern, in denen spezielle *Firmenraten*, Zusatzleistungen oder spezielle Services festgelegt sind. Die Firmenraten orientieren sich wie auch im Flug- und Bahnbereich hauptsächlich am jährlich erzielten Umsatz. Meist bieten die Leistungsträger auch spezielle Programme für Firmenkunden an, in denen Buchung, Bezahlung, Abrechnung und Service auf die Bedürfnisse der Unternehmen zugeschnitten sind. Heute wandeln sich Mietwagenunternehmen immer mehr zu Mobilitätsdienstleistern, die weitere Transportleistungen wie Carsharing, Taxifahrten und Limousinenservice integrieren (vgl. Abschnitt 4.4.2).

Beherbergung

Die Beherbergungsunternehmen bieten eine der Kernleistungen von mehrtägigen Geschäftsreisen an, die Übernachtung. Häufig wird diese zusätzlich mit einer Verpflegungsleistung, z. B. dem Frühstück, verbunden. Für die Geschäftsreisenden ist die *Lage des Hotels* i. d. R. das wichtigste Kriterium. Es sollte möglichst zentral gelegen sein und eine gute infrastrukturelle Anbindung an die verschiedenen Verkehrsträger

(Flugzeug, Bahn, Auto) haben. Neben der Lage ist aber auch die Qualität, also Ausstattung, Komfort und Service, wichtig (Hammer 2006, S. 59 ff.).

Die Leistungsträger im Beherbergungssegment lassen sich in die zwei Bereiche klassische Hotellerie und Parahotellerie aufteilen (vgl. Abschnitt 5.1.1). Die Parahotellerie bietet neben der Übernachtung meist nur wenig oder keinen zusätzlichen Service an (z. B. Ferienwohnungen, Jugendherbergen oder Pensionen). Die Geschäftsreisenden bevorzugen daher meist die *klassische Hotellerie*. Hier gibt es inzwischen auch speziell auf die Bedürfnisse der Geschäftsreisenden ausgerichtete Geschäftsreise- und Tagungshotels.

Auch im Beherbergungssegment verhandelt das *Business-Travel-Management (BTM)* mit den Leistungsträgern i. d. R. Firmenraten und fixiert diese vertraglich. Wie im Transportbereich ist hier der Umsatz ebenfalls die wichtigste Kenngröße; je höher der Umsatz, desto höher ist i. d. R. der Rabatt. Solche Verträge lohnen sich natürlich nur dann, wenn bestimmte Destinationen sehr häufig und regelmäßig besucht werden oder aber Verträge mit Hotelketten abgeschlossen werden. Diese bieten den Vorteil, dass sie in vielen verschiedenen Städten, meist weltweit, vertreten sind und so ein hoher Umsatz generiert werden kann. Hotelketten haben zusätzlich den Vorteil, dass die Übernachtungen in den verschiedenen Hotelmarken der Kette in ein gemeinsames Bonusprogramm eingerechnet werden, sodass auch hier durch die Menge an Übernachtungen mehr bzw. bessere Vergünstigungen zu erreichen sind. Große und für den Geschäftsreisemarkt wichtige Hotelketten sind bspw. Accor, Maritim, Steigenberger oder Marriott.

Unternehmen

Die Unternehmen als eigentliche Auftraggeber befinden sich in einer *Zwickmühle*. Auf der einen Seite versuchen sie seit Jahren, durch ein professionelles Travel-Management die Kosten der Dienstreisen zu senken, auf der anderen Seite sind die Kontakte zu externen Firmen, insbesondere Kunden und Lieferanten, für den Unternehmenserfolg unabdingbar. Versuche, die Anzahl der Dienstreise zu beschränken und durch elektronische Medien zu ersetzen, waren bisher nur bedingt erfolgreich. Somit wächst das Reisevolumen vieler Firmen dennoch stetig.

Geschäftsreisemittler

Ein Unternehmen hat im Geschäftsreisebereich mehrere Optionen, wie die Geschäftsreisen für die Mitarbeiter gebucht werden können (Drechsler 2006, S. 92). Die erste Möglichkeit ist, dass die Mitarbeiter die Reise selbst buchen. Dies kann entweder direkt bei den Leistungsträgern oder mithilfe eines BTM-Softwaresystems erfolgen. Beide Varianten haben entscheidende Nachteile: Bei Direktbuchungen können die Buchungen im Nachhinein nicht oder nur schwer nachvollzogen werden. Eine Datenauswertung ist in diesem Fall nicht möglich. Wird über ein IT-System gebucht, so werden die Daten zwar erfasst, jedoch kann das Unternehmen bzw. das Travel-Management erst nach der Buchung kontrollieren, ob die Reisenden sich an die vorgegebenen Reiserichtlinien halten (Benkendorff 2006, S. 75).

Aufgrund der Nachteile von Eigenbuchungen stellen die meisten Unternehmen eine Schnittstelle zwischen Reisenden und Leistungsanbietern zur Verfügung. Dies kann entweder ein *externes Reisebüro* oder eine *interne Reisestelle* sein. Beide haben grundsätzlich die gleichen Funktionen:

- Beratung, Service, Kontrolle bzgl. Reiserichtlinien
- Reservierung, Buchung, Umbuchung, Stornierung
- Datenzusammenführung und Berichterstattung
- Reisekostenabrechnung

Ob ein externes Reisebüro oder eine interne Reisestelle als Reisemittler fungiert, ist von Unternehmen zu Unternehmen unterschiedlich. Reisebüros haben meist mehr Erfahrung, eine bessere technische Ausrüstung und eine höhere Professionalität. In Deutschland wird der Geschäftsreisemarkt von wenigen großen Reisebüroketten dominiert. Diese haben ein dichtes Netz an Filialen und agieren zudem oft weltweit, wodurch ein international agierendes Unternehmen theoretisch die Abwicklung aller Geschäftsreisen auf einen Anbieter übertragen könnte. Nachteil der Reisebüros gegenüber einer Reisestelle sind meist die Serviceleistungen, da eine interne Abteilung die Bedürfnisse der Geschäftsreisenden sowie die lokalen Gegebenheiten der Reiseziele zumeist gut kennt. Zudem muss eine Reisestelle nicht gewinnorientiert arbeiten, sondern nur die entstehenden Kosten decken (Kwoka 2010, S. 315 ff.).

Internes Travel-Management

Das unternehmenseigene Geschäftsreisemanagement bzw. Travel-Management umfasst alle Aufgaben von der Buchung über die Organisation bis zur Abrechnung einer Geschäftsreise in einem Unternehmen. Dabei muss der Travel-Manager die Balance zwischen Unternehmenszielen und Zufriedenheit der Geschäftsreisenden wahren. Die Geschäftsreise soll so effizient und kostensparend wie möglich geplant werden, gleichzeitig den Reisenden aber auch eine stressfreie und komfortable Reise ermöglichen (Drechsler 2006, S. 110).

Der hohe Grad der Beeinflussbarkeit direkter und indirekter Reisekosten durch die Gestaltungs-, Kontroll- und Koordinationsfunktion einer zentralen Stelle wurde den meisten deutschen Unternehmen erst in den vergangenen Jahren deutlich. So hat sich der vormalige Reisestellenleiter, dem einst hauptsächlich operative Aufgaben übertragen waren, zum *Travel-Manager* weiterentwickelt. Prozessoptimierungen und strategische Entscheidungen wie Verhandlungen mit Leistungsträgern sowie die Auswahl bevorzugter Vertragspartner prägen heute das sich ständig wandelnde Berufsbild des Travel-Managers. Diese Entwicklung zeigt deutlich, dass *Controlling-Aktivitäten* das Mobilitätsmanagement der Zukunft prägen werden. Standardisierte und professionelle Auswertungen sollen bessere Verhandlungsgrundlagen bieten, Kostentreiber aufdecken und somit zur Einsparung direkter Kosten beitragen. Damit die Planung, Erfassung und Auswertung der Dienstreise optimal ausgeführt werden kann, arbeitet der Travel-Manager eng mit den Bereichen Finanzen, Controlling und Einkauf sowie dem Personalwesen zusammen.

Obwohl es heute kein einheitliches Berufsbild des Travel-Managers gibt, gewinnen *Managementfähigkeiten* zunehmend an Bedeutung. Operative Aufgaben (z. B. Reisebuchungen) werden lediglich von ca. 25 % der Travel-Manager wahrgenommen. Aktuell verwalten schon viele Travel-Manager den Firmenfuhrpark und zählen das Veranstaltungsmanagement zu ihren Aufgabengebieten. Der Travel-Manager von morgen wird sich Mobility-Manager nennen und abermals eine Vielzahl an Verantwortungsgebieten übernehmen. Schon heute gibt es Travel-Manager, die neben dem Fuhrpark- und Veranstaltungsmanagement Mobilitätsbereiche wie die Messe- und Umzugsorganisation sowie die Mobilfunknutzung zentral von einer Stelle aus koordinieren.

Geschäftsreisende

Die Geschäftsreisenden sind die eigentlichen Kunden der Anbieter, sie müssen zudem keine Kosten für die teuren Geschäftsreisen tragen. Zudem sehen sie die Dienstreisen als berufliche und persönliche Weiterbildungschance und wollen sich ausreichend über das Zielgebiet ihrer Reise informieren. Andererseits sieht ein Großteil aller geschäftlich Reisenden die Trennung von der gewohnten Umgebung als Belastung an. Zudem gewinnen Themen wie Sicherheit, Zuverlässigkeit und Umweltschutz zunehmend an Bedeutung. Besonders das Thema Sicherheit ist für Geschäftsreisende in Europa von sehr hoher Bedeutung, trotzdem sind viele von langwierigen Kontrollen an Flughäfen zunehmend genervt. Neue Technologien wie der Iris-Scan und Bordkarten, auf denen Fingerabdrücke gespeichert werden, sollen die Wartezeiten an Flughäfen zukünftig verringern.

9.1.2 Aufgaben und Ziele

Ziel eines effizienten und erfolgreichen Geschäftsreisemanagements ist es, die hierbei *entstehenden Kosten zu minimieren* (Abb. 9.2). Es gilt, die Leistungsstandards zu verbessern, ohne gleichzeitig den Aufwand für die Leistungserbringung, die Qualitätskontrolle oder die interne Kommunikation zu erhöhen. Verbindliche Reiserichtlinien, Genehmigungs- und Buchungsverfahren sowie standardisierte Abrechnungsverfahren sind hierfür Voraussetzung. Diese Vorgaben müssen laufend aktualisiert, von der Geschäftsführung genehmigt und für alle verbindlich festgesetzt werden. Dabei obliegt die Umsetzung und Kontrolle dieser Vorgaben dem Geschäftsreisemanagement. Zu seinem Zuständigkeitsbereich zählen insbesondere das Veranstaltungsmanagement mit der Organisation von Events und Incentives, die Reisekostenabrechnung und das Controlling sowie das Fuhrparkmanagement. Eine optimale Leis-

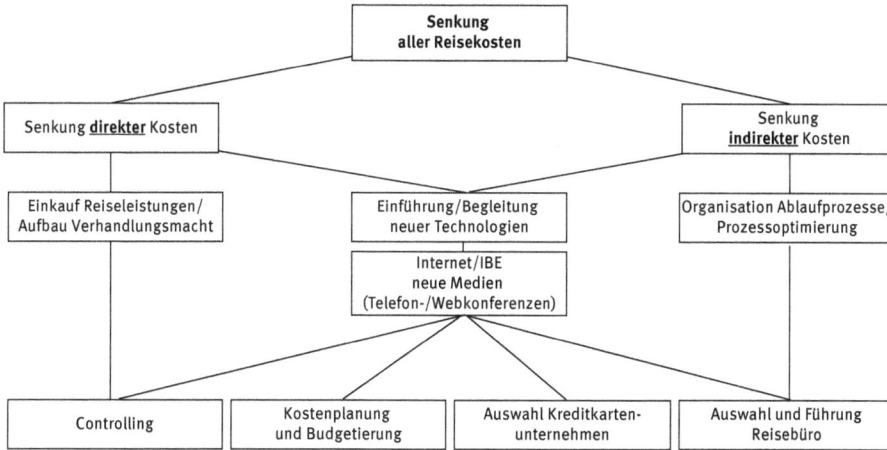

Abb. 9.2: Aufgaben und Ziele des Travel-Managements

tungserbringung ist nur möglich, wenn bekannt ist, welche Leistungen zu welchem Zeitpunkt benötigt werden. Dies wiederum ist nur durch ein aussagekräftiges *Berichtswesen* der Reisekosten und des Reiseverhaltens der Mitarbeiter möglich.

Dem Geschäftsreisemanagement müssen entsprechende Kompetenzen zur Durchführung der Aufgaben eingeräumt werden. Es sollte das Controlling des Reisebudgets, die Umsetzung und Anpassung der Prozesse unter Berücksichtigung der Unternehmensphilosophie sowie die Erstellung und Aktualisierung der Reiserichtlinien eigenverantwortlich übernehmen. Wesentliche Hauptaufgabe ist es, das gesamte Reiseaufkommen zu steuern. Hierzu zählen Verhandlungen mit Leistungsträgern, die Festlegung von Vertragspartnern, die Vertragsgestaltung sowie die Einkaufsoptimierung aller Reiseleistungen genauso wie die Optimierung der Prozesse zur Senkung der Gesamtkosten (Abb. 9.3). Auch die Überlegung, ob ein Reisebüro zur Unterstützung und Beratung der Reiseplanung und -organisation in den Reiseprozess eingebunden wird,

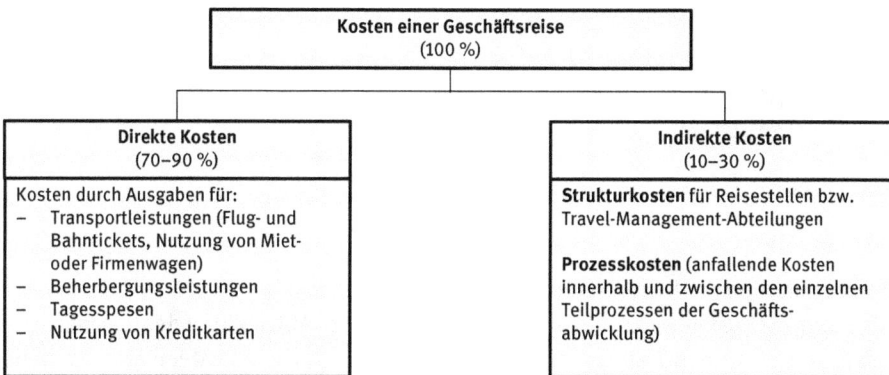

Abb. 9.3: Kosten einer Geschäftsreise

ist eine wichtige Aufgabe des Geschäftsreisemanagements. Der Geschäftsreisemarkt wird immer komplexer und ist mit einer hohen Dynamik verbunden. Daher ist es für das Unternehmen wichtig, schnell auf Marktveränderungen reagieren zu können, was ohne ein gut funktionierendes und gut informiertes Geschäftsreisemanagement nicht möglich ist.

Kosten- und Prozessmanagement

Die Kostenkontrolle ist eine wesentliche Aufgabe des Geschäftsreisemanagements, die zum Erfolg des Unternehmens beiträgt. Wachsender unternehmerischer Druck und die zunehmende Dynamik des Marktes stellen neue Herausforderungen dar.

Kostenmanagement – direkte Kosten

Der Anteil der direkten Kosten (Abb. 9.4) an den Reisegesamtkosten liegt je nach Unternehmen zwischen 70 und 97 %. Sie bestehen aus Ausgaben für Transport- und Beherbergungsleistungen sowie Tagesspesen bzw. Bewirtungskosten. Die Senkung dieser Kosten steht für Unternehmen an erster Stelle. Etwa 80 % der direkten Kosten werden über eine sog. *Corporate Card* erfasst, abgerechnet und ausgewertet. Die Corporate Card ist die Firmenkreditkarte, die normalerweise im Reisebüro hinterlegt ist und über die alle dort gebuchten Reiseleistungen abgerechnet werden. Hierbei wird die Firma direkt belastet.

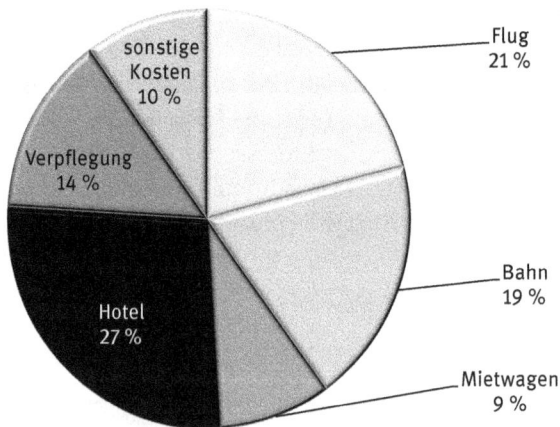

Abb. 9.4: Direkte Kosten einer Geschäftsreise (Quelle: VDR 2019)

Prozessmanagement – indirekte Kosten

Als indirekte Kosten werden Prozesskosten, die bei der Abwicklung der Geschäftsreisen für die einzelnen Teilprozesse anfallen, bezeichnet. Hierzu zählen aber auch die

Kosten für das Reisebüro und das Geschäftsreisemanagement, die sog. *Strukturkosten*. Spezifisch fallen unter die indirekten Kosten Administrationsaufwendungen, Kosten für Informationsbeschaffung, Buchungsverfahren, Abrechnung und Controlling. Zu den *Kostentreibern* in diesem Bereich zählen hauptsächlich die mehrmalige Datenerfassung, Medienbrüche aufgrund eines nicht integrierten Prozesses und aufwendiger Genehmigungsverfahren. Nach einer Analyse von Arbeitsabläufen sind häufig Kostensenkungen durch die Reduzierung von Durchlaufzeiten, die Standardisierung von einfachen Reisevorbereitungsabläufen sowie die Abschaffung von Medienbrüchen durch das Einführen diverser Schnittstellen möglich. Der Anteil der indirekten Kosten an den gesamten Reiseausgaben liegt zwischen 3 und 30 %. Sparpotenziale durch Reiserichtlinien, automatisierte Abläufe und einheitliche Zahlungswege durch Kreditkarten werden zu selten genutzt. Fehlerquellen und damit Kosten lassen sich durch automatisierte Reisekostenabrechnung und Datentransfer vermeiden (Kwoka 2010, S. 320 ff.).

9.1.3 Reiserichtlinie

Das wichtigste Instrument des Travel-Managers ist die Reiserichtlinie. Sie enthält Regelungen zu Geschäftsreisen, an die sich alle Beteiligten halten müssen. Sie werden der Unternehmensphilosophie angepasst und sind die *Grundlage für die Steuerung des Reiseverhaltens* im Unternehmen. Hierzu müssen sie klar formuliert, verbindlich, aber auch leicht verständlich und überzeugend sein. In der Regel besteht sie aus zwei Teilen: der Basisrichtlinie mit weniger veränderlichen Inhalten und einer Anlage mit häufig wechselnden Angaben. In den Basisreiserichtlinien enthalten sind generelle Vorgaben wie Regeln für die Reiseplanung, Genehmigungsverfahren, Buchung, Reisedurchführung und Reisekostenabrechnung. Ergänzende Hinweise wie Vertragspartner, Buchungswege, Steuerpauschalen und Muster für die Reisemittelbeschaffung werden zumeist in einem Anhang hinterlegt.

Inhaltlich wird eine *Basisreiserichtlinie* üblicherweise in die vier nachfolgend exemplarisch vorgestellten Teilbereiche aufgeteilt:

1. *Dienstreise*
   Die beiden Schwerpunkte der Richtlinie sind hierbei das *Reisegenehmigungsverfahren* und das zu wählende *Verkehrsmittel*. Jeder Reisende muss vor Reiseantritt die Dienstreise bei seinem Vorgesetzten schriftlich beantragen und genehmigen lassen. Der Buchungsweg ist vorgeschrieben, entweder intern (Reisestelle) oder extern (Reisebüro). Bei kürzeren Wegen sind als Transportmittel entweder die Bahn oder Fahrzeuge des firmeneigenen Fuhrparks zu wählen. Bei Flugreisen ist immer der Vertragspartner des Travel-Managements zu wählen, andere Fluggesellschaften sind nur nach Genehmigung erlaubt. Die Berechtigung zur Buchung bestimmter Beförderungsklassen ist geregelt. Geschäftlich erworbene Bonusmeilen stehen den Mitarbeitern für private Zwecke zur Verfügung. Bei größeren Un-

ternehmen gibt es zudem spezifische Vorgaben für die Übernachtungen, kleinere Unternehmen verzichten meist darauf.

2. *Reisekosten*

   Unter Reisekosten werden *Fahrtkosten, Verpflegungsmehraufwendungen, Übernachtungs- und Reisenebenkosten* verstanden. Die Nutzung privater Verkehrsmittel wird pro gefahrenen Kilometer mittels der steuerlich geltenden Entfernungspauschale erstattet. Öffentliche Verkehrsmittel und Taxirechnungen werden nur gegen Vorlage einer Quittung rückvergütet. Für Verpflegungsaufwendungen werden grundsätzlich nur die steuerlichen Pauschalbeträge erstattet. Übernachtungskosten werden ausschließlich gegen Vorlage einer Hotelrechnung, ausgestellt auf den Namen der Firma, in voller Höhe erstattet. Liegt kein Hotelbeleg vor, muss ein Eigenbeleg erstellt werden. In solchen Fällen wird lediglich der steuerliche Pauschalbetrag zurückerstattet. Die Abrechnung von Reisenebenkosten wie Telefongespräche oder Autobahngebühren kann ebenfalls nur gegen Vorlage eines Belegs erfolgen.

3. *Reisekostenabrechnung*

   Die Reisekostenabrechnung ist unverzüglich, jedoch spätestens zwei Wochen nach Beendigung der Reise schriftlich zu erstellen. Im Falle von Kreditkartenzahlungen muss neben der Abrechnung ebenfalls der Originalbeleg vorgelegt werden. Flugreisen dürfen nur mit der im Reisebüro hinterlegten Firmenkreditkarte bezahlt werden.

4. *Bewirtung von Geschäftspartnern*

   Zur Bewirtung von Geschäftspartnern sind ausschließlich Abteilungsleiter oder ranghöhere Mitarbeiter berechtigt. Das gegenseitige Bewirten von Kollegen ist grundsätzlich nicht erlaubt.

Die formulierten Reiserichtlinien müssen für alle Mitarbeiter verpflichtend sein, sodass sie nicht als unverbindliche Leitlinien erachtet werden. Um die Durchsetzung zu gewährleisten, ist eine klare Weisung der Geschäftsführung notwendig; diese muss auch von Vorständen und Führungskräften vorgelebt werden. *Ziele von Reiserichtlinien* sind:

– Senkung der direkten und indirekten Kosten und damit verbunden Prozess- und Kostenoptimierung
– Grundlage für das Controlling und damit Verbesserung der Verhandlungsmöglichkeiten mit Leistungsanbietern
– Qualitätssicherung und -erhöhung
– Kontrolle des Reiseverhaltens der Mitarbeiter
– Gewährleistung der Sicherheit für Mitarbeiter auf Reisen

Die Reiserichtlinie ist ein zentrales Mittel des Travel-Managements, um sowohl die Interessen der Geschäftsreisenden (Service und hoher Komfort) als auch die des Unternehmens (möglichst niedrige Kosten und erfolgreiche Geschäftsreisen) zusammenzuführen und für ein ausgewogenes Verhältnis im Sinne der jeweiligen Unternehmensphilosophie zu sorgen. Jedoch muss neben der Erstellung und Aktualisierung einer verbindlichen Reiserichtlinie auch eine stetige Überprüfung der Einhaltung der enthaltenen Vorschriften erfolgen.

Eine erfolgreiche Reiserichtlinie stellt eine wichtige *Grundlage für das Controlling* dar. Sie eröffnet außerdem die Möglichkeit, durch gewisse Vorschriften eine Kostenreduzierung im direkten und indirekten Bereich zu erwirken. Durch die Vorschriften der Reiserichtlinie können bspw. alle Umsätze konsolidiert werden, was dem Travel-Management wiederum eine bessere Verhandlungsbasis in den Vertragsverhandlungen mit den Leistungsträgern bietet und somit zur Senkung der direkten Kosten beitragen kann.

9.2 Geschäftsreiseprozess

Der Gesamtprozess Geschäftsreise gliedert sich in verschiedene Phasen (Abb. 9.5). Dazu gehören die Vorbereitungs- und Organisationsphase, die Reisekostenabrechnung sowie die Auswertung und das Controlling. Um Kosten zu sparen, ist eine laufende Prozessoptimierung notwendig. Auf Analysen und Berichtauswertungen kann dabei nicht verzichtet werden. Weiterhin wird zwischen Standard- und IT-gestützten Prozessen unterschieden. Geschäftsreiseprozesse laufen *in allen Unternehmen unterschiedlich* ab, da sie von internen Faktoren wie Unternehmenskultur, -struktur, -größe und -zweck sowie dem Reisevolumen abhängen. Aber auch externe Prozesse wie die Zusammenarbeit mit Leistungsträgern, Reisemittlern und verschiedene Technologien haben großen Einfluss auf Optimierungsmöglichkeiten. Der sich ständig wiederholende Ablauf erweist sich durch teilweise parallel ablaufende Prozesse oftmals als komplex und kostenintensiv. Mehrfacheingaben werden durch Schnittstellen und das Verringern von Medienbrüchen verringert. Dabei ersetzen Unternehmen vermehrt manuelle Tätigkeiten durch internetbasierte, elektronische Business-Travel-Management-Systeme (BTM-Systeme). Die Vorteile dieser Systeme liegen in der Steigerung

Reisevorbereitung	Reiseorganisation	Reise-durchführung	Reisekosten-abrechnung	Controlling
- Reisebeschluss, Kostenplanung - Reiseinformations-beschaffung online/offline - Reisebeantragung - Reise-genehmigung	- Buchungsanfrage - Reiserichtlinien - Buchung online/offline - Ticketing - Belastung Kreditkarte	- weitere Ausgaben - Umbuchungen/Stornierung - Belastung Kreditkarte	- Zusammen-stellung der Reisekosten - Überprüfung der Reisekosten - Abrechnungen/Rückerstattungen	- MIS-Daten: Aufbereitung und Überprüfung - Auswertungen

Abb. 9.5: Prozessmodell einer Geschäftsreise

der Effizienz während des gesamten Prozesses sowie in hohen Kosten- und Zeiteinsparungen. Zusätzlich sollte das Geschäftsreisemanagement die Möglichkeit haben, auf bestimmte, vorher definierte Leistungsträger zu steuern und einzelne ganz von der Angebotsabfrage auszuschließen (Melzer 2010, S. 35 ff.).

9.2.1 Prozessschritte

1. Prozessschritt: Vorbereitungsphase

Im Vordergrund der Vorbereitungsphase steht die Informationsbeschaffung über infrage kommende Transportmittel, Reisezeiten, Abfahrt- und Ankunftszeiten sowie Unterkunftsmöglichkeiten und die Planung der gesamten Reise. Ausschlaggebende Faktoren für den Umfang der Planung können die Dauer der Reise, die Entfernung (kontinental/interkontinental) sowie ein oder mehrere Ziele sein. Häufig müssen Geschäftsreisen zudem von Vorgesetzten genehmigt werden. Der Genehmigungsprozess kann manuell als Antrag in Papierform oder über ein integriertes Workflow-System, bei dem der Antrag automatisch an den zuständigen Genehmiger weitergeleitet wird, abgewickelt werden.

2. Prozessschritt: Organisationsphase

In der Organisationsphase wird die Reiseplanung umgesetzt und der reiserichtlinienkonforme Buchungsprozess findet statt. Dem beteiligten Reisebüro sind die Reiserichtlinien zur Kenntnis zu bringen. Das Reisebüro muss darauf achten, dass alle Buchungen möglichst über einen Kanal getätigt werden, um dem Geschäftsreisemanagement die Auswertung und Steuerung aller relevanten Reisedaten zu ermöglichen. Oft buchen Mitarbeiter ihre Hotels selbst oder wählen alternative Buchungswege und umgehen so die Einhaltung der Reiserichtlinien. Verhindert werden kann dies nur durch eine strenge und konsequente Überwachung des Buchungsverhaltens der Reisenden. Nach dem Erhalt der Buchungsbestätigung erhält der Reisende, sofern notwendig, seine Reisedokumente, die heute fast ausschließlich aus elektronischen Tickets bestehen. In vielen Unternehmen haben die Mitarbeiter die Möglichkeit, ihre Reisen persönlich über eine Internet Booking Engine (IBE) zu buchen. Diese Alternative ist nur bei einfachen Punkt-zu-Punkt-Verbindungen empfehlenswert, da bei aufwendigeren Reisen immer noch das Expertenwissen der Reisebüromitarbeiter notwendig ist. Jedoch ermöglicht ein durchgängiger Buchungsprozess über das Internet hohe Kosteneinsparungen. Die Abrechnung der gebuchten Leistungen erfolgt i. d. R. über die firmeneigene Kreditkarte, die Corporate Card oder Company Card.

3. Prozessschritt: Durchführung der Reise

Bei der Durchführung der geplanten und gebuchten Reise werden Wartezeiten an Flughäfen oder Bahnhöfen öfters zum Arbeiten genutzt. Hierfür werden an verschiedenen Orten Business Lounges angeboten, die aber häufig nur den Vielfliegern oder Nutzern der ersten Klasse vorbehalten sind. Zusätzliche Reiseausgaben können vom Reisenden mit der eigenen Kreditkarte beglichen werden. Die Abbuchung dieser Kreditkartenzahlungen findet zunächst vom privaten Konto des Mitarbeiters statt, wird aber über die Reisekostenabrechnung zurückerstattet.

4. Prozessschritt: Reisekostenabrechnung

Mit der Reisekostenabrechnung beginnt die Nachbereitungsphase. Hierbei werden zunächst die gesamten Reisekosten zusammengestellt. An dieser Stelle findet man häufig noch Medienbrüche, denn bereits eingegebene Daten aus der Reiseplanung und -organisation müssen häufig manuell erfasst werden. Durchgängige Prozesse mit technischer Unterstützung werden aber immer verbreiteter. Für eine genaue Abrechnung müssen die vor Beginn der Reise gebuchten Leistungen wie Transportmittel und alle Leistungen, die während der Reise angefallen sind, berücksichtigt werden. Dabei werden die über eine Kreditkarte getätigten Zahlungen automatisch im System erfasst. Die Weiterleitung an die Buchhaltung und die Überweisung an den Reisenden erfolgt dann automatisch. Dabei werden alle Daten gleichzeitig in einem Managementinformationssystem (MIS) gespeichert. Lediglich Barausgaben müssen noch manuell eingeben werden. Das Geschäftsreisemanagement hat nun Einblick in die Zusammensetzung der Reisekosten, häufig bereiste Destinationen und die Nutzung bevorzugter Leistungsträger.

5. Prozessschritt: Auswertung und Controlling

Das Controlling dient hauptsächlich der Steuerung und Kontrolle der Geschäftsreiseprozesse, der Reiserichtlinien und der Beschaffung. Ausgewertet werden alle Daten der Kreditkarten, die Daten des Reisebüros und der Leistungsträger. Die Reisedaten bilden die statistische Grundlage zur Analyse des Reiseaufkommens und -verhaltens. Bei Bedarf kann das Geschäftsreisemanagement nur künftige Buchungen gezielt steuern. Nach Auswertung der Daten können gezielte Vertragsverhandlungen mit Leistungsträgern stattfinden. Anhand der Auswertungen ist außerdem ersichtlich, wie sich die direkten Kosten auf die einzelnen Reiseleistungen aufteilen (Kwoka 2010, S. 315 ff.).

9.2.2 Prozessoptimierung

Zur Optimierung des Gesamtprozesses müssen die einzelnen Prozessschritte detailliert analysiert werden. Besonders werden die verschiedenen *Kostentreiber* der einzelnen Prozessschritte verglichen, um so Ansatzpunkte für Optimierungspotenziale und damit Kostensenkungsansätze zu ermitteln. Kostentreiber findet man häufig in der Informationsbeschaffung, der Buchung und dem Genehmigungsverfahren (oft mehrmalig und papiergestützt), im Vorschusswesen, der Reisekostenabrechnung sowie in der Rechnungsstellung der Leistungsträger. Grundsätzlich kann aber gesagt werden, dass in allen Prozessschritten ein gewisses Optimierungspotenzial liegt. Beispielsweise sind in den Bereichen Reisevorbereitung und -organisation durch den *Einsatz IT-gestützter Verfahrensabläufe* zur Produktivitätssteigerung der Mitarbeiter und des Sekretariats Einsparungen von 20 bis 40 % möglich. Durch den Einsatz von Internet Booking Engines (IBE) kann sogar ein höherer Prozentsatz erzielt werden. Prozesskostenrechnungen sind sehr komplex und unternehmensspezifisch und lassen daher keine allgemeinen Aussagen über Kostensenkungspotenziale zu. Welche Neugestaltung von Prozessen zu welchen Ergebnissen führt, muss jedes Unternehmen für sich entscheiden. Zunächst müssen Schwachstellen aufgedeckt werden, um neue Ansatzpunkte zur Optimierung und Kostenkontrolle zu erkennen.

Analyse und Steuerung des Einkaufsvolumens

– *Flug und weitere Transportmittel*

Ein wichtiger Schlüsselfaktor für die Steuerung und Analyse des Verkehrsträgerbereichs ist die Überwachung der gesamten Ausgaben für die Transportmittel. Die Flugausgaben stellen hier den größten Bereich dar und benötigen deshalb auch mehr Aufmerksamkeit. Das Buchungsvolumen sollte sich auf eine begrenzte Anzahl bevorzugter Leistungsträger konzentrieren. Weiterhin sollte in den Reiserichtlinien genau festgelegt werden, welche Verkehrsmittel wann genutzt werden dürfen und welcher Buchungsweg gewählt werden muss.

– *Hotelausgaben*

Der Hotelmarkt zeichnet sich durch eine starke Differenzierung aus. Für die Unternehmen ist es schwierig, in diesem Bereich den Überblick zu behalten. Die Einführung von Hotelprogrammen und die Überwachung ihrer Einhaltung stärken die Verhandlungsposition. Eine genaue Erfassung aller Hotelausgaben ist unumgänglich, wobei nur ca. 50 % aller Hotelbuchungen über Online-Systeme oder Reisemittler gebucht werden. Daher gehen oft wichtige Daten verloren und können so bei Verhandlungen nicht berücksichtigt werden. Für eine bessere Steuerung ist die Festlegung des Gesamtvolumens durch Konsolidierung weltweiter Hoteldaten von Reisebüro, Kreditkarten und Hotels von großer Bedeutung.

Umsetzung und Einhaltung von Vertragsvereinbarungen

Um die Einhaltung und Umsetzung der Vertragsvereinbarungen zu gewährleisten, muss das Geschäftsreisemanagement die Inhalte der Rahmenverträge an die Mitarbeiter verständlich kommunizieren. Ansonsten sind keine Vertragssteuerungen und Kosteneinsparungseffekte realisierbar. Bei etwa 90 % des Geschäftsreiseumsatzes in Unternehmen werden Rahmenverträge missachtet. Häufig liegt der Grund in der Unkenntnis über bestehende Abkommen. Zudem gibt es für die Reisenden zeitlich oder örtlich nicht infrage kommende Verbindungen bzw. Hotels. Lösungen bieten einheitliche Ausschreibungen, durch die nachvollziehbare und vergleichbare Strukturen für das Geschäftsreisemanagement entstehen. Das Ergebnis sind exakt definierte Vertragsinhalte, mit denen eine konkrete Steuerung möglich ist. Zusätzlich werden effiziente Steuerungsinstrumente für eine Vertragsumsetzung benötigt. Steuerung bedeutet hier, dass die Kaufentscheidung der Mitarbeiter direkt am Verkaufsort beeinflusst wird, bspw. durch eine IBE, die die Vertragsdaten beinhalten sollte und den Mitarbeitern entsprechend Vorgaben macht. Durch die Nutzung von IBE wird es dem Geschäftsreisemanagement ermöglicht, den Reisenden bedarfsgerecht zu informieren. Erfolgt die Buchung jedoch direkt bei einem Leistungsträger, geht die Kontrolle über die Einhaltung von Vertragsvereinbarungen verloren.

Aufbau eines aussagekräftigen Berichtswesens
Für ein aussagekräftiges Berichtswesen muss das Travel-Management unternehmensinterne und externe Reisedaten sammeln, zusammenfassen, komprimieren und analysieren. Ein *Managementinformationssystem (MIS)* unterstützt die Bearbeitung der Daten aus den verschiedenen Datenquellen. Es liefert Kennziffern, die dem Einkauf sowie der Steuerung des Reiseverhaltens der Mitarbeiter dienen, und deckt Kostensenkungspotenziale auf.

Reportings von Leistungsträgern, Reisebüros oder Kreditkartenunternehmen lassen sich häufig bis auf einzelne Kostenstellen und Auftragsnummern herunterbrechen. Trotzdem ist das Zahlenmaterial oft fehlerhaft oder unvollständig. Kenngrößen wie durchschnittliche Kosten pro Kilometer/Meile müssen festgelegt werden, um Entwicklungen von Kosten und Reiseaufkommen nachvollziehbar und diese für die weitere Planung verwertbar zu machen.

Ein weiteres Problem stellen die *verschiedenen Datenquellen* wie Business-Travel-Management-Systeme (BTM), Reisebüro-Datenbanken, Kreditkartendaten sowie Daten aus der eigenen Buchhaltung dar. Für ein effizientes Geschäftsreisemanagement ist vollständiges Zahlenmaterial zwingend notwendig. Um eine Vergleichbarkeit zu ermöglichen, müssen die Reisedaten mit großem Aufwand zusammengefasst und aufbereitet werden.

Integration externer Leistungsträger in IT-gestützte Prozessschritte
Um Kapazitäten immer besser auszulasten, bieten externe Leistungsträger verstärkt attraktive Preise im Direktvertrieb an. Der Reisemittler wird umgangen und günstige *Nettotarife* werden mit den Anbietern direkt verhandelt. Einzelne Systeme bieten die Möglichkeit der *Direktbuchung*, sodass die Vermittlungskosten gespart werden können. Beispielsweise wird bei Hotelreservierungssystemen wie HRS ein passwortgeschützter Zugang angeboten. Der Reisende hat nun die Möglichkeit, verhandelte und hinterlegte Firmenraten oder tagesaktuelle Sondertarife zu buchen. Zudem sind Auswertungen der Plan- und Sollkosten möglich. Von den Unternehmen werden lückenlose und anpassungsfähige Buchungssysteme gewünscht.

9.3 IT-Systeme

Ziel eines IT-Systems ist die *Abdeckung des gesamten Geschäftsreiseprozesses* (Abb. 9.6). Einfache Buchungen können nun von den reisenden Mitarbeitern selbst durchgeführt werden. Dadurch entsteht eine gewisse Unabhängigkeit vom Reisebüro. Die BTM-Systeme leisten einen hohen Beitrag für effizientere und schnellere Prozesse und bieten damit neue Kostensenkungspotenziale.

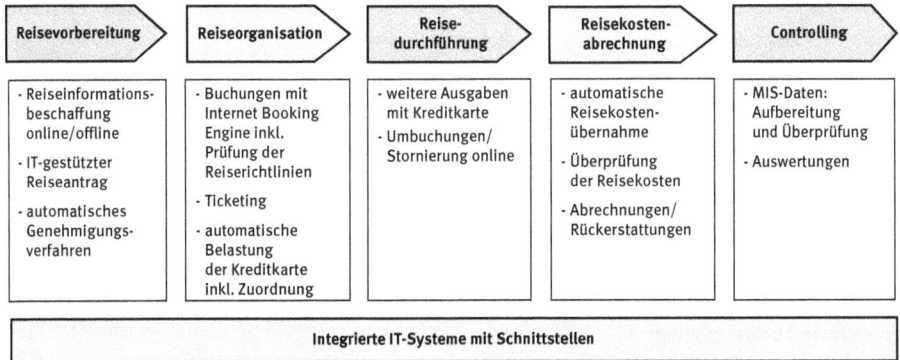

Reisevorbereitung	Reiseorganisation	Reise-durchführung	Reisekosten-abrechnung	Controlling
- Reiseinformations-beschaffung online/offline - IT-gestützter Reiseantrag - automatisches Genehmigungs-verfahren	- Buchungen mit Internet Booking Engine inkl. Prüfung der Reiserichtlinien - Ticketing - automatische Belastung der Kreditkarte inkl. Zuordnung	- weitere Ausgaben mit Kreditkarte - Umbuchungen/ Stornierung online	- automatische Reisekosten-übernahme - Überprüfung der Reisekosten - Abrechnungen/ Rückerstattungen	- MIS-Daten: Aufbereitung und Überprüfung - Auswertungen

Integrierte IT-Systeme mit Schnittstellen

Abb. 9.6: IT-gestütztes Prozessmodell

Die Voraussetzung für die Implementierung eines BTM-Systems ist die Umgestaltung bestehender Geschäftsreiseprozesse. Schnelle, elektronische Buchungssysteme (Internet Booking Engines (IBEs)) unterstützen Unternehmen bei der Einsparung von Zeit und Geld. Nach vorher festgelegten Kriterien durchsucht die Software ein umfangreiches Buchungsangebot. Bei vielen Systemen können die Angebote bereits gleich auf Verfügbarkeit geprüft und übersichtlich angeordnet werden. IBEs können den speziellen Anforderungen der Unternehmen angepasst werden. Sie sind an weitere IBEs, Buchungssysteme und zahlreiche Anbieter von Reiseleistungen angebunden. Dabei werden Flug-, Hotel-, Bahn- und Mietwagenbuchung auf einer Plattform integriert. So wird die *Bündelung verschiedener Leistungen* ermöglicht. Alle persönlichen, reiserelevanten und bezahltechnische Daten werden in dem System hinterlegt und Mehrfacheingaben vermieden. Außerdem besteht die Möglichkeit, bestimmte Leistungsträger zu sperren, sodass sie in den Auswahllisten nicht erscheinen. Weiterhin können bestimmte Firmenraten hinterlegt werden, die bei der Suche in die Angebotsübersicht einbezogen werden. Alle Buchungsaktionen werden dokumentiert und über Schnittstellen oder als integrierte Lösung für die Reisekostenabrechnung und Auswertung zur Verfügung gestellt.

Ein BTM-System überprüft zudem automatisch die *Einhaltung der Reiserichtlinien* und übernimmt die *Aufbereitung aller Reisedaten* für die spätere Auswertung. Durch Vorgaben in den Reiserichtlinien, die im System hinterlegt sind, können Anbieter bzw.

Leistungsträger gebündelt und damit besser gesteuert werden. Des Weiteren bieten BTM-Systeme einen einheitlichen Genehmigungsworkflow, die Berücksichtigung persönlicher Präferenzen der Reisenden durch die Hinterlegung in Profilen sowie eine einfache Bedienbarkeit und verursachen dadurch nur einen geringen Schulungsaufwand. Die Akzeptanz und der wirtschaftliche Einsatz hängen stark von der *Nutzungshäufigkeit* ab. Jedes Unternehmen muss vor der Einführung eines solchen Systems die internen Prozesse, Strukturen und das Reiseverhalten genau analysieren. Für die Nutzung einer IBE ist grundsätzlich der Einsatz von Kreditkarten notwendig. Man unterscheidet bei den Buchungsmaschinen zwischen offenen und Komplettlösungen.

Offene Lösungen bieten viele Funktionen und Anbindungsmöglichkeiten an bestehende IT-Landschaften im Unternehmen. Sie berücksichtigen zudem verschiedenste Softwareprodukte, bestehende Kostenstellen, unterschiedliche bereits vorhandene Lösungen zur Reisekostenabrechnung und bestehende Kooperationen mit Kreditkartenanbietern. Sie sind offen für verschiedene Anforderungen des Unternehmens und der Leistungsträger.

Eine *Komplettlösung* deckt alle Voraussetzungen für ein komplettes Geschäftsreisemanagement ab. Zugänglich ist die IBE über ein Log-in im Internet. Die Wahl der Großunternehmen fällt meist auf eine eigene IBE mit Schnittstellen zur eigenen IT, während kleine und mittlere Unternehmen häufig Portallösungen der Geschäftsreiseanbieter in Anspruch nehmen. Neben Anfangskosten von etwa 2.000 € kommen monatliche Gebühren von ca. 800 € hinzu. Oft ist die Installation und Inbetriebnahme durch Geschäftsreiseketten Teil eines kostenlosen Servicepakets. Stattdessen wird eine Transaktionsgebühr pro Buchung berechnet, die aber deutlich unter den Kosten für eine telefonische Reservierung liegt (Kwoka 2010, S. 320 ff.).

Wie ein IT-Strukturdiagramm im Travel-Management aussehen kann, zeigt Abb. 9.7.

Die effizienteste Form der Reisekostenreduzierung stellt jedoch die *Reisevermeidung* dar. Dank heutiger Breitbandtechniken verwenden Unternehmen zunehmend Video- und Webkonferenzen als Alternative zur Geschäftsreise. Unabhängig von der Unternehmensgröße verbinden drei Viertel aller deutschen Firmen Vorteile mit der Einführung virtueller Treffen. Kostenvorteile, mehr Flexibilität, Zeitersparnis sowie Umwelt- und Klimaschutz sind die wichtigsten Argumente für den Einsatz dieser Technologie. Auf dem Gebiet der virtuellen Kommunikation können grundsätzlich drei Technologien unterschieden werden:

1. Klassische Videokonferenz: Da sie hohe Investitionskosten mit sich bringt, wird sie überwiegend von Geschäftsführern genutzt. Gut ausgestattete Konferenzräume mit speziellen Leitungen, Kameras und Fernsehern sind Grundvoraussetzungen (Hammer 2006, S. 79).

2. Webkonferenz: Diese Form der Kommunikation ist meist preisgünstiger als die klassische Videokonferenz. Bis zu 2.500 Personen können an diesen virtuellen Treffen teilnehmen. Mittels Internet, Computer und PC-Kamera können Daten, Präsentationen und Videos ausgetauscht und gemeinsam bearbeitet werden.

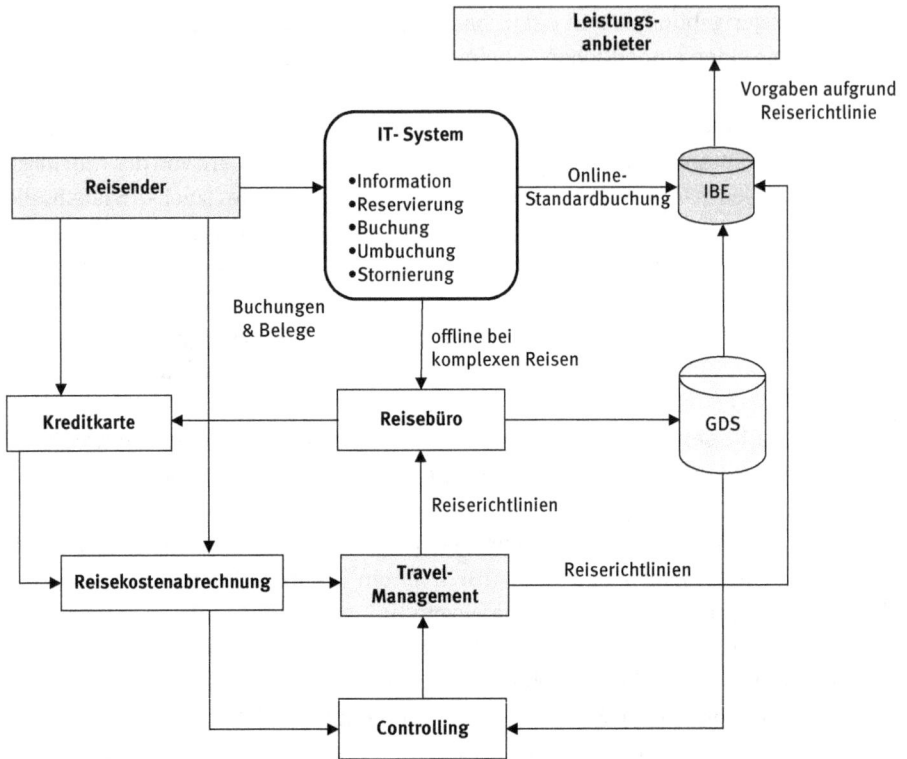

Abb. 9.7: Strukturdiagramm IT im Travel-Management

3. *Extranet:* Hier findet der Informationsaustausch über eine private Internetseite statt, die nur für bestimmte Personengruppen zugänglich ist. Geschäftspartnern und Kunden werden Dokumente zur gemeinsamen Nutzung bereitgestellt. Das Extranet bietet jedoch insofern keine Alternative zur Video- oder Webkonferenz, als man üblicherweise nicht verbal, sondern nur mittels Chat oder Textnachricht kommunizieren kann.

Durch verstärkte Nutzung der virtuellen Kommunikationswege könnte die Industrie einen nicht unerheblichen *Beitrag zum Umweltschutz* leisten: Der CO_2-Ausstoß könnte jährlich um 30 Mio. Tonnen reduziert werden, würden lediglich 20 % der interkontinentalen Geschäftsreisen durch virtuelle Treffen ersetzt.

Allerdings können virtuelle Sitzungen den persönlichen Kontakt oftmals nicht ersetzen. Besonders bei dem Aufbau und der Pflege von Kundenbeziehungen sind Geschäftsreisen unabdingbar. In solchen Fällen schreiben Firmen zunehmend den Einsatz energiesparender Verkehrsmittel vor. Gering motorisierte Kleinwagen und die Bahn werden bei Inlandsreisen propagiert. Zudem wird gegenwärtig der Einsatz von CO_2-Zertifikaten als Ausgleich für Geschäftsreisen in vielen Unternehmen diskutiert (Eisenstein 2019, S. 109 ff.).

Literatur

Benckendorf, P.; Sheldon, P; Fesenmaier, D. (2014): Tourism Information Technology. 2. Aufl., Boston.

Brandl, H. (1995): Die Geschäftsreise – Organisation und Durchführung. Wien.

Delaney, L. (2016): Exporting: The Definitive Guide to Selling Abroad Profitably. 2. Aufl., Chicago.

Drechsler, A.; Schröder, A. (2006): Business Travel Management. In: W. Freyer; M. Naumann; M. Schröder (Hg.): Geschäftsreise-Tourismus – Geschäftsreisemarkt und Business Travel Management. 2. Aufl., Dresden, S. 85–140.

Drexler, T. (2014): Die Bahnreise ins Jahr 2020 – Kaufmännische, technische und kulturelle Herausforderungen. In: Modernes Geschäftsreisemanagement 15. Jg., S. 62–66.

Engelmann, G.; Gillitzer, K.; von Heyl, F. et al. (2000): Geschäftsreisen managen – Optimierung der Abläufe von Planungen und Durchführung des Travel Managements, Reihe BME-Expertenreihe, Bundesverband Materialwirtschaft, Einkauf und Logistik e. V. Band 5, Gernsbach.

Eisenstein, B.; Reif, J.; Schmücker, D.; Krüger, M.; Weis, R. (2019): Geschäftsreisen. München.

Espich, G. (2001): Business Travel-Management – Kostenoptimierte und effektive Planung, Durchführung und Kontrolle von Geschäftsreisen, Reihe ASB-Wirtschaftspraxis. Band 14, Renningen.

Fischer, K. (2015): Geschäftsreisemanagement und IT-Systeme. In: A. Schulz; U. Weithöner; R. Goecke (Hg.): eTourismus: Prozesse und Systeme – Informationsmanagement im Tourismus. München, S. 278–300.

Freyer, W. (2015): Tourismus – Einführung in die Fremdenverkehrsökonomie. 11. Aufl., München.

Freyer, W.; Naumann, M.; Schröder, A. (2006): Geschäftsreise-Tourismus. Dresden.

Gerhardt, J.; Egem, B. (2012): Corporate Car Sharing als Ergänzung des Mobilitätsmixes. In: Modernes Geschäftsreisemanagement 14. Jg., München, S. 104–110.

Hammer, M.; Naumann, M. (2006): Der Markt für Geschäftsreisen – Nachfrage- und Angebotsstrukturen. In: W. Freyer; M. Naumann; M. Schröder (Hg.): Geschäftsreise-Tourismus – Geschäftsreisemarkt und Business Travel Management. 2. Aufl., Dresden, S. 11–84.

Kressel, D. (2002): Geschäftsreise und Recht – Fallstricke vermeiden, Verträge optimieren, Reihe Travel Management Aktuell. Band 6, München.

Kwoka, S. (2010): Geschäftsreisemanagement und IT-Systeme. In: A. Schulz; U. Weithöner; R. Goecke (Hg.): eTourismus: Prozesse und Systeme – Informationsmanagement im Tourismus. München, S. 310–331.

Lehrburger, H. (2001): Geschäftsreiseanalyse – MIS im Travel Management, eine Marktübersicht, Reihe Travel Management Aktuell. Band 3, München.

Mahnicke, R. (2013): Business Travel Management – Praxis-Know-how für den Einkäufer. Wiesbaden.

Melzer, M. (2000): Geschäftsreise online – Prozesse optimieren, Programme interaktiv einsetzen, Reihe Travel Management Aktuell. Band 1, München.

Swarbrooke, J.; Horner, S. (2001): Business Travel and Tourism. Oxford.

Thiesing, E. (2011): Measuring the Return on Investment of Business Travel. In: R. Conrady; M. Buck (Hg.): Trends and Issues in Global Tourism 2011. Heidelberg, S. 245–251.

Vorndran, S. (2011): Business Travel Management – Everything Remains Different! Post-Crisis Strategies. In: R. Conrady; M. Buck (Hg.): Trends and Issues in Global Tourism 2011. Heidelberg, S. 231–235.

Verband Deutsches Reisemanagement (VDR) (2019): Geschäftsreiseanalyse 2019. Frankfurt.

Wilbers, A. (2001): Partner Reisebüro – Richtige Auswahl, moderne Vergütung, Reihe Travel Management Aktuell. Band 4, München.

Zimmermann, A. (2000): Wirksame Reiserichtlinien – Vom Genehmigungsverfahren bis zur Abrechnung, Reihe Travel Management Aktuell. Band 2, München.

Zimmermann, A. (2005): Geschäftsreisekosten – Auswahl und Einführung effizienter Abrechnungssysteme, Reihe Travel Management Aktuell. Band 5, München.

Zimmermann, A. (2014): Travel-Management. In: M. Akhavan-Hezavei; A. Rodatus; A. Rompel (Hg.): Handbuch Sekretariat und Office-Management – Praxisleitfaden für effiziente Büroorganisation, wirksame Chefentlastung und erfolgreiche Assistenz im Management. 5. Aufl., Wiesbaden, S. 209–238.

Waldemar Berg

10 Tourismuspolitik

10.1 Politik und Tourismuspolitik

Der Begriff Politik (gr. *polis* für Stadt oder Gemeinschaft) bezeichnet ganz allgemein ein vorausberechnendes, innerhalb der Gesellschaft auf ein bestimmtes Ziel gerichtetes Verhalten. Hauptsächlich wird mit diesem Begriff die *Gestaltung der Ordnung in der Welt* bezeichnet. Bis heute herrscht jedoch keine Einigkeit darüber, ob Macht, Konflikt, Herrschaft, Ordnung oder Friede die Hauptkategorie von Politik ausmacht.

Politik wurde über die Jahrhunderte sehr unterschiedlich definiert. *Machiavelli* postulierte um 1515 „Politik ist die Summe der Mittel, die nötig sind, um zur Macht zu kommen und sich an der Macht zu halten und um von der Macht den nützlichsten Gebrauch zu machen". Der deutsche Soziologe und Ökonom Maximilian Weber (1919, S. 4) definiert: „Politik ist das Streben nach Machtanteil oder nach Beeinflussung der Machtverteilung [...]" Im *Brockhaus-Lexikon* von 1903 (S. 236) ist „Politik [ist] die Lehre von den Staatszwecken und den besten Mitteln (Einrichtungen, Formen, Tätigkeiten) zu ihrer Verwirklichung". Weitere Ansätze des Begriffes Politik beschäftigen sich nach *Wilkens* mit der Führung von Gemeinwesen auf der Basis von Machtbesitz, oder nach *Otto Suhr* um den Kampf der rechten Ordnung. In jedem Fall wird unter Politik immer die Gesamtheit von Aktivitäten verstanden, die dem Gemeinwohl dienen sollen und gesellschaftliche Konflikte zu lösen bzw. zu regeln versuchen (Berg 2014, S. 38).

Die Aufgabe der Politik besteht in der Regelung der Verteilung von Gütern – nach H. D. Lasswell (1936) geht es darum, „wer was wann und wie bekommt" (Mundt 2004, S. 21). Diese Ansätze auf den Tourismus übertragen, ergeben sich nachfolgende Ansätze und Versuche, Tourismuspolitik zu definieren.

Politik, mithin auch die Tourismuspolitik, kann als die „Kunst des Machbaren", also als ein durchaus pragmatischer Ansatz verstanden werden, da die unterschiedlichen Interessen aller Akteure in Einklang miteinander gebracht werden sollen/müssen. Die Notwendigkeit der Tourismuspolitik ergibt sich aus der Tatsache, dass Tourismus eine wirtschaftliche, gesellschaftliche und soziale Erscheinung einerseits, ein wirtschaftliches, gesellschaftliches, soziales und ökologisches Problem andererseits ist. Erschwerend wirkt der Umstand, dass die Zuständigkeiten für den Tourismus in Deutschland verteilt sind auf verschiedene Wissenschaftsbereiche (z. B. Ökonomie, Geografie, Soziologie, Rechtswissenschaft), Systeme (z. B. Wirtschafts-, Rechts-, Gesellschaftssystem) und Politikressorts (z. B. Wirtschafts-, Finanz- und Steuer-, Arbeitsmarkt-, Rechtspolitik). Es gilt, einen *Interessenausgleich* zwischen den Unternehmen, dem Staat, der Gesellschaft, der Umwelt und den Quell- und Zielgebieten zu schaffen.

https://doi.org/10.1515/9783110641219-010

Tourismuspolitik (tourism policy) ist die Schaffung und Veränderung von Rahmenbedingungen und Instrumenten durch staatliche Stellen zur Förderung und Steuerung des Tourismus auf supranationaler, nationaler, regionaler und kommunaler Ebene. Da sich der Tourismus als Querschnittsaufgabe über verschiedene Teilpolitiken (z. B. Wirtschaft, Umwelt, Kultur, Gesundheit, Raumentwicklung, Verkehr usw.) erstreckt, wird die Formulierung und Durchsetzung einer eigenständigen Tourismuspolitik erschwert. Dieses Phänomen kann auf fast allen administrativen Ebenen beobachtet werden. Der direkte Einfluss der Bundespolitik auf den Tourismus erscheint gering.

Tourismuspolitik wird von Freyer als „die zielgerichtete Planung und Beeinflussung/Gestaltung der touristischen Realität und Zukunft durch verschiedene Träger (staatliche, private, übergeordnete)" bezeichnet (Freyer 2015, S. 449). Einen weiteren Definitionsansatz bringt Kaspar in die Diskussion ein: „Unter Tourismuspolitik verstehen wir bewusste Förderung und Gestaltung des Tourismus durch Einflussnahme auf die touristisch relevanten Gegebenheiten von Gemeinschaften" (Kaspar 1995).

10.2 Legitimation von Tourismuspolitik

„Ohne Legitimität kann Politik ihrer eigentlichen Aufgabe, der Gestaltung des öffentlichen Lebens, nicht nachkommen" (Mundt 2013, S. 477). Die theoretische Begründung der Rechtmäßigkeit von Tourismuspolitik lässt sich aus dem Ausmaß der touristischen Anteilnahme der Bevölkerung sowie aus dem Markt- und Staatsversagen ableiten. Des Weiteren werden sog. übergeordnete Ziele zur Rechtfertigung einbezogen (Freyer/Müller 2014, S. 12 ff.).

Da die Gestaltung des Tourismus nahezu alle Lebensbereiche der Mitglieder einer Gesellschaft betrifft, ist die Rechtmäßigkeit politischer Systeme unter anderem dadurch gegeben, in welchem Ausmaß die Menschen am Tourismus teilhaben können und dürfen. Die Möglichkeit ihrer Beteiligung an der tourismuspolitischen Gestaltung wird hierbei in eine *objektive und eine subjektive Teilhabe* gegliedert. Oftmals wird die objektive Teilhabe eines Bürgers bspw. durch staatliche Regelungen und Vorschriften wie Devisenbestimmungen und Grundgesetzartikel beschränkt. Die subjektive Teilhabe wird durch die Freizeit- und Einkommenssituation des Individuums bestimmt. Selbst wenn es keine objektiven Hemmnisse gäbe, kann nur mit dem Vorhandensein einer subjektiven Teilhabe, etwa Zeit zur freien Gestaltung, verreist werden (Mundt 2013, S. 477).

Des Weiteren ist die tourismuspolitische Legitimation im Markt- und Staatsversagen begründet. *Marktversagen* scheint ein relevanter Aspekt für tourismuspolitische Aktionen zu sein und entsteht durch die Störung des Marktgleichgewichts, also der adäquaten Verteilung von Gütern und Dienstleistungen zwischen touristischen Teilmärkten. Gründe für ein solches Versagen sind oftmals sowohl die fehlende Existenz öffentlicher Güter, wie etwa Freizeiteinrichtungen oder Probleme der Information hinsichtlich Kapazitäten, als auch externe Effekte, etwa die Beeinflussung anderer Akteure. Als eine Aufgabe von Tourismuspolitik gilt es, Marktgleichgewicht zu gewährleisten, bspw. durch die Pauschalreiserichtlinie der EU. Verfolgen der Staat und seine Akteure jedoch individuelle Interessen und nicht das Ziel, ein Gleichgewicht (wieder) herzustellen, oder stellen sie zu viele oder zu wenige Güter bereit, wird von *Staatsversagen* gesprochen. Ebenso gelten Einflüsse von Interessengruppen und hohe Kosten als Gründe für Staatsversagen. Zur Beseitigung von Marktmängeln agieren u. a. Non-Profit-Organisationen (NPOs) zwischen Staat und Markt (Freyer/Müller 2014, S. 12 ff.).

Neben dem erläuterten Versagen begründen auch übergeordnete Ziele und Aufgaben, die sich aus der Natur des Tourismus ergeben oder über den Markt nicht ausreichend erfüllt werden, tourismuspolitisches Handeln. Beispiele dafür sind hoheitliche Aufgaben wie etwa Grenzsicherungen oder wirtschaftspolitische Aufgaben wie die Gewährleistung einer passiven Ordnungspolitik und einer aktiven Gestaltungspolitik (Freyer/Müller 2014, S. 12 ff.).

10.3 Verortung von Tourismuspolitik

Tourismuspolitik schafft die *Rahmenbedingungen des Tourismus.* Tourismuspolitik wird als Querschnittpolitik verstanden, d. h., verschiedene Wirtschaftsbereiche, Politikressorts und Systemaufteilungen üben direkten oder indirekten Einfluss auf sie aus (Lun/Pechlaner/Pichler 2014, S. 62). „Tourismuspolitik stellt sich somit als Verbundspolitik dar, durch die es möglich wird, Regulierungsnotwendigkeiten und Problemlösungsstrategien gemeinsam zu identifizieren und umzusetzen" (Petermann 1999, S. 169). Die Verortung der Tourismuspolitik zeigt Abb. 10.1.

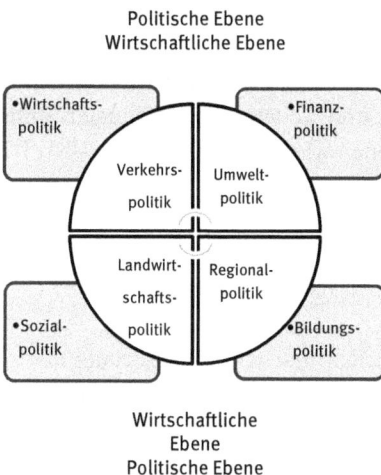

Abb. 10.1: Verortung der Tourismuspolitik (Quelle: in Anlehnung an Mundt 2004, S. 481)

Das nach dem Ansatz von Mundt abgebildete interdisziplinäre System gibt den Zusammenhang zwischen Tourismuspolitik und ihren Teilpolitiken Umwelt-, Verkehrs-, Landwirtschafts- und Strukturpolitik wieder. Demnach betrifft Tourismuspolitik sowohl die Innen- und Außenpolitik als auch die Finanz-, Wirtschafts-, Bildungs- und Sozialpolitik und weist sowohl auf Kommunal-, Landes- und Bundes- als auch auf übergreifender Ebene Wechselwirkungen auf. „Tourismuspolitik ist die Summe aller Maßnahmen öffentlicher Institutionen auf allen Ebenen politischen Handelns, die direkt oder indirekt, bewußt oder unbewußt, die Gestaltung und Entwicklung des Tourismus bestimmen" (Mundt 2004, S. 12). Direkte Tourismuspolitik nach Mundt umfasst Maßnahmen, die aus dem Tourismus heraus begründet werden oder sich unmittelbar auf diesen beziehen, wohingegen die Maßnahmen der indirekten Tourismuspolitik die Fremdenverkehrs- bzw. Tourismuswirtschaft maßgeblich tangieren, jedoch nicht aus dieser begründet werden.

In welchem Ausmaß *Eingriffe in den Tourismus* identifiziert werden können, sei es bspw. direkt mit Mehrwertsteuersenkungen für Hotels oder indirekt mit Ferienregelungen, kann meist nur schwer abgeschätzt werden. Denn aufgrund der komplexen und vernetzten Struktur von Tourismuspolitik werden nicht alle Eingriffe bewusst wahrgenommen oder dem Bereich Tourismuspolitik zugeordnet (Lun/Pechlaner/Pichler 2014, S. 63). Die Betrachtung dieses Teilbereichs kann auf vier gesellschaftlichen Ebenen erfolgen. Öffentliche und privatwirtschaftliche Träger agieren auf lokaler, regionaler, nationaler und internationaler Ebene (Freyer 2015, S. 466 ff.). Auf den ersten beiden Stufen werden Entscheidungen etwa von Landkreisen, Verkehrsvereinen und Tourismusorganisationen vor Ort getroffen. Themenbereiche wie Destinationsmarketing, Förderung der Infrastruktur, Gästebetreuung und die Finanzierung touristischer Einrichtungen gilt es zu diskutieren. Hierbei handelt es sich oftmals um NPOs, die den Ort oder die Region als Einheit repräsentieren wollen. Auf Landesebene handeln unter anderem die Landesarbeitsgemeinschaften der Industrie- und Handelskammern (IHKs), um die politischen Rahmenbedingungen der Tourismuswirtschaft zu verbessern (DIHK o. J.). Auf bundespolitischer Ebene gelten Ministerien für verschiedene tourismusspezifische Aufgaben als zuständig. Zudem engagieren sich Dach- und Fachverbände. Auf europäischer und weiterer internationaler Stufe agieren in erster Linie internationale Organisationen wie die EU, OECD und UNWTO (Freyer 2015, S. 466 ff.).

10.4 Zielsetzungen und Instrumente der Tourismuspolitik

Die zentralen Ziele der Tourismuspolitik sind i. d. R. wirtschaftlicher, sozialer und – mit Abstrichen – ökologischer Natur, geht es letztendlich doch darum, Arbeitsplätze in den einzelnen Tourismussegmenten zu sichern und zu schaffen, die Steuereinnahmen (z. B. Mehrwertsteuer, Unternehmenssteuer) zu stabilisieren und zu steigern und das Land als attraktives Urlaubs- und Geschäftsreiseland sowie als hervorragenden

Kongress-, Tagungs- und Messestandort in der Welt zu präsentieren. Tourismuspolitik wird auf unterschiedlichen Ziel- und Interessenebenen gemacht, insbesondere dort, wo Berufs- und Branchenorganisationen sich auf unterschiedlichen Ebenen (international, national, regional und lokal/kommunal) in das touristische und tourismuspolitische Geschehen einbringen (Bütow 2006). Als grundsätzliche Zielbereiche der Tourismuspolitik können betrachtet werden:

Allgemeine Gestaltung des Tourismus bzw. der touristischen Rahmenbedingungen: Dabei geht es um das grundsätzliche Bekenntnis, ob und in welchem Umfang Tourismus (als Incoming-, Outgoing-, Binnen-, Auslands- und Ausländertourismus) stattfinden soll und kann, sowie die Weichenstellungen dafür.

Gestaltung spezifischer touristischer Segmente bzw. deren Wirkungen: Hierbei handelt es sich z. B. um Belange der Hotel- und Gastronomiebranche (Arbeitszeiten, Besteuerung, Gründungsmöglichkeiten) und der Verkehrsträger (Sicherstellung der Mobilität, Verkehrsgenehmigungen, Beförderungsbestimmungen).

Gestaltung einzelner Standorte: Thema ist u. a. die Entwicklung von Destinationen (etwa Regionen, Landkreise, Städte, Gemeinden, Küstenabschnitte).

Gestaltung der individuellen Bedingungen einzelner Akteure im Tourismus: Dabei geht es bspw. um die Bedingungen für Tourismusunternehmen sowie Unternehmen der ergänzenden und der touristischen Randindustrien, ebenso um die Bedingungen für Reisende und Bereiste.

Eine mittlerweile sehr starke Verflechtung des Tourismus mit der Umwelt, dem Umfeld sowie mit der Gesellschaft erfordert eine strukturierte und weitreichend gestaltende Tourismuspolitik. Eine mögliche Strukturierung der Ziele und Instrumente im Rahmen der Tourismuspolitik ist nachfolgend aufgeführt (in Anlehnung an Freyer 2011 und Bütow 2006):

Ökonomische Ziele: Sie umfassen alle Zielstellungen und Zielsetzungen der Wirtschaft, z. B.: Wirtschaftswachstum generieren, Wertschöpfung im Tourismus und den vor- und nachgelagerten Bereichen stabilisieren und erhöhen, Beschäftigungseffekte generieren, Deviseneffekte schöpfen (diese spielen aus der Sicht Deutschlands allerdings keine nennenswerte Rolle mehr), Ausgleichs- und Verteilungseffekte zu optimieren, Steigerung der Leistungs- und Wettbewerbsfähigkeit der Tourismuswirtschaft in den jeweiligen Destinationen (Regionen, Länder) sowie Sicherung der Rahmenbedingungen für einen funktionierenden Tourismus (Freyer 2011, S. 390).

Soziale Ziele: Sie sind da notwendig, wo es um das Eindringen in die Lebens- und Umwelträume der Bereisten, aber auch um die Interaktion zwischen Reisenden und Bereisten geht. Probleme kann es geben bei z. B.: Verträglichkeit des Tourismus mit Sitten, Moral, Gebräuchen, Traditionen und Anstand (Reisende und Bereiste), Verträglichkeit mit den sozialen Strukturen sowie Verbesserung der Möglichkeiten der Teilnahme breiter Bevölkerungsschichten am Tourismus (Freyer 2011, S. 391 ff.).

Ökologische Ziele: Sie zielen auf Umweltverträglichkeit und ökologische Wirtschaftskreisläufe, z. B.: Umweltverträglichkeit im Allgemeinen und im Besonderen,

Schonung der Ressourcen, insbesondere der Natur, Vermeidung und Entsorgung von Abfall sowie Recycling, Verträglichkeit der Ausgestaltung von Infrastruktur und abgeleitetem Angebot, Erhaltung der Landschaft, der Ökosysteme und der Natur (Freyer 2011, S. 391 ff.).

Sonstige Ziele sind v. a. übergreifende Ziele, die nicht ausschließlich/spezifisch die Tourismuswirtschaft betreffen, aber Gegenstand oder Rahmen touristischer Aktivitäten sein können, z. B.: *medizinische Ziele* (Problematik des Einschleppens und der Verbreitung von Viruserkrankungen (siehe Coronavirus), Tropenkrankheiten, Reiseimpfschutz u. a.), *juristische Ziele* (Problematik von Ein- und Ausreiserestriktionen der unterschiedlichen Nationalitäten), *pädagogische Ziele* (Reisen soll nicht nur Konsum sein, sondern auch der Bildung und dem Wissenserwerb des Individuums dienen) sowie Verbesserung und Ausbau der regionalen und internationalen Zusammenarbeit im Tourismus (Freyer 2011, S. 391 ff.).

Die Verwirklichung der o. g. tourismuspolitischen Ziele erfolgt mittels eines Instrumentenbündels. Diese Instrumente sind u. a. (Bütow 2006):

- *ökonomische Instrumente*, z. B. direkte finanzielle Zuwendungen (direkte und indirekte Subventionen, Förderprogramme u. a.) oder indirekte Steuer- und Finanzbestimmungen (Kurtaxe und Tourismus-/Fremdenverkehrsabgabe u. a.), finanzielle Förderung von Aus-, Fort- und Weiterbildungen;
- *soziale bzw. sozialpolitische Instrumente*, z. B. direkte und indirekte Mittel für soziale und medizinische Problemgruppen (Kuren, Rehabilitationen u. a.), Ferien- oder Arbeitszeitregelungen, ggf. ebenfalls Aus-, Fort- und Weiterbildung;
- *rechtliche bzw. ordnungsrechtliche Instrumente*, z. B. Gesetze und Verordnungen (Raumordnung, Bau, Umweltbelastung u. a.) oder lokale Verbote/Gebote (Befahrung, Gewässerschutz u. a.);
- *Kommunikative bzw. meinungsbildende Instrumente*, z. B. Imagekampagnen und Themenjahre (Themenjahre der DZT u. a.), Resolutionen, Memoranden, Untersuchungsergebnisse aus der wissenschaftlichen Forschung u. a.

10.5 Träger und Ebenen der Tourismuspolitik

Die Träger sowie die Ebenen, die mit den Aufgaben der Tourismuspolitik betraut sind, lassen sich wie folgt unterteilen:

Gesellschaftliche Ebenen:
- internationale Träger, z. B. EU, UNWTO, OECD,
- nationale Träger, z. B. DZT, DTV, nationale Tourismusorganisationen, und regionale Träger, z. B. regionale Tourismusverbände, sowie
- lokale Träger, z. B. Verkehrs-, Tourismus- und Kurvereine.

Rechtliche Organisationen, z. B.:
- öffentlich-rechtliche Körperschaften, z. B. Kommunen, Landkreise,
- rechtlich vereinigte Institutionen, z. B. Berufsverbände, Interessengemeinschaften,
- berufsständische Körperschaften, z. B. Industrie- und Handelskammern,
- lose Interessenverbände (Aktionsgemeinschaften organisiert), z. B. Umweltvereinigungen, Zusammenschluss für nachhaltiges Reisen.

Berufsständische Vertretungen, z. B.:
- Fach-, Dach- und Branchenverbände aus den Bereichen Hotellerie,
- Reisemittler und Reiseveranstalter,
- Verkehrsträger,
- Zusammenschlüsse von Dienstleistern und Einzelpersonen, z. B. DRV, IHA, DEHOGA, VC.

Organisatorisch lassen sich die o. g. Träger nach ihrer Organisationsform untergliedern in:
- *staatliche Träger:* z. B. Ministerien auf Bundes- und Landesebene, Ämter und Verwaltungen von Kommunen und Kreisen, Gebietskörperschaften der Kommunen, Kreise und Länder sowie Werbegemeinschaften (DZT),
- *Mischformen:* z. B. Tourismusverbände und Tourismusvereine, Werbegemeinschaften (touristische Routen, Stadt-Marketing-Gesellschaften) und Verkehrsvereine,
- *private Träger:* z. B. Unternehmen, Verbände, Berufs- und Branchenorganisationen, Einzelpersonen, öffentlich-rechtliche Institutionen und Dienstleister, Kammern.

Die Tätigkeiten dieser Träger erfolgen auf unterschiedlichen Ebenen. So nehmen z. B. auf nationaler Ebene je nach Politikbereich das entsprechende Ministerium des Bundes oder die Dach-Branchenverbände die Interessen des Tourismus wahr, während auf Länderebene die staatlichen Landes- und Regionalverbände sowie Verbände und Vereine Tourismuspolitik betreiben. Auf kommunaler Ebene sind es die Tourismusämter und die im Tourismusbereich tätigen Unternehmen, denen die Aufgabe und die Vertretung der Interessen des Tourismus zukommen.

10.6 Internationale Tourismuspolitik

Internationale Tourismuspolitik wird von einigen wenigen Organisationen/Institutionen betrieben, die durch ihre Mitglieder, i. d. R. souveräne Staaten, legitimiert sind.

Das tourismuspolitische Bestreben dieser Organisationen/Institutionen besteht darin, in weiten Teilen der Welt Regierungen bzw. Tourismusverantwortliche zu beraten und durch internationale Tagungen und Kongresse Netzwerke zu initiieren. Sie gewährleisten einen Informations- und Erfahrungsaustausch, helfen dabei, negative Folgen des Tourismus zu beseitigen und liefern belastbare Informationen (z. B. durch Marktforschung) für die Betrachtung globaler Tourismusentwicklung und Touristenströme. In besonderen Fällen können diese Organisationen/Institutionen auch konkrete Masterpläne für die Entwicklung des Tourismus unter Berücksichtigung regionaler und/oder nationaler Besonderheiten erstellen und die Umsetzung überwachen bzw. begleiten.

Das besondere Problem der internationalen Tourismuspolitik ist, dass sie nur Empfehlungen geben, aber keine direkt steuernden Entscheidungen treffen kann. Entscheidungen sind i. d. R. an die Gesetzgebung und damit an die staatliche (nationale) Ebene gebunden. Ausnahmen gibt es nur in den Fällen, in denen Nationalstaaten auch politische Zuständigkeiten an internationale Gremien abgegeben haben. Dies ist z. B. in der EU über den Bereich Regionalpolitik möglich, wird dort aber bisher nicht ausreichend bzw. gar nicht genutzt. Auf internationaler Ebene wird die Tourismuspolitik einerseits von *internationalen Organisationen und Institutionen*, andererseits von *internationalen Fach- und Dachverbänden* wahrgenommen.

Ein dauerhafter Zusammenschluss von Organisationen aus mindestens zwei Ländern auf der Basis eines länderübergreifenden Vertrags wird *internationale Organisation* genannt (Ipsen 2018, S. 446). „Staaten bedienen sich häufig internationaler Organisationen zur Wahrnehmung grenzüberschreitender Tätigkeiten. Ihre Existenz und ihre Bestimmung hängen grundsätzlich vom Willen der Staaten ab" (Deutscher Bundestag 2007, S. 4). Bündnisse bieten Informationsflüsse, Ressourcenteilung und stabile Rahmenbedingungen, wenn die Mitgliedstaaten zusammenarbeiten und ihren Verpflichtungen nachkommen (BMBF 2018). Gründe für Zusammenschlüsse können zudem die Wahrung des Friedens, die Regulierung grenzüberschreitender Probleme und Handelsausweitungen sein (Mundt 2004, S. 215 f.). Oftmals handelt es sich bei internationalen Organisationen um eine dualistische Struktur, in der ein Organ die nationalen Interessen der Mitgliedstaaten wahrt und ein anderes Organ für das gemeinsame Handeln zuständig ist (Deutscher Bundestag 2007, S. 5).

Als Beispiele *supranationaler Organisationen* (siehe Abb. 10.2) können die Europäische Union und die Welttourismusorganisation der Vereinten Nationen genannt werden. Sie entfalten im Gegensatz zu internationalen Organisationen auch innerhalb ihrer Mitgliedstaaten rechtliche Wirkungen. Mehrere Unterorganisationen, etwa die UNWTO und die EU-Generaldirektion für Binnenmarkt, Industrie, Unternehmertum und KMU, Referat Tourismus, befassen sich mit tourismusspezifischen Fragestellungen (Freyer 2015, S. 512). Die OECD arbeitet unter anderem mit den internationalen Organisationen ILO, UNWTO und IAEA eng zusammen (OECD 2018).

Beispielsweise wird Deutschland durch das Bundeswirtschaftsministerium in der UNWTO, der EU und der OECD bei touristischen Fragen vertreten, indem Erfahrungs-

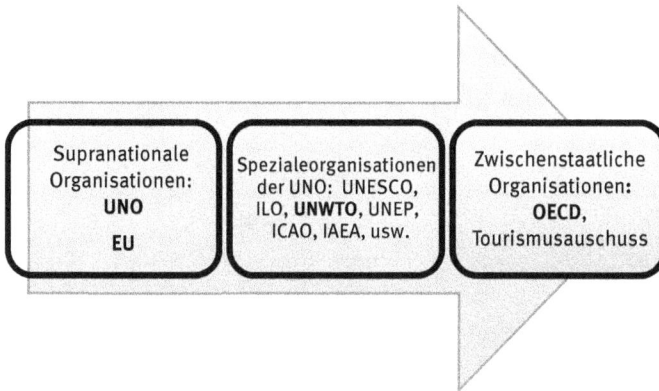

Abb. 10.2: Netz der internationalen Organisationen (Quelle: eigene Darstellung).

praktiken ausgetauscht und Maßnahmen zur Tourismusförderung entwickelt werden (BMWi 2018a).

10.6.1 Europäische Union/European Union (EU)

Die supranationale Organisation Europäische Union, bestehend aus den obersten Organen Europäischer Rat, Europäisches Parlament und Europäische Kommission, wurde 1957 als Europäische Wirtschaftsgemeinschaft gegründet (Freyer 2015, S. 520).

Die Europäische Union (EU) ist ein aus 27 europäischen Staaten bestehender *Staatenverbund*. Die Bevölkerung in den Ländern der EU umfasst derzeit etwa 450 Mio. Einwohner. Gemeinsam erwirtschaften die Mitgliedstaaten im Europäischen Binnenmarkt das größte Bruttoinlandsprodukt der Welt.

Seitens der EU gibt es keine eigenständige und spezifische Tourismuspolitik, vielmehr existieren unterschiedliche Zuständigkeiten (siehe Abb. 10.3), Programme und Maßnahmen, die Maßnahmen der Mitgliedsstaaten im Tourismussektor unterstützen (v. a. der Europäische Fonds für regionale Entwicklung EFRE). Dadurch soll insbesondere die Wettbewerbsfähigkeit der Unternehmen in diesem Sektor gefördert, ein günstiges Umfeld für deren Entwicklung geschaffen sowie die Zusammenarbeit und der Austausch bewährter Praktiken zwischen den Mitgliedsländern gefördert werden (EU 2010). Die Europäische Kommission hat unter diesen Gesichtspunkten einen thematischen Leitfaden für Tourismusinvestitionen veröffentlicht und empfiehlt, durch Investitionen u. a. Unternehmertum und Unternehmensgründungen, Cross Clustering und eine bessere Nutzung lokaler Kultur- und Tourismusgüter zu fördern sowie Produkt-, Prozess- und Dienstleistungsinnovationen und Diversifikation sowie Spezialisierung auf Nischenmärkte anzuregen, um eine „Abhängigkeit von niedrigem Mehrwert und Zeitarbeit zu überwinden und wirtschaftliche Aktivität und Arbeitsplätze außerhalb der Tourismussaison zu sichern" (Europäische Kommission 2019).

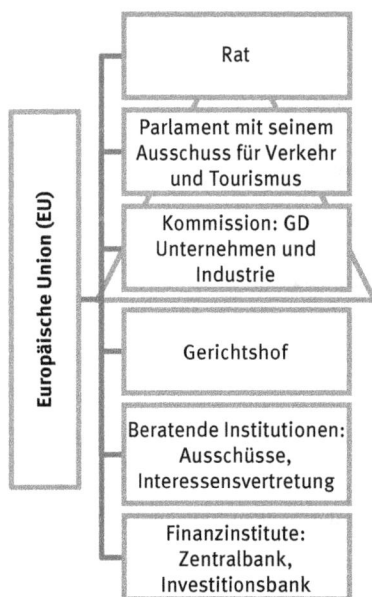

Abb. 10.3: Organisation der europäischen Tourismuspolitik (Quelle: in Anlehnung an Freyer 2015, S. 513).

Die Rechtsgewalt der Europäischen Union verteilt sich auf die Europäische Kommission, die Vorschriften vorschlägt und deren ordnungsgemäße Umsetzung sicherstellt, und das Europäische Parlament sowie den Europäischen Rat, die diese Vorschriften verabschieden. Im Rat der EU, der nicht über gesetzgebende Gewalt verfügt, werden die Interessen eines Landes über die Regierungen der Mitgliedsländer vertreten und politische Prioritäten vorgegeben. Die direkt gewählten Abgeordneten des Europäischen Parlaments vertreten die Bürgerinnen und Bürger der Europäischen Union. Ebenfalls eine bedeutende Rolle spielen der Europäische Gerichtshof, der für Rechtsfragen bezüglich der EU-Regelungen zuständig ist, und der Rechnungshof, der die finanziellen Ausgaben überprüft (Europa.eu 2018).

Die Europäische Union wurde auf der Basis der Werte Demokratie, Menschenwürde und -rechte sowie Gleichheit und Freiheit gegründet. Als Ziele gelten die Wahrung des Friedens und die Gewährleistung von Preisstabilität sowie eines unverfälschten Wettbewerbs. Zudem sollen Gerechtigkeit und Solidarität gefördert und der Reichtum des kulturellen Erbe Europas sichergestellt werden (Europe Direct 2018). Die Europäische Union trägt unter anderem zur Schaffung von Arbeitsplätzen, zur Verbesserung von Bildungs- und Lebensqualität und zu einer nachhaltigen Entwicklung in ihren Mitgliedsstaaten bei (Europäische Union 2018).

Die Verankerung des Tourismus in der EU

Der Tourismus gilt als drittgrößte sozioökonomische Tätigkeit in der EU (Juul 2015). Seit etwa 1980 spielt direkte Tourismuspolitik in der Europäischen Union eine Rolle

(Mundt 2015, S. 215 f.). Mit dem sog. *Lissabon-Vertrag* erhielt die EU im Jahr 2009 „erstmals eine im Primärrecht verankerte Kompetenz für den Tourismus" (BMWi 2018a, o. S.). In der zuständigen Fachabteilung beschäftigt sich die Europäische Union mit anfallenden Tourismusbelangen. Als aktuelle Beispiele der Tourismuspolitik können die Lizensierung von Reisebüros, Reiserechtsangleichungen sowie die Liberalisierung des Flugverkehrs genannt werden.

Gemäß dem Lissabon-Vertrag sind die Unterstützung und Weiterentwicklung touristischer Unternehmen sowie Kooperationsförderungen zwischen Mitgliedsstaaten tourismusrelevante Ziele auf europäischer Ebene. 2018 wurden sowohl die Digitalisierung als auch die Weiterentwicklung von Kapitalzugängen und rechtlichen Rahmenbedingungen als Schwerpunkte diskutiert. Zudem standen die Mobilisierung von Arbeitnehmern und Investitionen in Aus- und Weiterbildungen im Fokus der Tourismuspolitik (BMWi 2018a). Auf europäischer Ebene existieren unterschiedliche Maßnahmen und Programme, um die Nachhaltigkeit, Wettbewerbsfähigkeit und Qualität des Tourismus zu steigern. Beispielsweise unterstützte die Europäische Kommission die Entwicklung von Informations-und-Kommunikationstechnologie-(IKT-)Plattformen, um neue Informations- und Datenverarbeitungstechniken zu verbreiten, sowie die Entwicklung von Methoden zur Nachwuchssicherung (BMWi 2017). Nach Inkrafttreten des Lissabon-Vertrags 2009 veröffentlichte die EU-Kommission im Sommer 2010 eine Mitteilung zum Tourismus, auch Tourismusstrategie oder -konzept genannt. Diese Mitteilung benennt Europa als wichtigstes Reiseziel der Welt, für das ein neuer politischer Rahmen geschaffen werden soll. Die 21 aufgelisteten *Maßnahmen zur Tourismusförderung* verteilen sich auf die Schwerpunktbereiche effiziente Nutzung von EU-Fördergeldern, Vermarktung Europas als nachhaltige und qualitativ hochwertige Destination sowie die Steigerung der europaweiten Wettbewerbsfähigkeit von Tourismus (BMWi 2018a und BMWi 2018b). Im Rahmen dieses Konzepts schafft die Kommission v. a. finanzielle Anreize zur Umsetzung von Projekten und Innovationen. Allerdings betonen Akteure der Freizeitwirtschaft, dass touristische Dienstleistungen auf kommunaler und nationaler Ebene besser gesteuert werden können als auf europäischer Ebene (Juul 2015, S. 19).

Ausgewählte, kritische Stimmen zur Tourismuspolitik der EU

Der *Ausschuss für Tourismus des Deutschen Bundestags* kritisiert bspw. die Kompetenzreichweite der Europäischen Union bezüglich der Tourismuswirtschaft (Deutscher Bundestag 2013). Verbraucherschutz, Sicherheit und Tourismusförderung gälten zwar als Hauptthemen des Tourismus, jedoch habe die EU lediglich eine ergänzende und unterstützende Kompetenz. Tourismus werde auf EU-Ebene ungenügend gewichtet, oftmals mangle es an konkreten Vorschlägen und Maßnahmen zur Umsetzung. Des Weiteren wird von tourismusrelevanten Akteuren die Meinung vertreten, dass die EU den Unternehmergeist sowie den Wissensaustausch zwischen Forschern und Tourismusunternehmen, die doch einen Beitrag zur Verbesserung der Qualitätsnormen leisten könnten, unzureichend fördere. Statistische Erhebungen seien teilweise veraltet und sollten aktualisiert oder erneuert werden. Zudem sei die Entwicklung touristischer Indikatoren zur Anwendung bei allen Mitgliedstaaten von Bedeutung. Die Stärkung jeglicher Bemühungen zur Vermarktung Europas als Einheit spiele eine Rolle, ebenso die Förderung touristischer Dienstleistungen und Produkte (Juul 2015, S. 16). Grundsätzlich gelte jedoch, dass bspw. der Tourismus in Deutschland Ländersache sei und v. a. auf Vielfalt setze. Ein gewisser Freiraum sei auch innerhalb rechtlicher Rahmenbedingungen und Leitsätze wichtig, da die Länder selbst wüssten, was benötigt werde und welche Programme es passgenau zu entwickeln gelte. Nach Ansicht der Abteilung Tourismus des Bayerischen Staatsministeriums für Wirtschaft, Energie und Technologie soll das Subsidiaritätsprinzip berücksichtigt werden, indem öffentliche Aufgaben bürgernah geregelt werden.

Die Europäische Kommission stellte beim *Spain Global Forum 2015* Schwerpunkte zur Förderung von Tourismus in der EU vor, um derartiger Kritik zu begegnen. Danach ist die Verbesserung der Governance von Bedeutung, ebenso ein Ausbau der Verkehrsanbindungen und der Digitalisierung kleiner und mittlerer Unternehmen. Saisonabhängigkeiten gilt es zu verringern und globales Marketing auszuweiten (Juul 2015, S. 27).

10.6.2 Organisation für wirtschaftliche Zusammenarbeit und Entwicklung/ Organisation for Economic Co-operation and Development (OECD)

Die Organisation für wirtschaftliche Zusammenarbeit und Entwicklung ist eine internationale Organisation mit 36 Mitgliedsländern, von denen die meisten ein hohes Pro-Kopf-Einkommen verzeichnen und als wirtschaftlich entwickelt gelten. Sitz der Organisation ist Paris. Die OECD beschäftigt sich nur in einer Unterstruktur mit dem Thema Tourismus. Das entsprechende Direktorat (Directorate Science, Technology & Industry – STI) versteht sich v. a. als Beobachter von Veränderungen in der Politik sowie als Unterstützer für eine nachhaltige ökonomische Tourismusentwicklung. Darüber hinaus untersucht und beobachtet das *OECD Tourism Committee* seit 1948 Entwicklungen, die den Binnen- und internationalen Tourismus beeinflussen. Es arbeitet eng mit den Partnerländern zusammen und vertieft die Zusammenarbeit mit dem privaten Sektor, um seine globale Reichweite auszubauen (OECD 2019).

Our mission is to provide governments with the analytical basis for policy formulation and advice on the scientific, technological and industrial environment and its relation to growth, employment and well-being.
Tourism, an important economic activity, is an area of public policy in most OECD countries. The Tourism Committee acts as a forum of exchange for monitoring policies and structural changes affecting the development of international tourism and promotes a sustainable economic growth

of tourism. The mandate of the Tourism Committee highlights the main missions of the OECD in the field of tourism.

„Whole of government" approach needed to ensure competitiveness and sustainability in tourism, says OECD (10 Oct. 2008).

Governments need to put in place comprehensive strategies to make their tourism industries more competitive and work with industry and regional and local authorities to promote sustainable tourism development. This was the message from a High-level OECD Committee meeting on Tourism in Italy on 9–10 October 2008 involving ministers and industry experts from 27 OECD countries and 12 non-member countries (OECD 2008).

Der interne Ausschuss für Tourismus befasst sich speziell mit der Bedeutungsanalyse und der Auswertung von Tourismuspolitik einzelner Mitgliedsländer (OECD 2018d). Informationen, Meinungen und bewährte Praktiken werden ausgetauscht und Entwicklungen anderer relevanter Bereiche, bspw. der Sicherheit im Reiseverkehr, der Liberalisierung und des Klimawandels betrachtet. Themen sind auch die Liberalisierung des Tourismussektors sowie die wachsende Bedeutung der touristischen Arbeitsplätze. Das Direktorat agiert hierbei ebenso als Beobachter von Politik und Veränderungen wie als Unterstützer von ökologischer und nachhaltiger Tourismusentwicklung (Berg 2014, S. 45). Als Ziele des Ausschusses werden die Unterstützung von Mitgliedsstaaten bei der Gestaltung touristischer Rahmenbedingungen sowie infrastrukturelle Weiterentwicklungen genannt. Zu den wichtigsten Aufgaben des Direktorats, die sich mit den Schwerpunkten der deutschen Tourismuspolitik decken, zählen die Verbesserung touristischer Rahmenbedingungen und der Infrastruktur und die Betrachtung kritischer Auswirkungen auf soziale, ökologische und ökonomische Bereiche. Zudem ist die Unterstützung der OECD-Mitgliedsstaaten bei der Gestaltung einer effektiven Tourismuspolitik und die Förderung einer nachhaltigen Tourismusentwicklung von Bedeutung (BMWI 2018c).

Der Ausschuss für Tourismus untersucht statistische Daten, erstellt Länderstudien, organisiert Tagungen zu touristischen Themengebieten und veröffentlicht Zukunftsprognosen sowie den jährlichen Bericht *OECD Tourism Trends and Policies* (OECD 2018e; Steinecke 2014, S. 101). Bedeutsam ist in diesem Zusammenhang die dem Ausschuss seit 2017 angegliederte Arbeitsgruppe Statistik. Das Dokument *Tourism Trends and Policies* dient als internationaler Maßstab, inwieweit Länder die Innovation und Wettbewerbsfähigkeit von Tourismus unterstützen, und basiert auf den Daten des Tourismus-Komitees und des Zentrums für Unternehmertum, klein- und mittelständische Unternehmen, Regionen und Städte (CFE). Die in der Version von 2018 erarbeiteten politischen Maßnahmen zur Förderung der Wettbewerbsfähigkeit und Entwicklung von Tourismus können in drei Bereiche unterteilt werden: Förderung politischer Ansätze, Vorbereitung auf Megatrends und Investitions- und Innovationsförderung eines nachhaltigen Tourismus. Langfristige Ziele, die die Überschneidung der Politikbereiche berücksichtigen, sind von Bedeutung, ebenso ein direkter Dialog zwischen Gesellschaft, Industrie und Staat. Rechtsvorschriften sollen modernisiert und Interessengruppen in die Entscheidungsfindung einbezogen werden. Megatrends können v. a. mittels robuster Datenanalysen und Szenarioplanungen berücksichtigt werden. Bezüglich der Entwicklung eines nachhaltigen Tourismus sind die Mobilisierung grüner Investoren, die Unterstützung nachhaltiger Finanzierungspraktiken und die Beachtung ökologischer Kriterien erforderlich (OECD 2018e).

Tourismuspolitik von EU und OECD im Vergleich

Die Europäische Union und Organisation für wirtschaftliche Zusammenarbeit und Entwicklung werden verglichen, da sie im Hinblick auf Tourismuspolitik unterschiedliche Positionen einnehmen: die EU die Rolle einer Direktive und die OECD die Stellung eines Datenlieferanten und Forums des Austauschs und der Diskussion. Zudem sind Beschlüsse der EU bedeutender und ihr Grad an Verbindlichkeit höher als die der OECD, da Letztere lediglich als zwischenstaatliche fachliche Organisation betrachtet wird (Freyer 2015, S. 513). Zwar gilt die tourismuspolitische Zuständigkeit der Europäischen Union unter den Mitgliedstaaten als umstritten, doch besitzt die EU die höchste Verbindlichkeit und eine reichweitenstarke Kompetenz im Rahmen der Verbraucherschutz- und Verkehrspolitik. Dennoch gilt es auch die Entscheidungsreichweite der OECD zu berücksichtigen (Mundt 2004, S. 210).

Die Organisation für wirtschaftliche Zusammenarbeit und Entwicklung unterscheidet sich von der Europäischen Union auch darin, dass zu ihr „alle für den internationalen Wirtschaftsverkehr wichtigen westlichen Industrieländer" wie die USA, Japan, Kanada und Großbritannien gehören (Wagner 2003, S. 88 ff.). Allerdings sind 22 Staaten sowohl Mitglied der EU als auch der OECD, somit ist eine ähnliche Ausrichtung bei den Herausforderungen, Leitsätzen und der Themenwahl erkennbar. Die OECD spricht Empfehlungen aus und eruiert Best-Practice-Ansätze für ihre Mitgliedstaaten. Die Tourismuspolitik der EU ist dagegen konkreter, da diese über ein eigenes Budget, etwa in Form des Europäischen Fonds für regionale Entwicklung (EFRE), verfügt, sodass direkte Tourismuspolitik betrieben werden kann.

Die OECD und die EU haben gleiche Prioritäten. Beide setzen auf die Erstellung aussagekräftiger Statistiken und die EU beteiligt sich u. a. an einem Arbeitsprogramm der OECD, denn entsprechend dem Zusatzprotokoll zum Übereinkommen über die wirtschaftliche Zusammenarbeit und Entwicklung der OECD nimmt die Europäische Kommission an der Arbeit der OECD teil (OECD 2018f). Die EU verpflichtet sich darin zur uneingeschränkten Unterstützung der OECD bei der Verwirklichung von deren Zielen. Durch die Vertretung der Europäischen Union in Form einer ständigen Delegation bei der OECD ergeben sich auch Vorteile für die EU, insbesondere für alle EU-Staaten, die nicht Mitglied der OECD sind. So kann die Europäische Union auf alle statistischen Datenerhebungen, Analysen und Begutachtungen der OECD, die Sozial-, Wirtschafts- oder Umweltpolitik betreffend, zugreifen und sie nutzen (OECD 2018f).

10.6.3 Weitere internationale Organisationen/Institutionen

World Tourism Organization (UNWTO)

Die Welttourismusorganisation (UNWTO) ist eine Sonderorganisation der Vereinten Nationen (UN) mit Sitz in Madrid (Spanien). Die UNWTO ist die wichtigste internationale Organisation im Bereich des Tourismus, in der Staaten bzw. staatliche Tourismusorganisationen Mitglieder sind. Sie ist mit rund 100 Mitarbeitern die kleinste Sonderorganisation der Vereinten Nationen. Ziel der UNWTO als internationales Forum für Tourismuspolitik ist die Entwicklung eines verantwortlichen, nachhaltigen und universell zugänglichen Tourismus, um einen Beitrag zu ökonomischer Entwicklung, internationaler Verständigung, Frieden, Wohlstand und Einhaltung der Menschenrechte zu leisten. Schwerpunkt ist die Forcierung des Tourismus in Entwicklungsländern unter Berücksichtigung der Millenniumsentwicklungsziele, nachhaltiger Entwicklungskonzepte und des Globalen Kodex für Ethik im Tourismus. Die bekanntesten Veröffentlichungen sind die jährlichen Tourismusstatistiken, die den grenzüberschreitenden internationalen Tourismus abbilden. Begleitend strebt die UNWTO eine Harmonisierung der internationalen Tourismusstatistiken an. Diesbezügliche UNWTO-Empfehlungen dienen bspw. als Grundlage für die Statistiken der OECD und der EU. Bedeutend sind zudem die UNWTO-Aktivitäten im Rahmen des Projekts *Sustainable Tourism Eliminating Poverty* (ST-EP), das auf eine Initiative zur Armutsbekämpfung durch Tourismus im Rahmen des Weltgipfels für Nachhaltige Entwicklung in Johannesburg 2002 zurückgeht.

The World Tourism Organization (UNWTO) is a specialized agency of the united Nations and the leading international organisation in the field of tourism. It serves as a global forum for tourism policy issues and a practical source of tourism know-how.

UNWTO plays a central and decisive role in promoting the development of responsible, sustainable and universally accessible tourism, paying particular attention to the interests of developing countries.

The organisation encourages the implementation of the Global Code of Ethics for Tourism, with a view to ensuring that member countries, tourist destinations and businesses maximize the positive economic, social and cultural effects of tourism and fully reap its benefits, while minimizing its negative social and environmental impacts. Its membership includes 158 countries and territories and Affiliate members with bases in more than 80 countries representing public and private companies, organisations, destinations, NGOs, educational institutions or bodies whose activities are related to tourism and which contribute to the UNWTO their knowledge and expertise to promote the development of tourism that's responsible, sustainable and accessible for everyone (UNWTO 2020).

Direct actions that strengthen and support the efforts of National Tourism Administrations are carried out by UNWTO's regional representatives (Africa, the Americas, East Asia and the Pacific, Europe, the Middle East and South Asia) based at the Headquarters in Madrid.

UNWTO is committed to the United Nations Millennium Development Goals, geared toward reducing poverty and fostering sustainable development.

Current developments & forecasts: Worldwide arrivals reached 1.4 billion in 2018, representing a 6 % year on year growth, consolidating 2017 strong results and proving to be the second strongest year since 2010. For 2019, UNWTO forecasts a 3–4 % increase, in line with the historical growth trend. UNWTO's long term forecast issued in 2010 indicated the 1.4 billion mark would be reached in 2020, yet the remarkable growth of international arrivals in recent years has brought it two years ahead (UNWTO 2020).

World Travel & Tourism Council (WTTC)

Das WTTC ist die wichtigste internationale Organisation touristischer Unternehmen mit Sitz in London. Die Ziele der Organisation liegen vordergründig in der Gestaltung der Marktbedingungen für Tourismus bei gleichzeitiger Verantwortung der Tourismuswirtschaft gegenüber allen übrigen Umfeldbereichen.

The World Travel & Tourism Council (WTTC) is the forum for business leaders in the Travel & Tourism industry. With Chief Executives of some one hundred of the world's leading Travel & Tourism companies as its Members, WTTC has a unique mandate and overview on all matters related to Travel & Tourism. WTTC works to raise awareness of Travel & Tourism as one of the world's largest industries, employing approximately 319 million people and generating over 10.4 per cent of world GDP (WTTC 2020).

10.6.4 Internationale Dach- und Fachverbände

Internationale Dach- und Fachverbände sind Zusammenschlüsse von Unternehmen, Organisationen und Personen, die international tätig sind. Sie beeinflussen über ihre öffentliche Interessenvertretung und ihre ökonomische Bedeutung sowohl die internationale als auch die nationale Tourismuspolitik. Die internationalen Dach- und Fachverbände haben zum Ziel, zwischen ihren Mitgliedern den Erfahrungsaustausch und die Kooperation zu fördern, die Aktivitäten der jeweiligen Branche oder der jeweiligen Segmente zu professionalisieren und Hilfe zu leisten bei der Vertretung der Interessen der Mitglieder gegenüber der Politik in den jeweiligen Herkunftsländern. Zu den wichtigsten internationalen Organisationen/Institutionen zählen:

International Air Transport Association (IATA)

Die IATA ist der Weltverband der Unternehmen des kommerziellen zivilen Passagier- und Frachtluftverkehrs (i. d. R. Fluggesellschaften) mit Sitz in Montreal. Die ständigen Ausschüsse der IATA sind: Legal, Financial, Technical und Traffic Committee (IATA 2020). Die IATA versucht, die Prozesse im Luftfahrtgeschäft zu vereinfachen. Dies betrifft z. B. die Vereinheitlichung der Beförderungsdokumente und der Gepäckbeförderung. Darüber hinaus ist eine Nebenstelle der IATA in Genf mit der Abrechnung und der Überwachung der Interline-Abkommen zwischen den Fluggesellschaften betraut. Weitere Tätigkeiten im Dienste ihrer Mitglieder sind:

- die Bereitstellung von Daten und Informationen, die als Entscheidungsgrundlage sowohl für die Mitglieder als auch für die nationalen Regierungen dienen,
- die Erstellung anonymisierter Statistiken für die Luftfahrtunternehmen, damit diese Vergleiche mit anderen Marktteilnehmern anstellen können,
- die Definition und Überwachung von für alle Mitglieder bindenden Sicherheitsstandards und
- die Unterstützung von Start-up-Airlines, Behörden, Flughäfen u. a.

Die IATA finanziert sich durch Mitgliedsbeiträge und durch den Verkauf von Dienstleistungen, Handbüchern und Datenmaterial.

International Hotel & Restaurant Association (IH&RA)

Der Weltverband des Hotel- und Gaststättengewerbes, 1997 aus der 1946 gegründeten IHA (International Hotel Association) hervorgegangen, mit Sitz in Genf und Paris, stellt die einzige globale Organisation zur Interessenvertretung der Hotel- und Gaststättenindustrie dar. Mitglieder der IH&RA sind nationale Hotel- und Gaststättenverbände, internationale und nationale Hotel- und Gaststättenketten und zu diesen gehörige Hotels und Gaststätten, Bildungseinrichtungen und andere Träger oder Versorger dieser Industrie. Die gemeinnützige Organisation ist somit ein Gesamtnetzwerk der unabhängigen und der Kettenoperatoren in der Hotel- und Gaststättenindustrie. Derzeit sind allerdings weder der DEHOGA-Bundesverband noch der Hotelverband Deutschland (IHA) Mitglied in der IH&RA. Ziel der Organisation ist es, die Gegenwart und Zukunft des Gastgewerbes zu sichern und sein Ansehen zu fördern. Sie schützt, fördert, informiert und unterstützt ihre Mitglieder bei der Erreichung ihrer Ziele. Dazu organisiert sie internationale Kongresse und vertritt die Interessen der Mitglieder im politischen Bereich (IH&RA 2020).

Fédération Mondiale du Thermalisme et du Climatisme (FEMTEC)
(World Federation of Hydrotherapy and Climatotherapy)

Diese gesundheitspolitische Organisation im Bereich des Kur- und Bäderwesens, gegründet 1947, vertritt die Interessen der öffentlichen und privaten Heilbäder ihrer Mitgliedsländer. Der Verband vermarktet die Heilbäder, kooperiert mit wissenschaftlichen Instituten und privaten Organisationen sowie mit den Gesundheitsministerien der Mitgliedsländer. Ziele sind v. a. eine weltweite Förderung und Repräsentation von Hydrotherapie sowie die Förderung internationaler Kooperationen, Forschung, Studien und Schulungen in diesem Bereich (FEMTEC 2020).

United Federation of Travel Agents' Associations (UFTAA)

Die UFTAA ist eine internationale Vereinigung von Reisemittlern, Reiseveranstaltern sowie deren nationalen Dachverbänden. Sie ist gut vernetzt mit führenden Reise- und

Tourismusorganisationen, versteht sich als neutraler globaler Interessenvertreter der Reisemittlerindustrie zugunsten der Reisenden und unterstützt u. a. einzelne Reisemittler bei deren Interaktion mit Behörden (UFTAA 2020).

International Road Transport Union (IRU)

Die internationale Vereinigung der Straßenbeförderungsunternehmen (i. d. R. Bus- und Verkehrsunternehmen) wurde 1948 als internationale Vereinigung der nationalen Straßentransportverbände mit Sitz in Genf gegründet. Sie vertritt die Interessen der Straßentransportunternehmen und strebt speziell die Vereinheitlichung von Frachtbriefen und Zollbestimmungen sowie die Harmonisierung der Wettbewerbsbedingungen an (IRU 2020).

Association Internationale d'Experts Scientifiques du Tourisme (AIEST)

Es handelt sich um eine internationale Organisation/einen internationalen Zusammenschluss von Personen und Institutionen aus dem Bereich der touristisch relevanten Wissenschaften. Die 1951 gegründete AIEST mit Sitz in St. Gallen ist also eine Wissenschaftsorganisation des Tourismus. Sie hat ca. 300 Mitglieder in 49 Ländern auf allen Kontinenten, ist interdisziplinär ausgerichtet und besteht aus Ökonomen, Betriebswissenschaftlern, Geografen, Soziologen und Naturwissenschaftlern, die im Bereich Tourismus und Beherbergungswesen tätig sind oder deren Forschung bzw. Tätigkeit für die Branche relevant ist. Sie betreibt selbst keine Forschung, fördert sie aber. Zweck der AIEST ist die Pflege der kollegialen und freundschaftlichen Beziehungen unter den Mitgliedern; die Förderung der wissenschaftlichen Tätigkeit ihrer Mitglieder, insbesondere durch die Anbahnung persönlicher Verbindungen; die erleichterte Beschaffung von Dokumentationen sowie der Meinungs- und Erfahrungsaustausch; die Unterstützung der Tätigkeit wissenschaftlicher Tourismusinstitute oder sonstiger Forschungs- und Ausbildungsstellen sowie die Verbindungen zwischen ihnen und zwischen ihnen und den Mitgliedern der Vereinigung; die Durchführung von Kongressen, Tagungen und Kursen wissenschaftlich-touristischer Art sowie die Mitwirkung daran. Die AIEST ist damit der internationale Katalysator der wissenschaftlichen Aktivitäten im Bereich des Tourismus (AIEST 2020).

Pacific Asia Travel Association (PATA)

Die PATA wurde als gemeinnützige Organisation 1952 in Honolulu/Hawaii gegründet. Ziel und Aufgabe ist es, den Tourismus nach, innerhalb und von der asiatisch-pazifischen Region zu fördern, die Förderung des Interesses an der pazifisch-asiatischen Region als einem Erholungsraum und die Entwicklung, Unterstützung und Erleichterung des Reiseverkehrs zu und innerhalb der pazifisch-asiatischen Region. Letzteres geschieht unter besonderer Berücksichtigung der Gebiete und Länder, die zu den sog. Entwicklungs- bzw. Transformationsländern gehören und sich eine ausreichende

Touristikwerbung in Mitteleuropa, speziell in Deutschland, nicht leisten können. Mitglieder sind Staaten Asiens und des pazifischen Raums sowie wichtige Destinationen des weltweiten Tourismus. 95 Körperschaften auf Regierungs-, Länder- und Städteebene sowie weit mehr als 2.000 Unternehmen der Luft- und Schifffahrt, Hotellerie, Reiseveranstaltung und Reisevermittlung machen PATA zu einer der führenden Organisationen weltweit. Die Hauptverwaltung ist in Bangkok stationiert, Regionalbüros in Singapur, Sydney und Tokio sind für den Raum Asien/Pazifik zuständig, das für Europa verantwortliche Regionalbüro hat seinen Sitz in Bad Vilbel. Der PATA Deutschland e. V. ist in Frankfurt am Main registriert (PATA 2020).

American Society of Travel Agents (ASTA)

Die internationale Vereinigung der Reisemittler aus Nord-, Mittel- und Südamerika, gegründet 1931 als American Steamship and Tourist Agents Association, hat ihren Sitz in Washington D.C. (Bütow 2006, TID 2019).

> ASTA, short for the American Society of Travel Agents, is the world's largest association of travel professionals. Our members include travel agents and the companies whose products they sell such as tours, cruises, hotels, car rentals, etc. We are the leading advocate for travel agents, the travel industry and the traveling public.
> ASTA's mission is to facilitate the business of selling travel through effective representation, shared knowledge and the enhancement of professionalism. The mission of ASTA and its affiliated organizations is to facilitate the business of selling travel through effective representation, shared knowledge and the enhancement of professionalism. ASTA seeks a retail travel marketplace that is profitable, growing and a rewarding place to work, invest and do business. Founded in 1931 as the American Steamship and Tourist Agents' Association, ASTA and its affiliates now comprise the world's largest and most influential travel trade association with members in 140 countries. As the world's largest travel trade association, our work encompasses every aspect of the travel experience (ASTA 2020).

Association Internationale de Professionnels du Tourisme (Skål)

Skål International, zu dem auch Skål International Deutschland e. V. sowie Skål International München e. V. gehören, ist eine internationale Vereinigung von Führungskräften aller touristischen Berufe mit dem Ziel, die Freundschaft und Zusammenarbeit von Führungskräften aller touristischen Berufe und aus allen touristischen Bereichen zu fördern.

Skål bietet jedem Mitglied die Teilnahme im einzigen weltweiten branchenübergreifenden Zusammenschluss von Menschen, die in der Tourismuswirtschaft Verantwortung tragen, die Einbindung in einen internationalen Kontext, denn Skål International und damit mittelbar jedes Mitglied ist Mitglied der UNWTO. Grundlage der weltweiten Skål-Bewegung ist der Gedanke der Völkerverständigung, der 1932 den Impuls zur Gründung gab. Mitglieder finden in Skål ein Forum, sich für dieses weiterhin höchst wichtige Ziel zu engagieren (Skål 2020).

Skål International ist ein weltweites Netzwerk von Personen, die in der Tourismuswirtschaft Verantwortung tragen und auf der Basis von Freundschaft miteinander geschäftlich in Verbindung stehen. Skål-Mitglieder setzen sich für Frieden und Völkerverständigung ein. Sie engagieren sich für eine nachhaltige Entwicklung des Tourismus auf betrieblicher, lokaler, nationaler und internationaler Ebene (Skål 2020).

Airlines International Representation in Europe (AIRE)

AIRE repräsentiert 16 internationale Fluggesellschaften in Europa und agiert in den Bereichen Luftverkehrspolitik, Flugbetriebe und Flugsicherheit. Sie steht für die spezifischen Bedürfnisse ihrer Mitglieder ein und prüft und informiert diese hinsichtlich regulatorischer Entwicklungen im Luftverkehr, bspw. im Hinblick auf Umwelt, Verbraucherpolitik und Fluggastrechte, Besteuerung, Infrastruktur und soziale Aspekte. Die Organisation strebt eine optimale Auslastung des Luftraums an und unterstützt eine Restrukturierung von Streckennetzen, um deren Effizienz zu steigern. Darüber hinaus fördert die AIRE Sicherheitskonzepte in den Bereichen Wartung und Instandhaltung sowie Luftfahrtnormen. Hauptziele sind u. a. die Schaffung eines kosteneffizienten Umfelds für ihre Mitglieder, die Zurückweisung von Überregulierung im Flugverkehr, die Forderung von verantwortungsvollem Verhalten seitens der Regulatoren sowie die Kooperation mit anderen Vereinigungen von Fluggesellschaften (AIRE 2020).

Airlines for Europe (A4E)

A4E wurde 2015 durch die CEOs von Europas größten Fluggesellschaften (Air France-KLM, Easyjet, IAG mit British Airways und Iberia, Lufthansa und Ryanair) mit dem Ziel einer einheitlichen Repräsentation europäischer Fluggesellschaften gegenüber der EU, internationalen Organisationen und nationalen Regierungen gegründet. Heute zählt A4E 15 große und kleine Fluggesellschaften zu ihren Mitgliedern, die über 70 % des europäischen Luftverkehrs repräsentieren. Die Vereinigung setzt sich für günstige und faire Bedingungen für Fluggesellschaften und Passagiere ein und positioniert sich mit Projekten und Kampagnen unter anderem gegen die Monopolstellung von Flughäfen, die sich bspw. in hohen Gebühren niederschlägt (A4E 2020).

A4E's unique set up stems from worrying trends that require particular attention to ensure that unjustified burdens on airlines and their passengers are removed. The right balance needs to be found to ensure that the mobility of travellers in Europe is not unnecessarily hindered by artificially determined levies, inadequate regulation and lingering legislation. To that end, A4E has launched campaigns aimed at tackling excessive airport charges, reinvigorating EU airspace reform, eliminating unfair aviation taxes, as well as addressing urgent environmental and passenger rights issues. In addition, with rising concerns over Europe's economic competitiveness, the digitalization of societies and industries, global security threats and pressure on Schengen's internal borders, airlines are committed to playing a key role in facilitating the safe and secure flow of passengers and goods to, from and within the continent (A4E 2020).

Airports Council International Europe (ACI)

ACI Europe repräsentiert über 500 Flughäfen in 45 europäischen Ländern, die mehr als 90 % des kommerziellen Flugverkehrs in Europa abwickeln. Weitere Mitglieder sind nationale Flughafenvereinigungen, Bildungseinrichtungen sowie Geschäftspartner weltweit. Die Mitglieder unterstützen einen freien und fairen Wettbewerb im Markt für Flughäfen. Ziel ist eine aktive Zusammenarbeit zur Ermöglichung eines effektiven Austauschs und des gegenseitigen Einstehens im Rahmen gesetzlicher, kommerzieller, Umwelt-, Passagier- und anderer Thematiken. Die Vereinigung operiert u. a. in den Bereichen Flughafenbewirtschaftung, -sicherheit- und -kapazitäten, Bodenabfertigung, Umwelt sowie Liberalisierung von Reiserechten. ACI Europe mit Sitz in Brüssel ist als europäisches Handelsorgan für Flughäfen zudem europäischer Ursprung von ACI International als einzige globale Föderation von Flughafenbetreibern (ACI 2020).

10.7 Nationale Tourismuspolitik

Tourismuspolitik ist ein integraler Bestandteil der Wirtschaftspolitik der Bundesregierung. Aufgabe der Bundesregierung ist es, auch in der Tourismuspolitik die unternehmerische Eigenverantwortung zu stärken und durch die Verbesserung der Rahmenbedingungen die Wettbewerbsfähigkeit der Unternehmen zu erhöhen. Dazu gehört im Rahmen der föderalen Zuständigkeiten gemeinsam mit den Ländern und Kommunen die Bereitstellung der notwendigen Infrastruktur für den Tourismus. In Deutschland liegt die Tourismuspolitik nach der föderalen Ordnung der Verfassung generell in der Verantwortung und Zuständigkeit der Bundesländer, organisatorisch ist sie i. d. R. angebunden an die Wirtschaftsministerien der Länder. Durch den Querschnittscharakter des Tourismus berührt sie in vielen Einzelfragen auch die Zuständigkeitsbereiche anderer Ressorts.

10.7.1 Staatliche Tourismuspolitik

Die staatlichen Akteure der Tourismuspolitik in Deutschland sind die Parteien (jede Partei benennt eine/-n Tourismussprecher/-in), die Bundes- und Landesministerien, die Tourismusreferenten der Bundesländer, der tourismuspolitische Sprecher der Bundesregierung sowie die Vertretungen der Europäischen Kommission in der Bundesrepublik Deutschland. Nachfolgend werden die wichtigsten Akteure und ihre Aufgaben bzw. Rollen im touristischen Geschehen dargestellt.

Bundesministerium für Wirtschaft und Energie: Die federführende Kompetenz für die Tourismuspolitik der Bundesregierung liegt beim Bundesministerium für Wirtschaft und Energie im Beirat für Fragen des Tourismus.

Bundesministerium für Verkehr und digitale Infrastruktur: Hier geht es um die Koordinierung internationaler und nationaler Fragen des Tourismus für die Bereiche

Verkehr und Raumordnung sowie die Förderung von Wirtschaft und Tourismus durch Mobilitätskonzepte und nachhaltiger und bezahlbarer Mobilität, die Stärkung von Fahrgastrechten sowie die Förderung einer leistungsfähigen und wettbewerbsfähigen Infrastruktur im Sinne der europäischen Verkehrspolitik.

Bundesministerium der Justiz und für Verbraucherschutz: Es ist zuständig u. a. für Fragen des Schuldrechts, für das Reisevertragsrecht und den Verbraucherschutz im Vertragsrecht, für internationale Abkommen sowie für Pauschalreiserichtlinien und verbundene Reiseleistungen, die Schlichtung im Luftverkehr, Teilzeit-Wohnrechte und für Maßnahmen zum Schutz von Kindern vor sexueller Ausbeutung im Tourismus.

Auswärtiges Amt: Seine Aufgaben im Bereich des Tourismus sind die Herausgabe aktueller Länderinformationen, Reise- und Sicherheitshinweise, medizinische Empfehlungen und Reisewarnungen.

Bundesministerium für Ernährung und Landwirtschaft: Es befasst sich mit allgemeinen und besonderen Angelegenheiten der gesellschaftlichen Entwicklung mit Blick auf den Tourismus, auch Natur- und Landschaftsschutz, mit Nachhaltigkeit im Tourismus und der Förderung des Tourismus im ländlichen Raum.

Bundesministerium für Bildung und Forschung: Hier geht es um Fragen der Aus-, Fort- und Weiterbildung im Tourismus sowie um Tourismusforschung.

Bundesministerium des Innern, für Bau und Heimat: Schwerpunkte hinsichtlich des Tourismus sind Ein- und Ausreiseregelungen, Reisepassangelegenheiten und die Visumpolitik.

Bundesministerium für Arbeit und Soziales: Zu seinen Aufgaben gehören u. a. die Arbeits- und Erholungszeitverordnung, barrierefreier Tourismus, der Mindestlohn im Gastgewerbe und die Förderung der beruflichen Weiterbildung (z. B. im Gastgewerbe).

Bundesministerium für Umwelt, Naturschutz und nukleare Sicherheit: Wichtige Politikbereiche sind Natur- und Landschaftsschutz, Nachhaltigkeit im Tourismus und im Sport und die Lokale Agenda 21 (gleichrangige Entwicklung von Ökologie, sozialer Gerechtigkeit und wirtschaftlichem Fortschritt). Im Rahmen der Politik für die ländlichen Räume erfolgt u. a. eine Förderung des ländlichen Tourismus. Das agrarpolitische Förderinstrument bildet der Rahmenplan für die „Gemeinschaftsaufgabe zur Verbesserung der Agrarstruktur und des Küstenschutzes" (GAK).

Bundesministerium für wirtschaftliche Zusammenarbeit und Entwicklung: Schwerpunkt ist hier die Tourismusförderung im Zusammenhang mit Entwicklungspolitik.

Bundesministerium für Gesundheit: Gesundheitsaspekte spielen auch im Bereich des Tourismus eine Rolle.

Bundesministerium für Familie, Senioren, Frauen und Jugend: Hier liegt der Fokus auf Familien-, Kinder- und Jugendreisen sowie Seniorenurlaub.

Beauftragte/-r der Bundesregierung für Kultur und Medien: Kulturtourismus ist ein nicht zu unterschätzender Bereich des Tourismus.

Referenten für Tourismus der Bundesländer: Jedes Land benennt einen Referenten für Tourismusfragen (meist im Rang eines Ministerialrats, i. d. R. bei den jeweiligen Ministerien für Wirtschaft, Infrastruktur, Verkehr angesiedelt).

In Ermangelung einer höheren administrativen Einordnung (z. B. Tourismusministerium) wie in zentral organisierten Ländern wird die deutsche Tourismuspolitik übergreifend durch folgende drei Gremien unterstützt (Bütow 2006, Deutscher Bundestag 2020):

– *Ausschuss für Tourismus:* Der Ausschuss des Deutschen Bundestags berät u. a. Gesetzentwürfe und Anträge mit tourismuspolitischem Bezug und trägt durch seine Initiativen, Anfragen und Anhörungen zur Diskussion tourismuspolitisch relevanter Vorgänge und Fragestellungen bei.
– *Bund-Länder-Ausschuss Tourismus:* Dieser Ausschuss unter Vorsitz des BMWi dient der Abstimmung der tourismuspolitischen Bundes- und Länderaktivitäten.
– *Beirat für Fragen des Tourismus beim Bundesministerium für Wirtschaft:* In diesem Beirat unter Vorsitz des BMWi geht es um die Zusammenführung der Interessen von Politik, Wirtschaft und Wissenschaft. Er berät den/die jeweilige/-n Bundesminister/-in und den/die Tourismusbeauftragte/-n der Bundesregierung und unterbreitet Vorschläge zur weiteren Ausgestaltung der Tourismuspolitik.

Zu den wirtschaftspolitischen Gestaltungsfeldern, die die Tourismuswirtschaft maßgeblich beeinflussen, zählen neben der Steuerpolitik und Arbeitsmarktpolitik v. a. die Maßnahmen der allgemeinen Mittelstandspolitik der Bundesregierung. Folgende fünf grundlegende Ziele der Tourismuspolitik hat die Bundesregierung bereits 1994 formuliert:

– Sicherung der für eine kontinuierliche Entwicklung im Tourismus erforderlichen Rahmenbedingungen,
– Steigerung der Leistungs- und Wettbewerbsfähigkeit der deutschen Fremdenverkehrswirtschaft (heute eher Tourismuswirtschaft),
– Verbesserung der Möglichkeiten für die Teilnahme breiter Bevölkerungsschichten am Tourismus,
– Ausbau der internationalen Zusammenarbeit im Tourismus und
– Erhaltung von Umwelt, Natur und Landschaft als Grundlage des Tourismus

10.7.2 Nicht staatliche Träger der nationalen Tourismuspolitik

Auf nationaler Ebene wird Tourismuspolitik darüber hinaus von Dach- und Fachverbänden sowie von Vereinigungen und Interessenvertretungen getragen bzw. unterstützt, aber auch stark beeinflusst. Nachfolgend werden einige wichtige Dach- und Fachverbände sowie Vereinigungen und Interessenvertretungen dargestellt:

Deutsche Zentrale für Tourismus e. V. (DZT)

Die DZT mit Hauptsitz in Frankfurt a. M. wirbt im Ausland für Deutschland als Urlaubsland sowie als Messe-, Tagungs-, Kongress- und Konferenzstandort. Seit 1999 ist die DZT auch für überregionales Inlandsmarketing zuständig. Derzeit setzt sie sich aus 68 Mitgliedern aus touristischen und nicht touristischen Unternehmen, touristischen Marketing-Organisationen der jeweiligen Bundesländer sowie Verbänden, Körperschaften, Stiftungen etc. von bundesländerübergreifender Bedeutung zusammen. Ziele der DZT sind u. a. die Steigerung des Reiseaufkommens und die Erhöhung der Deviseneinnahmen, die Stärkung des Wirtschaftsfaktors Tourismus, die Erhaltung und Schaffung von Arbeitsplätzen, die Positionierung Deutschlands als vielfältiges und attraktives Reiseland, die Darstellung kultureller Werte im In- und Ausland, die Beratung bei der Aufarbeitung touristischer Produkte im Inland und das Marketing und der Vertrieb in den wichtigsten ausländischen Märkten. Die DZT sieht sich eher in der Tradition eines „Umsetzungsorgans" für Tourismuspolitik und wird dabei vom BTW und von Fachverbänden unterstützt. Speziell der Tourismuswirtschaft kommen die im Bundeshaushalt vorgesehenen Mittel für die DZT und die Mittel zur Förderung der Leistungssteigerung im Tourismusgewerbe zugute. Die Zuwendungen an die DZT dienen der Präsentation Deutschlands als Urlaubs- und Reiseland im Ausland. Diese Form des Marketings ist angesichts des internationalen Wettbewerbs erforderlich, weil die klein strukturierten Marktteilnehmer in Deutschland diese Aufgabe aus eigener Kraft nicht leisten können (DZT 2020).

Deutscher Tourismusverband e. V. (DTV)

Der DTV ist eine Interessenvertretung der touristischen Akteure auf nationaler Ebene. Im DTV (Sitz: Berlin) sind Landes- und regionale Tourismusorganisationen, kommunale Spitzenverbände und dem Deutschlandtourismus nahestehende fördernde Mitglieder organisiert. Fördernde Mitglieder wie z. B. der ADAC oder die Deutsche Bahn Vertrieb GmbH unterstützen die Arbeit gegenüber den politischen Entscheidungsträgern auf Bundes- und europäischer Ebene. Der DTV sieht sich als politischer Vertreter seiner Mitglieder beim Bund und bei der EU, als Dienstleister für die Mitglieder und alle Interessierten, als Qualitätsmanager für touristische Einrichtungen und Angebote (z. B. TIN, AGBs, Klassifizierungen und Standards), als Koordinator und Initiator von Aus-, Fort- und Weiterbildungsmaßnahmen und als Innovations- und Kompetenzzentrum für den Deutschlandtourismus.

Bundesverband der Deutschen Tourismuswirtschaft e. V. (BTW)

Der BTW ist der unternehmerisch ausgerichtete Dachverband mit Sitz in Berlin, der den Tourismusstandort Deutschland stärken, Steuerlasten senken helfen, Mobilität zukunftsfähig gestalten, Subsidiarität in Europa wahrnehmen und Nachhaltigkeit fördern soll. Seit 2003 ist der BTW Mitglied im Bundesverband der Deutschen Industrie e. V. (BDI).

Deutsches Seminar für Tourismus (DSFT) Berlin e. V.

Das DSFT, die zentrale Weiterbildungseinrichtung der deutschen Tourismuswirtschaft, bietet ein- und mehrtägige Seminare mit einem breiten Themenspektrum für die Tourismusbranche an. Die Haushaltsmittel sollen der Steigerung der Leistungs- und Wettbewerbsfähigkeit der deutschen Tourismuswirtschaft dienen und werden schwerpunktmäßig für die Förderung von Fortbildungskursen des DSFT eingesetzt. Darüber hinaus werden Vorhaben der Marktbeobachtung, der Qualitätssteigerung von Produkten und der Absatzförderung unterstützt. Sie dienen der Stärkung der einzelbetrieblichen Leistungsfähigkeit und einer umweltverträglichen Entwicklung des Tourismus. Insbesondere werden spezifische Vermarktungshilfen für innovative Produkte und Projekte zur Qualitätssteigerung im Tourismus (z. B. Kinder- und Jugendreisen, umweltverträgliche Reiseformen sowie barrierefreier Tourismus) unterstützt. Den besonderen Belangen der neuen Bundesländer wird dabei Rechnung getragen. Der Fokus der angebotenen Seminare liegt u. a. auf den Bereichen Führung und Management, (Online-)Marketing, Kommunikation und rechtliche Grundlagen (DSFT 2020).

In der nachstehenden Auflistung finden sich weitere Organisationen, Verbände, Vereinigungen und Interessenvertretungen, die über verschiedene Wege, Methoden und Instrumente Einfluss auf die touristische Entwicklung nehmen.

Organisationen & Verbände:
- Deutscher Reiseverband e. V. (DRV)
- Verband Internet Reisevertrieb e. V. (VIR)
- Allianz selbständiger Reiseunternehmen – Bundesverband e. V. (asr)
- Deutscher Heilbäderverband e. V.
- Verband Deutsches Reisemanagement e. V. (VDR)
- Internationaler Verband der Paketer e. V. (VPR)
- Deutscher Hotel- und Gaststättenverband e. V. (DEHOGA)
- Hotelverband Deutschland e. V. (IHA)
- Bundesverband der Campingwirtschaft in Deutschland e. V. (BVCD)
- Deutsches Jugendherbergswerk e. V. (DJH)
- Ausstellungs- und Messe-Ausschuss der Deutschen Wirtschaft e. V. (AUMA)
- Gütegemeinschaft Buskomfort e. V. (gbk)
- Bundesverband Deutscher Omnibusunternehmer e. V. (BDO)
- Internationaler Bustouristik Verband e. V. (RDA)
- Allgemeiner Deutscher Fahrrad-Club e. V. (ADFC)
- Bundesverband der Deutschen Luftverkehrswirtschaft e. V. (BDL)
- Arbeitsgemeinschaft Deutscher Verkehrsflughäfen e. V. (ADV)
- Bundesverband der Autovermieter Deutschland e. V. (BAV)
- Verband der Fährschifffahrt & Fährtouristik e. V. (VFF)

Vereinigungen & Interessenvertretungen:
- Studienkreis für Tourismus und Entwicklung e. V.
- forum anders reisen
- Bundesforum Kinder- und Jugendreisen
- Bundesverband der Reiseleiter, Animateure und Gästeführer e. V. (BRAG)
- Deutscher Wanderverband e. V.
- Deutsche Gesellschaft für Reiserecht e. V. (DGfR)
- Vereinigung Deutscher Reisejournalisten e. V. (VDRJ)
- Die Touristiker e. V.
- Willy Scharnow-Stiftung für Touristik
- Arbeitskreis Aktiver Counter (AAC)
- Arbeitsgemeinschaft Karibik

Verkehrsverbände:
- Allgemeiner Deutscher Automobilclub e. V. (ADAC)
- Arbeitsgemeinschaft Deutscher Verkehrsflughäfen e. V. (ADV)

Umweltverbände:
- Bund für Umwelt und Naturschutz, Deutschland e. V. (BUND)
- Deutscher Naturschutzring e. V. (DNR)
- Naturschutzbund Deutschland e. V. (NABU)

Behindertenverbände, Sportverbände
- Allgemeine Behindertenverband in Deutschland e. V. (ABiD e. V.)
- Bundesarbeitsgemeinschaft Selbsthilfe von Menschen mit Behinderung und chronischer Erkrankung und ihren Angehörigen e. V. (BAG SELBSTHILFE)
- Deutscher Behindertenrat (DBR)
- Deutscher Olympischer Sportbund (DOSB)

10.8 Regionale und kommunale Tourismuspolitik

Auf regionaler Ebene sind die Landesverbände und Landesmarketing-Organisationen die politischen Interessenvertreter des Tourismus gegenüber der Landes- und Bundesebene und geben den tourismuspolitischen Rahmen innerhalb der Bundesländer vor. Die Tätigkeit bzw. der Zweck der Landestourismusverbände kann gemeinwirtschaftlich (d. h. keine Gewinnerzielung) oder eigenwirtschaftlich (d. h. mit Gewinnerzielung) erfolgen. Sie können unterschiedliche Rechtsformen aufweisen, z. B. GmbH oder e. V. Ziele (Schnittmengen) der Landestourismusverbände sind u. a.:

- Die Förderung aller Maßnahmen, die dem Tourismus und der touristischen Infrastruktur dienen,
- Die Vermarktung der Bundesländer und der touristisch relevanten Regionen im Inland und teilweise im Ausland sowie
- eine Funktion als Bindeglied übernehmen zwischen den regionalen/lokalen Leistungsträgern, regionalen Verbänden, Dach- und Fachverbänden sowie politischen Entscheidungsträgern.

Die Organisationsform auf regionaler Ebene ist i. d. R. der Landestourismusverband, der als Dachverband bzw. als Dachorganisation für die Regionalverbände fungiert. Regionalverbände und Regionalmarketing-Organisationen sind auf kommunaler Ebene aktiv und entwickeln sich zunehmend vom imagebildenden und politischen hin zu wirtschaftlich ausgerichteten „Destination Management Companies" (DMC) (Bütow 2006). Das gilt auch für Verbände und Organisationen mit der Rechtsform e. V., denn auch sie dürfen kommerziell tätig sein. Einen Überblick über Landestourismusverbände und wichtige Regionalmarketing-Organisationen bzw. Regionalverbände (RV) gibt die nachfolgende Auflistung.

Dachverbände bzw. Dachorganisationen
- Bayern Tourismus Marketing GmbH
- Berlin Tourismus & Kongress GmbH
- Berlin Tourismus Marketing GmbH
- Bremer Touristik Zentrale (BTZ) – Gesellschaft für Marketing und Service
- Hamburg Tourismus GmbH
- Hessen Agentur (HA)
- Hessischer Tourismusverband e. V.
- Investitions- und Marketinggesellschaft Sachsen-Anhalt mbH (IMG)
- Landestourismusverband Sachsen-Anhalt e. V.
- Rheinland-Pfalz Tourismus GmbH (RPT)/Tourismus- und Heilbäderverband Rheinland-Pfalz e. V. (THV)
- Thüringer Tourismus GmbH
- Tourismus Marketing Gesellschaft Sachsen mbH (TMGS)
- Tourismus Marketing GmbH Baden-Württemberg
- Tourismus Marketing Niedersachsen GmbH
- Tourismus NRW e. V.
- Tourismus Zentrale Saarland GmbH
- Tourismus-Agentur Schleswig-Holstein GmbH
- Tourismus-Marketing Brandenburg GmbH (TMB) – Landestourismusverband Brandenburg e. V. (LTV)
- Tourismusverband Hamburg e. V.
- Tourismusverband Mecklenburg-Vorpommern e. V.
- Tourismusverband Niedersachsen GmbH

Regionalverbände/Regionalmarketing-Organisationen

- Baden-Württemberg: Schwarzwald Tourismus GmbH und weitere elf RV
- Bayern: Tourismus Oberbayern München e. V. und weitere 32 RV
- Brandenburg: Potsdam Tourismus Service und weitere acht RV
- Hessen: Wiesbaden Congress & Marketing GmbH und weitere neun RV
- Mecklenburg-Vorpommern: Tourismuszentrale Rostock & Warnemünde und weitere sieben RV
- Niedersachsen: Hannover Tourismus und Marketing GmbH und weitere 14 RV
- Nordrhein-Westfalen: Köln Tourismus GmbH und weitere 15 RV
- Rheinland-Pfalz: Tourismus & Service GmbH Ahr, Rhein, Eifel und weitere zehn RV
- Saarland: Saarpfalz Touristik und ein weiterer RV
- Sachsen: Tourismusverband Dresden e. V. und weitere neun RV
- Sachsen-Anhalt: Harzer Tourismusverband e. V. und weitere acht RV
- Schleswig-Holstein: Touristen Information Kiel e. V. und weitere fünf RV
- Thüringen: Erfurt Tourismus und Marketing GmbH und weitere drei RV

Auf lokaler Ebene spielt sich die Tourismuspolitik im „touristischen Alltag" ab. Hier geht es um administrative Tätigkeiten (z. B. Tourismus-/Fremdenverkehrsämter, Kurverwaltungen), öffentliche und privatrechtliche Tätigkeiten (z. B. Tourismusvereine, Touristinfo), unternehmerische privatrechtliche Tätigkeiten (z. B. Marketing-Gesellschaften, Einzelbetriebe) sowie informelle Tätigkeiten (z. B. Stammtische). Die Organisations- und Rechtsformen auf lokaler Ebene können sein: Regiebetriebe, Eigenbetriebe, eingetragene Vereine (e. V.) und Gesellschaften mit beschränkter Haftung.

10.9 Thesen kommunaler Tourismuspolitik

Der Ausschuss für Wirtschaft, Tourismus und Verkehr des Deutschen Städte- und Gemeindebundes hat 2006 im Kontext regionaler und kommunaler Tourismuspolitik *fünf Thesen kommunaler Tourismuspolitik* beschlossen. Die Thesen richten sich an alle Städte und Gemeinden in Deutschland und greifen einige Aspekte der Tourismuspolitik auf, die u. a. Querverbindungen zur lokalen Politik für den Mittelstand und die regionale Entwicklung aufweisen. Inhaltlich konzentrieren sich die Thesen auf Tagestouristen, ein unterschätztes Potenzial im Tourismusmarkt. Tagestouristen generieren bundesweit jährlich Einnahmen von rund 40 Mrd. Euro. Zu ihnen zählen Naherholungssuchende, Ausflügler, Besucher von Verwandten bzw. Bekannten und Menschen, die zu Einkaufs- oder Freizeitzwecken kurzfristig vor Ort sind. Die Beachtung touristischer Aktivitäten dieser Gruppe bzw. Tourismuspolitik in diesem Sinne kann auch für Städte und Gemeinden lohnenswert sein, die nicht ausdrücklich touristisch orientiert sind, denn sie kann die wirtschaftliche Entwicklung und die Attraktivität der Gemeinde beeinflussen. Die Thesen kommunaler Tourismuspolitik bringen

Feststellungen zum Tourismus und grundsätzliche Funktionen des Tourismus zum Ausdruck, die im Alltag nicht immer in wünschenswertem Maß präsent sind. Sie haben für die örtliche Tourismuspolitik lediglich Empfehlungscharakter und müssen vor Ort gegebenenfalls ergänzt, angepasst und zugespitzt werden. Die Thesen zeigen aber auch Problematiken der Tourismusverantwortlichen im regionalen und kommunalen Umfeld auf.

Tagesreisen und Ausflüge sind Tourismus

Tourismus ist ein wirtschaftlicher Querschnittssektor. Die amtliche Statistik erfasst jedoch nur die Beherbergungsstätten mit neun und mehr Betten sowie die Campingplätze in Deutschland. Oftmals richtet sich die örtliche Tourismuspolitik im Schwerpunkt an Übernachtungsgäste. Damit wird der Tourismus nicht annähernd abgebildet. Die Welttourismusorganisation (UNWTO) definiert Tourismus weiter: Touristen sind Personen, „die zu Orten außerhalb ihres gewöhnlichen Umfeldes reisen und sich dort für nicht mehr als ein Jahr aufhalten aus Freizeit- oder geschäftlichen Motiven, die nicht mit der Ausübung einer bezahlten Aktivität am besuchten Ort verbunden sind" (UNWTO 2010, S. 10). Damit fallen unter den Tourismusbegriff auch *Tagesgäste und Ausflügler*. Ausgehend von den Reisezwecken bedeutet die Definition, dass auch Verwandten- oder Freundschaftsbesuche Tourismus und Geschäftsreisende Touristen sind. Ausschlaggebend ist, dass eine Ortsveränderung stattgefunden hat, dass die Reisedauer nicht zu einem Daueraufenthalt (ein Jahr und länger) wird und es sich nicht um Arbeit (z. B. Arbeitsmigration als Erntehelfer) handelt. Tourismus ist demnach kein Thema, das auf Kur- oder Erholungsorte und Bäder beschränkt ist. Das Einkommen aus dem Tourismus lässt sich gegebenenfalls steigern, wenn die spezifischen Bedürfnisse von Tagesgästen berücksichtigt werden. So könnte die Information über örtliche Veranstaltungen oder die Wegweisung angepasst werden, damit sie auch von Gästen wahrgenommen werden, die nur einen Tag oder weniger vor Ort sind.

Tourismus ist Wirtschaftspolitik

Vielfalt ist ein Kennzeichen des Tourismus in Deutschland und Saison ist immer. Ländliche Räume, Städte oder Ballungsgebiete, Küsten, Seen, Flüsse und Berge bieten den Rahmen für touristische, kulturelle und sportliche Angebote. Großveranstaltungen sind ebenso attraktiv wie Möglichkeiten, individuell oder in kleinen Gruppen aktiv zu sein. Städte und Gemeinden sind dadurch in der Lage, ihr touristisches Potenzial weitgehend unabhängig von ihrer geografischen Lage zu entwickeln. Die Vielfalt der Erscheinungsformen von Tourismus muss als Vielfalt von Chancen verstanden werden. Tourismus ist nicht auf klassische Reisegebiete beschränkt. Der Trend geht zu *Kurzurlauben*. Anlass für Kurzurlaube sind oft kulturelle Events, um die herum weitere Urlaubstage gelegt werden. Besonders Kulturveranstaltungen und das Einkaufsbedürfnis von Touristen sind deshalb geeignet, Gäste auch außerhalb der typischen Sommerferienzeit für Städte zu interessieren. Beispiele wie das Schleswig-Holstein Musikfestival oder der zunehmende Einkaufs- und Erlebnistourismus zu den Weihnachtsmärkten in Deutschland zeigen, dass es sich nicht um ein großstädtisches Thema handelt. Auch die Nachfrage und der Kaufkraftzufluss von Tagesreisenden bzw. Tagesurlauber sind ein nicht zu unterschätzender Faktor. Ländlicher Tourismus kann als Marketing-Chance für regionale Produkte ("Urlaub zum Mitnehmen") genutzt werden. Durch Tourismus wird Kaufkraft in die Region gelenkt. Eine in Deutschland noch sehr wenig genutzte Möglichkeit der Vermarktung ist der *Schutz von Produkten mit Herkunftsbezeichnung*. Dass die Herkunft einen positiven Einfluss auf die Kaufentscheidung von Lebensmitteln hat, ist auch wissenschaftlich untersucht. Dennoch wird in Deutschland nur für vergleichsweise wenige Produkte eine europäische „geschützte Ursprungsbezeichnung" oder „geschützte geografische Angabe" beantragt.

Mittelstandspolitik

Aus dem tourismuspolitischen Bericht der Bundesregierung ergibt sich, dass die *Mehrheit der touristischen Betriebe kleine und mittlere Unternehmen* sind, u. a. Beherbergungsbetriebe mit mehr als neun Betten bzw. Campingplätze, eine Vielzahl von gastronomischen Betrieben, Dienstleistern, Kunsthandwerk und Kunstgewerbe, Anlagenbetreiber und weitere Unternehmen. Gerade im ländlichen und kleinstädtischen Bereich ergeben sich durch den Tourismus auch weitere indirekte wirtschaftliche, v. a. Beschäftigungseffekte. So haben die Halbzeitbewertungen der Entwicklungsprogramme für ländliche Räume der letzten EU-Förderperiode ergeben, dass in nennenswertem Umfang Arbeitsplätze im Tourismus bzw. in touristischen Einrichtungen entstanden sind. Durch diese Einrichtungen sind auch Aufträge an die mittelständische Wirtschaft ausgelöst worden. In über der Hälfte der Fälle kamen bei derartigen Aufträgen für Investitions- oder Erneuerungsmaßnahmen Unternehmen aus der eigenen Gemeinde bzw. dem eigenen Landkreis zum Zuge. Darüber hinaus tragen touristische Angebote, Infrastrukturen und Einrichtungen zur *Pflege weicher Standortfaktoren* im Sinne der Wirtschaftsförderung bei.

Tourismus schafft Arbeitsplätze

Inklusive der Teil- und Saisonarbeitskräfte schafft der Tourismus ca. 3,3 Mio. Arbeitsplätze. Davon entfallen ca. 1,6 Mio. auf Städte ab 25.000 Einwohner, 1,2 Mio. Arbeitsplätze gibt es in den kleineren Städten und Gemeinden bis 25.000 Einwohner. Der Anteil der vom Tourismus abhängigen Arbeitsplätze an der Gesamtbeschäftigung in Deutschland liegt bei ca. 8 % (DTV 2017b). Zwar sind diese Angaben nicht unumstritten, weil die Abgrenzung des Tourismus von anderen Bereichen in vielen Bereichen nicht absolut scharf ist, aber es wird deutlich, dass das Volumen nicht unerheblich ist. Unabhängig von der absoluten Anzahl der Arbeitsplätze kann man feststellen, dass der Tourismus eine arbeitsintensive Branche ist. Viele Qualitätserlebnisse im Tourismus sind *personen- bzw. servicebezogen*. Vor allem für Frauen und für junge und weniger qualifizierte Menschen schafft die Tourismuswirtschaft Arbeitsplätze (hoher Anteil an Teilzeitarbeitsverhältnissen, flexible Arbeitsbedingungen). In nennenswertem Maße werden Arbeitsplätze und erreichbare Bildungschancen für wenig qualifizierte Arbeitnehmer im Servicebereich, der von schulischer Erstausbildung nicht unmittelbar abhängt, geboten. Ein Schwachpunkt ist, dass höherqualifizierte Arbeitnehmer oft leichter in anderen Branchen mit „normalen" Arbeitszeiten und manchmal auch besserer Bezahlung Arbeit finden. Dieses Defizit wird mittlerweile allmählich ausgeglichen, seit der Ausbildungsberuf „Kaufmann/-frau für Tourismus und Freizeit" angeboten wird. Ein weiterer Vorteil ist, dass mit relativ begrenztem Aufwand durch Qualifizierungsmaßnahmen im Personalbereich eine relativ hohe Wertschöpfung erreicht werden kann. Eine optimale Qualifikation wirkt sich langfristig positiv auf die Betriebe aus, weil sie wegen der hohen Personaldichte von der Leistungserbringung ihrer Mitarbeiter stärker abhängig sind als andere Betriebe. Investitionen in das „Humankapital" steigern die Produktivität und sind Ausgangspunkt für eine langfristige Wettbewerbsfähigkeit.

Kooperation erforderlich

Der Gast ist Ausgangspunkt aller touristischen Aktivitäten! Städte und Gemeinden sollten vorbehaltlos prüfen, ob eine überörtliche Zusammenarbeit möglich ist oder ob sie intensiviert werden kann. *Zusammenarbeit muss auf allen Ebenen stattfinden:* in der Gemeinde mit den Hoteliers, Gastronomen und Veranstaltern; überörtlich gemeinsam mit anderen Gemeinden und Unternehmen für die Region als Destination. Für die regionale Zusammenarbeit und Koordination sind die Anforderungen des Tourismus ausschlaggebend, nicht die Eigenheiten der beteiligten Verwaltungen. Zusammenarbeit schwächt nicht die Erkennbarkeit der Gemeinde, sondern vergrößert die Erkennbarkeit im touristischen Segment. Erst Zusammenarbeit ermöglicht die Ansprache des Gastes. Örtliche Strukturen werden nicht funktionslos, sondern garantieren die Qualität vor Ort. Das Außenmarketing der regionalen Destination muss der regionalen bzw. der Landes- und der Bundesebene überlassen bleiben. Von ausschlaggebender Bedeutung ist das Marketing von Destinationen und touristischen Angeboten innerhalb der Destinationen. Die zunehmende Verbreitung des elektronischen Vertriebswegs vervielfältigt die Informationsquellen. Eine Annäherung ist über die Umsatzentwicklung möglich. Wer alleine vorgeht, muss entweder groß genug sein, um ein eigenes erkennbares Profil zu platzieren, oder sich an ein zugkräftiges Angebot anhängen (z. B. Hotellerie in der Umgebung des Europaparks Rust mit seinem Gästeaufkommen). Beispielhaft für die Konzentrationstendenz im Tourismus ist der Hotel-, Reiseveranstalter- und Reisemittlermarkt. Diese Konzentration hat zu Skalenvorteilen in kooperierenden Unternehmen geführt.

Viele Trends brauchen keine spezifischen naturräumlichen Voraussetzungen, sondern *Infrastrukturen.* Angebote für Wanderurlauber bspw. sind nicht so sehr von Mittelgebirgen abhängig als vielmehr von Wanderwegen und begleitender touristischer Infrastruktur. Die Beschilderung, Ruheplätze und Einkehrmöglichkeiten oder die Erreichbarkeit sind für die Annahme von großer Bedeutung. Das Gleiche gilt in ähnlicher Weise für Wassersport oder für „ursprünglich" regionale Tourismusangebote, die sich durch regionale Produkte auszeichnen. Ein Megatrend, der völlig unabhängig von geografischen Voraussetzungen ist, ist die *Barrierefreiheit*. Der Anteil alter und sehr alter Menschen wird relativ und absolut größer. Gäste, Einwohner sowie Veranstalter und Gastgeber müssen sich mit Einschränkungen der Beweglichkeit und der Wahrnehmungsfähigkeit auseinandersetzen. Angebote, die bei der Infrastruktur und beim Service erfolgreich auf das Bedürfnis nach Barrierefreiheit eingehen, nutzen die Erfahrung einer anspruchsvollen und erfahrenen Reisegruppe. Barrierefreiheit herzustellen ist eine Voraussetzung für die Erhöhung der Attraktivität der Gemeinde und die Möglichkeit, das Gästepotenzial auszudehnen.

10.10 Tourismuspolitik in Deutschland

Gemäß dem tourismuspolitischen Bericht der deutschen Bundesregierung für die achtzehnte Legislaturperiode (2013 bis 2017) konnte der Tourismus in Deutschland seit 2013 eine Erfolgsbilanz aufweisen. Diese sei ein Ergebnis seiner guten wirtschaftlichen und rechtlichen Rahmenbedingungen mit der Leitidee des Wohlstands und der Teilhabe aller an der Wertschöpfung (BMWi 2017). Die Gestaltung passender Rahmenbedingungen für die deutsche Tourismusentwicklung ist sowohl Ziel als auch Aufgabe des Staates, ebenso die Wahrnehmung tourismuspolitischer Interessen der Bundesrepublik im Rahmen der OECD und auf EU-Ebene. Nach dem Festlegen von wirtschaftlichen, sozialen und strukturellen Zielen und Leitbildern sollen diese auf Länderebene umgesetzt werden.

10.10.1 Tourismuspolitik in Deutschland –
eine Stärken-, Schwächen-, Chancen- und Risikoanalyse

Um tourismuspolitische Notwendigkeiten und Ansätze für Deutschland zu definieren, bedarf es einer Erläuterung der politischen und wirtschaftlichen Bedeutung des Tourismus für Deutschland. Diese kann anhand einer Stärken-, Schwächen-, Chancen- und Risikoanalyse aufgezeigt werden, um aktuelle und potenzielle Einflusskräfte von Tourismuspolitik sichtbar zu machen (in Anlehnung an Kämpf 2018).

    Stärken des Tourismus und der Tourismuspolitik in Deutschland sind u. a. ein Beauftragter der Bundesregierung für Tourismus, das effiziente Marketing der DZT und die institutionelle Struktur des Tourismus in Deutschland. Tourismus ist eine Branche, die Arbeitsplätze generiert. Deutschland gilt als ein sehr attraktives Urlaubs-, Geschäftsreise-, Tagungs-, Messe- und Kongressland mit einer hohen Rechtssicherheit und optimalen Rahmenbedingungen für starkes und nachhaltiges Wirtschaftswachstum. Darüber hinaus verfügt Deutschland über eine strukturierte Aus- und Weiterbildung in nahezu allen touristischen Sektoren. Eine intensive internationale Zusammenarbeit sowie die infrastrukturelle Weiterentwicklung ländlicher Räume runden die Stärken ab.

Als *Schwäche* deutscher Tourismuspolitik gilt die langsame Umsetzbarkeit einheitlicher touristischer Rahmenbedingungen, etwa des Steuer- und Arbeitsrechts, auf bundesweiter Ebene. Beispielsweise erschweren geografisch geteilte Destinationsstrukturen mit landesspezifischen Tourismuskonzepten die bundesweite Umsetzbarkeit von Beschlüssen, da jedes Land andere finanzielle und instrumentelle Mittel zur Verfügung hat. Insbesondere kleine und mittelständische Unternehmen benötigen verstärkt Unterstützung vom Staat. Des Weiteren kann der Führungs- und Fachkräftemangel, etwa in der Hotellerie und Gastronomie, als Schwachpunkt sowohl deutscher als auch internationaler Tourismuspolitik betont werden. Ursache des Personalmangels ist unter anderem die Reputation des touristischen Arbeitsmarkts mit seinen oftmals niedrigen Gehältern, die ein politisches Risiko darstellt. Außerdem kann das fehlende tourismusspezifische Wissen in der Gesellschaft als Schwäche deutscher Tourismuspolitik erachtet werden, da nur mit Vorwissen ein Verständnis für die politische Relevanz von Tourismus entwickelt werden kann. Tourismuspolitik erfordert hohe Aufwendungen für Innovationen, um bspw. aktuelle Trends verfolgen und ansprechende Ideen liefern zu können. Allerdings gelten die finanziellen Ressourcen für den Bereich Tourismus als beschränkt.

Dass Tourismuspolitik eine Querschnittsbranche darstellt, ist sowohl *Risiko* als auch als *Chance*. Mit dem Tangieren anderer politischer Bereiche kann Tourismuspolitik auf diese indirekt oder direkt Einfluss nehmen, mit ihnen kooperieren, um mögliche Probleme zu lösen, und sich Ratschläge holen. Andererseits ist eine Einflussnahme auf die Tourismuspolitik selbst und bspw. ihre finanzielle und datenbasierten Abhängigkeit möglich (Lun/Pechlaner/Pichel 2014, S. 62). Die Digitalisierung stellt ebenfalls eine Chance für die Tourismuspolitik dar, weil u. a. Informationen und Daten Tourismusinteressierten einfach zugänglich gemacht werden können. Die Bevölkerung kann ihr Wissen erweitern, wenn bspw. aktuelle Neuigkeiten über Webseiten wie die des Bayerischen Staatsministeriums über Facebook verbreitet werden. Auch der global zunehmende Wohlstand stellt eine Zukunftsaussicht für die Tourismuspolitik dar, da mit ihm einem wachsenden Bevölkerungsanteil die Teilhabe am Tourismus möglich wird (Lun/Pechlaner/Pichel 2014, S. 63). Die Offenheit der Menschen gegenüber Trends im Tourismus nimmt zu, seine gesellschaftliche und wirtschaftliche Bedeutung wächst, was ihm in der Politik zu einem Aufschwung verhelfen kann. Der Tourismusbeauftragte der Bundesregierung, ein parlamentarischer Staatssekretär, kann politische Aktivitäten begleiten, unterstützen und koordinieren und verleiht der Tourismuspolitik eine neue Bedeutung. Auch das zeitgemäße und ansprechende Marketing der Deutschen Zentrale für Tourismus übt einen positiven Effekt auf das politische und gesellschaftliche Ansehen deutscher Tourismuspolitik aus. Des Weiteren erwachsen Chancen aus der institutionellen Struktur der deutschen Tourismuspolitik, da föderale und regionale Interessen auf lokaler Ebene abgebildet werden. Tourismuspolitik verhilft zu Wirtschaftswachstum, der Sektor ist ein Jobgarant und leistet einen beachtlichen Beitrag zur Bruttowertschöpfung Deutschlands. Er ermöglicht Aus- und Weiterbildungen, generiert Einnahmen und verhilft u. a. zur infrastrukturellen Weiterentwicklung ländlicher Räume. Tourismuspolitik findet innerhalb rechtlicher und wirtschaftlicher Rahmenbedingungen statt, die bspw. das Risiko der Missachtung von Kundenrechten minimieren sollen (Kämpf 2018).

Risiken im Bereich Tourismus können insbesondere unter den Stichworten „Overtourism", Verkehrs- und Umweltbelastung subsumiert werden.

10.10.2 Ausgewählte Ansätze tourismusspezifischer Forderungen an die Bundesebene

„Tourismuspolitik ist Wirtschaftspolitik" (DTV 2017a). Gleichwohl wird der Tourismus nach Ansicht des Deutschen Tourismusverbands (DTV), der seit 1902 die politischen und fachlichen Interessen seiner Mitglieder vertritt, deutschlandweit bisher nur unzureichend unterstützt. Der Verband fordert eine Fokussierung der Bundesregierung auf eine strategisch fundierte Förderung sowie eine verstärkte Koordinierung von Freizeitwirtschaft. Letztere könne bspw. durch eine mit den notwendigen Ressourcen ausgestattete Tourismuskoordination auf Bundesebene und bei Gesetzesvorhaben durch die Beachtung der Querschnittsfunktion des Tourismus mit seinen Auswirkungen auf Akteure erreicht werden (DTV 2017a). Gemäß dem Bundesministerium für Wirtschaft und Energie soll Tourismuspolitik Rahmenbedingungen für eine voranschreitende Tourismusentwicklung auf Bundesebene gestalten (BMWi 2018d). Möglich wird dies u. a. mit Investitionen in die touristische Infrastruktur, bspw. durch den flächendeckenden Ausbau von Verkehrswegen und Breitbandversorgungen sowie durch die Renaturierung von Flüssen zur Erhaltung von Wassernetzen. Hinzu kommt die Möglichkeit der EU, mittels verschiedener Fördertöpfe, etwa des europäischen Fonds für regionale Entwicklung (EFRE), direkten Einfluss auf die Entwicklung der deutschen Tourismuspolitik zu nehmen.

Öffentliche Investitionen gelten als Voraussetzung für einen qualitativ hohen Lebensstandard und ziehen oftmals für den Tourismus bedeutsame Privatinvestitionen nach sich. Denn Städtebauförderungen, Kooperationsvereinbarungen zwischen Stadt und Handel sowie die Unterstützung von Initiativen zur Förderung der Baukultur wahren die Attraktivität der Destination Deutschland für Gäste und stützen somit die politische Bedeutung des Tourismus für den Staat. Auch eine Ausgeglichenheit zwischen Sicherheitsauflagen und Reisefreiheit sowie eine rechtssichere Gestaltung der öffentlichen Tourismusförderung gelten als Basis für die Tourismusentwicklung Deutschlands (DTV 2017a). Verfahrenserleichterungen, u. a. für das Beantragen von Visa, sollen Einreisebedingungen erleichtern und bspw. den Incoming-Tourismus des Quellmarkts China voranbringen (BMWi 2017). Jedoch stellen das Formulieren von einheitlichen Regelungen sowie der fehlende Einbezug der Bevölkerung zwei Schwächen dar: Jede Region unterscheidet sich von anderen in ihren finanziellen Mitteln, aber auch in ihrem Angebot von Landschaft, Natur und Kultur. Daher sollte der Fokus der Tourismuspolitik auf der Weiterentwicklung von Städten, Orten und Regionen liegen, nicht auf Deutschland als Ganzem. Ansätze dazu sind Projekte wie *Tourismusperspektiven in ländlichen Räumen* des BMWi. Des Weiteren wird ein steigender Bedarf an qualifizierten Fachkräften prognostiziert, was für bestimmte Regionen zum Entwicklungshemmnis werden kann. Um diesem Mangel entgegenzuwirken, gilt es, den Tourismus als bedeutenden Wirtschaftssektor zu präsentieren, finanzielle Anreize zu schaffen und das Angebot an Aus- und Weiterbildungen auszubauen (BMWi 2017).

Literatur

A4E (2020): Airlines for Europe. https://a4e.eu/, letztes Einsehdatum 22.06.2020.
ACI (2020): Airports Council International. https://www.aci-europe.org/, letztes Einsehdatum 22.06.2020.
AIEST (2020): Association Internationale D'Experts Scientifiques Du Tourisme. https://www.aiest.org/home/, letztes Einsehdatum 22.06.2020.
AIRE (2020): Airlines International Representation in Europe. http://aire.aero/, letztes Einsehdatum 22.06.2020.
ASTA (2020): American Society of Travel Agents. https://www.asta.org/, letztes Einsehdatum 22.06.2020.
Berg, W. (2014): Einführung Tourismus. In: A. Schulz; W. Berg; M. A. Gardini; T. H. Kirstges; B. Eisenstein (Hg.): Grundlagen des Tourismus. 2. Aufl., München.
Berg, W. (2012): Tourismusmanagement. 3. Aufl., Ludwigshafen.
Bieger, T. (2008): Management der Destination. 7. Aufl., München.
Brockhaus (1903): Conversations-Lexikon. 13. Auflage, 17 Bände (incl. Supplement), Leipzig.
Bütow, M. (2006): Grundlagen Tourismus. Frankfurt a. M.
Bundesministerium für Bildung und Forschung (BMBF) (2018): Internationale Organisationen. Berlin.
Bundesministerium für Wirtschaft und Energie (BMWi) (2018a): Europäische Tourismuspolitik. Berlin.
Bundesministerium für Wirtschaft und Energie (BMWi) (2018b): Leitprinzip Nachhaltigkeit. Berlin.
Bundesministerium für Wirtschaft und Energie (BMWi) (2018c): Organisation für wirtschaftliche Zusammenarbeit und Entwicklung (OECD). Berlin.
Bundesministerium für Wirtschaft und Energie (BMWi) (2018d): Tourismus. Berlin.
Bundesministerium für Wirtschaft und Energie (BMWi) (2017): Tourismuspolitischer Bericht der Bundesregierung. Berlin.
Bundesministerium für Wirtschaft und Energie (BMWi) (2013): Tourismuspolitischer Bericht der Bundesregierung. Berlin.
Dedy, H.; Hansen, C. (2006): Thesen zu kommunaler Tourismuspolitik. Berlin.
DEHOGA Bundesverband (2017): Wahlcheck zur Wahl des Deutschen Bundestages.
Dejure.org Rechtsinformationssysteme GmbH (o. J.): Vertrag über die Arbeitsweise der Europäischen Union. Berlin/Brüssel.
Deutscher Bundestag (2013): Ausschuss beklagt mangelhafte Kompetenz der EU beim Tourismus. Berlin.

Deutscher Bundestag (2007): Abgrenzung Internationale Organisationen und Nichtregierungsorganisationen. Berlin.

Deutscher Bundestag (2020): Ausschuss für Tourismus. Berlin.

Deutscher Industrie- und Handelskammertag e. V. (DIHK) (o. J.): Tourismuspolitik. Berlin.

Deutscher Tourismusverband e. V. (DTV) (2017a): Das Reiseland Deutschland muss weiter spitze in Europa bleiben. Berlin.

Deutscher Tourismusverband e. V. (DTV) (2017b): Zahlen–Daten–Fakten 2017. Berlin.

DSFT (2020): Deutsches Seminar für Tourismus Berlin. https://www.dsft-berlin.de/, letztes Einsehdatum 22.06.2020.

DZT (2020): Deutsche Zentrale für Tourismus. https://www.germany.travel/de/index.html, letztes Einsehdatum 22.06.2020.

Eisenstein, B.; Rast, C. (2000): Wettbewerb der Destination. In: M. L. Fontanari; K. Scherhag (Hg.): Wettbewerb der Destinationen. Erfahrungen – Konzepte – Visionen. Wiesbaden.

Europäische Kommission (2019): Politik: Tourismus. https://ec.europa.eu/regional_policy/de/policy/themes/tourism/.

Europäische Union (EU) (2018): Länder.

Europäische Union (2010): Konsolidierte Fassungen des Vertrags über die Europäische Union und des Vertrags über die Arbeitsweise der Europäischen Union. Charta der Grundrechte der Europäischen Union. https://europa.eu/european-union/sites/europaeu/files/eu_citizenship/consolidated-treaties_de.pdf.

Euro-Informationen (2018): Subsidiarität. Brüssel.

Europa.eu (2018): Institutionen und Einrichtungen der EU. Brüssel.

EUROPE DIRECT-Informationszentrum Freyung (o. J.): Werte und Ziele der Union.

European Union External Action (o. J.): The OECD and the EU.

FEMTEC (2020): Fédération Mondiale du Thermalisme et du Climatisme. https://www.femteconline.org/, letztes Einsehdatum 22.06.2020.

Freyer, W. (2015): Tourismus: Einführung in die Fremdenverkehrsökonomie. 11. Aufl., München.

Freyer, W. (2011): Tourismus. 10. Aufl., München/Wien.

Freyer, W.; Müller, M. (2014): Tourismuspolitik im Spannungsfeld zwischen Legitimierung und Implementierung. In: R. Conrady; D. Ruetz (Hg.): Tourismus und Politik: Schnittstellen und Synergiepotenziale. Berlin.

Ipsen, K. (2018): Völkerrecht. 7. Aufl., München.

Juul, M. (2015): Tourismus und die Europäische Union. https://www.europarl.europa.eu/RegData/etudes/IDAN/2015/568343/EPRS_IDA%282015%29568343_DE.pdf, Brüssel.

Kämpf, R. (2018): Der Staat kann nicht alles – aber vieles. http://www.sab.ch/fileadmin/user_upload/customers/sab/Tagungen/2018/Tourismus/Der_Staat_kann_nicht_alles_-_aber_vieles__R._Kaempf_dt.pdf, o. O.

Haedrich, G.; Kaspar, C.; Klemm, C.; Kreilkamp, E. (1998): Tourismus-Management. 3. Aufl., Berlin/New York.

IATA (2020): International Air Transport Association. https://www.iata.org/, letztes Einsehdatum 22.06.2020.

IH&RA (2020): International Hotel & Restaurant Association. http://www.ih-ra.org/, letztes Einsehdatum 22.06.2020.

IRU (2020): International Road Transport Union. https://www.iru.org/, letztes Einsehdatum 22.06.2020.

Kaspar, C. (1995): Management im Tourismus. 2. Aufl., Bern.

Kaspar, C. (1992): Einführung in das Tourismus-Management. Bern.

Kaspar, C. (1986): Die Fremdenverkehrslehre im Grundriss. 3. Aufl., Bern.

Lun, L.-M.; Pechlaner, H.; Pichler, S. (2014): Politik und Tourismus: Die zukünftige Rolle von politischen Akteuren im Tourismus. In: R. Conrady; D. Ruetz (Hg.): Tourismus und Politik: Schnittstellen und Synergiepotenziale. Berlin.

Mundt, J. (2013): Tourismus. 4. Aufl., München.

Mundt, J. (2004): Tourismuspolitik. 4. Aufl., München.

Organisation für wirtschaftliche Zusammenarbeit und Entwicklung OECD (2019): OECD Tourism Committee. http://www.oecd.org/cfe/tourism/oecd-tourism-committee.htm.

Organisation für wirtschaftliche Zusammenarbeit und Entwicklung (OECD) (2018a): European Union and the OECD.

Organisation für wirtschaftliche Zusammenarbeit und Entwicklung (OECD) (2018b): List of OECD Member countries – Ratification of the Convention on the OECD.

Organisation für wirtschaftliche Zusammenarbeit und Entwicklung (OECD) (2018c): OECD Multilingual Summaries.

Organisation für wirtschaftliche Zusammenarbeit und Entwicklung (OECD) (2018d): Tourism.

Organisation für wirtschaftliche Zusammenarbeit und Entwicklung(OECD) (2018): OECD Tourism Trends and Policies.

Organisation für wirtschaftliche Zusammenarbeit und Entwicklung (OECD) (2018f): Übereinkommen über die Organisation für Wirtschaftliche Zusammenarbeit und Entwicklung.

Organisation für wirtschaftliche Zusammenarbeit und Entwicklung (OECD) (2018g): Ziele der Organisation für wirtschaftliche Zusammenarbeit und Entwicklung.

Organisation für wirtschaftliche Zusammenarbeit und Entwicklung OECD (2008): "Whole of government" approach needed to ensure competitiveness and sustainability in tourism, says OECD. https://www.oecd.org/newsroom/wholeofgovernmentapproachneededtoensure competitivenessandsustainabilityintourismsaysoecd.htm, Pressemitteilung vom 10.10.2008.

PATA (2020): Pacific Asia Travel Association. https://www.pata.org/, letztes Einsehdatum 22.06.2020.

Petermann, T. (1999): Folgen des Tourismus. Band 2, Berlin.

Schroeder, G. (2002): Lexikon der Tourismuswirtschaft. 4. Aufl., Hamburg.

Skål (2020): Association Internationale de Professionnels du Tourisme. https://skal.org/, letztes Einsehdatum 22.06.2020.

Steinecke, A. (2014): Internationaler Tourismus. Konstanz.

TID (2019): Kontakte zur Touristik, Hamburg.

UFTAA (2020): United Federation of Travel Agents' Associations. https://www.uftaa.org/, letztes Einsehdatum 22.06.2020.

UNWTO (2020): UN World Tourism Organization. http://www2.unwto.org/, letztes Einsehdatum 22.06.2020.

UNWTO (2010): International Recommendations for Tourism Statistics 2008. New York.

Wagner, H. (2003): Einführung in die Wirtschaftspolitik. 5. Aufl., München.

Weber, M. (1919): Politik als Beruf. In: Geistige Arbeit als Beruf, Vier Vorträge vor dem Freistudentischen Bund. München und Leipzig.

WTTC (2020): World Travel & Tourism Council. https://www.wttc.org/, letztes Einsehdatum 22.06.2020.

Torsten H. Kirstges

11 Tourismuskritik und Nachhaltigkeitsmanagement

11.1 Konzeption von Nachhaltigkeit und Sanfter Tourismus

11.1.1 Zur Notwendigkeit eines ökologieorientierten und sozialverträglichen Tourismus

Seit es Reiseveranstalter gibt, gilt der Touristikmarkt als *der* Wachstumsmarkt schlechthin. Wer den Einstieg in diesen Markt schaffte, wurde von der Expansionswoge mitgetragen – sei es mit, sei es ohne umweltorientierte Marketing-Strategien. „Augen zu und durch" lautete jahrelang die Expansionsdevise vieler Tourismusunternehmen und -destinationen. In den 1980er-Jahren deuteten jedoch „schwache Signale" auf ein bevorstehendes Ende dieses für die Tourismusbranche erfreulichen Wachstumstrends hin. In vielen Zielländern des deutschen Tourismus wendete man den Blick von den kurzfristigen ökonomischen zu den langfristigen ökologischen Folgen des Reisebooms. Die Idee eines sanften Tourismus fand aber nicht nur bei der Bevölkerung in den Zielländern, sondern auch bei den deutschen Touristen selbst zunehmend Anklang. Gewinnt die ökologische Qualität eines Zielgebiets als Determinante der Urlaubs- und allgemeinen Lebensqualität auch in Zukunft an Bedeutung? Auf jeden Fall nahm der „Aufstand der Bereisten" in Einzelfällen schon vor zwei Jahrzehnten konkrete Formen an, und er hat sich in den letzten Jahren noch verstärkt! Seit etwa 2010 haben Proteste gegen den Tourismus auch für die deutsche Tourismusbranche so wichtige Destinationen wie Mallorca erreicht: „Tourist go home!" wurde im April 2016 – neben einem damals noch skandierten „Refugees welcome" – auf Häuserwände geschrieben. Die Presse berichtete ausführlich darüber, die Branche und ihre Gäste waren erschüttert. In Venedig tobt schon seit 2013 der „Kampf um die Lagune", bei dem Demonstranten sich gegen die zahlreichen Kreuzfahrtschiffe wehren.

Daher zeigt dieses Kapitel zunächst kurz die positiven (Abschnitt 11.2.) sowie die negativen Seiten (Abschnitt 11.3.) des Tourismus auf. Darauf aufbauend werden Ansatzpunkte und Lösungsmöglichkeiten aus dem Bereich der Betriebswirtschaftslehre für einen nachhaltigeren Tourismus genannt (Abschnitt 11.4 und 11.5).

11.1.2 Nachhaltigkeit als Leitbild – Rio, SDGs und mehr

Der Mensch ist ein moralisches Wesen mit freiem Willen, das – zumindest normalerweise, ab einem gewissen Alter und in einem gewissen Rahmen – selbst und frei darüber entscheiden kann, was es macht und was es nicht macht. Daher ist der Mensch für die Folgen seines Tuns *moralisch verantwortlich*, auch gegenüber nachfolgenden

https://doi.org/10.1515/9783110641219-011

Generationen. Letztlich dient es dem Selbsterhaltungstrieb der Art und Lebensform Mensch, die Umwelt auf lange Sicht für ihn lebensfähig zu erhalten. Auch der Tourismus muss so gestaltet werden, dass er die Lebensgrundlagen der Menschen (und anderer Lebewesen) nicht beeinträchtigt.

Der österreichische Zukunftsforscher Robert Jungk hat bereits 1980 sanftes Reisen von hartem Reisen unterschieden.[1] *Hart* reist demnach, wer z. B. wenig Zeit in den Urlaub mitbringt, schnelle Verkehrsmittel benutzt, Sehenswürdigkeiten knipst, sich nicht geistig auf die Reise vorbereitet und seinen eigenen Lebensstil in das Gastland zu importieren versucht. Ein harter Tourismus zeichnet sich also keineswegs nur durch eine Schädigung der natürlichen Umwelt aus; er hat v. a. auch negative Auswirkungen auf den individuellen Erholungswert des Urlaubs sowie auf die soziale Umwelt des Gastlands. Jungk postulierte demgegenüber den sog. *sanften Tourismus*.

Als Synonyme finden sich in Literatur und Presse die Begriffe qualitativer Fremdenverkehr, anderes Reisen, angepasster Tourismus, alternativer Tourismus, Öko-Tourismus[2], Tourismus mit Einsicht etc. Der daraus abgeleitete *nachhaltige Tourismus* stellt einen Versuch dar, die problematischen Auswirkungen des Tourismus zu vermeiden. Der allgemeine Leitsatz der Nachhaltigkeit wurde also auf den Tourismus heruntergebrochen.

Das Prinzip des nachhaltigen Wirtschaftens stammt aus der *Forstwirtschaft*. Dort wurde der Begriff bereits im 18. Jahrhundert geprägt. Vereinfacht ausgedrückt dürfen gemäß diesem Prinzip innerhalb eines bestimmten Zeitraums immer nur so viele Bäume gefällt werden, wie im gleichen Zeitraum nachwachsen können. Nur so ist gewährleistet, dass der Baumbestand dauerhaft gesichert ist und durch Abholzung der Waldbestand – und damit die langfristige Existenzgrundlage der Forstwirtschaft – nicht zerstört werden.

1972 hatte der *Club of Rome* in seinem Bericht „Die Grenzen des Wachstums" die drohende ökologische Katastrophe ins Bewusstsein der Öffentlichkeit gerückt: Kriege, Ressourcenverschwendung, Wassermangel, Luftverschmutzung, Überbevölkerung und Klimaveränderung würden den Fortbestand der Erde bedrohen. 1987 hat die UN-Weltkommission für Umwelt und Entwicklung im sog. *Brundtland-Bericht* den Gedanken der „sustainability" (Nachhaltigkeit) weiterentwickelt.

Die Weltgemeinschaft hat in der Folge auf verschiedenen Treffen, Gipfeln, Versammlungen etc. die nachhaltige Entwicklung der Erde thematisiert. Oft ging es dabei um die natürliche Umwelt (Umweltschutz, Klimaschutz), vielfach auch um weitere Aspekte einer nachhaltigen Lebensperspektive. Die Treffen mündeten oft in Selbstverpflichtungen der Teilnehmerstaaten. Eine Kontroll- oder gar Sanktionsinstanz (bei Verstößen oder Nicht-Verfolgung bzw. Nicht-Erreichen der Ziele) fehlt jedoch meist.

---

1 Vgl. Jungk 1980, S. 156. Vgl. auch Jungk 1989. Zur Entwicklungsgeschichte des Nachhaltigkeitsgedankens im Tourismus siehe Rein/Strasdas 2017, Kap. 1.2.

2 „Öko" betont vor allem die ökologische Dimension des sanften Tourismus, der aber gleichberechtigt auch soziale, kulturelle und ökonomische Aspekte umfasst. Zum Öko-Tourismus und dessen Eingeschränktheit siehe auch Fischer 2014, S. 114 f.

Mit dem Rio-Gipfel, der ersten internationalen Umwelt- und Entwicklungskonferenz der Vereinten Nationen in Rio de Janeiro 1992, wurde das Konzept der „nachhaltigen Entwicklung" als ein globales und auf alle Sektoren übergreifendes Entwicklungsmodell vorgestellt und unter dem Namen Agenda 21 bekannt. Das sog. *Kyoto-Protokoll* vom Dezember 1997 dokumentiert Klimaschutzziele der Vereinten Nationen mit der Selbstverpflichtung, den Ausstoß von Treibhausgasen in den Industrieländern zu reduzieren, um die globale Erwärmung zu stoppen. Ein Nachfolgeprotokoll Kyoto II (bis 2020 gültig) wurde nach langen Verhandlungen 2012 formuliert. Der sog. Millennium-Gipfel, die 55. Generalversammlung der Vereinten Nationen im September 2000 in New York, beschloss acht Entwicklungsziele bzw. *Millennium Development Goals (MDG)*; insbes. für sog. Entwicklungsländer, die bis zum Jahr 2015 erreicht werden sollten. Unter dem Aspekt der Zukunftssicherung sollten z. B. Armut und Hunger bekämpft werden, die Geschlechter gleichgestellt und die ökologische Nachhaltigkeit gewährleistet werden.

Unter der Bezeichnung *Rio + 10* wurden zehn Jahre nach Rio, im September 2002, die Resultate der Bemühungen von 178 Unterzeichnerstaaten auf dem World Summit on Sustainable Development in Johannesburg evaluiert. Circa 20.000 Delegierte von Regierungen, Verwaltungsorganisationen, sog. NGOs[3] und aus der Wirtschaft diskutierten mehrere Tage lang die erreichten Lösungen und die anstehenden Probleme, bevor eine politische Erklärung der Staats- und Regierungschefs (The Johannesburg Declaration on Sustainable Development) und ein Aktionsplan (Plan of Implementation) verabschiedet wurden. Darin wurden u. a. Ziele hinsichtlich des Erhalts von Biodiversität und Artenvielfalt, des Schutzes der Meere, der Bekämpfung von Armut und der Reduktion von Umweltbelastungen vereinbart. Insbesondere geht es dabei um die in Rio zugesagte *Reduktion der CO$_2$-Emissionen.* Das Ziel einer nachhaltigen Entwicklung unserer Erde wurde so auch als zu verfolgendes konkretes politisches Ziel der Staaten manifestiert – wenngleich kaum operationalisiert.

Es gab eine Reihe weiterer Klimaschutzkonferenzen, auf die hier nicht vollumfänglich eingegangen werden kann. Die Verpflichtung der Staaten zu einer nachhaltigen Entwicklung sollte immer wieder bekräftigt werden. 2012 wurde in Rio de Janeiro die Formulierung der *Millennium Development Goals (SDG))* – als Erweiterung der MDGs von 2000 und nunmehr für alle Staaten relevant – mit einem Umsetzungszeithorizont bis 2030 beschlossen (siehe UN, z. B. via www.unric.org):

Ziel 1:   Armut in allen ihren Formen und überall beenden.

Ziel 2:   den Hunger beenden, Ernährungssicherheit und eine bessere Ernährung erreichen und eine nachhaltige Landwirtschaft fördern.

Ziel 3:   ein gesundes Leben für alle Menschen jeden Alters gewährleisten und ihr Wohlergehen fördern.

---

3 NGO = non-governmental organization = Nichtregierungsorganisation; gemeint sind nicht staatliche Organisationen und Interessenverbände mit meist sozial- und/oder umweltpolitischen Zielen (wie z. B. Greenpeace, WWF/World Wide Fund For Nature, Amnesty International, Human Rights Watch etc.).

Ziel 4: inklusive, gleichberechtigte und hochwertige Bildung gewährleisten und Möglichkeiten lebenslangen Lernens für alle fördern.

Ziel 5: Geschlechtergleichstellung erreichen und alle Frauen und Mädchen zur Selbstbestimmung befähigen.

Ziel 6: Verfügbarkeit und nachhaltige Bewirtschaftung von Wasser und Sanitärversorgung für alle gewährleisten.

Ziel 7: Zugang zu bezahlbarer, verlässlicher, nachhaltiger und moderner Energie für alle sichern.

Ziel 8: dauerhaftes, breitenwirksames und nachhaltiges Wirtschaftswachstum, produktive Vollbeschäftigung und menschenwürdige Arbeit für alle fördern.

Ziel 9: eine widerstandsfähige Infrastruktur aufbauen, breitenwirksame und nachhaltige Industrialisierung fördern und Innovationen unterstützen.

Ziel 10: Ungleichheit in und zwischen Ländern verringern.

Ziel 11: Städte und Siedlungen inklusiv, sicher, widerstandsfähig und nachhaltig gestalten.

Ziel 12: nachhaltige Konsum- und Produktionsmuster sicherstellen.

Ziel 13: umgehend Maßnahmen zur Bekämpfung des Klimawandels und seiner Auswirkungen ergreifen.

Ziel 14: Ozeane, Meere und Meeresressourcen im Sinne nachhaltiger Entwicklung erhalten und nachhaltig nutzen.

Ziel 15: Landökosysteme schützen, wiederherstellen und ihre nachhaltige Nutzung fördern, Wälder nachhaltig bewirtschaften, Wüstenbildung bekämpfen, Bodendegradation beenden und umkehren und dem Verlust der biologischen Vielfalt ein Ende setzen.

Ziel 16: friedliche und inklusive Gesellschaften für eine nachhaltige Entwicklung fördern, allen Menschen Zugang zur Justiz ermöglichen und leistungsfähige, rechenschaftspflichtige und inklusive Institutionen auf allen Ebenen aufbauen.

Ziel 17: Umsetzungsmittel stärken und die globale Partnerschaft für nachhaltige Entwicklung mit neuem Leben erfüllen.

Die UN hat diese Ziele als *„Agenda 2030"* 2015 verabschiedet ; Deutschland hat 2016 in einer Neuauflage der sog. Deutschen Nachhaltigkeitsstrategie von 2002 die 17 SDGs aufgegriffen. Diese Ziele sind ehrgeizig und umfassend formuliert; sie berücksichtigen viele Dimensionen der Nachhaltigkeit; sie gelten als unteilbar und bedingen einander; sie konkretisieren die in der Präambel der Agenda 2030 genannten fünf Kernbotschaften als handlungsleitende Prinzipien (*Mensch, Planet, Wohlstand, Frieden, Partnerschaft = „5 Ps"* (auf der Basis der englischen Begriffe people, planet, prosperity, peace, partnership). Diese Ziele betreffen den Tourismus in vielfältiger direkter und indirekter Weise. So kann Tourismus helfen, die Armut zu bekämpfen (Ziel 1; siehe auch Abschnitt 11.2.1). Tourismus belastet das Klima (insbesondere durch die An- und Abreise zu Zielgebieten mittels Auto oder Flugzeug; Ziel 13; siehe auch Abschnitt 11.3.3). Tourismus kann die ökonomische Entwicklung in den Zielgebieten fördern (Ziel 8,

z. B. „policies to promote sustainable tourism that creates jobs and promotes local culture and products"; siehe auch Abschnitt 11.2.1). Tourismus kann viel Müll produzieren (z. B. Einwegverpackungen in Hotels) oder auch vermeiden/reduzieren helfen (Ziel 12). Tourismus kann zu übermäßigem Wasserverbrauch führen (persönliche Hygiene, Wäschereinigung, Swimmingpools, Wässern von Golfplätzen etc.; siehe auch Abschnitt 11.3.3) oder ihn möglichst effizient und sparsam halten (Ziel 6). Tourismus kann die sexuelle Ausbeutung (insbesondere von Kindern) fördern oder ihr entgegenwirken (Ziel 5; z. B. „eliminate all forms of violence against all women and girls in the public and private spheres, including trafficking and sexual and other types of exploitation"; siehe auch Abschnitt 11.3.6). Vom Tourismus induzierte Maßnahmen und Aktionen fördern die Schulausbildung (Ziel 4). So können viele konkrete Aspekte und Maßnahmen, den Tourismus in seiner Gesamtheit und jedes einzelne Tourismusunternehmen betreffend, aus den SDGs abgeleitet und als relevant erkannt werden.

Ein wesentliches Ziel der internationalen Vereinbarungen ist die Begrenzung der absehbaren Erderwärmung (und des dadurch verursachten Klimawandels) auf maximal 2 °C, besser nur 1,5 °C im Vergleich zum sog. vorindustriellen Niveau. Hierzu müssten die Treibhausgasemissionen weltweit reduziert und bis 2060 komplett vermieden werden. Voraussetzung dafür ist wiederum die Reduktion bzw. Vermeidung der Verbrennung von fossilen Energieträgern (also insbesondere Kohle und Erdöl, inkl. Treibstoff für Kraftfahrzeuge, Kerosin für Flugzeuge und Schweröl für Hochseeschiffe).

11.1.3 Nachhaltigkeit im Tourismus

Die Nachhaltigkeitsdiskussion hat auch im Tourismus ihren Niederschlag gefunden. Vielleicht war der Tourismus seit 1980 sogar einer der Vorreiter in der Diskussion um eine nachhaltige Entwicklung. Ein nachhaltiger Tourismus ist gekennzeichnet durch ethische und soziale Gerechtigkeit, kulturelle Angepasstheit, ökologische Tragfähigkeit sowie wirtschaftliche Bedeutung und Effizienz. Voraussetzung für einen nachhaltigen Tourismus ist die *Integration der Ziele*
– ökologisch verträglich,
– wirtschaftlich profitabel sowie
– ethisch und sozial förderlich und kulturell angepasst.

Dabei kann es im konkreten Entscheidungsfall durchaus vorkommen, dass diese Ziele konfliktär zueinanderstehen. So mögen Stierkampfshows (auch für Touristen als Zielgruppe) wirtschaftlich profitabel und (der südspanischen Bevölkerung) kulturell angepasst sein, doch widersprechen sie den ethischen Grundsätzen vieler Menschen hinsichtlich des Tierschutzes sowie ökologischen Zielen. Im Sinne eines „magischen Dreiecks" muss daher die Balance zwischen diesen Zielen gesucht werden (Abb. 11.1).

Die Bewahrung lebenserhaltender ökologischer Prozesse und Naturkreisläufe, die Erhaltung der Artenvielfalt, die schonende Nutzung natürlicher Ressourcen so-

Ökologie
- Schutz der natürlichen Lebensgrundlagen
- Umweltverträglichkeit des Handelns
- Erhalt von Naturlandschaft, Fauna und Flora
- Biodiversität
- Ressourcenschonung
- Vermeidung/Reduktion/Kompensation von Emissionen, Abfällen, Abwässern etc.

sanfter Tourismus & nachhaltige Entwicklung

Ökonomie
- stabile wirtschaftliche Entwicklung
- gerechte Verteilung von Wohlstand
- qualitatives Wachstum
- keine (touristische) Monostruktur
- Förderung von lokalen Unternehmungen

Soziokulturelles
- Bewahrung und freie Entwicklung von Gesellschaft und Kultur
- Wahrung der Menschenrechte
- Partizipation der lokalen Bevölkerung
- Beachtung von Sitte, Moral und Sozialstruktur

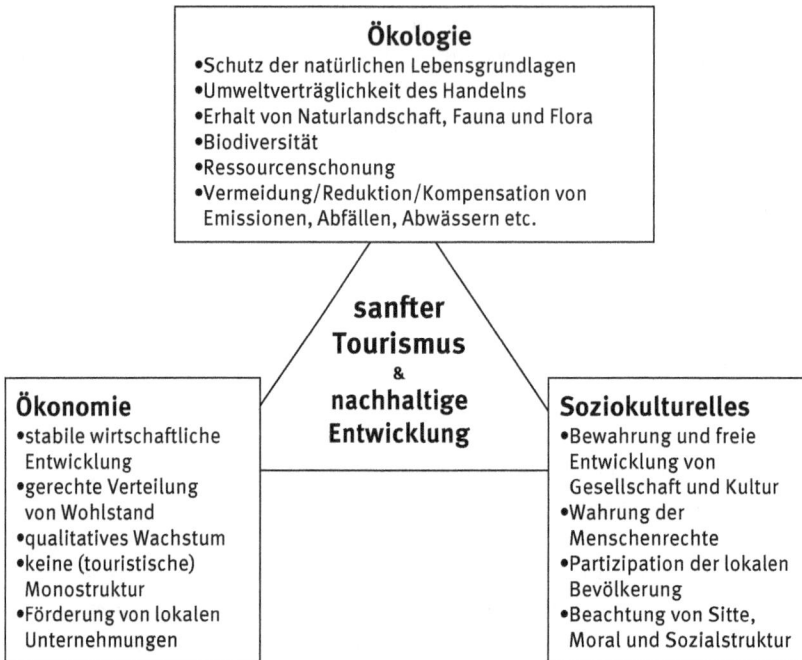

Abb. 11.1: Das „magische Dreieck" von nachhaltiger Entwicklung und sanftem Tourismus

wie die Vermeidung von Müll und Emissionen sind ebenso Ziele des nachhaltigen Tourismus wie die Partizipation der „Bereisten" am Tourismus, die Gewährleistung menschenwürdiger Arbeitsbedingungen, der Schutz von Kindern vor Ausbeutung oder die Achtung und Bewahrung traditioneller Lebensweisen und kultureller Identitäten der Bevölkerung. So soll die einheimische Bevölkerung ihr subjektives Wohlbefinden nicht durch den Tourismus beeinträchtigt sehen, während die Touristen ihrerseits eine optimale Befriedigung ihrer Bedürfnisse als Urlaubsgast erfahren sollen. Dies bedeutet, dass es zu einem verantwortungsbewussten Reisen kommt, dass negative Umweltauswirkungen und soziokulturelle Veränderungen vermieden oder zumindest so gering wie möglich gehalten werden, dass der Tourismus einen Beitrag zur Finanzierung von Landschaftsschutzgebieten leistet und dass Einkommensmöglichkeiten für die einheimische Bevölkerung geschaffen werden. So impliziert dieser Ansatz die Vorsorge für nachfolgende Generationen.

Doch es existiert *keine eindeutige Definition* dessen, was unter nachhaltigem bzw. sanftem Tourismus zu verstehen ist. Da Tourismus in quasi jeder Ausprägung die Umwelt (negativ) berührt, soll hier von einem nachhaltige*ren* bzw. sanfte*ren* Tourismus gesprochen werden, unter dem Reiseformen und Maßnahmen zu verstehen sind, die versuchen, unter Ausnutzung ihrer positiven wirtschaftlichen Effekte stärker als bislang in Einklang mit der soziokulturellen und natürlichen Umwelt zu stehen, um so dauerhaft („nachhaltig") die – auch wirtschaftliche – Basis für den Tourismus zu sichern. Nachhaltiges Wirtschaften sorgt somit auch dafür, dass das eigene Geschäftsmodell noch in zwanzig oder dreißig Jahren tragfähig ist. Sanfterer Tourismus ist nicht statisch, sondern Ausdruck eines Prozesses, der allenfalls theoretisch ein Maximum als Idealzustand erreichen kann. Sicherlich gibt es besondere „harte", weil stark umweltschädigende oder menschenschädigende Reiseformen, wie z. B. der Heli-Ski-Tourismus, bei dem für das Skivergnügen weniger die Umwelt mit Lärm, Abgasen etc. belastet wird (von Gefährdungen ganz abgesehen), oder der Kindersextourismus von pädophilen Urlaubern (siehe Abschnitt 11.3.6). Aber wie soll das positive Extrem eines sanften Tourismus aussehen? Man kann immer noch etwas „sanfter" reisen als bisher, bis hin zu dem Punkt, dass man gar nicht mehr verreist (frei nach dem Motto: „Der Mensch schmutzt, solange er reist [...]") – aber dann handelt es sich eben auch nicht mehr um Tourismus.

Zur Realisierung eines nachhaltigeren, sanfteren Tourismus werden in der Literatur und vonseiten der Umweltschutzverbände u. a. folgende *zehn Maßnahmen* gefordert:

1. Allen Tourismusbeteiligten muss klar werden, dass nicht nur die Maximierung des wirtschaftlichen Profits eine Rolle spielt, sondern dass auch höchstmögliche Rücksicht auf die sozialen, kulturellen und ökologischen Gegebenheiten eines Landes genommen werden muss. Das Reisen muss als wertvolles und erhaltenswertes Gut begriffen werden. (Vielhaber 1998, S. 60)

2. Die Politik in den Entsendeländern und Empfängerländern muss sich lenkend in die Tourismusindustrie einmischen, denn von allein wird dort die Idee des nachhaltigen Tourismus wegen des harten Wettbewerbs wohl kaum komplett umgesetzt werden. Rechtlich verbindliche Vereinbarungen sind national wie international erforderlich.

3. Die internationalen und nationalen touristischen Organisationen und die nationalen Verbände der Reiseindustrie in den Entsende- und Empfängerländern müssen sich stärker den Problemen des Tourismus stellen und nach Lösungsmöglichkeiten suchen.

4. In Schulen und Universitäten und ganz besonders in touristischen Aus- und Fortbildungsinstitutionen in den Entsende- und Empfängerländern muss es eine stärkere Aufklärung über Nachhaltigkeit im Tourismus und speziell über Aspekte des „Dritte-Welt"-Tourismus geben.

5. Touristen müssen z. B. durch Öffentlichkeitsarbeit des Bundesministeriums für wirtschaftliche Zusammenarbeit und Entwicklung (BMZ) oder des Bundesministeriums für Umwelt, Naturschutz und nukleare Sicherheit (BMU) verstärkt über Probleme des Tourismus aufgeklärt werden, denn nur so kann es zu einer Einstellungsänderung kommen. Anzustreben sind hier die Urlaubsmotive „langsamer, länger, intensiver und seltener" entgegen dem Trend der Motive „schneller, kürzer, weiter und öfter".

6. Wenn ein Umdenken der Touristen diesbezüglich stattgefunden hat, sodass sie mehr Wert auf die Qualitäten des nachhaltigen Tourismus legen, dann erst werden die Reiseanbieter in eine umweltgerechte und sozialverträgliche Planung und Betriebsführung investieren.[4]

7. Der Stellenwert des Tourismussektors in der deutschen Entwicklungszusammenarbeit muss angehoben werden und die Entwicklung und Erprobung von nachhaltigen Tourismusmodellen muss stärker gefördert werden.

8. Die einheimische Bevölkerung muss stärker z. B. durch die lokalen Tourismusagenturen und politischen Entscheidungsträger in die Planung und Durchführung der touristischen Entscheidungen einbezogen werden.

9. Eine Senkung des Kapitalabflusses aus den zu fördernden Destinationsländern ist dringend erforderlich, so sollte auch die Förderung ausländischer Investitionen durch Subventionen eingegrenzt werden.

10. Eine Voraussetzung für die Umsetzung dieser Maßnahmen ist die Verstärkung des Dialogs und der Zusammenarbeit aller Akteure, die am Tourismus beteiligt sind. (Vielhaber 1998, S. 62–64)

So sehr diese – v. a. an die Politik gerichteten – Forderungen gerechtfertigt sind, verkennen sie doch in einigen Aspekten, dass in freiheitlichen Gesellschaftsordnungen und marktorientierten Wirtschaftssystemen der einzelne Entscheider, der einzelne Unternehmer derjenige ist, der für die Umsetzung der Ziele eines sanfteren Tourismus gewonnen werden muss. Dazu muss der Einzelne sich betroffen fühlen und ein egoistisches Interesse an der Realisierung der vorgeschlagenen Maßnahmen haben. Dies gilt auch für Politiker, deren unmittelbares und mittelbares Interesse in den meisten Fällen die Wiederwahl ist, die sie mit der Durchsetzung unpopulärer Maßnahmen (z. B. der Schaffung der o. g. Rahmenbedingungen) kaum erreichen. Bei allen Forderungen muss daher immer gefragt werden:

– Wer soll handeln?
– Warum sollte derjenige – aus seiner egoistischen Sichtweise heraus – handeln? Worin liegen seine Vorteile, wenn er so handelt?

Der altruistische Mensch, der ohne Verfolgung eigener Interessen (und ggf. sogar diesen widersprechend) anderen Gutes tut, ist und bleibt leider die Ausnahme. Von daher sind nachhaltige Ziele v. a. dann gut erreichbar, wenn sie in komplementärer Beziehung zu den persönlichen Zielen der Akteure stehen. Spare ich mit Umweltschutz Geld und/oder erhalte ich dafür soziale Anerkennung, schütze ich die Umwelt gerne.

---

4 Hier kann sich eine „Henne-oder-Ei"-Diskussion entfachen: Muss erst die Nachfrage vorhanden sein, damit ein (nachhaltiges) Angebot geschaffen wird, oder kann sich ein nachhaltiges Angebot seine Nachfrage schaffen? Wie im weiteren Verlauf dieses Beitrags noch dargelegt wird, ist die Angebotsseite im Tourismus oft schon weiter in Nachhaltigkeitsaspekten als die (deutschen) Nachfrager.

11.2 Positive Seiten des Tourismus

Der Tourismus kann den Reisenden und den „Bereisten", also den Gastgebern und Destinationen, vielfältige Vorteile bringen. Der Bundesverband der Deutschen Tourismuswirtschaft (BTW) hat 2015 eine umfangreiche Dokumentation herausgegeben, die den Beitrag des Tourismus zur Entwicklung und Wertschöpfung von Destinationen, insbes. Entwicklungs- und Schwellenländern, darstellt. Analog zur Dimension der Nachhaltigkeit lassen sich u. a. wirtschaftliche, ökologische, soziokulturelle und auf das einzelne Individuum des Reisenden bezogene Vorteile unterscheiden. Es würde den Rahmen dieses Buches sprengen, alle Aspekte zu durchleuchten; auf einige Vorteile soll jedoch im Folgenden näher eingegangen werden.

11.2.1 Wirtschaftliche Bedeutung für die Ziel- und Quellländer

Gemessen wird die wirtschaftliche Bedeutung einer Branche, so auch die der Tourismusbranche, meist anhand ihres Jahresumsatzes, ihres Beitrags zum *Sozialprodukt*/Volkseinkommen/Bruttoinlandsprodukt, ihres Arbeitsmarkteffekts (also der Zahl der Beschäftigten) oder der durch sie bewirkten Deviseneinnahmen.[5] Sicher ist, dass der Tourismus *Arbeitsplätze* schafft, sowohl in den Quellmärkten (also z. B. bei den deutschen Reiseveranstaltern und Reisemittlern) also auch in den Destinationen (also z. B. bei den dortigen Beherbergungsbetrieben, Reiseleitern, Restaurationsbetrieben, Souvenirläden etc.). Für Deutschland kann man davon ausgehen, dass 4 bis 5 % des Volkseinkommens durch den Tourismus bewirkt werden. Etwa 3 Mio. Menschen arbeiten unmittelbar in der deutschen Tourismusbranche; das sind ca. 7 % aller Erwerbstätigen. Der Gesamtjahresumsatz aller deutschen Reiseveranstalter als Teil dieser Branche wird vom Verfasser auf derzeit rund 33 Mrd. EUR geschätzt.[6] Die im Markt vorhandenen ca. 1.700 Haupterwerbsreiseveranstalter organisieren ca. 50 Mio. Urlaubsreisen pro Jahr und beschäftigen ca. 57.000 Mitarbeiter in Deutschland. Über die ca. 3 Mio. Arbeitsplätze innerhalb der Tourismusbranche hinaus hängen weitere 1 bis 1,5 Mio. Arbeitsplätze *indirekt* vom Tourismus ab (über die zweite und weitere Wertschöpfungsstufen, z. B. Zulieferer an deutsche Tourismusbetriebe). Die Tourismusbranche ist für Deutschland somit bedeutender als bspw. der Bergbau, die Landwirtschaft oder die Pharmaindustrie. Die Bundesrepublik ist im Incoming-Tourismus, gemessen an den Urlaubsgästezahlen, nach Frankreich, Spanien, Italien und der Türkei das fünftwichtigste Reiseziel in Europa.

Reisen von Deutschen ins Ausland (Outgoing-Tourismus) entsprechen volkswirtschaftlichen Importen (wir Deutschen importieren Dienstleistungen des Auslands); die gastgebenden Länder erzielen so Exporterlöse, die sie wiederum in die Lage verset-

---

5 Siehe ausführlich zur weltweiten Bedeutung des Tourismus Kirstges 2010, Kap. 4.1.2.
6 Vgl. ausführlich zur Reiseveranstaltermarktanalyse, bezogen auf das Jahr 2018, Kirstges 2018.

zen, deutsche Waren zu kaufen. Dadurch werden wiederum Arbeitsplätze der export-orientierten Industrien in Deutschland gesichert. Insofern bestehen also über mehrere Wertschöpfungsstufen hinweg Wechselwirkungen zwischen dem deutschen Out-going-Tourismus und deutschen (Waren-/Investitionsgüter-)Exporten ins Ausland.

Deutsche Urlauber schaffen auch in den von ihnen bereisten ausländischen Destinationen unmittelbar Arbeitsplätze. Weltweit, so Schätzungen von UNWTO und WTTC, sorgt der Tourismus für 100 bis 110 Mio. Arbeitsplätze, was ca. *4 % des gesamten Weltarbeitsmarkts* entspricht. Tourismus schafft für manche Branchen, z. B. für Landwirte, Zusatzeinkommen, sodass sie ihren Kernbetrieb fortführen und einen Beitrag zum Erhalt von Natur- und Kulturlandschaften leisten können. Das Ausbleiben von Touristen kommt für viele nationale Ökonomien einer Katastrophe gleich.[7] Ein starker Einbruch der Gästezahlen führt zu wirtschaftlichen Problemen, Arbeitslosigkeit und in der Folge oft zu einer Radikalisierung der (insbesondere jungen, arbeits- und perspektivlosen) Bevölkerung. Ein florierender Tourismus schafft in vielen Ländern, insbesondere Entwicklungs- und Schwellenländern, daher nicht nur Arbeit und wirtschaftlichen Aufschwung, sondern auch die Basis für politische Stabilität.

11.2.2 Positive Effekte hinsichtlich der natürlichen und sozialen Umwelt

Tourismus schafft Wertschöpfung, Arbeitsplätze und Wohlstand. Neben den bislang genannten wirtschaftlichen Vorteilen, die der Tourismus für die Quell- und Zielländer bewirkt, lassen sich mit ihm weitere Vorteile und Chancen verbinden:

Tourismus trägt zur *Völkerverständigung* bei: Menschen begegnen sich in allen Teilen der Welt, sehen sich, sprechen miteinander, lernen sich kennen, bleiben ggf. auch nach einer Reise noch in Kontakt und schließen weltumspannende Freundschaften. So findet ein interkultureller Austausch statt.

Tourismus fördert die *gesellschaftliche Entwicklung* in den Zielgebieten: Die Einwohner der Länder, die von (westlichen, demokratisch gesinnten, freiheitlich denkenden) Touristen besucht werden, lernen deren Denk- und Lebensweise kennen. Dies kann die Entwicklung einer Gesellschaft hin zu demokratisch-freiheitlichen Ordnungen unterstützen.[8] Daher hat das Verhalten der Urlauber vor Ort einen Einfluss auf die Gastgeber – das Verhalten der Touristen kann aber leider auch negativ sein (siehe z. B. Abschnitt 11.3.6 zum Sextourismus).

---

7 So z. B. für Ägypten, Tunesien oder die Türkei in den Jahren des durch Terroranschläge, Unruhen oder politische Krisen bedingten Gästezahleinbruchs. Siehe ausführlich Kirstges 2017.

8 Man kann sogar die These aufstellen, dass der Tourismus einer der Mit-Auslöser der deutschen Wiedervereinigung war: Hätten die damaligen Ostdeutschen nicht über Jahre die westdeutschen Gäste gesehen und nicht nach Ungarn und in die Tschechische Republik reisen dürfen, dann hätten sie nicht im August/September 1989 in der Prager Botschaft Zuflucht suchen können, der Anfang jener Ereignisse, die schließlich zur Wiedervereinigung führten.

Tourismus fördert die *Infrastrukturentwicklung* in den Zielgebieten: Wenn eine Region Tourismus möchte, dann muss sie die dafür erforderliche Infrastruktur haben, d. h. aufbauen und/oder erhalten. Straßen, Plätze, Grünanlagen, ggf. Strände, Skipisten, Bahnverbindungen, ggf. Flughäfen, Restaurationsbetriebe, ein sauberes Stadtbild etc. sind erforderlich, um als Destination für Touristen erreichbar, nutzbar und attraktiv zu sein. Der Tourismus schafft oft erst die erforderliche Quantität der Nachfrage, ab der sich Infrastrukturmaßnahmen lohnen. Von einer gut ausgebauten (aber nicht überdimensionierten) Infrastruktur profitieren auch die Einheimischen.

Tourismus fördert *Umwelt- und speziell Artenschutz*: „Intakte Natur erleben" und sich „in der schönen Natur aufhalten/bewegen" sind wichtige Reisemotive für (deutsche) Urlauber. Wenn Länder, in denen selten gewordene Tiere aufgrund von Wilderern oder Umweltverschmutzung vom Aussterben bedroht sind, erkennen, dass mehr Geld mit dem Beobachten von Tieren als mit dem Töten derselben erwirtschaftet werden kann, werden sie alles daransetzen, ihren touristisch (und damit wirtschaftlich) wertvollen Tierbestand zu schützen. Dies betrifft Elefanten oder Nashörner in Afrika genauso wie Korallenriffe bei den Malediven oder in Australien und den Regenwald in Südamerika. Naturschutzparks und Reservate können durch die Einnahmen aus dem Tourismus geschaffen, gepflegt und bewacht, Strände gesäubert werden.

Dank der touristischen Nutzung steigt auch die Aufmerksamkeit („awareness") für die Gefährdungen der Tier- und Pflanzenwelt, denn Menschen schützen v. a. das, was sie kennen, während sie sich für das Unbekannte eher wenig interessieren und engagieren. Dies wiederum verstärkt die Bemühungen zum Artenschutz. Auch Naturschutzverbände finden mehr Gehör, wenn sie über Probleme berichten, die in Gebieten auftreten, die vielen Menschen dank ihrer Reisen bereits bekannt sind.

Ein Beispiel: Botswana profitiert dank seiner Tierwelt sehr vom Tourismus, der neben Bodenschätzen wie Diamanten und Kupfer zu den Haupteinnahmequellen des Landes zählt.[9] Der Tourismus macht ca. 15 % des Bruttosozialprodukts aus und schafft ca. 30.000 Arbeitsplätze (bei ca. 2,2 Mio. Einwohnern). Für die Urlauber gibt es naturnahe Zeltcamps und exklusive Touristenlodges, die sich z. T. in der Hand von Politikern und ausländischen Investoren befinden. Seit dem Jahr 2000 siedelt Botswana gezielt Nashörner, die bis ins 19. Jahrhundert hinein dort verbreitet waren und von Wilderern ausgerottet wurden, im Okavango-Delta an. Die Botswana Defence Forces schützen im Norden des Landes die Tierwelt vor Wilderern.

Tourismus hilft, historische und kulturell bedeutsame Stätten zu erhalten. Destinationen können mit ihrem *historischen und kulturellen Erbe*, etwa mit ihrer geschichtsträchtigen Vergangenheit, Touristen werben. Dank der Touristen und der durch sie bewirkten Einnahmen in der Destination können Kirchen, historische Gebäude und Sehenswürdigkeiten erhalten werden. Manche Orte wären ohne den Tourismus bereits völlig ausgestorben und verfallen.

---

9 Vgl. zu den folgenden Ausführungen insbes. Dörris 2018.

Schließlich kann Reisen *gesund und glücklich* machen! Urlaub dient der physischen und oft auch psychischen Erholung, seine erholsame und motivierende Wirkung hält i. d. R. länger an, als dies materiell basierte Vorteile oder Erlebnisse gewährleisten. Deshalb nutzen viele Firmen auch lieber Incentive-Reisen anstelle von Sach-Incentives zur Motivation ihrer Mitarbeiter oder Vertriebspartner. Gerade häufige Urlaubserlebnisse, also mehrmals pro Jahr, wirken erholsam wie der Schlaf, den man ebenso wenig aussetzen oder aufsparen kann und sollte wie Urlaubserholungen.[10] Dabei ist die Gestaltungsfreiheit im Urlaub besonders wichtig für die Erholung, damit die eigenen Bedürfnisse befriedigt werden können.

Somit bietet der Tourismus einige Vorteile weit über positive Effekte für Arbeitsmarkt und Wirtschaft hinaus. Gleichwohl sind diese Vorteile oft, d. h. situationsspezifisch, zu relativieren – sie gelten nicht uneingeschränkt, nicht immer und überall. Die Probleme und Risiken des Tourismus sollen daher im Folgenden, vielfach im Spiegelbild zu den genannten Vorteilen und Chancen, aufgezeigt werden.

11.3 Negative Auswirkungen des Tourismus

Reisen ist schön, lehrreich und eine der besten Formen der Wirtschaftsförderung, aber es ist auch gut, sich mit den negativen Auswirkungen des Tourismus zu beschäftigen. Die *Tourismuskritik* ist nicht neu: Schon 1817 hatte sich der französische Schriftsteller Stendhal (Marie-Henri Beyle) anlässlich seiner Grand-Tour-Reise nach Italien über das Verhalten der vielen Engländer und Russen in Florenz beklagt, und 1857 prangerte der Brite John Ruskin die Zerstörung der Städte und Landschaften durch enthusiastische Besucher an – Ruskin sah bereits damals Venedig vor dem Niedergang. Marc Twain amüsierte sich 1867 angesichts seiner Reise über die Verwandlung der Welt in Sehenswürdigkeiten. Hans-Magnus Enzensberger erkannte in seinem Werk zur Theorie des Tourismus 1958 die durch diesen verursachten Probleme, kritisierte aber auch die pauschale Kritik am Tourismus. Mit dem Tourismus wuchs auch der Überdruss an ihm und sogar die Selbstkritik bis hin zum Selbsthass der Reisenden. Wenngleich die aufgezeigten wirtschaftlichen, insbesondere arbeitsmarktpolitischen Chancen des Tourismus nicht zu negieren sind, befürchten viele Tourismuskritiker, dass letztlich die vielfach erst langfristig erkennbaren negativen Konsequenzen doch überwiegen. Einige dieser Probleme werden im Folgenden näher erläutert.

11.3.1 Überblick über die tourismusinduzierten Probleme

Es entstehen vielfach nur *Saisonarbeitsplätze*; auf Einheimische entfallen nur die *weniger qualifizierten Tätigkeiten;* dispositive Aufgaben werden von zugereisten Orts-

---

10 So die Erkenntnisse einer Studie der niederländischen Sozialforscherin Jessica de Bloom (de Bloom 2013).

fremden übernommen.[11] Oftmals wird in der Tourismusbranche *Lohndumping* betrieben, Arbeitnehmer werden ausgebeutet (geringe Löhne, lange Arbeitszeiten, unbezahlte Überstunden), eine soziale Absicherung über z. B. Tarifverträge gibt es oft nicht. Betroffene machen (mangels effektiver Interessenorganisation) nur selten auf sich aufmerksam.

So gibt es im Tourismus und in der Gastronomie auch in Deutschland bzw. Europa eine hohe Zahl „verarmter Beschäftigter"; auch in Deutschland wird in dieser Branche oft gerade einmal der gesetzliche Mindestlohn bezahlt. Der Reiz einer Beschäftigung in der Tourismusbranche, nämlich währenddessen etwas von der Welt zu sehen, verliert sich in der Heimatlosigkeit, da der Beschäftigte nirgends wirklich zu Hause ist. Das schicke Ambiente der Hotels oder Kreuzfahrtschiffe entspricht nicht der eigenen Identität. Man lernt viele Menschen kennen, nette Gäste aus aller Welt und unkomplizierte (und häufig wechselnde) Kollegen, doch kennt man niemanden wirklich. Familie und wahre, langfristige Freundschaften fehlen. Freie Kost und Logis im Arbeitgeberhotel können nicht über die fehlende soziale Absicherung hinwegtäuschen. Feststellbar ist oft eine Segregation zwischen den Gewinnern/Profiteuren des Tourismus und den Verlierern/Benachteiligten. Der Arbeitsmarkteffekt des Tourismus ist also ein sehr eingeschränkter.

Es kommt zu *touristischen Monostrukturen*, die zu gefährlichen, da einseitigen Abhängigkeiten führen. Eine ganze Region kann abhängig von den Einnahmen aus dem Tourismus werden. Bricht dieser weg, z. B. aufgrund von Naturkatastrophen wie Erdbeben, Überschwemmungen etc., wegen Terroranschlägen, Unruhen etc. oder auch wegen sich ändernder Nachfragetrends, so fällt die Wirtschaft in eine Rezession.

Tourismusinduzierte Inflation kann ein Problem werden: Das Preisniveau in den Tourismuszentren erhöht sich, sodass viele Güter für Einheimische, die nicht an der durch den Tourismus ausgelösten Einkommensentwicklung teilhaben können, unerschwinglich werden. Grundstücks- und Immobilienpreise steigen rapide an, Mietwohnungen verteuern sich oder sind schlicht nicht mehr im benötigten Maß verfügbar, da Wohnungen mit höherem Gewinn kurzzeitig an (Individual-)Touristen vermietet werden.

Die (vermeintliche) Attraktivität der Tourismuszentren fördert die *Landflucht*: Insbesondere Jugendliche wandern aus dem agrarisch geprägten Hinterland in die touristischen Zentren ab.[12]

Die Oberflächlichkeit der touristischen Begegnung trägt nicht zur positiven Völkerverständigung bei, sondern führt zur *Verfestigung von Vorurteilen*. Die Masse der Urlauber will nicht wirklich anderes kennen lernen, ihr genügt ein oberflächlicher Eindruck. Gerade bei sog. All-inclusive-Angeboten verlassen Touristen oft gar nicht ihr Urlaubsressort, sodass sie „Land & Leute" überhaupt nicht kennenlernen.

---

11 Vgl. z. B. Zahn 1978, S. 183–192; Platzmann 1991, S. 38.
12 Vgl. z. B. Prahl/Steinecke 1979, S. 78.

Vielfach kommt es zu einer *Kommerzialisierung der Kultur*. So werden religiöse Zeremonien zugunsten fotografierender Urlauber aus ihrem überlieferten Kontext gerissen.[13] Sie werden nur noch für die Touristen und nicht mehr aus ihrer ursprünglichen Bedeutung heraus zelebriert.

Bettelei, Kriminalität, Prostitution und *Alkoholismus* steigen an, da sich einerseits der erhoffte Wohlstand durch die Abwanderung in die Touristenzentren nicht erfüllt und andererseits das Konsumverhalten der Touristen bei der einheimischen Bevölkerung den Wunsch nach Nachahmung weckt.

Kinder arbeiten in manchen Entwicklungs- und Schwellenländern bereits vor Abschluss einer Schulausbildung im oder für den Tourismus. Wird ihr Schulbesuch damit verhindert oder sind sie sogar den (sexuellen) Übergriffen von Touristen ausgesetzt (siehe vertiefend Abschnitt 11.3.6), so verstößt dies gegen das Menschenrecht auf Bildung und grundsätzlich gegen die Rechte des Kindes, die im sog. Übereinkommen über die Rechte des Kindes[14] formuliert sind.

Nicht alle Reisen sind für Menschen mit eingeschränkter Mobilität und/oder Behinderung durchführbar. Hierin kann ggf. ein Verstoß gegen das Übereinkommen über die Rechte von Menschen mit Behinderungen gesehen werden.

Aus den vorgenannten Gründen wird das Thema *Menschenrechte im Tourismus* seit den 2010er-Jahren in Deutschland verstärkt diskutiert.[15]

11.3.2 Spezielle soziokulturelle Probleme des Kreuzfahrttourismus

Diese Urlaubsform lässt sich grob in Flusskreuzfahrten und Hochseekreuzfahrten unterscheiden, von denen wir Letztere im Folgenden aufgrund der größeren wirtschaftlichen Bedeutung und des stärkeren negativen Einflusses auf die Umwelt näher betrachten. Kreuzfahrttourismus gab es schon im 19. Jahrhundert; bereits Marc Twain genoss 1867 solche Reisen auf einem amerikanischen Raddampfer.[16] 1891 führte das deutsche Schiff Augusta Victoria die erste Mittelmeerkreuzfahrt für Wohlhabende durch. Um 1900 führten Kreuzfahrten mit großen Dampfschiffen über den Atlantik, nach Ägypten, ins Heilige Land oder in den Orient – die *Titanic* und ihr Untergang 1912 sind noch heute als Indikator für diesen Boom bekannt. Lange Zeit waren Kreuzfahrten nur etwas für die wohlhabende Oberschicht westlicher Länder. Seit

---

13 Vgl. z. B. Trask 1986.

14 UN-Kinderrechtskonvention von 1989/1990; von vielen Staaten – jedoch z. B. nicht von den USA – ratifiziert; 2010 nahm Deutschland die zunächst erklärten Vorbehalte hinsichtlich einiger Formulierungen/Regelungen zurück.

15 Siehe auch den Leitfaden „Menschenrechte im Tourismus – Ein Umsetzungsleitfaden für Reiseveranstalter" des sog. Round Table Menschenrechte im Tourismus, eines Interessenverbunds von Non-Profit-Organisationen, Einzelpersonen und einigen Reiseveranstaltern (siehe www.humanrights-intourism.net).

16 Zur Geschichte der Kreuzfahrt siehe z. B. Steinecke 2018, Kap. 1.

den 1990er-Jahren hat sich diese Art des Reisens in Deutschland (in den USA bereits wesentlich früher) demokratisiert – sie wurde offen und finanziell erschwinglich für viele Bevölkerungsschichten. Die Vielfalt an Schiffen ist groß: Vom Segler über das kleine Expeditionsschiff für wenige Hundert Gäste bis zum Ozeanriesen bieten Reiseveranstalter Kreuzfahrtvarianten an. Das 2019 größte Kreuzfahrtschiff der Welt ist die „Symphony of the Seas", die mit 362 Metern Länge und 18 Stockwerken/Decks ca. 2.000 Besatzungsmitglieder und fast 7.000 Gäste beherbergen kann. Die wichtigsten Anbieter/Reedereien weltweit für Hochseekreuzfahrten sind Carnival (inkl. AIDA, Costa, Princess, P&O u. a.), Royal Caribbean, Norwegian Cruise Line und MSC; speziell auf dem deutschen Quellmarkt sind darüber hinaus Hapag-Lloyd-Kreuzfahrten (TUI) und seit 2008 TUI Cruises (im Joint Venture mit Royal Caribbean) aktiv.

2019 unternahmen fast 30 Millionen Menschen weltweit eine Kreuzfahrt, davon ca. ein Drittel aus den USA und ca. drei Millionen aus Deutschland – und mit dem großen Volumen wächst auch die *Kritik an dieser Reiseform*.[17] Gefordert werden u. a. (siehe Abschnitt 11.3.3) ein Verzicht auf Schweröl (und damit verbunden die Reduktion ökologisch und gesundheitlich gefährlicher Emissionen), die Nutzung von Landstrom in Häfen, die Verwendung von Lebensmitteln aus nachhaltigen und je Route lokalen Quellen bei gleichzeitiger Reduktion der Verschwendung von Lebensmitteln, die Vermeidung von Overtourismus durch zu viele gleichzeitige Schiffsanlandungen (siehe Abschnitt 11.3.5) sowie faire Arbeitsbedingungen und Lohnniveaus.

In Deutschland marktführende Kreuzfahrtunternehmen wie TUI Cruises oder AIDA geraten somit nicht nur unter ökologischen Aspekten, sondern auch wegen der Ausbeutung von Beschäftigten auf den Schiffen in die Kritik. So warf „Der Spïegel" TUI Cruises im Juni 2017 vor, dass das Unternehmen *unter maltesischer Flagge* fährt und so 2015 nur 0,05 % Steuern auf seinen Gewinn zahlte. Weil deutsches Arbeitsrecht und Mitbestimmung an Bord nicht gelten, zahle die Reederei manchen Arbeitskräften an Bord nur 2,40 EUR Stundenlohn. Dies verstößt bspw. gegen den Menschenrechtsgrundsatz auf einen angemessenen Lebensstandard und auf befriedigende Arbeitsbedingungen. Möglich ist dies, weil viele Kreuzfahrtschiffe, auf denen die Namen deutscher oder amerikanischer Unternehmen stehen, unter der Flagge von Panama (ca. 17 % aller weltweit registrierten Hochseekreuzfahrtschiffe), der Bahamas (ca. 35 % aller Hochseekreuzfahrtschiffe), der Bermudas (14 %) oder Maltas (11 %) fahren. Die Kreuzfahrtgesellschaften können selbst wählen, unter welcher Flagge sie ihre Schiffe registrieren möchten. Solche Schiffe gelten völkerrechtlich als schwimmender Gebietsteil des Landes, dessen Flagge sie führen; sie unterliegen also den *Rechtsvorschriften des Flaggenstaats* (auch hinsichtlich des Arbeitsrechts). Dank des Ausflaggens können die Reedereien leicht beteuern, dass sie alle rechtlichen Vorgaben auch hinsichtlich der Arbeitsbedingungen ihrer Beschäftigten einhalten – in Italien, unter dessen Flagge AIDA fährt, gibt es nämlich z. B. keinen gesetzlichen Mindestlohn.

---

17 Vgl. auch Steinecke 2018, Kap. 5.

Kein Schiff, für das in Deutschland Hochseekreuzfahrten angeboten werden, fährt unter deutscher Flagge! Durch das Ausflaggen profitieren die Kreuzfahrtunternehmen also sowohl von günstigeren Steuern als auch von wenig strengen Arbeitsgesetzen.

Es ist üblich, dass auf einem Kreuzfahrtschiff Angestellte aus vielen verschiedenen Nationen vertreten sind. Etwa 70 % der Beschäftigten kommen aus relativ armen Ländern in Südostasien, Zentralamerika oder der Karibik. *Filipinos* machen mit ca. 30 % (bei einigen Reedereien noch mehr) den größten Teil der Mitarbeiter an Bord der meisten Kreuzfahrtschiffe aus, da sie nicht nur preisgünstig zu beschäftigen sind, sondern auch über relativ gute Englischkenntnisse verfügen. Sie gelten als sehr freundlich und physisch attraktiv, es gibt viele junge arbeitssuchende Filipinos und sie stellen kaum arbeitsrechtliche Forderungen, da sie angesichts des Überangebots an Arbeitskräften aus ihrem Land fürchten müssten, bei Beschwerden oder Protesten gegen die *schlechten Arbeitsbedingungen* auf den Schiffen ihren Job zu verlieren, denn auch Kündigungsschutzrechte gibt es, je nach Flaggenstaat, kaum. Sieben Arbeitstage pro Woche mit bis zu 80 Wochenstunden aufgrund von Tagesarbeitszeiten von zehn bis vierzehn Stunden sind in der Realität übliche Arbeitsbedingungen für das Servicepersonal auf Schiffen – bei im Vergleich zu deutschen Lohnstandards weit unterdurchschnittlicher Bezahlung. Zusammenhängende Arbeitseinsätze von sechs bis zehn Monaten sind keine Seltenheit. Untergebracht sind diese Mitarbeiter meist in einfach ausgestatteten, kleinen Kabinen, oftmals als Mehrbettunterkunft (z. B. Zweier- oder Viererbelegung) und mit gemeinschaftlich genutzten Sanitärräumen im fensterlosen Innenbereich der unteren Decks des Schiffes, den die Urlauber nicht zu sehen bekommen.

Natürlich wird niemand gezwungen, zu solchen Konditionen auf einem Hochseeschiff zu arbeiten. Von daher: Jeder ist seines Glückes Schmied, auch ein Filipino, der freiwillig als Seemann/-frau anheuert. Aber wird hier nicht die wirtschaftliche Notlage von Menschen durch westliche Kreuzfahrtunternehmen unter Umgehung von westlichen Arbeitsschutzbestimmungen ausgenutzt? Auf See sind die Mitarbeiter oft monatelang abgeschnitten von ihren Familien zu Hause. Heimweh plagt viele. Es gibt zwar keine offensichtlich skandalträchtigen Ausbeutungen, doch eine Art Parallelwelt zu Glitzer, Luxus und Urlaubssorglosigkeit der Gäste auf den Schiffen. Mit Seefahrerromantik, Lebensgenuss, Work-Life-Balance und der Entdeckung der großen weiten Welt hat dies nicht viel zu tun. Hier unter Deck zeigen sich die *Schattenseiten der Globalisierung.* Lediglich höhere Positionen und Managementstellen sind mit westlichen (z. B. europäischen bzw. deutschen) Mitarbeitern besetzt.

Die *Stiftung Warentest* hat im Dezember 2018 je drei Kreuzfahrtschiffe u. a. der Reedereien AIDA Cruises, TUI Cruises, Costa Crociere und MSC hinsichtlich verschiedener Kriterien wie Umweltschutz, Sicherheit und Arbeitsbedingungen an Bord untersucht. Die Studie bestätigt, dass die Reedereien den wenig strengen rechtlichen Rahmen der Flaggenstaaten ausnutzen, indem ihre Angestellten regelmäßig zehn bis zwölf Stunden pro Tag arbeiten müssen und dafür oft nur Stundenlöhne zwischen 2,65 EUR und 4,40 EUR erhalten. Freie Tage gibt es oft monatelang nicht. Alle von der

Stiftung Warentest untersuchten Kreuzfahrtschiffe wurden daher in dieser Kategorie nur mit „ausreichend" bewertet.

Dass diese Fragen in der Kreuzfahrtindustrie bislang schlecht geregelt sind, hat mit ihrer Internationalität zu tun. So wird argumentiert, dass einzelne Länder hier mit nationalen Regelungen wenig ausrichten können. Doch wäre zum einen eine *EU-weite Regelung* sicherlich realisierbar – immerhin gehört Malta zur EU – und ein erster guter Ansatz (so wie auch der Emissionsrechtehandel EU-weit vereinbart wurde, siehe Abschnitt 11.5.4), zum anderen kann man auch als einzelnes Land hinterfragen (und verhindern), dass Schiffe im Hafen anlanden dürfen, die in Steuerparadiesen registriert sind und arbeitsrechtliche Mindeststandards nicht gewährleisten. Die Regeln z. B. der Europäischen Menschenrechtskonvention könnten angewendet werden.[18]

11.3.3 Ökologische Probleme

Tourismus als „Landschaftsfresser"

Der Tourismus verursacht Flächenverbrauch und Landschaftsversiegelung: Die Landschaft wird zu Erholungszwecken zersiedelt; Naturlandschaft wird in Freizeitgelände gewandelt. Eine speziell von Touristen genutzte und gegen die Einheimischen abgeschirmte Infrastruktur beschränkt die Bewohner einer Region in ihrer wirtschaftlichen und soziokulturellen Entfaltung. So lassen die Privatstrände von Hotels die Einwohner der Touristendestination außen vor, versperren ihnen sogar den für manche Branchen wie Fischerei lebenswichtigen Zugang zum Meer. In manchen Tourismusorten verschandeln nicht fertiggestellte Hotelanlagen als Bauruinen die Landschaft.

Tourismusinduzierte Ressourcenverbräuche, Müll und Verschmutzungen

Die permanente ökologische Belastung steigt direkt durch das Verhalten der Urlauber (Abfälle, Abwasser, Abgase, Zertreten und Überfahren von Pflanzen und Tieren, Lärm etc.). Gerade manche Inseln kämpfen mit den Massen an tourismusinduziertem Müll. Selbst heute noch werden viele Abwässer ungeklärt in die Meere eingeleitet. Ein besonderes Problem, dass seit etwa 2010 und besonders verstärkt seit 2018 in das Bewusstsein rückt, ist die Belastung der Meere und damit der Nahrungskette für Tiere und auch für den Menschen durch sog. *Mikroplastik*, also sehr kleine Kunststoffteilchen, die einerseits durch das Zersetzen von nicht gesammeltem und nicht verwertetem Plastikmüll insbesondere in den Meeren entsteht, andererseits aber auch bereits in Konsumprodukten (z. B. Kosmetika) eingearbeitet ist und so in den Abfallkreislauf gelangt. Auch der Abrieb von Kunststoffpartikeln aus synthetischer Kleidung beim Waschen, von Autoreifen beim Fahren etc. führt zu Mikroplastik, das über die Abwasserkanäle oder Winde bis in die Meere gelangt. Ohne Zweifel tragen auch Touristen

---

18 Siehe Deutscher Bundestag 2018, S. 2.

dazu bei, dass Plastikmüll und damit letztlich Mikroplastik vermehrt wird. Einwegverpackungen am Frühstückstisch in Hotels, Minifläschchen für Shampoo und Bodylotion im Badezimmer, der Plastikbeutel beim Souvenireinkauf, die in Plastik verpackten Badelatschen des Hotels, Plastikwasserflaschen für unterwegs etc. sind eine Ursache des Problems. Einen weitaus größeren Anteil am weltweit vagabundierenden Plastikmüll als die Touristen dürften jedoch die Einwohner derjenigen Länder haben, in denen Umweltschutz und Mülltrennung keinen so hohen Stellenwert haben, wie ihn die meisten deutschen (europäischen?) Touristen gewohnt sind und ihn auch im Urlaub leben (wollen).

Die Deutschen sind es gewohnt, zu Hause ihren *Abfall* in x verschiedene Sorten zu trennen; vieles spricht dafür, dass sie dieses Verhalten nicht ohne Not im Urlaub komplett ändern und plötzlich zu „touristischen Umweltschweinen" werden. Ausgelassene Touristenhorden in Partyhochburgen, die ihre leeren Bierdosen achtlos auf die Straße werfen, bilden sicherlich die Ausnahme. Möglicherweise sind auch Urlauber aus anderen Quellmärkten weniger umweltsensibel und insbesondere weniger „müllaffin". Gleichwohl: Auch der deutsche Urlauber schmutzt, solange er reist – und das ist menschlich. Er würde aber auch schmutzen, wenn er zu Hause bliebe. Der Mensch schmutzt sogar, solange er lebt, und selbst nach seinem Ableben muss er noch auf speziellen Flächen „entsorgt" werden ...

Der Tourismus kann zu einem erhöhten *Wasserverbrauch* und Abwasseraufkommen führen. Gerade in Gebieten, die unter großer Trockenheit leiden, konkurrieren dann die Tourismusindustrie und die Touristen einerseits und andere Wirtschaftszweige, insbesondere die Landwirtschaft, und die Einheimischen andererseits um das Wasser. Wasserknappheit in trockenen Regionen ist oft die Folge. So melden Mallorca, die Kanaren oder auch Bali immer wieder Wasserknappheit.

Auf modernen Kreuzfahrtschiffen entsteht sehr viel Müll, auch aus Essensresten und nicht verbrauchten Speisen. Groß ist insbesondere die Lebensmittelverschwendung, da auch der letzte Gast noch ein gut befülltes Buffet vorfinden soll. Der anfallende Müll wird an Bord getrennt und größtenteils später an Land entsorgt. Die Aufbereitung des Mülls soll die Umwelt schonen, und sie spart Geld, denn alles, was an Bord entsorgt wird, muss nicht in den Häfen an Fremdfirmen zur Entsorgung übergeben werden. Zum Beispiel werden Flüssigkeiten aus Essensresten herausgepresst, gereinigt und ins Meer geleitet. Dies ist ab zwölf Meilen außerhalb einer Küste erlaubt.[19] Zudem können Kreuzfahrtschiffe zum Problem der *Bioinvasion* beitragen, v. a. durch das sog. *Ballastwasser*, das dazu genutzt wird, die Schiffe zu stabilisieren. Es wird an bestimmten Orten bzw. zu bestimmten Situationen im Schiff aufgenommen und an anderen Orten wieder abgelassen. Dies kann zu einer Bioinvasion führen, da kleine Organismen im Ballastwasser über große Entfernungen von ihrer

---

19 Regelungen laut MARPOL-Abkommen, Anlagen IV und V. Dies ist ein internationales Übereinkommen von 1973 (1983 in Kraft getreten) zur Verhütung der Meeresverschmutzung durch Schiffe.

angestammten Region in eine andere verfrachtet werden und dort die heimischen Arten bedrohen können.

Auch der *Skitourismus* gerät wegen seines *hohen Wasser- und Energieverbrauchs* bei sog. Kunstschneeanlagen in die Kritik. Sollen Skireiseveranstalter Skigebiete mit Schneekanonen meiden? Sollen die Skiorte auf solche Beschneiungsanlagen verzichten? Argumentiert wird mit dem hohen Wasser- und Energieverbrauch dieser Anlagen, wobei der Strom gerade in jener Zeit benötigt wird, zu der ohnehin die Spitzen des Energiebedarfs liegen, nämlich an kalten Winterabenden. Dem entgegnen die Befürworter, dass z. B. das Wasser dem Kreislauf ja bei der Schneeschmelze wieder zugeführt wird. Behaupten die Gegner, die Beschneiungsanlagen würden mit Stickstoff-Düngemitteln oder Kältebakterien arbeiten, betonen die Befürworter, dass zumindest in Deutschland das Wasserschutzgesetz das Hinzufügen fremder Stoffe beim technischen Erzeugen von Schnee verbietet und insofern der Kunstschnee nur aus Wasser und kalter Luft bestehe.[20] Das Wasser aus Oberflächengewässern und der Trinkwasserversorgung habe jedoch eine andere chemische Zusammensetzung als Regenwasser, kontern daraufhin Gegner. Kunstschnee sei kompakter als Naturschnee und schädige (ersticke) die darunter liegende Vegetation. Wer hat nun recht? In Europa gibt es ca. 40 Mio. aktive Skifahrer, in Deutschland sind es ca. sieben Mio. Von dieser Wintersportindustrie hängen Tausende Arbeitsplätze ab; gerade Menschen ohne höhere Ausbildung können an den Liftanlagen tätig werden. Soll darauf verzichtet werden?

Sicherlich ist es nicht vertretbar, ganze Pisten oder gar Skigebiete künstlich zu beschneien; dies insbesondere, wenn die Skisaison unbedingt schon im Oktober bei noch hohen Außentemperaturen gestartet werden soll[21] oder wenn damit dauerhaft versucht wird, dem Klimawandel, der eine höhere Schneefallgrenze bewirkt, entgegenzutreten. Aber heute produzieren *fast alle europäischen Skigebiete* mindestens zeitweise Kunstschnee, den sie mit Wasser aus großen Speicherseen herstellen. Erscheint es nicht sinnvoll, gerade an den immer wieder von Skianfängern „abgerutschten" Pistenengpässen für eine ausreichende Schneedecke zu sorgen? Maschinell erzeugter Schnee kann die Vegetation punktuell vor mechanischen Schäden schützen. Welche Auswirkung hätte es, wenn ein einzelner Veranstalter oder ein einzelner Skiort Verzicht üben würde (Gefangenendilemma)[22]?

Im Übrigen entfällt ein Großteil der Umweltbelastung bei einem Winterurlaub auf den CO_2-Ausstoß bei der *Anreise*, die – sieht man von einigen veranstalterorganisierten Busskireisen und ganz wenigen Bahnreisenden ab – meist mit dem privaten Pkw

---

20 Vgl. Hirt 1993.

21 Manche Skigebiete setzen, wenn die Temperaturen noch zu warm für den Einsatz von Schneekanonen sind, auch auf „Schnee von gestern", indem sie in Depots gelagerten Schnee aus dem vorherigen Frühjahr nutzen und verteilen („Snowfarming") – so z. B. geschehen in Kitzbühel im Oktober 2018 bei mehr als 20 °C Außentemperatur.

22 Zur Übertragung des spieltheoretischen Ansatzes des Gefangenendilemmas auf tourismusinduzierte Nachhaltigkeitsprobleme siehe Kirstges 2019, Kap. 7.1.

erfolgt. Die individuelle Ökobilanz des Skiurlaubers wird somit auch von der Anreiseart, der Reisedauer, auf die sich die Anreisebelastung verteilt und somit im Vergleich zum Urlaubsnutzen relativiert, von der Skireisehäufigkeit und der Auswahl des Skiorts beeinflusst.

Tourismusinduzierte Energieverbräuche und Emissionen
Tourismus belastet die Umwelt durch den Verbrauch von Rohstoffen (insbesondere fossilen Energieträgern) und durch Emissionen, dies während des Ferienaufenthalts im Zielgebiet, insbesondere aber aufgrund der *Beförderung* der Urlaubsgäste bei der Hin- und Rückreise zur Feriendestination. Pkws, der Flugverkehr und Kreuzfahrtschiffe verbrauchen fossile Kraftstoffe und verursachen Emissionen. Die beiden Aspekte Flug- und Kreuzfahrtschiffsverkehr werden im Folgenden exemplarisch vertieft.

Schätzungen gehen davon aus, dass der *weltweite Luftverkehr* zu ca. 5 % zur globalen Erwärmung beiträgt. Da Flugzeuge insbes. Kohlendioxid (CO_2), Stickoxide (NO_x) und Wasserdampf in großer Höhe ausstoßen, ist die negative Klimawirkung besonders stark. Die Atmosphäre unserer Erde ist in verschiedene Schichten unterteilt, die unterschiedlich stark durch Schadstoffe aus unterschiedlichen Quellen belastet werden können. Während die *bodennahe Luftschicht* (Troposphäre) durch die schädlichen Abgase insbesondere von Kraftfahrzeugen mit Verbrennungsmotor belastet werden, sind es in der sog. *Stratosphäre* in ca. acht bis fünfzig Kilometern Höhe, je nach Region auf der Erde, Flugzeuge, die Schadstoffe in dieser großen Höhe freisetzen und die Atmosphäre schädigen. Die Stickoxide fördern die Bildung von *Ozon*, dem Gas, das zum sog. *Treibhauseffekt* beiträgt. Als nachteilig können sich auch die Wolkenbildung durch Wasserdampf, den die Triebwerke ebenfalls als Verbrennungsprodukt ausstoßen, Ruß- und Kleinpartikelemissionen erweisen. Da man diese Effekte allerdings nur sehr schwer, den CO_2-Ausstoß hingegen einigermaßen zuverlässig messen kann, wird – vereinfacht ausgedrückt – der Gesamtklimaeffekt des Fluges über einen Hochrechnungsfaktor zum CO_2-Ausstoß angegeben (*RFI-Faktor = radiative forcing index*) und – im Falle einer Klimaschädenkompensation – mit Kosten/Preisen versehen. Unterschiedliche Anbieter von *Kompensationslösungen* (z. B. myclimate, atmosfair; siehe dazu Abschnitt 11.5.4) arbeiten jedoch mit unterschiedlichen RFI-Faktoren, was deren Kompensationspakete für identische CO_2-Belastungen (identische Flüge) unterschiedlich teuer macht. Je nach Berechnungsansatz, Einbeziehung der weiteren Effekte und Prozesse beim Flug lässt sich ein RFI-Faktor in Höhe von 1,9 bis 4,7 realistisch berechnen. Der Weltklimarat empfiehlt den RFI-Wert 3, mit dem z. B. atmosfair kalkuliert.

Als Düsentreibstoff wird wegen seines hohen Brennwerts *Kerosin* eingesetzt. Bei der Verbrennung von Kerosin wird u. a. Kohlendioxid (CO_2) freigesetzt. Ein „normaler" Passagierjet (z. B. eine Boing 747) verbraucht 2.000 bis 15.000 Liter Kerosin pro Stunde, womit das Flugzeug rund 900 km weit fliegt. Ein Airbus A380 verbraucht auf seinem ca. 6.000 km langen Flug zwischen Frankfurt und New York ca. 115.000

Liter Kerosin – für ca. 500 Passagiere. Das ist absolut gesehen viel. Pro 100 Passagierkilometer ist der *Verbrauch* durch gängige Flugzeugtypen aber von ca. sieben Litern in den 1960er-Jahren auf heute ca. zwei bis vier Liter pro 100 Passagierkilometer (je nach Typ, Gesamtstrecke, Größe und Auslastung) gesunken. Möglich wurde dies durch technische Verbesserungen wie effizientere Triebwerke, leichtere Materialien oder die Nutzung sog. Winglets (besonders geformte Flügelenden). Moderne und vollbesetzte Großraumflugzeuge verbrauchen heute auf längeren Flugstrecken, durch die sich der hohe Verbrauch beim Start relativiert, nur knapp vier Liter Kerosin pro Passagier und 100 Flugkilometern. Das ist relativ wenig. Auch die Art des Fliegens, z. B. die Streckenführung ohne (luftraumbedingte) Umwege, die Höhe des Fluges (die Temperatur der Luftschichten beeinflusst die Bildung von Kondensstreifen), Warteschleifen vor der Landung, die Art des Landeanflugs oder kürzere Rollwege auf dem Flughafen haben einen Einfluss auf den Energieverbrauch und die Emissionen.

Auch der *Energieverbrauch von Kreuzfahrtschiffen* ist relativ hoch. Er ist u. a. abhängig von der Größe des Schiffs, wobei größere Schiffe tendenziell effizienter sind als kleine. Erzeugt wird die benötigte Energie v. a. durch Motoren, die oft mit sog. *Schweröl* betrieben werden, was zu enormen Luftbelastungen führt. Noch belastender als die flugzeugbedingten Emissionen sind deshalb die Abgase von Container- und Kreuzfahrtschiffen, die größtenteils dieses Schweröl[23] nutzen. Neben Stickoxiden und anderen Schadstoffen werden dabei *Schwefel und Ruß* als *Feinstaubpartikel* in großen Mengen ausgestoßen. Auf Kreuzfahrtschiffen selbst lassen sich – je nach Position auf dem Schiff, z. B. hinter dem Schornstein – bis zu 450.000 Feinstaubpartikel je Kubikzentimeter Luft messen. In Stuttgart liegen die Werte selbst am viel befahrenen Neckartor an einem Tag mit Feinstaubalarm unter 10.000. Hinzu kommen Belastungen durch andere Schadstoffe. Die Belastung durch Feinstaub und andere Emissionen betrifft nicht nur die Menschen auf den Schiffen selbst und die Hafenstädte, sondern auch weiter entfernt liegende Landesteile, da die abgashaltige Seeluft auch ins Binnenland zieht.

Kritiker sehen die Ozeanriesen aufgrund der Nutzung von Schweröl daher als schwimmende Müllverbrennungsanlagen. Selbst wenn es – wie auf Nord- und Ostsee – gesetzliche Grenzwerte für die Emissionen gibt,[24] betragen diese ein Vielfaches der bspw. für Pkws und deren Treibstoffe zugelassenen Werte. Wer einmal bei einem fahrenden Kreuzfahrtschiff in die Abgasrauchfahne am Heck des Schiffs geraten ist, spürt sofort den beißenden Geruch und die Belastung der Lungen. Mediziner inkl. der Weltgesundheitsorganisation WHO sehen die ausgestoßenen Schadstoffe und den

---

23 Schweröl (auch Bunkeröl, Bunker C, HFO) ist eine Art Abfallstoff aus der Mineralölverarbeitung. Der Schwefelanteil durfte/konnte bis zu 4,5 % (ab 2012 bis zu 3,5 %) Massenanteil betragen (vgl. Heizöl für Haushalte: 0,05 % bis max. 1 %; Pkw-Diesel max. 0,01 %). Seit 2020 gilt für Reedereien weltweit eine auf max. 0,5 % beschränkte Schwefelobergrenze. In Nord- und Ostsee sind die Auflagen noch strenger.
24 Die Grenzwerte werden im sog. MARPOL-Abkommen international geregelt.

Feinstaub als krebserregend an. Viele Reedereien versuchen, mit Abgasreinigungssystemen (sog. Scrubbern) die Emissionen zu verringern. Bis etwa 2013 waren diese jedoch kaum verbreitet.

In den meisten Häfen der Welt dürfen Schiffe beim Anlegen zwar nicht mehr mit Schweröl betrieben werden, doch verfügen nur wenige Häfen über sog. *Landstromanschlüsse*, sodass die meisten Schiffe während der Liegephasen z. B. mit Schiffsdiesel betrieben werden müssen. So werden auch die Hafenstädte und deren Umland durch die Abgase belastet. Schiffsemissionen in den deutschen Küstenstädten wie Hamburg sind noch *in Berlin messbar*. Diese Belastung der Städte wird aber nicht nur durch die großen Kreuzfahrtschiffe, sondern auch durch die zahlreichen kleinen Passagierschiffe, Ausflugsdampfer, Sightseeing-Boote, Schlepper, Flusskreuzfahrtschiffe etc. auf den Binnengewässern verursacht. Erst wenige kleinere Schiffe wie Fähren fahren mit Elektroantrieb und nur sehr wenige Schiffe fahren durchgehend oder zumindest weitgehend mit saubereren Kraftstoffen wie Diesel oder gar LNG.[25]

Die AIDAprima verfügt als erstes Kreuzfahrtschiff seit Mai 2016 über einen Dual-Fuel-Motor, wodurch das Schiff während der Hafenliegezeiten (= ca. 40 % der Betriebszeit) emissionsarm *LNG* nutzen kann. AIDA gibt an, dass die AIDAprima während der Nutzung von LNG 20 % weniger CO_2 ausstößt als bei der Verbrennung von schwefelarmem Marinegasöl; Stickoxide werden um 80 % reduziert und der Ausstoß von Schwefeloxiden und Rußpartikeln wird nahezu gänzlich vermieden. Die AIDAnova ist das erste Kreuzfahrtschiff, das seit 2019 komplett mit dem emissionsärmeren LNG betrieben werden kann. Voraussetzung für den Betrieb mit LNG ist natürlich auch, dass dieser Treibstoff in den verschiedenen Häfen der Welt verfügbar ist. Landseitig ist dies noch keinesfalls überall möglich; ggf. kann ein LNG-Schiff wie die AIDAnova jedoch über Bunkerschiffe betankt werden.

Diese Beispiele zeigen, dass der Tourismus keineswegs die „weiße Industrie" ist, als die er gerne bezeichnet wird. Zwar qualmen neben den Verwaltungsgebäuden der Reiseveranstalter keine Schornsteine, doch wird die Umweltbelastung schlicht auf die Meere oder in die Zielgebiete exportiert.

11.3.4 Individuelle, psychologische Probleme

Reisen kann erholsam sein und gesund halten bzw. machen, aber es kann auch negative Auswirkungen auf die Psyche des einzelnen Urlaubers haben. In hoch ent-

---

25 LNG = liquefied natural gas = Flüssigerdgas. So wird durch Abkühlung verflüssigtes und in seinem Volumen komprimiertes Erdgas bezeichnet. Zwar benötigen die Gewinnung und Kühlung auch Energie, doch gilt diese Form der Gasvorhaltung letztlich als effizient; siehe Wurster/Weindorf et al. 2014, S. 68. Letztlich ist LNG aber auch ein fossiler Energieträger und damit umweltbelastend und nur begrenzt verfügbar. Langfristig müssen also andere Schiffsantriebe (z. B. elektrostrombasiert unter Nutzung erneuerbarer Energien) entwickelt werden.

wickelten Konsumgesellschaften herrscht ein regelrechter, objektiv vorhandener oder zumindest subjektiv empfundener *Reisezwang: Urlaub gilt als „Prestigegut"*, das man haben muss und mit dem man sich von anderen differenzieren kann. Die gesellschaftliche Anerkennung bleibt dem verwehrt, der die großen Sommerferien zu Hause auf „Balkonien" oder in unspektakulärer Weise verbracht hat. Bewundert (und beneidet) wird derjenige, der von seinen ausgefallenen, exotischen, besonderen, teuren und vermeintlich einzigartigen Reisen in ferne Länder berichten bzw. noch besser – dank des stündlichen Postens von Selfies – bei jeder Gelegenheit seine Fangemeinde live daran teilhaben lassen kann. Spätestens nach der Heimkehr muss man den Erfolg seiner Reise mit tollen Fotos und einer einheitlichen Hautbräunung belegen.

Der *Freizeitstress* beginnt schon mit der oft anstrengenden Anreise in den Urlaub durch den überbordenden Verkehr – die vielen sog. Individualtouristen stehen im kilometerlangen Pkw-Stau – oder die durch Wartezeiten zerstückelte, hektische Anreisezeit mit öffentlichen Verkehrsmitteln. Fliegen mag, wenn man keine Flugangst hat, ja Spaß machen, aber das Drumherum dürfte kaum das Urlaubsvergnügen steigern. Endlich am Reiseziel angekommen, zeigt sich das Paradoxon der *Massengesellschaft*: Die Flucht aus der Masse im engen deutschen Ballungsgebiet führt wieder in die Masse am überfüllten Urlaubsort (siehe Abschnitt 11.3.5 zum Overtourismus). Konflikte zwischen verschiedenen Touristengruppen, die unterschiedliche Freizeitaktivitäten in derselben Destination verfolgen, brechen auf. Dies alles führt zu einem eingeschränkten Erholungswert des Urlaubs. Kritische, demotivierende und frustrierende Zwischenfälle wie schlechtes Wetter, Krankheit im Urlaub/Sonnenallergie/Sonnenbrand, Streit mit Mitreisenden etc. verstärken den Urlaubsstress.

Auch aufseiten der Bereisten in den Zielgebieten können sich soziale und individuell-psychologische Probleme zeigen. Sie entstehen besonders dann, wenn sich der durch die Touristen gezeigte *Lebensstandard* und *Lebensstil* deutlich vom üblichen Lebensstandard der einheimischen Bevölkerung unterscheidet. Es kann zu einer Überfremdung und Gentrifizierung kommen, wenn die Zahl der Urlauber die der Wohnbevölkerung übersteigt. Die Einwohner fühlen sich dann fremdbestimmt und unterlegen. Dies führt zu sozialen Spannungen, die in Aggression – auch gegenüber den Touristen – ausufern können. Oder es kommt zu einer *Akkulturation* in Form einer invertierten Assimilation, indem die Einheimischen die Lebensstile und Konsumgewohnheiten der Gäste übernehmen (statt umgekehrt, wie es bei einer „normalen" Assimilation der Fall wäre), wodurch ihre eigene Kultur auf der Strecke bleibt oder nur noch inszeniert wird. Wird der lokale öffentliche Raum mehr und mehr eingeschränkt und globalisiert, verlieren Städte eine wichtige kulturelle Ressource und am Ende ihre angestammte Kultur und ihr spezifisches Lebensgefühl. Die Stadt als Lebensraum und sozialer Korpus wird mittels einer *touristischen Monokultur* zerstört. Auch die Touristen haben dabei etwas zu verlieren, denn die Orte, die sie besuchen wollen, sind in ihrer Originalität letztlich gar nicht mehr vorhanden. Touristen fotografieren sich dann eher gegenseitig, als dass sie „echte" Einwohner zu Gesicht bzw.

vor die Kamera bekommen. Diese Gefahr der Gentrifizierung besteht v. a. angesichts des sog. Overtourismus.

11.3.5 Overtourismus

In der Jahren 2017/2018 verging keine Tourismustagung, ohne dass der Neologismus „Overtourism" (eingedeutscht „Overtourismus" oder „Übertourismus") das Podium prägte. Auch die Publikumsmedien thematisierten dieses vermeintlich neue Phänomen mehr und mehr. Der „Übertourismus" meint die zeitweise Übervölkerung einer touristischen Destination durch zu viele Touristen – wie auch immer „Destination" und „zu viele" definiert sein mag – und impliziert die damit verbundenen (und in den vorhergehenden Kapiteln angedeuteten) ökologischen, sozialen, kulturellen und wirtschaftlichen Probleme des *Massentourismus*. Wenn zu viele Touristen eine Destination geradezu überrennen, dann fühlen sich die einheimischen Einwohner überfremdet und von den Touristenmassen aus ihrem eigenen Lebensumfeld verdrängt. Touristische Hotspots sind überfüllt, die *Preise* steigen durch die hohe Kaufkraft der Gäste, *Mieten* für Wohnungen und Ladenlokale steigen, *Wohnraum* wird als Ferienunterkunft zweckentfremdet (Airbnb und andere Vermittlungsdienstleister freuen sich), die *Sozialstruktur* in den Stadtvierteln ändert sich, angestammte Geschäfte für Produkte des täglichen Bedarfs weichen Souvenir- und Fastfoodläden, die *Kultur* wird verdrängt, *ökologische Probleme* durch Müll, Abgase, Wasserverbrauch etc. werden verstärkt. Dabei ist das Zuviel keine absolut definierbare Größe, sondern ergibt sich in Relation zu der Aufnahmekapazität einer Destination: Fünf Kreuzfahrtschiffe, die gleichzeitig 20.000 Urlauber „ausspucken", sind für Venedig zu viel; die gleiche Zahl ist für Miami (als weltgrößter Kreuzfahrthafen) hingegen ein Klacks.

Nun ist die Wahrnehmung dieser tourismusinduzierten Problematik des Overtourismus keinesfalls neu: Wie die einführenden Kapitel darlegen, wurde der „harte Tourismus" bereits in den 1980er-Jahre von Tourismusforschern kritisiert. 1992 erschien dazu das Buch „Sanfter Tourismus" des Verfassers dieses Kapitels in der Erstauflage und bereits rund 20 Jahre vor dem Aufkommen des Overtourismus-Begriffs wurden Urlauber in Indonesien von der aufgebrachten Bevölkerung mit Pfeil und Bogen „begrüßt" und wehrten sich die Mallorquiner gegen den Ausverkauf ihrer Insel. Auf jeden Fall nahm der *„Aufstand der Bereisten"* in Einzelfällen schon vor Jahrzehnten konkrete Formen an, aber er hat sich in den letzten Jahren deutlich verstärkt!

Verstärkt hat sich und akut geworden ist das Overtourismus-Problem durch eine Überlagerung mehrerer Effekte in bestimmten Destinationen:

– Das *Touristenaufkommen* wächst, insbesondere auch aus früher wenig relevanten Quellmärkten (z. B. aus Asien).

– Der *Individualtourismus*, insbesondere gefördert durch Billigflüge und Privatunterkunftsangebote, die z. B. durch den Marktführer Airbnb vermittelt werden, führt in vielen Destinationen zu Problemen (z. B. Mietpreissteigerungen, Wohnungsknappheit).

– Der *Kreuzfahrttourismus* wuchs stark an und konzentriert sich auf bestimmte Hafenstädte, die i. d. R. nur für einen Tag angelaufen werden.

– Weitere *Tagestouristen* (Ausflügler) aus umliegenden Tourismusorten wollen für einen Tag die Hotspots besuchen und konzentrieren damit die Nachfrage auf wenige Sehenswürdigkeiten und ein bestimmtes Zeitfenster.

– Der Wunsch der für die Destinationen Verantwortlichen nach wirtschaftlichem Wachstum, oft ohne demokratische Abstimmung/Einbeziehung der lokalen Bevölkerung, teilweise inkl. Spekulation und Korruption, führt zu einem unkontrollierten *Immobilienbauboom*.

– Die rasche Bekanntmachung von (vermeintlich) unbedingt sehenswerten *Hotspots* dank der sozialen Medien (Facebook seit 2004, Youtube seit 2005, WhatsApp seit 2009, Instagram seit 2010, Snapchat seit 2011) und Filmen (Film-/Drehorttourismus) führt zu einer plötzlich steigenden Nachfrage nach räumlich begrenzten Reisedestinationen.

Seit etwa 2010 haben umfangreichere und nicht mehr übersehbare *Proteste* als Reaktion auf den Tourismus bzw. eine touristische Übernutzung auch für die deutsche Reiseveranstalterbranche wichtige Destinationen erreicht. Proteste manifestieren sich in Venedig, Barcelona, Palma de Mallorca oder Dubrovnik gegen die Kreuzfahrtschiffe, oder in Rom, Amsterdam oder auf Mallorca gegen die Zweckentfremdung von Wohnraum und unangemessene Verhaltensweisen der Besuchermassen. Sie richten sich generell gegen die Zunahme der weltweiten Touristenströme, insbesondere der Individualtouristen, die die vermehrten Angebote von Billigfluggesellschaften und Privatvermietern (insbes. via Airbnb) nutzen. Dabei fangen Quellmärkte wie Indien oder China gerade erst an, ihre Urlauber in die weite Welt zu senden, auch wenn das Coronavirus im Winter/Frühjahr 2020 den Tourismus weltweit großteils zum Erliegen gebracht hat – die „Touristifizierung" der Welt wird also noch zunehmen. Der „Overtourism" wird vor diesem Hintergrund zum Schlagwort für eine Problematik, die hochdramatisch wirkt, jedoch keinesfalls neu ist.

Zudem muss man das Overtourismus-Phänomen relativieren: Es betrifft nur einige touristische Hotspots auf der Welt und diese oft nur zu bestimmten Zeiten (nur wenige haben das ganze Jahr über Hochsaison). So sind u. a. folgende Destinationen hinsichtlich ihres Overtourismus-Problems bekannt:

– *Venedig* (Kreuzfahrttourismus, Wohnraumzweckentfremdung („Airbnb-Tourismus") und Tagestouristen),

– *Mallorca* und speziell die Hauptstadt Palma de Mallorca (Kreuzfahrttourismus, Wohnraumzweckentfremdung („Airbnb-Tourismus"), Zweitwohnungseigentümer, Kurzreisentourismus durch Billigairlines),

– *Barcelona* (Kreuzfahrttourismus, Wohnraumzweckentfremdung („Airbnb-Tourismus"), Tagestouristen, Kurzreisentourismus durch Billigairlines),

- einige weitere spanische Städte wie *Bilbao, San Sebastian oder Madrid* (Wohn-raumzweckentfremdung („Airbnb-Tourismus")),
- *Dubrovnik* (Kreuzfahrttourismus, Tagestouristen),
- *Amsterdam* (insbes. viele „Party- und Rotlichttouristen" unter den jährlich ca. 18 Mio. Touristen),
- einige *Stadtteile* von *Lissabon, Salzburg, Berlin, Hamburg* und anderer Städte; auch kleinere Orte wie *Hallstatt* im Salzkammergut (das v. a. von asiatischen Touristen „überflutet" wird) oder *Passau* (das vom Flusskreuzfahrttourismus pro-fitiert bzw. unter jährlich ca. 300.000 Kreuzfahrturlaubern leidet und in seiner Sozial- und Geschäftestruktur verändert wird),
- *Island* (seit 2016 v. a. hohe Nachfrage durch asiatische Touristen),
- einige *norwegische Fjorde* und dort angesiedelte kleine Orte (Kreuzfahrttouris-mus),
- einige Teilregionen und spezielle Sehenswürdigkeiten (wie z. B. die griechische Insel *Santorin*, der italienische *Gardasee*, der *Machu Picchu* in Peru oder das *Taj Mahal* in Indien),
- zeitweise einzelne Orte und Sehenswürdigkeiten, die z. B. aufgrund einer plötz-lichen erhöhten Aufmerksamkeit in den sog. sozialen Medien zum Touristenma-gnet werden, so z. B. der *Lago di Braies* (Pragser Wildsee) in Südtirol, nachdem 2018 Zehntausende Fotos auf Instagram publiziert wurden und aufgrund der „In-stagramability" immer mehr Touristen dorthin wollten, sodass im Sommer 2018 sogar die Zufahrtsstraße gesperrt werden musste. Auch der Felsvorsprung *Troll-tunga* in Norwegen ist so ein Ort, an dem die Besucherzahl von wenigen Hundert auf ca. 40.000 im Jahr 2014 stieg. Ähnlich erging es 2017 dem Schweizer *Verzas-catal* oder – seit 2015 nach einigen „Must-have-seen"-Medienmeldungen – dem Schweizer *Berggasthof Aescher*. Solche kurzfristigen Hypes flauen jedoch meist nach einigen Monaten (oder Jahren) wieder ab.

Innerhalb mancher Destinationen sind es dann wieder ganz bestimmte Hotspots, die besonders überlaufen sind, wie z. B. der Markusplatz in Venedig, die Promenadenstra-ße La Rambla in Barcelona, die Altstadt von Dubrovnik oder der Piazza della Signoria mit u. a. dem Palazzo Vecchio in Florenz. Dies verwundert nicht, werben die Städte doch bevorzugt mit genau diesen Sehenswürdigkeiten, sodass jeder Tourist bei sei-nem Stadtbesuch genau diese sehen möchte. Es gibt bereits „Not-to-go-Listen", die vom Besuch bestimmter Destinationen abraten. Reiseveranstalter sind alleine schon zur Sicherung ihrer Produktqualität gut beraten, ihre Gästegruppen außerhalb von Stoßzeiten zu solchen Sehenswürdigkeiten zu führen, den Aufenthalt in den überlau-fenen Stadtzentren zu kürzen und das Umland stärker in das Programm einzubezie-hen.

Doch selbst an diesen vom Overtourismus bedrohten touristischen Hotspots äu-ßert nur eine Bevölkerungsminderheit ihren Unmut, während viele auch in den be-troffenen Destinationen direkt und indirekt vom Tourismus wirtschaftlich profitieren und ihn begrüßen. Diejenigen, die vom Tourismus profitieren, leben aber oft nicht in den betroffenen überlaufenen Stadtvierteln, und diejenigen, die an den Hotspots die Nachteile der touristischen Attraktivität ihres Wohngebiets spüren müssen, profitieren nicht unbedingt unmittelbar vom Tourismus. So kann es dazu kommen, dass *Gewinne* aus dem Tourismus *privatisiert*, seine *negativen Folgen* aber *sozialisiert* werden. In der Folge können die Belastungen des Besucheransturms einen Graben durch die Bevölkerung einer Destination ziehen und Konflikte hervorrufen. Tendenziell sind es eher die älteren Einwohner, die ihre Stadt noch ohne Massentourismus erlebt hatten und in unterschiedlichen Branchen tätig waren, die sich über diesen Massentourismus beschweren und sich gegen die Strukturveränderungen wehren; die jüngeren Einwohner begrüßen eher die „Weltoffenheit" ihrer Heimat und die vermehrten Arbeitsplätze im Tourismus. Der Massentourismus ist aber nun mal ein Effekt der freiheitlichen Gesellschaftsordnung in Europa. Dazu gehört die *Reisefreiheit* ebenso wie die *Freiheit der Demonstration* gegen den Tourismus, und das ist grundsätzlich auch gut so. Jeder will dorthin, wo es vermeintlich oder tatsächlich schön ist. Die Konsequenz ist dann aber eben das massenhafte Reisen. In der Folge sind nicht nur die Einwohner, sondern auch die Touristen selbst Opfer der Attraktivität eines Ortes. Dies bewirkt einen ähnlichen Effekt wie das Im-Stau-Stehen auf der Autobahn: Man beschwert sich darüber und ist unzufrieden, ist aber gleichzeitig (beim Overtourismus sowohl als Gast als auch als direkt oder indirekt profitierender Einheimischer) Teil davon und Mitverursacher.

Gleichwohl kann und sollte die Tourismusindustrie Maßnahmen zur Verminderung der Probleme ergreifen. Handlungsfähige Akteure sind hier weniger die (deutschen) Reiseveranstalter als vielmehr die regionalen und lokalen Tourismusorganisationen und politisch Verantwortlichen in den Destinationen. Grundsätzliche Steuerungsmechanismen sind

- *marktwirtschaftliche Maßnahmen* wie Verteuerung/Erhöhung des Marktpreises sowie
- *ordnungspolitische Maßnahmen* wie Verbote, Auflagen und Einschränkungen, quantitative Beschränkungen, Verknappung und Kontingentierung.

Die UNWTO hat im September 2018 *Strategien und konkrete Maßnahmen* gegen den Overtourismus vorgeschlagen, so u. a.:[26]

- eine bessere geografische Verteilung der Gäste,
- die Förderung von unbekannteren Gästerouten und Attraktionen,
- Regulierungen und Beschränkungen,
- Infrastrukturverbesserungen,
- die Einbindung der lokalen Bevölkerung und deren Interessengruppen sowie
- die Information und Sensibilisierung der Gäste.

---

26 Siehe UNWTO 2018.

Einige Städte gehen bereits aktiv gegen (illegale) Privatvermietungen via Airbnb vor. Städte, die dies reduzieren möchten, verlangen z. B. Lizenzen für Ferienwohnungsvermietung und/oder fordern die Erfüllung von Auflagen. Städtische Kontrolleure durchforsten die Airbnb-Angebotsseiten nach nicht genehmigten Vermietungen. Unterstützt werden die Behörden dabei von Hotelbetreibern, die die private Vermieterkonkurrenz gerne reduziert sehen würden.

Allerdings können die Kontrolleure gar nicht den gesamten Markt überblicken. Sie können nur Stichproben vornehmen, und die Datenschutzgesetze verbieten es ihnen, die Personalangaben der Anbieter automatisiert zu überprüfen. Eine Vernetzung von Datenbanken, die für eine effektive Kontrolle gebraucht würde, ist aus rechtlichen Gründen nicht möglich.

Auch die Europäische Kommission in Brüssel schaltete sich z. B. im Juli 2018 unterstützend in die Auseinandersetzungen der Destinationen mit *Airbnb* ein, nicht zuletzt, weil der Konzern gegen Verbraucherschutzrichtlinien verstieß und wie andere amerikanische Internetgiganten in den EU-Ländern nur sehr wenig Steuern zahlt. Letzteres ist möglich und auch legal, weil Airbnb solche EU-Mitgliedsstaaten, die geringe Steuersätze bieten, als Firmensitze auswählen konnte, obwohl der Hauptumsatz in anderen Ländern mit deutlich höheren Steuersätzen verbucht wurde. Bisher hat die EU keine wirksamen Mittel dagegen gefunden. Den Versuchen einer Unterbindung von zu weit gehender privater Wohnungsvermietung an Touristen steht das in den meisten Staaten verankerte Grundrecht auf Eigentum gegenüber. Außerdem kann die Vermietung von Privaträumen an Touristen gerade in Zeiten einer wirtschaftlichen Krise eine wichtige Einnahmequelle für Privatpersonen darstellen; überdies kann auch das lokale Handwerk davon profitieren, da die Wohnungen ggf. renoviert und modernisiert werden müssen, bevor sie auf den Markt kommen.

Es zeigt sich oft, wie schwierig es sein kann, die vorgeschlagenen regulierenden und *den Individualtourismus beschränkenden Maßnahmen* praktisch umzusetzen. Die Besucherzahlen generell zu begrenzen geht nur bei bestimmten Sehenswürdigkeiten, z. B. über Voranmeldesysteme. Der Zugang mit Kreuzfahrtschiffen zu einer Insel oder der Eintritt in Nationalparks lassen sich beschränken. Aber die meisten Urlaubsziele, v. a. die Städte, haben nur eine natürliche Begrenzung: die Zahl der Unterkünfte und Betten. Dort kann man den Aufenthalt zumindest verteuern oder erschweren. Touristenabgaben und Bettensteuern sind eine Möglichkeit; man kann Autos aus der Innenstadt verbannen. Das reguliert die Nachfrage ein wenig. Man kann außerdem versuchen, die Besucherströme anders zu lenken und die Urlauber breiter zu verteilen. Dafür muss man sie darüber informieren, was die Region drumherum bietet.

Die wenigsten Touristen wollen allerdings in einer verlassenen Gegend herumlaufen. Eine gewisse angenehme Masse wirkt also durchaus anziehend. Nur gibt es eben eine kritische Schwelle, ab der es den meisten zu viel wird. Die Besucherströme zu entzerren funktioniert ebenfalls nur eingeschränkt. Familien in Europa sind nun einmal an die Ferienmonate im Sommer gebunden. Saisonalität wird es immer geben, in vielen Urlaubsregionen auch wegen des Wetters. Wer unbedingt in der Hochsaison besondere Hotspots besuchen will, muss seine Reise gut planen. Angemeldete Gruppen der Reiseveranstalter werden bei vielen Sehenswürdigkeiten z. B. schneller hineingelassen. Wer sich am Massentourismus wirklich stört, der wird immer Destinationen finden, die sich erholsam und besonders nachhaltig bereisen lassen. Meist treten sich die Touristen nur an wenigen Orten wirklich auf die Füße. Zumindest hat der Verfasser in Wilhelmshaven noch nichts vom Phänomen „Overtourism" gespürt – mögen die Urlaubermassen gerne zu uns kommen … ;-)

11.3.6 Tourismus und Kinderprostitution

Mit Prostitution meint man die gewerbsmäßige körperliche Hingabe einer Person an beliebige andere Personen zu deren sexueller Befriedigung. Kinderprostitution ist eine Form der Prostitution, bei der sich Kinder gegen ihren Willen als Sexualobjekt anbieten bzw. angeboten werden. Die betroffenen Kinder arbeiten in Einrichtungen wie Bordellen, Massagesalons, Bars, Hotels, Restaurants oder auf der Straße. Manche werden von ihren eigenen Eltern „vermarktet". Sie werden oft mit körperlicher oder psychischer Gewalt zu dieser Tätigkeit gezwungen und erhalten als Entlohnung Geld oder auch nur Naturalien. Die Täter leben an und mit den Kinderprostituierten nicht nur ihren Sexualtrieb aus, sondern insbesondere ihren Wunsch nach Machtausübung, Kontrolle sowie Unterwerfung und Demütigung anderer. Nach Schätzungen des UN-Kinderhilfswerks UNICEF gibt es weltweit etwa 2 Mio. minderjährige Prostituierte. 15 Mio. Mädchen werden laut einer UNICEF-Untersuchung von 2017 weltweit jährlich zu Sex oder Pornografie gezwungen; 2009 gab UNICEF dazu noch einen (weitaus höheren und möglicherweise unrealistischen) Wert von 150 Mio. Mädchen und 73 Mio. Jungen unter 18 Jahren weltweit an.[27] Hundertausende Kinder werden über Ländergrenzen hinweg verkauft. Die Schätzungen schwanken also enorm; genaue Zahlen liegen nicht vor.[28] Illegale „Arbeitsformen" wie diese sind kaum messbar. Besonders vor einigen Jahren noch überstiegen die von den Hilfsorganisationen genannten Zahlen die Angaben der Regierungen zumeist um ein Vielfaches. Heute gestehen die meisten Regierungen der betroffenen Länder Kinderprostitution in ihrem Land ein, dennoch gibt es enorme Abweichungen bei den Schätzungen – auch zwischen den Hilfsorganisationen.

Auch wenn das Zentrum der Kinderprostitution noch heute im *südostasiatischen Raum* liegt, so ist Kinderprostitution doch zu einem weltweiten Phänomen geworden. Diese Form der sexuellen Ausbeutung tritt insbesondere in den (früheren) Militärstützpunkten westlicher Mächte in Südostasien, in vom westlichen Tourismus profitierenden sog. *Dritte-Welt-Ländern* und in *Grenzregionen mit einem hohen Wohlstandsgefälle* (wie z. B. Deutschland–Tschechien oder USA–Mexiko) auf.

---

27 Vgl. UNICEF 2009.
28 Vgl. auch Minninger 2004, S. 14.

Kinderprostitution ist selbstverständlich nicht nur auf die steigende Zahl der ausländischen Touristen zurückzuführen. Gleichwohl tragen sie eindeutig dazu bei, die Nachfrage und damit das Angebot an (Kinder-)Prostituierten zu steigern. Das Geschäft mit ihnen ist für die einheimischen Zuhälter wesentlich lukrativer, da Touristen bereit sind, mehr für ein Kind zu zahlen, als einheimische Freier. In Gebieten wie Sri Lanka gäbe es ohne die Nachfrage der Touristen ein Vielfaches weniger an Prostitution.[29]

Dort, wo man heute auf eine breite und vehemente (verbale) Ablehnung der Kinderprostitution trifft, waren vor wenigen Jahren noch ganz andere Töne zu hören. Da Kinderprostitution in einigen Ländern schon seit vielen Jahren verboten ist, galt sie damit lange als nicht existent. Durch die Aufklärungsarbeit von NGOs und den dadurch wachsenden öffentlichen Druck waren die Regierungen irgendwann gezwungen, dieses Problem anzuerkennen und sich damit offiziell auseinanderzusetzen. Um die deutschen Reiseveranstalter in die Verantwortung einzubinden, entwickelte *Terre des hommes* bereits 1991/92 das Konzept für eine sog. „Reiseveranstalteraktion", denn gerade die Reisebranche verdiente in dieser Zeit sehr gut an der sexuellen Ausbeutung, zunächst v. a. von Frauen, seit 1986 verstärkt auch von Kindern durch männliche Touristen in den Zielländern des Ferntourismus. Terre des hommes sah besonders in drei Bereichen Einflussmöglichkeiten für die Reiseveranstalter. Sie sollten gewährleisten,

- dass in den Vertragshotels das Verbot von Kinderprostitution durchgesetzt wird,
- dass sie ihre Kundinnen und Kunden über die Hintergründe und Auswirkungen von Kinderprostitution informieren und
- dass sie ihre Mitarbeiterinnen und Mitarbeiter im Hoteleinkauf und in der Reiseleitung entsprechend vorbereiten und schulen.

Die schwedische *ECPAT*-Organisation[30] hat erstmals 1998 zusammen mit den skandinavischen Reiseveranstaltern einen *Verhaltenskodex* (Certified Code of Conduct) entwickelt. Dieser beinhaltet ähnliche Punkte wie die von Terre des hommes aufgesetzte Vereinbarung. 2001 hat der DRV und im Dezember 2005 der BTW diesen Verhaltenskodex unterzeichnet. Im Oktober dieses Jahres haben sich 44 Vertreter von internationalen Tourismusverbänden während einer Fachtagung in Bad Oeynhausen ebenfalls auf einen gemeinsamen Verhaltenskodex gegen Kinderprostitution[31] geeinigt. Er ist Teil

---

29 Sri Lanka ist eines der wenigen Gebiete, in denen die Zahl der ausländischen Freier überwiegt; vgl. O'Grady 1996, S. 43.

30 ECPAT ist eine 1990 gegründete, international agierende NGO zum Schutz von Kindern vor sexueller Ausbeutung. Die Abkürzung ECPAT wird unterschiedlich interpretiert (z. B. „End Child Prostitution Pornography and Trafficking of Children" oder „End Child Prostitution, Child Pornography and Trafficking of Children for Sexual Purposes"). ECPAT International hat seinen Sitz in Bangkok, Thailand, ist aber in fast hundert Staaten mit eigenen Länderorganisationen vertreten, so z. B. in Deutschland mit ECPAT Deutschland e. V. in Freiburg, der wiederum ein Zusammenschluss von vielen Interessengruppen und Organisationen ist.

31 Vgl. Junghänel 2000.

des von der UNWTO verabschiedeten *Global Code of Ethics*. Durch ein sog. Monitoring-Verfahren soll sichergestellt werden, dass den Beschlüssen auch Taten folgen. Inzwischen ist *The Code* (Kurzform für „The Code of Conduct for the Protection of Children from Sexual Exploitation in Travel and Tourism") eine eigenständige Organisation mit Sitz in Thailand zur Sensibilisierung von Tourismusmitarbeitern und Reisenden für den weltweiten Schutz von Kindern vor sexueller Ausbeutung durch den Tourismus. Die Initiative umfasste 2019 mehr als 300 Mitglieder aus der Tourismusbranche, deren jährliche Berichte bezüglich der getroffenen Maßnahmen auf der Homepage von The Code veröffentlicht werden. Eine 2010 gemeinsam von The Code, DRV, Bundeskriminalamt und ECPAT gegründete Initiative realisierte 2014 die Online-Meldeplattform www.nicht-wegsehen.net. Ziel dieser Maßnahme ist es, Reisende aktiv für das Thema Kinderschutz zu sensibilisieren, indem für Zeugen von Kindesmissbrauch leicht zugängliche Kontaktstellen geschaffen wurden (z. B. Hotelpersonal, Reiseleiter, Polizei, Report-Button im Internet).

In den Katalogen deutscher Reiseveranstalter liest man heute kaum noch Hinweise einschlägiger Art. Es wird i. d. R. nur noch auf die Entfernung zu den Unterhaltungsvierteln bzw. Unterhaltungsmöglichkeiten hingewiesen. Ob man Sätze wie „In direkter Nähe finden Sie das bekannte Unterhaltungsviertel von Pattaya" oder „Nur wenige Minuten bis zum ‚Nachtbasar' mit seinen Unterhaltungsmöglichkeiten" als Hinweise für Sexurlauber versteht, liegt im eigenen Ermessen. TUI fiel im Asienkatalog 2019 bei den Hotelbeschreibungen zu Pattaya durch eine äußerst bedachte Wortwahl auf. Vielmehr wurde versucht, dieses Zielgebiet als für Familien attraktiv darzustellen. Hotels wie z. B. das Sunshine Garden Resort, das 2019 von der TUI-Marke 1-2-Fly angeboten wurde, werden aber auch heute noch von den Veranstaltern mit der „Nähe zum turbulenten Nachtleben" „für unternehmenslustige Gäste" beworben, allerdings ohne direkten Hinweis auf die Angebote der Sexindustrie. Der DRV-Präsident Norbert Fiebig appellierte Ende 2018 auf einem Kinderschutzworkshop auf Bali an die Teilnehmenden: „Kindesmissbrauch im Urlaub darf kein Tabu-Thema sein. Wir kämpfen dagegen."

11.4 Nachhaltigkeit im Spannungsfeld zwischen Konsumentenfreiheit, unternehmerischer Selbstverpflichtung und staatlicher Regelungen

Kann angesichts der vorstehenden Erkenntnisse und Überlegungen darauf gehofft (und gewartet) werden, dass die Konsumenten und/oder die Unternehmen von sich aus in nennenswertem Umfang nachhaltige Reisen nachfragen bzw. anbieten? Da dies nach ca. 30 Jahren Erfahrung zur Entwicklung des sanfteren Reisens auch für die Zukunft kaum zu erwarten ist, da die Tourismusbranche nach wie vor ein Verursacher für Umweltverschmutzung und Klimawandel ist, da die Zeit zur Erreichung der weltweiten Klimaschutzziele drängt und da andere Branchen zeigen, dass Freiwilligkeit und Selbstverpflichtungen der Unternehmen wenig bewegen, muss die Politik die Umsetzung bestimmter Nachhaltigkeitsaspekte ordnungspolitisch erzwingen. Reisen, deren Marktpreis heute nicht alle anfallenden (externen) Kosten berücksichtigt, müssen durch *verursachungsgerechte Steuern und Abgaben* verteuert werden. Eine Individualisierung der Verantwortung für eine nachhaltige Entwicklung unserer Gesellschaft und speziell des Reisens kann nicht Ersatz für grundsätzlich Erfolg versprechende politische Regelungen sein.

Grundsätzlich sollte gelten: So viel zwingende Vorgaben wie nötig, so viel Freiwilligkeit wie möglich. Freiwilligkeit ist flexibel, darf aber nicht zur Beliebigkeit werden. Außerdem muss sie innerhalb eines angemessenen Zeitrahmens zu Erfolgen führen.

Ordnungspolitische Regelungen und Verteuerungen führen nicht zur Wettbewerbsverzerrung, da alle Anbieter und Konsumenten gleichermaßen betroffen sind. Dies mag den kurzfristigen Interessen von Unternehmen, Konsumenten und auch Politikern widersprechen, ist jedoch langfristig und ganzheitlich wünschenswert. Gleichwohl sind damit weder der einzelne Reiseveranstalter noch der Urlauber aus seiner individuellen Verantwortung für die natürliche und soziokulturelle Umwelt entlassen; auch sie sind angehalten, ihr unternehmerisches und privates Verhalten unter Nachhaltigkeitsaspekten zu gestalten.

Der Vorteil der staatlichen Regulierung liegt darin, dass das einzelne Wirtschaftssubjekt – ob Konsument oder Unternehmer – sich nicht mehr aktiv und individuell für oder gegen Umweltschutzmaßnahmen entscheiden muss, sondern dass diese *Regelungen für alle* gleichermaßen vorgegeben sind. Wenn ein allgemeiner Standard definiert ist, findet darüber auch *kein Wettbewerb mehr* statt. Im Idealfall gilt dies europaweit oder sogar international/weltweit mit dem Vorteil, dass Unternehmen dann auch weltweit dieselben Standards erfüllen müssen. Sicherlich beschränkt dies die (wirtschaftliche) Freiheit der einen, doch erhöht es gleichzeitig die Freiheit der anderen, die ansonsten unter den verursachten negativen Effekten leiden müssten. Konkret müssen daher auch im Tourismus Produkte, deren *Marktpreis* nicht alle anfallenden (nämlich von der Gemeinschaft zu tragenden, auf negativen externen Effekten beruhenden) Kosten berücksichtigt, künstlich (d. h. durch verursachungsgerechte Steuern und Abgaben) verteuert werden. Das Schmutzige und langfristig zerstörerisch Wirkende muss verteuert werden, damit das Saubere mehr nachgefragt wird. Dies bedeutet z. B. höhere Steuern auf die Nutzung fossiler Energien, auch auf Flugzeugkerosin. Im Extrem sind umwelt- oder sozialschädigende Verhaltensweisen sogar ganz zu verbieten. Auf der anderen Seite kann „nachhaltiges Wohlverhalten" finanziell belohnt werden.

Für die Schaffung solcher ordnungspolitischen Regelungen zur Stärkung der Nachhaltigkeit unseres Lebens- und speziell Urlaubsreisestils bedarf es des Mutes von Politikern, *langfristig statt kurzfristig* zu denken, denn solche Aufpreise bergen sozialen Sprengstoff. Preissteigerungen belasten v. a. diejenigen Bevölkerungsschichten, deren Haushaltsbudget ohnehin knapp ist. Umso mehr ist die Politik hier gefordert, die verschiedenen und teilweise zur Nachhaltigkeit konfliktär stehenden Ziele auszubalancieren, soweit dies realisierbar ist. Denn letztlich unvermeidbar wird eine Politik, in deren Folge das bisher kostenlos nutzbare *Allmendegut* „natürliche Umwelt"[32] mit Verfügungsrechten und/oder Preisen versehen wird, zu Einbußen beim individuellen, frei verfügbaren Haushaltseinkommen und/oder zu Komforteinbußen/ Verzichtsnotwendigkeiten und/oder (bei den Unternehmen) zu Kostensteigerungen führen. Doch ein solches Opfer muss kurzfristig von den heutigen Nutznießern gebracht werden, damit langfristig künftige Generationen nicht noch größere Opfer bringen müssen.

11.5 Ansatzpunkte eines nachhaltigen Tourismusmanagements

Über rechtliche Anforderungen hinaus sollten Tourismusunternehmen und Destinationen sich für einen nachhaltigeren Tourismus einsetzen – *aus ethischer Verantwortung* für die natürliche und soziale Umwelt, um den Anforderungen der diversen Stakeholder zu entsprechen und um langfristig ihre *wirtschaftliche Existenz* und ihr Wachstum zu sichern. Dazu müssen das Management und speziell das Marketing der Unternehmen vielfältige Bereiche unter den Aspekten der Nachhaltigkeit gestalten. Das vorliegende Buch hat die tourismusrelevanten Aspekte des Managements ausführlich durchleuchtet. Diese müssen nun auch unter dem Gesichtspunkt der Nachhaltigkeit (neu) durchdacht und umgesetzt werden. Nachfolgend werden dazu exemplarisch einige ausgewählte Managementbereiche hinsichtlich einer nachhaltigeren Gestaltung aufgezeigt. Die Realisierung eines nachhaltigeren Tourismus stellt im konkreten Einzelfall ein äußerst *komplexes Managementproblem* dar. Dies erfordert daher eine Abgrenzung und Analyse der Problematik aus ökologischer, technischer, soziokultureller, rechtlicher und schließlich auch ökonomischer Sicht, die Durchleuchtung der komplexen Systemzusammenhänge sowie die Erfassung der Problemdynamik.

Ein solches *Nachhaltigkeitsprogramm*, das ergänzend dem eigentlichen Unternehmenszweck zugeordnet wird, kann sowohl *verhaltensorientiert* (Einfluss auf das Verhalten der eigenen Gäste in den Zielgebieten) als auch *versorgungsorientiert* (Versorgung mit dem Gut „intakte Umwelt") sein. Gerade mittelständische Unternehmen sollten keine Möglichkeit ungenutzt lassen, solche Nachhaltigkeitsprogramme, die teilweise nur wenig kosten und viele Vorteile bringen, zu forcieren. Letztlich wird dadurch ein Trend weg vom quantitativen hin zu mehr qualitativem Wachstum eingeleitet. Ökologisches und sozialverträgliches Tourismusmarketing umfasst somit alle

---

32 Zum „Drama" des Allmendeguts im Tourismus siehe auch Letzner 2014, S. 87 ff. Zur Übertragung des spieltheoretischen Ansatzes des Gefangenendilemmas auf tourismusinduzierte Nachhaltigkeitsprobleme siehe Kirstges 2019, Kap. 7.1.

Maßnahmen eines Unternehmens, die darauf abzielen, mit einem minimalen Maß an Belastungen des ökologischen und sozialen Systems einen maximalen Beitrag zur Erhaltung des Unternehmens zu erzielen. Ein derart ausgerichtetes Tourismusmanagement bedeutet nicht Gewinnerzielung trotz ökologischer und sozialer Orientierung, sondern gerade *durch* eine solche Orientierung.

Die Verfolgung eines sanfteren Tourismus gleicht einer Diät: Die ersten Schritte gehen schnell und zeigen rasch Erfolge, aber danach geht es nur sehr mühsam weiter.

11.5.1 Schaffung der strategischen und organisatorischen Rahmenbedingungen

In einem ersten Schritt sollten Tourismusunternehmen den Umweltschutz im Speziellen bzw. den sanfteren Tourismus im Allgemeinen explizit (!) als *unternehmerisches Ziel* in ihrem Zielsystem verankern. Nur so ist gewährleistet, dass

- die Ideale eines sanften Tourismus konsequent und bewusst vom Unternehmen angestrebt werden,
- dies für die eigenen Mitarbeiter erkennbar ist und als Handlungsmaxime verhaltenswirksam wird und
- dies nach außen hin glaubhaft demonstriert wird.

Diese Ziele sind für die einzelnen unternehmerischen Funktionsbereiche und Hierarchien zu konkretisieren. Ebenso ist es denkbar, die Ziele für einzelne Produktbereiche unterschiedlich auszuformulieren.

Sodann sollte der Umweltschutz im Sinne einer *Qualitätsdimension* bei einer Reise als Differenzierungsmöglichkeit zur Erlangung qualitätsbezogener Wettbewerbsvorteile offensiv genutzt werden. Qualitätsführerschaft ermöglicht es dem Anbieter, ein höheres Preisniveau im Vergleich zu seinen Konkurrenten am Markt durchzusetzen. Insofern ist es durch eine qualitätsorientierte Differenzierungsstrategie im Tourismus möglich, die Ziele eines sanfteren Tourismus mit den betriebswirtschaftlich-ökonomischen Zielen in Einklang zu bringen.[33]

Gerade für kleinere und mittelständische Tourismusunternehmen kann der sanftere Tourismus eine *Marktnische* bilden, in der sie sich – geschützt vor dem harten Konkurrenzdruck auf dem großen Tourismusmarkt – einem ausgewählten Kundenkreis gegenüber profilieren können. Als solche Nischenspezialisten können für den deutschen Tourismusmarkt bspw. die im *Forum Anders Reisen e. V.* (far) zusammengeschlossenen Reiseveranstalter genannt werden. Oft deutet der Name der Unternehmen schon das Programm an (z. B. Natours, innaTOURa, ReNatour, France écotours u. a.). Auch im Reisebürobereich gibt es bereits Unternehmen, die sich durch eine an

---

33 Zum strategischen Tourismusmarketing und insbesondere zur Strategie der Qualitätsführerschaft siehe Kirstges 2010, Kap. 6.2.

den Anforderungen eines sanfteren Tourismus orientierte Programmpolitik auszeichnen, indem sie speziell umweltorientierte Veranstalter sowie entsprechende Zusatzleistungen (z. B. Verkauf „alternativer" Reiseführer) in ihr Sortiment aufnehmen.

Hingegen werden sich nur wenige Ansatzpunkte finden, die den sanfteren Tourismus unter einer Strategie der Kostenführerschaft betriebswirtschaftlich als sinnvoll erscheinen lassen. Die freiwillige Integration der ansonsten externen Kosten widerspricht den Bemühungen, ein im Konkurrenzvergleich möglichst geringes Kostenniveau zu erzielen. Skaleneffekte – vielfach die Voraussetzung für eine Kostenführerschaft – sind mit Maßnahmen des sanften Tourismus kaum zu erzielen bzw. widersprechen i. d. R. dem Grundgedanken eines ökologisch und sozial verträglichen Tourismus.

Schließlich kann sanfterer Tourismus erst dann Realität werden, wenn er im eigenen Unternehmen *organisatorisch verankert* wird. Zusätzlich zu einer impliziten Lösung, bei der der Umweltschutz als Nebenaufgabe eines jeden Mitarbeiters festgeschrieben ist, bietet sich im Rahmen einer expliziten Lösung die Schaffung eigener Organe zur Verankerung der Ziele eines sanfteren Tourismus im Unternehmen an. Die Schaffung spezieller Stellen zur Umsetzung des Umweltschutzes im eigenen bzw. durch das eigene Unternehmen, z. B. in Form eines hauptberuflichen Umweltschutzbeauftragten, ist natürlich mit hohen Kosten verbunden, die i. d. R. von kleinen und mittelständischen Unternehmen nicht getragen werden können. Daher ist gerade für sie eine Institutionalisierung des sanfteren Tourismus in Form einer Projekt- oder Arbeitsgruppe denkbar. Eine dauerhaft bestehende Kerngruppe (Umweltausschuss/-gremium), die sich aus Mitgliedern der verschiedenen Abteilungen inkl. einer Vertretung der Reiseleiter zusammensetzt, sollte regelmäßig (z. B. einmal pro Monat/Quartal für einen Arbeitstag) zusammenkommen, um eine kontinuierliche Beschäftigung mit dem Thema und eine nachhaltige Umsetzung beschlossener Maßnahmen zu gewährleisten. Darüber hinaus können projektspezifisch erweiterte oder zusätzliche Meetings und/oder Arbeitskreise (Projektteams) gebildet werden, um größere Einzelvorhaben, die zur Planung, Entscheidung oder Umsetzung anstehen, zu realisieren. Als zusätzliche Variante soll eine – zumindest partiell – externe Umsetzung genannt werden. So können in Form eines integrativen Ausschusses auch Vertreter von Reisemittlern, Leistungsträgern, Verbänden und dergleichen bei unternehmerischen Entscheidungen Berücksichtigung finden.

Hier schließt sich die Frage nach der *hierarchischen Einordnung* des Umweltschutzes an. Je höher bspw. die Funktion eines Umweltschutzbeauftragten im Unternehmen angesiedelt ist und je mehr Weisungsbefugnis mit dieser Stelle verbunden ist, desto stärker werden sich die Ziele eines sanfteren Tourismus in konkreten Entscheidungen und Handlungen der einzelnen Organisationsmitglieder niederschlagen. Im positiven Extrem könnte sich einer der Geschäftsführer des Unternehmens für diesen Bereich zuständig erklären; im negativen Extrem würde der Umweltschutz als Alibifunktion einer Abteilung zugeschustert, die kaum Weisungsbefugnis gegenüber anderen Abteilungen besitzt (z. B. der Presseabteilung).

Gerade in größeren Unternehmen erscheint eine *kombinierte Lösung* (explizite und implizite organisatorische Umsetzung) i. S. einer Verteilung und hierarchiebezogenen Spezifizierung des Umweltschutzgedankens sinnvoll. Nur so ist eine vollständige Durchdringung der Gesamtorganisation mit den Zielen eines sanften Tourismus zu erreichen. Auf jeder Ebene können umweltbezogene Aufgaben bestimmten Managern übertragen werden. Der Beauftragte in der „Zentralstelle Umweltschutz" hat in diesem Fall als Fachpromoter innerhalb der Unternehmung v. a. eine Informations- und Koordinationsfunktion sowie Repräsentativfunktion nach außen; er ist damit auch die Institutionalisierung des Risikomanagements, während die chancenorientierte Innovationsfunktion v. a. in Form von dezentralen Zuständigkeiten, Projektteams oder betrieblichen Umweltausschüssen implementiert wird.

11.5.2 Nachhaltige Leistungsgestaltung

Der Kern des nachhaltigen Engagements eines Tourismusunternehmens umfasst die *Gestaltung* der von ihm angebotenen Reisen. Nachhaltigkeitswerte und ethische Anforderungen müssen dabei Berücksichtigung finden. Besonders verantwortungsethische Überlegungen helfen in konkreten Gestaltungsfragen. Dies betrifft verschiedene Aspekte der Produktpolitik, wie z. B. die Auswahl der Reiseziele, die Gestaltung von Besichtigungen, die Auswahl und Gestaltung von Urlauberunterkünften und die Beförderungsleistung. Manche Veranstalter schaffen spezielle Produktlinien für ihre nachhaltigen (Unterkunfts-)Angebote.

Schon die *Reisezielauswahl* kann zu einem moralisch-ethischen Problem werden, das besonders aus dem soziokulturellen Aspekt der Nachhaltigkeit resultiert: Sollen (dürfen) Reisen in solche Länder angeboten werden, die von „Unrechtsregierungen" geführt werden, in denen also bekanntermaßen Menschenrechte verletzt oder andere Verbrechen begangen werden? Solche ethisch relevanten Aussagen sind meist „Soll"-Aussagen, also *normative, wertende Aussagen*, somit Werturteile, die wissenschaftstheoretisch – und hier auch handlungspraktisch – nicht „wahr" oder „falsch" sein können, da hinten ihnen letztlich Vorstellungen einzelner (oder einer ganzen Gesellschaft) über „richtiges" bzw. „gutes" Verhalten stehen. Daher muss jedes Unternehmen, jeder Unternehmer und jeder Reisende letztlich selbst seine subjektive Entscheidung hinsichtlich des richtigen Verhaltens treffen. Darf ein Reiseveranstalter nun „Unrechtsstaaten" als Destination anbieten? Hinsichtlich der Frage nach Reiseangeboten in „dubiose" Staaten überwiegen u. E. die positiven Aspekte des Tourismus, nämlich gegenseitiges Kennenlernen, Abbau von Vorurteilen, Gedankenaustausch, Völkerverständigung etc. gegenüber den möglichen Aspekten des Unterstützens und der Stabilisierung eines Unrechtsregimes. Gerade der (deutsche) Reiseleiter einer Touristengruppe sollte dabei als „Kulturdolmetscher" dienen.[34] Der

---

34 Siehe ausführlich Kirstges/Schröder/Born 2001, S. 274 f.

Tourismus kann einen Beitrag zur Öffnung autoritärer Regime leisten – denken wir nur an die (Aus-)Reisewelle der DDR-Bürger nach Ungarn und Prag, die letztlich die friedliche Revolution mit auslöste und den Mauerfall 1989 sowie die deutsche Vereinigung 1990 mit ermöglichte. Außerdem nützen viele Einnahmen aus dem Tourismus auch unmittelbar der Bevölkerung; man kann Reiseveranstalter und Hotels wählen, die faire Löhne zahlen und z. B. CSR-zertifiziert sind. Von daher: Ja, Reisen in solche Staaten können trotz dortiger Unrechtsregime und Menschenrechtsverletzungen sinnvoll sein. Dabei sollten selbstverständlich weder Reiseveranstalter noch einzelne Touristen Menschenrechtsverletzungen unmittelbar fördern; konkret sollten also z. B. Reiseveranstalter bei ihren örtlichen Leistungsträgern auf die Einhaltung der Menschenrechtsstandards (inkl. fairer Entlohnung oder Vermeidung von (sexueller) Ausbeutung) achten und drängen. Ein Boykott von Destinationen, in denen es moralisch-ethische Unzulänglichkeiten gibt, müsste – wenn dies ein sinnvolles Mittel zur Beeinflussung oder „Bestrafung" wäre – viele Länder umfassen: China und Myanmar wegen Menschenrechtsverletzungen, Kanada wegen Robbenabschlachtungen, die USA wegen Fracking-Umweltschäden (und je nach politischer Anschauung wegen eines Präsidenten wie Donald Trump[35]), Ägypten, Tunesien, Iran, Russland, die Türkei u. v. a. Bezogen auf viele dieser Länder loben Politiker und andere Branchen auch die gute (wirtschaftliche) Zusammenarbeit – warum sollte dann ausgerechnet der Tourismus aufgrund höherer Moralansprüche diese Länder meiden? Sinnvoller ist es, als Reiseveranstalter seine Gäste und als Tourist sich selbst differenziert und kritisch über die Verhältnisse vor Ort zu informieren (z. B. mittels der sog. Sympathiemagazine; siehe Maßnahmen zur Verhaltensbeeinflussung). Der einzelne Tourist mag sich dann sehr wohl gegen einen Urlaub in einem bestimmten Land entscheiden.

Mittlerweile wird auch der Weltraum als Reiseziel propagiert. Realisiert wurden solche Reisen bis jetzt (2020) zum Glück noch nicht, denn wenn schon (Helikopter-) Skifahren hier als eine unverhältnismäßig umweltschädigende Tourismusform gekennzeichnet wird, dann dürften Energieverbrauch und Emissionen für das kurze Vergnügen sehr weniger Menschen einen solchen Weltraumtourismus auf jeden Fall verwerflich erscheinen lassen.

Die *Unterkunft* der Gäste ist ein Hauptbestandteil eines Urlaubsreiseangebots. Fragen im Kontext der Unterkunftsauswahl könnten bspw. sein:
- Ist die Bauweise landestypisch?
- Wurden durch den Bau ursprünglich geschützte Landschaften zerstört?
- Sind die Unterkünfte wirklich urlauber- (bzw. menschen-)würdig?
- Werden v. a. Einheimische beschäftigt? Zu welchen Konditionen, zu welchem Lohnniveau?

---

35 Der von den einen als „Bestrafung" erhoffte und von den anderen (Touristikern) befürchtete „Trump-Effekt" einer geringeren Attraktivität der USA als Reiseziel trat im Anschluss an die Wahl von Donald Trump im November 2016 zum Präsidenten der USA, bezogen auf den deutschen Quellmarkt kaum ein. Vorübergehende Einbußen gab es aus anderen Quellmärkten.

–   Erfolgt die Energieversorgung und -nutzung in effizienter und nachhaltiger Weise?
–   Werden regionale Produkte verwendet?
–   Wird so weit als möglich/sinnvoll auf Einwegverpackungen verzichtet?
–   Sind Abwasser- und Müllentsorgung ökologisch unbedenklich? Sind Kläranlagen vorhanden?

Speziell der *Flug- und Seeschiffverkehr* stellen große Herausforderungen an eine nachhaltigere Gestaltung (Reduktion von Lärm, Energieverbrauch, Emissionen etc.). Atmosfair publiziert seit einigen Jahren einen sog. Airline-Index, der zahlreiche Fluggesellschaften gemäß ihrer CO_2-Effizienz ordnet. Unter Nachhaltigkeitsaspekten sollte zunächst die Vermeidung von Flügen angestrebt werden (z. B. durch die Bahn als Alternative oder direkte Flugverbindungen statt Umsteigeverbindungen), dann die Optimierung der Effizienz versucht werden (dazu der Airline-Index). Als dritter Schritt sollte eine *Kompensation* der Umweltbelastung realisiert werden (siehe dazu Abschnitt 11.5.4). In diesen drei Schritten sind selbstverständlich auch die Reiseveranstalter in ihrer Angebotsgestaltung gefordert. Auch die Flughäfen selbst können – neben der o. g. Entgeltbelastung bzw. Förderung bestimmter Flugzeugtypen ihrer Airline-Kunden bzw. Verminderung der Rollzeiten der Flugzeuge auf dem Flugfeld – in Umweltschutzfragen einiges beachten. Dies beginnt bei der Energiegewinnung und -nutzung, z. B. durch Solartechnik, Ökostrombezug, Fernwärmenutzung etc., und geht über einen CO_2-neutralen Betrieb bis in Details wie der Reduktion von Kaffee-to-go-Pappbechern in den Gastronomiebetrieben des Flughafens.[36]

Auch Reiseveranstalterangebote mit Bus- oder Bahnanreise sollten ebenso wie Mietwagenangebote im Zielgebiet hinsichtlich ihrer ökologischen Auswirkung optimiert werden. Bus und Bahn weisen i. d. R. – auf der Basis bestimmter Auslastungsannahmen – eine bessere Effizienz als Flug- oder Pkw-Anreisen auf (siehe dazu Abschnitt 4.3 und 4.4.1). Der Buslinendienstbetreiber Flixbus setzt seit Ende 2018 erste Elektrobusse ein; dies wäre auch im Mietbus-/Charterbusverkehr möglich. Mietwagen in den Zielgebieten werden idealerweise elektrisch mit Ökostrom betrieben; hier ist die Art der Flotte also ein wesentlicher Faktor der Nachhaltigkeit. Als besonders ökologische Alternative bietet sich ggf. das im Veranstalterangebot inkludierte Mietfahrrad an.

Auch im *Reisezielgebiet* selbst können Angebote nachhaltiger gestaltet werden. Eine Beachtung der *Carrying Capacity* verhindert Overtourismus. Zahlreiche Destinationen führen bereits Maßnahmen zur touristischen Kapazitätsbeschränkung durch. In kleinem Rahmen können der alternative Individualtourismus, der Ethnotourismus

---

36 So wollen die Flughäfen München und Stuttgart bis 2030 bzw. 2050 CO_2-neutral wirtschaften. Der Frankfurter Flughafen strebt eine Reduktion der ca. 25.000 täglich ausgegebenen Einwegbecher für Heißgetränke an (Informationsstand 2/2019). Siehe Freitag 2018.

und der Urlaub in künstlichen Urlaubszentren („Urlaubsghettos") oder in Nachbauten/Duplikaten von Destinationen eine sanftere Reiseform darstellen. Für die heutigen weltweiten Massen der Urlauber sind sie jedoch keine nachhaltige Lösung. Im großen Stil muss es deshalb darum gehen, den heutigen Massentourismus in einzelnen Dimensionen sanfter zu gestalten. Ein Aspekt dieser nachhaltigeren Leistungsgestaltung ist auch die zeitliche Dimension: Kurzflugreisen sollten vermieden werden, Reisezeiten sollten flexibilisiert werden. Auch Slow-Travel ist ein positiver Ansatzpunkt.

Den wichtigsten Parameter hinsichtlich der Gestaltung sanfterer Reiseformen stellt die *Produktpolitik* dar. Durch eine (u. a.) umweltorientierte Auswahl der angebotenen Reiseziele sowie der Verkehrsträger können auch mittelständische Anbieter den aufgezeigten Anforderungen gerecht werden.

Freiwillige Selbstbeschränkung sollte hinsichtlich der Kapazitätsausweitung in bestimmten Zielorten geübt werden, sofern sich eine Überlastung abzeichnet. *Belastungsgrenzen* bestehen in den Ferienorten hinsichtlich der

- ökologischen Kapazität: Belastbarkeit des Ökosystems.
- sozialpsychologischen Kapazität: Bis zu welchem Grad akzeptieren Einheimische den Zustrom von Touristen und deren Verhaltensnormen?
- ökonomischen Kapazität: Ab welchem Auslastungsgrad wäre mit einer sprunghaft wachsenden, überdimensionierten Infrastruktur, mit landesunüblichen Preissteigerungen etc. zu rechnen?
- technischen Kapazität: Restriktionen können entstehen durch den Flächenbedarf und physikalische Gegebenheiten.
- Erholungskapazität: Es geht um die Aufnahmefähigkeit eines Urlaubsorts, bis zu der der Erholungsnutzen eines Touristen durch die anderen Touristen nicht gemindert wird.

Mittlerweile gibt es in zahlreichen Destinationen Kapazitätsbeschränkungen. Exemplarisch seien Folgende genannt:

- Ecuador hat 2007 per Dekret die *Galapagosinseln* zum Risikogebiet erklärt und den Schutz und Erhalt der ökologisch wertvollen Inseln zum nationalen Ziel ausgerufen. Bedroht sind die Inseln nicht nur durch zu viele Touristen (die gleichzeitig die wichtigste Einnahmequelle darstellen), sondern auch durch die sog. Bioinvasion, die neue Tierarten auf die Inseln bringt und die dortige ursprüngliche (teilweise weltweit einzigartige) Tierwelt bedroht. Zudem sind auf den Inseln Plastiktüten, Plastikverpackungen, Einwegplastikflaschen und Kunststofftrinkhalme verboten.[37]
- Peru hat 2011 den Zugang zur Inka-Ruinenstadt *Machu Picchu* auf 2.500 Besucher pro Tag beschränkt. Die Tickets werden vorab elektronisch ausgestellt.

---

[37] Gleichwohl sind die Galapagosinseln durch illegale Müllentsorgungen (vermutlich der Einheimischen) und durch Busabgase belastet.

– *Thailand* hat 2018 einige berühmte Strände und Inseln des Landes (Maya-Bucht von Phi Phi Leh; Inseln Ko Mook, Ko Kradan, Ko Waen, Koh Khai Nok, Koh Khai Nui und andere) aufgrund einer massiven touristischen Übernutzung für einige Monate gesperrt. Durch die Sperrung sollen sich die Ökosysteme, insbesondere die Korallen in den beliebten Schnorchelrevieren, erholen. In manchen Gebieten (z. B. auf den Similan-Inseln in der Andamanensee oder seit Oktober 2018 im Nationalpark Tarutao in der Straße von Malakka) blieb auch nach der Wiedereröffnung die Zahl der Besucher und v. a. die der Taucher pro Tag beschränkt; Nachttauchgänge wurden an einigen Orten verboten.

– Die philippinische Insel *Boracay* schloss für Touristen ab April 2018 einige Monate lang. Die Einwohner wollten dadurch Zeit gewinnen, um die brüchige Infrastruktur der Insel zu erneuern und auszubauen. Unter anderem wurden Hotels an eine neu angelegte Kanalisation zur Abwasserklärung angeschlossen. Ende Oktober 2018 wurden in einigen Hotels, die bis dahin schon an die Kanalisation angeschlossen waren, wieder Touristen empfangen, die sich strengeren Regeln zum Umweltschutz verpflichten müssen (z. B. keine Strandpartys mehr, keine Plastikeinwegprodukte, kein schädigender Wassersport).[38]

– Indien hat die Besuchszeiten des berühmten Grabmals *Taj Mahal* pro Besucher 2018 auf maximal drei Stunden beschränkt. Wer länger bleibt, muss erneut Eintritt zahlen. Außerdem wurden die besonders günstigen Eintrittskarten für inländische Besucher limitiert.

– *Rom* beschränkte 2019 durch die Einführung von drei Zonen den Reisebusverkehr in die Innenstadt hinsichtlich Uhrzeit und Anzahl der Besucher. Die Busreisenanbieter befürchteten Einbußen und argumentierten dagegen, dass mit ihnen gebündelte Touristengruppen in die Stadt kämen, während vornehmlich die Individualtouristen mit dem eigenen Pkw Rom belasteten.

– *Venedig* stellte im April 2018 vor dem verlängerten Mai-Wochenende erstmals Zugangssperren an einzelnen Brücken und zu den beliebten Altstadtbereichen in Form von Drehkreuzen auf. Wenn der Andrang der Touristen zu groß wird, sollen nur noch Einwohner der Stadt durchgelassen werden. Auch Touristenboote dürfen dann nicht mehr am Markusplatz anlegen.

– Die kroatische Stadt *Dubrovnik* kündigte Ende 2018 an, die Zahl der Kreuzfahrtgäste auf 5.000 Personen pro Tag zu beschränken.[39] Dies würde i. d. R. zwei bis drei Anläufe von Kreuzfahrtschiffen bedeuten, während bis 2018 zeitgleich bis zu sieben Schiffe Dubrovnik mit seinen nur ca. 44.000 Einwohnern anliefen. Die Schiffe sollen auch zeitlich versetzt einlaufen und nur eine begrenzte Liegezeit genehmigt bekommen. Vorhersagen über Ballungen sollen Gäste zum Besuch alternativer Ausflugsziele im Umland motivieren. Der Zugang auf die berühm-

---

38 Vgl. o. V. 2018.
39 Vgl. Birkner/Krane 2018 sowie Temsch 2018.

te Stadtmauer kostet mittlerweile (12/2018) ca. 20 EUR, was viele Touristen von einem Rundgang darauf abhält. Aufgrund des Overtourismus im Stadtkern und der damit verbundenen Probleme liefe Dubrovnik ohne Kapazitätsbeschränkung Gefahr, den Status als UNESCO-Weltkulturerbe zu verlieren, was nicht nur dem Image schaden, sondern auch einen Wegfall von Subventionen bedeuten würde.

Für die praktische Festlegung dieser Belastungsgrenzen ergeben sich natürlich große *Operationalisierungsschwierigkeiten*. Letztlich sichert der Anbieter durch die Beachtung dieser Grenzen die Produktqualität seiner Reiseleistungen. So ist selbst die Freundlichkeit und Aufgeschlossenheit der Ortsansässigen aus Gästesicht ein wichtiges Qualitätsmerkmal. Dem Reiseleiter kommt als „Produktelement" besondere Bedeutung bei der Einhaltung ökologie- und sozialverträglicher Verhaltensweisen im fremden Reiseland zu.[40] Ihm obliegt es ganz besonders, den Gästen die (Umwelt-) Qualität des Veranstalters zu vermitteln und sie für die ökologischen und sozialen Besonderheiten des Zielgebiets zu sensibilisieren.

Gerade mittelständische Veranstalter klagen vielfach über die – durch die o. g. Struktur des touristischen Gesamtsystems bedingten – beschränkten Möglichkeiten der Einflussnahme auf ihre Leistungsträger. Für den einzelnen Veranstalter bietet jedoch die *enge Kooperation mit wenigen Leistungsträgern* pro Zielgebiet die Chance einer stärkeren Einflussnahme. Durch eine langfristige Verzahnung mit ausgewählten Leistungsträgern hat der Reiseveranstalter auch stärker am Risiko teil, das in einer unkontrollierten touristischen Entwicklung steckt. Folglich wird er sich, anders als bei einer jeweils saisonalen Kooperation, für eine längerfristige Wettbewerbsfähigkeit des Zielgebiets einsetzen.

Die Verkehrsüberlastung kann auf umweltverträglichem Wege nur durch eine *stärkere Flexibilität der Reisezeiten* beseitigt werden. Zwar kann der einzelne Tourismusunternehmer nicht für die zu Recht geforderte Entzerrung der europäischen Ferienzeiten sorgen. Er kann jedoch mit seinen Möglichkeiten zu einer Entzerrung im kleinen Maßstab beitragen und dabei noch den aufgezeigten Nachfragetrends zum eigenen ökonomischen Vorteil zu entsprechen versuchen. Es kann davon ausgegangen werden, dass auch von der Nachfrageseite her Flexibilität hinsichtlich des Abreisedatums (z. B. Abflugtermin) und der Reisedauer honoriert wird. Beide Wünsche laufen für den Flugreiseveranstalter auf dasselbe hinaus, nämlich auf flexiblere bzw. häufigere Charterketten. Darüber hinaus gilt: Je größer die Entfernung zum Zielgebiet (und damit, je eher geflogen wird und je höher Ressourcenverbrauch und Umweltbelastung durch die Hin- und Rückreise sind), desto länger sollte der Aufenthalt vor Ort sein. So „relativieren" sich die nachteiligen Effekte des Reisens. Salopp gesagt: Wenn durch das Reisen die Umwelt schon geschädigt wird, dann sollte dem zumindest ein möglichst großer positiver Urlaubseffekt gegenüberstehen.

---

40 Siehe ausführlich Kirstges/Schröder/Born 2001.

Doch wo ist die Grenze dessen, was ein Tourist als Freizeitvergnügen machen oder ein Reiseveranstalter ihm anbieten darf? Wie schon gesagt: Der Tourist schmutzt, solange er reist. Soll das Streben nach Nachhaltigkeit jeglicher Aktivität gesinnungsethisch jede nicht nachhaltige Tätigkeit unterbinden oder kann man sich als Reiseveranstalter und Tourist letztlich verantwortungsethisch verhalten und seinen kompletten *ökologischen Fußabdruck*[41] betrachten? Schließlich haften dem Tourismus ja auch viele Vorteile an (siehe Abschnitt 11.2). Letztlich können weder eine Destination noch ein Reiseveranstalter oder Tourist immer und überall und in jeder Situation nachhaltig handeln; daher kommt es auf einen angemessenen *verantwortungsethischen Ausgleich* der (zeitlich, räumlich und personell) unterschiedlichen Interessen und Anforderungen an. Vielleicht ist es bei der nachhaltigen Freizeitgestaltung (bzw. gesamten Lebensgestaltung) wie mit dem Ziel der Vermeidung von körperlichem Übergewicht: Man darf auch mal mit Schokolade, Eis und Kuchen sündigen, solange man in der Summe und auf lange Sicht letztlich sein Gewicht hält! Nachhaltigkeit ist – abgesehen von Grenzen, die absolut und immer zu beachten sind (z. B. die Vermeidung von tourismusinduzierter Kinderprostitution, siehe Abschnitt 11.3.6) – ein Anspruch, dem man nicht immer und überall entsprechen kann. Ziel ist daher ein sanfter*er* Tourismus im Sinne eines stetigen Bemühens und Fortschritts.

11.5.3 Möglichkeiten der Beeinflussung des Reisendenverhaltens

Oftmals verletzen Touristen aus Unkenntnis einheimische Sitten, Gebräuche und Normen. Ebenso wird die natürliche Umwelt vielfach aus Unachtsamkeit geschädigt. Durch eine *Aufklärung* der Reisenden können Tourismusunternehmen und Zielgebietsorganisationen bereits zur Schadensvermeidung bzw. Schadensbegrenzung beitragen. Konkret sind zur Beeinflussung des Verhaltens von Reisenden folgende Maßnahmen denkbar:

– Die allgemeinen *Reisezielbeschreibungen* in einem Katalog werden ausgeweitet; anstelle von austauschbaren Urlaubsklischees werden realistische und typische Informationen gegeben. Denkbar wäre jeweils eine Rubrik „Sie passen in dieses Land/diesen Ort, wenn Sie …" bzw. „Dieses Land/dieser Ort ist nichts für Sie, wenn Sie …". Dadurch wird überzogenen Ansprüchen von Kunden entgegengesteuert, was sich letztlich auch positiv in der Reklamationsrate niederschlagen dürfte.

---

41 Das Konzept des ökologischen Fußabdrucks, 1994 von Rees/Wackernagel entwickelt, beschränkt sich ursprünglich auf die Nutzung biologisch produktiver Land- und Wasserflächen, indem der rechnerisch jedem Menschen eines bestimmten Betrachtungsgebiets zur Verfügung stehenden Fläche die durch seinen Konsum tatsächlich (rechnerisch) verbrauchte Fläche gegenübergestellt wird. Ein Ergebnis lautet dann z. B., dass jeder Deutsche im Durchschnitt ca. fünf Hektar Erdfläche (gha = globale Hektar) verbraucht, wobei ihm ebenso wie jedem anderen Erdenmenschen eigentlich nur ca. 1,7 gha zustünden.

- Bei den *Reiseunterlagen* kann eine (gekaufte oder selbst gestaltete) kleine Informationsbroschüre beigelegt werden, die die Urlauber für ein der Gesellschaft des Gastlands sozial angepasstes Verhalten sensibilisieren soll. Dies ist insbesondere für Fernreisende wichtig. Die Verhaltenshinweise können in Anlehnung an den Studienkreis für Tourismus in Form der sog. Sympathie-Magazine und/oder in Zusammenarbeit mit Umweltschutzverbänden im Rahmen eines Round-Table-Gesprächs formuliert werden.
- Ebenso können die Reisenden sowie die allgemeine Öffentlichkeit mittels *Aufklärungskampagnen* über die Probleme informiert werden, mit denen Tourismusunternehmen in den Zielgebieten konfrontiert sind. Insbesondere können die beschränkten Möglichkeiten des Einflusses von (mittelständischen) Unternehmen auf die (politischen) Entscheidungsträger in den Zielgebieten sowie Ansatzpunkte und bereits ergriffene Maßnahmen einer Einflussnahme durch das eigene Unternehmen aufgezeigt werden. Dadurch wird bei den Kunden und Nicht-Kunden ein besseres Verständnis für die Komplexität der Sachlage „sanfterer Tourismus" erreicht und überzogenen Anforderungen entgegengewirkt.
- Reiseleiter und örtliche Gästeführer können hinsichtlich eines sozialverträglichen Tourismus *geschult* werden. Die Reiseleiter sollen den Urlaubern den Blick auf und eine Sensibilität für das Landestypische und für angepasste Verhaltensweisen vermitteln helfen.
- Um auch unternehmensintern umweltgerechtes Denken zu fördern und die ergriffenen Maßnahmen wirksam nach außen zu publizieren (neben Unternehmensprofilierung auch Multiplikatoreffekte!), können Tourismusunternehmen im eigenen Haus einen *Umweltschutzbeauftragten* bestimmen, der Ansprechpartner und Koordinator für alle umweltpolitischen Fragen ist (siehe Abschnitt 11.5.1).

Durch solche Maßnahmen können auch mittelständische Unternehmen helfen, ein entsprechendes Problembewusstsein bei ihren Reisenden zu schaffen. Vielfach sind es bislang die Tourismusdestinationen selbst, die Maßnahmen zur Regelung des Urlauberverhaltens ergreifen: Sie erlassen „Benimmregeln" und verhängen Bußgelder bei Verstößen.

11.5.4 Finanzielle Maßnahmen

Tourismusunternehmen und ihre Kunden können mithilfe finanzieller Maßnahmen Gebiete vor Umweltbelastungen schützen oder bereits vorhandene Schädigungen wieder beseitigen helfen. Primäres Ziel des Nachhaltigkeitsmanagements sollte die Vermeidung von Umweltbelastungen sein. Eine Möglichkeit hierzu besteht darin, Gebiete vor Umweltbelastungen und Zerstörungen zu schützen. Gelingt die Vermeidung von Umweltbelastungen nicht, so sollte eine weitestmögliche Verringerung und Beseitigung/Wiedergutmachung von Schäden das Ziel sein. Hierzu bedarf es i. d. R. finanzieller Mittel. Es gibt bereits eine Reihe von Beispielen, wie deutsche Tourismusunternehmen durch ein finanzielles Engagement zumindest zur Schadensbeseitigung beitragen. Dabei sind sie oft nicht selbst Verursacher der Schäden, engagieren sich jedoch für den Schutz der natürlichen oder sozialen Umwelt insbesondere in denjenigen Zielgebieten, die ihre Gäste bereisen.

Waldschutz oder die Ausgabe von wiederbefüllbaren Trinkflaschen an Urlauber zur Reduzierung von Kunststoffmüll sind seit vielen Jahren beliebte Projekte. Umweltprojekte in den Zielgebieten werden unterstützt, (tropische Regen-)Wälder aufgeforstet oder Skipisten wieder begrünt. Sinnvoll sind solche Ansätze besonders dann, wenn ein unmittelbarer Zusammenhang zum Veranstaltergeschäft besteht und die Reisenden selbst zu einem finanziellen Beitrag bewegt werden können. Durch das damit bewirkte höhere Involvement wird auch eine größere Sensibilisierung für das eigene Verhalten erreicht. Der Reiseleiter kann dann ggf. mit seinen Reisegruppen die „Früchte" eines solchen Engagements sehen. Dabei darf jedoch nicht der Eindruck eines „Ablasshandels", eines Freikaufens von der Verantwortung, entstehen.

Mittlerweile betreiben einige Veranstalter auch eigene *Stiftungen* oder *gemeinnützige Vereine*, die sich dem Thema Nachhaltigkeit durch finanzielle Maßnahmen widmen. Neben der Georg-Kraus-Stiftung (Wikinger Reisen) und der Chamäleon-Stiftung seien erwähnt z. B. die Studiosus-Foundation (seit 2004), The Intrepid Foundation (seit 2002), SKR Reisen hilft e. V., die DER Touristik Foundation (seit 2014), die TUI Care Foundation, die Ruanda-Stiftung des früheren Mitgeschäftsführers von K&S-REISEN, Prof. Dr. Christian Schleuning (seit 2007; bis 2018 Investitionen von ca. 500.000 EUR in Projekte, davon ca. die Hälfte für Schulbauprojekte in Ruanda) oder die Fly & Help-Stiftung des früheren Berge & Meer-Inhabers und Radioreporters Reiner Meutsch (seit 2009, v. a. für Schulbauprojekte in Entwicklungsländern, u. a. inspiriert durch die Weltumrundungsreise von Meutsch mit einem Kleinflugzeug 2010).

Auch manche Zielgebiete erheben über *Umweltsteuern*, Abgaben etc. einen finanziellen Beitrag von den Urlaubern, der idealerweise in den Schutz und die Erneuerung der natürlichen Umwelt fließt, dies seit etwa dem Jahr 2000 in unterschiedlicher Form, mit unterschiedlicher Begründung und für verschiedenste Zwecke, oft zumindest vordergründig für Umweltschutzmaßnahmen (ecotasa auf den Balearen 2002–2003, impuesto del turismo sostenible 2016, Ökosteuer: Montenegro 2008–2011, Malediven 2015, Malta 2016, Norwegen 2017 u. v. m.). Wie beim Besuch eines Museums werden also Eintrittsgelder verlangt. Diese Verteuerung des Besuchs einer Destination mag einerseits manche Urlauber abschrecken und so den Overtourismus reduzieren helfen; andererseits können die Einnahmen dazu dienen, Umweltbelastungen (z. B. Müll, Abwässer, ...) durch den Tourismus zu beseitigen und die touristische Infrastruktur instand zu halten und zu pflegen. In Deutschland dient dazu vielerorts die gute alte *Kurtaxe*.

Eine besondere finanzielle Maßnahme stellen der *Emissionshandel* und die damit verbundene *CO_2-Kompensation* dar. Der Emissionshandel ist ein Handel mit Rechten, die Umwelt verschmutzen und die Erde belasten zu dürfen. Zum einen verpflichten Staaten und deren Gesetze Emittenten zur Kompensation der durch sie verursachten Umweltbelastungen, zum anderen können Individuen sowie Unternehmen solche Kompensationszahlungen freiwillig leisten. Beide Systeme gibt es aktuell. Bereits im Kyoto-Protokoll vom Dezember 1997 und zuletzt im Pariser Klimaschutzabkommen von 2015 (siehe Abschnitt 11.1.2) war als Klimaschutzziel die Reduzierung der Treibhausgasemissionen formuliert worden. Eine Folge und ein beachtlicher Erfolg war, dass die EU 2003 einen Beschluss zum Emissionshandel fällte, der zum 01.01.2005 startete (EU-ETS = Emissions Trading System). Dies betraf zunächst v. a. Großemittenten wie Kraftwerke, aber noch nicht den Flugverkehr. Bezogen auf die Tourismusindustrie ist der Emissionshandel v. a. zur Kompensation von Belastungen, die durch die urlaubsbedingte Beförderung von Touristen entstehen, relevant. Dies betrifft primär den Flugverkehr, aber auch Reisen mit allen anderen Verkehrsträgern, insbesondere mit (Kreuzfahrt-)Schiffen. Letztlich können alle während einer Reise entstehenden Emissionen (auch in der Unterkunft, durch Urlaubsaktivitäten etc.) erfasst und kompensiert werden (ökologischer Fußabdruck). Für den Flugverkehr hatte die EU ursprünglich 2007 beschlossen, von 2012 an für alle Flüge, die in der EU starten oder landen, Emissionsrechte zu verlangen. Dies bedeutet, dass jede (betroffene) Fluggesellschaft einen Teil ihrer CO_2-Emissionen kompensieren kann und dafür – soweit der Bedarf an Emissionszertifikaten das ihnen kostenlos zugeteilte Kontingent übersteigt – entsprechende Zertifikate kaufen muss. Auf Druck von Drittstaaten, insbes. der USA und China, nahm die EU jedoch Interkontinentalflüge aus dem Emissionshandel heraus, sodass der verpflichtende Emissionsrechtenachweis seit 2012 nur für innereuropäische Flüge gilt. Diese Ausnahme soll vorerst bis 31.12.2023 gelten; weitere Ausnahmen gelten für bestimmte Gebiete/Flugstrecken und Flugzeugtypen bzw. Flugzwecke.[42]

Tourismusunternehmen bzw. deren Gäste können also freiwillig die durch Flug-, Schiffs- und andere Reisen entstehenden Emissionen ausgleichen, indem dank finanzieller Maßnahmen an anderer Stelle der Schadstoffausstoß verringert wird. Dazu gibt es Organisationen, die, wie bereits erwähnt, speziell für die Tourismusbranche Möglichkeiten bieten, die flugbedingten Emissionen freiwillig und vollständig – und damit über das EU-System hinaus – zu kompensieren (z. B. atmosfair, myclimate, Primaklima, Arktik u. a.; siehe Abschnitt 11.5.4). Diese Organisationen unterstützen mit den erzielten finanziellen Mitteln eigene Projekte, z. B. in Entwicklungsländern, die sie – teilweise auch für einen an Kompensation interessierten Kunden – spezifisch entwickeln und zertifizieren lassen. Die Projekte sollten möglichst gewissen Qualitätsstandards (z. B. dem sog. CDM Gold Standard) entsprechen. Für ihre Leistungen erheben die Organisationen einen Beitrag; viele sind zwar – wie atmosfair – gemeinnützig,

---

42 Siehe Europäische Verordnung 2017/2392 vom 13.12.2017/29.12.2017 zur Richtlinie 2003/87/EG (Stand 2/2019).

leben aber hauptsächlich von den gesammelten Spenden. Die Kompensationsprojekte – insbesondere Waldaufforstungen – sollten bestimmte Voraussetzungen erfüllen. Hier zeigt sich ein weiteres Problem der Kompensationsrechnungen: Das gespendete Geld, das auf Klimaschutzziele in Deutschland angerechnet wird, wird oft in Projekte außerhalb Europas eingebracht, deren Wirkungsweise und Kontrolle letztlich nicht gesichert ist. Wer weiß schon, wie viele der finanzierten effizienten Kochstellen in Entwicklungsland x nach y Jahren noch in welchem Umfang mit welchen Holzeinsparungen in Gebrauch sind? Es fehlt der Anreiz für klimaschonende Investitionen hier bei uns, in Europa, in Deutschland.

Leider ist die Bereitschaft von Reiseveranstaltern und Urlaubern, solche Kompensationszahlungen freiwillig zu leisten, sehr niedrig. *Keiner der deutschen Großreiseveranstalter kompensiert konsequent* die CO_2-Belastung durch die angebotenen Reisen (Stand 2/2019)! Im besten Falle weisen sie ihre Kunden – an eher versteckter Stelle in den Katalogen und auf den Homepages – auf die Möglichkeit einer freiwilligen Kompensation hin. Es sind eher viele mittelständische Unternehmen, die hier Vorbild sein können. Doch selbst bei den in far zusammengeschlossenen Veranstaltern ist die Kompensationsquote mit ca. 6,8 % gering (Stand 2018). Auf Kundenseite sind deutlich weniger als 10 % aller Flugreisenden faktisch zu einer freiwilligen Kompensationszahlung bereit. Auch die sog. Kompensationsrechner werden kaum genutzt. Um das System dauerhaft zum Erfolg zu führen und den eigenen Anspruch glaubwürdig erfüllen zu können, ist also eine Steigerung der Kompensationsrate erforderlich. Letztlich sollte es das Ziel jedes Einzelnen sein, seinen ökologischen Fußabdruck möglichst gering zu halten.

Allerdings sollten sich weder der einzelne Urlauber noch das Tourismusunternehmen mit relativ geringem Aufwand ein reines Gewissen erkaufen können. Kompensation als Wiedergutmachungsansatz für verursachte Schäden sollte nur dann genutzt werden, wenn eine Schadensvermeidung nicht möglich ist. Ansonsten verkommt die Kompensation zur Heuchelei, gemäß deren Logik auch Rüstungskonzerne Krankenhäuser für jene Kinder errichten könnten, die ihren Bomben zum Opfer fielen.[43] Kompensation ist *keine moralische Lizenzierung von Umweltverschmutzung;* sie bietet keine bewusste oder unbewusste Rechtfertigung oder Erlaubnis für schlechte Taten und sie trägt keine moralische Schuld ab. Sie stellt auch keine gute Tat dar, sondern gleicht lediglich pragmatisch die negativen Folgen des Handelns (etwas) aus. Ein grundlegendes Verbot von Verschmutzung, so auch von CO_2-Emissionen, ist offenkundig nicht realisierbar – welche Alternative böte sich somit zum kompensatorischen Emissionshandel? Selbst der Papst fliegt durch die Welt, weil er für bestimmte Anlässe den mit seinem Flug erzielbaren Nutzen (durch seine Präsenz an anderen Orten als zu Hause im Vatikan) als bedeutender ansieht als die damit verbundene Umweltbelastung. Po

---

[43] Mit diesem krassen Vergleich verurteilte Papst Franziskus im Februar 2017 solche Kompensationsmodelle.

sitiv an der Kompensation ist auch zu sehen, dass sie nicht zu Einschränkungen oder Nachteilen bei denjenigen führt, die letztlich die CO_2-Einsparung vornehmen (also z. B. die Nutzer von effizienten Holzöfen in der sog. Dritten Welt), denn dann wäre sie moralisch bedenklich. Vielmehr setzt sie ein „gutes", also z. B. zertifiziertes Projekt voraus, das zu positiven Effekten am Ort der CO_2-Einsparung führt. Die *Kurzformel* lautet daher: Besser nicht fliegen, wenn sich dies vermeiden lässt, z. B. durch Verzicht oder Beförderungsalternativen wie innerdeutsch mittels Bahnfahrt, als fliegen und kompensieren. Besser fliegen und kompensieren als fliegen ohne Kompensation. Dasselbe gilt natürlich auch für die Pkw-Anreise zum Urlaub, den Ferienmietwagen vor Ort, die Kreuzfahrt und für alle anderen (Freizeit-)Aktivitäten, die den gesamten ökologischen Fußabdruck beeinflussen.

11.5.5 Corporate Social Responsibility (CSR)

An dieser Stelle soll, wenngleich nicht tiefgehend erläutert, der Ansatz der CSR erläutert werden. Unternehmen, die ihre Unternehmenspolitik im Sinne einer CSR gestalten möchten, übernehmen freiwillig gesellschaftliche Verantwortung, über die gesetzlichen Pflichten hinaus. Sie wollen über den rechtlich gebotenen Rahmen und die durch den Markt geforderten Preise für einen Ressourcenverbrauch und eine Umweltbelastung hinaus Schlechtes vermeiden und Gutes tun. Sie verfolgen nicht mehr alleine eine Gewinnmaximierung, sondern – aus ethischen Überlegungen heraus – auch freiwillig sozial- und umweltpolitische Ziele. CSR erfolgt aber nicht nur aus altruistischen Motiven, sondern kann durchaus zweckorientiert sein, etwa, weil man sich von vertrauensvollen Partnerbeziehungen und öffentlichkeitswirksamen Imageeffekten langfristig wirtschaftliche Vorteile verspricht. Solche Vorteile können etwa darin liegen, dass sich die eigenen Mitarbeiter besser mit dem Unternehmen und seinen gelebten Werten identifizieren können, somit motivierter sind und gerne über einen längeren Zeitraum beim Unternehmen arbeiten.

Vom Anspruch her durchdringt eine CSR-Strategie die gesamte *Lieferkette*, alle *Wertschöpfungsstufen* und das *gesamte Geschäftsmodell* des Unternehmens; es sollte sich also nicht um ein „übergestülptes" strategisches Konzept handeln, sondern in jeder operativen Handlung Berücksichtigung finden. Neben der nachhaltigeren Gestaltung der angebotenen Reisen sollte daher auch der unternehmerische Leistungserstellungsprozess den Anforderungen der Nachhaltigkeit entsprechen. Dies betrifft zahlreiche einzelne Aspekte, „kleine" wie die Reduktion des Papier- und Energieverbrauchs, Mülltrennung oder Recycling und „große" wie die Gestaltung der Büros und Bürogebäude. Der Ressourcenverbrauch und die Umweltbelastung durch Reisekataloge ist ein besonderer Ansatzpunkt zur Optimierung des nachhaltigeren Reiseveranstalterengagements. Tourismusunternehmen können sich ihr CSR-Engagement *zertifizieren* lassen, wobei im Zuge des Prüfprozesses u. a. folgende Aspekte durchleuchtet werden:

- Unternehmensstruktur
- Beziehungen zu den Kunden
- Beziehungen zu den Mitarbeitern
- gesellschaftliches Engagement
- Unternehmensökologie (Dienstreisen, Ressourcenverbrauch etc.)
- Produktverantwortung (Angebotsgestaltung, Partneragenturen, Unterkünfte, Reiseleitung, Beförderung etc.)

Die Mitglieder von far bspw. verpflichten sich zur Einhaltung eines Kriterienkatalogs sowie zur *Durchführung eines CSR-Prozesses*, der spätestens nach vier Jahren Mitgliedschaft zu einer *CSR-Zertifizierung* durch die gemeinnützige Zertifizierungsstelle TourCert führt. Ihre CSR-Berichte dokumentieren das Nachhaltigkeitsengagement des zertifizierten Unternehmens. Ein sog. Zertifizierungsrat entscheidet schließlich über die Vergabe des Zertifikats, womit das Unternehmen „CSR Tourism certified" ist. Eine große Herausforderung stellen dabei Bewertungsprobleme dar, da die unterschiedlichen positiven und negativen Aspekte des Handels miteinander verglichen werden sollen. Auch mit TourCert sind nicht alle für die Nachhaltigkeit relevanten Aspekte erfasst, objektiv messbar und überprüfbar. Das Siegel ist in der breiten Öffentlichkeit kaum bekannt und daher hinsichtlich des Marketing-Nutzens (der allerdings nicht im Vordergrund einer CSR-Zertifizierung stehen sollte) nicht bedeutender oder entscheidungsrelevanter als andere Ökosiegel. Aber dieser Ansatz kann als einer der besten gelten, den die Tourismusbranche bislang hervorgebracht hat.

Generell lässt sich vermuten, dass Strategien des nachhaltigeren Tourismus nur sehr langfristig Wachstumsimpulse bescheren. Je mehr Unternehmen einer Branche jedoch Nachhaltigkeitsmanagement betreiben, desto erfolgreicher wird das einzelne sein. Pioniergewinne lassen sich mit „grüner Marketing-Politik" nur schwer erzielen. Im Gegenteil: Pioniere können durch eine Sensibilisierung ihrer potenziellen Kunden sogar Gefahr laufen, einen „Bumerang-Effekt" zu erfahren: Da bei vielen Bundesbürgern das Erlebnisstreben im Urlaub dominiert und ihr Umweltbewusstsein durch eine nur geringe Bereitschaft zu persönlichen Opfern eingeschränkt wird, können bspw. vom Anbieter in seinen Katalogen verbreitete Informationen über Umweltschäden, schädigendes Verhalten von Touristen, Aufrufe zu freiwilligen Kompensationszahlungen usw. beim Konsumenten zu Dissonanzen führen, die ihn empfänglich für die „Heile-Welt-Werbung" anderer Anbieter machen. Insofern sind Konzepte eines sanfteren Tourismus – solange gesetzliche Rahmenbedingungen sie nicht zwingend erfordern – zwar eine langfristig notwendige, aber noch keine hinreichende Bedingung für ein erfolgreiches Tourismusmanagement.

Literatur

Birkner, Helena; Krane, Michael (2018): Dubrovnik stiftet Verwirrung. In: FVW Nr. 22 vom 26.10.,
S. 56.

Berg, W. (2014): Einführung Tourismus. 2. Aufl., München.

Bundesverband der Deutschen Tourismuswirtschaft e. V. (BTW) (2019): Berlin.

Bundesverband der Deutschen Tourismuswirtschaft; (BTW) (Hg.) (2015): Entwicklungsfaktor Tourismus – Der Beitrag des Tourismus zur regionalen Entwicklung und lokalen Wertschöpfung in
Entwicklungs- und Schwellenländern (Hg.). Berlin.

Deutscher Bundestag (Hg.) (2018): Wissenschaftliche Dienste, Kurzinformation zu Ausübung von
Hoheitsgewalt auf Schiffen und Flugzeugen. Berlin.

Deutsches Seminar für Tourismus (DSFT) Berlin e. V. (2019): Berlin.

Deutscher Tourismusverband e. V. (DTV) (2019): Berlin.

Dörries, Bernd (2018): Tierschutz – Aus Mangel an Beweisen. In: Süddeutsche Zeitung vom 20.11.,
S. 3.

Fischer, Anton (2018): Sustainable Tourism: from mass tourism toward eco-tourism. Bern.

Freitag, Susanne (2018): Bienen, Grünkohl und Streifenmahd. In: Touristik Aktuell Nr. 42 vom 29.10.,
S. 30.

Hirt, Peter (1993): Umweltlügen. Wintermärchen. In: touristik management Heft 12, S. 28.

Junghänel, Svenja (2000): Internationale Fachtagung zum Thema Kinderprostitution – Europäer
einigen sich auf Verhaltenskodex. In: fvw Nr. 25, S. 34.

Jungk, Robert (1989): Gegen den Luxus der Verzweiflung. In: Stern Nr. 26 vom 22.06., S. 134–135.

Jungk, Robert (1980): Wieviel Touristen pro Hektar Strand? Plädoyer für „sanftes Reisen". In: Geo
Heft 10, S. 154–156.

Kirstges, Torsten H. (2010): Expansionsstrategien im Tourismus – Marktanalyse und Strategiebau-
steine unter besonderer Berücksichtigung mittelständischer Reiseveranstalter. Wilhelmshaven.

Kirstges, Torsten H. (2017): Krisen von 1995 bis 2017 und ihre Auswirkungen auf den Tourismus.
Wilhelmshaven.

Kirstges, Torsten H. (2018): Strukturanalyse des deutschen Reiseveranstaltermarktes 2018. Wilhelmshaven.

Kirstges, Torsten H. (2019): Sanfter Tourismus – Von der Tourismuskritik über den Overtourismus
zur Nachhaltigkeit – Chancen und Probleme der Realisierung eines ökologieorientierten und
sozialverträglichen Tourismus durch deutsche Reiseveranstalter. 4. Aufl., Wilhelmshaven.

Kirstges, Torsten H.; Schröder, Christian; Born, Volker (2001): Destination Reiseleitung, Leitfaden für
Reiseleiter – aus der Praxis für die Praxis. München/Wien.

Letzner, Volker (2014): Tourismusökonomie: Volkswirtschaftliche Aspekte rund ums Reisen. 2. Aufl.,
München.

Maier-Albang, Monika (2018a): Ab in den Busch. In: Süddeutsche Zeitung vom 24.10.2018.

Maier-Albang, Monika (2018b): Geschichte der Kreuzfahrten – Es war einmal ein Traumschiff. In:
Süddeutsche Zeitung vom 10.08.2018.

Minninger, Sabine (2004): Tränen heilen die Wunden nicht – Kinderprostitution im Tourismus, herausgegeben vom EED. Bonn.

O'Grady, Ron (1996): Kampf der Kinderprostitution, Die ECPAT-Kampagne. Unkel/Rhein/Bad Honnef.

o. V. (2018): Philippinen führen strenge Maßnahmen gegen Sauftouristen auf Boracay ein. In: Travel-
book 09.11.2018.

Platzmann, Astrid (1991): Ausbeuter oder Heilsbringer? Kritische Gedanken zum Dritte-Welt-Touris-
mus. In: Unicum Heft 6, S. 38.

Prahl, Hans Werner; Steinecke, Albrecht (1979): Der Millionenurlaub – Von der Bildungsreise zur
totalen Freizeit. Darmstadt.

Rein, Hartmut; Strasdas, Wolfgang (2017): Nachhaltiger Tourismus. 2. Aufl., Konstanz.

Steinecke, Albrecht (2018): Kreuzfahrttourismus. Konstanz.

Temsch, Jochen (2018): Freiheit für Dubrovnik. In: Süddeutsche Zeitung vom 15.11.2018.

Trask, Haunani-Kay (1986): Jeder Tourist ist ein kleiner Kolonialherr und Zerstörer. In: Natur Heft 5, S. 34.

UNICEF; Deutsches Komitee für UNICEF e. V. (Hg.) (2009): Zerstörte Kindheit – Kinderhandel, Kinderprostitution, Kinderpornografie. Köln.

UNWTO (Hg.) (2018): Overtourism? Understanding and Managing Urban Tourism Growth beyond Perceptions. Madrid.

Vielhaber, Armin (1998): Reisende und Bereiste: Soziale Verantwortung beim Tourismus in Entwicklungsländern. In: Burghard Rauschelbach (Hg.): (Öko-) Tourismus: Instrument für eine nachhaltige Entwicklung? Heidelberg, S. 59–60.

Wurster, R.; Weindorf, W.; Zittel, W. et al. (2014): LNG als Alternativkraftstoff für den Antrieb von Schiffen und schweren Nutzfahrzeugen – Aktualisierung auf Verkehrsprognose 2030. München/Ottobrunn/Heidelberg/Berlin.

Zahn, Ulf (1978): Der Einfluß des Fremdenverkehrs auf das Leben der südeuropäischen Agrargesellschaften. In: Studienkreis für Tourismus (Hg.): Tourismus – Entwicklung und Gefährdung. Starnberg, S. 183–192.

Abkürzungsverzeichnis

A4E	Airlines for Europe
AAC	Arbeitskreis Aktiver Counter
ACI	Airports Council International Europe
ADAC	Allgemeiner Deutscher Automobilclub e. V.
ADFC	Allgemeiner Deutscher Fahrrad-Club e. V.
ADV	Arbeitsgemeinschaft Deutscher Verkehrsflughäfen
AIEST	Association Internationale d'Experts Scientifiques du Tourisme
AIRE	Airlines International Representation in Europe
asr	Allianz selbständiger Reiseunternehmen – Bundesverband e. V.
ASTA	American Society of Travel Agents
AUMA	Ausstellungs- und Messe-Ausschuss der Deutschen Wirtschaft e. V.
BAV	Bundesverband der Autovermieter Deutschlands e. V.
BDI	Bundesverband der Deutschen Industrie e. V.
BDO	Bundesverband Deutscher Omnibusunternehmer e. V.
BMVI	Bundesministerium für Verkehr und digitale Infrastruktur
BMWi	Bundesministerium für Wirtschaft und Energie
BRAG	Bundesverband der Reiseleiter, Animateure und Gästeführer e. V.
BTW	Bundesverband der Deutschen Tourismuswirtschaft e. V.
BTZ	Bremer Touristik Zentrale
BUND	Bund für Umwelt und Naturschutz, Deutschland e. V.
BVCD	Bundesverband der Campingwirtschaft in Deutschland e. V.
DEHOGA	Deutscher Hotel- und Gaststättenverband e. V.
DGfR	Deutsche Gesellschaft für Reiserecht e. V.
DJH	Deutsches Jugendherbergswerk
DMC	Destination Management Company
DNR	Deutscher Naturschutzring e. V.
DRV	Deutscher Reiseverband e. V.
DSFT	Deutsches Seminar für Tourismus Berlin e. V.
DTV	Deutscher Tourismusverband e. V.
DZT	Deutsche Zentrale für Tourismus e. V.
e. V.	eingetragener Verein
EFRE	Europäischer Fonds für regionale Entwicklung
EU	Europäische Union
FEMTEC	Fédération Mondiale du Thermalisme et du Climatisme
GAK	Gemeinschaftsaufgabe zur Verbesserung der Agrarstruktur und des Küstenschutzes
gbk	Gütegemeinschaft Buskomfort e. V.
HA	Hessen Agentur
IATA	International Air Transport Association
IH&RA	International Hotel & Restaurant Association
IHA	International Hotel Association, Hotelverband Deutschland e. V.
IHK	Industrie- und Handelskammer
IKT	Informations- und Kommunikationstechnologie
ILO	International Labor Organisation/Internationale Arbeitsorganisation
IMG	Investitions- und Marketinggesellschaft Sachsen-Anhalt mbH
IRU	International Road Transport Union
LTV	Landestourismusverband Brandenburg e. V.

https://doi.org/10.1515/9783110641219-012

NABU	Naturschutzbund Deutschland e. V.
NPO	Non-Profit-Organisation
OECD	Organisation for Economic Co-operation and Development/Organisation für wirtschaft-liche Zusammenarbeit und Entwicklung
PATA	Pacific Asia Travel Association
RDA	Internationaler Bustouristik Verband e. V.
RPT	Rheinland-Pfalz Tourismus GmbH
RV	Regionalverband
ST-EP	Sustainable Tourism – Eliminating Poverty
STMWI	Staatsministerium für Wirtschaft, Energie und Technologie (Bayern)
THV	Tourismus- und Heilbäderverband Rheinland-Pfalz e. V.
TIN	Touristische Informationsnorm
TMB	Tourismus Marketing Brandenburg GmbH
TMGS	Tourismus Marketing Gesellschaft Sachsen mbH
UFTAA	United Federation of Travel Agents' Associations
UNESCO	United Nations Educational, Scientific and Cultural Organisation/Organisation der Verein-ten Nationen für Erziehung, Wissenschaft und Kultur
UNO	United Nations Organization/Vereinte Nationen
UNWTO	World Tourism Organization/Weltorganisation für Tourismus
VDR	Verband Deutsches Reisemanagement e. V.
VDRJ	Vereinigung Deutscher Reisejournalisten e. V.
VFF	Verband der Fährschifffahrt & Fährtouristik e. V.
VPR	Internationaler Verband der Paketer e. V.
WTTC	World Travel & Tourism Council

Abbildungsverzeichnis

https://doi.org/10.1515/9783110641219-013

Alle Abbildungen im Buch sind, sofern nicht anders gekennzeichnet, eigene Darstellungen.

Stichwortverzeichnis

www.ingramcontent.com/pod-product-compliance
Lightning Source LLC
Chambersburg PA
CBHW081212220326
41598CB00037B/6757